国家出版基金项目
NATIONAL PUBLICATION FOUNDATION

国家重点图书出版规划项目

20世纪
中国知名科学家学术成就概览

总 主 编　钱伟长

本卷主编　干　勇

化工、冶金与材料工程卷

冶金工程与技术分册（一）

科学出版社
北京

内 容 简 介

国家重点图书出版规划项目《20世纪中国知名科学家学术成就概览》，以纪传文体记述中国20世纪在各学术专业领域取得突出成就的数千位华人科学技术和人文社会科学专家学者，展示他们的求学经历、学术成就、治学方略和价值观念，彰显他们为促进中国和世界科技发展、经济和社会进步所做出的贡献。本卷按学科集结成册。书中着力勾画出这些知名专家学者的研究路径和学术生涯，力求对学界同行的学术探索有所镜鉴，对青年学生的学术成长有所启迪。

《20世纪中国知名科学家学术成就概览·化工、冶金与材料工程卷》记述了该领域约200位知名科学家，其中冶金工程与技术分册（一）收录了34位专家学者。

图书在版编目(CIP)数据

20世纪中国知名科学家学术成就概览·化工、冶金与材料工程卷·冶金工程与技术分册（一）/钱伟长总主编；干勇本卷主编. —北京：科学出版社，2015.1

国家重点图书出版规划项目 国家出版基金项目

ISBN 978-7-03-042567-6

Ⅰ.①2… Ⅱ.①钱… ②干… Ⅲ.①冶金工业-科学家-列传-中国-20世纪 ②冶金工业-技术发展-成就-中国-20世纪 Ⅳ.①K826.1②N12

中国版本图书馆CIP数据核字（2014）第272830号

责任编辑：万 峰 胡庆家 张冬梅/责任校对：彭 涛

责任印制：肖 兴/封面设计：黄华斌

科学出版社 出版

北京东黄城根北街16号

邮政编码：100717

http://www.sciencep.com

中国科学院印刷厂 印刷

科学出版社发行 各地新华书店经销

*

2015年1月第 一 版 开本：889×1194 1/16

2015年1月第一次印刷 印张：21 1/2

字数：400 000

定价：108.00元

（如有印装质量问题，我社负责调换）

《20 世纪中国知名科学家学术成就概览》
化工、冶金与材料工程卷编辑委员会

主　编　干　勇

副主编　叶恒强　汪燮卿　陈立泉　邱定蕃

编　委　（按姓氏汉语拼音排序）

才鸿年	曹湘洪	陈立泉	范守善
干　勇	顾秉林	何季麟	李大东
欧阳平凯	邱定蕃	孙传尧	汪燮卿
王淀佐	王静康	徐德龙	徐匡迪
薛群基	叶恒强	殷瑞钰	周　廉
祝世宁	左铁镛		

《20 世纪中国知名科学家学术成就概览》

总 序

记得早在 21 世纪的新世纪之初，中国科学院、中国工程院和中国社会科学院的一些老同志给我写信，邀我来牵头一起编一套书，书名就叫《20 世纪中国知名科学家学术成就概览》（以下简称《概览》）。主要目的就是以此来记录近代中国科技历史、铭记新中国科技成就，同时也使之成为科技创新的基础人文平台，传承老一辈科技工作者爱国奉献、不断创新、追求卓越的精神，并以此激励后人。我国是一个高速发展中的大国，世界上的影响力不断增强，编写出版这样一套史料性文献，可以总结中华民族对人类科技、文化、经济与社会所做出的巨大成就与贡献，从而最广泛地凝聚民族精神与所有炎黄子孙的“中华魂”，让中国的科技工作者能团结奋进，为共建和谐的祖国多做贡献，更可以激发年轻一代奋发图强，积极投身祖国“科教兴国”战略的伟大实践中。

在党和政府的高度重视和长期大力支持下，酝酿已久的《概览》项目终于被列为国家重点图书出版规划项目，并由科学出版社承担实施。

《概览》总体工程包括纸书出版、资料数据库与光盘、网络传播三大部分。全套纸书计划由数学、力学、天文学、物理学、化学、地学、生物学、农学、医学，机械与运载工程、信息与电子工程、化工冶金与材料工程、能源与矿业工程、环境与轻纺工程、土木水利与建筑工程，以及哲学、法学、考古学、历史学、经济学和管理学等卷组成。

《概览》纸书预计收录数千名海内外知名华人科学技术和人文社会科学专家学者，展示他们的求学经历、学术成就、治学方略、价值观念，彰显他们为促进中国和世界科技发展、经济和社会进步所做出的贡献，秉承他们在百年内忧外患中坚韧不拔、追求真理的科学精神和执著、赤诚的爱国传统，激励后人见贤思齐、知耻后勇，在新世纪的大繁荣、大发展时期，为中华民族的伟大复兴和全人类的知识创新而奋发有为。

在搜集整理和研究利用已有各类学术人物传记资料的基础上，《概览》以突出对学术成就的归纳和总结为主要特色。在整理传主所取得的学术成就的基础上，分析并总结他们所以取得这些学术成就的情境和他们得以取得这些学术成就的路径，如实评介这些学术成就对学术发展的承前启后的贡献和影响，以及这些学术成就给人类社会所带来的改变。从知识发生、发展的脉络上揭示他们创造、创新的过程，从而给当前的教育界在培养创新型人才方面，以及给年轻科技工作者自我成长方面有诸多启示。同时，《概览》还力求剖析这些海内外知名华人科学技术和人文社会科学专家学者之所以成才成家的内外促因，提供他们对当前科技和学术后继人才培养的独到见解，试图得出在科学史和方法论方面具有普遍性意义的结论，进而对后学诸生的个人成长和科技人才培育体系的优化完善有所裨益。

在世纪转型的战略机遇期，编写出版《概览》图书，可以荟萃知名专家学者宝贵的治学思想、学术轨迹和具有整体性的科技史料，为科研、教学、生产建设、科研管理和人才培养等提供一个精要的蓝本。

他们的英名和成就将光耀中华，垂范青史。

钱伟长

2009年1月9日

《20 世纪中国知名科学家学术成就概览·化工、冶金与材料工程卷》

前 言

化工、冶金与材料工程是一个重要的工程科技领域，是国民经济的支柱产业。1994 年中国工程院成立时，将“化工、冶金与材料工程”设为一个学部。《20 世纪中国知名科学家学术成就概览》编撰工作启动时，“化工、冶金与材料工程”作为一卷，也与此有关。

化工是化学工业、化学工程和化学工艺的简称。化工有着长远的发展历史，可以追溯到远古时期，从那时起人类就能运用化学加工方法制作一些生活必需品，如制陶、酿造、染色、冶炼、制漆、造纸以及制造医药、火药和肥皂。进入 20 世纪，化工进入大规模生产的主要阶段，中国的化工领域有了很大发展，其中涌现出大批科技成果，如制碱专家侯德榜创立的“侯氏制碱法”，使中国有了自己的制碱工艺，使纯碱工业和氮肥工业得到发展；催化专家闵恩泽研制的石油化工催化技术使中国炼油催化剂迎头赶上世界先进水平。

冶金是研究从矿石等资源中提取金属或金属化合物，并制成具有良好的使用性能和经济价值的材料的工程技术领域。冶金在中国可以追溯到商周时期的青铜器时代，曾有世界上光辉灿烂的“青铜文明”。新中国成立后，有色金属和黑色冶金工业不断发展，品种不断增加。以钢铁为例，1949 年前，中国每年仅能产十几万吨钢，到2008 年，中国粗钢产量超过5 亿吨，产量占到全球的38. 2%。冶金工业为尖端科学和国防现代化提供了新型材料，有效地支撑了中国工业化和城镇化的发展进程。

材料是人类可以利用制作物件，如用具、工具、元器件、设备设施、系统等的物质。人类文明的发展史，曾以生产工具的材料来划分，如“石器时代”“青铜时代”“铁器时代”等，材料研究上的每一次重大突破，都成了人类进步的里程碑。材料、信息、能源被称为现代文明三大支柱的提法，已得到广泛认同。在中国，材料科学取得了快速发展和进步，特别是实验室材料的研究，与国外发达国家差距不大。2010 年，师昌绪获得国家最高科学技术奖，成为首位获此殊荣的材料科学家。

20 世纪的中国在化工、冶金、材料领域的卓越成就离不开相关科技专家的艰苦创业和努力奋斗，从几代工程科技专家中遴选出代表人物并记载他们的精彩人生、学术轨迹和成就，对于承前启后、传播科学，具有重要的现实意义和深远影响。

为此，《20 世纪中国知名科学家学术成就概览 · 化工、冶金与材料工程卷》于 2010 年组建了编委会，召开会议，充分讨论了本卷入选传主的遴选原则：①两院院士（包括已故院士，外籍华裔院士）；②在该学科领域做出开创性贡献的老一辈工程科技专家。按此原则基础，征求各单位、学会和专家意见，并经过编委会的严格把关和投票，最终确定入选专家约 400 人。之后，编委会领导开展组稿工作，根据传主本人、家属或编委的推荐意见，确定了具有相关专业背景的撰写者。

虽然组稿时做了很大努力，但由于多种原因（传主过世早，资料少；传主生前所在单位变动较大，无法联络传主家人，单位也不能推荐合适的撰稿人；传主本人或家属不愿意入传等），有些传主未能及时收入。

经编委会讨论，传文采取文责自负原则，并按化学工程与技术、冶金工程与技术、材料科学与工程分册出版。传文主要包括摘要、简历、学术成就与学术思想、主要论著、主要参考文献和撰写者 6 部分，较为全面地介绍了科学家们的成才历程、取得的主要成就及其研究的理论、方法和途径，分析他们成才成家的原因，使读者在阅读中能从中受到启发和激励，并以史为鉴，继续前进。

《20 世纪中国知名科学家学术成就概览 · 化工、冶金与材料工程卷》全书编研工作是在相关院士、专家、教授和研究人员等的积极参与下进行的，并得到了中国工程院、相关学会、有关科研院所及高等院校等单位的大力支持和协助，这是全书的编辑工作能够顺利完成的有力保证。在此，谨向他们致以崇高的敬意和衷心的感谢。无论是入选名单还是传文内容，难免有疏漏和不当之处，衷心地希望广大读者提出批评意见。

2013 年 7 月 4 日

目　　录

20世纪

中国知名冶金工程与技术专家

靳树梁

靳树梁（1899～1964），河北徐水人。冶金专家，冶金教育家。1955年当选中国科学院学部委员（院士）。1919年毕业于北洋大学采冶系后，任汉口谌家矶扬子机器公司助理工程师。1937年年初，赴德国克虏伯公司保贝克钢铁厂实习。1938年归国后，先后任迁建委员会工程师、鞍山钢铁公司第一协理、本溪钢铁公司总工程师兼计划处副处长等职。1950年8月~1964年7月任东北工学院院长；还先后兼任中国科学院东北分院副院长，中国金属学会副理事长，辽宁省科协主席。多年从事高炉强化理论研究，开拓了承德钢铁公司钒钛磁铁矿高炉冶炼新工艺，是中国自行设计新型小高炉的第一人。20世纪40年代，小型高炉技术使威远铁厂的炼铁技术经济指标居当时中国同类型高炉之冠。主编了第一部结合中国生产实际的冶金教材《现代炼铁学》。任东北工学院院长期间，主张"培养善于创新，能独立解决科学技术问题，忠诚为共产主义奋斗的人才"；提倡厂校合作，领导学校建立教学、科研、生产三结合体制；倡导选拔培养中国自己的研究生导师，并亲自培养研究生，为中国的冶金和教育事业做出了重要贡献。

一、成长历程

靳树梁1899年4月1日生于河北省徐水县西黑山村，全家八口人，土地十几亩，其父是乡村塾师，收入微薄，生活十分拮据，其兄未及成年即外出谋生。他9岁时随堂兄去河南读书，由于学习刻苦，仅用三年半时间就读完高小和中学，13岁时就考入河北公立工业专科学校应用化学科。他埋头于学习，除规定功课外，还博览中国古典书籍，对书法、篆刻，尤其是古诗文兴趣颇浓，从中受到熏陶。他感到祖国历史悠久、文化灿烂辉煌，又地大物博、矿藏丰富，应以先进技术开发这些宝藏，遂在三年级时考入北洋大学采冶系。北洋大学是中国最早的工科大学，所在地天津有九国租借地，是帝国主义掠夺中国的一个据点。靳树梁曾目睹天津城垣被八国联军所毁的遗迹，深为祖国的前途担忧，立志献身于工业，使祖国摆脱积贫积弱的状态，因此更加努力地学习，业余时间多在图书馆度过。1919年，在靳树梁毕业前夕，“五四”运动爆发，他痛愤帝国主义的欺压和军阀政府的卖国求荣，毅然走上街头参加示威游行。1919年夏，他以优异成绩毕业。

经工作在汉口谌家矶扬子机器公司的一位同学举荐，靳树梁怀着实现多年夙愿的热情，前往担任化铁股（即高炉车间）助理工程师。因为当时该公司在建高炉尚未竣工，他被派往汉阳铁厂实习。汉阳铁厂是当时中国最大的钢铁企业，在这里他实地学习了铁冶炼的技术和经验。3个月后他回到公司，100吨高炉建成，开始参加开炉工作。靳树梁协助工程师，认真观察和掌握炉温、风量、炉料分布等各环节流程以及高炉运行状况，和工人一起采取措施，排除故障，降低焦耗，提高生铁产量及合格率。他一心扑在高炉生产上，解决了许多生产技术问题，想方设法维持高炉正常生产。但是，由于军阀连年混战，京汉路货车经常停运，购买和运输焦炭困难，高炉无法保证按时开工，工厂开始亏本。1924年，工厂易主，更名为六河沟煤矿公司扬子铁厂，靳树梁怀着对冶炼事业的热情，留厂继续维持高炉生产。1926年9月，北伐革命军攻克汉口、汉阳，工厂停业，为了谋生，他做了革命政府武昌地方法院书记官。1927年春，工厂恢复生产，他应邀回厂，一如既往地奋战在高炉生产第一线，逐渐成为厂内技术骨干。

1936年，经当时钢铁界权威专家严冶之推荐，靳树梁到国民党政府的资源委员会工作，职务是专门委员。该委员会决定在湖南湘潭建立中央钢铁厂，成立了筹备委员会，靳树梁是成员之一。因钢铁厂的主要设备是德国设计和制造，故决定派以靳树梁为队长的一行8人于1937年年初到德国学习。在德国等待入厂的时间里，他们在柏林大学学习德语，并学习了杜勒教授的铁冶金学。5月，靳树梁进入克虏伯公司保贝克钢铁厂高炉车间实习。实习期间，他仔细地钻研和学习了车间的两座最新式的600吨炼铁炉的炉体结构、生产工艺等一切新技术和经验。在这里实习了半年后，他又前往该公司的莱茵豪森钢铁厂炼铁车间实习，该厂有9座炼铁炉，日产量为7000吨，占全德产量的1/10。靳树梁在此做了非常全面的调查研究，并写出了详细的考察报告。

1937年7月7日“卢沟桥事变”发生后，祖国处于危难之中，靳树梁感到异常焦虑和痛心。他再也按捺不住急迫的救国之心，于1938年3月踏上了战火纷飞的祖国大地。

回国后，靳树梁被分配到由兵工署、资源委员会共同组织的钢铁厂迁建委员会工作，参加拆迁汉阳铁厂、大冶铁厂、六河沟铁厂等厂的设备到四川大渡口重建的工作。随后他到重庆，参加了大渡口钢铁厂的规划工作。在大渡口，他们先选择厂址，研究总体布局，确定高炉、平炉、轧机等的位置。鉴于修建100吨高炉需要较长时间，而抗日战争急需钢铁以制造炮弹等武器，他提出因地制宜利用四川本地薄煤层炼焦建一座日产20吨小高炉的方案。最终，靳树梁负责完成了一座日产20吨的炼铁炉，较快地为抗战提供了生铁。

1940年12月，被资源委员会委派，靳树梁到四川威远铁厂担任厂长。该厂是四川军阀刘文辉于1930年创办的日产15吨铁的工厂，耗资10万银元，后又五次更迭厂主，聘请专家和技术员，但长达11年未能出铁。靳树梁等人在现场全面了解考察了工厂的规模、人员、设备、资源以及存在的问题后，资源委员会掌握了该厂的详情，决定接办。到职后，靳树梁首先集中力量清点仓库，检查设备，摸清厂内资产，继而以恢复和发展生产为中心，改筑新公路，对内形成了煤、焦、白云石、耐火泥等的运输主干线，对外形成了与威远城区、自贡等公路的连接网络，加强基础设施建设。1942年12月25日，高炉经过修复改进后正式开炉，靳树梁所发明的小型炼铁炉标准炉喉也在此炉上得到了正式使用，获得满意效果。由于操作不断改进，威远铁厂的焦耗降至平均1.147吨焦/吨铁，为当时同类型炉的最低值，使炼铁生产指标高居当时同类型高炉之首。

1945年8月15日抗日战争胜利后，资源委员会调靳树梁到东北接收日伪钢厂，抱着“工业救国”的理想，怀着抗战胜利的喜悦，他从四川踏上赴东北的征途。1946年5月，国民党军队占领本溪，靳树梁被任命为东特处（东北区特派员办公处）东北本溪办事处处长，负责接收本溪煤铁公司，并将与公司业务有关的原日本人统治下的其他企业，如满铁本溪湖支社、本溪湖特殊钢株式会社、大和耐火工业株式会社等也一并接收组成鞍山钢铁公司（简称鞍钢），挑起了恢复鞍钢生产的重担。但由于战事的影响，原材料的紧缺，钢铁生产并未收到预期的效果，局面日益艰难，他的“工业救国”之梦破灭了。1947年年底，解放军向占据鞍山的国民党军队发起攻势，厂内秩序一片混乱，总经理逃入关内。靳树梁与其他协理多次筹划保厂措施，有效地领导了鞍钢警卫队的护厂工作，使设备、图纸、资料等完好地保存下来，为鞍钢解放后迅速恢复生产做出了贡献。1948年2月，鞍山解放。为躲避国民党飞机的轰炸，靳树梁同鞍钢的其他工程技术人员被转移到鞍山郊区，形势稳定后，他继续到鞍钢担任顾问，并协助鞍钢公司经理李大璋制订了复工计划，帮助鞍钢逐步恢复生产。

1949年4月，靳树梁被调任本溪煤铁公司总工程师兼计划处副处长。在促使本溪煤铁公司尽快复工的过程中，他着重抓了高炉修复工程。他发动群众，集思广益，清除高炉内凝铁，并解决了消除和防止炉基裂缝问题。在二号高炉的修复过程中，他解决大量技术难题，使二号高炉流出了新中国成立后由中国人炼出的第一炉铁。

接着他提出了《本溪煤铁公司三年计划的意见》，建议修复采矿、选矿、采煤、炼焦、炼铁系统，新建炼钢、轧钢系统，将煤铁公司建成钢铁联合企业，这一建议对本溪钢铁公司的发展起了重要作用。

1950年9月，靳树梁奉东北人民政府之命，来到沈阳，任新创建的东北工学院院长。东北工学院校址原为沈阳工学院校址，在铁西区伪奉天工业大学旧址基础上建立的。由于面积狭小、容量有限，东北工学院遂决定在和平区南湖畔新建院址。1951年10月，东北人民政府工业部批准了东北工学院南湖建校的开工申请。靳树梁主张在建校过程中将教学区、宿舍区分开，教研室靠近实验室，以形成教学与科研相结合的局面。与此同时，他认真贯彻中央勤俭建国的方针，对基建经费的使用精打细算，不浪费一分钱。他要求凡是申请建立实验室的，都要作出详细的申报计划，包括教学需要情况、实验项目、设备安装、发挥效益等。经过五年的紧张施工，到1956年年底，东北工学院已基本落成，经靳树梁命名的一系列建筑，如冶金馆、采矿馆、滨湖里、望湖里这些美丽的名字一直沿用至今，成为东北工学院以及东北大学永恒的怀念。

1952年，东北工学院在靳树梁的领导下，认真贯彻国家关于高校院系调整的方案，调整后，东北工学院成为国家培养重工业高级建设人才的学府之一。靳树梁认为，办好学校的中心任务是提高教学质量，他与副院长汪之力等同苏联专家一起探讨如何提高教学质量的问题，并在制订教学计划、教学大纲、教学日历等方面得到了有益的借鉴。他积极规划，并身体力行，组织全院教师利用寒暑假学习俄文，使很多教师很快地具有了阅读和笔译苏联教材的能力。

靳树梁很重视教研组的建设。他指出，教研组的工作是教学改革的一个主要环节，教研组要端正每个成员的科学态度，培养每个成员的教学能力，并与厂矿保持密切的联系。重工业部工作组1953年来东北工学院调查的结论显示：大多数教研组已完成教研组和个人的教学计划，普遍收到了学习先进教学经验、提高工作水平的良好效果。靳树梁还认为，学院学术水平、研究能力的提高是培养高质量人才的一个关键。当时，东北工学院的研究生导师都是在院工作的苏联专家，他高瞻远瞩地提出："我们学校应该有自己的导师，要做好导师的选拔工作，并为他们创造条件。"后来学校根据条件确定了一批导师，并正式招收了研究生。

靳树梁任东北工学院院长期间，主张工科学院要实行厂校合作，教学要面向生产，理论联系实际。他多次主持院务会议，作出决议，要求各系与厂矿建立密切合作关系。他率先垂范，1953年应邀带领几位青年教师去本溪钢铁公司，成功地解决了高炉结瘤问题。回校后，他向师生报告了详细过程，丰富和深化了师生的专业知识，增强了与厂矿合作的信心和为生产服务的意识。教师和学生知识结构的变化给改革旧的教学内容和方法带来了新的生机，教学质量有了比较普遍的提高。

为发展中国的冶金工业和炼铁科学，他不遗余力地从事和领导了炼铁教研室的科学研究工作，并在解决高炉结瘤、总结高炉强化经验、研究高炉风口区降料理论、开拓钒钛磁铁矿高炉冶炼工艺等方面做出了重要贡献。

1958 年 4 月 23 日，靳树梁加入了中国共产党，参加了人民政权建设和推进科学技术发展的工作。他曾任中国科学院东北分院副院长，曾当选为中国金属学会副理事长、辽宁省科学技术协会主席。1955 年当选为中国科学院学部委员（院士）。

1964 年，靳树梁因心脏病突发不幸逝世，享年 65 岁。

二、主要研究领域和学术成就

1. 急抗战之所需，建设小型高炉

抗日战争初期，中国半壁河山沦于战火，西南地区只有小规模的土铁生产，远不能满足抗战的需要。由于四川地区一直沿用木炭炼铁，已将树林耗尽，无法满足当时拆迁的原六河沟铁厂的 100 吨高炉的需要。为解决这一难题，靳树梁提出，因地制宜利用四川本地薄煤层炼焦，先建一座日产 20 吨的高炉，满足生产炮弹等武器的需要。此高炉由靳树梁负责设计，他在既无前人经验又缺国外资料的情况下，根据现有条件，充分利用拆迁来的钢铁材料，克服重重困难，完成了设计。经过一年时间建设，高炉于 1940 年 3 月 2 日正式开炉投产，较快地为抗战提供了生铁。靳树梁曾撰文说："小型炼铁炉为近代新技术在交通困难、矿层贫薄情况下，供战时生铁急需的时代产物。而东西典籍，查无资料记载，缺乏资料可以引证。创行伊始，众目睽睽，一国既出，群相效尤，得以救活当时之铁荒现象，实为中国工业上之莫大成就。"

在主持修复 15 吨高炉的同时，靳树梁对此类高炉普遍存在的焦耗高、产量低的问题进行了深入的研究，得出此问题产生的原因是："上升气体，择其疏畅之路而趋，其作用不能及于炉料之全部，而仅及于疏畅之部分，使畅者愈畅，阻者愈阻。气流不畅部分，氧化铁未经还原，其降落炉缸与炽热之焦炭接触，乃被固体之炭所还原，因此增加焦炭之损耗。气体上升，既趋疏畅之路，则速度必高，而挟尘之力必达，使细粒之原料，随之散于炉外，增加原料之损耗。"故炉料之分布必须匀称。但由于炉料粒度不一，所以解决布料问题"恒为炼铁炉设计者之难题"。靳树梁对此进行了深入研究，认为主要是由装料时料中粉末多集中于炉墙边缘，料柱边缘透气

性过差且易结瘤引起的。为此他设计了“小型高炉标准炉喉”，使用这种炉喉能使装料时料中粉末适当离开边缘。靳树梁在威远铁厂15吨高炉上首先使用了这种炉喉，并且结合小型高炉特点，进一步探索了与“标准炉喉”相匹配的合理工艺操作方法，使威远铁厂小型高炉的技术经济指标在抗日战争期间一直居于同类型高炉之首（其平均焦比为1.30吨焦/吨铁，最低时为1.147吨焦/吨铁；平均日产量为每立方米高炉容积产铁0.413吨。而当时同类型高炉的平均焦比都在2.0吨焦/吨铁以上，平均日产量则都在每立方米高炉0.280吨以下）。靳树梁发明的“小型高炉标准炉喉”获得了重庆国民政府经济部305号5年专用证书及教育学术审计委员会奖金10 000元。他的《小型炼铁炉炉喉设计之探讨》一文在1944年中国工程师学会桂林年会上被评为优秀论文。

继上述高炉外，靳树梁还为永荣铁厂设计了一座5吨高炉，为云南钢铁厂设计了一座50吨高炉。1944年12月，靳树梁发表了《小型炼铁炉之设计》，这是中国第一篇较详细地总结小型高炉设计的材料。

靳树梁对炼铁炉的改进和研究成果是多方面的。例如，他根据小型高炉炉缸易冷易冻的特点，改变高炉风口倾角；为使小型高炉在多雨季节也能正常生产而增设炉底防潮设施；他设计了竹网除尘器（也叫竹网洗涤塔），这种除尘器构造简单，经试验，在小高炉的蓄热式热风炉上，用竹网除尘器除尘后的净煤气代替荒煤气，可大大延长热风炉寿命和提高风温，从而提高了煤气的利用率；创造了被人们冠以“靳氏”的简易烧结法等。这些工作均在实际生产中取得了很好的效果。

2. 高炉冶炼与高炉强化研究

从1957年起，靳树梁就精心研究高炉风口区的炉料运动，提出了“高炉风口区炉料运动特征——袋式效应”的新观点，并写成论文在1960年中国金属学会炼铁年会上发表，受到了与会者的重视。在论文中，靳树梁首先给风口区和循环区这两个模糊不清的概念下了明确的定义。他认为风口区是指氧化带最高点与最低点之间的整个区域，不是过去所说的氧化带或燃烧带，因为这中间还有还原区；循环区更确切地说应更正为回旋区，明确概念是分析问题解决问题的前提。论文明确提出传统的漏斗降料理论已经过时。所谓漏斗降料理论是指焦炭在氧化带里燃烧掉，这个理论是一种层状燃烧的理论，即回旋区不存在时的理论，也就是在高炉使用很小的风量时代的理论。但在大风、高温、出现了回旋区的当时，这个理论显然已经过时，不符合高炉风口区炉料运动的规律。靳树梁认为，高炉风口区炉料运动的特点是焦炭在回旋状态下燃烧，影响着回旋区外围中间层的炉料运动，他指出：“在边缘区和中心区各自结合着和它们接触的部分中间层，构成炉料最活跃的区域，是两条主要的降料路线。”

为了验证这个新的高炉风口区炉料运动理论的正确性，靳树梁指示他的助手李永镇做了实验，结果表明：回旋区内焦炭消耗的补给来源，不是来自回旋区的上方，而是来自靠近风口端部的上方，焦炭下降靠近风口端部时，被鼓风吹送而平射进回旋区好像被装进口袋一样，因此，这一新发现的特征被命名为“袋式效应”。高炉风口区炉料运动——“袋式效应”的新发现，有利于掌握和调整高炉冶炼运行规律，有利于高炉强化理论的研究。它给高炉工作者研究炉料运动提供了新的线索，随之而来的将有一系列的新理论，它是破旧立新的一个新起点。

从20世纪50年代初到60年代初，靳树梁还一直进行着高炉强化课题的研究。强化高炉冶炼是由本钢炼铁厂首先搞起来的，因为原料问题没有得到相应的改善，一些高炉就产生了严重的结瘤的事故。靳树梁经常带领东北工学院炼铁教研室几位教师前往调查研究。1955年，靳树梁又指导东北工学院炼铁教研室协助本溪钢铁公司一铁厂解决焙烧团矿、精选原料的问题。炼铁厂烧结车间开工后，又协助厂方进行了还原性团矿的研究，对于防止高炉结瘤也起了有益的作用。1959年，本溪钢铁公司高炉在强化冶炼中遇到了风口大量烧坏的问题，在辽宁省科委的组织下，靳树梁带领教研室的几名教师深入工厂研究，同工人、技术人员广泛交换意见，制订了切实可行的解决方案。1960年2月，他又协助本溪钢铁公司第二钢铁厂分析高炉炉缸烧穿的原因，总结经验教训，防止类似事故再次发生。

在高炉强化理论的推动下，1960年，高炉生产大幅度增长，大中型高炉利用系数平均达到2.0以上，个别高炉接近3.0水平。1961年3月，在靳树梁的指导下，东北工学院炼铁教研室在理论与实践相结合的基础上，总结出以大风、高温、精料为主要内容，以优质、高产、低消耗为目的的高炉强化理论。1959年，他根据本溪钢铁公司高炉的强化经验，运用苏联扎伏隆科夫散料层流体力学公式，解析高炉冶炼强度的规律，对总结中国高炉强化经验起了重要作用。他还建议教研室将高炉强化理论研究作为长远的研究方向之一。

3. 承担承德钒钛磁铁矿研究，开辟冶炼新工艺

当时，钒钛磁铁矿的研究任务在瑞典已有100多年的历史，苏联也进行了30余年，但只限于在炉渣中二氧化钛不超过15%的情况下才能顺利炼出合格的生铁，而我国承德矿渣中的二氧化钛高达20%～25%，由于高炉冶炼技术实际未能得到解决，于1961年7月被调整下马。

靳树梁诚恳而郑重地指出："国家建设的急需，就是我们的科研方向。承德钒钛磁铁矿冶炼研究是国家的急需，我们冶炼人员责无旁贷，应另辟蹊径，做出贡献。"1962年，"多元铁矿石的冶炼和综合利用"课题被列入国家科技发展规划，承德钒钛磁铁矿的冶炼研究也被列入规划，这个课题意义重大，靳树梁以高度的责任感主动承担了这一具有重大意义的项目。他首先派技术骨干赴承德钢铁公司考察，考察结束后，在靳树梁的直接指导下，工作小组迅速制订出研究计划，分含钛炉渣黏度、含钛炉渣脱硫能力、烧结、炉外脱硫四部分进行。12月，冶金工业部正式下达文件，委托东北工学院为负责单位，开展承德钒钛铁矿冶炼特性的研究工作。靳树梁在院务繁忙的情况下，辛勤地领导着这一课题的研究，热心关注课题的进展，尽力给予指导。他亲自查阅德文、英文文献，审定所有研究计划、方案和图纸，经常到实验室了解实验情况和问题，详阅数据，和大家一起讨论，为攻关出主意、想措施。1963年3月，科研组开始主攻技术难关——脱硫问题。他们测定了承德钢铁厂实际炉渣和合成钛渣的黏度、熔化性，绘制了不同碱度下的黏度-温度曲线，选用马鞍山铁厂二号高炉冶炼钒铁的炉渣作为标准渣，研究了承德钢铁厂实际炉渣和合成钛渣的脱硫性能以及各种因素的影响等。实验中发现，冶炼含钛的矿石不同于冶炼普通矿石，普通矿石渣中通常含氧化钙达45%～50%，提高碱度将增加渣中氧化钙，致使炉渣难熔，而钒钛铁矿石渣中含有大量二氧化钛，氧化钙的含量只有25%～30%，因此不会在提高脱硫能力的同时增加碱度，也不会产生炉渣难熔问题，从而突破了国外百余年来形成的传统技术方案——"酸性渣低炉温"操作及其依据：碱度只能为0.8～1.0，超出该范围炉渣将难熔，流动性变坏，甚至冶炼无法进行，严重时高炉"凝结"。至1963年国庆节前夕，科研组终于提出了"高碱度、较高炉温、烧结矿"冶炼钒钛铁矿的新方案。

11月初，在马鞍山钢铁公司18平方米烧结机和225立方米的高炉上，开始了工业性试验，试验中全部采用承德钒钛精矿的烧结矿，渣中二氧化钛含量为20%～25%，炉渣碱度提高到1.2～1.4，炉温较高（生铁硅含量为0.6%～0.8%），渣量500千克/吨生铁，结果获得了含硫在0.08%以下的合格含钒生铁。钒的回收率由过去的60%～65%提高到80%～85%。其他技术经济指标也良好，焦比为0.6～0.8吨焦/吨铁。新方案深受专家和现场的好评，技术鉴定的结论为："试验获预期效果，以承德钒钛磁铁矿炼出含硫合格的含钒生铁，为钒钛磁铁矿冶炼指出了新的方向，并为将来西昌的矿冶炼试验打下了基础。"这一研究成果促使承德钢铁公司恢复了生产。

1964年1月，靳树梁指导的科研组又承担了冶金工业部下达的西昌地区钒钛磁铁矿冶炼研究任务。早在50年代，有外国专家认定，该地区的矿渣中二氧化钛含量高达35%～40%，因此不能用于高炉冶炼。面对种种困难，他们开展了更加广泛而深入的研究，研究了西昌钒钛矿冶炼中的造渣过程和合适的造渣制度、钛渣的各种物理和物理化学性能、钛渣的岩相结构及其对炉渣性质的影响、钒钛及其他特殊元素的还原过程及其他特殊元素的还原过程及其在渣铁间的分配等。在东北工学院相关教研室的通力合作下，经过半年多的实验室研究，他们终于提出了冶炼西昌矿的“烧结矿，高碱度渣，渣中喷吹”新方案，后来在兄弟单位协作下进行了工业试验，得到合格生铁，证明此方案可行。1979年，“钒钛磁铁矿高炉冶炼工艺”这一成果获国家科委发明奖一等奖。

4. 老骥伏枥为学术，奋斗不止育人才

靳树梁担任东北工学院院长14载（1950～1964年）。在任期间，他致力于教改，强调在学习苏联先进经验的同时要结合实际并依靠自己的教师创造中国的经验。他先后四次组织修订教学计划，重视教研组的建设，发挥教师的集体力量。在靳树梁的推动下，学院有关部门做了一系列帮助教研组进一步健全、发挥作用的工作，请苏联专家介绍苏联开展教研组工作的经验。随后，教研组相继开展了教学法讨论、教学内容研究、新老教师互助、试讲和“集体备课”等活动，在此基础上，他还布置了教研组的工作检查、总结和经验交流。各教研组普遍收到了学习先进教学经验、提高工作水平的良好效果。他与教研室其他负责同志商量，将课程做了讲授分工，成立了普通冶金学、普通炼铁学及专业炼铁学三个教学小组，老、中、青结合，以老带青；又将专业课分成四个专题，每人任选一题深入研究，以提高专业课讲授水平。他还根据教师的不同特点，确定了提高方向，制定了提高措施。他组织中、老教师选学第二外语并亲自担任德语教学指导。为了鼓励教师勇于承担重要科研、设计任务，他亲自做动员并做教师后盾，以解除教师的顾虑。例如，本溪钢铁公司炼铁厂一号高炉要进行改建性大修，拟请东北工学院设计，但工作量大，难度高，炼铁教研室教师虽有意承担，但恐无把握。靳树梁鼓励说：“这个项目要接，有问题找我。”在设计过程中他亲自审查图纸，并签字负责。在他的带动下，不仅完成了设计，还有力地推动了科研工作的发展。

靳树梁深知，要搞好教学，必须狠抓教材建设。在他的领导下，东北工学院编写了许多教材。他还主持编写了第一部结合中国实际的炼铁专业课教材《现代炼铁学》，作为迎接新中国成立十周年大庆的献礼。该书被公认为一部内容丰富、理论水平较高、实践性强的炼铁学教科书。以靳树梁为主任的炼铁教研室，在贯彻党的

教育方针、提高教学质量、攀登科学高峰、编好教材、搞好教学、科研、生产等方面都取得了优异成绩。

他提倡厂校合作，教学、科研、生产三结合，要求厂矿和各系建立密切的合作关系，厂矿工程技术人员到学校做兼职教师、作专题报告，学校教师深入工厂熟悉生产实际、帮助解决技术问题。由于靳树梁的提倡和身体力行，厂校合作迅速开展，至1954年10月，东北工学院就有炼铁、炼钢、钢铁压力加工等9个教研室与鞍山钢铁公司所属10个厂矿签订了合作合同。其内容包括：双方互派教师、技术人员和生产革新者，进行咨询或作报告；交换技术资料，指导学生实习，以及共同对生产中存在的问题进行科学研究等。这一工作的开展，提高了教师、学生的专业水平，促进了科研的发展，为教学内容的改革和教学质量的提高创造了条件。

5. 平凡生活中体现出人格的魅力

靳树梁为人正直，严于律己，关心同志，平易近人。他是国家一级教授，享受六级高干待遇，但他生活非常俭朴。在东北工学院十几年，他的日常衣着总是那几套，家里的设施也只有简单的必需品。他还曾几次向党组织提出："我不要这么多不行吗?"又告诉办公室主任："我有钱，你看谁困难给他们一些。"靳树梁与人平等相处，诚恳待人。他入党后，从来都是以普通党员的身份参加党的组织生活，当同志们仍称他为"靳院长"时，他亲切地说："今天是党内会，都是党员，叫我靳树梁同志嘛!"这些事虽小，却闪烁着靳树梁的人格魅力与思想光辉。

三、靳树梁主要论著

靳树梁. 1936. 德国克虏伯公司莱茵村钢铁厂考察报告.

靳树梁. 1941. 四川钢铁工业之动向. 资源委员会季刊，1（1）.

靳树梁. 1943. 小型炼铁炉布料之特征与炉喉设计之演进. 中国工程师学会第12届桂林会议论文.

靳树梁. 1944. 小型炼铁炉炉喉设计之探讨. 资源委员会季刊，12.

靳树梁. 1944. 小型炼铁炉之设计. 重庆市档案馆工业100卷，12.

靳树梁，陶少杰. 1952. 本溪铁矿成分分析. 内部报告.

靳树梁. 1953. 对威远钢铁厂改建高炉炉型的几点意见. 内部报告.

靳树梁. 1955. 世界各国铣铁生产情况及中国发展远景意见. 内部报告.

靳树梁. 1956. 关于有色金属及冶金炉热工方面远景规划的意见. 内部报告.

靳树梁. 1956. 高炉操作自动化意见. 内部报告.

靳树梁. 1958. 竹网除尘器. 内部报告.

靳树梁. 1959. 现代炼铁学. 北京：冶金工业出版社.

靳树梁．1960. 高炉风口区的炉料运动．北京：中国金属学会炼铁年会．

靳树梁，李永镇．1962. 回旋区的实验研究．冶金技术，6.

靳树梁，李永镇．1981. 高炉风口区炉料运动的特征——袋式效应，中国炼铁三十年．北京：冶金工业出版社：454-461.

主要参考文献

靳树梁．1944. 小型炼铁炉炉喉设计之探讨．资源委员会季刊，12.

本溪钢铁公司．1988. 史志参考．本溪：本溪钢铁公司印制：54-61.

东北工学院院志办公室．1990. 靳树梁传略．沈阳：东北工学院出版社．

撰写者

丁立新（1963～），东北大学档案馆馆长，副研究馆员。

王钰慧（1984～），东北大学党委宣传部。

刘 刚

刘刚（1899～1999），江西吉安人。钢铁专家。1931毕业于北洋大学矿冶系。1934年获英国工业协会奖学金赴英国谢菲尔德大学进修，并在英国钢铁公司和伯罗钢铁公司实习。1936年转赴德国克虏伯钢铁公司工作学习。1938年抗日形势严峻，刘刚与严冶之、靳树梁、王之玺主动回国参与“钢铁厂迁建委员会”的“铁血西迁”和中国钢铁史上首次由国人自主建设的后方最大的大渡口联合钢铁企业的创建。他是中国第一位在无外援及条件极端困难下，独立设计炼钢平炉者；就地取材创建“新式小高炉”，发明医治小高炉炉缸冻结的K孔，为国内首次炼出优质高硅生铁，大大缓解了当时后方机器制造及军工急需的灰口铁“铁荒”。由于在抗战中做出重大贡献，曾获二级景星勋章。1944年赴美国考察钢铁工业，回国后筹建了华中钢铁公司。抗战胜利后，冶金界有“南方刘（擅钢铁）北方陈（陈大受擅炼锡）”之说。1949年参与资源委员会起义委员会起义。新中国成立后受邀参与第一次全国钢铁会议，并被选为主席团成员。新中国“炼钢平炉热工试验室”的主要创建者。他创造性运用“相图论”为80年代中国转炉炉龄大提高做出了重要贡献。曾任资源委员会矿冶专门委员、大渡口钢铁公司高级工程师、人和钢铁公司董事兼总工程师、资和炼铁厂副经理兼厂长、华中钢铁公司协理与总工程师、冶金工业部钢铁工业管理局大冶厂设计组代总工程师、冶金工业部钢铁研究总院高级工程师、北京科技大学教授（研究生导师）、兼任过重庆大学矿冶系和武汉大学工学院教授，在不同的岗位上，为中国钢铁事业建设以及科研和教学事业做出了重大贡献。

一、成长经历

1. 家贫愤读书，立志学矿冶

刘刚，字克中，号玉简，谱名以琳，1899年7月23日出生于江西省吉安市青原山区南芫村。祖父刘学佑是雇农，其父刘永韦12岁时为生活所迫，出外学徒，后来向姐夫借了点钱，当了“货郎”（将城内日用品挑到山区卖给农民，换来土产品再卖给城内居民），经过6年的艰辛奋斗，略有积蓄，即回村买了几亩田，建了三间土砖房，置产成家，温饱问题才得到基本解决。然而，由于刘永韦自己识字不多，常受土豪劣绅欺压，因此决心培养儿子读书。由于家境困难，经过多方考量，刘永韦在五个儿子中选中了三子刘刚，供刘刚于1908～1918年在乡间“私塾”读书。1920年因时局变迁，父亲又同意他赴南昌考入私立赣省中学就读。由于学习成绩优异，其父又决意倾全家之力供他读大学。1923年夏，刘刚奉父母命与稠圹村农民蒋定诏之独女家兰结为夫妻。

1924年8月，刘刚考入天津北洋大学。该校一年学习开支约120元，虽比北京和上海其他大学开支要少80元左右，但为筹集他的学费，全家不得不更加节衣缩食。他在大学期间生活水平是全校最低的，但学习成绩年年名列第一，江西省教育厅为此每年均发给他20元奖学金。1928年后因受内战和“洋布”进入的影响，货郎生意和自产土布的销售大为萧条，致使刘家的家境更为艰难。刘刚的四个妹妹中有两个无奈送给别人当了童养媳。刘刚自己的第一个儿子因无钱看病，出生不到一个月就夭亡了，第二个儿子出生后因无奶而营养不良，不足半个月亦夭折。1930年11月刘刚的父亲因过度劳累，不幸病逝（享年67岁），家中再也无法维持他的学费、生活费，而面临辍学困境，幸亏同窗好友梅焕藻解囊相助，借给50元才勉强维持到次年毕业。

在预科学习结束选学专业时，全班130余人，填报土木专业的90多人，学机械的约30人，矿冶系由于当时国内冶金工业十分落后（工矿业产值在国民生产总值中的比重不足10%），工作环境艰苦，较好的已开发的冶金资源又被列强侵占，如东北的本溪钢铁、鞍山钢铁和南方张之洞创办的汉冶萍公司均被日本占据或控股，开滦煤矿被英国人控制，故多数学生不愿选学。刘刚秉承中国知识分子忧国忧民的爱国传统思想，认为从“实业救国”观看，矿冶是工业救国的基础，饱受灾难和屈辱的祖国要富强，定要有自己的相关技术人才来建设民族冶金工业，因而立下“钢铁报国志”，率先填报了当时最冷门的矿冶系（受其影响，有9位同学也选了矿冶，加留级生3人，全班共13人，占本年级学生总数的7.4%）。

1931年刘刚从北洋大学毕业，由于同学们对北洋大学“按成绩顺序推荐工作”的规定不满，他主动谦让，由同学先选，最后被推荐到位于湖北省武汉市汉口区谌家矶的民营六河沟炼铁厂（是当时武汉地区唯一拥有能开工生产的百吨高炉的工厂），任化验室主任，后调任炼铁工作岗位。由于工作勤奋，他深受厂长陈廷纪的喜爱，一年内很快由助理工程师晋升为工程师，工资连晋两级。为感谢家人供其读书所付出的努力与所做的奉献，能较快地改善兄弟们的住房和生产条件，他将三分之二的工资收入（含奖金及各项补贴）寄回老家，自己仍过着俭朴的生活。

2. 留学深造，报效祖国

1934年由于受到印度生产的生铁在上海低价倾销（比六河沟炼铁厂的价格低1/3）的影响，炼铁厂的生铁难以销售出去，积压相当严重，最多时竟达3万吨，负债累累。同时，1931年“九一八”事变后，我国钢铁年产量仅3万吨（当时日本为309.7万吨），生铁为35万吨（日本为203.1万吨），我国76%的制造机器、83%的车辆船舶、95%的钢材均依赖进口。因此，刘刚萌发了赴国外学习先进的钢铁冶炼技术以振兴国家之念，正好英国工业协会在上海招收留学生，他便参加了考试，后被录取，并获得全额奖学金。1934年5月，刘刚赴英国留学，在英国谢菲尔德大学（Sheffield University）冶金系进修，同时在英国钢铁公司（English Steel Co.）和伯罗钢铁公司（Barrow Hematite Steel Co.）学习、工作。英国钢铁公司是一个大型特殊钢厂，也是英国最大的军火制造厂，他先后在10吨电炉车间、酸性平炉车间、落锤模锻车间、水压机锻造车间、热处理车间和铸造车间学习。这里先进的炼钢设备和技术，使他大大开阔了眼界，同时也增强了多学些知识和技术回国、为振兴我国自己的钢铁工业而献身的决心。

谢菲尔德大学进修毕业后，同学们纷纷回国，他为了多学一些技能，又主动请求去英国钢铁公司中心试验室学习两个星期。后因为该试验室的总冶金师是谢菲尔德大学毕业的冶金学博士，与刘刚是校友，同时也被刘刚认真学习的态度所感动，而让他在那里待了两个月。这个中心试验室装备有物理、化学、机械和金相、热处理等各种精密试验仪器与设备，主要工作是负责公司产品的最后抽样检验，研究开发新产品与新工艺，以及编制各类钢种的生产技术档案。刘刚在这里学习了两个月，受益匪浅。学习结束后，为了进一步了解英国其他钢铁厂的状况，他又向英国工业协会申请延长在英逗留的时间，参观了英国大小钢铁厂20余座。

正当他办理回国手续时，突然接到离英回国的同学王之玺的电报，说政府原准备建设的“中央钢铁厂”，已确定在湖南湘潭开建（后因抗日战争而停建）急需人才，经北洋大学李书田校长鼎力推荐，实业部（后改为经济部）已同意接纳刘刚参与该厂筹建工作，要其暂留英国等候消息。一星期后，刘刚接到实业部矿业司司长程义法聘请他为资源委员会矿冶专门委员和参加中央钢铁厂的筹建工作的信，由于该厂机器设备和设计均由德国提供，中央钢铁厂骨干技术人员也由德国培训，要他直接由英国到德国柏林去等候由国内而来的中央钢铁厂受训人员。当时他心情分外激动，觉得终于可以学有所用，能为祖国的钢铁事业建设贡献一份力量了。

1937年2月底，刘刚抵达德国柏林，租住在一位懂英语的德国老太太家里。他抓紧时间积极学习德语，5 月中下旬，又随严冶之、郑葆成、靳树梁、王之玺四位专门委员和其他技术人员（共约 30 人）到世界著名的军火制造厂克虏伯钢铁公司（Fried Krupp Huttenwerke A. G.）学习。按照中德所签协议，在该公司培训学习期为两年。

"七七"事变以后，华北沦陷，南京失守，日本对中国的侵略步步深入，在大敌当前、国家和民族危亡之际，他再也不愿在国外继续待下去了。严冶之、靳树梁、王之玺亦有同样的想法，于是四人商量：严冶之出国前曾在汉冶萍公司炼铁部担任过主任，靳树梁、王之玺和刘刚都是六河沟炼铁厂工程师，又都是资源委员会矿冶专门委员，提前回国参加抗日，可为生产抗战所需要的钢铁发挥自己的作用。于是，他们在 1938 年年初向资源委员会请缨提前回国，获批准后即启程回国。

二、创建后方钢铁厂　支援抗战

1. 参与壮烈的中国实业"铁血西迁"

1937 年抗日战争全面爆发后，为了抗击日寇，国民政府为争取时间将战区厂矿拆迁至内地，兵工署成立"钢铁厂迁建委员会"（简称"钢迁会"）。1890 年清政府从英国购买的高炉、平炉和轧机（从炉机到地脚螺丝都是从英国、比利时引进的），建设了汉阳钢铁厂，于 1894 年建成投产。这是我国第一座拥有当时世界级水平的钢铁企业，且是当时唯一掌控在国民政府手中、没有遭到敌人破坏的大型军工企业。虽因经营不善，汉阳钢铁厂于 1924 年停产，机器、炉座大都腐朽，零件缺损尤多，但仍有众多可供后方工业建设使用的资源，因此成为当时拆迁的重点。由于参与该厂建造的主要是外籍技术人员，曾参加过该厂建设过程的中国老技术人员（含技术工人）也已离开或病故，加之日寇正向九江地区逼近，必须要在三个月内完成搬迁，因此在技术、运输上均面临重重困难。

1938 年 3 月初刘刚等四人回国后，资源委员会即令他们代表资源委员会参与"钢迁会"的拆迁筹划和技术指导工作。经严冶之对重庆新址的考察，和靳树梁、王之玺、刘刚对钢铁厂的现场核查，根据"快速、有效"原则，对"钢迁会"原总体拆迁计划作了较大的修改。由于参与拆卸的工人系临时招募而来，其中技术工人甚少，因此四人与从鄂、湘、沪、港（香港）调集来的 10 余名工程师，分工负责，深入一线进行现场指挥和技术指导。

1938 年日寇为了破坏拆迁，在加强武汉外围战的同时，凭借其空军优势，对汉阳钢铁厂及运输船只进行频繁猛烈的轰炸。由于武汉无防空洞设施，空袭时职工只能躲在附近的龟山上临时修建的防空掩体里。在这种情况下，参与迁建工作的员工为了抢时间，给大后方多拆运些设备和器材，经常加班加点，通宵达旦地冒着生命危险进行抢拆抢运，时有伤亡。刘刚目睹了躲在龟山的几位工友被炸和工程师史汉生在轰炸中牺牲的惨景，他自己也两次险些在日军轰炸中丧生。在运输方面，钢迁会除调动各种大小机动船60艘外，还动员了7000余艘民用木船协助运输，又在沿途较安全区（受敌机轰炸较少或难以袭击的地区）设立次级中转站，不仅减少了人员伤亡和财产损失，也提高了运速。

为了加速抢运，员工家属、抗日团体，包括学生都加入了手拉肩扛的搬迁队伍。在无数个停电的夜晚，都有少年学生自觉自愿地打着灯笼，站在江风猎猎的岸边，为工人们将拆迁设备装上船提供照明，展现出一幕幕可歌可泣的英雄事迹。由于计划和组织得当，全民一心共赴时艰，在强敌压境、敌机“注目”下，在拆卸技术及运输条件极差的状况下，在短时间内从汉阳钢铁厂拆运出机器和材料3万余吨，经多次辗转运往重庆，世人为之称奇，称之为中国实业的“铁血西迁”。其整个过程的壮烈程度，不亚于第二次世界大战期间著名的“敦刻尔克大撤退”。

2. 建设后方最大的钢铁联合企业

1938年8月刘刚随钢迁会赴重庆参加大渡口钢铁厂建设。由于以往中国的大型钢铁企业建设都是依赖外国技术人员完成的，兵工署原已聘请曾任奉天兵工厂炼钢工程师、南京国防设计委员会专员等职的瑞士人李利霍氏担任总工程师（亦称主任工程师），但他在回国接家眷时，因回路被封锁而无法返回。针对此情况，钢迁会决定走自立自强之路，任命翁德銮为总工程师，由资源委员会四个矿冶专门委员组建总工程师室（亦称技术室，严冶之为主任工程师）。经过对现有实况及可利用的有利客观条件的反复调查论证，并结合未来的发展，他们提出在保证高质、高效的原则下，采取“因陋就简，就地取材，分步实施”的建设方针，即规划设计要有战略观，起步先建小型冶炼设备进行生产，以应抗战急需的设计原则，对大渡口钢铁厂建设进行全面规划；并议定由靳树梁负责设计一座20吨高炉，刘刚负责10吨炼钢平炉（又称马丁炉、碱性平炉）及炼钢车间全部主要炼钢设备的设计，并同时提议先将从发电厂、机修厂和六河沟炼铁厂拆来的100吨高炉及中型轧机等装修起来；由从资源委员会调来的郁国城工程师负责建立耐火砖厂；另外，设立七个所负责设备安装和生产等实施方案。四个矿冶专门委员中，由于刘刚兼任准备及工作支配课（科）课长，协调有关物资配用和建设工程进度，在大渡口钢铁厂工作时间最长，达四年之久。这段时间，他不仅工作艰难，还兼职多。1939年他兼职参与民营“人和钢铁公司”创建，1941年又增兼民营“蜀江矿冶公司”总工程师，国家被毁，

1940 年 9 月 14 日大渡口钢铁厂遭到日机大轰炸，他的妻子与长女险被炸，住宅被炸成个大坑，家产除了事后从灰土中挖出了一个皮箱外，其他东西荡然无存，三天后他放在临时住所的皮箱又被偷，家产已一无所有。但他想到前方英勇杀敌、流血牺牲的抗日将士，个人身心的疲惫和财产损失的惆怅，顿时全然消散，依然精神振奋地战斗在钢铁第一线。

1944 年 5 月，大渡口钢铁厂在广大职工的艰辛奋斗下，终于克服了重重困难，完成全部设计规划，成为大后方最大的钢铁联合企业。其产量约占当时后方钢铁总产量的 90%，有力地支持了正面抗日战场的军火消耗，同时也为我国培养了一批自立自强的冶金人才。这些成就也是我国冶金人才在大型冶金建设上，摆脱对外国专家的盲从和依赖，独立自强、艰苦奋斗的结晶。

3. 中国首位炼钢平炉自主设计者

在当时抗战大后方受日寇封锁与破坏、可参考的国外技术资料严重匮乏，国内也无可借鉴经验，后方物资又处于极端困难等情况下，为了完成“钢迁会”交付的设计炼钢平炉及炼钢车间全部主要炼钢设备的任务，刘刚不辞辛苦，深入实地对迁运来的器材和当时可创建或利用的外部条件进行了几个月的考察、分析，终于设计出炉头为温都里氏的炼钢平炉，成为我国钢铁史上第一个炼钢平炉自主设计者。他的设计理论、炉形等受到同仁们的称赞，被认为既符合国情，又有“国外新式钢厂之措置”。1940 年 9 月炼钢整体设计全部完成，他所设计的平炉于 1942 年年底正式投产，试炉一次成功，使用情况良好，创造了当时国内炼钢 117 炉仍不需停炉检修的新纪录，被炼钢部老领工张宽馀称为“神炉”，并举行了隆重的祭炉仪式，也宣示了中国炼钢炉设计、安装、开炉全部依赖外国技术人员时代的结束。

4. 创建人和钢铁公司，就地取材建造“新式小高炉”，发明解决小高炉炉缸冻结难题，生产高硅铁，解战时军工及机械厂所需灰口铁“铁荒”之难

1941 年 4 月前，市面上只有土炉用木炭炼出的白口铁，而且价格猛涨，而军工及机械所需的灰口铁却奇缺。1939 年刘刚受邀参与民营“人和钢铁公司”的创建工作，任董事兼总工程师。他认为要解决抗日战争急需的钢铁问题，必须要发展新型热风焦炭小高炉生产高硅铁。这项重大改革，在当时无先例可循，同时又要面对物资缺乏（特别是建炉所需钢材和耐火材料奇缺，当时重庆市只有大鑫砖厂一家生产火砖，因其氧化铝含量较低，不符合炼铁炉所需火砖要求）、运输艰难（主要靠驴

马拉运，同时还会受到小股土匪的骚扰）、资金不足（初投仅50万元，后逐步增至100万元）等困难。在此情况下，他只好就地取材，如借用四川建冷风土高炉的常用材料——泡砂石来代替火砖砌焦炭炼铁的热风高炉；用木槽和竹管接引山上的泉水作为高炉冷却水；卧式长方形热风炉外壁和炉顶也用泡砂石砌筑；热风炉内安装蛇形生铁热风管；风嘴用内包蛇形钢管的生铁铸成等。历尽艰辛，两座5吨高炉（后扩大到7吨）终于在1940年4月建成，炉壁厚度达1m左右，其大胆采用泡砂石砌热风炉之举，使冶炼界人士为之惊愕。

首开炉即出现水箱漏气、泡砂石膨胀过甚、炉缸凝结、炉身裂开200mm等问题，被迫停炉。5月份炉子修复以后，用竹缆箍加固进行第二次试炼，但出铁不到一个星期，炉缸依然凝结，风嘴结黑，竹缆全被撑断，炉身重现裂缝，只好停炉。后想方设法买到了几条扁钢来加固、并对炉身进行改良，6月份再行试炼，又因煤气下降管漏进空气，造成热风炉爆炸，刘刚也险些遭难（为观察情况他常在最后离开现场，一次当发现情况不对时，幸见50m处有一存放工具的洞，等他刚跑进洞口，爆炸即发生了，有幸躲过此劫）。在热风炉修复中又改良了风嘴，7月份继续试炼，仍因风嘴结黑、部分热风管经不起高温而熔化，只好再停。8月份改进热风管铸铁质量（选用含硅、铝高的旧生铁管）继续试炉，开始情况良好，一星期后又因风嘴结黑、炉身泡砂石受热分解析出大量蒸气，致使炉缸冻结而停炉。连续五次失败，冶炼界及公司多数人认为此事难成功。他却坚持不改初衷，终于发明了“K孔”（以刘名字“刚”的英文拼音首字母命之），彻底解决了因泡砂石受热产生的炉缸冻结风嘴结黑等问题。9月份采取这个措施后做第6次试验，高炉生产一帆风顺，为国内首次炼出了含硅15%以上的高硅生铁，其价格由经济部召集相关专家讨论议定为12500元/吨，仅是当时同类产品进口价的21%。将高硅生铁掺入白口铁中或废钢中熔化，既可生产出军工及机械工业所需的灰口铁，又有利于发挥当时土高炉生产的白口铁的作用，对缓解抗日战争时期军工及机械工业急需灰口铁的局面起了一定作用。同时，这也引起了一些冶金专家和炼铁技术人员的兴趣，他们络绎不绝地前来参观，从而带动了热风焦炭小高炉的蓬勃兴起，为支援抗战做出了积极贡献。国民政府经济部核准专利三年［专利号（30）合字第139号］，并为他颁发了奖状及奖金。当时矿冶研究所冶金专家魏寿昆这样评价刘刚：在当时物资极度匮乏情况下，苦心设计，大胆试验，卒能成功，乃抗战期间技术上一大收获。在我国冶炼技术上，将永葆其光荣一页。

5. 建设资和炼铁厂，创建既能生产优质灰口铁，又能炼出优质锰铁合金的高炉

1942 年 5 月刘刚调离大渡口钢铁厂，到位于重庆小龙坎的资和炼铁厂任副经理兼厂长。该厂原系民营协和炼铁厂，因缺乏资金，由资源委员会和民生船业公司共同注资后，改为公私合营，因其规划不合理，建筑设计亦欠妥，只好重新设计和建造 $66m^3$ 高炉。由于当时物质条件匮乏，三座热风炉和高炉的炉身所需材料，全部用从被日机炸沉在长江里的小火轮上拆下来的钢板制成。历经近 6 个月的改建，当年 11 月高炉全部建成，1943 年 4 月开始正式投入生产。它既能用涪陵赤铁矿作为原料，炼出优质的炼钢和铸造需要的灰口铁，又能用贵州锰矿生产国防工业需要的含锰 80% 以上的锰铁合金。该炉的模型曾在 1944 年后方工业成就展览会上展出。

6. 赴美国考察，筹建华中钢铁公司

1942 年 4 月 20 日，国民政府召开第一次全国工业计划会议，讨论战后工业建设问题，刘刚也应邀参加。在会议期间，《大公报》记者徐盈对刘刚在后方钢铁工业建设上所做的工作进行了专门采访和报道，赞其为“钢铁界抗日先锋”。1943 年国民政府授予其二级景星勋章。

1944 年 4 月资源委员会为推进抗日战争胜利后钢铁事业的发展，委派刘刚为特派员，随团赴美国考察先进技术 18 个月，先在琼斯-拉夫林公司（Jones & Laughlin Steel Corp.）、阿里奎伯（Aliquippa）厂进行三个月的细致的技术考察，后又转入美国最大、设备现代化和自动化程度比较高的钢铁公司——美国钢铁公司（United States Steel Corp.）和芝加哥的南芝加哥特殊钢厂（South Chicago Steel Works）考察。后五个月，他主要参观全美各大、中型钢铁厂和对北美的大湖区铁矿场进行考察，以及到加拿大参观钢厂和铁、镍矿场。在美考察期间，资源委员会授权程义法、刘刚和丘玉池三人与美国麦基公司联系，请该公司着手筹划在大冶兴建最新式的年产 100 万吨钢锭的钢铁厂。

1945 年抗日战争胜利后刘刚奉命于 10 月回国。1946 年 1 月因赴日拆迁广畑、八幡两钢厂设备受阻，他改任经济部资源委员会大冶厂矿保管处主任，协助接收敌伪“日本制铁株式会社大冶铁矿”财产，7 月在此基础上成立“华中钢铁公司筹备处”，他任副主任，代主任职务。1946 年 8 月，丘玉池陪同麦基公司的三名专家从美国来到大冶勘测建厂地基，调查煤铁资源，收集有关建厂资料，不久就完成了设计。此套设计满足了技术先进性及设备现代化的要求，不仅在国内居先，在国外亦

少见，堪称世界一流。当时计划钢铁厂的主要冶炼设备是：1000m^3 高炉两座，150吨平炉四座，以及考波式炼焦炉；轧钢包括连续式的中、薄型板轧机一套，冷轧薄板机一套，以及型钢及钢轨轧机、无缝钢管轧机和线材轧机等；资源方面，铁矿以大冶铁山为主，湖南、鄂西、海南岛、马鞍山等处铁矿为后备；煤矿以萍乡煤矿为主，河南平顶山、安徽淮南等地煤矿为后备。建厂设计规划分两期，每期5年，10年完工。该厂生产规模为年产100万吨钢。1947年因向美国贷款无着，建厂经费不足，麦基公司又为公司另拟定了一个6年三期施工计划，每期2年，建成后生产规模为年产焦炭60万吨、生铁50万吨、钢锭60万吨、成品钢材45万吨。可是由于国内战争升级，建设经费越来越困难，终使这个计划也成为泡影。后刘刚与资源委员会主任委员翁文灏商议，决定暂时改小建厂步骤，即在麦基公司设计的全厂布局图中翻砂车间的位置上，先建一个小规模的钢铁厂，这样一方面可以用生产来维持员工开支，另一方面将来兴建大厂时可将这个小钢铁厂改为翻砂车间。但后来，建成的高炉因缺乏购焦炭及相关配套设施建设所需经费，而不能投入生产。1948年7月10日华中钢铁有限公司正式成立，张松龄任代总经理，丘玉池和刘刚任协理。公司根据现有人力物力又一次拟定建设规模较小的炼钢车间，年产钢锭3600吨、钢材2700吨的钢厂方案，大部分设备从重庆、青岛、海南拆运来，计划用一年半时间建成。因时局动荡，币值猛贬，这一方案仍难实现。从抗日战争胜利至1949年5月15日大冶解放时，工厂只有一座83m^3 高炉、两座1.5吨贝氏炼钢炉和10in（1in=2.54cm）轧机建设完毕。除贝氏炼钢炉试生产外，其他设备都未进行过正式生产。1950年年初重工业部第一批拨款4万吨小米（当时由于物价波动大，拨款以粮食计算）支援华中钢铁公司的建设款到达，当年9月公司的高炉、平炉终于能先后投产，高炉冶炼出的锰铁、低矽生铁，对当时市场上生产冷铸车轮及硬面轧辊所需的原料紧张问题起到了一定的缓解作用。

三、护厂护矿迎解放

1948年年底，刘刚与公司总经理张松龄，积极响应孙越崎为首的资源委员会起义委员会号召（丘玉池已调往广州钢铁厂），即积极响应、主动配合中共大冶工矿特区地下党委，成立“员工警互助会”，进行护厂护矿起义活动。4月初刘刚去武汉大学讲课，在妻子与年幼的四个子女已回江西老家的情况下，他拒绝了国民党省政府为其“南走广州”的安排。5月初他讲完课时，厂部地区形势已经十分紧张。由于厂区地形狭窄，傍依长江，极易受到战火威胁，厂部又出现了厂级领导“空位”，刘刚心中最挂念的是自己几年来历尽艰辛亲手筹建起来的华中钢铁公司的设备和2000多名职工及其眷属的安全保障问题。在长江航运基本被封锁的情况下，他不顾在武汉读中学的长子的安危，不顾公司驻汉口办事处人员的劝告，于夜间坐公司的小火轮，在两岸国民党驻兵开枪阻击声中，冒着生命危险返回厂部，组织职工按资源委员会起义委员会发给他和张松龄的电令，又再次检查部署“迎接解放”事宜，并再次拒绝登上国民政府省长万耀煌的侄儿来接他南下的越野车。5月15日解放军进驻厂部，顺利完成了公司的财产、资料的平安交接。新中国成立后刘刚被委任为华中钢铁公司总工程师。

四、积极参与新中国钢铁事业建设

1. 为钢铁工业复苏献策献力

1950年夏，刘刚接到重工业部电报，为拟定新中国成立后钢铁工业复苏规划，让他陪同当时援华苏联专家马尔歇夫去重庆考察重庆钢铁公司所属各厂。在此期间他受到当时西南军委会首长刘伯承、邓小平的宴请和勉励。

1950年12月，第一次全国钢铁会议在北京灯市口工程师协会旧礼堂召开，由重工业部部长何长工主持，大会主席团主席是朱德总司令。刘刚荣幸地被邀为会议代表，并被推举为大会主席团成员，参与了新中国成立之初三年的钢铁工业复苏规划的讨论。

1951年年初，重工业部钢铁工业管理局为了落实第一次全国钢铁会议通过的把华中钢铁公司建成关内第一个大型钢铁生产基地的计划，从各地抽调10余名工程师组成大冶设计组，并将刘刚借调来北京，任代总工程师，进行总体设计。1951年年底设计基本完成，1952年年初工作由苏联专家接管，并将原华中钢铁公司厂址改在武昌青山区，改名为武汉钢铁公司。

2. 推进钢铁工业管理局早期科学管理

1953～1956年，刘刚在重工业部钢铁工业管理局炼钢科工作，他按照国家建设规划要求，扩建新成立的大冶特钢厂，完成了两套炼铁部的总布置图的设计；对天津钢厂、太原重机厂、太原炼钢厂等的某些不妥设计进行了修正或建议。四个月后他被调到综合科。为使国家的钱能发挥较大的效益，在审核1954年各大中厂矿呈报的“技术组织措施”计划时，他坚持按照必要、合理、可能的“三性审查原则”，先后到上海、唐山、太原、马鞍山、天津等钢铁厂进行调查，研究改进措施。为了有利于钢铁工业管理局及时了解掌握各厂矿设备的实际情况与工程进展情况，加强科学管理，他协助科室建立了六套专业的成套技术分析用的统计表格及相关标准数据。

3. 创建国内首个“炼钢平炉热工试验室”，开拓国内炼钢平炉节能研究

1956年5月刘刚被调入钢铁工业综合研究所（即冶金工业部钢铁研究院的前身），参与创建“热工试验室”，为使研究与实际密切结合，早出成果，更好地培养青年技术人员，刘刚克服家庭困难（妻子体弱多病，身边儿女小），带领青年技术人员长年（历时约三年）在外奔波，先后深入上海钢铁三厂、太原钢铁厂、重庆大渡口钢厂开展平炉热工试验。由于以前国内没有开展过此项研究，有关炉钵结构的改进意见和图纸设计等，都要根据现实状况进行具体的研究和分析，刘刚带领热工试验室成员，在节约能源和缩短冶炼时间方面取得了良好效果，三个厂都给他发了奖旗。他的工作既推动了“炼钢节能”研究的发展，同时也推动了新一代相关人才的成长。

4. 使湖南省所炼的高硫土铁“变废为宝”

在1958年“大跃进”和“大炼钢铁”时期，钢铁工业综合研究所组成各种“保钢工作组”，分赴各地参与夺取当年年产“1070”万吨钢铁产量的胜利的工作，刘刚被派往湖南长沙协助当地搞炼钢工作。由于当地生铁原料含硫过高，炼出来的钢完全不能使用。为了解决这个难题，通过调查研究，他到长沙新生机器厂，设计和建造了一座20吨的高炉，利用当地含锰铁矿与当地高硫土铁（最高含硫3%，一般含硫也在1%以上）混合装料，使炼出的生铁含硫量降到0.02%左右。这不仅解决了炼钢需要的低硫生铁问题，而且为该厂提供了制造机器的优质铸铁，还使湖南所炼的高硫土铁变无用为有用。

5. 为氧气转炉炼钢的发展做出了积极贡献

第一，他是新中国第一座氧气转炉炼钢的开炉生产主持者。1961年年底，因中苏关系紧张，苏联专家撤离，带走了援建石景山钢铁厂（首都钢铁公司前身）氧气转炉的相关技术资料。由于该厂是中国第一座氧气转炉，国内无有关资料可借鉴，以致不能如期完工和开炉生产，北京钢铁学院委派刘刚去主持。他几经探索，终于破解了其技术机密，保证如期开工顺利生产，也为今后国内自立发展“氧气转炉炼钢”提

供了宝贵经验。

第二，他创造性地运用“相图论”为20世纪80年代中国氧化顶吹转炉炉龄的提高做出了重要贡献。1979年“拨乱反正”后，刘刚重获新生。他虽已进入耄耋之年，身患高血压、冠心病、白内障、胆囊炎等疾病，但仍兴致勃勃地参加由炼钢教研组刘新华、董履仁、赵万智三位中年教师组建的炉龄科研组与攀枝花钢铁厂（攀钢）的合作，对120吨氧气顶吹转炉进行延长炉衬寿命的试验研究。刘刚因身体原因不能亲临攀钢现场，但他多次到国家图书馆，为炉龄攻关组查找收集相关德文的参考资料，再翻译出来（共译7篇4.88万字），用复写纸复写后装订成册，分发给相关成员。同时，为了弄清攀钢转炉炉龄低是否与该厂炉渣含钒钛氧化物的程度有关，他亲自带领研究生欧昌俗（80年代中期毕业后不久即成为安阳钢铁集团公司技术骨干，并有发明专利）和两名80届学生，在实验室内针对钒钛氧化物对碱性转炉渣中MgO饱和度的影响进行了系统测试。他们先后共做了几十炉共近百个实验，测绘出三个含 V_2O_5 三元相图，既填补了我国在这方面的空白，又为白云石加入量、加入时间及炉渣岩相检验提供了有价值的参考数据。他在对碱性氧气炼钢转炉白云石造渣的潜心研发过程中，创制了 $CaO-MgO-SiO_2-FeO$ 四元系相图，找出了Kt临界线，并和刘新华、彭志高老师一起进行实验室论证试验，获得了满意结果，从而增进了对碱性氧气炼钢白云石的造渣机理的认识（论文在《钢铁学院学报》上发表）。历经两年多的努力，炉龄攻关组终于创造性地运用多元相图理论完成了对冶金炉渣控制、防止耐火材料浸蚀的研究，取得了延长炉龄寿命40%的显著效果，为80年代中国转炉炉龄的幅度提高做出了重要贡献。该成果荣获冶金部科学技术进步奖三等奖。据此发表的论文《120吨转炉半钢炼钢含钒渣的研究》，于1983年11月由科研课题组于日本召开的学术会议上宣读，受到国际同行的积极关注。

第三，他完成了多部著作与多篇论文，翻译了大量资料，著有《电工硅钢的制造》。为将国际先进的“相图论”引进国内，他编写了《相图讲义》。另外，他有关转炉炼钢的九篇论文先后在《钢铁杂志》和《钢院学报》上发表。他还参与了《物理化学和炼钢》的编译工作。

为有利于教研组同仁加速对国外有效经验的了解与吸收，1973年他虽已年逾古稀，仍凭借自己娴熟掌握英、德两国文字的优势，积极主动或应同仁需求，将国际上有关炼钢炼铁的新理论、新技能的外文资料进行翻译后提供给同仁参考。由于当时条件差，翻译全靠手工抄写，对于有较大价值的资料，他还特意将译文用复写纸复写出来装订成册，供大家传阅。1981年（82岁）他因患胆囊炎两次住院，身体尚处在恢复期，抄写动作缓慢，且因白内障症状日益加重，常需借助放大镜阅读相关资料。但为了让大家能在较短时间内得到译文，有时他在工作之余或节假日时还在家中加班。1973～1986年，他自译较大篇章的德文、英文文献资料共65篇547页，70多万字，先后为19人译文58次（其中3/4是德文）。

1987年刘刚退休（1995年改为离休）后，又受多个部门邀请，撰写回忆史料。1991年（92岁）他患轻度心梗住院后，仍不愿虚度年华，看到祖国日益繁荣昌盛，他所追求的"钢铁报国"理想得到实现，他甚为振奋，又积极将从广播、电视、《参考消息》或其他杂志上听到与看到的一些令人欣喜的资料，摘抄汇集成册，按年分本（共写了8本），担当起历史的记录者。

刘刚一生历经清末、民国、新中国三个时期，成长在国家动荡被侮的时代，具有强烈的忧国忧民情怀和我国传统爱国知识分子清高（不慕荣利，不附浊流）、清廉（作风正派，廉洁奉公）、清贫（生活俭朴，乐在志中）的"三清"美德。北京科技大学同仁对他的评价是："他虽历经坎坷，饱经风霜，受过不公正待遇，但钢铁报国之心矢志不渝，他的心胸豁达、淡泊名利，一丝不苟做学问，诲人不倦、为人师表的优良作风，为我们留下了宝贵的精神财富。"

五、刘刚主要论著

中国金属学会主编．1980. 氧气顶吹转炉合理的白云石造渣制度．钢铁，15（8）：1-5.

刘刚．1983. 氧气转炉含钒炉渣相图及一些氧化物对 CaO–FeO–SiO 渣系性能的影响．北京钢铁学院学报，(1)：22-41

刘刚．1984. 20吨转炉半钢炼钢含钒渣的研究．日本铁钢，19.

刘刚．1987. 勤奋五十载钢铁志不移（自述传）．中国冶金史料，(3)：61-71.

主要参考文献

重庆钢铁公司冶金军工史编辑办公室编．1986. 冶金工业部军工史丛书（四十三卷）——重庆钢铁公司冶金军工史（1938—1985）：7-11，377，379，383.

湖北省黄石市政协文史资料研究委员会编．1986. 黄石市文史资料（第九辑）．武汉：中国人民政治协商会议湖北省黄石市委员会文史资料研究委员会编：151-155，156-161.

重庆市档案馆，四川省冶金厅，《冶金志》编委会．1988. 抗战后方冶金工业史料．重庆：重庆出版社：10，12，272，299-300，313，318，323，443-445，510.

湖北省政协文史资料委员会编．1992. 湖北文史资料第二辑·汉冶萍与黄石史料专辑．武汉：湖北省政协文史资料委员会：32-36，60-66.

石新明．2009. 满井村——北科大校园人文录．北京：冶金工业出版社：25-26.

湖北省冶金志编纂委员会编．1990．汉冶萍公司志．武汉：华中理工大学出版社：241-246.

中共武钢大冶铁矿委员会宣传部编．1992. 大冶铁矿史话（1890—1990）：148-154.（内部资料）

黄石市大冶特钢厂史办编 . 1978. 大冶钢厂志（1913—1985）. 一卷：25, 61-66. 二卷：6.

撰写者

刘培高（1932 ~ ），湖北黄冈职业技术学院医药卫生院主任医师，传主长子。

刘培尚（1939 ~ ），美国联合技术公司高级工程师，传主次子。

倪桐材

倪桐材（1900～1984），上海人。有用矿物加工（选矿）专家。中国重力选矿技术的开拓者之一。1924年毕业于北洋大学矿冶系，先后在唐山开滦煤矿、河南宜洛煤矿、湖南恩洪煤矿、广西平桂矿务局任技术员、工程师。1941年到云南省个旧市，先后任个旧选厂厂长、新厂锡矿矿长、云南锡业股份有限公司总工程师、云南锡业公司总工程师、云南锡业公司中心试验所主任工程师，1974年退休。1946年加入美国采矿学会。在云南锡业股份有限公司任总工程师期间，为克服因抗日战争造成的选矿设备、材料难以进口的困难，研制生漆摇床床面，改进矿泥土法工艺。1949年为保护企业财产不被国民党军队破坏做出重要贡献。新中国成立后，作为锡工业基地建设的技术总指挥，主持设计和指挥施工建成中国第一条最长的架空双线运矿索道。主持与参加细粒锡石回收设备研制和选矿新工艺开发，多项成果荣获国家奖励。培养了大批工程技术人才。

一、坎坷一生

1900年1月16日，倪桐材出生在上海市松江县一个书香门第之家。父亲倪伯英在当地中学当教师，并任过县教育局督学。就在倪桐材来到世界的那一年，清政府被迫签订《辛丑条约》，中国彻底沦为半殖民地半封建社会，上海更成了“租界”林立的大洋场，中国的土地上竟立起“狗与华人不准入内”的牌子。幼年出入上海滩的所见所闻，父辈“好好读书，长大救国”的教诲，促使小小年纪的倪桐材认真读书。在松江华娄高等小学堂、江苏省立第三中学，他成绩优异，爱好化学，曾自制多种化学用品，又擅体育，曾赴扬州、苏州参加联合运动会，连获拳术第一名。

1918年，18岁的倪桐材离家北上，考取了天津北洋大学预科班。北洋大学是洋务派学习西方、自立强国的产物，开创了我国矿冶高等教育的先河。许多有志青年正是怀抱“工业救国”的愿望和热忱投入这所学校的。倪桐材在北洋大学和后来显赫一世的国民党“四大家族”之一的陈立夫同班，两人学业均名列前茅却前程各异。1924 年，倪桐材毕业于北洋大学矿冶系。毕业后，限于家庭条件，倪桐材放弃了出国留学的机会，回到家乡在沪北工巡捐局仑宁汽车公司任职，三年后到唐山开滦煤矿任工程师。在开滦煤矿的 11 年中，他深入矿井，掌握各煤层的特点和产出规律，灵活运用各种采煤方法和设备，有效地组织采煤。

抗日战争爆发后，倪桐材毅然离职，先后到河南宜洛煤矿、湖南恩洪煤矿、广西平桂矿务局工作。1941 年，倪桐材受国民政府资源委员会聘请，不惧艰辛危险，来到了祖国边陲小镇、世界闻名的产锡重地云南个旧。他到个旧时，抗日战争进入相持阶段，由于日本飞机轰炸破坏，交通中断。在极其困难的情况下，云南锡业公司坚持生产，为国家提供了大量抗日急需的物质和资金。倪桐材因工作认真负责和做了许多技术改进，受到国民政府资源委员会的嘉奖。

个旧的矿产开发有悠久的历史。早在两千多年以前，就有人开采锡矿。1913 年引进了选矿机械，个旧的选矿开始了机械化作业。1933 年，个旧生产的锡纯度达到 99. 75%，销往英国伦敦国际市场。1939 年国民政府资源委员会联合中国银行向云南省政府提出，为有利于抗战，中央与地方合作开发锡业，得到了以龙云为首的云南省政府的同意，由三方投资组建公司经营个旧锡矿。1940 年云南锡业股份有限公司正式成立。公司的成立，使锡的产、供、销一体化，跨上了一个发展新阶段。个旧“锡都”的美称逐渐扬名中外。到个旧后，倪桐材开始受聘担任我国第一座机械化重力选矿厂——个旧洗矿厂厂长，1945 年兼任新厂锡矿矿长、探矿处主任。1946 年他被聘为云南锡业股份有限公司（下称云锡公司）总工程师。同年，倪桐材赴英国伦敦参加世界锡业会议，并到加拿大、美国考察，加入美国采矿协会。在国外，他看到了尚处于初级阶段的几项选矿新设备，回到个旧后，立志改变土法选矿的落后境况，对选矿设备、工艺进行了改革，取得了许多成就，引起了国际选矿界的重视。但是，落后混乱的社会环境，限制了他的聪明才智的发挥，无数严峻的事实使他认清了国民党的腐败。他同情、支持进步力量和中国共产党。1949 年 12 月，当国民党军队溃败个旧时，他协同云锡公司协理吕冕南有效地抵制了国民党第八军、第二十六军对云锡公司的骚扰破坏，配合中共地下党和人民解放军，完整地保存了云锡公司，迎来了“锡都”个旧的新生。

中华人民共和国成立后，倪桐材以更大的热情努力工作，投入社会主义建设事业。1950 年，倪桐材被任命为云南锡业公司（下称云锡）总工程师，全面负责公司的技术工作。1952 年“三反”运动中，中共云南省委书记宋任穷同志指示云锡，将倪桐材和吕冕南作为“重点保护”对象。1958 年，倪桐材在“反右”运动中被划为“右派”。组织上欲把他调离云锡，他不计个人得失，表明“我的事业在云锡”，坚决要求留在云锡，继续完成尚未做完的重力选矿设备研制。被免去总工程师职务后，他以普通工程技术人员的身份在云锡中心试验所工作。1960年"摘帽"后，他被任命为试验所主任工程师。他心静气平，一如既往精心钻研，努力进行选矿工艺、设备的技术改进工作。1967年后，倪桐材被禁锢多年，失去了报效祖国的条件，但依然关注选矿技术，专心思考有关问题，不畏风险地解答同事们的技术难题。1979年，云锡对倪桐材被划为"右派"的错案给予改正。

1974年退休离开个旧后，倪桐材人离心留，情系云锡，利用各种机会，积极认真地向有关方面提出自己的建议。1980年，倪桐材从济南回到个旧，应邀参加冶金工业部云锡资源综合利用科研任务落实会，在大会上进行了"提高细粒锡石回收的几点意见"的专题发言。1982年4月，82岁高龄的倪桐材，受中共中央政治局委员、国务院副总理方毅点名邀请，再次回到个旧，参加由方毅主持、国家科委、冶金工业部、国家有色金属工业总局召开的全国第一次锡业科技会议，在座谈会上提出了许多宝贵的意见。1984年5月20日，倪桐材因病在济南逝世，享年84岁。

二、主要研究领域和成就

从1941年到云南锡业股份有限公司工作至1974年退休，33年来，倪桐材始终满怀爱国主义热忱，尽心尽力，为我国锡工业的发展、为我国重力选矿技术的进步，做出了重大贡献。

（一）锡重选技术进步的开拓者

个旧锡业历史悠久，生产工艺古老而落后，原来全部采用土法洗矿，用铁锤、铁棒将矿石捣碎，用马拉石磨研磨。用人工筛分、搅槽、戽水、敲锡，将原矿选为含锡大于50%的精矿。1913年，引进德国克虏伯公司制造的球磨机、跳汰机、摇床等，建成我国第一座机械化重力选矿厂——个旧洗矿厂（后更名为个旧选厂），1941年云南锡业股份有限公司组建后，重力选矿技术有了进一步的改善。新中国成立后的五六十年代是云锡重力选矿技术全面进步的时期，代表了我国重力选矿的技术水平。而其中，作为云南锡业公司总工程师的倪桐材，当之无愧是锡重选技术进步的开拓者。

1. 研制生漆摇床面，世界独创

摇床是重力选矿的主要设备，属于流膜选矿类设备。床面是分选的工作表面。

矿粒在摇床面上受到矿粒在介质中的重力、横向水流和矿浆水流体动力、床面差动往复运动的动力等三个相互垂直的力的作用，进行着松散分层和运搬分带两项基本分选运动，在床面不同分带上形成精矿、中矿、尾矿。

1913 年个旧洗矿厂引进摇床，产出商品锡精矿。至 1941 年，摇床已腐朽不能修理，抗日战争期间从国外另购新床也不可能。倪桐材对摇床进行了研究，试制了两种床面（当时称为床皮）。第一种为水泥床面。水泥以铁丝为骨，用 1：1.5 的水泥及 1cm 石灰石细粒，制成厚 5cm 的平面。钉床条处则预留木条，水泥下有黑油渍透之棉纸两层以防木板受潮腐蚀。水泥床面较原床稍重，但分选能力甚强。倪桐材任个旧选矿厂厂长时，于 1943 年 7 月起使用水泥床面，精矿含锡品位达 73% 以上。但因战事，缺乏高级水泥，床面磨损太大，使用寿命较短，而且水泥仍需从国外进口，因此难以推广。倪桐材不气馁，继续研制新的摇床床面，在研制中，他采纳技术工人黄云的建议，利用生漆防水性能的特点，试制了第二种床面——生漆床面。经过反复试验修改，1944 年生漆面摇床制作成功。生漆床面硬度高，有摩擦力且耐磨，不透湿，不朽损，分选细粒级矿石效果好，技术指标超过进口摇床。倪桐材撰写的《生漆摇床面》论文引起国际选矿界的重视。由此，漆面摇床取代了进口摇床，在国内相关企业推广使用，并在生产实践中不断得到改进完善。40 年后，“云锡”牌漆面摇床于 1984 年出口巴西、英国。

2. 改造矿泥土法工艺，效率倍增

云锡锡矿石的重力选矿工艺一般分两部分进行分选：一是砂矿部分，分选大于 74（或 37）μm 的粗粒锡石，这是最主要的；二是矿泥部分，分选小于 37μm 的细粒锡石。

矿泥选别，处理量不大，但工艺难度大。1945 年 9 月，倪桐材在《云锡纪实——云南锡业公司五周年纪念刊》上发表了《土法选矿及其改善办法》，特别系统地论述了用平槽、砖槽、搞锡三种工具提碏（锡精矿）的方法，提出“砂（即原矿）愈细砖槽工作愈为艰苦，故砖槽选矿之如何减少人工，尤为机磨成功后急需解决之问题也”。为提高土法选矿效率，改变人工戽水艰苦的工作方式，经过反复试验，1943 年，倪桐材创造了自流给矿的匀分槽，使矿泥成浆后均匀流到槽体斜面以提纯成精矿，不仅比人工戽水选矿法提高了效率，且节省劳动力 80%。

1950 年后，云锡重视地质资源的有效利用和选矿中的矿泥处理，对矿泥选别系统进行技术改造，采用以放槽、园槽、砖槽为主的选别流程。但这些设施占地面积大，处理能力低，劳动强度大，生产周期长。1953 年，主持生产的副经理赖卫民通过深入调查研究和系统分析数据，反复与总工程师倪桐材研究讨论，认为各选矿厂排放的尾矿中含锡 65% ~88% 集中在 74 ~ 19μm 的粒级中，努力回收这部分细粒级金属，对提高总的选矿回收率至关重要。倪桐材积极组织工程技术人员进行工艺研究和新设备的研制工作。

3. 主持、参与细粒锡石选别设备研制和选矿新工艺开发，屡获殊荣

个旧锡矿石中锡石呈细粒不均匀嵌布，与铁矿物紧密结合，属难选矿石。20 世纪 50 年代，云锡提出向 19μm 进军的口号，倪桐材作为总工程师带领工程技术人员进行攻关。1958 年被免职后，他仍坚持“我的事业在云锡”的信念，在云锡中心试验所继续进行扎实工作，不断取得成果，主要包括：

第一，云锡翻床是 50 年代后期和 60 年代初期首先研制成功的矿泥重选新设备。1956 年在倪桐材的主持下，高勇、张木铎等在一年多时间内完成了探索性试验和床面型式、坡度、给矿体积、浓度、选矿周期等参数试验，1957 年进行工业型单机设计，1958 年 7 月先后在个旧选厂、新冠采选厂进行运转试验。1958 年倪桐材对试验进行研究分析，撰写《斜面选矿的规律与控制》，指导翻床的改进。该成果于 1963 年由冶金工业部组织鉴定，1964 年获冶金工业部科研成果奖。云锡翻床比英国 B-M 选矿机（40 层摇动翻床）早 10 年问世。

通过翻床的研制和应用，云锡初步掌握了细粒锡石回收的规律，对后来的研究工作和生产实践有一定的指导意义。翻床的冲水机构和电磁铁控制——水压传动装置也为后来发明的离心选矿机所引用。

第二，离心选矿机是中国在世界锡工业中首先研究利用离心流膜选矿原理获得成功的具有重大意义的选矿设备。1957 年李季提出应用离心力强化重选过程，研制新型矿泥重选设备。1958 年云锡中心试验所立题开始研制。1960 年，倪桐材提出离心力和溜槽流膜选矿相结合的设想，使试验进入一个新的阶段。1965 年第一批 12 台直径 800mm 的离心机完成工业试验。1972 年先后在云锡各选矿厂推广，取代了翻床和自动溜槽，1982 年获国家发明奖二等奖。

第三，多层矿泥摇床。1959 年，根据倪桐材提出的方案，袁树云设计了第一台座落式工业型六层矿泥摇床，在云锡中心试验所运转。后几经改进，于 1960 年在各选矿厂进行工业试验，被纳入生产流程使用。该成果于 1963 年通过冶金部鉴定，1964 年与十六层摇床等获冶金部科研成果奖。

第四，连续水析器。1957 年，李尚贤等参照国外资料制成虹吸式连续水析器，取代移动法分析-74μm 物料粒度，提高了工作效率。1958 年，倪桐材针对水析器导

管易堵、水析质量波动大等问题，研究增加搅拌器和+74μm 捕集管，设计了给矿、给水和水玻璃分散剂自动加入的定量控制装置，改进和完善了连续水析器，提高了水析质量。该成果于1964年获冶金部科研成果奖。

第五，矿浆计量器。1958年，倪桐材根据扇形取样器原理，主持设计制成了矿浆计量器，适用于粒度小于3mm、浓度低于40%、具有较好流动性矿浆的计量和取样。矿浆计量器结构简单，易于制造，连续截取和缩分的相对误差一般小于1%，不需测定来矿水分即可计量，同时还可获得代表性较强的粒度、密度和化学分析样品。矿浆计量器的研制成功和应用，对选矿厂搞好金属平衡、加强生产、技术管理发挥了重要作用。该成果于1963年通过冶金工业部鉴定，1969年获冶金工业部科技成果奖。

第六，摇床头。1961年倪桐材、梁金录用图解法研究了云锡使用的4种摇床头的特性，提出用速度不对称系数和时间不对称系数，评价摇床运动曲线的简易方法。1984年，云锡公司与昆明理工大学合作，进行摇床头运动曲线与选矿效率关系的研究，建立数学模型，为合理选择摇床头参数和研究新型摇床头提供了依据。1987年，根据霍尔曼摇床可以在运行中不停床调整冲程的特点，吸收云锡床头的优点。袁树云等设计、试验YX-1型新型摇床头，经试运转表明效率不低于云锡摇床头，且重量轻、体积小、冲程调节方便。YX-1型新型摇床头由云锡大屯耐磨设备厂生产。

第七，开发矿泥选矿新工艺。早在1945年，倪桐材就在《选矿研究》一文中指出“泥浆问题实为个旧选矿之钥，自须特别研究之性质”，并深情地写道：“科学无止境，敢贡一得之愚，以待来者之继续努力。”他一直不间断地研究个旧锡矿矿泥的选别问题。20世纪50年代，在研制选别设备的同时，倪桐材再次进行矿泥工艺合理结构的研究，和云锡中心试验所及云锡各选矿厂的工程技术人员一道，经过一系列的反复试验，建成了水力旋流器分级脱泥、离心机粗选、皮带溜槽精选、六层矿泥摇床（或单层刻槽摇床）扫选的工艺流程，选矿回收粒级下限从37μm扩展到19μm，矿泥重选劳动生产率成倍提高，降低了成本，提高了选矿回收率，矿泥重选技术达到了国际水平。倪桐材等完成的《锡矿泥选矿新工艺》获1978年全国科学大会奖。

第八，1963年，倪桐材在中国金属学会第二次全国代表大会上介绍了云锡重选新设备、新工艺研究成果，引起大家重视。会后，冶金工业部指定云锡负责进行鞍山钢铁公司贫赤铁矿的重选流程试验。1964年，倪桐材组织云锡中心试验所用翻床、摇床的全重选流程进行选别，结果在原矿品位（含铁）35.78%条件下，精矿品位60.55%，选矿回收率88.05%，比惯用的磁选法精矿品位提高2.64%，选矿回收率提高17%。

4. 研究流膜选别，理论超前

倪桐材在研制细粒锡石选别设备的过程中，认真进行流膜选别的理论研究。他在阐明溜槽分选的原理时，将矿浆层分为清水层、浓缩层与静止层三部分，并认为浓缩层的涡流与清水层的流速是影响选别效果的主要因素。他指出：①浓缩层由于给矿量与坡度造成内部涡流，这个涡流控制着能够沉底的重矿物的粒度；②清水层流速快，夹带着小于临界粒度的颗粒未经选别作用即损失到尾矿中。

（二）锡基地建设的技术总指挥

1950年1月17日个旧解放。3月8日，昆明军管会派军事代表王泽久等进驻云锡业股份有限公司，16日开始接管工作，云南锡业股份有限公司收归国有，改名云南锡业公司。云锡生产建设步入了新阶段。倪桐材被任命为云南锡业公司总工程师，担负起新中国锡基地建设技术总指挥的重任。

矿山生产离不开水。1950年前，云锡矿山砂矿的开采和选矿都是靠雨季蓄水进行生产的。1952年，在探明老厂锡矿矿石储量的基础上，为扩大锡金属产量，云锡规划将老厂锡矿胜利坑氧化矿和和平坑采出的砂矿运至靠大屯海新建的大屯选矿厂氧化车间进行选矿，在中间架设一条总长16km的双线运矿索道。中央批准此方案，将其列为云南锡业公司在国家三年经济恢复时期的重点新建工程之一。1951年重工业部有色金属管理局向全国征求“老屯索道工程”设计单位，总工程师倪桐材急国家之所急，主动承担设计主持和施工总指挥，由云锡自己干。

这条要建的运矿索道，自老厂背阴山冲的五级斜井井口为起点，经老厂一号水池第一个转角，跨越老厂与大屯之间的麒麟山第二个转角，到第三个转角后，过大屯甲介山，抵达大屯选矿厂氧化矿车间（亦称官家山选厂）的进矿仓为终点，全长15.6km，日运矿能力1500吨，是当时国内第一条在山地建造、线路最长、运量又大的架空双线索道。当时云锡的工程技术人员都没有设计索道的经验，倪桐材本人也未见过这样荷重的大索道。技术资料唯一能查找到的仅仅是在美国《采矿工程师手册》上关于索道理论的几页外文。云南锡业公司曾于1920~1921年由德国工程师卓柏勘测、德国礼和洋行供应设备、德国克虏伯公司承建，架设了一条长6.949km的马拉格—个旧选矿厂索道。倪桐材与李凤桐等翻山越岭，多次实地考察马拉格—个旧选矿厂索道，每站每塔都反复实测，收集有关技术数据。在地图上选取线路后，倪桐材和有关人员两次步行，从起点走到终点，进行实地考察。按照选定的索道线路长度及地形实况，经过反复研究，他们设计采用四段较短的双线循环式索道、首尾相连，组成一体。四段索道线段各自有开动机、大游轮和进出口装置，使其自成体系的矿兜行经第一段后，自动转入以下各段，直至终点卸矿，折返的空兜亦如此。索道利用老厂与大屯两地高差800m，在矿兜运行时重兜下、轻兜上的重力作用，使耗电量达到最小。设计采用当时比较先进的立式剪刀形夹钳、电磁控制自动抓兜等技术。设计方案于1952年6月审定，年底基本完成全部设计并开始施工。1953年8月，经过全体工人、技术工程人员日夜奋战，老屯索道全部施工安装就绪，9月1日开始试车。在试车过程中，为解决掉兜的问题，倪桐材卷着被褥，搬到矿山整整住了一个月。他让老伴给他送饭，自己集中精力观察测量、思索、计算，终于获得必要数据，解决了掉兜问题。这条当时中国矿山最长的矿山索道，到90年代仍在运行，为我国索道建设积累了经验，培养了一大批设计、施工、制造方面的专业人才。

1950年后，国家对云锡的生产进行了大规模的建设和技术改造。1952年11月新建1500吨/日大屯选矿厂工程开工，倪桐材主持选矿厂设计，指导施工。1953年9月第一幢500吨/日车间竣工，年底第二、三幢车间建成投产。1954年1月新建黄茅山采选厂800吨/日工程开始建设，年底选厂完工投产。1954年3月古山选矿厂扩建600吨/日工程开工，年底建成投产。1956年1月新冠采选厂工程破土动工，1958年10月竣工投产，采选能力6000吨/日。1956年4月黄茅山采选厂扩建工程开工，10月提前两个月完工投产，日采选能力由800吨/日扩大到1200吨/日。云锡选矿能力得到了迅速提高。每项工程中都有倪桐材作为总工程师的心血！与此同时，他认真抓选矿技术管理工作，从1954年开始，各选矿厂进行了数质量流程查定，掌握和改进选矿生产工艺；1956年编制并发布实施了《选矿技术操作规程》、《技术操作卡片》和《工人岗位操作法》。

（三）专业技术人才的精心导师

倪桐材关心云锡的生产建设，更关心云锡专业技术人才的培养。早在20世纪50年代，他不仅自己孜孜不倦地学习，而且经常告诫大家“要扩充知识，只知一行，等于无知”。在他的鼓励和亲自培养帮助下，云锡中心试验所一名仅有初中学历的年轻人，刻苦努力，自学成长，成为选矿高级工程师，主持多项科研项目，并于1988年3月作为云锡代表团成员，出席在马来西亚吉隆坡召开的国际矿业会议，在大会上宣读了《云锡悬面式六层矿泥摇床的研制和应用》的论文，受到与会代表的重视和好评。

作为云锡的技术负责人，倪桐材在实际技术工作中，十分热情地支持专业人员的积极创新，经常针对实际问题提出中肯建议。每一个重大项目都带动、培养了一批技术人才和骨干，如在老屯索道的设计、研制、运营中，培养了李凤桐、李丕章等一批索道设计专家，这批专家后来成为昆明有色冶金设计研究院的骨干，承担了国内多条索道、旅游缆车的设计工作。1956～1966年，他在重选新设备研制和新工艺开发中，带出了一大批中青年专家，成为云锡选矿的中坚骨干。

退休后，他仍关心专业技术人才的培养，不断写信告知同事，自己“从旧社会来，所见所闻感触很深。1949年中国人民站起来了。但工农业生产不发达，只能是半站，而不能全站”，希望同事们“抓紧有限的年华，把矿业科学技术很快发展起来”。他在给一位中年工程师的信中深情地写道：“我于1941年来到云锡后，就感到个旧这个有色金属矿的伟大，是祖国的一大宝藏。”“谁都希望有一个强大的祖国，要强大就必须四化。对实现四化我们每个人都负有重大的责任。我一息尚存就不能放下这个责任。”在他生命的最后一刻，他的桌上还遗留着一封给云锡一位工程师的未写完的信。

（四）选矿界永不退伍的践行者

1974年，倪桐材退休后，随儿子到山东省济南市定居。人离开了锡都，心仍系着矿山。当年，他给云锡写信，指出当时选矿生产中存在的4个问题，并提出了解决办法，受到了云锡的重视。1975年，他向冶金工业部提出用振动选矿机选别赤铁矿的试验方案，以解决我国贫铁矿的回收问题。1976年，他得知个旧干旱，连续9次给云锡写信，提出解决用水的办法。1978年5月15日，他在给冶金工业部科技办公室负责同志的信中，又重新提出用振动选矿机选别赤铁矿，“攻下红矿选矿技术关”。他在信中写道：“我年近八旬，又患冠心病，更希望能在生命结束之前出一点力攻下这个关，为伟大的四个现代化做出一点微薄的贡献。”同时，他给云锡的有关负责同志提出研制振动选矿机的建议，云锡组织有关人员进行了研究。他还提出“用棍代球”解决磨矿过程中矿石过粉碎问题，受到云锡的重视，意见得到采纳实施。1980年，80岁高龄的倪桐材于冶金工业部云锡资源综合科研任务落实会议开始前半个月就从济南赶到云锡，不顾旅途颠簸疲劳，先后到云锡机厂、大屯选矿厂、第一冶炼厂、第三冶炼厂等单位了解情况。根据他在云锡工作几十年的经验及生产技术现状，在4月18日的大会上，他作了题为《提高细粒锡石回收的几点意见》的专题发言。他指出：“细粒锡石回收是个旧的老问题。目前细粒锡石的回收水平：74～37μm（石英标准）是75%～80%；37～19μm是40%左右；19～10μm只有10%～15%。总的来讲，细粒回收的潜力是大的。”他分别就脱泥、粗选、精选、磨矿等设备对提高细粒锡石回收进行了分析，提出了意见，建议推广耐磨结构旋流器，试制刮板式离心脱泥机，加强离心选矿机机理研究以改进离心选矿机、制作连续作业离心选矿机，加快振动选矿机试验，试验流膜摇床等，为云锡选矿生产的改进提高指明了方向。与会同志备受感动和鼓舞，云锡会后也认真进行落实，有力提高了细粒锡石的回收水平。

倪桐材历经磨难，爱国尽业，以高度的事业心和责任感，从生产实践出发，潜心理论研究和技术创新，解决生产技术难题，提高生产技术水平，培养专业技术人才，为我国重力选矿事业做出了重大贡献，给后人留下了宝贵的精神财富。

三、倪桐材主要论著

倪桐材 . 1945. 土法选矿及其改善办法 . 云锡纪实：67-78.

倪桐材 . 1958. 云锡翻床 . 云锡中心试验所（内部资料）.

倪桐材 . 1958. 斜面选矿的规律和控制 . 云锡中心试验所（内部资料）.

倪桐材 . 1960. 二十层翻床 . 冶金工业部成果报告：23.

倪桐材 . 1960. 多层摇床 . 云锡中心试验所（内部资料）.

倪桐材 . 1960. 矿浆计量器 . 云锡中心试验所（内部资料）.

倪桐材 . 1960. 关于水力旋流器在现场使用中几个问题的探讨 . 有色金属，(3)：8-30.

倪桐材 . 1962. 摇床头研究报告 . 云锡中心试验所（内部资料）.

倪桐材 . 1963. 六层矿泥摇床定型试验报告 . 云锡中心试验所（内部资料）.

倪桐材 . 1964. 锡矿矿泥处理 . 有色金属，(2)：11-15.

倪桐材 . 1965. 矿浆计量器 . 有色金属，(11)：1-5.

倪桐材 . 1966. 摇床头的运动 . 有色金属，(1)：26-30.

倪桐材 . 1966. 连续水析器 . 有色金属，(2)：28-31.

倪桐材 . 1980. 提高细粒锡石回收的几种意见 . 云锡科技，(3)：1-6.

主要参考文献

云南锡业股份公司 . 1945. 云锡纪实——云南锡业公司五周年纪念刊 .

云锡志编委会 . 1992. 云锡志 . 昆明：云南人民出版社 .

云南省地方志编纂委员会 . 1995. 云南省志（卷二十六冶金志）. 昆明：云南人民出版社 .

云南省红河州政协学习文史委员会 . 2005. 锡都古今 . 北京：民族出版社 .

中共红河州委宣传部 . 2006. 个旧锡文化 . 昆明：云南人民出版社 .

撰写者

李淳中（1943～），云南省剑川县人，白族，教授级高级工程师，原云南锡业公司副总工程师，现任云南省冶金行业协会常务副秘书长。

叶渚沛

叶渚沛（1902～1971），福建厦门人。冶金学家。中国化工冶金学科的奠基人之一。1929年毕业于美国宾夕法尼亚大学冶金物理化学专业并获博士学位。1955年当选为中国科学院学部委员（院士）。创建了中国科学院化工冶金研究所（后更名为过程工程研究所）并首任所长。长期潜心于化工冶金学研究，学识渊博，视野广阔。为了解决国家建设中的紧迫任务，从国民经济的全局考虑，参考国际科学技术发展动向，不断地提出解决国家建设中许多重大课题的意见和建议，例如，应用于现代大型高炉的重要技术措施，大力发展氧气顶吹转炉炼钢和连续铸钢等；对中国几个主要钢铁基地和复杂矿（如包头、攀枝花），以及某些有色金属矿藏的综合开发利用，都提出了重要建议，并主持了一些技术项目的攻关；还积极建议发展技术科学中的新兴学科，如微粒学、计算机在冶金中的应用和超高温化工冶金的研究等。其学术思想和研究成果对中国现代化工冶金学的发展有重要指导意义。提出各种建议并撰写论文100多篇，其中《论强化高炉冶炼过程的基本问题》一文获国家自然科学奖二等奖；有关氧气顶吹转炉炼钢、高炉钒钛磁铁矿冶炼和竖炉炼磷的实验和研究，曾获全国科学大会奖和中国科学院重大科技成果奖。曾任第二、三届全国政协委员、第三届全国人大代表及常务委员会委员等职务。

一、成长历程

1902年10月6日，叶渚沛出生于菲律宾马尼拉市一个爱国华侨家庭，青少年时期在菲律宾度过。其父叶挺渠在菲律宾从商，是一位同盟会会员，曾多次抛家舍业，在南洋华侨中为孙中山的革命事业讲演、募捐、筹措经费。为此孙中山先生建议他改名为叶独醒，以表彰他为革命做出的贡献。在家庭的教育与熏陶下，叶渚沛从青少年时代就形成了强烈的爱国主义思想与为人正派的品格。

1921年，叶渚沛以优异的成绩考入美国科罗拉多矿冶学院矿业系，后转学冶金与化学工程。1925年，叶渚沛在芝加哥大学攻读并获硕士学位；1929年在宾夕法尼亚州立大学攻读金属物理化学专业并获博士学位。他先后在美国几个著名科研机构和公司里工作过八年，曾受聘于美国联合碳化物研究所，在中央合金钢公司任工程师，后又在美国机器铸造公司担任工程师、冶金部主任，在美国机器翻砂公司任顾问工程师等职。他所追求的不是生活上的安逸和享乐，而是在世界一流的大企业里，努力把自己锻炼成富有学识和实践经验的冶金专家。这期间，他在美国与英国的学术刊物上发表过10余篇有关铁、钢与合金的化学热力学与物理化学特性的学术论文，引起当时国际冶金界的注意。1933年，叶渚沛在德国的工厂与中心实验室考察数月并与一些大学教授进行学术交流。柏林工业大学的杜勒（R. Durrer）教授对叶渚沛的学识极为欣赏，希望他留在德国工作。叶渚沛谢绝了他的盛情邀请，于1933年年末回到中国。他决心“实业救国”，用所学的专业知识报效多难的祖国。叶渚沛晚年回忆那段生活时说：“那时，的确像一头狮子，贪婪地吞食一切能够接触到的东西。一心想多学一些，学好一些，不管当时能否消化得了，储存在脑子里，带回祖国总会有用的。”

回国后，叶渚沛任国防设计委员会（1935年更名为资源委员会）化学专门委员。他首先考察了我国的矿产资源，随即建议在南京建立一个冶金研究室，进行铁合金、铝金属、氮肥等专题研究，由他担任室主任。

当时内忧外患，国内的形势已不允许他安于实业救国。他不满意国民政府的不抵抗政策，在他心灵的天平上，祖国的利益高于一切。他的政治态度也以此为基础。1938年年初，叶渚沛跟随国防设计委员会撤退到武汉后，老朋友、国际进步新闻工作者路易·艾黎带着诺尔曼·白求恩来找他。原来白求恩大夫在来华途中，历尽艰辛，医疗器械全部丢失，旅费也用完了，几经周折才踏上中国国土。叶渚沛毫不犹豫地拿出自己的积蓄并向他人募集，为白求恩置办了行装和医疗器械，送他前往延安。临行时白求恩一再道谢，叶渚沛拉着他的手说：“您来帮助我的祖国抗战，应该道谢的是我。”他还为“3S”（史沫特莱、斯特朗、斯诺）协会捐款，并通过斯诺把捐款送到延安。

抗日战争期间叶渚沛随冶金研究室撤至重庆，除担任原职外，还兼任重庆炼铜厂厂长和电化冶炼厂总经理等。在任职期间，他领导技术人员与工人生产了抗日战争急需的电解铜和特殊钢，建造了新型平炉以及用回转窑试生产海绵铁等，支持了抗日前线。

1941年“皖南事变”发生以后，当时中国共产党和各国驻华使馆没有直接联系，叶渚沛接受委托，为周恩来与英国使馆安排了一次秘密会晤，使中国共产党通过外交途径向西方国家说明了“皖南事变”的真相。

叶渚沛认为，要使自己的科学技术知识赶上时代要求，必须了解世界工业发展的新情况、新动向。1944年年末，叶渚沛卸去重庆电化冶炼厂总经理一职，再度出访欧美进行工业考察，在美国、加拿大参观了许多矿山和工厂，特别是对美国钢铁工业进行了细致的考察，获得了许多有益的知识。他要了解世界科学技术发展的新动向，追踪最先进的科学技术，使自己乃至中国赶上时代的步伐。而后，他受聘于联合国教科文组织，任科学组副组长，组长是英国的李约瑟博士。任期满后，叶渚沛旅居法国和意大利。在威尼斯，他与美国人玛茜女士结为夫妻。1948年叶渚沛到美国，受聘于联合国经济事务部，任经济事务官。在此期间，叶渚沛发表了《生铁铸造》、《钢铁生产增长的可能速度》、《国家收入的依据》等多篇论文。

1949年10月新中国成立的消息传到美国后，叶渚沛欣喜万分，邀集朋友在家中举办家宴以示庆贺。他激动地说："我们这些长期漂泊海外的游子，从此有了自己的国家。振兴中华的抱负可以实现了。"炽热的报国之心跃然脸上。1950年年初，叶渚沛"躲过美国秘密警察的监视"和"香港国民党特务的绑架"，不顾上司的一再挽留，毅然辞去联合国的职务，绕道巴黎、日内瓦，直飞香港。

在周恩来的直接关心下，1950年叶渚沛一家终于回到广州。漂泊半生的海外游子终于回到祖国的怀抱，叶渚沛半生奋斗、求索，终于看到中华民族振兴的曙光。他表示："我就是希望回来为祖国的社会主义建设贡献力量。"不久，他在北京受到周恩来的亲切接见。此后，叶渚沛被政务院任命为重工业部顾问。而后吴玉章将叶渚沛推荐给中国科学院副院长张稼夫，同年叶渚沛调到中国科学院任学部秘书，1955年当选为技术科学部学部委员。同年，中国科学院委派他负责筹建化工冶金研究所，成为首任所长。他的平生抱负得以施展的日子终于到来了。

二、主要研究领域和学术成就

叶渚沛是我国化工冶金科学的奠基人之一。20世纪50年代初期，叶渚沛综合分析世界冶金发展的新技术和新工艺，结合我国冶金工业发展的需要，首先倡导用化学工程学的原理、观点和方法来研究冶金过程。他在《化工冶金研究所的方向任务》一文中指出："化学工业和冶金工业本来没有理由把它们对立起来分析，它们都包含着以下四个过程：动力的传递过程、热能的传递过程、物质的传递过程以及化学变化过程。我们研究的方向是用化学工程学的观点和方法来改进冶炼过程及设备。"他积极倡导发展化工冶金学，预见到化学工程学应用于冶金，对冶金工业和冶金学理论的发展必然起到重要的推动作用，多次建议成立化工冶金研究所。

1958年，中国科学院化工冶金研究所建成，叶渚沛任所长，从此在这一阵地上，为引导发展这一学科领域并培养一支相应的研究队伍倾尽全力。

叶渚沛对当代钢铁冶金过程中的几项最主要的新技术，提出了带有方向性的预见，如高炉采用高压炉顶、高风温及喷吹技术，炼钢采用氧气顶吹转炉，成型采用连续铸锭等。他对我国包头、攀枝花等重要钢铁基地的复杂矿以及一些有色金属矿藏的开发利用和建设方针，都提出过重要建议。他对60年代刚刚兴起的微粒学和电子计算机应用等技术，极为敏锐地倾注了热情，早在20世纪60年代初他就将这些新兴学科列入了自己的研究课题。他的许多重要建议，虽有不少在当时未被认识，但后来几乎都被实践所肯定，历史证明了他的科学预见的正确性。他的工作与贡献几乎涉及冶金过程的整个领域。

（一）提出高炉强化冶炼的“三高”理论

新中国成立初期，国家经济十分落后，尤其是钢铁工业，不仅数量很少，而且技术落后。叶渚沛一心想改变我国钢铁工业的落后面貌，用国际上最新的科学技术来改造我国的冶炼系统。那时候高压炉顶、高风温、高温度（简称“三高”）炼铁刚刚崭露头角，叶渚沛就已经在理论上做了深入的研究。他写了一系列的论文，从流体力学、传热、传质等基本原理的角度，对“三高”进行了精辟的论证，从而发展了高炉理论。早在1936年他就提出“为什么不可以将鼓风量增加1倍，而产量也应增加1倍”的设想。但在实验中当逐步增加鼓风量时却遇到了由于过吹而产生的过量烟尘，排出的CO与CO_2的比例增大，发生悬料现象、炉腹崩料、炉缸温度降低以及生铁含硫升高等诸多问题。当1940年埃弗瑞（Avery）发明了高压炉顶操作时，叶渚沛受到启发，认为“这是1828年奈尔逊（Neilson）提出在高炉上使用‘热鼓风’以来的第一个真正的革新”，并很赞同埃弗瑞把高炉看作一个“高压的化学反应器”的说法。他提倡在高压下增大风量，但此大风量是“真正基于科学的”大风量。当简宁（Jenning）首次将富氧用于高炉而发生爆炸事故时，叶渚沛对该事故进行了详细分析，指出“这是火焰温度过高”的结果。此后，他提出自高炉炉腹顶部往下至风口这一区域有过陡的温度梯度，因而改善温度梯度就会使强化鼓风得以进行，进而可使高炉产量成倍增加。为了控制过陡的火焰温度，1948年他发现了一个极简单的办法——使用蒸汽。基于40年代末至50年代初的情况，他说：“我国现在还难以大量修建巨型氧气厂，同时至今尚未发展一种适于高炉使用的氧气厂，因此，我们并未考虑目前使用富氧鼓风，而在探索提高空气预热温度的可能性，并在实验中由此而取得焦炭消耗显著减少的结果。”他又指出：“1948年全世界的平均预热温度仅略高于600℃时，我们却在设法使预热温度提高1倍以上。”

回国当年，他一方面建议鞍钢高炉采用“三高”，另一方面向有关领导部门呼吁，建一座“三高”试验炉。他的建议得到中共中央的重视，1956年经李富春、薄一波、聂荣臻三位副总理批准，拨出一笔特别款。在叶渚沛的领导下，由中国科学院化工冶金研究所与石景山钢厂（石钢，后首都钢铁公司）合作建立一座17.5m^3的“三高”试验炉。到1961年试验条件趋于正常，在3个月连续有效时间内获得初步试验结果。在试验的日日夜夜，叶渚沛白天谈高炉，夜里做梦是高炉。实际上，他的心比高炉还要“热”，实验炉寄托着他发展祖国冶金工业的希望。1965年进行第二次试验时，炉顶压力最高达到2.8kg/cm^2，风温最高达到1250℃，鼓风湿度最高达到50～60g/cm^3，利用系数达到6.4$t/(m^3 \cdot d)$的纪录。当时这些指标在世界上是先进的。美国和日本做的类似的实验，也都未超过这些指标。这被同行赞为“是一项突破性成果”。

为了进一步研究解决我国西南地区的难选矿（如云南鱼子甸铁矿）和复合铁矿（如攀枝花矿）等的难还原、难熔化、渣量大等特殊难题，叶渚沛建议采用“三高”中型矮胖型高炉方案。经国家科委批准，投资2000余万元在昆明钢厂内兴建。1966年年初，叶渚沛亲自指导，组织了科研、设计及使用部门三结合，当年完成初步设计，但这个350m^3矮胖型的世界最先进的高炉，因“文化大革命”而中辍。

1960年叶渚沛在撰写的《展望我国高炉冶炼》一文中提到有关高炉喷吹问题。他指出：“高炉喷吹是几年来引人注意的新技术之一。……按喷吹物分为气体、液体、固体。”在固体喷吹物中，叶渚沛首先提到煤粉或焦粉，也探讨了喷氧气和矿粉的可能性。

目前“三高”已经在国际上普遍应用，所达到的水平与这些指标也大体相等。

（二）倡导中国氧气转炉炼钢并主持技术攻关

1952年国际上纯氧顶吹转炉炼钢技术在奥地利问世不久，叶渚沛就敏锐地意识到氧气转炉必将取代平炉，成为主要炼钢方法。叶渚沛等部分冶金学家主张在国内发展氧气转炉炼钢，而当时在一些苏联专家主持下，认为优先发展大平炉技术应该是我国学习苏联先进技术的国策。

1955年苏联科学院副院长巴尔金院士来华访问时，了解到中国冶金界这场争论后，赞成并积极支持叶渚沛等的发展氧气顶吹转炉炼钢的观点，并鼓励他撰稿，阐明自己的学术观点。叶渚沛写出了《论在中国采用氧气转炉炼钢问题》一文，发表在1955年9月出版的《科学通报》上，他敏锐地意识到吹氧转炉炼钢技术将取代当前普遍采用的平炉炼钢方法。通过这篇论文，他最早将这一技术介绍到国内，并从节能、节省投资、降低成本、提高钢质量、提高生产率等角度出发，大力主张发展这一新技术。另一篇《高炉炼铁过程的新观念》一文发表在1956年出版的《现代冶金问题》一书中。1956年在国家制订《1957—1969年科学技术发展规划》期间，叶渚沛就氧气转炉炼钢问题，提出书面建议，在建议书中就平炉与氧气顶吹转炉在技术与经济上作了详尽比较，指出“采用氧气转炉炼钢法是迅速发展冶金工业的必由之路”。当时他的建议未被产业部门接纳，但丝毫没有动摇其信念，他决定用实验成果来证明自己的科学论断。1958年以后，他带领化工冶金研究所的科技人员，建立了一台1.5吨的小转炉进行试验，自1958年起分别进行300千克、3吨、4吨、6吨的小型顶吹转炉炼钢的试验研究，充分显示出氧气顶吹炼钢法的优越性，为发展大型转炉提供了必要的依据，并训练出一批技术骨干。在此期间，叶渚沛还向中央政治局多次提出发展氧气顶吹转炉炼钢的建议，受到当时主持国家科委工作的聂荣臻元帅的重视与支持。经国家科委批准并拨出科研项目专款，与北京钢铁设计院合作设计，1963年在石钢依靠国内自己的技术，兴建了我国第一座30吨工业化的氧气转炉炼钢车间作为生产性实验，于1964年投产。这台转炉投产时产量一直居全国之冠，达到国内外公认的先进水平。此技术在同行业中相继被采用。叶渚沛又及时提出“以氧气转炉为中心，配套地采用新技术”的主张并撰文指出：“……‘三高’高炉、氧气顶吹转炉和连续铸钢是钢铁工业今后的三大发展方向。……连续铸钢最重要的条件是温度波动小。……由3个转炉组成的氧气顶吹方法最容易与之相适应。由于浇注、开坯工序的变化，使其投资节约50%左右，成品率可由80%～86%提高到94%～98%。从规模上看，连续铸钢不仅适用于小型，而且在年产钢百万吨以上的，……在条件合适的情况下，也可考虑从国外引入一套连续铸钢设备。”他还建议：“最好以石钢30吨氧气转炉车间为主要试验基地。”在这篇文章中，他还提出“氧气顶吹转炉加上电子计算机准确控制过程后，就可使钢的成本大大降低，并且还能冶炼各种优质碳钢和低合金钢”，认为这是其后10年内一个重要的发展方向。这些建议都在其后几十年我国钢铁工业的发展中得以实现。

（三）倡导复杂矿的综合利用

多年来叶渚沛把自己的大部分精力用于我国各种类型的复杂矿的综合利用研究，做出了极有价值的贡献。

1. 攀枝花钒钛铁矿的综合利用

叶渚沛把攀枝花钒钛铁矿的综合利用作为化工冶金研究所的重点课题开展研究。

这不仅是因为攀枝花钒钛铁矿是中国最大的铁矿资源之一，而且也是世界罕见的巨大钒钛资源。叶渚沛从1958年开始研究，到1966年的8年间，对攀枝花钒钛铁矿综合利用的原则、技术路线和工艺流程，从理论分析和我国具体情况出发，提出了一系列建议，并在首都钢铁公司17.5m^3小高炉进行了大量实验，从而为攀枝花钢铁基地的建设和生产提供了理论依据和技术资料。

1958年6月叶渚沛发表了《攀枝花含钛铁矿的紧急问题》的书面意见，率先提出综合利用攀枝花钒钛铁矿的基本观点和设想方案。在这份意见中他主张，开发攀枝花钒钛铁矿要在产铁、炼钢的同时，充分地回收钒，钛的提取则根据技术和经济等条件逐步发展。他还认为，由于攀枝花钒钛铁矿的主矿物为钛铁晶石［Fe（Ti, Fe）O_4］，形成1μm以下的细小晶粒，难以用一般选矿方法使钛、铁很好地分离，其中的“紧急问题”便是要求人们突破某些国外学者“用高炉冶炼这种矿石成功的希望甚微”的框框。他认为用高炉，特别是采用“三高一喷”（石灰）的高炉冶炼，可以解决攀枝花钒钛矿的冶炼问题。1959年，化工冶金研究所与北京钢铁研究院合作，在0.5m^3高炉上进行了攀枝花铁矿高钛渣（TiO_2 4%～25%）的探索试验，同年，又在17.5m^3高炉上进行三次扩大试验。与此同时，叶渚沛在化工冶金研究所指导开展了大量试验室的基础研究工作。根据这些不断深入的基础研究和扩大实验所取得的进展，1960年他又进一步明确提出了高风温和高蒸汽鼓风相结合的高钛渣冶炼方案，并且从热力学、动力学、相律和矿物学观点，对冶炼问题（包括高钛渣稠化的原因及防止的方法）作了系统和深入的理论分析，指出控制温度的重要性和炼低硅低钛（Si<0.3%，Ti<0.2%）含钒生铁的可能性和重要性。叶渚沛认为，向高炉输入蒸汽，对增强炉缸的氧化气氛、控制火焰温度、改变炉内温度梯度、抑制钛的过还原防止钛渣变稠和加速钒还原有重要作用。1961年化工冶金研究所与西昌钢铁公司、重庆大学、重庆钢铁设计院等单位合作，在28m^3高炉上进行了1个月的扩大试验，再一次证明了叶渚沛提出的采用高风温和高蒸汽鼓风相结合的技术路线是正确的，取得了满意的效果。这些试验结果，为开展攀枝花钒钛铁矿的综合利用，提供了许多技术上的依据。在1963年8月中国金属学会第三届代表大会上叶渚沛作了《我国攀枝花钒钛磁铁矿的综合利用途径》的学术报告，全面论述了按照钢铁-化肥联合企业模式设计攀枝花钢铁基地的工艺流程，同时指出该流程有可能得到的富钒渣、V_2O_5或直接炼出低钒合金钢，产生较高的经济效益。该项工作获得1978年全国科学大会奖。

2. 包头矿的综合利用

包头白云鄂博矿含有铁、稀土、稀有元素等达三四十种，是一座储量丰富的共生矿，但当时对于这一复杂铁矿的开采、选矿和冶炼的技术路线，却发生了很大的分歧。

叶渚沛认为包头矿含有丰富的稀土金属，这些都是我国社会主义建设所需的宝贵资源，应该在炼铁的同时回收它们。早在1952年的包头矿小组会议上，他就明确提出在开采铁矿时，必须充分注意稀土元素的综合利用与资源保护。而苏联专家则主张先炼铁，暂不回收稀土金属。叶渚沛的合理建议就这样被搁置起来。关于包头矿如何利用问题，在1952年重工业部组织的包头小组会议上就有两种观点：一种是苏联专家的以开采铁矿为主的观点；另一种便是叶渚沛的以利用稀土元素为主的观点。交锋的结果是，叶渚沛的主张未被采纳。1958年包头钢铁公司（包钢）按照苏联专家的设计思想开始建设后，出现了生产达不到设计能力、资源流失及污染严重等问题。苏联专家撤走后，叶渚沛于1962年5月亲自到包钢实地考察，于7月向中国科学院及有关部委领导呈送了他的《关于合理利用包头稀有资源的建议》，再次明确提出包头矿应以稀土、稀有元素为主的综合利用方针。他建议国家在这一方针的前提下加紧进行试验研究；在合理综合利用流程确定之前，包钢的建设应予调整和减缓，以便保护资源；在选择流程时，应当注意防止放射性元素的污染。对于叶渚沛的这一合理建议，1963年的“4·15”全国稀土工作会议进行了热烈的讨论，但由于存在着不同观点的争论，故仍未被采纳。

叶渚沛不仅对包头含稀土元素铁矿的建设方针提出宝贵的建议，而且运用他渊博的知识，在调查研究的基础上，对具体的技术道路也提出了宝贵的建议。他根据包头矿是含有较高萤石、稀土金属的矿，从综合利用的观点出发，首先提出原矿或轻重介质粗选后直接入高炉的建议，他认为这样可以减少资源损失。在1962年的建议中，他又进一步提出用无介质磨矿颗粒流态化磁化焙烧—磁选综合回收稀土元素的流程，并在1963年举行的“4·15”全国稀土工作会议上提出。他指出，包钢已有流程，特别是选矿厂的设计，由于缺乏资源综合利用观点，稀土损失估计达25%，为此，他提出三点建议，其中第三点建议是提出了新工艺流程，并要求把已建成的三座平炉拆掉，采用氧气转炉炼钢等。包钢经过全国数十个科研单位以及包钢本公司长年的共同攻关，至今已成为全国稀土金属生产的重要基地。许多人对著名的“4·15”会议上的热烈争论仍记忆犹新，依然记得叶渚沛对子孙负责、保护稀土资源的高度负责的精神。对开发建设包钢的一系列建议，花费了叶渚沛多年的心血，遗憾的是他的宝贵意见在他生前大都没能被采纳。经过多年的实践，充分回收包头稀土稀有资源的必要性和重要性终于引起人们的重视，20世纪末以来更获得了较快的进展，而且因得到广泛利用稀土元素已声价日隆。叶渚沛多年的夙愿终于实现了。

3. 对其他共生矿和贫铁矿的建议

大冶钢厂是我国的一个老钢厂，大冶铁矿含有铜和钴，原生带矿可用选矿方法分离，而氧化带矿则难以用选矿方法分离。对于这些难选矿，叶渚沛曾于1952年、1954年及1956年多次对大冶铁矿提出综合利用方案，即“用流态化、硫酸化焙烧方法”提取铜和钴，特别是在中国科学院规划会议期间，多次提出用流态化硫酸化焙烧—湿法冶金流程来提取铜和钴，同时副产硫酸的建议，并指出这种方法对处理许多有色金属矿有普遍意义。1958年，冶金工业部如同意用此方案在大冶建中间实验工厂，处理大冶难选矿。与此同时，叶渚沛还对从大冶铁矿直接冶炼一些低铜合金钢的问题作了深入探讨。他曾指出有不少钢种含有少量的铜，可以大大改进其抗腐蚀能力和提高钢的强度。所以，在冶炼过程中是去铜还是加铜，应根据生产的需要来掌握。

东川铜矿是我国最大的铜矿之一，但其矿石大部分是难选的氧化矿，可选矿的尾矿中含铜仍然较高，约达0.35%。根据东川铜矿的这一特点，叶渚沛提出湿法处理的方针。根据叶渚沛的建议，化工冶金研究所对东川铜矿的选矿厂的尾矿进行了高压湿法冶金处理，使得铜的回收率大为提高，并于1962年受冶金工业部委托，在东川建成了日处理10吨尾矿的中间试验车间，取得了很好的效果。

墨江镍矿也是我国大型的矿藏，但这一矿石也属于硅酸盐型的难选矿。根据这一特点，叶渚沛提出了火法炼镍铁并副产钙镁磷肥的建议。

他对鞍山、包头、酒泉等钢铁公司的各个贫铁矿均建议采用流态化焙烧技术，既节省投资，又可提高铁的回收率。

（四）为国家的农业发展建言献策

叶渚沛除了精于本专业的知识外，还对我国粮食、肥料等关系国计民生的农业问题有独到见解。早在1936年，叶渚沛就对肥料问题很感兴趣，曾思索过两个问题：一是在有限数量的化学肥料情况下，应该用什么科学规律来指导我们进行土壤改良，从而得到最有效的植物效应；二是作物产量有什么限度。1947年在联合国教科文组织科学组组长赫述黎的帮助下，他到意大利考察农业，对稻麦新品种和化肥的情况进行了深入的调查和了解，为以后对中国农业发展的研究思考奠定了基础。

1950年叶渚沛回国后不久，发表了《我国农业问题的主要任务应通过“肥+水”手段来增产粮食》的意见。1952年他所写的《中国肥料问题之未来》一书出版。1955年他在《科学通报》上发表了《对于提高农业生产的几点建议》；1956年他提出《在农业合作化运动中如何开展科学研究问题的建议》。

1960年听人谈起农村的困难情况，叶渚沛觉得作为一个科学家，内心深为负疚，他找出平素积累的有关农业方面的资料，希望为解决我国几亿人口的吃饭问题尽一点力。1961年他写出《关于合理解决我国农肥问题的几点建议》；1962年，根据多年来在国内外留意收集和研究的有关农业与肥料的宝贵资料，写成了长达数万言的《关于解决我国农业问题的建议》，以自己多年探讨的农业统计计量学来研究我国这样一个人口众多的农业国的粮食增产规律，并预测了1963～1982年我国人口的增长趋势，估算了粮食的需要量；从生态学的观点匡算了肥料的需要量；科学地计算了氮、磷、钾等肥料的最优产量比例。他强调发展有机肥料和堆肥的重要性，并倡导多种植水稻。该文结尾写道："……我们可以掌握和调整各个生长因素，以获得最大潜在产量，……如果我们能将农业置于正确的科学基础之上，就有可能永远根除饥饿的恐惧。"他倡导发展钢铁-化肥联合企业和采用冶金的方法生产化肥。中国科学院原副院长竺可桢为该文序，盛赞叶渚沛的文章是"把'肥'的问题安放在科学基础上的尝试，认为叶渚沛"三十多年来即在国内外留意搜集冶金工业对于粮食生产的效应，而且博览群书，对于西洋所称的权威学者从不随声附和，往往提出独有的卓越见解，厥后为实践所肯定"。

1963年叶渚沛主动要求参加全国农业会议，在会上作了《关于解决我国农业问题的建议》和《发展氧气转炉炼钢与肥料生产的联合技术途径》的发言，主要论述生产高浓度磷肥新技术。这项新技术并不是叶渚沛的发明，而是他归国前花了3000美元买的"技术专利"，带回国后，根据我国的实际情况进行了一番改进。在结束发言时，他说："……我向所有专门领域内的专家们致以歉意，因为我越出自己的冶金领域，冒昧地发表了上述意见，但我真挚地希望这有助于我们的科学，有助于我们的祖国。"拳拳报国之心昭然可见，这番赤忱的话语，深深地打动了与会者，博得了一阵热烈的掌声。他关于建立钢铁-化肥联合企业的建议受到与会代表的重视和支持，化肥组全体代表一致联名建议试点推广。聂荣臻对叶渚沛的发言给予了高度的赞扬。

（五）在经济、能源、交通运输等领域颇有见地

人们熟知的叶渚沛是位冶金学家，殊不知他在哲学、经济学、农学以及能源、运输及水利等领域，均有一定的研究功力，同时也是一位社会发展专家。由于叶渚沛博览群书，广泛接触社会，时刻关注国际科技新动态，时刻都在考虑这些成果怎

样才能在自己的祖国得到应用，所以他随时随地注意学习。“科学视野决定了其科技高度和宽度”，他涉足了许多科学领域。

1948年3月，他受聘为联合国经济事务部经济事务官，先后研究了煤炭、矿石的国际贸易，以及经济领域中的充分就业、国际收支、经济统计、人口统计等方面课题，从此开始“逐步建立起许多与工业生产过程有关的适合社会主义中国建设的想法”。

1954年为响应我国哲学家艾思奇的“大家来讨论我国科学发展”的倡议，叶渚沛撰写了《科学与社会——科学将往何处去》一文，指出：“科学是一种生产力。近代的自然科学更是一种带有革命性的伟大的生产力量……只有用实践来对理论进行最初和最后的检验——实验和生产——才能得到客观的真理。”对于工程科学的重要性，叶渚沛提出了精辟的说法：“自然科学和工程学‘结亲’产生应用科学乃是逻辑的发展，……就能产生足以构成某种发现或发明的一些新事物。这些发现或发明又带动它本身的发展，它不逊于自然科学家的贡献。”

他关心我国经济的发展，于1963年在一封致领导人的信中写道：“首先必须根据人口众多且主要分布在农村的特点来考虑。……也需要从资源特点来考虑。我国的资源……如铁、铜、铝、锌等重要金属资源并不能满足我国工业化的长远需要……我国最丰富的能源有3个，即人力、煤和水力。……英国和法国皆是依靠煤起家的。我国煤的储量名列世界前茅，它也将成为我国今后主要的能源……”

叶渚沛认为，交通运输业“对整个国民经济的迅速发展和合理分布都有重要意义……如果万吨货轮能沿着长江直达重庆，则就等于把我国的海岸线延长到了重庆，……铁路和公路与水路发展相配合、交织成网”。

关于水利建设，叶渚沛认为，它“……是直接为农业服务的一项措施，也是提高单位面积产量和摆脱天灾危害的基本措施。……合理的水利建设应能兼顾防洪、灌溉、交通、发电、养鱼等多种目的。……我国南方煤的资源不多，但有丰富的水力资源可供开发。……今后长江三峡的电能供到上海，对于促进整个南方地区工农业发展有着重要作用”。

另外他还对如何发展技术科学、培养青年科技工作者，提出过颇有见地的意见和建议。

1987年严济慈撰文对叶渚沛给予了高度评价：“……他的贡献超出了一个冶金学家的范围。他的很多创见不少都为后来的实践所肯定，他的科学生涯始终充满着进取精神。更可贵的是，即使在处境十分困难的情况下，他仍然坚持自己的正确主张……所有这些，充分反映出他热爱科学、坚持真理、对祖国科学与建设事业高度负责的优秀品质。”

叶渚沛在“文化大革命”期间受到不公正的审查，而他当时想到的仍是科学研究与写作。造反派将他隔离审查，为了让他交代自己的“罪行”，特别同意他从家里搬来一台英文打字机。利用它，在整个被拘押的五年多时间（1966～1971年）里，他写出了《发展超高温新化工冶金过程的前途》、《超高温炭热新技术》、《高温冶炼磷酸盐矿制磷过程的基础理论研究》、《高温石球热风炉》及农业相关问题等20余万字的论文及资料。1971年他刚平反不久，就上书毛主席，要求保留化工冶金研究所的科研性质，不能把它“打烂”，信中还建议加强超高温炭热新技术的研究，但却没有提到他本人的遭遇。当孩子们看到他的面庞日益消瘦，问他50年代回国是否后悔时，叶渚沛回答说：“我的命运就是与新中国连在一起的。在美国，我感到我的工作只是给美国社会增添财富，不是我所追求的人生。不，我不后悔，……这是我人生的必由之路。”在他弥留之际，对亲属留下的唯一嘱咐是：“把蹲‘牛棚’以来所写的论文和建议书，献给国家，将来会有用的。”叶渚沛因患直肠癌医治无效，于1971年11月24日逝世。1978年7月10日，中国科学院在八宝山革命公墓为叶渚沛举行隆重的骨灰安放仪式。中国科学院院长方毅在叶渚沛的悼文中郑重地写下了“人民科学家”五个大字，表达了国家与人民对叶渚沛的悼念和尊敬。叶渚沛真正做到了为人民的科学事业鞠躬尽瘁，死而后已。

三、叶渚沛主要论著

Yap C P. 1931. Thermodynamic study of the physical equilibrium in system: Iron-carbon. Am. Inst. Mining Met. Eng. Tech Pub.，(381)：26.

Yap C P, Liu C L. 1932. The surface energy, Entropy and heat of formation of iron carbide（Fe_3C）. Trans Faraday Soc.，28：788-797.

Yap C P. 1933. Influence of surface. energy in disperse. Phil May，16：80-96.

叶渚沛. 1954. 固定床，移动床和流态化床. 中国科学院金属研究工作报告会议论文.

叶渚沛. 1955. 论在中国采用吹氧转炉方法炼钢问题. 科学通报，(9)：10-16.

叶渚沛. 1955. 论在中国采用吹氧转炉方法炼钢问题. 钢铁，(1)：41-48.

叶渚沛. 1956. 湿法冶金新方法——寻找处理氧化矿和复杂矿的合理流程.（内部文件）

叶渚沛. 1956. 转炉炼钢的新发展及其理论.

叶渚沛. 1957. 论炼铁高炉熔炼法的新方向. 科学通报，(19)：8-11.

叶渚沛. 1957. 包头矿的综合利用.（讨论发言记录）

叶渚沛. 1958. 论强化高炉冶炼过程的基本问题. 北京：科学出版社.

叶渚沛. 1959. 论强化高炉冶炼的基本问题. 北京：科学出版社.

叶渚沛. 1959. 论中国的炼钢发展方向. 学术会议报告.

叶渚沛 . 1962. 关于合理利用包头稀土稀有资源的建议 . 化工冶金，(3)：36-37.

叶渚沛 . 1963. 发展氧气转炉炼钢与肥料生产的联合技术途径（全国农业会议书面建议）.

叶渚沛 . 1963. 对我国某地钒钛铁矿综合利用的合理途径 .（内部文件）

叶渚沛 . 1964. 年完成工作报告——建立高微粒学实验室 .

叶渚沛 . 1964. 年完成工作报告——建立计算技术实验室 .

叶渚沛 . 1965. 攀枝花钒钛磁铁矿综合利用的钢铁基地建设方案的探讨 . 化工冶金，(3)：25-35.

叶渚沛 . 1970. 高温冶炼磷酸盐矿制磷过程的基础理论研究 .（内部文件）

主要参考文献

查金荣，许志宏，招冀，等 . 2006. 对叶渚沛院士的怀念 .

杨小林 . 2005. 院史资料与研究 . 5，6.

撰写者

张珠辉（1952 ~ ），北京人，四级职员，任职于中国科学院过程工程研究所。

许志宏校阅

蒋导江

蒋导江（1903～1984），湖北石首人。冶金学科教育家。曾任重庆大学冶金系主任，校学术委员会副主任委员、教授，中国金属学会理事、四川省金属学会副理事长、重庆市金属学会名誉理事长。1923年考入东南大学化学系，1927年获学士学位，1929年春赴英国谢菲尔德（Sheffield）大学矿冶系学习，于1933年获硕士学位。

一、成长经历

1903年10月21日，湖北省石首县新厂镇的一户家庭中喜气洋溢，伴随着喜庆的气氛，一名叫蒋导江的男婴呱呱坠地，开始了他的人生旅途，石首著名的《石首英杰歌》就有关于他的诗句："蒋导江、程良森，科学报国撼魂魄。"

蒋导江的父亲思想开明，懂得知识的重要性，非常注重对蒋导江的培养，为其创造了良好的学习条件，专门聘请了私塾先生在家对其进行教导。蒋导江自幼聪明，且极富进取心，以优异的成绩上完小学后，于1919年考入湖北沙市荆南中学，期间学习成绩一直名列前茅。1921年蒋导江以优异的成绩顺利进入私立武昌中华大学就读预科，1923年考入南京东南大学化学系，并于1927年获得理学学士学位。本科毕业后，他在浙江宁波效实中学担任理化教员。

工作后的蒋导江一直都在思考着报国之道。他觉得自己掌握的知识与世界前沿知识尚有差距，于是毅然参加了中英公费留学考试，并在数百考生中脱颖而出，以第一的成绩被英国谢菲尔德（Sheffield）大学矿冶系录取。蒋导江怀着雄心壮志，于1929年4月赴英国进行为期4年的学士、硕士学习。他在英留学期间，始终刻苦学习，年终考试再获第一，把那些平日里趾高气扬看不起中国人的外国人远远抛在身后，为炎黄子孙争了光。他在谢菲尔德（Sheffield）大学矿冶系先后获冶金学士及冶金硕士学位。1933年，他以该系第一名的成绩毕业，获冶金硕士学位，其毕业论文《镍铬奥氏体钢研究》在《谢菲尔德大学学报》上发表后，轰动了冶金界，由此获该校的奖金、奖章，并被德国喜望钢铁公司高薪聘用。

国外优厚的待遇和良好的科研条件并没有留住蒋导江，怀着科学救国之心，他于 1934 年毅然离开德国，回到急需人才的祖国，投身祖国建设第一战线，在塘沽黄海化学工业研究社任研究员，进行合金方面的研究。由于工作需要，1935 年他到南京永利化学工业公司硫酸亚厂任工程师，主要从事耐火材料方面的研究。1937 年抗日战争爆发后，蒋导江于 1938 年到云南大学任教授，在冶金领域开展广泛的研究，主讲“普通冶金”、“钢铁冶金”、“金相学”、“冶金概论”、“物理冶金”等课程。

他寄希望于教育救国，全身心投入教育事业，一改过去那种“灌输式”教学方式，开创“启发式”教学模式。他白手起家，在五年内使矿冶实验室粗具规模，在基础理论和外语教学上取得一整套“启发式”教学经验。因成效显著，云南大学授予他“启发教学倡导者”的锦旗。1943 年，他受聘于重庆大学，任教授，并于 1945 ~ 1947 年在资源委员会下属的北碚经济部矿冶研究所任兼职研究员及重庆大学矿冶系主任。执教期间，他对中国冶金学教材历来取自国外而痛心疾首，根据冶金原理和教学实际，编写了《普通冶金学》，1945 年被收为“大学丛书”出版，立即被国内各院校矿冶系选为教材。

早在 1949 年，云南大学已经有了雄厚的师资，有条件扩大学校的规模和提高质量。从实际出发是校长熊庆来一贯的想法和做法。云南矿藏丰富，又是“动植物王国”，因此他首先大力发展云南大学的采矿冶金和生物学科。于是蒋导江被特聘为专家以加强采矿冶金系的师资力量，熊庆来还聘请植物学家严楚江筹建植物系。蒋导江自 1950 年起，先后任重庆大学矿冶系及冶金系主任长达三十多年，对重庆大学的发展功不可没。新中国成立后，他一方面教学，一方面组织全系师生开展科学研究，为综合利用西南地区矿产资源做出了成绩。“大炼钢铁”时期，在他的领导下，建起了坩埚炉、小高炉、侧吹转炉及炼钢感应炉等，其后调整为利用废钢原料生产合金钢材料的小型钢厂。党的十一届三中全会以来，他不顾年近八十高龄，不顾重病缠身，亲赴上海接受国家科学技术委员会和教育部下达的“纺件与块规激光热处理”研究课题的任务，领导教师新建激光热处理实验室，全力从事研究。此外，他还被成都 123 厂聘请，为该厂承担编写有关技术的英文说明书的工作。蒋导江是《中国大百科全书》（矿冶卷）的编委，1983 年冬他不顾年老体弱，去承德参加该书的审稿工作，回到北京后因心血管病突发，于 1984 年 1 月 1 日晨溘然长逝，终年 80 岁。在漫长的 40 余年教学生涯中，他培养了大批德才兼备的冶金专业人才，堪称“桃李满天下”，他为心爱的冶金教育事业呕心沥血，对中国冶金专业的贡献不可磨灭。

二、主要研究领域和学术成就

1. 编书、译书、讲学，一生贡献卓著

蒋导江回国正逢祖国战乱之时，伪满洲国宣布实行帝制，国民党对共产党进行大举进攻，日本帝国主义入侵。在这种战乱背景下，蒋导江选择了回归祖国、报效祖国，从此走上了科教救国的道路。

回国后，蒋导江在塘沽黄海化学工业研究社任研究员，开始了他的科技救国历程。他在塘沽黄海化学工业研究社期间主要从事合金方面的研究。1935 年他转到南京永利化学工业公司硫酸亚厂任工程师，主要从事耐火材料方面的研究。他积极参加和重视科学研究活动，擅长金属学，业务知识较广，精通英文、德文、俄文等外语。

抗日战争爆发后，1938 年南京沦陷后，蒋导江辗转到云南大学任教授，在冶金领域开展广泛的研究，主讲“普通冶金”、“钢铁冶金”、“金相学”、“冶金概论”、“物理冶金”、“电冶金学”。在英国谢菲尔德（Sheffield）大学攻读硕士学位期间，就从事过镍铬奥氏体不锈钢冶炼的研究，学位论文由该校出版发表后，荣获奖章。新中国成立前的他在重庆大学矿冶系试金室旁自建分离塔，从事粗碱提纯的研究。

蒋导江大半生从事冶金高等教育工作，具有丰富的教学经验，在教材的编著、讲课方法、教书育人、师资培养、实验室的建设等方面都做出了很大的贡献。

他一生撰写的著作很多，早在 20 世纪 40 年代就积累讲学之经验，穷多年之心血，著书立说，撰写了《普通冶金学》、《冶金原理》、《金相学及热处理》、《电冶金学》、《火法冶金过程的物理化学》五部著作，其中《普通冶金学》一书于 1945 年由商务印书馆出版，列为“大学丛书”，被当时国内高等院校矿冶系选作教材，替代了国外有名的教材（Hoffman 的《普通冶金学》），同时也是广大冶金工程技术人员所必读之书，被誉为冶金学的奠基读物。在半封建半殖民地的旧中国，大学用书历来取材国外，这部教材的问世，为中华民族大长了志气。这部书从 1945 年出版以来，到新中国成立后的 1951 年，先后印刷了 6 次之多。《火法冶金过程的物理化学》在 1956 年翻译自俄文教材，为五六十年代学习冶金理论的唯一教材。由于在教育界工作三十余年，他业务基础扎实，教学上认真不苟，在教育界中有较好的声望。

他编著的教材《普通冶金学》一书取材精练，主次分明，诸如冶炼的重要原则、冶炼的过程原理、高温测量、燃烧的热工等理论性较强的部分阐述甚详；并且，有较强的系统性和逻辑性，富有启发性，能引起读者积极的思维。此外，他还适当

联系中国的实际，反映中国冶金学科方面的发展情况。例如，书中收集了当时永利化工公司南京硫酸亚厂的水煤气制造资料，介绍了云南个旧务公司的选矿流程、中国煤的分类法及各大省区煤质分析等。此外，还介绍了中国古代冶金史及近代中国钢铁工业的兴起及发展情况。书中有些章节还是他本人从事调查研究的结果，有其独到见解和特色。

新中国成立后，他已年过半百，还主动积极地坚持参加俄语学习班，以期从俄语专业书刊中收集有关资料，用于教学改革。他参考俄文书籍，先后编写及开设“冶金原理”、“冶金工厂热工仪表及控制”两门课程。《冶金原理》讲义曾被高等教育出版社选用作为内部试用教材进行重印及全国发行。此外，他还合译出版了苏联名著《火法冶金过程的物理化学》（上册，1955 年）、《火法冶金过程的物理化学》（下册，1958 年），由高等教育出版社出版；作为教学参考书，编译出版《冶金文献》及英、俄、德三种语言的大量科技资料，不下百余篇，供科研同志参考。

他讲授的课程很多，包括“冶金化学分析”、“钢铁冶金学”、“有色冶金学”、“普通冶金学”、“电冶金学”、“金相学”、“金属材料学”、“冶金原理”、“冶金工厂热工仪表及控制”、“冶金厂保安与防火”等 10 余门。他在讲课中，很重视教学方法，早在云南大学任教时，就被誉为启发式教学的倡导者。在讲课中，他总是把主要精力放在加强基础理论方面，而且重视讲述的系统性和逻辑性，注意事物的内在联系，因而引出问题的思路清晰，内容组织好、连贯性强、笔记好记、令人听后印象深刻。此外，他在讲课中充分运用了教育学的学习迁移规律。他是化学系毕业的，物理化学基础雄厚，他在讲授普通冶金学时，就充分运用学生的选课——物理化学中学过的知识来讲授新概念，引出新知识，这既有助于学生巩固物理化学的概念，又能使学生更好的掌握新知识。他讲课几乎全用英语讲授，考试题及练习题也规定学生用英语表述，这对学生英语水平的提高帮助很大。

数十年来，他还翻译了英、德、俄三个文种的大量科技资料，不下百余篇，为借鉴国外先进技术、发展中国冶金工业及时提供了重要参考。

2. 中国第一代冶金学家，开创冶金学科，桃李满天下

重庆大学材料学院冶金工程专业从它的前身（矿冶专业，1935 年建立）算起已经有 70 多年的历史了，它是中国开办的历史最悠久的冶金专业。重庆大学的冶金学科是中国第一代冶金学家蒋导江、魏寿昆等开创的，为中国冶金行业的发展以及经济发展做出了巨大的历史性贡献。

钢铁冶金教育家黄希祜，1941 年四川省立资中中学高中毕业，因在全川会考成

绩优异，被当时的教育部保送入东北大学化学系，因志愿不合，未去就读，并于1942年考入重庆大学矿冶系学习，他受到蒋导江的言传身教，并秉承了蒋导江的精神，在后面的冶金教育工作上做出了杰出的贡献，弘扬了重庆大学诲人不倦的育人精神。黄希祜本科毕业后，留校任教。在蒋导江的指导下，黄希祜一直致力于冶金原理的研究，编著的《钢铁冶金原理》教材最终成为了国内冶金领域的权威教材，先后已出版四版，并于1996年获得冶金工业部优秀教材第一名，于1997年获得了国家教学成果奖一等奖，为冶金教育事业做出了巨大的贡献。

罗蛰潭于1942年由中央大学转入重庆大学矿冶系学习，受到蒋导江及魏寿昆的教导。1949年回国在探访母校——重庆大学的日子里，罗蛰潭与老师蒋导江欢聚。蒋导江执意让学生留校任教。于是，罗蛰潭留在重庆大学执教，组建了新中国高等院校中第一个石油地质教研组和石油开采教研组，首次开设出“石油地质”、“石油开采”、“地下地质”、“钻井泥浆”等课程。罗蛰潭先后在重庆大学、北京石油学院、成都地质学院为祖国培育了一批又一批建设人才。

蒲海清于1961年进入重庆大学冶金系学习，在重庆大学学习期间，得到了蒋导江的教导。蒲海清踏出校门后，能力在冶金行业得到了充分的展现，历任重庆钢铁公司四厂薄板车间副主任，党总支书记，副厂长；重庆钢铁公司经理助理；1982年12月任重庆钢铁公司经理，鉴于其出色的管理能力，1985年调任四川省计划经济委员会党组书记、主任；历任四川省副省长、国务院三峡建设办公室副主任、四川省重点建设领导小组副组长、四川省委常委、四川省委副书记、四川省常务副省长、四川省委常务副书记。1997年6月后任中共重庆市委副书记、重庆市市长。1999年8月任国家冶金工业局局长。中共第十五、十六届中央委员。

在蒋导江三十余年孜孜不倦的辛勤劳动下，培养了一批又一批的高素质人才，在以冶金领域为主的各个行业上，为祖国的建设默默地做贡献。蒋导江培养的一批批学子在自己的岗位上辛勤劳动，延续、发扬着蒋导江的无私奉献精神。

3. 积极投身新中国的教育事业

蒋导江既是国内外的知名学者，也是社会活动和学术团体的组织者和领导者。他年轻时就加入了著名的爱国团体组织——黄海社。黄海社全名黄海化学工业研究社，于1922年成立于塘沽，是民族实业家范旭东领导的永利化工集团的一个组成部分，社长孙学悟。黄海社实现组织独立时，也实现了研究员和工厂技师之间在学术和工程方面的创新分工，研究任务由黄海社延聘专家担任，“不复由两厂技师兼任”，但两厂技师仍作为黄海社的“当然研究员”，以使“学问与实施交相为用”。

黄海社建立后，陆续添聘了一批化学和化工类的人才，其中就包括留英的蒋导江、卞柏年、区嘉炜、卞松年博士，还有留法的徐应达博士，留德的聂汤谷、肖乃镇博士以及获得双科博士的赵之泯。黄海社的高级研究员中主要就是由这些拥有博士和硕士学位的留学归国人才组成。

主持重庆大学矿冶系后，特别是新中国成立以来，蒋导江倾注了他的全部智慧和精力。他常说，高等教育的水平主要取决于教师的水平和教育设备，要求学校派水平高的基础课教师到系里讲课，并重视师资的培养。他一方面注重真才实学充实教师队伍；另一方面大力培养青年教师，提高师资水平。20世纪50年代初期，历届毕业助教大都被派往北京钢铁学院或东北工学院进修以及到冶金工厂实习，这为日后冶金系这支教师队伍的建设奠定了基础。他本人也在1954年只身前往东北工学院，考察学习苏联模式的教学。他一贯重视实验室的建设，早在云南大学矿冶系执教期间，就白手起家，5年内使实验室初具规模，却遭日寇轰炸破坏，大部分化为灰烬。到重庆大学时，矿冶系的实验室除一台德式显微镜及化学分析设备外，几乎一无所有。1948年他亲自赴上海选购设备，添购了大批化学试剂、试金天平、马弗炉、定碳仪等设备。新中国成立后，在党的支持下，他积极主动的向学校争取经费，向国外订货，先后建立起金相热处理实验室、冶金炉、冶金原理、炼铁炼钢、轧钢五个实验室，把一个徒有虚名的实验室逐步建设成集教学、科研为一体的实验基地。

蒋导江的大量学术著作和译述，凝聚着他数十年的心血。“文化大革命”期间，他曾两次被抄家，这些宝贵文献几乎被销毁殆尽，未曾发表的手稿也从此绝迹，历年积劳毁于一旦，令人痛心。

蒋导江经历了清朝、民国和新中国三个历史时代，而新中国的诞生，使他感受颇深。在他留学的时期，中国还是一个半封建半殖民地国家，他受过歧视和欺辱，在夺得全班之冠后，才改变了周围人的态度。活生生的现实让年轻的他感到“没有真学问是无法自强的”。留学五年回国后，他怀着工业救国之心满腔热情致力于建设，抗日战争爆发后，鞍钢陷入日本人手中，汉冶萍钢铁厂也关门了，大后方少数几所钢铁厂处于不景气的境况中，使无数学成归国的仁人志士竟无用武之地。抗日战争刚胜利，内战又兴起，是中国共产党领导人民赶走了国民党成立了新中国，人民翻身当了主人。中国共产党不谋私利，一切为人民，搞生产、搞建设、政通人和、百废俱兴，他看在眼里，记在心中，虽然自己的老家受到了冲击，但他仍然深感没有共产党就没有新中国，只有社会主义才能救中国。从此，更加热爱党，热爱社会主义，在党的培养和教育下，他写下了入党申请书。1959年，病床上的他终于如愿加入了中国共产党，从一个具有民主革命思想的知识分子，锻炼成一个为共产主义事业奋斗终生的战士，也是他年近花甲，经过十年深思熟虑后的志愿和归宿，同时对学生和广大教师也起了极大的教育作用。

蒋导江的一生是爱国的一生，奋进的一生，他忠诚党的教育事业，勤勤恳恳，兢兢业业，为造就社会主义现代化建设人才鞠躬尽瘁死而后已，治学严谨、一丝不苟、善于思考、刻苦钻研、虚心好学、不耻下问、坚持真理、实事求是。他学识渊博、造诣高深，博得人们的尊敬和爱戴；他树人育才数十年，桃李满天下，在他孜孜不倦的教诲下，人才辈出；他拥护党的领导，贯彻党的教育方针，为发展中国的人民教育事业，为建设社会主义做出了重大的贡献。

三、蒋导江主要论著

蒋导江 . 1951. 普通冶金学 . 上海：商务印书馆 .

蒋导江 . 1954. 高等学校交流讲义——冶金原理 . 北京：中央人民政府高等教育部教材编审处 .

Есин О А（易新），Гелъд П В（格尔德）. 1955. 火法冶金过程的物理化学 . 第一卷 . 上册 . 蒋导江，黄希祜译 . 北京：高等教育出版社：1-249.

Есин О А（易新），Гелъд П В（格尔德）. 1958. 火法冶金过程的物理化学 . 第一卷 . 下册 . 蒋导江，黄希祜译 . 北京：高等教育出版社：247-538.

蒋导江，邹至荣，艾世民，等 . 1980. 钢表面大功率激光硬化和上釉（一）. 重庆大学学报，(4)：118-135.

撰写者

龙木军（1982～），广东省廉江市人。2011 年博士毕业于重庆大学材料科学与工程学院冶金系，获工学博士学位，毕业后于重庆大学冶金系任教。

蒋先群（1949～），湖北石首人。重庆大学退休职工，蒋导江先生长孙。

李文采

李文采（1906～2000），湖南永顺人。冶金学家。钢铁冶金前沿新工艺技术的开拓者之一。1955年当选首批中国科学院技术科学部学部委员（院士），1956年被评为一级工程师。1927年考入上海交通大学电机系，1939年获得德累斯顿高等工业大学博士学位，曾任轻工业部工业试验所所长、重工业部钢铁工业试验所所长，冶金工业部钢铁研究院副院长，国家科学技术委员会冶金学科组组员及中国金属学会理事、中国仪器仪表学会理事、北京等离子体学会理事等职。20世纪50年代中期，中国最早开展氧气顶吹转炉炼钢、连续铸钢、钢水真空处理等钢铁工业具有变革性意义的重大新工艺技术试验研究的组织者和参与者；20世纪70年代在中国最早倡导并指导开展用非焦煤和铁矿石熔融还原法炼铁技术研究和半工业性试验；80年代国际上薄板坯连续铸钢的研究起步不久，即指导和开展薄板坯连铸及其凝固机理的研究，并进行了工业性试验。此外，先后提出了改进薄带连铸带坯表面质量、电弧炉水冷炉壁、偏心炉底出钢、含碳球团炼铁等诸多前瞻性新技术思想，对指导中国钢铁冶金新工艺技术的研究开发做出了重要贡献。

一、成长经历

李文采，1906年10月26日出生于湖南省永顺县毛坝乡一个商人家庭。父亲李烛尘曾留学日本，后来在天津兴办民族工业。李文采童年时在家乡读私塾，14岁时跟随父亲到天津，进入美国人创办的成美中学（后改名为汇文中学）读书，1926年转入南开中学学习，并逐步受到了革命进步思想的影响。

1927年高中毕业后，李文采考入上海的交通大学（简称交大）电机系。当时的上海经历了“四一二”反革命政变，笼罩在一片白色恐怖中。但交大的党组织仍然比较活跃。李文采深受感染，积极参加党组织举办的读书会，并在交大季刊上公开发表了《自然科学的转变》一文。1930年年底，他参加了中国共产党，自此，奠定了他一生追随共产党的革命生涯。在学校，他参加了张贴传单、飞行集会以及宣传红军在苏区的胜利和共产主义思想等革命活动。

1931年秋大学毕业后，他毅然向党组织申请到条件艰苦、斗争残酷的苏区去工作。1932年，他被党组织派到湘鄂西苏区去建立电台，到达洪湖瞿家湾后受到贺龙、关向应等领导人的热烈欢迎。他利用自己的知识和技能，迅速修复了已处于瘫痪状态的电台，恢复了洪湖根据地与党中央、中央苏区和鄂豫皖苏区之间的通讯联络。1932年年底，洪湖根据地遭到国民党反动派军队的疯狂围剿，大部分红军被迫转移，电台被毁。李文采最后虽然冲出重围，但不幸与大部队和党组织失去了联系，之后他非常艰难地到汉口、上海等地寻找党组织未果，而只能暂时回到天津家中隐蔽。但随着日紧的风声，敌人又企图暗害他，在天津也无法立足，无奈之下他只得在父亲的资助下去德国自费留学。

李文采到德国后，先在西门子电气公司、工厂及研究所实习，后获洪堡奖学金，进入德累斯顿高等工业大学机械系电热专业学习。6年之内，他以研究论文《在电炉内由高岭土制取硅铁及氧化铝》取得了特许工程师（相当于硕士）称号，以研究论文《火花式高频电炉的研究与改造》取得博士学位。在德国寻找党组织过程中，他经中共柏林支部书记王炳南介绍参加了柏林支部组织的一些活动，并参加了“中国反帝大同盟”。

1939年6月，李文采获得博士学位后，迫不及待地回国为祖国服务。他先乘船到香港，从越南海防经缅甸进入昆明，辗转两个多月后回到重庆，找到了党组织。当时中共南方局的负责人指示他利用留德博士的身份和其父的威望，在工业界上层人士中活动，在党领导下的外围组织“青年科学技术人员协会”里协助党组织做青年科技人员的统战工作。另外，为了掩护党的秘密交通机构，他还先后在由中共南方局出资兴办的一些矿山、企业担任职务，如任巴山石墨公司经理和四川中国原料公司的总经理。为了协助建立党的秘密交通线，他还多次受命以洋行商人身份、以勘察矿产资源的名义，去四川凉山的马边、越西、台湾花莲、上海等地考察经营工业原料、成品制造和销售等业务活动。1944～1945年他在因病休养期间曾到四川乐山武汉大学任教，讲授钢铁冶金学。

1945年9月，毛泽东主席赴重庆与蒋介石进行和平谈判期间，李文采作为青年科协的代表，在重庆红岩村受到了毛主席的接见，使他受到极大鼓舞。

1946年，中国原料公司在天津设立业务机构，李文采任天津中国原料公司总经理。在回国后的10年中，他根据党的指示一直在国民党统治区从事秘密工作和统战工作。

1948年夏，解放区急需干部，根据党的指示，李文采进入华北解放区，后来在北平中南海参加了南下干部团，随解放军南下，参加上海市工业企业的接管工作。

1949年5月，李文采担任了华东财经委员会重工业处副处长，参加了上海市各钢铁厂的接管和恢复生产工作，直接筹划实施沪、杭、宁地区的电力并网工程，开展了沟通上海与沈阳之间工业产品交流等工作。1949年年底，李文采奉命参加了第二野战军的西南服务团，进军西南。到达重庆后，他担任西南军政委员会工业部副部长，为接管、恢复和重建重庆的工业体系做了大量工作。当党中央批准修建成渝铁路时，李文采受命负责铁路建设钢材的生产供应工作。当时全国仅有重庆大渡口钢铁厂的蒸汽动力大型初轧机能轧制钢轨，他全力以赴，亲自组织力量将5万吨钢坯从鞍钢运到重庆，又坐镇轧钢厂组织钢轨生产，保障了1952年成渝铁路的建成通车，实现了中国人40年来修建成渝铁路的愿望，为新中国诞生后第一项重点工程做出了重大贡献。

1952年年底，西南军政委员会工业部撤销，李文采婉言放弃了调他去重工业部担任领导职务的机会，毅然走上了科学研究的工作岗位。他先担任设在重庆的轻工业部工业试验所所长，1954年5月调到北京，任重工业部钢铁工业试验所所长，完成了人生的重要转换。从此，他与自己热爱的钢铁冶金科技事业结下了不解之缘，兢兢业业，任劳任怨，一干就是46年。

1955年，李文采因其渊博的知识、在科技界广泛的影响，以及对新中国建设与冶金科技事业做出的贡献，被聘为首批中国科学院技术科学部学部委员（院士），1956年被评为一级工程师。他还先后担任中国金属学会第一、二、三、四届理事和名誉理事；北京金属学会第一届理事长和第二、三、四届理事；中国仪器仪表学会第一届常务理事，第二、三、四届理事；北京等离子体学会第一届常务理事；国家科学技术委员会冶金学科组组员等。1958年冶金工业部钢铁研究院成立以后，李文采担任副院长，任职至1983年。此外，他还在钢铁研究总院担任第一届学位评定委员会主任和第一、二、三届学术委员会副主任，后成为中国科学院资深院士并担任博士研究生导师，先后培养了7名博士和2名硕士。

二、主要研究领域和学术成就

1. 我国现代炼钢新技术的开拓者

早在1954年，李文采出任重工业部钢铁工业试验所所长时，为了加强钢铁工艺研究，在所内组织安装了半吨级电弧炉。1952年奥地利氧气顶吹转炉正式投产，引起了世界炼钢界的重视，1955年他即组织在试验所院内试验厂房建成了我国首座半吨级氧气顶吹试验转炉。1956年年初，他组织开展了我国首次半吨级氧气顶吹转炉炼钢试验，吹炼了100余炉次，获得了合格钢水，为首都钢铁公司建立30吨氧气顶吹转炉提供了技术参数和经验，推动了我国氧气炼钢技术的发展。

1956年，他在所内组织建成了我国最早的连续铸钢试验装置，进行了80mm圆坯半连续铸钢试验，同时组织开展钢水真空处理和真空浇铸的小型试验，并与太原钢铁公司、抚顺钢厂合作，在生产中进行钢水真空处理技术的试验。

1957年他根据从苏联考察所得到的启发，在所内亲自组织和指导开展热压焦的试验。他利用我国资源富有的弱黏结性煤（如气煤）在400℃以上形成胶质状时热压成型，然后炭化成冶金焦和回收焦化副产品。煤粉用旋风加热，这比传统的焦炉通过炭化室炉墙传热效率大为提高。当时建立了试验装置，试验获得成功。

李文采在国内最早组织开展的上述试验研究项目，都是当时世界重大的钢铁冶金新技术，热压焦也是炼焦业的重大革新项目，之后，由于种种原因而暂停。但钢铁冶金三大新技术项目都被列入我国制定的《1956—1967年科学技术发展远景规划纲要（草案)》，经国内外继续对其开展大量的研究开发和生产应用推广，现在已成为炼钢、铸钢最主要的技术。

2. 倡导和研究开发钢锭快速凝固和薄板坯连铸技术

1965年，为了避免和减少金属液凝固过程中带来的中心疏松和成分偏析，李文采提出了冷铁凝固的技术思想，即向钢锭模中的钢水加入金属粒子或块状金属，以加速钢水凝固，改进钢锭内部质量。经初步试验，可以达到预期的效果。几年以后有关刊物上刊出了国外也进行了类似的试验和应用的消息，竟与李文采的技术思路不谋而合。

20世纪80年代初，薄板坯连铸技术在有色金属行业得到了生产应用，而在钢铁行业应用的试验研究在国际上才刚开始。1983年李文采指导博士研究生选定了“薄板坯连铸及其快速凝固机理研究”的课题，开展试验研究，并和攻关组一起，完成了国家“七五”攻关项目的半工业试验。这个项目“中宽度薄板坯连铸技术”又被列入国家“八五”重点科技攻关计划，并完成了工业性试验，获得了冶金工业部科技进步奖一等奖和国家科技进步奖二等奖。目前，薄板坯连铸的装备已大量引进，薄板坯连铸的技术在我国得到了广泛的生产应用。

李文采也一直关注着国内外薄带坯连铸技术的研究和发展。这种技术将钢水直接连铸成厚度小于15毫米的薄带坯，可以直接冷轧成钢带。当他得知连铸出薄带坯的表面质量不够理想而影响冷轧钢带成品的表面质量时，不顾高龄，亲自指导博士研究生，以创新的技术思路开展解决薄带坯表面质量的研究，取得了阶段性成果。

3. 积极探索和开展熔融还原炼铁新工艺技术的试验研究

李文采积极探索出熔融还原炼铁法，即不用焦炭而用一般煤粉和热风富氧将铁矿粉直接熔融还原制取热铁水。1976年，刚刚受尽“文化大革命”磨难的李文采怀着一颗热爱科学的赤子之心，不顾年事已高，经常风尘仆仆地带着助手去首都钢铁公司、包钢钢铁研究所、山东淄博硫酸厂、江苏无锡钢铁厂、广东湛江钢铁厂，组织开展用热风烧煤粉或蒸汽雾化重油作为燃料，富氧燃烧铁矿粉直接熔融还原一步法炼铁的试验探索研究。20世纪80年代，苏联的液相还原法（ROMELT）和澳大利亚开发的高强度熔融还原法（HISMELT）的发展证实了他的学术思想的应用价值。

20世纪80年代，他指导研究生开展了熔融还原炼铁的原理研究和半工业试验。试验是以非炼焦煤和含碳球团为原料，由煤粉和空气在前炉中旋转燃烧供热，高温煤气经火道进入竖炉，逆流预热和预还原含碳球团。预还原的球团在竖炉下部熔化、过热并进行终还原，最后流入前炉完成渣-铁分离，连续生产铁水。当时研究经费很少，半工业性试验只得到江苏省公安厅一个监狱的每小时三吨规模的煤粉化铁炉上去进行。这是当时在我国进行的最大规模的熔融还原炼铁的半工业试验。试验表明此工艺技术是可行的，相关论文在国际会议上引起轰动，取得了发明专利。这对开发符合中国国情的熔融还原炼铁工艺有重要的指导作用和参考价值。

4. 提出多项具有变革性意义的重大新工艺研究

20世纪60年代末，李文采仔细研究了钢铁冶金和其他工业的生产工艺流程，提出了所有制造业都应符合最优化、连续化、自动化和防止公害的“三化一防”标准。按照这一标准来评价现有的冶金工艺，可以提出对其改进和创新的重大课题。他认为，尽管现代高炉-转炉工艺已十分成熟，但仍有工序间停留时间长、反复加热、冷却、能耗高等许多缺点，必须闯出一条低成本、低能耗、少污染的新路。他对一些钢铁厂只顾产量、不顾质量和品种的做法深表忧虑，在报刊和学术会议上发表文章，大声疾呼钢铁企业要改变短期行为，站在更高的起点上进行创新。他对我国钢铁工业的技术改造、新工艺技术开发提出了许多重大课题，如高炉炉外还原技术，即预先把非炼焦煤和铁矿粉压制成块，经加热还原使金属化率到60%～70%后，再装入现有高炉冶炼，使现有高炉产量大幅度提高，并大幅度节约焦炭。又如在20世纪70年代他提出的电弧炉改造方案，包括炉底出钢、水冷炉壁、汽化冷却炉顶和炉壁等诸多前瞻性新技术思想，当时还不能被人理解，现在都已成为国内外电弧炉普遍采用的先进技术。

5. 一生追求真理，重视科学试验

作为一名1930年入党的革命战士，李文采在血雨腥风和艰难困苦的革命年代执著地追随中国共产党的领导，把个人的命运与祖国的命运联系在一起，以实际行动证明自己矢志不渝的爱国情操。在个人得失与国家利益的取舍中，他总是以国家利益为重，大学毕业后他主动向党要求到条件艰苦的湘鄂西苏区革命根据地工作；在德国留学后毅然放弃国外优厚的待遇，冲破重重封锁辗转回国投身党领导下的革命事业；新中国成立后又放弃了进中央部委担任领导职务的工作机会，选择留在科技战线，为自己热爱的冶金科技事业做贡献。这种追求真理的爱国精神贯穿了李文采不平凡的一生。

李文采几十年如一日，在自己的工作岗位上勤勤恳恳、踏踏实实，为攀登冶金科学技术高峰奉献了毕生精力。他说："科学家的价值，主要表现在他对自己所涉猎的学科提出的新思想、新观点，并用它来指导自己的科学试验，获得具体的技术成果对人类科学事业的发展做出的贡献。"

凡是与李文采接触过的人都会感受到，他的思维非常敏捷，具有很强的创新精神，一直到晚年思想仍然十分活跃。在几十年的科研生涯中，李文采始终关注着世界冶金科技发展的最前沿。他学风严谨、勤于思索、敢为人先，非常重视思与学的辩证关系，经常到院图书馆阅览室去看最新的外文杂志，把"不读书毋宁死"作为座右铭。同时，他特别强调独立思考、提出新思想和新观点在科学发展中的作用，强调要自主创新而不是跟在别人后面亦步亦趋。他常常伏案写作，对钢铁工业生产技术提出一些创新的思路。他手头常备着一个笔记本，那里面一笔一画记录着他创新的灵感。他不仅对氧气炼钢、真空精炼、熔融还原有很深入的研究，对发展管坯和板坯连铸的技术思路也下了很大工夫。有一次他用一根铝管作为结晶器，插到熔化蜡的容器中，并用压力将熔融的蜡挤到铝管内腔，经过一定时间的冷却，有一定厚度的蜡凝固在铝管内壁，中间尚未凝固的蜡在压力卸除后便流回原容器中，然后从铝管内轻轻地取出了一根蜡管。其外径就是铝管的内径，蜡管的内径大小取决于冷却时间。由此，他非常自信地说，如果采用这种方法生产钢管，不仅直径尺寸精确可调，而且含有夹杂物的未凝固的部分已经流走，快速凝固的钢管质量肯定非常好。尽管这一方案在工程上具有很大的难度，但这种创新的思路，是十分难能可贵的。

在治学中，他不但崇尚技术创新，而且非常重视科学实验，认为"技术科学上

的进步往往先由实验做出来，以后才由理论来论证”，他经常深入实验室和钢铁厂生产一线参加科研试验，因为他从那里获得了无穷的乐趣。在北京特殊钢厂做近终型连铸试验时，很脏很累，他亲临现场与大家一起干，常常弄得满头满脸都是灰。20 世纪 60 年代他与课题组同事合作设计制作出新型电火花高频发生器。70 年代他经常带着科研人员到首都钢铁公司、无锡钢铁厂、山东淄博硫酸厂和广东湛江钢铁厂去做科研实验，在 80 岁时还亲自去宝钢上海钢研所指导他提出的钢水薄带连铸试验。

20 世纪 70 年代以来，李文采指导研究生对当时国际上刚刚兴起的薄板坯连铸技术进行了大量试验研究，取得了阶段性成果，为半工业试验积累了经验和数据。他指导的博士研究生干勇与攻关组一起，在“七五”期间完成了中宽度薄板坯连铸技术半工业性试验等前期研究工作，为这个项目被列入“八五”国家重点科技攻关计划创造了条件，“八五”期间又围绕相关项目开展了多项重大钢铁冶金新技术的开拓性课题研究。此项目的工业性试验和“八五”国家重点科技攻关课题研究成果达到了世界先进水平，获得了冶金工业部科技进步奖一等奖及国家科技进步奖一等奖，为国家培养了一批科研骨干和学科带头人，干勇被选为中国工程院院士。

6. 为人师表，淡泊名利

李文采为人率真纯朴、和蔼可亲、平易近人，很好相处。他虽是一位造诣颇深的大专家，参加革命很早的高级干部，却丝毫没有架子，没有那种深不可测、不可冒犯的威严，科研人员、研究生都乐于和他讨论学术问题，和他交流技术观点，可以毫不拘束地畅所欲言，有时甚至争论得面红耳赤也不生气，形成了一种融洽和谐的学术研讨氛围。

李文采一向衣食简朴，淡泊名利，过着平民百姓的生活，在日常工作和生活中胸襟宽大，表现出了高尚的道德品格和大家风范。他是高级干部，与许多中央领导关系密切，50 年代就被评为学部委员、一级工程师，父亲李烛尘担任过共和国首届轻工业部部长，与大部分人相比，他当时的收入确实不菲，而他从未利用自己手中的权力和关系为自己的一对双胞胎子女升学、出国或安排工作做过特殊照顾。

心直口快是李文采最突出的个性。他对任何事情都直言不讳，怎么想就怎么说，从来不转弯抹角。李文采虽然心直口快，但是处事诚信，对人宽容大度，善于团结同志。有时他批评别人或者与别人争论，可能使对方不高兴，在对方还没有消气时，他却早已把这件事忘掉了。

刚直不阿也是李文采的突出个性之一。在“文化大革命”期间，有一天军代表召集中层以上干部开会，出示了一封复制的信，让大家识别是谁的笔迹。李文采的夫人黄裳看过后说："好像是我家老头写的。"原来，当时《解放军画报》上刊登了一幅彩色大照片，一个工人用一根大号螺丝刀贴住耳朵在听机器的运转声音，图注为"全神贯注地工作"。李文采看到这幅照片后，立即给《解放军画报》写了一封署名"一读者"的信，认为这张照片是假的，因为设备上表示工作状态的仪表指向零。但是万万没有想到这张照片是江青"深入生活的得意之作"。领导要求必须追查写信人是否有"反对无产阶级司令部"的政治背景。但李文采刚直不阿，毫不回避责任，坚持自己的看法，在经过多方追查后，没有找到任何其他证据，此事也就不了了之。事后李文采照样认认真真做事，坦坦荡荡做人。

"文化大革命"后期，从牛棚"解放"出来的李文采要求"下放"到炼钢研究室新工艺组继续科学研究工作。当时新工艺组承担了推广新技术的部属课题，李文采劲头十足，不辞劳苦地与科技人员一起走南闯北下厂参加工业试验，在现场和大家同吃、同住、同劳动，度过了一个个充实而愉快的日日夜夜。有一段时间到首都钢铁公司去参加工厂试验，他自己买月票坐公交车，上下班时间公交车上拥挤，他就常常随身带上夫人为他准备的小板凳，没有座位时就放下小板凳坐一会儿；出差时，和大家一起住在简陋的招待所内，工作之余还教年轻同事学外语……为了科学试验，他常常"公私不分"。水力学模型实验室为了把动态变化摄录下来需要摄像机，这个设备稀有而且昂贵，当时科研经费不够用，李文采就把从德国带回来的摄像机拿来供大家使用。搞快速凝固试验需要往钢水里加入钢珠作为冷凝剂，他自掏腰包让人到市场上去买来十几公斤钢珠做实验。"文化大革命"后期，当李文采知道女儿下乡插队落户的那个生产队很贫困时，就毫不犹豫地拿出一笔钱买了一台手扶拖拉机送去，事后却从不声张。

李文采一生为人师表，以提携后学为己任，无私奉献、甘作人梯。他在20世纪50年代当所长时就对研究所的青年科技人员提出：在科研上要有献身精神，应达到"安、钻、迷"的境界。这种提法对全所形成好学多思、刻苦钻研的氛围起到了积极的促进作用。他谆谆教导青年学子和亲属，并以自己的经验告诉他们："一个人要想为国家、为民族多做点事，就要学知识、长见识，还要有胆识。如果光有知识和见识而没有胆识，等于前两识都没有，做不成事"。"你们做事必须学会三个功能：平日在工作中第一步要学会搜索功能，也就是眼看耳听；第二步应该学会储备的功能，也就是要牢记在自己的大脑里；第三步要学会联想的功能，在你遇到问题需要解决问题时，可以在你大脑中提取出来借鉴去解决问题，那么，你的工作才能得到升华。"

李文采对科学的追求达到了忘我的境界，他曾多次对青年科研人员及亲属说过："献身科学的人必然要失掉一些常人能享有的欢乐。但献身科学的人享有的欢乐却是常人不能得到的。"直到他逝世的前一天，他还对一位年轻人说："我有一些新想法想留下来，能否请几个人来听听记下来。"经常出现在他头脑里的那些创新点子（思路）和设想通过试验研究得到证实和应用，是他最值得欣慰的事。

李文采在中国最早提出多项对钢铁工业具有变革性意义的重大新工艺技术的创新思路并组织开展探索研究，20世纪50年代初期在我国最早组织和参与开发氧气顶吹转炉炼钢、连续铸钢、钢水真空处理等钢铁工业具有变革性意义的重大新工艺技术试验研究；20世纪70年代在我国最早倡导并指导开展用非焦煤和铁矿石富氧熔融还原一步法炼铁技术研究和半工业性试验；80年代国际上薄板坯连续铸钢的研究起步不久，即指导和开展薄板坯连铸及其凝固机理的研究，并进行了薄板坯连铸工厂试验研究，取得重要的阶段成果，奠定了我国熔融还原、薄板坯连铸技术工业化的技术基础，是中国熔融还原、薄板坯连铸技术的奠基人之一；80年代提出薄带连铸、水冷炉壁、电弧炉偏心炉底出钢、含碳球团炼铁等诸多前瞻性新技术思想，为我国冶金新工艺技术的研究开发和技术改造做出了重要贡献。

作为一位20世纪30年代即参加革命的老共产党员，李文采对党的事业无限忠诚；作为一位钢铁冶金学家，他对科学技术事业无限热爱。他自1954年到钢铁工业试验所任所长，直到生命的最后时刻，始终战斗在世界钢铁新工艺技术的前沿，敢于创新，勇于探索。他的思维敏捷而活跃，当他超前的科学技术思想一时未被国内广为理解时，就利用有限的条件先做试验，来推进一些新工艺技术的研究开发。可以告慰的是，他最早在中国进行试验研究的一些重大钢铁冶金新工艺技术，现在有的已成为国内外最主要的生产工艺技术，有的正在生产上快速推广或得到进一步研究开发。他为我国的钢铁冶金新工艺技术的研究开发做出了重大贡献。

他为人真诚坦率，胸襟开阔，淡泊名利，生活简朴，平易近人。他以其矢志不渝的爱国、爱党的情操，敢为人先的开拓精神和率真纯朴、提携后学的高尚风范，为后人塑造了一个中国优秀知识分子人格的典范。

三、李文采主要论著

李文采．1957．钢铁工业的新技术及对推广新技术的一些意见．钢铁，(1)：8-11．

李文采，刘志超，王宗仁．1958．在小高炉（0.38～6.5m^3）中冶炼出高矽生铁．钢铁，(14)：37-39．

袁以中，李文采，吴俊魁，等．1974．钢包吹氩水力学模型试验．新金属材料，(10)．

王龙妹，杜挺，李文采．1984．Fe-Y-S，Ni-Y-S，$Fe\text{-}C_{饱}$-La，$Fe\text{-}C_{饱}$-Y，$Fe\text{-}C_{饱}$-La-S和$Fe\text{-}C_{饱}$-Y-S熔体的平衡研

究．钢铁研究总院学报，(4)：108-116.
李文采．1985-12-19. 我国钢铁生产工艺的改造．中国冶金报．
李文采．1986. 钢铁冶金新技术．冶金参考，(35)．
李文采，周渝生，杜挺．1987. 熔融还原的速度研究．南方钢铁，(4)：28-35.
李文采．1988. 钢水直接浇铸厚板坯试验．钢铁，(9)：18，26-28.
周渝生，李文采，杜挺．1989. 完全用煤作燃料和还原剂的新炼铁方法的开发研究．钢铁研究学报，(3)：100.
周明，李文采．1990. 底吹钢包气液两相流测量技术．化工冶金，(1)．
周明，李文采．1990. 气液两相流的流场特性研究——随机轨迹分离流数学模型．金属学报，(3)：93-99.
周明，李文采．1990. 底吹钢包气液两相流结构的研究．钢铁，(5)：17-21.
Zhou Y S，Li W C，Du T，et al. 1990. Semi-industrial tests of ironmaking by coal-based smelting reducing of carbon-bearing pellets. New Smelting Reduction International Symposium，Pohang，Korea：75-84，
周明，李文采．1991. 激光多普勒测速技术在气液两相流中的应用．力学学报，(1)：48-54.
周渝生，李文采，杜挺，等．1992. 含煤球团的冶金特性．北京科技大学学报，(1)：1-7.
仇圣桃，干勇，李文采，等．1992. 接近最终产品形状浇注技术及其在国内外的发展概况——薄板坯连铸技术．连铸，(2)：11-16；(4)：16-21.
周渝生，李文采，杜挺，等．1992. 煤粉含碳球团炼铁半工业试验．钢铁研究学报，4 (3)：1-7.
干勇，李文采，刘浏，等．1992. 双履带活块循环式薄板坯连铸机实验研究．钢铁研究学报，(6)：28-31，34.
李文采，周渝生，等．1992. 用煤粉和铁矿粉直接冶炼铁水的方法和装置．中国专利局发明专利第15776号，专利号88104282. X.
干勇，李文采，姬秀琴，等．1992. 双履带活块循环式薄板坯连铸过程的计算模拟．炼钢，(6)：45-49.

主要参考文献

薛菊琴．1987-01-24. 老骥伏枥，壮心不已——访冶金老专家李文采．钢铁研究总院院报．
刘天良．1989. 李文采电视采访记录稿//石肖岩．新中国科技精英谱．南京：江苏人民出版社．
干勇，那宝魁，江君照，等．2006. 李文采诞辰一百周年纪念文集——求索一生．北京：钢铁研究总院．
薛菊琴．2011. 表里俱澄澈，德学竞双馨——记对党赤胆忠心的老党员和在科技工作上勇往直前的老专家李文采院士．海淀区科技界纪念建党九十周年征文选集．

撰写者

周渝生（1945～），山东菏泽人，教授级高级工程师。曾在李文采院士指导下从事钢铁冶金新工艺开发研究。1988年获工学博士学位，1993年获国务院特殊津贴，冶金工业部中青年有突出贡献专家。曾担任钢铁研究总院炼铁研究室主任，宝钢股份公司研究院首席研究员，技术业务专家，上海交通大学、东北大学、钢铁研究总院博士研究生导师。

王之玺

王之玺（1906～2003），河北行唐人。钢铁冶金专家。1955年当选为中国科学院学部委员（院士），并任技术科学部常务委员、冶金组组长。1926年进入北洋大学本科矿冶工程系学习，1934年到英国谢菲尔德大学钢铁冶金系学习。抗日战争期间，参加拆迁汉口六河沟铁厂高炉和汉阳铁厂平炉及轧钢等设备去四川，参加筹建重庆大渡口钢铁厂。勘查云南省煤铁资源和建钢铁厂条件，参加云南钢铁厂的建设。东北解放后，为恢复鞍山钢铁公司起草复建计划并参加实施，在立功奖励大会上荣获一等功臣称号。新中国成立后，对苏联黑色冶金设计院为鞍山钢铁公司做的扩建规划提出重要意见并参加规划的审查。协助重工业部领导进行技术管理，推行计划管理，建立调度制度、技术责任制、岗位责任制，并组织制订操作规程，有力地促进了生产。组织制订中国钢铁产品和理化检验方法的第一套完整的部颁标准，受到国家标准局的表扬。组织攀枝花高钛型钒钛磁铁矿高炉冶炼试验成功，解决了世界上100多年来未能解决的难题。参加筹建中国金属学会，开拓国内外学术交流，开展政策性咨询，其中《钢铁工业技术政策和装备政策》获国家科学技术进步奖集体一等奖。

一、成长经历

王之玺，字蓝田，1906年12月8日生于河北省行唐县。王家是书香门第，王之玺自幼聪颖，深得全家喜爱。1920年他毕业于县立第一小学，1924年毕业于保定第六中学，随即考入北洋大学预科，1926年转入北洋大学本科矿冶工程系。在北洋大学上学期间，虽有战乱，但学业未荒疏。1929年暑假王之玺随地质学家冯景兰到河北省龙烟铁矿考察，在冯景兰的熏陶下，对发展祖国钢铁事业的信心更加坚定。

北洋大学学风严谨，要求严格，精理论，重实践，“实事求是”是校训。经过六年多的大学教育，王之玺不仅在学业上突飞猛进，品德作风上也多有进益。他对校长刘仙洲“坚持师资改革（辞退不敬业的洋教师，聘用国内名师），维护学生专心学习，强调学理论必须与实验（指下厂实习）相结合”的办学理念甚为赞赏。

1931年大学毕业后，王之玺到东北矿务局复州煤矿工作。不到三个月，“九一八”事变发生，日寇侵占了煤矿。王之玺借口回家探亲，离开煤矿，回了河北老家。

1932 年，经同学介绍他到汉口六河沟煤矿公司扬子铁厂工作，实现了从事钢铁工业工作的夙愿。在扬子铁厂，他吃苦耐劳，勇于探索，努力钻研技术，进步神速，深得总工程师陈廷纪的器重，仅半年多时间王之玺就被提升为工程师。而总工程师的精湛技术和刚正作风也给了王之玺很大的影响。

当时铁厂生铁生产成本过高，企业亏损。王之玺认为要改变现状，必须提高技术水平，遂于 1934 年 8 月远渡重洋到英国谢菲尔德大学钢铁冶金系学习。他先学了部分与钢铁冶金有关的课程，假期时到维克斯特钢厂和匹赤头皂普钢厂实习炼钢和材料加工，一年后开始进行“钢表面硬化”的研究，仅用一年时间就完成了研究工作。这一段时间虽短，但为他以后的工作打下了较好的理论和实践的基础。

1936 年秋，王之玺学成回国，受聘于上海新和兴钢铁公司，仅数月，国民政府资源委员会聘他去湖南参加筹建中央钢铁厂。1937 年年初，在审查完德国提出的初步设计后，他与靳树梁、严恩棫等 8 人立即去德国商谈技术设计并进行考察、实习。他们先在柏林大学学习德语，而后听了杜勒教授的钢铁冶金学。6 月，王之玺与刘刚一起到克虏伯公司宝伯克炼钢厂实习倾动式平炉炼钢和特钢厂的平炉–电炉双联炼钢。

1938 年 2 月，国内形势严峻，王之玺、严恩棫、靳树梁、刘刚 4 人申请提前回国参加抗日。4 月返抵武汉，这时抗日战争已至紧张阶段，中央钢铁厂被迫停建。王之玺等 4 人一起参加了兵工署、资源委员会共同组织的钢铁厂迁建委员会，拆迁六河沟铁厂的高炉和汉阳铁厂的平炉及轧钢等设备，运到四川重庆大渡口重建。1938 年秋，王之玺参加了大渡口钢铁厂的建厂规划制订工作，并负责炼钢炉的设计，当年 12 月他被调往昆明参加云南钢铁厂的筹建工作。他深入地勘查了云南省的煤铁资源和钢铁厂建厂条件，随后即参加了云南钢铁厂的建设工作。

1944 年年初，王之玺由资源委员会派往美国考察，并搜集美国各钢铁厂设备材料和美国钢铁协会战时钢铁质量标准等资料，同时参观了美国部分钢铁企业。1945 年年初王之玺回国，被派往战时生产局任材料处副处长，协助美国钢铁代表团工作，一直到抗日战争胜利。

1946 年 3 月，王之玺被任命为资源委员会钢铁组副组长，参与钢铁工业的管理工作。当年冬，王之玺随资源委员会主任钱昌照到华北、东北等地视察，回南京后，被任命为鞍山钢铁公司（简称鞍钢）协理（即副经理）。1947 年 4 月到鞍钢就职。

1948 年鞍山解放前夕，鞍钢大部分技术人员离散，总经理也逃进关内。王之玺和靳树梁等6位协理和20多名技术人员未走，并在靳树梁的带领下组织护厂。当时中共中央两次发出指示，指出鞍钢规模很大，要重视发挥知识分子的作用，必须保护好工人和技术人员，并先后将靳树梁、王之玺、杨树棠、李松堂等人送往丹东进行保护，同时组织他们学习。同年9月王之玺被调往哈尔滨东北人民政府工业部工作，11月东北全境解放，12月调回鞍钢。

1949年年初，王之玺积极参加鞍钢的恢复工作，并做出了重大贡献。1950年初，他被调到沈阳东北工业部工作，任计划处副处长、一级工程师，从事东北地区工业的发展工作，并继续参与鞍钢生产计划的安排和扩建规划的审定工作。1952年冬，东北工业部撤销，王之玺被调到北京中央重工业部（后改为冶金工业部）工作，先后任生产技术司副司长、钢铁司副司长、科技办副主任，中国金属学会秘书长、常务副秘书长等，1984年春离休。

二、主要科技工作和成就

1. 勘查云南省煤铁资源、落实建钢铁厂条件，参加云南钢铁厂的建设

1938年，资源委员会、兵工署和云南省政府为解决云南地区兵工和工农业生产的需要，决定在云南建设钢铁厂。当时，对云南煤铁资源情况很不清楚，缺乏建厂基本资料，资源委员会从大渡口钢铁厂的规划设计工作中抽调王之玺到昆明，勘查云南省煤铁资源情况与钢铁厂建厂条件。王之玺到昆明后，得知宣威及一平浪有焦煤，但可供炼铁的铁矿尚未发现，便决定先找铁矿。他们在昆明机械厂吴德楞的陪同下找了几处，均量小质差，不能利用。不久地质勘探队发现易门八街有铁矿，但尚无正式地质资料。王之玺在资源委员会工程师白荫章的陪同下到易门勘查，发现矿脉既广又深，估计有一定储量。取样化验后得知，铁分较高，硫磷均低，自是好矿，可以用于炼铁。宣威煤矿距离远，交通不便。一平浪煤矿经取样化验，成分较好，但炼焦后强度稍差，估计可供不大于200m^{3}的高炉使用。建钢铁厂离不开水、电和辅助材料，王之玺也进行了调查，探知昆明湖通往长江的螳螂川水量充沛可用；昆湖电厂有余电可供钢铁厂使用；安宁地区有石灰石和白云石可作炼铁、炼钢的熔剂；昆阳地区有耐火黏土，可制作建炉用的耐火材料；建厂需要进口的设备和材料可通过越南海防进口。情况已经清楚，条件基本具备，王之玺于1939年6月提出了用易门的铁矿、一平浪的煤矿、螳螂川的水、安宁的石灰石和白云石、昆阳的耐火黏土、昆湖电厂的电在滇缅公路边的安宁县选点建厂的方案，上报资源委员会。

1939年8月，资源委员会派严恩棫到昆明复查。在王之玺的陪同下，严恩棫察

看了易门铁矿、一平浪煤矿和初选的厂址，并研究了建厂规划，最后决定在距昆明数十公里的滇缅公路旁的安宁县郎家庄（今昆明钢铁公司所在地）建厂。随后成立了云南钢铁厂筹备委员会，由王宠佑任筹委会主任，周仁任副主任，严恩棫任工程处处长，王之玺任副处长，建厂工作全面开展。

建厂工作开始后，先后又调来了靳树梁、谭振雄、吴之凤、杨尚灼、许声潮、方刚等人，技术力量大增。计划先建50吨高炉一座，1.5吨贝塞麦转炉两座，而后再建150吨高炉一座；同时进行易门铁矿、一平浪煤矿、昆阳耐火材料厂等辅助工程的建设。

建厂开始阶段，所需的外购设备和材料均从越南海防进口，工程进展迅速。1940年秋，日军侵占越南，海防路断，建厂工作受到严重阻碍，几至停顿。部分技术人员作了另行安排，王之玺也被调往陕甘地区勘查煤铁资源。1941年6月滇缅公路全线通车，外购物资得以从仰光运进，建厂工作再次热闹起来，王之玺也立即回滇，继任工程处副处长，投入建厂工作。在条件还较困难的情况下，经过一年多的努力，到1943年建成了50吨高炉一座，1.5吨贝塞麦转炉两座，矿山、炼焦、耐火材料等配套工程也相继建成。高炉与转炉分别于1943年6月和12月先后投产。

高炉出铁后，云南钢铁工程处改为云南钢铁厂，由严恩棫任厂长，王之玺任副厂长。1945年9月3日，日本投降，抗日战争胜利。国民政府当局忙于接收东北、华北和沿海地区的工矿企业，对云南钢铁厂已无暇顾及，遂于1945年9月封炉停产。该厂先后共生产铁10 286吨，钢373吨，产品质量良好，不仅满足了云贵地区的需要，还部分支援了四川。

2. 为恢复和扩建鞍山钢铁公司做贡献

鞍山钢铁公司（鞍钢）是以原昭和制铁所为主体，与周围22家附属企业构成的年产100万吨钢的大型企业，是一个包括采矿、选矿、造块、炼铁、炼钢、轧钢等数十个工厂的庞大实体。1945年日本投降时，苏军入驻鞍山，拆走了2/3的主体设备。抗日战争胜利后，在国民政府接管鞍钢的22个月中，仅恢复生产了0.93万吨钢。1948年2月鞍山解放，饱受日本帝国主义掠夺和战争破坏的鞍钢终于回到人民怀抱。当时东北还未全部解放，战争仍在继续，鞍钢的主要任务是护厂，保护设备，为恢复生产做准备。1948年11月，辽沈战役胜利结束，东北全境解放，12月26日正式成立鞍山钢铁公司。

公司成立伊始，厂区、矿场均破烂不堪，设备残缺不全，技术员工大量散失，物资极度匮乏。党和政府要求立即组织恢复生产。留用的日本专家声称：“八路军会打仗，但不懂技术，鞍钢不可能恢复，将来只有种高粱。”经领导研究，决定由王之玺和日本专家各起草一份复工计划以资选用。结果王之玺的复工计划中选，随即调王之玺到计划处工作，参与恢复工作的实施。计划要求用一年半时间，恢复3座高炉、4座焦炉、第一炼钢厂和初轧、中板、小型、带钢等轧钢厂及有关辅助工厂，达到年产60万吨铁、50万吨钢、40万吨钢材的规模。

为能尽快恢复生产，王之玺立刻到上海、北京、武汉、四川、广东等地召回散失的技术员工，并新聘一部分技术人员，同时组织全体职工和市民交献器材，仅两个月就献交了器材20多万件，有力地支援了恢复工作，仅用一个多月时间，中型、中板、小型等轧钢厂就开动起来了。

当时，恢复生产的关键在于炼铁，而炼铁的关键在于高炉的修复和焦炭的供应。鞍钢原有高炉9座，抗日战争胜利初期苏军拆走了其中6座的主要设备，无法立即恢复。余下的1号、2号、4号高炉，除2号还基本完整外，1号高炉停炉时未出铁，致使炉缸被渣铁铸死。残料易清，积铁难除，恢复重建将大费周折。4号高炉在战争中被炸毁，需要重建炉身，工程不小。鞍钢原有焦炉12座，只有2座破损较轻，可修复投产。但其产量远不能满足年产60万吨铁的需要，必须要有4座焦炉外加原有的存焦才能满足。为此还必须再修复2座焦炉。当时，高炉的修复虽有困难，但本公司的技术力量经过努力还可胜任。而焦炉则缺乏筑炉技术人员，无力进行。事有凑巧，经过查访，鞍钢有关人员得知原德国筑炉技师曼纳尔战时未走，尚在鞍山，商求协助得允，解决了这一困难。存焦则决定由王之玺负责管理，除炼铁外一律不准动用。

在广大员工的积极努力下，高炉、焦炉的难题逐一解决。2号高炉提前在1949年6月开炉，1号、4号高炉也相继在1949年11月和1950年1月出铁。随着高炉的出铁，后续的炼钢、轧钢等厂也相继恢复生产。仅一年多时间，残破的鞍钢就恢复到年产60万吨铁、50万吨钢和40万吨钢材的水平，真是一个奇迹。1949年7月9日鞍钢举行开工典礼，王之玺被推荐在大会上发言。在鞍钢举行的庆功大会上，王之玺荣获一等功臣称号。

鞍钢扩建规划，委托苏联黑色冶金设计院制订，1950年苏联派调查组来华搜集扩建设计的基础资料，并听取中方对扩建的意见。王之玺提出了两点意见：一是今后生产建设中既需要中厚板，也需要薄板，设计中一定要全面考虑；二是厂区北部有8个附属工厂，它们有的是为工厂服务，有的利用鞍钢坯料加工成材，都是鞍钢的组成部分，扩建设计一定要考虑它们与鞍钢主体车间的联系以提高生产效率。这些均得到了苏方的赞许和采纳。

1951 年，苏联黑色冶金设计院提出初步设计后，王之玺参加了设计审查，审查中他指出了设计中的两点不足：一是设计中取消的高炉煤气和焦炉煤气的储气罐，应该保留，否则煤气无法调节，将导致大量放散，不仅造成大量能量损失，还将污染环境；二是冷轧镀锡板用热镀，技术落后，应该采用欧美已大量应用的电镀新工艺，将会节省大量锡。这两点意见本来很正确，可惜未被采纳，结果鞍钢多年来煤气大量放散，镀锡板多费了 2/3 锡。

3. 积极推行技术管理，组织制定钢铁品种标准，开发、推广先进技术

新中国成立前中国钢铁工业十分落后，1949 年全国仅产钢 15 万多吨，那时是产量低、质量差、品种少、生产技术指标落后。新中国成立后，党和政府非常重视生产技术工作。1950 年，中央重工业部成立了“钢铁标准委员会”，明确指出要学习和借鉴苏联标准，有计划、有步骤地建立中国自己的标准体系。1951 年 5 月全国第一次钢铁会议召开。会上朱德总司令作了重要讲话，尖锐地指出“产品质量还不够好”，并特别强调“要确立严格的技术操作规程，建立各种规章制度”。这次会议为新中国的钢铁质量工作、制定钢铁标准体系和规范技术操作制度奠定了基础。

1952 年王之玺被调到中央重工业部，从此长期从事技术管理工作，为钢铁生产操作技术的规范化，为品种、质量和生产技术指标的不断改进、提高，殚精竭虑 16 年。

1953～1954 年，王之玺协助重工业部领导推行苏联的计划管理、调度制度、技术责任制和岗位责任制。

为了提高全国各厂的高炉炼铁水平，1953 年钢铁局在北京召开第一次全国炼铁会议，总结、推广各厂和苏联的先进经验，制定炼铁操作要点，并要求各厂回厂后根据大会提出的操作要点，制定本厂的操作规程。这一措施有效地促进了全国炼铁企业炼铁水平的提高，由此建立了一个制度，要求各专业都与炼铁一样，每隔一、二年就召开一次全国性的经验交流会，总结、推广先进经验，修订各专业的操作要点并进一步制定各厂操作规程，从而不断提高全国钢铁企业的生产水平。

旧中国的钢铁行业没有统一的钢铁产品体系和标准，各厂都是各行其是，这严重损害了钢铁产品质量。也曾经使用过苏联标准，但与中国冶金工业水平不相适应，结果国内钢材的供给率不到 20%，要用很多外汇去买外国钢材。新中国成立初期，百废待兴，财力不足，必须制定适合中国国情的技术标准。1955 年王之玺组织各生产单位参照苏联最新标准，结合中国实际情况，对各种钢铁品种和检查办法提出草案，然后在全国标准会议上组织生产单位和用户一起讨论，根据用户的需要和生产

单位的可能，进行技术协商，实事求是地制定出既切实可行又较为先进的标准，由冶金工业部颁发施行，称为部颁标准。到 1957 年年底，已建立起钢铁、有色金属、焦化产品，耐火材料及各种理化检验办法的标准 238 个，还在冶金工业部钢铁研究总院和鞍山钢铁公司建立了标样生产点。这些工作对新中国成立初期钢铁工业的发展和产品质量的提高起到了重要作用，受到国家标准局的表扬。

王之玺很注意新技术的开发和推广。1956 年上半年，国务院科学规划委员会主持制订 1956 ~ 1957 年科学技术发展远景规划。王之玺任冶金组组长。当时，包头和攀枝花两个多金属共生矿已被发现，并发现了大量贫赤铁矿。他建议把包头和攀枝花铁矿的综合利用及贫赤铁矿的选矿方法列为长远规划中的三个重点课题。1962 年国务院制订《1963—1972 年科技发展规划》时，他又建议把包头稀土的回收和应用，高炉喷煤，无料钟炉项，高炉冶炼的强化，平炉、转炉、电炉的用氧，合金钢镍铬代用等列为重点课题。这些都切中时要，有力地推动了钢铁生产技术的开发和发展。

1956 年王之玺访问苏联、捷克和民主德国，看到苏联钢铁厂的高炉风温高达 800℃以上和钢坯进行连铸、钢水真空处理等新技术，回国后就大力进行推广。国内高炉原来风温均在 600 ~ 700℃，在他的推动下，各厂都设法提高风温，1957 年全国重点高炉的风温已提高到 850℃左右，到 1966 年更提高到 1000℃以上，鞍山钢铁公司、本溪钢铁公司二铁厂、首都钢铁公司等厂的部分高炉更提高到 1100℃以上。随着风温的提高，高炉焦比大量降低，有力地改善了高炉生产指标。钢坯连铸技术、钢水真空处理技术也得到应用和发展，有力地推进了炼钢生产技术的发展。

4. 组织攀枝花高钛型钒钛磁铁矿高炉冶炼试验成功，解决了世界一大难题

新中国成立初期，中国钢铁工业偏重于东北和中东部地区。1940 年，采矿学家刘之祥与地质学家常隆庆骑驴进西康，在巍峨大山中发现了庞大的攀枝花钒钛磁铁矿，为开发西南地区创造了条件。可是攀枝花铁矿含钛过高，高钛炉渣熔点高，黏度大，高炉冶炼困难，100 多年来全世界都未能解决这一问题，大家都用电炉冶炼。用电炉冶炼，产量小，成本高，特别是不适宜于大基地的建设，而利用攀枝花铁矿开发西南钢铁基地又是势在必行。

1958 年 3 月，冶金工业部王鹤寿部长向中央和毛主席提出报告，建议在“二五”计划期间开始开发攀枝花钢铁基地。毛主席随即在其后的成都会议上批准了这一报告。于是解决攀枝花高钛型钒钛磁铁矿的冶炼问题立即成为迫在眉睫的大问题。

1959 年，时任冶金工业部钢铁司副司长的王之玺组织冶金工业部钢铁研究总院、中国科学院化工冶金研究所、上海冶金研究所与苏联科学院合作进行攀枝花铁矿石的冶炼试验，但因种种原因未能顺利进行。

1964 年，国民经济情况好转，攀枝花铁矿的冶炼试验再次提上日程。是年春，王之玺商请钢铁研究总院炼铁室主任李公达带领一个小分队赴攀枝花调查矿山资源情况。李公达不顾花甲之年、有病之身，毅然深入不毛之地，在农民的帮助下登上攀西矿区兰家火山峰顶察看矿区现场情况，并搜集了矿石样品和有关资料。

1964 年 5 月的中央工作会议上，毛主席提出要加快建设攀枝花钢铁基地，并请周恩来总理主管攀枝花钢铁基地的建设。冶金工业部也决定由徐驰副部长直接领导这一工作。7 月，王之玺又到矿区了解了矿石的储量情况和矿石的特点。

8 月 15 日，王之玺组织中国金属学会在京召开了攀枝花铁矿石的冶炼和综合利用专题讨论会，有 56 位钢铁冶金专家、学者参加。会议讨论了攀枝花矿的选矿、造块、冶炼和提钒等问题，其中对冶炼方法讨论得最为热烈。有的说用电炉，有的说用高炉，有的说用高炉“三高”（高风温、高湿度、高顶压），莫衷一是，也各有利弊。用电炉，能炼，但有前述的缺点，用高炉则需要解决世界上尚未解决的难题。较多人赞成用高炉，下决心克服困难，开辟新路，解决难题，以适应建大基地的需要。王之玺也赞成用高炉。随后又在鞍山召开科委冶金组会议，重点讨论冶炼问题。会上仍有争论，最后决定以高炉冶炼试验为主，同时进行电炉和高炉“三高”试验作为参考。

对高炉冶炼试验，王之玺提出，为争取时间，必须从半工业性或工业性试验入手，由于攀枝花地处西南山区，山高路险，当时交通还十分不便，难于运出大量矿石，建议用配矿试验和原矿试验相结合的办法，分三步走：第一步，在承德钢铁厂（承钢）$100m^3$高炉上用承钢现用的含 TiO_2 8% ~10% 的铁精矿配加承钢含 TiO_2 45% 的钛精矿达到攀钢精矿成分，烧结入炉，进行小型工业性模拟试验；第二步，利用西昌 $28m^3$ 小高炉直接用攀枝花铁精矿烧结入炉，进行验证试验；第三步，如前者试验成功，为确保攀钢建设大高炉冶炼成功，再在首都钢铁公司 1 号高炉上进行大高炉配矿冶炼试验，并进行转炉炼钢和轧钢试验。这项试验计划经徐驰副部长同意并得到负责攀钢建设的李富春和薄一波两位副总理的赞同后实施。

王之玺随即组织试验工作。高炉冶炼试验在承钢进行，原拟商请李公达担任试验组组长，后因李公达年高有病，不能长驻承德，因此决定由冶金部商调鞍钢炼铁厂厂长周传典出任试验组组长。1965 年 1 月，周传典奉命率领一个由 108 位专家组成的技术攻关组入驻承钢，他任党支部书记兼组长。按计划用承钢铁精矿和钛精矿配成攀钢精矿成分，烧结入炉。试验从1月24日开始，一直到5月初，共用了3个多月时间。王之玺每两周去承德一次，了解情况，商讨问题，落实技术措施。

承钢试验的困难，本在意料之中，问题是如何找出新途径，克服老问题。大家殚精竭虑，费尽心机，多方探索，终于找到了解决问题的办法，创造了奇迹。高炉冶炼能顺利运转，正常生产了，随后如法进行西昌小高炉攀矿原精矿验证试验和首钢大高炉配矿试验，结果完全一致。

一年多时间艰苦卓绝的反复试验，终于解开了100多年来未能解决的难题，为西南地区钢铁基地的建设奠定了基础。1970年7月1日攀枝花钢铁公司1号高炉顺利出铁。"高钛型钒钛磁铁矿的高炉冶炼新技术"于1978年3月18日在第一届全国科学大会上荣获发明一等奖。

5. 中国金属学会工作的开拓者

新中国成立以后，中国冶金工业得到蓬勃发展，冶金科技队伍不断壮大。第一个五年计划正在执行，党和政府号召向科学进军，要求12年内赶上国际科学水平。很多金属科技工作者充分意识到发展中国金属科学和金属工业的重要性与艰巨性。为了进一步发挥集体力量，应该把全国金属科技工作者组织起来，团结在一起，交流经验，互相学习，以便更好地为祖国社会主义建设服务。1954年中国科学院与冶金工业部冶金、材料等方面的专家学者在北京相会，倡议筹建中国金属学会，推周仁为主任，刘彬、靳树梁、王之玺等为副主任，积极开展筹备工作。1955年2月，中央内务部批准成立中国金属学会，1956年11月26日在北京召开了第一次代表大会，中国金属学会正式成立。从此时起，王之玺连续被选为中国金属学会第一、二届秘书长，第三届常务副秘书长，直到1984年离休，先后近30年，一直主持学会办公室工作，尽心竭力为学会的创建和发展做出了极大贡献。

30年中在王之玺的大力组织下，中国金属学会不断壮大，建会初仅组建了采矿选矿、钢铁、有色金属、焦化及耐火材料4个学术委员会，到1979年扩大到包括冶金地质、采矿、选矿、炼铁、炼钢、特殊钢、轧钢、焦化、耐火材料、金属物理、冶金过程物理化学等23个学术委员会。全国大部分省市也都成立了地方金属学会。学会的学术交流等活动越来越广泛，越来越深入，对中国冶金工业和冶金科学技术的发展起了很大作用。

王之玺坚持学会学术活动必须面向经济建设，要为中国冶金生产建设和冶金科学技术的发展服务；要坚持学术民主，贯彻双百方针。他积极组织学术会议，做了很多有创造性的工作，例如，1961年组织炼铁专家讨论高炉冶炼操作方针，提出了

“精料、大风、高温”的方针，正确指导高炉生产，取得了巨大成功；1962 年组织了包头含铌稀土铁矿的浮选会战，组织总结上海冶金研究所利用电炉在包头高炉渣中提取稀土的经验，为稀土金属在钢铁中的应用创造了条件；1964 年组织全国钢铁冶金专家、学者讨论攀枝花高钛型钒钛磁铁矿的冶炼和综合利用，初步决定以高炉冶炼为主，促成了高炉冶炼试验的成功，为建设西南钢铁基地开辟了途径。1979 年 12 月召开的全国轧钢会议，对中国轧钢工业现状及其发展方向进行了全面深入的讨论，提出用连铸逐步代替初轧，用连续式冷热宽带轧机代替劳特式中板轧机和叠轧薄板轧机，用冷轧硅钢片代替热轧硅钢片，用连续式棒材、型材轧机代替横列式轧机，用步进式加热炉代替推式加热炉等。王之玺据此写了轧钢会议报告，受到了好评，促进了生产的发展。80 年代初在上海宝钢召开全国炼钢会议，王之玺提出用氧气转炉代替平炉，用连铸代替模铸，使炼钢有了革命性的进步。

王之玺根据冶金工业部领导的指示，积极开展软科学研究，为中国冶金生产建设和冶金科学技术发展的决策民主化、科学化贡献聪明才智，多次为冶金工业有关重大问题进行论证。1983 年 7 月，中国金属学会受冶金工业部委托，对冶金工业部编写的《钢铁工业的技术政策和装备政策》以及《钢铁工业发展大纲》进行论证。在周传典副部长的领导和有关人员的协助下，王之玺组织了炼铁、炼钢、连铸、能源、造块、焦化、耐火材料、冶金自动化、环保、安全、铁合金、轧钢等 12 个专业的 600 多位专家、学者进行了深入讨论并作了认真修改，最后由冶金工业部编印成集上报中央，同时颁发试行。其中《钢铁工业的技术政策和装备政策》获得国家科学技术进步奖集体一等奖。

党的十一届三中全会后，王之玺积极贯彻开放政策，大力开展国际学术交流。在 1979～1984 年的 5 年中，中国金属学会先后与英国金属学会、美国金属学会、美国矿冶工程师学会、联邦德国钢铁协会、日本铁钢协会等签订了合作关系，国际学术交流活动蓬勃开展，先后派出 306 位冶金科技专家去国外参加了 107 次国际学术会议，47 次请 127 位国外知名学者来中国讲学，在国内召开了 3 次国际学术会议。

国际学术活动的开展，为中国冶金生产建设提供了好的经验与技术，促进了冶金科技事业的发展和提高，如有色涂层板的研制、非晶态的研究、融熔还原、等离子技术在炼铁中的应用等，均对中国有关技术的开发应用起了很好作用。国际学术交流也使国外了解了中国，宣传了中国。1980 年陈国良、谢锡善等专家的论文《铁基高温合金晶界 μ 相和 σ 相的脆化》在美国国际高温合金会议上被评为会议最佳论文并颁了奖。首都钢铁公司炼铁专家高润芝关于《首钢高炉喷吹煤粉》的报告在法国国际高炉会议上引起了与会代表的高度重视和称道，欧洲有些公司还和他商谈购买首都钢铁公司的技术专利。

6. 为中国钢铁事业奋斗终生

王之玺 1984 年 4 月离休，时年已 78 岁，本应是颐养天年的时候，但老骥伏枥、壮心未已。他不仅担任冶金工业部咨询委员会委员，及时提出建议，还于 1988 ~ 1989 年和 1990 ~ 1991 年两次与学部委员魏寿昆和炼铁专家蔡博、经济学家韦刚远道跋涉，进行调查研究，提出发展中国钢铁工业的专题报告。第一次是调查中国煤铁资源情况。他们走遍华北、华中、华东、华南、东北、西南各地，遍访鞍山钢铁公司、宝钢公司、武汉钢铁公司、马鞍山钢铁公司、太原钢铁公司、唐山钢铁公司、攀枝花钢铁公司、包头钢铁公司等大型钢铁企业，了解它们的近期和远期规划。了解到国内铁矿资源不足的情况，他们提出了合理利用国外铁矿资源的方案。他们还从上海乘船溯江而上，考察长江水运情况和沿江各钢铁厂利用外矿的条件。第二次他们访问了山东石臼所、浙江北仑港、福建湄州湾和厦门港、广东大亚湾和湛江等沿海港口，对各港口码头能否“港厂合一”、“大船运矿”等利用外矿兴建大型钢铁企业的条件，认为有 4 个深水港口具备建设大型钢铁企业的条件。他结合中国国情与先进工业国家建设钢铁企业的经验教训，以中国科学院学部咨询组成员名义与魏寿昆联名提出了《发展我国钢铁工业原料路线的建议》和《我国钢铁工业长期发展中若干战略问题的研究》两份建议书，上报冶金工业部和中国科学院，得到了冶金工业部领导的赞许。中国科学院还把《发展我国钢铁工业原料路线的建议》上报国务院。

三、王之玺主要论著

王之玺 . 1936. 钢铁在工业上的应用 . 工程 .

王之玺 . 1939. 云南省焦煤和铁矿资源调查和钢铁厂建设方案的报告 .

王之玺 . 1942. 战后钢铁工业发展规划初步方案 .

颜任光，王之玺，吴震亚 . 1946. 海南岛石碌、榆林铁矿和东方水电站调查报告 .

王之玺 . 1949. 鞍山钢铁公司全面复工计划方案 .

刘彬，王之玺 . 1957. 苏联、民主德国、捷克钢铁工业考查报告 .

王之玺 . 1964. 攀枝花钒钛铁矿高炉配矿三段试验计划 .

王之玺 . 1981. 钢铁工业调整和技术改造方针的建议 .

王之玺 . 1982. 我国冶金工业调整和技术改造中科学技术的重点研究方向 . 1982 年技术科学部扩大会议报告 .

王之玺 . 1983. 关于钢铁工业科技发展和技术改造长期规划的几点建议 .（内部资料）

王之玺 . 1985. 我国钢铁工业发展远景和重点研究方向 . 东北工学院院刊，(2)：147-152.

王之玺 . 1985. 我国钢铁工业发展的展望（冶金规划参考资料）.
王之玺 . 1986. 我国近代炼铁工业简史 . 炼铁，(4)：3-6.
王之玺，魏寿昆 . 1989. 发展我国钢铁工业原料路线的建议 . 中国科学院科学部委员咨询报告 .
王之玺，魏寿昆 . 1994. 发展钢铁工业的战略研究 . 冶金标准化与质量，(2)：61-62.

主要参考文献

那宝魁 . 1990. 钢铁标准与质量四十年——冶金工业四十年 . 北京：经济日报出版社 .
韦刚，陶少杰 . 1995. 中国科学技术专家传略 · 工程技术编 · 冶金卷 1. 王之玺 . 北京：中国科学技术出版社 .
王之玺 ，荣清玉 . 1996 . 中国金属学会开展学术活动的若干回忆 . 庆祝中国金属学会建会四十周年纪念 .

撰写者

陶少杰（1923 ~），江苏武进人，教授，与王之玺素有交往，曾继王之玺任中国金属学会秘书长。

赵天从

赵天从（1906～1995），河北赵县人。冶金学家，有色金属冶金教育家。中国现代锑冶金工业的奠基者之一。原中南工业大学（现中南大学）教授、博士生导师，重有色金属冶金教研室主任、冶金系副主任，兼原中国科学院长沙矿冶研究所研究员，国家科委冶金学科组成员。1933年毕业于北洋大学工学院矿冶系，后留学伦敦帝国大学理工学院，终身致力于中国有色金属冶金的教学和科学研究，是中国锑冶金工业的创始人之一。20世纪40年代初，研制了“碱性空气氧化法精炼纯锑工艺”和“间接法制取锑白工艺”；20世纪80年代中期，首创了“氯化–水解法制取锑白工艺”，为中国的锑冶金保持国际领先水平做出了巨大贡献。1992年荣获湖南省首届徐特立教育奖。发表学术论文100余篇，出版著作和教材11部。在出版的著作中有以英、俄、德、日、法文版书目作为依据汇编的50万字的《查阅外文冶金文献参考资料》、62万字的《锑》及英文版的 *The Metallurgy of Antimony*。其中《锑》和 *The Metallurgy of Antimony* 被国外同行誉为“关于锑的小百科全书”。用10余年时间主编了约350万字的《有色金属提取冶金手册》和约80万字的《重金属冶金学》，真实地记录了有色金属冶金事业的发展历程，为后人留下了一笔巨大的精神财富。

一、成长经历

赵天从1906年12月16日出生在河北赵县一个家道中落的乡绅家庭。那是一个硝烟四起、战火不断、中华民族备受侵略的、血与火的年代，这注定了他坎坷却又不平凡的一生。受父亲的影响，赵天从从小就酷爱读书。家里的书都读完了，他就想方设法地四处去借书来读，常常捧着本书一看就是一整天。由于家里条件不好，生活艰苦，“大自然”便成了赵天从童年最忠实的伙伴和最好的“玩具”。这使得他对自然科学产生了浓厚的兴趣，并且养成了善于观察的习惯。

天资聪颖的赵天从在16岁时考入河北省立第十五中学。当时“五四”精神高涨，民主和科学的思想在赵天从的心里日渐扎下根来。他怀着满腔热血和希望走上科学救国的道路，立志为中华之崛起而读书，于是更加发奋图强。20岁时他考入天津北洋大学工学院矿冶系，从此与冶金事业结下了不解之缘。

1933 年赵天从以优异的成绩毕业，经工学院院长李书田推荐，于同年 6 月到南京国民政府资源委员会矿业调查处供职。随后，他跟随我国冶金界知名学者王宠佑到湖南考察锑矿资源，足迹遍及三湘大地。在考察过程中，他能吃苦，不怕累，虚心向先生请教学习，亲身实践方得满足。这次考察使他积累了很多宝贵的经验。

1937 年年初，他被资源委员会派遣赴英国留学，在伦敦帝国大学理工学院专攻锑冶金。这个难得的机会让赵天从兴奋不已，因为当时英国的炼锑技术处于世界领先地位。在英国学习期间，他如饥似渴地学习新知识和新技术，还常利用课余时间去工厂考察、实践，仔细观察其设备，学习工艺下定决心要改变我国锑冶金工业落后的面貌。

1939 年夏，第二次世界大战即将爆发，赵天从提前返回祖国。当他看到外国人不断地运走我国的地下宝藏锑——世界最重要的战略资源之一时，痛心疾首，而后，他毅然赶赴地处抗日前方的湖南，先后担任纯锑精炼厂厂长兼工程师、湖南锡矿山工程处主任、国民政府中央特派员，负责恢复和发展锑的生产。从此，他情系有色金属之乡湖南，并且留了下来。于是，湖南便成为他毕生奋斗的地方。

1949 年中华人民共和国成立后，赵天从先后任锡矿山矿务局副局长、中央人民政府财政经济委员会（简称中央财经委员会）计划局重工业处工程师。1952 年春，计划局改组，他被聘为北京工业学院冶金系教授，开始了他的有色金属冶金教育生涯。1952 年 10 月，中国高校进行院系调整，赵天从回到湖南，参与筹建中南矿冶学院（今中南大学），并担任中南矿冶学院教授、重有色金属冶金教研室主任、冶金系副主任，兼中国科学院长沙矿冶研究所研究员、国家科委冶金学科组成员。

晚年的赵天从，每天黎明即起，辛勤笔耕，只为把多年积累的知识和经验奉献给祖国，流传给后人，让中国的冶金事业持续发展，再创高峰。

二、主要研究领域和成就

1. 我国锑冶金工业的奠基者

中国的锑资源居世界首位，而中国的锑资源又主要集中在湖南的锡矿山，在锡矿山 22.5 平方公里的土地上，锑的储量约占世界总储量的近 50%，这样的特大型的锑矿在世界上非常罕见，称这里为“世界锑都”一点也不为过。1908 年华昌公司从法国引进具有当时世界先进水平的“锑精矿直井炉挥发焙烧法”，利用锑易氧化挥发的特性将其与锑精矿中的脉石分离，产出锑氧粉再进行还原熔炼生产精锑，但一直只能炼出品位为 99% 的锑产品。而国外需要的纯锑要求含量在 99.6% 以上，因此，我国生产的锑产品出口后，国外还要再次精炼，不得不在价格方面蒙受很大损失。赵天从根据金属锑产品存在的问题，经过认真的分析与研究，提出采用碱性精炼法提高金属锑的纯度，为此制订了详细的技术方案。他的建议得到国民政府的重视和批准，1940 年他被任命为新建的纯锑精炼厂厂长兼工程师，负责实施锑的精炼项目。在战乱频繁的情况下，他因陋就简，克服重重困难，进行了各种规模的实验百余次，亲自绘制各种工业试验的自制设备草图，最终研制出一套独具特色的“碱性空气氧化法精炼纯锑工艺”。采用这种方法不但减少了污染和资源损失，而且第一次把中国金属锑产品的品位提高到 99.8%，达到了当时国际上的最高水平，中国生产的锑锭成为免检的出口产品。随后，国内各炼锑厂也先后进行了技术改造。近 70 年来，这项碱性精炼锑的技术虽然在工况制度和设备上几经改进，但其核心技术在国内一直沿用至今，人们称之为“赵氏炼锑法”。

第二次世界大战爆发后，日本侵略者的铁蹄踏遍东南亚，中国与东南亚国家联系的通道——中缅公路被截断。国内生产的纯锑无法外运，工厂开工不足，工人处于失业的境地。赵天从苦苦思索，如何对锑这一战略资源进行深度开发，为国家提供战略储备。他根据锑的氧化物（锑白）具有重要用途的特点，下决心开发由金属锑制备锑白的先进工艺。经过多种方案和设备的对比，他提出采用特种反射炉（现称为锑白炉）进行锑的自热氧化，大幅度地降低锑白制备过程的能耗。他不顾日机轰炸的危险，带领工人紧张施工，将纯锑精炼厂改建为锑品制造厂，推出了中国第一炉采用“间接法制取锑白工艺”生产的锑白。这项工艺，不但提高了锑产品的附加值，而且扩展了锑的用途。此后，国内各锑品制造厂普遍以此法生产锑白，并沿用至今。

赵天从研究开发的“碱性空气氧化法精炼纯锑工艺”和“间接法制取锑白工艺”奠定了我国现代锑冶金工业的基础，为我国锑冶金工业居于国际领先水平做出了巨大的贡献，赵天从的名字与我国锑冶金紧密地联系在一起！

1949 年 4 月，人民解放军横渡长江，锑都锡矿山在战火的冲击中震荡。赵天从作为一个正直的知识分子，在共产党地下组织的领导下，利用他的锡矿山工程处主任这一特殊身份，出面组织护矿。他集中矿工，推选代表，成立护矿委员会，抵制国民党军队撤退前的抢劫和破坏。受战争影响，矿上的 1000 多名职工领不到津贴，不少家庭处于断炊中。赵天从与地下党商议后，以急需现金作锑锭运费为借口，带着两名助手直奔广州。南京国民政府刚刚迁到广州，乱作一团，不会轻易给他一笔巨款。他据理力争，坦陈锡矿山库存几百吨锑，若有运费即可运到广州，最终国民政府拨出 6 万元金圆券。赵天从把这些钱兑换成 5 万银元，空运回湖南，历经千难万险运回锡矿山发放给矿工，从而使矿工家家升起了炊烟。锡矿山喜迎解放，赵天从将整个矿山完整地交给人民政府接收。他在历史的转折关头，做出了正确的选择，向中华人民共和国献上了一份厚礼。

2. 在综合利用和控制污染方面再攀高峰

1950 年年初，赵天从被任命为锡矿山矿务局副局长，与翁徐文局长密切合作，带领全矿职工投入了恢复生产的工作。他重新规划了矿山的采掘和冶炼计划，使锑的生产很快恢复到战前最好水平。不久，他被调中央财经委员会计划局重工业处任工程师。1952 年春计划局改组，他被聘为北京工业学院冶金系教授，开始了教学生涯。

1952 年 10 月，中国高校进行院系调整，赵天从回到湖南，参与筹建中南矿冶学院。他决心在中国有色冶金工业的研究基地发挥专业特长，为祖国的繁荣富强贡献后半生。

20 世纪 60 年代初期，他与教研室的同志一起，在有色金属冶炼的综合利用方面做了很多探索。他非常注重研究冶炼工艺流程，回收伴生的有价金属，实现矿产资源的高效利用，并解决冶炼产生的废水、废气、废渣问题。冶金过程工艺流程最优方案的选择，一般是工艺流程越短越好。他组织大家，一方面把国内外的最新研究成果引入教学，编写了 10 余部反映有色金属冶金新技术、新方法的小册子作为补充教材，开拓师生视野；另一方面开展科学研究，先后进行了沸腾焙烧、高压冶金、溶剂萃取、氯化冶金等试验。他在国内首先利用贫汞矿和选汞尾矿作为原料，采用沸腾焙烧法提取汞，以及对硫铁矿烧渣采用氯化焙烧法提取金获得成功，并用于工业生产，为处理低品位矿料和工业弃渣找到了新途径。接着，他又提出采用汞齐冶金法提取高纯金属的大胆构想。他看到当时的火法冶金技术一般均会产生较大的污染，而采用湿法冶金的方法可以控制和减少污染，为此开展了湿法炼铅、残渣浸取黄金和脆硫铅锑矿的综合利用等一系列研究，均有进展。他与冶金系的教师对许多矿物原料采用溶剂萃取、氯盐浸出等湿法冶金方法，并在离子交换、熔盐电解等方面做了一系列试验。在湿法炼锑上，他们研究成功“氯化–水解法”制取锑白新工艺，比由他首创的“间接法”制取锑白又有新的突破。这项技术在湘、桂、黔等省的炼锑厂推广应用后，取得了显著的经济效益和社会效益，被誉为 1986 年湖南省十大科技成果之一，1987 年获得省部级一等奖，1988 年 10 月被授予专利。

3. 笔耕不息 著作终生

赵天从自执教以来，结合教学、科研的实践，写下了数百万字的讲义、教材、专著和论文。20 世纪 50 年代他供职的中南矿冶学院建院伊始，百废待兴，为了尽快为祖国培养有色金属冶金学科的高级人才，他编写了重金属冶金学、有色冶金炉、重金属冶金工厂设计等课程的讲义。20 世纪 80 年代后，赵天从年事已高，为了把多年积累的知识和经验奉献给祖国，他每天黎明即起，直到深夜，辛勤笔耕，进入人生中著书立说的又一高峰。其间他完成著作及教材 11 部，主要有以英、俄、德、日、法文版书目作为依据汇编的 50 万字的《查阅外文冶金文献参考资料》、62 万字的《锑》和英文版 *The Metallurgy of Antimony*。他用 10 余年时间主编了约 350 万字的《有色金属提取冶金手册》和约 80 万字的《重金属冶金学》。此外，他还参加了《中国大百科全书 · 矿冶卷》的编审工作，并为该卷撰写了部分条目。数百万字的巨著，渗透了他无数的心血。而其成就最大者首推《锑》。这部集他 50 多年生产、科研、教学经验于一体的专著，自 1987 年由冶金工业出版社出版后，畅销全国。中国科学院学部委员、冶金学家魏寿昆在该书序言中说："早在清末，天津北洋大学首届毕业生王宠佑撰写了国际上第一部锑冶金专著 *Antimony*，并于 1909 年由英国 Charles Griffin 有限出版公司出版。""赵天从在前辈王宠佑的国际名著之后，总结了新中国 30 多年来锑的采、选、冶和工业锑品制取等方面的新技术、新成就，编写了这本《锑》并付诸出版，实是中国冶金界的一件大喜事，深堪祝贺！"赵天从从事冶金技术工作逾 50 年，早在 20 世纪 30 年代即开始从事锑冶金工作，他的研究成果一部分已在王宠佑所著 *Antimony* 的第三版内引用。本书的问世，不仅显示作为锑大国的中国锑生产的悠久历史及辉煌成果，同时也"对国际上锑冶金领域的发展和提高起到积极的促进作用"。这部书获得了国家新闻出版署颁发的 1990 年中国第五届优秀科技图书奖一等奖。评委会认为，该书对炼锑历史、锑的理化性质、地质及矿床、采矿与选矿、工业锑品制取和环境保护等作了全面的反映，"内容丰富，论述扼要"，是"一部锑的小百科全书"，是"具有国际水平的图书之一"。与此同时，以《锑》的内容为主体并由赵天从翻译、校阅的英文版的 *The Metallurgy of Antimony*，由中南工业大学出版社出版后，被送到北京和德国法兰克福国际图书博览会参展，并被世界一些著名图书馆收藏。

赵天从一生谦虚谨慎，从不计较个人得失，处处甘当人梯。著书立说，他尽量吸收中青年教师参加，大家都说："和赵老师一起编书，是最实际的锻炼，专业知识、教学方法、外语水平和写作能力，都有全面的提高。"做实验，他走在别人前面，准备仪器、打扫卫生，样样都干。他这样做是几十年的习惯，即使再苦再累也出自一片真心。他德高望重，慕名向他求教的人络绎不绝，他都热情解答，一时解决不了的难题，待查到资料后再回信答复。他审查稿件十分认真负责，连标点符号的错误也不放过。他在数百件作品上付出过辛勤劳动，但从不许别人署上“赵天从”三个字。别人感谢他，他说：“从你们花费的劳动中，我又学到了新知识。”大家为他的美德所感动，盛赞他具有“点燃自己，照亮别人”的精神。

4. 学术思想及影响

有色金属是支撑国民经济发展的重要基础产业，但有色金属冶金工艺流程复杂，原材料多种多样，并富含有毒（害）元素，特别是许多有色金属原料本身就是有毒（害）元素的载体。因此，有色金属产业在能耗、“三废”排放等方面远比其他产业严重，是排放铅、镉、汞等有毒重金属及砷、铍等有毒元素和放射性废物的大户，其排放的SO_2量也居各行业的前列。

在20世纪80年代初期，赵天从作为我国有色金属冶金学科的创始人之一，以其深厚的学术造诣和对学科发展的敏锐洞察力，以及对社会的高度责任感，预见到粗放的冶金方式的严重后果，高瞻远瞩地提出了“无污染冶金”这一战略性的学科方向。他提出的“无污染冶金”有着深广的学术含义，它首先意味着冶金过程中应改进生产工艺，不排放（或少排放）对人类健康及生态环境有害的气态、固态、液态废物，即要研究与开发清洁生产工艺，从源头上解决“三废”问题，在生产过程中应保护环境；其次考虑到冶金过程中所投入的物质，除进入产品及副产品的部分以外，其他都以各种废料的形式产出的实际情况，为减少废料的产出，其根本办法是降低消耗，并将资源中的有价物质循环利用，即在生产中应最大限度地节约资源，贯彻循环经济的原则，降低消耗更应降低能耗，能耗大小不仅涉及能源问题，同时也涉及温室气体及废渣的排放；最后，“无污染冶金”还涉及冶金过程中已产生的“三废”的无害化处理，即“末端”治理。因此，“无污染冶金”是集清洁冶金工艺、“三废”治理及资源循环利用，包括冶金过程的节能降耗在内的一个范围极广的学科方向。

随着我国经济的高速发展，我国的有色金属工业取得举世瞩目的成就，有色金属的总产量已连续多年稳居世界第一，环境与资源的矛盾日益突出，包含在“无污染冶金”学科方向内的保护环境和节约资源已成为我国的基本国策。建设资源节约型、环境友好型社会已成为我国社会经济实现可持续发展的必然选择，我国高度重视资源节约和环境保护工作，将“两型社会”作为现代化建设的重要任务，为此先后于1989年12月、2002年6月和2008年8月颁布了《中华人民共和国环境保护法》、《中华人民共和国清洁生产促进法》和《中华人民共和国循环经济法》，国家制定的这些法律法规无不体现了"无污染冶金"学术思想的贡献。

5. 构建我国有色金属冶金学科教育体系

赵天从在 20 世纪 50 年代后开始了在高等学校的执教生涯，肩负起为祖国培养有色金属冶金人才的重任，把他的大半生都奉献给了祖国的有色金属冶金教育事业。1952 年由武汉大学、中山大学、北京工业学院、广西大学、湖南大学、南昌大学 6 所院校的地质、矿冶系（科）聚合组建了中南矿冶学院，这是我国第一所以有色金属专业为主的矿冶类高校，有色金属冶金是其骨干学科。有色金属冶金学科建立后遇到的最大困难是整个教学体系的建立。赵天从参照苏联经验设计我国有色金属冶金专业的教学体系，组织制订教学计划，发动教师翻译编写教材，他规划科研方向，鼓励教师多承担科研课题，言传身教，很快培养出一支具有较高学术水平的教师队伍，使青年人才脱颖而出。

赵天从从 20 世纪 50 年代后期起即开始培养、指导研究生，是我国建立学位制度后的首批博士生导师，培养了我国有色金属冶金领域的第一位博士，共培养硕士 10 人、博士 21 人。在赵天从的执教生涯中，他以其渊博的学识、高尚的品德哺育着岳麓山下"有色金属摇篮"——中南大学一代又一代的有色冶金工作者，将自己的学生带到本学科发展的前沿。他是中国有色金属冶金界的一位德高望重的老前辈，不仅学识功底深厚，更有着高尚的师德和独特的人格魅力，有着矿冶院的"第一圣贤"之称。他严于律己、宽以待人、言传身教，带出一批又一批一心忘我工作的事业家，他的学生遍布国内外，尤其在我国有色金属冶金生产、科研、文化教育等各条战线，均成为各个部门的骨干与栋梁，纷纷在各自的领域为中国的科学事业奉献自己的力量。赵天从就像蜡烛一般，默默燃烧，照亮他人，他的这种孜孜不倦、一丝不苟的精神和与人为善的生活态度更是影响了几代人，就像亨利 · 亚当斯说得那样："教师追求的是永恒，他的影响也将永无止境。"

在日常的教学生活中，赵天从从不在乎名利，与人为善，诲人不倦。许多人慕名求教，他总是热情作答，从不含糊。他常常与学生交流，并拿出自己不多的工资去资助那些家里贫困又非常上进的学生，对学生总是十分关爱；每每有人去他家拜访，临走之时，他都一定要将客人送下楼去，目送客人离开；在编书审稿的过程中，更是连标点符号的错误都决不放过。

纵使在赵天从过世多年以后的今天，学生们每每提到他，仍禁不住肃然起敬。他们都说，"赵天从"这个名字本身，就是一部教科书，是一门值得人们去研究的课程。

三、赵天从主要论著

赵天从，刘树人 . 1934. 湖南土法炼锑之研究简报 . 矿冶半月刊，1（8）：3-9.

赵天从 . 1939. 钨砂去砒试验报告 . 矿冶半月刊，2（17-18）：1-9.

赵天从，朱清云 . 1957. 硫化锑精矿沸腾焙烧初步试验报告 . 中南矿冶学院内部资料 .

赵天从 . 1960. 贫汞矿沸腾焙烧 . 长沙：中南矿冶学院科技情报科印 .

赵天从，夏忠让 . 1965. 氧化铅锌矿综合利用的问题 . 有色金属，（7）：13-18.

赵天从 . 1980. 查阅外文冶金文献参考资料 . 长沙：中南矿冶学院科技情报科 .

赵天从 . 1981. 重金属冶金学（上下册）. 北京：冶金工业出版社 .

唐谟堂，赵天从，乐颂光 . 1982. 广西大厂脆硫锑铅矿精矿新处理工艺及其基础理论的研究 . 中南矿冶学院学报，（4）：18-27.

钟启愚，列醒泉，林世英，等 . 1986. 硫化锑矿“氯化-水解法”制取锑白 . 中国专利号：ZL85107329.

唐谟堂，赵天从 . 1987. 三氯化锑水解体系的热力学研究 . 中南矿冶学院学报，18（5）：523-528.

赵天从 . 1987. 锑 . 北京：冶金工业出版社 .

Zhao T C，Zhou W T. 1988. The antimony production in China. Changsha：Proceedings of the First International Conference on Metallurgy and Meteral Science of Tungsten Rare Earths and Antimony：53-59.

Zhao T C，Tang M T. 1988. A thermodynamic study of the basic and negative potential fields of the system Sb-S-H_2O and Sb-Na-S-H_2O. Journal of CSIMM，19（1）：35-43.

Zhao T C. 1988. The metallurgy of antimony. Changsha：Central South University of Technology Press.

段学臣，张多默，赵天从 . 1990. 超微锑白（Sb_2O_3）的研究 . 中南矿冶学院学报，21（5）：485-491.

赵天从 . 1992 ~ 1994. 有色金属提取冶金手册（共 14 卷）. 北京：冶金工业出版社 .

Tang M T，Zhao T C，Lu J L，et al. 1992. Prinpicle and application of the new chlorianation- hydrolization process. Journal of CSIMM，23（4）：405-411.

唐谟堂，赵天从 . 1992. CR 法处理高砷高锑复杂锡烟尘 . 中国有色金属学报，2（4）：37-40.

Yang T Z，Zhao T C，Lu Y Y. 1993. The preparation of absenic trioxide from the liquid and residue containing arsenic. Journal of CSIMM，24（4）：483-489.

段学臣，赵天从 . 1994. 超细五氧化锑——三氧化锑复合粉末的研制 . 中国有色金属学报，4（1）：91-95.

主要参考文献

曾长秋 . 1992. 中国锑的丰碑——赵天从 . 有色金属，44（1）：77-78.

赵天从 . 1992. 无污染冶金 . 北京：科学出版社 .

唐谟堂，李洪桂 . 2006. 无污染冶金——纪念赵天从教授诞辰 100 周年文集 . 长沙：中南大学出版社 .

撰写者

杨天足（1958 ~），广西贺州人，教授，从事贵金属和重金属冶金与材料制备研究。

唐谟堂（1942 ~），湖南武冈人，教授，从事重金属冶金、无污染冶金和精细冶金研究。

王国章

王国章（1907～1990），河北定县人。机械设备技术专家。高级工程师。1931年毕业于上海同济大学。长期从事武器开发研制工作，曾到德国监制、验收重炮，并去美国学习兵工制造技术。新中国成立后先在西南行政委员会工业部，后调至中央财经委员会工作。1951年调至鞍山钢铁公司（鞍钢），历任机械处副处长、机械总厂副厂长、鞍钢副总机械师、鞍钢科技馆副馆长、鞍钢情报研究所副所长。机械设备制造及管理技术造诣颇深。1983年开始从事政协工作，任辽宁省政协常委、鞍山市政协副主席。1988年开始享受教授、研究员待遇。

一、成长经历

1907年6月19日，王国章出生于四川省永川县。他记事那年，正值大革命爆发，推翻了清朝统治，建立了中华民国。王国章的父亲是一名公务员，一个人要承担全家五六口人的生活开销，经济状况十分窘迫。过了两年，情况稍有好转，父亲为他请了一位家庭教师。一直到1916年，王国章才被送到北京的一所小学学习。1919年，天资聪颖的王国章在小学连跳两级，考入了京师公立第四中学。当时学校有德文和法文两个班，王国章听从父亲的劝告，选了德文班，预备将来学习机械工程。这时王国章的父亲因患有严重的肺病已不能工作，家中共有7个孩子，生活更加拮据，但父亲仍然竭力维持子女的学业。1924年，王国章中学毕业。当时开设工程专业的大学用德文教课的只有上海同济大学，于是他不远千里跑到上海去报考，一考即中。同济大学的教授都是德国人，授课、笔记、考试都用德文，所以考入同济大学后都要先在德文补习班补习两年才能开始专业学习。这样前后算起来，在同济大学学习的时间长达7年。王国章考入同济大学的当年，即1924年冬天父亲在北京病故。此时家中一贫如洗，王国章已无力继续求学。这时他的一位伯父毅然决定供给他学费，王国章才得以回到大学继续学习。1925年，日本人在上海的一家纱厂开枪打死了中国人顾正红，由此引发了工人大罢工，上海学生纷纷游行声援并组织罢课，王国章也加入到了宣传的队伍中。

一年之后，伯父也失业了，无力再供王国章念书。这时正巧学校新聘请了一位德国教授教力学。这位教授的教学水平很高，讲义都是自己编写的，需要请人帮助抄写、印刷后再发给学生，条件是免除帮忙学生的一切学杂费。王国章跟校方争取到了这份工作。因为学校对课程学习抓得很紧，王国章每天白天都要和大家一起上课，晚上还要一起复习到九十点钟，所以抄写讲义的工作只能等到别人就寝后一个人留在教室里进行。德国教授都是现编现讲，讲义必须及时抄出，才不会耽误学生使用，因此，王国章每天都要抄到深夜一点多钟。靠着半工半读，王国章完成了后五年的大学课程。

由于同济大学学习的年限长，考试严格，淘汰率很高。王国章刚入学时，所在的班级有 30 多人，到了 1931 年毕业时，只剩下包括他在内的 4 人。王国章毕业时，中国的机械工业还十分落后，所以学机械的人很难找到理想工作。他原计划毕业后去东北找工作，但那时日本人已入侵东北，发动了“九一八事变”，使王国章的这一计划顿成泡影。于是他回到北京完婚，为了养家糊口，经朋友介绍，到天津的禅臣洋行机械部专门推销德国厂家生产的机械设备。在那里，他要根据用户所提的要求选择设备型号，并且负责成交后安装的技术指导工作。不久母亲病重，为了照顾母亲，王国章回到了北京，在这家洋行设在北京的分行工作。由于薪水微薄，他不得不利用业余时间在一家中学教授德文，以补贴家用。

1933 年，国民政府开始大力发展兵工业，并且四处网罗人才。王国章在同学的引荐下进入国民党兵工系统，一直工作到重庆解放。在此期间，王国章为中国的兵工业发展做出了不可磨灭的贡献。

二、主要研究领域和成就

1. 填补我国兵工史上多项空白

1933 年，王国章来到南京，先是在军政部理化研究所担任技术员，后又到兵工署技术司设计处工作。当时国内各兵工厂使用的图纸资料没有统一标准，英文、法文、德文、日文的都有，甲厂的图纸乙厂看不懂，给工作带来很大麻烦，因此必须制定统一的制图标准。兵工署把这项任务交给了王国章。王国章首先搜集了各国的资料加以分析研究，他认为中国将来工业的发展方向应以采用公制为宜，因而选定德国工业标准 DIN 作为蓝本并结合中国具体情况进行编制。经过一年多的研究，一套制图标准于 1934 年完成，定名为“兵工署图案法规”，明令颁发给国内各兵工厂试用，同时兵工署派王国章到兵工学校专门教授制图课程，以利于将来的推广执行。经过一年多的试用，对标准稍做修改后正式通令全国各兵工厂一律遵照施行。这套图案法规是中国机械工业史上第一套完整的制图标准，对各兵工厂的生产起到了很好的作用。新中国成立后我国颁发的制图标准基本上是以苏联标准为蓝本的，而苏联标准采用的正是德国工业标准 DIN，可见当初王国章的远见卓识。

1934 年，当时的国民政府向德国莱茵炮厂定购了一批重炮，这是中国军械史上第一批机械化重炮。由兵工署派人到德国去监造和验收，为此组织了一个验收团，王国章参加了这项工作。到德国后，王国章除了主要负责火炮的监造、试射等工作外，还主持了牵引车辆、炮兵观测光学器材等辅助装备的验收工作。在一年半的时间里，他积累了不少关于火炮制造和检验方面的实际经验，并且搜集了大量的验收规程和条例。1936 年王国章回国后，编写了一份关于火炮制造和验收工作的经验总结，并编制了若干关于炮兵器材的技术规程。

抗日战争爆发前，国民政府从国外购买了一批军火，其中有一部分是从德国购买的。新武器运到国内后，首先要由兵工署进行调试验收，认为没有问题后，才能交给部队使用。从德国进口的炮兵器材大部分由王国章负责。其中有些发现了问题，不能使用。王国章经过仔细的研究分析，提出了处理方案，使问题最终得以解决。

1936 年，国民政府进口了德国造三七反坦克炮 120 门，附穿甲炮弹 12 万发。炮到之后在验收试射时，连续发生了几次膛炸事故，险些伤人，以致这批炮弹不能发出使用。当时正值抗日战争前夕，时局极为紧张，部队急于用这批炮弹进行训练，因而问题急迫，需尽快解决。王国章临危受命，经过对这批炮弹进行分析研究，发现穿甲炮弹的弹底引信和弹体连接处的密封圈所选用的材质有问题，起不到密封作用。他提出了改进方案，改装后经过多次试射，再没发生事故，顺利解决了这个问题。

还是在 1936 年，当时的国民政府进口了一批德国造高榴炮，决定安装在江阴要塞，新炮安装工作由王国章负责。安装工作开始时，日军已占领上海，每天都派飞机对江阴要塞进行侦察轰炸，安装工作极为困难。到了 1937 年，高炮安装完毕，可是炮弹部件却到货不全，重要部件“引信”未到。当时日军正向南京进犯。而江阴要塞是江防重地，如果炮弹不能使用，将关系到国民政府首都的安危。大家都十分着急。国防部下令由王国章解决引信问题，并限令 10 天内完成。王国章大胆提出用别种炮弹引信改装代替的方法，经过连夜赶制，不到 10 天时间，改造完成。当时的兵工署署长俞大维亲自带队到江阴要塞参加验收试射，经过实弹射击证明完全可用。这件事情王国章是顶着很大的压力来完成的，如果试射不成功，他很可能会以“贻误战机”的罪名被处决。

1939年，王国章被调至重庆五十兵工厂工作，任制炮所主任。该厂原是广东军阀陈济棠委托德国莱茵炮厂设计的一个火炮制造厂，可以生产105毫米榴弹炮。1936年陈济棠反蒋失败后，这个兵工厂被兵工署接收。“七七事变”后，日寇南侵，兵工署把这个厂全部搬到重庆郊外。由于当时国内无法供应造105毫米榴弹炮的毛坯，便改为制造小型火炮。王国章来到该厂后，在生产管理和制造技术方面实行了一系列改革，使该厂生产能力不断提高，先是组织制造出一批三七反坦克炮，以后又改为制造60迫击炮。1944年，兵工署派王国章去美国学习兵工制造技术和企业管理。到了美国后，王国章先在美国芝加哥西北工商学院学习企业管理，然后到加拿大各军火制造厂学习制造技术，并搜集了不少兵器设计和制造方面的资料。1945年回国后他仍到重庆五十兵工厂任职。

第二次世界大战中，德国人首先发明并制成了无后坐力炮，配备给伞兵空降部队，收到很好的战果。在反坦克战争中，无后坐力炮由于比较轻便，易于携带，有很大的优越性，在当时是一种比较先进的武器。1943～1944年，王国章参照美国五七无后坐力炮的设计，设计试造出3门样炮，经过试验，效果很好，这也是我国自行设计制造的第一批无后坐力炮，王国章因此受到了当时国民政府的嘉奖。

1949年，重庆解放，王国章放弃了跟随国民党去台湾的机会，选择留了下来。他抱着极大的爱国热忱，向国家献出了之前搜集的大量军工资料，以满腔热情投身新中国的建设。

2. 致力冶金企业设备管理工作颇多建树

1950年9月，王国章从重庆的西南工业部被调至北京中央财经委员会的中央技术管理局工作，局长由当时的中央重工业部副部长钟林兼任，部长何长工。

抗日战争结束后，地处鞍山的原日本钢铁企业“昭和制钢所”内大部分比较新式的生产设备被苏联作为战利品拆迁运走。国民党接收后也未能恢复正常生产。新中国成立后，人民政府大力发动群众，利用剩余下来的老旧设备，使鞍钢恢复了生产。因为投入的生产设备很少且老旧，机电技术人员很少，更缺乏专管设备工作的组织机构。设备状况江河日下，经常发生事故，严重影响生产的正常进行。当时在鞍钢的苏联专家组组长吉林杰夫提出，一定要建立相应的设备管理机构，加强生产设备的管理，才能保证生产顺利进行。因此，1951年2月，当时的东北重工业部副部长吕东来到北京，在向中央财经委员会汇报工作时，特别向李富春主任要求中央派一名机械专家到鞍钢，负责生产设备的管理工作，李富春亲自点名王国章承担这一重任。钟林局长和王国章商量，征求他的意见，同时建议他随吕东副部长先到鞍钢去看看。就这样，王国章于1951年2月来到鞍山，受到了当时的鞍钢总经理李大璋、副经理马宾等人的热情接待。王国章在鞍钢各厂参观了三天后，被这里的氛围所感动，最终决定来鞍钢工作。1951年4月，他交接完中央技术管理局的工作后到了鞍钢，从此鞍钢的生产设备管理维修工作翻开了崭新的一页。

新中国成立初期，鞍钢投入生产的设备除少数矿山外，只有选矿一个系统，烧结一个系统，团矿一个系统，炼铁系统中有一、二、四号共三座高炉，炼钢系统中有一炼钢的几座平炉和预备精炼炉，轧钢系统中有一初轧、中型、一、二小型车间。这些设备都已老旧，在公司一级的职能机构中也没有专管生产设备的单位进行统筹考虑，听任各生产车间自行其是，互不相关，管理混乱，没有操作规程，对于设备的维护保养极不重视。为了改变这种局面，王国章到鞍钢后，公司立即成立了机械处，并由东北重工业部委派王国章为第一任副处长，同时授予总工程师的技术职称。机械处的职责是管理全公司的生产机械设备。王国章虽然是学机械的，但在新中国成立前一直从事军工生产和组织管理，对于机械处这项新任务毫无经验，因此在开始阶段他深入到各车间去观察了解，对各种生产设备的结构和作用仔细加以研究。当时鞍钢各生产车间的机械设备老旧，管理水平很差，急需改革的地方很多。例如，各车间对生产设备只知使用而不重视维护，只有在设备坏了不能运转之后才进行修理。这是最原始的设备维修制度，在单体设备生产时尚可使用，但不适于联合生产企业。机械处成立了检修计划科后，决定推行以维护为主、修理为辅的预防维修制度，初步拟定了各生产车间主要设备的计划检修周期，以及某一车间检修停产时和其有关的上下工序车间的生产和检修安排。但因旧的习惯作祟，有时为了完成生产任务，往往不按计划进行检修。在具体技术方面也存在许多不合理的地方，例如，各车间所用的机械设备图纸多半是把许多部件绘在一张图纸上，这还是20世纪20年代的做法，极不利于订货、制造、保管等工作。针对当时鞍钢的落后情况，王国章首先在图纸管理上大力推行“一品一页”制度，扭转旧的习惯做法。又如，在轴承润滑工作方面，鞍钢各生产车间普遍采用在下轴瓦（受力瓦）上开油沟的方法，这种方法已被新的润滑油膜理论所否定，但由于习惯势力的根深蒂固，改变起来十分困难。为此王国章先在机械处内部统一认识，然后到各生产单位进行宣传，指导示范，用实际效果使检修人员接受新的轴瓦润滑形式。

最典型的事例是王国章对一烧车间1000马力（1马力=745.7瓦）抽烟机震动问题的处理。当时只有一烧结车间两台烧结机开工生产，供应高炉部分烧结矿，而这两台烧结机所用的抽烟机经常发生震动，影响运转，不能正常生产。烧结机一停产立即影响到高炉供料。对于产生震动的原因，历来认为是由滑动轴承的轴瓦间隙过大所引起的，因此在调整轴瓦时总是把轴瓦间隙尽量保持到最小，但震动仍然不断发生。这个问题引起了公司领导的重视，急需解开发生震动之谜。经过查找资料，受到“轴瓦间隙不能过小，过小之后不易形成润滑油膜，即使形成油膜后也易遭到破坏，造成油膜时断时续，从而引起震动”论述的启发，王国章提出将轴瓦间隙放大的主张，因为和大家的习惯看法完全相反，所以很难被接受。王国章决定做一次试验，来转变大家的观念。在相关人员的配合下，试验一次成功，运转了很长时间也未发生震动事故，从此解开了这个谜团，结束了抽烟机震动的历史。

1952 年，马宾同志建议把机械处和机械总厂合并起来，同时保留各自的名头，王国章被任命为机械处副处长兼机械总厂副厂长。

经过在鞍钢三年的实践，王国章对设备维护、检修工作初步摸索出了一些规律，并归纳为四条基本要求，其内容为“保持清洁，注意润滑，合理使用，定期检查”。每一条都包含着极为广泛的工作内容。对于设备修理工作，他也总结出四项要求，即“确定周期，掌握缺陷，分段修理，成套更换”，指出了检修工作的指导思想和重要步骤。这八句话绝不是空洞的口号，而是王国章在主抓设备管理工作的实践中精心提炼出来的，这些基本要求几乎涵盖了设备维修工作的全部内容，这八句话在 1954 年的《人民日报》上刊登过。

这一时期，除了加强设备维护工作之外，王国章还组织领导了一些重要设备的大修工作。由于鞍钢的一些主体生产设备已经老旧，限制了生产发展，因此每次大修时必须采用新的技术对原来的设备进行改造。这就需要组织设计、备品制造、施工、生产等单位共同协作，才能完成。工作量十分庞大，工种繁多，任务艰巨。这当中包括鞍钢二号高炉大修、九号高炉中修、选磁大修等项工程。特别是 1953 年的二号高炉大修工程，是新中国成立后的第一次高炉大修，没有任何经验可以借鉴，一切工作都要从头摸索，例如，试造了床砖机、运砖传送带、氧气汇流排等新型施工装备；在施工组织中成立了大修指挥部的领导体制，使用计划指示图表平衡工程进度，凡此种种都属新创。大修工程既提高了质量，又保证了工期。完工之后，王国章针对这次高炉大修编写了一篇详细的工作总结，对以后的大修工作起到了很好的示范作用。

1953 年，冶金工业部派苏联机械专家耶洛什金来鞍钢暂住。他在对鞍钢公司的生产设备情况和管理机构作了深入的调查了解后，提出建立总机械师体制的建议，并编著了一部书，详细叙述了冶金设备维护、检修工作进行的程序，以及执行中所用的各种表格式样，这是我国关于冶金设备管理工作方面第一次系统的技术引进。

冶金工业部对此十分重视，并于 1953 年冬季在鞍钢举办了一个全国性的设备维护检修管理学习班，同时决定在全国冶金企业一律建立总机械师制度。1954 年，鞍钢在原来机械处的基础上设立了总机械师，王国章出任第一副总机械师，其任务是管理全公司生产机械设备的维护、检修、大修计划、技术改造等方面的工作，使生产设备经常处于优良状态，保证钢铁生产按计划顺利进行，属于对外服务性质；而第二总机械师的任务是供应全公司生产设备所需用的备品、配件，以及大型生产工具，如轧辊、钢锭模、钢铁水罐、渣罐等，属于对内服务性质。总机械师之间相互配合，在采用新的生产制造技术、提高备品质量、改进备件设计、延长设备使用寿命方面做出了不少贡献。

王国章在任第一副总机械师期间，组织领导了鞍钢主要生产设备的革新工作，从设计、设备制造直到施工，其中包括一初轧厂所有设备的更新、炼铁厂高炉扩容改造、一炼钢厂平炉扩容改造，以及中型、小型等厂的轧钢机架由原来的铸铁件换成铸钢件等，为鞍钢生产能力的不断提高发挥了重要作用。

新中国成立初期，全国冶金行业只有一台大型开坯机，设在鞍钢一初轧厂，它除了供给鞍钢中型、小型厂钢坯外，还供给全国其他轧钢厂坯材。1953 年，国家为了尽快建成成渝铁路，计划由重庆大渡口钢铁厂利用原来的一套老的钢轨轧机轧制钢轨。这套轧机还是清朝年间张之洞开办钢铁厂时购置的，抗日战争爆发后由汉阳迁到了重庆，因为当时国内没有开坯机，一直闲置未用。新中国成立后，鞍钢虽有初轧机，但没有钢轨轧机，因此要由鞍钢的初轧机开坯后运到重庆，再由这套古董轧机轧成钢轨。这在当时是一项非常重要的政治任务。可鞍钢一初轧厂在轧机的连接杆中间托瓦部位发现了裂纹，另一套备品也同样有裂纹，虽然能勉强使用，但裂纹不断发展，形势岌岌可危。这两对连接杆都是从德国克虏伯厂随轧机带来的，其结构设计是一根整件的锻钢件。当时国内最大的锻造设备只有鞍钢北部锻造车间的一台 500 吨水压机，而连杆头的直径大约为 1 米，根本无法锻造，因而当时在国内无法解决这一问题。如果向苏联订货，最快两年才能交货。作为当时鞍钢机械设备的总负责人，王国章决定自己来解决这个问题。他结合鞍钢锻造及机械加工能力，初步设计了一个方案，把原来的整体结构设计改成由三件组成的结构，即把两个连杆头热装在一根连杆上。连杆头无法锻造，就改用合金铸钢件，经热处理调质，增大强度，连杆本身也用合金钢锭在 500 吨水压机上进行锻造，三件加工完毕，采用热装技术组装为一体，经过理论计算，可以通过。但这个设想非常大胆，并无先例（资料只介绍有一头热装的）。在方案讨论时，无人赞成，王国章处境颇为孤立。但他坚持认为方案可行，于是决定按此方案先试造一对新连杆，并详细制定出了每道工序的操作规程和技术标准，先进行操作试验，待一切操作过程熟练后，才进行正式热装。一切都按计划顺利进行，历经半年时间，一对新连杆终于制造成功，这时旧连杆已不能再使用，将新连杆换上试用后，一切正常，王国章悬着的心才终于放了下来。厂方也很满意，立即照新设计重新制造了一对备品。这两对新连杆一直使用到一初轧厂大修更换双马达，才完成它们的历史使命。

1956年，鞍钢无缝钢管厂1000吨冷剪机大曲轴在中间部位折断，因为没有备品，管坯只好采用火焰切断，影响了生产。这件曲轴外径很粗，国内无法锻造。在征求如何进行修复的会上，多数人主张焊接，但王国章认为，这根轴尺寸很大，如果开坡口再堆焊，堆焊层很厚，将加进很多杂质，不能保证强度。他提出了一个解决办法，即将原轴车细些，另外再车一个套筒，用热装技术把断轴连接起来，套筒两端同时热套在曲轴根部，可以承担较大的弯矩的扭矩。但这个套筒尺寸很大，毛坯不能锻造，后来想到利用废的大型锻钢轧辊作为坯料，解决了这个问题。装好之后，完全可用，生产恢复正常。在当时国内机械行业尚无基础的情况下，王国章因地制宜，采用特殊的变通办法，屡屡解决危机，这点尤为难能可贵。

鞍钢烧结厂抽烟机是苏联产品，其转子直径为两米多，转速每分钟1500转，驱动电机2000马力（1马力=745.7瓦），转子受力相当大。转子主体是一件整个的锻钢圆盘，轮毂部分很厚，圆盘部分渐薄，两侧盖板也是整锻钢件，没有备品，鞍钢自己又制造不了。当时曾向富拉尔基重型机械厂订货，该厂认为这个部件技术难度很大，不接收订货。王国章经过仔细研究，提出了一个改造制造设计的方案，即把整个转子圆盘分成两件拼焊起来，如将中间板的轮毂部分作为一件，平板外部成为一个圈状，作为另一件，将两件焊接起来，经退火后再行加工。这样分开以后，轮毂部分鞍钢可以自己锻造，平板外圈则由半连轧厂轧成厚板作为毛料，质量不比锻造件差。两侧盖板也依同样原理分成两件焊接起来。按照这种设计鞍钢自己就可以制造。经过强度计算，结果也通过了。按照王国章的这个设计，试制成功了一件。后经二烧结厂试用，证明毫无问题，而且造价很低。

王国章还在西南工业部时，曾参加清理物资小组到上海接收了一批日本赔偿的物资，其中有一台2000吨水压机，但该机的最大部件底座未到。后来中央财经委员会决定把这台水压机安装在太原，并由几位苏联专家组成了一个水压机安装小组。安装小组设计了一个底座，是铸钢件，重80~90吨，当时鞍钢机械总厂具有全国最大的制造能力，1952年，水压机组的一位苏联专家来到鞍钢，要求鞍钢机械总厂承担制造水压机底座的任务，那时该厂铸钢车间只有两座15吨平炉，最大吊车起重能力为30吨，无论如何也承担不了这项任务。王国章深知水压机在机械制造行业的重要性，千方百计也要快点把这台水压机安装起来。经过仔细考虑，他想出了一个变通办法，即把这个大铸件运到第一炼钢厂去铸造。当时第一炼钢厂的平炉是 150 吨，铸锭跨的吊车起重能力是 100 吨，那时还是在地坑内铸锭，地坑尺寸也够大，正好符合大型铸件铸造的要求，各方面条件都很适合。公司同意了此方法，实施后我国第一台大型水压机底座终于铸造成功。

为了提高设备管理工作水平，普及设备工作技术知识，作为副总机械师，王国章还要经常举办大修计划管理、备品管理、设备管理、润滑、轴承、起重机、焊接等各种学习班，由此培养出了大批人才，不但提高了鞍钢的设备管理工作水平，还为全国各冶金企业储备了后备力量。这些人分调到其他冶金企业后，立即担负起设备工作任务，相应地也提高了全国冶金企业的设备管理工作水平。

1956 年，王国章敏锐地意识到连续铸坯是冶金企业的发展方向，他搜集了一些国外资料，一有机会就极力宣传。他在座谈会上向王鹤寿提出鞍钢应建一座试验性连铸设备，当时世界其他国家这方面的研究也才刚刚开始。在他的努力下，鞍钢于 1964 年在第三炼钢厂试建了一座连铸设备。

1952 年，朝鲜战争正在进行中。有一天快要下班时，两位空军军官带着一个损坏的零件找到王国章，说这是一个给飞机打气的空气压缩机零件，已不能使用，影响飞机飞行，情况紧急，要求鞍钢马上给修好，第二天就要带走。王国章仔细察看了这个零件，发现它形状颇为复杂，有好几个通孔，壁厚只有 2～3 毫米，估计是用马铁铸造的，而当时电焊技术水平不是很高，怕焊裂了变形，如果照原样重新铸造一个，则需要好几天的时间，而战争形势所迫又不能等待。王国章详细询问了这个零件的作用后，提出了一个解决办法，就是不拘泥于原来的零件形状，只考虑能满足使用目的，利用原有零件上的一部分仅存未损的螺纹作为根基，另外加上一个新的附件，可以保证原来的作用，不过体积稍大一些。于是王国章立即按照此设想设计制图并连夜赶制。第二天清晨，新零件加工完毕，这项紧急任务圆满完成。这个零件虽然不大，制造也不算复杂，但时间紧、任务急，王国章以多年积累的渊博的机械知识从容应对，充分体现出他的聪明才智。

由于王国章机械知识造诣很深，又具有丰富的机械设备管理经验，因此在生产设备的维护与检修以及大修过程中，经常能创造性地提出独到见解，解决了生产中很多棘手问题，在同行中享有很高的声望，经常被冶金工业部派到全国各冶金企业指导设备工作，是公认的机械制造和冶金设备管理方面的高级专家。

为了总结新中国成立以来冶金企业设备管理工作从无到有的发展历程，以及所取得的经验和教训，王国章还与他人合作，编写了《冶金企业设备管理》一书，并正式出版发行。他还发挥精通德文的专长，翻译了大量德文技术资料。

1959 年，王国章调至鞍钢设计院担任总工程师，负责工程设计和技术管理工作。尽管只有短短的两年时间，他细致慎重的工作作风依然给这里的同志留下了深刻印象。他对每一项工程设计的审查都非常认真，并且都能提出科学论据，加以补充修改，真正起到了总工程师的作用。

由于王国章在冶金行业和社会上享有很高的声望，从 1954 年起，他连续当选为鞍山市历届人大代表和政协委员、常委等，成为爱国知识分子的优秀代表。

1966 年"文化大革命"开始，作为一个从旧社会走过来的工程技术专家，王国章在劫难逃，被当成"资产阶级反动技术权威"加以批判，一直到 1975 年才被重新安排工作，这时王国章已年近古稀。他主动要求做一些研究工作，先是担任了鞍钢科技馆副馆长，后又在新成立的鞍钢情报研究所担任副所长，分管技术情报工作，继续为鞍钢的发展贡献才智。

3. 为情报事业发展不遗余力

鞍钢情报研究所是鞍钢的情报研究中心。王国章来到这里后，将他多年以来在冶金领域积累的丰富知识与外语专长充分结合起来，组织全所科技人员，为鞍钢生产、科研和技术改造提供了大量有参考价值的国外技术资料。同时他还十分关注鞍钢未来的发展，为鞍钢在技术改造中应采用的新技术、新工艺出谋划策。他组织各专业技术人员翻译、整理出大批外文资料，同时身体力行，亲自翻译、校对德文资料，对鞍钢的技术引进和技术谈判起到了非常好的作用。

1983 年，王国章当选为鞍山市政协副主席，尽管年事已高，他仍然思维敏捷、精神矍铄，保持着旺盛的工作热情。在政协工作期间，王国章为鞍钢、鞍山，乃至辽宁的发展献计献策。在他担任政协副主席的几年时间里，鞍山的政协事业有了长足的发展。

1990 年，王国章病重，他在病榻上仍然挂念着鞍钢的发展和鞍山的振兴。算起来，他已经为中国的兵工业和冶金工业奉献了 60 年的光阴。新中国成立前，他为中国的兵工业发展做出了杰出贡献；新中国成立后，又为冶金企业的设备管理和技术改进奋斗了 30 余载，所取得的成就有目共睹。所有和王国章接触过的人都能感受到他那拳拳爱国之心和真诚的人格魅力。他的一生以学术为业，淡泊名利，功成不居，坦坦荡荡，不愧为老一辈爱国知识分子的楷模。

在鞍山工作期间王国章曾先后兼任中国金属学会冶金设备专业学组学术委员，辽宁省机械工程学会理事，鞍山市机械工程学会副理事长，鞍山市金属学会常务理事兼机械组组长，辽宁省金属学会机电系副理事长、辽宁省科技外语协会常务理事等，高级工程师，享受教授、研究员待遇。1990年9月10日王国章在鞍山病逝。

三、王国章主要论著

王国章编译. 1950. 德国工业技术丛书（共五册）. 北京：工业技术出版社.

道尔. 1951. 锅炉制造工程画线法. 王国章译. 北京：科学技术出版.

王国章. 1951. 车间应用数学. 工作法丛书. 北京：科学技术出版社.

克劳特克. 1952. 工件装夹法. 王国章译. 北京：科学技术出版社.

克莱茵. 1952. 铣切工作法. 王国章译. 北京：科学技术出版社.

爱歇尔. 1964. 底吹碱性转炉炼钢法. 王国章，杨树棠译. 北京：中国工业出版社.

联邦德国钢铁企业组织技术研究所. 1976. 光辉离子氮化. 王国章译. 技术交流（鞍钢内部发行）.

王国章，等. 1979. 厚板热轧宽带钢及冷轧薄板的生产. 鞍山：鞍钢科学技术馆.

王国章，吴本廉，郁素人，等. 1983. 冶金企业设备管理. 北京：冶金工业出版社.

主要参考文献

鞍钢史志编纂委员会. 2011. 鞍钢年鉴//龙强主编. 北京：冶金工业出版社.

撰写者

袁晓青

魏寿昆

魏寿昆（1907～2014），天津人。冶金学家，教育学家。冶金物理化学学科奠基人之一。一级教授，中国科学院院士。1929年毕业于天津北洋大学矿冶工程系，获得学士学位，1935年获得德国德累斯顿工业大学化学系工学博士学位。1935～1936年在德国亚琛工业大学钢铁冶金研究所博士后进修。20世纪40年代，结合我国当时的矿产资源及技术改进等情况研究解决了生产问题，并获得五项发明专利；50年代应用活度理论对冶金反应进行了深入的热力学分析研究；60年代发展了炉渣离子理论，提出了高炉渣中计算硫离子活度系数公式；70～80年代在国内首先开展在冶金生产中应用固体电解质定氧技术，使之成为提高质量的重要手段，并用于热力学参数测定的理论研究；80～90年代针对我国富有的共生矿和贫矿研究了矿石中有害元素的分离去除和有益元素的提取富集。开展了大量理论研究并指导了生产。研究课题获得了国家自然科学奖三等奖一项，国家教委科技进步奖一等奖两项、二等奖一项，1997年获得何梁何利科学与技术进步奖，2006年获得金属学会颁发的冶金科技终身成就奖。发表学术论文140篇。在70余年的教学工作中，讲授过基础课、技术基础课和专业课共28门课程。在教学和科研工作中培养青年教师，指导培养20余名硕士生和博士生，出版了五部学术专著，曾获得学校、中国科学院、冶金工业部及国家教委部门颁发的“先进教师”、“教书育人先进工作者”、“老骥伏枥奖”等荣誉奖状和证书20项。曾任北京钢铁学院（今北京科技大学）教务处长、图书馆馆长、副院长。北京钢铁学院建校元老之一，中国金属学会创建人之一。曾任九三学社中央委员会常委。

一、成长经历

1. 弃商就学

1907年9月16日魏寿昆生于天津。魏家曾是殷实的大户人家，几经战乱后家道衰落，祖父辈的兄弟们迫于生计分家各谋出路。全家十几口人的生活全靠魏寿昆的祖父当雇员维持，日子过得很艰苦。

魏寿昆自幼敏而好学，让其祖父看到了复兴家业的希望，于是打算让魏寿昆读完私塾后，到商铺当学徒经商。但三年后，年仅 10 岁的魏寿昆却要弃商就学，他曾说："读私塾、学买卖、当老板是我祖辈走过的从商道路。我抛弃从商之路，这是我家的一场革命。"这改变了魏寿昆的人生道路，他从私塾、小学、中学到大学，不仅刻苦好学，而且培育了高尚的品德。在私塾读《孟子》"孟子见梁惠王"篇时，虽然当时的他还不能完全理解其中的哲理，但随着生活阅历的增长，一直以不逐名利、仁和关爱、做正派人为座右铭以自勉。在北洋大学学习期间魏寿昆受到了专业方面的严格训练和实事求是的科学精神的影响，逐渐形成勤奋好学、求真务实、严谨创新的治学之本及为人之道，这也是他在几十年教书育人生涯中的准则。

2. 留德五年

在北洋大学（后改名为北洋工学院）学习期间，魏寿昆受到众多名师的教导，激发了他出国深造的愿望。当时考虑到如果将来报考化学学科，他在大学没有学过的有机化学课将是必考课程，因而在读大学三年级时，他便自学了有机化学。此外他在大学预科学过一年德语，随后数年中一直坚持自学。这两门课程在他后来考取留学生和读博士学位时起到了重要作用。"凡事预则立"，这也是魏寿昆的成功之道。1930 年秋魏寿昆成功考取了留德生。

1931 年赴德后，他在德国柏林工科大学的德语学校预修德语，按规定需八个月毕业。但魏寿昆因有过去自学的基础，仅学习了两个月即获得进入大学的德语合格证书。他在柏林工业大学学习了两个学期，主攻有机化学、物理化学和实验课，1932 年秋转入德国德累斯顿工业大学色染及纺织研究所，完成了染色原理及染料制备化学的学习，1935 年 6 月获得工学博士学位。

由于在大学学的专业和志向是冶金学科，因此他又到科隆附近的好望钢铁公司的炼焦、烧结、高炉、转炉、平炉、电炉、铸锭、粗轧、型材、管材、板材、冷轧、材料检验及化学分析等车间及部门进行了全面实习，此后去亚琛工业大学钢铁冶金研究所博士后进修两学期，他除听专业课，参加专业实验及小课题研究外，还调查实验设备，搜集新技术、新设备及德国高等教育资料等。这一年的广泛学习和资料收集，对他后来的工作起了很大作用。1936 年 7 月魏寿昆结束了在德国五年的学习，启程回国。

3. 辗转陕、黔、川

魏寿昆回国后重返母校，任矿冶系化学及冶金教授。1937 年"七七事变"后，国民政府教育部明令天津的北洋工学院、北平的北平大学及北平师范大学迁至西安，组成西安临时大学（后改称西北联合大学）。魏寿昆随学校到达西安。次年西北联合大学解散改组。魏寿昆任教于由北洋大学工学院、东北大学工学院、北平大学工学院及焦作工学院组成的西北工学院。1937 年 8 月在西康省（今四川省）西昌成立西康技艺专科学校（大专及中专），魏寿昆被聘任为矿冶科及化工科主任，由陕西城固经 12 天长途跋涉到达西昌。1941 年夏他又被聘为贵州工学院矿冶系主任兼教务主任，乃举家迁至贵阳；1942 年夏受聘重庆经济部矿冶系冶金教授，全家又由贵阳迁居重庆。

魏寿昆在赴重庆工作的前五年中，辗转在五所学校任教，居无定所。到重庆后的四年中，曾在三个单位工作，搬了四次家，在当时的抗日战争环境下，工作条件差，生活艰苦，魏寿昆始终积极应对，克服来自工作和生活等各方面的困难，认真完成各项教务和教学工作。

4. 重展宏愿

经历了十几年的抗日战争和解放战争，新中国成立了，百废待兴。十年的“文化大革命”使中国的政治、经济、文化和教育各方面遭受了极大损失，魏寿昆坚信，历史车轮必定会前进。他利用一切可能坚守在教学与科研第一线。1976 年“四人帮”倒台后，各项事业得到更好更快的发展，魏寿昆此时已年逾古稀，他迈开大步重登讲台，走进实验室，积极开展科研工作，为教书育人殚精竭虑。耄耋之年，他还与王之玺院士（原冶金工业部科技司司长，时年也年过八旬）率领调研组深入工矿企业，调查我国各大冶金企业的情况与规划，为我国钢铁工业的宏观和长远发展做出战略报告，由中国科学院上报中央，受到国家领导的高度重视。

二、主要研究领域和学术成就

（一）教书育人

魏寿昆回国后任教于天津北洋工学院，不久随校西迁，在陕、黔、川三省各地奔波，先后在八所院校任教。新中国成立后，1952 年院系调整，魏寿昆随北洋大学矿冶系教师和学生调至由五所院校（北洋大学、唐山交通大学、北京工业学院、西北工业学院和山西大学）组成的北京钢铁工业学院（1960 年更名为北京钢铁学院，简称钢院），任教务长。他是钢院建校元老之一，1979 年任副院长兼图书馆馆长。但无论担任何种行政职务，他从未卸下教师的职责。在 70 余年的工作中，魏寿昆针对不同教学对象——青年教师、研究生、大学生、大专生、工人班及“文化大革命”中的工农兵学员等，因材施教，讲授过基础课、技术基础课、专业课和专题讲座，共 28 门课程。

钢院建校之初，随五校调入的专业课教师和青年教师，其中多数是刚毕业的和 53 届提前一年毕业的学生。作为教务长，魏寿昆除自己讲课外，特别关注青年教师的培养。这是当时师资队伍建设的重要环节。他首先制订了全面培养计划：一是根据专业设置和课程要求，派出青年教师到外校进修，听苏联专家讲课；二是聘请外校有经验的教师来校授课，同时指导青年教师，使其在工作中提高；三是亲自指导青年教师制定教学大纲，讲解教学内容、重点和难点以及教学方法等。由于这些措施的稳步落实，师资队伍建设取得显著成绩，青年教师的讲课能力在教学实践过程中不断提高，逐渐成长为学校的主力，成为专业骨干教师。当年的青年教师和曾受业于魏寿昆的学生如今已是七八十岁的老人。回忆起自己的老师，他们一致认为其求真务实、严谨创新的学风及诲人不倦的精神让他们受益匪浅。举例来说，魏寿昆指导的一名博士生，因时间紧、原材料短缺供应不上，就用已有的实验数据及推导出的热力学公式，通过计算外推得到理想结果，认为可以达到任务要求了，但遭到了魏寿昆的否定。魏寿昆肯定了他的计算方法，但称若不经过实验验证，不能做定论。该生又干了两个月，得到的不仅是实验数据，而且更重要的是严格的训练和求真务实的作风。再举一例，一名学生口试后，满怀信心地认为“5 分没跑了”（20 世纪 50 年代学习苏联考试采用口试，记分为四级分制，即 5、4、3、2），但魏寿昆又问了一个生产上的小问题，把学生难住了，结果“到手的 5 分”跑了，只得了 4 分。魏寿昆说在生产中不应放过任何小问题，看似一个“细节”，它可能影响整个生产。后来这位成为中国工程院院士的学生说，“一个‘4 分’使他养成了在工作中细致观察、认真研究的严谨作风”。

魏寿昆共培养了 20 余名硕士生和博士生，编著五部学术专著：《平炉炼钢厂设计》、《专业炼钢学——平炉构造及其车间布置》、《活度在冶金物理化学中的应用》、《冶金过程热力学》、《魏寿昆选集》。

（二）主要科研成就

1. 五项专利

20 世纪 40 年代，魏寿昆任重庆矿冶研究所室主任期间，针对生产的技术改进和矿产资源研发的具体情况，研究制备产品的新方法，并获得五项专利：①利用静置后处理法自白云石去钙提镁的新法；②利用碳酸钠或碳酸铵自白云石去钙提镁的新法；③人造镁氧制造镁砖的配料方法及加强黏性的风化法；④制造特纯钼酸铵或钼酸采用铝铁共沉淀新法；⑤提炼纯钼的二步还原新法。

2. 高温反应活度理论研究及应用

1907 年 G. N. Lewis 提出活度概念，并将其应用于常温下非理想溶液的化学热力学计算。高温下的冶金熔体反应过程十分复杂。到 20 世纪 30 年代中期美国 J. Chipman 教授将活度概念成功地应用于冶金熔体反应，用实验测定了熔体中元素的活度系数，开创了高温反应的活度理论。中国学者李公达、陈新民和邹元爔等对高温反应热力学及活度理论研究都做出了贡献。

魏寿昆在留德期间即关注高温冶金过程的物理化学研究方面的进展，回国后限于客观条件，未能潜心于这方面的研究工作。20 世纪 50 年代他受到苏联专家讲课时引用欧美文献的启发，研读了国外大量有关资料，开始对活度理论及其实际运用进行研究。1956 年他发表了《活度的两种标准态与热力势》和《活度在钢铁冶金二相的气体——金属液化学平衡反应中的应用》两篇论文。

在第一篇论文中，魏寿昆应用“活度”取代常温理想溶液中的“浓度”，计算高温熔体反应热力势，并讨论了计算活度的两种不同的标准状态（纯物质和 1% 溶液）。以某元素 A 溶于铁液生成含 A 1% 溶液为例，推导出热力势变化（$\Delta\psi$）

$$A_{(液)} \rightarrow [A]$$

$$\Delta\Psi = R \cdot T \cdot \ln\left(f \cdot X \cdot \gamma^0 \cdot \frac{0.5585}{M_A}\right).$$

此式为高温下计算溶液生成反应 $\Delta\Psi$ 一般关系式。式中，$\Delta\Psi$ 为反应热力势变化值，R 为气体常数，T 为绝对温度，f 为亨利活度系数，X 为 A 的摩尔分数，γ^0 为拉乌尔活度系数，M_A 为溶液中 A 的摩尔质量。

当以 1% 溶液为标准态时，即 $X=1$，则 $f=1$，

$$\Delta\Psi = R \cdot T \cdot \ln\left(\gamma^0 \cdot \frac{0.5585}{M_A}\right),$$

此式是用于计算在适合亨利定律时，溶液生成过程的标准热力势变化值。

当适合于拉乌尔定律时，$\gamma^0=1$，则溶液生成过程的标准热力势变化值为

$$\Delta\Psi = R \cdot T \cdot \ln\left(\frac{0.5585}{M_A}\right).$$

在第二篇论文中他总结了 49 篇 1936 ~ 1955 年发表的文献资料有关三种二相的气体——金属液化学平衡反应的研究工作。文中标准化了二元系和三元系平衡常数、活度及活度系数等参变数的符号，分析了 f_i^j 的物理意义；并利用活度分别计算了各

种元素（第三元素）对铁液中的氧及硫的反应热力学，讨论了活度对铁液的脱氧和脱硫的实际意义，最后还指出由于多元系内各元素在铁液内彼此相互作用，它们的关系更为复杂，所以为阐明合金钢热力学性质，活度的研究更有必要，更有实际意义。

1959 年魏寿昆应曲英等教师的要求和推动，根据教学需要开设“活度在冶金物理化学中的应用”专题讲座，此后经过两次补充修改，于 1964 年完成《活度在冶金物理化学中的应用》专著并出版，受到冶金同行的重视与好评。该书中说，活度是人为的概念，是从实际角度出发，研究物理化学理论问题的得力工具。它反映真实溶液和理想溶液客观存在的偏差，用它计算溶体反应热力学函数，对化学冶金的理论研究具有重大意义。它可以进一步了解并阐明化学反应的机理，可促进发现不同物理化学现象的内在联系。由于近年来活度实验数据的积累，已经发现一些活度参数与元素的内部结构有一定关系的规律，说明活度的研究可提供探索合金溶液本质的途径。但这些规律尚嫌不足，也不够系统化，尚须深入研究。活度反映实际溶液与理想溶液存在偏差，但未说明其原因，也有待对溶液结构作进一步探讨。该书阐明了活度理论研究及其应用的现况与发展，是对冶金问题研究有重要指导作用的专著。

3. 炉渣离子理论

在文献中关于炉渣中 FeO 含量对脱硫作用的结论学界存在分歧与矛盾，很多学者皆用分子理论来解释，M. G. Froberg 曾用离子理论研究高炉型炉渣脱硫作用，但皆未能给出适合于多类型炉渣硫分配比公式。魏寿昆应用 Темкйн 于 1945 年提出的炉渣完全离子化模型，并引用活度系数，研究炉渣氧化铁含量对脱硫的作用，推导出硫在渣与铁中的分配比公式

$$\frac{(\%S)}{[\%S]}=\frac{32\cdot L_S\cdot f_S}{\gamma_{Fe^{2+}}\cdot\gamma_{S^{2-}}}\cdot\frac{\sum n^+\cdot\sum n^-}{n_{Fe^{2+}}}$$

$$L_s=\frac{a_{Fe^{2+}}\cdot a_{S^{2-}}}{a_{Fe}\cdot a_S}$$

式中，f_S，$\gamma_{S^{2-}}$，$\gamma_{Fe^{2+}}$分别为铁液中 S 及炉渣中 S^{2-} 和 Fe^{2+} 的活度系数；L_S 为平衡常数，$\sum n^+$、$\sum n^-$分别为 100 克炉渣中阳离子克摩尔数之和及阴离子克摩尔数之和；$n_{Fe^{2+}}$为 100 克炉渣中 Fe^{2+}离子克摩尔数。

此式适用于任何含碳量的铁液（包括饱和碳的铁液）和任何成分的溶渣（包括高碱度、低碱度、高 FeO 或低 FeO）。它是较综合的公式，解决了文献中脱硫计算结论的分歧与矛盾。魏寿昆又根据文献中有关脱硫的实验数据，按炉渣完全离子理

论推导出下式：

$$\lg(\gamma_{Fe^{2+}} \cdot \gamma_{s^{2-}}) = -53.5 \cdot N_{O^{2-}} + 2.12$$

式中，$N_{O^{2-}}$为炉渣中O^{2-}离子摩尔分数。由此式进一步计算证明了硫分配比公式适用一般的低碱度渣，基本上不受温度的影响。

离子理论应用的实践——攀枝花矿山公司与攀枝花钢铁公司两公司曾因矿石作用观点上的分歧而引发矿石价格的纠纷；攀枝花矿山公司认为矿石中 TiO_2 属碱性，该矿属半自熔性，品质高，应当提价。攀枝花钢铁公司认为 TiO_2 属酸性，非半自熔性，矿石中的高 TiO_2 含量并未给炼铁过程带来好处，因而反对提价。魏寿昆利用高炉生产数据，按离子理论计算硫在渣与铁中的分配比，如 TiO_2 作为酸性氧化物，硫的分配比为9∶1；TiO_2 作为碱性氧化物，则硫的分配比高达60.7。实际高炉生产中硫的分配比一般不大于10，从而说明 TiO_2 在高炉中属酸性。同时他也计算说明了该矿为非半自熔性矿石。魏寿昆便这样以实践与计算解决了两家的分歧，也验证离子理论的应用价值。

4. 固体电解质浓差电池的研究与应用

固体电解质浓差电池定氧技术是以电化学理论为基础。由一个已知氧分压的参比电极和另一个待测含氧量的金属液为回路电极的两个半电池，中间用固体电解质(如 ZrO_2-CaO)联接而组成电池。由于两个半电池的氧分压不同，固体电解质是氧离子导体，在一定温度下两电极产生电动势，由测出的电动势则可计算出金属液中的含氧量。

1957 年 K. Kiukkol 和 C. Wagner 提出利用固体电解质组装成电池进行电动势测定之后，许多国家开展了大量的研究工作。从 1971 年开始，欧美国家、苏联及日本等的固体电解质钢液定氧电池先后问世，逐渐成熟后被大量用于炼钢操作过程中，对提高钢质量和成材率、降低铁合金消耗等起了显著作用。1974 年固体电解质浓差电池成为当时钢铁冶金领域三大重大科研成果之一。

魏寿昆跟踪国际上固体电解质浓差电池的发展情况，总结大量文献成果，于1972 和 1973 年编写了《钢液直接快速定氧的固体电解质电池》及《浓差电池快速直接定氧法》两份内部资料，同时组成科研小组开始试制固体电解质测氧传感器。这是国内此方面起步最早的研究工作。1974 年以后，魏寿昆陆续发表论文并向全国冶金界宣传介绍和推广这项新技术。《近四年来固体电解质电池的进展及今后的发展趋势》（1978 年）一文从四个方面进行分析：①固体电解质材料的物理及物理化学性质；②固体电解质定氧电池准确度及钢水低含氧量的测定；③固体电解质定氧电池在炼钢生产中的应用；④测定其他元素的固体电解质电池。最后该文提出国内开展固体解质电池研究工作的意见，如进行电子导电与抗热震性的矛盾、电池的组装与测定准确度等问题的研究。1981 年在《固体电解质定氧电池的近况应用及展望》一文中，魏寿昆对固体电解质定氧电池的现况及前景作了总结性评述，对固体电解质的理论研究及其在生产中的应用起着指导作用。其内容包括：①顶吹氧气转炉终点的控制；②半镇静钢及沸腾钢脱氧的控制；③连铸镇静钢余铝含量的估计；④易切削钢硫化类夹杂物形态的控制；⑤配合计算机定氧电池炼钢过程的在线应用。

北京科技大学冶金物理化学教研室的固体电解质研究小组逐步发展成为由刘庆国、李福燊领导的固体电解质测试国家重点专业实验室，成功地试制出我国第一个可直接快速测定钢液中的氧的产品，通过冶金工业部鉴定。此外，他们还研究解决了连续定氧、快速定碳、快速定氧定硫、快速定硅、定铝以及测定烟道中的 SO_2 含量等问题，曾获得冶金工业部科技进步奖二等奖。在从研究小组成长为国家重点实验室的过程中，魏寿昆起了重要作用，在对固体电的研发与推广应用等方面他也起着关键性的指导作用。

5. 选择性氧化理论与转化温度

火法冶金是由矿石、燃料、熔剂以及耐火材料等物质参与的高温复杂的化学反应过程。燃料——碳除提供热能外，也是重要的参与反应的物质。矿石中含有多种元素，根据冶金产品的质量要求或希望将其提取出来或希望将其抑制去除掉，因此，在生产中应控制氧化与还原反应过程的顺序。1964 年魏寿昆在《炼钢过程中铁液磷碳元素氧化的热力学》一文中提出铁、碳、磷元素的氧化顺序问题。1976 年和 1978 年他的《含钒铁水炼钢的一些物理化学问题》和《稀土钢冶炼的物理化学问题》两份报告，再次提出氧化顺序问题，提出“最低还原温度”和“氧化转化温度”概念。其后他结合系列生产研究总结性地提出“选择性氧化理论”，根据 G. K Sigworth 和 J. F. Elliott 的数据绘出铁液中诸元素氧化的 ΔF^0-T 关系图，即改型的 Ellingham-Richardson 图，其标准态采用 1% 重量溶液。从图中各元素的 ΔF^0-T 线的位置高低可以判断处于较低位置的元素能比处于较高位置的元素优先被氧化。另外，图中碳氧化的 ΔF^0-T 线与一些元素氧化 ΔF^0-T 线相交，此相交点所示温度即为“氧化转化温度”。在高于或低于此温度时，该元素与碳之间具有选择性氧化性质，据此可以选择分离某种元素。

根据转化温度和选择性氧化理论，相关工业生产实践取得了显著成果，例如，解决了上钢三厂冶炼不锈钢工艺的脱碳保铬问题、上钢一厂的摇包中铁水脱铬保碳的最佳工艺条件问题、攀枝花钢铁公司的提钒和包头钢铁公司（包钢）的提铌的最佳工艺条件问题、金川有色金属公司卡尔多炉的脱硫保镍问题（使镍的回收率超过95%）。1982 年在《选择性氧化——理论与实践》一文中，魏寿昆简明讨论了选择性氧化过程中转化温度概念的意义及计算方法，并总结了近九年来其在生产实践中应用的实例。

6. 矿产资源综合利用

(1) 炼钢过程脱磷的研究

磷（P）在钢中是一个有害元素，它使钢发生“冷脆”现象，即使钢易脆裂，冲击韧性降低。我国规定：普通钢 P≤0.045%，优质钢 P≤0.040%，高级优质钢 P≤0.035%，随着现代工业对金属材质的要求不断提高，如一些钢种要求 P≤0.010%，不锈钢 P≤0.005%，因此脱磷成为世界各国冶金工作者共同关心的问题，开展了铁水预处理、新型复合顶底吹炼及钢包冶金的脱磷工艺技术研究。

传统方法是氧化脱磷。高炉炼铁是还原条件——脱硫，炼钢过程是氧化条件——脱磷。当钢中含其他合金元素或冶炼合金钢时，若为脱磷所采用的氧化法同时会造成合金元素的氧化损失，因此生产技术路线由氧化脱磷转变为还原脱磷。魏寿昆首先进行了热力学分析，结合实验室和生产实际及国外有关资料研究各因素对还原脱磷的影响，诸如金属液中各因素的影响——氧含量、碳含量、铬含量和硅含量等，温度影响及体系气氛和坩埚材质的影响，对还原脱磷渣系的种类、脱磷剂的加入量、助熔剂 CaF_2 的作用、加入方法以及脱磷渣的后处理等作了分析归纳，对生产起了有力的指导作用。

在《低磷钢生产》一文中魏寿昆分析了世界各国在生产低磷和超低磷钢方面的研究成果，对用 Na_2CO_3 基渣系进行了铁水预处理的物理化学原理、过程影响因素和实际应用进行了阐述和讨论，对用 CaO 基渣系处理钢液的最新研究以及喷吹法脱磷进行了分析和讨论。该文指出用铁水预处理的方法是其生产低磷钢的一个合理途径。LD 渣脱磷和 Na_2CO_3 基渣系脱磷符合综合利用、节能的要求。后者更有脱磷、脱硫的优点，钢液的精炼可以使磷含量进一步降低。除了选择更加合适的渣成分外，也可通过喷吹的方法来获得更高的脱磷率，喷吹法还可使处理时间大大缩短。新法处理可以将钢中磷含量降到 0.01% 以下。

1990 年魏寿昆负责的“锰基合金热力学行为及其脱磷的研究”课题获得国家教委科技进步奖一等奖。

(2) 包钢铌冶金研究

包头白云鄂博矿是含铁、铌、稀土等几十种元素的共生矿。1952 年包钢建设之初按照苏联专家意见以开采铁矿为主建设钢铁生产线，1958 年投产后出现生产达不到设计能力、资源流失及污染严重等问题。资源综合利用的研究乃提上日程。

20 纪世 80 年代初，魏寿昆对包头铁矿提铌进行了系列基础理论研究——铌在铁液及熔渣中的热力学行为及铌铁合金去锰、铌铁分离新方法、铌在碳饱和铁液中的溶解度等，利用固体电解质定氧电池测定与计算 Fe-Nb 系、Fe-Nb-Mn 系和 Fe-Nb-Si 系中元素的活度和活度相互作用系数。

Fe-Nb 系中，通过实验测定计算得出铌在铁液中自身活度相互作用系数 e_{Nb}^{Nb}. 改变了前人假定 $e_{Nb}^{Nb}=0$ 的处理方法，得出

$$e_{Nb}^{Nb}=\frac{2274}{T}-1.44,$$

当 $T=1873$K, $e_{Nb}^{Nb}=-0.22$。利用实验数据，求出 Nb 在铁液中的标准溶解自由能：

$Nb_{(s)}=[Nb]\%$

$$\Delta G^0=-134260+33.05T\cdot \text{J}.$$

$Nb_{(l)}=[Nb]\%$

$$\Delta G^0=-161160+42.84T\cdot \text{J}.$$

Fe-Nb-Mn 三元系，铁液中含 Nb>1%，采用 Nb_2O_3 为渣料时，利用固体电解质定氧电池的 $[Nb]+2[O]=NbO_{2(s)}$ 反应式，通过 a_0 的测定研究 Mn 对 Nb 活度系数的影响，利用同一浓度法和同一活度法可得出基本上一致的 e_{Nb}^{Mn} 数值：$T=1853$K, $e_{Nb}^{Mn}=0.18$；$T=1873$K, $e_{Nb}^{Mn}=0.11$。其温度关系式估计为

$$e_{Nb}^{Mn}=\frac{1\,2100}{T}-6.35.$$

Fe-Nb-Si 三元系，利用设计的定氧电池测定 a_0 值，由 $[Si]+2[O]=SiO_{2(s)}$ 求出 a_{Si}；然后根据同一浓度法及同一活度法计算三个温度（1823K、1853K 及 1883K）的 e_{Si}^{Nb}，再用惯用方法计算出相应的 e_{Nb}^{Si}，回归分析求出其温度关系。

同一浓度法：

1873K 情况为 $e_{Si}^{Nb}=\frac{11454}{T}-5.87=0.25$,

1873K 情况为 $e_{Nb}^{Si}=\frac{37763}{T}-19.36=0.80$;

同一活度法：

1873K 情况为 $e_{Si}^{Nb}=\frac{8559}{T}-4.37=0.20$,

1873K 情况为 $e_{Nb}^{Si}=\frac{28535}{T}-14.60=0.63$;

碳饱和铁液中 Nb 的溶解度对于含 Nb 铁矿热还原流程的工艺分析具有重要意义。国外研究者的实验测定与热力学计算数据相差较大。魏寿昆等采用扩散平衡法测定，并进行碳化铌过饱和析出实验，证实此法测定结果之可靠性。在 1300 ~ 1500℃范围内测得碳饱和铁液中的 Nb 的溶解度与温度的关系为

$$\lg[\%\mathrm{Nb}]_{\max}=-\frac{5899}{T}+3.28.$$

他们还进行了铌铁合金去锰的研究。包头含铌铁矿资源虽然丰富，但铌品位很低，从炼钢副产品——高锰低铌炉渣中回收锰和铌成为重要的研究课题。铁水提铌的火法冶炼不能分离铌和锰，其炼制的产品为含铌锰铁合金。北京有色金属研究总院采用制团氯化法从炼钢底吹渣中分取铌和锰取得了较好效果。但由于采用氯气为氯化剂，严重腐蚀设备，还存在反应产生的 CO、PCl_3、$POCl_3$ 等有毒气体的处理问题，此法的实际应用尚有困难。魏寿昆在指导博士生的研究工作中，采用了无腐蚀无污染的固体氯化剂 $CaCl_2$，从含铌锰炉渣中分离出 MnO 取得了很好的结果，并讨论了 MnO 的氯化机理和动力学条件。

SiO_2-MnO-Nb_2O_3三元渣用 $CaCl_2$ 氯化分离的研究。MnO 生成 $MnCl_2$ 逸出，Nb_2O_3、SiO_2 保留在渣中。Nb_2O_5 回收率>90%，MnO 回收率>94%。动力学分析：反应级数在 1.6 ~2.6 范围内，表观活化能为 7.2cal/mol（1cal=4185.85J）。反应主要由扩散环节控制。因之炉渣粒越小，反应速度越快。

SiO_2-FeO-Nb_2O_3三元渣用 $CaCl_2$ 氯化分离的研究。FeO 呈 $FeCl_2$ 气体逸出，Nb_2O_3 和 SiO_2 保留于渣中。若氯化实际生产铌渣，逸出渣相则是 $MnCl_2$ 和 $FeCl_2$。其氯化趋势 FeO 稍大于 MnO。FeO 的氯化速率为 $V_{\mathrm{FeO}}=K\cdot N_{\mathrm{FeO}}^{n}$，$K$ 值随温度升高而增大，反应级数在 1.6 ~2.4 范围内，扩散为控制环节。

SiO_2-FeO-Nb_2O_3 铌铁分离新方法。用 CO–CO_2 混合气体选择性还原含 Nb 铁矿。90%以及的铁矿物被还原为金属铁，而铌矿物不被还原。经磁选分离出金属铁，得到含 Nb_2O_5 为 6.91%的氧化物。其品位为原矿的 4 倍。再用盐酸浸取，90%以上的铁矿物、磷矿物及 CaO、MgO 进入浸液，而铌氧化物 Nb_2O_5 留于浸渣中含量近 30%，Nb：Fe（质量比）=6，Nb：P（质量比）=12。此富集后的含铌渣干燥后可用于炼制铌铁。此流程工艺条件：还原气体分为 90% CO 和 10% CO_2，气体流量为 200ml/min，还原温度为 950 ~1150℃，金属化率>90%。此法可熔炼符合工业标准的铌铁（60% ~65% Nb）。

还有铌渣相图的研究，为包钢提铌工艺的改进开展了热力学数据的测定。他们利用 DTA、SEM、X 射线衍射及固体电解质定氧技术等研究 MnO-Nb_2O_5、MnO-Nb_2O_5-SiO_2等体系相图，并由相图得到该体系的自由能、熵等，测定 MnO-Nb_2O_5-

SiO_2渣中的Nb_2O_5和MnO活度。

他们的共生矿分离基础理论研究——“铌在铁液及渣中的热力学行为”于1988年获得国家教委科技进步奖二等奖。

（3）华南铁矿冶炼脱砷的基础理论研究

我国南部地区蕴藏着丰富的铁品位较高的铁矿资源，如广东大宝山褐铁矿、湖南连平磁铁矿，铁含量均在48%～59%，但砷含量较高，如大宝山褐佚矿砷含量平均为0.383%。

大宝山铁矿石中砷以臭葱石（$FeAsO_4 \cdot 2H_2O$）为主，它在高温下易分解并产生剧毒性的As_2O_3气体，严重污染环境，危及群众健康。在高炉炼铁过程中，全部被还原进入铁水中，而炼钢过程中则留在钢水内。在耐蚀钢中少量砷能提高钢的耐腐蚀性能，但砷会增加钢的脆性，降低钢的低温冲击韧性。因此，为炼出高质量普通钢或合金钢，必须考虑脱砷问题。

为探讨钢铁的脱砷问题，魏寿昆及其课题组进行了大量热力学分析，关于Fe–As熔体中As的活度，采用熔化自由能法从Fe–As相图计算a_{Fe}，将lg（γ_{Fe}）对N_{As}进行多元回归处理，得出lg（γ_{Fe}）和N_{As}的关系式，然后利用Gibbs–Duhem方程式直接积分得到γ_{As}，求出铁液中砷的自身活度相互作用系数e^{As}_{As}在1600℃时为0.11。砷在铁液中的溶解自由能，以重量1%溶液为标准态，为1/2（As_2）$_g$=（As）ΔG^0=−64600−40.75T.J，前人的工作，计算a_{As}，未采用α函数，其结果不准确，有的计算采用有α函数的G–D方程用图解积分法求解a_{As}也不如直接积分准确。

Fe-AS-X-C系中（X为Mn，Si或P）As活度和活度系数的研究：通过CaC_2-CaF_2（50wt%）系和Fe-As-X-C系平衡实验，测定渣中以Ca_3As_2形式存在的砷和Fe中的砷含量，通过热力学计算，确定铁液中其他元素（Mn、Si或P）对铁液中砷活度的影响：Mn、P、S对砷活度影响较小，P、S在生铁中含量一般<0.1%，Mn含量约为0.3%，故在一般铁水处理过程中，可以忽略它们对砷活度的影响，Si能增加砷的活度。当［Si］=1.75时，铁水中砷含量从0.131%降到0.062%，当［%Si］降低0.1时，不能脱砷。C也是增加砷活度，利于脱砷，但为获得最佳脱砷效果，铁水中碳含量尚须进一步实验研究工作证实。

钢液中钙–砷平衡研究。利用合成Ca_3As_2–CaC_2二元渣进行钢液中的钙–砷平衡实验研究得到3[Ca]+2[As]=（Ca_3As_2），$\lg K=\dfrac{23780}{T}-3.339$。$Ca_3As_2$的生成自由能：$3Ca_{(g)}+\dfrac{1}{2}As_{2(g)}=\!=\!=Ca_3As_2$，$\Delta G^0=-702\,300+130.46\cdot T$.J。

铁水中脱磷脱硫脱砷的热力学分析说明只能还原脱砷，不能氧化脱砷，在铁水中虽然能同时脱硫脱砷或同时脱磷脱硫，但是用 $CaO-CaF_2$、CaC_2-CaF_2 渣系对铁水不可能同时脱磷脱硫脱砷。在还原条件下铁水中诸元素容易被脱除的顺序为硫、砷、磷。

利用 CaC_2-CaF_2 渣系对铁水预处理脱砷的实验研究可知：在添加合适的 CaF_2 渣量为 15g/100g 铁的条件下，对 [%Si] =0.40 ~2.00 的饱和碳铁水的脱砷率可达 65% ~80%。温度降低，脱砷率稍有增加。初砷量对脱砷率影响不大。在大约 13500℃，渣系中 CaF_2 的最佳量 40wt% ~50wt%。[%Si] 和脱砷率（η_{As}）的关系为 η_{As}（%）=61.77+9.565 [%Si]，渣量（Q）与脱砷率的关系：$\eta_{As}=m \cdot Q^n$。式中 m 是与 f_{As} 有关的系数。$n=0.52 \sim 0.62$。理论计算与实验结果十分符合。渣量大幅减少仍有较高脱砷率。

钢水二次精炼还原用 Ca 脱砷，反应式为 $3[Ca]+2[As] \Longleftrightarrow (Ca_3As_2)$。

根据文献记载 Ca 在铁液中 1600℃的溶解度为 0.01% ~0.03%，在 Ar 气保护下，通过喂入 Ca 丝，钢水中 As 可脱到双零水平。

以上对铁液中砷的热力学行为的研究为国内一些学者的研究及含砷铁矿的开发应用提供了有用依据。此项研究于 1993 年获国家教委科技进步奖一等奖。

魏寿昆在学术、生产技术以及教学工作中取得了突出成就。他的科研工作理论联系实际，为中国冶金工业的生产发展提供了理论依据。他还十分重视解决生产中的实际问题。在数十年的教学岗位上他传道授业，诲人不倦，将求实敬业的精神传递给一代又一代学子，为国家培养了大量建设人才，特别是在冶金战线上他们作出了成就。

三、魏寿昆主要论著

Wei S K. 1944. The decalcification of Szechuan dolomita. J Chinese Chem Soc（中国化学会），11（1）：34-49.

魏寿昆 . 1954. 平炉炼钢厂设计 . 上海：商务印书馆 .

魏寿昆 . 1958. 专业炼钢学——平炉构造及其车间布置 . 北京：冶金工业出版社 .

魏寿昆 . 1964. 活度在冶金物理化学中的应用 . 北京：中国工业出版社 .

魏寿昆 . 1964. 炉渣氧化铁含量对脱硫的作用 . 金属学报，(2)：157-164.

魏寿昆 . 1966. 高炉型渣脱硫的离子理论 . 金属学报，(2)：127-141.

魏寿昆 . 1980. 冶金过程热力学 . 上海：上海科学工业出版社 .

魏寿昆，洪彦若 . 1981. 镍锍选择性氧化的热力学及动力学 . 有色金属，33（3）：50-60.

Wei S K. 1981. Thermodynamics on the selective oxidation of elements in molten matte and metals. Beijing: Preprint of First China-USA Bilaterl Metallurgical Conferenca.

魏寿昆，张圣弼，佟亭，等 . 1984. 电化学法测定 Fe-Nb 熔体中 Nb 的活度 . 钢铁，19（7）：1-8.

张圣弼，佟亭，王济舫，魏寿昆．1984. 含 Nb 及 Mn 的铁液中 Mn 对 Nb 活度系数影响的研究．金属学报，20(5)：A348-A356.

魏寿昆，倪瑞明，方克明，等．1985. 还原脱磷．铁合金，（2）：1-7.

朱元凯，董元篪，彭育强，魏寿昆．1985. 钢液中钙-砷平衡的研究．钢铁，20（10）：38-44.

魏寿昆．1986. 砷在铁中的作用及在铁熔体中的热力学行为．庆祝周志宏教授九十寿辰暨从事冶金工作七十年论文集．上海：上海交通大学：74-81.

朱元凯，董元篪，彭育强，魏寿昆．1986. CaC_2-CaF_2 渣系对铁水脱 As 的研究．北京钢铁学院学报，（2）：103-112.

董元篪，彭育强，魏寿昆，等．1986. Fe-As 的活度．钢铁，21（10）：11-13.

佟亭，魏寿昆，张圣弼，等．1987. Nb、Si 在铁液中活度相互作用的研究．金属学报，23（2）：B47-B54.

魏寿昆．1988. 从炉渣离子理论计算的硫分配比看攀钢钒钛磁铁矿中 T_iO_2 的属性．钢铁钒钛，（4）：1-3，65.

Wei S K. 1988. Selective oxidation of elements in metal melt and their multireaction equilibria. Steel Research，59：381-393.

谭赞麟，魏寿昆，朱元凯．1989. 包头铁水铌渣的氯化及脱锰机理．稀有金属，13（2）：137-141.

Wei S K，Ni R M，MaZ T，et al. 1989. The solubility of Ca in Mn melt and the 3rd-element interaction effects. Steel Research，60：437-441.

许家仪．1990. 魏寿昆选集．北京：冶金工业出版社．

Wei S K. 1992. Interaction coefficients in multi- component metallic solutions at constant activity and constant concentration. Chiba，Japan：The 6th Japan—China Syinposium on Science and Technology of Iron and Steel，Nov. 17-18：1-10.

Chou K C，Wei S K. 1997. A new generation solution model for predictiong thermodynamic properties of a multicomponent system from binaries. Met. & Materials Trans B，28B：439-445.

Chen H，Han Q Y，Wei S K，et al. 2002. Separation of Nb from Nb-bearing iron Ore by selective reduction. Steel Research，73：169-174.

主要参考文献

魏寿昆．2005. 魏寿昆年谱、奋斗人生．自撰．

吴石忠，姜曦．2009. 魏寿昆传．北京：科学出版社．

撰写者

朱元凯（1927～）天津市人，冶金物理化学专业、教授。曾协助魏寿昆指导博士生。1984～1988 年参加魏寿昆和王之玺两位领导下的“我国钢铁工业发展战略研究”调研组工作。

丘玉池

丘玉池（1907～1962），广东潮安人。冶金学家。特殊钢专家，中国特殊钢事业的开拓者之一。1927 年考入南京金陵大学化工系，1931 年考取燕京大学研究生院，1934 年进入英国伦敦大学帝国理工学院冶金系学习，1936 年转赴德国亚琛工业大学冶金系攻读博士学位，师从德国冶金学家埃林德教授。20 世纪 30 年代从事钢中氢行为的研究，取得了开创性成果；40 年代，成功试制生产纯钨，并用坩埚法冶炼了高速钢、模具钢、不锈钢、磁钢等，有力地支援了抗日战争时期的军工生产；50～60 年代，倡导建立符合中国资源条件的特殊钢系统，取得成效，是中国首次建立合金钢系列的主要组织领导者之一。曾任重工业部钢铁工业管理局技术处处长，钢铁研究院副院长，第一届中国金属学会常务理事，第一、二届全国人大代表。

一、成长经历

丘玉池于 1907 年 11 月 11 日诞生在广东省潮安县的一个农民家庭中。他幼时聪明好学，多受长辈关爱。少年时被送进了当地小有名气的潮安县祺园乡智勇小学就读。小学期间，丘玉池耳闻目睹了当地华侨回乡投资办学、建桥修路、兴办实业等爱国行动，激发了他要奋发读书、学好本领的热情，坚定了他将来要用学成的本领报效国家、献身于民的志向。小学毕业后，他以优秀的成绩考入了汕头角石中学。中学期间，他看到自己国家工业的落后，很多东西本国不能生产制造，连平常用的物品都是有“洋”字，心中惆怅感慨！他暗下“工业兴国”的决心，选报理工科！从此，他偏爱理工科，崇拜发明家爱迪生等大科学家。他学习勤奋刻苦，成绩优秀。1927 年，他以优异的成绩考入了南京金陵大学化工系学习。大学期间，他学习刻苦，成绩突出，三次获得该校全年级最优奖章和奖学金。1931 年 8 月，丘玉池从南京金陵大学毕业，获理学学士学位，并受聘在该校文理学院任助教。1931 年 9 月，他为了继续深造，考取了燕京大学研究生院，同时获得了洛克菲勒奖学金。1933 年研究生毕业并获理学硕士学位。1934 年，他通过了层层筛选和严格的考核，考取了第二届中英庚子赔款留英公费生。1934 年他进入英国伦敦大学帝国理工学院冶金系学习，开始了他迈入冶金行业的第一步！在此期间，他刻求知识和勤奋精神为教授和同窗们交口称赞，1936 年在该校毕业并获伦敦大学冶金工程一级荣誉学士学位。在英学习期间，他深深地感到自己国家与工业发达国家存在着很大差距，只有尽快提高我国科学技术水平，发展工业、农业，才能摆脱落后面貌。因此，他刻苦努力读书，渴求知识，以图用所学知识报效祖国。为实现自己的抱负，他于 1936 年又从英国转赴德国亚琛工业大学冶金系攻读博士学位，拜当时德国著名的冶金学家 W. 埃林德（Eilender）教授为导师，对钢的氢脆进行研究，研究成果卓著，成为中国人中对钢中氢行为早期研究者之一。1938 年他在德国亚琛工业大学冶金系研究生毕业，获冶金工程博士学位。在德期间，正值第二次世界大战爆发，加之国内抗日战争爆发，促使他决心离开德国。回国前，他又前往英国和瑞典学习了小型坩埚炼钢法，希望回国后能结合抗战需要和实际情况为国家服务。

1939 年 9 月，丘玉池带着“工业兴国”的良好愿望回到了祖国。根据他所学的专业和当时的需要，他被资源委员会派往兵工署重庆材料试验处工作，并被任命为该处冶金组主任，致力于试验坩埚炼钢法及冶炼合金钢。在此期间（1941 ~ 1942 年）他还受聘兼任重庆大学教授。在材料试验处期间，经过他的艰苦努力，他带领的冶金组团队在坩埚炼钢法及冶炼合金钢试验上获得了成功。在试验成功的基础上，他立即在困难重重的抗战后方，组织力量，调配物资与设备，开始筹备特殊钢生产。经过一年多的努力，先后试制出合格的高速钢、模具钢、不锈钢、磁钢等特殊钢。为我国的特殊钢的生产打下了良好的技术基础。1941 年又在上述基础上开始筹建兵工第二十八厂，形成了抗战后方特殊钢试制和生产的基地。这其中，丘玉池做出了极大的努力和重要贡献。

1943 ~ 1947 年，受资源委员会的派遣，丘玉池先后担任了资渝炼钢厂工程师、国民政府资源委员会专门委员、华中钢铁公司副总工程师等职务。这期间他同一批同事被资源委员会派往美国各大钢厂考察一年。

1947 ~ 1950 年，他先出任抚顺钢厂厂长兼本溪特殊钢厂厂长。对被战争破坏了的这两个工厂原有电炉及运输系统进行全面的技术改造，使其产品产量和质量迅速超过抗日战争前的水平；随后又南下任华中钢铁公司协理（副经理）、广州制钢厂厂长等职，为保护上述各钢厂的生产设备及生产恢复和整顿做了大量工作。

1950 年，丘玉池被调任重工业部钢铁工业管理局工程师、技术处处长和特殊钢处副处长，参与组织领导全国特殊钢生产与质量的管理工作，为增加特殊钢产量和提高质量做出了贡献。1956 年，他出任重工业部钢铁工业综合研究所副所长。1958 年该所改扩建为钢铁研究院，他担任副院长，主管合金钢等材料的科研工作。1962

年7月1日在北京逝世。

丘玉池为提高我国冶金科技水平、开发钢铁生产新技术、结合我国资源创建本国特殊钢系统及推广合金钢在工业上的应用等方面做出了重要贡献。

二、主要研究领域和成就

1. 在研究钢中氢气行为上取得重要成果

20世纪30年代中期，德、英、美等发达国家的钢铁工业发展迅速，产量增加，用途广为扩展。但是，一个重要的钢材质量问题一直困扰着钢铁界人士，这就是钢构件在使用过程中有时会突然发生断裂，严重影响了钢材的使用性能和钢构件及设备的安全性，造成特殊钢钢材的销量一度锐减，如当时世界著名的德国克虏伯钢铁厂名牌产品VZA钢，被广泛应用于航空、军工、化工等行业的重要部件，就因为出现上述质量问题致使销路大减。为解决这一问题，研究人员通过大量试验研究，发现钢中经常会出现“白点”和发裂等缺陷，在含镍、镍铬及镍铬钼的合金结构钢的大型钢坯或锻轧件中更为严重。而钢中存在的“白点”及发裂等缺陷正是造成钢构件在使用过程中突然断裂的原因。1935年本内克（Bennek）等人用实验证明了钢中含有氢，氢是钢中产生“白点”和发裂的根本原因。为此，钢中氢行为（氢脆）的研究成为钢材生产急待解决的技术课题，成为各国冶金界关注的热点之一。

1936年丘玉池在德国著名冶金学家W. 埃林德指导下，开始从事钢中氢行为规律的研究。他选定的博士论文课题就是“氢在钢中之测定及其在各种合金钢中的表现”。课题确定后，他全身心地投入试验研究工作中。他首先集中力量解决钢中氢含量的测定。由于氢在钢中的溶解量极低，在1个大气压及室温条件下，氢在钢中的固溶度低于$1\times10^{-4}\%$，但当其含量达到$6\times10^{-4}\%$时，钢的塑性降至最低限度。为了能够测定钢中如此微量的氢，必须设计与制作出满足定氢要求的加热炉和精密度高的测氢仪器。丘玉池以高超的技艺吹制出复杂形状的玻璃仪器；同时他与F. W. 奈姆斯（Nems）合作设计制造了测氢所需用的新型螺旋式无芯碳管感应加热炉，使放氢的速度可以持续和均匀变化，而炉子的任何部分都不吸氢或释放氢，从而满足了定氢时对加热炉的要求。要测定钢中的氢，分析仪器必须满足十几分之一立方厘米的精度。而当时仅有的由V. 奥弗尔（V. Oberhoffer）研制的定氧分析仪的精度不能满足定氢的要求。丘玉池以认真仔细和耐心，设计研制成新型测氢仪，其测量精度达1%立方厘米，将测量精度提高了1~2个数量级。从而确立了一种新型精确的定氢的方法。由于丘玉池研制的测氢仪性能良好，曾在当时欧美等国的一些大学和研究所中使用，对研究钢中气体（氢、氧、氮等）含量起到积极的推动作用。至今，在德国工业标准（DIN）中仍保留有他的设计与原理部分。

丘玉池仅用半年时间研制成功上述测氢仪后，即投入了工业用钢（平炉钢和电炉钢）中气体的含量，尤其是氢的含量研究；氢对二元、三元或多元特殊钢影响的研究。系统研究了钢的吸氢、脱氢过程；钢中氢含量与“白点”、点状偏析形成之间的相互关系；钢中氢的含量与冶炼、冷加工等生产工艺的关系等。他进行了大量实验，采集了大量数据，仅在两年时间内，便获得令人信服的研究成果。他的博士论文在德国被评为“杰出”（ausgezeichnet）级，并分篇先后在世界著名刊物——德国《钢铁文献》上发表，引起了各国同行的高度重视。他对氢在钢中，特别是在特殊钢中的行为这一研究领域做出了开创性的贡献，为 20 世纪 30 年代之后钢的氢脆研究提供了有力的参考数据；对优化钢的生产工艺及真空冶金理论的建立、真空冶金工业化生产具有启迪作用。

2. 中国特殊钢事业的开拓者之一

丘玉池结束在英国、德国的学习和研究之后，谢绝了国外大学和钢厂的邀请，决心回国。他怀着“工业兴国”的梦想，参加了资源委员会中央钢铁厂筹建委员会的工作。由于国内抗日战争形势紧张，他决定于 1939 年提前回国。临行前，他约郑葆成、戴礼智一道再次到英国考察适用于中国国情的合金钢生产技术，坩埚炼钢技术就是其中之一。

丘玉池回到祖国后，由国民政府资源委员会委任为重庆任兵工署材料试验处冶金组主任。当时正值抗日战争的艰苦阶段，鉴于军工生产的急需，从南京搬到重庆的近百名技术人员需要在缺乏物资和设备的困难条件下研制军工生产急需的特殊钢。丘玉池在时任处长周志宏的支持下，坚持自己的坩埚炼钢法试验，并确定首先要结合我国钨资源的优势试制高速钢。但当时我国还不能生产钨铁，丘玉池率领冶金组成员设法试验用钨砂试制纯钨。在极其困难的条件下，他们利用自制的简单设备，设法熔化钨酸钠，采用化学方法提纯氧化钨，而后用坩埚配合还原剂还原为纯钨。开始时只能小量试生产，到 1942 年年底已能日产纯钨 10kg。随着纯钨的制成以及之后成功地炼出了钨铁和硅铁，他与周志宏合作同兵工署材料试验处及兵工第二十八厂的同事们一道，决定采用坩埚法冶炼优质特殊钢。他们由黏土的性质入手，寻找适合用于炼钢坩埚的配方，采用国内南充、威远的黏土自制坩埚，经过数百次试验，终于试制成功大小不同的炼钢坩埚，最大容积可达 70 ~ 80kg。他们对冶炼工艺参数的匹配选择，进行了大量细致的试验；因陋就简地为中国建立一座颇具规模的坩埚炼钢车间，同时建立相应的质量检测分析设备，培养了质量检测技术人才。1941 年他们用坩埚法冶炼试制成功了高速钢，1942 年就生产了高速钢近 5.7 吨。1939～1945 年为了解决当时电话通信的需求问题，丘玉池又与戴礼智合作，采用坩埚法炼制成功含钨 6% 的钨磁钢，供应给资源委员会下属的无线电器材厂，缓解了当时需要进口钴铬永磁合金而又进不来的困难。之后，丘玉池率领的冶金组又试制成功了模具钢、磁钢、不锈钢、钼铬钢、镍钢等，部分地解决了兵工生产急需的钢材，有力地支援了抗日战争时期的军工生产，同时，也为我国西南地区发展特殊钢打下了一定基础。在上述工作期间，他还受聘兼任重庆大学教授。他亲自编写教材，为兵工二十八厂厂内技术人员和重庆大学冶金系学生讲授钢铁冶金学、特殊钢生产等课程，培养冶金科技人才。

1943 年丘玉池任资渝炼钢厂工程师。这期间，他以资渝炼钢厂工程师的名义被资源委员会派往美国考察，主要是在以生产合金钢及大型锻件为主的伯利恒钢厂实习。后期他又与程义发、叶渚沛、刘钢等一起考察了美国其他钢铁工厂。考察中，丘玉池很注意新技术、新设备以及生产管理经验，以便回国后采用。一次，他们受到一位外籍工程师的讥讽："中国没有建成钢厂的一天！更何谈生产特殊钢。"丘玉池听后非常气愤，更加激励他回国建立特殊钢厂的决心。

自美国考察回国后，他便受命辗转于国内各钢厂，奔波于中国的特殊钢事业。1945 年冬，抗战胜利后资源委员会想大办钢铁，准备修复鞍山及大冶钢厂并拟兴建新的钢厂，成立了华北钢铁公司和华中钢铁公司。1946 年丘玉池被任命为资源委员会专门委员、华中钢铁公司副总工程师。他想就此在钢铁业大有作为一番。但是，由于国内连年战乱，国民党政府腐败无能，加之通货膨胀，资源委员会对兴办钢铁厂和修复老钢厂根本没有明确的目标，缺乏资源数据，由美国麦基公司聘来的三个工程师也只是为牟利勉强收集一些零星资料，草草拼凑了一个计划，根本无法实现。丘玉池感到十分沮丧和痛心！大规模兴办钢铁工业是不可能了，又不愿意受邀应聘美国，他只想做一些脚踏实地的工作。抱着这一愿望，他于 1947 年 3 月前往东北抚顺，担任抚顺钢厂厂长兼本溪特殊钢厂厂长。抚顺钢厂是日本占领我国东北时期建立的，是当时东北地区生产特殊钢的重要工厂，原有的装备还是比较齐全的。但是，日本投降后，苏军又将工厂能拆运的较好设备大部分拆走了，工厂元气大伤。面对这样的困难，他与汪家祯、王国钧等技术人员和工人一道，艰苦努力，在短期内即使电弧炉、加热炉和汽锻锤以及相应的运输设备恢复了生产；为了提高产品质量，还配置了检测、控制仪表和化学分析仪器。为了提高生产技术人员的素质，开办技术培训班，丘玉池亲自讲授特殊钢生产工艺理论；为打开钢材销路，他亲自编写产品目录资料，扩大宣传，以期国人多采用我国自己生产的特殊钢。他还想把本溪特殊钢厂残存的设备和抚顺钢厂合并起来，就可以凑成一个比较完整的特殊钢厂。他打报告给资源委员会和抚顺矿务局，想实现这个愿望。而当时的当政者，只想维持局面，打着搞工业的幌子，来达到升官发财的目的。他的愿望落空了。1947 年他又被调回华中钢铁公司任协理（副经理）。当时华中钢铁公司是一个有铁无钢的公司，要搞炼钢，要上平炉、电炉，成立了炼钢厂。丘玉池负责炼钢厂的建设并主抓炼钢工作。而后，他又受命到广州筹建广州钢厂，任厂长。在不到一年时间内，他完成了厂房建造、订购设备、安装调试等项工作并可生产铸件，接受订货。当时，正值广州解放前夕，丘玉池拒绝把厂内设备搬往海南岛，有意拖延执行资源委员会让其迁往台湾的命令。他通过关系和中国共产党取得联系，决定不离开工厂，搬进工厂内，与工人一道护厂，成功地保全了广州钢厂，迎接广州解放。

3. 重视特殊钢质量的基础工作

中华人民共和国成立后，国家经济建设处于恢复时期，党和国家十分重视钢铁工业的建设和发展。1950 年广州解放后，丘玉池准备重返抚顺钢厂。途经北京时，他被重工业部留在钢铁工业管理局。1950 ~ 1956 年他担任钢铁工业管理局技术处处长和特殊钢处副处长等职，参与组织和领导了全国特殊钢的生产技术与管理工作。同时，他还任特殊钢生产技术研究组组长，专门负责兵器用钢的生产。1954 年和 1959 年他分别当选为第一届和第二届全国人大代表。1956 年当选为中国金属学会第一届理事会常务理事。

20 世纪 50 年代初期，当时正处于恢复时期的钢铁企业，在工艺装备落后、生产技术水平很低的情况下，克服重重困难，为赴朝部队提供军事装备用的钢材。为了提高钢材质量，丘玉池每年都要组织召开电炉钢生产工作会议，加强生产管理，制定操作规范，推广先进经验，加强新产品试制工作，尽全力满足军工需要。新中国成立初期，我国特殊钢的品种与数量发展虽然较快，但技术 、装备及管理方面均跟不上发展的需要，特殊钢产品的质量不能满足使用的要求。为此，重工业部决定在全国范围内进行了一次特殊钢厂的质量大检查。丘玉池主持的特殊钢处会同从各厂抽调的炼钢、铸锭、理化检验等专业技术人员组成了质量检查组，由重工业部工会主席江浩然和丘玉池分别担任正副组长，1953 ~ 1954 年对全国各特殊钢厂进行质量检查。丘玉池不仅做了大量组织领导工作，并亲自检查生产工艺、质量统计资料以及观察低倍组织等质量情况，对重大质量问题，提出改进措施，组织试验研究，使钢的质量有了明显的提高。这次检查还加强了工厂领导和工人重视产品质量的观念。随后，他吸收国内外先进经验，逐步提出加强产品质量的系列基础工作。他要求各厂进行规范化生产，并从原材料、冶炼、锻轧、检验、包装等各个环节，建立相应的质量保证措施。例如，为了减少钢中裂纹而必须降低钢中氢的含量，他要求各厂建立必要的原料烘烤制度；炼钢用的石灰，除要求化学成分合格外，还必须采用新烧的石灰，避免石灰吸收水分。为此，这促使各厂新建熔烧炉，并将出炉后的新石灰装入密封箱保存，直接提供使用。

此后，为了提高炼钢工艺水平，丘玉池参考苏联的技术经验，主持制订了我国第一个《电炉炼钢基本操作规程》，向全国钢铁企业颁发，并全面贯彻实施。

为了提高钢铁产品的质量，丘玉池除了倡导钢铁企业做好基础工作外，还建议采取下列新技术、新工艺、新设备：一是提倡转炉炼钢，特别是要推广氧气顶吹炼钢，与此同时，他本人也于 1956 年亲自参加了钢铁研究所的氧气顶吹转炉炼钢的试验研究课题；二是提倡采用连续铸钢技术，他曾建议在老厂技术改造和建设新厂时，学习苏联连续铸钢的丰富经验，大量采用连续铸钢技术，以提高成材率和节约能耗；三是提倡特殊钢厂有计划地实行按专业分工，将特殊钢材产品分为各类专门产品，以克服各特殊钢厂“小而全”的不足。

4. 结合资源，组织建立中国特殊钢系统

1956 年，因工作需要，丘玉池被任命为重工业部钢铁工业综合研究所副所长，1958 年被任命为钢铁研究院副院长，同时并先后兼炼钢研究室主任、合金钢研究室主任，继续为我国钢铁工业科技发展奋战在第一线。1956 年，为使我国科学技术更快地赶上世界先进水平，在国务院和周恩来总理的亲自组织领导下，国家制定了《1956—1967 年科学技术发展远景规划》（简称“十二年科技规划”）。丘玉池参与了新材料组十二年科学技术规划的制定工作，结合资源，建立我国特殊钢系列被列为十二年科学规划中的一项重要任务。在讨论和制定规划过程中，他根据我国特殊钢发展现状和我国资源情况，分类整理，归纳汇集，提出来许多积极的建议，为这项规划的完善做了重要工作，其中主要的建议项目有：①结合我国资源研究新钢种及冶炼方法，是建设新钢厂的关键之一。我国应结合自身富有资源加强新冶炼方法的研究，扩大特殊钢新钢种，以满足国民经济发展的需要。②加强我国冶炼设备和加工设备的设计制造能力，研究开发大容量电炉和能够生产各类品种和规格钢材的轧机，降低能耗，增加生产能力，并能相应地提高特殊钢的质量。③加强耐热钢和高温合金的研究，以满足我国动力工业和航空工业的发展需要。设立专门的研究机构和定点生产厂，努力开发新钢种，并要特别致力于研究航空用高温合金、原子能

发电锅炉及动力用的钢种。④钢材产品生产专业化。为增加设备利用率及提高生产技术水平，全国各大钢厂产品应进行专业分工，应结合地区平衡及工业发展状况建厂，有计划地进行专业分工，如建立专门轧制板材的工厂，既能充分发挥设备能力，也容易控制和改进产品质量。⑤大小钢厂应配合生产。应选择适当的地方建立联合企业，生产各种规格、不同尺寸的钢坯供给小厂，充分利用现有设备，节约大厂轧钢设备投资。⑥增强钢铁深加工产品中板、管、丝、带、型材的生产设备；在带钢厂要增加镀锡、镀锌及表面涂覆的设备，以满足日益增长的新需要。

中华人民共和国成立初期，我国特殊钢几乎全部依靠进口。不到十年时间，我国就建成了几个具有较先进技术水平的大型钢铁企业。经过科技人员不懈努力，能生产多个特殊钢品种，如工具钢及高速钢全部自给，改变了特殊钢全靠进口的状态。当时国内生产的特殊钢基本采用苏联国家标准。苏联特殊钢主要是采用镍铬等金属为合金元素，而当时我国的镍铬资源少，进口这类金属又受到国外的限制。为此，迫切需要建立适合我国资源条件的特殊钢系统。建立符合我国资源条件的特殊钢系统，会涉及冶金、机械制造和应用考核等方面问题，就是说，要靠许多行业部门众多人员的共同努力才能奏效。丘玉池作为带头人，他精心筹划，协调落实，事必躬亲，竭尽全力投入工作，常年不辍。由此，冶金工业部、中国科学院及一机部共同组织全国有关科技力量开展了无镍、无铬或少镍、少铬新钢种的研究，生产和试用工作。

丘玉池及其同事在研制节约镍铬的新钢种的同时，还采取了其他辅助措施以节约镍铬用量，如对需要使用镍铬钢的单位实行审批制度以限制其用量；推荐较成熟的代用钢，鼓励使用代用钢，并吸取了国外代用钢的经验，如采用了许多德国标准中的有关钢种。

经过几年的努力，含镍铬钢种大为减少；结构钢的比重也明显下降；而含我国富产的硅、锰、钒、钼、钛、硼等元素的钢种日益增多。同时，为适应机械产品的需要，特殊钢系列又安排了一些具有特殊性能的新品种。

1958~1960年，经有关部门的共同努力，我国基本上建立起符合我国资源特点的特殊钢系统，这是我国特殊钢发展史上璀璨的一页，丘玉池为此贡献了大量的心血。1959年起，为全面推广新建立的我国合金钢系统，根据国家科委的建议和各方面的要求，丘玉池和张方（原机械科学研究院副院长）组织有关人员编写我国第一部介绍合金钢系统及应用的工具书《合金钢手册》。这是一部总结新中国成立以来我国合金钢和优质碳素钢在生产、科研和选材应用方面科技成果的大型著作。但是，他最终未竟此业而先逝。此巨作由孙珍宝先生主编及总校阅完成。丘玉池将我国合金钢事业的发展视如生命。1962 年他在病重期间，仍念念不忘我国合金钢事业的发展。他不顾癌症病痛的折磨，坚持亲自执笔撰写了《我国合金钢的发展》长文，发表在《光明日报》上。

丘玉池一生热爱祖国，对技术精益求精，他从一个“工业救国”的信仰者成长为国内外知名的冶金学家，把毕生的精力贡献给了我国的冶金工业，为建立我国自己的合金钢体系做出了很大贡献。

三、丘玉池主要论著

丘玉池，温步颐 . 1931. 高级中学化学试验法 . 南京：金陵印刷所 .

Yü C C, Franz W. 1938/39. Ueber wasserstoff, seine bestimmung und sein verhalten in stählen verschiedener zusammensetzung. Archiv für das Eisenhüttenwesen, 12 (10): 485-498.

Walter E, Yü C C. 1940. Die wirkung von wasserstoff in stählen verschiedener zusammensetzung. Archiv für das Eisenhüttenwesen, 13 (7): 309-316.

周志宏，丘玉池 . 1942. 坩埚炼钢法 . 工程杂志 .

丘玉池 . 1942. 贝氏炼钢法 . 资渝钢铁厂杂志 .

杨树棠，丘玉池 . 1945. 酸性贝氏吹炼法去磷问题 . 中国矿冶工程学会 18 届年会 .

丘玉池 . 1959. 我国初步建立的新合金钢系统及其主要钢种的性能和特点 . 钢铁，602-608.

丘玉池 . 1962-07-05. 我国合金钢的发展 . 光明日报 .

主要参考文献

郑鲁，丘渝青 . 1995. 丘玉池 . 中国科学技术专家传略 · 工程技术篇 . 冶金卷 1. 北京：中国科学技术出版社：185-195.

钢铁研究总院院志编委会 . 1986. 冶金部钢铁研究总院院志 . 第一卷（1952-1985）（内部资料）.

王国钧 . 1992. 实现特殊钢理想的一生 . 太原：太原市科学技术协会：28，104-134，150.

撰写者

丘渝青（1943 ~ ），高级工程师（教授级）。已退休，退休前在北京钢铁研究总院非晶中心工作。丘玉池之女。

钟景仑（1942 ~ ），高级工程师。已退休，退休前先后在北京有色金属研究总院、原国家科委（现科技部）工业技术局、中国星火总公司工作。丘玉池之婿。

杨树棠

杨树棠（1907～2002），河北宣化人。冶金学家。1934年毕业于北洋大学采矿冶金工程系。曾任鞍山钢铁公司（鞍钢）副经理兼总工程师，1990年获得国务院颁发的首批国务院政府特殊津贴。1937年在中国首次研制采用钨矿代替钨铁炼制钨质枪筒钢成功，解决了抗日战争前线急需的兵工用钢的燃眉之急；主持设计建成中国第一座贝氏（酸性侧吹）炼钢转炉；研究成功被誉为“资渝炼钢法”的“生铁低温氧化去磷法”等多种钢铁冶炼新工艺；研制出中国第一代硬面（冷铸）轧辊，获技术专利；1949年在主持恢复鞍钢生产的技术工作中，荣获一等功臣。他是中国发展顶吹氧气转炉炼钢的倡导者和开拓者，为改进中国的炼钢工艺、提高中国的炼钢效率和质量做出了重要贡献。1959年解决了铁水预处理问题，使平炉炼钢时间缩短了15%。随后又在中国率先进行双床平炉氧气炼钢试验，冶炼效果进入当时国际先进水平。长期从事钢铁冶炼技术的工艺研究和生产建设的领导工作，并主持了中国一些钢铁企业的建设和恢复工作。

一、成长经历

1907年10月10日杨树棠出生于河北省宣化县一个乡村医生家庭。1914年第一次世界大战爆发后，北洋军阀段祺瑞借外资并雇洋人开发了位于他家乡附近的烟筒山铁矿（后来的龙烟铁矿），后来由于种种原因而荒废了。童年时代的杨树棠时常听到长辈们对烟筒山变迁的议论，较早地接触到了有关炼铁、炼钢的概念，对那些看起来并不起眼的荒山和石头有了一些朦胧的认识，知道了它的价值，在他幼小的心灵中萌发了学习找矿并炼出钢铁的念头。

1924年，杨树棠以品学兼优的成绩读完了高小，由于父母相继去世，家境已不如从前。当时哥哥极力劝他报考师范学校，毕业后好教书挣钱补贴家用。他心里早已立下了找矿的志向，所以瞒着哥哥报考了宣化的直隶省第十六中学。在中学期间他勤俭节约，发奋学习，各门功课的考试成绩均为优良，对自然科学尤为感兴趣，系统地学习了科学的基础知识。1928 年，杨树棠考入天津北洋大学采矿冶金工程系。为了多学知识和节约开支，他一连几个假期都未回家，几乎是整天泡在图书馆和宿舍里看书。如饥似渴的学习使他很快就成了专业的尖子生，深得老师和同学的赞赏。北洋大学与其他大学有一个不同之处，除了注重理论教学外，还十分注重学生的实践活动。学校设有许多实验室和机械加工车间，学生在教员的指导下做了许多小型实验；同时还定期组织学生外出考察。在大学的六年里，杨树棠先后参加了两次考察活动：一次是从洛南到枣庄的地质考察；另一次是去湖南水口山铅锌矿考察。途中他在汉口参观了当时中国唯一的一座炼铁厂——六河沟炼铁厂，该厂设备简陋，只有一座 100 吨的小高炉，炼出的生铁奇形怪状，质量很差。两次考察既使他开阔了眼界，看到了书本上所没有的东西，也使他看到了中国钢铁工业发展的落后现状，激发了他工业报国的决心。

1934 年，杨树棠大学毕业，到中英合办的开滦煤矿实习了近 20 个月，后又经校方推荐到淮南煤矿做了几个月的煤师工作。1936 年年初，国民党政府实业部在湘潭筹建中央钢铁厂，并与德国签订了引进全套设备和为中国代培留学生的协议。为了给中央钢铁厂培养一批技术人才，实业部在全国进行了技术人员普查，从中选调一批有实践经验的大学毕业生，准备送往德国公费留学。杨树棠由于在开滦实习期间，连续写出了几篇比较出色的技术报告，得到了实习部的好评，因而被选中。当年 8 月，杨树棠至上海新和兴钢厂（上钢三厂的前身）进行出国前的实习。翌年 1 月，同另外七人一起由上海乘船经过长途跋涉到达德国。在德国鲁尔区，杨树棠先后到克虏伯财团的莱因高森钢铁厂、保尔伯克钢铁厂、埃森电炉南厂和北厂学习技术管理、冶炼操作和炉体维护等。

在德国的学习使杨树棠拓展了眼界，并掌握了许多重要的技术知识，为他以后从事钢铁冶炼技术研究打下了基础。同时，也使他看到了中国钢铁工业与西方发达国家的差距，更加增强了他振兴民族工业的紧迫感。

1939 年 4 月，抗日战争期间，杨树棠辗转回国后到重庆的兵工署第二十四工厂炼钢部任技术员、主任，并受聘为重庆大学兼职教授。其间，他充分地发挥所学知识和实践经验，既为国家育人传授知识又为国家振兴民族工业出力。他因陋就简，因地制宜，先后主持解决了钢铁生产中的难题，获得多项专利成果。其中较为著名的有以钨矿代替钨铁炼制枪筒钢和硬面（冷铸）轧辊的铸造，都为国内（大后方）首创。前者获“国家钢铁奖金”，后者获专利权。同时，他还编写了 20 多万字的英语版大学教材《钢铁冶金学》。1942 年年初，杨树棠被任为资渝钢铁厂主任兼工程师，主持了资渝钢铁厂厂址建设的总图布局设计，并先后研究成功了“生铁低温氧化去磷法”、“局部冷硬轧辊铸造法”和“军镐串铸法”等新工艺。其中，“生铁低温氧化去磷法”获专利和“发明创造奖状”。

1945 年 8 月，日本投降。杨树棠被国民党政府资源委员会调至北京，担任华北钢铁公司筹委会（包括石景山钢厂、天津钢厂和青岛钢厂）委员工作，并兼任唐山钢厂厂长。1947 年 4 月，杨树棠又被调至鞍山钢铁股份有限公司任协理兼铸造所所长。1948 年 2 月 19 日，鞍山解放，鞍钢又重新回到人民的怀抱，鞍山钢铁公司成立。杨树棠重回鞍钢，在当时的制造部（包括机修总厂、中板厂、轧辊厂和铸管厂）任总工程师，全身心地投入鞍钢恢复生产的工作。由于贡献突出，他被评为一等功臣。

1950 年以后，杨树棠被调离生产一线，到鞍钢生产处任处长和总工程师，负责生产和技术管理。1950 年 8 月杨树棠被选为中华全国自然科学代表会议代表。此间，他在工作之余对过去的实践经验进行了系统的总结，先后写出了近百篇学术技术论文，并翻译了大量国外技术资料。1954 年他当选第二届全国政协委员，此后还当选第二、三、五届人大代表。1958 年 8 月，杨树棠被调到鞍钢中央实验室（即今钢铁研究所）任主任，重新开始了钢铁研究工作。此间，他主持了高炉前铁水预处理和“连续炼钢”试验。从 1960 年起，杨树棠担任鞍钢副经理兼总工程师。他还撰写了多篇论文，并与王国章合译了 30 多万字的德文版《底吹碱性转炉炼钢方法》一书，用于国内钢铁工业。1964 年，杨树棠根据国外进行双床平炉炼钢试验的资料，提出了鞍钢进行双床平炉炼钢试验的建议，并撰写了《双床平炉——国外研究情况及在鞍钢发展的意见》一文，受到冶金工业部和鞍钢的高度重视，并很快进行了试验，取得显著成果。

1968 年，“文化大革命”严重干扰鞍钢，杨树棠被扣上“鞍钢头号反动技术权威”的帽子，下放到农场劳动。1975 年饱经磨难的杨树棠回到鞍钢担任了顾问组的顾问。1977 年年末，鞍钢党委责成他主持制订了《1978—1985 年鞍钢科技发展规划》。1979 年 11 月，这位为中国钢铁业奋斗了一生的老人光荣地加入了中国共产党，实现了自己的宿愿。杨树棠曾任中国金属学会第一、二、三届理事会理事；中国金属学会炼钢技术学会第一、二、六届理名誉委员；辽宁省金属学会第一、二、三届副理事长；鞍山科学技术协会副主席；辽宁省科学技术协会主席团委员；辽宁省五届人大常委会常委。他曾出席 1950 年中华全国自然科学工作者代表大会，任 1978 年全国科学大会特邀代表等。1985 年杨树棠离休，后晋为炼钢教授级高级工程师。1990 年获得国务院颁发的首批国务院政府特殊津贴，2002 年 10 月 9 日，杨树棠病逝于鞍山，享年 96 岁。

二、主要研究领域和学术成就

1. 首创钨矿代钨铁炼制枪筒钢，解决了国内急需的难题

1939年，全国抗日战争进入高潮。前方战场急需更好的枪支来消灭日寇，保家卫国。当时，杨树棠所在的兵工署第二十四工厂承担着炼制军工用钢的任务，急需的枪筒钢炼制时需要大量的钨铁。当时，中国以产钨著称，本应不算什么难事，但由于当时政治腐败，技术落后，大量的钨矿都被列强掠走，自己不能生产一斤一两的钨铁，反过来还得长期依赖进口，而且出口一吨的钨矿才能换回一斤的钨铁。当时在日本帝国主义向中国发动全面进攻和实行经济封锁后，钨铁和其他重要物资的进口被迫中断。在钨铁奇缺的情况下，要生产出急需产品支援抗日，就得另想办法。为解燃眉之急，杨树棠大胆创新，先采用铬铁代替钨铁炼制枪筒钢试制成功，并投入生产。但铬铁也是进口物质，且用途更广，库存有限也是奇缺，只能救一时之急，不能维持长期生产。为了从根本上解决钨铁的问题，杨树棠进行了用国产钨矿代替钨铁炼制枪筒的研究试制工作。

在研究试验的钨矿代替钨铁炼制枪筒钢的过程中，遇到了许多难题，如原料配比调整方面，如何解决加钨矿后的脱氧还原等问题。在多次失败的情况下，杨树棠并没有气馁，因为，他心里总憋着一口气，中国的工业总不能依赖洋人，他们能做的我们也要能做。后来他又查阅了许多资料，做了多次试验，解决了炼制过程中的一系列难题，终于在仅有的3吨电弧炉内采用在排放氧化渣后和加入还原渣之前，分批加入适量钨矿，并在炉内实施投铝强制脱氧的方法获得成功，炼制出了质量完全符合国际标准的枪筒钢。经过第二十四工厂用烈性子弹进行旱靶射击检验，超过6000次的标准获得成功，一举打破了国际上反动势力对中国的封锁。在当时这一成果不仅解决了我国产钨而不能生产钨铁的难题，也为中国人争了一口气。之后，他又再接再厉，向用处更广、标准更高的特殊钢种挺进，先后研制出了国内第一炉瑞典博福泰斯（A. B. Borfrs）75mm山炮炮筒钢、汽车弹簧钢和不锈钢，填补了国内大后方的空白，从此结束了我国长期依赖进口铁合金和不能炼不锈钢的历史，为抗日战争的胜利和我国钢铁工业的进步与发展做出了积极的贡献。杨树棠也因此获得国民政府经济部颁发的“国家钢铁奖金”。

2. 首创硬面（冷铸）轧辊之铸造，填补了当时的国内空白

20世纪30年代末至40年代初，我国的轧钢行业已经起步，但一些重要的设备

和关键的零部件自己却不能制造，必须依赖进口，尤其是在轧钢方面，由于轧辊短缺，严重影响了钢材的生产，制约了我国钢铁工业的发展。为走出困境，摆脱对国外的依赖，提高我国的钢铁工业的装备水平，维持正常生产，杨树棠毅然开始了自制轧辊的研究工作。1939 年，杨树棠在第二十四工厂时曾与工人直接协作铸造了多只轧制钢条的轧辊，使用效果很好。当时使用的熔炼设备是 3 吨的电弧炉，配料方面对于硬面生铁的冷硬作用及强度韧性均须顾及。于是采用全部白木炭生铁，使原料中所含炭素几乎消除石墨状态，即珠光体铸铁，以期增加强韧性能。对轧辊的冷硬部分，则力求使其成为硬面铸铁。这项工艺调节铁水温度关系十分重要。炉内铁水温度保持在 1500℃以上持续 2 小时之久，浇铸温度在 1230 ~ 1260℃为宜。铁模的设计，有关轧辊冷硬深度及铁水的冷却速度，世界上各国对此设计互有差异，没有统一的标准。杨树棠经过多次试验，摸索出厚度与辊径之比在 1. 8 ~ 2. 3 范围内均可合用。轧辊表面硬度平均可达肖氏（A. F. Shore）60 ~ 80 度。其间，杨树棠废寝忘食地工作，花费大量精力查资料，算数据，搞试验，求出了冷铁圈厚度与轧辊直径关系的公式，即设轧辊直径为 D，冷铁圈厚度为 T，则 $T = 0.29D$，用极其简陋的设备制造出了我国第一根硬面（冷铸）轧辊，并很快投入了大批量生产，使用效果很好，不仅具备了国外同类产品的功能，还可以用于轧制钢板、钢条及型钢。他所首创的“局部冷硬轧辊铸造法”获得了专利，从而结束了我国轧辊全面依赖进口的局面，为大后方轧钢行业的生产发展做出了重要贡献。

3. 研究开创了多种钢铁冶炼新工艺

1942 年，杨树棠在重庆资渝炼钢厂期间，运用所学知识，不断探索，大胆创新，设计成功了化铁炉铁水直接流入转炉进行炼钢的新工艺，即节省了吊车、铁水罐等设备，也简化了厂房结构，减轻了劳动强度，又提高了铁水温度，缩短了冶炼时间，提高了钢的质量和产量，使当时十分落后的冶炼工艺大大向前推进了一步。

1943 年，杨树棠担任了资渝钢铁厂的炼钢厂主任兼工程师。资渝钢铁厂的总图布局设计虽然很新颖，但它的设备却十分落后和陈旧。除了三座 2 吨的转炉、三座每小时化铁 11 吨的化铁炉和小轧机是新造的外，其余设备都是半土半洋的陈年老货，生产工艺很落后，且生产能力也很低。尤其是在维修当中，由于缺少耐火材料，特别是碱性材料，工厂不得不利用当时四川生产的天然泡沙石做炉衬，这就使三座小转炉都变为酸性，影响了钢的质量。酸性转炉是不能脱磷的，况且四川的生铁又含磷较高，这些难题一直困扰着生产的进行。这也为杨树棠提出了新的科研课题。为了攻克这一难题，他艰难地在探索中前行。从 1943 年起，他进行了一系列去磷法的研究的试验。最初，他研究成功了“生铁低温氧化去磷法”，得到了政府资源部批准的5年专利权和颁发的“发明创造奖状”。之后，他又用生白云石进行“碱性化铁炉去磷试验”，但因成本较高、炉衬寿命较短和不易推广而告终。这条路走不通了，他又另辟蹊径进行了新研究，采用石灰、氧化铁等和莹石做成固体脱磷剂和特别的挡渣出钢装置，出钢过程中待钢水流出1/3时，用螺旋推进器对准钢流将脱磷剂喷入罐内，待钢水流出2/3时，将脱磷剂全部加完。脱磷剂和钢水混合后，在罐内发生激烈沸腾，形成自然搅拌。等到铸锭时，钢水的脱磷率已达到75%以上，效果非常理想。从此，四川含磷高的生铁得到了充分的利用，制约钢厂正常生产的难题被彻底解决。在杨树棠搞此项研究试验的同时，美国的惠灵匹兹堡钢铁公司的工程师姚冠姆也在他们的六座转炉里搞试验，还没有获得任何结果，便已被杨树棠及其同事远远地抛在了后面。因此，杨树棠将自己的成果定名为“贝氏炉挡渣出钢时快速去磷法”，当时被誉为“资渝炼钢法”，并著有中英两种文字的论文，享誉冶金界。

1944年，由于日本帝国主义的疯狂进攻，战争的局面对中国很不利。日军最终攻进了贵州。当时，资渝钢铁厂接受了一批军用镐的生产任务，不但任务紧急，而且要求很严，经击入中硬度的石块刃口不变形才能合格。就当时厂内的生产条件而言这是很难承担的，但为了抗击日寇，保家卫国，杨树棠还是欣然接受，并亲自主持这一工作。他开创了以铸代锻的方法生产军镐，开始时一箱一次只能铸两个，尽管生产出来了，但是效率很低。他又开始创新，尝试采用一种串铸法，效果颇佳，再配以自己专门设计制作的机械制模机成型，一串可铸四五十个。串铸法在当时的条件下是一个创造，具有四个显著特点：一是节省工时。制模上，以同一工时用串铸法平均每只军镐只需4.7min，而单箱手工翻制法则需13.3min，故串铸法的效率为单箱铸法的284%。二是节省了钢料。串铸法每只平均用钢3kg，单箱铸法需用4kg，节省钢料25%。而且单箱法因浇铸时间长影响盛钢桶生冷钢的生成。三是节省了工具的消耗。串铸法平均每只军镐占砂箱0.6只，而单箱法每件占砂箱1只。其他如浇圈、压箱铁等附属工具节省更多。四是节省了场地。串铸法平均每件占地$0.088m^2$，箱铸法平均每件占地$0.528m^2$。杨树棠通过开发出新的铸造方法，提前完成了军工生产任务。后来，1946年杨树棠在唐山钢厂和1950年在鞍钢，都采用过这种串铸法。前者，完成了大批铁路火车和矿井下煤车的车轮铸造，保证了国家经济建设的需求；后者，完成了抗美援朝前线急需的军镐生产任务。

4. 鞍钢重建和恢复生产中的科技功臣

杨树棠的大部分冶金生涯是在鞍钢度过的，鞍钢的建设与发展倾注了他全部的心血。

1948 年，鞍山解放，多难的鞍钢终于回到了人民的怀抱。为了支援战争迎接全国解放的胜利，人民政府下达了修复鞍钢恢复生产的指令，成立了鞍山钢铁公司，从全国各地派来了大批干部，杨树棠又重新回到了鞍钢，同多种专业技术人员和各路大军一起投入了紧张的修复工作。

当时的鞍钢由于遭到战争的破坏，受损严重，已经是千疮百孔，破烂不堪，有的高炉被炸坏了，高炉的炉料和铁水凝结在炉膛里；有的煤气管道和煤气柜被炸开了；各种机械设备被拆卸得面目全非，锈迹斑斑，杂草丛生，几乎就是一片废墟。日本人曾经放言说“你们只能在这里种高粱”。在这样的情况下修复和恢复生产，任务十分艰巨，当时，除了器材、设备等物质缺乏外，技术人员更是少得可怜，就是稍微懂得点冶炼技术的工人也寥寥无几。因为在日伪时期，凡是技术岗位都由日本人把持，中国工人只能当苦力。从部队和地方调给鞍钢的干部精神可贵，有革命经验会做群众工作，能打仗，但多数同志不懂工业，不懂专业技术，杨树棠已经是难得的技术专家之一。他用自己所掌握的专业技术和聪明才智积极投身于修复工作，废寝忘食地开展工作，并和大家一起解决了一道又一道的难题。在冬季修复 2 号高炉时，一部分人担心冬季施工影响质量，主张滞后进行。杨树棠站在全局的高度怀着极强的紧迫感极力反对，主张冬季不停并加快修复，并提出了具体的保障措施，最后得到了大家的赞同，使 2 号高炉在一片废墟中很快站立起来，为尽快恢复鞍钢的总体生产奠定了基础。

为了解决技术工人奇缺影响生产的问题，杨树棠在修复过程中一边提供技术支持，一边利用业余时间，先后培训了大批炼钢技术工人，为恢复生产储备了技术力量。

在鞍钢恢复生产初期，生产中的问题很多，杨树棠一个一个地去解决。当时，为供中板厂轧制钢板而浇扁平钢锭时经常出现裂纹，严重影响板材质量。当时的技术分析有两种意见：一种以日本工程师为代表，认为是操作问题；一种以杨树棠为代表，认为是配料问题。两种意见相持不下，最后领导层经过分析研究支持了杨树棠他们的意见。杨树棠受命后深入现场搞调查研究，探索解决问题的方法，用提高熔池残锰的办法，很快就消除了钢锭裂纹现象。为了帮助工人提高炼钢技术，他还编了一个简单易记的顺口溜：“看断面、猜碳量”，使岗位工人很快地掌握了炼钢过程中各个阶段的含碳量，使板材的产量和质量大幅度提高，并为后续大平炉开工生产培训了大量的技术工人。

在修复工作中，各厂对电机的需求非常迫切，而修复旧电机用的硅钢片更是奇缺。为了解决这一难题，杨树棠便利用机修总厂的固定式小平炉，组织工人通过改进工艺，开创了用上下罐出钢倒罐注锭的新工艺。采用上罐用水口和塞棒以便除渣，下罐设置成可倾翻的钢水罐，再配以一般的铸锭罐，炼制出了当时急需的硅钢，满足了修复电机的急需。后来，他又相继炼出了制造矿山破碎设备用的高锰钢和其他一些稀有急需钢种，解决了修复工作中的许多急难问题，为当时的鞍钢修复工作做出了突出的贡献。因此，杨树棠在当时鞍钢开展的恢复生产立功竞赛运动中被评为一等功臣。

1951 年，参加抗美援朝的志愿军前线要求国内提供大量的军镐，党和国家将这项制作任务交给了鞍钢。鞍钢领导紧急研究找到了杨树棠，要求他克服一切困难保质保量地完成任务。杨树棠接到任务后，马上组织人力进行研制。他根据当时鞍钢设备的现状，采取了以前曾经运用过的以铸带锻的方法，并将自己 1944 年研制成功的"军镐串铸法"资料的论文发给职工组织大家学习，使大家很快掌握了操作方法和技术要领，既保证了质量又提高了效率，很快铸造出了当时前方战场急需的军镐，为抗美援朝做出了贡献，得到了领导的表扬。

5. 中国钢铁工业赶超世界先进水平的实践者

1950 年以后，杨树棠被调离生产一线，到鞍钢生产处任总工程师、处长职务，负责生产和技术管理工作。从这时开始，他在工作之余阅读了许多国外的钢铁书籍和技术资料，并对过去的生产实践进行了系统的总结，先后写出了《新二联炼钢法》、《沸腾钢浇铸》、《氧气转炉炼钢》、《关于影响钢坯成品率及表面技击的几个因素》、《十字军镐离心串铸法》、《鞍钢重机厂冷铸车轮铸造》等论文，并翻译了一些国外的钢铁资料，如《烧结矿对于炼铁的影响》、《新材质轧辊》等。这些论文和译文有的发表在《钢铁》月刊等刊物上，有的在学术交流会上作了交流。

20 世纪 50 年代初，钢铁学界出现了关于继续发展平炉炼钢还是发展转炉炼钢的争议。杨树棠站在钢铁工业长远发展的高度，力排众议，坚定地提出了要大力发展转炉炼钢的思想。1956 年 1 月全国政协第二届二次会议在北京召开，杨树棠被推选为全国政协委员。会议期间，他同叶渚沛、李公达等七名从事炼钢研究工作的专家一起，提出了我国应发展顶吹氧气转炉炼钢的建议。杨树棠被大家推举为代表，在大会上作中心发言，受到了周恩来总理和其他有关领导同志的重视。重工业部副部长赖际发根据周恩来总理的指示，专门针对"转炉氧气炼钢"问题，组织了讨论会进行研究。当时，有许多从事钢铁研究的知名人士参加，大多数人都赞成这一建议，使我国的转炉氧气炼钢现出了曙光。可是由于当时在重工业部工作的苏联专家组组长提出了反对意见，这一建议没有被采纳。结果，我国应用大型转炉炼钢的时间比国外晚了近 20 年，技术水平也落到了后面，留下了沉痛的教训。

1958 年 8 月，杨树棠调任鞍钢中心实验室主任，重新开始了钢铁研究工作。1958 ~ 1960 年，世界上一些发达国家正着手进行“连续炼钢”的研究，特别是英国已经开始进行“铁水预处理”试验。为了尽快地把我国钢铁工业搞上去，赶超世界先进水平，杨树棠学习借鉴了发展国家的先进经验，组织力量在鞍钢进行了瀑布式铁水预处理的试验。由于当时鞍钢氧气不足，他就利用压缩空气进行试验，取得了显著成果。经测定，用经过预处理的铁水在平炉里炼钢可以缩短炼钢时间 15%，节约平炉铁矿石和石灰各 30%，使工艺水平在原有的基础上大大提高了一步，为进一步研究“连续炼钢”奠定了基础。在实验工厂他又采用了多段式处理方法炼成最低含碳量达 0. 02% 的超低碳钢。就当时而言，这项试验的水平已经远远地超过了世界上的一些工业发达国家。遗憾的是，由于当时我国遇到了严重的自然灾害，加上苏联背信弃义，国民经济出现了严重的困难，这项已经取得一定成果的试验也被停掉了，没有得到推广应用。

杨树棠坚持实事求是和果断处理复杂技术问题的态度。1963 年，时任鞍钢钢铁研究所所长的杨树棠接过了提高重轨一级品率的任务。当时，鞍钢生产的重轨一级品率只有 40% ~ 50%，公司多次采取措施，组织力量千方百计解决，仍然收效甚微，严重地制约了公司的生产。杨树棠接受任务后，下定决心一定要啃下这块硬骨头。他深入现场跟班作业，从各个环节、各道工序查找原因，最终发现在第一炼钢厂重轧钢的非计划钢高达 30% ~ 40%。按计划是炼重轨钢，但出钢时因化学成分不合格或操作不合格，出钢时改变钢种为工业用轨钢，即三级品；开坯时又由于表面缺陷如结疤、裂纹、轧制不良等，又造成了 15% 左右的次品，致使生产的重轨能够用于铁路干线铺设的只有 40% ~ 50%。情况摸清后，杨树棠决定在第二初轧厂召开会议，召集第一炼钢厂、第一初轧厂、大型厂、中型厂、生产处、科技处、技术监督处以及各驻厂检查站负责人和钢研所的有关人员，对生产资料进行细致说明分析，落实了责任制，在对各道工序提出了具体要求外，重点明确了要杜绝非计划出钢问题。万一出了不合格的钢种要改做他用，不能进入重轨生产线，技术监督处和驻厂检查站要将此作为铁的纪律执行。会后，杨树棠又多次检查会议的落实执行情况，要求技术人员要密切注意跟踪生产情况的变化，及时解决生产中出现的问题，终于使鞍钢的重轨质量上了一个大的台阶，达到了当时的国际水平。随后，他又着手解决了因非计划重轨用钢不许进入重轨生产线而造成的生产衔接的一系列连续反应，使鞍钢的生产更为顺畅。

1964 年，杨树棠根据加拿大钢铁公司采用双床平炉炼钢的试验资料，结合鞍钢当时的生产情况，提出了在鞍钢进行双床平炉炼钢试验的建议，并撰写了《双床平炉——国外研究及鞍钢的发展意见》一文，在鞍钢上下引起了很大震动。在当时，双床平炉炼钢是一种新兴的氧气炼钢方法，它不仅吸取了氧气顶吹转炉炼钢的成熟经验，还发挥了平炉炼钢的固有优势，从而初步实现了冶金专家们多年来梦寐以求的转炉和平炉合为一体炼钢的理想，特别是在国内我们还没有达到转炉炼钢时，这是一种因地制宜的可行之举。1965 年 5 月，杨树棠与鞍山市金属协会共同召开了有 400 人参加的双床平炉炼钢新技术会议，经研究论证，通过这一建议，并得到了鞍钢党委和冶金工业部的支持，很快得到批准，在 10 吨固定式小平炉上进行了试验。其方法是：在一座平炉内分两个熔池，每个熔池炉顶设一氧枪，熔炼时一床吹氧，另一床利用吹氧后产生的炉气对冷料预热。这样既提高了余热的利用率，又缩短了熔炼时间。杨树棠在小平炉试验取得成果后，改在第三炼钢厂 380 吨固定式平炉上进行试验，一炉熔炼时间最快只用 90min。这在当时已经大大超过了加拿大、苏联、德国和捷克。其缺点是炉顶寿命短，化验不及时，打出钢口时间长，钢种合格率低和劳动强度大。这些问题只要提高辅助设备的机械化、自动化水平来适应熔炼时间快的特点，就可以解决。试验成功后，双床平炉炼钢被列为鞍钢的“四朵大红花”之一。冶金工业部给予了很高的评价，并在全国钢铁企业中进行了推广。可惜的是，杨树棠所倡导的这项试验刚开始不久，就因“文化大革命”的干扰而停止了。到了粉碎“四人帮”后的 1977 年鞍钢又有人提出了继续进行双床平炉炼钢的建议。对此，杨树棠却表示坚决反对。因为当时杨树棠提出搞双床平炉，是在当时大多数人还没有认识到氧气炼钢的优越性，仍习惯于平炉炼钢的情况下，为了提高平炉产量，解决国家急需钢材而提出来的。而到了 1977 年，已是时过境迁，经过 10 多年的时间，世界炼钢技术在不断进步，氧气转炉炼钢已经发展起来了。日本在 1977 年 8 月就已经全部淘汰了平炉。绝大多数技术发达国家钢厂的改造或新建，也都在采用大型氧气转炉。在这种情况下，再搞双床平炉就是复制“古董”，甘愿落后，浪费投资。杨树棠此举，充分反映了他作为一名钢铁冶金专家严肃的科学态度和对我国钢铁工业发展高度负责的崇高品格。

1977 年，杨树棠作为鞍钢顾问组的顾问，受鞍钢党委委托，与徐衢共同组织试验，利用三辊斜轧大型无缝钢管，选用学习总队空厂房安装试验设备，轧出直径 1m 的钢管成品。其间，杨树棠还主持制定了《1978—1985 年鞍钢科技发展规划》。这段时间他老骥伏枥，壮心不已，不顾年高体弱，经常外出参加各种金属学术会议，学习和交流经验，探索新的钢铁技术。1986 年，杨树棠离休。晚年的他仍然关心着钢铁工业的发展，让在国外工作的外孙女给他订了多种外文钢铁方面的杂志，他每天都用大量时间阅读这些外文资料，关注着国外钢铁发展的新动向，思考着我国钢铁工业发展的现状，提出自己的意见，发现有用的东西就翻译出来转给公司相关部门。一次他参加鞍钢第二炼钢厂小方坯连铸竣工投产典礼时，发现了连铸机生产中的问题。三天之后，他又专程去小方坯连铸现场进行考察，回家后，就鞍钢的技术改造问题给公司领导写了一封信，对二冷风的冷却强度和水质、铸坯氧化铁皮多、冷却水压力调节、铸坯长度、连铸车间布局等五个问题逐条提出了解决意见，并对鞍钢远景总体规划也提出了战略性建议，深受领导的好评。当时的《鞍山日报》和《鞍钢日报》都以头版头条的显著位置，刊登了信件的全文。

1989年杨树棠晋升为国家炼钢专业教授级高级工程师。1990年杨树棠获得国务院颁发的首批特殊津贴。

2002年10月9日，杨树棠因病逝世，享年96岁。

三、杨树棠主要论著

杨树棠. 1942. 四川省钢铁资源概况. 钢声.

杨树棠. 1943. 酸性侧吹转炉挡渣出钢时快速去磷法. 中国矿冶工程学会.

杨树棠. 1949. 新二（双）联炼钢法. 鞍钢，(创刊号).

杨树棠. 1950. 铸钢十字军镐串铸法. 鞍钢.

杨树棠. 1950. 关于影响钢坯成品率及表面质量的几个问题. 鞍钢.

杨树棠，吴启铮. 1951. 局部冷硬轧辊之铸造. 鞍钢.

杨树棠. 1957-03-11. 企业技术人员怎样向科学进军. 人民日报.

杨树棠. 1958. 综述转炉氧气炼钢. 钢铁，(1)：51-57.

杨树棠. 1958. 综述转炉氧气炼钢（续完）. 钢铁，(2)：38-45.

杨树棠. 1959-04-30. 科学研究和生产拧成一股绳. 人民日报.

杨树棠. 1962. 阿捷克斯（Ajax）平炉及其炼钢方法. 国外钢铁.

杨树棠. 1964. 底吹碱性转炉炼钢. 北京：中国工业出版社.

杨树棠. 1965. 床平炉氧气炼钢——国外研究情况及其在鞍钢发展的意见. 鞍山市金属学会和鞍山钢铁公司出版（内部资料）.

杨树棠. 1985. 鞍钢年产1000万吨钢的设想. 鞍钢技术，(9)：15-18.

杨树棠. 1985. 重返鞍钢—纪念鞍钢开工生三十五周年. 鞍钢年鉴：129-131.

杨树棠. 1986. 氧气转炉吃废钢技术. 鞍钢技术，(8)：3-7.

杨树棠. 1987. 氧气转炉吃废钢技术之二. 鞍钢技术，(4)：3-11，39.

杨树棠. 1987. 鞍钢扩建和改造之我见. 辽宁钢铁工业发展战略研讨会论文选编.

杨树棠. 1994. LD炼钢步入不惑之年. 钢铁，(3)：77-81.

杨树棠 . 2000. 氧气转炉炼钢的开发与发展 . 冶金经济与管理，(2)：40-41，43.

撰写者

李文（1954 ~ ），鞍山钢铁集团公司老干部工作办公室，曾任杨树棠秘书。

李松堂

李松堂（1908～1993），江苏睢宁人。轧钢孔型专家、轧钢技术专家、钢铁企业设计专家。曾担任鞍钢设计研究院副院长，中国金属学会轧钢学会副理事长。1928～1935年在上海同济大学工学院机电系学习七年。1935年夏，在南京金陵兵工厂机关枪厂工作期间修复进口旧机床，加工出合格机枪枪筒来复线，为当时中国枪械制造奠定了基础。1946～1948年，在资委会鞍山钢铁有限公司（鞍钢）任协理兼轧钢所所长，负责恢复鞍钢各轧钢厂生产。1948年鞍山解放后参加革命工作，1950年接受委派，攻克特殊钢生产中的技术难题，规范特殊钢生产工艺，为中国恢复特殊钢生产做出重大贡献。1951年任东北工学院兼职教授，自编轧钢专业教材，培养出中国第一代轧钢专家，是中国轧钢专业教育的创始人之一。在鞍钢工程项目设计中正确决策，提出可行性方案及具体解决办法；首倡鞍钢基建项目施工程序、施工方法，为加快鞍钢工程项目施工进度做出了贡献。被授予“全国首批有突出贡献轧钢专家”称号，享受国务院颁发的政府特殊津贴待遇。专业技术职务为鞍钢设计研究院副院长、总工程师，技术职称为（轧钢）高级工程师。1986年获准离职休养，1988年获准享受司地级待遇，1989年获批教授级高级工程师。当选第三、五、六届全国人民代表大会代表、第五届辽宁省政治协商会议副主席。离休后只担任中国金属学会轧钢学会名誉副理事长、辽宁省金属学会荣誉会员。

一、成长经历

1908年7月30日，李松堂出生于江苏省睢宁县高作镇官汪村。8岁时他随父亲在家读私塾，后受教学条件和时局动荡影响，辗转求学，先后在睢宁县城厢国民小学、睢宁县高作镇代用小学、江苏省徐州第七师范学校附属小学读书，后考入江苏省南京工业专门学校附设高中部，后转入广州中山大学工业专门部预科读书，在南京中央大学预科补习。1928年他考入上海同济大学工学院机电系学习七年，学习德语两年，学习专业课程五年，1935年毕业时获特许工程师学位。

1935 年夏李松堂在南京金陵兵工厂机关枪厂车工部任技术员。1936 年 8 月在资委会筹建的中央钢铁厂（后称湘潭钢铁厂）任实习员，去汉口湛家矶扬子铁厂实习炼铁生产，参观汉阳铁厂、汉阳兵工厂、大冶铁矿和两座 $450m^3$ 高炉，赴上海浦东周家渡新合兴钢厂（后称上钢三厂）实习炼钢、轧钢生产。

1937 年李松堂赴德国，在柏林工业大学进修冶金学半年，在克虏伯钢铁厂实习轧钢工程一年半。1939 年他回国，在兵工署重庆二十四厂（后称重庆特殊钢厂）任第二轧钢部主任，两年后在资委会重庆资渝钢铁厂任轧钢厂主任。1946 年他在资委会北平石景山钢铁厂（首钢集团前身）任轧钢厂厂长，1946～1948 年，在资委会鞍山钢铁有限公司（鞍钢）任协理兼轧钢所所长，负责恢复鞍钢各轧钢厂生产。1948 年 2 月 19 日鞍山解放，李松堂到辽东（后称辽宁）省安东（后称丹东）科学院学习。1948～1952 年，李松堂任鞍钢轧钢部总工程师、公司轧钢总工程师，负责恢复鞍钢各轧钢厂生产；1950～1951 年协助恢复抚顺、本溪两个特殊钢厂生产。1951～1952 年，他在东北工学院（后称东北大学）任兼职教授，主讲轧钢工程学。1952 年，李松堂任鞍钢黑色冶金设计公司总工程师，任轧钢专家，担任苏联专家设计的《鞍钢长远发展规划初步设计（120 卷）》修改设计总工程师。1955 年，他任鞍钢基建设计处副处长，负责鞍钢基建项目的设计管理工作。1956 年，他利用伪满时期遗留下来的两片三辊劳特式中板轧机牌坊，配套成完整的中板厂。

1966～1972 年，在“文化大革命”中，李松堂遭到批判并接受“劳动改造”。1979 年，他负责鞍钢半连轧厂改造工程设计工作。1983 年，辽宁省政府批准他为（轧钢）高级工程师。他曾担任中国金属学会轧钢学会副理事长。他被授予“全国首批有突出贡献轧钢专家”称号，享受国务院颁发的政府特殊津贴，专业技术职务为鞍钢设计研究院副院长兼总工程师，技术职称为（轧钢）高级工程师，1986 年批准离职休养，1988 年批准享受司地级待遇，1989 年批准为教授级高级工程师，离休后担任中国金属学会轧钢学会名誉副理事长、辽宁省金属学会荣誉会员。1993 年去世。

二、主要工作经历和学术成就

1. 加工出合格枪筒来复线，为中国枪械制造奠定基础

1935 年 6 月李松堂大学毕业，在南京金陵兵工厂机关枪厂车工部任技术员。他对清末进口且从未修理过的拔枪筒来复线的机床进行了大修，拔出的枪筒来复线的质量达到德国进口水平，成功仿制六台，为中国枪械制造奠定了基础。

2. 完成多套轧机配套改造，设计的轧辊孔型新中国成立后被国家定为中国轧制特殊钢标准孔型

1939 年 1 月李松堂一行结束德国实习回国。除一部分人留在资委会系统工作外，李松堂和杨树棠、谭振雄被派往资委会与兵工署合办的迁建委员会大渡口钢铁厂工作，后又转往兵工署系统的重庆二十四兵工厂（供应各兵工厂钢材）。当时由汉阳搬来四机架 600mm 直径轧机一套，李松堂负责主体设备修复、配套、安装，还包括辅助生产系统诸如厂房建筑、供水、供电等，直至聘请技工，1941 年秋，顺利投产。

受资委会派遣，李松堂、杨树棠等筹建了资渝钢铁厂。李松堂分工负责一套三机架 430mm 直径型钢轧机的设计、制造、安装和投产，包括从勘察厂址、购买土地到聘请技工等准备工作。1943 年资渝钢铁厂全面投产，这套型钢轧机在抗日战争胜利后被搬迁到湖北大冶钢厂继续生产。轧辊孔型是李松堂针对侧吹转炉钢设计的，能轧较硬的钢种。20 世纪 50 年代，这套轧辊孔型的图纸被苏联专家从大冶钢厂要走，60 年代初期被冶金工业部确定为轧制特殊钢的标准孔型。资渝钢铁厂从 1941 年秋到 1945 年 9 月抗日战争胜利，所轧钢材不过万吨左右，却培养和锻炼了一批专业技术人才。

3. 为鞍钢复工生产制订计划，整理、保存大批技术资料，为鞍钢恢复生产和长远发展做出重大贡献

1946 年夏，李松堂被派往北京石景山钢铁厂筹建轧钢厂，主要工作是整理日伪时期的技术资料。李松堂在石景山钢铁厂工作后期，适逢资委会委员长钱昌照（后任全国政协副主席）去东北视察，在北京补充李松堂为其随行人员。视察团出关前往辽南，重点视察了锦州、锦西、沈阳、本溪、鞍山等地有关石油、化工、煤矿、钢铁企业共数十处，这使李松堂对当时的辽宁工业和鞍钢的状况有了初步了解。鞍钢以原昭和制铁所为主，当时尚能维持生产的设备都比较陈旧，其他较新的设备全被苏军作为战利品拆走，运往苏联西伯利亚铁路沿线各地，而留下来的设备还比较接近当时世界先进水平。李松堂看到这些大型设备非常高兴，也极为重视。厂区内尚遗留了大量钢材、钢坯、生铁、煤焦和矿石等，这些物资都是鞍钢恢复生产的物质保障。

1946 年 12 月继任资委会委员长孙越琦（后任煤炭部顾问）来东北视察时，李松堂陪同他第二次来到鞍钢，并留下担任鞍钢协理兼轧钢所所长。鞍钢生产全面开

工，尚缺不少主要专业负责人。1947 年 1 月，资委会在北京开会，会上根据总技术顾问严冶之的建议，从全国调配一批鞍钢生产急需的专业骨干技术人员到鞍钢工作。1947 年四五月间，轧钢系统各专业的骨干技术人员已基本配齐，根据内部及外部供料和运输的具体情况，按制订的鞍钢恢复生产初步计划复工生产。

鞍钢技术所所长王之玺为整理日伪时期技术资料工作总负责人，领导整理公司管理部门所存资料。各厂矿技术资料由本单位负责整理，缮写后送公司一式两份，一份留技术所，另一份连同公司所存资料一起于 1947 年 7 月下旬送天津保存。这些资料后来在 1949 ~ 1950 年陆续由天津运回，在鞍钢恢复生产中发挥了很大作用。

1948 年 2 月 19 日鞍山解放，李松堂等由解放军护送去辽东省省会安东（现丹东）参加政治学习。6 月安东科学院成立，李松堂带着家眷过着供给制生活，12 月返回鞍山。几位原鞍钢协理的工作安排是，靳树梁协助郝希英经理领导全公司的业务，李松堂为轧钢部总工程师，邵象华、杨树棠、毛鹤年分别为炼钢、制造和动力部总工程师，王之玺为计划处副处长。在愿留下的技术人员中，杨振古、李恩业、贾竹堂分别为炼铁、化工、采矿各部总工程师，其他愿留的技术人员也全都回到原来的工作岗位。

1949 年年初，鞍钢要恢复生产，首先需要的是器材，而原有的器材多散落于民间。于是，在全市范围内发动群众献交器材。1956 年国家急需中板时，鞍钢就是利用留存的两块牌坊建成了劳特式中板轧机的二中板厂，当时李松堂全面负责配套设备的设计、制造与安装调试。

1948 年 12 月 ~1949 年 2 月，李松堂为鞍钢轧钢部总工程师和公司轧钢总工程师，主管轧钢部各厂生产技术。鞍钢各系统的修复工作，在短短的半年时间内，就达到了全面开工的水平。1949 年 7 月 9 日鞍钢举行盛大开工典礼，当年生铁、钢、钢材的产量已分别达到 10 万吨、10 万吨和 8 万吨。这些产品对支援解放战争起到了积极作用。

鞍钢恢复生产初期，炼铁、炼钢和初轧已形成连续生产能力，还要求现存的设备全部开动起来，以形成更加完备的生产能力。焊管厂是当年留存的比较完整的工厂，要生产就需原料——管坯，然而生产管坯的二小型厂的设备被苏军全部拆走，因而焊管厂无法开工。经研究，领导决定用一初轧的薄板坯，先纵切成管坯的宽度，然后在二小型厂建一台单机架三辊轧机，继续轧制成管坯厚度。但经多次试验，仍不能轧出合格的管坯。后来，李松堂建议增建一架立辊轧机，先将管坯的边部轧齐，再在水平辊轧机上轧薄，达到纵切管坯的宽度。当立辊机架建成后，一次试轧成功，遂使焊管厂得以顺利投产。1949 年冬，东北工业部王鹤寿、吕东两位部长参观这两个厂，对这一成果大加赞扬。

苏联专家编制鞍钢长远发展规划初步设计时需要鞍钢提供原始资料，由于重视图纸资料的保管，鞍钢很好地完成了任务。而鞍钢地下管道和建筑物、构筑物的相对位置，在 1950 年年底已由 400 人的勘测队伍基本完成。李松堂认识到，原始资料是基本建设在设计阶段不可缺少的部分，是现代化大型企业整套设计的基础，他的远见卓识为鞍钢长远发展准备了完整的原始资料。

4. 规范特殊钢生产工艺，为恢复中国特殊钢生产打下坚实基础

在鞍钢恢复生产的同时，国家还要求本溪、抚顺、大连特殊钢厂也全面开工，李松堂受命去这些厂解决生产中的疑难问题。

1950 ~ 1951 年，李松堂协助本溪、抚顺特殊钢厂恢复生产。首先要解决特殊钢加热时的脱碳问题，他决定改氧化性火焰为还原性火焰加热，效果很好，从而解决了特殊钢厂普遍存在的问题。其次是解决轧制方面的问题，除纠正不合理的操作方法外，他还改变了原有的轧辊孔型，钢材的撕裂、折叠等现象逐渐消失。最后要解决许多精整方面的问题，他改进了对钢坯和成品缺陷的修磨方法等，取得了很好的效果。李松堂深入生产现场，与工人、技术人员合作，充分发挥自己的智慧和经验，使这些厂恢复了正常生产。

5. 培养出中国第一代轧钢专业技术人才

1950 年年底，中国第一座冶金专业的最高学府——东北工学院在沈阳成立。为了培养中国首批轧钢专业技术人才，李松堂受命到东北工学院兼职教授轧钢工程学，从鞍山到沈阳每周去一天，1951 年夏秋至 1952 年两个学期为限。当时国内还没有轧钢专业，没有师资，没有现成讲义，更无成套教材。为了教学需要，他编撰出版了十万多字的《实用轧钢机械学》，1952 年 5 月由鞍钢出版社发行。该书被《中国钢铁史志》编辑人员誉为“轧钢技术人员的启蒙读物”，是一本既有理论知识又有生产实践的好教材，促进了中国轧钢技术的发展和人才的培养工作。

6. 首倡施工时确定设备基础相对中心线，指导施工定位，加快建设进度

1952 年 3 月李松堂被调离轧钢生产系统，到基本建设系统的设计公司任总工程师，主要任务是鞍钢长远发展规划初步设计的设计管理工作，从此李松堂开始了基本建设的设计工作生涯。当时苏联派来了 100 多名施工专家，但施工方案却一直未能做出，到 5 月底尚不能施工。李松堂看在眼里，急在心上，他提出“必须首先放

好各设备基础的相对中心线，方能开展大面积施工”的合理化建议，得到专家组组长和全体技术人员的赞同。随之，大型轧钢厂、无缝钢管厂和七号高炉这“三大工程”施工，工作才真正紧张有序地开展起来。这一建议，为此后鞍钢建设项目的施工程序、施工方法找到了科学依据，加快了鞍钢建设项目的施工进度。

7. 发挥中国工程技术人员的智慧，确定合理的鞍钢规模

1951年年底，作为轧钢部总工程师的李松堂，参与审查了苏联编制的《鞍钢长远发展规划初步设计》（120卷）初稿。中国科技人员提出了修改意见并得到采纳，使生产方案和工艺流程更趋合理。通过理论学习和工作实践，李松堂意识到，必须虚心向苏联专家学习，才能使中国钢铁工业有所前进。因为苏联的设计是整套的，专业齐全，考虑周详。1952～1954年，李松堂掌握了设计工作的计划管理，理解了设计人员是先进技术的组织者和传播者的基本指导思想，掌握了工程设计领导者必须既有组织管理才能又有技术指导的基本功，才能满足使设计工作顺利进行的基本要求。

由于当时鞍钢的生产水平已超过苏联《鞍钢长远发展规划初步设计》所确定的年产325万吨钢的规模，因而在1954年年初，在苏联专家组组长的领导下，组织中国设计人员开展修改初步设计工作，定名为《设计提案》。新定的规模为年产钢500万吨，专家组组长建议任命李松堂为设计总工程师。该项设计中遇到的最大困难就是总图专家一再说的，二、三炼钢厂所产钢锭至二初轧厂之间的交通不便。中国技术人员经研究后提出“在二脱模车间前面铺设三个‘十字花’道岔”方案，使二、三炼钢厂所产钢锭能全部运至二初轧厂，鞍钢年产钢500万吨规模顺利通过。这个意见经苏联总图专家同意，专家组组长认可，1954年年底设计完成后，报送苏联黑色冶金设计总院列宁格勒分院审批，获得批准，且将设计提案中的规模提高到年产钢540万吨。虽然1960年鞍钢年产钢达到561万吨，但也暴露了设计上存在的某些薄弱环节，因而1964年又进行了一次填平补齐配套设计，仍由李松堂主持。1980年鞍钢又创造出年产钢697万吨的新纪录，且三个“十字花”道岔还拆掉了一个。据此，鞍钢“六五”、“七五”规划，以及2000年前的设想，均以年产钢700万吨为起点。

8. 亲临现场指挥，完成一初轧大转盘施工，突破鞍钢生产瓶颈

1955年3月，李松堂结束了《设计提案》工作后到鞍钢基建设计处任副处长，负责鞍钢基本建设项目国外设计的设计管理工作。当年春天，原给水厂的勘测队

400 多人划归设计处，此时设计处人员骤增至 500 多人。此时，苏联为一初轧设计的输入辊道前的大转盘急需上马，以解决东大辊道在弯道上时常出故障的问题，而鞍山基建公司认为在不停产条件下无法施工。公司经理袁振决定由设计处领导，土建工程处具体施工，这是李松堂到鞍钢设计处后领导的第一个工程。在勘测人员，特别是吴巨洲的具体配合下，虽然超过有 1000℃的热钢锭从头顶掠过，他们却在不到三个月的短时期内顺利完成了这项艰巨任务，使一初轧的生产规模迅速增加。

李松堂勤于思考，经常深入现场调查研究，因而能够提出合理的解决方案。设计处技术人员在李松堂的引领下，在鞍钢建设施工中都能做到结合现场实际解决施工、生产关键问题，从而使各项工作顺利进行，加快进度，保质保量地完成任务。一个敬业的带头人，能带出一支善打硬仗的队伍。

9. 完成中板轧机配套设计，解决中辊平衡难题，为中国和世界中板生产发展做出贡献

1956 年中国基本建设需要 60 万吨钢板，而这时苏联钢板涨价，于是冶金工业部要求鞍钢利用伪满时期遗留下来的德国克虏伯厂制造的两块三辊劳特式中板轧机的牌坊，在老二中板厂房内建设一套新的 2300mm 中板轧机，且要求当年投产。由设计处人员提名从各生产厂抽调技术人员，设计处人员遂增至 600 多人。轧机是仿照苏联为二薄板厂提供的三辊劳特式轧机进行配套的，其他设备如辊道、加热炉、冷床、精整设备以及公用设施，则仿照苏联为半连轧厂中厚板部分提供的设备进行配套，在制造单位、施工单位和生产厂的共同配合下，边设计、边制造、边施工，当年冬投产。但投产时发现中辊不能随摆动台的上下而下上，苏联专家也没有办法。李松堂建议，将中辊的平衡重量再增加一部分，使其随摆动台的上下而下上，只是在摆动台下降时才加到中辊的平衡锤上，使中辊上升。这个方案得到了苏联专家的认可，预计一个星期内即可投产。当工人们得知这个方案的内容后，采取了临时措施，第二天就投产了。这说明技术人员必须与工人相结合，才能做出更大的贡献。这个方案的图纸，事后被苏联专家要去，原封不动地登载在苏联著名轧钢专家所著《轧钢设备》一书中（1958 年版，第 118 页之图 112），并说明乌拉尔重型机器厂所制造的三辊劳特式轧机的中辊平衡，已按该图改进。

当年正在制订全国钢铁工业发展规划，根据市场调查，以后要大力发展冷轧板，热轧板卷不足将成为卡脖子的问题。于是李松堂建议，选择 2300mm 中板轧机条件比较好的厂子，后面增建连轧机以生产热轧板卷。这样做，投资少，上马快，既可减少 2300mm 中板轧机的数量，又能很快建成热连轧机，这一建议为专业会议所

采纳。

10. 攻克生产难关，突破鞍钢生产瓶颈，培养大批技术领导干部和技术骨干

李松堂在设计处工作期间，还参与了另外两个大型工程。一个是仿照太原钢厂平炉建设的三槽出钢的三炼钢四、五号平炉（装炉量600吨，号称“平炉王”），工程建设顺利。另一个是容积为1513m^{3}的十号高炉，工程建设遇到困难。李松堂和设计处有关专业人员，在施工紧张阶段通宵达旦在工地干了一个多月，直到11月19日晚9时许出铁后才各自回家。整个工程从浇灌基础到出铁，共用了四个月零三天。苏联专家说，在苏联从来没有这么快的施工速度。施工中遇到了许多困难，但均得到了解决。例如，自动化上料系统的称量漏斗，上料时卸料不净，这一设备如不能过关，整个自动化上料系统就要报废。李松堂在工地总指挥部召集的会议上接受了解决这个问题的任务，他深入现场观察到凌晨一时许，发现总是在漏斗的夹角处卸料不净，于是决定在漏斗夹角处焊上一块200多毫米的枣核形的钢板条，施工后下料干净，生产顺利。后来，这一成果被应用到弓长岭竖井的井下漏斗和十一号高炉上。

在二中板、三炼钢四、五号平炉和十号高炉的设计与施工中，一大批技术骨干得以培养出来，后来成立的鞍钢设计院的技术领导干部差不多都是在这些工程中锻炼出来的，后来大多晋升为高级工程师。这些工程的工程量都很大，涉及的专业也很多，必须发动群众集体来完成。作为技术方面的总负责人，李松堂对每一个错误或遇到的问题，都有不怕困难、勇于克服困难的决心，都想出了解决办法从而使工程顺利投产。李松堂就是这样一位不怕困难、勇于克服困难的坚强领导者。

由于鞍钢设计处已能承担一些较大工程设计，1959年5月鞍钢基建设计处被批准更名鞍钢设计院。1960年，李松堂调往鞍钢技术处任副处长，承担了全公司的技术管理重担。

李松堂在技术处工作期间遇到的问题是鞍钢生产系统主要环节不平衡。由于三炼钢上了两个平炉王，炼铁上了一个最现代化的大型高炉，因而冶炼能力远大于轧钢的开坯能力。虽然二初轧已经建成投产，但很不稳定，主要还是靠一初轧担负开坯任务。虽然一初轧已经将4000马力（1马力=745.7瓦）的主电机换为两个2600kW的电机，大剪也由600吨换为900吨，但两条连轧机却通不过。为此在一次讨论会上，李松堂对一初轧如何提高生产能力问题提出建议，即将二中板换下来的5000马力的电机给前面一套24英寸（1英寸=2.54厘米）的连轧机换上，这一建

议立即得到与会者的一致赞同。他进一步提出由电修厂新制造两台 5000 马力的大电机装配给 24 英寸和 18 英寸两套连轧机，实施之后当年投产，这个卡脖子问题得到了妥善解决。

李松堂无论在什么岗位上都牢记自己的责任，总是开动脑筋想办法、提建议，为解决施工、生产中的实际问题功绩卓著，“轧钢专家”名副其实。

11. 重视学习外国先进技术，不断完善鞍钢生产工艺，为中国钢铁工业发展指明方向

1962 年秋，鞍钢公司又将李松堂调回鞍钢设计院，担任公司总工程师（技术职称）兼设计院副院长。此时，原设计处已设计了很多大型工程，并且北京黑色冶金设计总院还请鞍钢设计院十号高炉设计总负责人欧阳廷振介绍设计和施工服务经验，从此改变了所谓的“在企业设计院工作不如在部属设计院工作地位高”的想法。这种思想上的转变，对设计水平的提高起了推动作用，也使得在 1960 年苏联撕毁一切援助合同、撤走全部专家的条件下，鞍钢设计院也能继续前进。

李松堂一贯重视学习国外先进技术，跟踪世界先进水平，重视情报工作。1962 年冬，马宾副经理在一次主持的报告会上，让他介绍国外的技术发展情况，他介绍了美国《钢铁工程师》杂志当年所载的一篇与朝鲜战争有关的技术文章，引起了到会者的很大兴趣。其内容是，为了使在朝鲜的战争维持下去，美国钢铁工业不得不进行改组，增加优质钢的数量，以减少运输的压力，并将钢铁工业的重心向西部转移。这是我们从军事情报上无法得到的消息，但却从普通公开发表的技术文献上得到了。美国人打朝鲜战争的确费了很大力气的报道，引起了各方面对情报工作的重视。在全国范围内，各企业、事业单位陆续设立了情报机构。1963 年夏中国金属学会第一届年会在青岛召开，会议由冶金工业部副部长刘彬主持。李松堂在会上因介绍国外技术情报一事受到表扬，并宣读了题为《国际轧钢产品的发展趋势和我国扩大钢材品种的方向》的论文，并被刊登于 1964 年复刊的《钢铁》杂志第一期，列第一篇。李松堂对学习国际先进技术非常重视，同时还带领广大设计人员学习，并结合鞍钢实际加以运用，使鞍钢生产工艺逐步完善。

在李松堂的带领下，鞍钢设计院的技术人员掀起了学习国外先进技术的热潮。很多新技术得到推广应用，例如，十号高炉的炉前水力冲渣技术已被移植应用到全部新建的大型高炉上；1966 年设计、1967 年投产的焊管厂由成捆镀锌改为连续镀锌新工艺；冷轧厂硅钢片的连续通氢退火等。这些工程都是参考了国外的有关文献，通过与鞍钢生产厂和研究单位的结合，才最后确定了工艺方案。

12. 关注鞍钢和中国钢铁工业长远发展

1972 年冬李松堂恢复工作，主管少许工程，工作量不大，有较多的时间查阅国外资料，主要是北美、西欧的资料，这就为编制鞍钢长远发展规划扩大了视野，也为规划中应用先进技术作了技术储备。他从文献中看到，高炉的炉前水力冲渣技术又有了新的发展；联邦德国克虏伯钢铁厂为改建炼钢生产，曾用了七年时间制订出可行计划，取得完全一致的意见后才付诸实施。这对我国钢铁工业的改扩建具有很大启示，也有很好的借鉴意义。1976 年秋至 1977 年 2 月他写出了《从水力冲渣想起的鞍钢长远发展工作》，得到公司党委书记马宾的重视，并加批语交计划处印发公司各厂矿领导以上干部阅读，以发动各条战线对鞍钢长远规划广泛提出合理化建议。公司采纳了李松堂的方案，决定尽量采用高炉炉前水力冲渣，代替渣罐运输，以扩大炼铁站运输铁水的能力。此时，两个炼钢厂使用一个初轧机的矛盾，虽依然存在，不过已为连铸新技术代替。

党的十一届三中全会后，国家对鞍钢提出了新的要求，除在厂区内进行技术改造外，在厂区外还要增加一部分设备，以达到产量翻一番、产值翻两番的要求，强调今后基本建设战线应本着以内涵为主、外延为辅的精神进行安排。此时，李松堂把自己的工作重点，转向了几个轧钢厂的现代化改造方面，特别是半连轧、冷轧两个板子厂。为了提高各厂产品质量和扩大生产规模，他收集、翻译了大量国内外资料。在此基础上，他与有关设计人员一起，为冷轧厂制订了采用国内外最先进的工艺“异步轧制”的平整方案，即需要压薄板子的时候，例如在制作小于半毫米板子时，只能用两个不同速度的轧辊才易于将板子压薄。这个方案已被学术界和生产厂所接受，被一致认为是提高薄规格冷轧板质量最有效的途径。半连轧厂的供排水，苏联设计是与二初轧共用一个系统。由于两个厂生产规模大幅提高而水量需求益感不足，国外来宾把半连轧厂称为“最干旱的厂子”。为此，根据国内外经验，公司决定在半连轧主电室旁的第二板坯跨北端空地上，建一个深 22 米、直径 14 米的现代化旋流井，使半连轧的浊环水自循环，以与二初轧供水系统彻底分开，从而解决了半连轧水量不足的老大难问题。目前，该方案已得到完全实现，为该厂增设自动控制系统及其他装备以提高产量创造了有利条件。

李松堂在从事钢铁工业实践过程中，不仅为鞍钢的发展提出了一些建设性意见，也为我国钢铁工业的发展积极地提出建设性意见。

李松堂提出了关于鞍钢的厂外运输问题与鲅鱼圈建港建议。20 世纪 70 年代在李松堂主持的鞍钢长远发展规划中，鞍钢用煤每年有 300 万吨需从关内运入，铁路运输非常紧张，常在山海关被卡住，鞍钢的产成品也不易进关。因而，李松堂提出了在辽宁省营口市的鲅鱼圈筑港，用水运代替铁运，关内煤由秦皇岛或塘沽装船，运至鲅鱼圈，再由铁路装车运至鞍山。这可以疏解铁路运输压力，运费也比绕道沈阳铁运便宜。他在各种会议和场合多次呼吁在鲅鱼圈建港。后来他的愿望得以实现，鞍钢鲅鱼圈新区已建成投产，成为中厚板生产精品基地。

关于上海宝钢进口矿石问题，李松堂认为，上海是一个大的钢铁消费城市，且地处沿海，水运方便；发展中国家多以出口原料为主，我国欲与这些国家在政治上搞好团结，没有经济上的联系是不能持久的。此外，我国的铁矿石资源绝大部分是贫矿，且是共生矿，选矿工艺尚未彻底过关，且数量上也不能满足生产日益发展的需要。况且上钢一、三、五厂年产百万吨钢，一向靠鞍钢、本钢、马钢这几个钢铁厂的生铁来维持生产，如果宝钢进口部分铁矿石以弥补国内原料之不足，从而解放国内这些供应生铁原料的厂子，是一举两得的事。但局外人对此并不了解，因而在全国五届人大三次会议上，曾有代表质询宝钢为什么吃进口矿石。为此，李松堂在一次小组会上说，进口生铁原料比进口钢材便宜得多，日本和其他工业先进国家已经这样做了，得到了与会代表的认同。他对国家的政策、决策做了解释、宣传，提高了全民对这一问题的认识。目前，鞍钢每年也进口一部分矿石作为调剂品种使用，我国还在海外建立了铁矿石基地。

关于如何调整东北乃至全国的能源供应与消费之间的关系问题。东北三省的能源储量只占全国的 3%，而需求量则占全国的 20%，开采能力也只有 15%。能源奇缺，已成为东北冶金工业当前发展的突出问题，特别是铁合金和炼铝工业又集中在东北，炼 1 吨铁合金的电耗约可炼 7 吨电炉钢。在 1980 年全国五届人大三次会议上，李松堂得知甘肃省水力发电厂因无用户而开工率不足，便在会后积极向冶金工业部有关领导建议，将东北的铁合金和铝厂这两类耗能大户向西北迁移。这一建议已被采纳。

单靠关内运煤仍然不如靠近东北地区找到能源为好。李松堂在参加全国五届人大四次会议时得知，内蒙古自治区靠近东北地区找到了霍陵河和伊敏河两大煤田。他便通过各种渠道，吁请国家有关部门早日开发这两个煤田，以缓解东北地区的能源不足。这两大煤田现已开发。

1983 年，李松堂退居二线，专职设计院技术顾问，有时间考虑一些鞍钢和全国钢铁工业的大问题。他认为，今后设计工作的发展，必须走情报、科研、生产、制造、设计、施工的联合体形式，才能做出现代化的设计来。他的意见被接受并付诸实施。

李松堂时时关心国家，拳拳报国之心永存，工业救国之心永存，他的一生就是报效祖国的一生。

三、李松堂主要论著

李松堂 . 1952. 实用轧钢机械学 . 沈阳：东北工业出版社 .

李松堂 . 1964. 国际轧钢品种的发展趋势和我国今后扩大品种的方向 . 钢铁，(1)：3-7.

李松堂 . 1964. 高炉炉前水力冲渣 . 鞍钢内部资料 .

李松堂 . 1977. 从水力冲渣想起的鞍钢长远发展工作 . 鞍钢各厂矿领导干部学习材料 .

李松堂 . 1979. 热连轧的耗水量、水处理 . 鞍钢内部资料 .

李松堂 . 1979. 现代化热连轧机 . 鞍钢内部资料 .

李松堂 . 1984. 我与鞍钢的今昔 . 当代鞍钢，(1) .

李松堂 . 1984. 从事钢铁工业四十年的回忆∥政协鞍山市文史资料委员会 . 鞍山文史资料选辑 . 第三辑 . 鞍山：鞍山市政协文史资料委员会 .

李松堂 . 1984. 我与鞍钢的今昔 . 当代鞍钢，(1) .

李松堂 . 1984. 从事钢铁工业四十年的回忆∥政协鞍山市文史资料委员会 . 鞍山文史资料选辑 . 第三辑 . 鞍山：鞍山市政协文史资料委员会 .

李松堂 . 1986. 我对鞍钢长远发展的一些看法和想法 . 鞍钢技术，(6)：3-9.

李松堂 . 1986. 关于《连铸与轧钢如何更好地连接》的几点设想 . 轧钢，(3)：50-53，62.

李松堂 . 1986. 在重庆特钢前身廿四厂的年月里 . 四川冶金史志通讯，(2) .

李松堂 . 1987. 关于辽宁省钢铁工业发展中红矿选矿和小轧钢机改造问题的设想 . 辽宁钢铁工业发展战略研讨论文选编 .

李松堂 . 1987. 鞍钢“两步宏图”尚需进一步研究的几个问题 . 鞍钢技术，(10)：11-16.

李松堂 . 1987. 今后应建设精轧机组能直接吃薄板坯的热连轧机 . 中国金属学会轧钢学会第三届学术年会论文 .

主要参考文献

李松堂 . 1986. 在重庆特钢前身廿四厂的年月里 . 四川冶金史志通讯，(2) .

李松堂 . 1987. 鞍钢科技名人录 . 李松堂篇 . 鞍钢史志 .

撰写者

徐廷栋（1939 ~ ），辽宁大连瓦房店人，高级经济师。在鞍钢设计研究院副院长兼总工程师李松堂领导下，参与完成鞍钢、辽宁省、东北乃至国内不同地区钢铁等行业与企业的咨询、建厂、技术改造、发展规划等百余项工程不同阶段的设计任务。1997 年获“鞍钢设计研究院首届专业技术拔尖人才”称号，1999 年退休。

安朝俊

安朝俊（1911～1993），河北行唐人。钢铁冶金专家。中国炼铁高炉喷吹煤粉和氧气顶吹转炉的倡导者和实践者。1936年毕业于北洋大学矿冶系。1949～1985年，任石景山钢铁厂总工程师兼第一副厂长、首都钢铁公司（首钢）总工程师兼生产副经理、技术顾问，曾任中国金属学会常务理事。抗日战争时期在西南大后方，在小高炉上最早炼出了当年急需的灰口铸铁（铸造生铁）。他从事炼铁工作50年，主持首都钢铁公司技术工作长达40年，为首钢技术进步和中国钢铁工业发展做出了重要贡献：把麦基旋转布料器用于高炉炉顶、炉料混匀、高炉分层砌砖、用爆破法清理炉底积铁等多项技术移植于首钢高炉；组织开拓了无料钟炉顶和硅整流器等应用于钢铁企业的新技术；特别是组织主持、自主开拓中国第一座氧气顶吹转炉和在国际上首创了在大型高炉上喷吹煤粉；锻炼培养了一批多专业的技术人才；使首钢技术经济指标大都居于国内领先地位，一部分指标还进入了当年的国际先进水平。

一、成长经历

安朝俊1911年5月出生于河北省行唐县一个农民家庭。由于父兄勤劳，他又是家里最小的男孩，10岁时得以入小学读书，后毕业于河北省立第七中学。1931年，他考入北洋大学，主要依靠奖学金和勤工俭学的收入完成大学学业，1936年，毕业后留校任矿冶系助教。

安朝俊在大学任助教时，本来有报考公费留学出国深造的机会，但他怀有“实业救国”的思想和抱负，深感没有实际经验，难以实现自己的抱负，因而于1937年6月辞去助教职务，到汉口六河沟炼铁厂任高炉值班工程师。

1937年7月，发生了“卢沟桥事变”，六河沟炼铁厂于1938年年初停产，四五月间，重庆国民政府经济部组建矿冶研究所，安朝俊到该所任技佐。1942年他被资源委员会选送去美国实习，1944年年底回国到资渝钢铁厂炼铁厂任工程师。

抗日战争胜利后，1946年9月，安朝俊被派到石景山钢铁厂（今首都钢铁公司前身，简称石钢）炼铁厂任厂长。当时石景山钢铁厂只有两座大高炉：1 号高炉，403m³，已停产；2 号高炉，515m³，则被积铁积渣铸死。掠夺中国资源的日本人撤走时曾扬言："中国人收下大高炉也炼不出铁来，厂区只能种高粱。"安朝俊主持了清理和修复工作，1 号高炉于 1948 年 4 月 1 日出铁。当时，这是全国唯一恢复了生产的大高炉。

1948 年年末，解放战争的战火濒临厂区，石钢面临停产的局势，为了避免高炉被积铁积渣铸死，安朝俊指示不加矿石、填充焦炭和密封高炉等保护措施，嘱咐职工注意封好炉，从而保护了高炉炉体，为以后较快恢复生产做出了贡献。

北平和平解放后，军代表向他讲了形势、任务和恢复生产的期望，安朝俊有了今后钢铁发展有望的初步认识，并接受军代表的指派，到山西阳泉炼铁厂进行技术指导。1949 年 3 月，返回石钢炼铁厂任厂长，在军代表领导下，他同职工一道用一个月时间恢复了 1 号高炉生产，这是全国解放区首先恢复生产的大高炉，也是石钢（首钢）后来蓬勃发展的起点。

1949 年秋，他被任命为石钢总工程师兼第一副厂长。以后石钢改制为石景山钢铁公司，后又改名为首都钢铁公司（简称首钢），安朝俊继续担任总工程师兼生产副经理。1983 年后他任（技术）顾问，直到 1985 年，在这 40 年中，企业实现了持续高速的发展。

从 1946 年起，石钢处于全面停产状态，经过努力，1948 年恢复 1 号高炉出铁，1949 年生铁产量仅 2.6 万吨，并且无钢又无材，到 1985 年他离开时，首钢已成为从矿山到轧材成龙配套、年产超过 210 万吨钢的大型钢铁联合企业。从 20 世纪 50 年代初开始，技术不断进步，生产持续增长。60 年代，其主要技术经济指标已大多在国内领先，部分指标进入国际先进行列，在革新、改造、改建和新建等方面都取得了好成绩。所有这些都与他在这 40 年中一直担任技术领导工作，积极把先进技术应用于生产，积极组织攻关创新，使科技成果转化为现实生产力等的努力和起的重要作用是分不开的。

1955 年，安朝俊参加冶金工业部访问团赴苏联和捷克斯洛伐克考察团，1961 年和 1964 年，曾两次奉派赴越南指导高炉开炉和处理高炉冻结事故。

安朝俊于 1955 年 12 月 14 日加入中国共产党。当选为北京市第七、第八届人民代表大会常务委员会副主任。他是第二、第三届全国人民代表大会代表，第五届全国政治协商会议特邀委员。离休后他当选为北京市离退休工作者团体联合会名誉会长。

二、主要研究领域和学术成就

1. 抗日战争时期在西南大后方建设小高炉，生产灰口铸铁

1938 年，安朝俊被调到重庆国民政府经济部矿冶研究所工作。所里为了解四川生铁生产情况，特派安朝俊考察四川土高炉生产情况。他进行了较深入的调查后，得出结论是民用铁极为匮乏，而四川所产的铁质量甚差。他在 1941 年重庆出版的《钢铁汇报》中发表了《四川土法炼铁的生产技术》文章，文中指出，生铁中硅低硫高，促使生铁中碳与铁生成脆硬的 Fe_3C，“坚硬难车，故不合翻砂生铁（即铸造生铁）之用”。矿冶研究所所长朱玉崙考虑到钢铁厂迁建的百吨高炉建设并非一日之功，为解决铸造生铁的供应问题，决定建设炼铁试验厂，试炼灰口铁，并派安朝俊负责筹建和生产事宜。

1939 年下半年，经过选址、设计和施工，在四川嘉陵江下游童家溪建起了炼铁试验厂，有一座 5 吨试验炼铁炉，1941 年 3 月开炉出铁，炼出了能用于铸造的灰口铁。这对后方小型炼铁炉的兴建起了推进作用。安朝俊因此被誉为“青年炼铁家”。由于这一成就，1942 年重庆国民政府资源委员会选派技术人员去美国实习时，安朝俊被选送去美国共和钢铁公司和美国钢铁公司实习了两年多。

2. 认真借鉴国外先进经验

安朝俊经过在美国实习和后来到苏联与捷克斯洛伐克考察，对学习外国先进技术的必要性有了深刻认识，但他认为更加重要的是将先进技术应用于生产。

1953 年 1 号高炉大修时，虽是有计划的停炉，但也有积铁需要处理。安朝俊舍弃传统的靠锤的堕落来砸炉底积铁的方法，把从美国看到的爆破法引入清理工作。由于他考虑周全和组织得力，既把积铁炸成小块，又不炸坏炉缸，还防止了碎铁乱飞破坏周围的设备，再加上分段砌砖等修炉措施，大大加快了检修速度。在全国创造了只用 53 天就大修一座大高炉的新纪录。从此以后，用爆破法处理炉内积铁就成为国内各钢铁厂的常用方法。在 1 号高炉大修中，安朝俊还把美国的麦基式转动炉顶移植于高炉炉顶，避免炉料偏落而造成布料不匀。安装后，运行平稳，生产效果好。这是我国高炉第一次成功使用麦基式转动炉顶，其后全国高炉也普遍采用，收到了增产节焦的效果。在 20 世纪 50 年代，他鉴于苏联的高炉冶炼技术较美国技术更适用于我国底子薄、又急于发展的国情，就认真学习和落实苏联专家建议的适用技术，在高炉冶炼中逐渐提高了冶炼强度，将高炉利用系数控制在合理水平，达到

稳定、顺行、低耗和高产的效果。

在借鉴国外先进技术时，安朝俊很注意结合企业实际情况。在推行高炉大修中采用分两层同时砌砖的先进方法时，他在实行前首先落实安全保护措施，因而组织严密，施工顺利，成倍地提高了工效。在推行精料方针时，他首先推行全用厂外供应的矿石的平铺混匀以稳定成分的先进方法，特别是在当时没有机械化料场的情况下，他充分调动工人的积极性，用人工方法进行了平铺切取。

3. 掌握先进技术，反复试验，改进提高，创新科技，使炼铁的技术和生产长期处于国内外先进行列

20 世纪五六十年代，我国尚未与大多数欧美国家建立外交关系，人员之间基本没有往来。在贯彻“奋发图强，自力更生”方针的同时，注意从期刊中了解一些国外的技术动向。安朝俊很注意这些信息的搜集，当发现有利于生产发展的新技术报道时，就抓住不放，组织有关人员进行讨论，集思广益，落实方案，反复试验，不断改进、提高、创新技术，尽快转入生产，形成新的生产力。

国外高炉为了节约价格较贵、资源较少的焦炭，从 60 年代开始研究向高炉喷吹附加燃料，报道中有无烟煤粉、重油和天然气。1963 年冶金工业部决定在首钢等两厂进行试验。安朝俊考虑到首钢地处华北，具有无烟煤储藏量多的优势，决心采用无烟煤粉作为喷吹的附加燃料，及时抓住这一新技术方向，组织攻关。

得知有关喷吹煤粉有爆炸的隐患，他组织有关专业技术人员，向煤炭专家请教煤质特性，调查煤炭基地，研究设备结构和无烟煤磨粉、储藏与防爆措施，进行喷煤装置设计、制造和施工。试验初期故障不断，多因喷枪堵塞、烧损、结渣或煤粉流不连续，忽喷忽停，无法连续生产。经几个月的攻关，连续喷吹的时间渐渐延长，初见成效。这时传来另一个厂发生煤粉爆炸事故，冶金工业部下令停止试验。大家不甘心半途而废，安朝俊指派专业人员赴事故现场调查，人员返回后立即组织讨论，采取有针对性的防爆措施，恢复了试验。通过不断摸索，总结经验，改变高炉上下部调节规律，做到入炉焦炭减少 20% ~25% ，煤焦置换比不小于 0. 8，高炉仍能保持顺行。

1964 年 4 月 3 日 1 号高炉喷吹煤粉装置正式投产，实现了一次试验成功，并且安全运行。之后，其余两个高炉也相继安装了喷煤装置。1966 年取得全炼铁厂每吨铁喷煤量 159kg，高炉焦比降到 467kg/t，有效利用系数提高到 1. 901 的好成绩。这是非常好的指标，不仅在国内是领先的，在国际上也是先进的。特别是 1 号高炉当年创下喷煤 223kg 纪录，这个成绩在国内外保持了 20 多年，无人超越，尤为珍贵。

首钢还把喷煤作为技术诀窍向国外出口。

高炉无料钟炉顶是高炉技术装备的一次历史性的重大变革，安朝俊在只见到国外一张示意图的情况下，就组织多种专业技术人员攻关。经反复研究设备结构和传动装置，进行小型模拟试验以取得技术参数，然后进行设计、制造、预安装后配合试验。由于工作做得细致深入，安装在高炉上后，一直安全运转。无料钟炉顶是卢森堡发明的，他们的专家在现场参观后说："全世界高炉的无料钟炉顶装置，都是从卢森堡引进的，只有你们一家是自己设计制造的。"

1972年，安朝俊恢复总工程师的职务，继续推进全公司的科研工作。由于前期的科研成果和坚持一系列技术攻关，首钢1978年易地大修后的2号高炉就采用了无料钟炉顶、喷吹无烟煤粉和炉前除尘等20多项国内外先进技术，成为能同国际上现代化高炉媲美的先进大高炉。1979年12月15日开炉，在一年内，重大的新技术项目已基本过关，生产水平稳步提高。只用了19个月的时间，就收回了全部投资。这是首钢职工集体智慧的结晶，团结协作和辛勤劳动的成果。新2号高炉的成功，也为国内兄弟企业的高炉在技术方面提供了多种借鉴，还为宝钢高炉投产培养了一批基层操作人员。

4. 组织创建中国第一座氧气转炉炼钢厂

安朝俊不仅注意炼铁方面的信息搜集，还关注国外钢铁工业的发展动向，敏锐地抓住有发展前景的新技术。

20世纪50年代初，奥地利发明了氧气顶吹转炉炼钢法。接着，他们首先到中国来推销这项技术，当时冶金工业部组织了多方面的人员和专家听取外方介绍并展开讨论，但最后还是拒绝了引进。安朝俊参加会议后，很感叹地和大家讲了此事，他认为氧气顶吹转炉在许多方面都比平炉好，钢的质量也不会低于平炉钢，是炼钢生产发展的方向。这一炼钢新技术也引起了国内部分专家的重视，1956年4月，中国科学院化工研究所和钢铁工业综合研究院（冶金部钢铁研究总院前身）等单位先后建立了试验设备，开始进行试验研究。当时，建什么样的炼钢厂，国内争论很大，主张发展平炉炼钢的意见还占上风。为了争取各方面的了解和支持，安朝俊组织科研人员广泛搜集有关氧气顶吹转炉资料，汇集成册，广泛宣传建设氧气顶吹转炉的主张。

1958年，在首钢领导班子和安朝俊的一再坚持下，国家决定在首钢建设30吨氧气顶吹转炉炼钢厂，于7月破土动工，由北京黑色冶金设计院（北京钢铁设计研究总院前身）担任设计。1961年因资金短缺而停建。但安朝俊在停建期间并未放松建设氧气顶吹转炉的工作，他组织有关技术人员和工人，把首钢1958年建起的侧吹小转炉中的一座，改造成氧气顶吹转炉，并从1962年11月4日起进行试验，获得成功，从此取得了建设和生产的实际经验，并锻炼了技术人员和工人，为以后的建厂工作做了准备。

1963年，国家科委拨出专款恢复30吨氧气转炉炼钢厂的建设，冶金工业部副部长王玉清还经常亲临现场具体指导。

在建设30吨氧气顶吹转炉过程中，虽有小氧气顶吹转炉的经验，但还是遇到了一些问题。当时遇到的最大困难是工程竣工后转炉不转。在这令人焦急的时刻，安朝俊在现场主持分析研究。工人提出问题是由蜗轮、蜗杆表面油膜不全，引起发热造成的，应对蜗轮、蜗杆进行刮磨。安朝俊接受工人建议，并具体组织实施，结果立即消除了故障。

1964年12月24日，成功地炼出了第一炉钢水。这是中国第一座氧气转炉炼钢厂，也是我国氧气顶吹转炉发展史上的里程碑。首钢氧气转炉厂的设计能力为年产钢60万吨，到20世纪70年代末期，已突破100万吨。后来，英国炼钢专家到厂参观时，称赞它是“世界上炼钢最快的转炉”。1987年达到最高年产量222万吨。

首钢氧气转炉炼钢厂经过20多年的生产和攻关，不但积累了经验、制定出完整的规章制度，还培养出大批具有丰富实践技能和知识的工人、技术人员和领导干部，有的人还成为专家。70年代末到80年代，在国内氧气转炉炼钢厂开始推广他们的技术和经验，都获得了快速发展。

5. 发扬技术民主，吸取精华，组织实施，推动企业进步

“在学习国外先进技术的同时，更为重要的是针对生产需要，组织攻关，以有效提高技术水平和生产能力。”这是安朝俊长期坚持的观点和工作准则。首钢1958年开始建设轧钢厂，共有300mm小型轧钢厂、电焊钢管厂和冷拔车间三项工程。设备是从苏联引进的，建设和投产原定由苏联专家指导。1959年，苏方撕毁合同，撤走专家，首钢职工坚持自力更生，终于建成投产。当时曾遇到很多困难，其中最大困难之一是主电室经常出现故障而严重影响生产。安朝俊就组织专业技术人员和技工到现场攻关，经过认真分析和检查，确定根本原因在于电路线盘紊乱。于是就重新设计，装配线路，并加以改造，使问题得到圆满解决。另外小型轧钢厂连轧机组的传动装置中使用的水银整流器是苏联制造的，损坏后没有备件，也无处购买。在这种严重形势下，安朝俊下决心改水银整流器为硅整流器。随即组织技术人员协作攻关，终于研制成功。到1972年，全部水银整流器都换成了硅整流器，既安全又节

电，技术上也比原来的先进得多。曾有日本专家不相信中国能制造硅整流器，到现场看了实物才心服口服。其后全国同类轧钢厂或由首钢供应，或向首钢学习自制，大都淘汰了落后的水银整流器。

安朝俊认为技术攻关取得成效的一个重要条件是技术民主。许多困难和疑难问题都靠集思广益得到妥善解决的。首钢于 20 世纪 60 年代初，在河北省迁安县建成大石河铁矿，从此结束了高炉“乞食八方”的历史。但该矿储量还不能适应首钢长期对原料的需求。当在距大石河矿 29km 处发现储量大但品位低的水厂铁矿时，对于是否应该开采发生了争论。安朝俊多次组织有关技术人员敞开思路进行讨论。最后得出了“原矿品位虽低，但矿物晶粒较粗、较易磨选、经济效益好、值得开采”的基本一致的结论，并取得了冶金工业部的支持。

1966 年批准建设水厂铁矿后，安朝俊向矿区建设队伍进行动员，适逢天降大雨，在露天参加大会的职工全都坚持到会议动员结束。这充分反映了职工的高度责任感和建设矿山基地的愿望。后来这个矿成为华北地区的第一大矿，精矿粉的产量大、品位高、成本低，为首钢持续发展奠定了坚实的基础。

6. 为人与作风

安朝俊不仅是钢铁冶金专家，还是首钢公司总工程师，但从不以权势压人，对任何新技术或工艺都采取实事求是的态度，辩证对待。当时，首钢 1 号、2 号高炉的有效高度与炉腰直径之比都较大，存在着大修后的新炉下料不顺和影响前期生产的问题。1961 年准备对 1 号高炉大修时，针对这个问题他和技术人员进行深入讨论，分析高炉各个时期炉型的变化，还对掌握的国内外炉型进行比较。安朝俊决定将高炉有效高度砍掉 5m，由细长型变成矮胖型。使冶炼强度和有效容积利用系数都得到提高，效果突出，但也存在焦比高出 20～30kg 的缺点。这一大胆变革也存在争议。安朝俊虚心听取各方面意见，认真研究，探索前进。他认为炉型朝矮胖方向发展是必然的，尽管 1 号高炉的做法可能有些过头，在以后大修的各炉炉型均高于 1 号高炉，但同时也均向矮胖型发展。他始终认为高炉操作是一个多矛盾的集合体，不能孤立地、静止地拿一个重要参数值来确定高炉的方向。对任何工艺技术，都要实事求是、不断改进，争取达到最佳效果。为此，他在撰写高炉炉型的改进技术论文的结尾，着重加了一句：“关于炉型问题，我们还在探索。”

安朝俊在首钢担任生产技术领导职务近 40 年，但从不以专家自居，辛勤工作，克己奉公。他尊重领导班子成员，及时汇报工作，在成员之间也主动沟通情况，在工作上互相协作和支持。他十分肯定地认为，这种协作和支持对于做好自身工作是必不可少的。

安朝俊真心诚意地依靠工人、技术人员和各级领导干部。他认为企业的技术进步和生产水平提高，归根结底，是靠他们的责任感和实干精神来实现的。因而凡是较为重大的革新、改造、挖潜和建设，他总要组织有关专业技术人员和熟悉这方面情况的基层干部和老工人讨论。由于他经常这样做，又从不自以为是，大家也就畅所欲言，甚至在他下车间时，也常有工人拉住他反映情况和提出建议。20 世纪 60 年代，为喷吹煤粉建设加工煤粉的设备和储存场地，原选在离高炉较近的地方，已经开始设计。下厂时，锅炉房的一位老工人向他建议，4 号锅炉房球磨机有富余能力，厂房外也有些空地。和原方案相比，煤粉运到高炉的距离稍有增加，但可以利用原有设备的富余能力，减少投资，缩短建设时间。他决定采纳这一建议，并取得了预期的效果。正因为这样，多年来采用先进技术，推动技术进步，首钢能够做到起步早，行得通，见效快，有失误也能及早发现和改正，由此还培养了一批多专业的技术人才。

在钢铁联合企业里，由采矿、选矿、炼铁、炼钢到轧钢，是一个生产的长过程，并且是日夜不间断的生产过程，再加上焦化、机电、运输等辅助系统，构成了上下左右相互紧密衔接的庞大的生产网络。这个突出的特点决定了全盘生产必须协调。安朝俊不仅通晓钢铁企业中各行业的知识，也有很强的组织能力。他善于把千头万绪的生产技术工作纳入到有序的组织、分工、调度会、工作会、现场调查研究等生产工作和会议制度之中。生产时哪里有问题，哪里有困难，他就出现在哪里。高炉生产发生故障，他曾十天十夜不下高炉；多次设备大修、新设备投产和新技术实施的关键时刻，更是坚持日夜在现场指挥。20 世纪 50 年代，有一次在现场连续几天日夜处理事故，由于劳累，在料桥上摔倒了，被送进医院，头上缝了 7 针。可是当天下午，又出现在办公室，还找人研究生产问题。

安朝俊从事钢铁技术和生产工作 50 年，毕生心血都倾注在钢铁事业上。1966 年，他受到批斗和审查，后被遣送到车间劳动，1972 年才恢复工作。即使在这段时间内也从未动摇对发展我国钢铁工业、早日实现祖国现代化的信念。1970 年，首钢为了落实全国冶金工作会议精神，实现公司“四五”计划期间，生铁产量达到 200 万 ~220 万吨，决定建设 4 号高炉。上面决定让安朝俊一边在车间劳动，一边听候安排，随时参加 4 号高炉设计审查、建设、安装和开炉等方案的讨论把关。在无职无权的情况下，他依靠自己精湛的技术、良好的群众关系和在职工中的威望，全身心投入工作。新高炉采用了在炉顶安装放散阀、均压装置，炉前泥炮和热风炉的热风阀安装液压传动装置，提高了炼铁机械化和自动化水平，他在其中发挥了重要作用。在当时形势和条件下，经过全体职工的努力，只用了 2 年零 4 个月，容积为 1200m^3 的大型高炉于 1972 年 10 月 15 日顺利点火投产。

安朝俊 1983 年离开了生产一线的具体工作岗位，当年他组织首钢部分技术人员总结首钢炼铁经验，写成《高炉生产——首钢炼铁三十年》一书，由首钢内部出版。1985 年以后离开首钢，但仍时时惦记着钢铁事业，他撰写了《从实际中认识矿山建设的重要性》、《科学技术推动了首钢炼钢生产的发展》、《高炉工作五十年》等文章，先后发表在冶金刊物《中国冶金史料》上。他的《高炉工作五十年》一书，已在国内发行。

在安朝俊去世的前一年，他已是 81 岁的高龄了，一家出版社希望他主编一部《中国炼铁学》，将有中国特色的炼铁技术传至海内外。他欣然应允，亲自撰写提纲，召集有关技术人员一起讨论，研讨书稿的编撰工作。但不久，出版社由于经费原因而放弃了出书计划。消息传来，他怅然若失，喃喃地和接任的首钢总工程师高伯聪说："我想干事，我要干工作……" 1993 年，安朝俊身患肝癌，住进医院，许多老同事和老部下闻讯赶到医院探望。他把病痛埋在心里，自己承担，主要谈对钢铁工业和首钢发展的看法和建议。弥留之际，他心里仍想着首钢，从昏迷中醒来，断断续续地对子女说："要……要转告首钢，秘鲁铁矿……含硫高，用时……要注意……" 带着无限的留恋和遗憾离开了人世。

安朝俊为了发展中国钢铁工业，为了钢铁生产的技术进步，殚精竭虑，奋斗终身，矢志不渝。

三、安朝俊主要论著

安朝俊 . 1941. 江北土法炼铁调查报告 . 重庆：钢铁汇报 .

安朝俊 . 1941. 四川土法炼铁的生产技术 . 重庆：钢铁汇报 .

安朝俊 . 1979. 加速钢铁工业发展刍议 . 中国金属学会武钢会议上发言 .

安朝俊 . 1981. 矮胖高炉的强化实践 //《中国炼铁三十年》编辑组 . 中国炼铁三十年 . 北京：冶金工业出版社：283-290.

安朝俊 . 1982. 科学技术推动了首钢的经济发展 . 冶金经济研究，(10)：1-17.

安朝俊 . 1983. 高炉生产（首钢炼铁三十年）. 北京：首钢印刷所 .

安朝俊 . 1986. 总工程师如何进行工作 . 冶金经济研究，(7)：6-11.

安朝俊 . 1987. 从实践中认识矿山建设的重要性 . 中国冶金史料，(1)：49-52.

安朝俊 . 1987. 加速钢铁工业技术发展问题的探讨 . 冶金经济研究，(12)：1-7.

安朝俊 . 1988. 科学技术推动了首钢炼钢生产的发展 . 中国冶金史料，(1)：44-48.

安朝俊 . 1991. 高炉工作五十年 . 中国冶金史料，(3)：1-12；(4)：11-27.

主要参考文献

安朝俊 . 1992. 高炉工作五十年 . 北京：冶金工业出版社 .
高伯聪 . 1994-04-09. 为发展首都钢铁事业呕心沥血——纪念我国著名钢铁专家安朝俊同志 . 冶金报 .
丁书慎 . 2009. 老翁九十话当年//首钢党委组织部 . 钢城回忆（内部刊物）：16-30.
刘云彩 . 2009. 时刻牢记党的培养//首钢党委组织部 . 钢城回忆（内部刊物）：57-62.
高伯聪 . 2009. 回忆首钢的科技与管理创新//首钢党委组织部 . 钢城回忆（内部刊物）：89-110.

撰写者

王起（1926 ~），河北保定人，原首钢党委办公室副主任。因工作关系，曾两次收集编写安朝俊的事迹材料和文章。

安树均（1939 ~），河北行唐人，原首钢技术研究院科技人员，金属材料专业教授级高级工程师，安朝俊之子。

徐宝陞

徐宝陞（1912～2007），山东昌邑人。冶金机械专家。中国连续铸钢技术和装备的奠基者和开发者之一。1937年毕业于清华大学机械系，1948年获美国密执安（今译密歇根）大学机械工程硕士学位。长期担任原北京钢铁学院机械系主任及教授，兼任冶金设备学会理事长、连续铸钢学会名誉理事长等职。20世纪50年代初为重钢三厂设计的铁路垫板生产流水线全套工艺设备，受到冶金工业部和铁道部嘉奖。1957年设计了中国第一台工业生产型立式铸机并首创了用大型飞剪切割铸坯，该剪机获1966年国家发明证书，并受到冶金工业部的奖励。1960年首创并试验成功弧形连铸机。1964年为重钢三厂设计的工业生产型弧形连铸机建成投产，它是世界上最早用于工业生产的弧形板坯、方坯两用连铸机。与此同时，还为重钢三厂设计了250mm及700mm钳式行星轧机等关键设备。为扩大连续铸钢技术的应用范围，自1966年以来先后开发了立轮式连铸机、新型离心铸钢机和薄板坯连铸机、以及BL系列高速步进轮式小方坯连铸机。在美国钢铁协会出版的《二十世纪制钢技术》一书中，被列为连续铸钢技术的先驱者。

一、成长经历

1. 家庭与童年

徐宝陞，号迺霆，出生在山东省昌邑县一个农民家庭。受父母的言传身教的影响，徐宝陞自幼就养成了勤俭节约与热爱劳动的习惯。父亲把积累的丰收经验都教给了儿子，其中最重要的两条就是熟记时令和合理施肥。父亲会给牲口看相，尽管刚买来的小猪仔、小马驹很瘦小，家人总能很快将其育肥出售，扣除饲料费以后虽然所余不多，但却攒下了粪肥。徐宝陞从小就帮着父母喂养家畜，而家畜在他面前也表现得驯顺而活泼，当父亲把一头育肥的牛卖给屠宰场时，徐宝陞大哭着就是不让买主把牛牵走，他已经对它们有深厚的感情了。父亲除了是一位种田能手外，还是一位自学成材的木匠。在农闲季节，他常带着儿子到附近林区选购一些槐树，把树枝、树皮及树根作为柴火烧水做饭；把树干锯成标准大料卖给其他木匠；卖不出去的边角料则制作成马扎之类的小件在集市出售。徐宝陞跟着父亲学会了不少木工基本知识，很早就会制作复杂的鲁班锁，这对他日后进大学攻读机械工程专业有一定的因果关系。

徐宝陞的父亲，深受没文化和不识字之苦，所以下决心把刚满 6 岁的儿子送入国民小学读书。少年徐宝陞，聪明勤学，老师所授的课程与所留的作业，用不了多少时间就能完成，他还有很大的余力看些课外读物。那时他认为最有用的一篇文章叫《杂字》，文章约 500 字，用五言的形式将当地农民的生活及生产状况记录下来，他一生都能熟记："人生天地间，庄农最为先；要记日用账，先把杂字观；开冻就出粪，置下镢和锨；扁担槐木解，牛筐草绳栓……"徐宝陞以半农半读的方式学习了初等及高等国文、初等数学、初等历史和地理，但主要课程还是以四书中的《孟子》、《老子》、《论语》、《大学》、《中庸》及《幼学琼林》、《古文观止》等文言文为主。徐宝陞除了能做文言文外，还写得一手好毛笔字。村民们过春节时，都要在门上贴对联，村中有相当一部分对联是由徐宝陞写的。

2. 中学生活

徐宝陞之所以能够进入中学读书，除他本人渴望学习新知识外，还因得到了一位远房伯父徐云庆的赞赏。徐云庆信奉基督教，与潍坊市的教会有联系，他说服徐宝陞的父亲供儿子到潍坊教会办的广文中学继续学习。由于徐宝陞有较好的文化基础，又写得一手好毛笔字，学校领导让他在课余时间帮着抄写文件，这样可以免交学费。在广文中学读书时，每天能吃白面馒头和小米稀饭，徐宝陞感到非常满足，他用廉价的咸菜作为副食，没有给父母造成大的经济负担。

徐宝陞的语文基础很好，进入中学以后，他把主要精力用在数学、物理、化学及英语课的学习上，半年后自觉学有余力，于是便通过转学插班考试跳级到山东青州省立第十中学念初二。省立第十中学有一位教美术及音乐的老师，是一位京剧票友，他曾在音乐课上教唱京剧《秦琼卖马》的唱段，并讲解了唱京剧的基本功和基本知识。徐宝陞在以后的岁月里于工作之余学了很多京剧唱段并能登台表演，都是受惠于这位启蒙老师。在山东青州市内，有一所省立的蚕桑研究所，专门研究桑树的栽培、嫁接及养蚕技术。由于徐宝陞的美术课成绩很好，所以那位教美术的老师就介绍他在暑假时到该研究所去画标本挂图，除包食宿以外，还能得到五块大洋的报酬。

一年后徐宝陞又跳级到青岛市立高中读高一。青岛市立高中位于中山公园及海水浴场之旁，环境优美，校舍是以前德国人的兵营，学校的教师都是师范大学的毕业生，所用的数理化课本都是美国学校用的英文课本。徐宝陞当初遇到的困难是可想而知的。经过半年的努力，这些困难都被克服。第一学期期末考试，他的总分数在班级中名列第二。为了减轻父母的经济负担，一年后徐宝陞又跳级到设有优秀学生奖学金的济南省立高中读高三，并获得了每年 50 元的奖学金。经过省教育厅的会考，徐宝陞以优秀成绩取得了高中文凭。

3. 大学生活

青年徐宝陞立志要读大学。那时山东只有一所由教会办的齐鲁大学。齐鲁大学的医科最好，但徐宝陞不想读医科，他认为机械的力量是无穷的。在征得父母同意后，他便于 1933 年的暑假奔赴北京报考大学。北京有清华大学、北京大学及河北工学院三所国立大学，还有燕京大学、辅仁大学及中国大学等三所私立大学。其中只有清华大学和河北工学院有工程系。徐宝陞报考了清华大学作为第一志愿，为了保险他又报考了河北工学院，结果被两校同时录取，于是他进入了清华大学机械系。

清华大学规定每学期交五元钱的学费，家庭贫困的学生也可申请免交。交了学费的学生在毕业时学校会退还给本人作为毕业实习费。在读完大学一年级后，徐宝陞把优良的学习成绩单寄到山东省教育厅，获得批准每年可领到 60 元的奖学金。在清华大学的食堂里，可以吃每月五元钱的包饭，早餐是稀饭馒头和酱菜，午饭和晚饭是一菜一汤，有钱的学生也可单独点菜。徐宝陞对每月五元的包饭已经很满足了。

清华大学有较好的教学设施和较高的师资水平，所招收的学生也有较好的文化基础。学校图书馆藏书甚丰，除了有现代学科的学习及参考书籍外，还有很多古典文学作品，那是徐宝陞最爱去的地方。机械系的专业课及实验课都在机械工程馆内进行。机械工程馆的楼上是绘图设计教室及教师的办公室，在设计绘图室内每个学生有一张专用的绘图桌和绘图板。机械工程馆的楼下是动力机械实验室，室内有各种型式的蒸汽机、汽轮机和内燃机，还有一辆小蒸汽机车和固定的小飞机。做实验时两人一组，每人都有操作的机会。实验报告必须用仿宋字体和工整的英文书写。报告必须按时上交，过时上交即被判为零分。徐宝陞十分珍惜在清华大学的学习机会，读了很多书，寒暑假也不回家，埋头在实验室做试验。在清华大学他既打下了坚实的理论基础，又培养了动手操作的实践能力。他这种勤奋好学、勇于实践的作风，到老也未改变。

清华大学实行学分制，修满了规定的学分之后便可毕业，但学校规定的学分分数很多，要想在四年之内读完，就要付出很大的努力，所以有很多学生读了五年才能毕业，在学生中流传着一个口号叫做“五年计划”。徐宝陞用了四年时间，顺利读完了机械系的课程，于 1937 年夏毕业。

4. 战乱中成长

徐宝陞毕业成绩优秀，被国民资源委员会选中，被分配到湖南湘潭煤矿筹备处工作。当时运到筹备处的设备很多，包括采煤用的掘井、卷扬、排水、通风及运输设备，还有发电和机修设备。徐宝陞在清华大学读书时就对这些设备做过研究，具有动手操作的能力，加之他谦逊好学，与工人们配合得很好，使这些设备能够在短期内装好并投入使用。

1938 年夏，徐宝陞由实习生转为工务员。是年冬日军进逼湖南，徐宝陞经清华大学机械系主任李辑祥老师介绍，受聘到中国兴业公司钢工处（现重庆钢铁公司第三钢铁厂）工作，随即被派往湖南株洲抗日前线抢运建厂急需的桥式起重机及电工器材。由于战时运输困难，徐宝陞运用力学原理计算出起重机桥架受力较小的部位，用手锯将其切成几段，由 6 辆卡车冒着日本飞机的轰炸历时半个多月经贵州运至重庆。由于桥架分割合理，设备零部件装箱有条不紊，复原安装顺利，公司给予了表扬和奖励。1941 年的抗日战争大后方急缺水泥，中国兴业公司委派徐宝陞去筹建四川乐山嘉华水泥厂，时任工务主任（总工程师）。他亲自动手设计并以“土洋结合”方式制造了全套水泥生产设备。与此同时，他还受武汉大学（时在四川乐山）之聘，任该校机械系讲师，讲授“机械原理”及“经验设计”等课程。1945 年，徐宝陞受聘于中央大学（当时在四川重庆）任机械系讲师，讲授“蒸汽动力厂设计”课程，并指导毕业设计。

抗日战争胜利后资源委员会接管了在华日企，1946 年徐宝陞受聘于天津化学公司汉沽碱厂任工程师，从事制碱设备和发电设备的恢复改建工作。1947 年徐宝陞考入美国密执安（今译密歇根）大学研究生院，攻读机械工程与化学工程；同时受资源委员会的委托，考察美国制碱新技术、新设备。徐宝陞原来计划读完博士学位后再回国，当 1948 年秋他取得硕士学位以后，国内解放战争已经取得决定性的胜利，全国解放指日可待。徐宝陞深知在全国解放以后，即将进行大规模的经济建设，正是他施展才能、报效祖国的大好机会。同时，他也预料到美国是敌视新中国的，在全国解放以后要回大陆将是极困难的，将很可能造成与大陆亲人离散的悲剧。于是他毅然放弃了攻读博士学位的计划，立即回国。

二、主要研究领域和学术成就

1. 创建铁路垫板生产的新工艺和新设备

1949 年 1 月，徐宝陞在回国后受聘于中国兴业公司所属重庆钢铁厂。重庆解放以后该厂归属于西南钢铁工业管理局，并改名为重庆第三钢铁厂，简称重钢三厂。徐宝陞时任总工程师，协助军代表恢复和发展生产。1951 年修建成渝铁路时，按苏联标准须采用 38kg/m 钢轨和单肩垫板。垫板是固定在枕木上用以承托钢轨的零件，它的作用是延长枕木寿命，使两条钢轨顶部微微向内倾斜和保持较准确的轨距。当时我国不能生产垫板，苏联专家建议从苏联进口。当时重钢三厂正处于停工状态，徐宝陞在重钢三厂作了初步试验之后，向西南钢铁工业管理局刘柏罗局长建议：由重钢三厂来生产这种产品，所需设备全部可以自制，不需国家投资。垫板的外形为 160mm×250mm，在纵向有一凸肩，横断面具有不同的厚度和宽度，板上有 5 个用以使钢轨与枕木固定的钉孔。当时苏联生产垫板的工艺是先由钢铁厂轧制垫板长条，再到机械厂切断并加工钉孔。重钢三厂的 450mm 轧机的能力小，不能轧制宽度为 250mm 的垫板长条。徐宝陞设计用 75mm 厚、155mm 宽的扁钢锭，用纵向周期轧制的办法轧出宽度为 160mm 周期节距为 250mm 的垫板长条。经过试验，这一方法可行，随即申报试制。试制时，为了缩短垫板制造的周期和流程，他将原由机械厂切断垫板长条并加工钉孔的工艺改为：将纵向周期轧制法轧出来的垫板条，在热状态下在线剪切，并在链板运输机上运送过程中喷水冷却，随即用冲剪机冲出钉孔。这种别具特色的流水作业线，改革和发展了生产钢轨垫板的制造工艺，缩短了生产周期。根据这一生产工艺，需要设计和制造 4 台配有自动喂料且具有 4000kn 冲剪力的冲剪机。他结合现场条件，用 4 块铸铁构件和 4 条螺杆组成冲剪机的框形机架，用铸铁材料在牛头刨床上加工驱动齿轮的轮齿。他跟工人一起研究加工和装配方法，使制成的冲剪机具有良好的性能和质量。成渝铁路所需垫板就是在这种自制设备上用流水作业方式生产出来的。其产品性能符合苏联标准，而生产成本则大大低于进口垫板。1955 年该项目获重工业部及西南钢铁工业管理局的最高设计奖励。

成渝铁路建成后，全国其他铁路也逐步使用该垫板，所需数量逐年增加，同时需进一步发展生产用于 43kg/m 钢轨的垫板。为了适应这一需要，1956 年徐宝陞对 450mm 轧机进行了改造。轧辊直径由 450mm 扩大为 500mm，并配备了升降台。轧机驱动系统由蒸汽机改为我国自制的第一台 1500 马力交流电动机。徐宝陞负责这一技术改造的设计和制造工作。他同样在设计中充分利用现场废旧设备，并以“蚂蚁啃骨头”的方法加工大型设备。例如，设备润滑系统的齿轮给油泵、过滤器和冷却器等都是从废钢堆里挑选出来的；减速比为 10.35、中心距为 2600mm 的大型减速机的箱体及其滑动轴承都是以“蚂蚁啃骨头”方法加工出来的。但其设备的结构和配备则又达到一定的先进水平。又如，他所设计的 500 轧机采用了半封闭型铸钢机架，提高了工作机座的强度和刚度；在减速机的高速轴上安装了首创的轴向串动阻尼器，减轻了轴向冲击负荷；在每个滑动轴承上都装有油压指示器及温度计，以指示各轴承的润滑情况。他还制订了严格的操作和检修制度。由于他的精心设计和施工，严格执行操作制度，这台用简单工具加工制造的减速机，在使用了25年后，其机件磨损仍都很均匀、轻微，还能继续使用。为了增加垫板产量，徐宝陞就把原有的一座10吨炼钢平炉扩容为30吨，并再建了一座30吨平炉。为了减轻工人的劳动强度，徐宝陞把炼钢操作中的人工加料改为用加料机加料。平炉扩大以后，原有的铸锭吊车因负荷能力太小而不能使用，而厂房结构又不能承受更大的铸锭吊车，徐宝陞就设计并且自制了国内外从未有过的地浇车，用来装载30吨盛钢桶进行铸锭操作。由于发展了生产垫板的新工艺、新设备并自力更生地对轧机进行了技术改造，1957年徐宝陞再次受到冶金工业部的奖励。

2. 设计制造中国第一台工业生产型立式连铸机

连续铸钢（简称连铸）是20世纪50年代初才用于工业生产的新技术。它的优点在于把钢水连续直接铸成所需钢坯，省去了用模铸时的铸锭和初轧开坯两个工序，既缩短了生产流程，又避免了铸锭模的消耗，还节省了初轧开坯的能耗和切头切尾损失。徐宝陞从1956年起就进行了连续铸钢的研究。1957年夏，他率领一个技术小组到苏联进行考察和学习。回国后他带领4位工程师每天工作12小时以上，为重钢三厂设计制造了一台双流立式连铸机，1958年冬建成投入试生产。这是中国第一台工业试生产型立式连铸机，用于浇铸生产钢轨垫板所需的断面为180mm×250mm的钢坯。当时，国外连铸机都用火焰切割铸坯。火焰切割的缺点：一是切割速度慢，切割机需随铸坯下行一段较长距离，增加了设备高度；二是火焰切割产生的气体及氧化渣对环境造成污染；三是铸坯有烧损，降低了成坯率。特别是重钢三厂没有制氧机和焦炉煤气等廉价燃气，要用瓶氧和电石气来切割，增加了生产成本。为此徐宝陞提出用飞剪机来剪断铸坯，并设计制造了冲剪力为5000kn的摆动式飞剪机。这台连铸机也是世界上第一台使用飞剪机剪切铸坯的连铸机。这台连铸机在1960年通过国家鉴定，其中飞剪机于1966年获得了由国家科学技术委员会聂荣臻主任签发的第272号发明证书，并得到了冶金工业部的奖励。这台连铸机迄今已使用了30多年，浇铸过低碳钢、重轨钢、硅钢、不锈钢等钢种。

3. 创建弧形连铸机

徐宝陞于1958年春被调到北京钢铁工业学院（1960年更名为北京钢铁学院），任机械系系主任。针对重钢三厂的立式连铸机机型设备太高（约30m）、基建费用较贵、铸坯定尺长度受到限制等缺点，他于1959年开始了降低设备高度的研究。他先设计了一种“轮瓦式”连铸机。那是由一个轮缘上带有结晶槽的直径不大于3m的轮子和一块长300mm能上下振动的弧形板组成的连铸机，因其外形类似铁路机车的驱动轮和制动闸瓦，故称“轮瓦式”连铸机。在探索性试验成功的基础上，他又设计了一种不用结晶轮而用弧形结晶器的连铸机，名为“弧形连铸机”，1960年9月于北京钢铁学院附属钢厂试验成功，浇出了质量较好的钢坯。这是世界上第一台弧形连铸机，它比国外首台试验成功的VonMoos工厂弧形连铸机早两年多。弧形连铸机试验成功后，1962年在国家科学技术委员会和冶金工业部支持下，决定在重钢三厂建设一台工业试生产的“1700弧形连铸机”，由徐宝陞负责设计。这台连铸机的圆弧半径为6m、宽1.7m、可浇铸断面为180mm×（1200～1500）mm的板坯或三流180mm×250mm的方钢坯。在这台连铸机上首次采用了15000kn摆动式液压飞剪机，能同时剪切三流大方坯。这台弧形连铸机于1964年6月投入工业试生产，板坯和方坯的浇铸都取得成功。它是世界上第一台工业生产型板坯和方坯两用的弧形连铸机，这在当时也是世界上最大的弧形连铸机之一。1965年徐宝陞还为重庆钢铁公司设计了一台圆弧半径为10m、宽为2300mm的板坯、方坯两用的“2300弧形连铸机”，可浇铸四流250mm×250mm方坯或一流（250～300）mm×（1500～2100）mm板坯，于1968年投产。这在当时也是世界最大的弧形连铸机之一。这两台连铸机迄今仍在正常生产。弧形结晶器是弧形连铸机的心脏。在上述两台连铸机上都安装了徐宝陞研制的复合差动式结晶器振动机构。这一机构具有结构简单可靠、弧形振动轨迹正确的优点。

徐宝陞还研制了大节距弧形引锭杆、钩头式永久引锭杆及带有自动脱钩功能的三辊矫直机等新设备。这些设备经生产实践证明都具有良好的工作性能。国内外的实践表明，弧形连续铸钢机的出现，极大地促进了连续铸钢工业化的进程。至今弧形连铸机仍是占主导地位的机型。

4. 发明GY型钢轧机和钳式行星轧机

徐宝陞发明的GY型钢轧机是一种新结构的高强度轧机。这种轧机的机架结构比较简单，可以用钢板焊接而成。在轧制力的作用下，机架的立柱只受拉伸，不受弯曲。在刚度及强度相等的基础上，其机架的重量比普通型钢轧机的机架轻了50%以上。1961年春安装在北京钢铁学院附属钢厂的三架300mm三辊GY型钢轧机投入生产，至今已轧制了10×100～14×105碳结钢、低合金钢、弹簧钢及不锈钢等各种扁钢20多万吨。在开始试轧过程中，曾发生卡钢、轧冷钢及缠辊等事故多次，轧机经受了严重的超负荷考验，证明这种 GY 型钢轧机具有足够的强度和稳定性。这套轧机至今还在正常生产。

为了实现连铸、连轧一次成材，徐宝陞又致力于推进开发与连铸机配套的行星轧机。行星轧机是一种大压下量的带钢轧机，是美国森吉米尔公司的专利产品，又称森吉米尔轧机。徐宝陞发明的钳式行星轧机与森吉米尔轧机的不同之处在于：①它不用庞大笨重的牌坊机架，重量轻，刚度大，建设投资省；②它具有简单而可靠的同步系统，易于调节。森吉米尔本人来华会见徐宝陞时，也对其行星轧机创新的钳式结构深表赞赏。1962 年徐宝陞首先为重钢三厂设计了中国第一台 250mm 钳式行星轧机，经试轧 3000 多吨宽度为 120 ~ 150mm 的成卷带钢以后，证明钳式结构是完全成功的。徐宝陞提出在重钢三厂建设一套 700mm 的钳式行星轧机，用来轧制 500 ~ 600mm 的成卷带钢的报告，得到冶金工业部和国家科委的支持。该机于 1965 年完成设计，1966 年由洛阳矿山机器厂制造，1967 年初步建成装在重钢三厂 1700 弧形连铸机后续。700mm 钳式行星轧机投产后轧制了厚度 4 ~ 7mm、宽度 570 ~ 590mm 的成卷带钢 3 万多吨，工艺稳定，质量合格，取得了一批宝贵的数据和经验，达到了预期的效果。1973 年 10 月该项目通过了国家鉴定，为发展我国中、薄板带钢生产开辟了一条新路。

5. 新型高速小方坯连铸机的探索与开发

在钢材市场中，断面在 80 mm×80mm 以下的小型钢材占总需求量的 25% 。目前轧制这些钢材所用的钢坯，大多是用开坯轧机轧制的。如果能用连铸机铸出这些 52 ~ 85mm 方坯，将会取得节约能源、提高成材率的经济效益。生产实践表明，使用国内外现有连铸机生产小于 100mm 的小方坯是不经济的：一是因为其漏钢率很高，成坯率很低，二是因为不能以高于 5m/min 的速度进行浇铸，其小时产量很低。所以，必须探索和发展能以 10m/min 以上的速度，浇铸 52 ~ 85mm 小方坯的新型连铸机。由于前无先例，1966 年徐宝陞设计了一种 2. 4m 立轮式小方坯连铸机，并于 1967 年在重钢三厂进行了三次试验，初步浇出了质量满意的 50 mm×280mm 的小板坯。这是世界第一台轮式铸钢机，命名为“解放式”铸钢机。日本日立公司于 1987 年也试验成功了立轮式连铸机，并定名为“回轮式”连铸机。“文化大革命”中徐宝陞被隔离反省，科研工作被迫停止。“文化大革命”结束后，1978 年徐宝陞设计了一种新型水平轮式连铸机，它的结晶轮直径为 3m，结晶轮轴心与铅垂线成 3°倾角，采用密闭的浇铸系统，型号为 LGL30。1981 ~ 1983 年该型样机在青岛钢厂进行了 5 轮 18 次试浇，铸坯断面为 50mm×63/67mm，出坯速度为 18 ~ 22m/min。浇出的铸坯表面光洁，内部组织比较细密，中心未形成明显的缩孔。徐宝陞指出，LGL30之所以能够高速出坯是由于以下几个原因：①钢液凝固较快，即凝固系数 K 值较高；②铸坯与结晶槽无相对运动，不存在拉破坯壳的问题；③不需要控制结晶槽内的钢液面，不存在高速情况下控制钢液面的困难；④LGL30的结晶槽长度是普通小方坯结晶器的4～5倍，虽然出坯速度很快，但出结晶槽时的坯壳厚度并不很薄。

人类对事物的认识总是一步一步由低级向高级发展的。年逾八旬的徐宝陞在总结了前人（包括他自己）的实践经验及关键技术成果后，于90年代又设计出BL18和BL30两种水平轮式连铸机。该系列铸机的结晶轮直径分别为1.8m和3m，能以18～28m/min的速度浇铸当量断面为522～902mm^{2}的近终形小方坯。该系列铸机的主要特点是：①结晶轮作间断的步进运动，步频为1.7～2.7Hz，其作用相当于弧形连铸机结晶器的振动效应，可避免发生挂钢及漏钢事故；②采用改进型水口和密接的浇铸方式，不需要控制钢液面，避免了钢流的氧化，也不存在溢钢问题；③铸机是卧式的，安装在地面上，设备总高分别为1.6m和2.2m，铸机作业线（包括冷床在内）分别为32m×4m和60m×5m；④由于铸坯断面较小，铸机的热负荷及机械负荷都很小，整套铸机作业线设备（包括辅机及备件）分别重25吨和85吨。徐宝陞计划创建一条由一台25吨超高功率电炉、一台钢包精炼炉、一台BL18轮式连铸机（加一台备用机组）和一套6～7机架小型连轧机组成的高效连铸连轧示范线，由钢水直接成材，年产钢材15万吨；若用BL30连铸机，则可配合50吨超高功率电炉和一套小型连轧机，年产钢材30万吨。十多年过去了，他的这个设计仍然不失为前瞻性的典范。

徐宝陞桌上摆着他亲笔绘制的600多份BL连铸机工程图纸，每个零部件都经过反复计算和实验；200多页BL连铸机设计计算书和工艺文件全部用工笔小楷写成，其中的工程插图、实验曲线和数据表格画得一丝不苟。徐宝陞在86岁时被查出患前列腺癌并骨转移。虽然再不能亲临现场指挥试验，但他每次都仔细地观看试验录像，毫无保留地向年轻人传授经验。93岁高龄的徐宝陞对全部BL连铸机资料作了最后一次修订，将一生的心得留给了后人。

徐宝陞在发展连铸技术方面所做的贡献，得到了国际同行的认可。美国钢铁协会出版的《本世纪的制钢工业》一书中，记述了徐宝陞对连铸技术的贡献，并称他为连铸技术的先驱者。瑞士坦尼尔（A. H. Tanner）博士所著的《连铸是制钢工业的革命》一书中，称徐宝陞是世界连铸技术13名先驱者之一。

徐宝陞数十年取得的研究成果之所以具有创新性和实用性，一个重要原因是他既扎根于生产，又站在技术发展的前沿；既能脚踏实地，又能高瞻远瞩。他的技术创新——经过生产实际考验，又将实践经验总结起来上升为理论，再去指导生产实践，不断拓宽、不断发展。

徐宝陞非常注重学习和引进国外先进技术，曾多次率团和应邀出访苏联、日本、德国、法国、瑞士和英国，进行考察、讲学和参加国际会议。徐宝陞非常注重技术创新，毕生倡导并身体力行：要有所突破，有所发展，有所贡献。

徐宝陞在教育园地辛勤耕耘近40年，作为全国重点学科的学术带头人，培养出大批优秀本科生、硕士研究生和博士研究生。这些弟子遍布冶金界，他们继承和发展了老师未竟的事业，已成为业界的骨干和栋梁。“召天下之英才而教之”这才是徐宝陞一生最感欣慰的杰作。

三、徐宝陞主要论著

徐迺霆.1952. 粉碎机械. 上海：商务印书馆.

徐宝陞.1959. 连续铸锭装置. 北京：冶金工业出版社.

徐宝陞.1959. 立式连铸机用摆动飞剪. 北京：冶金工业出版社.

徐宝陞.1965. 立式连续铸钢机的设计及试验. 北京：国家科委出版.

徐宝陞.1965. 弧形连续铸钢机的设计及试验. 北京：国家科委出版.

徐宝陞.1979. 连续铸钢技术的发展. 钢铁,（5）：49-56.

徐宝陞.1981. 钳式行星轧机的发展. 北京钢铁学院学报,（1）：48-57.

徐宝陞.1982. 弧形连铸机复合差动振动机构的发展. 连续铸钢学术会议论文集：1-9.

徐宝陞.1982. 迅速发展中的连续铸钢技术. 北京钢铁学院学报,（1）：70-80.

徐宝陞.1982. Development of curved mold multi-bloom continuous costin machine. Proceedings of the Fourth International Iron and steel Congress：C10/1-C10/6

徐宝陞.1982. 钢院601型型钢轧机的设计及试验总结. 北京钢铁学院科学研究论文选集,（4）：1-9.

徐宝陞.1983. 国外连铸技术发展近况. 北京钢铁学院学报,（2）：147-161.

徐宝陞.1984. 关于用行星轧机辅助的带钢轧机生产窄带钢的建议. 北京钢铁学院学报,（增刊）：113-117.

徐宝陞，董绍华.1986. 连铸机辊子温度场和热应力研究. 冶金设备,（2）：1-8.

徐宝陞.1987. 轮式小方坯高速连铸机的研究和设计. 冶金设备,（5）：1-5.

徐宝陞.1988. 轮式小方坯高速连铸机的新发展. 北京钢铁学院学报,（3）：337-343.

徐宝陞.1990. 关于开发细小方坯连铸技术的建议. 冶金设备,（6）：6-9.

徐宝陞.1991. 薄板坯及细小方坯浇铸技术的发展. 北京科技大学学报（连铸专辑）,（S1）：5-13.

徐宝陞.1991. 钳式行星轧机的研究和设计//《徐宝陞选集》编辑委员会. 徐宝陞选集. 北京：冶金工业出版社：125-205.

徐宝陞.1991. 中型轧机减速机的设计制造及使用维护经验//《徐宝陞选集》编辑委员会. 徐宝陞选集. 北京：冶金工业出版社：235-248.

主要参考文献

《当代中国钢铁工业的科学技术》编辑委员会 . 1987. 当代中国钢铁工业的科学技术 . 北京：冶金工业出版社 .

《徐宝陞选集》编辑委员会 . 1991. 徐宝陞选集 . 北京：冶金工业出版社 .

撰写者

徐立坪（1946 ~ ），北京科技大学冶金机械研究所高级工程师，从事精密机电设备及传感器研究。徐宝陞之子。

邵象华

邵象华（1913～2012），浙江杭州人。冶金学家。中国近代钢铁冶金工程的开拓者和奠基人之一。1955年当选中国科学院学部委员（院士），1995年当选中国工程院院士。1932年毕业于浙江大学化学工程系，获化学工程学士学位；1934年入伦敦大学帝国理工学院主修冶金学，1936年获伦敦大学一级荣誉冶金学学士学位，1937年获冶金学硕士学位。20世纪40年代初设计和主持建造中国第一座新型碱性平炉；40年代末至50年代末作为总工程师、炼钢厂技术副厂长、技术处处长和中央试验室主任，主持鞍山钢铁公司大型平炉的修复和投产工作，主持和参与建立中国大型现代钢铁联合企业的技术管理体制，组织研制中国独创的平炉镁铝砖炉顶，创立控制沸腾钢偏析的新技术；60年代以来，相继主持、指导和参与冶金反应、冶炼新工艺、真空熔炼和铁矿资源综合利用等的应用基础研究及技术开发，结合国家急需和资源特点研究与开发冶炼钢、铁合金和特殊合金的新工艺、新技术，创立从平炉渣提取铌、锰的工业生产流程和铁水连续处理提取铌、锰的喷雾处理法；指导熔融还原、连续炼钢、炉外精炼、连铸和薄板坯连铸连轧等技术的开发。作为中国冶金界的科学技术顾问和咨询专家，在国家及行业科学技术发展规划的制订和重大科学技术问题的决策中做出重要贡献。50年代末起，历任钢铁研究总院炼钢研究室主任、冶金物理化学研究室主任、院副总工程师、院技术顾问等职，并先后任国务院科学规划委员会、国家科学技术委员会冶金组组员、钢铁冶金组组员、冶金学科组副组长、中国金属学会常务理事等。1998年获中国工程科学技术奖，2006年获中国金属学会冶金科技终身成就奖。

一、成长经历

1913年2月22日邵象华出生于浙江杭州一个中学教师家庭。父亲邵家驹为维持生计和培养子女，常在数校同时任教，母亲吴仲馥是一位勤俭善良的家庭妇女。清贫的家境使邵象华很早就懂得体谅双亲的辛劳。父亲十分勤勉，处事治学认真、严谨，对子女要求甚严，对他以后的成长有重要影响。

1919年，邵象华进入衢州中学附属小学初小部读书，1922年转入杭州木业小学高小部；1924～1926年就读于杭州宗文中学初中部，毕业后考入浙江工业专门学校（后改为浙江大学预科）。他自幼勤奋好学，才思敏捷，加上父亲的悉心辅导，学业超群，多次跳级，以9年时间完成了从小学到高中12年的学业。

1928年，邵象华怀着工业救国的理想进入浙江大学化学工程系。1932年，他以全优的成绩毕业，获化学工程学士学位，年仅19岁。他毕业后即被推荐至上海交通大学化学系任助教。两年后，他考取第二届中英庚子赔款公费赴英国留学资格，入伦敦大学帝国理工学院主修冶金学，于1936年获伦敦大学一级荣誉冶金学学士学位。当时刚问世不久的钢的表面渗氮硬化技术引起了邵象华的浓厚兴趣，于是，他在H. C. H. Carpenter（卡本特）教授门下从事钢渗氮硬化机理的研究，于1937年获冶金学硕士学位，并获马瑟科学奖金（Mathey Prize），先后被授予英国皇家矿业学院会员学衔和帝国理工学院奖状。

在硕士学位的学业行将结束时，卡本特教授就提出，希望他继续留校攻读博士学位，并亲自给有关部门写了推荐信。正当邵象华准备接受卡本特教授的提议时，正在英国访问的国民政府资源委员会主任委员翁文灏召见了他，动员他参加筹建中央钢铁厂的工作。邵象华觉得这是实现自己的理想、报效祖国的极好时机，毅然放弃继续留校深造的机会，接受了翁文灏的邀请，并在其安排下赴西欧多国考察钢铁企业，随后转赴承建中央钢铁厂的德国克虏伯钢铁公司，在该公司炼钢厂和研究所实习、进修，由此与钢铁和工程结下了不解之缘，开始了在这个领域70余年孜孜不倦、锲而不舍的耕耘和探索。

1938年夏，中央钢铁厂所在地湖南已经沦陷，资源委员会决定该厂缓建，邵象华被分配至建设中的生产动力机械的中央机器厂（位于昆明）。他在瑞士的两家有合作关系的机械制造企业作短期考察后，于该年11月回国，负责建立该厂的理化实验室和耐火材料厂。

1939年夏，邵象华应迁至四川乐山的武汉大学的邀请，出任该校工学院首任冶金教授。次年，资源委员会决定在西南后方建立钢铁厂，他被调回资源委员会工作，不久奉派到所属四川綦江电化冶炼厂负责创建炼钢厂并任厂长。在那里，他设计和主持建造了当时日伪占领区以外中国最大的（15吨）新型碱性平炉，并于1944年投产，在当时堪称壮举。

1945年抗日战争胜利后，邵象华奉命赴东北参加接收原日伪钢铁企业的工作。1946年秋，资源委员会任命他为鞍山钢铁有限公司协理兼制钢所所长，主持炼钢厂和耐火材料厂的恢复工作。1948 年 2 月人民解放军占领鞍山后，他曾被派往鸡西一家小炼铁厂协助工作，不久即被召回鞍山参加接管鞍山钢铁公司的工作。中华人民共和国的成立，新的鞍山钢铁公司的诞生，为邵象华和同事提供了施展自己的才能、真正实现钢铁救国梦想的机会和舞台。此后，他在那里工作了整整 10 年，直至 1958 年调离。

在新建的鞍山钢铁公司，邵象华任总工程师，并先后兼任炼钢厂生产技术副厂长、技术处处长和中央试验室主任等职。他以极大的热情主持了炼钢厂的设备修复和生产恢复工作，被授予二等功臣称号。1950 年 5 月公司炼钢厂全面恢复生产后不久，在苏联专家的帮助下，邵象华作为技术处处长参与建立了公司的技术管理体系，主持制定了各项技术管理制度、技术操作规程和产品检验标准，是鞍山钢铁公司这一大型钢铁联合企业技术管理工作的奠基人之一。在其后的几年里，邵象华努力推动和组织了公司的科学研究和技术开发工作，并亲自主持了平炉炼钢过程中的物料衡算和热量衡算、平炉碱性炉顶、沸腾钢工艺和质量等具有重大意义的研究，发表了一系列有关论文。在鞍山钢铁公司工作期间，邵象华还主编了技术期刊《鞍钢》，并针对生产中的需要，在该刊发表了不少理论与实践紧密结合的文章。他著有《钢铁冶金学》一书，这是中华人民共和国出版的第一部钢铁技术专著。他主持翻译了国际上主要的炼钢专著、美国出版的《碱性平炉炼钢》(*Basic Open Hearth Steelmaking*)；独自翻译了苏联冶金出版社出版的《钢冶金学》（*Металлургия Стали*），该书在炼钢科技人员中广为流传和使用，并被用作当时冶金高校的教材。

1955 年，邵象华当选为中国科学院首批学部委员（院士）。从 1956 年起，他连任中国金属学会常务理事至 1991 年，并兼任炼钢学术委员会主任、炼钢学会理事长和冶金过程物理化学学术委员会副主任、冶金过程物理化学学会副理事长。自 1957 年起，他先后任国务院科学规划委员会、国家科学技术委员会冶金组组员、钢铁冶金组组员、冶金学科组副组长，参加了《1956—1967 年科学技术发展远景规划纲要》的起草工作。他是第一、二、三届全国人民代表大会代表。

1956 年下半年，邵象华作为中国冶金考察团成员访问了苏联、民主德国和捷克斯洛伐克，对这些国家的钢铁工业进行了较全面的考察和调研。回国后，他对改进中国的平炉炼钢和发展中国的钢铁工业提出了许多创见和一系列重要建议。他认为应慎重考虑大、中、小钢铁企业的配套建设问题，要考虑规模效应，根据具体条件，特别是资源条件，对当前和长远利益进行比较、研究，确定钢铁厂的建设规模。他与一些同行一起，呼吁大力创造条件，发展氧气转炉炼钢。

1958 年秋，邵象华被调离鞍山钢铁公司，到北京钢铁研究院（现钢铁研究总院）专门从事科学研究和技术开发工作，此后一直在该院供职，历任炼钢研究室及物理化学研究室主任、院副总工程师、院学术委员会副主任、院学位评定委员会主任、院技术顾问等职。到钢铁研究总院后，他积极投身氧气顶吹转炉炼钢、连续铸钢（包括他为解决小轧机轧大钢轨而提出的异型坯连铸）、平炉熔池吹氧强化冶炼等新工艺的技术开发及中间试验工作。他相继主持、指导和参与了冶金反应、冶炼新工艺、真空熔炼和铁矿资源综合利用等方面许多具有重要理论意义和实际价值的研究开发项目。他在中国率先开展真空冶金领域的应用基础研究和技术开发。为满足国家开发核能技术的迫切需要，他接受了试制超低碳不锈钢的任务，大胆提出并指导用普通电弧炉冶炼超低碳不锈钢。这期间，他还对中国特有的包头铁矿共生铌资源的综合回收利用做了大量研究，提出并大规模试验了从高炉铁水直接提取铌、锰的连续喷雾处理原理和方法。他还主持了稀土炮钢冶炼工艺的研究和含铌低合金高强度钢等钢种的研究开发。

“文化大革命”期间，在极端困难的处境下，邵象华依然如故，一有机会就进行艰苦的科技探索和研究。针对中国铁合金生产中存在的问题，他提出了用氧气转炉炼制中、低碳锰铁和铬铁新工艺的理论基础。在此期间，他的另一个研究课题是炼钢过程中的脱磷。在那段时间，他以笔名“毕铭”发表自己的研究成果。

“文化大革命”结束以后，邵象华一直致力于钢铁生产新工艺的技术开发和有关的应用基础理论研究。他结合自己的科学研究工作，在《金属学报》、《钢铁》等冶金刊物和重要学术会议上发表了一系列关于钢铁冶炼发展新动向和新工艺的学术论文，在理论和实践上有不少创见。他全力支持和提倡开展冶金传输现象和冶金反应工程学的研究，并指导研究生进行这方面的工作。他还提出并指导研究生进行了锰铁脱磷、氧气转炉底吹煤和氧等重要课题的研究。对熔融还原、连续炼钢、炉外精炼、连铸和薄板坯连铸连轧等重大新技术开发项目，他结合中国国情就研究方向、技术方案、工作内容等提供了许多重要的指导意见，并带研究生承担了部分关键课题。他组织和主持翻译了《氧气顶吹转炉炼钢》（*BOF Steelmaking*）这部百万字的专著，为我国氧气转炉炼钢的发展提供了支持。

1978 年后，邵象华作为中国冶金界的代表，多次应邀和奉命出国访问，活跃在国际学术讲坛，对增进中国与国际冶金界的相互了解和友谊、促进和加强相互间的科学技术交流与合作起了先锋作用。1978 年 11 月，他作为副团长率领中国金属学会代表团参加了在法国凡尔赛举行的第七届国际炼钢物理化学学术会议，这是在中断了 30 年之后中国大陆冶金界人士首次登上大型国际会议的讲坛。1979 年 5 月和 1980 年 4 月，他作为中国金属学会代表团成员分别访问了美国和日本。从 1981 年起，他参与组织了历届中日双边钢铁学术会议，以及中美双边冶金学术会议、中法双边钢铁学术会议等。1986 年 10 月，在中国与韩国建交之前，邵象华被特邀参加了在韩国浦项召开的第二届国际钢铁技术和新材料会议，在会上发表了演讲，揭开了中韩两国冶金界、科技界交往的序幕。在由中国金属学会主办的第十届国际真空冶金会议（1990 年6 月，北京）上，他任总主席。1992 年4 月，在日本钢铁学会理事会和春季年会上，他被授予该会“名誉会员”称号，并作了作为该会《汤川纪念讲演》的学术演讲。

与此同时，邵象华还积极推动、组织、主持和参与了国内的各项重大学术交流活动。他十分重视科学技术刊物的作用，先后任《金属学报》、《钢铁》、《中国金属科学技术杂志》（*Chin. J. Met. Sci. Technol.*）和其他一些重要冶金刊物的编委、副主编、顾问、总顾问等。他是《中国大百科全书》矿冶卷钢铁冶炼分支的主编，《当代中国钢铁工业》编委。1980 年，他当选为中国真空学会名誉理事；1991 年被授予中国金属学会“荣誉会员”称号。他是东北工学院（现东北大学）等多所高等学校的名誉教授、兼职教授和顾问。

作为中国冶金界的科学技术顾问和咨询专家，在国家及行业科学技术发展规划的制定和重大科学技术问题的决策中，邵象华也做出了重要贡献。例如，1981 年 1 月在国家决策机关召开的关于宝山钢铁总厂一期工程建设的会议上，他提出了有充分根据的意见，对该厂的继续建设和发展起了一定作用。20 世纪 80 年代前期，美国一些未来学者提出“后工业时代”主张，在中国知识界引起了思想混乱。邵象华对这一学派的著作及在美国的反应进行了研究，指出钢铁工业在美国不是“夕阳工业”，在中国更是欣欣向荣的“朝阳工业”，有助于防止这种对国家发展有不利影响的思想进一步扩散。中国钢铁工业在此后 20 余年间获得了高速发展，充分表明了邵象华的高瞻远瞩，证实了他的主张是完全正确的。多年来，邵象华担任过一系列国家的咨询性职务：1981 ~ 1985 年任国务院学位委员会第一届工学学科评议组成员，1983 年起任国家发明奖励委员会冶金组评审委员，1987 年起任第二届国家自然科学奖励委员会委员等。1995 年，邵象华当选中国工程院院士。

鉴于邵象华对开创和发展中国钢铁事业做出的杰出贡献，他于 1998 年获中国工程技术最高荣誉，被授予中国工程科学技术奖，并于 2006 年获中国金属学会冶金科技终身成就奖。

邵象华在他的人生道路上，始终如一，勤奋地为发展中国的钢铁工业做出不懈的思考、研究、探索和奉献，直至去世。

二、主要研究领域和学术成就

1. 设计和主持建造中国第一座新型碱性平炉

自从 1864 年世界上第一座平炉问世以后，由于对原料生铁成分的要求较宽，且可大量掺用废钢，平炉在世界钢铁工业中曾发展到占主导地位。至 20 世纪 40 年代初，碱性平炉钢已占全部钢产量的 80% 左右。唯西欧一些地区，由于铁矿含磷很高，碱性转炉钢（托马斯钢）还有较高比例，但仍较平炉钢为少。当时中国除被日本侵占的东北及其他沦陷区外，钢铁工业十分薄弱。邵象华研究了国际钢铁工业发展的状况，考虑到中国已开发和探明的铁矿资源中磷的含量，以及中国钢铁工业的实际状况，指出无论是为满足当时当地的需要还是为战后中国钢铁工业的发展作准备，都有必要大力发展碱性平炉炼钢。他全面剖析和总结了当时欧美各国的平炉结构和操作，摒弃了专凭经验的做法，运用热工理论和气体动力学等原理，对整个平炉系统作了翔实的计算，做出了具有科学依据和创新特色的设计。他在设计和建造过程中因地制宜，大胆取舍，在技术和物质条件极端困难的情况下，主持建造了中国第一座新型碱性平炉。尽管由于条件所限，其容量仅为 15 吨，但已是日本侵占区以外中国最大的平炉，且其计算热效率达到了当时英、美 50 ~ 100 吨级平炉的平均计算水平。这座平炉于 1944 年投产，标志着中国炼钢技术达到了一个新的水平，在中国钢铁工业发展史上树起了一个里程碑。

2. 主持鞍山钢铁公司大型平炉的修复和投产工作

修复大型平炉，并使之顺利投产是邵象华在建设新生的鞍山钢铁公司中做出的重大贡献之一，也是他为中国现代钢铁工业的形成和发展做出的又一重要贡献。

当时的鞍山钢铁公司已在战争中惨遭破坏，所剩设备无一完整，无法运转，且技术力量极端缺乏。作为公司炼钢厂生产技术副厂长的邵象华，主持了以大型预备精炼炉和平炉为中心的设备修复及投产工作。他亲自制定炼钢工艺和操作技术，置身现场，与操作人员共同解决了开工初期不断发生的煤气爆炸、炉料冻结、炉顶烧化和倒塌、炉底出坑和穿漏等一系列技术难题与事故，终于掌握了一整套大型平炉的操作运行经验，使操作水平不断提高。在约一年的时间里，全厂 1 座混铁炉、6 座大型平炉、3 座预备精炼炉及附属设备全部得以修复和投产，并使各项技术经济指标迅速提高，硅砖炉顶平均寿命从复产初期的 9 炉提高至 78 炉，进而很快达到日本侵占时期 90 ~ 100 炉的水平；钢产量迅速增长，1951 年为 58.7 万吨，1952 年在部分设备改造后达78.9万吨，大大超过58万吨/年的原设计能力和58.5万吨/年的历史最高水平。

3. 主持和参与建立中国大型钢铁联合企业的技术管理体制

鞍山钢铁公司是中国当时唯一的大型钢铁联合企业。在复工初期，公司没有必要的技术管理体制，以致生产不顺，事故频发，次品、废品不断。1951年，在苏联专家的帮助下，鞍山钢铁公司着手建立组织和管理制度。邵象华作为新设立的技术处处长，主持并直接参与了公司技术管理体制和技术、质量监督系统的建立工作，是中国大型钢铁联合企业技术管理的重要奠基人之一。他带领一批从公司各单位调集来的具有较高业务水平的技术人员，针对公司各厂的基本生产工序，制定出了一整套技术操作规程，以及钢坯、型材、板材和钢绳等产品的检验标准。这是中华人民共和国成立后钢铁企业的第一套技术操作和产品质量控制的法规。它们的颁布和实施，为鞍山钢铁公司的正常运转、为提高生产技术水平、改进产品质量，奠定了良好的基础，也为其他一些钢铁企业提供了经验和样本。鞍山钢铁公司的这套产品检验标准还成为后来冶金工业部制定部颁标准（YB）和有关国家标准（GB）的部分基础。

4. 组织研制中国独创的平炉镁铝砖炉顶

炉顶是平炉最关键的部分，它在很高的、变化的温度下承受着本身的重量和因热胀冷缩所产生的应力，以及炉内气体夹带的氧化物熔渣的化学侵蚀等，工作条件十分恶劣。它的寿命直接关系到平炉的作业率、生产能力和效率，是衡量平炉操作水平的一个最重要的指标。尽可能地延长炉顶寿命是炼钢工作者追求的目标之一。

在平炉炼钢发明以后的几十年的时间里，硅砖由于其软化温度高，且原料丰富、成本低廉，一直是各国建造平炉炉顶的唯一的耐火材料。但是，在碱性平炉中，硅砖炉顶不可避免地受到一些碱性熔渣的高温侵蚀作用，即使严格注意操作，也难达到很高的寿命。20世纪50年代，国外一些先进钢厂开始采用铬镁砖碱性炉顶，它比硅砖炉顶有更高的耐火性能和抗碱性渣化学侵蚀的能力，不仅容许提高炼钢温度，还可以达到远较硅砖炉顶为高的寿命。邵象华于1955年也曾提出并组织试制、试用过铬镁砖炉顶，第一次试用时炉顶寿命即达344炉。但是，正如他早在20世纪40年代初就指出的，中国铬矿资源贫乏，须得进口，铬镁砖炉顶难以大量使用，必须寻求新的炉顶耐火材料。

考虑到中国的高铝矾土所含氧化铝具有某些与氧化铬相似的化学特性，邵象华组织公司有关部门，与中国科学院金属研究所协作，进行了以国产镁石和高铝矾土为原料的平炉镁铝砖炉顶的研究、试制和试用工作。1957年，首次在大型平炉上全部试用镁铝砖炉顶，其寿命就高达520炉，超过了当时国际上铬镁砖炉顶的寿命。这一中国独创的平炉炉顶技术完全取得成功。其后的两年内，镁铝砖炉顶先在鞍山钢铁公司使用，继而在全国平炉上全面推广使用。

5. 创立控制沸腾钢偏析的新技术

在炼钢厂全部采用钢锭模浇铸钢锭的20世纪50年代，鞍山钢铁公司大量生产的是沸腾钢。与镇静钢相比，沸腾钢成本低，成材率高，因此国际上也大量生产。直到1990年，中国还生产了接近当年全部钢产量1/5的沸腾钢。沸腾钢内部有一定程度的成分偏析，这是质量标准容许的。但正因如此，在操作不当时易产生缺陷，从而使成材率降低。在连铸技术出现以前，这是全世界沸腾钢生产中普遍遇到的一个棘手的问题。邵象华在指导公司炼钢厂克服了由于铸锭操作不当而引起的缺陷后，为更彻底地解决这个难题，对沸腾钢的凝固过程、钢锭结构、产品质量和操作工艺做了许多研究，在20世纪50年代创立了模顶吹压缩空气或氧气这一可从根本上控制和减轻沸腾钢偏析的新技术，并在生产条件下做了大量试验，取得了很好的效果。这项技术曾引起国际炼钢界的浓厚兴趣。

6. 结合国家急需和资源特点研究与开发冶炼钢、铁合金和特殊合金的新工艺、新技术

从20世纪60年代起，邵象华在钢铁研究总院先后承担了国家急需的一些新型材料和有关中国资源综合利用的一系列研究和开发任务。

为适应生产高温合金、难熔金属及其合金等应用于高科技的新材料的需要，邵象华主持建设了中国第一台工业用电子束熔炼设备，以及其他真空熔炼装置。他带领一批年轻同事及研究生，进行了真空条件下铁基、镍基熔体中碳脱氧或氧脱碳反应、坩埚耐火材料对熔池的供氧作用、合金元素和微量杂质元素的挥发等应用基础研究，还发表了关于真空熔炼的物理化学的综合评述论文。这些工作为当时中国正逐渐成长起来的特种冶炼科技队伍提供了部分理论基础。

1964年，为发展核能工业，国家迫切需要超低碳不锈钢。当时氩氧炉尚未发明，炉外精炼技术还未成熟，冶炼这种钢的难度很大，国外为此都采用特殊的装备和复杂的流程。邵象华分析了该钢种的特点，根据物理化学计算，认为采用特殊的操作措施，其关键是强化熔池吹氧进行高温脱碳，然后及时加铬冷却熔池防止炉体

损伤，用普通电弧炉也可以生产所需的超低碳不锈钢。他制定操作方法，亲自到两家特殊钢厂，在炉前指挥试炼，都做到了一次成功，使这两家特殊钢厂按时向国家提供了合格产品。

炼钢工业需用的中、低碳锰铁历来都是先用电炉冶炼成硅锰合金，然后再经电炉冶炼而成，耗电多，成本高。20 世纪 70 年代初，邵象华从理论上探讨了完全不用电热仅以喷吹氧气的方法使高碳锰铁（可用高炉生产）脱碳而生产中、低碳锰铁的可能性，计算了所需的大致温度范围及锰的吹损程度。由他直接指导的现场工业性试验取得了预期的效果，开辟了一条耗电少、成本低、以转炉生产中碳乃至低碳锰铁的新途径。基于类似的考虑和方法，他还指导上海铁合金厂采用以氧气转炉生产中、低碳铬铁的新工艺。

与平炉相比，转炉具有巨大的优越性，因此在世界各国已迅速取代平炉而成为主要的炼钢炉。但是，转炉炼钢没有外来热源，因而原料中废钢对铁水的比例受到严格限制，这对降低钢的成本极为不利。中国许多企业的转炉吨位较小，相对于大型转炉，其热损失更大，攀枝花钢铁公司和包头钢铁公司的钢厂因铁水提钒提铌等预处理而使进入转炉的化学潜热和物理热大大减少，这方面的矛盾更为突出。还有一些没有高炉的钢厂，其转炉不得不以外来冷生铁为原料，经化铁炉熔化后再入转炉吹炼成钢（称为“化铁炼钢”），需消耗大量焦炭，也使成本显著增加。为解决这些问题，邵象华于 20 世纪 80 年代提出并进行了在氧气转炉底部同时喷煤和吹氧以增加外来热源的新工艺的研究开发，从实验室基础研究开始，进而在 10 吨氧气转炉上进行工业性中间试验，取得了显著的效果，使炉料中的废钢比［废钢/(铁水+废钢)］从原来的 5% 提高到 19.7%，最高达到 30.0%。这项研究为中型、大型转炉提供了先进的技术，取得了中国专利。另外，这项研究成果还从实践角度为炼钢反应方面的一个重要学说提供了旁证，即溶于铁液中的碳与氧化铁之间的反应具有非常高的速率。

7. 创立从包头钢铁公司平炉渣提取铌、锰的工业生产流程和铁水连续处理提取铌、锰的喷雾处理法

中国的铁矿资源多属贫矿，且不少为多金属共生矿，最典型的如包头白云鄂博矿含稀土元素和铌等，攀枝花矿则共生有钒和钛。这些矿的组成都是世界上特有的。铌是一种具有广泛用途的重要元素。白云鄂博矿含铌量虽低，储量却达数百万吨，是中国已发现的最大铌资源。因此，包头钢铁公司铌的回收利用具有很大的现实意义，成为回收利用稀土元素之外又一个突出的重大课题，也是一个技术难题。

20 世纪 60 年代初，邵象华亲自主持了包头钢铁公司铌资源综合利用的开发研究。首先，他利用该公司原有的闲置设备开发了一个从该公司大量积存的平炉废渣提取铌、锰的独特工艺流程：将平炉渣在小高炉中冶炼出富锰含铌含磷铁水，随后在空气转炉内轻吹，冶炼成可用于制造铁道车辆部件的高磷铁，以及主要成分为锰、铌和铁的硅酸盐的高锰铌渣，再在电弧炉中以焦炭将这种渣部分还原而脱铁脱磷后，最终还原成适于生产锰铌高强度低合金钢的锰铌铁合金。该流程虽较长，但投资少，成本低，有较大的经济意义，直至 80 年代后期，仍是用以回收包头钢铁公司铌资源的唯一的工业生产流程。

为从根本上解决包头钢铁公司大生产主流程中回收利用铌、锰的问题，在取得上述成果后，邵象华进一步着手开展从大高炉铁水中提取铌和锰的研究。他针对铁水中铌的含量不足 0. 1mass% 的具体情况，分析、比较了化工和冶金领域各种反应器的工作条件，认为在技术和经济上最适宜的方法是应用连续式气液反应器，并提出了可望以工业规模从高炉铁水中直接提取铌和锰的喷雾处理原理：把来自高炉的铁水喷吹成雾滴，使其中所含的铌、锰和硅等易氧化元素迅速氧化成渣而与铁水分离，成为冶炼铁合金的原料。他根据小规模试验结果设计了大型反应器，在铁水流量为 60 t/h 时，77% 以上的铌和约 80% 的锰进入熔渣；当铁水流量增至 180 t/h 时，锰、铌的氧化率仅略有下降，而这一流量已接近该公司炼钢厂正常生产情况下所需的全部铁水用量。这是世界钢铁史上的一个创举，在理论和实践上都有重要意义和作用。遗憾的是，“文化大革命”使该法的工业实施未能进行。使他聊以慰藉的是，攀枝花钢铁公司的同事基于他的技术概念和试验结果，根据该公司的具体条件进行了大量研究和开发工作，10 余年后成功地实现了大规模高炉铁水雾化提钒工艺，为祖国做出了重大贡献。

三、品格和作风

邵象华自幼就养成了吃苦耐劳、认真踏实、勤奋好学、谦虚谨慎的优良品德。70 多年前，他和丘玉池这两个生活俭朴、外表“土气”的中国青年在伦敦帝国理工学院勤学苦读的故事，至今仍在这所国际知名的高等学府里传为美谈。学成回国以后，他在学术和工程方面都有所建树，早在 20 世纪 50 年代就与后来也当选为中国科学院学部委员的已故冶金学家邹元爔，在中国青年冶金界有“南邹北邵”的美称，其后数十年中，随着工作的开展和经验的增长，在同行中和社会上得到了更高的声誉，但他总是虚怀若谷，从来没有一点骄气。他有强烈的求知欲，以不屈不挠的精神和坚韧不拔的毅力在学习和工作中拼搏。

邵象华有很强的事业心，无论在何时何地，都始终没有放弃过对自己挚爱的钢铁事业的执著追求，锲而不舍地做着艰苦的努力。他对工作一贯兢兢业业、踏实细致、一丝不苟，始终坚持实事求是的科学态度。他学风正派，治学严谨，决不轻易下结论，每篇著作、每个论点，都要经过反复推敲、思考和验证。他非常注重理论联系实际，强调理论研究的实用性，认为自己的应用基础研究和技术开发工作的根本点在于工程化、工业化。研究课题必须针对实际需要，在全部工作中必须考虑到原料、投资、作业率、成本、市场等再决定最后能否在生产建设中实现并取得经济效益，绝不能把不够格的研究成果推给别人去“转化为生产力”。在解决实际生产中的问题时，他总是力图寻找科学依据，以理论来指导实践。他没有学阀作风和门户之见，从不把自己的学术观点强加于人，也不迷信任何学术权威，而是坚持一切都要摆事实、讲道理。

邵象华敢于坦陈自己的观点。20 世纪 50 年代，他冒着风险对发展中国钢铁工业的某些问题提出了一些自认为正确的意见，曾受到社会上的一些非难，但他并不后悔。80 年代初，面对部分知识界受外来片面报道的影响而宣扬“夕阳工业”论的情况，他经过认真调研后，在报刊和各种会议上大声疾呼：钢铁工业是蓬勃发展的“朝阳工业”。他勇于坚持真理，甚至因而开罪于人，但他也勇于修正自己的错误。

他始终十分注意培养人才，非常关心年轻人的成长，精心指导研究生，为国家培养和造就了大批钢铁技术人才。20 世纪 40 年代在四川綦江电化冶炼厂、炼钢厂的设计、建造和生产实践中，邵象华在自己得到很好锻炼的同时，也为中国培养了一批年轻的技术人员，他们后来都成了中国钢铁工业的骨干，为中国钢铁工业的兴起和发展发挥了重要作用。50 年代在鞍山钢铁公司的重建和恢复生产过程中，邵象华用通俗的语言向工人讲解生产技术和操作要领，指导年轻的技术人员迅速提高业务水平，每周三次在清晨上班前给转业干部讲授管理知识和技术，为公司培养了大批急需的人才，也为以后支援其他新建钢铁基地所需人才做出了巨大贡献。他热心提携后辈，对他们悉心启发，循循善诱，寓教学于平等讨论之中。他对学生和同事要求严格，但从不简单地责怪，而是以理服人，帮助他们认识自己的优点、错误或不足，自己改进。他诲人不倦，对他人的请教，以及请审论文、报告等，总是有求必应，从不推辞，而且不论所求来自何方，总是认真处理，绝不敷衍了事。他在组织翻译专著《氧气顶吹转炉炼钢》时，对百万余字的译稿逐字逐句作了校对修改，以帮助年轻同志提高英语水平，并以所得全部稿费买了该书，分送周围同事及其他年轻同志学习参考。他坚决主张破除论资排辈的陋习，不拘一格推荐年轻优秀人才，为他们架桥铺路、创造条件、提供机会，帮助他们继续进步，脱颖而出。

邵象华有一颗热爱祖国的赤子之心，全心全意投身祖国的钢铁事业。在处境艰难的时候，他想的不是个人的境遇和得失，依然是祖国和事业。

他热爱工作，又善于工作；热爱生活，又善于生活。他性格开朗，心胸宽广，机智风趣，平易近人，将“宁可人负我，决不我负人”奉为信条，不计个人恩怨。

邵象华不仅以他卓越的学术成就和贡献在国内、国际冶金界享有很高的声誉，也以他优秀的品格和作风赢得了赞扬和尊敬。

四、邵象华主要论著

邵象华 . 1944. 炼钢平炉之设计 . 资源委员会季刊，4（4）：31-51.

邵象华 . 1950. 论平炉炉顶 . 鞍钢，1（1）：4-12，1（2）：6-10，1（4）：5-13.

邵象华 . 1950. 钢铁冶金学 . 沈阳：东北工业出版社 .

邵象华，潘月珠 . 1958. 减少沸腾钢有害偏析的研究 I ——在钢锭模内用氧气（空气）处理 . 金属学报，3（2）：85-98.

邵象华，胡文淦，潘月珠 . 1958. 减少沸腾钢有害偏析的研究 II ——钢 3 巨型钢锭的吹氧、空气和加钢板冷却处理 . 金属学报，3（4）：276-285.

邵象华 . 1959. 沸腾钢 3 中板分层现象 . 金属学报，4（1）：16-21.

邵象华 . 1964. 真空熔炼物理化学 . 金属学报，7（1）：85-103.

吴超万，李伟立，邵象华 . 1964. 真空感应炉氧化镁坩埚熔炼纯铁的研究 . 金属学报，7（2）：145-156.

邵象华，知水，赵仁川，等 . 1965. 间歇式真空感应炉中坩埚供氧的一个来源 . 金属学报，8（3）：392-394.

邵象华 . 1966. 超低碳不锈钢的冶炼工艺 . 钢铁，（12）：9-14.

毕铭（邵象华）. 1975. 铬铁吹氧脱碳平衡关系 . 钢铁，10（2）：86-88.

毕铭（邵象华）. 1976. 炼钢脱磷理论和实践 . 钢铁，11（2）：34-41.

邵象华 . 1977. 锰铁吹氧脱碳的热力学探讨 . 金属学报，13（3）：182-186.

邵象华 . 1981. 包钢铁水提铌工艺研究 . 钢铁研究总院学报，（1）：1-10；1982. 钢铁，17（2）：23-30.

Shao X H. 1981. Technical studies for the extraction of niobium and manganese from Baotou Hot Metal. Proc. 1st Sino-Japanese Symp. Steelmaking：183-202.

Shao X H. 1981. The technical development of iron and steelmaking in China. Proc. 1st China-USA Bilateral Metallurgical Conf.：1-15.

汪大洲，邵象华 . 1983. 锰铁脱磷的实验研究 . 钢铁，18（4）：14-21.

Shao X H. 1986. Development of iron and steel technology. Proc. 2nd Int. Conf. Iron Steel Technol. New Materials，Special Session II：1-17；Chin. J. Met. Sci. Technol.，3（1）：1-8.

邵象华 . 1987. 我国钢铁工艺发展概况和前景 . 钢铁，22（4）：1-14.

刘浏，邵象华，郭征，等 . 1989. 煤氧复合吹炼工艺的实验开发 . 钢铁，24（3）：14-20.

Shao X H. 1992. Striving for more and better steel-behind closed door and in the open. ISIJ Int.，32（12）：1368-1380.

主要参考文献

魏季和 . 1994. 邵象华//卢嘉锡主编 . 中国现代科学家传记 . 第六集 . 北京：科学出版社：873-887.

《邵象华院士文集—庆祝邵象华院士九十六华诞》编委会 . 2009. 邵象华院士文集—庆祝邵象华院士九十六华诞 . 北京：冶金工业出版社 .

撰写者

魏季和（1942～），江苏无锡人，国家二级教授、博士生导师，1964 年毕业于上海交通大学冶金系，同年考取北京钢铁研究院（现钢铁研究总院）研究生，师从邵象华院士，是他的开门弟子；主要从事冶金反应工程学、钢铁冶金及其物理化学、钢和合金的特种冶炼及二次精炼等的教学和研究。

谢家兰

谢家兰（1913～1991），江苏松江人。中国冶金教育家。北京钢铁学院（现北京科技大学）炼钢教研室和炼钢实验室的创建者之一。1935年毕业于上海大同大学化学系，1937年毕业于北洋大学工学院冶金研究所，获硕士学位。1949～1951年任北洋大学教授，1952～1986年任北京钢铁学院冶金系教授、炼钢研究室主任。长期从事冶金教育工作，主讲专业炼钢学，培养了大批炼钢专业人才，其中很多人成为中国炼钢工业的技术领导和专家。1959年开始招收炼钢专业研究生共9人（当时无学位制）。在进行教学的同时，还结合钢铁工厂生产实践进行钢的品种质量研究，对改进生产发挥了积极作用，受到工厂和冶金工业部有关部门的高度评价。

一、成长经历

1913年11月13日，谢家兰出生于江苏省松江县的一个地主家庭，1931年毕业于松江中学，1935年毕业于上海大同大学化学系，获理学士学位。1937年毕业于北洋大学工学院冶金研究所，获工学硕士学位。

1937～1940年谢家兰任国民政府兵工署白水桥研究所材料试验处冶金技术员，1941～1944年任国民政府经济部矿冶研究所技士，资源委员会凌江炼铁厂工程师。1944～1947年他受国民政府航空委员会派遣赴美国共和钢厂研究合金钢，1947年3月回国后在鞍山钢铁公司任工程师，1949年7月任国民政府工商部中央工业试验所技正兼材料实验主任。

中华人民共和国成立后，1949～1951年谢家兰任天津北洋大学教授、冶金系主任。全国高校院系调整后，1952年任北京钢铁学院炼钢教研室主任。1952～1986年是北京钢铁学院冶金系教授、炼钢教研室主任，还曾担任民盟中央文教委员。1986年退休，1991年2月病逝于北京。

二、主要贡献和学术成就

1. 创建北京钢铁学院炼钢教研室和炼钢实验室

1949年谢家兰应聘进入北洋大学工学院冶金系担任教授，之后兼任工学院冶金系主任直至1952年院系调整，从此成为新中国培养冶金工业科学技术人才的中坚力量。1952年全国国民经济的恢复工作完成，面临大规模工业建设任务，钢铁是工业的基础，需要大批科技人才。为此在院系调整中，以北洋大学、唐山交通大学等六校的矿冶学科为基础，联合筹建北京钢铁工业学院，谢家兰被任命为炼钢教研室主任，承担起开创中国的炼钢专业高等教育的艰巨任务。由于西方国家对我国的封锁和当时的政治经济形势，教育特别是工业教育，只能走学苏联的路。对于教师来说，阅读俄文教学材料和技术文献，便成为十分迫切的问题。1952年清华大学举办了科技俄语阅读速成训练班，谢家兰已近40岁，和许多刚参加工作的年轻人一道突击学习，他和其他人共同翻译了叶留金著《铁合金》(下册)，由龙门书局出版。阅读俄文书刊的能力，为了解苏联钢铁工业技术和参考苏联教学大纲等提供了前提条件。而这是谢家兰在克服了年事已高、工作任务较重的困难背景下完成的。

北京钢铁工业学院成立后，第一届炼钢专业的学生应该在1955年毕业，因此要在短时间内开出炼钢专业课，时间紧迫。谢家兰在北洋大学讲授钢铁冶金学，在此基础上研究了莫斯科钢学院的炼钢专业教材——特鲁宾所著《平炉钢冶金学》，经过认真备课，及时开出了炼钢专业课的核心部分——平炉炼钢和铸锭。教学效果一直很好。1955年苏联炼钢专家格·巴·萨维利也夫来到北京钢铁工业学院担任炼钢教研室的顾问，开展教学与研究工作，谢家兰和苏联专家共同合作，指导年轻教师进行讲课，领导生产实习，辅导学生做课程设计和毕业设计。于是炼钢专业的各个教学环节都顺利完成，并且逐年积累教学经验，使北京钢铁工业学院炼钢教研室成为在中国有重要地位的炼钢领域的教学和科研教育集体，是“钢铁摇篮”的一个主要构成部分。它的建设和发展，充满着谢家兰的心血和智慧。

培养工科科技人才，实验是一个重要的教学环节。由于冶金是个高温反应过程，进行实验困难大，消耗物资和经费多。一般情况下，即使如著名的北洋大学冶金系，其冶金实验也只有几台显微镜，可以观察金属材料的金相显微组织。谢家兰任北洋大学冶金系系主任时，和机械教授邓曰谟合作，自行试制了一台有石墨棒作电极的小型电弧炉。炉子虽然简陋，也没有足够经费让学生亲手操作，但一次演示的实验可以使学生感受到在电弧光下金属被熔化的过程，认识到冶金过程的特点。

1952 年院系调整，北京钢铁工业学院成立，国家投入了较为充足的经费。1954 ~ 1955 年又陆续来了一些苏联专家介绍他们的经验。于是，中国高等学校中第一个较为系统完整的炼钢实验室逐步建设起来：有传统的金相显微镜及相关设备，有分析实验检验钢中气体和非金属夹杂物的仪器，也有能方便控制熔炼过程的感应电炉和碳管加热炉。还有钢锭凝固结构的物理模拟试验以及平炉结构模型等。每一届炼钢专业的毕业生，都受到了冶炼方面的实验课训练，结合他们在基础课方面的实验课训练和学到的理论知识，为毕业后从事研究工作和认识工业过程，奠定了一定的基础。这样一个新型的实验室和实验课教学，是在谢家兰的指导下建立完成的。

新中国的成立是中国工业建设面临大规模发展而积蓄科技人才的时代。在这样的背景下，北京钢院教研室和炼钢实验室从无到有迅速建成并逐步完善。这个过程包含着谢家兰很多的心血和辛勤的劳动。

2. 把一生奉献给中国的冶金教育事业

自 1949 年应聘加入北洋大学教师队伍，谢家兰就把毕生精力奉献给了冶金教育事业，为新中国钢铁工业培养了大批科技人才。

在北洋大学，谢家兰负责钢铁冶金组的主要教学工作。在冶金系的学生中，钢铁冶金组学生最多。谢家兰和学生关系密切，除了课堂讲课以外，还常参加学生活动，了解学生学习情况。他依靠教学的经验，结合在美国共和钢厂的研究心得，撰写了专著《电炉炼钢学》，于 1950 年由上海龙门书局出版。这是新中国成立初期由中国学者完成的冶金学科专业著作。

成立北京钢铁工业学院后，谢家兰除担任炼钢教研室主任外，还负责主讲专业课平炉炼钢和铸锭，在当时这是炼钢学的最核心部分，炼钢的基本原理和工艺操作、钢的凝固过程和钢锭质量都包括在这门课程中。谢家兰在教学中表现出治学严谨的学风。在基本讲稿以外，他经常到图书馆阅读国外的科技文献，补充讲课内容。无论基本的讲稿还是阅读笔记，他都用非常规整漂亮的硬笔书法来书写，有如毛笔字中的蝇头小楷。数据图表也画制得十分清楚。谢家兰在讲学中重点突出，语言精练，循循善诱，能把一些较为琐碎的技术问题归纳成规律，便于学生理解和记忆。谢家兰培养指导教研室年轻教师也能较早开出平炉炼钢和铸锭专业课，以适应国家快速发展的需要。在指导毕业设计和课程设计的教学中，谢家兰负责指导的学生人数也是最多的。20 世纪 60 年代以来，随着年龄的增加，谢家兰的慢性病增多，曾因胃溃疡多次住院治疗，心脑血管疾病也日趋严重，却从未因身体健康状况而减轻教学工作。

北京钢铁工业学院炼钢专业（不包括炼铁、电冶金）从1955年到1966年十余年间，共毕业约700名学生，其中多数成为中国钢铁工业的技术骨干，有些成为冶金企业的领导者和政府官员。在校友返校活动中，大家都十分关心怀念谢家兰。

1959年谢家兰开始招收炼钢专业研究生，至1966年共培养了研究生9人。通过研究生阶段的学习，他们都具备了独立开展科研工作的能力，成为中国冶金科学和技术发展的重要力量，其中才鸿年已当选为中国工程院院士。

3. 深入钢铁工厂，密切联系实际，进行生产技术的研究

谢家兰全力以赴进行研究的领域是“钢锭质量和有关缺陷的预防。”20世纪五六十年代，钢的连铸处于萌芽时期，冶炼成的钢液要铸造成钢锭再轧制成为钢材，钢锭质量的水平对钢材质量和成材率有很大影响。钢锭的铸造有相当大的经验性，必须和生产实践密切结合。谢家兰坚持科研面向生产，先后长时间到上海第一钢铁厂、上海第三钢铁厂、首都钢铁公司炼钢厂、南京钢厂、攀枝花钢铁公司，研究解决钢锭横裂纹、20钢的发纹、20锅炉钢的表面质量、沸腾钢钢锭和偏析等生产技术问题，取得改进品质和提高成材率的效果，受到工厂方面的欢迎和高度评价。例如，20钢的成分处于凝固过程中包晶反应发展的区域，非常容易因钢的膨胀而开裂。谢家兰针对20钢的特点，提出用保护渣改善和防止裂纹产生的条件，获得了一定的效果。1973年他根据长期研究经验，主持编写了《钢的品种和质量》讲义作为学生教材。

除了钢锭质量这个主攻领域以外，谢家兰还对炼钢生产技术的其他新发展也十分关心。1964年他亲自去鞍钢第一炼钢厂、上海第一钢铁厂参加平炉熔池吹氧技术的生产试验。1970年针对当时国内钢铁生产存在的问题，写出了《钢铁生产中含硫量演变过程所存在的问题和改进措施》的技术改进建议给冶金工业部钢铁司，受到当时钢铁司负责人的重视。谢家兰一贯坚持理论联系实际，科研面向生产，为祖国钢铁工业技术的发展贡献了力量。

三、谢家兰主要论著

谢家兰．1950. 电炉炼钢学．上海：上海龙门书局．

叶留金．1954. 铁合金（下）．谢家兰，等译．上海：上海龙门书局．

谢家兰．1973. 钢的品种和质量讲义．北京钢铁学院教材（内部资料）．

撰写者

曲英（1930～），山东德州人，北京科技大学教授，已退休。曾讲授转炉炼钢学、冶金过程热力学和动力学、冶金反应工程学等课。

蔡开科（1936～），湖南华容人，北京科技大学教授，炼钢教研室主任，已退休，曾讲授炼钢学、钢的凝固理论、连续铸钢等课程。

李　薰

李薰（1913～1983），湖南邵阳人。物理冶金学家。中国科学院金属研究所的创始人。1955 年当选中国科学院学部委员（院士）。1936 年毕业于湖南大学矿冶工程系，1940 年获英国谢菲尔德大学哲学博士，1951 年谢菲尔德大学授予他冶金学博士学位。1940 年开始从事金属中氢的研究，率先发明了真空定氢仪，开创了定量研究金属中氢的先河；证明氢是钢中发裂的主因；临界氢含量取决于钢的成分和热处理；钢中发裂的滞后现象与氢在钢中缺陷处富集有关；钢的扩散除氢存在一个最佳温度区间，合金钢热加工后缓冷可以有效减少发裂危险。上述工作已经成为今天研究金属中氢的基础；堆垛缓冷除氢更成为制造高强钢工艺原则之一，并为冶金界长期奉行。1950 年他相约一批旅英学者回国，组建中国科学院金属研究所。20 世纪 50 年代在中国首创钢中气体分析和夹杂物分析技术，是中国钢中气体分析的奠基人，为迅速提高中国钢铁冶金质量打下了基础；1956 年始，开创难熔金属（钼、铌、钛等）铀冶金等尖端材料以及金属高温氧化的研究，解决了中国发展“两弹一星”中诸多关键材料；70 年代指导对航空材料重大事故的失效分析，证实飞机高强钢框架断裂是一种氢致延迟破坏，主要由钢冷加工后电镀致使大量氢渗入钢引起，这一成果保证了当时中国空军的飞行安全。

一、成长经历

李薰，1913 年 11 月 20 日出生于湖南邵阳。祖父李增效曾是晚清举人；父亲李本深为晚清优等贡生，民国初年曾任江西安远县知县和定南县知县。李薰兄弟四人，二哥李芬曾任武汉长江大桥的副总工程师；四弟李苾为中国科学技术大学教授。李薰不到 6 岁就进入江西南昌第三小学读书；小学毕业时，父亲辞官回家，由此家道中落。1925 年李薰举家从江西回迁至湖南长沙。1926 年年初李薰开始读初中，一年中先后就读于长沙育才中学和明德中学。1927 年 5 月国民党军许克祥部在长沙发动“马日事变”，大批学校关闭，李薰辍学半年。1928 年他转学到长郡中学，该校以文史见长，校长王季范是著名的教育家，古典文学功底深厚，曾是毛泽东在湖南第一师范学校的老师。他倡导以大义而有专长为教育之本，尤重学生的品德教育。在校长王季范和国文老师周铁庵（原武汉大学教授）的影响下，初中时代的李薰对中国古典文学有浓厚的兴趣，他熟读古代诗文名篇和经史子集，曾有心要成为一名文学家，老师和同学对他印象深刻，有“才思敏捷、文笔流畅”的美誉。新中国成立后，老校长王季范再次见到李薰时很惊讶，说“我的学生有30多位将军、省长、部长，而科学家只有你一位”。初中毕业后，由于祖父病故，李薰随父回家奔丧，误了当年高中招生的考期。

1930年年初，李薰作为插班生考入湖南岳云中学高中一年级。该校以理工科见长，校长何炳麟以“体育救国”而闻名。由于缺课半年，又从文科转为理科，开始时李薰不太适应，但由于他勤奋努力，又博闻强记，不久他的理工科成绩就逐渐名列前茅，由此奠定了扎实的数理功底。1932年中学毕业后李薰考取北平的清华大学物理系，但由于代他报名的人忘了同时申请奖学金，鉴于当时家中的经济状况已不堪重负，李薰放弃了就读清华大学的机会。后来他被岳云中学免试保送到湖南大学矿冶工程系，大学四年由于他各科成绩全优，每年都获得学校的奖学金并全免学费。1936年大学毕业后，他任教于长沙楚怡高级工业学校。1937年抗战爆发前，李薰怀着一腔工业救国的理想参加湖南省公费留学考试。由于他各科成绩均优，8月发榜时，冶金、机电、医学各取一名，李薰考取冶金名额。

1937年8月李薰远渡重洋到英国谢菲尔德大学留学。谢菲尔德是英国的钢都，以盛产合金钢而著名，是不锈钢的发明地；李薰的导师安德鲁教授是著名的冶金学家，时任谢菲尔德大学冶金系主任。由于他优良的学业成绩，李薰1938年即获得谢菲尔德大学颁发的白朗顿奖章与奖金。

二、主要研究领域和学术成就

1. 金属的冷加工强化机理研究

1937年李薰刚到英国时，正值物理学研究金属塑性的黄金时期，人们特别感兴趣的是固态金属在室温条件下的塑性（发生变形而不损坏），这与其他材料（陶瓷、玻璃等）有本质不同。当时有两种现象引起科学家的关注。一种是金属晶体的实际强度只有理论值的千分之一左右，为什么只有如此低的实际强度？这一难题曾令不少人长期困惑不解。1934年三位物理学家，Polanyi（荷兰）、Orowan（匈牙利）和Taylor（英国）同时在德文物理杂志上分别发表文章，提出一种位错假说，假设晶体滑移面上已滑移区和未滑移区的交界处存在一种晶体缺陷“位错”，金属的实际形变是这条位错线在此滑移面上依次分步滑移的结果，而非原先设想的滑移面整体滑动，由此定性地解释了金属实际强度很低的现象。文章发表后，在学术界引起轰动，并迅速形成研究金属材料的热点。另一种是金属晶体在室温下发生塑性变形后，强度显著升高，又称为金属的冷加工硬化。这一现象在金属冷加工（拉丝、冷轧等）中十分突出，材料经过一定冷加工形变后，必须进行退火软化，才能进一步形变加工。为什么这一现象仅仅发生于金属材料，它的成因是什么？这一难题引起科学家的高度关注。由于当时已知钢淬火硬化的原因是马氏体相变，据此李薰的导师安德鲁教授提出一个大胆的假设，即金属在形变过程中可能发生了一种固态相变，由此金属的冷加工硬化与淬火硬化机制相类似。因为加工硬化现象是金属塑性中核心问题之一，其机理自然吸引大批学者的研究兴趣。当时安德鲁教授将这一极具挑战性的问题交给刚刚来英不久的李薰，作为他的博士论文课题。

李薰经过一段基础课学习和专业训练后，即醉心于这项课题的研究。在总结前人研究工作的基础上，做了大量试验，将冷变形硬化钢与淬火硬化钢逐一对比，主要包括冷变形后钢的热膨胀行为；冷变形钢的吸放热行为；冷变形钢的热电势变化以及钢中含碳量对这些行为或性能的影响（成分）等。通过大量细致的定量实验，他发现除了加工硬化以外，冷变形钢还有固态相变的其他一些特征，包括体积变化、放热峰（400℃左右），以及 X 射线衍射环的变化等。这些结果足以证明冷加工中已经发生了一级相变。尽管后来证实冷加工硬化的本质是形变过程中金属晶体内位错的大量增殖与交割，而非相变，但李薰这些早期的基础性实验为冷加工硬化研究开辟了道路。实验工作中，李薰还发现冷加工形变量影响退火钢材的晶粒度，而钢材的强度又与晶粒度大小有关，细晶粒组织可以同时提高钢的强度和伸长率（塑性）。这些发现与同时代类似报道后来分别成为冷加工金属再结晶理论和金属细晶强化理论的实验基础，而这两种理论已经成为今天材料科学本科教材中不可或缺的部分。

1940 年，他来到英国仅三年多，就获得了哲学博士学位，并留校继续从事科学研究工作。1942 年年初，李薰博士论文中部分工作公开发表，在学术界引起很大反响。这一时期的基础研究对李薰后来的学术生涯影响很大。回国后，他经常勉励青年研究人员要“五洋捉鳖”，不要“瓮中捉鳖”；科研选题要做“老祖宗”（即创始性）的工作；如果研究工作不以发展前沿为起点，必将难以取得较大的突破。

2. 钢中的发裂与金属中氢

1937 年前后，第二次世界大战前的欧洲上空战云密布。一次一架皇家空军喷火战斗机失事，由于事关英国空军的先进战机，事故被高度重视。有关方面迅速组织了事故调查委员会，结果发现事故起源于航空发动机的主轴断裂，在收集到的飞机残骸主轴内部发现了许多细小的裂纹（如头发般细，又称发裂或发纹）。经过两三年对国内外钢厂的生产记录进行统计和一些初步试验，对这种冶金缺陷获得的主要结果是：发裂是钢材内部一种细小的冶金缺陷，肉眼难以分辨，但可用酸浸的方法在钢的切面显示出来。在断口表面，它表现为圆形或椭圆形的斑点，粗晶状并有银亮光泽（俗称白点）。发裂主要产生于大锻件，尤以电弧炉冶炼的合金钢为甚，并且主要在淬火后发生。对于引起发裂的原因则众说纷纭。有的认为是合金元素在局部偏析；有的认为与夹杂物的链式分布有关；还的认为是气体或水蒸气与钢中碳反应生成 CO 所致。各种观点都有一些实验结果支持，争持不下。最后问题被提交到谢菲尔德大学进行基础性研究，安德鲁教授将这项任务交给刚刚毕业的李薰，并允许他在本校挑一名研究生协助工作。

发裂作为一种冶金缺陷此前已有报道。1935 年 Musatti 和 Reggiori 曾做过一个试验，将钢分别在真空、氮气和氢气中加热并淬火，结果只有在氢气中加热的钢内部出现了发裂，因此证明发裂应当与氢有关。在此基础上，李薰认为要揭示产生发裂的秘密，应当从定量研究钢中的氢含量切入，即首先要有一种手段，精确测定钢中究竟是否含有氢，含有多少氢。

为了测定氢在钢中的溶解度，李薰设计并制造了一台真空定氢仪。这是一台用石英管制造的玻璃仪器，内部可抽成真空。测定氢在钢中溶解度时，将金属试样放入石英管，先将内部抽成真空，用电炉加热到一定温度后，通入氢气，达到一定压力后，关闭真空阀门。高温下氢气分子会在钢表面分解为氢原子，并不断向钢中溶解与渗透，这时石英管内的氢气压力将逐渐下降；观察真空计的压力随时间的变化，就可以了解氢向钢中的渗透速度。当石英管中压力达到平衡（不再下降）后，即可根据消耗的氢气和钢样的重量计算在这一温度下氢在钢中的溶解度。在实验过程中，李薰遇到一个实际困难。当时用 Sieverts 法测定金属中气体溶解度时一般要求用金属粉末样品，以便在较短的时间内达到溶解平衡，但此法对大块样品并不适用。然而发裂恰恰发生于大块金属，所以样品必须是块体金属，这对精确测量产生很大的困难。针对这一问题，李薰做了一项重要的改进，他将原先在低温下渗氢平衡后测量的方法，改变为在高温下渗氢后，降温至低温后再测定溶解度，这样氢可以很快从钢中逸出并达到平衡状态。这一改进很好地解决了在 500℃ 以下充氢时，渗氢不易达到平衡的问题。有了这台定氢仪和定氢方法后，李薰用它测量了纯铁及含镍合金钢在不同温度下氢的溶解度。仪器的原理设计图以及相关的实验数据在 1942 年公开发表。这是英国钢中定氢技术最早发表的文献。这台真空定氢仪作为英国最早的定氢仪原型，在很长一段时期内，陈列于李薰工作过的实验室中，并悬挂李薰的相片，以彰显他的功绩。而正是有了这项可以精确测定钢中的微量氢的技术，才为定量研究和认识氢在钢中的行为创造了必不可少的基本条件。

钢的发裂问题十分复杂，除了氢以外，合金成分、钢锭大小、冶炼工艺、热处理、热加工以及钢中的组织与缺陷等均对发裂产生重要影响。而金属中的氢又是一种飘忽不定的元素，只要含量达到百万分之几就产生发裂，因此尽管冶金界早前对钢中氢作用有一些猜测，但在定量分析氢的技术出现之前，要弄清钢中氢的来龙去脉绝无可能。

建成真空定氢仪之后，李薰采用高温气相渗氢，结合淬火的方法研究钢的发裂现象。他发现对于含镍合金钢，钢中氢含量只要达到1毫升氢气每百克钢（mL/100g），就可引起发裂。为了确证从钢中扩散释放出的气体是氢气，李薰采用一个Toepler泵抽取试样放出的气体进行分析，结果表明其中氢气占80%以上，其余为CH_4、CO、CO_2、O_2和N_2（可能与取样过程中空气渗入有关），这样就令人信服地直接证明氢是引起钢材产生发裂的主要原因。

高温充氢并淬火后即使在室温放置，钢中氢的逸出速度也很快，这对真空定氢技术是一个难题。因为一批高温充氢试样常有多个，但测定一个样品至少需要几个小时；而其他样品在待测时，钢中过饱和的氢会大量逃逸。为了解决这一难题，李薰发明了一种石蜡油测氢法。将待测钢样浸泡在石蜡油池中，扣上玻璃罩（预先已充满石蜡油），氢从钢中逸出时，可以直观地看到有气泡从钢表面形成并上浮到滴定管中，由此可以读出放氢量；记录放置时间与放氢量的关系，就可测定室温下钢中氢的逸出速度。这一方法简便，适合工厂现场批量试验的需要，解决了多试样同时测定的难题。多年后，在李薰的指导下，在中国鞍山钢铁公司、攀枝花钢铁公司等钢厂实验室，也大量采用这种方法测氢，取得良好的效果。

石蜡油法测氢的缺点是只能测定钢中一部分氢，李薰将石蜡油法与真空定氢法结合起来，分别测出钢在室温条件下的放氢量和高温条件下的放氢量，两者相加为总放氢量（氢溶解度）。这种细分丰富了人们对氢在钢中溶解与扩散的认识，为后人研究金属中的可动氢和捕集氢（氢陷阱）打下了最初的基石。李薰创造的这一套完整的定氢技术，成了他和同事进行定量研究、探索并揭示钢中发裂秘密的有力工具。1942～1947年，李薰所在的安德鲁研究小组先后发表了5篇关于钢中发裂问题的研究报告，详细而系统地论述了钢中发裂形成的原因，以及为解决这一问题应采取的对策，其中一些重要的结论包括：

第一，氢是引起钢材出现发裂最主要的原因。没有氢，仅有淬火应力，不会出现发裂；发裂只产生于钢材内部，至少距表面3mm以上（单纯淬火应力引起的裂纹，一般起源于表面）；钢中只要溶有微量的氢就足以引起发裂；含有铬、镍的高强钢对氢更为敏感；含碳量高的高强钢出现发裂的倾向也大，低碳钢较不易出现发裂；组织致密的锻件比组织疏松的铸件要易于产生发裂；钢中出现发裂存在一个孕育期，即高温渗氢试样淬火后，要在室温下放置一段时间，内部才会突然出现发裂（这种孕育期是氢脆的特征之一，是首次发现）；孕育期从几个小时到几个星期不等，取决于合金成分、氢含量以及热处理状态。孕育期的存在证明钢中发裂与氢的扩散有关，对于低合金钢发裂主要发生在淬火到200℃以下，如淬入200℃以上的介质冷却，则很少发生发裂。

第二，高温渗氢后，钢在冷却过程中氢会扩散至表面并向外界释放。令人惊奇的是，氢从钢中逸出速度并非是温度的单调函数，而是在某些温度区间有放氢峰，放氢峰位置大体接近钢中$\gamma \rightarrow \alpha$相变温度；对于钢在650～700℃珠光体相变，放氢峰最为明显；钢中的碳含量高，会显著抑制氢的释放，Cr、Mo、Mn、Si也有类似的作用；含有这些元素而淬透性高的合金钢易产生发裂，而淬透性低的低、中碳钢则不易出现发裂。氢在α-Fe中的溶解热比在γ-Fe中要大6倍（以前曾认为差别不大）；氢在α-Fe中的扩散速度也比在γ-Fe中高得多；显微组织对氢在钢中扩散影响很大，因此固态除氢工艺与合金成分有关。根据放氢峰的位置，有两个最佳的除氢温度区间，一个在珠光体相变温度附近，温度区间较窄，另一个在300～450℃区间。因此生产对氢敏感的钢种，锻造或轧制后应当堆垛缓冷，除氢效果最好，这一结论后来成为生产对氢敏感的高强钢时一条重要工艺原则。

除了发裂现象，他们还进行了许多基础性的研究，如氢对钢材力学性能的影响。他们研究发现氢对钢材的强度（如弹性极限、屈服极限、最大拉伸强度）几乎没有影响，但明显恶化钢材的塑性（如伸长率、断面收缩率），尤以断面收缩率下降最为明显；如果采用电解渗氢，钢的断面收缩率下降很快，电解渗氢后钢材在100℃下保温90分钟则钢的力学性能就大部分恢复。今天人们采用钢材断面收缩率下降的相对百分比作为评价钢材的氢脆敏感指数，正是源于这项工作。

上述基础性研究今天已经构成了“金属中氢”这一学科的基础，尽管后人又有大量新的实验和发现补充并充实，但1940～1947年安德鲁小组的工作无疑已经构建了该研究“大厦”的主体。正如英国合金钢委员会发裂分委会主席Desch博士总结的：“这些工作是学术界与英国诸多钢厂通力合作的结果，尽管一些问题尚未完全清楚，但研究确实取得了巨大的进展……许多钢厂已经清楚地知道如何生产无发裂钢。”正是这些基础性的研究工作和由此产生的工业技术，使英国军工部门在战争期间能够生产大量的优质合金钢，保证了战争的最后胜利，从这一意义上说，李薰及其所在的安德鲁研究小组也是第二次世界大战中的无名英雄。

由于李薰的研究成就十分突出，他在谢菲尔德大学冶金系的学术地位也不断上升，1951 年 3 月谢菲尔德大学决定授予他冶金学博士学位，这是谢菲尔德大学冶金系设立的最高学位，该校 1923～1951 年 28 年间只有两人获得这一学位，李薰也是唯一获此殊荣的中国学者。

3. 创建中国科学院金属研究所

鉴于李薰在学术领域的名望不断上升，1946 年年底，时任南京中央研究院总干事的萨本栋访英期间，专程去谢菲尔德大学商请李薰回国加入中央研究院，并拟建冶金研究所。由于当时国民政府政治腐败，李薰婉言谢绝了这一邀请。新中国成立后，经先期回国的好友王大珩举荐，1950 年 8 月钱三强给李薰写信；10 月涂长望访英期间专程到谢菲尔德大学看望李薰，并进行了一次长谈。当时涂长望的正式职务是中央军委气象局局长；1950 年 6 月为了抗美援朝，新中国急需发展自己的国防工业，其基础就是钢铁工业。当时，作为一个拥有 4.5 亿人口的大国，中国的钢铁产能只有 90 万吨/年，相关的科研几乎为零。

经过这次长谈，稍后他又收到时任中国科学院院长郭沫若的邀请信，李薰明确做出了回国建设新中国的选择。从此他便积极联络一批在英学习和工作的朋友（张沛霖、柯俊、张作梅、庄育智、方柄等）策划回国，开创中国自己的冶金研究事业。1950 年 12 月李薰正式向谢菲尔德大学提出辞职。当时新任冶金系主任 Quarrell 教授曾极力挽留，允诺可以另换职位，并增加工资；美国驻英大使馆科学参赞、曾经做过哈佛大学教授的 Sheler 访问谢菲尔德大学时也对李薰说“如果你想去美国我可以帮忙”，那时美国生活及科研条件已相当优越。但李薰回国决心已定，1951 年 3 月辞职获批准。当李薰回国的消息传开后，谢菲尔德《城市晚报》上报道了一则新闻，标题为《冶金学家要回红色中国》。

他于 1951 年 7 月 31 日抵达香港，终于回到已阔别 14 年的祖国。回国后，李薰受命组建中国科学院金属研究所，筹建组地址在北京文津街 3 号中国科学院院部（原中央研究院微生物所旧址）的一间半地下室，这是中国科学院成立后新建的第一个大型研究所。此前不但在中国无先例可循，而且即使在欧洲（包括英国）1945 年以前也没有一个国家级的冶金研究所或钢铁研究所。

应东北人民政府的邀请，李薰带队实地考察了东北的钢铁工业，当时中国钢铁工业主要分布在辽东半岛。面对新中国落后的钢铁工业和国家对优质钢材的渴求，李薰认识到必须以提高中国钢材质量为切入点，而冶炼必是其中的关键。尽管李薰在英国的学术成就主要在金属学方面，但金属研究所建所初期的布局却以冶炼物理化学为重点，李薰亲自兼任冶化研究室主任，同时还设有选矿、耐火材料等学科。结合在谢菲尔德大学做基础研究的经验，金属研究所早期就设有金属物理学科，以突出理论研究的比重。根据中国科学院、东北人民政府的意向和李薰的提议，金属研究所最后选址于东北重工业的中心沈阳，这里是东北政治与经济中心，并与主要钢厂联系密切。由于当时正值抗美援朝时期，新建的金属研究所实验室大楼在1951年冬破土动工时，还设计地下室以备万一敌机轰炸，可供科研人员防空之用。

1953年春，金属研究所实验大楼落成，中国科学院金属研究所正式成立，周恩来总理亲自签署任命书任命李薰为所长。50多年来，这里产生了诸多的中国第一：第一台真空定氢仪、第一台真空熔化定氧仪、第一台真空冶炼炉、第一台真空自耗炉、第一块金属铀、第一块铝镁耐火砖、第一片气冷式空心涡轮铸造高温合金叶片、第一块带抗氧化涂层的钼蒙皮、第一块Cr-Mn-N奥氏体钢、第一块Cu-P耐候钢、第一根高碳高铬合金耐磨堆焊焊条、第一支热解石墨电子管栅极、第一次氧气炼钢、……以及由此建立起来的第一支相关领域的研究团队，如钢中气体分析、夹杂物分析、铀冶金、难熔合金、高温合金、高温氧化、高分辨原子像、金属疲劳……这里还翻译出版了第一部金属学教材《金属学物理基础》，编写了第一部电子显微镜教材……每年有大量的研究生在这里学习，毕业后活跃于全国与世界各地，其中，有20多位材料科学方面的中国科学院院士和中国工程院院士先后在金属研究所工作或学习过。经过50多年的发展和几代人的努力，今天金属研究所已经成为国际上为数不多的大型材料科学研究基地之一，而李薰正是它的无可争辩的创建者与奠基人。

4. 提高中国钢铁冶金质量

20世纪50年代初期，中国钢铁工业对钢中气体及其对钢质量的危害还一无所知，更没有相关的技术队伍和所需的仪器设备，李薰是从完全空白的基础上开始起步的。在那段日子里，白天他主要忙于所长工作，晚上就到实验室，指导青年科研人员（张子清、杨维琛、陈文绣等）工作。研究工作从搭建气体分析设备开始，由于其他人都没有这方面经验，李薰除了自己绘制仪器图纸外，还要指导购买哪些原料、仪器调试中如何做玻璃磨口，以保证真空密封等，事无巨细，率先垂范。不久就建成中国第一套真空定氢仪和第一套真空熔化定氧仪，同时也带出了第一批从事钢中气体分析和钢中夹杂物分析的研究队伍。紧接着金属研究所又多次开办定氢技术学习班，为钢厂培训技术人员，并赠送一套真空定氢仪给鞍钢中央实验室，使气体分析技术迅速推广到全国。

为了弄清楚钢中氢的来源，在李薰的指导下，金属研究所派出多批工作组深入鞍山钢铁公司、本溪钢铁公司、抚顺钢铁公司和大连钢铁厂等，与钢厂技术人员合作，系统性地研究了冶炼过程中氢含量的变化，获得的一些主要结果：①电炉冶炼时，钢水中的氢主要来源于造渣材料（如石灰）中的水分，为了减少钢中的含氢量，所有的造渣材料均应仔细地进行防潮或预热干燥；②平炉冶炼时，钢水中氢主要来源于炉气中的水分，其中焦炉煤气中的水汽分压最为关键，这一结果澄清了先前认为平炉钢水中的氢主要来自于车间大气，从而不可控的模糊认识，在平炉冶炼中沸腾去氢只有在钢水含氢量较高时才有明显作用；③解剖了两个大型钢锭，一为不锈钢，一为重轨钢（均对白点比较敏感），首次发现并报道了大型铸锭中心区域有明显的氢偏析（氢含量超过 9mL/100g），这一结果肯定了氢在钢锭中的偏析主要发生于固/液相变的凝固过程，而非先前国外一些学者推测的 $\gamma\rightarrow\alpha$ 固态相变过程，以及钢锭中氢偏析没有明显规律的错误认识，这种中心偏析的氢分布图也可很好地解释为什么发裂总是发生于钢材的心部而非表面。

这些研究成果不但弄清了冶炼钢水中氢的主要来源，以及冶炼方法不同时，钢水中氢含量不同的原因，对迅速提高中国合金钢质量起到了关键性的作用。其中一些工艺原则，特别是使用干燥造渣材料炼钢已经作为一项严格的工艺规范，一直沿用至今，它对后来中国发展低氢冶炼技术有深远的影响。金属研究所关于钢中氢的研究成果 1956 年获得中国科学院自然科学奖（后转为国家自然科学奖）三等奖。

20 世纪 60 年代后，为配合航空航天新材料的研制，在李薰的直接领导下，金属研究所又建立了钼、铬、铌、锆、钛等难熔金属的气体分析技术，70 年代为配合钢厂炉前快速分析的需求，金属研究所又在中国首先建立了热导法快速定氢和脉冲法快速定氧新技术，并在全国重点钢厂推广。

5. 解决航空用框架结构钢的质量问题

1971 年中国空军某型号飞机多次发生故障，致使尚未出厂的几百架飞机不能交付，已经装备空军的几百架飞机由于故障原因不明，空军不能确定是否可以起飞。如此多的飞机出现质量问题，严重影响了空军的战备，这一问题很快上报周恩来总理，并由时任中央军委副主席叶剑英元帅亲自处理。

造成这起重大航空事故的主要原因是飞机上一钢制框架出现自行开裂。该框架材料为 18Mn2CrMoB 钢，是一种新研制的钢种。李薰接到这一任务后，亲自带队

（郭可信、王仪康等）到生产厂实地考察。他发现这种零件在热冲压成形后，还要用铁锤反复敲击，进行不同程度的冷整形，以校正由冷却不均匀引起的变形，零件再经酸洗去除表面氧化铁皮，然后电镀锌。在事故分析会上李薰提出这种钢制框架自行断裂的现象可能是一种氢致开裂。他说："我 20 多年前在英国就经历这样的事，冷加工纯铁和合金钢电解渗氢后，氢含量比未冷加工钢要高十多倍，而且很难将氢从钢中除去，这次是否也会在这里出问题？"为了确证引起钢制框架断裂的原因，金属研究所与飞机制造厂密切合作，最后在实验室条件下获得了裂纹再现的结果，证明这种钢材断裂确实是由冷加工后再电镀引起的，两者缺一不可。它的微观机制是锤击冷加工时在钢的表面与内部引起位错大量增殖，位错作为一种氢陷阱，捕集了在酸洗或电镀过程中渗透到钢中的氢原子，这些被捕集氢不易逃走，导致局部氢浓度很高，材料变脆，在应力作用下，这些已经脆化的局部易于萌发微裂纹。而对于高强钢，一旦微裂纹形成就会迅速扩展直至断裂。原来使用的 30CrMnSi 钢由于氢脆敏感性较低，尽管采用同样的工艺，但未发生开裂。在大量实验基础上，李薰作出事故结论：钢制框架出现自行开裂的原因是冷加工引起的氢致滞后破坏，只要在生产中不采用冷加工锤击，或不用后续的电镀，钢框架就不会发生开裂。已经装备空军的各型号飞机，只要框架没有电镀就是安全的，完全可以正常起飞执勤。最后由周恩来总理亲自召集会议，作出事故结论和处理意见，叶剑英元帅在会议总结发言中称赞李薰，"科学家为维护我国空军作战实力做出了贡献"。

6. 规划中国冶金科学发展战略

1956 年中国编制了《1956—1967 年科学技术发展远景规划》，李薰是冶金科学部分的主要负责人。当时中国的经济建设以发展重工业为主，而冶金工业又是重工业的核心和基础。在编制规划的过程中，李薰从中国冶金工业的整体发展的战略高度出发，高瞻远瞩地提出了一系列建议，主要包括：

第一，针对中国的资源特点，发展中国自己的合金钢系统，中国富有钨、钼，稀土，但缺乏铬、镍（金川镍矿当时尚未发现），因此建议系统开展钨、钼在钢中作用机理的研究，以及稀土资源的有效利用。

第二，开展耐大气腐蚀性好的含铜钢研究，由于铜在炼钢时无法去除，中国不应通过向钢水中加铜来发展铜钢，而应立足于有效利用含铜铁矿，后者正是国外开发含铜钢的基本原因。

第三，加强合金强度理论的研究，经典的固溶强化理论只是定性而非定量。当时有人发现纯铁中添加 2% 的铬，合金强度不升反降，这一现象也与固溶强化理论矛盾。对于这种基础研究工作，中国科学院应责无旁贷，建议最好从纯金属开始。

第四，开展金属腐蚀问题的基础研究，尤其是国外也刚刚起步的金属在海水（含氯离子）环境下的腐蚀机制，重点突破用短期加速试验预测金属长期腐蚀结果的方法与机制研究。

第五，开展高合金钢及高温合金的研究，强调研究和开发低铬镍或无铬镍的耐热不锈钢、钛合金及锆金属等新技术，以满足国家发展的需要。

这些意见或建议后来基本上都成了中国冶金工业发展的纲领，其中有一部分直至今天对中国冶金工业发展仍然有重大而深远的意义。

7. 为“两弹一星”提供关键材料

1957年李薰访问苏联科学院后，结合当时中国的经济与国防建设需要，金属研究所的主要任务发生了战略性转变，从以提高钢铁质量为主转变到以发展国防尖端材料为主。金属研究所成立了铀冶金、铸造高温合金、金属陶瓷与碳材料、难熔金属与合金，以及金属物理等研究小组，李薰亲自参加并负责难熔金属及铀冶金两个研究小组。面对这些全新的任务和学术领域，李薰和全体科研人员一起努力奋斗，边干边学，经过几年的攻关，在一些关键技术上取得了突破性进展，为我国发展国防军工和先进武器提供了一大批急需的关键材料。这一时期李薰还先后发表了《钼的中温氧化》、《铜在200～900℃氧化》、《钇对钼高温氧化的影响》和《铀在精炼过程中含碳量变化》等学术论文，它们分别是中国金属高温氧化学术领域和铀冶金学术领域最早的文献。

8. 为中国科学院金属研究所的发展奠定了良好的基础

李薰在创建金属研究所时白手起家，当时做出了一个英明决策：边培训、边建设，同时还有一批科技人员下厂，使他们既得到了锻炼，又加强了与企业的合作关系，从而形成理论联系实际的作风，也为以后研究成果的推广创造了良好的条件。

研究所能否发展，关键在于人才的培养和学风的形成。金属研究所建所之初就网罗了多名在国外科研第一线工作多年的留学生作为学科带头人，同时通过压担子又培养一大批青年科研人员。李薰大力提倡学术自由，鼓励青年人勇于创新，承担国家重大任务，学科与任务并重，使金属研究所形成了“团结、奋进、朴实、创新”的优良传统和学风。

李薰自幼天资聪颖，一生勤奋好学、为人正直、光明磊落、幽默诙谐、知人善任。他热爱自己的祖国，数十年如一日醉心于科学事业。在金属研究所的实验室、图书馆、青年职工宿舍里都有他的身影。他常常提着那支具有标志性的烟斗出入于各个实验室，了解科研项目的实际进展，分享科学发现的快乐，了解科研人员所面临的困难或问题；他对全所各类人员的性格都很熟悉，对一线科研的进展了如指掌，是一位深受全所职工敬重的所长。

他治学严谨，对弄虚作假、伪造数据者一经发现必定严肃处理，绝不姑息。对一些违反科学精神的“上级指示”也敢于直谏，避免了一些重大的损失。1958 年全国“大炼钢铁”，上级要求金属研究所开炉炼铁，李薰巧妙地建议派人指导炼钢来完成任务，使金属研究所逃过一劫。后来沈阳市突然提出一场“扒烟囱”运动，要用超声波煤气化治理铁西区的环境污染，李薰向有关负责人直谏说：“要是我的话，先推广煤气而后扒烟囱”，正是这项建议使国家避免了一场重大的经济损失。1965 年上级下达“靠山、分散、隐蔽”指示，要求金属研究所限期搬迁到“三线”。李薰到南方实地考察后认为执行指示不难，可唯独不利于科研工作。由于他一再推延迟滞，最后这一搬迁无果而终，避免了一场灾难。“文化大革命”中，上级军管部门曾下令调出金属研究所全部闲置的仪器设备，并列出了清单。当时由于全所研究工作实际已经停顿，如果按清单调出，必使金属研究所荡然无存。尽管那时李薰已无力阻止，但他仍然采用拖延和搪塞的办法，最后不了了之，保住了金属研究所的仪器设备。类似事例很多，不胜枚举。

李薰自 1951 年回国后，历任中国科学院金属研究所所长、名誉所长，中国科学院沈阳分院院长、中国科学院副院长、主席团成员、党组成员兼技术科学部主任，国家科委冶金新材料组副组长，中国金属学会历届副理事长、《金属学报》主编等职。1955 年他当选为第一批中国科学院学部委员。为了纪念他创建金属研究所的功绩，所内为他树立了铜像，当年他主持建设的研究大楼被命名为“李薰楼”；2001 年在我国建立的第一个以学科命名的国家实验室——沈阳材料科学国家实验室，设立了“李薰奖”和闻名于世的“李薰讲座”。由此，李薰的名字将与金属研究所共存共荣。

三、李薰主要论著

Andrew J H, Lee H. 1942. The working-hardening and ageing of steel. J Iron & Steel Inst, 146: 153.

Andrew J H, Lee H, Quarrell A G. 1942. The determination of the solubility of hydrogen in iron and iron alloys. J Iron & Steel Inst, 146: 181.

Andrew J H, Bose A K, Geach G A, Lee H. 1942. The formation of hair- line cracks, Part 1. J Iron & Steel Inst, 146: 193.

Andrew J H, Bose A K, Lee H, et al. 1942. The formation of hair-line cracks, Part 2. J Iron & Steel Inst, 146: 203.

Andrew J H, Lee H, Mallik A K, et al. 1946. The removal of hydrogen from steel. J Iron & Steel Inst, 153: 67.

Andrew J H, Lee H, Lloyd H K, et al. 1947. Hydrogen and transformation characterisitcs in steel. J Iron & Steel Inst, 156: 208.

Andrew J H, Lee H. 1947. Internal stress and the formation of hair- line cracks in steel. Syposium on Internal Stress in Metal and Alloys, The Institute of Metals, 265.

Andrew J H, Lee H. 1950. The effect of cold-work on steel. J Iron & Steel Inst, 165: 145.

Andrew J H, Lee H. 1950. The effect of cold-work on steel. J Iron & Steel Inst, 165: 369.

李薰. 1955. 对冶金科学长远规划以及建立我国合金钢系统的一些初步意见. 科学通报, 12: 44.

李薰, 杨维深. 1956. 平炉熔炼热工制度对钢液含氢量的影响. 金属学报, 1: 397.

李薰, 张子青, 贺潜菊, 等. 1956. 氢在退火钢锭中的分布. 金属学报, 1: 37.

李薰, 陈继志, 李捷报, 等. 1956. 中板夹层的研究. 金属学报, 1: 301.

李薰, 陈继志, 李捷报, 等. 1956. 碱性平炉熔炼优质钢的锰制度. 金属学报, 1: 15.

李薰, 吴纹海. 1957. 钢熔池的锰氧反应和脱碳反应. 金属学报, 2: 127.

李薰, 贺潜菊, 张振芳, 等. 1957. 高铬不锈钢裂纹的研究. 金属学报, 2: 1.

李薰, 王仪康, 王青辉, 等. 1958. 平炉冶炼重轨钢脱氧工艺研究. 金属学报, 3: 1.

李薰, 郑逸平, 银耀德. 1965. 钼的中温氧化. 金属学报, 8: 221.

郑逸平, 银耀德, 李薰. 1966. 钇对钼高温氧化的影响. 金属学报, 9: 107.

张永刚, 戚震中, 李淑苓, 李薰. 1981. 铀在精炼过程中含碳量的变化. 金属学报, 17: 352.

主要参考文献

中国科学院金属研究所. 2003. 李薰文集. 北京: 科学出版社.

王仪康, 冼爱平, 陈文绣. 1992. 李薰的科学研究经历. 冶金情报工作: 92-100.

撰写者

冼爱平（1955～），江苏扬州人，中国科学院金属研究所研究员，从事材料科学研究，1991 年获博士学位。

朱 觉

朱觉（1914～1996），江西铅山人。冶金学家、冶金教育家。中国电冶金学科和电渣冶金技术的开拓者和奠基人之一。1937年毕业于唐山交通大学矿冶工程系，1946年毕业于美国明尼苏达大学，获理学硕士学位。北京科技大学教授、博士生导师，为中国特殊钢冶炼和冶金质量和研究做出了重要贡献，特别是与上海重型机器厂合作建成全球容量最大的200吨电渣炉，发明了有衬电渣冶炼技术，获国家科学技术进步奖三等奖，并获电渣技术突出贡献奖。从教40余年，创建了中国电冶金教育，培育了大量的杰出人才。曾任北京市人大常委、全国人大委员、北京钢铁学院副院长、中国金属学会特殊钢分会副主任委员。

一、成长经历

朱觉，字居葛，1914年1月30日出生，谱名朱善祥，少居江西省铅山县河口镇。朱觉少年时江西战乱仍频，他求学于上饶地区多家中小学校，1930年南昌匡卢中学初中毕业，考入南昌豫章高中。1933年考入上海暨南大学，就读于化学系，翌年转入唐山交通大学矿冶工程系，1937年曾在青岛四方机器厂实习，上海“八一三”事变后，因唐山交通大学停课，他转至湖南大学矿冶系寄读，于1937年夏毕业。

1937年，朱觉曾在国民政府资源委员会所属湘西金矿探勘队实习（沅陵），1937年10月入重庆兵工署第三十工厂和二十一厂，从事刀具热处理工作，1940年就职重庆大学矿冶系任助教。

1943年，朱觉通过自费赴美留学考试，于1945年10月至美国明尼苏达大学学习，1946年在匹兹堡（Pittsburg）Lectromelt电弧炉制造厂实习，开始与电弧炉炼钢结缘，1946年年底获理学硕士学位。

1947年春，朱觉回国，任教于南昌中正大学机电系和化工系，曾短期兼任总务处处长，1947年秋，在南昌省立专科学校兼课一年。1949年春，他就职唐山工学院冶金系教授，当时在上海交通大学内上课。上海解放后，他由上海回南昌，再转至唐山铁道学院，1952 年院系调整，调入北京钢铁工业学院（1960 年改为北京钢铁学院，现为北京科技大学）。

二、主要研究领域和学术成就

1. 我国电冶金学科和教育的奠基人

新中国成立之初，高等学校进行了院系大调整，以集中人才建立优势学科、培养专门人才。1952 年设立北京钢铁工业学院，由唐山铁道学院调入一批教授，朱觉也在其列，至冶金系任教授。

新中国成立后，面临着恢复和发展钢铁工业的艰巨任务。1949 年，我国钢产量仅为 15.8 万吨，生铁仅为 25 万吨，其中特殊钢的生产量更少的可怜，远远不能满足国民经济建设和国防建设的需要。朱觉受命组建我国第一个电冶金教研室，他与关玉龙、张鉴、李西林、李传薪等教师共同努力、克服多种困难，培养了一批又一批特殊钢和铁合金工业所需要的高等专业技术人才。此前，在世界各国高校中，只有苏联的高校设有电冶金专门化以培养特殊钢工业和铁合金工业所需要的高等专业技术人才。为此，朱觉带领教研室各位教师夜以继日地自学俄语，一边翻译有关教材，一边给学生讲课。在此期间，按学校安排，朱觉和同事们一起带领第一届电冶金专业学生去抚顺钢厂进行现场教学，朱觉边翻译苏联有关教材，边给学生讲课，同时和同事们带领学生在生产实践中学习，在深入生产实际中教师们也得到锻炼和提高。由此，电冶金教研室形成了理论联系实际、师生教学相长的优良传统。

苏联专家 B. A. 格里古良和 A. A. 雅思凯维奇于 1954 年先后来华在电冶金教研室执教，并开设了研究生班。朱觉和同事们虚心学习苏联教学经验：亲自做课程设计和毕业设计，然后指导学生做课程设计和毕业设计，在教中学、学后教，身体力行地进行了电冶金专门化的课程设置、教学、实习、设计、专业实验等教学基础建设，以及实验室建设等，为中国的电冶金学科和教育奠定了基础。在北京钢铁工业学院电冶金教研室的基础上，国内有些高校也先后组建了电冶金学科或教研室。

1955 年后，北京钢铁工业学院电冶金教研室在朱觉主导下发展壮大，先后吸纳了孔祥茂、陈家祥、赵玉祥、周进华、杨念祖、马廷温等专业人才，组成了以朱觉为首的热爱电冶金学科及教育的集体，形成中国自己的关于合金钢冶炼工艺、特殊钢冶炼工艺、铁合金冶炼工艺，以及电炉电气运行等技术的学科方向的教学和科研体系，为国家培养了一代又一代电冶金专业人才。

朱觉先后开开设或讲授钢铁冶金学、铁合金、金属材料、采矿学等课程；翻译了《电冶金学》(上下册)、《铁合金》、《黑色电冶金学》（上册）等苏联教材；组织教研室教师自主编写了《电炉炼钢学》等教材。朱觉改革铁合金课程体系，提出了“一原理三方法”——“选择还原（一原理）和电热法、电硅热法、炉外法(三方法)”，摒弃了以铁合金品种为纲的陈旧体系，取得了很好的教学效果。

朱觉为国家培养了众多的本科生、硕士生和博士生，毕业后不少成为电冶金技术专家或特殊钢领域的专门人才、高校的教授、院士、大型特殊钢企业的总工程师。受教者和学生们尊敬和爱戴朱觉，原中国政协副主席、中国工程院院长徐匡迪恭贺朱觉八十华诞，写道“饮水思源”，代表了大家的心声。

2. 中国电渣冶金的开拓者

中国的电渣冶金技术在朱觉的大力倡导和广泛深入的研究下，得到成功应用和大发展，成为高品质特殊钢冶炼的必备技术。1959 年，朱觉率先自主开展航空滚珠钢的电渣重熔研究。1960 年，在北京钢铁学院内建成了中国第一台小型工业电渣重熔装置，并用之开展电渣重熔过程的理论研究和应用研究。1964 年，“电渣重熔合金钢工艺”获国家发明奖。朱觉在大量理论研究和实际研究的基础上进行了许多独创的新研究，例如，1960 ~ 1961 年有“单相双极串联有衬电渣熔炼”技术和“三相有衬电渣熔炼”等发明，其中“单相双自耗极有衬电炉”获 1983 年国家发明奖四等奖。

1965 年，朱觉与上海重型机器厂合作，建成全世界第一台 100 吨电渣炉，经过八年反复试验，于 1979 年又建成 200 吨电渣炉，于 1982 年通过国家技术鉴定，获 1983 年冶金工业部重大科技成果奖一等奖，1985 年上海市科技成果奖一等奖，而后“200 吨电渣炉及其重熔工艺”项目获 1987 年国家科学技术进步奖三等奖。

1976 ~ 1979 年，年逾花甲的朱觉发明了一种新的电渣技术——水平电渣重熔技术（水平电渣浇注技术），进行了实验室实验和小型工业实验。

1982 年 11 月，朱觉参加在日本举行的“第七届国际真空和特种冶金会议”，宣读关于我国电渣冶炼发展的学术报告，全球领先的中国 100 ~ 200 吨大型电渣技术受到各国代表的重视。朱觉作为对国际特种冶炼做出重大贡献的个人之一，北京钢铁学院作为对国际特种冶炼做出重大贡献的单位之一，1988 年在美国召开的“第九届国际真空冶金会议”（ICVM）上受到大会评奖委员会和美国真空冶金学会的表彰和奖励，朱觉对中国以及全球的电渣冶金技术和理论研究的贡献得到世界的公认。中国的超大型电渣重熔的设备和工艺进行了开创性的尝试和探索，在世界上首开先河，积累了极其宝贵的理论探索和实践经验。特别是，通过“以小拼大”的创举，使当时世界上的电渣锭重量提高了两个数量级，解决了上海重型机器厂120MN水压机当时生产大锻件缺乏大钢锭的无米之炊问题。

材料是制造业的基础，有高端材料才有高端制造业，有没有高端材料的生产能力是检验一个国家和地区的制造业是否高端的关键标准。作为高端材料，巨型钢锭是极端制造技术，保证巨型钢锭的高品质一直是现代冶金技术的难题，高品质巨型钢锭的生产技术一直是大锻件制造的关键核心技术，是衡量一个国家基础制造工业发展水平和科学技术拥有一定攻坚能力的重要标志之一。作为中国的自主原创技术，超大型电渣重熔技术开辟了生产高品质巨型钢锭的新方法、新途径。至2014年为止，世界上还未见有达到中国大电渣技术水平和生产业绩的报道。由中国人独创、从研究开发到付诸工业生产应用并达到世界领先地位，在国际上获奖的重大项目还为数不多。关玉龙为此赞叹道“涉深水者得探蛟龙”。

朱觉在电渣重熔过程理论研究方面也取得了许多成果，如重熔过程中氧化物夹杂行为的研究、大型电渣锭重熔过程中氢和铝的控制研究。指导研究生开展电渣浇注空心锭、电渣熔炼球墨铸铁和电化学改性生铁的研究，发现了氧化物夹杂主要在电渣重熔过程中电极端部金属液层形成阶段去除。某些夹杂物溶解于熔融金属并在重熔金属凝固过程中形成新夹杂等。

3. 深入实际、服务社会

朱觉崇尚知行合一，一生身体力行。国内主要的特殊钢厂和铁合金厂都是他的实验室和教室，他不辞劳苦为现场提供指导、解决问题：1962年为上海钢铁第五厂解决当时航空用滚珠轴承钢的质量难题，现场进行了“合成渣洗”工业实验；针对上海铁合金厂生产硅钙合金“混合加料法”的问题，提出了“分层加料法”新工艺，北京铁合金厂采用此法，各项技术经济指标得到改善；1961～1964年，在北京钢丝厂提出“有衬电渣炉冶炼/电渣重熔”双联法，使该厂得以成功的批量生产优质铁铬铝电热合金，为该厂后来的发展奠定了基础；1973年，在齐齐哈尔钢厂将碱性平炉与酸性平炉双联法改为电弧炉与电渣炉双联法，提高了特殊用途钢的质量；1988年，与上海重型机器厂合作，成功地炼出当时世界上最重的200吨电渣钢，为中国秦山核电站建设做出了重大贡献，为大型机电化工用特大型锻件的国产化发挥了重大作用。

朱觉晚年因帕金森病不利于行，仍对上述重大电渣技术的改进念念不忘。

4. 为而不害、利而不争

朱觉严谨治学、诲人不倦，勇于实践、敢于创新、贡献卓著，生活俭朴、谦和近人，深受学生及后进同事的敬爱。受他的教导和感召，众多电冶金的教师和学生，形成了探究真理、勇于创新、不计名利的学风。

朱觉认为，学者应有渊博的学识、高深的理论，也同样要有能解决实际问题的能力，特别是工科学者要能在工程实践中广求博取，造福社会。他指导研究生，言传身教，注重启发学生的内在潜能，如春风化雨、润物无声，培养学生的分析问题和解决问题的能力，予渔胜于予鱼。

朱觉被选为第三、五、六届全国人大代表，北京市第三、四、七届人大代表，北京市第七届人大常委，曾任中国金属学会理事、特殊钢分会副主任，1960 年当选为全国文教群英会代表，1977 年任北京钢铁学院副院长。

朱觉的一生，可概括为：

少逢乱世颇艰辛，赴美求学万里行；
归来报效新中国，创建学科兢同心；
敢涉深水探蛟龙，功成电渣勇创新；
忠诚教育四十载，满门弟子多才俊。

三、朱觉主要论著

耶德聂拉尔 . 1953. 电冶金学（上册）. 朱觉译 . 上海：龙门书局 .

耶德聂拉尔 . 1953. 电冶金学（下册）. 朱觉译 . 上海：龙门书局 .

维诺格拉德 . 1956. 滚珠轴承钢中的非金属夹杂物 . 朱觉译 . 北京：重工业出版社 .

耶德聂拉尔 . 1957. 黑色电冶金学（上册）. 朱觉译 . 北京：冶金工业出版社 .

朱觉 . 1959. 炼钢文集（第一辑）——电炉钢的研究 . 北京：冶金工业出版社 .

朱觉 . 1959. 炼钢文集（第二辑）——碱性热风化铁炉 . 北京：冶金工业出版社 .

朱觉 . 1959. 炼钢文集（第三辑）——变压器钢生产 . 北京：冶金工业出版社 .

依留金 . 1961. 铁合金（上册）. 朱觉译 . 北京：冶金工业出版社 .

北京钢铁学院编著 . 1961. 电炉炼钢学 . 北京：中国工业出版社 .

朱觉 . 1964. 美国在电弧炉内冶炼滚珠轴承钢的特点 . 钢铁，(8)：58-59.

朱觉 . 1964. 发挥电渣重熔的作用 . 钢铁，(8)：55-56.

傅杰，朱觉 . 1964. 电渣重熔过程中氧化物夹杂的变化 . 金属学报，(3)：32-44.

傅杰，陈恩普，朱觉 . 1965. 电渣重熔过程中渣池内的电弧放电现象 . 金属学报，(1)：10-18.

朱觉 . 1966. 电渣重熔与真空自耗比较 . 钢铁，(1)：16.

储少军，朱觉 . 1987. 电渣铸铁——现状和展望 . 北京科技大学学报，(S2)：30-39.

赵沛，朱觉 . 1987. 齐钢 10 吨级电渣锭的凝固参数及工艺因素分析 . 北京科技大学学报，(3)：12-18.

主要参考文献

李士琦 . 2012. 朱觉 . 中国科学技术专家传略 · 工程技术编 · 冶金卷 2. 北京：中国科学技术出版社：47-53.

撰写者

李士琦（1942～），湖南安乡人，北京科技大学教授，博士生导师，中国金属学会特殊钢分会副主任。朱觉的学生。

孙鸿儒

孙鸿儒（1915～1988），天津人。冶金技术专家。1937年毕业于南开大学，1938年到延安后在中国人民抗日军事政治大学和延安自然科学院学习和任教，东北解放初期在领导黄金矿山生产、建设工作中为支援解放战争、增加财政收入，做出了突出贡献。东北解放后，参加和领导了东北地区有色金属工业的恢复和建设工作，特别是为沈阳冶炼厂、葫芦岛锌厂、选矿药剂厂、苏家屯加工厂的恢复和发展做出了巨大努力，对中国"一五"计划期间有色金属工业的发展起了重要作用。1958年任冶金工业部北京有色金属研究院院长，充分调动广大干部和科研技术人员的智慧和积极性，攻克了一系列稀有金属提取和冶炼难关，该院受到国务院授予的锦旗表彰。1960年2月到冶金工业部后，在困难条件下，积极组织各冶金军工企业，研制和生产出大批特殊钢和有色金属、稀有金属新型材料，增加新品种，改善产品质量，得到了国防军工部门的高度评价。七八十年代以来，积极吸收国外新的技术成就，引进外资，为许多老企业技术改造做了大量的调查和考察，研究改造方案，选择引进设备，为这些工厂走上现代化做出了贡献。参与和组织编写《中国大百科全书·冶金卷》、《当代中国有色金属工业》和《有色金属军工史》等著作。

一、成长经历

1915年2月26日，孙鸿儒出生于天津市。他从小聪慧，读书过目不忘，在学校里一直好学上进，成绩名列前茅。他还喜欢运动，是南开中学一名优秀的足球运动员。他以优异的成绩考入南开大学，在数学物理系学习。由于他生活在一个大家庭中，兄弟姊妹多，生活拮据，上大学后就去做助教，寒暑假则通过教补习班来赚取自己的学费和生活费。"一二·九"运动前后，华北地区纷争四起，民不聊生，连距城八里路的南开大学也没有办法安静地上课，日军就在教室外边演习示威，经常抓人。孙鸿儒参加了中国共产党领导的民族解放先锋队和学生运动，开始走上了革命道路。1937年他毕业于南开大学，随后投笔从戎。在南京战地青年服务训练班受训后，他奔赴抗日战区从事民运和战地服务工作，成为一名抗日战士。1938年他在延安中国人民抗日军事政治大学学习，在部队这个革命的熔炉里真正懂得了革命的道理、锤炼了意志，成为一个坚定的学有所长的共产主义战士。后来他在延安留守兵团军政治研究班任政治主任教员、班主任。当时延安留守兵团司令员萧劲光、参谋长曹里怀，政治部主任莫文桦、秦基伟和各警卫团的团长、政委等领导都曾听过他讲的课。1939年他到延安自然科学院任高等数学教员，从1940年9月开始，大学本科的学生需先复习高中课程。孙鸿儒由留守兵团调来，从教立体几何、平面几何、解析几何、大代数开始，进度很快。后来，他主讲微分、极限及变数概念，学生们都认为他讲课清晰明了。他在这里教课5年，培养了一批优秀的知识分子，做出了自己的贡献。1940年他加入共产党。1945年，孙鸿儒从延安经过艰苦的长途跋涉来到东北，任西满军区通讯学校校长、延吉省政府秘书长等职务。

从1947年起，孙鸿儒被调到冶金工业战线工作，历任吉林夹皮沟金矿局局长、东北金矿管理局局长、东北工业部有色金属管理局副局长、中央重工业部有色金属管理局副局长、有色金属设计院副院长、有色金属研究院院长、冶金工业部技术司司长、第三办公室主任、有色司负责人、国家有色金属管理局负责人、中国有色金属工业总公司常务董事、技术经济咨询委员会主任，以及中国金属学会、有色金属学会副理事和康华发展总公司新材料发展公司总经理等职。1987年他又被聘为延安大学、中南工业大学名誉教授。40多年间，他长期担任有色工业管理部门和设计、研究单位的领导工作，为此奋斗了大半生，直至去世。

二、主要工作成就

新中国成立前后，在东北解放区有色金属战线上的一大批开拓者，为中国有色金属工业的发展竭尽全力，奠定了坚实的基础。在东北解放区担任有色金属工业局副局长的孙鸿儒，在组建东北有色局和恢复发展有色工业过程中发挥了特殊作用，他是新中国在东北地区有色金属工业的主要领导人和奠基人之一。1946年夏中共中央指示，各解放区要自力更生解决财政问题，让有条件的地方开采黄金，开辟财源。孙鸿儒到东北吉南后，同中共吉南地委、专署领导同志研究恢复夹皮沟金矿生产，7月，孙鸿儒和吉南专署专员沈越带几名干部和警卫员进驻夹皮沟金矿。夹皮沟在华甸县东南，那里群山连绵，森林茂密，人烟稀少。1945年抗日战争结束后，夹皮沟金矿遭到了严重破坏，加上土匪的掠夺，已无法生产，矿工失业，衣食无着，纷纷自谋生路。矿区缺水断电，机器设备锈蚀丢失，交通闭塞，恢复生产困难重重。孙鸿儒依靠组织、团结矿工，在极其困难的情况下在短短的一年中使矿山恢复生产，生产出大量的黄金。边生产边亲自往哈尔滨押送黄金，被东北局的领导称为“财神爷”，从而为支援解放战争、增加财政收入做出了突出的贡献。同时，他还对有文化基础的职工进行技术培训，不少人由此成了技术骨干。新中国成立后，夹皮沟金矿输送出不少骨干，有些人成了新矿的创业者，当了矿长，有人成了工程师，为新中国发展有色金属培养了大批干部和工程技术骨干，支援了全国各地的矿山建设。

东北地区解放后，成立了重工业部，下设有色金属工业局。孙鸿儒被任命为该局副局长，主管冶炼加工，兼冶炼处处长。东北地区解放后，在条件十分艰苦的情况下，孙鸿儒参与组织和领导了东北地区有色金属工业的恢复和建设，特别是石嘴子铜矿、夹山金矿、五龙金矿，清源、芙蓉、华铜、马鹿沟、通化二道洋岔、接黎树等铜矿，天宝山、桓仁、青城子、岫岩、八家子的铅锌矿，杨家杖子钼矿等有色金属矿山。他曾主持夹皮沟金矿、石嘴子铜矿、天宝山铅锌矿的投产工作，并为沈阳冶炼厂、沈阳矿山机械厂、苏家屯加工厂、葫芦岛锌厂、沈阳选矿药剂厂、抚顺铝厂等的恢复和发展做出了巨大努力，立下了大功。

1953 年孙鸿儒在重工业部有色金属工业局工作期间，分管苏联援建的抚顺铝厂、吉林炭素厂和哈尔滨铝加工厂以及云南锡业公司等重点项目的建设，在设计审查、工程施工等方面都做了大量的工作。1955 年冶金工业部北京有色冶金设计总院建院时孙鸿儒被任命为副院长。北京有色冶金设计总院和各分院包揽了全部国家的设计项目，成为项目建设的龙头单位。孙鸿儒被派往苏联，在莫斯科有色金属研究院工作，同时负责苏联援建项目的设计审查和联络事宜，对我国“一五”计划期间有色金属工业的发展起了重要的作用。

从 1958 年起，孙鸿儒负责组建冶金工业部北京有色金属研究院并任院长。他思想解放、作风扎实，夜以继日地工作，亲临现场，坐镇指挥，充分调动了广大干部和科研技术人员的智慧与积极性，在短短时间里，攻克了一系列稀有金属提取和冶炼的的难关，填补了国内稀有金属提取和冶炼空白，国务院授予该院锦旗表彰他们的工作。1960 年 2 月，孙鸿儒被调到冶金工业部党组办公室任主任。为适应战备需要，打破国外的封锁，自力更生发展我国军事工业所急需的金属材料，他千方百计，在困难的条件下，积极组织各冶金军工企业，研制和生产出大批特殊钢和有色金属、稀有金属等新型材料，增加了新品种，改善了产品质量，受到了国防军工部门的高度评价。

在“文化大革命”中，孙鸿儒被迫停止工作并去“五七”干校劳动。1972 年回到冶金工业部，先后在技术司和有色司担任领导工作。粉碎“四人帮”后，他衷心拥护并认真贯彻党的十一届三中全会以来的路线、方针、政策和改革开放的方针，积极吸收国外新的技术成就，引进外资，新建和改建我国有色金属工业。1981 年、1982 年，方毅副总理和时任国家有色金属总局的局长孙鸿儒，在江西西华山和湖南株洲相继召开的两次全国钨业科技工作会议上，发出了“振兴钨业”、“勇攀高峰”和“发展钨产品深度加工技术”的号召。1982 年以来，他对东北轻合金加工厂、株洲硬质合金厂、山东铝厂、洛阳铜加工厂、洛阳单晶硅厂等老企业进行了大量的调查，研究改造方案，选择引进设备，为这些厂进行技术改造走上现代化做出了重大贡献。1988 年，他被聘为中国有色工业总公司高级工程师。他还参与和组织编写了《中国大百科全书 · 冶金卷》、《当代中国的有色金属工业》和《有色金属军工史》等著作，认真审阅了大量稿件，付出了大量的心血。1988 年 2 月他负责组建康华新材料发展公司，并担任总经理，为支持残疾人的社会保障事业和人道主义一直工作到生命的最后时刻。

孙鸿儒对发展我国有色金属工业有高度的责任感，他有着坚强的意志，为人耿直，直言不讳；工作中雷厉风行，一丝不苟；思想解放，勇于创新，敢想敢干而又坚持科学态度，他精通专业技术和外语，是一位对中国有色金属工业发展有重大贡献的冶金技术专家和实业家。

三、孙鸿儒主要论著

李华，孙鸿儒，苑子纪 . 1950. 东北有色金属管理局电贺夹皮沟金矿新凿岩方法试验成功 . 有色金属，(2)：1.

李华，孙鸿儒，苑子纪 . 1950. 东北有色金属管理局关于健全矿山统计报告制度的通知 . 有色金属，(2)：13.

孙鸿儒，苑子纪 . 1950. 东北有色金属管理局对各矿山组织露头调查队的通知 . 有色金属，(1)：11.

孙鸿儒 . 1983. 努力降低钛的成本，做好技术服务工作为推广钛的应用做出贡献 . 稀有金属材料与工程，(4)：82-84.

孙鸿儒 . 1985. 中国有色金属工业的现状和展望（英文）. 有色金属，(1)：3-11.

主要参考文献

中共吉林省委党史研究室 . 吉南烽火——在为死矿复活而工作的日子里 . 长春：吉林省地质矿产印刷厂 .

《冶金人物志 · 有色金属卷和黄金卷》编委会 . 2008. 冶金人物志 · 有色金属卷和黄金卷 . 北京：冶金工业出版社 .

撰写者

孙丽虹（1943 ~），天津人，教授级高级工程师。曾在北京有色金属研究总院测试所电镜室工作，现已退休。

张卯均

张卯均（1915～2003），上海人。选矿专家。中国现代金属矿选矿技术奠基人之一。1937年毕业于焦作工学院矿冶系，曾任国民政府经济部矿冶研究所技士、技正、选矿室主任。新中国成立后历任有色冶金设计院工程师，北京矿冶研究总院副院长、总工程师，中国金属学会第三届常务理事，中国选矿科技情报网理事长，国家科委有色冶金专业委员会委员，第三届全国人民代表大会代表。主持设计了中国第一座机械化砂锡矿选矿厂，应用水力旋流器和自动翻床，结束了土法处理细粒锡矿泥的历史，实现了全流程机械化作业，技术水平达到国际水准；提倡采用联合选矿流程以提高贫赤铁矿的选矿指标，并试验成功采用离心选矿机回收细粒赤铁矿，为磁选–重选联合流程的发展开辟了新途径；组织和指导了选择性絮凝选矿新工艺的研究，提高了包头多金属共生矿的资源综合利用水平。同时参与审定了国家一些重要的科研规划，组织和领导了众多的学术交流和活动，主编了《新中国有色金属工业丛书》选矿工业卷和大型工具书《选矿手册》，并荣获过国家科技进步奖，为发展中国选矿技术做出了重要贡献。

一、成长经历

张卯均，1915年3月25日出生于上海市青浦县。祖父张继斋是前清举人，亦是开创中国新闻事业的先驱。张卯均幼年丧母，由祖父抚养长大，家教极严。1927年他曾先后在上海养正小学、南洋中学就读。南洋中学十分重视理科课程，学期考试不及格即有可能被退学。这些都奠定了他以学业为重、洁身自好的品格。

“九一八”事变后，十几岁的张卯均对日本帝国主义入侵东北三省的侵略罪行非常愤慨，激发了爱国热情，同时也产生了强烈的富国强民、实业救国的愿望。1934年中学毕业后他考入焦作工学院采矿冶金专业，立志通过开发祖国丰富的矿产资源来报国。

1935年，北平发生了“一二·九”运动。张卯均加入了南下向南京国民政府请愿的队伍。1937 年“七七”事变发生前，张卯均正在大冶铁矿实习。“七七”事变发生后，他立即终止了实习返回上海青浦。张卯均在青浦加入了中国共产党地下党组织的青浦旅外学生会，宣传抗日救国。不久暑假结束后，学校开学，他回到焦作工学院继续学业，并随校先迁西安，后迁至天水。1938 年 8 月，张卯均学习期满顺利毕业，并因成绩优异而留校担任助教。此时，受战争影响，焦作工学院和陆续迁到西北的北洋工学院、北平大学工学院和东北大学工学院合并，成立了西北工学院，张卯均在校负责矿物实习课和工程地质课的教学工作。

1940 年，经同学介绍，张卯均离开学校来到重庆国民政府经济部矿冶研究所工作，这是当时国内仅有的两处设有选矿专业的研究机构之一（另一处是东北的大陆科学院）。张卯均先在矿冶研究所的采矿室从事矿业调查，任技佐（相当于现在的助理工程师），不久即转到选矿室任技士（相当于现在的工程师）。虽然当时试验项目不多，但张卯均对选矿研究表现出了浓厚的兴趣，同时决定将选矿作为他毕生奋斗的事业。

1945 年，张卯均经矿冶研究所推荐，并通过统一考试后获得了前往美国实习的机会。到达美国后，他选择了当时美国规模最大（日处理矿石 4 万吨）、设备最先进的莫冷西铜矿选矿厂作为重点实习单位。在莫冷西铜矿选矿厂，他系统考察了从原矿破碎至尾矿处理，以及流程监测等完整的技术措施和生产管理制度。

1946 年 10 月张卯均完成实习回国。此时抗日战争已经结束，矿冶研究所也从重庆迁到了北平。张卯均继续回到矿冶研究所任技正，同时担任选矿室主任。在此期间，张卯均对龙烟贫铁矿进行了研究，提出采用重选法富集粗粒矿砂、细粒矿砂采用还原焙烧磁选法处理的试验方案。虽然试验工作由于后来的工作调动而中止，但不失为对该类型矿早期的实验工作之一。

1950 年 1 月，为开发云南东川铜矿资源，重工业部组织了一批专家成立东川铜矿工作组，进行调查。张卯均作为工作组成员之一，先后随工作组考察了东川区汤丹、因民、落雪等地的矿床情况和矿石性质，提出了开发东川铜矿的初步设计方案。

1954 年，张卯均作为云南锡业公司（云锡公司）新冠选矿厂的工程负责人，组织并领导了该选矿厂牛屎坡砂锡矿原矿的选矿试验，确定了该厂的生产流程和工艺参数。在本次设计中采用了水力旋流器等先进技术，改变了落后的人工手选细泥的状况，使新冠选矿厂在整体设计上达到了较高水平。

1956 年 6 月，张卯均光荣地加入了中国共产党。

1957 年，张卯均参加了在瑞典召开的第四届国际选矿大会。此后，张卯均被国家指派到苏联列宁格勒米哈诺布尔选矿设计研究院学习。除了学习实验研究方法和管理经验之外，张卯均还着重学习了铜、铅、锌多金属共生矿的分选技术，特别是氧化矿的各种分选技术。

1958年回国后，张卯均开始担任北京冶金工业选矿研究院选矿研究室副主任，主管科研工作。在国家“二五”计划期间，张卯均进行了大量的试验研究工作，为全国大型选矿厂的设计提供了重要依据。1963年，在针对红铁矿的选矿攻关过程中，张卯均提议采用云锡公司研制的离心选矿机回收磁选尾矿中的红铁矿，为发展磁-重选矿联合流程、提高红铁矿的选矿指标指明了方向。

1964年，张卯均升任北京矿冶研究院（原选矿研究院调整改组易名）副院长。同年，当选为全国人大第三届人民代表大会代表。

1972年，张卯均被派往甘肃白银，参与组建白银矿冶研究所（现为西北矿冶研究所），1977年调回北京矿冶研究院，担任总工程师，组织领导了包头、攀枝花和金川三大地区资源综合利用的国家重点攻关项目。

1978年后，张卯均积极参与并组织了多次全国性的选矿学科学术交流活动，主编了《新中国有色金属工业丛书》选矿工业卷和《选矿手册》等书籍，为促进中国选矿科学研究做出了重要贡献。

二、主要研究领域和学术成就

1. 中国现代金属矿选矿技术的先驱

张卯均从事矿冶事业的55年间经历甚广，始终兢兢业业，锲而不舍。早在20世纪40年代他就发表过《贵州威宁老珊层浮游选矿试验报告》、《川北广元县矿产概况》等多篇论文和研究报告。1945~1946年张卯均在美国学习期间详细考察了美国选矿厂的生产技术及美国矿山局的一些选矿试验站，回国后将学到的新技术及时应用于中国的建设事业，特别是50年代初在他主持的选矿设计和科研项目中体现了这些新技术思想，推动了当时选矿技术的发展。从50年代起，张卯均作为选矿技术专家，主持过多项金属矿选矿科研和设计工作，这些成果大多获奖并在生产实践中得到应用。他参与了中国矿冶科技发展规划，主持编写了《选矿手册》等重要专著。

张卯均作为中国现代金属矿选矿技术的先驱，培养了一大批学术带头人和科技骨干，建立了一批新的学科，对中国现代金属矿选矿技术的发展具有历史性的促进作用。他还主持设计了中国第一座机械化砂锡矿选矿厂，提倡采用联合选矿流程以提高贫赤铁矿的选矿指标，组织和指导了选择性絮凝选矿新工艺的研究，提高了包头多金属共生矿的资源综合利用水平，为发展中国选矿技术做出了重要贡献。

2. 负责设计了中国第一座机械化砂锡矿重力选矿厂

锡是人类最早发现和使用的金属之一。早在商代，我们的祖先就能用锡、铜、铅生产青铜器皿。锡在冶金工业中主要用于生产镀锡板（马口铁）和各种合金。镀锡板是锡的主要消费领域，约占锡的消费量的40%，它可以用作食品和饮料的容器、各种包装材料、家庭用具和干电池外壳等。锡铅和少量锑组成的低熔点合金就是焊锡，其占锡的消费量的20%左右。轴承合金是锡、铅、锑、铜的合金。含锡的青铜被广泛用于船舶、化工、建筑、货币等众多方面。锡还可与其他金属制成巴比特合金、活字合金、钛基合金、铌锡合金等，用于原子能工业、航空工业等。锡在化工方面主要用于生产锡的化合物和化学试剂。锡的有机化合物主要用作木材防腐剂、农药等，锡的无机化合物主要用作催化剂、稳定剂、添加剂和陶瓷工业的乳化剂。

云南个旧是中国产锡的重要基地，早在公元前就已被开采，新中国成立后，对个旧砂锡矿做了系统的地质勘探工作，累计探明锡182万吨、铜152万吨、铅308万吨、锌53万吨、钨14万吨、银2400吨。云南个旧砂锡矿一直采用重力选矿法处理高品位氧化脉锡矿和少量冲积砂矿，对于难选的锡细泥（指砂粒小于0.074mm的物料）大都成为尾矿损失。1949年前后，选矿厂曾采用土法沉淀沟脱泥和分级，并以放槽、砖槽、敲大锅等人工富集方法对这种锡细泥进行回收，不但劳动强度大，而且效率低。张卯均负责设计的新冠选矿厂所用的原矿为坡积砂锡矿，含泥量高，锡石粒度细。改变当时人工富集细泥的生产工艺是提高选矿技术的关键，因此，在设计中，张卯均首次采用设备构造简单、生产能力大、占地面积小、对细粒物料分级效率高的水力旋流器取代沉淀沟进行分级脱泥，取得了非常好的效果。后经过多年的生产实践，水力旋流器已发展成为锡选矿的重要分级脱泥设备，在锡选矿工艺中得到了普遍应用。张卯均还采用了五层自动翻床代替放槽、砖槽等人工富集细粒锡石装置，同样取得了较好效果。

水力旋流器和自动翻床的采用，不但结束了土法处理细粒锡矿泥的历史，而且提高了矿泥中的锡石回收率，使砂锡矿的选矿技术得到跨越式发展，实现了全流程机械化作业，技术水平不仅达到国内领先水平，而且达到国际水准。

3. 提倡采用联合流程改进贫赤铁矿选矿指标

20世纪60年代以前，中国弱磁性赤铁矿的选矿，一般采用传统的焙烧磁选和正浮选两种方法，生产指标不理想。此外，用磁选方法回收磁铁矿时，弱磁性赤铁矿部分在尾矿中损失，造成了有价资源的直接浪费。因此，提高赤铁矿的选矿技术，有效回收矿产资源，一直是选矿研究工作中的重点和难点。1963 年，张卯均经过研究发现，离心选矿机可以有效地回收细粒锡石，于是他提出利用这种重选新设备来回收细粒赤铁矿。冶金工业部将这一建议立项进行试验，确定云锡公司为承担单位。试验结果表明，效果良好。这一试验的成功，为磁选-重选联合流程的发展开辟了新途径。1977 年，这一流程在鞍山弓长岭选矿厂推广应用，显著地改进了选矿指标，取得了明显的经济效益。

1977 年，为了促进中美双方的技术交流，中国和美国互相设立了联络处，并达成了十项技术交流协议。红铁矿选矿技术是其中之一。中国决定组团赴美考察该项目，张卯均是考察团成员之一。他在深入考察美国上湖地区铁隧岩选矿技术后，发现铁隧岩含铁低，矿物粒度细，其性质与中国鞍山式赤铁矿十分相似，觉得美国采用的多种提高铁精矿品位的选矿方法及经验值得中国参考和借鉴。回国后，他大力宣传这个观点。

1978 年，他在《中国红铁矿选矿新成就》一文中，指出了中国过去采用单一焙烧磁选和单一正浮选选矿流程是不能取得满意选矿指标和精矿品位不高的原因，提出只有根据矿石性质，采用各种选矿方法的联合流程，才是提高红铁矿选矿指标的方向。

4. 为包头矿产资源综合利用做出了贡献

包头白云鄂博矿是中国特有的富含铁、稀土、铌、氟、磷和锰等元素的多金属共生矿。建设初期，选矿厂采用的单一选铁选矿流程，不适应该矿多金属共生矿石的特性，选矿指标不理想，矿山宝贵资源得不到有效利用，满足不了当时国家经济建设的需要。为解决包头矿的资源综合利用问题，20 世纪 60 年代，聂荣臻对这项工作亲自作了部署和指导。当时，国内众多的科研单位对氧化矿的选矿进行了大量试验研究工作，提出了 60 多个流程方案，但指标都不理想，特别是铁精矿含铁较低，杂质较高，无法满足冶炼工艺的要求。1978 年后，在方毅同志的关怀和领导下，国家组织了开发利用包头稀土资源的联合攻关，成立了由包头钢铁公司牵头，有关研究单位参加的攻关指挥部，张卯均作为攻关指挥部的成员之一，全面参加了攻关工作。

针对包头资源综合利用的选矿问题，北京矿冶研究院和包头冶金所在大量试验的基础上，提出了浮选-选择性絮凝脱泥的选矿方法，小型试验结果表明，指标十分优良。张卯均立即组织开展半工业试验。试验表明这一流程不但可以获得含铁量高、氟和磷含量低的优质铁精矿，而且可以大幅度提高稀土精矿的品位和回收率，技术指标、经济指标获得了巨大突破，达到了前所未有的水平。

试验中，在张卯均的主持下确定和解决了选矿工艺的技术关键——细磨技术，对选矿工艺的最终成功发挥了决定性作用。絮凝选矿工艺试验中的一个技术关键是要将97%以上的矿石细磨到37μm以下。而当时包头矿选矿工艺中一般的细磨出料粒度为74μm以下占90%～95%。为解决这一难题，冶金工业部组织了专家进行论证。张卯均坚定地提出，只要严格控制分级粒度，掌握磨矿浓度，细磨是可以做到的。矿厂经过研究后决定进行工业试验，1984～1986年，他们在包头选矿生产中实现了细磨技术，完成了工业试验。试验指标除了铁精矿中氟含量小于0.5%外，铁、稀土、磷的指标均达到了半工业试验指标。这项成果获得1988年国家发明奖一等奖。

1984年进行工业试验过程中，在细磨技术和使用循环水的问题上，曾一度出现了问题。张卯均鼓励参加试验的人员，采取严谨的科学态度认真查找原因，总结经验，终于找到了解决问题的途径。通过选择适当的磨矿浓度，并引黄河水代替原尾矿坝循环水，工业试验获得了成功，用该项目的发明人之一罗家柯的话来说："张总是在试验最困难的时候给了我们信心和支持。"

5. 热心学术交流潜心编写中国自己的选矿手册

张卯均曾多次出国考察和参加学术活动，回国后，他总是及时、热情地传播国外的一些先进技术和信息，以推动中国选矿技术的发展。

1978年后，张卯均先后当选为中国金属学会常务理事、选矿学术委员会主任委员，中国有色金属学会常务理事、选矿学术委员会主任委员和名誉主任委员，中国选矿科技情报网理事长，国家科委有色冶金专业委员、国家科委发明创造评审委员会地采组委员，中国矿协选矿委员会主任委员等职务。他参与审定了国家一些重要的科研规划，组织了众多学术交流活动，为发展中国的选矿科学研究、促进学术交流做出了重要贡献。特别是，他积极主张打破行业界限，把学会办成跨行业的综合性学术团体，扩大了学术交流的内容，促进了相关技术的融通。

鉴于中华人民共和国成立后选矿事业的蓬勃发展，在科研、设计和生产实践中积累的丰富经验，充实和发展了选矿理论，中国金属学会选矿学术委员会于1983年决定，组织编写中国第一部选矿专业大型工具书——《选矿手册》。张卯均作为国内知名的选矿专家，担任编辑委员会主任委员。全书约450万字，分14个分册陆续出版。该书内容理论丰富，兼备实践，又以实践为重；选材以国内案例为主，同时辅以典型的国外文献资料，体现了近代选矿科学技术水平，又具有鲜明的中国特色。张卯均还担任了《中国大百科全书 · 矿冶卷》采矿编辑委员会委员，参与编审工作，任《冶金大百科全书》编委会顾问，撰写了选矿条目。

张卯均是中国现代金属矿选矿技术奠基人之一，开了中国砂锡矿、铁矿及多金属矿的现代选矿技术的先河，为现代选矿事业培养了大量人才，同时开拓发展了现代选矿技术的科研管理制度，为中国选矿技术的发展做出了重要贡献。张卯均一生谦虚谨慎，与人为善，实事求是，严于律己。在科研工作中，他认真细致，一丝不苟，推崇严谨的科研作风，对青年科技人员总是积极鼓励，为国家培养了一大批选矿技术人才，深为选矿界新老科技人员所敬重。

三、张卯均主要论著

张卯均 . 1959. 氧化铅锌矿的浮选现状 . 有色金属，77（18）：13-27.

张卯均，王玉斌 . 1964. 综合利用铜矿石中含钴黄铁矿和辉钼矿的选矿试验 . 有色金属，（1）：19-26.

张卯均，于广泉 . 1978. 中国红铁矿选矿新成就 . 中国金属学会第三届代表大会论文 .

张卯均 . 1984. 中国大百科全书 · 矿冶卷 . 北京：中国大百科全书出版社 .

张卯均 . 1991. 选矿手册 . 北京：冶金工业出版社 .

张卯均 . 1995. 溶液中金属及其他有用成分的提取 . 北京：冶金工业出版社 .

主要参考文献

韩秀华 . 1995. 张卯均 . 中国科学技术专家传略 · 工程技术编 · 冶金卷 1. 北京：中国科学技术出版社：379-387.

撰写者

卢烁十（1980 ~），河南商丘人，博士、高级工程师。

张文奇

张文奇（1915～1990），河南南阳人。冶金学、材料学专家、教育家。中国腐蚀与防护科学技术领域的开拓者与奠基人之一。1937年毕业于北洋大学工学院，1948年获得英国伦敦大学帝国理工学院冶金学博士学位。新中国成立后任唐山市副市长、兼任唐山铁道研究所副所长、铁道部铁道研究所（铁道部铁道科学研究院前身）、北京钢铁工业学院（现北京科技大学）、中国腐蚀与防护学会的创始人之一。历任云南大学副教授，北洋大学教授，唐山交通大学冶金系主任、教授，北京钢铁工业学院教授、副院长和院长，国务院学位委员会委员，国家科学技术委员会冶金学科组组长和腐蚀学科组常务副组长，中国腐蚀与防护学会理事长等职。早年从事江西钨矿开发，研究利用中国铝矿炼铝的工艺流程和技术措施。在英国留学期间从事高强度铝合金的强化理论和铝合金的应力腐蚀机理研究。回国后主要从事材料的腐蚀与防护研究，在金属再钝化的研究、合金在混合气氛中高温腐蚀的研究、新型保护技术的研究，以及电化学腐蚀测试技术，特别是微区电化学测试技术等方面的研究达到国际先进水平，为中国的冶金教育和相关科学技术的发展做出了突出贡献。

一、成长历程

1915年7月10日张文奇出生于河南省南阳县的一个农民家庭。在当小学教员的父亲的教诲和影响下，他从小热爱读书。从小学到初中，他每天步行十多里路到学校，中午吃些高粱饼，喝些冷水，即便是狂风暴雨、冰天雪地，也从不间断学习。1928年他以优异的成绩考入南阳中学。靠着刻苦勤奋和聪颖，他的学习成绩年年名列全班第一，被同学们称为班上的“电光”，这是当时南阳的中学生对拔尖同学的昵称。

1931年张文奇初中毕业，家里已经无力继续供他上学，无奈之下，他怀着对知识的强烈向往，考取了焦作工学院预科班，兼作实验员。他一边工作一边学习，学习成绩竟显著地超过了正式学生，这引起了校方和教员们的注意，破例允许他参加考试，取得了入学资格并获得了奖学金。仅读了一年预科，他就被破格录取为焦作工学院矿业工程系的本科生。

1935年暑假，当时的河南省教育厅公布了一条规定，凡在国立大学理工学院学习的河南籍学生，成绩在80分以上者，每人每年发给奖学金200元。为了解决经济困难，以便专心学习，张文奇以高分数获得了那份奖学金，转考到北洋大学工学院，学习矿业工程。不久，各地爆发“一二·九”运动，他和同学们一道走上街头向群众宣传，反对国民党卖国行径，反对日本帝国主义对中国的侵略。张文奇和同时代的进步青年一样，苦苦探索救国之路，对偌大的中国竟无力抵御外侮而百思不得其解。他当时悟出，国家贫弱的原因在于实业落后，科学落后，归根到底是教育落后，于是立志教育救国。

1937年6月，22岁的张文奇以优异的成绩完成了他的大学学业，到江西钨矿工程处工作。他到江西钨矿工程处工作的第二个月，日本发动了全面侵华战争。侵略者的罪恶行径令张文奇感到极大的愤慨。当时他正身患疟疾，为了支援抗战，他拖着病弱的身躯，走遍了江西各矿区，在深入调查的基础上，发表了《江西钨矿概况》一文。同时，他在工程处提倡和推广新法开采，使钨矿产量大幅度提高。作为热血青年，他为抗日救国进行着不懈的努力。

1940年2月，他怀着抗战愿望辗转到了昆明，应聘担任云南大学矿冶系副教授，从此开始了他长达50年的教育生涯。他以一丝不苟的治学态度，上乘的教学质量，获得了师生们的一致好评。他提倡“学以穷理，学以致用”的学习态度，经常带领学生赴厂矿学习，到生产第一线去检验知识，增长才干。1943年8月，昆明炼铜厂聘请他兼任该厂工程师，利用教学之余和节假日负责主持利用中国铝矿进行炼铝的试验研究工作。两年后，他完成了全部的实验研究工作，制定出一整套利用中国铝矿炼铝的工艺流程和技术措施，这在当时的中国是一个创举。

由于在教学和科研方面的杰出表现，张文奇得到了熊庆来校长的亲自提名，经择优考核，取得了公费留学资格，于1945年8月赴英国深造。他来到英国的伦敦大学帝国理工学院和皇家矿冶学院进行科研工作。他主要研究高强度铝合金的强化理论和铝合金的应力腐蚀机理，是中国第一位系统从事材料腐蚀研究获得博士学位的科学家。当时第二次世界大战刚刚结束，贫困笼罩着整个英国，留学生的生活异常艰苦。张文奇就是在这样的条件下继续着他的学习和研究工作。别人喝茶休息去了，他仍待在实验室里，别人4点下班，他一直工作到半夜，他每天的工作量要比英国同学多出一倍。就这样，他用了近三年的时间，圆满完成了学业，获得了英国帝国理工学院冶金学博士学位。

1948 年 8 月，经一个月的海上漂泊，张文奇回到了魂牵梦绕的祖国，应聘于北洋大学任冶金系教授，同年任唐山交通大学冶金系主任、教授，兼任唐山铁道研究所副所长、研究员。1949 年 7 月，滕代远以人民革命军事委员会的名义任命他为唐山交通大学新校务委员会委员，在全体委员和全校师生的共同努力下，阻止了反动势力策划将学校南迁的企图。

中华人民共和国成立后，1950 年张文奇被选为唐山市副市长，主管文教卫生工作，筹组铁道部铁道科学研究所（现铁道科学研究院），同时继续唐山交通大学的教学与科研工作。当时的唐山市是全国的重要工业城市之一，党和国家非常重视唐山的发展。虽然行政事务异常繁忙，但他仍然在学校上课，担任系主任和院务委员。每天上午 8～10 点在校上课和办公，上午 10 点至晚 12 点在市政府办公。抗美援朝中他参加了贺龙率领的赴朝慰问团，到阵地最前沿慰问志愿军战士。1953 年 1 月 7 日，经唐山市委批准，他成为新中国成立以来唐山市第一批加入中国共产党的高级知识分子。

1952 年全国高等学校院系调整后，张文奇被任命为北京钢铁工业学院（后改称北京钢铁学院，现北京科技大学）副院长，1979 年任院长。他从事冶金高等教育 50 年间，治学严谨，言传身教，教书育人，重视学生德、智、体全面发展。1955 年，张文奇又经历了他有生以来的一件大事，他被北京市党代会选为代表，参加了党的第八次全国代表大会。1964 年他又被选为人大代表，加了第三届全国人民代表大会。

自 1956 年起，他先后担任国家科委冶金学科组组长、腐蚀学科组常务副组长，曾组织领导我国冶金科学和腐蚀科学发展规划的制定与执行，1980 年任国务院学位委员会委员。他是中国金属学会的创始人之一，是中国金属学会第一届至第三届的副理事长。他还是中国腐蚀与防护学会的创始人之一，曾任副理事长（1979 年）和理事长（1983 年）。他还担任过中国体视学学会理事长（1988 年），国务院冶金、金属材料及热加工学科评议组成员，中国科学技术协会全国委员会委员（1980 年），《中国大百科全书》冶金卷副主编、《金属腐蚀手册》和《金属防腐蚀手册》主编等职，组织领导我国冶金科学和腐蚀科学的学术活动和国际学术交流，做出了显著成绩。

二、主要研究领域和学术成就

张文奇早年从事冶金研究。1937 年在江西钨矿工程处工作期间，他发表了《江西钨矿概况》一文，在工程处提倡和推广新法开采，使钨矿产量大幅度提高。1943 年他在云南大学矿冶系执教，负责主持利用中国铝矿进行炼铝的试验研究工作，制定出一整套利用中国铝矿炼铝的工艺流程和技术措施，这在当时的中国是一个创举。然而，张文奇对科学技术贡献最大的领域是腐蚀与防护科学技术。

张文奇是我国腐蚀与防护科学技术领域的开拓者与奠基人之一，他毕生的精力都在开拓与发展中国的腐蚀与防护科学技术事业。1945 年张文奇赴英国深造，在伦敦大学、帝国理工学院、皇家矿冶学院进行科研工作。他主要研究高强度铝合金的强化理论和铝合金的应力腐蚀机理。在第二次世界大战中，航空工业得到迅速发展，作为飞机主要结构材料的铝合金的强度和抗应力腐蚀是一个涉及飞机寿命与安全的关键问题。张文奇在高强度铝合金的强化理论和铝合金的应力腐蚀机理的研究方面获得重要的突破，研究成果被英国北方铝业公司所采用。由他的研究成果形成的专著《强力铝合金及其抗蚀性能研究》分别在伦敦和我国出版。

在英国获得博士学位回国后，张文奇就投身于我国腐蚀与防护科学技术事业之中，特别是在中华人民共和国成立之后，他虽然承担着繁重的行政工作，但仍孜孜不倦地开拓和振兴新中国的腐蚀与防护科学技术事业。

他在北京钢铁工业学院组建腐蚀与防护专业，从事腐蚀与防护科学技术的教育与科研工作，积极地培养腐蚀与防护科学技术领域的研究生。他在这一领域共培养了 30 多名研究生，中国自己培养的第一个研究材料腐蚀的博士，就是他的学生。在他的指导下，关于金属再钝化的研究、合金在混合气氛中高温腐蚀的研究、新型保护技术的研究，以及电化学腐蚀测试技术，特别是微区电化学测试技术研究等达到了国际先进水平。他先后在国内外有关学术刊物上发表了《不锈钢在热氯化物溶液中的钝化过程及动力学规律》、《交流阻抗的快速测量》等学术论文几十篇，获得数项发明专利。

为了发展我国腐蚀科技事业，他向国家科委和冶金工业部等有关领导建议在中国成立腐蚀与防护中心。在他的不懈努力下，由联合国开发计划署和中国政府联合资助，在北京科技大学成立了“北京腐蚀与防护科技培训与咨询中心”。该中心获得联合国近百万美元的资助，国家科委投资了近百万元人民币，原冶金工业部投资在北京科技大学建设了腐蚀与防护中心楼。现在，腐蚀与防护已经发展成为北京科技大学的优势学科领域，北京科技大学腐蚀与防护中心已经成为中国腐蚀与防护领域培养科技人才、从事科学研究的核心单位之一，也是国际上知名的腐蚀与防护中心之一。

张文奇参与制订国家腐蚀科学的“十二年发展规划”。在 20 世纪 50 年代末至

60年代初，他参与了国家科委腐蚀科学学科组的领导工作。“文化大革命”结束后，他担任国家科委腐蚀科学学科组常务副组长职务，领导与参加了《1978—1985十年腐蚀学科发展规划》的制定工作。

张文奇参加和领导了中国腐蚀与防护学会的筹建工作。在他和许多专家的共同努力下，中国腐蚀与防护学会于1979年在杭州成立，他被选为第一届理事会的副理事长，之后，他又连续被选为第二届、第三届理事长。在他的主持下，腐蚀与防护学会的工作蒸蒸日上，成为国内学术团体中比较活跃和办得比较好的学会之一，在国际腐蚀科技界享有很好的声誉。他非常重视国际学术交流活动。在中华人民共和国成立初期，他多次出访苏联、民主德国、捷克斯洛伐克、波兰等东欧国家。“文化大革命”结束后，他先后率中国腐蚀与防护学会代表团访问美国、日本、英国、联邦德国等国家，与美国腐蚀工程师协会（NACE）、日本防蚀学会等团体建立了联系，为我国腐蚀与防护科技界开展国际交流与合作奠定了基础。

三、在发展冶金教育中的贡献

张文奇是我国著名的教育家。从1940年应聘担任云南大学矿冶系副教授开始，他先后任北洋大学教授，唐山交通大学教授、冶金系主任，北京钢铁工业学院教授、副院长、院长，从事冶金教育长达50年。在半个世纪的岁月中，他共讲授了15门课程，为国家培养大批优秀的冶金科技人才，培养博士8人，硕士20多人，其中获得国家突出贡献的博士称号的2人，他的学生遍布全国和世界各地的冶金领域。

早在云南大学期间，作为一位24岁的年轻副教授，他以一丝不苟的治学态度、上乘的教学质量，获得了师生们的一致好评。他提倡“学以穷理，学以致用”的学习态度，经常带领学生赴厂矿学习，到生产第一线去检验知识，增长才干。

20世纪50年代初，张文奇担任唐山市副市长，工作非常繁忙，他仍然坚持在唐山工程学院冶金系的教学与科研工作，他回学校后，总是先处理一些系里的事情，然后回家备课，一直到深夜。当时他承担着有色金属冶金学及选非学两门课。虽然这两门课他已教了多年，但是他每堂课都要重写教案与讲稿，他讲课内容丰富、表述生动、逻辑性强，课堂教学效果很好，非常受学生欢迎。在此期间，他编写出版了《非铁冶金学》一书，结合中国矿产资源和冶金工业状况，阐述了现代冶金技术，是一部密切结合中国国情的教科书。他在假期里总要亲自带学生到工厂实习。每次外出实习，总可以看到他穿一身铁道员工的蓝制服，肩挎背包，手提行李，和学生一起走向唐山火车站，从车站步行到工厂。在他的言传身教的作风带动下，唐山工程学院冶金系的教师对教学工作都非常认真负责，受到学生们的欢迎，系里师生间的感情非常融洽。

从 1952 年起，张文奇陆续担任北京钢铁工业学院副院长、院长，在领导岗位上勤勤恳恳、兢兢业业。他严格按教育规律办事，努力培养学生德、智、体诸方面全面发展，成为有社会主义觉悟的、有文化的劳动者和建设者。他强调学生要学好基础理论、学会理论联系实际、学会分析问题和解决问题的本领，使自身具有较强的适应能力及发展潜力。他在主持制订学校发展规划、专业教学计划、组织管理教学工作和科研等方面付出了辛勤的劳动，倾注了毕生心血，为中国冶金教育的发展和北京钢铁工业学院这个中国的“钢铁摇篮”的建设做出了不可磨灭的贡献。

张文奇深入教育实践，认真总结教育经验，逐渐形成了自己的教育思想。他努力探索高等教育尤其是冶金高等教育工作的特点，从教育管理的角度、从认识规律的角度去研究如何培养冶金领域的高级人才。他指出：“教育规律总的来讲和认识规律是一致的，即实践、认识、再实践、再认识……但教育又有它的特殊性。要让学生在前人的基础上接受新的知识，必须处理好直接和间接认识、理论和实践的关系。在教学中既要重视实验、学习、设计等实践性环节，又需强调理论教学的重要性。学校教育的特点，是要在短时间内让学生集中接受大量的知识，因此不可能全部重复所有的实践环节。”他还认为：“没有理论知识，学生将来到了工作中往往没有后劲，要做到事半功倍。”

张文奇非常强调大学里的基础教育，认为根深才能叶茂，本固才能枝荣。在他的主持下，北京钢铁学院在 20 世纪 60 年代初就建立了基础课教学委员会，把有关专业的教授和基础课教师组织起来，加强基础课的教学和研究。“文化大革命”后，他首先恢复了原来的基础部，增加学时，并注意抓教学质量的检查。

在北京钢铁学院工作的 30 多年里，他总是努力按教育规律办学。在“拨乱反正”中，他坚决执行中央关于保证教师六分之五时间用于本职工作的精神，为促进北京钢铁学院教师业务水平的尽快恢复和教学质量的不断提高起了重要的作用。他支持加强对学生的思想政治和品德教育，建立德育教研室，开设德育课，使学生德、智、体全面发展。

张文奇还非常重视对冶金企业领导干部的教育工作。1955 年，作为北京钢铁工业学院的副院长，他亲自担任由冶金企业领导组成的干部班的班长，给他们讲授“金相学”。在 1956 年中国共产党的第八次全国代表大会上，他与蒋南翔联名向大会提交了对冶金企业厂矿长和经理们进行科学化武装的报告，这一报告刊登在当时的《人民日报》上。这些面向冶金企业领导干部的教育工作，对当时中国冶金工业的发展起到了非常积极的作用，也为其后经常性的冶金领导干部的继续教育工作奠定了良好的基础。

四、张文奇主要论著

张文奇 . 1980. 腐蚀科学的回顾与展望 . 材料保护，(2)：1.

张文奇，朱日彰，过家驹，等 . 1982. 18-8 奥氏体不锈钢应力腐蚀破裂前端微区电化学行为的研究 . 材料保护，(6)：1.

张文奇，朱日彰，聶镕，等 . 1982. 局部腐蚀微区电化学测试技术的研究——微区测试用钨电极的研究 . 北京科技大学学报，(3)：108.

张文奇 . 1984. 中国大百科全书 · 冶金卷 . 北京：中国大百科全书出版社 .

张文奇，于福洲，朱应扬 . 1985. 双相不锈钢耐应力腐蚀破裂机理的电化学研究 . 中国腐蚀与防护学报，5 (1)：18.

童建筑，朱日彰，张文奇 . 1986. 慢应变速率拉伸条件下氢渗透表观扩散系数的测定 . 中国腐蚀与防护学报，5 (1)：18.

于朴，张文奇，王旷 . 1987. 应力腐蚀的电化学研究 . 北京钢铁学院学报（博士研究生论文专辑），(S2)：96.

张文奇 . 1987. 金属腐蚀手册 . 上海：上海科学技术出版社 .

张文奇 . 1989. 金属防腐蚀手册 . 上海：上海科学技术出版社 .

李长荣，张维敬，张文奇 . 1989. 奥氏体不锈钢敏化动力学过程模拟 . 中国腐蚀与防护学报，9 (4)：249.

李德林，朱日彰，张文奇 . 1989. 321 不锈钢单晶体在 3. 5% $MgCl_2$ 水溶液中的再钝化过程 . 中国科学 A 辑，(2)：210.

李德林，朱日彰，张文奇 . 1989. 应力应变对金属裸体表面溶解电流的促进机理 . 中国科学 A 辑，(4)：429.

Li D L，Zhu R Z，Zhang W Q. 1990. Acceleration mechanism of stress on anodic dissolution of bare metal surface. Metallurgical Transactions A，21 (12)：3260.

Wang C R，Zhang W Q，Zhu R Z. 1990. Simultaneous sulphidation and oxidation of Fe-25wt. % Cr and silicon-containing Fe-25wt. % Cr alloys in H_2-H_2O-H_2S gas mixtures at high temperature. Mater Sci Eng A，125 (2)：223.

于朴，王旷，张文奇 . 1990. 集束微电极（CME）的设计与制备 . 北京科技大学学报，12 (2)：171.

郑晓光，张文奇，郭曼玖 . 1990. 几种钴基合金在 Na_2SO_4-K_2SO_4 混合盐中高温腐蚀行为 . 北京科技大学学报，12 (2)：119.

刘海平，徐源，张文奇 . 1990. 铝在硫酸–草酸混合酸中的阳极氧化作用 . 北京科技大学学报，12 (1)：68.

张普强，吴继勋，张文奇，等 . 1991. 用交流阻抗法研究钝化 304 不锈钢在强酸性含 Cl^- 介质中的孔蚀 . 中国腐蚀与防护学报，11 (4)：393.

陈红雨，过家驹，张文奇 . 1991. 快速划伤法研究裸露金属的点蚀热力学 . 北京科技大学学报，13 (4)：373.

Zhang P Q，Wu J X，Zhang W Q，et al. 1993. A pitting mechanism for passive 304 stainless steel in sulphuric acid media containing chloride ions. Corrosion Science，34 (8)：1343.

主要参考文献

黄新原 . 1989-11-25. 一条不平凡的道路——写于张文奇教授从教五十周年前夕 . 北京科技大学学报，第 3 版 .

袁宝华 . 1990-6-10. 一个中国知识分子光辉的一生——缅怀原北京钢铁学院院长张文奇同志 . 人民日报 .

崔荣英 . 1991-6-10. 最大的追求莫过于奉献——忆文奇同志 . 北京科技大学学报，第 3 版 .

王润 . 1991-6-10. 怀念张文奇老师 . 北京科技大学学报，第 1 版 .

章守华 . 1991-6-10. 怀念文奇老校长 . 北京科技大学学报，第 2 版 .

朱日彰，杨德钧，葛占英，等 . 1991-6-10. 学习老师张文奇 . 北京科技大学学报，第 2 版 .

撰写者

何业东（1950 ~），河南洛阳人，教授，在张文奇指导下获得博士学位。

傅元庆

傅元庆（1915～2003），江苏武进人。钢铁冶炼与冶金材料专家，冶金科研系统科技管理专家。1942年毕业于西北工学院矿冶系。曾在1964年和1979年被国家科委聘为钢铁冶金组和冶金新材料组成员。1979年任上海宝钢工程指挥部顾问，曾任上海市金属学会名誉理事长和中国金属学会名誉理事。长期从事新型钢铁冶金材料和军工材料的研发，在20世纪50年代中期组织了上海冶金新材料的科研、生产基地建设，并终其一生组织领导了大批新材料的研发和生产，为中国“两弹一星”和航空、海洋等尖端工程提供了大量的关键钢材品种，为中国冶金工业和国防军工生产做出了重要贡献。他创建并领导上海钢铁研究所，探索地方研究所发展和服务国家需要的道路，使上海钢铁研究所在20年内形成了科研、试制、生产“三结合”的体制，创造了通过“三结合”自筹科研经费，发展科研成果的模式，使该所既出成果和人才，又出产品和效益，成为中国工业系统具有影响的科研单位。1988年被国防科工委授以“献身国防科技事业”荣誉奖章。

一、个人经历

1915年10月15日正是秋风送爽的日子，傅元庆出生于江苏省武进县礼嘉桥傅家塘村的农民家庭。这是一个典型的江南小村，村里有河塘、农田和桑园，小河通向村后，是一个秀美清丽的村庄。全村也就四五户人家，多为傅姓。傅元庆家以务农为生，所以他从小就热爱劳动，也学会了农活。7岁时进入私塾读书，15岁进入小学五年级，靠的是父母和姐妹的节衣缩食供他上学。所以他自幼就以不辜负家人的殷切期望为鞭策自己刻苦学习的动力。1934年初中毕业后，他因家境困难中途辍学，当了一年小学代课教员。1935年他考取了江苏省苏州高级工业专科学校（简称苏州工专）机械专业，原以为可以通过勤工俭学和艰苦努力毕业后找到一份理想工作，实现自己科学救国的理想。但在第三年，即1937年8月开学之前爆发了抗日战争，侵略者的铁蹄蹂躏着祖国的土地，人民处于水深火热之中，苏州工专停学了，傅元庆的上学梦和抱负破灭了。他和许多爱国青年一样离开了沦陷区辗转奔向大后方，走上了艰苦的后方求学之路。1938 年他高中毕业，考取了西北工学院矿冶系，经常以工业救国的信念鼓励自己刻苦学习，终于在 1942 年以优异的成绩毕业并获得工学学士学位。毕业后他先后在重庆大渡口钢铁厂工作，两年后转往重庆第十兵工厂任技术员，又工作了三年。期间于 1945 年与先期来渝的小学教师吴秀中女士结婚。

抗战胜利后，傅元庆于 1947 年辞职回到江苏南京，其后即在当时的国民政府交通部材料司采购科任职技士直到 1949 年南京解放。新中国成立后，他于 1950 年迁到上海，终于能够安定地工作和生活了。他先在上海市军管会重工业处工作，后于 1951 年年初在华东工业部矿冶处工作、这才使他能专注地从事自己所热爱的钢铁冶金工作。他先后在华东工业部矿冶处、上海钢铁公司（其后一度改名为华东钢铁公司）任职，1955 年年底，他奉命组建上海钢铁公司（后又改名为上海冶金工业局）的中心试验室（即其后的上海钢铁研究所），从此开始了他的科研生涯。由于有卓越的领导科技工作的能力和丰富的钢铁工艺知识，他为发展我国的钢铁事业和军工新材料终生奋斗，并做出了重大的贡献，成为我国钢铁业界的著名专家与管理者。

在上海钢铁研究所担任所长以及其后在上海冶金工业局主管科研技术工作时，他领导上海钢铁研究所和冶金局的科研团队 30 余年来组织开发了一大批国家急需的冶金新材料，成功地建设起了我国在上海的又一个精密合金、高温合金、钛合金、特殊钢和难熔金属等高新材料的科研与中试生产基地，使上海钢铁研究所、上海第五钢铁厂、上海第三钢铁厂形成了国家急需的军工材料研发与生产供应基地。不仅为我国“两弹一星”、核潜艇和新型战机以及发展核电等尖端工程和国防武器提供了重要的冶金新型材料，而且在科技成果转化为生产力方面起到了典范作用。既为国家提供了发展高端产品所需的材料，也为国家创造了良好的经济效益。

傅元庆在上海钢铁研究所的科研工作和开拓新材料的事业中，将技术专家的作用和组织领导的艺术很好地融合在一起。从 20 世纪 50 年代起他就探索建立既能出人才又能出成果，既能攻坚克难确保国家急需的产品又能以科研促效益的良性循环发展的机制。在他的带领下，上海钢铁研究所在 60 年代初期和“文化大革命”后的 80 年代初中期，多次成为与国内许多学者、专家以及院校和科研院所广泛合作的科研中试基地。当时国内钢铁冶金界的专家以及国防军工科研单位的有关专家经常云集上海，与上海钢铁研究所建立起合作的研发团队，这样更有效地培养了上海钢铁工业的技术队伍，也促进了人才的成长，加强了地区间、行业间和上下游产业间的技术合作。

为了表彰傅元庆的先进事迹，1977年他被授予“全国冶金系统先进科技工作者”和“上海市先进科技工作者”称号，1978年被全国科技大会评为“在我国科学技术工作中作出重大贡献的先进工作者”，1985年被国家计委、国家经委、国家科委和国防科工委联合授予“组织管理国防军工协作先进个人”称号，1988年被国防科学技术工业委员会授予并颁发“献身国防科技事业”荣誉奖章。

傅元庆重视冶金学术活动和科技交流，自1956年起历任上海金属学会常务理事、副理事长和名誉理事长，中国金属学会常务理事和荣誉会员以及上海科协常务理事。

二、主要研究领域与成就

1. 创建上海冶金新材料科研与生产基地

20世纪50年代末，我国的经济建设正在全国范围内蓬勃发展，经济形势呈现一派欣欣向荣的景象。但是对于新中国的东方崛起，国际敌对势力总是百般阻挠和破坏。当时一方面苏联突然单方撕毁支援我国工业建设156项尚未完成的协议，撤走了专家并停止向中方供应装备图纸和备品构件；另一方面，西方国家又加强了对我国的封锁和禁运，使我国的国防尖端武器的生产和发展受到严重的影响，那时许多高端关键材料国内尚不能生产，这就对我国国家安全和经济发展造成了极大的威胁。1960年年初，党中央和国务院坚持独立自主、自力更生的方针，作出抓紧研发的决断和规划，并由聂荣臻主抓这一工作。这就是当时著名的“603”任务，包括我国正在进行的“两弹一星”和海军核潜艇以及空军的超音速战机和各种主要常规武器的更新。上海作为我国最有基础的工业化城市被中央委以重任。由于当时上海钢铁冶金系统对军工生产部门提出的各种新材料都没有接触过，甚至对有些材料的名称都很陌生，但是国家任务就是命令，民族的生存和复兴就是至高无上的责任。1960年年初上海市委将有关研制任务交给了市科委和市冶金局，局里又把组织领导的具体任务交给了刚开始筹建的上海钢铁研究所和上海第五钢铁厂等单位，并由傅元庆具体牵头。1960年3月他参加了保密性极高的由聂荣臻主持的全国第一次尖端技术会议。为了尽快地完成军工急需材料研制的任务，他不顾困难和风险，接受了这次会议分配的研制58项新材料的任务，从此傅元庆和他的团队走上了艰巨而光荣的奋斗征程。

当时上海钢铁研究所筹建伊始，条件还十分艰苦，力量也很薄弱，技术骨干只有四五位“老”工程师和近10位青年技术员（毕业不久的大中专学生），工艺试验与检测条件都很简陋。在确定了新材料的研发方向后，他遵循“以任务带学科、以产品带水平”的指导思想，勇敢地承接国家级的高难度科研任务。在争取到上级领导支持后，积极创造条件并培养技术队伍，主动虚心地诚邀国内著名研究院所与高校的专家来研究所协作，指导有关精密合金、高温合金与高端特殊钢的科研工作。由于他的执著努力与有效的组织领导，奋战多少个不眠之夜，开展技术攻关，终于在短时间内有了突破，取得了填补上海钢铁新材料的一些空白，并在随后的几年不断地为国家军工单位提供了急需的新材料，有力地支援了国防工业，也使上海钢铁工业的技术水平有了显著的改观。从此上海钢铁研究所成为国内新材料研发生产的基地之一，并得到了国家的重视，几十年来成为国家尖端工程用冶金新材料可靠的开发供应单位。

1959 年由于苏联的毁约，我国当时使用的米格式战机输油管线用的航空不锈钢管面临备件断档的紧迫状况，冶金工业部和国防科工委、总后勤部紧急要求国内有条件的钢厂支援试制。傅元庆代表上海冶金局和上海钢铁研究所临危接受任务，组织上海钢铁研究所、上海第五钢铁厂、上海钢管厂和异型钢管厂等单位充分利用各单位的相关装备联合攻关，在上海钢铁研究所科研团队的组织和串联下，充分发挥各参加单位的技术力量，安排在研究所的中试基地试炼这种比较复杂和要求高的不锈钢，摸索出了一系列成分控制和质量控制的工艺要点，并在上钢五厂进行正式冶炼、制造管坯，在钢管厂穿孔试制。通过对钢种化学成分的控制、钢坯加热制度的选定、管坯穿孔工艺、高精度三辊冷轧管机工艺的制定、钢管热处理接触加热装置的研制、穿孔和冷轧表面润滑的保护选择，以及钢管腐蚀机理和测试方法等的研究，他们摸索出一系列关键工艺。在他亲自参与并现场组织下，经过一年多时间，从技术上解决了一系列工艺难题，终于在 1962 年年初按时完成了试制任务，交付航空发动机制造厂使用并鉴定确认合格。当年上海第五钢铁厂就生产了 100 吨薄壁精细航空不锈钢管，满足了国家急需，也保证了我国当时的歼击战机装备国产构件的可靠供应，打破西方敌对势力的封锁。由上海第五钢铁厂和上海钢铁研究所组成的航空不锈钢管科研组在 1964 年获得了国家计委、国家经委、国家科委和国防科工委联合授予的工业新产品一等奖，这也是科研单位与生产企业密切合作的典范。

火箭发动机用高温钎焊合金材料是“两弹一星”的关键材料之一。最早，我国在研制火箭时，这种厚度为 0. 1mm 的钎焊合金材料合金带按协议由苏联供应，但在苏联毁约撤人并停止合同供应后，就严重影响了我国卫星的升空计划。由于当时国内还没有一家企业能够制造这种要求高而又特薄特精细尺寸的材料，冶金工业部于 1962 年下达紧急任务，要求上海钢铁研究所迅速与国防科工委、航天局配合限期试制。傅元庆与七机部有关研制所的领导共同组织课题组一起攻关，在经历了一系列艰苦的技术攻关后，于1964年完成了仿苏材料的试制并供用户试用。然而，1966年开始的“文化大革命”打断了这两个研究所的后续试制工作。当时，傅元庆受到严重迫害，失去人身自由，一切工作都停顿了。1970年在恢复工作后，他立即着手进行该课题的第二阶段工作。当时他还没有职务，但却义无反顾地把上海钢铁研究所在“文化大革命”中被搞乱了的工作秩序恢复起来。他抓的第一件事就是要完成比几年前仿苏的钎焊材料性能更好、熔点更低100℃的新型高温钎焊合金的研制。为了尽快恢复被“文化大革命”中断的科研工作，他把课题组的主要技术骨干从劳动岗位上解脱出来，恢复他们的工作，组织力量收集和修复被破坏的仪器仪表，整理失散的技术资料，重新恢复实施方案。每次试验他都要到使用单位的现场进行复核。在他亲自参与和领导下，在两年内完成了材料的试制，新材料成功地用于东风31号同步卫星等尖端工程上。在1973年完成了厚度仅为0.03~0.05mm的箔材的研制后，直到1986年这段时间，上海钢铁研究所研制和生产的高温钎焊材料已形成了体系，能长期为我国的洲际远程导弹、通信卫星、探空火箭等提供材料，成为当时我国唯一的高温钎焊合金材料的供应点，填补了国家空白，有力地支援了我国的宇航事业，1986年国防科工委授予上海钢铁研究所高温钎焊合金系列国防专用材料特等奖。

在研发国防军工材料的过程中，傅元庆和他的科研团队的另一项艰巨任务是在20世纪60年代初期，为我国空军装备歼七、歼八战斗机航空发动机提供配套的关键材料——高温合金“三大件”的试制任务。当时我国空军的超音速战斗机发动机的主要构件——发动机涡轮叶片、涡轮盘和火焰筒壳体材料，苏联已经停止了供应，而正在服役的战机与我国自行设计研制的新歼八机也需要性能更高的材料。国防科工委和冶金工业部将这项艰巨任务交给了抚顺特钢和上海冶金局两个单位作为AB制方案来完成。对上海来说，这是一个全新的挑战，因为虽然有了生产航空不锈钢管的成功经验，但面对过去没有生产经验的三种不同品种的高温合金来说，确实是个难关。在上海市政府的支持下，上海冶金局成立了攻克高温合金“三大件”领导小组，由冶金局局长和市科委领导担任组长，并指定上海钢铁研究所会同上海第五钢铁厂、上海第三钢铁厂负责研制工作，由傅元庆任研制工作组组长。要求在仿制基础上自主研发，全力以赴，务求攻坚克难，尽早完成。在冶金工业部科技司的大力支持下，试制组采用了不完全照搬、沿袭苏联的生产工艺经验，而探求参照英美在航空材料生产方面的先进工艺路线，走自主创新的道路来制造叶片材料。当时还没有和西方国家建交，只能由技术人员参考“少得可怜”的英美技术的一些信息进行分析，并结合上海机械行业的特色，从研制生产新型材料的先进设备的制造入手，从摸索合金合理最佳成分配比入手，进行摸索性的试制，其间还需要排除一些对新工艺路线的争议，终于经过两年多时间先在上海钢铁研究所的自制新设备上进行中试成功，后在上钢五厂的生产线上制出试制成品，供发动机制造厂制成叶片装机使用试车。这也是我国首次在航空发动机高温合金研制中放弃沿用苏式工艺，而采用双真空冶炼和真空加电渣重熔的新工艺路线，为我国其后高温合金生产领域的工艺创新奠定了基础。为了完成这项艰巨任务，傅元庆还领导钢铁研究所自行设计制造了一台 3 吨真空自耗炉，在 1964 年投入冶炼高温合金，这也是我国的第一台真空自耗炉。采用真空冶炼工艺制成的材料纯净度高，性能也更优异，现在这些工艺已成为冶金行业生产高温合金和特种合金材料的近代先进工艺。

1972 年国家发展核电站，在选定了压水堆技术后，国家安排在秦山建设我国第一台 30 万千瓦核电站，要求上海钢铁研究所承担反应堆高压容器厚壁壳体用钢和相关的全套焊接材料的研制课题。傅元庆刚从"文化大革命"迫害中被解放出来，他毫无怨言，立即承担了这个课题的任务，与有关设计研究院所以及制造单位一起组成了攻关组。历经四年共同努力，攻关组终于克服一切困难在 1975 年研制成功综合性能良好的新型核压力壳容器用 S-271 和 S-272 两种牌号的高强度钢，其性能超过美国 ASTMA533B 牌号，满足了设计指标要求，于 1975 年通过国家鉴定并获上海市重大科技成果奖。其后由上海重型机械厂试生产了 120 吨电渣锭，供应秦山核电站在相关的构件上使用，填补了国内核能材料的一项空白，同时在 1978 年前也先后完成了压力壳主焊缝焊接材料、压力壳内胆不锈钢带板堆焊材料、密封面和安全堆焊材料研制及相应的焊接工艺制定。该所还先后研制了各种规格五种焊接材料，其强度、耐蚀性、抗辐照性、韧性和抗脆化性等各项指标都符合核电站设计要求，并都达到国外同类焊接材料水平，1978 年通过冶金部鉴定，1980 年获国防科工委重大成果三等奖，并在 1984 年正式提供秦山核电站各种规格的焊接材料 50 吨，确保了该核电站的第一期工程建设，至今这些焊接材料已被广泛用于核电站的建设工程中。

2. 成功地探索研究所科研与生产结合的体制模式

回顾上海钢铁研究所 30 余年（1960 ~ 1997）创业与发展的历程，可以得到一个重要的启示，其之所以能主要依靠自身的运行机制，由一个技术力量薄弱、试验装备简陋的科研单位逐步发展为全国屈指可数的规模较大、专业水平较高的地方性研究所，并在不同时期出色完成相应的历史任务，为我国四个现代化建设做出重大贡献，这是与该所长期坚持走科研、试制、生产相结合的道路、实行"以厂养所"

即以生产产品支持科研发展的独特体制分不开的。上海钢铁研究所曾成为上海市百家利润大户之一，在出成果、出人才、出产品、出效益等方面所取得的成就曾引起国内的关注。国务院科研体制改革领导小组、上海市科委政策研究室等均于20世纪80年代后期对该所的“三位一体”模式进行了专题调研，中共中央和市委的一些领导也多次到该所视察调研，充分肯定其“办科研、出成果、出人才”的经验。傅元庆30余年来领导上海钢铁研究所探索并坚持这一“三位一体”的科研模式，主要的精神动力来源于他对祖国的热爱和对事业的执著。他考虑到地方研究所不可能过多地依赖国家的拨款和投入来办科研，只有自立自强才有出路，必须依靠自身的努力，才能争取国家的支持。他的办所理念是科研方向必须紧紧围绕经济发展的重点，研究所自身必须有很强的“出产品”的生存发展能力。所以上海钢铁研究所具有两个基本特色：①不能只出样品，而要有自己巩固样品制造产品的能力。这样才能稳定样品的质量和具备推广的条件；②要有自我发展的基本经济实力。他敢于研制开发国家需要的冶金新材料，也敢于探索研制生产冶金新材料的新工艺、新技术和新装备，并且勇于在强化研究所科学管理和科学发展的道路上开辟蹊径，克服困难，开拓创新，并在实践中不断完善。

在傅元庆的领导下，经过30余年的努力，上海钢铁研究所建立了地方性产品研究所“出成果、出人才”的有效模式。这种体制的优势在于：①能够加快科研周期，多出科研成果；②面向经济建设，有效促进成果的推广应用；③为国家提供急需的材料产品和贡献经济效益；④自我发展科研经费，形成一定的自我保障；⑤有利于培养和造就既有理论创新又有动手能力的科技人才。据统计，这个研究所30年来共鉴定606项科研成果，其中获国家、部委、市和上级单位嘉奖的就有522项。1978～1984年，经鉴定的152项科研成果中，达到国内、国际先进水平的占57%，填补国内空白的占39%。30年来，该所共生产600多个牌号的钢种和材料，累计总产值达23亿元。除去自身消耗的科研经费外，向国家上缴7亿元（到1990年），相当于当时固定资产的7倍。这些都显示了傅元庆探索的科研与生产相结合的体制模式具有现实的强大生命力。

3. 呕心沥血，言传身教，培育实用科技人才

傅元庆非常重视对年轻人员的培养。为了要承担新材料科研、生产任务，作为地方应用型研究所一定要自己努力培养一批既有理论基础又有实践经验，以及实际操作技能的综合型科研人员。1958年3月在上级支持下，该所招收了140名高中毕业生。傅元庆决心担当起把他们培养成钢铁技术专业研究人才的重任。傅元庆组织

他们进行基础理论学习，并分配到课题组由年长的技术人员当老师，使他们在科研、试制的岗位上得到实践锻炼成长。他既邀请外单位专家来讲学，也派他们到高校科研院所学习，还组织、支持他们上夜大和函授大学，以提高理论基础。这些年轻技术人员在他的指导下，在四五年内很快地成长起来，成为科研队伍的骨干，后来其中很多人都成长为高级工程师和管理人员，成为冶金新材料领域中优秀的人才。

他经常言传身教，激励青年人奋发学习，努力工作，即使在“文化大革命”期间，“极左”思潮泛滥，许多科研人员被下放车间顶班劳动，但其中许多人还是念念不忘学习，到上海图书馆去阅读文献和学习外语。傅元庆在1971年恢复工作后，第一件事就是到车间找科技人员和高级技工谈心，鼓励他们树立信心，支持他们重新恢复科研活动，乃至将一些人从劳动岗位调出来，恢复参与科研课题工作。傅元庆更善于以身作则，深入生产现场，经常访问老工人，了解工人和技术人员的家庭困难和思想追求，激励他们勇挑重担，坚持做好本职工作，以他渊博的学识、高尚的情操和共产党员的高风亮节来激励和团结群众。长期以来，他同所里技术人员、一线工人经常吃在一起、住在一起、干在一起、想在一起，已经形成了一种习惯和风气。

他高度重视对职工的教育培训工作，上海钢铁研究所开办了职工技术学校和职工政治学校，在“文化大革命”后还开办了职工“7. 21大学”。举办了多次科技人员与管理人员外语（英、俄、日、德）班，在教育部和市高教局的支持下，上海钢铁研究所于1980～1988年被批准招收硕士研究生，该所的六位高级研究人员被批准为导师，通过全国招生，共招收和培养了金属材料和钢铁冶炼两个专业的38名研究生，这些硕士研究生毕业后绝大部分都留在上海钢铁研究所工作，其中有三人后来又成为博士，有8人先后赴国外研修深造。此外，该所还培养了在职研究生11人。

撰写者

顾德骥（1930～），江苏苏州人。教授级高级工程师，曾先后在上海钢铁研究所及上海市冶金工业局工作并担任领导。主要从事高温合金及特殊钢的研究与应用工作，并有较长期的管理实践。曾任研究生导师及大学客座教授，上海市金属学会多届理事长及我国第一、二届国家科学技术进步奖评委。其科研成果曾获多项科技成果奖及国家发明奖。

王国钧

王国钧（1916～1993），四川成都人。特殊钢专家。1942年毕业于交通大学唐山工程学院。曾任山西太原钢铁公司总工程师、党委常委，第五、第六届全国政协委员，山西省金属学会副理事长、省科学技术协会副主席、省科学技术委员会顾问、太原市科学技术协会主席。1951年，被派往西北钢铁公司（1958年更名为太原钢铁公司，现名为太原钢铁（集团）有限公司，简称太钢）筹建太钢电炉炼钢车间，主持冶炼出了工业用纯铁、硅钢、枪弹钢和炮弹用钢等多种特殊钢，组织研制和生产了新型材料71项，为国防尖端和高新技术的发展做出了较大成绩。到1966年，组织开发研制并报新产品1539项。1977年担任太钢总工程师后，坚持太钢特殊钢发展方向，努力发展不锈钢，充分发挥太钢进口不锈钢生产设备的优势，积极组织和推进不锈钢生产。进入80年代，将氩氧精炼钢积极投入工业性生产研究。1983年，建成了我国第一台工业生产装置18吨氩氧精炼炉，使不锈钢产量大幅度增加，质量提高，成本降低。他努力推进不锈钢板坯连铸机的建设，由他主持设计，西安重型机械研究所、天津重型机器厂合作建成了国内第一台不钢钢板坯连铸机，对太钢成为目前全球产能最大、装备最先进和最具竞争力的不锈钢企业起到了积极作用。他组织研制生产并为用户提供了第一批国产工业纯铁，最终使纯铁的供应完全立足于国产，填补了国内空白。1984年，太钢电磁纯铁冷轧薄板获国家优质产品金奖。1985年，在国防科工委、国家计委、国家经委、国家科委联合召开的会议上，太钢获先进单位奖状和奖杯，王国钧获先进个人奖状和金牌。他一生倡导技术培训，注重在实践中培养专业人才，翻译出版和执笔草拟了《近代电弧炉炼钢》和《电炉炼钢操作规程》等10余本书，为太钢形成一支包括不锈钢、纯铁、硅钢、弹用钢、舰艇钢等各类人才队伍做了大量工作。

一、成长经历

1916年王国钧出生于四川成都一个织棉手工业者家庭。他的祖父两兄弟由做绸缎开始，从重庆到成都，发展成为家庭作坊，后来由于东洋人造丝的输入，民族工业的丝织业被摧毁陷入绝境，从他懂事的时候起家境愈加不好。由于父亲认为自己一生没有出息的原因，主要是书读得少，他觉得一定要让王国钧这个大儿子多读一些书，才能操持家庭。王国钧 6 岁时上学，上小学期间，由于父母都不在家，仅靠一个姑母照顾生活，没有管教，加之贪玩，学习成绩并不出色。直到初中快毕业时，由于家庭生活困难，二弟因缴不起学费而辍学，他才感到不靠读书、不走学而优则仕的道路是没有办法的，因此在心灵深处埋下了好好读书考上好高中、好大学的决心，也正是如此，才有了今天的成就。在中学毕业会考中，他取得了全省第九名的好成绩。

1936 年，王国钧等三人从成都启程到了北平，当时北平正处于苦难之中，日本人横行霸道，车站有日本宪兵值勤，站牌上写的都是日文，国人备受欺侮。尽管国难当头，到处可见的声声不息的爱国演讲和宣言，激励着王国钧的爱国热忱，他也因此确定了考入工学院、走工业救国道路的目标。由于当时不是统一招生，他们报的又都是名牌大学，第一年高考落第，后来他考入平汉铁路车务见习所，准备一面学习，一面准备功课，以图再战。孰料，第二年，卢沟桥事变发生，北平沦陷。为了不当亡国奴，王国钧几经周折，由天津辗转到山东烟台，经潍县、济南再到汉口。1938 年夏天，他参加全国大学统一招生，1938 年秋天以第一名的成绩考取了交通大学唐山工程学院矿冶工程专业，1942 年以优异的成绩毕业。

大学毕业后，王国钧回到了四川，在四川威远铁厂实习工作。1944 年，抗日战争即将结束，美国想扶持国民政府搞经济建设，决定派 1000 个各行各业的技术人员到美国学习，由于学习基础好，王国钧理所当然入选，但因身体不好，直到第二年夏天才获准去美国留学。由于对特殊钢有浓厚的兴趣，他选择了炼钢专业。1946 年，他放弃了留在美国和上海等地区的优厚职位，毅然决定到鞍山钢铁公司发展。1947 年 4 月资源委员会调他到抚顺筹备特殊钢钢厂。期间他编写了国内外钢号对照表，为中国使用国内生产的特殊钢提供了帮助。1948 年年初，王国钧离开抚顺回到北平，到华北钢铁公司工作。10 月，他又被调到华中钢铁公司搞电炉。时局动荡，一晃数年过去了。1951 年，王国钧被调到太钢，被任命为电炉炼钢部主任。1953 年他组织建设的电炉终于炼出了红钢。1958 年，周恩来总理和朱德委员长先后视察太钢，对他给予了高度评价。同年 11 月，他参加了由中华全国总工会主办的全国科学普及积极分子会议，在中南海受到了毛主席的接见。1956 年中央决定把太钢扩建成为一个以生产特殊钢为主的大型钢厂。同年，他担任太钢中心试验室主任，进行特殊钢的科研和新产品开发工作。

“文化大革命”期间，王国钧遭到了残酷迫害，身体受到严重摧残，事业也颇受挫折。1972年平反后，他虽然没有官复原职，但作为技术员仍然踏踏实实、认真工作。1977年，他担任太钢总工程师，积极支持氩氧精炼不锈钢工艺研究，并参与建成了1983年我国第一台工业性生产装置18吨氩氧精炼炉，接着又推进建设了国内第一台立式不锈钢板坯连铸机，使太钢生产线达到国际先进水平。他与科研人员一道研制成功的我国第一炉工业纯铁，填补了国家空白，1984年电磁纯铁冷轧薄板获国家优质产品金牌。1985年在国防科工委国家科委、国家计委、国家经委联合召开的会议上，王国钧获得了个人奖状和金牌。

二、主要研究领域和学术成就

1. 电炉炼钢厂的创始者，特殊钢厂的奠基人

太原钢铁厂原是山西军阀阎锡山在1934年建立的普通小钢厂。1950年，重工业部钢铁局陆达副局长派王国钧和几位有经验的专家深入太钢，调查研究正在建设中的铸钢厂房，因与国家建设计划有重复而拟改作他用的问题。当时正值抗美援朝之际，国家急需特殊钢。他陪同苏联专家和丘玉池博士等参观了炮厂、子弹厂、电厂等单位后认为，太钢地处华北地区，属于后方，太原兵工厂又是国家扩建重点，而太原有煤有电又有中型轧钢厂，这些厂都有电炉的机械设备，组装起来就能在太钢搞电炉炼钢厂，对军工业发展有利，于是提出了利用外地现成的电炉和太原积压的汽锤及正在建设的铸钢厂房在太钢建设特殊钢生产车间的设想。上级研究并同意后，派他到太钢，完成太钢由普通钢厂向特殊钢厂转化的任务。他来到太钢后，成立了电炉炼钢部，并担任主任。他也是太钢第一个不是党员的中层干部，他深感知识分子肩上的责任，怀着对党的深厚感情，开始了太钢由普通钢厂向特殊钢厂过渡的艰难起步工作。由于当时搞电炉炼钢的只有他一人，所以他从设计到施工，从生产准备到培训电炉炼钢和锻钢人才，夜以继日，辛勤工作。经过一年多的努力，太钢建成了两座3吨电炉；1952年4月电炉炼出了第一炉钢水，同年9月炼出了第一炉不锈钢；1953年又建成了两台3吨和一台1.5吨蒸汽的锻钢车间；1954年，在原两座3吨电炉的基础上又能建成两座8吨电炉，开始了太钢生产特殊钢的历史。从电炉投产到1956年，他在电炉车间先后主持冶炼纯铁、硅钢、不锈钢、合金工具钢、合金结构钢等新品种71项。

1956年，中央决定把太钢扩建为一个以生产特殊钢为主的大型钢厂。由于工作需要，王国钧担任了太钢中心试验室主任，进行特殊钢厂的科研和新产品开发工作。

他到任后，遵照当时黄墨滨副厂长的指示，成立了电炉炼钢、平炉炼钢、轧钢、耐火、铸造等研究小组，集中了一批有经验的工程师参加科研工作。他努力改善科研装备，完善科研手段，到 1958 年新增试验设备 80 多台（件），实现了对钢铁生产前后部的多种检测，使科研能力大大提高。为使科研成果迅速转化为大生产，太钢又相继创建了试验工厂。1959 年，王国钧被任命为太钢副总工程师，更使得他如鱼得水，英雄有了用武之地，他非常重视科研装备的建设，经过多方面的努力，到 1966 年太钢先后兴建了检验大楼和特殊钢试验研究楼，装备了较新的理化检验设备，配备了真空和非真空感应炉、电渣炉、热轧和冷轧生产线，扩大了为科研服务的大型试验工厂，使科研手段更加完备。为适应国家对特殊钢的需求，王国钧领导全太钢工程技术人员研制开发新产品，组织技术攻关，从 1957 年到 1966 年，在他的组织和技术指导下，太钢共试制新产品 1539 项。

20 世纪 60 年代，冶金工业部就制定了太钢生产不锈钢的规划，1973 年又成立了“太钢两板一片攻关组”，并提出了“氩氧精炼不锈钢工艺研究”。但是由于“文化大革命”，太钢的工作受到了很大影响，“莫须有”的罪名使王国钧受到了严重迫害，工作遭到很大冲击。然而，对党的赤诚之心和一个知识分子强烈的事业心，使他熬过了灾难的日子。1977 年，他担任了太钢总工程师，继续坚持着特殊钢方向的发展。80 年代后，改革开放政策推动着全国各行各业的迅猛发展，他和李成副经理抓住已研究氩氧精炼炉的技术，积极组织投入工业性生产，与钢铁研究总院、北京钢铁设计院共同协作，于 1983 年建成了我国第一台工业性生产装置 18 吨氩氧精炼炉，使不锈钢产量大幅度增加，质量提高，成本降低，一年便收回了全部投资。紧接着，他努力推进不锈钢板坯连铸机的建设，在获得国家经委支持后，即主持连铸机的设计，建成了国内第一台立式不锈钢板坯连铸机，并指导工人改进了自制的板坯扒皮机，使太钢不锈钢生产达到国际先进水平。1986 年他退居二线，担任了太钢技术顾问，仍积极为太钢和日本日新钢铁公司的技术合作努力工作，消化移植日新公司不锈钢生产工艺标准和管理技术，使太钢的不锈钢生产有了更大发展，为太钢今天发展成为全球最具竞争力和全球产能最大、工艺装备最先进的不锈钢企业奠定了基础。

从 1977 年到 1985 年，太钢共开发新产品 1300 多项。1985 年太钢特殊钢生产量达到了 67.8 万吨，著名钢材有电磁纯铁、热轧硅钢片、不锈钢、冷墩钢、火箭弹发动机壳体用钢、舰艇钢、航空用钢、枪弹钢、炮弹钢等。各个品种的研制开发，都倾注了王国钧的心血和智慧。

2. 研制工业纯铁，荣获国家金牌

工业纯铁是电子工业和国防工业十分重要的基础材料。20 世纪 50 年代初，王国钧担任太钢电炉部主任时，接受了 774 厂提出的需要工业纯铁做真空管覆镍铁片的要求，用户提供了三个苏联钢号的成分。当时电炉要炼含碳 0.025% 这样低的钢，难度很大。在苏联专家指导下，王国钧利用自己在国内外所学的知识和所掌握的技术，参照苏联技术标准和工艺方法，大胆提出了用电炉冶炼沸腾钢的设想。在实际工作中，从工艺角度考虑，由于没有还原期，王国钧将电炉炉底改用卤水镁砂打结，从而防止了增碳。经过多次冶炼实验，我国大批量生产的第一炉工业纯铁终于成功冶炼出来。冶炼问题解决后，又出现了新的难题。在轧制过程中，经常出现红脆区裂纹，为了尽快解决这一问题，王国钧组织科研人员和轧钢工程师等在苏联轧钢专家指导下，研究制定了特殊的轧钢工艺，终于攻克了这个难关，成功轧制出成品，为用户提供了第一批国产工业纯铁。后来，由于沸腾钢含氮高，发生了纯铁的时效问题和夹杂气泡问题。王国钧和科研人员总结经验，精心设计研究，不断优化工艺，又提出用铝来脱氧进行冶炼，采用在成品上退火脱碳的办法，使纯铁成品含碳量达到了标准要求。经过一系列攻关，他们终于摸索出一套合理的工艺程序，所炼纯铁经用户使用，性能良好，满足了需要。此后，又根据用户对产品的不同要求，他们发展了硅铝脱氧的纯铁，达到和满足了大批量生产的要求，使纯铁的供应完全立足于国内，填补了国家空白，为电子工业的发展做出了贡献。

在纯铁研制工作中，王国钧一直担任太钢纯铁攻关组组长，不断与用户联系，总结经验，继续发展，在实践中培养出一支纯铁科研队伍，包括纯铁研究专家和冶炼纯铁的工人能手，并为“两弹一机”提供了优质的纯铁。在太钢接受国家核潜艇、人造地球卫星、通信卫星用运载火箭国防尖端技术中所需各种纯铁和特殊材料的试制供应任务后，王国钧组织科技人员开展工艺和技术攻关，终于试验成功了满足特殊需求的各种新材料，中央军委和国务院为此发来了贺电和贺信。

1978 年，王国钧接受了生产我国高能加速器所需纯铁的任务。他悉心研究，组织科研人员，制订纯铁产品标准和工艺方案，组织攻关组全力以赴，在较短时间内研制成功了高能加速器所需纯铁，并提前交付使用。产品经过用户试用，性能完全满足要求，达到了先进水平，受到国际有关人士称赞。随着研究的不断深入，他组织科研人员一次又一次接受新的任务和挑战，研制成功了北京正负电子对撞机所用的纯铁块，为我国高新科技的发展做出了贡献，受到了冶金工业部的表彰奖励。

经过王国钧和太钢纯铁科研人员 30 多年的不断努力，太钢的纯铁已由最初的 3

种，发展为十几种，形成了太钢自己的纯铁系列，名扬全国，满足了各个部门的需要。全国所用纯铁，绝大多数来自于太钢，有的厂家以之制成电磁产品，出口国外。1984 年太钢电磁纯铁冷轧薄板获国家优质产品金质奖牌。

3. 开发军工用钢，满足各种特殊要求

1952 年，由王国钧负责创建的太钢电炉炼钢部刚投入生产，他就着力于更多钢种的试制和开发，满怀信心地接受各种新的任务和挑战。在试制炮钢的任务时，他根据用户提出的要求，精心组织冶炼，生产出炮钢钢锭，供应重机厂和炮厂，三方协作，不到一年，就由炮厂生产出用国产材料自制的大炮，经靶场试炮，多项性能完全符合用户要求，为建设专门的炮钢生产厂提供了技术数据。

枪弹弹壳过去使用铜料，新中国成立后，改用一部分由苏联提供的覆铜钢板，可以节约铜料，但以往采用苏联标准冶炼覆铜钢板，内部质量总达不到要求，长期靠从苏联进口。1956 年，王国钧到太钢中心试验室后的第一项课题就是研制覆铜钢。当时钢铁工业局让两位苏联专家到太钢帮助解决问题，先在平炉冶炼沸腾钢，内部质量仍达不到标准要求。王国钧运用自己冶炼纯铁的经验，提出用铝脱氧来冶炼镇静钢，经过电炉试炼一炉后，效果很好。于是，他与苏联专家制订了在平炉研制的计划，在他的精心组织下，平炉冶炼铝脱氧的镇静钢，内部质量也完全达到了标准要求。所炼覆铜钢经供应部门制成军品后，满足了特殊需要，只是有的炉号抗位强度偏高一些。他本着严谨的工作态度认为，军工用钢必须精益求精，于是制订了把钢的含碳量压缩到低限的技术条件，这样一来，虽然冶炼难度加大，但大多产品更符合要求，可以确保产品完全让用户满意。后来他又领导科技人员精心研制冶炼出炮弹壳用覆铜钢和全钢的枪体用钢，为中央军委提出的枪弹和炮弹都要“以钢代铜”的方针做出了重要贡献，节约了大量国家缺少的铜资源。太钢生产弹用钢的经验被介绍到其他钢厂后，也都解决了这些厂的枪弹用钢的质量问题。同时，太钢在冶炼冷镦钢、深冲钢中也很好地应用这个经验，成为冶炼铝脱氧低碳钢有独特经验的特殊钢厂。

炮弹用钢是要求很严的钢种，不少钢厂都发生过质量问题。为了解决这个难题，王国钧主动承担风险，提出就地试制供应炮弹用钢的任务。他多次率领有关人员到炮弹厂访问交流信息，研究如何解决有关质量问题，制定出了严格的生产工艺操作规程和管理制度，针对炮弹钢出现的问题，及时组织科研人员分析研究，务求解决，使炮弹钢质量不断提高，用户满意度稳步提升。1982 年太钢生产的炮弹钢获冶金工业部优质产品奖。由于王国钧对弹用钢材有较全面的了解，1988 年他应邀撰写了

《军工冶金卷》一书中的“弹用钢材”一章。

王国钧一直在组织领导太钢的军工生产和新型材料的研制工作。他长期坚持“军工第一、质量第一”的思想，经常深入基层，检查军工合同的完成情况，了解存在的质量问题，确保保质保量按期完成交货任务。在他主持军工生产科研的20多年中，没有发生过重大的质量事故。对重大研制项目，他都亲自负责领导攻关，在攻关中培养人才，不但为舰艇、核能、航空、航天工业提供了重要材料，也培养了生产各类钢的专门人才。

1985年，在国防科工委、国家计委、国家经委、国家科委联合召开的国防军工协作工作会议上，太钢获先进单位奖状和奖杯，王国钧获先进个人奖状和金牌。

4. 培养特殊钢人才，传播交流炼钢知识和经验

王国钧一贯倡导技术培训。在抚顺钢厂担任厂长室副工程师时，他看到工厂生产技术全由日本人掌握，非常痛心，就选拔一些有文化的青年工人，给他们讲系统的理论知识，教他们作统计分析，纠正他们落后的操作工艺。后来，厂里来了几个大中专学生，他就安排他们到炼钢、锻钢、轧钢、检验等重要岗位工作，教他们如何向日本技术人员学习。他对新招收的一批青年职工进行指导，在实践中让他们学技术。这一点在以后的实践中得到了很好的证明，到遣返日本技术人员时，厂内的中国人已经掌握了生产技术，完全可以开展工作。到后来，很多人成为抚顺钢厂的技术骨干。

新中国成立时，是我国各行各业大量需要人才的时候，他看到大学缺少新的教材，就把自己从美国带回的《近代电弧炼钢炉》和同事从美国带回的《近代炼钢平炉》翻译出版，补充大学急需教材。与此同时，立足于把自己所学全部奉献给祖国，他兼任了山西大学冶金系教授，授课讲学，一直到院校调整时期。他利用业余时间，坚持写科普书籍，在《机械工人》杂志上发文介绍钢材性能知识。1956年，他被选中参加全国科学技术普及积极分子会议，作为主席团成员，他在北京中南海见到毛泽东主席，并合影留念。

王国钧积极推广特殊钢生产技术，把自己从美国带回的全部实习资料、各钢种的成分和内控成分标准、炉前操作记录都毫无保留地公之于众，供技术人员学习参考。他到各钢厂介绍新的炼钢操作工艺，向大连钢厂介绍美国用白钨矿直接装炉代替钨铁冶炼高速工具钢的经验。他看到苏联专家经常翻阅苏联电炉炼钢操作规程，为了提高电炉炼钢工人的操作水平和技术人员的实际工作能力，就和苏联专家商量，在专家指导下于1951年执笔草拟中国第一部《电炉炼钢操作规程》第一稿，经组

织全国有关技术人员几经修改后，1955 年在于抚顺召开的全国电炉炼钢会议上讨论修改通过并颁布。

20 世纪 50 年代，王国钧在电炉炼钢部工作时，热心地给炼钢工人上技术课，进行现场指导，手把手地教他们各种特殊钢的冶炼技术，并和抚顺钢厂的毕克祯厂长联系，由全钰嘉副主任编写《电炉炼钢讲义》给工人讲课，带领他们到抚顺钢厂实习。他还编写了《电炉炼钢生产程序》，为当时太原钢铁厂厂长、科长等各级干部和工人讲技术课，培养了一批懂技术的干部和操作能手。

他对知识有一种孜孜不倦的追求和渴望。他参加了澳钢联国际连铸会议、中国金属学会组织的多次学术和研讨会，不断进行技术交流和探讨，及时了解和掌握国内、国际的先进技术和经验，共有十余篇文章在相关的出版社和杂志发表。

在长期研制特殊钢的工作中，他注重培养专业人才，指导科研人员参加实际操作，与检验人员密切合作，将理论和实践结合，彻底解决质量问题，增加才干。在各项钢种攻关中，他既注重冶炼钢材，又注重培养人才，为太钢形成一支包括纯铁、硅钢、弹用钢、舰艇钢等在内的各类钢的专业技术人才队伍，做了大量工作。

改革开放后，他热心推进太钢开展全员技术培训，为公司二级单位领导讲科学管理知识，促进太钢对各级领导干部和技术人员实行全方位培训，提高了他们的整体素质。

三、王国钧主要论著

王国钧 . 1950. 近代电弧炼钢炉 . 北京：重工业部科学技术出版社 .

王国钧 . 1951. 近代炼钢平炉 . 北京：重工业部科学技术出版社 .

王国钧 . 1952. 钢材性能 . 北京：重工业部科学技术出版社 .

王国钧 . 1954. 谈不锈钢 . 北京：重工业部科学技术出版社 .

王国钧 . 1956. 钢的编号规格和用途 . 北京：重工业部科学技术出版社 .

王国钧 . 1980. 钢材的编号规格和用途 . 北京：重工业部科学技术出版社 .

王国钧 . 1981. 不锈钢的选用和使用设计手册 . 太原：太原钢铁公司 .

王国钧 . 1985. 我国的第一个特殊钢厂 . 抚钢史 . 抚顺：抚顺市政协文史委：262-273.

王国钧 . 1986. 我从事特殊钢事业四十年 . 中国冶金史料，（2）：71-78.

王国钧 . 1986. 太钢立式不锈钢板坯连铸机 . 钢铁，（5）：46-48.

王国钧 . 1990. 论钢铁工艺设备和管理的关系 . 钢铁研究，（1）：4-8.

撰写者

王俊文（1963 ~），太钢技术中心高级工程师。

李启衡

李启衡（1916～2004），贵州贵阳人。中国矿冶学家。著有《粉碎理论概要》、《碎矿与磨矿》等专著，填补了20世纪中国矿冶粉碎理论的空白。1942年毕业于武汉大学矿冶系，同年到重庆綦江电化冶炼厂工作，1946年到贵州大学矿冶系任教。1953年全国院系调整调入昆明工学院采选系（现为昆明理工大学国土资源学院），之后长期致力于昆明工学院采选系的学科建设和中国矿冶学术研究。先后出任昆明工学院采选系教授兼校务委员、校学术委员会委员，并兼职于中国粉碎学会。60年代初，受聘担任国务院生产委员会委员。为提高中国矿冶生产与科研水平，他率先开展碎矿磨矿科研和教学，并在国内迅速取得领先地位。鉴于国内外矿物加工工程类教材少，难以满足教学科研需要的情况，他主编了全国第一部高校统编教材——《碎矿与磨矿》。该书全面阐述了矿业领域中最基本、最稳定和应用广泛的知识和技术，充分反映了20世纪中国矿冶学科的进展和水平。半个多世纪以来，该书一直是全国矿物工程专业的通用教材。1965年，昆明工学院矿冶学科成为国家科研基金资助的硕士研究生培养站点，作为最早的研究生导师之一，他先后指导过4名硕士研究生，倾力为国家培养早期碎矿磨矿的高级人才和大量本科人才。

一、成长历程

1916年12月，李启衡出生于贵州省贵阳市。受家庭私塾教育的影响，他从小酷爱读书，最初喜欢诗词、历史和古典文学，青年时代到江苏南京求学，在学校接触近代科学，特别喜爱化学、物理及其实验科目。年少的李启衡对什么事情他都喜欢寻根问底，从那时起便养成了细心观察科学现象、留心记录实验细节的好习惯。

1938年回贵阳后，他考取武汉大学矿冶系，由贵州省公费支持攻读当时贵州最薄弱和亟待开发的矿冶专业。在武汉大学严谨学风的熏陶下，他开始了四年的学习历程，当时正是中国抗日战争最艰难的时期，武汉大学由武汉迁到四川乐山，一路上他目睹了那个时代中国的贫穷和落后，立志要在所学的专业领域为国家、为民族做出自己应有的贡献。1942年毕业后，由老师介绍到当时国内装备较好的重庆綦江电化冶炼厂工作。这段时期他迅速接触到当时中国冶金科技和生产的前沿，曾在当时的中国冶金杂志上发表过炼钢论文，以工作实践充实了既学的书本知识，以从事钢铁生产的实际行动参加抗日战争，在艰苦的实际工作中得到了不少锻炼，增强了为国服务的本领和技能，开拓了专业应用的领域和眼界。抗日战争胜利后，1946年他受聘到贵州大学矿冶系任教，在课堂上他所讲授的冶金学，除书本知识外，还有许多生产实践知识，受到学生的欢迎和校方的好评。1951年他以优秀青年教师的身份入选贵州省进京参观团，受到国家领导人的接见，并参观了国内一些大型企业和科研院所，这对他以后事业的成功有很大的促进和帮助。

1953年，全国院系调整后李启衡被调到昆明工学院采选系任教。初到云南，他认为自己所学的冶金知识在这个有色金属王国将大有用武之地，整日匆匆忙忙，图书馆进、实验室出，兴奋怡悦的心情难以言表，但国家院系调整的重点是发展那时云南和国内都较为薄弱的采矿、选矿专业。面对较为生疏的采选专业，以及那时不发达的采选技术和较落后的采选装备，尤其是理论方面研究的匮乏，他也曾经打过退堂鼓。而百废待兴的中国，尤其是事关国计民生的矿冶行业，那时的情况是采选的技术、能耗和矿样的品质严重落后于当时的冶炼技术，只有将高品位的精选矿样送达冶炼厂，才能大幅度地提高冶炼的效率和产品的品质，才会更有利于国民经济的发展。国家十分重视采选学科的建设，为此调集精兵强将非要解决这个难题不可。在放弃熟悉喜爱的冶金学科转而从事生疏的采选学科的决定摆在面前时，任何人都会感到为难。虽然多少有点不情愿，但国家的需要就是对学子们为国效力、做出奉献的召唤，他坚决服从国家建设的需要，毅然跨进较生疏的学科，向技术空乏、理论贫瘠的采选领域投入了大半生的耕耘。他深信国家急需解决问题的领域，就是学子们立志报国、做出贡献的领域，他积极参与了学校采选系的建设，开始了最初的理论探索和教学设计。他在一边深入有色冶金研究、参加昆明冶陶所（现为昆明贵金属所）科研和出任云南锡业公司学术委员的同时，一边学习俄语，研读苏联选矿学科的知识和专业文献，为昆明工学院采选系的教学和科研工作做着积极的准备。因为有在綦江电化冶炼厂实际工作的经验和贵州大学任教的教学经历，以及武汉大学矿冶系的深厚功底和严谨学风，又有青年求学时期对科学技术的爱好及志向，他将所有特长与采选学科的教学和科研结合起来。身为选矿教研室主任，他知道肩上的担子有多重。他举重若轻，注重细节，与所有参加学科建设的同仁一道，仔细地整理和分析与采选理论相关的各类教材文献，进行教学设计和新教材编写。大家都知道一部好的教材是学校能够培养出高质量人才的关键。在没有碎矿与磨矿通用教材的起步阶段，只能靠边教学、边编写，从教学实践、生产实践中提升教材的质量。几年过去了，自编讲义数易其稿，他终于撰写出一部适用于全国矿业高校的通用教材——《碎矿与磨矿》。在编写教材的同时，科学研究工作也获得可喜的突破，昆明工学院采选系开始在全国矿冶高校同领域取得领先的地位。

二、主要研究领域和学术成就

1. 理论与实际结合，发现学科突破口

云南大地蕴藏着各种有色金属，素有“有色王国”的美誉，是全国有色金属、贵金属蕴藏量最多的省份。就那时的冶炼技术水平来讲，采矿时有效物质流失过多，能源、资源消耗过大，所以关键是要采选富集矿样和提高选矿品位。其中，开采下来的矿石经过破碎、筛分、精选要达到冶炼要求是一大难关，而在矿石破碎功耗及筛分工艺方面并无完整的理论依据和参数，难以进行工程设计。那时在这方面能够借鉴和参考的书籍、理论几乎没有，只能在国外的学术资料中找到一些零散的篇幅和欠成熟的理论枝节。如果在这个领域开展结合中国生产实际的实用性研究，取得实质性突破，将会大幅提高中国有色选矿和冶金的技术水平，也能使昆明工学院采选系的教学和科研获得可喜的进展。李启衡一头扎进他已发现的学科突破口，夜以继日地拼命工作，呕心沥血，这让他患上了极为严重、在当时极其难治的网状瘘管疾病。

在当时的医疗条件下，就是这个病，差点要了他的命，跑了许多医院都不见好，一医就是两三年。一边是国家急需的学科希望采选系能迅速取得突破，一边是站也不是、坐也不是、寝食难安的病痛折磨，真让他心急如焚。急火攻心之下，他的病情日益加重，就在疾病要夺人性命的时刻，学校请来昆明最好的专家，不惜代价医治，又经过一两年的精心治疗终告痊愈。期间在病情稍有好转时，他又投入到那放不下的工作中去。终于苍天不负苦心人，他在这个领域取得了开创性的成果，奠定了中国粉碎理论的基础。他编著的《碎矿与磨矿》（获冶金工业部优秀教材奖二等奖）一书系统阐述了碎矿与磨矿方面的基本理论，详述了国内选矿厂采用的定型设备的构造、工作原理、性能和应用环境，同时尽可能多地介绍了国外性能优越的碎磨设备，对20世纪上半叶国内外碎磨技术的发展及新成果也作了系统的总结介绍。

《碎矿与磨矿》、《粉碎工程》、《粉碎理论概要》等高校教材和专著的编著，是昆明工学院最早承担的国家自然科学基金支持的科研项目之一。这些教材和专著涉及的知识面广、要求高，包括岩石力学、材料力学、晶体理论、矿物学、物理化学、

机械设计基础等，重点是使学生如何将所学的基础课和专业基础课知识运用到碎矿与磨矿的学习与生产实践过程中，并在教学中让学生理解和掌握矿石破碎和磨细的基本原理、工艺流程和主要设备，促进理论与实践的结合，提高学生应用知识和创造知识的能力。碎矿与磨矿涉及矿石破裂机理、破裂过程、能量传输与耗散等理论，碎矿磨矿工艺流程复杂、设备较多，如何使学生既理解矿石破碎磨细的理论，掌握各种破碎和磨细矿石的方法，又了解各种方法的特点和共同点；使破碎、磨矿单元操作有机地结合起来，构成了适合于不同矿石的碎磨系统。

李启衡主要在“碎矿与磨矿”的力学理论与能量输入、耗散两个方面做出了贡献，开拓并奠定了选择性磨矿领域的基础。对于矿石破裂的力学理论，重点在碎矿与磨矿过程的力学特征、施力方式及采用不同的设备原理。对于矿石破裂的能量输入与耗散，重点在不同施力方式产生的能耗特点，形成碎矿与磨矿系统的基本原则是能耗最低原则。这就是他认准的突破点。他编写了《碎矿与磨矿》讲义，从 20 世纪 60 年代开始使用，到 1980 年冶金工业出版社出版至今，一直是本科生和研究生教材，被十几所大学采用，半个世纪以来在中国矿冶高校和生产实践中发挥了重大作用，对学科的后续建设是一个良好的开端。进入 21 世纪，该课程已发展成为系统的矿物加工学科，昆明理工大学和其他矿冶高校将该课程作为精品课程推出，培养了一代又一代的本科生和研究生。

有趣的是，他病好后曾讲到病中“研究”的事情。他说，粉碎理论的许多关键的力学和功耗问题都是在病榻上想通的，及至病情好转后急忙演算，以及后来到生产实践中得到验证和系统整理，似乎一脉相贯，顺理成章。他说，他那时只是想着如果疾病医不好，工作总要有个交代，于是也不管病痛了，把几年来的研究细想了一遍。在病榻上“清净”之虞，反而弄清楚了原来没想通的问题，他及时把这些思考告诉助手，得到的结果是正确而合乎理性的。大喜过望之余，在专家的精心治疗下，顽疾也好了许多。听起来虽有点离奇，但细想下，这是一个人的责任心使然。

2. 循序渐进，孜孜以求

在发现学科突破口、首战拿下突破点之后，怎样才能将战果扩大，走向成功？他找来大量的中外文选，在编写选矿教材和设计教学的同时，整理零乱的粉碎理论。他在担任选矿教研室主任期间，完成教学、科研的繁重任务之余，兴致勃勃地进行着他认准的研究。“红泥小火冬一妙，撕尽日历催春到。尚余残稿费斟酌，何用黄羊来试灶？”这是他在研究期间著作脱稿时的诗作。几度夏去秋来的呕心，终于迎来冬催春到，展现了理论研究上的艰辛、治学态度的严谨，以及研究务实的作风、一心报国的胸怀和践行创新的无穷乐趣。

在1964年研究取得初步成果后，国家和学校非常重视，《碎矿磨矿》教材编著及其科研课题得到了国家自然科学基金的支持。1965年昆明工学院选矿学科首次招收硕士研究生，李启衡成为昆明工学院最早承担国家自然科学基金项目、招收研究生最早的三位导师之一，为国家培养了第一批选矿学科的高级专业人才。这是昆明工学院采选系的光荣，也是他个人学术生涯的光荣。

《碎矿与磨矿》及其他教学讲义的相继脱稿，以及《粉碎理论概要》的出版，填补了20世纪中国矿冶粉碎领域的空白，除冶金行业外，在其他行业也有较为广泛的应用。《碎矿与磨矿》是受冶金工业部委托编写的统编教材，从物料的粒度测定分析、抗破碎能力、粉碎过程热力学、磨矿动力学以及粉碎过程数学模型5个方面，系统地阐述了有关粉碎过程的理论及国内外研究进展，并获冶金工业部优秀教材二等奖，成为全国冶金院校至今多次再版的高校用书。个人的努力离不开群体的奋斗，这里面凝聚着李启衡及其教学科研团队数千个昼夜的努力和心血。

在后续科研上，他以一丝不苟的学术精神和勤俭的工作作风积极通过会议、期刊等方式与国内外专家进行交流，新的研究和探索在不断进行，教学相长，为生产实际服务。20世纪60年代初李启衡被国务院聘为国家生产委员会委员，被学校聘为校务委员和校学术委员。

3. 人才培养

1953年昆明工学院成立之初，采选系是三个新建系之一，教师来自全国各冶金高校，学生来自四面八方，将来均要奔赴各省市的冶金行业，为新中国建设贡献力量。把新学科办好，不误人子弟，为国家冶金行业培养出更多更好更优秀的人才是责任，也是挑战。身为选矿教研室主任，李启衡深知责任重大，常常是寝食难安，费尽心力。在教材编写过程中，他作为主编，在交通不便、通信不畅的年代，经常出差参加教材编审会议，与编委们交流、商议或是书信往来，反复修订；常常是一次出差还没到家，半路上又接着去开另一个会。对自己的论著他更是精益求精，特别是对粉碎理论的研究，更是要经得起学术的推敲、经得起时间的考验和经得起生产实践的检验。只有务实的研究、严谨的学风、科学的态度才能做出好的学问，才能培养出合格、优秀的人才。

从1953年到2010年，经过半个多世纪的奋斗和发展，昆明工学院采选系（现昆明理工大学国土资源学院）从最初的单一选矿专业发展为综合性的矿物加工工程学科，人才培养层次从专科、本科、硕士、博士到博士后，形成了完整体系，被批准为国家矿业工程一级学科，成为国内重要的矿物加工工程学科人才培养基地。由李启衡主编、后由段希祥改编的《碎矿与磨矿》教科书中的选择性碎矿磨矿理论及科学研究不但延续了下来，而且结合现代信息技术还有很大的创新。

在教学、科研实践中，李启衡特别注重对青年教师的培养和锻炼，以教学观摩、教案精备组织教学，以实验、实习充实教学，以学生毕业后取得的成果检验教学。在研究生教学中，他更是倾囊相授，推崇青出于蓝而胜于蓝，期盼弟子尽快超过老师。他所教过的学生现在都是昆明理工大国土资源学院和各矿冶厂的骨干。随着年龄的增长，每每看到一代代的莘莘学子走出校门、一批批的科研成果层出不穷，他就感到无比的欣慰，特别是看到后生们应用现代信息技术将以前他要花几个月乃至经年才能完成的计算和设计工作，用短短几周的时间就完成并仿真模拟演示时，更是感慨不已。

李启衡作为昆明工学院选矿专业的创始人之一，谨以他的学术成就充实和丰富了矿冶专业的教学构成，他是中国著名的粉碎理论、碎矿磨矿专家，是 20 世纪中国矿石粉碎领域的开拓者和学术技术带头人，为昆明理工大学国土资源学院的开拓和发展做出了重要贡献，为中国选矿学科的建设及发展做出了重要贡献。

三、李启衡主要论著

李启衡 . 1957. 论 C. E. 安德烈也夫的典型粒度特性方程式中的参数 . 有色金属，(12)：31-33.

Rose R E. 1974. 作为球磨性能计算基础的落重试验 . 李启衡译 . 国外金属矿选矿，(4)：40-47.

李启衡 . 1978. 碎矿所需能量与产品粒度特性的关系 . 昆明工学院学报（自然科学版），(Z1)：191-198.

李启衡 . 1980. 碎矿与磨矿 . 北京：冶金工业出版社 .

李启衡，段希祥，曾庆学，等 . 1982. 降低锡石磨矿过粉碎的研究报告（阶段试验报告）. 昆明工学院学报，(1)：82-103.

李启衡 . 1984. 关于磨矿节能中的多碎少磨问题 . 云南冶金，(1)：24-29.

李启衡 . 1984. 关于磨矿节能中的“多碎少磨”问题（续）. 云南冶金，(2)：14-16.

刘升明，李启衡，段希祥 . 1989. 助磨剂对磁铁矿——石英混合系磨碎的影响研究 . 昆明工学院学报，(6)：11-18.

李启衡 . 1993. 粉碎理论概要 . 北京：冶金工业出版社 .

撰写者

李佳瀚（1948 ~），昆明科技情报研究所副研究员。1982 年毕业于昆明理工大学应用化学专业，同年到昆明市科技情报研究所工作，从事科技情报、竞争情报研究及科技文章撰写，在中国竞争情报学会年会上发表多篇论文，多次获奖。

黄培云

黄培云（1917～2012），福建福州人。金属材料及粉末冶金专家。中国粉末冶金学科的奠基人之一。1994年当选中国工程院院士。1938年毕业于清华大学化学系，1945年毕业于麻省理工学院，获得博士学位。20世纪50年代创办了中国第一个粉末冶金专业和粉末冶金研究所（室），之后30多年里领导研制成功多种用于核、航天、航空、电子等领域的粉末冶金新材料；60年代创立了粉末冶金烧结过程的综合作用理论；60年代中期到80年代初，创立粉末压制理论；80年代中期以来，提出了计算非规则溶液活度系数的模型和三元系相图的方法以及多级快速凝固制取非晶、准晶和微晶金属粉末的方法和理论，为中国粉末冶金学科的发展和国防现代化建设事业做出了重要贡献。曾任中南矿冶学院副院长兼教务长、中国科学院矿冶研究所副所长、中国金属学会副理事长、中国有色金属学会副理事长、中国金属学会和中国有色金属学会粉末冶金学术委员会主任委员。

一、成长历程

1917年8月23日黄培云生于北京市，祖籍福建省闽侯县（今福州市）。其父黄厚诚毕业于福州英华书院，在海关工作，经常易地任职，全家随行。黄培云少年时代先后在北京、烟台、上海、苏州生活和学习，小学和初中就读于北京外交部附属小学和初中班，高中就读于苏州东吴大学附属高中，在随家四处迁徙中完成了小学和中学学业。这样的经历使他从小增长了见识，开阔了眼界，养成了从游历中观察、了解和学习的性格。得益于严格的家教和自身勤奋好学，1934年他以优异的成绩考入了清华大学化学系。清华大学一流的师资和良好的教学条件、重视教学和基础研究的校风，成为科技人才成长的摇篮。在清华大学的学习经历为黄培云科学生涯打下了坚实基础。在清华大学期间，黄培云对各门课程的学习都很认真，学习成绩名列前茅；同时，积极参加"一二·九"北平学生爱国运动，培养了爱国救国情操。1937年7月7日卢沟桥事变后，中国的抗日局势十分严峻，清华大学与北京大学、南开大学迁至长沙，组成长沙临时大学；1938年2月，西迁昆明后改称西南联合大学。在此期间，黄培云随清华大学迁徙，参加步行团，并担任第五分队队长，风雨兼程，历时两个多月，从长沙步行到昆明，锻炼了身心，磨炼了意志，更真切了解到民间疾苦，进一步向进步与革命靠拢。1938年9月，黄培云大学毕业，因成绩优异被留校工作，在物理学家吴有训任所长的清华大学金属学研究所任助教，在余瑞璜指导下，开展硝酸镍四氨复盐低温晶体结构的X射线傅里叶分析的研究，撰写了论文，熟练掌握了X射线衍射分析技术。

1940年，黄培云通过庚款留学选拔考试，考取清华大学第五届庚款留美生（共17人）。1941年秋抵美，他在麻省理工学院攻读博士学位，师从理论和实践兼长的有色冶金专家C. R. Hayward，开展铜在反射炉渣中的存在形态的博士学位论文研究，研究成果在美国矿冶工程学会期刊*AIME Technical Publication*发表。论文发表后，备受美、苏、英等国矿冶工程界重视，英国出版的《冶铜物理化学》一书对该文作了较详细的介绍。1945年获科学博士学位后，他继续在该院跟随Hayward做博士后，研究从钴土矿中分离提取钴、镍、铁。在麻省理工学院留学期间，黄培云系统学习掌握了有色冶金理论和方法，积累了研究经验；同时学习了粉末冶金等新型冶金科学技术，这为他后来在中国开创粉末冶金教育和科研奠定了基础。

1945年7月，黄培云与哈佛大学国际语言学家赵元任的次女赵新那结为伉俪。为了实现科学救国的理想，黄培云谢绝导师Hayward和授课教师M. Cohen教授对他的挽留，毅然偕同夫人赵新那于1946年年底回到了祖国，受聘于武汉大学矿冶系任教授和系主任。1948年冬，中国人民解放军准备渡江南下时，因担心黄培云夫妇的安全，黄培云的父母兄弟希望黄培云一家去台湾，在美国的岳父母希望他们去美国，但黄培云夫妇决定留在大陆，参加祖国建设。

1952年，为适应经济建设的需要，我国高等院校进行大规模院系调整。国务院和教育部决定将武汉大学、中山大学、湖南大学、北京工业学院、广西大学、南昌大学六所院校的有色金属类地质、矿冶系（科）合并，在长沙成立中南矿冶学院，加快培养有色金属工业急需的专门人才。黄培云作为武汉大学矿冶系主任受命参加筹备工作，重回当年清华大学南迁长沙时的旧址（长沙岳麓山），领导艰苦繁重的建校工作。1952年11月学院成立后，长期担任副院长（除“文化大革命”期间以外），主管学院教学、科研工作，并为满足国家重大工程的急需，创办了中国第一个粉末冶金专业和粉末冶金研究室（所）。1956年，他作为冶金专家代表参加了国家《1956—1967年科学技术发展远景规划纲要》的制定工作，并兼任了新成立的中国科学院矿冶研究所副所长（至1983年）。

从20世纪50年代后期开始，黄培云曾先后担任中国金属学会、中国有色金属学会的理事、常务理事和副理事长，以及湖南省科学技术协会主席等职。他长期担任中国金属学会和中国有色金属学会粉末冶金学术委员会主任委员、机械工程学会粉末冶金学会副理事长，积极组织和推动全国范围内粉末冶金方面的学术交流活动。由于为中国粉末冶金学科发展和国防现代化建设事业做出了重要贡献，黄培云于1994年当选为中国工程院院士。

二、主要研究领域和学术成就

1. 创建中国粉末冶金学科，领导研制成功一系列粉末冶金新材料

粉末冶金处于材料、冶金、制造的交叉领域，是研究制备金属及其化合物粉末和以粉末为原料经成形、烧结制备金属及金属基复合材料和制品的技术。粉末冶金的特点在于粉体本身具有独特的功能特性；利用粉末易复合的特点，能制备用熔铸法无法制备的特殊性能材料；利用粉末的流动性实现近净成形；利用粉末颗粒组织易控的特点，制备均质超微高性能材料。原子能、航空、航天、军工等一些高新技术领域都离不开粉末冶金。因此，早在20世纪初，一些发达国家就开始注重对该领域的研究。而我国则起步于20世纪50年代初，黄培云是中国该学科的奠基人之一。

1954年，苏联援建的156个重点建设项目上马，其中包括湖南株洲硬质合金厂。硬质合金是用粉末冶金制备的难熔金属化合物颗粒与黏结金属复合的高硬度高强度耐磨材料，用作切削刀具、钻头和耐磨工具，对机械工业和地质工业及国防军工的发展有重大作用。为满足株洲硬质合金厂建设及生产第一线对技术人才的需要，国家要求中南矿冶学院建立粉末冶金专业。当时中南矿冶学院除黄培云在麻省理工学院学习过粉末冶金课程外，其他人都没有接触过粉末冶金。在中南矿冶学院创办中国第一个粉末冶金专业的紧迫任务自然落在了黄培云的肩上。作为我国粉末冶金学科的创始人，作为学院副院长兼任粉末冶金教研室主任，黄培云把大量精力放在粉末冶金专业教学上，亲自制订教学计划，学习俄语，翻译俄文硬质合金教材，撰写粉末冶金教材，主讲专业课，培训青年教师，筹建粉末冶金实验室。专业建设快速发展和完善，填补了我国高校专业设置的一项空白。1956年，第一届粉末冶金专业的学生毕业。之后的几十年中，在黄培云的主持下，中南矿冶学院（1985年更名为中南工业大学，2000年更名为中南大学）培养了大批粉末冶金专业人才，为我国粉末冶金事业的发展奠定了学科和人才基础。早在1956年，他就着手培养研究生，至今他已培养硕士生、博士生30余人，其中很多人已成长为我国粉末冶金领域的骨

干。他先后给学生讲授硬质合金生产、粉末冶金原理等课程。他主编的教材《粉末冶金原理》获有色金属工业总公司优秀教材奖一等奖（1986 年）和国家教委颁发的全国高等学校优秀教材奖（1987 年）。他还长期担任中国金属学会和中国有色金属学会粉末冶金学术委员会主任委员，引领和推动了全国粉末冶金的学术发展。

随着粉末冶金教学工作的开展，黄培云将主要研究方向由普通有色金属冶金转向粉末冶金。早在 1954 年，就结合教学需要，购置和自制了粉末冶金专用的高温烧结炉、碳管炉、钼丝炉、压力机，建立了粉末冶金实验室，开展教学实验和基础研究。1960 年中苏关系破裂，中断了包括原子弹在内的 600 多项合作项目，撤走了专家。中国政府下决心依靠我国自己的力量研制原子弹，其中，研制原子弹的关键材料——浓缩铀用多孔分离膜的研制任务下达到中南矿冶学院。这是一项重大而绝密的研究任务，黄培云直接领导和参加了这个项目，研制工作一开始，他就向参研人员作了“多孔膜分离同位素的理论问题”专题报告，明确了用粉末冶金方法研制多孔分离膜的技术路线，在学术上和技术上发挥了关键作用。由于方案正确，组织得力，研究工作很快取得了进展。为便于保密，国家决定临时借调中南矿冶学院的研制人员到北京钢铁研究总院继续研究，在此基础上形成的“乙种分离膜制造技术”成果获 1986 年国家发明奖一等奖。与此同时，根据国防尖端工业对特殊材料的需要，在学校支持下黄培云和同事在粉末冶金实验室基础上建立了新材料研究室，从事粉末冶金及其新材料的研究。通过承接一系列国防军工新材料研制任务，新材料研究室成功研制了导航陀螺仪用高比重合金、反坦克导弹钼喷管、飞机用粉末冶金制动材料等关键材料，研究室不断发展壮大。1979 年，该室扩建为粉末冶金研究所，黄培云兼任所长；1988 年，经国家教委和国家计委专家组联合评审，确认以该所为基础建立粉末冶金国家重点实验室，黄培云任实验室学术委员会主任；1992 年又经国家部委和世界银行专家组综合评审，依托该所建立粉末冶金国家工程研究中心。经过几十年的艰苦创业，黄培云创建的粉末冶金研究所已发展成为我国粉末冶金教学、科研和产业化三结合的基地，并在国际上产生了重大影响，世界几种著名粉末冶金刊物对黄培云及该所进行过介绍。多年来，黄培云和他的学生及同事一道，共完成国家重点科研项目近 300 项，获省部级以上奖励近 40 项，其中获国家级重大奖励 7 项，为我国原子弹、导弹、卫星、雷达等的发展做出了重大贡献。为此，粉末冶金研究所分别于 1980 年和 1982 年两次受到中共中央、国务院和中央军委联合发来的贺电嘉奖，并于 1985 年被国防科工委、国家计委、国家经委、国家科委联合授予“先进单位”称号。黄培云本人于 1988 年获得了国防科工委颁发的“献身国防科技事业荣誉证章”，以表彰他为国防现代化建设所做出的贡献。

2. 创立粉末冶金烧结过程综合作用理论和粉末压制理论，推动粉末冶金过程理论和高新技术的发展

在粉末冶金过程中，粉末体经压制成形和烧结，逐渐向固体转变，其几何形态、内部组织结构、各种物理化学反应和力学性能发生相应变化，有关这些变化的认识构成了粉末冶金学科的基础。20 世纪初以来，国际上许多学者对粉末体压制成形和烧结开展了大量研究，但因粉末体系和性质的多样性和复杂性，研究结果未能对粉末压制和烧结过程进行正确的定性描述和定量计算。

长期以来，各国学者对烧结过程由扩散机制还是流动机制起作用一直争论不休。黄培云自 1958 年起，开始研究粉末烧结过程理论，系统总结烧结理论各个学派的论点，在 1961 年沈阳金属物理学术会议上发表了烧结过程综合作用理论，即把复杂的粉末烧结过程看成扩散、流动和物理化学反应综合作用的过程，并由扩散、流动和物理化学反应引起烧结物质浓度变化的数理方程导出综合作用烧结理论方程。这一理论既可正确地定性描述烧结过程所发生的现象，也可定量计算烧结过程的参数。运用黄培云烧结过程综合作用理论，不仅能够很好地定量描述多种粉末的烧结规律，而且对粉末的活化烧结、粉末热压烧结均能很好地进行定性描述。这一理论具有深刻的物理意义和广泛的应用价值，得到国内外学者的普遍承认，成为国际上著名的烧结理论之一。

自从 1923 年汪克尔（Walker）根据实验首次提出粉末体的相对体积与压制力的对数呈线性关系的经验公式以来，人们提出了众多的压制理论公式和经验公式，但都不能同时反应从软的锡粉、铜粉到硬的碳化钨粉末的多种粉末体的成形规律。在粉末压制成形过程中，粉末因压缩而发生的变形涉及松散介质变形、弹塑性体的流变行为等一系列错综复杂的非线性力学问题。多数理论都把粉末体作为弹性体处理，并未考虑到粉末压制过程中的加工硬化和变形的弛豫过程；有的则未考虑粉末之间的摩擦；而且多数理论忽略了压制中的时间因素，因而难以对压制过程作出正确的定性分析和准确的定量分析。

黄培云于 20 世纪 60 年代中期到 80 年代对粉末压制成形问题进行了近 20 年的潜心研究。他是国际上最早基于流变学研究粉末压制成形的学者，考虑到粉末体的非线性特征及粉末压制时应变大幅度变化的特征，提出了“粉末体应变推迟”、“应力松弛”、“粉末变形弛豫”一系列新概念和粉末的非线性流变模型等新理论，将粉末压制理论的研究推向新的高度。根据理论推导和实验验证，他于 60 年代提出了一种新的压制理论和双对数压制方程。1980 年，黄培云对双对数压制理论又作了补充

和完善，使这一理论不仅适用于等静压制，也适用于一般单向压制和动态压制。黄培云的压制理论与当今国际上提出的众多压制理论和方程式相比较，物理模型明确，定量精确，引起了国际粉末冶金界的关注和高度评价。80年代，黄培云曾两次应邀到美国访问讲学，还多次去瑞典、德国、英国、西班牙等国进行访问和讲学。1984年，美国粉末冶金学会（APM）推选黄培云担任该学会国际联络委员会委员。1987年，他又当选为美国金属粉末工业协会（MPIF）与APMI主持的P/M88′会议国际协调委员会委员。1986年，这一理论被评为湖南省十大科技成果之一，同年获国家教委科学技术进步奖一等奖，1990年获国家自然科学奖四等奖。

80年代以来，黄培云和他的学生陈振华等开展粉末冶金快速冷凝制备超微粉末研究，发明了一系列新型快速冷凝技术，制备了固体火箭推进器用微细铝粉及大量非晶、准晶粉末，达到或超过国际先进水平，被评为1988年度湖南省十大科技成果之一，获1991年国家教委科学技术进步奖二等奖。此外，黄培云还与他的学生金展鹏等一起开展计算相图和合金设计的研究工作。他提出了非规则溶液活度系数的计算模型以及用二元系参数计算三元系参数的模型和方法，在国外著名专业杂志发表过多篇论文。他作为主要研究人员参加的“无机相图的测定及计算的若干研究”获1991年国家自然科学奖三等奖。

老骥伏枥，壮心不已。黄培云怀着报效祖国的赤诚之心，仍然念念不忘教学和科研，常常结合国家重大需求与学生们研讨重大科学问题，为学科发展指引方向。黄培云学识渊博、待人宽厚、甘为人梯，他常说：“科学家的一生，应该出三种成果：一是高尚的道德情操，二是科学技术成果，三是培养人才。”接触过他的人，无论老幼，无不感叹黄培云“道德文章，皆称楷模”。

三、黄培云主要论著

黄培云. 1945. 铜反射炉渣中亚铁酸铜的生成条件（英文）. 美国矿冶工程学会学报.

黄培云. 1948. 18-4-1钨铬钒高速钢的热处理问题. 武汉科学杂志.

黄培云译. 1956. 铜镍冶金学. 北京：冶金工业出版社.

黄培云. 1961. 综合作用烧结理论研究. 中国金属学会沈阳科学报告会.

黄培云. 1962. 温度对粉末烧结的影响. 中国金属学会第一届冶金物理化学学术报告论文集.

黄培云. 1982. 压型问题. 中南矿冶学院学报，（增刊）：1-17.

黄培云. 1982. 粉末冶金压制方程的统计分析验证. 中南矿冶学院学报，（1）：1-8.

黄培云. 1980. 粉末冶金原理. 北京：冶金工业出版社.

黄培云. 1983. 粉末压制功与不完全γ函数. 中南矿冶学院学报，（2）：1-7.

黄培云. 1983. 用XRF二元系数据与参数对三元系数未知成分的理论计算. 中国光谱学会光谱学术讨论会.

黄培云 . 1984. 处理 XRF 的 R/X 比为表现活度系数由二元系数据计算三元系参数 . 光谱与光谱分析，（5）：21-29.

黄培云 . 1986. 非线性粉体的数学模型 . 中南矿冶学院学报，（增 1）：47-57.

黄培云 . 1986. 粉末压型问题 . 中南矿冶学院学报，（增 1）：1-17.

黄培云 . 1988. 粉末冶金进展及相邻学科问题//师昌绪主编 . 材料科学进展 . 北京：科学出版社：168-190.

黄培云 . 1986. 样条函数在粉末冶金科学技术中的应用 . 中南矿冶学院学报，（增 1）：33-46.

陈振华，黄培云，吕海波 . 1986. 金属粉末动压成形的理论研究 . 中南矿冶学院学报，（增 1）：58-80.

黄培云 . 1986. 金属粉末压制理论专集 . 中南矿冶学院学报编辑部 .

Du Y，Jin Z P，Huang P Y. 1992. The rmodynamic calculation of the zirconia-calcia system. J Am Ceram Soc，75（11）：3040-3048.

黄培云，金展鹏，陈振华 . 1995. 粉末冶金基础理论与新技术 . 长沙：中南工业大学出版社 .

Chen K H，Huang P Y. 1995. Microstructure and Jc of Y- Ba- Cu- O superconductor by Po_2- Alternative treatment. Transactions of Nonferrous Metals Society of China，（2）.

主要参考文献

黄培云，金展鹏，陈振华 . 1995. 粉末冶金基础理论与新技术 . 长沙：中南工业大学出版社 .

黄培云 . 2011. 黄培云口述自传 . 长沙：湖南教育出版社 .

黄培云 . 2011. 黄培云文集 . 长沙：中南大学（内部印制）.

撰写者

赵新那（1923 ~ ），中南大学教授。黄培云夫人。美国哈佛大学化学系毕业，获学士学位，兼任黄培云的学术秘书。

陈康华（1962 ~ ），浙江宁波人，中南大学教授。在黄培云指导下研究粉末冶金和新材料，获博士学位，曾任黄培云的学术秘书。

刘叔仪

刘叔仪（1918～2003），贵州毕节人。热力学家。中国科学技术大学教授。1946年获美国匹兹堡大学化学冶金硕士，1949年获美国凯斯理工学院物理（含力学）冶金博士学位，继而担任斯沃斯莫尔大学副研究员。1950年回国后，先后任职于北洋大学、清华大学、中国科学院上海冶金陶瓷研究所。1951年与华罗庚、苏步青、钱伟长被聘为新中国首届博士生导师。他是50年代新中国塑性理论学科的奠基者之一。他将教学、科研、实践相结合，发表了20余篇金属、力学、物理方面的论文在《中国科学》、《物理学报》、《金属学报》、《科学纪录》等杂志上。编著《金属塑性变形原理》并主讲高水平的金属塑性变形原理课。60年代为培养研究人才编出《大物理化学丛书》共四卷，约90万字。在热力学研究中有重大突破，自立一派。在物理化学力学跨学科研究中也有突出贡献，有著作《热力学与化学热力学》等，发表论文40余篇，代表作有《热力学状态场论》。用状态空间的矢场理论建成状态场论基础，证出五个新定理，并建立新热力学第二定律耦合律："物系不能由低熵态趋于高熵态而又同时放出热量"。论文《金属位错不可逆过程热动力学理论》和《断裂力学J积分理论》，均获1978年中国科学院重大科技成果奖。他是热力学权威，跨学科科学家、教育学家，为国家培养出一批具有高科技水平的学术栋梁，谓为"本固枝荣桃李芬芳"。

一、成长经历

刘叔仪1918年12月出生于贵州省毕节县一个书香之家。其父刘超凡，家贫、志高，先读孔孟，于清末考取秀才，继读新学，获公费留学日本，学教育于东京宏文学院，受孙中山"同盟会"影响很大。回贵阳后，刘超凡被选为贵州省第一届议会议长，并创办了一所新型学校，采取先读私塾、再读小学中学的教育方式。刘叔仪在此革命浪潮熏陶下，形成了他文理双栖、勇于创新的性格。公民课教师秦天真是中国共产党贵州省委的创始人之一。他与刘家是世亲，对刘叔仪影响很大，曾探讨过有关如何提高贵州省科技水平问题。

刘叔仪对形式逻辑学课印象较深，教师是新中国成立后出任出版总署署长的刘薰宇老师。刘薰宇老师的一小本少而精的讲义，确有独到之处，内容包括：定言三段论法、假言三段论法、连锁论法、双刀论法等，很令刘叔仪着迷。事实上，此课为他夯实了数理逻辑基础。教授国文的老师也是饱学之士，喜欢诗，令刘叔仪非常欣赏。艾思奇的《大众哲学》中有一句名言："牛角尖里天地宽"。其中的"牛角尖"对刘叔仪来说，是一个隐形的新科学领域，表现为"某种事物，某种现象，一句话，一个假设……"，只要抓住其中的一个作研究课题，调动一切有关的科学手段，钻进这"牛角尖"去，就会创立起一个内容广而深的新学科，一个新的科学天地。这一感悟，被他用在后来几十年的科研工作中，处处在找"牛角尖"，从而形成为跨学科人才。

高中毕业时，21 岁的刘叔仪在李益生同学的纪念册上写道："科学是被动的东西，只有人类的脑子才是征服一切的！"陈昆在刘叔仪的纪念册上写道："当你春风得意的时候，不要忘记别人的苦哀！"这两段相辅相成的《临别赠言》对刘叔仪来说，是科研和其他工作与待人接物的指南。

1937 年 7 月 7 日卢沟桥"七七事变"爆发了，同年 8 月 13 日上海"八一三"事件爆发了。抗日的烽火燃烧到贵州。刘叔仪目睹了 18 架日本飞机一阵俯冲丢下一串串罪恶炸弹然后安然返回，跟着贵阳城内火光烟尘巨柱四起，人物皆成焦炭……他亲历了战争硝烟，总结出弱国必定受欺的惨痛教训，立志攀登科学高峰、卫国保家。

刘叔仪于 1943 年、1946 年、1949 年分别获武汉大学冶金系学士学位、美国匹兹堡大学化学冶金硕士学位、美国凯斯理工学院物理（含力学）冶金博士学位，继而担任斯沃斯莫尔（Swarthmore）大学副研究员，主持造船钢钣低温脆化本性研究，得出完满结果。他在读博士学位时除了发表论文外，还尚须选修研究生课程 30 学分以上，它们是德文、金属氧化与腐蚀、轧制理论、拔丝理论、弹性力学、原子物理、高等物理化学、高等微积分、特殊函数、张量向量等，满足了只允许一门为良，余均为优的要求。他自学过纳德的《塑性学》，通读过英文版（1939 年）的《联共党史》，抽读过英文《莎士比亚全集》。他通过了资格考试成为博士候选人，又经过了庄严的博士论文答辩，1949 年获得了博士学位。

1948 年国内解放战争即将结束，社会主义祖国的建设提上了日程。刘叔仪参加组成了"留美中国科学工作者协会"，并和李恒德、付君诏共同负责留美科协通讯的工作，负责组稿、撰稿、刻蜡版、印刷、加封发邮寄至留美科协的会员及伦敦留英科协的会员，报导交流国内和全美分会情况。其中，刘叔仪亲笔书写的蝇头小楷石印版的《留美科协通讯》第 4 期幸存。组织“留美科协金属小组”，参加者有颜鸣皋、刘叔仪、陈能宽、张兴黔、付君昭。他们根据国内需要，搜集美国先进资料、有关书籍，进行翻译，提供合理建议，为报效祖国做充分准备。1949 年 10 月 1 日新中国诞生了，海外学子欣喜若狂。刘叔仪即赋诗一首《颂新祖国的诞生》刊于美国《华侨日报》。

刘叔仪怀着报效祖国的赤子之心，谢辞了美方的热情挽留，于 1950 年 6 月 25 日在纽约登上 Igadi 号挪威商船带头回国，于同年 9 月 18 日到达祖国故土天津塘沽口岸，即被北洋大学（今天津大学）领导魏寿昆博士聘为北洋大学冶金系教授、研究所研究生导师，月薪 920 斤小米。之后他先后在清华大学、北京钢铁工业学院（今北京科技大学）、中国科学院上海冶金陶瓷研究所、中国科学技术大学（教授、研究员）工作。1951 年刘叔仪与中国科学院的华罗庚、复旦大学的苏步青、清华大学的钱伟长一道被高教部聘为新中国首届博士生导师。刘叔仪回国的目的很明确，要为祖国培养出大量具有创造能力的高水平人才，进入科学前沿，为祖国的振兴和腾飞做出贡献。

二、教育、科研、实践等方面的成就

1. 培养人才：遵循实践—理论—实践验证，循环上升的原则来培养人才认识新事物的能力

从实践中提出新问题，他先运用已经掌握的全部科学知识，对问题去粗取精、去伪存真，再运用自然科学的规律探讨研究，得出初步理论结果，付诸实践验证。如果结果不理想，再提高业务水平、扩大知识面，通过实验的启示，重复上述过程直到得到切合实际的结论。刘叔仪在教学和科研中不断地灌输这种思想，来提高同学们的研究能力。

学生王仲仁反映“听刘先生讲课就像听学术报告，思路清晰，跨度很大。从问题的提出，一直讲到科学前沿，还留有很大的想象空间……一个大师级的老师主要体现在研究水平上”。刘叔仪的钟罩强度理论是在热力学基础上推导得出的，已被很多国家引用。他将现实材料在三向拉应力及拉压应力并存的条件下的断裂准则的表达式形成为三维钟罩形状，又将其盖在屈服柱面上，首次给出固体的现实应力空间，即能统观全局又非常形象，在数学处理上也比较简洁，很有魅力。

在上海和江浙的学生说：“刘老师教出的学生，有的三个月就转正，很快就成

为工程师，到科研组就是课题负责人，一进工厂就是革新能手，冶金工业部先进生产者。有的还成为博士生导师、大学副校长、政协委员……”。正是刘叔仪的广博知识在教学中的自然熏陶，融会化学冶金、物理冶金（尤其是力学冶金）、固体力学和热力学的各门基础知识，培养的学生有丰厚的基础、有取得科学知识的能力和习惯，使学生除了在压力加工、钢铁机械等专业之外，诸如爆炸力学、航天工程、造船材料、毫微晶新材料等方面均有所建树。真正的教授不仅教书而且育人，使学生能承前启后、继往开来。

刘叔仪为了使学生及时拥有高水平参考书，经常自刻蜡板至深夜；为了直观教学，他带着年轻助教亲手制作教学模型。他对学生和青年教师同样要求严格。

刘叔仪 1950 年回国后半个多世纪从事教育与科研工作，言传身教，不但使学生学到广博的科学知识，更重要的是使他们学到了治学之道和敢于向时间索取成果的治学精神，成为严肃认真、德才兼备的科学工作者。

刘叔仪五十余年的科研教学生涯中，治学严谨，诲人不倦、循循善诱，为祖国培养出了数以百计的具有现代高科技水平的栋梁之才。如今桃李芬芳，弟子正肩负着国家党政、教育、科研和企业的重任。其中一些已成为驰名海内外的跨世纪学科带头人。

刘叔仪桃李满天下，在北洋大学钢铁学院的学生：罗干，曾任中央政治局常委，中央政法委员会书记；李成，原太原钢铁公司总经理；阎承宗，原北京市经委主任；王礼立，宁波大学副校长，爆炸力学专家；陈国虞，造船材料专家；钟廷珍，曾任北京科技大学副校长……。

王仲仁，哈尔滨工业大学教授、博士生导师，为封闭器研制之国际权威，以首制出第一个 4m 直径之金属无模球壳而得“球王”之美名。他深感在 20 世纪 50 年代初期中国出现了以热力学第一、二定律为基础的固体强度理论，即刘叔仪的“金属的恒温断裂力学条件”、“固体现实应力空间”，他以此理论为基础辅之以各传统强度理论，研究各种金属成型过程在刘氏应力状态钟形空间的轨迹部位，得到一系列有经济效益并为国际金属成型学界所赞同的重要成果，已被很多国家引用。其中“无模胀球工艺”取得重大环境模拟球体，为祖国航天事业等做出重大贡献。他获得 36 届尤里卡发明博览会金奖，省部级科技进步奖 7 项，著《塑性加工力学基础》等，论文多篇。他曾任全国锻压学会理事长、容器与封头成形技术研究所所长、国际塑性加工学会常务理事等。

钢铁学院苏联专家说：“讲理论还是请刘叔仪教授”。1955 年刘叔仪应鞍山钢铁公司邀请为全公司的技术员、工程师等讲金属压力加工原理课。后来新中国钢铁工业大发展，新钢铁机构遍地开花，其中的科技领导不少为刘叔仪的学生。1960年3月以后在中国科学技术大学听过物理化学、热力学与化学热力学课的学生们在国内外成名成家的很多。例如，万国江，1963年中国科学技术大学首届毕业生，中国科学院地球化学研究所研究员、博士生导师，地球环境国家开放实验室创建人，物理化学力学跨学科研究工作者，国内外多次（地化环境）科学会议主持人与学会负责人，在国内外刊物上发表了大量的科研成果，任跨学科刊物《物理化学力学进展》（*PPCM*）执行副主编。

刘叔仪培养人才的途径是多方面的，例如：

1）为贵州省举办自然科学讲座。为了提高贵州省的科学技术水平，于1981年5月开始，贵州省先后邀请了华罗庚、陈景润、秦元勋、刘叔仪、赵敏光等各科专家教授们去讲学，主持会议的有池必卿省长、徐采栋院士等。在会议上，刘叔仪提出了“五层交叠学科”的论点，于1981年《贵州科技日报》上刊登了《一门基本的交叉科学》一文。

2）通过审稿培养人才。对《金属学报》、《物理学报》、《中国科学》等刊物的审稿工作严肃对待，给予指评、切磋。

3）经常在校内外作学术报告。同学们通过学术讨论提高学术水平。

4）为教师和同学们出国深造写推荐函。这份推荐，既是推荐，更是鞭策。

5）通过言传身教培养人们的坚强毅力和素质。时间即生命。他曾患白内障，看不清东西，他将腹稿的研究工作，通过口述请他人写下来，再读给他听、修订，往复几次后定稿。

“文化大革命”期间，他遭难患了类风湿等症，手腿关节强直，坐在轮椅上戴着露指的手套将笔捆在手上书写，直到学用了电脑。同志们睹之莫不敬赞。

2. 交流：交流是促进科学发展的重要环节

交流的方式有很多：

1）公开在刊物上发表论文、阅读他人论文、交流切磋。

2）参加国际、国内大小学术会议、作学术报告。

3）在刊物上执行“双百”方针，公开在刊物上交流切磋。

4）应生产单位、科研单位邀请查阅、了解实际情况，提出交流意见。

5）应中国科学院研究生院邀请作一系列热力学研究新论的学术报告。

6）小型座谈会面对面的交流。

1979年12月18～25日他在昆明全国第三届冶金物理化学学术年会上作报告，

题为《热力学状态场论与几何表象（Ⅲ）“n 维空间热力学相平衡图的镶加原理与完全固溶4维相图（T，X_b，X_c，X_d）的理论详解》，引起了热烈兴趣与好评，被大会评为国际先进水平的论文（评议公函）。一些研究机构邀聘刘叔仪为特约学术委员。

1980 年 10 月 24 日他在西安 The First National Conference of Chemical Thermodynamics of CSC（中国化学会全国第一届溶液化学、热化学、热分析大会）上作了另一篇热力学论文的报告。报告后，美国密歇根大学化学系教授 E. F. Westrum（维斯特朗）上台握手祝贺报告成功，并要走了讲演稿和挂图。

1990 年刘叔仪在（美国-加拿大）第45 届量热学年会会刊中作了三个报告，按原编号分别为：No. 97（p134）《了解新创热力学第二定律耦合律所需的预备概念》、No. 98（p135-136）《新创热力学第二定律耦合律的共端过程不等式组》、No. 99（p137）《新创热力学第二定律耦合律及其可逆过程推演》。

刘叔仪在1991 年撰写了由新创热力学第二定律耦合律到电池过程的文章《双向耗散判据》，并在（美国-加拿大）第46 届量热学会上作了报告。

“文化大革命”夺走了刘叔仪工作能力峰锐的黄金年华共10 年！“文化大革命”中他百难具遭，导致类风湿等症缠身一生，幸得总理之助，方得保生。“文化大革命”后，众人痛感年华付水，而刘叔仪则带病投入研究，于 1976 年、1977 年连续发表两篇文章。

（1）《$J(\tau_0 r_0/x_1 x_2)$ 行列式与弹塑性 J 积分不守恒的理论与实验证明》，《金属学报》13 卷第 1，2 期，pp46-56。

（2）《弹塑性金属位错系统的热力学不可逆过程理论与位错激活运动》，《金属学报》13 卷第 4 期，pp273-281。

两大理论突破，荣获 1978 年中国科学院重大科技成果奖状。

第一篇文章澄清了断裂研究中的错误混乱概念及其导致的错误结论，给出了正确解；更重要的是为固体力学补上了一个弹塑性变形功密度场存在定理。美国数学力学家、断裂力学权威 Rice 犯了一个热力学错误，把不可逆过程功的密度当作热力学态函数，流传到国内被推崇宣扬了一个时期，并有国内部分学者追随此错误结果。除了第一篇文章外，刘叔仪还和有关方面在《金属学报》上公开辩论了两次。

第二篇文章是一个为科研难题开拓合理新路的成果。文中用到固体塑性力学、不可逆过程热力学与化学热力学、化学动力学与金属位错理论。美国化学物理学家、科学院院士、过度态理论创始人 Erying（艾伦）的外场激活反应的过渡态理论基础上的缺点有二：（a）理想气体；（b）反应速率公式中用了错误假设——激活平衡假设。第二篇文章修改了艾伦的这两缺点，开拓出金属弹塑性热力学的新基础和位错动力学理论。结果出来后，和北京大学王竹溪进行了讨论，他支持刘叔仪的理论。

1978 年国内请来讲学的美国科学家、里海大学的周以仓教授，他和刘叔仪相知而不相识，在沈阳看见第二篇文章，来函要抽印本。刘叔仪嘱寄两份给他，他复函来探望。后来刘叔仪的母校美国凯斯理工学院寄来资料中，发现他们也在研究此类问题。

1980 年 8 月 10 日刘叔仪有幸和其他著名化学家与 Erying 相聚于同一学术座谈会上，两人当面交换了意见，最后，Erying 风趣地说，还是让分子自己回答吧。

科学是无国界、无种族的，而且不断发展。上面选了与几位国际著名科学家的交流，目的在于长国人志气、敢于奋发进取、以效忠祖国的科学事业，促进科学的发展。

刘叔仪多年来学术交流的经验，甚感“奥林匹克式”的学术交锋，有利于推进科学发展。

3. 学术成就

1）我国塑性变形原理的开拓奠基人

20 世纪 50 年代初期刘叔仪受命为新中国创建“金属压力加工”领域的学科。他教学、科研、鞍钢实践，并驾齐驱。先后在《中国科学》、《物理学报》、《金属学报》、《科学纪录》等刊物发表了 20 余篇金属、力学、物理方面的高水平论文，充实了该领域的理论与实践，代表作有《塑性疲劳》、《固体的钟形应力空间》、《最小摩阻场》、《椭圆板塑压摩擦线理论与实验研究》、《平面塑压摩擦的变分理论与压强总解》、《变形功密度场存在定理》、《合金钢锭的高速加热断裂研究》，并自己新编教材《金属塑性变形原理》（或称《金属压力加工原理》）。这部新编教材内容中，结合中国情况引进了美国（Sachs）、英国（Orowan）、苏联（柴力克夫）的有关先进内容，还增加了他自己的物理、化学、力学高水平的科学创新，堪称我国塑性变形原理的开拓奠基工作，促进了我国钢铁事业的大发展。他还为《锻压技术》30 周年国庆特约撰稿《建国以来金属压力加工所涉物理力学研究的一些进展》，刊于《锻压技术》第五期（1977 年）首文。

1955 年国家提出“向科学进军”口号，刘叔仪即向高教部请求调往中国科学院上海冶金陶瓷研究所。经努力，1956 年 8 月他离京抵沪，几位研究生同往。此前他在六年期间为北方四所大学（北洋大学，华北大学，清华大学、北京钢铁工业学院）培养了新中国的栋梁之才。研究工作方面，他发表了 20 余篇具国际水平并有广泛国际影响的论文。这些重大成就受到重视，因而在1956年全国统一工资评级中，由中国科学院与高教部共同评定刘叔仪为二级研究员。

2）为培养青年研究人才编出一部《大物理化学丛书》共四卷，约90万字。卷一：热力学与化学热力学；卷二：物质结构与统计热力学；卷三：化学动力学与物态学；卷四：电化学，表面与胶体。

这部教材是在1960～1965国家困难时期，经过四次（卷一五次）修改后编出的。教材的理论体系是以热力学、物质结构与统计三部分为基础处理物理化学问题，着重数理概念，对一些重要问题作与国内外不同的创造性处理，如热力学中的熵、逸度、活度等，化学动力学中的位能曲面教学模型，与不变性扩散方程推导等。实践效果明显，这部教材成功地解决了重点的教学难题“熵”，达到学生能自己提出熵存在的水平。班上的学生毕业后在研究工作中表现出研究能力较强。这部适用于本科、研究生的通用教材，是刘叔仪对祖国的一大贡献，其理论深广度高于美国研究生的物理化学书（格拉斯统编），深受学界欢迎重视，至今仍在国内外教学科研中发挥着重要的基础理论引导作用。

3）创立“非经典热力学状态场论”

经典热力学是标量热力学，只研究平衡态、准平衡态、两平衡态之间的可逆过程及非可逆过程，不用状态场（S-F）、状态矢（r，R）、时间变量（t）与化学反应总进度（X）、非经典非可逆过程轨迹。

刘叔仪创立的非经典热力学状态场论是用矢量于热力学，不仅包括上述的四不用及四项研究内容，还包括新创的覆盖全部宏观自然现象的理论体系：永不回头的两个单增坐标——时间变量和化学反应总进度（t，$\mathrm{d}t>0$；x，$\mathrm{d}x>0$）；由物理-化学-力学-数学基础-科学实验五层学科交迭而成的重大定律，如状态论、过程论、和定律论。

4）创立新热力学第二定律：耦合律（Law of Coupling）

物系不能由低熵态趋于高熵态而又同时放出热量。耦合律是“定律论”的核心内容。它是用单纯物系的热力学第一定律证出熵（S）的定性存在定理之后得出的一句否定性律文。

耦合律（LOC）的律文为五句肯定性的律文，称作五个分支：LOC（1）放热过程熵降低；LOC（2）放热过程熵不变；LOC（3）熵增过程吸热；LOC（4）熵增过程绝热；LOC（5）熵不变过程绝热。即等熵绝热。

“古热力学泰斗”（克劳休斯-卡诺）热力学第二定律为其特例。传统经典热力学是标量热力学。克劳休斯-卡诺热力学第二定律是用热量和温度作为过程发生的判据，不足以解释广泛自然现象，不能证明耗散的存在。

"非经典热力学状态场论"是用矢量于热力学，是 20 世纪后半期在中国创立的一个新学科（刘叔仪，1981，1987，1988，1990，1992；刘叔仪，王美英，1990，1992）。耦合律的五个分支给出自然界的一切宏观过程的规律，包括诺贝尔奖获奖者 Prigaogine（普力高金）未能证明的耗散现象。所以，刘氏耦合律是严格地比克劳休斯-卡诺第二定律高一理论层次，迄今最可靠的广泛自然规律。

此新学科已在古今科学前沿造成各项大突破，概括了一切宏观自然现象，奠定了热力学的新里程碑，此间发表了中长幅论文 40 余篇，包括五个定理，每一篇都是一部创新的著作。它的创新精神和成就得到国内外同行的高度评价。

5）培养跨学科研究人才

边缘交叉科学的出现是科学发展史上的重大进步，刘叔仪提出的"非经典热力学状态场论（N-C. S-F. TOT）"，更是充实和丰富了边缘交叉学科的宝库，扩展了我们对自然认识的视野！集半个多世纪的科学开拓生涯，刘叔仪于 1979 ~ 1997 年创立并扩展了一个跨物理、化学、力学三个基础学科的"新热力学派"的新学科"非经典热力学状态场论（N-C. S-F. TOT）"；新创热力学第二定律——耦合律（LOC），物系不能由低熵态趋于高熵态，而又同时放出热量。其中熵是一个在可逆绝热过程中守恒的热力学态函数，是衡量宏观物系内部的微观粒子群运动的混乱性的成度（混乱度）。

对于具有恒温位、恒温恒压位、恒温恒容位三种热力学位（Φc）不等功共端过程的耗散系统，非经典热力学状态场论（N-C. S-F. TOT）提供了新的判据——刘氏总耗散方程。由于传统经典热力学的局限，克劳休斯-卡诺的热力学第二定律只是耦合律之一特殊情况。由可逆原理推演出可逆过程判据是严格的，但克劳休斯-卡诺对不可逆卡诺原理推论是错误的。克劳休斯-卡诺及 Prigaogine 未能证出耗散的热力学存在，也不清楚耗散只存在于具有不等功共端过程的系统，而不存在于等功条件下的热化学系统。耦合律（LOC）（N-C. S-F. TOT）是继能斯特"绝对零度不可及"后的重大新论。

为推动这一新兴交叉学科的发展，刘叔仪主编的《物理化学力学进展》（英译 *Progress in Physics Chemistry Mechanics*，*PPCM*）于 1988 年创刊了，编委中有中美著名科学家，包括 1992 年诺贝尔化学奖获奖者 Rudolph A. Marcus，成为跨学科研究阵地。

早在 60 多年前，一位刚过不惑之年的教授为中国首届地球化学专业学生主讲物理化学课程。物理化学之于地球化学专业具有特殊的意义，是我们认识地球化学组成和元素化学行为的重要理论基础。刘叔仪的治学精神和授课内容给笔者形成终生难忘的印象。刘叔仪的精神和教诲，使我受益终生。特别是，我有幸被他委任作《物理化学力学进展》集刊的常务副主编，在学习《非经典热力学状态场论（N-C. S-F. TOT)》中获得了巨大的启迪，成为我从事科学研究的理论支撑。

曾记得20世纪80年代初，类风湿的病魔已经侵袭他的躯体，他的起居活动都不方便。这20多年间，刘叔仪踞临两个战场：一方面是与缠身的病魔展开了旷日持久的奋战；另一方面是非经典热力学状态场论（N-C. S-F. TOT）的创立。两个战场、两种奋战、两场大捷，靠的是他崇高执著的科学追求，靠的是他坚忍不拔的科学毅力！一定程度上，科学战场的成就促成了抵抗病魔的胜利。

更令人自豪的是科学返东方。早在东汉（公元127～200年）时代，已由先驱郑玄建立了固态热力学最原始的状态方程。热力学第二定律是于18世纪发展到克劳休斯–卡诺理论。直至20世纪前半叶，能斯特提出“绝对零度不可及”的第三定律之后，又停滞不前了。到20世纪后半叶（1950～2000)，中国的热力学确是柳暗花明又一村，在中国创立了新学科“非经典热力学状态场论”和新热力学第二定律“耦合律”(Law of Coupling)。科学返东方，科学返家乡。在跨入21世纪之际，刘叔仪自豪地喜填《跨世纪之歌　调寄〈水调歌头〉》：万国入新纪，各各竞芬芳。汉家科学，丝织商路到西疆。多谢欧洲培养，直上青云高飞，科学返故乡。诸子百家盛，科教正兴邦。廉颇老，难跳跃，脑锋芒。非经非典状态场论放高光。覆盖宏观万象，耦合分支多样，新创学科煌。跨纪霞光亮，科学返东方。

刘叔仪回顾一生，三十而立，获博士学位，为研究生导师；四十不惑，在社会纷纭中处世治学；五十而知天命，历经劫难，乐观豁达，泰然处之；六十受于天命，创立了“非经典热力学状态场论”，新热力学第二定律（耦合律）；七十从心所欲，天将降大任于斯人，在科学研究上老当益壮，得心应手，硕果累累。八十余岁仍笔耕不辍，乘胜前进，为祖国科教事业再立新功。

他早于80年代深感培养跨学科人才是当务之急，跨入21世纪进一步体验到需要大量的跨学科人才摄入世界科学前沿之林。他考虑落实这项工作莫过于创建一所跨学科学府。他愿以毕生60年的科学实践发展成的“新跨学科理论”有效地、成批地、亲自培养出创造能力突出的跨学科人才。未果，壮志未酬！

不幸，2003年5月，刘叔仪逝世，享年八十五岁。刘叔仪离世西归，但是他留给我们的“非经典热力学状态场论（N-C. S-F. TOT)”却永世长传！后生们更加发扬光大，造福人类！

三、刘叔仪主要论著

Liu S Y, Sachs G. 1948. The flow and fracturing characteristics of the aluminum alloy 24ST after tension and compression. AIME, Metals Technology, XV.

Liu S Y. 1954. On the realistic stress space of solids. Acta Scientia Sinica, Ⅲ（2）: 187-203.

刘叔仪. 1954. 关于固体的现实应力空间（续）. 物理学报，(3)：3-17.

刘叔仪. 1956. 摩擦线与辊轧压力分布间之相互关系. 物理学报，12（1）：41-49.

刘叔仪. 1956. 塑压摩擦线理论与平面压力分布问题之总结答. 物理学报，12（6）：491-510.

刘叔仪，王铭宗. 1957. 椭圆板塑压摩擦线之理论与实验研究. 金属学报，2（4）：349-365.

刘叔仪. 1958. 塑压接触平面上之长程滑动与短程滑动（等倾陡线规律）. 物理学报，14（1）：9-16.

刘叔仪. 1958. 双极板之塑压摩擦线理论（中英文）. 科学记录（新辑），2（1）.

Liu S Y. 1958. Variational theory for frictional slip in the contact plane in plastic compression. Scientia Sinica, Ⅶ（4）: 413-423.

刘叔仪. 1965. 多晶强度的滑移矢练模型理论（Ⅱ）位错沉积速率与蠕变问题之一通解. 中科大五周年校庆科学报告论文.

刘叔仪. 1981. 热力学状态场论与几何表象.（Ⅰ）态函数（Φ）在态空间（Ω）分布开拓与“热力学的不变定律”. 科学探索，1（2）：51-66.

刘叔仪. 1982. 热力学状态场论与几何表象.（Ⅱ）化学热力学判据的“正交原理”与“自由能族”. 科学探索，1：1-18.

Liu S Y. 1982. Partition principle and coloured movie of thermodynamic 4-dimentional phase diagram. Science Exploration, 2（2）: 1-24.

Liu S Y. 1983. On chemico-thermodynamical poly-phase solid systems under stress states.（Ⅰ）some thermodynamical relations for geochemical systems. Science Exploration, 3（2）: 7-12.

Liu S Y. 1985. On chemico-thermodynamical poly-phase solid systems under stress States（Ⅵ）. Science Exploration, 5（1）.

刘叔仪. 1988. 热力学定律的状态场论：（Ⅲ）一个新创的热力学第二定律，“耦合律”及其可逆过程推演. 物理化学力学进展，(1)：1-19.

刘叔仪. 1990. 热力学定律的状态场论（Ⅳ）：一个新创热力学第二定律，“耦合律”的“共端过程”不等式组. 物理化学力学进展，(2)：6-25.

刘叔仪. 1992. 由新创热力学第二定律耦合律到电池过程的“双向耗散判据”. 物理化学力学进展：201-228.

Liu S Y. 1997. State-field theory of thermodynamics（S-F. TOT）for open environment of earth（OEOE）:（S-F. TOT）foundation for（OEOE）and change of atmospheric temperature due to earth spin. 物理化学力学进展，4：1-32.

Liu S Y, Wang M Y. 1997. The traditional free-energy-decrease criterion（$\Delta Z_{T.P}<0$）for irreversible thermal chemical reaction is wrong! The correct strict criterion is（$\Delta Z_{T.P}=0$）. 物理化学力学进展，4：64-71.

Liu S Y. 1997. Cold nuclear fusion activated by heat of dissipation in dissipation systems dry and wet. 物理化学力学进展，4：133-138.

撰写者

王美英（1927～），生于天津。中国科学技术大学固体力学教授。1949 年毕业于天津北洋大学航空工程系。1951 年和刘叔仪结婚，历任教于北洋大学、清华大学、北京钢铁工业学院、上海交通大学。长期从事教学与科研工作，从事结构材料性质的研究工作。

苏仲平

苏仲平（1919～），辽宁辽阳人。选矿药剂专家。中国现代选矿药剂科学研究的奠基人之一。长期从事选矿药剂研究的组织领导工作，并亲自主持和参加一些重要选矿药剂课题的试验研究。20世纪50年代末，研制成功赤铁矿浮选药剂——氧化石蜡皂，解决了我国第一座赤铁矿选矿厂——鞍山钢铁公司东鞍山贫赤铁矿选矿厂浮选生产用浮选药剂难题，获得冶金工业部科学技术奖一等奖、国家技术发明奖。60年代初，从石油副产品——柴油碱渣开发出稀有金属氧化矿浮选药剂，为中国稀有金属氧化矿浮选工艺的研究和投产使用奠定了丰厚的物质基础，打破了外国的技术垄断。60年代初为包头钢铁公司白云鄂博铁矿赤铁矿浮选研制成功氧化软蜡皂，获得冶金工业部科学技术奖一等奖。采用稻草或落地棉研制成功硅镁脉石抑制剂——一号纤维素；指导专题组研制出铅锌矿选择性捕收剂——硫氮九号等系列产品和磷胺四号；开发出铜矿选择性捕收剂BK-301。从60年代开始，指导用石油化工原料研制新型合成起泡剂，如C_6-C_8醇、四号油、甲基异丁基甲醇、C_6混合醇等，改变了有色金属矿石浮选采用二号油一统天下的不利局面。1994年起享受国务院政府特殊津贴，2003年获得北京矿冶研究总院“矿冶勋章”。

一、成长经历

1919年5月25日，苏仲平出生于辽宁省辽阳县（今辽阳市），幼年在家中受启蒙教育。1931年日本发动侵华战争，给他幼小的心灵带来了极大的创伤，在家庭和社会影响下，他发奋学习，立志以实业救国。他12岁离开家乡到奉天（今沈阳），就读于奉天省立第一工科职业学校，毕业之后继续求学，只身到北平（今北京）考入汇文中学，1938年中学毕业后，考入燕京大学医科预备系，1939年夏转入辅仁大学生物系，1943年毕业。

大学毕业后，苏仲平由校方介绍到德国拜尔药厂科学部任化学师，先后在该厂的上海、大连、沈阳等地的研究室、工厂工作，直到1945年药厂解散。1946年，苏仲平根据自己的专业特长，进入东北金属矿业公司沈阳选矿剂厂从事选矿药剂研究。抗日战争胜利之际，日本侵略军破坏和销毁了各厂矿的设备和资料，沈阳选矿剂厂也不例外，要生产选矿药剂只能从零开始。为提供东北地区矿山恢复生产所需的选矿药剂，苏仲平进行了黄药、黑药、松根油的合成探索试验。中华人民共和国成立前夕，他被调至沈阳冶炼厂铜电解车间工作，后为该厂第一任化验室主任。后因全国各地矿山恢复生产需要更多的选矿药剂，1949 年年末他又被调回选矿剂厂。在这里，他进行固体黄药、黑药、松根油生产工艺的研究，并亲自指导生产，为当时国家经济建设做出了贡献。

苏仲平在从事选矿药剂研究过程中还努力学习选矿专业知识与基础理论。因此，在选矿药剂工厂投产后，他又被调到东北工业部有色金属工业管理局选矿科任助理工程师。1950 年，在青城子铅锌矿指导提高铅选矿回收率，取得显著成效；1951～1953 年，先后到东北各铅锌多金属矿指导选矿投产、试车、达标及提高选矿生产指标等工作；在推行多金属矿混合浮选工艺流程及提高杨家杖子钼矿选矿厂处理能力的磨矿工艺流程改造中，均做出重要贡献。

1953 年 10 月，苏仲平由沈阳调到北京有色冶金设计院选矿处。1954～1955 年，他主持湖北新冶铜矿选矿厂设计工作，任设计负责人；1956～1957 年，参加赴苏联有用矿物机械加工科学研究设计院（今俄罗斯圣·彼得堡米哈诺布尔研究院）审核冶金工业部有色金属选矿研究设计院（今北京矿冶研究总院）建院的扩大的初步设计，任设计总工程师。回国后，由于经济建设政策的调整，新院的建设项目撤销，只能选择旧址进行改造，苏仲平继续担任选矿研究室副主任，领导选矿课题的试验研究。1958 年他在该院组建了中国第一个选矿药剂研究室，并开展选矿新药剂的研制工作。他长期担任研究室主任职务，全面负责、指导或参与各种药剂课题的试验研究，取得卓越成就，为我国选矿药剂科学研究和工业生产的发展做出了重大贡献。苏仲平还较长时间担任院副总工程师职务，为院科研工作及其发展出谋献策。鉴于其所做出的突出贡献，1994 年起他享受国务院政府特殊津贴，2003 年获得北京矿冶研究总院“矿冶勋章”。

二、主要研究领域和学术成就

1. 研制浮选新药剂，解决选矿生产中的重大难题

苏仲平在领导选矿药剂研究与开发数十年的工作中，始终遵循科研面向生产、科研为生产服务的指导方针。他根据国家在各个经济建设时期的需要，组织研究开

发选矿生产中所需要的各种新型选矿药剂。他教导大家在科研工作中要急生产之所急，研制的产品要能在使用中立竿见影。在这种思想的指导下，他和同事们研制成功的多种新型选矿药剂，解决了选矿生产中的重大难题，取得了巨大的经济和社会效益。20 世纪 50 年代，根据钢铁工业发展的需要，鞍山钢铁公司（简称鞍钢）建成了年处理量为 500 万吨的东鞍山贫赤铁矿（简称东鞍山）选矿厂，该厂原设计浮选药剂采用大豆油脂肪酸硫酸化皂，可当时的国民经济状况难以实现贫赤铁矿选矿工业生产中使用以大豆油为原料制造的浮选药剂。东鞍山选矿厂是鞍钢钢铁生产的重要原料基地，能否按计划提供原料，不仅影响钢铁工业的发展，而且对国民经济建设具有重大的影响。对此，建成的东鞍山选矿厂按计划投产，浮选药剂问题必须及时解决。

因此，在东鞍山选矿厂投产之际提供能代替大豆油脂肪酸硫酸化皂的新型赤铁矿浮选药剂是生产的急需，是国家的急需。

苏仲平接受了这项要求在一年时间内完成研制浮选新药剂的艰巨任务，并立即组成赤铁矿浮选药剂研究专题组。在研究工作中，他明确指出："研制新型药剂的原料要丰富，价格要便宜，产品要无毒、无臭，效果要好。"他还提出："石油产品、副产品是开发浮选药剂原料的重要来源。"在他这种思想的指导下，专题组通过大量的调查研究，进行了大量的合成与选矿试验研究，于 1959 年 4 月以石油产品——高碳烷烃为原料，研制出新型药剂——氧化石蜡皂。紧接着，苏仲平集中力量，在院领导的支持下，迅速组织了该药剂的合成扩大试验和选矿工业试验。在选矿工业试验过程中，他与同事们同吃同住在职工宿舍，经常不分昼夜地在车间观察浮选现象，了解生产情况，及时发现问题并提出改进措施。氧化石蜡皂通过合成扩大试验和选矿工业试验，取得了进一步完善和较满意的选矿生产指标，为新型浮选药剂迅速投入生产应用打下了良好的基础。

以石油产品为原料制取的新药剂，成功地代替了大豆油脂肪酸硫酸化皂，解决了鞍钢东鞍山赤铁矿浮选生产使用的药剂难题，使得当时世界最大的赤铁矿浮选厂得以稳定持续生产，使鞍钢生产的原料供给得以保证。由此，选矿厂每年可节省大豆油近 5000 吨。其成果于 1959 年获冶金工业部科学技术奖一等奖，1964 年获国家科学技术发明奖。

在赤铁矿捕收剂立项之际，通过调查研究与石油部门协商，根据当时石油产品、副产品产供销情况，只能提供 52℃蜡作为研制赤铁矿捕收剂的原料，在小型合成试验和选矿试验过程中均取得了较满意的试验结果，但在选矿工业试验中发现用 52℃蜡合成的氧化石蜡皂，在使用中存在一定的缺陷。苏仲平认为氧化石蜡皂原料是

52℃蜡、凝固点高，氧化合成出的产品凝固点也就高；另外，产品是以脂肪酸为主的混合物。为了克服52℃蜡氧化石蜡皂存在的缺陷，他领导专题组进行降低原料凝固点的试验研究，采用石油生产系统中的48℃蜡、42℃蜡、38℃蜡、柴油软蜡、变压器油蜡等进行氧化合成试验及其产品对选矿效果的影响研究，试验结果证明：这些蜡都是石油产品中含油量不同的烷烃类，采用不同的合成工艺条件，都可用作制造选矿药剂的原料，这为氧化矿捕收剂原料扩大了来源，并为其发展应用奠定了良好基础。根据试验结果，东鞍山矿浮选生产使用的氧化石蜡皂的原料很快由52℃蜡改为48℃蜡，氧化石蜡皂的性能得到改善，更适应了选矿的要求。他要求科研人员在科研实践中能及时发现问题、及时解决问题，不断提高科研为企业服务的水平。

氧化石蜡皂是由以脂肪酸为主要成分的多种有机化合物组成。为了深入考察氧化石蜡皂的组成情况和各组分对选矿效果的影响，他领导并参与氧化石蜡皂的组分分离、结构剖析、测定其物化性能及各组分的选矿效果，明确了在氧化石蜡皂的组成中相同碳链的组分，浮选效果最好的是异构酸、羟基酸，其次是一元正构酸，二元酸稍差，其他酯类、酮类效能不明显，醇类虽无捕收性能，但低碳醇能调节药剂的起泡性能。该项研究为新药剂的研制和老药剂的改造与提高提出了新的途径。

20世纪60年代初，包头白云鄂博赤铁矿（简称包头矿）的开发提上议事日程。该矿石中赤铁矿的回收也选择了浮选方案。苏仲平主持该矿浮选新药剂的研究，采用含油软蜡的高碳烷烃为原料，研制出氧化软蜡皂，为包头矿选矿投产奠定了物质基础，获得冶金工业部嘉奖。以软蜡为原料制取的氧化石蜡皂不但在东鞍山和包头矿的选矿生产中使用，还在非金属矿和稀有金属氧化矿等选矿领域得到广泛使用。

20世纪50年代末，随着我国国防建设的发展，稀有金属的开发利用提上议事日程。新疆可可托海地区的稀有金属资源丰富，但选矿技术属于世界难题。开发这里的资源曾是苏联的援建项目，苏方专家提出该稀有金属氧化矿采用酸法工艺流程，要使用氟氢酸、硫酸、阳离子捕收剂（ИЕМ-11）及全套耐酸设备和器材，这些必须全靠苏方供应才能投产。但是，采用酸法工艺流程不适合我国国情，同时工业生产应用尚有很大难度。为此，冶金工业部决定：依靠本国的科研力量，树雄心、立壮志、发愤图强，结合中国国情大干快上，解决稀有金属矿物的分选技术难题。北京选矿研究院（北京矿冶研究总院前身）接受了这一光荣任务，院领导充分调动院内的综合技术力量，积极组织选矿研究室与选矿药剂研究室共同承担该项科研任务，并明确指出，要搞碱法工艺流程，开拓出中国创新发展的技术路线。作为选矿药剂研究室主任的苏仲平认识到，浮选药剂是完成该项任务的重要一环。他表示坚决完成为选矿室“320”专题组（新疆可可托海稀有金属选矿专题组的代号）研制出行之有效的浮选药剂任务。为此，他迅速组织人员成立专题组进行调查研究，并要求：选矿药剂原料要产于我国的西北地区；选矿新药剂要尽快投入生产应用。专题组在这种思想的指导下，用了一个月的时间完成了原计划用两个月的任务，通过分析、研究，选择了新疆境内独山子炼油厂的柴油碱渣作为原料研制新的浮选药剂。独山子炼油厂炼制环烷基石油，柴油碱渣是石油炼制过程的副产品，来源丰富，组成相对稳定，它含有一定量的有机酸。专题组以此为原料进行试验研究，从中提取环烷酸，并将其制成钠盐，提供给选矿室“320”专题组在碱法工艺流程中进行试验研究，取得了满意的选矿效果，该药剂很快在选矿厂生产中得到应用。

工艺流程确定之后，选矿药剂对选矿指标具有决定性作用。“320”专题组圆满地完成了稀有金属氧化矿碱法浮选任务，取得了良好的选矿指标，并在选矿生产中推广应用，因此获得了国家技术发明奖，新研制的选矿药剂在该专题中的贡献不可磨灭。苏仲平没有夸耀自己带领的药剂团队在“320”稀有金属氧化矿选矿中的贡献，依然奔忙于药剂研究第一线，他这种淡泊名利、默默奉献的精神，深深地影响着他所领导的团队。

2. 根据生产需要研发新产品

20 世纪 60 年代，有色金属冶金工业要求在不增加设备数量及扩大规格的情况下，提高冶炼生产能力，冶炼要求吃“精料”，要求选矿精矿产品提高其金属含量，在选矿回收率不降低的基础上提高精矿品位。完成该项任务的途径是多方面的，其中捕收剂在浮选中的应用具有决定性的作用，因此捕收剂的选择和使用对选矿指标有重大影响。苏仲平组织与领导开展有色金属矿物浮选的新的选择性捕收剂研究以满足选矿生产的需要。

根据国外报道和我国化工原料生产状况，苏仲平指导专题组在资料有限的基础上开展了二烷基二硫化氨基甲酸盐类药剂（简称为硫氮类）的研究，研制出的硫氮药剂达 10 种之多。其中硫氮九号（二乙基二硫代氨基甲酸钠）于 1965 年完成合成扩大试验，并在江西银山铅锌矿选矿工业试验获得成功。该药剂捕收力强，选择性好，其用量与一般黄药相比可大幅度降低，浮选速度提高一倍左右；可以在较高的矿浆 pH 条件下发挥有效的捕收作用，对于铅锌矿物分离和提高铅精矿质量有独特的效能。

为了使硫氮九号迅速投入生产应用，院选矿药剂车间建成了从原料二乙胺的生产到硫氮九号产品的化工合成生产线，其产品于 1966 年正式在选矿生产中使用。该项成果获得冶金工业部嘉奖。后来，由于冶金工业部有色金属工业局对全国选矿药剂生产的统筹安排，硫氮九号的生产技术被无偿转让给株洲选矿药剂厂，至今仍是该厂的选矿药剂产品之一。

当时研制出的其他硫氮产品在选矿中也具有特色，如硫氮七号在铅锌混合浮选方面、硫氮十号在提高铜回收率方面都有显著效果。但是由于当时这些药剂在原料和价格上受到限制，未能投入使用。

在铜矿的选矿生产中，为了提高铜精矿品位，使用选择性捕收剂乃是重要一环。为达到此目的，国内有关科研单位研制出酯类捕收剂，但在某些铜矿选矿生产中使用时却显示出选择性好、捕收力欠佳问题。为了增强这类药剂的捕收力，苏仲平领导并组织有关人员进行广泛的调查研究，开展了大量的试验，开发出被称为 BK-301 的捕收剂，用在含有金、银等贵金属矿物的铜矿选矿生产中，显示出选择性好、捕收力强的特性。为了快速转产，该药剂的生产技术被无偿地转让给当时的沈阳冶金选矿药剂厂，至今仍是该厂的产品之一。

苏仲平还领导了氧化铜矿浮选药剂——羟肟酸及其盐类和降低矿山能耗的低温浮选药剂的研究。为了扩大铁矿资源的开发利用效果，他领导并参与了铁矿反浮选药剂——醚胺的试验研究。20 世纪 70 年代，他参加了“磷胺四号”（苯胺黑药）的合成扩大试验，为选择性捕收剂——磷胺类药剂的研制成功做了大量工作。

3. 为选矿药剂原料摆脱对农产品和进出口产品的依赖做出了重要贡献

“为了选矿工业的发展，为了国计民生，选矿药剂原料必须摆脱对农产品和进出口产品的依赖。”这是苏仲平领导选矿药剂科研工作时严格遵循的指导思想。这种研制药剂的指导思想对我国新型药剂的研究方向和选矿工业发展产生了重大效应和深远影响。

在有色金属矿石浮选中，通常使用最多的浮选药剂是丁基黄药和松醇油（俗称二号油），丁基黄药是以丁醇为主要原料合成的，丁醇用玉米发酵制得，玉米在 20 世纪五六十年代是我国北方主要的食粮，同时供应也处于紧张阶段，特别是“三年困难时期”。为减少生产丁基黄药使用的粮食用量，苏仲平提出从煤焦油及一些副产品中寻找丁基黄药的代用品，酚焦油、硫化蒽油等都是那时开发的典型产品。20 世纪 60 年代末期，我国石油化学工业有了较大的发展，各种合成醇类产品逐渐生产出来，苏仲平领导研究室采用石油化工产品异丁醇、仲丁醇等代替丁醇（正丁醇）合成异丁基黄药，试验成功后，立即组织投入工业生产和选矿生产应用。从 20 世纪 70 年代初开始至今，异丁基黄药在有色金属矿山选矿厂一直得到广泛应用。

20 世纪 60 年代初期，盘石镍矿浮选中存在的最大问题是矿石中的脉石矿物难以抑制，致使精矿中的硅镁含量超标。从当时的技术资料来看，淀粉和糊精是用于提高精矿品位的较好抑制剂，但它们也是以粮食为原料的产品，这在当时的选矿工业生产中是难以实现的。苏仲平为了摆脱这种困境提出采用稻草和纺织工业中的落地棉为原料研制成功一号纤维素，用于提高镍精矿品位，取得显著成效，使镍矿选矿生产指标达到了国家要求。

20 世纪五六十年代，松醇油是有色金属矿浮选的主要起泡剂，它是以松节油为主要原料制成的。松节油用途很多，尤其是作为一种重要的出口物资，能为国家换取大量外汇，对国民经济发展具有重大意义。20 世纪 60 年代初，苏仲平开始组织开展合成起泡剂的研究。他发现合成起泡剂具有诸多优点：起泡能力强，用量少；泡沫量大而脆，有利于精矿多次富集，可以提高精矿品位；浮选泡沫不黏，使浮选流程通畅，有利于精矿产品沉降和减少金属流失等。1963 年，他利用化工原料研究成功新型起泡剂——四号油（1，1，3-三乙氧基丁烷）。1964 年，北京矿冶研究总院建成合成扩大实验车间，大大加快了新药剂的合成与选矿工业试验和生产应用的速度，也为我国选矿药剂科研单位开创了自行化工合成扩大实验生产的先例。

后来苏仲平根据合成起泡剂的特点和各种矿石对起泡剂性能的要求，以及各种矿物的特性和对浮选指标的要求，一直在开展合成起泡剂的研究工作。20 世纪 80 年代初，他与中国科学院大连物理化学研究所合作，以丙烯为原料研制成功六碳混合醇（MPA），其性能与美国著名的 MIBC 起泡剂相近，用于浮选滑石、辉钼矿等获得了令人满意的选矿指标，尤其有利于精矿品位的提高。

三、现代选矿药剂科研工作的奠基人之一

通过实践，苏仲平认识到选矿药剂在选矿工业生产中的重要作用，组建一支专业的科研队伍，进行系统深入的科学研究非常重要，他组建了中国科研单位中最早的专门从事选矿药剂研究的研究室。选矿药剂的开发研究应用属于边缘应用科学，从事选矿药剂研究的人员知识结构的系统性和人员结构的互补性非常重要，需要有三种专业（化学、选矿、测试）人员共同完成课题研究任务，科研人员的专业知识水平直接影响着科研工作的进展程度和科研成果的质量。他积极鼓励化学专业的研究人员再学选矿专业知识，选矿专业的研究人员再学化学专业知识。1960 年，北京市教育局开办第一届电视大学化学系时，苏仲平就积极支持选矿专业人员投入学习。在每个选矿药剂研究课题组里，他都安排了两种专业的研究人员，这样的研究小组使新药剂的开发和应用结合得非常紧密，取得了许多重大成果。

苏仲平在科研管理工作中始终坚持一套较为先进的研究工作程序，并逐渐使其成为科研人员遵循的科研途径，即小型合成试验与选矿效果评价同时进行。在试验工作中根据选矿要求，不断改进合成条件和产品质量，使新药剂达到新水平；在选矿药剂小型试验取得满意的结果后，立即进行新药剂合成扩大试验，并提供选矿工业试验用药进行选矿工业试验以便验证新药剂效果；随后立即组织选矿药剂工业生产，将其应用到选矿工业生产中，使科研成果迅速转化为生产力，为企业带来可观的经济效益。

在浮选药剂研究过程中，苏仲平明确指出，选矿药剂分析与合成工作同等重要，药剂分析是合成的眼睛，两者必须密切配合才能使选矿药剂研究得以顺利开展。合成的新药剂只有通过分析才能明确组成、含量及结构，再通过选矿试验，查明药剂不同成分的效果和合成发展方向，这对新药剂的深入研究、缩短试验周期具有重大的推动作用。苏仲平在组建选矿药剂研究室时就考虑到药剂分析工作的重要性，因而在50年代就相继申报并引进国外先进的红外光谱仪、紫外光谱仪和气相光谱分析技术，为新药剂的合成和促进选矿药剂与矿物作用机理的研究做出了重大贡献。

苏仲平亦非常重视理论研究工作。他认为理论研究课题必须来源于实践，通过理论研究再指导实践的不断深入发展、提高。他更注重药剂与矿物作用机理的研究，从中找出新药剂的各个组分与有用矿物的作用及其对选矿效果的影响，并从药剂结构方面予以理论剖析，从而提高新药剂研究的构思设计水平。如氧化石蜡研制成功后，他亲自动手进行氧化石蜡的组分分离、结构剖析，测定其物化性能，考查各组分的选矿效果等，明确了药剂中的有效成分，这为新药剂的研制和老药剂的改进与提高指明了方向。

苏仲平在20世纪50年代组建选矿药剂研究室时就成立了污水净化小组，在他的指导下进行了尾矿水的药剂含量分析、毒性试验及尾矿水的处理等。同时，他明确提出，尾矿水经过处理后以养鱼试验作为检验水质的标准，要求通过处理的尾矿水不但能在矿山选矿厂生产中循环使用，以解决水源不足的问题，而且还能排放到河流中。苏仲平在50年代就认识到尾矿水处理的重要性和迫切性，并对环境保护和水资源利用开展了基础性研究工作，其意义是深远的。

改革开放后，全国各行业大量引进外国先进技术与产品，选矿药剂方面的呼声阵起。1979年，苏仲平因为某大型铜矿投产使用的选矿药剂问题，率队去美国考察选矿药剂科研与生产情况。之后，经过分析对比，苏仲平正式提出，我们完全有能力走自己开发选矿药剂之路。20多年过去了，尽管我国目前选矿药剂的品牌少于美国，但我国各选矿厂生产采用多种药剂及措施也取得了较好的选矿效果，使我国选矿药剂研究工作在世界上仍然处于领先水平。

苏仲平长期担任北京矿冶研究总院副总工程师和选矿药剂研究室主任，具有坚实的专业理论基础和丰富的实践经验。他外语水平较高（英语、德语），并比较全面掌握国内外选矿药剂研究与生产现状及发展趋势，站在该学科的最前沿，指导科研人员不断开发新型选矿药剂，使他所在的北京矿冶研究总院选矿药剂研究工作始终处于领先水平。在科研工作中，他始终坚持开拓创新、发奋图强、不断前进的指导思想，所以在一系列重大的选矿技术攻关项目中，取得了丰硕成果，对我国选矿药剂研究方向、新药剂的研发和生产应用发挥了重大作用，是我国选矿药剂科研工作的主要领军人物，为我国选矿药剂事业的发展做出了重大贡献。

四、苏仲平主要著作

苏仲平. 1962. 赤铁矿捕收剂—氧化石蜡皂. 第一届选矿药剂会议论文集.

苏仲平. 1964. 氧化石蜡皂结构和矿物作用机理研究. 有色金属，(11)：9，21-25.

苏仲平. 1950. pH 对选矿的影响. 有色金属，(2)：21-23.

苏仲平. 1965. 1 号纤维素对含镁矿物的抑制作用研究. 有色金属，(6)：22-27.

苏仲平，见百熙. 1993. 选矿手册·药剂篇. 北京：冶金工业出版社.

撰写者

董贞允（1937～），辽宁省沈阳市人，高级工程师，北京矿冶研究总院药剂研究室第一代成员，长期在苏仲平领导下负责进行各种选矿药剂的研究工作，参加多项选矿药剂研究重大科研公关项目。

张春铭

张春铭（1919 ~ 2011），江苏南京人。冶金科技专家。1942 年毕业于交通大学唐山工程学院，曾任武汉钢铁公司（武钢）副总经理、总工程师，教授级高级工程师。长期致力于钢铁生产和研究工作，他制订了中国平炉炼钢的第一个热工制度。在鞍山钢铁公司首建了冶金研究室，在武钢建立了钢铁研究所。创建了中国第一个含铜钢试验基地。他是中国含铜钢和含铜低合金钢研究的开拓者。在国家重大引进项目——一米七轧机系统工程中，对新技术的消化、吸收、移植和创新起到了重要的推进作用。他结合实际研究钢的品种、质量，论证了质量是动态的，并提出了有标准但不唯标准论的学术观点。由于张春铭在钢铁生产和研究方面的突出贡献，1956 年他荣获全国先进工作者、全国劳模称号；他领导并具体负责实施的含铜钢研究项目，1978 年荣获全国科学大会重大科研成果奖。

一、成长经历

张春铭，1919 年 7 月 14 日出生于江苏省南京市。父亲做小生意支撑整个家庭，母亲操持家务，虽然家境贫寒，但他们对孩子的教育要求严格。张春铭幼时先读私塾，后入小学，1934 年考入南京中学。1937 年秋，日寇占领沪宁，他不甘当亡国奴，遂离宁西上，与集结在武汉的流亡学生同舟入川，后考入重庆第二中学。1938 年张春铭考入重庆大学地质系。在日机肆无忌惮地对重庆进行大轰炸时，他非常气愤，深感国力衰弱、任人欺凌而无力还击的痛苦。1939 年他转入交通大学唐山工程学院，攻读矿冶工程，立志将来多生产钢铁，为增强国防力量做出贡献。

1942 年张春铭大学毕业，获学士学位，到重庆中国兴业股份有限公司（重庆钢铁公司原第三炼钢厂前身）工作。该公司是抗战时期官商合办的最大的钢铁联合企业。在公司新建的 10 吨平炉行将投产之际，太平洋战事爆发，海运断绝，向国外订购的物资器材无法运到，只好以烧结白云石代替镁砂打结炉床，用泡砂石代替硅砖砌筑炉顶，用发生炉煤气作为燃料，设备较落后。1942 年 12 月开炉后，生产全由人工操作；没有装料机，靠工人推料入炉；没有检测仪表，凭肉眼观察估计钢水温度；没有快速分析设备，根据钢水火花和结膜情况辨别锰、碳含量；没有氧气，靠工人打钎捅开口出钢。当时没有炼钢技术人员，仅有一位年高体弱的高级顾问吴健（原汉冶萍公司汉阳铁厂厂长），炼钢生产主要靠汉阳铁厂西迁时几位来川的年逾花甲的老工人进行指导。张春铭就是在这种情况下开始炼钢工作的。他一方面虚心向余永安、张春元等老师傅学习炼钢操作技术；另一方面经过自己的悉心钻研、深入实际，使理论与实际结合起来，而后有所升华。

1944年张春铭受聘到綦江电化冶炼厂炼钢厂（重庆钢铁公司原第四炼钢厂前身）任助理工程师，参加战时后方最大的15吨平炉的修建、开炉和生产工作，直到抗战胜利。

1946年张春铭被调入鞍山钢铁公司（简称鞍钢）炼钢厂工作。日本投降时，鞍钢原有12座100吨平炉全部停产。南京国民政府接收后，只修复了2座，但由于供煤困难，只有一座勉强维持生产。鞍山解放后，很快有6座平炉恢复生产。张春铭参加了平炉的修复和开工生产工作，并担任了一炼钢厂值班主任、代理厂长。期间他亲自制订了"大平炉热工制度"，这是当时中国冶金行业第一个技术操作规范。1952年张春铭被调入鞍钢技术处任专职工程师。1952年年底，鞍钢在全国冶金生产企业中率先成立了研究机构，张春铭被调任冶金研究室主任，负责解决冶金生产工艺技术中出现的突出问题，着重研究钢的品种和提高钢的质量。

1958年张春铭被调入武汉钢铁公司（简称武钢），任中央试验室（先后改称武钢钢铁研究所、技术中心、武钢研究院）主任。在任期间他主持了含铜钢的研究开发工作，研制了一系列的含铜钢和含铜低合金钢新品种，解决了许多生产技术和质量的重大难题。张春铭先后担任武钢公司副总工程师兼钢研所所长、公司副总经理兼总工程师。特别值得推崇的是，张春铭领导、组织和参加了含铜钢和含铜低合金钢的研究开发这一具有重要开创性的工作，取得了一系列重大成果，为武钢的生存和发展壮大做出了突出贡献。

武钢引进"一米七"轧机后，面临后工序对钢的质量近乎苛刻的极严要求，张春铭承担了难度极大的生产技术准备工作。他领导和组织了多个专题技术攻关组，制订了《一米七轧机产品大纲》，经过五年技术准备，攻克了一个又一个技术难关，终于保证了一米七轧机顺利地一次投产成功，得到了国内外钢铁专家的高度赞扬。

1983年张春铭因病退居二线，任武汉钢铁公司顾问，他带病勤奋地为武钢的技术进步、为我国钢铁工业的发展献计献策。根据国内外大型钢铁联合企业发展趋势和成功经验，他提出了武钢多种经营、重点开发的发展战略。在全国学术活动中，他提出了20世纪末“全国大中小结合，力争1亿吨钢”的战略。对钢的质量，他反对唯标准论，主张使用才是检验钢质量的根本标准。

张春铭非常热心于学术团体工作，曾被选为中国科协全国委员会常委，湖北省科协第二、三届副主席，武汉市科协第二、三届副主席，中国金属学会第三、四届常务理事，湖北省金属学会第三、四届副理事长，武钢科协主席，武汉市离退休科技工作者协会第一、二届副理事长。

二、主要研究领域和学术成就

1. 发展我国平炉炼钢技术

张春铭是中国炼钢工业的奠基人之一，特别是在新中国成立初期，他对建立和发展平炉炼钢工艺技术做出过重大贡献。

1942年，张春铭由交通大学唐山工程学院毕业时，抗战大后方第一座平炉在重庆中国兴业股份有限公司行将建成，他受聘去参加生产准备及开炉工作。当时中国缺乏有经验的炼钢人员，工厂里只有少数几个老工人，都年逾花甲，只能坐在平炉前指导炼钢，凭目测观察钢水火花来判断碳含量和温度，炼出的钢一般是建筑用钢。张春铭虚心向他们学习操作本事，掌握操作要领，使他丰富的专业理论知识和实践结合并得到升华。

1944年国民政府资源委员会綦江电化冶炼厂炼钢厂聘请张春铭参加15吨平炉的生产准备工作，这座15吨的平炉，是除敌占区鞍钢平炉之外，当时国内容量最大的平炉。由于无硅砖便就地取材，把山上的泡砂石凿平磨光了砌炉，开炉前张春铭请来汉冶萍公司的炼钢老师傅帮助生产。川西的煤运输困难，于是改用重庆附近的煤，因为难以出灰，加上搅拌机械又经常损坏，常影响炼钢生产的顺利进行。在当时十分困难的情况下，炼钢厂一直坚持生产，直到抗战胜利才停炉，共炼了100多炉，1500多吨钢。钢虽少，但对抗战大业是一个不小的贡献。

抗战胜利后的1946年，张春铭被调到鞍钢一炼钢厂，那里有100吨平炉6座，300吨预备精炼炉3座。日本投降前都装着钢水或废铁，停炉后已凝结成大钢坨或大铁块，当时没有氧气切割，只能靠人工凿，终于清出了2座平炉。由于煤源十分困难，只能勉强开一座平炉生产，还时炼时停。1949年鞍钢恢复生产，在新中国、新时代技术人员有了用武之地。迅速发展的钢铁事业为张春铭提供了施展聪明才智的广阔舞台，在他提供的数据的帮助下，炼铁厂解决了冶炼低硅铁水的问题。他与刘嘉禾立即着手解决在不停产的情况下，把3座预炼炉都改造成平炉，使鞍钢第一炼钢厂 100 吨平炉由 6 座增加为 9 座，生产能力增长 50%。但是，当时一炼钢厂尚没有成套操作经验，事故多，好几次炉底被烧穿钢水漏完，加上炉顶事故多，有一次只炼了 9 炉钢就把炉顶烧塌了。之前日军不允许中国人做炼钢工，关内来的技术干部未见过这么大的平炉，当时太缺少炼钢经验了。复工时有两个日本技师指导炼钢，一天 12 小时轮班太累，于是组织上调张春铭与日本技师组成三班倒。他在班上时，如遇炉子通煤气（这时最危险，容易煤气爆炸），自始至终从不离开炉子。此外，每炉熔化完毕、开始精炼时，他亲自指导操作，直到出完钢、观察完炉底才走。因此，他负责的乙班每月快速炼钢炉数和质量合格率都最高，超过日本技师指导的甲、丙班。苏联一位叫西多洛夫的炼钢老专家，陪张春铭倒班，当时没有测量炉顶温度的仪器，为防止炉顶被烧塌只有靠观察。炼钢厂原料房顶在日本投降时被拆掉，冬季雪夜里，面对熊熊炉火，背后是刺骨的冷风，黎明时他既冷又饿又疲倦，却要一直干到天亮才下班。张春铭每个冬天都坚持连续上六天的夜班。抗美援朝时张春铭在西多洛夫的指导下，为了改进军铲、军镐用钢的质量，试制成功“55”号炮弹钢，及时支援了朝鲜战场。另一个苏联炼钢专家叫茨连柯夫，他按当时苏联炼钢的操作规程对所有钢种在精炼后期规定都要进行 30 分钟的“纯沸腾”，结果在生产低碳钢管的钢坯边部常发生“鱼牙”裂纹缺陷，张春铭在与茨连柯夫的讨论中怀疑这可能与该钢种“纯沸腾”时间长短有关，茨连柯夫支持张春铭的建议，决定调整改进“纯沸腾”的时间和操作工艺，两人合作试炼三炉，果然“鱼牙”缺陷消除了。

但有的苏联专家不愿意别人提意见，苏联列宁格勒设计院为鞍钢第一炼钢厂做了技术改造设计，认为平炉从 100 吨扩容到 180 吨，年产量可从 50 万吨增产到 100 万吨。张春铭经过分析和计算，认为可增产到 138 万吨。他在讨论会上一提出来就得罪了苏联专家，他们说：“不必 138 万吨，只要能出 100 万吨，我们就派人来向你们中国学习!”生产实践表明，后来年产钢量确实超过了 138 万吨，表明了张春铭对待技术工作的严谨学风和科学态度。

2. 率先在冶金企业建立研究机构

新中国成立初期，冶金企业一般不设科研机构，冶金系统的厂矿只开展化验、检验业务。1949 年后，鞍钢经过三年恢复，钢铁生产走上正轨，苏联专家于 1952 年建议成立科研机构，当年 10 月鞍钢建立了冶金研究室，公司调张春铭任冶金研究室（后改名为鞍钢中央试验室）主任。这是中国冶金企业创办的第一所研究机构。研究室成立后，先成立了炼钢、轧钢和金相热处理 3 个专业研究室，开展钢铁研究工作。

第一，针对平炉燃烧不好、炉顶寿命短、冶炼时间长等问题，张春铭带领研究室的同事到钢厂，通过多种不同煤气、空气比，分析燃烧产物，计算各熔炼阶段完全燃烧应有的要求，制定出热工制度，这是我国第一个平炉热工制度。由于它既节约能耗、保护炉衬，又缩短熔炼时间，因此使平炉增产10%以上。后来，在邵象华的指导下，修订了操作规程，又增产10%。为了推广热工制度和炼钢规程，鞍山市委和市总工会组织“技术表演”，由张春铭每天在一座平炉上演示冶炼一炉钢，先进的操作法使9座平炉冶炼时间都从原来的12～14小时一炉钢，缩短到10小时。

第二，1952年11月7日深夜，气温骤降，当时的鞍钢“三大工程”中的薄板厂和无缝钢管厂的厂房结构突然多处断裂。中外专家一时都分析不出原因，张春铭遂与罗国仁一同前往哈尔滨大学请教，又电请苏联列宁格勒设计院复核设计，复电计算无误，后与焊接专家一起研究化学成分与金相组织，查明是碳当量和硫偏析严重造成的。据此，他们对焊条用钢，专门对磷硫含量提出了更高的要求，同时改善了轧钢工艺和轧后冷却技术，针对沸腾钢偏析重的问题，采用轧材分段使用，结果生产出了完全合乎要求的钢板和焊条，保证了鞍钢“三大工程”的按期投产。

第三，冶金研究室还成功研制了支援抗美援朝的多种军用钢，消除了难度较大的重轨钢“内裂”缺陷，改善了车轴钢钢坯的表面质量；研究了无缝钢管荒管变径对钢管“外析”、“发纹”缺陷的影响和防止方法；研究出先进的重轨钢轨头淬火制度，提高了重轨的耐用寿命；研究了各类铁矿石的还原性能，找出比较可靠的还原度测定法，并向全国推广；研究了多种炉窑的效率，改进了热工制度，试制成功镁铝塞头和水口转，该项技术成果也向全国推广。1953～1956年，研究室立项研究平炉炉底寿命和平炉炉顶改用碱性材料提高寿命，与中国科学院金属研究所、物理研究所合作，最后取得突破性成果，创造了平炉炉底快速烧结法，发明了铝镁尖晶石炉顶转（达到国际先进水平），从而使平炉寿命大幅提高，炼钢作业水平显著提高，并减轻了工人的劳动强度。

第四，在张春铭的带领下，冶金研究室不但产生了大量科技成果，还培育了王仪康、陈继志、韩跃文、陈虎、胡文涂、吕湘堤、黄锦发、曹萌之、陈贵杰等众多炼钢专家，逐步走向全国不同的工作岗位。

随着生产的发展，在短短几年中，张春铭领导的冶金研究室就从一个只有3个人（一个专业）的研究室，发展成为集选矿、烧结、炼铁、炼钢、轧钢、孔型设计、铸造、耐火材料、金相热处理、金属防腐蚀等十多个专业、100多名研究人员、吸引来多名专家及研究骨干的科研队伍，组建成为全国第一个专业齐全的钢铁企业研究所，并与中国科学院金属研究所等国家科研单位建立合作关系。几年间，他们解决了鞍钢生产中存在的大量疑难问题，使鞍钢品种、质量取得显著进步。张春铭面对大量的研究课题，工作千头万绪，白天大部分时间在现场调研，晚上审阅报告常到深夜，他埋头工作，低调交往，从不张扬。尽管工作取得了大量成绩，但张春铭从不沾沾自喜，而是一直保持着清醒的头脑，他深知，我国钢铁工业还很落后，与工业先进国家相比无论是装备还是技术都存在很大差距，只有默默地不断努力，才能缩小这些差距。

张春铭对冶金企业建立研究机构的指导思想是以“研”为主，勇于探索未知，不墨守成规，不走老路，不断创新。他不赞成企业的研究工作混同于生产、技术和技术监督部门的管理工作。他强调研究的内容要以研究产品的质量和开发产品的品种为主，在研究方法上则要坚持联合协作。

张春铭对下属的研究人员（包括厂矿的科技干部）要求很严，但遇到问题，工作中存在错误甚至是造成损失，他都能宽容地处理，对下属提的合理建议或意见，他都能虚心采纳。更难能可贵的是，对“文化大革命”中伤害过他的人，他都不计前嫌，依然像过去一样对待。他一贯支持年轻一代科技人员，为他们的科技进步提供平台，例如，武钢钢研所年轻的科技人员萧忠敏，因具体负责组织并参加完成“高硅含铜低合金45kg/m钢轨的研制和生产”项目，研制和生产的20万吨高硅含铜重轨，用于援建非洲坦赞铁路的工作取得成绩，1978年，张春铭向公司推荐这位年轻的科技人员与他一起代表武钢科技人员出席了党中央隆重召开的全国科学大会，他审阅并修改了根据该项成果写成的科技论文并推荐在《金属学报》上刊出。武钢第一炼钢厂孟凡钦编著的《钢锭浇铸与钢的质量》和萧忠敏编著的《武钢炼钢生产技术进步概况》两书，他均亲自为其书写了序言。这样的事例很多。张春铭为关心、帮助、培养、提高年轻科技人员的技术工作水平付出了心血。

3. 含铜钢的开拓者

武钢生产初期，因武钢大冶铁矿含铜，选矿后炼钢，钢中残存铜超过允许值0.30%的占92%～98%，个别含铜量高达0.71%～0.85%。钢锭在轧制前加热时，由于钢中熔铜向晶粒边界液析，削弱晶粒间结合力，压力加工后钢材表面出现发裂，当时大有“铜钢是铜祸”的呼声，用户纷纷拒绝使用。冶金工业部也通知有关单位，武钢的含铜钢材暂不能作重要的用途。作为当时全国三大钢铁基地之一的武钢，面对这一严峻形势，武钢和冶金工业部等中央主管部门都十分着急。这对武钢能否继续生产和发展壮大都是一个严重威胁。一个钢铁基地生产的钢不能作重要用途，这是对冶金科技界的重大挑战。在含铜钢处于“生死存亡”之际，张春铭坚定信心，带领一批科研人员，查阅国内外大量文献，特别是亲自查看汉冶萍时代所生产的钢铁产品的资料与实物，以及通过对含铜钢的剖析，深入地研究了铜在钢中的利弊，以便把有害转化为有利。他发现，钢中含铜量达到一定值时，在一定的加热和加工条件下，不会因热加工敏感性而产生网状鳞裂缺陷。当研究出与其相适应的工艺制度后，缺陷即可避免。而铜的有利方面则有很多：铜能提高钢的耐腐蚀性能，尤其耐大气腐蚀；铜能提高钢的强度，并且屈服强度比抗张强度高得多，因此屈强比大；铜能提高钢的冲击韧性，尤其是对低碳钢；铜能增强钢的淬透性，提高可硬性；铜能改善金属流动性，并在某些要求下可利用其沉淀硬化效应等。通过这些系统、深入的大量的研究工作，他们得出了科学的结论。

武钢积极选择了含铜钢发展的战略：剖析含铜钢，研究含铜钢，试制含铜钢，开发含铜钢，进一步发展高一级的含铜低合金钢。武钢以钢研所为主体，以试验室和生产厂为基地，以全国兄弟厂和院校为合作者，以全国用户为试用场，开展联合、协作和攻关，来应对含铜钢的首次挑战，并取得了成功。

在充分调研和试验的基础上，张春铭于 1963 年和 1965 年分别撰写了《武钢含铜钢研究的方向》、《武钢含铜低合金钢发展方向》两篇重要文章，从理论和实践上阐述了含铜钢研究的重要性、生产技术工艺和铜钢的特有性能及应用效果，澄清了社会上一部分人对含铜钢的错误认识，为含铜钢的生产和发展提供了坚实而科学的依据。

这些重大的研究工作，得到冶金工业部、国家计委、国家科委的高度重视和大力支持。国家科委、冶金工业部决定在武钢建立我国第一个含铜钢试验基地，将含铜钢研究课题列为国家 10 年（1963 ~ 1972 年）科研发展规划，并指定张春铭为课题总负责人。据文献介绍，国外多是采用向钢中加入一定量的镍或在钢锭表面涂层避免加热时氧化等方法，解决含铜钢钢锭表面发裂问题。但我国当时镍资源很少，合金钢都尽量少用，更不用说在普碳钢中加镍，这显然是不可能的；而钢锭表面涂层在大工业生产中也是很难实现的。因此，必须研究适合我国资源情况的技术工艺，才可能解决含铜钢的生产和发展问题。在国家有关部门的组织下，含铜钢的研究工作得到国家冶金、铁道、交通、轻工、机械等部门和科研院所、高校的大力支持与密切合作，张春铭他们终于攻克了含铜钢的加热、轧制、焊接、深加工等一系列冶金难题，并深入研究了含铜钢耐大气腐蚀的特有性能，开发出符合我国资源情况的含铜钢生产工艺技术，从而将“铜害”变成了“铜利”。他们还充分利用钢中有一定量铜的优势，先后研究开发出 65 个含铜钢和含铜普通低合金钢品种，生产出了上千万吨含铜钢，包括含铜钢轨、16MnCu、09Mn2Cu、09MnCuPTi 和军工用钢等一系列优良钢种。甚至在大冶铁矿含铜量逐渐减少时，不少用户自带铜来武钢，请求增加钢中铜含量。在援助修建坦赞铁路过程中，周恩来总理指示技术指标要高于一般水平，最终选定用武钢生产的含铜高硅钢轨钢，铺设了总长为2180公里的坦赞铁路。

为进一步研究含铜钢耐腐蚀性，武钢钢研所联合铁道科学研究院等单位在全国各地建立了十个暴晒场，任其风吹雨打、日晒冰冻，15年来定期取样，为中国含铜钢耐大气腐蚀试验研究提供了一套国内外从未报道过的完整系统的珍贵文献资料。

"含铜钢的研究"课题于1978年荣获全国科学大会重大科研成果奖。张春铭是我国含铜钢研究的开拓者和组织者之一，为我国钢铁特别是含铜钢的发展做出了重要和突出的贡献。

4. 推进一米七轧机引进技术的消化吸收

20世纪70年代中后期，国家决定把引进的三套现代化一米七轧机建在武钢，它们分别是热轧带钢连轧机、冷轧薄板和冷轧硅钢片轧机。一米七轧机系统工程的技术之新，当时在我国钢铁界是前所未有的，技术特点是"三高"：速度高——热连轧机最高速度每秒23.2m，相当于每小时84km，冷轧每秒31m，相当于每小时112km；质量高——成品公差小，表面光洁度高，热轧板精度±50μm，比一根头发丝还细，冷轧板精度±5μm，仅为一根头发丝的1/16；自动化程度高——对产品厚度、宽度、长度和工艺各处的温度、轧制参数（如张力、传动速度）都用自动仪表检测，由电子计算机自动控制。

冶金工业部鉴于此三套现代化一米七轧机技术复杂，早在签订合同前，就多次指示武钢，一米七生产准备工作难度大于建设，必须抓早抓好，所以引进合同一签字武钢就成立了生产准备组，由张春铭分工负责生产技术。生产准备的第一件大事，又是遇到铜钢的问题，日本提出钢中含铜超过0.01%不能轧硅钢片，联邦德国提出超过0.06%不能生产镀锡板。因此，含铜钢能否适应一米七现代化轧机的生产要求，就成为生产准备中最关键的技术难题。作为武钢总工程师的张春铭又承担了这一重任。在上级部门的领导和协调下，他组织武钢和国内有关科研单位、高等院校、工厂及使用部门的科研人员，进行了几年实验室试验、中间试验和工业试验。大量数据表明，武钢的含铜钢（质量分数：铜小于0.72%）完全能生产出质量优良的硅钢片、镀锡板等一米七轧机产品大纲中所规定的钢材品种，突破了国外钢中含铜量原有标准的禁区，为含铜钢生产发展开拓了新的途径。武钢含铜钢的研究成果，得到了国外专家的称赞。由于张春铭和大批科研人员的多年努力，当时国内最大的引进项目得以顺利投产，并发挥了支援国家经济建设的重要作用。

在张春铭的带领下，不但一米七轧机轧制所用的钢是武钢自产的含铜钢，而且有些国内不能生产的原材料也从生产准备起就开始迈向国产化。一米七轧机引进的生产添加物种类多、要求高，硅钢7种添加物，耐火材料25个品种，轧制油5类，润滑油脂269种，水质稳定剂多种、专用纸十几种，以及镀锡添加剂，硅钢氧化镁涂剂等大部分都要组织中国科学院研究所和高等院校、工厂协助。为早日实现国产化，国外技术资料一到就开始进行技术攻关，通过剖析、研究、试制直到生产。

关于一米七轧机引进技术的消化、吸收，首先是技术资料的翻译、复制、学习、运用等，工作量极大，要翻译的有2600万字，专职翻译200余人，还不算兼职的，复印的纸达50吨。其中，专利231项，技术标准217项，规程300～400项，张春铭都要组织学习以便吸收、消化、掌握和运用。

为了保证一米七轧机生产的钢材的高质量，公司领导和张春铭都一致认为，对有关一米七轧机生产技术的准备工作，一定要高标准、严要求，不能让一米七现代化轧机迁就武钢50年代装备的技术水平，而是要用一米七轧机的70年代后期的技术水平带动武钢生产技术的全面提高。从日本引进的设备，产品要按日本标准考核，从联邦德国引进的设备，产品要按联邦德国标准考核，但他们不生搬硬套，而是从实际出发，制定的标准要使生产单位通过努力就够达到。轧机是引进的先进设备，产品要达到国外标准要求，关键在于提高钢的质量。为此，张春铭组织专门班子，编制了一米七轧机的产品大纲。根据国外标准要求、国内的资源条件、用户的使用要求，编制了武钢一米七轧机产品所用的钢号、成分和性能指标。工作量很大且很繁杂，试生产由易到难，先炼普通碳素钢，再炼深冲钢和超深冲钢，最后炼硅钢和低合金钢。炼钢在采用相应的新技术的同时，还要加强管理水平和提高操作水平，采用现代化的检验测试技术，凡不合乎质量要求的就判作废品。这样最终保证了一米七轧机系统各厂和车间顺利投产并试生产成功。但一米七轧机投产之初，废品还是较多。两个炼钢厂提出了放宽标准的要求，张春铭一再强调说："为了保证一米七轧机轧出产品的高质量，炼钢工序绝不能放宽要求。"一米七轧机的生产是从高标准、严要求开端的，从而在消化吸收国外新技术中造就了武钢一支高水平的技术队伍，从整体上提高了武钢职工队伍的素质，保证了一米七轧机的顺利生产。

5. 为祖国的钢铁事业发展战略贡献余热

张春铭在癌症手术后任武钢技术顾问时说："由年轻的经理管日常生产，我们则要慎重对待武钢长远规划，必须缜密思考。"1983年以后，他在武钢经济技术研究中心主要致力于以下几件事。

第一，为搞好综合平衡、增产钢材满足一米七轧机需要献策。1974 年签订一米七轧机合同时，张春铭向冶金工业部提出一米七轧机“钢从何处来”的问题。之后，他又写信给国家计委，但刚要研究解决，又因“批林批孔”运动耽搁了下来。1976 年，武钢组织百余人以一米七轧机系统为中心编制十年发展规划，1977～1978 年为实现该计划，张春铭与日本、美国、联邦德国等十几个代表团谈判了 18 次，与美钢联钢铁公司谈了 3 次，编制了两部《炼钢技术改造方案》。为此，冶金工业部部长和张春铭都先后赴美考察，但签订协议前夕又遇上批判“洋跃进”，又被耽搁下来。1983 年张春铭因患癌症动了手术，1984 年 2 月冶金工业部召集全国炼钢专家研究为一米七轧机增钢开会时，他不顾正在化疗，抱病出席会议。与会代表都认为一米七轧机已经投产，每天要轧钢，第一炼钢厂不可能停产改造，只能速建第三炼钢厂。因此会议认为，武钢要“新建 250 吨转炉，三吹二”，加上原有的第一、第二炼钢厂，可满足 600 万吨钢的需要，实际潜力可达到 750 万吨以上。张春铭希望早日上报，早日设计、建设，希望赶上 1990 年宝钢停供钢坯以前建成投产。不久“双 600 万方案”上报并获批准。但宝钢 300 吨转炉建成投产后，一部分人“见异思迁”，要求按宝钢炼钢厂的规模和厂房布置建设，如按意见办其后果是：一是耽误了大好时间；二是难以形成综合生产能力，且投资大、债难还；三是需购大量外矿，外汇紧、运费大、成本高。直至 1989 年之后关于三炼钢的建设问题才与西班牙签订了贷款协议，仍按原方案——建 250 吨转炉、三吹二，决定 48 个月后按计划建成投产。

第二，张春铭为国家钢铁工业发展战略提出了宝贵的意见。1984 年 11 月中国自然辩证法研究会联合中国金属学会在上海召开了全国钢铁工业发展战略思想座谈会，张春铭认为中国要实现社会主义现代化，到 1990 年钢产量突破 5400 万吨，到 2000 年突破 8000 万吨是不够的。他在会上提出，应大中小结合，20 世纪末力争生产 1 亿吨钢。后来他又撰写了《再论大中小结合，力争 1 亿吨钢》的论文，被收入中国金属学会所编《中国钢铁工业发展战略论文集》中。

第三，1985 年武钢成立经济研究中心时，张春铭提出了多种经营的主张。张春铭说，20 世纪 70 年代建成的一米七轧机系统为武钢 80 年代出力，80 年代武钢要开发多种经营，为 90 年代储备后劲。“前人种树，后人乘凉”，要摘桃子也要种树。现在大型钢铁联合企业，若只单一生产钢铁，于竞争不利。国内外大型钢铁企业按多种经营占总收入的比例排序：美钢联钢铁公司占 80%，联邦德国蒂森钢铁公司占 70%，日本新日铁钢铁公司占 40%，首都钢铁公司接近 30%，武钢却不到 5%，故需加快多种经营建设。

第四，受冶金工业部重托，张春铭与有关同志组成冶金工业部铸锭协调小组赴新疆八一钢厂、甘肃酒钢公司、兰州钢厂检查铸锭情况，推广“三位一体”新技术，提高钢的成材率，并对酒钢公司新建炼钢厂的规模及设施提出意见。为落实湖北省委要求，协助厂矿企业转轨变型、提高经济效益，他参加由湖北省金属学会组织的专家教授组到鄂城钢铁厂（鄂钢）对照杭州钢铁厂的先进指标找差距、查问题、提措施、研究对策，提出在生产上抓烧结、保炼铁、促增钢、上效益；在成本上抓节约，降低原材料、原燃料消耗，提高钢的综合成材率，并编制三年措施方案。鄂钢实施后，当年效益增长50%，第二、第三年又各增50%。最近几年他又在冶金工业部前副部长陆达的启发下，建议中国钢铁工业研究开发短生产流程，从根本上解放生产力，增强竞争力。

第五，1987年冶金工业部和中国金属学会以质量为中心召开全国炼钢综合学术会议，张春铭在《提高钢质量的水平》一文中指出，长期以来，中国对钢的质量一直认为符合标准的合格品就是质量好。这种“符合”观念从上到下几十年来都似乎是天经地义的。特别是80年代以来，把国际先进标准捧上天，其实先进是秘密的，从不公布在标准上，所谓国际先进标准实际上往往是低级的、落后的。达标率高达95%，还是不能代替国外钢材使用。他引证国外40几年来的大量事例，说明生产要有标准又不能唯标准论，提出使用才是质量标准的命题，认为“质量是动态的”。要根据使用的地点、时间、条件的不同，能满足不同使用的要求才是质量好的钢。使用的层次是“能用—适用—好用—耐用”，分别满足各层次的要求才最经济。张春铭提出：“使用才是检验钢质量的根本标准”的论点，完全符合“实践是检验真理的唯一标准”的原则。

张春铭数十年如一日，孜孜不倦，刻苦钻研业务技术，对工作严格要求，精益求精。在学术上，他不唯书，不唯上，不因袭，不附骥，见解独到，发人深省，他将全部的聪明才智无私奉献给祖国的钢铁事业，在祖国钢铁大熔炉中炼成了一身钢筋铁骨。

张春铭专业知识扎实、广博，思维敏捷，擅长筹划与决策。他为人厚道、朴实诚恳、坦率正直、淡泊名利，随和而不失原则。他集思广益，善于与领导及下属沟通，大胆使用和培养年轻技术干部，对他们既严格要求又关心爱护，坚持为他们争取公正、合理的待遇。人们都赞美他不但是一位受人尊敬的冶金专家，还是一位深得人心的好人。

三、张春铭主要论著

张春铭，刘嘉禾 . 1951. 论平炉炉底 . 鞍钢，(11)：1-24；(12)：1-14.

张春铭 . 1952. 平炉燃烧试验报告 . 鞍钢，(16)：1-14.

张春铭，刘嘉禾 . 1954. 平炉快速炼钢 . 北京：冶金工业出版社 .

陈亮，张春铭，邵象华 . 1953. 重轨钢罐内脱氧对钢质影响 . 金属学报，(3)：13-14.

张春铭 . 1964. 含铜钢的研究 . 钢铁，8 (1)：39-41。

张春铭 . 1965. 武钢含铜钢的研究方向 . 钢铁，9 (2)：17-20.

张春铭 . 1966. 武钢含铜低合金钢发展方向 . 钢铁，10 (2)：16-21.

张春铭，刘树振，刘忆 . 1973. 捷克斯洛伐克平炉吹氧炼钢技术考察报告 . 北京：冶金工业出版社 .

张春铭 . 1985. 武汉地区钢铁工业 2000 年发展前景与对策 . 武汉市科学研究会专集：13-15.

张春铭 . 1987. 钢铁工业的技术改造 . 中国金属学会论文集 .

张春铭 . 1987. 钢铁工业发展战略研究的探讨 . 钢铁研究，(1)：1-6.

张春铭 . 1987. 提高钢的质量水平 . 钢铁研究，(3)：92-98.

张春铭 . 1987. 攻克含铜钢 . 中国冶金史料，(4)：22-31.

张春铭 . 1988. 再论大中小结合力争亿吨钢 . 钢铁研究，(2)：3-7.

张春铭 . 1988. 含铜钢研究与开发 . 湖北省科学技术出版社 .

张春铭 . 1990. 使用是检验质量的根本标准 . 钢铁研究，(3)：3-11.

张春铭 . 1991. 中国钢铁工业 90 年代发展的战略思考 . 钢铁研究，(6)：39-45.

张春铭 . 1992. 现代钢铁工业发展战略 . 钢铁研究，(4)：1-7.

张春铭 . 1992. 钢铁工业用好二种资源 . 钢铁研究，(5)：1-4.

张春铭 . 1980. 美国底吹转炉考察报告（内部资料）.

撰写者

孟凡钦（1938 ~ 2012），河南新乡人，教授级高级工程师，硕士生导师，武汉科技大学兼职教授，中国金属学会铸锭委员会委员。在张春铭的领导下，从事钢的浇铸工艺及钢质量的研究工作 30 余年，著有《钢锭浇铸及钢的质量》（冶金工业出版社，1991 年），发表论文 30 余篇，参编《中国冶金百科全书》（铸锭分支），参编殷瑞钰主编的《钢质量的现代发展》上册（第一章）。

徐又元

徐又元（1920～1999），湖南隆回人。有色金属冶炼专家。中国锡、锑冶金和复杂多金属矿综合利用开拓者之一。1947年毕业于湖南大学矿冶系，20世纪50年代开始从事锑的冶炼和锡矿山矿务局中心实验室建设工作，并担任中心实验室主任，为创建现代炼锑工艺、提高锑品质和产量、提高锑的冶炼回收率做了大量的基础研究工作，是锡矿山锑业生产发展的奠基者之一。60年代对难选锡中矿综合利用进行研究，首次提出用高温氯化挥发法处理锡中矿的研究。70年代先后开展了对含锡、锌磁铁矿的综合利用的研究，开发了铁精矿制团，链篦机-回转窑还原挥发法处理磁铁矿，使其中的锡、铅、锌得到回收，从而达到炼铁要求的工艺流程。研究开发了适合我国国情的处理铅锑混合精矿的冶炼新工艺，解决了脆硫铅锑精矿铅锑分离技术难题，并在广西金城江建厂投产。80年代实验成功了难选锡中矿高温氯化冶金新工艺并实现了工业化，工艺技术处于国际领先水平，是对锡冶金技术的重大突破，其成果获国家科委"六五"计划科技攻关奖一等奖，被誉为我国优秀的锡氯化冶金专家。1992年起享受政府特殊津贴。除从事有色金属冶炼的科研工作外，还常年担任科研课题专题组组长，北京矿冶研究总院研究生导师，任劳任怨，把自己的毕生精力全部放在了科研难题的攻关上。其研究成果和学术思想至今仍对中国有色冶金行业的发展有着重要的指导意义。

一、成长经历

1920年6月27日，徐又元出生在湖南省隆回县滩头三溪徐家村的一个农民家庭。其父徐六生有5个孩子，徐又元是最小的儿子。徐家村地处湘西，四面高山环抱，山中云雾缭绕，泉瀑喷流，景色宜人，而且土地肥沃，宜于耕作。这里盛产毛竹，山中到处可见。徐六生除务农外，还兼营以竹子为原料的造纸小作坊，以养家和供孩子读书。徐又元7岁时被送进族办徐氏造英小学，1930年造英小学因经费困难而停办，转到滩头保亲高等小学读书。徐又元喜欢读书，也喜欢这里优于造英小学的设备和教师，并已经知道读书很重要，所以学习非常刻苦，进步很快。但徐又元毕业时，家中经济情况不佳，还要保证在武汉大学读书的哥哥完成学业，只好辍学在家，随父兄务农。直到3年后，其兄毕业了，已经17岁的徐又元才得以升入私立邵陵中学继续读书，后因学校迁移，又转入公立邵阳县立初级中学。1940年，徐又元升入湖南省立临中，也就是后来的长沙省立第一中学。徐又元对这里的读书风气和良好传统极为喜欢，学习更加努力。后来他曾在自传中写到，自己之所以有日后的粗浅学识，亦基于此。徐又元入临中学习，先是分在文科组，后自觉性格喜好安静，不善活动，日后若学习社会科学不一定适宜，因此，在升入二年级时请求转入理科组。

由于家庭条件所限，1943年，当徐又元考入湖南大学矿冶系时已23岁了。此时的徐又元已知人生的艰苦，他牢记父亲的教诲："若不努力读书，不将学业基础打好，将来就不能在社会上生存。"他更加刻苦读书，加之与同学之间相互交流，取长补短，各门功课都取得了很好的成绩，于1947年毕业。

徐又元毕业后，曾受聘于新宁县立中学教书，一个月后根据他所学的专业，国民政府资源委员会分派他到湖南新化锡矿山矿务局。1947～1956年，徐又元先后在锡矿山矿务局工程处北冶炼厂、炼锑厂任技术员、生产科副科长、工程师、局中心实验室主任等职，为锑冶炼建设现有的焙烧炉和创建现代炼锑工艺、提高锑品产量和质量、提高锑的冶炼回收率等做了大量基础性研究工作。在这里，他通过大量的生产实践，积累了较丰富的经验；通过与工人师傅接触，不断认识、克服自身的弱点，找出实验中出现的问题。他从不满足现状，深信"往者不可究，来者则可追"，为自己确立了追求技术和政治进步并进的人生目标。

20世纪50年代中期，冶金工业部从全国有色金属系统的厂矿抽调了一批干部和技术骨干充实有色金属工业试验所（今北京有色金属研究总院），徐又元积极响应组织安排，本着哪里需要就到哪里去的远大志向，远离自己的家乡湖南，来到北京从事有色金属冶金的科研工作。其间他担任工程师、专题组组长、负责研究解决广西平桂西湾冶炼厂收尘系统腐蚀严重的技术难题。他提出的石灰中和法处理布袋腐蚀的技术方案至今仍被生产单位采用。他负责江苏含锗铁矿提取锗的研究，开发了回转窑挥发法富集锗烟尘回收锗的工艺，采用该工艺建设的南京江宁冶炼厂，是我国最早的锗生产基地之一，为缓解我国当时锗的紧缺状况做出了贡献。1962年，徐又元开始云南锡业公司（云锡）难选锡中矿综合利用的研究，并于1962年提出用高温氯化挥发法处理锡中矿的研究方向。

1963年，冶金工业部做出《关于矿冶研究院几个整改的决定》，明确该院作为重有色金属冶炼的研究中心。同年10月，徐又元同有色金属研究院该专业的研究人员、课题和装备一起被调入北京矿冶研究院（今北京矿冶研究总院），从事科研工作，一直担任专题组组长，并晋升为高级工程师、教授级高级工程师，对云锡、大厂和其他复杂多金属矿的综合利用开展了深入细致的研究，取得了一批很有价值的科研成果。20世纪60～80年代，试验成功了云锡难选锡中矿高温氯化冶金新工艺并实现了工业化。这些成果和工艺技术均处于国际领先水平。

1965～1966年，徐又元还开展了云锡锰结核综合利用的研究，所提出的硫酸化处理，曾被云南冶金局确定为扩大试验方案，后因“文化大革命”一度中断。

1967～1970年，徐又元负责开展对广西大厂砂锡中矿综合利用和脆硫铅锑精矿冶炼方案的研究。其中，脆硫铅锑精矿属于我国特有的铅锑矿产资源。基于冶炼过程中铅锑难以分离，国际上尚未见到相关冶炼工艺研究及生产实践的报道，徐又元带领专题组开展了多方案的实验研究工作，终于开发出适合我国国情的处理铅锑混合精矿的冶炼新工艺，解决了脆硫铅锑精矿铅锑分离技术难题，并在广西金城江建厂投产。

1970～1979年，徐又元开展了对从红土矿提镍、云锡三冶氯化技术，以及辽宁黄岗、广东连平、四川攀枝花的含锡、锌、铅、钒、钛等磁铁矿综合利用的研究，为我国多金属复杂磁铁矿的综合利用找到了一条行之有效的道路。

他研究成功的难选锡中矿高温氯化冶金技术等项研究，处于国际领先水平，并具有很大的经济效益和社会效益。1986年，其成果“100吨/日难选锡中矿高温氯化中间试验”项目荣获国家科委“六五”计划科技攻关奖一等奖，多项科研成果都填补了国家空白，他个人也荣获北京矿冶研究总院颁发的“矿冶勋章”。

二、主要研究领域和学术成就

1. 开创从含锗铁矿中提取锗的新工艺，填补空白

徐又元被调到北京有色金属研究总院工作的这些年里，解决了很多科研和实际生产上的难题。基于他的工作经历和解决实际问题的能力，领导交给他一项更重要的任务，那就是利用现有资源，研究出中国国防工业急需的锗材料。

徐又元接到这项任务的时候是20世纪60年代初，当时，我国有色金属冶炼工业锗的提取技术比较单一，中苏关系正处于非常紧张时期。而锗在国防尖端科学方面，是一种重要的原料，占有特别重要的地位。新中国成立以来党和国家曾号召全国人民大力开展提锗工业，主要从煤及铅锌矿中提取锗，在铁矿中提锗方面做的工

作还是空白。徐又元急国家之所急，立刻组织起专题研究小组，开始了从江苏省含锗铁矿中提取锗的研究，一干就是三年。

锗（Ge）属于稀散金属，是1886年德国化学家温克莱尔在含银矿石中发现的。但早在1872年，俄国著名化学家门捷列夫在研究他的元素周期表的特性时就预感到，还应该存在一个“类硅”的元素，温克莱尔在从该含银矿石中分离出这一类似非金属的元素后，认为这个元素就是门捷列夫所预言的“类硅”，为纪念他的祖国——德国（German），温克莱尔将其取名为锗（Germanium）。

锗与硅一样，是半导体材料。锗的应用非常广泛，除半导体工业外，在航空工业、高频超高频电子、光纤通信、红外光学、电子器件、太阳能电池、化学催化剂以及生物医学等领域都有广泛的应用，是一种非常有前途的工业材料。我国江苏省含锗铁矿种类很多，其藏量较丰富，分布地区也较广，如江苏省溧水县南山头的含锗赤铁矿，溧水云和县、高淳溧阳一带所产的高硅锗铁矿以及江浦县所产的高钙铁矿等。

徐又元为了早日将锗从锗铁矿中提取出来，马上来到江苏溧水矿区做调查研究，发现这些矿床中含锗成分最高、经济意义最大的要算南山头所产含锗赤铁矿。1958年在当地大炼钢铁时，由于发现铁矿中含锗品位高及当时国家又急需这种材料，有关部门就采取了鼓风炉熔炼挥发及填料淋洗塔作为收尘器，以碱性溶液做吸收剂的方法提炼锗。但利用这种方法提锗存在很多问题：一是耗焦炭多，二是熔炼炉寿命短，三是产量少，四是回收率低，五是铁不能回收。由于开启熔炼炉的炉龄短，仅能使用四天，一连开了几次炉都没有开起来，产量每炉日处理量不过一吨左右，锗的回收率不过10%，而酸碱消耗又非常大，因此总的情况是成本高、回收率低，生产难以达到正规化。

冶金工业部根据国防工业对锗的需要，为及时并合理地利用该地区的资源，扩大锗的产量，决定在江苏建立提锗厂。但当时建厂缺乏设计资料，徐又元及其小组成员们一面查找资料，一面马上到现场做试验。鉴于当时生产部门存在的问题，考虑到矿石中有用金属的价值、技术方面的复杂性，以及当地的具体条件，在进行详细分析的基础上，他们提出该矿含锗品位高，结合中国的国情而言，锗的经济价值远远超过铁的经济价值，而整个矿藏量作为铁的资源考虑又不大，因此，应把重点放在锗的回收上，他们认为只有在不影响锗的回收率的前提下，才能考虑回收铁，同时在具体计划的安排上提出：第一步要延长炉龄，使炉子能正常开下去；第二步降低焦耗，增大产量；第三步提高锗的回收率，降低生产所需的化工材料；第四步设法回收铁，在经济上又能起到综合利用回收的作用。为抢时间、争速度，他们做了大量细致的试验，并提出：第一，就现有的生产情况进行查定，找出产生上述问题的根源；第二，根据查定结果，从技术、设备、操作等各方面进行改正试验，以便求出最合适的生产设备、技术操作条件、技术经济指标及鼓风炉的优越性。徐又元果断选择了增建表面冷却器及布袋收尘设备，做扩大试验，以及做半工业试验。后来的实践证明，这条技术路线比较适合当时锗提取厂的生产情况，也适合国情，加速了锗铁矿中提取锗的工业化进程。

试验的范围是由矿石到单宁锗为止，包括鼓风炉还原熔炼挥发及烟尘湿法处理等部分。徐又元在研制开发过程中，逐渐积累了全盘考虑、整体部署的工作经验。在那段时间里，他几乎将全部时间都给了矿山，并负责确定工艺流程和设备的选型工作。经过多次试验，他们终于开创了一种采用鼓风炉回转窑熔炼挥发—布袋收尘—酸浸—单宁沉淀的工艺流程从含锗铁矿中提取锗的方法，锗的挥发率可达到75%以上，加之如果焙烧时间选择正确的话，烟尘中锗的提取率可超过97%。

当时，开发研究锗提取方法的还有几个单位，由于徐又元他们提出的工艺流程方法合理，试验数据可靠，而且投资小，经济效益优于其他单位，因此，冶金工业部决定采用该工艺建设江苏省江宁生产锗的冶炼厂。这是我国利用锗铁矿提取锗最早的锗生产厂之一，为缓解当时我国国防工业锗紧缺的状况做出了贡献。他们开创的从含锗铁矿中提取锗的方法至今仍在使用，不仅填补了从锗铁矿中提取锗技术领域的空白，也打破了国外的技术封锁，使我国成为少数几个掌握这项技术的国家之一。徐又元为中国国防和冶金工业的快速发展做出了重要贡献。

2. 致力于高温氯化冶金事业

徐又元是北京矿冶研究总院云锡难选锡中矿高温氯化专题组组长。20多年来，他锲而不舍，克服重重困难，攻克道道难关，取得了具有世界领先水平的重大科研成果，为振兴我国锡业做出了重要贡献，被誉为把毕生精力献给高温氯化冶金事业的人。

在生产锡的选矿过程中，产出一种锡中矿，其产出量约占原矿量的5%，含锡量约占原矿量的10%。锡中矿还含有大量的铅、锌、砷、铁，以及少量的铟、铋、镉等有价金属。由于锡石及其他有价元素致密地嵌布于褐铁矿中，采用原有的选矿方法，难以得到分离富集，长期以来，使大量的有价金属损失于尾矿中。因此，加强对锡中矿的冶金研究，探寻处理锡中矿合理生产流程，不仅对提高锡中矿的回收率，而且对强化资源综合利用都具有非常重要的意义。徐又元以其扎实的理论基础和丰富的科研实践，在火法提取冶金领域积累了较丰富的经验。他在做试验的同时，还查找了 1958 ~ 1963 年国内外有关锡资源综合利用的文献，分析云锡难选锡中矿的特点，并根据他本人主持的云锡高温氯化专题组所做的小型实验结果，终于开发出用回转窑高温氯化工艺流程，于 1965 年向云锡提出进行难选锡中矿回转窑高温氯化工艺扩大实验的建议，随后在云锡中心实验所进行扩大实验，取得了较好的指标。

正当他们满怀信心准备扩大实验的时候，一场史无前例的“文化大革命”开始了，徐又元本想再做的一些试验，却被迫中断。在这段时间里，虽然不能继续做完云锡高温氯化的扩大试验，但也不能浪费大好时光，因此，他针对试验中出现的问题查找资料，不断充实自己。国务院的巡视员到北京矿冶研究总院视察时，在院资料室看到徐又元一个人在图书馆查找资料。他就是这样不断完善自己，时刻准备着，当祖国需要的时候能顶得上去。

20 世纪 70 年代初，在工程问题还没有充分暴露的情况下，有关部门就决定进行日处理锡中矿 500 吨工厂的建设。设计院根据扩大试验的初步结果设计了日处理量为 500 吨锡中矿的云锡第三冶炼厂，并在此期间开始施工建设。当时，由于对本工艺的难度估计不足，许多工艺环节和设备结构不合理，出现了问题，以致工厂建成后遇到了极大的困难，无法生产。徐又元奉命来到现场后，看到新建的工厂不能正常生产，心里非常着急。他以高度的责任心、严肃的工作态度以及丰厚的技术知识，对工厂投产时遇到的窑头烧结、窑尾收尘系统堵塞、金属分散流失严重、设备腐蚀厉害，即所谓“一结、二堵、三分散、四腐蚀”的问题进行分析研究。在此期间他又做了大量试验，写出了近万字的《关于解决三冶锡中矿冶炼技术问题的意见》报告，阐明了工厂投产遇到的技术难题的原因及解决办法。在报告中他明确提出：改原重油供热为粉煤供热，改湿粉料为炉料制球团干燥后入窑，以解决炉料结窑；改旋涡收尘为沉降室收尘，增设气、水分离器，改两段文氏管为一段文氏管，增设湿式电收尘及收尘液冷却装置，解决收尘系统堵塞和金属分散问题；采用耐酸材料解决设备腐蚀问题等。根据他的这些建议，工厂对 10 吨/日规模的半工业试验装置进行配套改造，接着又进行系统的半工业试验，取得了满意的结果，实现了“窑头不结、收尘系统不堵、金属不分散、设备不腐蚀、锡与铅挥发率高”，从而拉通了全流程，经技术鉴定，认为可以作为工业化生产厂改造的依据。

后因国家计划改变，将 500 吨工厂改为日生产 100 吨，1982 年按 10 吨/日半工业试验的结果，进行了 100 吨工厂的设计。工厂建成后，徐又元已年过花甲，可他还是带领专题组长期坚持在现场。他是攻关组的主要成员，主笔编写了投产试车大纲，提出了包括设备配套、煤气系统改造、备料作业制度、窑尾压力控制参数等在内的多方面的有益建议，都收到了较好的效果。他患有高血压、冠心病、痔疮及皮肤病等多种疾病，仍忘我地工作。据他的孩子讲，一年当中几乎见不到父亲，只记得每年树叶发芽的时候离开家，树叶全部落完后，才能见到父亲。他坚持每天爬几十米长的皮带廊，登回转窑三层平台深入操作岗位掌握试验进展情况，指导投产试车。仅1984～1985年，他出差到现场达400天。为了保证投产攻关试车的顺利进行，他经常通宵达旦地整理试验数据，编写投产试车报告，付出了辛勤的劳动。经过他的不懈努力，这个项目取得了新的进展，建成的100吨/日工厂投产后运转正常，取得了很好的经济效益和社会效益。

“云锡100吨/日难选锡中矿高温氯化中间试验”是国家“六五”期间重点科技攻关项目，徐又元是该高温氯化工艺的开发者、倡导者，提出解决关键技术问题的措施和参加实施者，获得中间试验成功。1985年中国有色金属工业总公司和云南省科委受国家科委委托，组织了技术鉴定会，1986年该项目获国家科委“六五”计划科技攻关奖一等奖。到会的代表、专家认为，该项成果是我国锡冶金技术上的一个突破，系国内首创新工艺，居世界领先地位。仅中间试验车间，每年可为国家换取320余万美元的外汇。国外同行专家到厂参观后，认为该工艺达到国际领先水平。

3. 为大厂资源综合利用做出重要贡献

从20世纪60年代起，徐又元在研究云锡资源综合利用的同时，就开始对广西大厂的资源综合利用进行研究。广西大厂矿区位于广西的西北部山区，是一块金属资源的富集地，已探明的锡、铅、锑、锌、银、金、砷、铋等有价贵金属多达15种之多。广西大厂矿务局在选矿过程中，产出了一种铅锑精矿，产出率约占原矿量的2%。矿石中的锑和铅主要以脆硫锑铅矿形态存在，采用选矿的方法，不能使其分离。

脆硫铅锑精矿冶炼属公认的技术难题，过去虽然已经做过大量科研工作，但尚未找到更满意的冶炼方法，也未见到国际上处理这种物料的相关工艺研究的报道。现有的铅锑火法冶炼流程存在很多问题，主要是产不出质量合格的精锑，冶炼过程中大量中间产品无法处理，金属直收率低。为了早日开发出铅锑冶炼技术，徐又元又一次带领专题组成员对大厂砂锡中矿和铅锑精矿进行小型试验及扩大试验研究，经过各种方案的研究与比较，终于发明了将铅锑进行分离的新技术，探索出适合我国国情的冶炼工艺。

脆硫铅锑精矿的扩大试验成功后，按徐又元所制定的焙烧—熔炼—吹炼—电解工艺在大厂金城江建成了生产厂，该厂建成投产后一直都运转正常。从试验研究到工厂投产，徐又元多次到现场做试验、调查研究，提出了很多建议，对工艺流程进行了多次调整与改造，使生产逐渐完善，指标不断提高。到目前为止，大厂矿务局铅锑分离技术仍在使用。又一项尖端技术填补了国家空白，并达到国际领先水平，进一步加速了我国有色金属冶炼工业的发展。徐又元不断总结几十年来自己走过的从试验到工业化生产的成功经验，归纳起来包括：第一，要结合我国的国情，选择适合本矿区矿样的冶炼技术路线；第二，要从实验室研究制备方法，掌握实验规律，从而进行中试试验；第三，采用高效通用的冶炼设备，为建设工业规模化生产提供有效的工艺技术数据；第四，采取环保措施，做好资源综合利用和贵金属的回收工作。

徐又元在工作中始终勤勤恳恳、默默工作，从不满足于自己已取得的成绩，虽然已成功将铅锑分离，但他考虑到国家的需要和困难，又致力于硫及其他伴生金属综合利用的研究，进一步完善和改进了铅锑精矿火法冶炼流程。他就是这样永不自满，不断给自己提出新的研究目标和探索方向。虽然当时人力、物力和时间都十分有限，但徐又元带领小组全体人员不懈努力，取得了很大成绩，也给后人留下了非常宝贵的经验。徐又元是我国锡、锑冶金和复杂多金属矿综合利用新技术的开拓者之一，无愧于“有色金属冶炼专家”的称号。

4. 为我国伴生有色金属磁铁矿的综合利用奋斗不息

我国广东的连平、辽宁的黄岗、福建的龙岩以及四川的攀枝花等地均蕴藏有丰富的磁铁矿，这些磁铁矿中含有锡、铅、锌、钒和钛等多种有价金属，经过磁选可以产出含铁65%以上、锡0.1%~0.2%、锌0.3%~0.4%的铁精矿。但由于铁精矿中的锡和锌超过炼铁原料允许的含量，因而不符合炼铁要求，以致这些铁精矿一直未被开发和利用。

1974~1979年，为了将这些资源再利用，解决炼铁原料中锡和锌的含量超标问题，徐又元凭着长期的理论和与实际相结合的科研工作经验，选择了广东连平的铁精矿作为研究对象，以满腔的热情带领专题组成员对这类矿石的冶炼工艺进行了广泛、深入、细致的实验研究。

试验用的铁精矿系原矿经过磁选后得到的产品。通过检测发现，精矿中的锡主要以锡石形式存在；锌主要以细小的锌尖晶石形式为磁铁矿包裹，部分与铁呈类质同象存在于磁铁矿中，不属于独立矿物。因此，采用常规的选矿方法分离锡、锌有很大困难，这加大了试验难度。为了解决这一问题，徐又元翻阅了大量资料，考察了部分厂矿企业，但均未见到如何处理含锡、锌铁矿的文献和试验资料。根据钢铁部门的要求，作为炼铁的精矿，要求含锡<0.04%、锌<0.05%。从矿石的化学组成上看，矿石主要由两部分组成，一是铁，一是锡和锌，在选择工艺流程时，应保证

钢铁质量及锡、锌的回收率。经过多次试验，他们终于开发出了一个铁精矿制团，链篦机-回转窑还原挥发焙烧的方法处理磁铁矿中的锡和锌，使其中的锡、铅、锌挥发，从而达到炼铁、炼钢要求的工艺流程。鉴于锡石不为一般酸碱所溶解，氧化锌和锡石在高温下不易挥发，因此不宜采取湿法冶金方法或氧化焙烧和烧结的方法处理。但是，当锡石还原成氧化亚锡、氧化锌还原成金属锌时，因二者在高温下都具有容易挥发的性质，结合到现在铁精矿造块的方法及从低品位物料回收锡、锌的方法，从技术上和经济上进行分析比较，认为采取铁精矿制球、链篦机-回转窑还原焙烧的方法，在球团还原烧结过程中使锡、锌挥发除去，比采用氯化焙烧挥发法除去锡、锌，具有生产成本低、生产环境好、投资低、设备不容易腐蚀的优点。

他们经过小型及扩大试验，对影响锡、锌挥发率及球团矿性能的一些因素，如升温速度、焙烧温度、精矿粒度、球团大小、焙烧时间、还原剂种类及石灰加入量等进行了系统的研究。结果表明，含锡、锌等有色金属的铁精矿采取制球，在链蓖机-回转窑还原焙烧的方法处理，能够按照生产的需要调整还原度，产出抗压强度>150kg，含锡<0.01%、锌<0.05%、铁为65%~85%，以氧化亚铁为主或各种不同金属化率的球团矿作为炼铁或炼钢的原料。只要控制在适当的操作条件，锡、锌可以达到较高的挥发率，精矿中的锡约有97%、锌约有95%被脱除，焙烧过程产出的烟尘，可以作为提炼锡、锌的原料，锌的挥发率随着铁的金属化率的提高而提高。同时，采取布袋收尘的方法，锡、锌都能得到富集和回收。该工艺达到了预期目的，为我国含锡、锌、铁矿资源利用提供了一个合适的方法，满足了当时武汉钢铁公司的要求，也为开发连平铁矿提供了有益的经验。而且该方法对我国辽宁黄岗铁矿、云锡选厂铁产品、福建龙岩铁矿等含有色金属的铁资源综合利用都具有重大意义。该项成果是又一项冶金技术上的新突破，系国内首创，又一次填补了国内空白。原计划1979年在湖南株洲钢铁厂做进一步试验后，在武汉钢铁厂建设一个年产250万~300万吨的球团工厂，后来因为广东连平交通不便，矿石开发有困难，没有条件提供工业实验的试料而终止。之后，徐又元曾多次为该项目的工业实验奔走奋斗，但一直未能如愿。

徐又元每年出差到现场的时间都在半年以上，几乎天天到厂里解决技术问题。为了编写试验报告，他会连续几天都工作到凌晨。有一次，他到云南出差，在考察文山地区资源情况时赶上中越边界自卫反击战的恶劣情况，在极难行驶的山路上，他跋涉一个多星期，行程千余里，考察了文山地区的资源情况，并向云锡公司提出开发利用文山资源的设想及其方案。随后应云锡公司三冶的邀请他到那里为技术人员讲课。为了能更好地将理论与实际紧密结合的经验传授给那里的技术人员，真正达到育人的目的，徐又元经一周昼夜备课，开办了炼锑技术讲座，为那里的技术人员传授了他多年积累的理论知识和工作经验，没有收任何应得的报酬。

1989年徐又元退休，年近七旬的他仍壮心不已。患病之前，他坚持每天早晨锻炼身体，白天将过去学过的高等数学习题集逐题解答，以非凡的毅力训练自己，保持清醒的头脑，随时准备需要时再继续工作。徐又元一直过着平淡节俭的生活，一生最爱做的是读书和工作这两件事，就连“文化大革命”期间，他也天天到办公室看书学习。

徐又元的乡音比较重，一口很浓的湖南隆回地方话。因为别人听他的话有困难，所以他无论是到厂矿考察，还是解决科研工作中的关键技术，总是习惯经过细致思考之后写出完整的书面意见或建议，对其中每一个技术难题产生的原因和现状、解决的具体方案及其技术经济效果都会进行全面认真的分析与阐述。他对院、室的科技开发也提出过很多有价值的意见和建议。他谦虚谨慎，淡泊名利，一生以个人署名的在杂志上发表的论文为数不多，就是指定他为《有色金属》杂志写的三篇论文也都是以集体的名义发表的。徐又元就是这样勤勤恳恳地在科研工作中勤奋耕耘了半个世纪，几十年如一日，从不向组织讲条件、提困难。“春蚕到死丝方尽”，他是我国优秀知识分子的代表，为我国有色金属冶金工业的发展和技术进步做出了重要贡献。

（鸣谢：对北京有色金属研究总院档案室、北京矿冶研究总院档案室和北京矿冶研究总院老干部处的大力支持表示衷心的感谢！）

三、徐又元主要论著

徐又元．1966．回转窑氯化焙烧处理多金属锡中矿．有色金属，（4）：15-21．

徐又元．1979．含锡锑铁矿还原焙烧过程的工艺．有色金属（冶炼部分），（4）：7-13．

徐又元．1980．从磁铁矿脱除锡锌的研究．有色金属，32（1）：72-79．

徐又元．1981．伴生锡、锌、砷铁矿的综合利用．在全国锡、锑、汞会议上交流论文．

徐又元．1987．硫化钠浸出——加压氧化法从大厂铅锑矿提取锑．全国首届锑冶金学术会议论文．

主要参考文献

洪丕基，韩秀华．2002．徐又元．中国科学技术专家传略：工程技术编．有色金属卷2．北京：中国科学技术出版社．

雷霆．2008．锗的提取方法．北京：冶金工业出版社．

撰写者

舒扬（1959～），北京人，北京矿冶研究总院冶金研究设计所研究员。

程宗浩

程宗浩（1920～），福建福州人。轻金属冶炼、氧化铝工艺技术专家。原贵阳铝镁设计研究院院长，教授级高级工程师，全国轻金属学会副主任委员，国家科委攻关项目评定委员会成员。作为中国铝工业建设的先驱人物和奠基者之一，1949～1983年期间，先后组织领导了包括山东铝厂、郑州铝厂、贵州铝厂在内的三大铝工业基地的科研设计、生产施工及改造建设等工作，并以此为基础，在全国各地设计建成若干个电解铝、氧化铝、镁、钛、碳素、氟化盐厂，为新中国有色金属事业从无到有打下基础。在负责规划设计郑州铝厂期间，首创氧化铝生产联合法工艺，获全国科学大会优秀成果奖和国家建委颁发的优秀设计奖。为贵州铝厂设计建设的8万吨电解铝22万m^2土建施工项目，获贵州省优秀设计奖。沙状氧化铝和改质沥青生产原料的试制成功，填补了我国铝工业生产上的两项空白。作为国家“八五”期间重点建设项目，中国有色金属工业一次性投资最大的建设项目——广西平果铝基地的开拓者之一，70年代到80年代参与领导和组织了该项目的勘探、设计、选址、技术引进等基础性工作。80年代末至90年代，讨论提出并参与创建被国家计委列为国家重点攻关项目的28万A铝电解槽半工业性实验，并取得成功，使我国铝电解工艺步入世界先进水平行列。

一、成长经历

对于家住福州的程慕贤来说，1920年11月20日是个大喜的日子，这一天他和夫人李淑珍迎来了新建家庭的第一个男孩儿，取名程宗浩。和这个时代其他许多孩子比起来童年的程宗浩无疑幸福了许多，父亲是一位颇有能力的公务员，任职于当时民国政府地方盐务机关，后任盐场厂长，可观的收入足以支撑起一个中等家庭的殷实生活。母亲是一位慈祥的家庭妇女，虔诚的基督徒，这也是他在结束私塾幼教后转入教会学校的主要原因。在自己的几个弟弟妹妹中程宗浩显得既内向又富有韧性，加上良好家庭环境的熏陶，父亲对孩子教育的关切，使得他从小就树立起对自然科学的浓厚兴趣，全身心投入到对知识文化的探索之中。这一段经历也许是那个战乱年代能够赐予一个孩子的最大慰藉了。

1937 年，17 岁的程宗浩离开福州老家只身前往北京求学。刚到北京不久，“七七事变”爆发，抗日战争全面打响，北京很快沦为敌占区。由于来不及撤出，他便留了下来继续学习。先在志成中学（现北京市第三十五中）就读高中，毕业后进入北京中国学院。此时，形势更加动荡不安，恐慌和彷徨的情绪笼罩在整个城市，由于封锁，程宗浩的经济来源变得困难起来，生活拮据加上令人烦躁的时局，北京已不再是适合继续学习生活的地方了。1940 年，他离开北京来到上海，转入当时的名校——上海光华大学就读化工专业，在此打下深厚的专业知识和文化基础。不幸的是，对于当时全中国的年轻人来说可以安心求学的日子一去不复了。1941 年太平洋战争爆发，日本成为东半球头号法西斯政权，加快了吞并亚洲的步伐，上海相对自由的多国租借地被占领，学校失去了正常的教学环境，青年学子们已无法继续读书，他们站在了人生转折的十字路口。此时的程宗浩面前摆着三条道路，到大后方继续完成学业，实现求知的梦想，或是留在上海自谋生路，或是参加革命。他选择了最后一条。

1942 年 8 月，程宗浩加入苏北新四军南通警卫团。因为有文化，先后担任部队宣传和干部文化教育工作，12 月，考虑到专业优势和缺少技术人才，部队把他调到警卫团军工股，从此开始和火药打交道。1943 年 5 月，反扫荡斗争开始后，他所在军工股被合并到东台县三六仓新四军一师军工部，在一个相对稳定的环境中从事炮弹制造和研究。1944 年 6 月，军工部奉命穿过敌人封锁转移到宝应县林上庄。在一次拆卸废旧炮弹的任务中，几名工作人员由于操作不当引起爆炸，事故中一名战友牺牲，程宗浩失去了左臂，造成终身残疾。随后在医院一年多的治疗过程使他饱受折磨，先后动过两次大手术，截去一根半肋骨，在当时的医疗条件下伤势很长一段时间未能得到痊愈。这一年 12 月，程宗浩正式加入中国共产党。

1949 年 2 月，新中国成立前夕，他被调离工矿部研究所，前往张店冶炼总厂（山东铝厂的前身）任办公室主任。此时，程宗浩告别了多年的军旅生活和所从事的军工工作，开始投身于新中国有色金属和铝工业创建的事业之中。1951 年，冶炼总厂划归中央重工业部领导，改名 501 厂（今山东铝厂），程宗浩留任设计处处长，从此跟工程设计结下不解之缘。1954 年，山东铝厂氧化铝正式投产，他任副厂长兼总工程师。1955 年，他被调往沈阳铝镁设计院任副院长兼总工程师。1960 年，冶金工业部拟组建北京铝镁设计院，调程宗浩率沈阳铝镁院部分人员迁至北京，后计划变动，从沈阳来京的全部人员调入北京有色冶金设计总院，成立铝镁处，程宗浩任院副总工程师兼铝镁处处长。1965 年，铝镁处全部人员迁往贵阳，由冶金工业部成立组建贵阳铝镁设计研究院，程宗浩担任院长职务直至 1984 年退居二线。他把自己的大半生心血都奉献给了新中国有色金属和铝工业事业。

二、主要成就和贡献

1. 自力更生，艰苦创业，从无到有组织创建中国三大铝工业（山东铝厂、郑州铝厂、贵州铝厂）基地

中国铝工业有着一段被帝国主义控制掠夺的屈辱历史。在日本帝国主义侵华时期，为了掠夺我国资源，日本人在东北试图利用铝矾土页岩（当时探明地质储量约 2 亿吨）作原料炼铝，曾于 1932 年着手在现抚顺铝厂东南抚顺发电厂附近建设临时性实验工场，并试制出 200 吨氧化铝。在此基础上，他们利用东北盛产煤电和生产阳极糊用的优质石油焦的条件，建设了抚顺制造所铝电解厂（南定轻金属株式会社），于 1936 年 10 月开始生产铝。1945 年 8 月 15 日日本宣布无条件投降，苏联红军 9 月 24 日占领工厂，拆走部分工厂设备而停止生产。

新中国成立后，百废待兴，旧中国没有留下一吨铝的产能。为此国家计划由苏联援助重建抚顺铝厂。由于没有炼铝原料的氧化铝，经过反复研究，决定恢复张店原侵华日军未建成的氧化铝厂，既后来程宗浩部队复原所在单位张店冶炼总厂（501 厂），也就是今天的山东铝厂。这座日本人投降时还未建成、解放战争期间又几经破坏的工厂，在新政府接手后已是满目疮痍，荒草丛生。1949 年 2 月，由华东工矿部派遣，程宗浩作为第一批军工技术干部和工人们一起进驻该厂，成立了主管设计、科研的第二办公室，后改为设计处，组建起一支 170 余人的科研设计队伍，时任处长（后任生产副厂长）的程宗浩便带领着这支队伍艰苦奋战，共同承担起新中国第一个氧化铝工业基地——山东铝厂的设计和建设任务。

在程宗浩为《中国冶金史料》撰写的回忆录《我国自行设计建设的第一个氧化铝厂》中对山东铝厂艰苦卓绝的创建过程作了详尽的描述，他写到“当时，我们这支队伍不但对氧化铝生产懂得很少，而且对工业建设的其他方面也知之不多”。而建设氧化铝厂面临的最大问题是：使用山东的矿石究竟能不能生产氧化铝和需要采用何种工艺？一些专家认为国外生产氧化铝用的是三水铝土矿，使用拜耳法，而国内的一水硬铝矿含一氧化硅较高，用拜耳法处理不行，用碱石灰法也不适宜，最好进口国外铝土矿；也有专家干脆指出，中国没有掌握关键技术，在当前的条件下，根本不可能建成自己的氧化铝厂。在这个国际环境对新中国进行技术封锁的年代，

在一片反对和质疑声中，性格倔强的程宗浩凭着新中国第一代创业者的执著信念和革命乐观主义精神，坚定的指出："虽然我们没有生产氧化铝的经验，对具体的技术问题暂时还没有太多的发言权，但有一点认识是明确的，这就是，我们只能依靠自己，加倍努力地学习和工作，'在战争中学习战争'，不断攻克一个个难关"，"我们必须自力更生，用我国自己的铝土矿，依靠自己的技术力量，生产出供电解用的氧化铝来"。

在山东氧化铝厂设计中遇到的第一个难关是技术方案问题，当时，包括程宗浩在内的技术骨干，都没有专门从事过氧化铝生产，而国民党资源委员会留下的所谓"铝专家"又极力反对搞氧化铝厂，拒绝合作。为了攻克这一难关，程宗浩和其他负责人组织工程技术人员到青岛、抚顺、大连和上海等地，查阅日本侵华时期的技术档案，访问那些曾在抚顺铝厂参加过氧化铝试生产操作的老工人，希望以此收集当年南定轻金属株式会社的建设资料。可惜只找到一些残缺不全的资料，但是通过对这些残存资料的学习研究，大家依旧获取到一些宝贵的关于氧化铝生产的知识和技术。程宗浩等还积极深入到国内各个矿山、选矿厂、水泥厂、化工厂和机械制造厂进行学习，参加实地工作，索取吸收有用的技术信息，积累了大量工业建设方面的经验知识，对氧化铝厂总的布局有了初步了解，为山东铝厂的设计建设工作打下扎实基础。

随后工厂组织技术人员开始清理现场。程宗浩带领技术人员对过去遗留下来的破旧建筑物、构筑物以及地下管网等加以细致的测绘，对残存的机械设备和电器、电讯设备等进行彻底清查，做到心中有数。通过测绘清查工作，大家不仅摸清了家底，还学到不少工业知识，使设计队伍在白手起家的艰苦实践中积累起工厂建设的宝贵经验。接着便是组织开展实验研究工作，程宗浩等技术人员在重工业部请来的苏联技术顾问帮助下，使用简陋的设备对氧化铝生产的工艺条件进行了反复系统的研究，对关键性的熟料烧结和溶出赤泥分离洗涤及精液分解沉淀等工序，都进行了半工业性实验，其结果与实验室小型试验结果一致，由此证明该工艺可以用于工业生产。

在经过大量细致艰辛的基础性工作之后，技术人员开始逐步对设计出我国第一个氧化铝厂具有了信心和把握。由于设备物资和各种条件的匮乏，工厂设计在总体上遵循了原初框架，但是在诸多环节和设备上作了重大改进，如溶出流程由颗粒溶出改用温磨溶出；分解设备由碳酸化塔改用碳分槽等。这样便创造性的加强了生产工序设计的合理性。另外，程宗浩还和大家一道进行了一些在当时条件下无疑是大胆的设计尝试，如设计了大型抓斗行车和煤气发生炉等设备。

上报的工厂设计和投资方案一经批准，程宗浩马上带领设计人员和工人们一起投入到热火朝天的工厂建设之中。由于先期掌握了充分的实测资料，工程设计便与现场施工紧密配合，一道展开，设计计划完全按照施工进度要求进行，这样既及时地满足了建设要求，减少许多环节，同时也加快了工程进度。为了加强设计与施工之间的联系，保证工程质量，程宗浩与主要设计工程师们一起，亲自参加施工的具体管理和指挥工作，从而在贯彻设计意图、纠正设计失误和节约项目资金等方面收到了极好效果。他们在进行设备设计时，充分利用了旧厂原有条件，修复了大量破损设备，只有少量大型设备从国内有关机械厂订货。同时，程宗浩让设计人员和机械厂密切合作，及时向机械生产工人解释加工图纸和修改设计图纸，对于保证设备质量和提升加工进度起到不小的作用。另外在设备和电气器材及相关材料的采购上，他派工程师积极参与到供应部的工作中，及时指导并提出要求，有效保证了工程进度的需要。在进入全面安装和调试期间，主要工程技术人员深入各个车间与施工人员和生产工人们协同作战，顺利完成了安装调试任务。由于各项工作就位，工厂试车投产顺利进行，很快便使生产达到了设计要求的指标，并且通过熟料配方的合理调整解决了赤泥膨胀的问题，创造出二段磨料低分子比溶出新工艺，技术指标超过苏联，达到当时烧结法生产氧化铝工艺的世界先进水平。

积极高涨的创业热情加上在管理上充分利用和发挥了工程技术人员的力量，加快了工程建设的速度，一个规模为年产 3.5 万吨氧化铝的工厂，从 1952 年开始建设，到 1953 年试生产出氢氧化铝，1954 年 7 月正式开工投产，顺利生产出了符合电解质量要求的优质氧化铝。而且山东铝厂生产氧化铝的工艺由此成为处理我国一水硬铝石型铝土矿资源的独特方法。这在中国当时的恶劣环境下无疑制造了中国乃至世界铝工业史上的一个奇迹。程宗浩和其他管理者一起为这一建设成就立下了汗马功劳。

在今天看来，虽然有些举措在一定程度上体现了那个年代的特殊的工作条件和精神风貌，但却创造出中国有色行业及铝工业工程设计建设独具特色的鲜明个性，也成为指导现在工程设计与建设管理工作的一笔宝贵的理论、经验与精神财富。

从山东铝厂到北京有色冶金设计总院直至 1965 年出任贵阳铝镁设计研究院院长，十几年间，程宗浩又先后参与领导、组织了郑州铝厂和贵州铝厂的大型设计建设任务。由于山东铝厂的建设为新中国首批工业建设管理者和设计者们提供了成功的先例，极大地激发了人们的信心和斗志，于是工程项目建设在总体上顺利展开。

20 世纪五六十年代以后，西方科学技术的发展日新月异。和世界各国氧化铝生产技术相比，山东铝厂的烧结法工艺虽然充分适用于当地的铝矿土资源，但由于其能耗和生产成本高居不下，严重制约着新中国铝工业的快速发展，已经不能简单地照搬到其他大型氧化铝厂的设计建设中了。于是，1957 年以后在筹划建设郑州铝厂和贵州铝厂时，采用何种技术和装备就成为程宗浩和其他创业者们首先要考虑的问题。河南和贵州的铝土矿虽然同是一水硬铝石，但氧化铝含量高于山东铝矿，为了降低能耗和充分利用资源，单纯照搬烧结法工艺显然不合时宜。于是，经过反复研究，程宗浩根据世界氧化铝生产技术先进理论结合中国铝土矿的特点，在山东铝厂多年组织生产实践经验的基础上，大胆提出了联合法工艺的构想，也就是首先采用高压碱浸工艺（即拜耳法），残渣再经烧结法处理，回收剩余氧化铝和碱。后经实验证明完全可行。1965 年，郑州铝厂建成投产，经调试后运转正常，其碱耗、能耗和成本居全国最低，使氧化铝实收率达到了 92%，每吨氧化铝碱耗由原来的 96kg 降低到 59kg。联合法生产氧化铝工艺也由此荣获全国科学大会优秀成果奖和国家建委颁发的优秀设计奖。

1965～1980 年，程宗浩参与领导中国第三大铝基地——贵州铝厂的建设，开创了新中国铝工业成套设备技术引进的先河。

70 年代末，伴随着“文化大革命”的结束，国家经济建设又被重新提到中心位置，但科学技术的落后却又成为民族腾飞的严重桎梏，打开国门的呼声日益高涨。中国铝工业的发展面临同样的问题，程宗浩等人强烈地意识到，必须走出去引进西方先进成套技术和设备，才能快速扭转技术陈旧的被动局面，再通过对国外技术设备的吸收和转化工作从根本上改变我国铝工业的落后地位。由于当时日本是首先和中国建立友好关系的国家，并具有西方先进技术的发达国家，且愿意进行合作，提供帮助。于是，1978 年 8 月，程宗浩担任秘书长带领技术人员在冶金工业部组织下，作为中国第一批改革开放的先行者，走出国门，赴日本东京、四国、九州、北海道等地进行电解铝成套技术考察，期间，前往日本住友、日轻、三井、昭和四大铝业公司访问，参观了菊本、横滨、若松、苫小牧、东予等现代化大型铝电解厂，初步了解、掌握了国际上 70 年代铝工业的前沿科技，对氧化铝厂采用的先进设备和自动化水平有了深入了解，为日后组织贵州铝厂进行成套技术设备的引进工作打下坚实基础。1994 年，中国轻金属研究院技术经济顾问章伯垠为《有色今昔》撰写的一篇文章《中国铝工业的回顾》中，在对贵州铝厂设备技术引进工作进行评价时是这样说的：“贵州铝厂引进 8 万吨电解铝厂整套设备技术，属我国有色金属工业第一个整套引进项目，它为有色金属行业引进奠定了基石。从日本引进的以 160kA 大型密闭式中间加料预培阳极电解槽为中心的铝电解成套技术，具有 70 年代末期的国际水平，提高了我国电解铝工业环境保护、自动化的技术水平和装备水平，在赶超国际先进水平方面缩小了差距，开创了计算机控制电解槽在中国应用的先例，为大电流电解铝厂的建设创造了条件。正是由于有了引进8万吨电解铝厂的经验，并结合我国自主研发的135kA大型槽技术，才切实增强了我国自力更生发展铝工业的能力，为国民经济建设提供了大量的优质铝，缓解了国家急需铝的矛盾”。这一段文字，无疑是对程宗浩等人为技术引进工作所做贡献的最好肯定。并且当年，他为贵州铝厂组织设计建设的8万吨电解铝22万m^2土建施工项目，还荣获贵州省优秀设计奖。

2. 中国有色金属工业一次性投资最大的建设项目——广西平果铝基地的开拓者

作为中国有色金属工业一次性投资最大的建设项目——广西平果铝基地（平果铝业公司）一期工程设计规模年产氧化铝30万吨、电解铝10万吨，总投资43.17亿元。这项由1万余名建设者苦战3年多建成的国家“八五”重点工程，凝结着中国铝工业工程设计人员、建设者们的无数心血和汗水，其中，程宗浩作为参与平果项目时间最早、经历时间最长的先行者和开创者之一，在平果铝的建设史上留下了艰辛而光荣的足迹。

1976年9月上旬，时任贵阳铝镁设计研究院院长的程宗浩带领院工程技术人员、技术经济人员专程前往广西出差，打算利用平果堆积铝土矿为当地建设氧化铝厂，在征求了广西壮族自治区政府意见和进行现场实地考察之后，他对建厂的考虑是：平果铝矿土资源质量好，但交通极不便利，可先建小厂，为日后大厂的建设积累经验，打好基础，氧化铝产品可基本满足南宁电解铝厂的需要，这一设想也得到自治区领导的赞许。此后一年时间，勘探工作取得了重大进展，1977年12月10日，新华社内部刊物上一条名为《广西百色右江盆地发现一个大铝矿》的消息惊动了中央，内称平果那豆背斜矿段蕴藏有5500万~6000万吨堆积铝土矿，在平果外围还有1亿吨“地质远景”，其储量、品位、质量都居全国首位。由于我国当时金属铝产量短缺，国家领导人明确批示“要干这个项目”，并且在1978年的政府工作报告里，平果铝项目在九大有色金属基地建设规划中，名列第二。

1978年3月，在冶金工业部副部长林泽生带领下，由国家计委、建委、水电、铁道、交通部人员组建的工作组（简称两委四部调查组）抵达南宁平果。程宗浩率领贵阳铝镁设计研究院技术人员作为冶金工业部工作者，开始对工程项目进行调查，做了大量艰苦细致的工作。调查组工作结束后，程宗浩组织撰写了一份内容详尽的《广西平果铝基地调查汇报提纲》，其中对工程的建设规模、资源条件、厂址选择、电力供应、燃料供应、交通运输、投资估算等问题作了全面论述。在汇报提纲的基础上，1978年9月，他又组织贵阳铝镁院起草了一份以冶金工业部名义正式报送的平果铝工业基地设计任务书，由此，便迈出了平果铝项目建设关键一步，为后期工作开展打下牢固基础。原北京有色冶金设计研究总院院长江风在一篇题为《情系平果——记程宗浩、高捷与平果铝不解情缘》的文章中，详细讲述了程宗浩等在组织领导和参加平果铝基地建设初期，所做出的不可替代的贡献。

1976年起，程宗浩就一直为平果项目尽心尽力。作为技术参谋部的组织者，他带领着贵阳铝镁设计研究院一批工程技术人员，先期为平果项目描绘出一幅宏伟蓝图，随后，又进行了浩繁的设备技术引进谈判工作。他一直参与了从1984年开始的、与英国培文、法国普基公司合编可行性研究马拉松式的组织工作，并以中方联络代表的身份，多次出国考察，跟多国公司保持经常性的交流接触。1986年11月，国务院领导人视察平果现场，程宗浩向国家领导人汇报了平果项目的进展情况，这也是他参与平果铝工业基地建设的最后一次重要活动。当年，程宗浩第一次踏上平果这片土地时，这座人口二十几万的贫困县城，围绕着县政府几栋青瓦平房的，只有一条十字小街和零零星星的几个杂货商店。时隔将近20年后，当他再次来到平果时，看到四处高楼林立，国道纵横，一座崭新繁荣的现代化城市在平果铝基地周围拔地而起，此刻，程宗浩脸上浮现出喜悦欣慰之情。

自从1984年程宗浩退居二线后，他依旧继续为我国铝工业的技术进步发挥余热。1988年，程宗浩协助贵阳铝镁设计研究院与沈阳铝镁设计研究院共同承担起大型铝电解工业试验的攻关任务，并组织提出研究开发280kA大型预培阳极电解槽项目。经国家计委批准后，由郑州轻金属研究院承担建设管理，在河南沁阳建成国家大型铝电解工业实验基地。在程宗浩和两个设计院技术人员的共同努力下，1996年6月，280kA中间点式下料预培阳极铝电解工业试验槽全部启动成功，使我国铝电解工艺技术步入世界先进水平，成为当时世界上少数拥有该项目技术的国家之一。

在程宗浩投身中国有色和铝工业建设的四十几年时间里，还先后领导组织设计和改扩建了抚顺铝厂、吉林碳素厂、包头铝厂、兰州碳素厂、白银有色金属公司、遵义冶炼厂等国家大型有色企业和数十家地方企业，在他担任总工程师期间为国家培养了大批的工业设计和管理人才，并成长为今天中国有色和铝工业建设的中流砥柱。在程宗浩富有人格魅力的个性中，最为突出的是他谦虚的品质，他在国家刊物上发表的大大小小文章和建设成就回忆录中，我们可以看到许许多多贡献者的名字和杰出业绩，而对自己他却只字不提。如今已年近期颐的程宗浩老人，在回忆起当年学习、战斗和建设的岁月时依旧神采奕奕。但每当听到对他个人成就的夸赞时，他总是说：我们赶上了一个好时代，一切都归功于新中国赋予的大好机会。

主要参考文献

江风. 1996. 情系平果——记程宗浩、高捷与平果铝不解情缘. 中国有色金属，1.

撰写者

程宗浩
刘峰（1975 ~ ），贵阳铝镁设计研究院有限公司，党群工作部。

李东英

李东英（1920～），北京人。稀有金属冶金及材料专家，中国稀有金属工业主要开拓者之一，1995年当选中国工程院院士。在有色金属冶金工业领域，提出了以研究主流程为主，系统开发中国稀有金属的技术路线和一整套技术方案与技术政策，主持研制出中国当时尚属空白的钛、锆、铪、锂、铍、钽、铌等30多种稀有金属的生产方法，保证了“两弹一星”和“09工程”、大规模集成电路等尖端技术所急需的新材料；长期从事中国稀土开发和应用的科技工作，率先提出并组织实施将稀土微量元素用于农业生产的科学研究和应用推广，以及主持钛的开发与应用推广工作，均获得显著的经济效益和社会效益；是攀枝花、包头、金川三大资源综合利用方案制定的参与者和组织实施者之一；主持将技术、经济、政策融于一体的《中国技术政策》“材料工业”部分和全国科技长远规划“有色金属”部分的前期研究和制订工作。多项科研成果获得国家及省部级奖励，其中，“国家十二个重要领域技术政策的研究”于1987年获得国家科学技术进步奖一等奖、“1986—2000年全国科技长远规划前期研究”于1989年获得国家科学技术进步奖一等奖。为中国有色金属和稀有金属的科技进步与生产建设做出了重大贡献。

一、成长历程

李东英，1920年12月14日出生于北京的一个书香门第。李东英的祖先原是从山东到东北谋生的一个毡匠，后落户在辽宁义县，世代务农，到父亲这一辈才有读书人。父亲李芳春，17岁时只身到北京求学，勤奋学习，成家立业。日本侵华时期，李家家道中落，朝不保夕，但李芳春绝不事敌，并命儿子脱离敌占区。李东英的父亲在中国文学和史学上造诣很深，非常重视子女的德育和智育，从小对他们进行伦理教育，并请古文、英文、数学、音乐的家庭教师，施以全面教育，经常耳提面命要廉洁戒贪，名誉信用高于一切，人生最大的快乐是尽到你应尽的责任。良好的家庭教育和严格的要求，父亲的循循善诱，严于律己、廉洁戒贪、忠贞爱国的思想影响和身教言教，影响和指导李东英的一生。

李东英从小就有强烈的爱国心和求知欲望，酷爱学习，崇尚科学，严于律己，坦诚待人。1939 年 9 月考入北京辅仁大学物理系，中间因战乱和患病休学 5 年，1948 年 6 月毕业于该校理学院化学系，为理学士学位。

李东英一出学校门，迈向社会时，正逢新中国成立前夕，他进入冶金界，通过不断的工作实践、政治理论学习、身边先进革命者榜样的教育，逐步树立了正确的世界观和人生观，渐渐掌握了辩证唯物主义的思想方法和工作方法，认识到为人民服务是最崇高的品德。1949 年 3 月，李东英受聘到东北工业部有色金属工业管理局（简称东北有色局）工作。起初在抚顺铝厂整理该厂伪满时期的技术资料，为恢复生产做准备，后因东北各有色金属选矿厂缺乏选矿捕收剂黄药而难以恢复生产，于当年 7 月，被紧急调到日本占领时期所建尚未投产的沈阳选矿药剂厂，并被任命为该厂厂长兼研究室主任，要求限期完成试制黄药的任务。当时条件十分困难，李东英抱着为新中国的建设贡献力量和国家的需要就是自己的责任的信念，紧紧依靠干部、技术人员和工人，经过夜以继日地反复试验研究和试制，如期生产出我国第一批液体乙基黄药，满足了各矿山恢复生产的急需。接着又研究、试制并生产出便于运输和储存的固体黄药（早于苏联投入生产），于 20 世纪 50 年代初建成了黄药车间，陆续改造和扩建了黄药、黑药和松节油生产系统，满足了有色金属矿山选矿药剂的需求，成为中国有色金属选矿药剂工业的开端。其基本生产工艺和主体设备一直沿用至今，该成果于 1950 年获东北工业部二等奖，1978 年获全国科学大会奖。由于李东英的出色工作和不懈努力，于 1950 年 4 月在沈阳选矿药剂厂加入中国共产党。当年 5 月，东北有色局派他组建局属选矿科及所属研究室，并担任科长兼选矿药剂厂厂长。

1951 年 2 月，李东英被选派到东北工业部干部培训班学习俄语，为去苏联进修做准备，1951 年 9 月 ~1953 年 11 月，先后在苏联红乌拉尔和中乌拉尔的炼铜厂进行选矿实习，在乌拉尔和列宁格勒的选矿设计研究院进行有色金属选矿研修。

1953 年 11 月李东英回国后，任中央重工业部有色金属试验所（即冶金工业部有色金属研究院、现北京有色金属研究总院前身）副所长，主管科研工作。他感到责任重大，一定要很好地利用和潜心研究在苏联实习和进修时学到的技术和管理经验，组织和完善该所的有色金属选矿、选矿药剂、冶金以及分析测试等方面的科研及管理工作，并为当时的一些大型矿山提供了选矿生产的工艺技术和科学管理方案。

1956 年 1 月，李东英被冶金工业部遴选参加了中共中央召开、毛主席亲自主持的“知识分子会议”，他感到这是组织上对自己的信任，也是对自己要求更高。

1956 年 6 月 ~ 1958 年 6 月，他再次被派往苏联，并组织国内有色金属技术人员去苏联工厂实习。这对他又是一个极好的学习机会，他除组织有关技术人员在苏联实习外，自己也利用这个机会进修稀有金属冶金，先后在莫斯科的有色金属研究院和稀有金属研究院、列宁格勒铝镁研究院和设计院学习稀有金属冶金方面的知识，并在莫斯科附近的巴刀利斯克稀有金属实验工厂、乌克兰扎波洛日镁钛工厂实习，学习和研究其生产技术和管理经验。

1958 年 6 月回国后，李东英被任命为有色金属研究院（以下简称有研院）副总工程师，协助院长领导全院职工积极开展稀有金属和半导体材料的研究和试制，这时的李东英更是信心倍增，干劲十足，决心要大干一番事业，把毕生的精力献给中国的有色金属事业。他针对产业部门研究单位的主要责任是要将科研成果转化为生产力的特点，积极组织协调该院的工艺研究、工业化生产设备的设计和制造、物理化学的性能测试和成分分析等各方面力量，先后研制出 30 余种稀有金属的生产方法，解决了有色金属品种不全问题。1965 年以后，他主持了洛阳单晶硅厂的技术引进工作，参与筹建峨嵋半导体材料厂（所）、遵义有色金属冶炼厂、宝鸡有色金属加工厂等“三线”建设。

“文化大革命”期间，李东英遭受迫害，被停职并停止工作，送进“牛棚”，直到 1971 年 8 月才恢复工作，1972 年 7 月，他任有研院副院长（当时称革命委员会副主任），他忘我地工作，排除“四人帮”的干扰，坚持科研和生产，解放思想，勇于创新，1972 年率先倡导并组织了稀土在农业上的推广应用工作。粉碎“四人帮”后，1977 年 9 月，任有研院党委副书记并继续任该院副院长，主管科研工作，1978 年兼任院总工程师，参加了“全国科学大会”，深受鼓舞。其间，他拼命地工作，决心要把“文化大革命”期间的损失夺回来，积极组织稀有金属的开发和推广应用工作，坚持在保证完成军工任务的同时，大力开发稀有金属民用产品，努力做到军民结合，以军带民，以民养军。他大力提倡并组织实施氯化法制取钛白的研究，积极推动钛在化工、轻工等民用方面的应用。

1979 年以后，李东英先后任原冶金工业部科技办公室负责人和中国有色金属工业总公司（简称有色总公司）常务董事、科技部主任。在时任国务院副总理方毅领导下，积极参与国家科委组织的攀枝花、包头、金川三大资源综合利用联合攻关的组织领导和钨、锡、铝等有色金属发展战略研究工作。他领导和组织全国有色金属的科技力量，建立了 38 个有色金属科技协作组，领导、组织并亲自参与了制定有色金属工业技术政策、《中国技术政策》“材料工业”部分以及全国科技长远规划有色金属部分的前期研究，编撰大型科技丛书《有色金属进展》。

1986年以后，李东英先后被江西省和甘肃省人民政府聘为经济技术顾问，被内蒙古自治区稀土领导小组及包头市稀土高技术开发区聘为高级顾问。

1989年从一线工作岗位退下来后，他仍孜孜不倦地学习和工作，依然在执著地追求探索。他于1994年受聘为中国国际工程咨询公司专家委员会委员，1995年当选中国工程院“化工、冶金与材料工程学部”院士，1999年4月受聘为中国工程院“管理科学与工程委员会”委员（后为“工程管理学部”院士），1999年11月受聘为内蒙古稀土集团有限责任公司稀土专家。当选为院士后，李东英更加努力实践，勤奋学习，深入实际调查研究，奔波于祖国各地，先后参与“攀枝花西昌地区资源、能源综合开发研究”、“西北地区水资源配置、生态环境建设和持续发展战略研究”、“中国可持续发展矿产资源战略研究”、“有色金属资源可持续发展战略研究”、“东北地区水资源配置、生态环境建设和持续发展战略研究”、“新疆可持续发展中有关水资源的战略研究”和“我国有色稀有金属材料的现状及发展战略”等项目，为我国的有色金属和稀有金属工业的发展建设贡献了自己的全部精力。

二、主要科技研究成果

在有色金属冶金工业领域，李东英提出了以研究主流程为主，系统综合地开发我国稀有金属的技术路线和一整套技术方案与技术政策。他自1949年参加工作60年来，几乎全是从事稀有金属的研究开发和应用推广工作，特别是对我国的优势资源稀土和钛的开发和利用，奋斗终生，贡献卓著。

1. 中国稀有金属工业主要开拓者之一

在稀有金属冶金工业上，李东英提出了以研究稀有金属主流程为主，系统综合地开发我国稀有金属的技术路线。

中华人民共和国成立之初，我国只能生产8种有色金属，到1957年，也仅能生产22种有色金属，还有40多种稀有金属是空白，不能生产，严重影响国民经济和国防建设的发展。为了落实中央制定的《1956—1967年十二年科学技术发展远景规划》中所规定的“填补周期表中有色金属空白”的奋斗目标和冶金工业部提出的“二五”有色金属发展目标，在1962年年底前，解决全部有色金属的品种问题。李东英作为当时有研院的技术领导者和学术带头人，坚决贯彻“独立自主，自力更生”方针，抱着中国人有信心、有能力一定要赶上和超过世界先进水平，走自己发展道路的决心，坚持科学研究，走科研、设计与生产相结合的道路，提出了以研究稀有金属主流程为主，从工艺方法、专用设备、分析检验、控制技术以及人才培养等方面，系统综合地开发我国稀有金属工业的技术路线，先后解决了铍、钛、钽、铌、锂、铷、铯、锆、铪、钒、硅（半导体），稀散金属镓、铟、铊、锗，稀土金属镧、铈、镨、钕、钐、铕、钆、铽、镝、钬、铒、铥、镱、镥、钇和钪等 31 种的提取分离和提纯的工艺技术问题，到 1962 年年底，全部解决了过去不能生产的几十种稀有金属工业生产的工艺方法。为军工提供了批量产品，也为稀有金属工厂的生产建设提供了设计依据，培养了技术人才；为国防尖端技术所需的稀有金属材料立足于国内打下了良好的基础。为了实现工业化生产，满足工业规模化生产工艺条件所需求的生产设备，李东英组织领导相关课题组相继研制出了一批属国内首创的真空冶金设备，如真空热还原炉、真空电弧炉、电子轰击炉、区域精制炉、单晶硅炉、多品种还原炉、细硅芯棒炉等 30 多种自制设备。使有研院不仅有半导体材料、稀有金属冶金、稀土提取分离、稀有金属合金加工等工艺研究和高纯元素分析、物理机械性能测试等试验研究机构，还有与之相配套的专用设备的设计室和制造厂；使有研院既能从事稀有金属材料的研究开发，又具备将相关研究成果转化为生产力的机能，对及时满足我国国防军工（如‘两弹一星’和‘09 工程’）急需稀有金属材料和半导体材料提供了可靠保证；当 1964 年国家提出“三线建设”时，使在全国建设半导体厂、稀有金属冶炼厂、稀有金属合金加工厂等新材料生产基地变为现实，为国防建设和尖端技术发展做出了重大贡献。

2. 稀土农用工作的积极倡导者和奠基人之一

李东英积极倡导、组织和带头开展稀土农用工作，是我国稀土农用工作的积极倡导者和奠基人之一。

以白云鄂博矿为原料的包头钢铁公司（简称包钢），在建设之初只考虑了生产钢铁，利用其矿石中的铁，而对其含有大量的稀土等其他资源，没有考虑回收利用的方案和措施。随着包钢的投产，当作铁矿石开采出来的白云鄂博矿中的大量稀土，其综合利用率还不到 2%，如何综合利用该矿采出的大量以稀土为主的有用成分成为科技工作者的新课题。当时主管国家科技工作的副总理聂荣臻对此非常重视，决定组建以研究稀土为主的包头冶金研究所，两次亲自主持包头资源综合利用工作会议，根据当时情况，确定了包头白云鄂博资源综合利用的方针是“以铁为主，综合利用”，并提出要大力推广稀土的应用。这一重要决策，迅速扭转了单一利用铁的状况，开创了综合利用和大量推广应用的新局面。

一直热衷于稀有金属研究的李东英，分析了当时国际上稀土元素主要是应用在钢铁、石油化工和玻璃陶瓷等领域的实际，又从科学文献上了解到，30年代，苏联在实验室中发现微量稀土对豌豆有促进发育的作用，但未在生产上应用。在1972年全国计划工作会议上，李东英介绍了我国稀有金属的情况，认为要扩大稀土的应用，就需要依附大行业，提出应在农业上开展应用试验。这一建议，得到了当时国家计委领导的大力支持，当年李东英领导和组织在有色金属研究院燕郊干校的麦田和棉田里，联合北京农科所进行了使用和不使用微量稀土元素的对比试验。结果表明，施用微量稀土元素的农作物生长茁壮，获得了显著增产、产品优质和抗逆性强的效果，并经过对作物果实的高纯分析，证明稀土元素没有进入其果实。由于这一成果的取得，得到了国家有关部门的重视，1975年在包头“稀土工作会议”上成立了全国稀土应用推广领导小组及办公室，规划要在农业上推广稀土的应用工作，李东英负责办公室工作，但因“文化大革命”的影响未能充分发挥作用。

20世纪80年代初在时任国务院副总理方毅和国家科委、国家计委、国家经委等有关部门的关心下，重新组建了全国稀土应用推广领导小组及办公室，并于1984年，经国家科委批准设立了稀土农用技术开发中心，李东英被任命为理事长，1988年6月，国务院稀土应用领导小组成立，李东英为成员之一，随后又被推荐为该领导小组专家组组长。他积极组织并亲自参与推动稀土元素在农业、林业、牧业等方面的应用，开展稀土农用跨地区、跨部门、多学科的联合攻关，在全国大面积极开展多种作物示范和推广应用，取得了配套技术和安全知识的研究成果。90年代初，稀土在种植业上的应用已遍及全国30个省（自治区、直辖市），平均年推广面积约5000万亩（1亩≈666.7平方米），且向林业、牧业扩大应用，使中国的稀土农用技术居世界领先地位。1988年，李东英亲自主持组织有色金属学会和中南工业大学共同在长沙召开了“钨、钛、稀土、锑冶金及材料国际学术会议”，并举办了包括稀土农用在内的“稀有金属产品应用展览”，有100多名国外知名学者前来参加这次会议。美国的知名稀土权威格施奈德（Karl Gschneidner）教授在参加会议并看了展览，回国后发表评论认为：“中国在农业上施用稀土成功，是稀土发展200年来的具有里程碑意义的大事。”但通过多年的实践，李东英认为我国在微量稀土对作物成长作用的基础理论研究还很不够，尚亟待加强。

1988年后，李东英继续担任国家计委稀土专家组首席专家（组长），协助国家主管部门制订稀土科研和产业方针，并对多项大型国家稀土研究课题进行指导，组织专家组对全国稀土发展现状及存在问题开展周密的调研，先后组织编写了《稀土专家组调研报告》共5卷，为国家主管部门制订规划和有关政策提供了可靠的参考依据，对我国稀土产业和技术发展发挥了指导作用。1990年，他与当时国务院稀土领导小组顾问徐驰联名向中央提交的《赣南稀土工业考察报告》提出了四点建议，有力地促进了我国宝贵的离子型中重稀土资源的保护和合理开发。1998年，他又一次向国家领导人提出了“大力推广稀土农用，促进农林牧业增产”的建议，引起了主管部门对稀土应用工作更加重视。

李东英还组织和参与了许多重大稀土软课题研究，1976年积极主张并组织推动提高包头稀土选矿技术水平的研究，使包头稀土精矿品位从原来的20%~30%提高到60%的国际水平；他参与国家计委专项软科学基金研究课题“在社会主义市场经济条件下如何加强和改善国家对稀土行业的宏观管理”和“我国稀土产业发展战略研究”等。1998年，在面临国家机构调整、稀土管理工作有可能被削弱的情况下，他联合徐光宪院士等有关稀土专家向国务院领导提出“加强我国稀土行业管理和关于稀土办公室机构设置”的呼吁，当时任国务院总理的朱镕基在这封专家来信上作了“此事应予重视，工作要加强，机构要保留”的重要批示，使国家对稀土工作的管理得以延续。2002年，他又和周廉等工程院院士联名向中共中央、国务院有关领导提交了在包头建设“中国稀土谷”的建议，有力地推动了包头国家稀土高新技术产业开发区的建设和发展。在2005年他参与徐光宪、师昌绪等15位院士一起向国务院提交了《关于保护白云鄂博矿稀土和钍资源，避免黄河和包头受放射性污染的紧急呼吁》的报告，呼吁保护白云鄂博矿稀土和钍资源，提出了关于白云鄂博矿稀土和钍资源亟待保护和合理利用的六点建议。针对目前我国钢铁生产能力过大，而具有多种有用成分的包头白云鄂博的主矿、东矿已经消耗过半，其有用成分只利用了其中的铁和百分之十几的稀土，其他可利用成分都被遗弃的实际，李东英提出，包钢应该改变过去对该矿“以铁为主”的方针，而应贯彻“以稀土为主，综合利用，全面发展”的方针。且视稀土的需要量确定该矿的采矿规模，全面综合利用稀土、钍、铁、铌、萤石和锰等有用成分。

李东英一直参与我国稀土产业战略规划的制订，2006年他作为大会主席之一，主持了“2006年国际稀土研究与应用研讨会”。2007年，在国家发展和改革委员会稀土办公室组织召开的《稀土工业中长期发展规划（2006—2020年）》（草案）论证会上，他被推举为专家组组长，为规划把关。他参与和主持了“白云鄂博矿综合利用工艺流程”、“离子型稀土矿原地浸出工艺”和“四川凉山稀土采选冶联合项目”等国家重大稀土课题的研究和评审，对世界罕有的我国南方“离子吸附型稀土资源”，坚决主张并提出，国家应规定：只允许使用少破坏地表，不移动矿源的“原地浸出”提取稀土的方法，严格禁止使用“池浸”、“堆浸”等破坏生态、浪费宝贵资源、造成水土流失、污染环境的掠夺性开采方法。

他在稀土应用方面，从稀土在钢铁、有色金属、石油化工、玻璃陶瓷、农林业和轻工业等传统产业中的应用到稀土永磁材料、稀土荧光粉、稀土储氢材料等功能材料在高新技术中的应用，造诣很深，都能以广博的学识和丰富的管理经验，发挥其技术指导和组织作用。此外，他长期担任中国稀土学会《中国稀土学报》（中、英文版）编委会副主任和常务编委、《稀土》杂志编委会顾问，同时，担任过《稀土信息》（国家发展和改革委员会）、《中国稀土科技成果大全》、《中国稀土学会年鉴》编委会顾问以及上海科教电影制片厂拍摄的科普电影《神奇的稀土》（3 集）、1998 年中央电视台《星火科技》栏目大型科普片《稀土》（45 集）顾问。

3. 为建立和发展中国钛工业奋斗一生

金属钛是在第二次世界大战后的 1948 年才开始工业化生产，被称为“新金属”。钛和钛合金一登上历史舞台，就受到各国的重视，中国在制订的《1956—1967 年十二年科学技术发展远景规划》中将发展“钛”列为专项。为使我国的钛工业少走弯路，李东英在过去任有色金属试验所技术副所长时，该所研究利用本国资源生产钛、铍和锗的工艺方法的基础上，学习和吸收苏联建立钛工业的经验教训，选择了生产海绵钛的工艺和设备来发展我国的钛工业。在 1958 ~ 1959 年我国第一个海绵钛厂投产后，李东英于 60 年代带领和组织有研院研究人员投身于提高海绵钛质量和改进氯化工艺和设备的研究，同时组织开展钛合金加工的研究。70 年代，针对我国开发的钛资源全是钛铁矿，提出了利用效率高的“流态化氯化”取代落后的“竖炉氯化”钛铁矿高钛渣，并成功用于生产，是我国成为世界上较早应用这一技术的国家。

在钛的应用上，李东英通过调查研究发现，钛材应用较多的美国主要用于飞机制造业，但不符合当时我国的国情，他提出钛材应向民用推广。1972 年 3 月，在有研院首先成立了“钛推广应用组”，并用“钛的制品展览”宣传推广钛的用途。在李东英和有关部门的积极推动下，1974 年 4 季度，由冶金工业部、化工部和轻工部在上海联合召开了“钛的民用推广会议”，这次会议对钛的推广应用起了很好的促进作用。国内钛材的用量，从 1972 ~ 1974 年的年平均 200 多吨的用量，到 1975 年增加到 400 多吨。1982 年，在李东英的建议下，国家科委成立了全国钛应用推广领导小组，并被任命李东英为副组长兼办公室（简称钛办）主任。为了进一步推广钛的应用，1983 年 4 月召开了“全国钛的应用推广会议”，在北京展览馆举办了展览，国家领导人对此很重视，亲自到会讲话并参观展览。当年钛材生产达到 535 吨。为了加快发展钛的科学技术和加强向社会上推广应用钛的制品工作，1985 年 1 月经国家科委批准设立了钛应用推广中心（简称钛中心），李东英被任命为理事长，当年全国钛材产量突破了千吨大关。为了广泛宣传钛的优异性能和战略用途，他与北京科教电影制片厂合作，以顾问身份指导《崛起的第三金属钛》科教片的摄制工作，该影片曾在电视台上多次放映，博得国内外好评，获得当年“科教片金鸡奖”和广播电视部的“优秀影片奖”。多种形式的广泛宣传，加深了社会对用钛带来的好处的认识，使钛在我国的氯碱、纯碱、石化、化肥、制盐、印染、运动器材、医疗、制药等行业上得到广泛的应用，钛材的生产和应用量，飞速地增加。在李东英的领导和组织下，钛办和钛中心积极开展工作，加强钛生产单位和使用单位的联系，组织他们相互协作，为领导部门提供政策建议，在钛工业的发展和应用推广上起了积极的作用。为适应改革开放，发展市场经济的形势要求，20 世纪末李东英建议，以“钛办”为基础筹办“钛协会”，并得到了国家有关部门的赞同和支持，中国钛协会于2002 年 6 月被批准正式成立。进入 21 世纪，我国钛产业迅速发展，其海绵钛规模已达到 4 万 ~5 万吨/年，钛材超过 2. 5 万吨/年，居世界前列。几十年来我国钛工业的建立、发展和应用推广，李东英呕心沥血，默默奉献，功不可没。

4. 攀枝花、包头、金川三大资源综合利用方案制订的积极参与者和组织实施者之一

李东英协助时任国务院副总理方毅组织并亲自参与了攀枝花、包头、金川三大资源综合利用方案的研究制订和我国钨、锡、铝业科技开发政策研究。他不仅是一位不知疲倦的开拓者，也是协助领导做出决策的智囊人物。他为方毅出主意，提方案，提建议，努力组织实施。在三大资源综合利用上，坚决贯彻“大力协同、联合攻关、一抓到底”的工作方法，秉承“锲而不舍”的工作精神，促进了科研与生产的结合，经济效益和社会效益显著。

攀（枝花）西（昌）地区的钒钛磁铁矿中的钛占我国已探明钛资源的 90% 以上，是我国钛资源的重要矿区，在 1970 年攀枝花钢铁厂利用攀西地区的钒钛磁铁矿生产钢铁投产后，钒、钛等有用成分的综合利用显得更为重要，引起了国家领导人的高度重视。1975 年 4 ~6 月，受冶金工业部的指派，李东英先后到攀枝花、西昌等地进行调查研究，写成了《关于攀枝花综合利用规划报告》，上报国家主管部门，受到了国家领导人和主管部门的肯定。1978 年“第一次攀枝花资源综合利用会议”后，为提高对攀枝花钛资源可利用的认识，李东英于当年组织有关单位利用攀西钛精矿生产出 70 吨海绵钛，熔炼加工成钛的制品文房四宝（笔筒、墨盒、笔架和镇尺）向党中央献礼，以坚定攀西地区钛资源可利用的信心。他根据自己多年科研工作经验的积累和国内外科研发展的趋势，提出了一整套技术方案和技术政策建议，

总结提出了钛精矿—高钛渣—氯化—海绵钛；钛精矿—人造金红石—氯化—钛白；钛精矿（或酸性高钛渣）—硫酸法—钛白三条利用攀枝花钛资源的工艺路线，亲自领导和组织有关科研和生产单位利用攀西钛资源进行科研攻关，并将取得的科研成果应用到工业生产中。至今，三条工艺路线中的第一条生产海绵钛的工艺路线正在研制中；第三条工艺路线中攀枝花的钛精矿已普遍被国内硫酸法钛白厂使用，视为受欢迎的钛白原料。

李东英积极推动金川采用新工艺新设备（流态化焙烧、闪速熔炼）提高 SO_2浓度，以回收硫，减少污染。1983 年他亲自带领金川的技术干部到芬兰去考察“镍的闪速熔炼”，促成该项技术的引进，对金川的综合利用起有重要推进作用。此外，在我国钨、锡、铝业科技开发战略研究上，李东英也提出了许多好方案、好建议和技术政策。

5. 积极倡导材料研究一定要走在军工需要前面的指导思想

李东英根据国内外发展趋势，积极倡导要发展国防和尖端技术就要有新材料，并保证国防军工用材的需要，材料研究一定要先行的指导思想。他带领科研人员从调查研究入手，全力投入新材料的预研工作。在他的主持下，有研院开发出供“两弹一星”、大规模集成电路和国家“09”工程等国防尖端技术所需的新材料，为国防科技事业的发展做出了重大贡献，1988 年，国防科工委授予李东英“献身国防科技事业”荣誉奖章。

为了坚持实现材料研究一定要走在军工需要的前面这一主张，扩大其影响，2007 ~ 2009 年，在他的提议下并主动邀请了中国工程院“化工、冶金与材料工程学部”与“工程管理学部”两部的主任出面，组织了有色金属特别是稀有金属材料研究开发单位的专家与使用这类材料单位的专家，对如何提高我国国力有关的材料，特别是与“航天航空”、“核能与新能源”、“电子信息”、“兵器装备”和“重大工程”有关的关键材料的国内外现状、发展趋势、存在问题、采取的措施等进行联合调查研究，提出建议，供有关单位参考。这一提议，同时也形成了有关材料研制专家和材料使用专家共同组成的专家系统，为有关单位提供咨询。

6. 组织并参与国家技术政策的制定和全国科技长远规划的前期研究工作

部门的技术政策是产业发展战略的指导方针。中国技术政策材料工业部分，包括钢铁、有色金属、有机化工材料、无机非金属材料和纤维增强复合材料以及新材料等行业的技术发展政策，是一项集技术性、经济性和政策性很强的综合性工作，要求知识面广，政策水平高、了解国内外科技发展动向的人参与制定。李东英长期从事科研和科技管理工作，对国内外科技发展现状和动向有较全面的了解和掌握，再加上他知识面广，肯于钻研，敢于创新，1982～1984年，在他的组织领导和亲自参与下，根据我国材料工业、有色金属工业的实际情况和特点，总结和研究国内外的历史经验，分别提出了材料工业11个方面50条技术政策，有色金属工业10个方面50条技术政策。两个技术政策分别规定了材料工业和有色金属工业发展的技术路线、技术结构、产业结构、产品结构等。中国技术政策（材料工业）由国务院以文件下发执行，此项研究成果获国家科技进步一等奖。有色金属工业技术政策由原有色总公司以文件下发本系统执行。他还组织和参与了全国科技长远规划有色金属部分的前期研究工作，该成果获国家科委科技进步一等奖。他治学严谨，身体力行，以身作则，在制定政策和规划时，亲自提出纲要和总体构思，亲自查阅有关文献资料，并深入实际调查研究，同时还博采众长，集思广益，工作极端认真负责，一丝不苟。

李东英在担任原有色金属工业管理局科技司司长和有色总公司科技部主任期间，非常重视科技协作、调查研究和总结提高工作。从1980年开始，将全国有色金属科技人才组织起来成立了38个科技协作组，形成了全国性的有色金属科技协作网，对一些重大科技决策和科技攻关发挥了重要作用。该科技协作网，进行了大量调查研究，根据多年来生产建设、科技攻关取得的成果和经验，编撰成大型科技丛书《有色金属进展》（首版本），于1984年出版，共计46卷，几百万字，李东英为该丛书主编，并亲自撰写文章和前言。该丛书对我国有色金属工业科技发展有重要的指导意义，此项成果获原有色总公司科技进步奖二等奖。

李东英是中国稀土学会、中国有色金属学会的创始人之一，中国稀土学会第一届理事会副理事长兼秘书长，中国有色金属学会第一、第二届理事会副理事长兼秘书长，中国金属学会第一、第二、第四届理事会理事、第三届常务理事。

李东英在辛勤、忘我工作的同时，没有忘记对青年人的教育培养，他虽然没有具体带培学生、单个教授学生，但在他身边工作的青年人，如稀土应用推广领导小组办公室、钛推广应用办公室、有色金属科技协作网办公室、技术政策研究小组等工作团队的青年工作人员，在李东英的直接指导培养下，先后一个个地成为学术带头人或走上了科技管理的领导岗位。他培养人才主要是通过一项项的具体工作，对工作提出具体目标要求，同时对不同的人提出不同的工作方法，单个指导，严格要求，并把自己多年的工作经验和方法传授给青年人，让青年人在实际工作中锻炼提高。

李东英无私奉献，谦虚谨慎，学风正派，学识渊博，治学严谨，他如今年逾九十，但仍思维敏捷、条理分明、逻辑严密、精力充沛，不停地学习和工作，有时还奔波于祖国的大江南北，搞调查研究，是学到老，干到老的“老黄牛”。

三、李东英主要论著

李东英 . 1954. 苏联选矿场的技术检查 . 有色金属，(2)：20-31.

李东英 . 1954. 苏联选矿场机械设备的计划预修工作 . 有色金属，(3)：3-12.

李东英 . 1954. 矿石的半定量光谱分析 . 有色金属，(4)：24-29.

Li D Y. 1983. Science and technology policy on the development of the material policy of China. Proceedings of The Australia/China Science and Technology Policy Symposium 1983.

李东英，等 . 1984. 有色金属进展（上下篇）. 北京：中国有色金属工业总公司 .

李东英，等 . 1984. 有色金属工业技术政策 · 有色金属进展（上篇）. 北京：中国有色金属工业总公司：1-12.

Li D Y. 1984. Full utilization of Chinese rare earth resources and further promotion of scientific and technical collaboration between the rare earth community of China and Japan. 稀土类（日刊），(5).

李东英，等 . 1985. 中国技术政策-材料工业 . 国家科学技术蓝皮书（第 7 号）.

李东英 . 1992. 浅谈我国的钛工业报 . 钒钛，(6).

李东英，等 . 1997. 攀枝花西昌地区资源、能源综合开发研究 . 中国工程院咨询报告 .

李东英 . 1997. 充分利用我国稀土资源优势，促进国民经济发展 . 中国国际咨询公司咨询报告 .

李东英，等 . 1997. 中国稀土的开发与利用∥中国工程院主编 . 中国科学技术前沿 . 上海：上海教育出版社：307-361.

李东英 . 1997. 充分利用我国攀西地区钛资源的优势发展我国工业 . 中国有色金属学会主编 . 中国有色金属学会第三届学术会议论文集 . 长沙：中南工业大学出版社：84-87.

李东英 . 1999. 我国钛资源的利用 . 金属学报，35（增刊 1）：9-11.

李东英 . 1999 年 . 我国的钛工业∥潘定蕃主编 . 有色金属科技进步与展望——纪念《有色金属》创刊 50 周年专辑 . 北京：冶金工业出版社：109-116.

李东英，等 . 2001 年 . 西北地区工矿资源开发和可持续发展对策研究 . 中国工程院咨询报告《西北地区水资源配置、生态环境建设和可持续发展战略研究》中第 7（工矿）组的报告 .

李东英，等 . 2004. 有色金属资源可持续发展战略研究 . 中国工程院咨询报告《中国可持续发展矿产资源战略研究》. 北京：中国科学技术出版社 .

李东英，等 . 2005. 东北地区矿产资源开发用水和可持续发展研究 . 中国工程院咨询报告《东北地区水资源配置、生态环境建设和可持续发展战略研究》工矿组报告 .

李东英，等 . 2009. 新疆工矿业用水与可持续发展研究 . 中国工程院重大咨询研究项目《新疆可持续发展中有关水资源的战略研究》.

李东英，等 . 2010. 我国核反应堆用锆材国产化调研报告和建议 . 中国工程院咨询报告《浙江省沿海及海岛综合开发战略研究》.

主要参考文献

王淀佐. 2002. 李东英//朱光亚主编. 中国科学技术专家传略·工程技术编·有色金属卷2. 北京：中国科学技术出版社：86-96.

窦学宏. 2005. 最美不过夕阳红 勤耕稀土硕果丰——祝贺李东英院士85华诞. 稀土信息，(12)：30-33.

徐匡迪. 2009. 中国工程院院长2009年12月14日的贺信.

李东英. 2010. 3. 自述（手稿）.

撰写者

吴树椿（1940～）原中国有色金属工业总公司政策研究室和原国家有色金属工业局政策研究室副主任，教授级高级工程师。从事有色金属及冶金方面的科技信息研究、科技书刊编辑，在李东英的指导下，进行有色金属工业技术政策和有色金属资源可持续发展战略研究。

刘嘉禾

刘嘉禾（1921～2008），山东青州人。低合金高强度钢与特殊钢专家。他主持了中国20世纪50年代中期低合金高强度钢“16Mn”和无镍铬水面舰艇壳体用“901”、“902”钢的研制和开发工作，是中国无镍含稀土第一代装甲钢的主要发明人之一，是“09”系列核潜艇动力反应堆压力壳材料研制和应用的组织者和技术负责人，也曾参与制定中国低合金高强度钢和特殊钢产品标准、生产技术规程、科技发展规划及技术政策等工作。在20世纪80年代，在特殊钢生产企业结构调整和行业重组方面倾注了诸多心血。还在海洋工程用钢及其耐蚀特性、铁道用钢及青藏铁路无缝线路焊接性能等方面展示了他的技术专长。他的一生为中国低合金高强度钢和特殊钢事业的开拓和发展、为国家重大经济建设项目和国防各军兵种武器用钢的研制应用以及重大材料时效和质量事故的处理竭尽了全力。他的科研成果和远见卓识在各用钢行业产生了重大经济效益和社会影响。

一、成长历程

1921年9月14日，刘嘉禾出生于山东省青州市一个小法官的家庭，其父在北平政法大学堂毕业后，在东北三省的一些偏僻县城任法官，当时规定法官任职不得在一处超过三年，刘嘉禾也因家庭多次迁居而一再转学。10岁时，他在沈阳市南满中学堂读预科。不久爆发了“九一八事变”，其父将他和姐姐送往天津，分别进入汇文中学和中西女子中学。1937年“七七事变”爆发，他姐姐去延安参加了革命，他只身一人乘上平津流亡学生南下的最后一班火车到了南京，就读于东北中山中学。不久上海沦陷，他又随流亡学生辗转到四川，进了国立二中，毕业后考取了重庆大学土木系，一年后转学到交通大学唐山工学院贵州分校矿冶系。这是一所以严格著称的高等学校，由于他的学习成绩优异，得到了当时学校的五种奖学金，1943年毕业，留在学校做助教。1944年，他经张春铭推荐进入资源委员会四川綦江电化冶炼厂任技术员。抗日战争胜利后，1945年他随该厂厂长邵象华等人到了光复后的东北，负责一个机器厂的修复，并试制成功冷硬铸铁车轮。后来他转到鞍山钢铁公司（简称鞍钢）炼钢厂。从1948年起，刘嘉禾在炼钢厂先后任炉长、护炉技师、调度员、值班主任、生产科长等职。那时，技术人员没有大平炉冶炼经验，工人都是从农村招来的，对炼钢技术一无所知，开炉和生产全靠留用的日本人操作。为了学到技术，刘嘉禾等技术人员，通过事事自己动手，亲自实践，掌握了操作要领并积累了经验，而后先在技术人员中交流，再去教工人，从而锻炼了他实际动手能力，为他的日后工作奠定了基础。

当时担任鞍钢副经理兼炼钢厂厂长马宾提出，参照苏联操作规程制定一个让工人能理解、好操作的炼钢操作规程，责成担任生产科长的刘嘉禾组织实施。刘嘉禾组织制定的这部操作规程成为了我国第一部平炉炼钢操作规程，从而改变了炼钢师傅带徒弟的传统做法，迅速提高了炼钢水平。

在生产恢复期，急需增加钢产量，随着铁水成分的改变，刘嘉禾、张春铭等提出了改造车间的预炼炉直接炼钢的建议，经采纳后，大幅度提高了钢产量。根据他的贡献和其他方面的工作成绩，被东北重工业部破格晋升为工程师，并选为第三届赴朝慰问团东北分团成员，当时，他是该团唯一的技术人员代表。1956年，刘嘉禾又被评选为“先进工作者”，出席了全国第一届先进生产者代表大会。1958年，全国钢铁大发展，鞍钢要支援全国，原拟派刘嘉禾出任新建成武汉钢铁公司技术处处长，后来被新扩建的钢铁研究院选中，他作为合金钢研究室的骨干留在北京。1959年，刘嘉禾在组织无镍铬钢的研究和建立适合我国资源的合金钢系列以及制定相应的技术标准等工作中，成绩显著，被选为全国群英大会的代表。

刘嘉禾在钢铁研究院工作50余年，参加并指导了多项课题的研究，培养了一批青年技术人员，在民用船舶用钢、海军舰艇壳体用钢、火炮和装甲用钢以及核反应堆压力壳体用钢等方面做出了重要贡献。其中“603”无镍稀土装甲钢获国家发明奖和国家计委、国家科委、国家经委授予的工业新产品奖一等奖；“645-Ⅲ”核潜艇动力反应堆压力壳用钢获国家科委、国防工办重大技术改进奖二等奖。由于刘嘉禾在军工冶金材料方面的贡献，1985年5月在国防科工委、国家计委、国家经委和国家科委召开的国防军工协作会议上，荣获先进个人荣誉证书和飞马纪念品（最高奖品）。1978年后，刘嘉禾担任钢铁研究院副院长至1984年退休。从退休至2008年，他任钢铁研究院技术顾问。刘嘉禾还曾任兵工学会常务理事、中国金属学会常务理事、特殊钢分会理事长、中国机械工程学会无损检测学会理事长、铁道部聘任的铁道用钢技术顾问。刘嘉禾不仅是我国冶金界著名学者，也是我国多领域重大技术决策的资深咨询专家之一。

二、主要研究领域和学术成就

1. 中国研制无镍铬系列军工用钢的带头人

1958 年，刘嘉禾调到钢铁研究院，担任新钢种研究室副主任，该室的任务是研究国防急需的各军兵种武器用的特殊钢材。刘嘉禾负责低合金钢和合金钢等军用项目用钢的研制工作，由于他专业知识全面、实践经验丰富，并熟悉工厂装备和生产情况，因此他所指导的研究专项均能较为迅速地由实验室转入工业试验并生产出合格产品。由于他一贯采取“一竿子插到底”的工作方法，注重把研究工作从研究院、钢厂延伸到用户，因此，科研成果能迅速转化为生产力。20 世纪 50 ~ 70 年代，刘嘉禾和他带领的团队采用这种工作方法，效果显著，被认为是军工材料项目研究最富有活力、最有成效的团队组合形式。50 年代末，我国生产的中型坦克，按照苏联的设计要求，其装甲板及主要结构件均需采用含有镍铬元素的钢材，每辆坦克需消费数吨镍和铬，而当时我国的镍资源尚未开发，铬产量也极为有限，加之苏联中断供应，西方又实行禁运，使我国最低防卫所需的坦克制造陷入困境。为此，1959 年起他们开始在实验室实施无镍装甲用钢的研究方案。1960 年中央领导指示“希望鞍钢、钢铁研究院、617 厂大力协同，尽快将无镍装甲钢研制出来”。为此成立了联合试制组，由鞍钢徐衢任组长，刘嘉禾任副组长，实际的技术责任由刘嘉禾承担。由于该钢中含有铬和稀土元素，钢水发黏，流动性不好，又要求很低的硫、磷等夹杂含量，在平炉上冶炼十分困难。特别是加入稀土合金后，不只是铸锭结瘤严重，甚至堵塞水口。当时人所共知的含稀土钢“三难控”，即混合稀土矿料成分不稳定、炉中回收率无数、钢材化验稀土精度低的三大毛病，数百次试炼失败，直到 1961 年 4 月才克服了一系列技术难点，成功炼成钢并试轧出第一批无镍装甲钢板。有了钢板还要经受打靶试验，刘嘉禾带领试制小组成员多次奔赴包头、白城子等靶场，实地观测钢板的抗弹性能。正是他的这种顽强精神和吃苦耐劳的工作作风，仅用了三年就把科研成果转化为产品，以罕见的速度使无镍装甲钢（简称“603”）从实验室到转产定型到用于坦克的生产。

新中国成立初期，海军舰艇用材全部依靠进口。上海江南制造局和福州马尾船厂仅用碳素钢建造几条焊接结构的小艇，我国海军较大吨位的舰艇壳体用钢，按苏联原设计，无一不采用由苏联“马钢”（马格尼托哥尔斯克）铁矿冶炼生产的含镍铬铜的钢，执行的是以苏联牌号为基础的材料系列、技术条件和验收标准体系。1959 年 9 月，三机部九局为五型舰艇召开了历史性会议，拉开了水面舰艇用钢研制的序幕。1960年1月，国防科工委传达领导的指示：要大力开展无镍合金钢的研究工作。在1962年前后，为了不使水面舰艇的制造和修理工程停顿，必须尽快地研制出无镍铬新钢种。在这种十分紧迫的关头，刘嘉禾大胆提出“把民用船体钢16Mn和15MnTi加以改造，使其适用于舰体用钢”的建议。他注意到了舰艇壳体用材的技术性能关系到舰艇的作战性能、使用寿命和安全可靠性，还必须把钢冷热加工适应性、焊接的低温裂纹倾向、服役条件下舰体抗海水和海洋大气腐蚀、风浪冲击和防爆要求提到相当高度来认识。在这种研制的高难度和特殊性面前，刘嘉禾组织技术人员制定出无镍钢的研制方案。在鞍钢广大技术人员和工人的密切配合下，新钢种很快进入批量试制，经过有关专家严格考核，顺利通过了鉴定，解决了我国海军建设用钢的急需，取名为“901”和“902”。沿着这个方向走下，1973年研制出“903”钢，1988年研制出“945”钢，进一步提升了水面舰艇用钢的综合性能。1958～1988年，刘嘉禾带领的团队历尽艰辛完成了国产化舰艇用钢系列。虽然研制过程是一条曲折的路，但也是一条成功的路。

2. 中国核动力反应堆壳体材料的开拓者之一

核动力反应堆里装有核材料，具有放射性的高温高压水在其中循环，其压力壳要经受30年的中子辐射而不变脆。因此，对压力壳材料要求极为苛刻，既要高强度又要高韧性，特别是经中子辐照后，韧性只允许少量的下降。20世纪60年代初期，我国要发展核打击力量，建造核潜艇，而核潜艇专用材料几乎一无所有，手里没有苏联提供的实物和可借鉴的资料。刘嘉禾在接到此项任务后，感到十分棘手，当时的设计部门只了解到地面核电站的压力壳材料是碳钢或碳锰钢，由于这类钢强度等级低，其壳体必然很厚，不适合在空间狭窄的潜艇舱里。设计部门要求研制一种强度高、韧性好的新材料。刘嘉禾反复琢磨，大胆提出两个方案：一个是在锅炉钢基础上调整成分和工艺，保持其中温强度优点，弥补其韧性不足；另一个是在潜艇耐压壳体基础上通过微合金强化以满足强度要求。前者在长时中温使用有把握，后者在防止破裂保证安全上有优势。刘嘉禾带领研究人员到设计单位和制造工厂听取意见，选定了方案。但实施方案困难重重，不仅材料的化学成分需优化，工艺还要从钢厂装备的实际出发。60年代我国特殊钢厂还没有炉外精炼设备，无法进行真空处理，钢中氢含量无法降低到要求水平。为了防止大锻件出现“白点”缺陷，必须从退火上想办法；当时由于没有大型热处理设备，锻件不能采用淬火与回火的调质处理，又不能让材料强度和韧性受到一定程度的损伤，为此研究、设计和制造部门共同献策，采取了一些现在看来很笨而当时十分有效的措施，克服了上述的种种困难，完成了新材料的研制任务。后来又逢我国三年“困难时期”，核潜艇下马，而反应堆压力壳材料虽是潜艇大工程中的一小部分，有人提出也要下马。在此关键时刻，刘嘉禾提出我国核潜艇研制任务迟早还是要上马的，而压力壳材料难度很大，如果停止研究，待需要时很难及时拿出符合要求的材料。因此这项研究工作不但不能下马，而且还要继续把技术问题逐个解决，做到有备无患。他的意见得到工程总设计师彭士禄及陈祖泽等的赞同，也得到制造厂的支持，在其他研究工作停顿时，唯独压力壳材料的试制工作仍然继续进行。在彭士禄、陈祖泽、刘嘉禾三人领导小组的组织安排及研制小组人员的不懈努力下，终于完成了这项材料的试制任务，定名为“645-Ⅲ”钢。为后来我国核潜艇再度上马，大大节省了材料研制时间。用“645-Ⅲ”钢制造的压力壳已用在多艘核潜艇上。后来发现这种钢的化学成分设计和生产工艺与国外完全不同，具有自主知识产权，它在核潜艇反应堆壳体材料的发展史上留下了自己独特的一页。在我国自行设计的30万千瓦核电站的反应堆材料方面，刘嘉禾指导了“SS271”和“SS272”的研制工作。他曾是国家核安全局第三届核安全工作委员会委员。

3. 为中国特殊钢行业发展尽心尽力，献计献策

1985年，刘嘉禾担任了由中国金属学会的特殊钢学术委员会升格的专业分会第一届理事长，从那一天起，他就与我国特殊钢生产企业结上了不解之缘。在“七五”至“十一五”计划期间，他受冶金工业部指令调研特殊钢厂产业状况并提出结构调整的可行方案。当时国内贴上了特殊钢厂标签的企业有七八十家，刘嘉禾率领调研组走遍了大江南北大大小小的特殊钢厂，了解了号称按现代新流程规划和建设的北满钢厂、抚顺钢厂、大连钢厂、重庆特钢、大冶钢厂和上钢五厂后，惊讶地发现，企业的产能为30万~40万吨钢、20万~30万吨材，最小的企业居然仅有7万~8万吨的规模。在不锈钢生产领域，生产厂更多，仅温州一地，竟注册有1000多家不锈钢生产工厂，工艺技术和装备落后，专业化程度极低，全流程生产的企业不过百之二三。钢材品种极少，达不到最低的经济规模的指标，30万吨的总产量分散在数十家企业生产。根据国外发达国家在60年代末和70年代初特殊钢厂结构调整的经验，刘嘉禾主持起草的《关于企业调整意见》，指出中国特殊钢业要跟上经济全球化的步伐，三条方向性的原则：“必须要资产重组，必须要科技进步，必须要有规模、有特色、有竞争力”。对90年代风行一时的特殊钢企业组合趋向提出异议，指出是“拉郎配”，完全不体现优势互补、产品分工和强强联合、上规模的正确方向。在各种场合他反复申述自己的观点。欧美和日本特殊钢业结构调整的特点，先

决条件是“高效生产、有效益生产”，刘嘉禾认为日本早在 1962 年颁布的《特殊钢业合理化对策》是可借鉴的，结构调整的四类模式：“集团化、专业化和制品化、跨行业跨地区、与国外合资合作”。第一步要做的应当是“依主导产品配套装备，尤其是加强后部工序（精整、热处理、控测）的建设”。此外，当时他还呼吁“资产重组有效利用，避免变相的重复建设”，“特钢业共同开拓国内和国外两个市场，维护市场秩序”，否则将会干扰结构调整的大方向。刘嘉禾在大冶钢厂的调度会上发言指出：“八项技术和八大弊病”问题，根据钢厂的生产状况，他建议：开展经济分析研究，并劝告工厂“改造势在必行，有钱没钱也要有个说法，有个安排”。

在特殊钢专业分会 2005 年的学术年会上，在特殊钢行业“一片大好形势”的评议声中，刘嘉禾提出了与众不同的“喜忧参半”的观点，喜的是生产装备改造迅速，特别是在电炉、精炼、连铸方面适应市场对高质量特殊钢产品的需求；对忧的方面他一连提出了三个问题：为什么特殊钢生产流程和装备配置不如普钢企业？为什么特殊钢产能长期徘徊在 500 万吨？为什么不能根除重复建设和规模扩张的后患？他的结论是：对特殊钢的观念要更新。

事实上，刘嘉禾后半生的精力几乎都花费在为特殊钢业发展建设上，为了使我国特殊钢业发展少走弯路，他奔走、呼号和协调，使特殊钢企业发展取得了进步，也算有了个结果。

4. 中国低合金高强度钢开发的先行者，微合金化技术应用的积极推手

1958 年，我国处在国民经济恢复期，迎来了钢铁业的第一个发展机遇期，在经济基础还十分薄弱的条件下，“钢帅升帐”，全国全党全民动员为年产钢翻番而奋斗。刘嘉禾在回忆中曾说，人们处在极度的精神变物质的亢奋之中，“我天天想的是怎么变惨痛的教训为可用的经验，怎么踏踏实实地做些工作”。当时，按 8 亿人口计算，人均钢产量还不到 7 公斤，生产条件差，谈不上什么钢材的质量，也不明白还有个钢材品种牌号什么的。当时刘嘉禾萌生了如何摆脱生产最低档次的 A3 钢的局面，他思考，能不能成功生产德国著名的低合金高强度钢 ST52。在《材料科学和工程百科全书》中对低合金高强度钢是这样介绍的：屈服强度大于 $28kg/mm^2$（相当于 275MPa），加入合金元素的目的在于提供特定所需的综合性能，使传统的钢材产品，以型、板、棒材用于铆接、栓接或焊接的桥梁和建筑结构的优良低碳软钢的替代品。

早些时候，刘嘉禾还在鞍钢工作期间，曾为了解决汽车大梁板的冲压合格率低的问题，配合民主德国钢铁冶金专家孔歇尔试制德国牌号 ST52（16Mn 前身）以替

代苏联牌号 30Ti 钢。他调到钢铁研究院新钢种室后，由他提议组建并亲自领导我国第一个专门从事低合金高强度钢研究小组，为了改变碳素钢一统工程用钢的格局，试制出一些强度与韧性均好于碳素钢的新钢种。这些钢既要结合国内资源条件，又要生产操作简单易行，还要兼顾用户的承受能力。刘嘉禾根据我国有丰富的锰、铌、钒和钛资源，选择了 ST52 钢作为基础，通过调整钢的化学成分，即在原有碳素钢的基础上，把锰含量提高一些，碳含量降低点，成功试制出 16Mn 合金钢。这种合金钢对钢厂的原材料供应和炼钢、轧钢等工序上没有明显的改变，所以很容易被工厂接受。为了使炼钢工人尽快掌握该钢种冶炼技术，他亲自指导大平炉炼钢，制定相应的生产操作规程。由于该钢种的强度比碳素钢提高 30%，焊接等工艺性能又比碳素钢好，而成本只增加 5%，提高了经济效益，节约了钢材，受到了钢厂与用户的欢迎，16Mn 钢很快推广到一些重要工程构件上。

16Mn 钢除了推广到汽车制造业用以制造汽车大梁外，还与江南造船厂合作，用 16Mn 钢成功地制造出我国自行设计的第一艘万吨级远洋货轮“东风号”的壳体，建造了当时国内最高的广州市广播铁塔以及其他工程构件。以后又陆续开发了含 Ti 的 15MnTi 钢、含 V 的 15MnV 钢和复合加入 V、Ti 的 14MnVTiRE 钢等钢材新品种，这些高强度钢构成 YB13-59 和 YB13-63 标准的基本框架。现在单就 16Mn 钢及专业用钢系列（Q345 钢系列）的年产量近 1 亿吨，在世界上是独一无二的。刘嘉禾在低合金高强度钢的初创时期，功绩不可估量。

“六五”至“九五”计划阶段，是我国钢铁业的第二个发展机遇期。1996 年，我国粗钢产量突破了 1 亿吨大关，随后的“十五”粗钢产量达到 2 亿吨和 3 亿吨，平均年增长 23.5%，“十一五”又攀升到了 4 亿吨、5 亿吨和 6 亿吨的高纪录。钢铁业呈现史无前例的井喷式的发展，这时刘嘉禾从钢铁研究总院副院长的岗位上退休了，退休后聘为院技术顾问，还是中国金属学会低合金钢学术委员会主任委员。他心系钢铁业的发展，思考行业发展中的问题，他敏锐地注意到了发展中埋下的隐患。他一方面向国家科技部门反映情况，另一方面利用低合金钢学术委员会学术年会这个平台，努力纠正行业中的不良倾向。他指出，以保护知识产权和商业秘密为借口，回避技术交流是不可取的。因为交流不畅通，造成了两大负面倾向，一是重复开发，二是同质化。学会坚持了以大型企业带动的方式，互通低合金钢新材料开发经验，鼓励资深专家到钢铁企业进行指导，取得了极好的效果。因此，由 30 多家普钢企业代表组成的低合金钢学术委员会成为中国金属学会学术活动中最为活跃的分会之一。国家统计局的统计数据表明，我国低合金钢产量由 1980 年的 302 万吨猛增至 1993 年的 1375 万吨，低合金钢产量与年度钢材总产量之比由 8.1% 增加到 15.2%。学会根据市场需求，有步骤地推荐国外先进的制造技术，更新原有的标准体系，鼓励客户向钢厂提高技术要求（要国外标准的钢号），如此，加快了钢铁企业的技术进步和产品升级，适应了我国改革开放后机械装备走向国际市场和生产国际化的新形势。

始于 80 年代初期的我国低合金钢“现代化改造工程（低合金钢钢种结构调整）”就是以钢的微合金化技术和控轧控冷技术热机械处理（TMCP）为核心，对我国低合金钢原有的钢种系列的优化和升级。刘嘉禾以最大的热情和耐心，宣讲微合金化钢在成分设计和工艺技术方面的新进展，特别倡导在控轧条件下生产以铌微合金化的碳素结构钢（称为钢的微铌处理），强调轧后控制冷却大有潜力。

应当说，30 多年来我国含铌钢的技术发展造就了钢铁业辉煌成就。在全国冶金工作者共同努力下，铌微合金化钢的发展从无到有，自成体系，自我完善，为国民经济和国防现代化建设做出了具有历史意义的贡献。我国微合金化钢由 1979 年的数千吨发展到 2008 年的 4000 万吨，30 多年来累计生产含铌钢材 1 亿吨。含铌钢材新品种开发由 1979 年的有限几个增加到 2008 年的 200 多个。

刘嘉禾身为中信微合金化技术中心聘任的顾问，他的杰出贡献在于推动铌微合金化技术方面，开创了以铌微合金化为主导方向的我国低合金钢发展的新阶段。铌钢在油气输送管线、船舶、桥梁、工程机械、汽车、铁道车辆及建筑用钢领域的应用及其标志性工程项目成为进入 21 世纪后展现出的最大亮点。他还在国内自 2002 年至 2008 年间所启动的 33 个铌钢研究与开发（R&D）项目中留下了辛勤耕耘的印记。

5. 为铁道用钢发展出谋划策

钢轨是铁道的基本构件，至今各国所采用的多数还是碳素钢轨和中锰钢轨。新中国成立初期，刘嘉禾在鞍钢工作时，曾参与国产钢轨的生产和质量攻关。当时由于国产钢轨的寿命不如日本在满洲时代东北铁路线上的钢轨，所以往往采取拆东墙补西墙的办法，满足原有线路的维护和铁道新线建设的急需。刘嘉禾对由行车安全的寿命问题导致的车祸痛心疾首。他凡碰到铁道相关的钢材问题都十分关切。在铁道系统的一次讨论会上，对于钢轨上股侧磨和下股压溃的问题，他主张热轧普通碳素钢轨的低质量要尽快解决，要么先行改善钢轨的内在质量，要么生产高一等级的新牌号钢轨。直到 1959 年，我国新线建设用上了耐磨性高于普通碳素钢的 U71Mn 和 U71MnSi 钢轨，不再出现鞍形磨耗，大大减轻了养护工作量。刘嘉禾是铁道部出了名的钢材咨询专家。一晃 20 个年头过去了，国内又面临钢轨发展方向的争论，是要低合金钢轨还是热处理钢轨。当时从奥钢联、法国、加拿大甚至从津巴布韦进口了大量低合金钢轨。刘嘉禾阐述了自己的观点，他认为既然各国都从钢轨的抗磨耗能力、交变载荷下的抗疲劳性能以及在低温环境下的断裂韧性三个方面来评价，那么，为适应高速线路和重载铁路分流的发展方向，我国应启动研制抗张强度1400MPa、屈服强度1000MPa级别的微合金化、变形强化和热处理强化三位一体的超高强度级的耐磨钢轨。由此推动鞍钢、包钢、攀钢开发了U74SiMnV、PD3、U74Nb及NbRE等一批钢轨新品种。进入新世纪，在新一轮铁路基础建设高峰中，面对着高速、重载、城市轨道交通三种不同的服役条件，刘嘉禾关注三个基本点：先进的生产工艺必须固化、按国际高要求制定新标准和检测项目、技术前沿的重载非调质钢轨应当成为发展方向，由产学研相结合，全面展开这方面的工作。

20世纪90年代，刘嘉禾还介入了国内有关高速轮轨与磁悬浮两种技术系统的评价，参与了各不相让的观点争论。百名专家长达两年的调查研究之后，有两种声音占据上风，一是“高速磁悬浮运输不是21世纪陆地上运输的发展方向”，另一是“采用轮轨方式是高速铁路工程的唯一选择”。刘嘉禾主张从我国国情出发，也要考虑国内钢铁业的技术现状，有限目标的可行性可以分段实施。这场大讨论是十分有益的，高速铁路是以强大的路网做后盾，市场有需求，经济上可行，还必须采取高中速混跑的合理运行速度。他为我国高速铁路的快速发展提出了建设性的意见。此外，他还对青藏铁路无缝线路焊接接头低温韧性对材料的要求提供了十分有益的咨询建议。刘嘉禾也为我国铁路建设的每一个进步感到欣慰。

刘嘉禾从鞍钢基层的技术改进和技术开发做起，到钢铁研究院从事新材料的研究和开发以及科技管理整整50年，在长达半个世纪历程中展现了他科技生涯辉煌的一页。他不仅在课题研究、咨询仲裁、科技管理中做出了诸多贡献，还在百忙的工作中注意自身知识的更新和经验的传承。

1978～1984年，他完成了《中国大百科全书·金属材料》的编辑工作，耗时六七年；1992～2001年，他编辑了《中国冶金百科全书·金属材料卷》；1996年他完成了《特钢丛书》的编写工作。1996年12月，为系统地、完整地吸收国外钢铁材料领域的信息知识，他主持编译了英·布赖恩布克林的材料学经典专著《材料科学与技术丛书》中的《钢的组织与性能》等。

他的座右铭是：一个人一生是有限的，为社会做贡献就应竭尽全力。他觉得自己既然在钢铁材料这一块已有所得，就应多吸取国内外先进技术，不断丰富自己的知识，活到老学到老，也算是学有所成。他不愧是我国钢铁领域杰出的专家之一，是一位受广大的科技人员所敬重的具有创造性思维的学者，直率的不惜奉献的智者。

三、刘嘉禾主要论著

刘嘉禾，张春铭 . 1952. 论平炉炉底 . 鞍钢，（11、12）.

刘嘉禾 . 1952. 快速炼钢时间研讨 . 鞍钢，（24）.

刘嘉禾 . 1958. 低合金高强度 ST52 号钢的初步试制 . 钢铁，（4）：17-23.

刘嘉禾 . 1960. 低合金高强度钢 16Mn 的研究 . 钢铁，（2）：68-77.

刘嘉禾 . 1960. 16Mn 低合金高强度钢性能试验 . 钢铁，（49）：541-547.

刘嘉禾，姚卫薰 . 1964. 含钛量和热处理对 15MnTi 钢机械性能的影响 . 钢铁，（4）：32-35.

刘嘉禾 . 1965. 低合金高强度钢 . 北京：中国工业出版社 .

刘嘉禾 . 1980-7-15. 对于我国特殊钢发展的几点建议 . 冶金报 .

刘嘉禾 . 1981. 八十年代世界特殊钢发展趋势 . 冶金情报，（1）：9-12.

刘嘉禾 . 1983. 国外重轨的发展 . 国外金属材料，（10）：1-7.

刘嘉禾 . 1983. 我国低合金钢生产使用情况及今后发展意见 . 钢铁，（8）：7-10.

刘嘉禾 . 1984. 中国大百科全书 · 矿冶卷 · 金属材料 . 北京：中国大百科全书出版社 .

刘嘉禾 . 1987. “六五”期间我国低合金钢发展及“七五”展望 . 钢铁，（6）1-3.

刘嘉禾 . 1987. 中小钢厂提高质量的炉外工艺探讨 . 钢铁研究，（3）：5-9.

刘嘉禾 . 1988. 耐蚀金属材料现状及展望 · 新材料与材料科学 . 北京：科学出版社：191-214.

刘嘉禾 . 1990. 我国低合金钢及合金发展的宏观控制 . 钢铁研究，（2）：3-9.

刘嘉禾 . 1990. 钢的质量现状及对策探讨 . 冶金管理，（2）：20-25.

刘嘉禾 . 1991. 论改进我国轴承钢质量 . 钢铁研究，（3）：3-6.

刘嘉禾 . 1992. 我国特殊钢厂炉外精炼问题探讨 . 特殊钢，（8）：1-7.

刘嘉禾 . 2001. 微合金化钢在成分设计和工艺技术方面的新进展 . 微合金化技术，（2）：31-40.

撰写者

刘珊林（1959 ~），钢铁研究总院工程师，刘嘉禾的女儿。

东涛（1937 ~），上海松江人，教授。1962 年东北大学金相热处理专业毕业，1962 至今工作于中国钢研科技集团有限公司，钢铁研究总院科技委办公室，工作以来师从刘嘉禾。

邱竹贤

邱竹贤（1921～2006），江苏海门人。有色金属冶金学家。中国铝冶金的奠基人之一。1995年当选中国工程院院士，1987年被聘为挪威技术科学院院士，1989年被聘为挪威科学院院士。1943年毕业于交通大学唐山工程学院，1950年受聘于抚顺铝厂，1955年至2006年任教于东北工学院（今东北大学）。研究了工业铝电解的节能问题，总结出了三条节能基本规律，提出了热损失系数的概念，为我国铝工业节能做出重大贡献。在国内首次提出低温铝电解，并对此进行了50余年的系统研究。对低温铝电解的物理化学过程建立了系统的认识，在纯氟化物体系中寻找到宽广的低熔点区域，可在750～900℃下进行电解，目前工业电解槽的电解温度比以前降低了30～40℃，并正逐年降低，开创了低温铝电解时代。发明了透明电解槽，推进了高温熔盐电化学的研究，发展了熔盐电解理论，对电极湿润学说、阳极效应理论和不同金属在熔盐中的溶解机理进行了清晰的阐述，得到了国际同行的认可和赞誉。研究了用熔盐电解法在铝电解槽中生产多种铝基母合金，并总结出了一般性规律，对铝合金的工业生产具有指导意义。铝电解中若干物理化学问题的研究于1991年获国家自然科学奖三等奖，锂盐糊节能技术于1992年获国家科学技术进步奖一等奖，2005年获国家科学技术进步奖二等奖，同年获何梁何利科学与技术进步奖。

一、成长经历

邱竹贤1921年出生于江苏省海门县，生于中医世家。父亲希望子承父业，从小教他熟读《药性赋》。在他14岁初中毕业的时候，父亲突然病故，他只好放弃学习中医的念头，在兄长资助下半工半读到县高中读书。读高中期间，他在校内图书馆工作，可以自由进入书库，有机会看到各类科技图书。从书中他知道地壳中含有8%左右的元素铝，如此丰富的金属竟然就在脚下，于是他开始幻想有朝一日把铝从泥土中提取出来。读书唤起了他对提取铝的兴趣，为此他奋斗了一生。

1938年夏天，邱竹贤高中毕业，考入位于上海的暨南大学化学系，并获得公费资助，每月发放 15 块大洋，作为买书和生活费用。当时物价飞涨，生活很艰苦，学校里没有宿舍，他和几位同学合租了一个阁楼，经常在弄堂口的摊子上吃阳春面。不久，上海被日寇侵占，暨南大学搬迁，他被迫于 1939 年秋天重新考入交通大学唐山工程学院矿冶系，当时校址在贵州省平越县（今福泉县）。为求学，邱竹贤和两位同学一起从海路经香港至越南海防，然后从滇越铁路至云南昆明，最后经滇黔公路才到达学校所在地。

这是邱竹贤一生中重大的转折。交通大学唐山工程学院有众多名师，茅以升、罗忠忱、何杰、王钧豪和王绍瀛等，大家云集，他们献身教育事业的高尚品德和渊博的知识、言传身教，对邱竹贤一生影响很大。他开始了地质学和冶金学的学习，在学习“钢铁冶金”和“有色冶金”两门课程时，还仔细阅读了两部英文教材。一般清早，他就在福泉山下一个亭子里大声读书，对炼钢贝色麦（Bessemer）法和铝冶金两部分读到能够背诵其中若干句子为止。贵州省有丰富的铝矿和煤田，兼有典型的喀斯特溶岩地质环境，对邱竹贤有很大的吸引力。在攻读矿冶学科的四年中，他经常和同学利用节假日去做地质旅行，既锻炼了身体，又树立了为我国炼铝事业献身的壮志。大学中清苦的生活，激励他越发勤奋学习。1941 年夏，学校派送他去贵阳参加全国矿冶学科大学生竞赛，科目是矿物学和分析化学，他荣获第一名。

1943 年大学毕业后，邱竹贤进入四川电化学冶炼厂炼铜车间任技术员，1945 年秋又开始投入炼铝试验，当时所有的原料冰晶石和氧化铝都是从南京撤退时带到四川的，直流电流是由 3000A 铜电解槽系列串联过来的。电解槽的钢质外壳下用柴火和木炭火加热，作为辅助热源，当时因原料冰晶石数量有限，所以只能保持很低的电解质水平，经数天电解之后，得到少量铝球。

1946 年春邱竹贤被派到我国台湾高雄铝厂。台湾高雄铝厂建于 1937 年，是日本侵占台湾时组建的，他在铝电解车间里任助理工程师。1947 年，他用干法启动了首台 27 000A 自焙阳极侧插棒铝电解槽。在台湾高雄铝厂工作了三年后，1949 年 3 月在中国人民解放军即将渡江南下的时候，他在家庭成员引导下，偕夫人缪秀茳离开台湾高雄铝厂回到上海。

1950 年春，东北工业部来上海招聘技术人员，邱竹贤应聘并于 1950 年 5 月偕同夫人缪秀茳到抚顺铝厂工作。抚顺铝厂成立于 1936 年，1945 年日本投降时停产，当时抚顺铝厂被列为国家 156 项工业建设项目之一。

1952 年，抚顺铝厂重新开工，到 1954 年 10 月即投入工业生产，这是新中国的第一个铝厂。邱竹贤在抚顺铝厂工作五年，为铝厂的恢复建设和科技人员的培训做了大量工作，成为新中国炼铝的第一人。

1955 年春天，东北工学院（今东北大学）成立轻金属冶炼教研室，聘请邱竹贤担任东北工学院轻金属冶炼教研室第一任主任。自 1955 年 5 月任教起到 2006 年 8 月逝世，邱竹贤在东北大学任教长达 51 年，历任副教授、教授、博士生导师，为祖国培养了大批本科生、硕士生和博士生，为有色金属冶金行业输送了许多优秀人才。

邱竹贤始终将工业生产经验与理论研究相结合，先后撰写了专著《铝冶金物理化学》、《铝电解原理和应用》和《预培槽炼铝》等十几部。他还积极参与国内工业生产，并与国外十多家铝厂和研究所开展科研合作，为发展我国的铝工业做出了重要贡献。

邱竹贤先后出访了奥地利、挪威、丹麦、日本、美国、澳大利亚、新西兰、俄罗斯和美国等国的大学、铝厂和研究所，结识了许多学识渊博的学者，为国际学术交流奠定了坚实的基础。

二、主要研究领域和学术成就

1. 探索铝工业节能的规律和有效途径

铝电解工业是个耗电大户，我国每年总发电量的 6% 被用于铝电解工业，节能降耗是铝电解行业的重要任务。

（1）探索铝工业节能的规律

在 1988 年的美国矿冶工程师协会年会上，邱竹贤的论文《铝电解中节能》是多年研究的总结。他从计算 40 年来世界上不同型号和不同电流强度的 24 台电解槽的能量平衡入手，总结出减少电解槽的热损失系数、提高电流效率和保持能量平衡三条节电基本规律。邱竹贤以单位电量核算电解槽的热损失量，称之为热损失系数，其量纲为伏特（V）。每减小 1 单位热损失系数，相当于每吨铝节电 3300kW · h。

邱竹贤根据自己的工作经验认识到提高铝电解槽的电流强度可以节电。目前大型铝电解槽已达到 4×10^5A，由于热损失系数减少 1. 3V，每吨铝电能消耗量减少 4300kW · h。这一条节电理论具有普遍的适用性，也可推广至其他金属或合金的电解冶炼。

（2）投身铝工业节能的实践

邱竹贤于 1975 年开始提出加宽电解槽导电母线以减少其电压下降的设想，经过工业实践，取得了明显的节能效果，每吨铝节电 200kW · h。按目前年产 2000 万吨铝计算，年节省电能 40 亿 kW · h，降低生产成本近 12 亿元。

1982 ~ 1984 年邱竹贤参加了抚顺铝厂的首批三台 1. 35×10^5A 大型电解槽的试制

工作，承担铝电解质组成研究和电流效率测量。大型槽试验成功后，经过原中国有色金属工业总公司鉴定，电能消耗率降低到每吨13500kW·h，该课题获有色工业总公司一等奖。此种槽型在抚顺铝厂和包头铝厂得到推广应用，成效显著。后来郑州轻金属研究院建设2.8×10^5A大型铝电解槽，邱竹贤也参加了方案论证和生产总结鉴定工作。

（3）追求铝电解节能指标

为了减少铝电解的电能消耗量，邱竹贤长期研究铝电解质的组成，追求改进铝电解的节能指标。早在1956年，在苏联教授A. Й. 莱涅尔的指导下，他就完成了铝电解质添加氟化镁的相关论文。抚顺铝厂的6×10^4A电解槽试验此种新型添加剂成功，在全厂推广应用，以至于影响全国。经过40年的长期考验，氟化镁被确认是一种优良的添加剂，可以提高电流效率并且节电，价格低廉，其原料菱镁矿在我国有丰富的资源，具有长远的应用价值。

邱竹贤研究了工业铝电解的节能问题，总结出了三条节能基本规律，提出了热损失系数的概念，为我国铝工业节能做出了重大贡献。

2. 终生从事低温铝电解的研究

邱竹贤在国内首次提出低温铝电解，并对此进行了50余年的系统研究。他从1959年开始即研究低温铝电解，低温铝电解的目标是要实现温度在800～900℃的铝电解，得到液体铝。因为铝的熔点为660℃，要得到液体铝，电解温度只要达到800～850℃即可，高出铝的熔点150～200℃。当初所用的电解质为氟-氯化合物体系，添加氟化铝，在此体系中寻找到一系列的低熔点成分，可在850℃左右进行电解，在实验室内有较好的效果。

（1）寻找电解质的低熔点区域

1975年邱竹贤用Na_3AlF_6-AlF_3-Al_2O_3三元共晶系附近的电解质做电解试验，在温度750℃的条件下成功制备出金属铝。从20世纪90年代开始，邱竹贤一直研究纯氟化合物体系，添加氧化铝，在此体系中寻找到宽广的低熔点区域，可在750～900℃下进行电解。邱竹贤系统地测量了低熔点电解质体系的物理化学性质、电化学性质以及电解的电流效率和碳耗量等，在1985年美国矿冶工程师协会年会上发表了低温铝电解的论文。

后来邱竹贤又研究了纯氟化物、氯-氟化物和纯氯化物电解的低温铝电解，因此对低温铝电解有了较多认识。现在铝电解业已建立1×10^3A试验槽，而且已经开始进行工业电解试验。预期电解槽的热损失量会因电解温度的降低而明显减少，而且电流效率会明显提高，两者均可节电。此项研究受到国际学术界的重视。这是一种具有广阔应用前景的新型电解质。

（2）研究低温铝电解的物理化学过程

邱竹贤对低温铝电解的物理化学过程建立了系统的认识，在纯氟化物体系中寻找到宽广的低熔点区域，可在750～900℃下进行电解。目前工业电解槽的电解温度比以前降低了30～40℃，并呈逐年降低趋势，可以说低温铝电解时代已经开始。邱竹贤发明了透明电解槽，推进了高温熔盐电化学的研究，观察到了许多重要实验现象（如金属雾等），发展了熔盐电解理论。通过对一系列实验现象的观察和研究，他对电极湿润学说、阳极效应理论和不同金属在熔盐中的溶解机理进行了清晰的阐述，得到了国际同行的认可和赞誉。邱竹贤研究了用熔盐电解法在铝电解槽中生产多种铝基母合金，并总结出了一般性规律，对铝合金的工业生产具有指导意义。

3. 采用熔盐电解法制备铝基母合金和新型电极材料

（1）熔盐电解法制备铝基母合金的研究

邱竹贤采用熔盐电解法研制了多种铝基母合金，包括铝-硅、铝-钛、铝-钛-硼、铝-锰、铝-镁、铝-铬、铝-锶和铝-稀土等，研究成果具有应用价值，可在钢板上电镀铝-锰-稀土合金，在铝材上电泳涂漆，制成银白色的和色彩鲜艳的各种复合材料。

（2）铝电解新型电极材料的研究

邱竹贤领导的课题组从20世纪80年代起便开始研制惰性阳极、惰性阴极和绝缘侧壁材料。在惰性阳极方面，他们采用SnO_2基材料和其他种类的陶瓷材料，在惰性阴极方面采用TiB_2基材料，在绝缘侧壁方面采用碳化硅和氧化镁-碳材料。关于惰性阳极的工作邱竹贤领导的课题组承担了国家“973”计划和“863”计划在这方面的课题研究，取得了重要进展。在80年代末期，邱竹贤与山东铝厂合作，在6×10^4A工业槽上进行TiB_2惰性阴极工业试验，成果于1992年通过中国有色金属工业总公司鉴定，每吨铝可节电200kW·h。

4. 丰富和发展熔盐电解理论

（1）铝电解过程中电极现象的探索

熔盐是一种高温离子溶液，冶金工业上应用电解法生产铝、镁等多种金属。邱竹贤等的工作主要在于发展熔盐电解理论，涉及熔盐相图和结构、工业铝电解质组成和性质、界面理象和电极过程等。

熔盐不但温度高，而且具有很大的腐蚀性，理论研究工作难度大，业界对其中若干基本理论至今仍然存在分歧，其主要原因在于研究得不透彻。邱竹贤与合作者对这些研究课题付出了艰辛的劳动，获得了若干新的重要进展。

在熔盐电解中，由于电极带了电荷，熔盐对电极的湿润性发生改变。邱竹贤对熔盐湿润性研究起始于1964 年，在当时的实验中他观测到电极对熔盐的“排斥—吸引—再排斥—再吸引”的现象，通过拍摄大量系统的实验照片，归纳了普遍的湿润现象，提示出阳极排斥电解液和阴极吸引电解液的基本规律。其规律是不论阳极和阴极的材质为何，正在析出气体的阳极对熔液有一种排斥力，力图把熔液从阳极表面上排挤开，这种现象称为“阳极排斥”现象；而正在析出金属产物的阴极对熔液有一种吸引力，力图把熔液拉向阴极，这种现象称为“阴极吸引”现象，这两条规律都具有电化学的特性。运用这一规律可以解释熔盐电解中发生阳极效应以及电解液向阴极渗透的机理，从而可设法在工业上加以防范，达到节省电能和物料、延长电解槽寿命的目的。

在阳极效应研究中最重要的发现是观测到阳极效应发生时，阳极上气泡的喷射现象，特别是当槽电压增大时气泡的喷射现象异常强烈，其结果是对铝电解电流效率产生不良影响，这是由于阳极气体在高温时膨胀造成的。美国铝业公司豪平教授在评价这一发现时说，这种现象是前人未曾报道过的。

（2）金属雾的观察

邱竹贤研制了一台高温透明电解槽，在此槽内观测了铝电解、镁电解以及各种碱金属在熔盐界面上的溶解现象，用照相机和摄像机记录下金属雾的颜色和特征。试验发现：铝雾呈蓝紫色，镁雾呈灰黑色，钾雾呈绿色，钠雾呈蓝色，锂雾呈灰色。把78% Na_3AlF_6 +16% AlF_3 +3. 5% CaF_2 +2. 5% Al_2O_3 熔液盛置于 BN 管中，当温度为850℃时，铝的溶解度为0. 202% （质量）。鉴别出金属雾是一种细微的粒子，具有还原性。根据量子化学研究的结果，他提出了生成胶体溶液与真溶液的混合溶液观点。

在此项熔盐理论研究中，邱竹贤是形成总体学术思想的先行者和重要创新点的提出者，他在《铝电解原理与应用》（中国矿业大学出版社出版，1998 年）一书中刊登了相关的彩色照片45 幅，所取得的丰硕成果，受到国内外学术界的重视。

邱竹贤的辛勤耕耘，不仅促进了我国铝工业的技术进步和发展，也获得了丰硕的研究成果。邱竹贤先后于1992 年获国家科学技术进步奖一等奖（“锂盐糊节能技术”），1991 年获国家自然科学奖三等奖（“铝电解中若干物理化学问题的研究”）；1989 年和1990 年分别获得国家教委科学技术进步奖二等奖（“金属溶解和电流效率研究”）和一等奖（“铝电解中的界面现象和界面反应研究”）；2005 年获国家科学技术进步奖二等奖和何梁何利科学与技术进步奖。

三、邱竹贤主要论著

邱竹贤，沈时英，狄洪利，等 . 1964. 论铝电解槽强化生产与节省电能的关系 . 有色金属（冶炼部分），（3）：44-47.

邱竹贤 . 1982. 预焙槽炼铝 . 北京：冶金工业出版社 .

Qiu Z X, Wei Q B, Yuo K, et al. 1983. Studies on wettability of carbon electrodes in Aluminium electrolysis. Aluminium (English Edition), 59（9）：281-284.

邱竹贤 . 1985. 铝冶金物理化学 . 上海：上海科学技术出版社 .

Qiu Z X, Fan L M, Grjotheim K, et al. 1986. Dissolution of Aluminium on Cryolite-Alumina melts（see-through cell studies）. Metallurgical Soc of AIME, 2：525-533.

邱竹贤，张明杰，姚广春，等 . 1986. 铝电解中界面现象和界面反应 . 沈阳：东北工学院出版社 .

Qiu Z X, Zhang M J. 1987. Studies on anode effect in molten salts electrolysis. Electrochimica Acta, 32（4）：607-613.

邱竹贤 . 1988. 预焙槽炼铝 . 第 2 版 . 北京：冶金工业出版社 .

Qiu Z X, Yu Y X, Grjotheim K, et al. 1988. Formation of Al-Mn master alloys by thermal reduction and by electrolysis of manganese dioxide in Cryolite-Alumina melts. Aluminium, 6：603-605.

Qiu Z X, Grjotheim K, Kvande H. 1989. Theoretical calculation of the composition of Aluminium alloys produced by electrolysis of oxides dissolved in Cryolite-Alumina melts. Aluminium, 3：296-299.

Qiu Z X, Xie C. 1990. Studies on the dissociation reaction of molten Cryolite by computer simulation. Light Metals 1990. TMS Annual Meeting (Warrendale, Pennsylvania)：325-331.

Grjotheim K, Qiu Z X. 1990. Molten Salt Technology-Theory and Application（上下册）. 沈阳：东北工学院出版社 .

Qiu Z X, Su Q Q. 1992. Preparation of Al-Ca master alloy by electrolysis of chloride-fluoride melts. Chin J Met Sci Technol, 8：98-102.

Grjotheim K, Kvandeand H, Qiu Z X. 1998. Metal Production by Molten Salt Electrolysis. 徐州：中国矿业大学出版社 .

邱竹贤 . 1998. 铝电解原理及应用 . 徐州：中国矿业大学出版社 .

Qiu Z X, Yang Z H, Gao B L, et al. 1999. Dissolution of Alumina in molten Cryolite (a video recording study). Light Metals：Proceedings of Sessions, TMS Annual Meeting (Warrendale, Pennsylvania)：467-471.

Qiu Z X, Gao B L. 2001. Aluminium electrolysis in a 200A bench-scale cell at 845℃ with 96%～98% current efficiency. Aluminium, 12（77）：974-976.

邱竹贤 . 2004. 预焙槽炼铝 . 第 3 版 . 北京：冶金工业出版社 .

Qiu Z X, Shi Z N, Xu J L. 2004. Metal-Alumina cermet inert anode in a 100A bench-scale cell for Aluminium electrolysis. Aluminium, 80（3）：219-222.

Qiu Z X, Gao B L. 2004. Aluminum electrolysis at lower temperature of 750℃ to 900℃. Aluminium, 80（10）：1134-1137.

主要参考文献

邱竹贤 . 2000. 泥土中的铝——科技腾飞的使者 . 北京：清华大学出版社 .

赫冀成，左良，等 . 2006. 纪念邱竹贤院士诞辰80周年论文集 . 沈阳：东北大学出版社 .

撰写者

翟秀静（1951～），辽宁鞍山人，教授，师从邱竹贤院士，从事有色金属冶金学研究。

王兆文（1964～），辽宁沈阳人，教授，师从邱竹贤院士，从事有色金属冶金学研究。

（TQ-1199.01）

ISBN 978-7-03-042567-6

国家出版基金项目
NATIONAL PUBLICATION FOUNDATION

国家重点图书出版规划项目

20世纪
中国知名科学家学术成就概览

总 主 编　钱伟长
本卷主编　江　平

法 学 卷

第三分册

科 学 出 版 社
北 京

内 容 简 介

国家重点图书出版规划项目《20世纪中国知名科学家学术成就概览》，以纪传文体记述中国20世纪在各学术专业领域取得突出成就的数千位海内外科学技术和人文社会科学专家学者，展示他们的求学经历、学术成就、治学方略和价值观念，彰显他们为促进中国和世界科技发展、经济和社会进步所做出的贡献。

《20世纪中国知名科学家学术成就概览·法学卷》按传主生年先后结集卷册，卷首简要回顾20世纪中国法学的发展概况，卷尾附20世纪中国法学大事记。这与传文两相映照，力图反映出中国法学的百年发展脉络。

法学卷共记述了156位法学家的研究路径和学术生涯，本卷以突出学术成就为重点，力求对学界同行的学术探索有所镜鉴，对青年学生的学术成长有所启迪。本卷分三册出版，第三分册收录了1927年及以后出生的法学家53位。

图书在版编目(CIP)数据

20世纪中国知名科学家学术成就概览·法学卷·第三分册/钱伟长总主编；江平本卷主编. —北京：科学出版社，2014.9

国家重点图书出版规划项目 国家出版基金项目

ISBN 978-7-03-041683-4

Ⅰ.①2… Ⅱ.①钱… ②江… Ⅲ.①法学家-列传-中国-20世纪 ②法学-发展-成就-中国-20世纪 Ⅳ.①K826.1 ②N12

中国版本图书馆CIP数据核字（2014）第193760号

责任编辑：李春伶 林 剑/责任校对：钟 洋 鲁 素

责任印制：钱玉芬/封面设计：黄华斌

科学出版社 出版

北京东黄城根北街16号

邮政编码：100717

http://www.sciencep.com

中国科学院印刷厂 印刷

科学出版社发行 各地新华书店经销

*

2014年9月第 一 版 开本：889×1194 1/16

2014年9月第一次印刷 印张：43 3/4

字数：806 000

定价：218.00元

《20世纪中国知名科学家学术成就概览》
法学卷编辑委员会

《20 世纪中国知名科学家学术成就概览》

总　　序

记得早在21世纪的新世纪之初，中国科学院、中国工程院和中国社会科学院的一些老同志给我写信，邀我来牵头一起编一套书，书名就叫《20世纪中国知名科学家学术成就概览》（以下简称《概览》）。主要目的就是以此来记录近代中国科技历史、铭记新中国科技成就，同时也使之成为科技创新的基础人文平台，传承老一辈科技工作者爱国奉献、不断创新、追求卓越的精神，并以此激励后人。我国是一个高速发展中的大国，世界上的影响力不断增强，编写出版这样一套史料性文献，可以总结中华民族对人类科技、文化、经济与社会所做出的巨大成就与贡献，从而最广泛地凝聚民族精神与所有炎黄子孙的“中华魂”，让中国的科技工作者能团结奋进，为共建和谐的祖国多做贡献，更可以激发年轻一代奋发图强，积极投身祖国“科教兴国”战略的伟大实践中。

在党和政府的高度重视和长期大力支持下，酝酿已久的《概览》项目终于被列为国家重点图书出版规划项目，并由科学出版社承担实施。

《概览》总体工程包括纸书出版、资料数据库与光盘、网络传播三大部分。全套纸书计划由数学、力学、天文学、物理学、化学、地学、生物学、农学、医学，机械与运载工程、信息与电子工程、化工冶金与材料工程、能源与矿业工程、环境与轻纺工程、土木水利与建筑工程，以及哲学、法学、考古学、历史学、经济学和管理学等卷组成。

《概览》纸书预计收录数千名海内外知名华人科学技术和人文社会科学专家学者，展示他们的求学经历、学术成就、治学方略、价值观念，彰显他们为促进中国和世界科技发展、经济和社会进步所做出的贡献，秉承他们在百年内忧外患中坚韧不拔、追求真理的科学精神和执著、赤诚的爱国传统，激励后人见贤思齐、知耻后勇，在新世纪的大繁荣、大发展时期，为中华民族的伟大复兴和全人类的知识创新而奋发有为。

在搜集整理和研究利用已有各类学术人物传记资料的基础上，《概览》以突出对学术成就的归纳和总结为主要特色。在整理传主所取得的学术成就的基础上，分析并总结他们所以取得这些学术成就的情境和他们得以取得这些学术成就的路径，如实评介这些学术成就对学术发展的承前启后的贡献和影响，以及这些学术成就给人类社会所带来的改变。从知识发生、发展的脉络上揭示他们创造、创新的过程，从而给当前的教育界在培养创新型人才方面，以及给年轻科技工作者自我成长方面有诸多启示。同时，《概览》还力求剖析这些海内外知名华人科学技术和人文社会科学专家学者之所以成才成家的内外促因，提供他们对当前科技和学术后继人才培养的独到见解，试图得出在科学史和方法论方面具有普遍性意义的结论，进而对后学诸生的个人成长和科技人才培育体系的优化完善有所裨益。

在世纪转型的战略机遇期，编写出版《概览》图书，可以荟萃知名专家学者宝贵的治学思想、学术轨迹和具有整体性的科技史料，为科研、教学、生产建设、科研管理和人才培养等提供一个精要的蓝本。

他们的英名和成就将光耀中华，垂范青史。

钱伟长

2009 年 1 月 9 日

《20 世纪中国知名科学家学术成就概览·法学卷》

前　　言

《20 世纪中国知名科学家学术成就概览·法学卷》从 2011 年 11 月 11 日召开第一次编委会至今，经过近三年的努力已开始面世。在人文社会科学中法学是一门重要的学科，在 20 世纪的这 100 年中涌现了许多著名的法学家、政治学家、社会学家以及司法活动家。如何确定传主入选的标准就是面临的首要问题。我们的入选学者标准为：

一、学术领域的开创者和有卓越贡献的学者；有重要影响的科学理论、学说、学派的创始人；有一定的社会知名度。

二、法学学科有广义与狭义之分。广义的法学还包括政治学、社会学等一些学科。我们采取狭义的法学。政治学的学者如其研究的内容主要是宪法则视为法学学者，如其为政治学其他领域的则不纳入。社会学的学者原则上不纳入。在法院、检察院、司法行政机关任职的著名司法活动家，如无有影响力的著述也不纳入。

三、从时期和地域来看，入选学者应包括三部分：1）1949 年前的清末民国学者；2）1949 年后的大陆学者；3）1949 年后迁居台湾的学者。台湾学者入选后有一部分主动表示不愿意入选的均从其本人意愿。

四、年龄原则为出生于 1940 年 1 月 1 日前，个别入选者出生于 1940 年之后是考虑其对该门学科有特殊贡献。

本卷的编委会主体是由时任中国法学会下属各学术专业分会的会长组成。入选的学者经编委会全体成员以无记名投票方式确定，入选学者共计 167 名（含补选两次）。鉴于梁启超、严复、李达已收入丛书哲学卷，台湾地区 8 名学者或者表示不愿入选或者难以落实撰稿人，所以法学卷（共三册）最终收入传文 156 篇。法学卷的组稿工作由所有编委分头负责，集体完成，审稿工作由学科编委或其推荐的知名专家担任。在此，对他们的专业付出表示感谢。

纵观 20 世纪这 100 年的法学活动，我们应当怎样来评价它呢？

第一，从 1900 年清政府颁发中国历史上第一张大学文凭（“钦字第一号”）授予北洋大学堂法科毕业生王宠惠法学学士学位，1901 年清政府宣布变法修律，中国进入学习西方法律，以西方大学模式培养自己的法学人才的模式。中国摒弃了以儒家和法家为主体的传统的法律思维和法学思维，接受了西方更为先进的法律思维和法学思维。20世纪从一开始就不断有学者通过翻译西方著名的法学思想家的著作来作为对中国民众的启蒙，可以说20世纪这100年就是现代意义上的法学作为一门治理国家的科学从孕育诞生，到生根、发展，乃至壮大的100年。

第二，20世纪这100年从国家政体来看经历了三个阶段，即清王朝、中华民国和中华人民共和国。从清王朝到中华民国，旧有的法律没有中断，原有的法学研究也没有中断，法律的继受和法学的继受一直在延续。但是1949年中华民国到中华人民共和国的转变则与前一转变有根本的不同。由于“废除伪法统”，中华民国时期的一切法律均被废除。中华民国时期的法学被视为“旧法学”，当时的法学学者除极少数倾向新政权或能为新政权所用的（特别是国际法学者）外，几乎都成了需待改造的“旧法人员”。“废除伪法统”从政治上来说，另当别论，但从法学自身来说就是“割断历史”。法学研究的对象是法律，而原有的法律全部被废除之后，法学就成了“无源之水”，更何况法律原本就是调整社会生活的规则，“伪法统”中政治性较强的那部分废除是有道理的，而社会性较强的那部分则值得商榷了。可以说，20世纪法学这100年曾经被拦腰切断了，这“拦腰切断”对20世纪法学是一个致命的伤害。

第三，法律人所追求的目标是法治社会、法治国家，但中国历史向来是缺乏法治传统、缺乏法治理念的。和法治理念对立的是人治理念，而人治又与几千年的封建专制社会互为表里。可以说作为现代国家重要特征的法治理念在中国是严重的“先天不足”。20世纪的法学在发展过程中又经历了多次的跌宕起伏，法治的发展又遇到了严重的“后天失调”。民国时期战争不断，军阀割据混战、抵抗日本侵略的全民抗战、国共之间为争夺国家政权的内战，占据了长达20年的时间。中华人民共和国成立后虽然没有发生全局性战争，但自1957年“反右”斗争以后，法律的作用受到批判，法学的发展受到严重挫折，直至改革开放中兴，前前后后也有20年之久。可以说20世纪这100年法学的发展是在“先天不足”，“后天失调”，时有前进、时有停滞、时有倒退的情况下取得的。

第四，由于20世纪中国近代法学是将西方先进法学引进中国的100年，对于中国来说西方法学属于舶来品。因此，这100年来在法学方面模仿色彩很浓，民国时期如此，中华人民共和国时期亦是如此。民国时期首先是向谁学习的问题，从学校的设立来看，并无太多偏向大陆法或偏向英美法之分。但法学需以法律为研究对象，若法律是以大陆法为取向，法学则势必要以大陆法为取向。从清末立法改革乃至民国时期立法高潮的30年代，中国立法总的方向是采取大陆法立法模式，所以中国的立法及法学研究是以大陆法为范本，模仿痕迹非常明显。对于尚处于幼年时期的法学来说，无法超越模仿这一阶段。中华人民共和国成立初期出于意识形态原因，放弃向西方学习，改为向苏联学习，当时盲目模仿苏联法律成风。最后发现，苏联法学除了意识形态原因有所创新外，其法律基本体系仍然是大陆法体系。改革开放以来，大陆学者在法律虚无主义、法学著作空无所有的沙漠中接触到了西方法学著作，尤其当受困于语言的障碍还不能阅读外文著作、台湾的著作蜂拥而入时，开始了以模仿台湾法学为表象的模仿西方法学的新阶段。在这一时间段内也有一些颇具开创新意的著作，但为数不多尚不能形成主流。总之，20 世纪这 100 年中国法学总体上尚处于幼年阶段，模仿阶段，有待后来学者迎难而上，继续努力，以期跻身于法学强国之列。

总的来说，中国法学家在如此艰难的环境中不断为中国的法治昌明做出了极大的努力，把他们的成就记载下来是对历史的告慰，也是对传主本人的感谢!

本书附有何勤华教授写的《20 世纪的中国法学》以及程燎原教授等写的《20 世纪中国法学大事记》。

《20 世纪中国知名科学家学术成就概览·法学卷》

主编 

2013 年 12 月 25 日

目　　录

20 世纪的中国法学

20 世纪中国法学的成长与发展，大体可以分为四个阶段。

从 1901 年清政府宣布变法修律至 1912 年中华民国政府建立，为第一个阶段。该阶段中国法学界致力于引进西方先进国家的法律制度和法学观念，对中国两千多年的法和法学遗产进行反省、批判和扬弃，初步形成了中国近代法和法学体系。

从 1912 年中华民国建立至 1949 年国民党退踞台湾，为第二个阶段。此阶段中国法学获得巨大发展，尤其是 1928 年至 1935 年中国近代各项法典如民法典、刑法典、诉讼法典等的相继制定颁布，以及围绕这一阶段立法事业展开的法学教育和法学研究，促进了中国近代法和法学体系以及其内涵的定型，表明了中国近代法和法学得以奠基。

自 1949 年中华人民共和国成立至 1978 年中国实行改革开放国策，为第三个阶段。该阶段是中国创建社会主义法和法学体系的时期。由于党“左”的思想路线的指导，除了 1954 年宪法制定颁布以后至 1957 年夏天“反右运动”开始之前这一段时间法制建设取得成绩之外，在近 30 年的时间内，中国法和法学的发展基本上处于停滞状态。

从 1978 年 12 月党的十一届三中全会至现在的 35 年，是第四个阶段。该阶段是 20 世纪中国法和法学发展的最好时期。这一时期中国招收法学专业本科以上学生的法律院系已经超过 700 所，在校法科学生达 40 余万，研究生 9 万余人，还有一大批的法学博士生和博士后。这一时期每年出版的法学著作有 1500 多种，发行的法学刊物超过 200 份，从法理学、法史学，到宪法学、行政法学、民商法学、经济法学、刑法学、诉讼法学、国际法学等各个学科都成长起了一大批卓越人才。中国的法学研究为中国经济、政治、科技、文化等各项建设事业提供了重要理论支撑。

以上四个阶段法学的形成、发展和演变，从一个侧面生动地反映了中国社会从古代向近现代转变的艰难曲折历程，展现了中国从一个积贫积弱的落后国家，一步步成长为一个综合国力日益强大、人民生活逐渐富裕、法治国家意识慢慢形成的强大国家的精彩画面。限于篇幅，这里无法非常详尽地叙说此四个阶段的内容，只能对贯穿于这四个阶段法学发展的基本线索作些介绍和评述，分成近代和现代两个部分。

第一部分　中国近代法学的形成与发展

第一节　概　述

一、中国近代社会的巨大变迁

从1840年鸦片战争至1949年中华人民共和国成立，这100多年的中国近代史，是中华民族历史上最痛苦、最屈辱的时期。在这一时期，帝国主义列强借助武力逐步蚕食中国，通过多次战争，在中国攫取到了一系列的政治、经济和文化利益，以及治外法权等各项法律上的权益。

正是在这样一种社会历史环境之下，中国近代法学开始起步。因此，与世界上其他国家相比，中国法学近代化的内外社会环境是非常恶劣的。然而，具有数千年文明史的中华民族的心胸是宏大的，她能够宽容地吸纳西方的法和法学成果；中国近代法科知识分子又是聪慧、顽强和执着的，他们能够在战乱频繁、社会动荡的环境下，依然勤奋、刻苦、执着地从事着西方法和法学的本土化工作。正是仰赖他们，中国近代法学才得以形成和发展。

二、西方法学观在近代中国的传播

（一）近代西方法学观的内涵

法学观，也可以理解为法的世界观，即人们对法这一社会现象的基本看法。近代西方法学观的内涵，最早是由资产阶级启蒙思想家，如洛克（J. Locke，1632～1704）、孟德斯鸠（C. L. Montesquieu，1689～1755）、卢梭（J. J. Rousseau，1712～1778）、贝卡利亚（B. Beccaria，1738～1794）等在其作品中提出并加以阐明的。其核心要素为：法律是公意的体现；法律的目的是为绝大多数人谋幸福；法治；国家是社会契约的产物，是人民的创造物；人民是政府的主人（主权在民）；所有人生而平等自由，并享有不可剥夺的天赋权利；法律面前人人平等；自由就是做法律所允许的事情；权力必须分立，互相制约；罪刑法定；罪刑相适应；刑罚必须人道；司法独立；无罪推定；等等。

（二）西方法学观在中国的传播

20世纪前半叶，西方法学观在中国的传播主要经历了三个时期：1）清末修律至辛亥革命。此时，除沈家本在一系列的论著中，比较全面地宣传、介绍和阐述西方法学观念之外，还有伍廷芳、董康，以及一批外国人，如日本学者冈田朝太郎、松冈义正、小河滋次郎、志田钾太郎、织田万等，进行着传播西方法学观的活动。2）五四运动前后。如陈独秀、李大钊、胡适、高一涵等。3）1921 年以后的民国时期。如江庸、居正、张知本、王宠惠、陈瑾昆、吴经熊、胡长清、丘汉平和阮毅成等就是这一时期传播西方法学观的代表人物。

（三）传播的载体

近代西方法学观传入中国，主要借助了西法东渐的时代浪潮，而具体的物质载体，则是各类政法报刊、著作和教材，以及高等法律教育、聘请外国法律专家、派留学生出国学习法律等。

首先是政法类报刊。例如，由中国留日学生所创办的政法刊物《译书汇编》（1900 年），以及《法政交通社杂志》（1907 年），《法学会杂志》（1911 年），《法学季刊》（1922 年），《法律评论》（1923 年），《中华法学杂志》（1930 年）等。此外，还有一些综合类的社会科学、时事刊物和报纸，也为传播西方法学观做出了贡献。①

其次是法学著作。在这方面，贡献甚多者首先是译著，其代表性的作品，主要有：《法学通论》，矶谷幸次郎著，王国维译，上海商务印书馆 1902 年出版；②《法学通论》，织田万著，刘崇佑译，上海商务印书馆 1907 年出版；《法理学大纲》，穗积重远著，李鹤鸣译，上海商务印书馆 1928 年版，等等。从 20 世纪 30 年代起，国人自行撰写的传播西方法学观的作品日益增多。其中比较重要的有：吴经熊著《法律哲学研究》（上海法学编译社 1933 年版），欧阳溪著《法学通论》（上、下卷，上海法学编译社 1933 年版）等。

再次，仿照西方兴办的新式高等法学教育，也成为西方法学观在中国传播的一个重要载体。例如，京师法律学堂（1906 年）以及各地的法政学堂（1909 年前后）的法律教育、各国立和私立（包括教会所办）综合性大学中的法律教育，都为近代西方法学观在中国的传播提供了坚实的阵地和良好的条件。

最后，聘请外国法律专家和向外国派遣法科留学生，也成为传播的一个重要途径。③

---

① 如《东方杂志》、《申报》和由黄遵宪创办、梁启超主笔的《时务报》等。

② 该书是中国近代引进的第一本《法学通论》，已由中国政法大学出版社于 2005 年重新点校出版（何佳馨点校）。

③ 郝铁川：《中国近代法学留学生与法制近代化》，载《法学研究》1997 年第 6 期。

（四）传播的主要内容

从中国近代保留下来的大量历史文献中，可以清楚地了解到，西方资产阶级法学观的主要内容在近代中国基本上都得到了广泛的传播，如：

1. 法律是公意的体现

如魏源在《海国图志》中指出：在英国，“国中有大事，王及官、民俱至巴利满衙门，公议乃行”。在英国，“设有大事会议，各抒己见。……如有按时变通之事，则庶民择其要者，敬禀五爵乡绅之会，大众可则可之，大众否则否之”。

2. 法律的目的是为绝大多数人谋幸福

王韬在《弢园文录外编·重民下》中说：“善为治者，贵在求民之隐，达民之情，民以为不便者不必行，民以为不可者不必强，察其痾痒而煦其疾痛，民之与官有如子弟之于父兄，则境无不治矣。”

3. 法治

魏源在《海国图志》中指出：在美国，实行的是法治的原则。“国人以律例为重，不徒以统领为重”。黄遵宪在考察了日本的政治与法律制度之后，在《日本国志》一书中指出：“余观欧美大小诸国，无论君主君民共主，一言以蔽之曰：以法治国而已矣。”梁启超在《中国法理学发达史论》中强调：“法治主义，为今日救时惟一之主义。”

4. 法律面前人人平等

高一涵在《共和国家与青年之自觉》中大声疾呼：“就法律言，则共和国家，毕竟平等，一切自由，无上下、贵贱之分，无束缚、弛骤之力。”而在孙中山等资产阶级革命派制定的《中华民国临时约法》中则明确规定：“中华民国人民一律平等。”

5. 权力必须分立，互相制约

在《上清帝第六书》中，康有为指出：“近泰西政论，皆言三权：有议政之官，有行政之官，有司法之官。三权立，然后政体备。”然而在中国当时的专制政体之下，议政、行政和司法三者没有办法协调，因此，只有“行三权鼎立之制，则中国之治强，可计日待也”。

此外，自由就是做法律所允许的事情、罪刑法定、司法独立、无罪推定等，也都为中国知识界所广为传播。

(五) 传播的历史意义

西方法学观在近代中国的传播，对中国近代法和法学的成长，具有重要的启蒙意义。第一，它推动了中国的立法事业。第二，它对近代中国法学学科的诞生与成长也起着重要的作用。不仅是法理学，就是各个部门法学科，其理论核心，也是西方的法学观。①

三、外国人与中国近代法学

(一) 中国法学近代化进程中的外国人

由于中国近代法学是在移植西方法学的基础上萌芽和诞生的，因此，中国近代法学的形成和发展过程，为外国知识分子尤其是法学专家提供了一个施展自己才华的绝好舞台。而作为第一个时期最先登场的，是西方传教士。如丁韪良翻译了《万国公法》② 等一批西方著名法学作品，傅兰雅（John Fryer，1839 ~ 1928）、李提摩太（R. Timothy，1845 ~ 1919）、林乐知（Young John Allen，1836 ~ 1907）等，也都不同程度地介绍宣传了西方的法学知识。

1901 年，中国政府开始了修律活动。这一阶段，日本法律专家的作用得到了凸显。1902 年日本法律专家岩谷孙藏（1867 ~ 1918），1906 年冈田朝太郎（1868 ~ 1936）、松冈义正（1870 ~ 1939）③，1908 年小河滋次郎（1861 ~ 1925）、志田钾太郎（1868 ~ 1951）、今井嘉幸（1878 ~ 1951），1910 年织田万（1868 ~ 1945）等先后来到中国，参与相应的修律活动。

外国人在中国近代法学发展中发挥作用的第三个阶段是第二次世界大战结束以前的民国时期。法国人乔治·宝道（George Padoux，1867 ~ ?）、约翰·爱斯嘉拉（Jean Escarra，1885 ~ 1955），美国学者古德诺（F. J. Goodnow，1859 ~ 1939）、罗炳吉（C. S. Lobingier，1866 ~ 1956）等发挥了重要作用。

第二次世界大战结束以后，中国迎来了外国法学专家在华活动的第四个时期。在该时期最为活跃和出名的，就是美国法学大师庞德（R. Pound，1870 ~ 1964）。他于 1946 年 7 月至 1948 年 11 月间，受聘担任中华民国司法行政部和教育部的法律顾问，对中国司法制度的改革和法律教育提出了不少积极的建议，并撰写了阐述其理

① 详细参见何勤华：《西方法学观在近代中国的传播》，载《法学》2005 年第 10 期。

② 该书作者是美国国际法学家、哈佛大学教授惠顿（H. Wheaton，1785 ~ 1848），原书名为 *Elements of International Law*（国际法原理），1836 年版。关于该书的详细评论，参见何勤华：《〈万国公法〉与清末国际法》，载《法学研究》2001 年第 5 期。《万国公法》的注释点校本已经由中国政法大学出版社出版（何勤华注释点校）。

③ 参见《昭和物故人名录》，日外アソシエーツ，1983 年刊。

由的许多论著，主要有：《改进中国法律的初步意见》（1946年）、《关于中国法律教育问题的初步报告》（1948年）等。

（二）外国人在近代中国的法律学术活动

上述外国人来华从事的法律活动是全方位的。

其一，传播西方法学观。比如，在《万国公法》中，丁韪良将西方的权利意识和权利观念介绍到了中国。又如，林乐知在《中东战纪本末》[①] 译序中论述了优胜劣败的进化论道理，等等。

其二，翻译法学著作和教材，为中国近代法学的诞生和成长确立范本。美国传教士伯驾（Peter Parker，1804～1889）于1839年应林则徐之邀翻译了瑞士国际法学家瓦特尔的《各国律例》一书；傅兰雅殚精竭虑，一鼓作气翻译了《法律医学》（*Principles of Medical Jurisprudence*，1881年）、《各国交涉便法论》（*Commentaries Upon International Law*，1894年）等西方法学名著。

其三，从事法律教育，为中国法学的近代化培养人才。

其四，著书立说，输入法律专业名词，为中国近代法学的诞生奠定基础。

（三）外国人在中国从事法律学术活动的特点

在世界法学史上，一个国家的近代法学的诞生与成长过程，受到外国人如此强烈的影响，中国是独一无二的。第一，在中国近代，聘请的外国法律专家数量比其他国家多得多。[②] 第二，在中国近代法学的诞生与成长过程中外国人所发挥的作用，是以启蒙为先导，以立法与法律教育为中心，以司法改革为尾声。第三，由于外国人的巨大作用，使得中国近代法学中译著占的比例非常高，法学各学科的奠基之作，几乎都是外国人的作品。

四、法科留学生与中国近代法学

（一）法科留学活动的兴起

中国近代出国留学的第一位学生，是法律改革家、外交家伍廷芳。在私人自费留学活动展开的同时，清政府官派的留学活动也开始起步。1877年福建船政学堂派

---

① 上海广学会译著，图书集成局铸版，1896年版。

② 仅当时各法政学堂及大学法律系所聘请的外国法律教习，人数就达到78名。

出学员共 28 人赴法国与英国学习。[①]

1896 年，第一批 13 名赴日留学生派出，其中学习法律者有唐宝锷（1878～1953）、戢翼翚（1878～1907）等人。随后，以中央政府、地方政府以及个人自费等各种方式向日本派出留学生的活动愈演愈烈，至 1905 年、1906 年两年达到高潮。这两年，中国留日学生均达到了 8000 人[②]，而其中的相当一部分，都是法科留学生。1908 年之后，留学欧美的学生也开始慢慢增多。这样，自鸦片战争至 1949 年的 100 余年时间里，中国共向国外派遣了 4500 余名法科留学生。他们是中国法制近代化的基石。

（二）法科留学生在中国近代法学成长中的作用

第一，法科留学活动的展开，促进了中国近代法律教育的开展。第二，法科留学生在留学期间和回国之后，积极从事翻译外国法学著作、教材和论文的事业，从而为中国近现代各门法学学科的诞生奠定了基础。第三，最早将西方法学刊物之模式引入中国、创办自己的法学刊物的也是法科留学生，如 1900 年由留日学生戢翼翚、杨廷栋、杨荫杭、雷奋等编辑的《译书汇编》（*The Yi Shu Hui Pien*），就是近代中国的第一份法学刊物。第四，著书立说，构造中国近现代法学体系。

（三）法科留学活动与中国近代法学传统

法科留学生的活动，对中国近代法学的形成和发展产生了重要影响。第一，中国近代法学的模仿色彩很浓，受外国法学的影响强烈，在某种程度上甚至可以称其为“翻译法学”。第二，中国近代法学中原创性的成果不多。第三，由于中国近代法学的派生性质，以及中国近代法学的主体主要是法科留学生，因此，外国语尤其是西方发达国家的语言，成为中国近代法学的一个重要载体。

五、中国近代法律教育与中国近代法学

（一）近代法律教育的起步

1903 年，清政府颁布《奏定学堂章程》，规定了高等教育的学制与科目，在大学堂中设法政科大学，开设课程有政治、法律、交涉、理财等，法政教育开始勃兴。据统计，至 1909 年，全国共有官立高等教育层次的学堂 123 所，学生 22262 人。其

---

① 其中接触法律的有马建忠和严复等人，而对中国近代法学的贡献最大者则是严复（1854～1921）。关于严复的生年，学术界有不同说法。严复生于咸丰三年（1853 年）十二月初十（西历 1854 年 1 月 8 日），因此，《中国大百科全书·法学》（中国大百科全书出版社 1984 年版）载严复生于 1853 年。

② ［日］实藤惠秀：《中国人留学日本史》，谭汝谦、林启彦译，生活·读书·新知三联书店 1983 年版，第 39 页。

中，法政学堂47所，学生12282人，分别占学堂总数的38%和学生总数的55%。[①]

与此同时，私立的法政大学也开始出现。[②] 之后，在1913年、1922年，北洋政府教育部对清末的高等教育体制进行了改革，大学被分成文、理、法、商、医、农、工七科，法科大学设法律学、政治学和经济学三门，学习年限4～6年。1927年南京国民政府成立之后，中国近代的法律教育日趋成熟，并基本定型。

（二）近代法律教育的基本内容

首先，在培养目标方面，从清末至民国，都是要培养精通法律知识、懂得西方法学理念、服从法律规范、能够处理社会问题的高层次法律人才。

其次，课程设置。经历了多次调整，1939年8月，国民政府公布施行了法学院分系专业必修及选修科目，对法律系、政治学系、经济学系和社会学系的课程作了统一规定。其中，法律系的必修课与选修课为：

必修课：法学绪论，宪法，民法总则，民法续编，民法物权，民法亲属继承，商事法概论，公司法，票据法，保全法，海商法，刑法总则，刑法分则，中国司法组织，民事诉讼法，刑事诉讼法，行政法，国际公法，国际私法，法理学，中国法制史，毕业论文。

选修课：外国文，第二外国文，世界通史，刑事特别法，中国旧律研究，比较法学绪论，比较刑法，中国司法问题，比较司法制度，罗马法，英美法，近代欧洲大陆法，立法学，破产法，土地法，劳工法，法学专题研究，证据法学，强制执行法，犯罪学，监狱学，刑事政策，中国法律思想史，中国政治制度，中国经济史，诉讼债务。

再次，在师资队伍方面。20世纪30年代之后，随着海外法科留学生的陆续回国，在各政法院校中执教的中国教师日益增多，并开始占据主导地位。从东吴大学法学院30年代初聘请的各法律主干课的教师的情况来看，教授法理学的吴经熊，宪法学的乔万选、吴芷芳，教授罗马法的应时、丘汉平，公司法的潘序伦，德国民、刑法的刘世芳，法制史的董康，刑法与刑事诉讼法的赵琛、俞承修、郁华，劳动法的孙晓楼，国际公法的梁立、姚启胤、夏晋麟、路义斯（Robert. E. Lewis），民法及民诉的钟洪声、张正学、瞿曾泽、过守一、曹杰、李辛阳，英美法的张志让、萨莱德（George Sellett）、黄应荣、卢峻，土地法及商事法规的吴尚鹰、王效文，审判实

---

① 曲士培：《中国大学教育发展史》，山西教育出版社1993年版，第351页。

② 如东吴大学（1901年）、震旦大学（1903年）、沪江大学（1908年）、金陵大学（1910年）、北京法政大学（1912年）、民国大学（1912年）、武昌中华大学（1913年）、复旦大学（1917年）、燕京大学（1919年）等综合大学中的法学院以及浙江私立法政专门学校等40余所专科法政大学。

务的沈锡庆，海商法的查良鉴，国际私法的徐砥平等，除路义斯和萨莱德之外，其他教师都是中国人。[①]

（三）中国近代法律教育与中国近代法学

中国近代法律教育的起步与发展，对中国近代法学的诞生与成长产生了直接的影响。第一，一批新式法科大学的建立，为中国近代法学的诞生与成长提供了人才培养基地。第二，中国近代法律教育先由外国人后由中国人唱主角的特点，也影响到了中国近代法学的发展，中国法学界的精英基本上都是法科留学生。第三，由于法律教育的展开，为翻译、编写法学教材提供了契机，而这又为中国近代各个法学学科的诞生与成长奠定了基础。第四，随着法律教育的展开，出于教学科研的需要，一批法学刊物如雨后春笋般地出现，成为中国近代法学成长的温床。

第二节　基 础 法 学

基础法学，就是指对法学整个学科发展起着理论指导，并提供历史经验、学术视野和方法论的基础性法学学科，如法理学、法史学和比较法学等。

一、法理学

“法理学”一词，在西方已经有比较长的发展历史了。19 世纪中叶，在欧洲，随着德国、英国历史法学派的崛起，出现了由 9 世纪条顿语“rechts”（法、权利、法学）和“philosophy”（哲学）合成的“rechtsphilosophy”（法律哲学）一词，以及由罗马时代拉丁语“jurisprudentia”一词转变而来的“jurisprudence”（英语、法语，法理学；德语为 jurisprudenz）之用语。

1881 年，日本学者穗积陈重（1855～1926）在东京大学法学部开设法学理论的课程时，开始用汉字“法论”一词，来对译西语“jurisprudence”，后来感觉不是太合适，就选定了“法理学”一词。[②] 至清末，日文汉字“法理学”传入了中国，并得到广泛使用。[③]

1900 年 12 月 6 日《译书汇编》创刊，发表了一批有分量的法理学的译文与论文。在此前后，梁启超发表了一批著名的法理学长文，如 1896 年的《中国宜讲求法律之学》、1904 年的《中国法理学发达史论》等，对法理学的内涵以及历史演变等

---

① 盛振为：《十九年来之东吴法律教育》，载《法学杂志》（第 7 卷），1934 年第 2 期。
② 详细参见何勤华主编《法律名词的起源》（上），北京大学出版社 2008 年版，第 14-28 页。
③ 参阅何勤华著《中国法学史》（第三卷），法律出版社 2006 年版，第 125 页。

作了阐述。而织田万著《法学通论》、孟森编写《新编法学通论》等著作的出版，更为系统地引入西方的法理学体系和内容做出了贡献。

中华民国建立之后，法理学研究著作日益增多。据笔者初步统计①，从清末至1949年，中国共出版了法理学方面的著作425种。此外，民国时期还发表了众多法理学方面的论文和译文，据初步统计，共有900余篇。②

在法理学研究进步的同时，涉及法理学内容的教学活动也逐步展开。1906年成立的京师法律学堂，正式开设了“法学通论”的课程。至民国时期，各法政专门学校和综合性大学中的法律院系中，都开设了法理学内容的课程。

所有上述中国学术界的努力，共同促成了中国近代法理学这门学科的诞生发展。其中，梁启超、严复、熊元翰、孟森、王传璧、吴经熊、丘汉平、阮毅成、章渊若、梅汝璈等人的作品起着重要作用。正是这批学者的劳动，至民国中叶，西方的法理学的主要内容都已经传入中国，并得以本土化，初步建立起了一座中国近代法理学的大厦，其主要标志为：

其一，对涉及法律的一些基本问题，例如，关于法的概念、法的起源、法的本质、法的分类、法的解释、法的社会功能、法的本位、法与其他社会现象的关系等，都已经有了比较充分的阐述。

其二，在法的内部以及法与其他社会现象之关系方面，对该领域涉及的几种主要关系都已经有了研究，例如，对权利与义务、法治与人治、三权分立与制衡、国内法与国际法、法与平等、法与民主、法与自由、法与社会、法与阶级、法与政策、法与公平正义、法与道德、法与经济、法与政治、法与国家等的关系，当时都已经作出了研究。

其三，关于法系和法学流派问题，也已经有了探索。例如，对前者，比较全面地已经介绍了当时世界上的各大法系，如罗马法系、英美法系、回回法系（伊斯兰教法系）、印度法系、中华法系等。对后者，则当时的介绍与研究更加活跃，从自然法学，到历史法学，到社会学法学、哲理法学、利益法学、马克思主义法学，到无政府主义法学等，均有涉及。

其四，关于法理学语境中的一整套概念术语，也确立了起来。例如，法、法律、法治、法制、法理学、法律学、法律哲学、法学通论、法系、法学流派、法律关系、法律渊源、自然法、实定法、权利、义务、正义、平等、自由、民主以及各个部门

---

① 根据《中国法律图书总目》（中国政法大学图书馆编，中国政法大学出版社1991年版）、《民国时期总书目·法律》（北京图书馆编，书目文献出版社1990年版）以及笔者在国家图书馆、北京大学图书馆、上海图书馆和上海社会科学院图书馆等处收集到的资料作出。

② 详细请参阅何勤华、李秀清主编《民国法学论文精萃》，第一卷，基础法律篇，法律出版社2003年版。

法学中的概念术语，如宪政、公法、公权、私权等。

综观中国近代法理学的诞生与成长过程，可以看到其具有如下六个方面的特点：第一，在法理学领域，译著占了一个很大的比重。第二，翻译的外国法理学著作，主要都译自日本。第三，在中国人自己写的法理学著作中，对历史部分阐述的比重比较大。第四，在法理学教学与研究领域，实用主义倾向很严重，出版了大量的法学通论。第五，理论与实践的脱节比较严重。法理学所探讨和阐明的保障人权、法律面前人人平等、契约平等、民主和自由、三权分立等，在实践中做得都不是很好。第六，中国近代法理学的成果，在经历了70余年时间的历史冲刷之后，仍然保持着其恒久的学术价值，应当是中国现代法理学的学术起点和历史基础之一。

二、法史学

一般认为，中国近代第一篇法史学论著是梁启超于1904年发表的《中国成文法编制之沿革得失》一文。之后，一批关于中国法制史的译著和专著陆续面世，如日本学者浅井虎夫的《中国法典编纂沿革史》（1915年）等。据初步统计，从清末至1949年间出版发行的中国法律史著作有110余种。同时，涉及外国法律史（思想史）的译著、专著和辞书等也有70余种。此外，自清末至1949年，中国学术界在各种法学刊物上面，发表了230余篇法史学类译文与论文。

在上述学术成果中，法制史研究的领域和范围已经十分广泛，涉及中国古代历朝的法律、法令，中国古代各著名法律思想家的学说梳理拾遗，中华法系的历史、特点及其演变，世界各古代法律文明的介绍与研究，近代各资本主义国家如英、美、法、德、日等国的法律的介绍与阐述，等等。

从中国近代法史学的诞生与成长过程来看，其具有如下特点。

第一，中国近代法史学的诞生与成长，是一个由面比较狭窄的刑法史（即历代《刑法志》）向近代型的法律制度整体史转变、体系日益完善的过程。

第二，中国近代法史学的诞生与成长，是一个用西方的观点和方法来梳理和研究中国的材料的过程。除了沈家本之外，其他几位法史学大师，都是法学留学生，如程树德、杨鸿烈、瞿同祖等，因此，就使得他们在其作品中，充分运用了西方法学的观点、体系和方法来探索、研究中国古代的法律。

第三，中国近代法史学的诞生与成长，是一个由单纯运用考证历史法制文献之方法向运用历史方法、比较方法、社会学方法、进化论等研究中国古代法律制度发展的过程。正是多元方法的运用，才使中国学术界研究中国古代法律的状况一改千年一种面貌的《刑法志》模式，转变成为近代型的法律史学。

第四，中国近代法史学的诞生与成长，是一个精品重叠、大师层出的过程。沈家本、梁启超、程树德、丘汉平、杨鸿烈、陈顾远和瞿同祖等人的作品不仅是该学科的奠基之作，也一直影响着今天的法史学研究。

第三节 宪政法学

在中国近代法学发展的潮流中，宪法学、行政法学等公法学也开始崛起，并占据了一个非常显著的地位。其中，宪法学的诞生与发展尤其值得重视。

一、宪法学

20世纪初，随着清末立宪活动的兴起，中国近代宪法学开始诞生。在这过程中，有五个要素发挥了重要作用。一是维新派（康有为等）、革命派（邹容和陈天华等）对采纳西方宪法的倡导和身体力行的传播活动。[①] 二是涉及宪法内容的法律教育的展开。三是西方宪法学著作与教材的大量引进，至20世纪30年代中叶，中国引入的西方和日本宪法学著作和教材已达40余种。四是有关宪政的刊物的出版发行，如《宪法新闻》（1913年创刊）、《宪法论丛》（1924年创刊）等。五是中国立宪活动的展开以及与这一活动相配合的中国学者编写的宪法作品的出版。

综观中国近代宪法学诞生与成长过程以及其作品，我们可以看到其具有如下几个鲜明的特征：受外国宪法理论和宪政实践的影响非常大；在宪法研究中争论比较激烈，涉及重大课题比较繁多，如关于君主立宪与民主共和的争论、关于联邦制与省宪的争论、关于五权宪法的争论等；各界参与宪法争论和学术探讨比较多，当时的社会名流，几乎都对此发表了自己的看法；与其他学科相比，成果比较多，仅宪法研究方面的论文，总数就有2500余篇；比较宪法研究活跃，成果突出；宪法研究中的中国传统烙印比较深，这一点在“五权宪法”研究领域尤为突出；宪法的理论与实践之间有一定距离。

二、行政法学

1905年至1914年，日本学者织田万主持编写了《清国行政法》一书，对中国清末以及当时中国的行政管理体制作了系统梳理，从而导致了中国近代行政法学的诞生。

---

① 何勤华、李秀清：《外国法与中国法——20世纪中国移植外国法反思》，中国政法大学出版社2003年版，第31页。

从 1902 年东京译书社出版了第一本中文版的行政法译著《比较行政法》[①]，到 1907 年，中国出版的行政法译著共有十余种。随后，中国学者自己撰写的行政法著作也开始陆续面世。至 1949 年，中国共出版行政法专著、译著、教材等约 450 种。同时，学术界还发表了有分量的行政法学论文、译文约 120 篇。[②] 与此同步，关于行政法的教育活动也开始兴起。

在上述行政法研究和教学展开的基础之上，中国近代行政法学得以诞生并迅速成长，至 20 世纪 40 年代终于基本定型。在此过程中，呈现出了如下特点：

第一，从仿照日本行政法学模式到逐步本土化。例如，当时中国行政法学的代表作——白鹏飞的《行政法总论》，与日本美浓部达吉的早期著作《行政法总论》[③]有诸多相似之处。当然，在舶来的学术框架之内，中国学者也结合中国的具体国情作了一些思考与改革，力图使近代西方的行政法学日益本土化、中国化。例如，当时的学术界就曾将孙中山的三民主义、五权宪法以及建国大纲等内容融入行政法学研究之中。

第二，比较重视方法论的研究。例如，赵琛在《行政法总论》中，就运用了分类研究的方法，参照五权制度，将行政分为纯粹行政、立法行政、司法行政、考试行政、监察行政 5 部，而将纯粹行政又分为内政、外交、实业、财政、教育、军事、交通等 7 编。[④]

第三，行政法史研究开始起步。这方面最可称道的就是织田万的《清国行政法》。学界通识，中国古代虽然没有现代意义上的行政法，但中国作为一个具有几千年文明史的庞大帝国，其治理和运作，必然需要建立一批高效齐全的行政机关，配置数量众多的官吏。因此，中国古代对官吏规制的法律、法令、条例、规章等十分健全。而对这些内容的研究，是中国行政法研究所不可回避的。《清国行政法》就做了这件工作。

第四节 民商法学

随着民法的传入，西方民法学也开始进入中国。1902 年，由基督教会所设立之上海广学会出版了《泰西民法志》[⑤]，这是中国正式引入的第一部西方民法学专著。

① 英文为 Frank. J. Goodnow，*Comparative Administrative Law*，美国纽约哥伦比亚大学教授葛德奈（也译为“古德诺”）原著，[日] 浮田和民译，白作霖译述，东京译书社 1902 年版，上海民友社 1913 年再版。主要内容为：一、分权论；二、中央行政论；三、地方行政论；四、官吏之法律；五、行政部之作用；六、行政部之监督等。

② 详细参见何勤华、李秀清主编《民国法学论文精萃》，第二卷，宪政法律篇，法律出版社 2002 年版。

③ [日] 美浓部达吉：《行政法总论》，黄屈译，上海民智书局 1933 年版。

④ 赵琛：《行政法各论》，上海法学社 1932 年版，第 3-5 页。

⑤ [英] 甘格士：《泰西民法志》，胡贻谷翻译，蔡尔康删订，上海广学会 1902 年出版。

之后，在沈家本主持下，修订法律馆开始大量地翻译引进西方尤其是日本的民法学著作，如梅谦次郎的《民法讲义》等。至1949年，中国已出版各种民商法学的教材、专著和资料汇编等约1200种。此外，民国时期中国学术界还发表了众多民商法学的论文，总数有2500余篇。①

在民商法学成果出版发表的同时，中国的民商法教育活动也开始勃兴。凡是设置有法律系或法学专业的大学，都开设了民法和商法的课程。在上述背景之下，中国近代民商法学开始形成并日渐壮大。在中国近代民商法学形成和发展的过程中，严献章、熊元楷、黄右昌、李祖荫、李宜琛、胡长清、曹杰、李谟、梅仲协、余棨昌、王效文、王孝通、史尚宽等人的成果具有重要的意义，做出了重要贡献。

在中国近代民商法学的成长过程中，呈现了如下特点。

第一，中国近代民商法学，是在继受大陆法系民商法学成果的基础上诞生与发展起来的。

第二，中国近代民商法学也保留了不少中国传统社会的民事规范意识或礼教的思维，如余棨昌在《民法要论·亲属继承》一书中对中国传统礼教以及婚姻家庭规范体系就十分怀念，反对中国民法一味模仿西方。

第三，在中国近代民商法作品中，民法学的成果比较突出，而商法的研究比较薄弱。其原因在于，中国制定民法典时，追随世界立法新潮流，采民商合一体制，没有制定商法典。这样，作为以实定法为基础的法解释学的一个分支——商法学，就失去了文本依据。

第四，条文释义和教材类等民商法注释学的作品多，专题研究的专著比较少，其研究问题的深度也尚停留在比较初步的阶段。与此相联系，比较民商法研究已经展开，但成果不多，水平也不高。

综上所述，在总体上，经过民国时期法学界的共同努力，中国近代民商法学的框架体系已经确立。但由于民法典及各单行的民商事法律颁行的时间不长，学术界对民商法的研究还停留在初级阶段。

第五节 刑事法学

作为一个法域的中国刑法尽管诞生很早，但“刑法”一词却不是中国的产物，它是近代从西方传入日本，并经日本而传入中国的。同样，具有近代“刑法”内涵（如罪刑法定、法不溯及既往、罪刑相适应、刑罚的人道主义等）的刑法学科也是近代西方的产物，并经日本传入中国的。

① 详细请参阅何勤华、李秀清主编《民国法学论文精萃》，第3卷，民商法律篇，法律出版社2004年版。

比较早在中国出版的具有近代意义的刑法学译著与专著有李碧编《刑法各论》（湖北法政编辑社 1905 年）、熊元翰编《刑法总则》（安徽法学社 1912 年）等。之后，刑法学的译著与专著就大量面世。据初步统计，从清末至 1949 年，中国共出版刑法学译著、专著和教材共 900 余部，主要有牧野英一著《日本刑法通义》（陈承泽译，上海商务印书馆 1912 年）①、王觐著《中华刑法论》（北京朝阳学院 1925 年）②、赵琛著《新刑法原理》（上海中华书局 1930 年）、郭卫著《刑事政策学》（上海法学编译社 1933 年）等。

在刑法学著作大量出版的同时，学术界也发表了众多的论文。据统计，自清末修律至 1949 年，中国共发表了刑法学的论文 1700 余篇。③

在刑法研究活动展开并取得诸多成果，以及刑法教育蓬勃发展的基础上，中国近代刑法学开始诞生，并日益成长。在此过程中，沈家本、王宠惠、王觐、董康、郭卫、夏勤、赵琛、许鹏飞、陈文彬、潘恩培、蔡枢衡、李剑华、孙雄等学者及其作品起了巨大的作用。

中国近代刑法学具有如下特点：

第一，中国近代刑法学的理论体系以及概念术语，基本上都来自日本。

第二，刑法总论（总则）的研究，一般集中在刑法之基本问题、犯罪论、刑罚论三大领域。而分则研究主要集中于对刑法规定的各种犯罪进行阐明上。

第三，刑法史和比较刑法学的研究已经起步。前者如沈家本的《历代刑法考》，后者如董康的《刑法比较学》、许鹏飞的《比较刑法纲要》等。

第四，国外最新的刑事法研究成果，如刑事人类学派龙伯罗梭的学说，刑事社会学派包括犯罪社会学的作品，刑事心理学派（犯罪心理学）等，已经被组合进了中国近代刑法学之中。在监狱学领域的一些最新理论和实际做法，也已被介绍引进了中国。

第五，在刑事政策学和犯罪社会学研究方面，其专著和教材，大大多于新中国 50 多年的总和。这些成果，尽管带有浓厚的模仿外国作品的色彩，但毕竟已经结合了中国的实际，开启了中国刑事政策学和犯罪社会学研究的进程。

---

① 该书已由中国政法大学出版社于 2003 年重新勘校出版（李克非勘校）。

② 该书已由中国方正出版社于 2004 年重新勘校出版（姚建龙勘校）。

③ 民国时期刑法学的这些论文，已经由华东政法大学法律史研究中心汇编出版。参见何勤华、李秀清主编《民国法学论文精萃》，第四卷，刑事法律篇，法律出版社 2004 年版。

第六节 诉讼法学

一、民事诉讼法学

1905年，中国出版了第一本民事诉讼法著作，即欧阳葆真等编《民事诉讼法》(湖北法政编辑社)。之后至1949年，中国共出版了600余部民事诉讼法的专著、译著和教材。除此之外，民国时期还发表了许多民事诉讼法的论文和译文，总数达450余篇。①

在民事诉讼法研究活动展开、著作和论文不断面世的同时，民事诉讼法的教学活动也被纳入了各大学和法科专门学校的课程体系之中。在法学界的努力之下，中国近代民事诉讼法学开始孕育，并日渐成熟。在此过程中，熊元襄、石志泉、邵勋、邵锋、郭卫、施霖、戴修瓒、王去非等人的作品起着非常重要的作用。

近代民事诉讼法学的成长，具有一些鲜明的特点：如基本上是在学习日本民事诉讼法学的基础上形成的；解释条文者多，理论分析的作品少；该时期的著作或教材，在体系结构上基本大同小异；从事民事诉讼法的教学与研究者，以留学生和法院的法官为主体，使其带有或编译或实务的特点；对民事诉讼领域的问题基本上都已经有了梳理，等等。这些学术上的积累为中国现代民事诉讼法学的发展奠定了基础。

二、刑事诉讼法学

1903年，萧仲祁编译出版了《刑事诉讼法》。1905年，邹麟书、王学铭、周仲曾又合作出版了《刑事诉讼法》。这样，刑事诉讼法作为中国近代法学中的一门学科，开始登上了历史舞台。至1949年，中国出版的各种刑事诉讼法专著、译著和教材等，共达400余种。

与此同时，刑事诉讼法教育也在同步进行。在1906年开办的京师法律学堂所开设的课程中，刑事诉讼法被列为第二和第三学年的课程，每周一般为4课时。之后，全国各大法律院校，都将刑事诉讼法作为课程体系中不可或缺的重要内容。②

近代刑事诉讼法教育的进行，引发了编写教材、从事科研等活动的展开，学术界与法律教育界利用各种刊物，发表了众多的刑事诉讼研究论文。据统计，从清末至1949年，这类论文共600余篇。③

①③ 详细参见何勤华、李秀清主编《民国法学论文精萃》，第五卷，诉讼法律篇，法律出版社2004年版。

② 何勤华：《中国近代法律教育与中国近代法学》，载《法学》2003年第12期。

在中国近代刑事诉讼法学诞生与成长过程中，郑保华、夏勤、陈瑾昆、孙绍康、康焕栋、徐朝阳等法学家及其作品起了重要的作用。总体而言，近代刑事诉讼法学具有如下特点。

第一，深受日本刑事诉讼法学的影响。该学科的一批学术带头人如熊元翰、夏勤、陈瑾昆、戴修瓒、蔡枢衡等，几乎清一色的都是日本法科留学生。

第二，在理论深度和研究方法上，都带有比较幼稚的痕迹。一是条文注释性著作比较多；二是对各国的司法制度以及刑事诉讼程序的介绍比较多；三是对近代刑事诉讼法中的一些重要课题的专项研究的成果不多。在研究方法上，注释的方法运用得比较多，而比较的、哲学的、社会学的方法运用得就比较少。

第三，在中国刑事诉讼法学形成和定型过程中，对检察制度的存废问题曾有过激烈的争论。如法学会杂志社的《论检察制度之不可废》（1914 年），雷彬章的《论检察制度之应废》（1924 年），张乐山的《检察制度存废问题》（1925 年），朱鸿达的《检察制度论》（1925 年），黎藩的《检察制度存废论》（1929 年），守新的《论检察制度之必不可废及其改善方策》（1930 年），若愚的《检察制度之革新策》（1930 年）等。这场争论，最后以主张保留检察制度一派的胜利而结束。

第四，刑事诉讼法学家的专业领域都比较宽。如夏勤，除了刑事诉讼法的业绩之外，还对宪法有较为深入的研究，出版有《宪法中的司法制度》等作品，并对民商法有专门研究，发表有《无过失损害赔偿责任论》（1930 年）和《新民法之渊源》（1931 年）等论文。

第七节 国 际 法 学

中国近代国际法学的诞生与成长，走的是一条移植西方国际法学然后日渐本土化的道路。

一、中国近代国际法学的诞生与成长

最早将国际法引入中国的是西方传教士。美国传教士丁韪良于 1864 年翻译出版的《万国公法》一书，是中国第一本完整出版的西方国际法著作。进入 20 世纪以后，中国学术界进一步加快了引进西方国际法的进程。推出了《平时国际公法》、《战时国际公法》（分别由叶开琼和张福光编译，湖北法政编辑社 1905 年）、山田三良著《国际私法》（李倬译，上海商务印书馆 1913 年）[①]、加藤著《海商法》（孙志

① 该书已由中国政法大学出版社于 2003 年重新勘校出版（陈柳裕勘校）。

曾等译，长沙集成书社 1913 年)、《华洋诉讼判决录》(直隶审判厅编，北洋印刷局 1918 年)[①] 等。

至 1949 年，在中国出版的国际法的译著与专著、教材，林林总总已达 1045 种，尚不包括各种国际公约和中外双边条约（单行本和汇编）、联合国各种会议文件汇编、各种表格、报告书、建议书和协定书等。此外，在这一时期，学术界还发表了约 540 篇国际法方面的论文。[②]

在出版著作、发表论文的同时，国际法教育也蓬勃兴起，并成为带动其他学科教育的示范科目。在学术界的共同努力之下，中国近代国际法学科由此诞生，并日益成长，至 20 世纪 30 年代末基本定型。

二、中国近代国际法学发展的特点

中国近代国际法学发展的特点大体有如下几个方面：1）译著占有较大的比重，尤其是在起步时期，几乎是清一色的译著和编译的作品；2）从事国际法教学与研究者，几乎全部是法科留学生；3）在整个国际法的作品中，国际公法的数量大大多于国际私法；4）涉及战时国际法的作品数量比较多（由于中国近代一直处在战争环境之中）；5）关于不平等条约和领事裁判权的论著比较多；6）对国际法和国际法学史的翻译、编著的成果比较突出；7）理论与实践的严重脱节。这是由于一方面，西方列强高举着尊重各国主权、互不干涉内政、互不侵犯他国领土等国际法的旗帜；另一方面，西方列强又将一个个不平等的条约强加于中国人民头上。因此，在中国近代国际法学形成和发展过程中，给世人一种强烈的理论与实践始终不能一致的感觉。

第二部分　中国现代法学的成长与变革

1949 年中华人民共和国的成立，使中国现代法和法学发生了重大转折，从民国时期的步大陆法系的后尘、走资本主义法治建设之路，到转向了学习苏联，以马克思列宁主义为理论基础，具有中国特色的社会主义法和法学的道路。

第一节　新中国重大历史事件与法和法学的变革

新中国成立以后，发生了许多重大的历史事件，这些事件，对中国的法学发展、

① 该书已由中国政法大学出版社于 1998 年点校重印出版（何勤华点校）。

② 何勤华、李秀清主编：《民国法学论文精萃》，第六卷，国际法律篇，法律出版社 2004 年版。

变革产生了巨大影响，也在一定程度上左右了中国法学的面貌和前进方向。

一、废除国民党《六法全书》

1949 年 2 月 22 日，中共中央下发了《关于废除国民党的〈六法全书〉和确定解放区司法原则的指示》（简称《指示》）。《指示》全文不长，一千多字，但里面的几个核心观点异常重要。

第一，“废除国民党的《六法全书》，人民的司法工作以人民的新的法律作依据”。第二，“在人民的新的法律还没有系统地发布以前，则应该以共产党的政策以及人民政府与人民解放军所已发布的各种纲领、法律、命令、条例、决议作依据”。第三，“司法机关应该经常以蔑视和批判国民党《六法全书》及其他一切反动法律、法令的精神，以蔑视和批判欧美日本资本主义国家的一切反人民的法律、法令的精神，来从事法制建设”。

目前，学术界对废除国民党《六法全书》的是非得失开始了讨论，许多学者认为，这一历史事件在当时具有必然性。也有些学者认为：《指示》是一个“鲁莽的行为”，是一种“倒洗澡水时连同婴儿一起倒掉”的极端行为，违背了法和法学发展的继承性规律，它所造成的最大危害首先是中断了中国法制现代化的历史进程；其次是强化了中国蔑视法律的民族传统心理，成为之后中国法律虚无主义思潮泛滥的根源。

二、苏联法和法学全面进军中国

国民党《六法全书》的废除，为苏联法和法学全面进军中国留出了巨大的空间。

从 1950 年至 1957 年，中国聘请了数百位苏联专家来中国高等院校任教。其中，仅中国人民大学就有 99 人次的苏联专家前来执教，这当中，法律专家共聘请了 40 多人次。

与聘请苏联专家同步，中国向苏联派遣了多批法科留学生。据《中华人民共和国教育大事记》和《中国教育年鉴》等资料记载，自 1951 年至 1959 年，中国派往苏联的留学生总数不下 2000 余人，而学习法律者也有 50 多人。

在此过程中，苏联法学著作和法学教材开始大批涌入。自 1952 年至 1956 年，中国共引进、翻译、出版了 400 余种苏联的法学教材和著作，以及一批教学大纲。

通过以上三个方面，苏联法和法学被全面移植进入中国。之后，随着中苏关系的恶化，这股移植浪潮开始慢慢消退。但是，苏联法的影响被保留了下来，一直到现在。

三、1954年宪法的制定及其法学意义

1953年1月13日，中央人民政府委员会第20次会议作出决定，成立以毛泽东主席为首的宪法起草委员会，有委员33人。随后又成立了由董必武、彭真、陈伯达等8人参加的宪法研究小组。此外，还聘请了著名法学家钱端升、周鲠生等担任顾问。

1953年底，毛泽东率领陈伯达、田家英、胡乔木等人到达杭州，开始了正式起草宪法的工作。从1954年1月9日到3月9日，经过两个多月的努力，完成了100条条文的草稿。对此草稿，经过中央、宪法起草委员会等多次上上下下的讨论，于1954年9月20日，获第一届全国人民代表大会的一致通过，予以颁布实施，这就是1954年宪法。

1954年宪法的制定，具有重要的历史意义。一方面，它所确立的各项治国安邦的制度和原则，奠定了新中国社会主义宪政的基础；另一方面，它所确定的“公民在法律面前人人平等”，“人民司法机关独立行使审判权”等法治原则，为新中国的法治建设开辟了道路；此外，1954年宪法的制定具有广泛的群众基础和民主底蕴，在起草宪法过程中，参与讨论的人数达一亿五千多万人，提出的修改意见有一百多万条。在此基础上形成的民主和法治氛围，显示了中国法治建设的光明前景。[①]

四、“文化大革命”对中国法和法学的摧毁

经历了1957年的“反右”和1958年的“大跃进”的政治动荡之后，中国又经历了1966年5月爆发至1976年10月结束的十年“无产阶级文化大革命”，这是新中国历史上的一场浩劫，也是中国法和法学发展史上的一场灭顶式灾难。

一方面，中国的立法工作全面中断；另一方面，执法工作也遭摧残。在“砸烂公、检、法”的口号下，1968年12月全国的检察院系统被撤销，法院也停止了工作，只有公安机关还在勉强运转。此外，法律教育也受到了毁灭性的打击，全国的政法院系除了北京大学、吉林大学的两个法律系和西南政法学院尚未被撤销（但也已经停止招生）之外，其他所有的政法院系都被解散，法律人才的培养彻底被终止了。

十年“文化大革命”对中国法和法学的摧残，还远远不止这些。

第一，仅有的一点法律秩序也被彻底摧毁。刘少奇，作为国家主席，在没有经过任何法律程序的情况下，被红卫兵造反派揪出去押赴到群众大会上批斗，并随之

---

① 关于1954年宪法起草颁布等的详细情况，可以参阅韩大元编著《1954年宪法与中国宪政》，武汉大学出版社2004年版；许崇德著《中华人民共和国宪法史》（上、下卷），福建人民出版社2005年版。

被关押，被折磨而死。

第二，任何人，都可以成为立法者、执法者，如以“四人帮”之一的王洪文为首的“上海工人革命造反总司令部”（简称“工总司”），充其量也只能算是一个造反派组织，但是它的一些规定就可以约束、管制整个上海市工人（乃至市民）的行为。“工总司”又大量私设“刑房”、“公堂”，仅在上海柴油机厂里，就达 50 多处，刑具达几十种之多。

第三，中国的法律文化、法律学术，几乎也被摧毁殆尽。“文化大革命”期间，中国没有公开出版过一本法学专著和教材，没有出版过一份法学杂志，没有翻译过一本国外的法学著作，学术积累等于零。

第四，一批著名的法学家遭受摧残，不仅像杨兆龙、韩德培等民国时期留洋回国的法学家受到批判，甚至被关入监狱，就连中国共产党自己的“红色法学家”如张友渔、潘念之、何思敬等也遭到了否定。

因此，十年“文化大革命”留给中国法和法学发展的教训实在是太惨痛了，必须永远铭记在心。

五、十一届三中全会与中国法和法学的复兴

1978 年 12 月 18 日至 22 日，中国共产党召开了十一届三中全会。它确立了解放思想、改革开放的基本路线，较为彻底地摆脱了近三十年“左倾”思想的统治，中国的法治建设开始不断攀登新的台阶。

首先，中国的立法事业得以稳步推进。截至目前，中国现行有效的法律共有 230 多件；现行有效的行政法规近 600 件，地方性法规 7000 多件，以宪法为核心的中国特色社会主义法律体系已经基本形成。

其次，中国的依法行政和司法改革也取得了巨大的成就。1989 年通过了第一部“民告官”的法律《行政诉讼法》，标志着行政机关要从高高在上的地位走向与民众平等的地位。接下来颁布实施的行政处罚法、行政许可法、国家赔偿法等，为依法行政创造了良好的条件。与此同时，在司法领域，中国的检察机关于 1978 年得以恢复，法院审判重新受到社会各界的重视，取得了许多预期成果。

再次，法学教育和法学研究取得了丰硕的成果。1977 年，北京大学、吉林大学和湖北财经学院等三所大学的法律系开始招生。经过 20 多年的发展，至 20 世纪末，中国已经有 600 余所大学拥有本科以上法律专业的招生权，在校生接近 40 万。法学类研究生（包括法律硕士 JM）每年招生人数也已达 3 万余人。①

① 这个数字至 2013 年又有增长，即拥有本科以上法律专业招生权的高校已经达到 700 余所。

在法学研究方面。中国每年有近 1500 种法律著作出版，发行法律专业杂志近 200 种，每年有近百种译著出版。在学术团体方面，到现在仅由中国法学会代管的研究会就有 50 多个。在高层次法律人才的培养方面，全国仅一级学科的法学博士点就有 40 余家。

总之，十一届三中全会的召开，以及之后“法治与人治”大讨论、中南海举办法制讲座和“依法治国”方略的确立等，给中国法学的发展带来了春天，带来了生命，带来了活力。可以这么说，改革开放催生了法治，而法治又改变了中国。

第二节　法学研究的学术积累

一、基础法学

（一）法理学

1. “法理学”一词在新中国的变迁

新中国成立以后，“法理学”一词的使用废止了，在讲授法律理论时，教师们用的是“国家与法（权）的理论”，这种用法一直延续到“文化大革命”结束之后。北京大学法律系于 1978 年开设的法理学课程的名字，就叫“国家与法的理论”。1980 年，北京大学法律系的老师将法理课的名称改为“法学基础理论”，并于 1981 年编写出版了全国第一本以之命名的教材《法学基础理论》（陈守一主编，张宏生副主编，北京大学出版社）。在接下来的十多年中，“法学基础理论”这一名称遂为全国各法律院系所沿用。

在 20 世纪 80 年代中后期，中国法学界有人开始使用“法理学”一词，以取代“法学基础理论”的用法。从现有资料来看，在书名中首先出现“法理学”一词的是李达的著作《法理学大纲》（法律出版社 1984 年版）。而第一本以“法理学”命名的著作是万斌编著的《法理学》（浙江大学出版社 1988 年版）一书。[①] 同年，吴世宦主编的教材《法理学教程》也采用了“法理学”的名称。

进入 90 年代以后，“法理学”的名称逐渐为法学界所普遍接受。

2. 法理学内涵的确定和法理学教学的展开

法理学的名称虽然出现了，但学术界对法理学内涵的认识是不一致的。在百度网上的最新解释是：法理学（Jurisprudence），是以整个法律现象的共同发展规律和共同性问题为研究对象的学科。

---

① 在此之前，《法学》1983 年第 4 期发表了陈学明的《法理学初议》一文，明确提出应将“法学基础理论”改为“法理学”。

20 世纪 90 年代，法理学被教育部法学教育指导委员会确定为 14 门法学主干课之一，全国几乎所有的法律院系都开设了这门课。

3. 法理学研究的深入

首先，研究成果突出，学术积累厚实。仅 1999 年至 2008 年的 10 年间，法理学界就发表学术论文近 6000 篇，出版学术专著 200 余部，还翻译出版了近百部国外法理学的著作。在这 10 年中，法理学界还召开各种学术研讨会近 50 次。自 1990 年中国法学会法理学研究会以团体会员的身份加入了国际法哲学与社会哲学协会（IVR）之后，中国就定期地派员参加该协会的每次学术研讨会。①

其次，各个专题研究如马克思主义法理学、西方法理学、人权法、法理学的方法论研究等逐步深入，法理学领域内的学术讨论与学术争鸣日趋活跃，并取得了不少成果。②

4. 法理学发展的展望

对法理学学科发展的展望，大体上可以分为五个方面：第一，对西方法理学的借鉴和吸收将持续下去；第二，对古代法理学遗产的继受将会进一步引起学界的重视；第三，法理学研究中方法论的运用会愈来愈活跃；第四，部门法理学的研究会进一步加强，刑法哲学、民法哲学、宪法哲学等研究受到学界追捧；第五，法理学自身的各项理论问题，如人本法律观、和谐法治、法制现代化、人权保障、民间法与习惯法、法治与社会公平、法律文化、法律移植和法律解释等，也会引起学者的重视。

（二）法史学

在中国目前的语境中，法史学包括了中、外法制史，中、西法律思想史，法学史，法学思潮和法学流派的历史研究等。

1. 新中国法史学的起步

20 世纪 50 年代初，中国人民大学法律系开设了法制史的课程，有“中国国家与法权通史”和“苏维埃国家与法权通史”等。与此同时，1950 年 9 月，中国人民大学法律系招收了新中国第一批法制史研究生，共 4 人，即张晋藩、孙丙珠、胡大展和关子健。

除教学之外，研究活动也逐步展开，《华东政法学报》（后改名《法学》）、《政

---

① 刘雪斌、李拥军、丰霏：《改革开放三十年的中国法理学：1978～2008》，载《法制与社会发展》2008 年第 5 期。

② 按照张恒山主编的《共和国六十年法学论争实录·法理学卷》（厦门大学出版社 2009 年版）的总结，新中国成立后，在法理学界共发生了“关于法的继承性”、“关于法的本质问题”、“关于法律平等”等 10 次比较大的学术争论。

法研究》、《新建设》、《历史研究》、《历史教学》和《人民日报》、《光明日报》等报刊先后发表了一批论文，但数量不是很多。

2. 改革开放以后法史学学科的迅速发展

1979 年 9 月，法史学 4 个学科的专家学者齐聚吉林大学，成立了改革开放以后中国法学界第一个学术团体“中国法律史学会”。1982 年又成立了“全国外国法制史研究会”。全国统编教材《中国法制史》和《外国法制史》也于这一年相继出版。

与此同时，继 1978 年北京大学和中国人民大学分别招收改革开放之后的第一届法律史研究生之后，1981 年，华东、西南、西北等政法学院，以及安徽大学、吉林大学等，也相继开始招收法制史专业的研究生。1984 年，张晋藩在中国政法大学招收了新中国首批法制史专业的博士研究生，他们是郑秦、怀效锋和朱勇。2000 年，华东政法大学获得了法律史专业的博士生授权点，成为北京地区以外的第一个本专业博士点。

在法史学的学科建设方面，改革开放以来有了长足的发展。其中，中国法制史发展最为迅速，外国法制史学科的发展也令人瞩目，至 2013 年 9 月，该学科已经召开了 26 届年会，对“法的移植与法的本土化”、“20 世纪西方民商法的变革”、“多元的法律文化”、“英美法系及其对中国的影响”和“法与宗教的历史变迁”等专题进行了深入的讨论，年会专题论文集已经出版至第 16 卷。[①] 与此同时，中国法律思想史、西方法律思想史、法学史等分支学科，也在 20 世纪 80 年代中叶之后崛起。

3. 法史学所存在的问题和发展前景

进入 21 世纪以后，法史学的发展出现了一些新的情况。一方面，法史学领域里的学术讨论和争鸣日益趋向平稳。另一方面，法史学各门课程的教材编写数量虽然众多，但质量高的不是很多。在法史学的学术研究方面，避难就易的现象也比较突出，如中国法制史的硕士、博士论文都集中在中国近代和民国的法律制度史；在外国法制史领域，致力于人文底蕴比较深厚的四大文明古国法律制度以及研究比较薄弱的中世纪法制史的比较少。

二、公法学

（一）宪法学

新中国宪法学的起步，源自对 1949 年 9 月 26 日通过的《中国人民政治协商会

① 关于新中国外国法制史学科的发展，详细可以参见何勤华：《新中国外国法制史学 60 年》，载《河南政法管理干部学院学报》2011 年第 4 期。

议共同纲领》和《中央人民政府组织法》等的学习研究，以及苏联宪法学的移植。

1. 新中国宪法学的历程

1978 年以后，宪法学的教学和研究得到了恢复。伴随着 1982 年宪法的制定，宪法学研究出现了空前繁荣的局面，推出了吴家麟主编的统编教材《宪法学》（1983 年），许崇德、何华辉著《宪法与民主制度》（1982 年）等作品。同时，中国的宪法学教学也开始恢复，开设了宪法学、中国宪法史、比较宪法等课程。①

1985 年，中国法学会宪法学研究会成立（2011 年 10 月，改名“中国宪法学研究会”）。至 1989 年，经过十多年的恢复期，中国的宪法学科基本形成。进入 21 世纪，宪法领域里一些重大事件的出现，如《立法法》等法律的颁布、中国加入世界人权公约、“齐玉苓”案、孙志刚事件等，如人权保障、私有财产的保护等纳入宪法，等等，为宪法学研究提供了丰富的素材。同时，宪法研究也进入了一个日益繁荣的阶段。发表的论文数量每年都在 500 篇以上。

2. 宪法学的主要研究领域和课题

在新中国宪法学发展的 60 多年中，宪法学界探索和讨论比较集中的问题主要有：宪法的概念和效力、宪法的本质属性（阶级性）、宪法与社会主义改造、宪法与公有制、宪法在建设社会主义法律体系中的地位（基础作用）、宪法与社会主义民主政治、中国的国家结构形式、中国公民的基本权利和义务、宪法实施的保障、宪法序言的法律效力、宪法的基本原则、违宪审查制度、关于议行合一原则的体现、“一国两制”与宪法、宪法的司法化，等等。

3. 宪法学的展望

一方面，当下中国宪法学研究的模式，已经发生了很大的变化。比如，过去只关注宪法文本的阐释，现在则开始重视宪法运作的研究；过去宪法学研究只关注“人民”、“国家”等宏观概念，现在则更加重视个人的宪法权利，即从整体主义转移到了个体主义。另一方面，新中国 60 多年宪法学的发展，虽然取得了重大成就，但宪法学者还有很长的路要走。2011 年 10 月 27 日，中国宪法学研究会会长韩大元在接受《检察日报》记者采访时说，在“十二五”期间，宪法学研究将继续面临两个重要的课题：一是认真总结宪法在中国发展的经验，为进一步深入研究宪法学寻找起点；二是对正在发生的社会转型和宪法范式的转型提供具有说服力的理论基础，为建立中国化的宪法学寻找理论和实践基点。②

① 姜明安执编《中国法学三十年（1978～2008）》，中国人民大学出版社 2008 年版，第 63 页。

② 刘卉：《宪法学应成为推动法治进步的“新的知识增长点”——访中国宪法学研究会会长韩大元》，载 2011 年 10 月 27 日《检察日报》。

（二）行政法学

1. 新中国行政法学的历程

中国当代的行政法学研究是从改革开放以后起步的。1983 年，出版了新中国第一本统编教材《行政法概要》（王珉灿主编，法律出版社）。之后，一些法律院系也编写了自己的行政法教材。1982 年安徽大学、1983 年中国政法大学开始招收行政法专业的研究生。1985 年成立了中国法学会行政法学研究会。1989 年出版了第二本行政法统编教材《行政法学》，行政法学的理论范畴、概念体系和基本原则初步确立。1993 年创办了专业刊物《行政法学研究》。同年，北京大学、中国政法大学、中国人民大学开始招收行政法方向的博士生。

21 世纪以后，中国的行政法治建设和行政法学研究获得进一步发展。一方面，行政法硕士点、博士点的数量进一步增加，行政法学研究机构不断创建，行政法学研究的出版物不断创刊，行政法学体系大备。另一方面，新的领域不断被开拓，新的研究方法不断被尝试，重大学术观点不断被提出，行政法学研究充满了活力。出现了为人民服务论、公共利益本位论、平衡论、控权论、新管理论等学说观点，对部门行政法和行政规制的研究走向深入。行政法学的学术交流异常活跃，建立了东亚行政法学会、海峡两岸行政法学研讨会等定期的学术交流平台。出版了应松年主编的《当代中国行政法》（方正出版社 2005 年）、姜明安和余凌云主编的《行政法》（科学出版社 2010 年）等代表行政法学知识水平的鸿篇巨制，也出现了一批具体而微、扎实深入的研究著作。

2. 行政法研究的主要领域和课题

行政法研究起步之时，学界关心的问题主要是行政法学科的独立性和体系的完整性。例如，什么是行政法？怎样理解行政手段、经济手段和法律手段的相互关系？怎样阐明中国民法、经济法和行政法的相互关系？怎样阐明行政法学和行政管理学的相互关系？同时，也探讨行政法制建设的一些基本问题，如哪些国家机关享有行政立法权？如何建立和健全行政诉讼制度？等等。

随着行政法学研究的深入，“行政法治”被确立为行政法学的基本旨趣和根本原则。学界分别从行政组织、行政行为、行政程序和行政救济等方面，努力建构行政法的规则体系。其中，行政处罚、行政许可、行政强制、行政诉讼、行政复议和行政赔偿通过立法得到了规范；围绕行政诉讼的实施状况和具体制度，做了大量研究。行政法的具体原则也得到深入讨论，比例原则、正当程序、信赖保护等原则被引入行政法。一部全面规范行政行为的法典，即《行政法通则》或者《行政程序法》，是行政法学研究面临的艰巨任务。

3. 行政法学的发展前景

1989 年的《行政诉讼法》将中国的行政法治建设带入了一个新的阶段。“依法治国”、“法治中国”尤其是“法治政府”目标的提出并要求在 2020 年基本建成，给中国行政法学研究带来了巨大的推动力，也昭示了乐观的前景。对部门行政法和行政规制的研究预示了行政法学新的生长点。未来的行政法学研究将更注重“真实世界中的具体问题”，更加关心“良好的行政”，更多引入社会科学的研究方法。

（三）刑法学

1. 新中国刑法学的坎坷经历

1950 年，中国翻译出版了苏联司法部全苏法学研究所主编的《苏联刑法总论》（上、下册，彭仲文译，上海大东书局）等一批苏联刑法教科书和著作。随着中国刑事立法的启动，对中国刑法的研究也开始出现。1951 年，分别出版了吴从云的《惩治反革命条例讲解》（上海劳动出版社版）和江庸的《中华人民共和国惩治反革命条例解说》（大众法学出版社）等。①

1979 年 7 月，新中国第一部刑法颁布（1980 年 1 月 1 日起实施）。1997 年 3 月 14 日作了第一次修订。之后，中国主要通过颁布刑法修正案的方式修改补充刑法典，以适应处在转型时期中国社会的发展需求。至 2011 年，中国已经颁布实施了八个“刑法修正案”。在这一过程中，回答和解决刑事立法中提出的各种问题的刑法学研究也获得了迅速发展，推出了众多的成果。

2. 刑法学研究的重大理论问题

虽然，中国近现代刑法学研究受到外国的重大影响，但在新中国刑法学的发展征途中，中国学者关注和讨论的主要是社会发展变化所带来的现实问题，如刑法的基本原则、犯罪概念、犯罪构成、法律类推、因果关系、罪过、正当防卫、犯罪停止形态、共同犯罪、刑事责任、刑罚目的、刑罚种类、自首、数罪并罚、刑法分则体系、廉政建设与刑法的适用、刑法的修改和完善、市场经济体制下的新型犯罪、对外开放与刑法研究、经济犯罪与惩治、中外刑法的比较、中国区际刑法、国际刑法与国际犯罪、新类型犯罪、职务犯罪、法人犯罪、死刑的司法限制和立法削减等。通过研究，不仅为中国的刑事立法提供了对策和建议，而且也催生了一大批刑法研究成果。

① 参见高铭暄、赵秉志主编《新中国刑法学五十年》，上册，中国方正出版社 2000 年版，第 4–8 页。

3. 新中国刑法学的特点

在新中国刑法学发展的过程中，形成了一些鲜明的特征。第一，刑法学研究为刑法改革提供了重要的理论准备。第二，刑法学研究紧密联系刑事司法实践。第三，注释刑法学与理论刑法学并存的格局逐步形成。第四，国际刑法和区际刑法研究得以拓展。第五，学术争鸣气氛浓郁，研究比较深入并富有探索精神。第六，刑法学科人才辈出，老一辈有高铭暄、马克昌、王作富、何鹏、杨春洗、储槐植、苏惠渔等，中青年有赵秉志、陈兴良、张明楷、贾宇、陈忠林、李洁、刘宪权、卢建平、齐文远、梁根林、周光权等，有力地推动了中国刑事法治和刑法学研究的发展。

4. 刑法学科的发展前景

经过改革开放后 30 多年的发展，中国的刑法学科已经成长为一门比较成熟完善的学科。尤其是 1984 年中国法学会刑法学研究会（总干事为高铭暄，后改成会长。赵秉志 2001 年接任会长，该会 2011 年更名为“中国刑法学研究会”）成立以后，进一步协调、推动了中国刑法学研究的深入。从目前的情况来看，有四个方面的问题，需要刑法学界予以重视。第一，拓展研究的课题；第二，将刑法学研究与刑事立法的进步紧密相结合；第三，进一步加强刑法理论研究与刑事司法实践的联系，提升刑法理论对司法实务的指导作用；第四，加强刑法的理论研究，在完善刑法学体系、合理构建刑法制度和原则、分析阐述刑法的人文价值等方面发挥作用。

三、私法学

（一）民法学

民法学，以民事法律关系为研究对象，它是中国私法学研究的主要内容。

1. 新中国民法学的发展历程

1952 年，中国人民大学法律系开设了“中国民法”的课程。至 1957 年，中国民法学的教学和研究工作开始有了一些起色：中央人民政府法制委员会编印了七辑《民法资料汇编》，出版了教育部推荐试用、由中国人民大学法律系主持编写的《中华人民共和国民法教学提纲》。1958 年，中央政法干校还出版了《中华人民共和国民法基本问题》的著作。

1978 年改革开放之后，民法学教学和研究迎来了光明的春天。由佟柔主编的《民法原理》（1983 年）等一批民法学教材和专著陆续出版；围绕民法领域一些重大问题的理论研讨日益活跃；1986 年 4 月，《中华人民共和国民法通则》颁布后，进一步推动了民法学的发展。进入 21 世纪，中国民法学的发展更加迅速。围绕着

《物权法》和《侵权责任法》的制定颁布实施，以及民法法典化的运动，民法学界不仅推出了若干立法草案，而且还就此发表了众多的研究成果，从而使民法学成为中国法学各个分支学科中最有活力的一门学科。

与此同时，各个年龄段的民法学者开始登上中国历史舞台，年长者如佟柔、江平、王家福、魏振瀛、李志敏、赵中孚等，中青年者有梁慧星、王利明、崔建远、孙宪忠、张新宝、郭明瑞、张广兴、徐国栋等。由于他们的努力，使中国的民法学研究成果璀璨。

2. 民法学的发展前景

民法学，鉴于其在社会经济生活中的重要地位，承载着沉重的历史使命。新中国成立已经 60 多年，民法学者孜孜以求的就是希望通过他们的劳动，为制定出一部先进、优秀、完美的民法典做出自己的贡献，从老一代的民法学者佟柔、江平、王家福等人，到中年一代学者梁慧星、郭明瑞、孙宪忠、王利明、崔建元、尹田、刘士国、房绍坤等，都怀着这一不二的梦想。也正是在他们的努力下，中国在 1986 年颁布了《民法通则》，在 2007 年和 2009 年完成了《物权法》和《侵权责任法》，与此同时，还推出了《合同法》、《担保法》、《婚姻家庭法》、《继承法》等相关主体法律，但所有这一切，离制定一部统一的比较完善的民法典的目标仍然还很遥远，离确立一个完整的、科学的民法学体系也仍然还有很多的路要走。这些，我们只能寄希望于更年轻一代的民法学者了。

（二）商法学

1. 商法学的产生和发展

与其他部门法学科不同，新中国商法学的发展，是从 20 世纪 90 年代之后才起步的。1992 年以后，各种商事单行法律如《海商法》（1992 年）、《公司法》（1993 年）、《票据法》（1995 年）、《保险法》（1995 年）、《商业银行法》（1995 年）、《合伙企业法》（1997 年）、《证券法》（1998 年）等得以颁布。在此基础上，商法研究开始活跃，商法学慢慢地从经济法和民法学科中独立出来。2001 年，中国法学会民法学经济法学研究会分拆为三个研究会：民法学研究会、经济法学研究会和商法学研究会。此时，作为一个学科，商法学在学界才真正获得了独立的地位。①

进入 21 世纪，商法学得到了加速度的发展。一方面，商事立法进一步活跃，相继出台或修订了《公司法》、《企业破产法》、《信托法》、《保险法》、《票据法》和

① 2011 年 5 月，在云南召开的中国法学会商法学研究会年会上，研究会正式更名“中国商法学研究会”（会长王保树）。

《证券法》等。另一方面，商法学界成果迅速扩大，教材、专著和论文等不断推出。

2. 商法学的学术成就

新中国商法学的历史虽然不长，但学术成就十分突出。一方面，对重大理论问题的讨论十分投入。① 另一方面，在商法学的发展中，涌现了一批有作为的商法学者，如王家福、江平、王保树、覃有土、陈甦、范健、顾功耘、邹海林、刘俊海、许明月、罗培新等，并推出了不少有分量的作品，如施天涛的《公司法论》（法律出版社 2005 年），朱慈蕴的《公司法人格否认法理研究》（法律出版社 1998 年），郭锋、陈夏等著《证券投资基金法导论》（法律出版社 2008 年），等等。

3. 商法学面临的问题和发展前景

新中国的商法学发展，虽然取得了不小的成绩，但也存在许多缺陷和不足。一是对商法学的基本理念以及如何具体贯彻实施，尚没有清晰的思路。二是研究内容重实务、轻理论的多，有深度的作品比较少。值得欣慰的是，目前商法学界已经认识到了这一点，即不能仅凭着简陋的商事制度，用民法的基本意识甚至是传统的道德观念来解决新问题，而是必须强调观念独立、注重制度整合，立足本土环境、追求国际视野，尝试多元方法、保持动态视角，等等，来开展商法学的研究。

（三）知识产权法学

知识产权（intellectual property），在中国，作为正式的法律用语，最早出现在 1986 年的《民法通则》里，一般理解包括了著作权、专利权和商标权三个方面，其立法，也包括了这三个领域。1982 年，《商标法》出台（1993 年、2001 年修订）；1985 年，《专利法》正式实施（1992 年、2000 年、2008 年修订）；1990 年，《著作权法》公布实施（2001 年、2010 年修订）。与此同时，有关商业秘密保护、地理标志权利的保护、集成电路布图设计的保护、植物新品种保护等的其他知识产权的立法也陆续出台。② 这样，到 20 世纪 90 年代，中国的知识产权法律体系已经基本确立，并与国际接上了轨。

在上述立法进步的同时，关于知识产权的教学也逐步展开，教材和科研成果大量涌现。1997 年，郑成思的《版权法》（中国人民大学出版社）和《知识产权法》（法律出版社）出版；2000 年，刘春田主编的《知识产权法》由高等教育出版社和北京大学出版社出版；稍后，吴汉东著《知识产权基本问题研究》（第 2 版，中国

---

① 李林主编《中国法学 30 年（1978～2008）》，中国社会科学出版社 2008 年版，第 238–244 页。

② 如《集成电路布图设计保护条例》（2001 年）的颁布，中国于改革开放之后参加了《国际植物新品种保护公约》（1978 年文本）等。

人民大学出版社 2009 年）和主编的《知识产权法学》（第 3 版，北京大学出版社 2011 年）也得以出版。这些成果，大大丰富了中国知识产权法的理论体系，也完善了中国知识产权的立法。

除了上述教学和研究成果之外，各个教学科研院、校、所的活动也为知识产权学科的进步和发展做出了贡献。以吴汉东为学科带头人的中南财经政法大学知识产权研究中心，以已故学者郑成思为第一任主任、现任主任李明德为学科带头人的中国社会科学院知识产权中心，以刘春田为带头人的中国人民大学知识产权教学与研究中心，以张平教授等为核心的北京大学知识产权学院，也在中国知识产权法学科的发展中发挥了重要作用。此外，华东政法大学知识产权学院、同济大学知识产权学院等，都是中国知识产权法学发展的重要阵地。

从目前的情况来看，知识产权法的发展还存在一些不足。比如，中国还存在着知识产权保护意识比较薄弱，国内大多数企业尚未建立知识产权管理部门，知识产权的专业人才严重缺乏，等等。这些不足，一方面给予中国的知识产权工作者以巨大压力；另一方面，也给予中国知识产权法研究者以做出贡献的众多机遇。

四、社会法学

在新中国法学学科中，社会法学属于比较新的学术领域。

（一）劳动法学

1. 劳动立法的发展和劳动法学的起步

1979 年，时任全国人大常委会委员长的叶剑英宣布将制定劳动法。1994 年，《中华人民共和国劳动法》正式颁布，在此基础上，中国推出了一批与《劳动法》实施配套的法律和法规，并推动了理论研究的深入。1997 年，王全兴的《劳动法》出版（2008 年出了第三版）。1999 年，又推出了两部同名的《劳动法学》教材，分别由郭捷主编（中国政法大学出版社）和冯彦君主编（吉林大学出版社）。此后，关怀、贾俊玲、黎建飞、许明月等人的研究成果也相继推出。①

2. 劳动法学研究的主要课题

劳动法学界的讨论热点，在各个历史时期是不同的。在 20 世纪 90 年代，主要集中在劳动法的概念和调整对象，劳动法的地位和特征，劳动法的形式、体系、作用和基本原则的变化，劳动法律关系，劳动法的主体及其变化，劳动合同以及变化，

① 参见王全兴著《劳动法》，法律出版社 2008 年第三版。

集体合同，劳动规章制度，职工民主管理，工作时间和休息休假，工资，劳动保护，劳动就业，职业培训，劳动者的社会保险，职工福利，劳动监督和法律责任，国际劳动立法，等等。在劳动争议处理方面，出现了仲裁、举证责任和劳动诉讼等问题。①

21世纪以后，随着农民工问题的突出，关于农民工的工资收入、疾病防治、子女上学和养老安居等各项保障问题，也成为劳动法学界集中关注的问题。

3. 劳动法学的发展前景

劳动法学科形成时间虽然不长，但其发展前景很好。1999年，在中国法学会之下，建立了劳动法学研究会。2011年，中国法学会劳动法学研究会更名为“中国劳动法学研究会”。在该研究会的协调领导之下，劳动法学科也会推出更多的成果和人才。

（二）经济法学

1. 新中国经济法学的起步

从1979年底开始，中国学界开始了创建经济法学科的行动。1980年，北京大学教授刘隆亨编写出版了中国第一部经济法著作《经济法概论》（北京大学出版社）；同年，北京大学教授杨紫烜在全国率先为法律系77级、78级本科生开设了经济法课程；同年，北京大学法律系率先在全国创办了经济法本科专业。这些，为经济法的成长奠定了基础。②

2. 新中国经济法学的发展

1992年，邓小平发表“南方谈话”，中国进入了市场经济发展阶段。受此鼓舞，经济法学界达成了两个共识：一是认为经济法是一个独立的法律部门，其在社会主义经济发展中发挥着不可替代的作用；二是认为经济法的最本质的特征就是体现了国家对社会经济的干预（协调、调节、规制）。

2001年12月，中国正式加入了WTO，后者的非歧视性、贸易自由化、透明度、公平贸易、市场准入等项原则，逐步被贯彻到了经济法的研究框架之内，从而大大促进了中国经济法和经济法学的发展。

---

① 许明月的《劳动法学》，重庆大学出版社2003年；王全兴著《劳动法学》，法律出版社2008年；郭捷主编《劳动法学》，中国政法大学出版社，2011年。

② 中国经济法学研究会会长、北京大学常务副校长吴志攀教授认为，这三个第一，在中国经济法学发展史上具有里程碑的作用。

3. 关于经济法的学说

可以说，在中国各个法学学科中，学说最多的，大概就数经济法学科了。20 世纪 80 年代最早登台的是“纵横经济法论”，之后则是“经济行政法论”，再之后有“综合经济法论”、“纵向经济法论”、“计划经济法论”、“学科经济法论”、“管理——协作经济法论”、“经济管理经济法论”和“社会层次经济法论”等。① 进入 90 年代以后，经济法学界又推出来了一些新的观点和学说，如漆多俊的“国家调节说”、李昌麒的“需要国家干预说”、杨紫烜的“国家协调说”、王保树的“社会公共性经济管理说”、张守文的“国家调制说”、朱崇实的“国家为一方主体说”、肖乾刚和程宝山的“社会整体经济利益说”、邱本的“干预政府说”、刘隆亨的“经济管理与市场运行关系说”、陈乃新的“增量利益分配法说”等。

4. 经济法学发展存在的问题和未来前景

根据朱崇实等学者的论述，目前经济法学科存在的问题有：第一，经济法理论研究存异有余，求同不足，用语也比较混乱；第二，经济法理论研究的本土化有待加强；第三，经济法学的主流研究范式欠缺；第四，国有资产管理法研究滞后；第五，对经济诉讼的研究不够；第六，对经济法责任的国际冲突与协调研究不足；第七，对经济法与其他部门法的交叉研究也比较薄弱。②

上述看法，是否合适可以讨论，但强调注重中国国情和中国特色，强调对一些薄弱领域的研究，应该是比较中肯的。经济法学研究，应该将引领和推动中国经济体制的改革，作为永远不变的首要任务。

（三）社会保障法学

在 1993 年中央《关于建立社会主义市场经济体制若干问题的决定》的指引下，中国比较系统的社会保障事业开始起步。1998 年，推出了城镇职工基本医疗保险制度，2003 年，在农村实行了新型农村合作医疗制度（“新农合”），2007 年，又建立了城镇居民基本医疗保险制度，这三大社会基本医疗保险，覆盖了全国约 96% 以上的人口。与此同时，中国又在养老、生育、工伤、失业等领域开展了社会保障活动。2011 年实施了《社会保险法》。这样，社会保障法律体系基本形成。

在此过程中，从事社会保障法研究的学者，辛勤耕耘，推出了一批有分量的成果。如林嘉著《社会保障法的理念、实践与创新》（中国人民大学出版社 2002 年），

---

① 这些学说的详细内容，可参见张友渔主编《中国法学四十年（1949～1989）》，上海人民出版社 1989 年版，第 364–367 页；何勤华主编《当代中国法学新思潮》，上海社会科学院出版社 1991 年版，第 183–185 页。

② 朱崇实主编《共和国六十年法学论争实录 · 经济法卷》，厦门大学出版社 2009 年版，第 17–23 页。

杨燕绥等编著《论社会保障法》（中国劳动社会保障出版社2003年），黎建飞编著《劳动法和社会保障法》和主编《社会保障法》（中国人民大学出版社2003年，2011年），王广彬主编《社会保障法》（中国政法大学出版社2009年），王益英主编《外国劳动法和社会保障法》（中国人民大学出版社2001年），覃有土、樊启荣著《社会保障法》（法律出版社2009年），等等。[①]

从目前的情况来看，一方面，随着中国经济实力的增强，中国在社会保障领域的投入会进一步加大。另一方面，中国关于社会保障事业的立法也会进一步完善。此外，在前两者的促进下，社会保障法的教学和研究也会进一步发展。最后，作为一门交叉学科，社会保障法学不仅有社会学、经济学等学者参与，而且也已经成为法学研究的一个重要领域。

（四）环境、资源与生态法学

1979年，中国正式颁布了《中华人民共和国环境保护法（试行）》。[②] 在此大法的指导下，中国在1980年之后的十余年间，出台了一系列的环境保护和治理的法律和法规，并催生了中国的环境、资源和生态法学。

首先，环境法的教学和学科建设受到了人们的重视。1980年，北京大学法律系在金瑞林的带领下，率先在本科生中开设了环境法的课程；1984年，教育部颁发的《综合大学法律系法律专业教学计划》，把环境法列为选修课；1985年的《经济法专业教学计划》中，进一步将环境与资源法列为必修课。至目前，全国已经有50多所高校获得了环境法专业的硕士学位授予权，30余所高校获得了环境法专业的博士学位授予权。

其次，环境与资源法的研究工作得以开展。1980年，武汉大学在韩德培教授的倡导下，成立了环境法研究室。与此同时，一些学者也开始撰写出版自己的专著和教材，如韩德培主编《环境保护法教程》、金瑞林主编《环境法学》、马骧聪著《环境保护法基本问题》等。

按照王树义等学者的观点，中国的环境、资源与生态法学研究呈现出三个方面的特点。1）零起点、跨越式发展。2）多样化、复合型。既有本体论的讨论，又有方法论上的探究；既有哲理性的思考，也有对策性研究；既有规范分析，又有实证

---

① 此外，社会保障法的重要作品还有：覃有土等著《社会保障法》（法律出版社1997年），方乐华编著《社会保障法论》（上海世界图书出版公司1999年），种明钊主编《社会保障法律制度研究》（法律出版社1999年），蒋月编著《社会保障法概论》（法律出版社1999年），董保华著《社会法原论》（中国政法大学出版社2001年），郑功成主编《社会保障学》（中国劳动社会保障出版社2005年），等等。

② 该法总结了中国环境保护的经验，对环境保护的对象、任务、方针、政策，以及保护自然环境和防治污染的基本要求和措施、环境保护机构的职责、科学研究和宣传教育、奖励和惩罚等，都作了规定。

调查；既有环境法学以及法学学科内的研讨，也有跨学科的交叉研究。3）与法学其他二级学科相比，尚是一个小学科，但面临的却是人类生存的大问题。

针对这种情况，中国学者阐述了把握环境、资源与生态法学研究的特点、克服其缺点，以及如何面向未来的若干设想。①

五、诉讼法学

（一）刑事诉讼法学

1979 年 7 月 1 日，新中国第一部《刑事诉讼法》颁布。它促进了中国刑事诉讼法学研究的发展。1984 年，刑事诉讼法学被教育部列为法律本科专业的必修课。在此情况下，一大批刑事诉讼法的教材纷纷面世。同年，中国法学会诉讼法学研究会成立。1986 年，随着中国政法大学获准设立新中国第一个诉讼法学博士点，涌现出一批中青年学者的学术成果，如卞建林博士的《刑事起诉制度的理论与实践》、李心鉴博士的《刑事诉讼构造论》、宋英辉博士的《刑事诉讼目的论》等。1996 年前后，围绕刑事诉讼法的修订，刑事诉讼法学界推出了不少有分量的研究成果，具有代表性的如陈光中、严端主编的《中华人民共和国刑事诉讼法修改建议稿与论证》。

当前，刑事诉讼法学研究的重大问题主要有：1）刑事诉讼的目的，从单纯惩罚犯罪的“一元论目的观”，到既要惩罚犯罪、又要保障人权的“双重目的观”，再过渡到“发现真实、保障人权”的“二元目的观”，及至以恢复社会和谐为最高宗旨的刑事诉讼目的观；2）刑事诉讼构造；3）刑事诉讼职能；4）刑事诉讼主体，主流观点认为应是控诉方（检察院或自诉人）、被告和审判方法院三者；5）刑事诉讼文化，包括审判文化和检察文化；等等。

按照中国刑事诉讼法学研究会会长卞建林的观点，中国刑事诉讼法学发展的前景可以展望为四个方面：第一，加强国际刑事司法准则的本土化研究；第二，加强应用法学的研究，关注刑事诉讼实践中出现的问题，重视如讯问学、侦查学、辩护学、检察学和审判学等刑事诉讼应用法学分支学科的建设；第三，加强对社会学及自然科学中相关成果的借鉴；第四，加强刑事诉讼法学的系统化研究，解决司法实践与刑事诉讼法之间的不协调以及刑事诉讼法自身的不协调。

（二）民事诉讼法学

新中国的民事诉讼法学，来源于革命根据地时期的民事诉讼立法和实践，以及

① 姜明安执行主编《中国法学三十年（1978～2008）》，中国人民大学出版社 2008 年版，第 486-489 页。

新中国成立初期一些民事程序立法活动，也得益于对苏联民事诉讼法学的继受和改造。1978年开始的改革开放政策为中国民事诉讼法学的发展带来了机遇。中国的民事诉讼法学者，做了四个方面的工作：1）参加了民事诉讼法的起草工作；2）围绕1982年3月《中华人民共和国民事诉讼法（试行）》的颁布，参加了民事诉讼法的宣传工作；3）辛勤培养了一批民事诉讼法专业的研究生；4）创建了民事诉讼法的学科体系。

2006年，诉讼法学研究会（成立于1984年）分成了刑诉和民诉两个研究会，民事诉讼法学有了自己独立的学术团体。2011年，研究会更名为中国民事诉讼法学研究会，从而为民事诉讼法学科拓展了更大的空间。

在新中国民事诉讼法学的成长、发展中，有如下几本代表性的作品，起到了奠基性的作用。它们是：1）柴发邦等编写的《民事诉讼法通论》（法律出版社1982年）；2）常怡主编的《民事诉讼法教程》（重庆出版社1982年）；3）刘家兴编著《民事诉讼教程》（北京大学出版社1982年）；4）王怀安任主编，柴发邦、唐德华任副主编的《中国民事诉讼法讲义》（人民法院出版社1988年）；5）江伟任主编、李浩和刘荣军任副主编的《民事诉讼法学原理》（中国人民大学出版社1999年版）。

据民事诉讼法学界的统计，到目前为止，民事诉讼法学学科共计出版了教材类作品100余本、普及读物10余本，还有20余本民事诉讼法案例分析，以及一批专著。

民事诉讼法学经过30年的发展，已经取得了巨大的成就，但还存在着一些不足，如民事诉讼的基础理论的研究还不够深入、系统，民事诉讼理论的研究与中国的司法实践尚有脱节，对国外的民事诉讼理论的介绍和研究还不够全面，对民事诉讼法学的交叉学科如民事诉讼法哲学、民事诉讼法社会学、民事诉讼法史及其学术史的研究还未很好展开，以及研究方法还比较单一，民事诉讼法学理论体系还有待完善，等等。克服这些不足，活跃学术讨论、学术争鸣的氛围，提供多元方法的研究，对涉及民事诉讼法理论体系完善之重大问题等的研讨，将是民事诉讼法学界的重要历史使命。①

（三）行政诉讼法学

1989年《行政诉讼法》的颁布，使行政诉讼成为了与民事诉讼、刑事诉讼并列的三大诉讼之一。在行政诉讼法发展过程中，学者的研究成果发挥了重要作用，主

① 详细参见卞建林主编《共和国六十年法学论争实录·诉讼法卷》，厦门大学出版社2009年版，第235、第275、第311页。

要表现在四个方面：1）行政诉讼法学科体系的建设成果，如罗豪才、应松年主编《行政诉讼法学》（中国政法大学出版社 1990 年），以及马怀德主编和姜明安编著的同名著作；2）基础理论研究成果，如刘善春的《行政诉讼价值论》（1998 年），薛刚凌的《行政诉权研究》（1999 年）等；3）关于行政诉讼的比较法学研究成果，如龚祥瑞、王名扬、胡建淼、杨建顺和张越的多国行政法比较成果等；4）在人才培养方面，至今，已经有近 40 余所高校在培养行政法专业的博士生，其中有不少是专攻行政诉讼法专业的。

目前，围绕着《行政诉讼法》的修改而展开学术研究，涉及问题主要有：行政诉讼的受案范围，管辖，行政诉讼参加人，证据，复议诉讼关系，起诉期限，行政审理和裁判中引入调解是否可行，等等。

六、国际法学

（一）新中国国际法学的起步

新中国成立之初，中国的国际法研究曾经有过一个良好的起步。[①] 经历了 1957 年“反右”和 1966 年“文化大革命”等运动之后，从 1978 年开始，国际法研究得以重新开始。1980 年，国际法学界在王铁崖、陈体强、李浩培、韩德培等学者的努力下，成立了中国国际法学会。1981 年，出版了第一部统编教材《国际法》（王铁崖主编）。1982 年，又创办了《中国国际法年刊》。1983 年，韩德培主编的《国际私法》出版（法律出版社）。1984 年，成立了以姚梅镇为会长的中国国际经济法研究会。

（二）新中国国际法学的发展和繁荣

至 20 世纪 80 年代中叶，中国国际法学科已经形成了由国际公法、国际私法和国际经济法三个分支学科组成的国际法学科体系。一方面，在王铁崖等一批奠基人的带领下，国际法学界人才辈出，一大批中青年学者茁壮成长。另一方面，国际法学界围绕国际政治、经济、军事和文化等关系中发生的一系列重大事件，以及国际法学科发展中遇到的问题，展开了广泛的讨论。

这种讨论，在 1978 年改革开放以后，主要围绕国际法的体系和性质，国际法的基本原则，国际法的主体，国际法上的承认学说，国家豁免，海洋法中的领海、大陆架划界、专属经济区等问题，外层空间等。进入 90 年代，随着中国国际地位的提

① 廖益新主编《共和国六十年法学论争实录 · 国际法卷》，厦门大学出版社 2011 年版，第 2 页以下。

升，讨论的课题也日渐广泛和深刻。主要涉及 WTO 协议的国内适用、外国人来华投资的待遇和标准、国际法基本理论等问题。

（三）国际法研究对国际法发展的贡献

一方面，在国际法基本原则方面首创了“和平共处”五项原则。另一方面，提出了反对霸权主义原则，提出了划分三个世界的理论。此外，还提出了人权保障的具体要求以及在各国所应包含的内涵。

而在这当中，有几位学者的学术贡献尤为突出。一位是原武汉大学校长，之后担任外交部顾问的周鲠生（1889 ~ 1971），他为创建国际法学科付出了极大的心血。另一位是北京大学法律系教授王铁崖（1913 ~ 2003），新中国成立以后，推出了不朽之作《中外旧约章汇编》（全 3 卷，三联书店 1957 ~ 1962 年）。1981 年，王铁崖又主编了新中国第一本统编教材《国际法》。此外，外交部顾问李浩培（1906 ~ 1997）和武汉大学教授韩德培（1911 ~ 2009），也为新中国国际私法的创立做出了贡献。

七、新兴学科和交叉学科法学

新中国法学的发展，有一个比较鲜明的特点，就是受 20 世纪 80 年代以后中国经济、文化、教育、科技加速发展的状况所决定，法律关系和法学研究也出现了超常规发展的趋势，从而出现了一批法学新兴学科和交叉学科。

比如，律师法学，20 世纪 80 年代末开始形成，以徐静村讲授“律师学”课程和出版同名教材为标志；仲裁法学，以 1995 年中国颁布《仲裁法》以及在此前后学界推出一批研究成果为形成标志；证据法学，形成标志就是 1979 年《刑事诉讼法》、1982 年《民事诉讼法》和 1989 年《行政诉讼法》的制定颁布，以及学术界推出的各项研究成果；金融法学，是 20 世纪 90 年代以后，中国颁布的一批金融法律以及对这些法律的教学、研究活动的展开带来的成果；房地产法学，以《中华人民共和国城市房地产管理法》（1994 年通过，2007 年、2009 年修订）的颁布实施，以及对此的研究为形成标志；电子商务法学，是在研究 2004 年《电子签名法》、2005 年《电子认证服务管理办法》和 2006 年《信息网络传播权保护条例》等法律、法规的基础上逐步形成；司法鉴定学，在 2005 年《关于司法鉴定管理问题的决定》颁布实施，学界对其的研究不断深入，推出了一批有分量的成果，从而开始形成。

法学新兴学科和交叉学科的大量出现，表明了中国法学研究已进入了一个成熟的阶段。

八、台湾及港、澳法学

1949 年 10 月以后，国民党在大陆的统治被推翻，退败到了台湾地区。一批原来在大陆很活跃的法学家如居正（1876 ~ 1951）、王宠惠（1881 ~ 1958）、张知本（1881 ~ 1976）、石志泉（1885 ~ 1960）、陈霆锐（1890 ~ 1976）、王世杰（1891 ~ 1981）、陈顾远（1896 ~ 1981）、谢冠生（1897 ~ 1971）、萨孟武（1897 ~ 1984）、史尚宽（1898 ~ 1970）、赵琛（1899 ~ 1969）、吴经熊（1899 ~ 1986）、梅仲协（1900 ~ 1971）、丘汉平（1904 ~ 1990）、阮毅成（1905 ~ 1988）、徐道邻（1905 ~ 1973）、林纪东（1915 ~ 1990）等也跟着去了台湾，由于他们在教学科研上的勤奋刻苦，加上台湾本土的一批法学家如戴炎辉（1909 ~ 1992）等的共同努力，台湾地区至 20 世纪 60 年代，发展起了比较系统的法理学、法史学、宪法学、行政法学、民商法学、刑法学、诉讼法学、国际法学等法学的各个分支学科。

20 世纪 70 年代以后，在法学学科的各个分支领域，又涌现了一批有作为，在法学教育和科学研究方面都做出了相当成就的学者，其中代表性的有王伯琦、陈朴生、马汉宝、黄静嘉、郑玉波、韩忠谟、翁岳生、张伟仁、吴庚、林山田、蔡墩铭、王泽鉴、戴东雄、谢在全、刘铁铮、杨建华、赖源河、曾华松、杨崇森、姚瑞光、王甲乙、刘鸿坤、郑健才、史锡恩、陈焕生、刘宗荣、甘添贵、法治斌、苏永钦等。由于这批法学学者（许多都兼有实务岗位）的齐心努力，使台湾地区的法学走出了一条理论和实践相结合、判例实务与学理分析相融合的道路。

在 20 世纪下半叶台湾法学的发展中，张伟仁的法律史学和王泽鉴的民法学研究成果尤为引人注目。张伟仁，1935 年生于江苏吴县，先后获台湾大学法律学士及政治学硕士、美国耶鲁大学法学硕士、哈佛大学法律科学博士学位。长期担任台湾“中央研究院历史语言研究所”研究员，其代表作《中国法制史书目》（三册）、《清代法制研究》（三册）和《明清档案》（史料整理 324 册）等堪称经典。与前辈戴炎辉专注唐律研究不同，张伟仁全力钻研清代法律史，对台湾地区中国法律史研究贡献巨大，其影响也深深地融入到了大陆法史学界。

王泽鉴，1938 年出生于台北，大学毕业于台湾大学法律系，获德国慕尼黑大学法学博士，后赴德国柏林、英国剑桥、澳大利亚墨尔本等大学进修访问，回台湾后长期担任台湾大学法律系民法教授，并出任台湾地区“最高法院大法官”。他在大陆法系民法学研究中成果卓著，先后出版《民法学说与判例研究》（1–8 册）、《民法思维：请求权基础理论体系》、《民法概要》、《民法总则》、《债法原理》、《不当得利》、《侵权行为》、《民法物权》等。这些成果，不仅对台湾地区民事审判实务影响巨大，对大陆的民法学研究也有相当的借鉴参考价值。

香港和澳门地区的法学研究成果，虽然与台湾地区相比，稍显单薄一些，但自 20 世纪下半叶起，在法理学、国际法学、刑法学和宪法学等领域，也取得了不俗的成就。法理学领域的主要学者是香港大学的陈弘毅，其作品《香港法制与基本法》(1986 年)，《法治、启蒙与现代法的精神》（1998 年）等，对海峡两岸暨香港、澳门的法学研究产生了不小的影响；国际法学的学者有香港城市大学的王贵国（代表作有《国际投资法研究》、《国际商事争端解决机制趋同化问题研究》等）、澳门大学的刘高龙（代表作有《澳门法律新论》，全三卷等）；在刑法学和宪法学方面，代表人物则有澳门大学的赵国强和骆伟建等。①

结　语

通过以上论述，我们已较为清晰地了解了 20 世纪中国法学发展的基本状况。那么，通过回顾 100 多年中国法学形成、发展和演变的历程，我们可以得到一些什么启迪呢?

第一，必须探索和研究法学发展的内在规律。法学发展规律，就是在法学发展过程中，其与各种社会现象和社会要素所发生的内在的、本质的联系。这种联系，在中国法学的发展过程中，表现为七个方面，即新法学成长过程的曲折性和反复性、对外国法学的移植、注重对历史上法学遗产的吸收、关注现实社会中的重大问题、积极参与立法和司法改革、学术批评和学术争鸣成为法学发展的推动力、法学方法论的自觉。探索、研究这七个方面的规律（内在的、本质的联系)，对于中国法学未来的发展，无疑具有重要的意义。

第二，必须把握法学发展规律所体现出的中国特色。上述法学发展的七大规律，不仅在中国 100 余年法学发展中存在，在各国各地区法学产生和发展中也都在发挥作用。现在的问题是，这些规律在中国的表现尤为突出和经典。可以说，分散在古代、中世纪和近代各个国家与地区法学发展中呈现出来的法学发展规律的症状，在中国都获得了高度凝练的表现。比如，新法学和法学家在起步时所经历的磨难，中国比任何一个国家和地区都要严重；对外国法学的移植，中国也是比较全面和彻底，

① 赵国强的主要作品有《刑事立法导论》、《澳门刑法总论》、《基本法与区际刑事司法协助》、《澳门刑法研究》等。骆伟建是新中国最早一批宪法学博士之一，作为中央政府驻澳门特别行政区官员，参与了澳门回归祖国的各项工作，对澳门基本法也颇有研究。

延续的时间也是特别的长；对历史上法学遗产的又排斥又继受，中国的表现也是非常充分；在学术讨论和学术争鸣中，由于观点的分歧以及学派的不同因而使当事人蒙受不公平待遇以及遭受迫害的现象，也是最为严重。

第三，法学发展规律之不同形态的中国原因解读。那么，到底是什么原因，造成了中国法学发展中上述这些比较极端的现象呢？笔者以为，主要有如下几个原因：1）对待法律的虚无主义；2）对待外国学术成果的疑虑心态；3）对待历史的实用主义；4）学术争鸣中的非理性主义；5）近代以来中国社会的政治动荡、战争环境以及急速转型；等等。

总之，法学的发展进步，是一种历史的必然，它是不以我们的意志为转移的。虽然各国、各个地区以及各个时代法学发展的表现形态可能千奇百态，但其一些基本点是相通的。笔者希望上述说明，能够帮助中国法学界更深地认识法学发展的客观规律，认识这种规律在中国这块土地上的特殊的表现，并很好地予以利用，从而在推动中国法和法学的进步和繁荣方面，更加自觉。

撰写者

何勤华（1955～），上海人，华东政法大学教授，从事法律史、法学史和比较法等的教学和研究。

本文在撰写过程中曾得到主编和各位编委的帮助，在此深表感谢！由于 20 世纪中国法学内容涉及面甚广，撰述不当、错漏之处，责任在撰者，特此说明。

20世纪
中国知名法学家

蒲　坚

蒲坚（1927～），河北玉田人。北京大学法学教授。1949年9月进入中国政法大学学习，1950年2月转入中国人民大学法律系。1954年毕业被分配到北京大学法律系，此后一直在北大法学院从事中国法制史的教学研究工作，历任助教、讲师、副教授、教授，在中国土地法制史、行政法制史等领域均取得重要成果。曾担任全国法律史学会理事，中国法制史研究会理事，海峡两岸法律问题研究会理事，中国政法大学法制史研究所和法律文献研究所研究员，中国人民大学法学院法制史专业博士点导师组成员，中南政法学院客座教授，国家教委中国人民大学文科文献信息中心学术咨询委员会副主任委员等。在校内外开设中国法制史、中国法律思想史、中国法制史史料学、中国行政立法史、中国经济立法史以及唐律研究等课程。先后出版《中国历代土地资源法制研究》、《中国古代行政立法》、《中国古代法制丛钞》等学术专著，担任《中国法制通史》夏商周卷和《北京大学法学百科全书》中国法制史学科的主编。曾获得国家司法部颁发的优秀教师证书。

一、投身北大　潜心教研

蒲坚，字固之，号宜水，1927年3月1日生于河北省玉田县虹桥镇。1949年9月进入中国政法大学学习，1950年2月转入中国人民大学法律系学习，1954年毕业，被分配到北京大学法律系，担任助教。当时正是北京大学恢复重建法律系的时候。北京大学法学院从1904年（光绪三十年）京师大学堂开设法律学门算起，至今已整整经历了100多年。蒲坚亲眼见证了北京大学法律系在20世纪的后50年中，经过几代学人的努力，不断发展壮大的历程。今天的北京大学法学院从教职工和在校生的人数，在全校范围内早已由一个不起眼的小系发展成为全校数一数二的大院系。从科研教学水平来看，北京大学法学院也早已处于全国前列，而蒲坚作为北京大学法律系重建时的第一批教员，也是北京大学法律系重建的亲历者之一，对北京大学法律系的建设发展做出了重要贡献。蒲坚本人非常珍惜这段经历，以身为北京大学法律系重建的参与者而感到骄傲。

在北京大学法律系重建初期，全系仅有 40 多位教职工，教师数量更少。由于当时的政治环境，全国各大院校在教学行政体制上均照搬苏联模式，学校下设各系，系下分设各教研室，每一门课成为一个教学小组。当时的法制史和法理学在一个教研室，叫“国家与法的理论和国家与法的历史教研室”，学科课程设置也照搬苏联，将法律与国家理论相联系，开设国家与法的理论、中国国家与法的历史、苏联国家与法的历史和国家与法的通史等四门课程。国家与法的理论相当于法理学，中国国家与法的历史相当于中国法制史，苏联国家与法的历史是苏联法制史，国家与法的通史则相当于外国法制史。随着日后政治形势的变化和中国法学研究的不断发展，逐渐取消了苏联国家与法的历史这一课程，代之以中国政治法律思想史，其他学科改用现在通行的名称。以后法制史与法理学也分为两个教研室，法制史教研室有中国法制史和中国政治法律思想史、外国法制史和外国政治法律思想史。

蒲坚就是在上述的学科重建的过程中投身到中国法制史教学研究中去的。初到北大之时，蒲坚是按照领导的要求从事中国法制史的教学研究，蒲坚本人虽然对历史有着浓厚的兴趣和扎实的功底，但他自己在大学学习时，学校并没有中国法制史这门课程。面对这样的困难，蒲坚主动出击，积极准备，全方位地充实自己中国法制史方面的知识，他到图书馆查找借阅民国时期出版的有关教材，进行了广泛的阅读和比较，精心挑选，吸收前人的研究成果，为今后的教学工作打下了坚实基础。

为了广泛阅读，准备教学，蒲坚充分利用北大优越的学术资源环境，广泛吸收各个相关学科的知识。他担任助教的工作，主要是为主讲教师查找资料，编写讲义、文稿，辅导学生学习，指导高年级学生的毕业论文。这些工作本身就很繁忙，讲稿和讲义都要按时完成，但为了提高自己的综合素养，拓宽视野，蒲坚坚持把自己担任助教的工作大都放在晚上的业余时间来做，腾出白天大块的时间到文科各系旁听与中国法制史相关的课程。聆听许多著名教授学者的课程，蒲坚觉得受益匪浅，更为后来从事中国法制史的教学科研夯实了基础。这样一来蒲坚几乎把所有能够利用的时间全都用在了中国法制史的教研准备工作中，每天要工作到子夜时分才休息。假期他也不放松，全部用在到校外图书馆查阅资料上。当时的蒲坚经常骑自行车到北京图书馆，箪食瓢饮，粗茶淡饭，在图书馆一泡就是一整天。这在旁人看来可能辛苦异常，不堪其忧，但在如饥似渴的探求知识的蒲坚看来其中自有甘甜，蒲坚就是以这样的敬业工作与无私奉献的精神默默耕耘，为北大法律的重建新生做出了自己的贡献。

更难能可贵的是，在重大挫折面前蒲坚也实践了一名中法史学者应有的坚持。在“文化大革命”中，中国文化学术界遭受了严重的破坏，北大也不例外，法律系的教学科研工作也受到很大影响。在各种运动的冲击下，正常的教学科研无法开展，教师的工作和个人生活都受到很多影响，在这样恶劣的环境之下，蒲坚从未想到放弃自己专业，从未想过离开北京大学法律系，离开教育岗位。因为他满怀着对中国法制史专业的热爱，对北大的热爱，对教育事业的热爱，所以即使在运动最激烈的时候，蒲坚也一刻没有停止对中国法制史学的研究，孜孜不倦地利用各种条件阅读学习。蒲坚深知从事科研教学工作，尤其是法史学的科研教学，不能有中断。正是由于蒲坚这份对自己专业、对科研工作的热爱，每次运动过去或是下放的间歇，一旦回到学校后，蒲坚很快就能重新投入到教学工作中去。

北京大学法律系重建之初，在中国法制史学科建设上，可以说是白手起家。当时的学科从名称到内容都照搬苏联模式，认为国家是法律实施的保障，要研究法律就离不开国家，所以课程内容包括国家与法律两部分。这样一来，原有的一些经典教材和研究成果都不能直接运用，必须按照当时国家与法的理论体系重新编写讲稿和讲义。在这样的背景下，蒲坚与教研组的其他同事们一同着手编写讲义，每次上课下发给学生，在教学过程中不断修改，增加新内容，吸收新的研究成果，补充新资料。因此，讲义在内容上从最初简略的大纲式到60年代已形成几十万字的大部头教材，而形式也从最早手工刻的蜡版油印，发展到后来打字的蜡版油印。虽然如此，这部教材也一直未能正式出版。直到1977年恢复高考后，中国法制史学科正式使用“中国法制史”这个名称。这部浸透了包括蒲坚在内的北京大学法律史教学组全体老师辛勤汗水和智慧结晶的讲义才以《中国法制史简编》的名称于1980年由山西人民出版社出版。这部教材是新中国成立后第一部公开出版的中国法制史教材，在国内外有很大影响。对于中国法制史学科的发展建设具有里程碑式的意义。除了这部教材之外，蒲坚主编参编过多部教材，例如：由蒲坚主编光明日报出版社出版的《中国法制史》获得北京大学优秀教材奖；还有作为“高等教育面向21世纪教学内容和课程体系改革计划”组成部分的《新编中国法制史教程》。这些都是当时中国各大院校法学专业广泛采用的教材，是法制史专业学生的必读书目。

除了编撰教材之外，蒲坚更是孜孜不倦在讲台上辛勤耕耘，教书育人。聆听过蒲坚教授课程的学生纷纷走上了法律相关的各个领域，成为新中国法制建设的中坚力量。其中包括华东政法大学校长、法学史专家何勤华，民法学专家郭明瑞，法史学专家武树臣、马小红，宪法和行政法学专家姜明安等。聆听蒲坚的授课，对于这些学者的从事学术研究起到了重要的作用。何勤华就曾回忆“文化大革命”之后北大刚刚复校，百废待兴，在没有教材的情况下，蒲坚为经历了“文化大革命”，依旧怀揣学术梦想，重回校园的学子们讲授中国法制史课程的情景。

除了在北京大学之外，蒲坚还在中央广播电视大学担任教授，通过现代的传播手段，为更多渴望知识的学子插上了腾飞的翅膀。蒲坚中法史教学活动不局限于北京大学，他还曾赴香港城市大学、香港树仁学院、台湾东吴大学讲授法理学和法制史课程。

二、钻研学术　成果丰硕

蒲坚在科研方面刻苦钻研、多有建树，研究涉及中国法制史的多个领域，出版的专著均具有相当影响，其价值获得国内外学术界的肯定。

蒲坚较早取得研究成果的是在中国古代的土地资源法领域，他撰写的《中国历代土地资源法制研究》是中国第一部全面、系统阐释中国古代土地资源法制状况的专业书籍，该书填补了中国相关领域的研究空白，该书的特点在于资料翔实、可靠，体现了蒲坚扎实的学风，这本书是现在研究土地法制问题的必备工具书。该书按照历史时期，全面、系统地叙述和研究了中国1949年以前土地资源的法律制度，内容涉及各个时期土地资源的管理机构和职能、土地资源的立法、土地资源的所有制形式、土地资源的经营方式与管理方式、土地资源的买卖与租佃、土地资源的保护，以及土地资源管理的经验与教训等。这本专著充分展示了中国历代土地资源法制的丰富内容，并且总结了土地资源管理的有益经验和失败的教训，这些经验与教训对完善中国现代土地资源管理有着积极的借鉴意义。该书分夏商周时期、秦汉时期、魏晋南北朝时期、隋唐五代时期、两宋时期、辽金元、明、清、民国等部分，该书首先注重条例，准确地把握了土地资源法制的几个核心问题，分别从土地资源管理机构、基本的土地立法、土地占有形态、田赋管理制度、土地清丈核查与管理控制等角度系统阐述了中国古代土地资源法制的发展演进状况。其次又能够注重突出各个时代的特征，如西周时期的井田制、魏晋南北朝时期的屯田制、隋唐的均田法、两宋的土地租佃制度、清代的圈地问题等。为读者展现了一幅中国古代土地资源管理法律制度的全景图画。

蒲坚研究的第二个重点领域是中国古代的行政立法，他的专著《中国古代行政立法》全面、系统地阐释和分析了中国古代自夏至清，从中央到地方以至基层的行政管理体制。该书的内容涵括行政、司法、监察、户籍、军事各部门的行政管理，各机构的建制、组织与职权，职官的设置、选任、品级、爵秩、考核、升迁、致仕以及官员违纪的惩罚等方面，说明历代统治阶级利用行政管理手段，加强国家行政机关统治效能，而且在总结前代兴衰的基础上不断演进和强化。该书沿袭了蒲坚一贯严谨扎实的学风，以丰富翔实的史料为依据，是蒲坚多年在中国法制领域中的重要研究成果。

除了上述两部专著之外，蒲坚还是《中国法制通史》第一卷夏商周卷的主编，《中国法制通史》曾获得中国新闻出版的最高奖——中国图书奖，该书完整把握中华文化特质，真实地整理和解说了中国法制史。《中国法制通史》多卷本在综合并升华了中国法制史学术研究百年来的主要成就的基础上，突破了原有的局限，从一种全新的角度去整体把握中国法制传统。该书全面检视了中国传统社会的法制状况，系统整理了中华民族优秀法制文化传统，并寻找其中的精神路线和灵魂、总结分析其对于人类法制文明的贡献，提炼其中的共通的、超越的、永恒的价值，无论从研究范围、方法思路还是采用的资料来看，该书的研究都是空前全面和广泛的，堪称集大成之作。能够担任该书第一卷主编，这本身就是对蒲坚科研水平、学术地位的肯定。

蒲坚撰写了该卷中的绪言，第二章的第二、五节，第三章第二、五节，第四章第二、七节，第五章第四、六节，内容涉及夏代、商代、周代和春秋时期的行政、经济法律规范。并作为主编负责全卷的统稿工作。

蒲坚还是《北京大学法学百科全书》中国法制史部分的主编，该部分主要包括自夏、商、周到民国时期，四千多年以来中国历代的法律和制度，以及中央到地方的职官、司法、监察、狱政等的设置和沿革。

最值得一提的是2001年，年逾七旬的蒲坚又出版了四卷本的《中国古代法制丛钞》。全书介绍了夏、商、西周、春秋、战国至隋、唐、宋、元、明、清各个历史时期的法制史料，不仅仅是一部古代法制史料的丛编，更体现蒲坚扎实的学术功底和宽广的学术视野。蒲坚不但按照朝代历史分期来编排资料，还参考现代法学的分支学科将一朝的资料分门别类，方便读者查找参考，而且蒲坚在每个朝代之前专门撰写了历史概说，帮助读者从整体上把握一朝的法制概况。该书不但是蒲坚多年来从事中国法制史研究的结晶，更是广大读者和中法史的教学研究人员不可多得的基础参考资料。

除了上述学术专著外，蒲坚还参与多部中国法制史教材的编写。1980年由山西人民出版社出版的《中国法制史简编》是中国第一部公开出版的法制史学科教材，对于中国法制史学科的发展具有里程碑式的意义。光明日报出版社出版的由蒲坚主编的《中国法制史》曾获得北京大学优秀教材奖。由高等教育出版社出版的《新编中国法制史教程》是教育部“高等教育面向21世纪教学内容和课程体系改革计划”

和国家新世纪网络课程建设项目的研究成果的一部分。该书是以 1988 年出版的《中国法制史教程》为参考本，并吸收有关学术论著、教材的新成果而编写的。该书根据本门课程的教学目的与要求，在体例和内容上均有较大的发展，章节结构有所变化，一方面遵循传统编写体例，按历史顺序分十五章介绍了从夏朝到新民主主义革命时期的法律制度；另一方面又突破传统编写模式，突出每章的重点内容，取消了“节”这一层次，直接分为若干问题加以阐述。从内容上看，该书适应改革开放的需要，新增了民事、经济、财政方面的法制规定以及行政管理体制的内容；加进了西夏法律简介，弥补了原有教材中普遍存在的重视古代刑事法律轻视民事经济行政法律的缺点，增补了以往研究缺失的朝代章节；同时根据各章内容的需要，在每章还设置“法典”、“法律人物”、“案例”及参考译文等内容，并提供了一些历史图片以帮助学生加深对内容的理解。全书内容丰富、图文并茂，充实了立法指导原则的分析、立法机关及活动的介绍；全书内容简要，主线清晰，重点突出，而且在书中还附有图表资料，非常便于学生、读者在学习阅读时掌握和参考。该书是一本新颖实用的中国法制史教材。从该部教程的内容体例可见蒲坚不满足于已有成果，勇于开拓，善于创新的学术精神。

当然蒲坚的学术研究成果绝不限于上述的专著和教材内容。早在 1985 年，蒲坚就曾发表《试论中国国家与法的历史的对象和范围问题》，论述当时历史条件下学科名称的特殊性。蒲坚这篇论文实际上是对中国法制史学科的研究任务、对象、范畴进行了探讨，这无疑对新中国建立后，中国法制史学科专业的建设有着极为重要的意义，从中更可以看出，蒲坚不仅是一位学风踏实的研究人员，更是对法制史学科有着整体思考的学者。“文化大革命”之后，蒲坚撰写的《中国宰相制度的变迁》由法律出版社出版的法律史论丛（第三辑）收录，从这篇论文则可以看出蒲坚全面收集资料，综合把握历史问题的研究能力。更值得一提的是，蒲坚的学术研究成果也引起了海外学界的重视。在中日法史学界围绕着《唐律疏议》成书年代问题而展开的讨论中，蒲坚于 1982 年撰写了《试论〈唐律疏议〉的制作年代问题》分析了现存《唐律疏议》中疏议部分，提出其中许多内容与日本学者所主张的开元年间的社会现实不相符合，由此论证了现存唐律并非《开元律疏》而是《永徽律疏》的观点，引起了日本法律史专家池田温等人的重视。蒲坚在唐律研究方面还发表过《唐律——中国古代法律文化遗产中的瑰宝》、《释唐律“出入得古今之平”》等论文。足见其在唐律研究领域也造诣颇深。

三、品德高尚　谦虚谨慎

蒲坚长期工作在科研教学第一线，既是一名学养深厚的学者，更是一名品德高尚的老师。在日常工作中，他一直坚持谦虚谨慎的态度，在面对社会问题的时候，他又能够通过自己广博深厚的学识见地予以全面考虑，正确对待，并及时进行自我调整，适应社会发展。

在改革开放过程中许多基础性学科都受到一定影响，作为与现实有距离的基础理论性学科的中国法制史也不例外。在北大法学院的教学安排上，中国法制史的课程由原来136学时、两个学期的课，缩短到现在的68学时、一学期的课。许多同行觉得一时难以接受，但蒲坚作为一名法史学的学者，他认识到在一定的社会背景下，一定时间内会对一些新兴前沿学科的发展提出特别迫切的需要，在社会能够提供的总教学资源相对稳定的前提下，必然会对其他学科，尤其是基础学科造成冲击。

当然，作为将一生心血都贡献给中国法制史学科的老一代学者，蒲坚还是希望中国法制史的学科地位受到重视，更希望法学院的学生们能够学好这门课程。他强调，历史是不能割断的，要制定符合今天中国实际的法律必须追溯历史上的相关制度。历史对于现实的影响终会通过潜移默化的方式显现出来作用。为了强调中法史学科的重要性，蒲坚更提出了学习中国法制史不是为了昨天，而是为了今天，为了更好地进行法制建设。他指出，中国法制史料浩瀚，其中有许多治国安邦和协调社会法律关系的经验教训。这是中华民族传统文化宝库中的一部分，需要认真研究、总结、继承，去其糟粕，取其精华，通过中国法制史的学习，增长才智，开阔视野。蒲坚的这些观点，既是一代老学人毕生研究中法史所积累的心得体会，更是站在中国法制史学科建设的全局高度所提出的深刻见解，这种客观、严谨、与时俱进的科学精神更加令我们敬佩。

蒲坚从求学时就一直实践着周恩来总理的名言“为中华之崛起而读书”。始终坚持着为党、为国家、为人民学习的信条，坚持知识是人民给的，他们要无条件的还给人民。

蒲坚虽然退休，但仍然关心北京大学法学院的发展，尤其关心着教师队伍和图书资料两方面的建设。北京大学法学院的教师素质不断提高，许多青年教师脱颖而出，成为学术精英，受到社会好评，这些好消息都让他由衷欣慰与自豪，看到原来法律系资料室现在已扩展为具有相当规模的法学院图书馆，他更是感到高兴。但与此同时，作为一名亲身见证北京大学法学院逐渐发展成为全国数一数二法律学术重镇，并为之贡献毕生精力的前辈学人，蒲坚仍然保持着清醒的头脑和谦虚谨慎的态度，劝诫后辈不要夜郎自大，要放眼天下，学习兄弟院校和世界相关院校的长处。

四、蒲坚主要论著

肖永清编（蒲坚主要执笔并统稿）. 1981. 中国法制史简编（上、下册）. 太原：山西人民出版社.

《中国大百科全书·法学》编委会（蒲坚为法制史分科主编）. 1984. 中国大百科全书·法学. 北京：中国大百科全书出版社.

蒲坚编. 1987. 中国法制史. 北京：光明日报出版社.

蒲坚，赵昆坡编. 1987. 中国法制史简明教程. 北京：北京大学出版社.

蒲坚编. 1988. 中国法制史学习指导书. 北京：中央广播电视大学出版社.

蒲坚编. 1989. 中国法制史参考资料. 北京：中央广播电视大学出版社.

蒲坚. 1990. 中国古代行政立法. 北京：北京大学出版社.

蒲坚编. 1991. 中国法制通史. 第1卷. 北京：法律出版社.

《北京大学法学百科全书》编委会（蒲坚任中国法制史分支学科主编）. 2001. 北京大学法学百科全书. 第一卷. 北京：北京大学出版社.

蒲坚. 2001. 中国古代法制丛钞. 北京：光明日报出版社.

蒲坚编. 2001. 中国法制史自学考试指导与题解. 北京：北京大学出版社.

蒲坚编. 2002. 中国法制史自学辅导. 北京：北京大学出版社.

蒲坚编. 2003. 中国法制史. 北京：中央广播电视大学出版社.

蒲坚编. 2003. 新编中国法制史教程. 北京：高等教育出版社.

蒲坚编. 2006. 中国历代土地资源法制研究. 北京：北京大学出版社.

主要参考文献

《当代中国法学名家》编委会. 2005. 当代中国法学名家. 北京：人民法院出版社.

李彤，晁宝栋. 2007. 挥手浮云 淡定人生——蒲坚教授访谈录//法律文化研究（第三辑）：439-451.

撰写者

王文涛（1982～），华东政法大学法律史专业博士。

姚　壮

姚壮（1927～），江苏常州人。国际法学家，外交学院国际法研究所教授，主要研究国际私法和国际经济贸易问题，是中国国际私法学“大国际私法”学派主要代表之一。1953年中国人民大学外交系国际私法专业研究生毕业。1981年至1982年为美国哈佛大学法学院访问学者。曾参加1979年《中华人民共和国中外合资经营企业法》的起草工作。1985年4月出席了国际统一私法协会召开的政府级专家会议。1986年10月起，借调外交部港澳事务办公室任法律顾问，并自1987年5月起作为中英联络小组国际权利和义务专家小组中方专家，专门从事研究、解决1997年香港回归后在各个国际组织中的法律地位问题，1988年重回外交学院任教。其与任继圣合著《国际私法基础》，是新中国成立后第一本国际私法教材，参加编写的《国际私法》获司法部部级优秀教材奖，出版了《国际私法理论与实务》一书，发表《试论涉外经济合同的法律适用》及《从国际商事仲裁实践看〈Incoterms 2000〉的应用》等论文。1979年起开始担任中国国际经济贸易仲裁委员会委员兼仲裁员，在业界有良好的声誉和国际知名度。他将国际私法理论研究与中国对外贸易仲裁实践相结合，推动了中国国际私法理论研究和实践的发展。

一、简　历

（一）求学生涯

1927年3月，姚壮出生于江苏常州，原名朱焕文，童年时随家人移居上海。曾和担任过联合国国际法院院长的史久镛在同一所中学上学，该校是一所由英籍犹太人亨利·雷士德（Henry Lester，1840～1926）创办的学校，第二次世界大战后，由日本人接手。由于无法忍受日本军国主义的教育内容和方式，年轻的朱焕文毅然离开。之后，受到进步同学的影响，他和地下党组织取得联系，并积极参加各种形式的革命活动，险遭逮捕，被学校开除。当时他有家难回，只能在江浙各地过着半流浪的生活。为了避免连累在上海的家人和同志，朱焕文改名为姚壮。1945年至1947

年，他就读于上海沪江大学（上海理工大学的前身）英文系。1947 年至 1948 年姚壮在上海大夏大学史社系读书，1951 年至 1953 年就读中国人民大学外交系国际私法专业，获研究生学历，自此留校任教，开始了教书育人的生涯和对国际私法学术领域的研究与探索。

（二）教书育人

1953 年 9 月起，姚壮在中国人民大学外交系国际法教研室任教员。1955 年 9 月，由周恩来总理倡议，在中国人民大学外交系的基础上成立外交学院。时任副总理兼外交部长陈毅担任外交学院院长。姚壮随即从中国人民大学外交系国际法教研室转为外交学院国际法教研室讲师。1964 年，中央决定在外交学院基础上成立隶属外交部的国际法研究所，1969 年该所因“文化大革命”随学院停办。但在 1964 年至 1969 年国际法研究所成立期间，姚壮一直担任国际私法组副组长。1969 年 3 月至 1975 年 10 月，因“文化大革命”原因，国际法研究所停办，姚壮至江西“五七干校”参加劳动。1975 年 10 月至 1981 年 9 月，他到中国社会科学院法学研究所任科研人员。其间，1980 年外交学院复校后，设立了国际法教研室，后又恢复为隶属外交学院的国际法研究所。姚壮重回外交学院，被评为副教授。1981 年姚壮赴美国哈佛大学法学院进修，1982 年回国，1988 年被评为教授，1990 年在外交学院离休。

早在担任外交学院讲师期间，姚壮就与外交学院的同事一起编写《国际私法讲义》，向学生教授国际私法课程。1979 年他又在中国社会科学院法学研究所为海商法研究生讲授国际私法课程，后根据课程讲稿，将讲稿压缩增删，于 1980 年与任继圣合著出版《国际私法基础》教材。该书成为新中国成立后第一本国际私法教材，获外交部颁发的部级优秀教材奖。同年，他与任继圣发表《国际私法在四化建设中的作用》，强调要从立法、司法和科研等方面加强中国国际私法的研究。1981 年他又被外交学院批准为国际法专业（国际私法研究方向）的研究生指导教师。其中，已故的法学家邓正来（1956～2013）就是姚壮的第一批研究生。1953 年至 1990 年，除去在“五七干校”的时间，姚壮把自己的主要精力都奉献给了国际法的教学和研究工作。教书期间，他不仅讲授国际私法，也讲授国际贸易的内容，包括国际支付、国际运输、国际保险等。这些促成了他“大国际私法”观点，同时也为他离休后专心担任仲裁员的实务工作打下了坚实的基础。

（三）参与起草《中华人民共和国中外合资经营企业法》

由于姚壮一直从事国际私法方面的研究和教学，1979 年他参加了《中华人民共和国中外合资经营企业法》的起草工作。该部法律是中国改革开放后的第一部法律，为之后起草的诸多涉外法律的制定奠定了基础。他在发表的《〈中华人民共和国中外合资经营企业法实施条例〉与合营企业的发展》一文中，指出："自从我国1979年7月颁布了《中华人民共和国中外合资经营企业法》及随后陆续公布了一些与合营企业有关的涉外经济法规以来，在我国境内举办的合营企业得到了一定的发展。据有关部门统计，截至1983年12月底，共建立起合营企业180多个，投资总额达7.98亿美元。这些合营企业建立后，由于技术设备比较先进，经营管理比较科学、合理，因此一般都取得了良好的经济效益。例如，由中国、瑞士、香港三方合资经营的迅达电梯公司，两年来的利润率达到20%以上；杭州的西湖藤器企业有限公司开业后头两年的平均利润率亦在15%左右。"这些经济增长的原因与《中华人民共和国中外合资经营企业法》的颁布不无关系，因为该法使境外投资者消除了法律上的疑虑，确保了他们的合法权益，从而提高了他们来中国创建合营企业的积极性。姚壮在记者采访谈及此事时曾说："时代选择了我，我只是做了自己分内的事。"可见其为人低调与谦虚。

（四）借调外交部工作

1984年中国和英国签署了《中华人民共和国政府和大不列颠及北爱尔兰联合王国政府关于香港问题的联合声明》后，根据该声明中关于成立中英联合联络小组的规定，在联合联络小组下又设立了一个国际权利和义务专题小组，专门从事研究、解决1997年香港回归后它在各个国际组织中的法律地位问题。姚壮应外交部的邀请，从外交学院调到外交部港澳事务办公室作为中方代表处专家，成为港澳事务办公室法律顾问。有关香港回归后的国际权利和义务问题，是一个非常重要的国际法问题。姚壮凭借着过硬的学识和实践经验，出色地完成了这项艰巨的任务。后来他拒绝了外交部的挽留，执意回到教学科研岗位。可见他并不看重官场与名利，宁静以致远，专心教学和学术研究。

（五）仲裁实践

姚壮教书之余，将理论应用于实践，自1979年起被聘为中国国际经济贸易仲裁委员会委员兼仲裁员。1990年，他从外交学院离休后，更是将主要精力放在从事仲裁员的工作上。同时，为了提高律师、公证员的业务素质，适应中国高级律师高级公证员培训中心国际私法教学的需要，他还编写了《国际私法理论与实务》，作为中国高级律师高级仲裁员培训中心的教材。

他担任仲裁员以来，审理过几百件涉外及国内仲裁案件，其中担任首席仲裁员或独任仲裁员的案件达到200件以上，并在2004年获得全国优秀仲裁员奖。自1990年以来，他还先后担任过香港国际仲裁中心、大韩商事仲裁院的仲裁员。目前，仍为中国国际经济贸易仲裁委员会专家咨询委员会委员、中国国际私法学会理事会理事。在业界，姚壮享有良好的声誉和较高的知名度，是一位办案数量多、办案经验丰富的资深仲裁员。同时，他还不断在《国际商报》、《法制日报》、《中国贸易报》上发表文章，以案说法，如《走向世界仲裁界前列》、《向现代化国际化迈进的我国国际商事仲裁》、《外商投资企业仲裁案例透析（一）》、《外商投资企业仲裁案例透析（二）》、《外商投资企业仲裁案例透析（三）》、《不能以信用证替代合同》、《买方有权拒付争议之货款吗?》、《商检证书不合格能否索赔》、《代理出口双方违约》、《依据国际惯例解决贸易纠纷》等，并在《国际经济法论丛》发表《试论涉外经济合同的法律适用》和《从国际商事仲裁实践看〈Incoterms 2000〉的应用》。他将国际私法理论和仲裁实践很好地结合在一起，处理了大量的实务难题与经济纠纷。

二、学术研究和重要贡献

姚壮是在中国国际私法学中有影响的学者之一，是中国国际私法学“大国际私法”学派主要代表之一。其主要学术观点体现在《国际私法基础》和《试论国际私法与国际经济法调整对象的区分问题》等著作和论文中。

（一）大国际私法的学术观点

他认为国际私法的调整对象不仅仅只有冲突规范，还包括实体规范。

1. “涉外民事法律关系”的含义

国际私法的调整对象是具有涉外因素的民事法律关系（简称涉外民法关系，或称国际私法关系）。当民法关系的主体、客体、内容（权利和义务）这三个要素中，有一个或一个以上为外国因素（或成分）时，这种法律关系就叫涉外民法关系，就成为国际私法调整的对象。

2. 冲突规范是国际私法规范的组成部分

虽然冲突规范是国际私法特有的一种规范，并且很早就在国际私法中大量地存在，西方国家的国际私法学也是从研究冲突规范开始的，但是直到现在，许多西方国家的国际私法学者还把冲突规范的总称——冲突法视为国际私法的同义语。这里需要指出的是，尽管冲突规范在国际私法中早就大量存在，在调整涉外民法关系时曾起过主要作用，今后还会发挥一定的作用，但它只是国际私法规范的组成之一，它在国际私法中的地位和作用，已随着国际私法的向前发展而在某些领域内逐渐减弱。这不仅因为这种规范本身所具有的局限性，即不能用以最终确定当事人的具体权利和义务，而且也由于在国际上和国家间出现了直接规定当事人权利和义务的统一的实体规范，数量在逐渐增多，特别是在国际贸易及与之有关的一些领域内尤其如此。这种规范的出现和存在，从根本上消除了产生法律冲突的可能性，因而极大地削弱了冲突规范在这些法律关系领域内的作用。

3. 国际私法调整四类涉外民法关系规范

国际私法调整的涉外民法关系包括四类规范：关于外国人民事权利的规范、冲突规范、直接规定涉外民法关系双方当事人权利与义务的规范和国际民事诉讼和仲裁程序规范（包括国际民事诉讼的基本问题、国际商事和海事仲裁）。它们从不同的方面或用不同方法调整涉外民法关系。其中“直接规定当事人之间权利和义务的实体规范”，这类规范是在国际条约、国际惯例或国内立法中直接规定涉外民法关系双方当事人之间具体权利和义务的规范。用这种实体规范来调整涉外民法关系，与冲突规范相比，更为明确、固定，从法律技术上讲，也更为方便。

因此，姚壮把直接规定当事人权利和义务的实体规范引入国际私法规范之内，从而突破了传统的国际私法就是解决法律冲突的冲突法观念，认为实体规范的出现是符合国际私法发展的自然进程和日趋完善的一个合乎逻辑的阶段，形成了“大国际私法”的观点和体系。

（二）提出区分国际经济法和国际私法的标准

姚壮试图解决国际经济法和国际私法在调整对象上的“真空”和“重叠”问题。为区分这两个法律部门的范围，姚壮提出要从法律关系的性质和主体这两个标准来区分国际私法和国际经济法的调整对象。

1. 国际经济法是独立的法律部门

他承认国际经济法是一门独立的法律部门，认为国际经济法是经济国际法。自第二次世界大战以后，特别是1960年以来，随着国际经济贸易关系的发展及国家对经济生活干预的加强，出现了新的法律部门——国际经济法，国际经济法就是经济国际法。理由是：国际经济法的产生与国内经济法的产生有共同经济根源，都是国家直接干预经济的结果。国家不仅是这些法律的制定者或者参与制定者（对国际条约而言），而且也是这种法律关系的主体；调整这种既不由传统的国际公法，也不由“大国际私法”来调整的法律关系的法律，就是我们说的国际经济法。

2. 区分标准

姚壮提出可用一个根本的依据和一个辅助的依据来区分国际私法和国际经济法所调整的不同对象。一个根本的依据是法律关系性质。区分不同法律部门的根本依据是某一法律部门所调整的法律关系的性质。由于法律关系性质的不同，才使调整这一类法律关系的规范与调整另一类法律关系的规范相区别开来，各自构成一个独立的法律部门。依据这一根本的标志，国际私法调整的是涉外民事法律关系，国际经济法调整的是超越一国范围的经济法律关系。

而辅助性的依据是法律关系的主体。虽然这一辅助性依据不是区分不同法律部门的根本标准，但有时在区分不同的法律部门时仍不失为一种辅助的手段。在具有涉外因素的财产关系（经济关系）中，如果双方当事人都是法人或自然人，或一方为自然人另一方为法人，则这种关系就由国际私法来调整，因为这种关系在国际经济法产生以前就已存在，并且一直由国际私法或其他法律的部门调整着。如果在这种涉外经济关系中双方当事人都是国家，那么这种关系就由国际经济法来调整，而不再由国际私法来调整。

3. 国际经济法与国际私法对国家主体的调整区分标准

姚壮提出，如果国家为一方当事人，以法人或自然人为另一方当事人，那么其法律关系应由哪一法律部门来调整？这是在运用上述两种依据后仍无法解决区分两者调整对象的问题。他认为：这个问题应取决于作为此类法律关系主体的国家究竟以何种身份或资格出现。如果国家在这一法律关系中是以民法主体的资格出现（如作为公民遗产的继承人），则由国际私法来调整。如果国家以主权者的资格出现，那么这种关系就由国际经济法来调整。

综上，姚壮得出结论：国际经济法是在国家对一国的涉外经济活动直接进行干预的情况下产生的。在国际经济法中，国家既作为这种法律的参与制定者，同时又作为这种法律的主体之一。如果国际经济关系中不存在国家作为这种法律关系的主体之一这一事实，国际经济法也就不成其为国际经济法了，而是别的法律部门了。所以，国际经济法调整的对象是以国家为主体的国家之间的经济法律关系，国际私法调整的对象则主要是以公民（包括法人，有时也包括以民法关系的主体资格出现的国家）为主体的涉外民法关系（包括财产关系和人身非财产关系）。这样划分，两者在调整对象上就不会发生“重叠”，也不会出现“真空”的情况，从而解决了上述理论问题。

（三）法律实务

1. 将“大国际私法”观念应用于教学与实践

姚壮的本专业是国际私法。在学术观点上，他始终坚持“大国际私法”，他认为，国际私法不仅仅是冲突法，不能不研究一国法律的具体内容；光讲“冲突”，无济于纠纷的解决，必须具体明确法律条文对当事人的权利和义务的界定。所以姚壮在担任外交学院教授，讲授国际私法时，也讲授国际贸易的内容，包括国际支付、国际运输、国际保险等。这些教学与科研经验，为他办理包括国际货物买卖合同纠纷在内的国际商事仲裁案件打下了坚实的基础。因此，1992 年，姚壮在担任仲裁员之余出版了《国际私法理论与实务》，给中国公证员和律师办理国际商事仲裁提供了很好的参考。

2. 积极从事仲裁工作，将理论应用于实践

姚壮担任仲裁员的时间较长。大约是在 1979 年，那时的对外贸易仲裁委员会的委员就是仲裁员，人数也不多，三十几个人，他是其中之一。当时，姚壮在中国社会科学院法学研究所工作。其他的仲裁员，也主要来自大学和其他科研单位。他认为，对外贸易仲裁委员会自成立时起，就立足于建立真正意义上的仲裁，以区别于当时具有行政性质的工商仲裁，成为与司法并存的一条独立的解决纠纷途径。

自担任仲裁员以来，他办理了大量的仲裁案件，而其中主要是在他 1990 年退休以后接手的，这与国家实行改革开放政策，加强对外经济贸易交往不无相关。他对 1990 年以后每一个经手的案子都做了详细的记录，载明了申诉人、被诉人、案件标的、案情介绍等。由于办案数量多、案件涉及领域广，他于 2004 年获得了全国优秀仲裁员奖。

3. 大量办理涉及中外合资经营企业的仲裁纠纷

作为中外合资经营企业法的起草人之一，他擅长审理中外合资经营及合作经营中产生的各种争议。此外，对国际货物买卖、国际货物运输及房地产买卖、租赁过程中发生的争议也有较多的了解。姚壮在担任仲裁员期间，接手了大量的合资、三

资企业的案件。这一类型案件的案情比较复杂，涉及出资方的资金到位问题、合资方的经营管理纠纷问题、合资企业解散时的清算纠纷问题等等。但是由于他对有关合资企业的各个法律环节掌握得比较精深，因此，贸仲秘书局一有合资方面的案件，就会想到找姚壮来办理。1999年、2000年姚壮相继在《国际经济法论丛》发表《试论涉外经济合同的法律适用》和《从国际商事仲裁实践看〈Incoterms 2000〉的应用》等学术文章，提出了在审理涉外经济合同争议时如何适用法律问题和根据什么原则或标准确定涉外经济合同的法律适用，以及结合国际商事案例具体分析《Incoterms 国际贸易术语解释通则》解决贸易争议的前提条件和在FOB、CFR、CIF术语下争议的解决。在《试论涉外经济合同的法律适用》一文中，他提出：在中国涉外经济贸易仲裁实践中，要把解决合同实质性方面的争议和解决先决问题的方面的争议区分开来，作为两个法律适用问题予以解决，并援引1995年中国国际经济贸易仲裁委员会的一个案例予以说明。在《Incoterms 国际贸易术语解释通则》一文中，他同样以大量的国际商事仲裁案例具体分析了在不同的贸易术语下如何解决争议。

4. 恪守职业道德

姚壮很有个性，办案心直口快，敢讲一些别人不敢讲的话。在他看来，无论是当申请人的指定仲裁员，还是当被申请人的指定仲裁员，都是一样的，既不是为申请人辩护，也不是为被申请人辩护，而是站在第三者的立场，公正判案，维护双方当事人的合法权益。这么多年办案，他在业界建立了卓越的声誉，在他看来，保证仲裁员的公正立场，比什么都重要。由此出发，尽管他有律师资格证，但是姚壮多年来秉承自己的原则，那就是只当仲裁员，不做代理人，为独立、公正地审理仲裁案件而严格自律，恪守职业道德。

以多年的办案实践，姚壮指出，仲裁员在办案时起码有三点是不可缺少的：第一，公正办案，这是最重要的原则，仲裁员办案不能带有任何的偏见；第二，要熟悉业务，包括适用的法律条文要恰当，否则，即便出发点是好的，也难以产生令人满意的裁决结果；第三，仲裁员之间要搞好合作，审理一个仲裁案件一般由三名仲裁员组成，在不违背法律原则和基本事实的前提下，如果出现一些小的分歧，仲裁员要善于灵活协调，尽快达成一致。

综上，姚壮在做学问与司法实务方面，都十分敬业，忠于职守，以身作则，秉公执法，树立了令人钦佩的典范。由于他在外交学院长期从事法律教育工作，离休后又主要从事商事仲裁，积累了丰富的经验，法律教育与法律实务相辅相成，相得益彰。其法学知识在仲裁的司法实践中受到检验而日益完善，其法律教学的内容则更加切合实际的需要，真正做到了理论与实务的完美结合。

三、姚壮主要论著

姚壮 . 1979-7-24. “中外合资经营企业法”的积极作用 . 人民日报 .

姚壮 . 1979. 世界知识产权组织：专利合作条约 . 环球法律评论，(4)：64-66.

姚壮，任继圣 . 1980. 论国际私法的对象与规范 . 法学研究 . (3)：52-54.

姚壮，任继圣 . 1980. 国际私法在四化建设中的作用 . 现代法学，(4)：25-28.

《法学词典》编委会（姚壮为编委和主要撰稿人）. 1980. 法学词典 . 上海：上海辞书出版社 .

姚壮，任继圣 . 1981. 国际私法基础 . 北京：中国社会科学出版社 .

姚壮 . 1981. 统一船舶碰撞中有关民事管辖权、法律选择、判决的承认和执行方面若干规则的国际公约 . 国外法学，(3)：74-74，49.

韩德培编（姚壮参编）. 1983. 国际私法 . 武汉：武汉大学出版社 .

《法学词典》编委会（姚壮为常务编委）. 1983. 法学词典 . 上海：上海辞书出版社 .

《中国大百科全书 · 法学》编委会（姚壮为国际经济法分科的副主编）. 1984. 中国大百科全书 · 法学 . 北京：中国大百科全书出版社 .

姚壮 . 1984.《中华人民共和国中外合资经营企业法实施条例》与合营企业的发展 . 外交学院学报，(2)：21-25.

姚壮 . 1985. 试论国际私法与国际经济法调整对象的区分问题 . 外交学院学报，(3)：50-55.

姚壮 . 1986. 中外合资企业法律 . 澳门：澳门东亚大学研究院 .

姚壮 . 1989. 香港与国际组织 . 中国国际法年刊 .

姚壮 . 1992. 国际私法理论与实务 . 北京：法律出版社 .

姚壮 . 1993-3-7. 向现代化国际化迈进的我国国际商事仲裁 . 法制日报 .

姚壮 . 1999. 试论涉外经济合同的法律适用 // 陈安编 . 国际经济法论丛，2. 北京：法律出版社 .

姚壮 . 2000. 从国际商事仲裁实践看《Incoterms 2000》的应用 // 陈安编 . 国际经济法论丛，3. 北京：法律出版社 .

姚壮 . 2000-9-1. 走向世界仲裁界前列 . 国际商报 .

姚壮 . 2000-10-12. 外商投资企业仲裁案例透析（一）. 中国贸易报 .

主要参考文献

《法学词典》编辑委员会 . 1980. 法学词典 . 上海辞书出版社 .

姚壮，任继圣 . 1981. 国际私法基础 . 北京：中国社会科学出版社 .

《法学词典》编辑委员会 . 1983. 法学词典 . 上海辞书出版社 .

《中国大百科全书 · 法学》编委会 . 1984. 中国大百科全书 · 法学 . 北京：中国大百科全书出版社 .

王玉明编 . 1991. 中国法学家辞典 . 北京：中国劳动出版社 .

撰写者

卜音英（1978 ~），华东政法大学法律史研究生。

王叔文

王叔文（1927～2006），四川青神人，宪法学家。1950年毕业于四川大学法律系，1957年毕业于苏联莫斯科大学法律系，获法学学士学位，1988年获日本立命馆大学名誉法学博士学位。历任中国社会科学院法学研究所助理研究员、副研究员、研究员，国家法研究室主任，法学所副所长、所长；所学术委员会副主任、主任；国务院学位委员会第一届法学评议分组成员，国务院学位委员会委员，国务院学位委员会第二届法学评议分组成员、召集人；中华人民共和国香港特别行政区基本法起草委员会委员、中华人民共和国澳门特别行政区基本法起草委员会委员；中国法学会副会长、中国法学会宪法学研究会总干事、国际宪法学协会理事及执行委员；中华人民共和国第七届全国人民代表大会法律委员会委员，第八届全国人民代表大会法律委员会副主任；清华大学法律系主任、中国社会科学院法学所终身研究员、中国社会科学院研究生院终身教授等。2006年当选为中国社会科学院学部委员。曾参加1982年宪法的起草工作，从1985年起参加香港特别行政区基本法的起草工作，从1988年起参加澳门特别行政区基本法的起草工作，从1988年起参加全国人民代表大会法律委员会的工作。曾主编《香港特别行政区基本法导论》和《澳门特别行政区基本法导论》；出版《宪法基本知识讲话》等专著、合著作品22部，发表有关宪法学方面的学术论文和文章近200篇。

一、学术历程

王叔文，四川省青神县人，汉族，1927年4月3日生。1950年毕业于四川大学法律系，1957年毕业于苏联莫斯科大学法律系，获法学学士学位，1988年获日本立命馆大学名誉法学博士学位。

他历任中国社会科学院法学研究所助理研究员、副研究员、研究员，国家法研究室主任，法学所副所长、所长；所学术委员会副主任、主任；国务院学位委员会第一届法学评议分组成员，国务院学位委员会委员，国务院学位委员会第二届法学评议分组成员、召集人；中华人民共和国香港特别行政区基本法起草委员会委员、中华人民共和国澳门特别行政区基本法起草委员会委员；中国法学会副会长、中国法学会宪法学研究会总干事、国际宪法学协会理事及执行委员；中华人民共和国第七届全国人民代表大会代表、法律委员会委员，第八届全国人民代表大会代表，第八届全国人大常委会常务委员，法律委员会副主任；清华大学法律系主任、中国社会科学院法学所终身研究员、中国社会科学院研究生院终身教授等。2006 年当选为中国社会科学院学部委员。2006 年 11 月去世。

他曾参加 1982 年宪法的起草工作，从 1985 年起参加香港特别行政区基本法的起草工作，从 1988 年起参加澳门特别行政区基本法的起草工作，从 1988 年起参加全国人民代表大会法律委员会的工作，并担任全国人大常委、法律委员会副主任职务。

王叔文长期从事宪法学的研究工作。著有《宪法基本知识讲话》（中国青年出版社，1962 年版）、《法学基本知识讲话》（中国青年出版社，1963 年初版，1979 年再版）、《中华人民共和国宪法讲话》（湖北人民出版社，1979 年版）、《宪法讲话》（湖北教育出版社，1984 年版）、《宪法是治国安邦的总章程》（群众出版社，1987 年版）、《我国的人民代表大会制度》（群众出版社，1988 年版）、《宪法》（四川人民出版社，1988 年版）、《中国法学四十年》（上海人民出版社、1989 年版）、《香港特别行政区基本法导论》（中共中央党校出版社，1990 年版）、《澳门特别行政区基本法导论》（中国人民公安大学出版社，1994 年版）、《现代中国法概论》（日文版）（日本法律文化社，1989 年版）、《现代中国宪法概论》（日文版）（日本法律文化社，1994 年版）、《香港公务员制度研究》（中央党校出版社，1997 年版）、《有中国特色的马克思主义法学理论》（群众出版社，1997 年版）、《市场经济与宪政建设》（中国社会科学出版社，2001 年版）等。其中，《中国法学四十年》被评为华东地区优秀出版物。先后发表了有关宪法学方面的学术论文和文章近 200 篇。其中，论文《论宪法的最高法律效力》（载《法学研究》1981 年第 1 期）获《法学研究》优秀论文一等奖；《新宪法是新时期治国安邦的总章程》（载《红旗》1983 年第 1 期）获《红旗》优秀理论文章奖。

代表作：《论宪法的最高法律效力》（论文），《香港特别行政区基本法导论》（主编）和《澳门特别行政区基本法导论》（主编）。

二、主要学术贡献

王叔文在中国法学界，特别是宪法学界享有崇高的学术声望，他与张友渔合著的《宪法基本知识讲话》（中国青年出版社，1962 年版）是新中国第一本由中国宪法学者撰写的宪法学理论著作，该书全面和系统地整理了马克思主义宪法学的主要原理和观点，勾画了新中国宪法学的学科体系和主要的问题。该书所探讨的中国宪法学基本问题至今仍然是中国宪法学和宪法学理论研究所涉及的最基本问题，具有开山之效。此外，他与张友渔合著的《法学基本知识讲话》（中国青年出版社，1963 年初版，1979 年再版）也是新中国法学研究者撰写的第一本法理学著作，对于打破新中国成立初期中国法学教育只是简单搬用苏联的法学教材的格局具有很重要的开创性意义。该书集中体现了马克思主义法律观，是马克思主义法学思想中国化的具体体现，该书对于改革开放之后全面和系统地构建具有中国特色的法理学学科体系具有非常重要的参考作用。

王叔文是新中国宪法学教育事业的奠基人之一，他从 1978 年开始在中国社会科学院法学研究所招收并培养五届硕士研究生和七届博士研究生。1984 年王叔文与张友渔成为新中国首批法学专业博士生导师，并培养出了新中国第一批宪法学（法学）博士陈云生和骆伟建。王叔文指导的硕士生和博士生，目前基本上已经成为科研单位和政府部门的业务骨干，其中有的成为全国著名的法学专家。

王叔文是新中国宪法学研究事业的指导者和领路人，从 1985 年中国法学会宪法学研究会成立起，王叔文先后担任了四届理事长，成功地将全国各地的宪法学者团结在一起，对建立具有中国特色的社会主义宪法学理论体系和推动 1982 年宪法实施发挥了非常重要的作用，使宪法学研究会成为具有活力的法学学术性团体。

王叔文也是新中国宪法学界在国际宪法学界的领军人物和杰出代表。从 1991 年至 1999 年，王叔文继张友渔之后代表中国宪法学界连续出任两届该国际组织的中国执委职务，为中国宪法学走向世界做出了重要的贡献。

王叔文学贯中西，知识渊博，思维敏捷，思想丰富，在新中国宪法学研究领域的多个方面都有开山和创新之作。王叔文曾经担任港澳基本法起草委员，参与《中华人民共和国香港特别行政区基本法》与《中华人民共和国澳门特别行政区基本法》的起草工作，并先后担任两个基本法中“香港居民的权利与义务”及“澳门居民的权利与义务”部分起草小组的组长。在参与基本法起草的过程中，王叔文亲自主编的《香港特别行政区基本法导论》和《澳门特别行政区基本法导论》成为港澳地区和内地宣传基本法精神的影响深远的参考文献，至今仍然具有很高的学术价值。在中国宪法学研究领域，王叔文明确提出了“宪法是治国安邦的总章程”的学术命题，非常全面和系统地介绍了新中国宪法内容及其特征，特别是 1982 年现行宪法在治国理政方面的突出地位。王叔文特别重视现行宪法的实施工作。早在参与 1982 年现行宪法起草工作的时候，王叔文当时就向起草小组建议，要在现行1982年宪法中增加“宪法委员会”负责宪法实施的监督工作。后来1988年王叔文以全国人大代表的身份直接在全国人民代表大会期间提出了尽快建立宪法实施保障机构的建议。此外，王叔文在宪法学的理论研究中，特别关注宪法本身的权威性，他先后就宪法效力及宪法的核心作用撰写过多篇学术论文，起到了正本清源的效果。

三、主要学术思想观点

在长期的宪法学理论研究过程中，王叔文依据马克思主义法学理论，结合中国宪法实施的实践，先后发表了一系列有关宪法的指导思想和基本原则，宪法制定、解释、修改，宪法实施，宪法监督，公民的基本权利和基本义务，香港特别行政区和澳门特别行政区基本法，宪法学的基本理论等方面的论著和学术论文，形成了比较系统的宪法学术思想，对促进中国宪法学理论研究的发展和繁荣起到了十分重要的推动作用。王叔文的学术研究视野开阔，学术研究范围广泛，学术观点比较鲜明，具有自身独特的学术特点，主要学术观点涉及以下领域和方面。

（一）宪法的指导思想和基本原则

王叔文在长期的治学过程中，对毛泽东思想、邓小平理论作为宪法指导思想的作用以及四项基本原则作为宪法基本原则的法律地位进行深入的研究，并进行了较为系统的理论阐述。

在《学习毛泽东思想关于民主和法制的理论》一文中，王叔文认为，毛泽东思想关于民主和法制的理论是对马列主义国家学说的坚持、丰富和发展，是中国社会主义民主和法制建设的根本指导思想和理论基础。在毛泽东思想关于民主和法制理论中，最为重要的理论原则是：党的社会主义初级阶段的基本路线是加强社会主义民主和法制建设的根本指导思想；中国共产党是加强中国民主和法制建设的领导核心；人民民主专政的国家制度，包括人民民主专政的国体，人民代表大会制度的政体，单一制的社会主义国家结构形式，是加强中国民主和法制建设的根本保证。学习毛泽东思想关于民主和法制的理论，对于加强中国社会主义民主和法制建设，推进中国社会的稳定发展和改革开放的顺利进行以及推进中国法学进一步繁荣和发展，具有十分重要的意义。

在《宪政建设的科学指南——学习邓小平同志的宪政理论》一文中，王叔文系统地总结了邓小平宪政理论的主要内容和特点，包括：1）社会主义社会的根本任务是解放和发展生产力，宪政建设必须坚持以经济建设为中心。2）宪政建设必须坚持以四项基本原则为立国之本。3）宪政建设必须坚持改革开放，这是解放和发展生产力的必由之路。4）坚持和完善社会主义的经济制度。5）坚持人民民主专政的国家制度。6）坚持和完善人民代表大会制度，坚持和完善共产党领导的多党合作和政治协商制度。7）建设社会主义精神文明是宪政的重要内容。8）一手抓建设和改革，一手抓法制。9）用“一国两制”来实现国家的统一。王叔文指出，邓小平同志上述有关宪政理论的论述，明确了中国宪政建设的指导思想、原则、任务和内容，构成了有中国特色的宪政理论，是对马克思主义宪法理论的坚持、丰富和发展。要切实保证宪法的实施，加强宪政建设，做到依法治国，建设社会主义法治国家，必须认真学习邓小平的宪政理论。在《把邓小平理论写入宪法非常重要》一文中，王叔文还进一步明确，邓小平理论是当代中国的马克思主义，是毛泽东思想的继承和发展，把邓小平理论写入宪法，同马列主义、毛泽东思想一起，作为中国各族人民的指导思想，使序言关于指导思想的表述更加全面，清楚地表明了马列主义、毛泽东思想、邓小平理论，是一脉相承的科学体系。在当代中国，高举邓小平理论的伟大旗帜，就是真正高举马列主义、毛泽东思想的伟大旗帜。

在现行宪法刚刚颁布之后不久，为了进一步阐述四项基本原则对于现行宪法的指导意义，王叔文发表了《四项基本原则是新宪法的指导思想》一文。在该文中，他系统地回顾了四项基本原则成为宪法指导思想和基本原则的历史过程，辩证地论述了四项基本原则与宪法之间的相互关系，指出，现行宪法以四项基本原则为总的指导思想，不仅表现在它坚持了四项基本原则，而且表现在它根据新时期的需要，发展了四项基本原则。在《四项基本原则是我国宪法的根基》一文中，王叔文指出，在四项基本原则是宪法的根本原则这一重大问题上，需要从理论上弄清以下几点：1）明确宪法《序言》总结革命斗争成果，规定四项基本原则的必要性；2）明确宪法把四项基本原则规定为宪法的根本原则的重要性；3）明确四项基本原则作为宪法根本原则的不可动摇性和不可修改性；4）明确否定四项基本原则的违宪性；5）明确破坏中国宪法根本原则的危害性等。

（二）宪法的概念、历史发展

1. 关于宪法的概念

什么是宪法？在中国的宪法学论著中，通常把宪法叫做国家的根本法。从宪法在国家法律体系中的地位和作用，以及它与一般法律在法律效力上的区别来讲，这样的理解无疑是正确的，也是必要的。王叔文在《宪法》等学术论著中指出，当论及宪法的概念时，还必须联系宪法的本质进行考察。因为从哲学上讲，概念需要反映事物本质的、主要的、决定性的联系和特性。因此，在理解宪法概念的时候，除了必须认识它是国家的根本法，并规定一个国家的根本制度外，还必须认识它的本质特征，即它是一定经济基础之上的上层建筑，是统治阶级意志和利益的集中表现，反映阶级力量的对比关系。

2. 关于中国宪法的历史发展

过去，中国宪法学者在论述新中国成立后中国宪法发展的历史时，一般没有按历史时期划分。王叔文根据中国共产党第十三次代表大会提出的社会主义初级阶段的理论，在《社会主义初级阶段与宪法》等论文中，把中国宪法的发展，分为两个历史阶段。一是过渡时期的宪法。从 1949 年 10 月中华人民共和国成立到 1956 年社会主义改造基本完成，是中国宪法的过渡时期。在过渡时期，中国先后实施了两部宪法性法律，这就是《中国人民政治协商会议共同纲领》和 1954 年宪法。二是社会主义初级阶段的宪法。1956 年中国社会主义改造基本完成以后，中国先后制定了三部宪法，这就是 1975 年宪法、1978 年宪法和 1982 年宪法。1982 年宪法是以中国共产党的十一届三中全会以来的路线、方针和政策为依据制定的，是一部具有中国特色的、适应社会主义现代化建设需要的宪法，是新时期治国安邦的总章程。

（三）宪法的基本特征及其作用

王叔文先后在一系列学术论文、学术专著中，系统地探讨了宪法的基本特征及其作用，指出宪法作为根本法，具有最高法律效力，是治国安邦的总章程；宪法在建设社会主义法律体系、加强社会主义法制建设等方面都具有非常重要的意义。

1. 关于宪法序言的法律效力

中国宪法学者对中国宪法序言有无法律效力，展开了激烈争论，有着不同意见。王叔文在《我国宪法实施中的几个认识问题》等论著中认为，中国宪法序言具有规范性和法律效力，主要表现在以下三个方面：1）序言规定的基本原则，是解释宪法的基础。例如，序言在根本任务中规定了以经济建设为中心，坚持四项基本原则，坚持改革开放的总方针，这是解释宪法各项条文的基础。2）序言是进行日常立法的基础。它为日常立法确立了指导原则，因而也是解释法律的依据和基础。3）序言是一切组织和公民的根本活动准则。序言规定的国家对内对外的基本原则和基本方针政策，是一切组织和个人活动的依据和基础。同时，序言和条文部分比较起来，有自己的特点，更带有纲领性、原则性和理论性，概括了宪法的基本精神和基本原则。确认中国宪法序言具有法律效力，对于维护宪法的根本大法的地位，保证宪法的贯彻实施，有着重大的意义。

2. 宪法在建设社会主义法律体系中的作用

在《论新宪法在建设我国社会主义法律体系中的地位和作用》、《论建立有中国特色的社会主义市场经济法律体系》、《宪法是建设社会主义法律体系的基础》等论著中，王叔文突出强调，现行宪法对建设中国社会主义法律体系起着指导作用，但这并不意味着现行宪法居于中国社会主义法律体系之外，而是它的不可分割的有机组成部分。这不仅表现在宪法是日常立法工作的法律基础，是制定一般法律的依据，一系列宪法规范同时又是一个或几个部门法的法律规范，另一系列宪法规范则在一般法律中得到具体化、补充和发展。同时，宪法也是法律，它和其他法律一样，具有直接的法律效力，即具有直接的约束力和强制力。宪法的直接法律效力不仅表现在现行宪法在序言中明确规定，一切组织和个人都必须以宪法为根本的活动准则，而且也体现在宪法的各项规定之中。现行宪法在中国的社会主义法律体系中，和其他各部门法一样，都是其中的组成部分。同时，现行宪法作为国家的根本大法，在中国社会主义法律体系中又处于特殊的法律地位，是建设社会主义法律体系的核心。

王叔文指出，宪法在中国社会主义法律体系中的指导作用，表现在它为中国立法确立了指导原则。它们主要是：1）坚持以经济建设为中心，集中力量进行社会主义现代化建设原则。2）坚持四项基本原则和坚持改革开放并把两者紧密结合起来的原则。3）坚持和发展社会主义经济制度的原则。4）坚持人民民主专政的国家制度的原则。5）坚持和完善人民代表大会制度，坚持和完善共产党领导的多党合作和政治协商制度，大力发展社会主义民主原则。6）坚持社会主义物质文明和精神文明一起抓的原则。7）关于用“一个国家、两种制度”来实现国家统一的原则。8）关于一手抓建设和改革，一手抓法制，健全社会主义法制的原则。

王叔文认为，宪法作为日常立法工作的法律基础，它主要表现在三个方面：1）宪法是制定中国立法总体规划的基础。2）宪法是制定中国一般法律的依据和基础。3）宪法是建设有中国特色的社会主义立法体系的基础。

王叔文对宪法在建设社会主义市场经济法律体系中的作用也作了深入的探讨。他指出，宪法为建立社会主义市场经济法律体系规定了指导原则。社会主义市场经济法律体系必须以宪法和法律为依据和基础才能建立起来，宪法作为国家的根本大法，在市场经济法律体系中处于特殊的地位，是建设社会主义市场经济法律体系的核心，起着指导和基础的作用。

3. 宪法是治国安邦的总章程

关于宪法的基本社会功能，王叔文在《宪法是治国安邦的总章程》一书中做了系统的表述。另外，在《推进改革开放的总章程》、《宪法：依法治国的总章程》等论文中又进一步加以深化。王叔文认为，中国现行宪法的最根本的特点在于，它以邓小平理论和党的基本路线为指导，以根本大法的形式，规定了我们国家的根本制度和根本任务，是一部具有中国特色的社会主义宪法，是治国安邦的总章程，也是依法治国的总章程。现行宪法制定和颁布以来，它对加强中国的社会主义民主和法制建设，维护国家的长治久安，保障改革开放和现代化建设的顺利进行，起了十分重要的作用，这些充分表明了它是一部适应中国社会主义现代化建设需要的好宪法。

（四）关于宪法修改

王叔文亲自参加了 1982 年现行宪法的起草工作，并且对现行宪法的起草做出了重要的贡献。在现行宪法颁布之后，他又根据中国社会主义法治建设发展遇到的新情况和新问题，及时地撰文呼吁修改宪法，使宪法适应社会主义法治建设的要求。

在《宪法修正案的基本精神和意义》一文中，王叔文总结现行宪法颁布以来所进行的三次修改，指出宪法修改有利于进一步提高宪法的权威。他认为，宪法能否具有权威，主要取决于三个方面的因素，即指导思想正确，内容比较完善，确保其贯彻执行。中国现行宪法所进行的三次修改都是基于社会主义法治建设出现的新情况和新问题而进行的，特别是现行宪法的修改适应了建设社会主义市场经济的要求，为改革开放的顺利进行提供切实有力的法律保障。与此同时，现行宪法在修改的过程中，将邓小平理论和依法治国、建设社会主义法治国家的治国方略也写进宪法，表明了中国现行宪法具有明确、开放和与时俱进的特征。当然，修改宪法应当根据具体情况来进行。应当正确地处理宪法的适应性和稳定性的辩证关系，只对需要修改的并已经成熟的问题作出修改，可改可不改的不做修改。

（五）关于宪法实施和宪法实施的监督

宪法实施和宪法实施的监督问题一直是王叔文关注的学术焦点问题。王叔文不仅经常撰文来阐述宪法实施和宪法实施监督对于维护宪法权威、发挥宪法作为根本法作用的意义，而且在担任全国人大代表期间，还先后多次通过代表议案向全国人大及其常委会有关机构建议应当重视宪法实施，特别是应当关注对宪法实施的监督。

具体来说，王叔文在该问题上作了以下几个方面的理论探讨。

1. 宪法实施的基本原则

在《论宪法实施的保障》一文中，王叔文在论述了宪法实施的重要意义的基础上，全面地阐述了宪法实施的八项原则，包括：宪法具有最高法律地位的原则，宪法是社会主义法律体系基础的原则，宪法具有直接法律效力原则，国家维护社会主义法制统一和尊严的原则，一切组织和公民都必须遵守宪法的原则，对违宪行为必须予以追究的原则，法律面前一律平等的原则以及权利和义务紧密结合的原则等。正是由于宪法明确了以上八项原则，从而肯定了宪法的根本法的法律地位，规定了必须维护社会主义法制的统一和尊严，要求一切组织和公民平等地毫无例外地遵守宪法和法律，并强调了一切违反宪法和法律的行为必须予以追究。

2. 宪法实施的保障制度

王叔文认为，根据中国现行宪法的规定，在中国，保障宪法实施的制度主要分为两个方面，一是宪法监督制度，一是宪法解释制度。关于宪法监督制度，根据现行宪法的规定，监督宪法实施权属于全国人大及其常委会。宪法在规定全国人大有权监督宪法实施的同时，还增写了全国人大常委会也有权监督宪法的实施，目的在于加强对宪法实施的经常性监督。此外，宪法还规定，地方各级人大在本行政区域内，保证宪法的遵守和执行。关于宪法解释制度，宪法明确规定，解释宪法权属于全国人大常委会。宪法规定的这两项制度，对于保障宪法的实施，十分重要。

3. 宪法实施监督机构

关于宪法实施监督机构如何设立一直是中国宪法学理论研究的热点问题。主要有三种意见：一种意见主张在全国人大下设一个与全国人大常委会平行的宪法委员会以监督包括全国人大常委会立法活动在内的宪法实施工作；一种意见主张，应当建立独立的宪法法院来处理与宪法实施，特别是违宪问题相关的诉讼；还有一种意见主张在全国人大下设作为专门委员会的宪法委员会。对此，王叔文主张在全国人大下面设立宪法委员会较好。他认为，宪法委员会作为全国人大的专门委员会，它的设置、法律地位和职权都是宪法明确规定了的，而且其成员是全国人大代表，有许多还是全国人大常委会委员。因此，无论从其权威性、代表性讲，作为协助全国人大及其常委会监督宪法实施和解释宪法的专门机构，是比较合适的。

（六）人民代表大会制度的理论和实践

王叔文在长期的理论研究中，能够结合自己担任全国人大代表的亲身经历，基于中国现行宪法关于人民代表大会制度基本原则的规定，撰写了大量的学术论著来论述中国人民代表大会制度的基本特征和主要内容。在这方面的主要著作有专著《我国人民代表大会制度》，论文《人民代表大会制度的理论和实践》、《人民代表大会制度是我国的根本政治制度》、《我国国家的一切权力属于人民》等等。

在上述论著中，王叔文系统地总结中国人民代表大会制度的理论与实践，指出了中国人民代表大会制度相对于国外议会制度所具有的四个优越性是：人民代表大会制度是中国的基本制度；人民代表大会制度具有最广泛的群众基础；人民代表大会制度是发展社会主义民主的根本保证；人民代表大会制度是健全社会主义法制的基础。

关于如何进一步健全和完善中国的人民代表大会制度，王叔文主张，要进一步完善人民代表大会制度。首先，应当坚持邓小平理论的正确指导；其次，必须做到以宪法为依据；再次，应当妥善地处理好改革、发展和稳定三者之间的关系。与此同时，还应当做好以下几个方面的具体工作：1）围绕着经济建设这个中心，完善人大及其常委会的各项职能；2）加强人大及其常委会的组织和制度建设；3）加强人民代表大会制度的理论研究和宣传等。

（七）关于公民的基本权利和义务

早在现行宪法起草过程中，王叔文就撰文详细地论述了中国现行宪法关于公民基本权利和基本义务规定的重要特征和意义，这些论述成为其后各种宣传现行宪法的著作所普遍采用和引用的观点。在《我国公民的基本权利和义务》一文中，王叔文高度概括了中国现行宪法关于公民基本权利规定的主要特点有三个方面：一是体现了社会主义民主原则；二是强调公民在法律面前一律平等；三是公民基本权利的规定具有广泛性和真实性。与此同时，现行宪法在规定公民基本权利和基本义务上的最大的立法技术特点就是规定了公民权利和义务的不可分离原则，并且充分体现了社会主义民主和社会主义法制的高度结合。

在《论香港特别行政区居民的基本权利和义务》一文中，王叔文明确指出基本法中所规定的香港特别行政区居民的基本权利和义务的根本特点，就在于它体现了“一国两制”的方针，是从香港实际出发的。首先，香港特别行政区关于保障香港居民和其他人的基本权利和自由的制度，以香港特别行政区基本法为依据；其次，香港特别行政区基本法关于香港居民的基本权利和自由的规定，是按照中英联合声明中所载入的中国政府有关的方针政策加以规定的；再次，在义务方面，只规定了“香港居民和在香港的其他人有遵守香港特别行政区实行的法律的义务”。这些充分说明基本法关于香港特别行政区居民的基本权利和义务的规定是比较妥当的。王叔文还强调指出，香港特别行政区基本法关于香港居民权利和自由的规定，不仅在权利主体上有很大的特点，而且在权利内容上也具有很多特点，主要包括具有内容上的广泛性以及基本法对香港居民的基本权利和自由规定了多层次的保障等。

此外，在《澳门居民的基本权利和义务的特点》一文中，王叔文也比较详细地论述了澳门特别行政区基本法对澳门居民基本权利和义务的有关规定，并与香港基本法关于香港居民基本权利和义务的有关规定作了对照，指出由于澳门地区所实行的法律制度和权利保护方式与香港地区有所不同，因此，在澳门基本法中，明确规定了罪行法定主义，明确保护妇女的合法权益和老人、儿童的合法权益，对名誉权和隐私权等都作了比较细致的规定，这些规定完全适应了澳门回归祖国以后保持原有的基本法律制度不变的要求，具有一定的创造性。

（八）关于“一国两制”的法律问题

王叔文先后参加了香港特别行政区基本法和澳门特别行政区基本法的立法起草工作，并在立法起草工作中发挥了重要的作用。由于亲自参加了基本法的起草工作，对于基本法所确立的特别行政区法律制度不仅理解透彻，而且还充分地掌握了与基本法各项规定相关的背景材料。在完成基本法的起草工作后，王叔文先后主持了国家社会科学基金两个项目的研究，出版了《香港特别行政区基本法导论》和《澳门特别行政区基本法导论》两本著作。这两本著作由于结合了起草基本法的具体经验，因此，对基本法的立法精神把握准确，成为港澳地区学习和贯彻基本法的必备教材，对于推动基本法在香港特别行政区和澳门特别行政区的实施具有非常重要的理论意义和实践价值。此外，王叔文还以“一国两制”原则为指导，撰写了大量的介绍基本法立法精神和基本制度的学术论文，产生了广泛的学术影响。以对香港特别行政区基本法的宣传为例，王叔文指出，香港特别行政区基本法最根本的特点，就在于它把维护中国国家的主权、统一和领土完整与授权香港特别行政区实行高度自治紧密结合起来，是一部体现“一国两制”方针的全国性法律。基本法对于中国人民实现国家的统一大业，对于国家的社会主义现代化建设，对于保持和发展香港的长期稳定繁荣，都具有十分重要的意义。基本法是一部没有先例的法律文件，它的制定提出了许多值得研究的重大新课题。这些课题包括：“一国两制”构想对起草基本法的指导意义，特别行政区基本法的基本原则，中央与特别行政区的相互关系，国家主权原则在基本法中的体现，特别行政区自治权的特点，特别行政区居民权利和义务的特点，特别行政区经济制度的特点，特别行政区政治体制包括行政管理制度、立法制度和司法制度的特点，特别行政区法律制度和法律体系的特点，以及特别行政区基本法的法律地位、解释和修改等。这些课题不仅涉及宪法学，而且也涉及法的基本理论、法制史、行政法、民法、经济法、刑法、诉讼法和国际法等学科，有待中国广大的各方面的法学者共同研究解决，为丰富马克思主义法学做出贡献。

四、王叔文主要论著

王珉，王叔文.1962. 宪法基本知识讲话. 北京：中国青年出版社.

王叔文（笔名思进）.1962. 论守法. 政法研究，(4)：5-10，18.

张友渔，王叔文.1963，1979. 法律基本知识讲话. 北京：中国青年出版社.

王叔文.1979. 论选举. 法学研究，(1).

王叔文.1981. 论宪法的最高法律效力. 法学研究，(1)：1-9.

王叔文.1982. 人民代表大会制度是我国的根本政治制度.《红旗》杂志，(10).

王叔文.1982. 我国公民的基本权利和义务.《红旗》杂志，(14).

王叔文.1984. 新宪法的伟大实践. 中国法学，(2)：82-94.

王叔文.1984. 论宪法与精神文明. 法学研究，(2)：1-9.

王叔文.1986. 论宪法在建设中的作用. 法学研究，(4)：1-9.

王叔文.1987. 宪法是治国安邦的总章程. 北京：群众出版社.

王叔文.1988. 宪法. 成都：四川人民出版社.

王叔文，等.1989. 现代中国法概论（日文版）. 日本法律文化社.

王叔文编.1990，1997. 香港特别行政区基本法导论. 北京：中央党校出版社.

王叔文.1990. 基本法是体现“一国两制”方针的全国性法律. 法学研究，(2)：1-10.

王叔文.1990. 论香港特别行政区居民的基本权利和义务. 法律科学，(5)：5-10.

王叔文.1991. 学习毛泽东思想关于民主和法制的理论. 中国法学，(1)：7-14.

王叔文.1992. 论宪法的实施保障. 中国法学，(6)：15-22.

王叔文编.1994. 澳门特别行政区基本法导论. 北京：中国人民公安大学出版社.

王叔文.1997. 党的十四大以来我国宪法学的新成就. 中国法学，(5).

撰写者

莫纪宏（1965～），江苏靖江人，法学博士。现为中国社会科学院法学研究所副所长、研究员，专业方向为宪法、行政法、国际人权法，重点研究领域是宪法监督与宪法诉讼、宪政与人权、紧急状态法、灾害法、文化法等。曾为王叔文研究员指导的硕士和博士生。

关　怀

关怀（1927～2014），河南偃师人。法学家，新中国劳动法学的奠基人，中国经济法学早期开创者，中国工会法学教育的先驱，中国劳动法制建设的重要推动者和参与者，中国劳动法学教育与研究事业的重要贡献者。中国人民大学法学院资深教授，自1950年中国人民大学建校起开始在该校从事劳动法的教学和研究，兼任中国法学会社会法研究会名誉会长、北京市法学会劳动法和社会保障法学会名誉会长、中华全国总工会法律顾问、北京市总工会法律工作委员会委员、中国企协维护企业和企业家合法权益委员会顾问。兼任《法学杂志》顾问、《法制与新闻》顾问，北京市劳动与社会保障法学会会刊《劳动与社会保障》编委会主任。曾担任中华全国总工会第十届至第十二届中央执行委员会委员、中华全国总工会第十一届至第十二届中央主席团委员、北京市人大常委会法制建设顾问。1992年，被评为“国务院特殊贡献专家”，1999年获中国法学会颁发的“从事法学研究和教学五十年荣誉证书”，2004年获中国劳动法研究会颁发的“劳动法理论研究杰出贡献奖”和“劳动法优秀科研成果教材奖”。参加了《劳动法》、《工会法》等法律的起草工作。著有《经济立法与经济司法》、《经济法》，主编高等院校法学统编教材《劳动法学》、高等教育“十五”及“十一五”国家级规划教材《劳动法》、21世纪法学系列教材《劳动法》、《中国大百科全书·法学》（经济法与劳动法学科）等。

一、学习、教学和科研历程

关怀，原名关家驹，1927年6月3日出生于河南偃师的一个教师之家。父亲是中学校长，母亲是小学教师。关怀从一出生就被赋予了家庭的厚望：爷爷以“关家驹”命名这个未来英俊才殊的孙儿。在他5岁时，父亲因病早逝，母亲一个人靠微薄的工资艰苦地拉扯着三个孩子长大。关怀的母亲是位非凡的女性，为了把孩子们教育成才，一个人从二十几岁守寡，把全部身心都放在工作挣钱养育儿女身上，终身未再嫁人。三个孩子也都成为新中国各个领域的出色人才。

（一）青少年时期爱好吟诗作赋，以诗言志

关怀幼年时期，由于日本的侵略，全家过着颠沛流离的生活。随着河南家乡的沦陷，一家人不得不艰苦跋涉到甘肃南部的清水县城落脚。正是在这个山清水秀、远离战乱、黄帝出生的轩辕谷之地，童年时期的关怀对诗文产生了极大的热情和兴趣，常常吟诵唐诗达到如痴如醉的程度。根据后来他的年迈的母亲回忆到，关怀那时候很喜欢诗歌，有一次背诵诗歌达到了忘我境界而从高层台阶跌落，把头跌破。青少年时期的关怀就开始和志趣相投的同学建立诗文社，阅读大量进步诗作，如胡风主编的寓意“七七抗战”的《七月诗丛》、艾青的《诗论·美学》和俄罗斯诗人马雅可夫斯基十月革命时期的诗歌《革命》、《向左进行曲》等进步诗文都是当时的最爱。不但爱读诗，他那时也爱创作诗歌，很踊跃地写稿投稿。他的处女作《画像》准确抒发了自己少年时代就怀揣的抱负和情怀：“是一块煤，从厚压的岩层下被掘起，为了增添人间的温暖，把自己变成灰烬。”这是他17岁时的作品，投稿后发表于当时在西安出版的《西京日报》的副刊上。他的另一篇诗作《请缨之歌》还获得当时全国青年文艺创作比赛的优秀作品奖。在高中毕业前夕，他在《陇南日报》的“散文与诗”副刊上也曾发表多篇诗作。一篇篇充满青春朝气的诗文表现了青少年时期的关怀的热爱祖国、热爱人民、献身祖国的高尚情怀。

（二）大学时期积极投身进步运动，开始步入革命工作

关怀20岁时考入朝阳大学法律系。当时法学界有“南东吴北朝阳”的说法，据说，那个时期的法官很多都是朝阳大学的毕业生。但是，处于历史动荡时期，作为追求进步的热血青年，年轻的关怀不满足于在著名的法学院读好书，而是更加关注国家的命运，把自己的学习与时代命运联系起来。其间，他积极参加学生运动，是当时党领导的青年组织“青工”的成员。他多次声情并茂地回忆道：当时与国民党政府斗争的武器，孙国华老师用的是小提琴和指挥进步学生大合唱，我就是用诗歌来抨击当时的黑暗统治，号召人民起来抗争！据他介绍，那时他和朝阳大学的诗歌爱好者建立了朝阳大学新诗社，并作为这一诗社的代表，参加了由北大、清华、南开等大学的诗社联合组成的“华北诗联”的工作，出版并担任《诗联丛刊》的副主编。“华北诗联”以北大红楼为活动地点，很有一番“寄意寒星荃不察，我以我血荐轩辕”的青春斗志！笔者看到过他那个时期的几张照片，一派英俊潇洒、热血方刚、指挥方遒的气度。

由于常常在公开的学生集会上朗诵诗歌等，关怀和其他进步青年逐步成为学生

运动的领袖。1948 年 8 月，国民党掀起反共高潮，血雨腥风中，有些学生领袖被捕入狱，孙国华老师就是其中之一。党组织为了保护学生进步力量，悄悄地让关怀化妆成普通市民，通过天津进入河北沧县，辗转进入冀中解放区，开始在当时已经成立的华北大学政治学院学习，毕业后留校工作。1949 年 3 月加入中国共产党。1949 年 9 月调入由谢觉哉同志任校长的中国政法大学教育科工作。

（三）新中国成立后成为最早的献身法学教育的教授之一

1950 年 3 月，由谢觉哉同志任校长的中国政法大学和华北大学合并组建中国人民大学后，关怀成为人民大学法律系第一批教师，开始担任当时苏联专家的助理，记录、整理和编纂民法和劳动法方面的教材，10 月，他开始在法律系民法教研室担任教员。1953 ~ 1964 年，他先后任民法教研室副主任、主任。1964 年 8 月任中国人民大学苏联东欧研究所政治法律室主任，1973 年 6 月任北京大学苏联东欧研究所政治法律研究室主任，1978 年重返中国人民大学任教。1979 年被聘为副教授，1986 年晋升为教授。1983 年，他作为主编，编辑出版新中国第一本高等院校法学统编教材《劳动法学》。这本教材成为中国学生学习劳动法的经典必读教材。1981 年以来，他曾担任全国总工会第十届至第十二届中国执行委员会委员，和全国总工会第十一、十二届主席团委员，并兼任中华全国总工会法律顾问、北京市人大常委会法制建设顾问。从 1992 年起，享受“国务院特殊贡献专家”津贴。从 2002 年起，他先后担任北京市劳动和社会保障法学会会长和名誉会长，同时担任中国法学会社会法研究会名誉会长。

二、学术研究和重要贡献

（一）主要研究领域和重大贡献

关怀的主要研究领域涉及民法、经济法和劳动法，其中以在劳动法领域的贡献最为杰出。他是最早从事新中国民法教学的教师之一，在人大法律系，他作为苏联专家的助理，帮助整理和油印民法小册子，并讲授民法和劳动法。在改革开放后，国家开始重视经济建设，关怀很快就感觉到经济法的重要性，率先开始经济法的研究，陆续发表和出版了中国最早的经济法方面的论文和论著。例如，1981 年，他主编了法律出版社出版的《经济法论文选》；1986 年，在法律出版社出版《经济法》。虽然，我们知道后来关怀主要以研究劳动法为主，并被尊称为新中国劳动法的奠基人，但是，他在经济法领域的率先开拓，可见他的法律敏感性和开拓性。

在研究领域的侧重上，关怀比较了劳动法和经济法这两个他都十分敏感和喜爱的领域后，认为，自己把主要精力放在劳动法的研究和教学上，能够更加为广大劳动者服务，更能体现自己少年时立下的志愿——煤的精神："为了增添人间的温暖，把自己变成灰烬。"从20世纪50年代在人大法律系讲劳动法开始，劳动法一直是关怀所钟情的领域，他的一生经历和贡献，都为他的"劳动法人生"做了注脚。1999年中国法学会在人民大会堂召开建会五十周年庆祝大会，关怀从中央政治局常委尉健行同志手中接过中国法学会颁发的"从事法学研究和教学五十年荣誉证书"。2004年12月，在劳动和社会保障部有关单位及中国劳动法学研究会召开的"劳动法实施十周年理论研讨会暨中国劳动法学研究会年会"上，关怀获得了两个奖项："劳动法学理论研究杰出贡献奖"和"劳动法优秀科研成果教材奖"。

（二）主要学术思想和贡献

1. 关于劳动权、劳动法的定义和调整对象的研究，奠基新中国劳动法学教材

关怀从20世纪50年代开始即对劳动权、劳动法的定义和调整对象等劳动法中的基本理论问题进行研究，有过精辟的论述。例如，1956年在中国人民大学主办的学报性质的《教学与研究》第6期上发表的《新中国是真正自由劳动的国家》一文，从《宪法》赋予劳动者的劳动权、休息权、按劳取酬权、教育权和社会保障权等角度论述了新中国劳动者享有自由劳动的权利，驳斥了当时处于"冷战"时期的美国对社会主义新生国家的污蔑。这篇文章被《新华月报》作为"本月重要论文"列入论文索引中。1959年，他在《政法研究》上发表了《论我国公民的劳动权》的论文，最早对新中国公民劳动权的性质、内涵和保障机制进行了论述，也是新中国最早的人权领域的论文之一。今天读来，仍对我们富有启发意义，不愧为劳动法研究上的力作。同年的《政法研究》上还刊登了他的《建国十年来我国劳动法令的发展和在社会建设中的作用》一文，对新中国成立后十年内颁布的劳动法规进行了全面介绍，是研究这一时期劳动立法不可或缺的历史资料，从中可以看到中国劳动法的起步和发展轨迹，为中国劳动法学奠定了基础。

在新中国学术历史上，关于劳动法的界定和调整对象，是最早由关怀提出的。他提出的"劳动法是调整劳动关系以及与劳动关系密切联系的一些关系的法律"，成为劳动法学界的经典，并载入《中国大百科全书·法学》、《法学辞典》等著作中。

1983年，应司法部的要求，关怀主编了中国第一本高等院校法学统编教材《劳

动法学》，先后印刷达 15 次之多，在二三十年里这本教材一直是学习劳动法的必读书目。这本首创中国劳动法学体系的教材在 20 世纪 90 年代荣获双奖：中国人民大学科学研究优秀成果奖和中国劳动法学会优秀科研成果奖。由于他在劳动法学界持久的资深地位和影响，“十五”规划和“十一五”规划教材《劳动法学》的主编也非他莫属。

2. 重视集体合同制度，力推集体合同制度立法

集体合同是劳动法中的一项重要内容，它是指企业、事业单位和工会组织（或职工代表）之间就各项具体的劳动标准和劳动关系中的权利义务，经协商一致达成的协议。中国在 20 世纪 50 年代初曾经推行过集体合同制度，但是，从 1957 年起就销声匿迹了。改革开放后，关怀力主尽快恢复集体合同制度。他写文章提出：“我们绝不能认为集体合同仅是资本主义国家劳动法的内容……集体合同制度也是调整社会主义国家劳动关系的重要法律制度。”他认为，集体合同制度在社会主义国家也有重要作用。他认为集体合同制度的作用在于：第一，维护职工合法权益，提高职工生活福利条件；第二，协调劳动关系，为建立和谐的劳动关系服务；第三，加强企业的民主管理，充分调动职工的积极性和创造性；第四，促进企业改善经营管理，提高工会的威信；第五，弥补劳动法规的不足，为企业提供调整劳动关系的具体规范。

在《劳动法》起草过程中，他坚持提出《劳动法》要专章规定集体合同，以保障在中国恢复和推行集体合同制度，为此专门发表了题为“劳动法应把集体合同列为专章”的论文。在 20 世纪 80 年代，中国一些地方开始推行与企业承包制配套的企业共保合同。关怀亲自去这些地方考察，并且明确指出，企业共保合同不是集体合同，两者在宗旨上不同，集体合同的核心是维护职工合法权益，而共保合同是保证企业完成生产承包任务；两者内容也不同，集体合同规定企业和职工的权利义务，共保合同规定企业内党、政、工各方的权利与义务；另外，两者的结果不同，集体合同履行结果使职工劳动权益上受益，而共保合同让职工承担企业经营风险，从而容易把企业不良经营的后果转嫁到职工身上，因此，他主张共保合同向集体合同转轨。

1995 年，在《劳动法》实施后，他发表了一系列文章进一步阐述集体合同制度，例如《积极推行集体合同制度》、《充分发挥集体合同的作用》、《略论集体合同制度》，等等，对集体合同的历史发展、集体合同在承包制下的作用、与共保合同的异同、集体合同的推行等问题，都发表了重要见解。同时，他还写文章对《集体

合同（蛇口工业区范本)》进行评析，肯定了蛇口工业区在推行集体合同制度过程中的实践做法。在2005～2006年，《劳动合同法》的制定过程中，关怀再次提出，应在该法中进一步明确集体合同和劳动合同之间的关系。关怀在集体合同方面的观点和建树，见证了中国集体合同立法的经历，为中国劳动法的内容体系做出了重大贡献。

3. 较早提出恢复劳动争议处理制度

新中国建立之初曾经建立了劳动争议处理制度的法律制度。但是在1956年后随着对资本主义工商业的改造的完成，劳动争议一度减少，很多人认为不再需要劳动争议处理的法律制度了，法院也不再受理劳动争议，开始以群众来信和信访的形式处理这方面的纠纷。关怀看到了信访制度处理劳动争议的弊端，可能造成劳民伤财和状告无门的现象，于是在20世纪80年代初就呼吁尽快恢复劳动争议处理法律制度。在他1983年主编的《劳动法学》教材中，明确提出在劳动争议处理上应当摒弃单单依靠信访制度的做法，而应恢复法律处理制度。他在参加1987年国务院颁发的《国营企业劳动争议处理暂行规定》和1993年《企业劳动争议处理条例》以及《劳动法》的制定工作时，都明确提出了必须恢复劳动争议处理法律制度的观点，并被立法部门采纳。对于劳动争议的处理，他主张采用调解、仲裁和法院审理三道程序解决劳动纠纷。他的观点被立法所采纳，即实施至今的“一调、一裁和二审制”处理劳动争议的程序。

在劳动争议处理法律制度中，关怀重视发挥工会的作用，他在文章和著述中强调工会应在劳动争议的处理中充分代表职工的合法权益，帮助职工维权。例如，在1993年人民出版社出版的《工运理论研究文选》中，关怀发表了题为《市场经济要求加强工会法律工作》一文，明确提出，“工会应大大加强对职工的法律服务工作，为保障职工的合法权益提供法律帮助。”2002年，关怀亲自去义乌考察，对义乌工会法律维权机制的建立大加赞赏。

4. 重视工会法律维权的作用和对工会法理论的研究

关怀对工会工作和工会法可以说是情有独钟。早在20世纪50年代的时候，作为中国人民大学法律系年轻的劳动法教师，他就积极参加工会组织的活动。在1953年中华全国总工会召开中国工会第七次代表大会时，他写信给革命老前辈吴玉章同志，申述了想参加建国后召开的工会代表大会的想法。吴玉章校长非常赞同他的要求，指出“研究劳动法应当与工人运动相结合、密切关注劳动者的合法权益”，并指示校长办公室写信推荐关怀参加总工会的第七次代表大会。由此，他与中国工会结缘。此后，他又参加了总工会的八大、十大、十一大和十二大，并在工会十大至十二大担任中央执委、在十一大至十二大担任全总主席团成员。关怀是新中国最早关注工会法律工作的学者，他一直积极为《中国工运》等工会刊物撰稿，发表了多篇关于工会作用和工会法方面的理论文章，明确提出：在改革开放带来的企业内部劳动关系复杂化的背景下，以及后来建设市场经济的环境下，工会一定要依法为职工维权。例如，发表于《中国工运》1984 年第 4 期的《工会法及工会在维护职工合法权益方面的作用》一文，较早地提出：劳动法与工会法的实施，是保护职工利益不受侵犯的重要保证，工会在维护职工合法权益方面，一定要认真利用法律武器，特别是要监督劳动法、工会法的贯彻实施。发表于 1988 年工人出版社《工会改革理论研究》中的论文《工会应当充分利用法律武器维护职工合法权益》，进一步提出，工会利用法律武器维护职工合法权益，应当采取以下有力措施：第一，工会应当积极参与立法和制定有关职工利益政策的工作；第二，工会应当重视集体合同的签订和履行；第三，工会应当积极参与劳动争议的处理，保护职工的合法权益不受侵犯；第四，工会应按照《企业法》的规定，积极支持职工对滥用职权、侵犯职工合法权益的案件进行检举和申诉。在建设市场经济初期，他再次明确提出：市场经济要求加强工会法律工作。发表于 1993 年人民出版社出版的《工运理论研究文选》中的《市场经济要求加强工会法律工作》一文，强调提出：工会应积极参与劳动立法和法律监督；工会要充分利用法律武器维护职工合法权益；工会必须加强对职工的普法教育和法律宣传。这些不同时期的论文，都反映出，关怀是中国法学界唯一一位最早对工会法律工作提出重视和倾注精力的学者。这也就是为什么，关怀从 1981 年起就担任中华全国总工会的法律顾问，并在此职位上鞠躬尽瘁了一生。

在工会法理论方面，关怀一直坚持工会法是与劳动法有密切联系的法律。他在《中国工运》1984 年第 4 期的《工会法及工会在维护职工合法权益方面的作用》一文中认为：由于工会是职工群众的代表者，同时工会在调整劳动关系方面负有监督执行劳动法的责任，这就决定了工会法与劳动法有特别重要的关系。这为理清劳动法、工会法之间的关系，提供了理论基础。

新中国成立以来，在工会法立法方面，中国有 1950 年《工会法》、1992 年《工会法》和 2001 年《工会法》。关怀对这几部《工会法》的制定都进行了细致的研究。

他认为，1950 年《工会法》是中国工人阶级英勇斗争的胜利果实之一，使得工人阶级真正组织工会的自由得到了法律的保障，工会的活动得到了人民政府的保护和支持（《中国工运》1984年第4期的《工会法及工会在维护职工合法权益方面的作用》一文）。关怀认为，1992年《工会法》既有对1950年《工会法》的继承，也有对其的发展（1992年第5期《中国工运》上发表的《新时期工会法制坚实的重大成果——新〈工会法〉对1950年〈工会法〉的继承和发展》一文）。继承方面包括：第一，继承了关于工会性质的规定；第二，继承了关于工会与政府相互关系的指导思想；第三，继承了有关工会实行民主集中制的组织原则；第四，继承了产业和地方结合的组织领导原则；第五，继承了关于基层工会重要地位的做法。发展方面表现为：第一，工会必须自觉接受党的领导又要按照自身特点独立自主地开展工作；第二，坚持工会一元化的组织原则；第三，明确规定了工会的维护、建设、参与、教育的职能；第四，确认工会的法律地位、为工会提供法律上的保障；第五，规定了工会在外商投资企业中的法律地位；第六，工会举办的直接为职工生活服务、为生产服务的企业、事业应受法律保护；第七，从法律上为工会开展国际活动提供了保障；第八，扩大了《工会法》的实施范围。在1992年《工会法》颁布实施后，关怀还发表了多篇关于这部《工会法》的文章，例如，1993年4月8日《工人日报》上的《发展市场经济深入贯彻〈工会法〉——纪念新〈工会法〉颁布一周年》、1993年《北京市工会系统论文及调查报告选编》上的《谈谈关于〈工会法〉的若干问题》、1994年第1期《中国工会财会》上的《坚决维护〈工会法〉的法律权威》、1997年4月1日《工人日报》上的《树立〈工会法〉法律的权威》，等等。

而当市场经济发展给劳动关系带来新的变化的时候，1992年的《工会法》也显得落后于时代的要求。对此，关怀积极探讨和研究了对1992年《工会法》进行修订的问题。发表于1997年4月3日《法制日报》上的《进一步完善工会立法》一文中，明确提出了《工会法》存在缺陷：有的单位擅自撤销和阻挠组建工会、长期拖欠工会经费、工会主席劳动合同被擅自解除，等等。这些现象存在的原因，主要是一些人的法制观念淡薄，但是，新工会法没有规定违反工会法的法律责任也是重要缺陷；由于没有“法律责任”一章，使得有些人认为工会法可执行，也可不执行。1998年第9期《中国工会财会》上发表的《〈工会法〉应为工会的经费和财产提供法律保护——对修改〈工会法〉有关经费和财产问题的建议》一文，阐述了《工会法》应明确工会财产的性质、规定工会经费审查监督制度和明确违反工会的经费和财产的法律规定的责任等修改建议。这些建议在立法中都得到了采纳。2001年11月的《工人日报》上发表的《修改〈工会法〉适应了市场经济的需要》一文，更是总结了制定2001年《工会法》的时代背景和要求。

从上述关怀关于《工会法》的论文和论述中，可以看出，他对工会和工会立法工作，倾注了远远超过一个学者应付的大量心血；他对《工会法》立法的探讨和研究都是非常前瞻、及时和到位的。他的这些论述构成了工会法的基本理论的组成部分，也有力地推动了中国工会立法工作。

5. 率先开垦经济法领域的研究

由于关怀在劳动法领域的高度持续影响力，人们只知道他在劳动法方面的贡献，很少有人知道他其实也是中国经济法学的最早开拓者。粉碎“四人帮”后，他是最早提出要建立经济法学的专家之一。在 1978 年社会科学院法学研究所召开的法学研究会上，他提出了最早的一篇经济法论文《适应社会主义建设需要，必须加强经济立法研究》。1979 年，中央政法小组组织了规模宏大的法律宣教班，经济法方面的讲题分为国内经济法和国际经济法，关怀担任了国内经济法——《经济立法与经济司法》的主讲，时任中央贸易促进委员会法律部长的任建新同志担任《国际经济法》的主讲。他的论文和讲课是最早发出的对经济立法的呼声，受到政府的重视。时任中央政法小组组长的国务院副秘书长陶希晋同志对关怀的讲课给予了高度肯定和赞许。1981 年，关怀出版了《经济立法与经济司法》，这是中国经济法的开山之作，第一次从学者角度提出了经济法的概念、理论和建立经济司法的必要性，呼吁在法院设立经济审判庭。之后，他受邀到很多地方举办的法律师资班上讲授经济法。1984 年，关怀和张友渔同志同时被邀请到华东政法学院作关于经济立法的报告，该学院学报后来还发表了关怀的讲稿。这些历史片断见证了关怀在建立和推动经济法学专业上的最早研究轨迹。正是因为他在经济法方面发出的先人之声，他被邀请担任了《法学辞典》的常务编委，并撰写了其中关于“经济法”和“劳动法”的全部词条，还受聘担任《中国大百科全书 · 法学》编委和其中经济法学和劳动法学两个分支学科的主编。从 20 世纪 80 年代后半期开始，关怀将更多的时间和精力花费在劳动法领域，无力再继续经济法的研究，相信历史会记住他最早开拓中国经济法学付出的努力。史际春教授在 2014 年 4 月 1 日悼念关怀的唁电中说：饮水思源，在经济法日渐成熟兴旺的今天，难忘当年的“掘井人”。

三、参与劳动法制建设的业绩和重大贡献

（一）全程参加《劳动法》的立法工作，关注劳动法制体系的完善

关怀是少数全程见证新中国第一部《劳动法》出台坎坷曲折历程的学者。《劳动法》最早一次起草是在 1956 年，劳动部成立了以毛齐华常务副部长为组长的劳动

法起草小组，关怀作为学者被聘为劳动法起草小组成员。由于“大跃进”开始，起草小组刚开始着手工作就被迫停止。1979年改革开放后，再次成立了起草小组，但是由于改革刚起步，很多人认为立法时机不成熟，又停了下来。这么搁搁停停，到了90年代初，改革开放带来的初见成效为再次起草《劳动法》提供了时机。在30多个草稿后，1994年，终于实现了零的突破。1994年《劳动法》出台是中国劳动法制建设中的一个里程碑，对于普通的劳动者来说可能还不能马上反映出如何地为之兴奋，可是这位亲历了立法沟沟坎坎的教授是多么为之由衷地欢欣鼓舞啊，魂牵梦绕如今成为现实！他常常和学生分享这部法律的重要意义，他说：在和国外学者交往中，人家总是问你们中国是工人阶级当家做主的国家，为什么建国几十年了连一部可以称为法律的劳动法都没有呢？他说他确实无法作答，因为在1990年前后我们有了《水法》、《草原法》、《自然资源法》等物方面的法律，却一直没有确定和保护工人阶级权利方面的法律，这种状况和我们国家的性质相比确实说不过去。他总能滔滔不绝地回忆这段印刻在他生命中的往事段段，感叹这部法律出台的不易，感叹只有国家经济发展了，才有劳动立法的好时代；他常用“四十年梦想成真”来概括这段鲜为人知的立法艰辛路。

在劳动法制体系建设方面，他总是最早地提出自己的真知灼见。1994年《劳动法》的修订，他更是多次急迫撰文提出修改的呼吁，并为修改进行深入论证。在完善劳动法律体系上，他很早就提出：一方面，把实践证明行之有效的劳动法规充实到《劳动法》中；另一方面，应当制定《劳动合同法》、《促进就业法》、《集体合同法》、《工资法》、《职业培训法》、《社会保险法》、《劳动监察法》、《劳动争议处理法》等专项劳动法律，提高劳动法的操作性和权威性。

2007年，他在80岁的耄耋之年还亲自执笔就《劳动争议调解仲裁法》的有关问题向立法者建言。

正如2008年3月29日，劳动部副部长孙宝树在给关怀执教58周年庆祝座谈会发来的贺信中所言：“（关怀）始终在劳动、社会保障和工会法领域潜心研究，取得了丰硕成果，为劳动保障和工会法制做出了重要贡献。”

（二）对工会立法倾注大量精力和心血

自1981年以来，关怀一直担任中华全国总工会法律顾问，曾任全国总工会第十届至第十二届中央执行委员会委员和全国总工会第十一届至第十二届主席团委员，为工会立法，倾注了大量的心血和精力，功勋卓著。他不但参加了工会方面的所有立法工作，而且还积极撰写了大量工会立法方面的文章，阐述他在工会立法方面的真知灼见。他不仅参加了全国性的工会立法，例如，1992年《工会法》、2001年《工会法》的制定；而且，还作为北京市人大常委会法制建设顾问，参加了北京市劳动立法和工会法的专家论证，例如《北京市集体合同规定》等。可以说，从20世纪80年代至新世纪初期的每一部工会法律法规的背后都有关怀建言献策的记录。

四、在培养劳动法人才和创办劳动法学会方面的贡献

关怀是新中国最早培养劳动法人才的法学教授。从1953年起，关怀承担了中国人民大学法律系两年制劳动法研究生的培养任务。后来这一批研究生成了中国最早劳动法领域的先行者和骨干。在他们当中，有曾担任最高人民法院副院长的马原同志、曾担任西北政法学院院长的穆振汉教授、曾担任原劳动部劳动保护局局长的叶伟杰同志、中国人民大学法学院的刘文华教授、中国政法大学的陈文渊教授、华东政法学院的宣冬玲教授、中南政法学院的安泽涛教授、吉林大学的李芳志教授、首都经贸大学的龚建礼教授，等等。20世纪80年代中，关怀还培训了一批高校劳动法师资班学员，这些人中的很多人成为当地劳动法教学骨干。1979年重新开始指导硕士研究生，他的劳动法硕士研究生培养点是全国最早的一个，也是最有影响的一个。1999年，在人民大会堂召开的中国法学会建会五十周年庆祝大会上，他从中共中央政治局常委尉健行同志手中接过“从事法学研究和教学五十周年荣誉证书”。

关怀最早提出了劳动法学的内容和体系，他本人又直接参与立法和职工维权，积累了大量鲜活的实践经验，所以他给研究生上劳动法专业课总是能够理论联系实际，阐述得很透彻。他在专业上的执着和企盼、欣喜与忧虑总是感染着听课的学生。对待学生，关怀总是悉心指导，鼓励劝勉，常常不辞劳苦地一字一句地帮学生改稿子。正是在这位学术地位很高、但却和蔼可亲的教授帮助和指导下，一个又一个年轻人走进了劳动法园地，担当起劳动法的教学科研或者司法实务工作。

关怀是一位爱惜人才的慈祥学者，对于有上进心的年轻人，他一概不问你是否属于他名下的学生，总是满腔热忱、不辞劳苦、不图回报地指点迷津，对求教的学生们真正做到了有教无类。这种不论“门内门外平等式关怀方式”，有时让他的嫡系弟子们都嫉妒。有一位学外语的外地年轻人来求问他如何学习法律专业，他耐心指点、循循善诱、鼓励鞭策，引领这位法律门外汉完成了法律硕士的学习，并且为她提供发挥外语特长的机会，最终这位年轻人成为懂法律和外语的复合型人才。还有一位地方大学的年轻教师主动找到关怀求教劳动法专业，他一步一步引领她走上了法学科研之路。这样幸运的青年人还有不少。另外，从他主编的教材和书籍的参

加者中可以看出，他总是以开放的心态、不计成见地关心和提携年轻人，为他们创造机会，为他们的成长感到高兴。

为了扩大劳动法教学研究园地，20 世纪 80 年代，关怀主持创建了中国工运学院（现名为中国劳动关系学院）法学系，他亲自兼职担任系主任 3 年和名誉系主任 2 年，对课程设置、培养计划等做了周密安排，使该系成为工会系统培养法律工作者和研究劳动法的重要基地。在和他聊起这段历史往事时，他总会兴致高昂地谈到那时的人和事。从他的讲述中，听者仍能感受到，在那个劳动法没有得到发展的时代，他心中一直抱有对这份事业充满的希冀和企盼。

由于劳动法曾经长期不受重视，劳动法学者长期没有自己的学术团体。从 20 世纪 90 年代开始，关怀一直积极为创办劳动法学术团体奔走呼吁着。在他年过七旬时，仍然奔走于劳动部门、工会系统和法学研究机构。终于，2001 年，在取得这些单位的支持下，他亲手创建了北京市劳动和社会保障法学会，并担任第一届会长。他的这一创举使京城的劳动法理论和实践活动有了活跃的平台，该学会目前成为北京市最活跃的法学团体之一，多次受到表彰，成为吸引北京地区从事劳动法教学研究和各类司法实务人员的重要园地，多次接受部市级委托的调研项目，为推动中国的劳动立法和司法发挥着积极的作用。

关怀一生钟情于劳动法。不论社会环境如何，他都一直尽自己最大努力在这片曾经是贫瘠的园地上无怨无悔地耕耘，使这片园地尽早地百花盛开，使这片园地成为保护职工合法权益的一片蓝天。在劳动法不受重视的 20 世纪大部分时间里，他坚信社会主义的中国法制应当给劳动法一个正确的位置，社会主义的中国应当给成千上万的劳动者应有的法律保护。为此，他不辍耕耘，不辞辛苦，也乐在其中。当他看到，进入新世纪后，劳动法越来越受到重视，劳动者越来越懂得运用劳动法维权时，进入耄耋之年的他，心中充满了欣慰。可以说，关怀为了新中国劳动法园地的茁壮丰茂贡献了一生的精力和心血。

五、为普通劳动者代言维权方面的贡献

关怀几十年的辛勤耕耘成就了他在劳动法方面的资深地位、广泛影响和极高的声誉，很多普通工人从报纸上了解到他是一位劳动法方面的大腕，就慕名找到他在人大校园的家里。对于这些劳动权益被侵犯而慕名求助的普通职工，他不厌其烦地一一接待，以温暖和宽阔的胸怀安抚受伤的工人，以精深的学识和赤诚之心为他们的合法权益奔走呼号。他以文章为宁波一企业的打工妹鸣不平而被企业告到法院、

他为河北一位被无理解雇的矿工长期提供法律咨询、他为北京四海宾馆的71位被辞退的职工争取合法权益以及他为敢于维权的工会干部撑腰的故事和报道，在劳动法领域和工会系统被传为佳话。曾任中华全国总工会副主席的倪志福同志曾当面称赞他："我国工运史上著名的工会律师是施洋大律师，你可以称为当今的施洋律师。"

六、在开展对外法学交流方面的贡献

关怀是中国较早参加劳动法国际交流的学者，在对外劳动法的学术交流方面也发挥了积极作用。

1990年，作为中国劳动法代表团的团长，关怀参加了亚太法律协会在印度召开的第二届劳动法国际研讨会。这是中国第一次派出代表团参加劳动法领域的国际会议。在代表团出发前，当时的劳动部长阮崇武同志还接见了代表团成员。关怀在这次国际研讨会上，介绍了中国的劳动立法工作，阐述了具有中国社会主义特色的劳动法框架结构、立法指导思想，同时详细介绍了中国的职工民主管理制度，受到与会各国专家的热烈欢迎。在这次研讨会上，关怀还提议：在不久的未来中国将颁布《劳动法》，到时候，希望各国同行到北京参加中国劳动法的讨论。

1994年，中国《劳动法》颁布不久，中国法学会负责承办亚太法律协会第四届劳动法国际研讨会，关怀向来北京参会的一百五十多个国家的专家介绍了中国《劳动法》的内容并做了"中国中外合资企业劳动关系的法律调整"报告，得到了外国嘉宾的赞赏。

1995年，关怀参加了汉城中韩劳动法研讨会，在会上介绍了中国《劳动法》及其立法指导思想。

1996年，关怀作为中国代表团团长率团赴澳大利亚参加亚太法律协会第五届劳动法国际研讨会，并在会上作了题为"中国工会法与职工合法权益的法律保护"的报告，获得了与会者的热烈掌声。

1996年，关怀受到美国夏威夷大学法学院的邀请，到该院做了关于中国劳动法的学术演讲。

在海峡两岸学术交流方面，1997年，应台湾政治大学劳工研究所的邀请，关怀赴该校为在校研究生做了学术演讲。2003年，应台湾地区"中华联合总工会"的邀请，作为中华全国总工会职工交流中心代表团成员，关怀出席了在台北召开的海峡两岸劳动问题研讨会，并在会上做了"中国大陆劳动争议处理问题"的报告。

七、关怀主要论著

《法学辞典》编辑委员会（关怀为常务编委）. 1980. 法学辞典. 上海：上海辞书出版社.

关怀. 1981. 经济立法与经济司法. 上海：上海人民出版社.

关怀编. 1981. 经济法论文选. 北京：法律出版社.

关怀编. 1983. 劳动法学（法学全国统编教材）. 北京：群众出版社.

《中国大百科全书·法学》编辑委员会（关怀为劳动法、经济法学科分科主编）. 1984. 中国大百科全书·法学. 北京：中国大百科全书出版社.

关怀. 1986. 经济法. 北京：法律出版社.

关怀，等. 1988. 企业法讲话. 北京：中国工人出版社.

关怀编. 1994. 劳动法学基础. 北京：中国劳动出版社.

关怀编. 1994. 中华人民共和国劳动法导读. 北京：法律出版社.

关怀编. 1995. 中国劳动法讲座. 北京：改革出版社.

关怀编. 1996. 劳动法学（新编全国统编法学教材）. 北京：法律出版社.

关怀编. 1999. 合同法教程. 北京：首都经济贸易大学出版社.

关怀编. 2001. 劳动法（21 世纪法学系列教材）. 北京：中国人民大学出版社.

关怀编. 2002. 中华人民共和国法库·社会法卷. 北京：人民法院出版社.

关怀. 2005. 劳动法与社会保障法论坛（1–5 辑）. 北京：人民日报出版社.

关怀编. 2006. 劳动法（普通高等教育“十五”国家级规划教材）. 北京：中国人民大学出版社.

关怀编. 2007. 劳动法教程. 北京：法律出版社.

关怀. 2007. 神圣的权利——关怀法学文集. 北京：中国人民大学出版社.

关怀编. 2009. 劳动合同法及其实施条例解读. 北京：人民法院出版社.

关怀编. 2010. 劳动与社会保障法学. 北京：法律出版社.

主要参考文献

关怀. 2007. 神圣的权利——关怀法学文集. 北京：中国人民大学出版社.

撰写者

郑爱青（1966 ~），中国人民大学法学院副教授，法国巴黎第一大学法学博士。

李双元

李双元（1927～），湖南新宁人。法学家。1955年武汉大学法律系毕业。1981年起，先后任武汉大学副教授、教授，湖南师范大学终身教授，博士生导师。中国国际私法学会名誉会长，曾先后任中国国际私法研究会副会长、中国行为法学会副会长、全国高等教育自学考试指导委员会委员、中国国际经济贸易仲裁委员会委员、国务院学位委员会学科评议组法学组成员。先后主持完成国家社科基金项目、教育部哲学社会科学博士点基金项目、湖北省及湖南省社科基金一般及重大项目二十余项，目前仍有1项教育部哲学社会科学项目正在结项中。著述达400多万字，获国家及省部级一、二、三等奖及湖北省级特别奖十数项。主编国家级及省部级统编教材及十五、十一五规划教材多种。其中《法学概论》已出至第十一版，《国际私法》、《中国国际私法通论》一直纳入上述规划教材，历久弥新。他独著或以第一作者身份合著或主编的学术专著包括1987年第一版的《国际私法（冲突法编）》、1998年《比较民法学》等达十数种。主持重要法学译著三种。于国际私法学界，在传承与发展李浩培、韩德培等既有成就方面，他是做出了最具创造性贡献的代表性学者，被誉为新中国国际私法学的奠基人之一。对推进中国法理学、法哲学研究方面，他也以其所独具的深邃哲学视野，提出过不少开拓性的理论及观点。至今虽耄耋高龄，仍笔耕不辍，屡有见解独到的论述问世。

一、人生历程

（一）"右派"生涯勤学苦读

李双元出生于1927年9月10日。与许多同龄学者一样，李双元在青年时期即接触马列主义著作，阅读过不少宣传革命思想与理论的书籍，并渐渐接受了马克思主义和毛泽东思想，并积极投身革命事业。但在1955年，于武汉大学法律系毕业后，他却因家庭问题一时竟分配不出去，而被安排在武昌的一所只有初中部的学校教授"五四"宪法。但不到半年，又被抽调至中共武汉市委文教部临时组建的"清查胡风反革命集团分子的甄别定案"小组工作。工作临近结束，即通知他调离该中学，去中共武汉市委宣传部"理论学习室"报到，负责为全市高级干部学习哲学编写学习大纲，组织辅导报告。不到一年，又将他调入华中农学院马列主义教研室任哲学教员，负责辅导该校仿苏联模式招收进来的农科"副博士"研究生学习恩格斯的《自然辩证法》等名著。

只是好景不长，1956年春末夏初，一个以"大鸣大放，帮助党整风"而实际却意在整肃全国"右派"的运动，已悄然兴起。由于率性天真，加之李双元在离开市委宣传部之前，曾跟随武汉市委宣传部长参加过湖北省委书记关于中国共产党第八次全国代表大会精神的小范围传达报告，明确宣布在中国"急风暴雨式的阶级斗争"已经结束，今后的主要任务已是加快国家经济建设，并且此时周总理与陆定一关于中国知识分子问题的两篇长文也已公开发表，李双元于是公开作了一个关于如何团结、教育、利用知识分子的公开报告。但报告后他立即被孤立起来，并在同年11月于马列主义教研究室全体会议上，公开批判他的"右派"言行。从此他的"教师"资格被取消，被不断下放劳动改造，虽于1961年摘帽，但到1978年胡耀邦主政期间才终被改正，长达二十年。但李双元却并未消沉下来，在妻子、子女不在身边的极其孤寂中，他几乎将每天体力劳动之余的时间（从下午6点至深夜）全都放在研读马克思主义哲学及理论典籍上，以探求自己究竟如何从拥护马列主义变成了反马列主义的原因。

（二）重返武大开拓创新

1979年底，李双元终于回到刚恢复的武汉大学国际法研究所，协助韩德培、姚梅镇在恢复与发展国际法学方面做了不少颇具影响的工作。如1981年春，应中国技术进出口委员会的邀请，与韩德培、上海社科院的周子亚一同受邀进京，就该委欲终止中国与德国、日本数家企业签订的上海宝钢二期、江苏仪征、山东胜利及新疆克拉玛依三个年产数十万吨的化纤厂的成套设备引进合同而发生的重大争议，对该如何在法律上进行谈判提供法律咨询。其间，法律资料的搜集与咨询报告的撰写，就是由李双元执笔完成的。该咨询报告后来被教育部高教一司收入其主编的社会科学为经济建设服务的"典型材料"中，在国内加以宣传。李双元还曾因此在湖北省与韩德培同获社会科学为实践服务重大贡献奖。

此时，在征得韩德培、姚梅镇及马克昌的支持后，李双元于任国际法研究所副所长时期，独自承担了供内部交流的《法学研究资料》（双月刊）的编辑出版工作，并无偿赠送各兄弟院校及司法部门。李达的遗著《法理学讲义》的部分原稿，亦经李双元与何华辉、王应暄两位教授合作整理，率先在该刊分期发表。由李双元筹划，国际公法由梁西主编、国际经济法由刘丰铭主编、国际私法由李双元自己主编的《武汉大学国际法的理论与实践》整套三本内部学术出版物，也于 1984 年内部出版，无偿赠送国内各法律系。

李双元因韩德培年事已高，从 1980 年 3 月起，即为新招进来的第一届两位国际法硕士研究生主讲国际私法。同时，他昼夜兼程，每天几乎均要到午夜以后才能有短暂睡眠，历时一年，终于完成了后来以《国际私法（冲突法编）》为书名公开出版共七章 30 余万字的第一部国际私法专著。

（三）研究工作孜孜追求

从 1979 年底，李双元进入国际私法教学与研究领域后，数十年如一日，尽职尽责，不但学生（包括硕士、博士生在内）遍布国内外，而且在国际私法及法哲学方面著述甚丰，均颇有建树，并形成了独具一格的理论思想。

他在 1979 年底、1980 年初，即参加教育部教育司与司法部教育司联合组成的全国统编教材"法学教材编辑部"所定的第一批十二种教材编写工作中，同时担任由韩德培任主编的《国际私法》与由河南大学法律系吴祖谋教授任主编的《法学概论》两本教材的编写工作，并任后一书的副主编。由韩德培任主编的《国际私法》于 1982 年初由分工的编写人员完成之后，正待全书统稿之时，韩德培应邀去美国做学术访问，于是授权李双元替他赴北京与该书副主编任继圣、刘丁作全书的统稿工作（其中冲突法部分所有各章，包括重新改写的两章，均由李双元完成）。这两部统编教材中，《国际私法》经数次增印后未出修订版，而《法学概论》现已出至第十一版，并继续列入"教育部统编教材"之外，又成为九五、十五、十一五、十二五教育"国家级规划教材"。1987 年他独著的《国际私法（冲突法篇）》出版，一直被认为是中国系统研究冲突法基本理论及制度的最具权威的著作（后又有经重大修订的第二版出版）。1990 年，他与学生合著的《国际民事诉讼法概论》，约五十万字，至今仍为国内国际民事诉讼法方面唯一的内容丰富的专著，并由教育部定为"研究生用书"（已出至第二版）。1993 年他主编的材料丰富翔实的《中国与国际私法统一化进程》专著问世，并于 1998 年出第二版。由他任主编的经教育部、司法部分别审定的《国际私法》与《中国国际私法通论》两部教材，现均已出至第三版。

在学术专著方面，他主编的《市场经济与当代国际私法趋同化问题研究》于 1994 年出版；《国际民商新秩序的理论建构》于 1998 年出版；《现代国籍法》于 1999 年出版，该书为继李浩培的传世之著《国籍法》之后的国内第二本讨论国籍法的专著；他作为第一作者并系统阐述他法理学观点的《21世纪法学大视野——国际经济一体化进程中的国内法与国际法》于2006年由湖南人民出版社出版，是阐述他的学术思想的重要著作；他系统讨论2010年我国新颁布的《中华人民共和国涉外民事关系法律适用法》的著作《涉外民事关系法律适用法制定研究》，是一本兼具理论与实用价值的专著，2013年由湖南人民出版社以国家“重点图书”推出。他的个人文集先后于1999年和2009年分别以《走向21世纪的国际私法——国际私法与法律趋同化》和《李双元法学文集（上、下）》为书名，分别由法律出版社、中国法制出版社出版。此外，由他主编的《比较民法学》于1998年由武汉大学出版社出版，该书作为非民法专业的法科学生用书，被广泛采用。

李双元在译介世界法学名著方面也有重要贡献。1997年由中国大百科全书出版社出版了由他主译的英国国际私法名著《戴西、莫里斯论冲突法》（上、中、下）；1998年由他主译的萨维尼《论法律的地域与时间效力》于法律出版社出版；2003年应法律出版社邀请，在邓正来第一次译出并由光明日报社出版的《牛津法律大辞典》的基础上，由李双元主持完成重译本的出版。

在学术论文方面，其中近50篇重要论文，已收入李双元的上述两种个人法学文集。近年来，他虽已80多岁的高龄，仍时有重要的独具见解的学术论文发表。如《塞缪尼德斯“冲突正义”与“实质正义”译评》、《再论起草我国涉外民事关系法律适用法的几个问题》、《关于国内学界对商法特征的表述的若干意见》等论文，陆续在他自己任主编的《时代法学》与《国际法比较法论丛》刊出，这些近期著述，均充分表现出他对法学学术研究与立法实践所秉持的数十年如一日极端负责的治学态度。

二、学术研究和重要贡献

（一）国际私法领域

国际私法基本理论与学科体系的探索与完善。他在协助韩德培完成统编教材《国际私法》一书的统稿出版工作之后，为了阐述该教材为什么采用“大国际私法”，以及如何解析其所采“大”国际私法的体系的问题，他在1983年的《武汉大学学报（社科版）》第二、六期，接连发表了两篇论文。其中第一篇专门阐述该统编教材所采取的国际私法的名称、性质、定义和范围等方面的问题，重点说明该书采取“大”国际私法观点的渊源和理由，基本上是以苏联学派的观点为依据的。但李双元并不完全同意苏联的观点。因为在苏联学者的理论中，国际私法不但应该包括民商事"统一实体法"，而且认为"统一民商事实体法"在国际私法中相对于公认的冲突法制度而言，更是一种高级的"规定方式"。但李双元当时虽支持"大国际私法"观点，却始终认为国际私法既然产生于各国民商法的差异之上，从其诞生乃至到未来，"冲突法及其相关制度"当始终是国际私法的本体部分，因而又在同年《武汉大学学报》第六期上，刊发了韩德培同意署名的《应当重视对冲突法的研究》一文，明确表示只有"冲突法及其相关制度"才是国际私法的"本体"。这一明确提法，可见他的1987年《国际私法（冲突法篇)》第一版"后记"。而且近几年来，李双元更在思考中国国际私法学应该完全放弃从苏联及东欧社会主义国家引进来"大"国际私法体系，并已在2012年《时代法学》第三期发表的《再论起草我国涉外民事关系法律适用法的几个问题》的文章中，初步阐明了这种观点。

李双元于前书出版以后，又花去数年时间，与他的学生合作，1990年出版了国际私法不可缺少的组成部分的《国际民事诉讼法概论》大部头著作。该书虽仍在不少地方借鉴匈牙利国际私法著名学者萨瑟的同名著作，但已糅合进了不少西方国家的国际民事诉讼法理论的材料，讨论了许多至今国际私法学界尚无后续研究的重要问题。

1993年他与作为他的学生辈的徐国建教授合作，率先在国内最早出版了《中国与国际私法统一化进程》一书，第一次系统地评介了到当时为止的关于冲突法的国际统一化运动的成就。国际私法学者前辈李浩培收到他的赠书后，在热情的回信中，充分肯定这一研究的重大价值，称赞他在这一领域又"已着先鞭"。该书1998年已出第二版，并丰富了许多新的内容（与他合著此书的徐国建教授在此基础上继续从事系统的研究，他的内容更为丰富的成果，已在2011年出版)。

1994年，他主编的《市场经济与当代国际私法的趋同化问题研究》也由武汉大学出版社出版，奉献给国际私法学界。后来他进一步将"趋同化走势"扩展到与市场经济相关的所有国内法律部门，成为他在法理学研究上的一项重要理论见解。

继他在前期的国际私法及法理学研究成果中论述到随着国际关系的全面进步与发展，国际私法将通过着眼于解决涉外民事关系的法律适用问题，逐渐发展到以"构筑国际民商新秩序"为目的的新阶段之后，1998年，他主编的《国际民商新秩序的理论建构》一书问世。

2013年李双元出版的新作《涉外民事关系法律适用法制定研究》一书，在第一章中系统地阐述了他认为中国2010年颁布的该部新法至少存在很不完善的五个方面的问题。该法于2010年10月通过并公布后，他秉持法学家的良知，力主必须通过系统的司法解释，对所存在的五个方面的问题加以完善。李双元在该书中提出的批评意见面对国际私法学界与立法部门时，他虽处于少数派地位，但他坚信，终将引起立法机关和理论界积极的回应。

（二）法哲学、法理学领域

李双元在研究国际私法学的同时，也必然引起他对法理学、法哲学方面许多问题的思考，并形成个人独具的学术思想，在这方面，前面介绍的他关于法律趋同化走势日益加强的理论见解，他关于建立国际民商新秩序的思考，关于国际社会本位理念的提出，他对知识经济带来国际社会法律发展问题的演绎（该文未公开单独发表，但已收入2009年的《李双元法学文集（下）》一书），等等，都丰富了国际社会国内法和国际法研究的内容。他先后通过1994年的《当代国际社会法律趋同化问题研究》、1995年的《21世纪国际社会法律发展基本走势的展望》、《关于建立国际民商新秩序的法律思考》、1998年的《当代国际社会法律趋同化问题的哲学考察》、2001年的《国际社会本位理念与法院地法适用的合理限制》、2002年的《趋同之中见差异——论进一步丰富我国国际私法物权法律适用问题的研究内容》、2003年的《从中国“入世”之后的法律立、改、废再谈法律趋同化问题》以及2006年出版的专著《21世纪法学大视野——国际经济一体化进程中的国内法与国际规则》等论著，几乎全是基于面对国际私法、国际经济法、国际公法等法律部门，以极其开阔的视野和敏锐的观察力，探讨新世纪在人类社会法律发展过程中所反映出来的法哲学、法理学问题。

而他对这些法哲学、法理学方面问题的思考，据他自己总结称，几乎无一不是针对在中国认识论上贻害匪浅、至今仍未完全自觉的极“左”、极片面化的哲学上的“矛盾”学说和“实践”学说中的过于绝对化的论断。

尽管李双元的这些法学上的思考是可以讨论的，但就他个人而言，几乎无一不表现了他在历经多次政治运动的磨难后仍然坚持的，在探讨中国法律、法学的正确发展路径过程中所形成的，主张坚决摒弃法律是阶级斗争的工具的人文主义情怀与精神。

三、李双元主要论著

李双元，韩德培．1983. 应当重视对冲突法的研究．武汉大学学报（社会科学版），(6)：43-52.

李双元．1984. 论国际私法关系中解决法律选择的方法问题．中国法学，(3)：161-177.

李双元．1987，2001. 国际私法（冲突法篇）．武汉：武汉大学出版社．

李双元，谢石松．1990，2001. 国际民事诉讼法概论．武汉：武汉大学出版社．

李双元，徐国建 . 1993，1998. 中国与国际私法统一化进程 . 武汉：武汉大学出版社 .

李双元，胡振杰 . 1993. 社会主义市场经济与我国国际私法的完善 . 中国社会科学，(3)：68-79.

李双元编 . 1994. 市场经济与当代国际私法趋同化问题 . 武汉：武汉大学出版社 .

李双元，孙劲，蒋新苗 . 1995. 当代国际社会法律发展基本走势的展望 . 湖南师范大学学报，(1)：1-9.

李双元 . 1996，2003，2010. 中国国际私法通论 . 北京：法律出版社 .

李双元，徐国建编 . 1998. 国际民商新秩序的理论建构——国际私法的重新定位与功能转换 . 武汉：武汉大学出版社 .

李双元 . 1998. 关于建立国际民商新秩序的法律思考——国际司法功能的深层考察 . 法学研究，(2)：111-124.

李双元，李新天 . 1998. 当代国际社会法律趋同化问题的哲学考察 . 武汉大学学报，(3)：22-33.

李双元，蒋新苗 . 1999. 现代国籍法 . 长沙：湖南人民出版社 .

李双元，邓杰，熊之才 . 2001. 国际社会本位理念与法院地法适用的合理限制 . 武汉大学学报，(5)：5-13.

李双元，周辉斌，黄锦辉 . 2002. 趋同之中见差异——论进一步丰富我国国际私法物权法律适用问题的研究内容. 中国法学，(1)：137-149.

李双元，何绍军，熊育辉 . 2002. 从中国“入世”后的法律立、改、废再谈法律趋同化问题 . 湖南师范大学学报，(2)：60-63.

李双元，李赞 . 2006. 21 世纪法学大视野——国际经济一体化进程中的国内法与国际法 . 长沙：湖南人民出版社 .

李双元 . 2012. 关于我国《涉外民事关系法律适用法》的几个问题 . 时代法学，(3)：3-15.

李双元 . 2013. 涉外民事关系法律适用法制定研究 . 长沙：湖南人民出版社 .

李双元，宋云博 . 2013. 关于我国商法学界对商法特征的界定的几点意见 . 时代法学，(3)：3-15.

主要参考文献

李双元 . 1999. 我的自述//李双元 . 走向 21 世纪的国际私法——国际私法与法律的趋同化（法学家自选集）. 北京：法律出版社 .

郑远民，熊育辉 . 2005. 法学家李双元//《当代中国法学名家》编辑委员会 . 当代中国法学名家 . 北京：人民法院出版社 .

李双元 . 2009. 李双元法学文集（上、下）. 北京：中国法制出版社 .

撰写者

肖芳（1979 ~ ），湖北仙桃人，中央财经大学法学院副教授，武汉大学国际法研究所国际私法专业硕士、博士。

黎国智

黎国智（1927～2013），广西玉林人。法学家和法学教育家，马克思主义法律思想研究理论体系的主要创建人和行为法学的主要拓荒者与带头人。1951 年毕业于云南大学法律系；1953 年在中国人民大学法律系获硕士学位，并留校任教；1954 年初，调入西南政法学院，一直从事法学、政治学的教学和研究工作。1978 年后，担任《西南政法学院学报》（后更名为《法学季刊》、《现代法学》）主编、法理学专业硕士研究生导师、中国法理学研究会干事、中国行为法学会常务理事及学术部主任、四川省马列主义研究会和高校文科学报副会长；先后受聘任南开大学法学所、中国政法大学、云南大学、四川师大、广西大学等校兼职教授、研究员。他长期从事马克思主义法律思想研究，奠立了中国马克思主义法律思想研究的基本理论体系，全面、系统阐述了马克思主义人权理论、社会主义民主与法制理论，在中国率先开设“马列主义法学思想研究”课程，并为该课程编写中国第一批教材。他大力推动中国引进行为法学研究，编写这门新学科的第一批专著，带领大批学者探索这个法学新领域，为中国行为法学会的成立做出了重要贡献。他先后在内地和香港报刊出版、发表法学论著近200 篇（部），获各级优秀成果奖10 项。1955 年、1984 年分别被授予重庆市知识青年社会主义建设积极分子、重庆市首届优秀教师称号。

一、一生历程

（一）投身爱国学生运动，为民主大声疾呼

黎国智，1927 年9 月13 日生于广西玉林。1945 年考入广西玉林中学，积极投身爱国学生运动，为民主、法治奔走呼号。1945 年，在广西编辑出版《呼声报》，支持桂东南起义农民的革命斗争；1945～1946 年，在《呼声报》、《玉林日报》、《建国日报》上发表《向吃人的土劣宣战》、《友光颂》、《黎明的歌颂》等文章批判独裁统治，歌颂民主革命。后受当局迫害，被迫逃亡香港。

1947 年，黎国智考入云南大学法律系，并积极参加争取民主的一系列斗争。他

坚持“以笔为戈”，担任《文汇报》特约记者，在香港发表《云大在怒吼》等20多篇文章，披露昆明“七一五”运动等民主运动的真实情况。1949年7月，参加“民青”和革命工作，曾任昆明市学联秘书长等职，为团结和组织昆明大、中学校学生支援昆明保卫战和迎接解放做出了贡献。

（二）坚持不懈探索马克思主义法律思想

1951年至1953年，黎国智在中国人民大学法律系攻读研究生，成为中国首批由苏联教授培养的法学研究生，毕业后留校任教。1954年初，调入西南政法学院，成为该校首批晋升的讲师、副教授、教授。这一时期，黎国智专注于探索马克思主义法律思想，在报刊上发表了一系列宣讲和探讨马列主义经典作家关于国家与法权理论的论文，如《列宁的〈国家与革命〉》、《严格区分与正确处理两类不同性质的矛盾——学习〈论十大关系〉的体会》等。他在此时也展现出教学方面的优秀才能，结合教学工作经验，发表了《讲授“马克思列宁主义基础”的一些初步体会》、《如何讲好〈马列主义基础〉》等文章。

1969年，受“文革”影响，西南政法学院被迫停办，黎国智也蒙冤遭批斗。在巨大的时代压力下，他并未放弃一个学者应有的学术理想与乐观的人生态度，从未中断自己学术研究。

（三）开创马克思主义法律思想研究和行为法学研究

1977年，西南政法学院复办，黎国智重返教学岗位，任法学理论专业教授、硕士研究生导师、院学术委员会（第1～4届）学术委员。1979年，创办《西南政法学院学报》（后更名为《法学季刊》、《现代法学》），并担任主编12年。这是他学术人生中最辉煌的时期，也是形成其主要学术贡献的时期。

这一时期，黎国智坚持不懈地开展马克思主义法律思想研究与教学，奠立了中国马克思主义法律思想研究的基本理论体系。其突出事迹在于：1979年，他在中国率先开设“马列主义法学思想研究”课程，初创这门学科的基本框架和理论体系；1985年主编出版《社会主义民主的理论与实践》，该书为四川省重点科研项目成果，获第一届“四川省优秀科研成果二等奖”，在中国第一次全面、系统阐述“民主与法制”的基本原理；1992年主编出版中国第一部《马克思主义人权理论概要》，阐释马克思主义人权理论的基本观点、内容，并阐明人权研究与保障的重要性；1993年主编出版中国第一部《马克思主义法学论著导读》教材，获司法部优秀教材二等奖；1994至1995年，受司法部委托编写《邓小平论民主与法制建设》、《学习〈邓小平论民主法制建设〉讲话》；担任1997年出版的《中华法学大词典（法理学卷）》编委，并撰写马克思、恩格斯、列宁、斯大林240多篇法学著作的词条；在十多个省市的法律院校和政法机关中讲授马恩列毛的法律思想和邓小平的民主法制理论，培养出一大批系统学习过马克思主义法学原著的硕士生、法学教师和政法干部；在全国报刊上发表有关马列主义民主法制理论的论文50多篇；从1979年起被选为四川省马列主义毛泽东思想研究会副会长；从1985年中国法学基础理论研究会成立以来，一直任该学会干事。

20世纪90年代初，黎国智致力于将行为法学引入中国。从中国行为法学会的筹备到成立，他一直被选为该学会的理事、常务理事，并担任研究部主任；负责编写这门学科的教材《行为法学概论》，主编了这门新学科的第一批专著，如《行为法学在中国的崛起》、《市场经济与行为法学》、《犯罪行为控制论》等；带领一批青年教师与学生探索这一法学新领域，撰写并发表40多篇有学术价值的行为法学论文，引起法学界和广大读者对这门新学科的关注和兴趣。

离休以后，黎国智仍以"老牛自知夕阳短，不待扬鞭自奋蹄"自励，期望发扬余晖，为法学研究和人才培养继续做出自己应有的贡献。他一生的奋斗目标是："呼吁民主，追求法治"。他最喜爱的格言是："为绝大多数人谋最大的幸福"（马克思语）。1986年8月9日，《中国法制报》以"力耕不辍的孺子牛"为题介绍黎国智的事迹，这是对他一生的真实写照，也是法学同行和好友对他一生的公允评论。

二、学术研究和重要贡献

（一）中国马克思主义法律思想研究的主要创建者

黎国智长期从事马克思主义法律思想研究，正确地定义了马克思主义法律思想，并阐清其基本内容，大力倡导并坚持践行对马克思主义经典文本进行法学解读，对马克思主义法律思想的形成、发展史进行了科学梳理，奠立了中国马克思主义法律思想研究的基本理论。

实现人权与民主法治，是黎国智毕生追求的理想。他阐明人权、民主、法治在马克思主义法律思想中的重要地位，揭示马克思主义人权与民主法治理论的真实、独特内涵，为中国人权事业与民主法治建设提供了重要理论支持。

1. 奠立马克思主义法律思想研究的基本理论

(1) 呼吁"理直气壮地坚持和发展马克思主义法学"

马克思主义对中国的法治建设与法学理论发展有着极其深远的影响，严肃、正确地对待马克思主义法律思想是中国法学界不可回避的使命。但在 20 世纪 90 年代初，由于马克思主义法律思想经典著作没有得到应有的正视，及资产阶级自由化泛滥的影响，"马克思主义法学"受到了质疑。针对这一情况，黎国智在 1990 年第 1 期《现代法学》上发表了《理直气壮地坚持和发展马克思主义法学》一文。他以马克思主义经典论著为根本依托，从马克思主义经典作家的学术与实践背景、马克思主义法学的形成与发展历程等理据出发，证明了马克思主义法学的客观存在。他分析了马克思主义法学的科学性、革命性和实践性，并以此指出，"马克思主义法学是当代各种法学理论中最科学、最革命、最进步的一种理论体系"，"在我国法学教育、研究中，必须坚持马克思主义法学的指导地位"，将其"作为法制建设的指南"。

(2) 科学定义"马克思主义法学"

黎国智认为马克思主义法律思想是一种体系化的、科学的法律思想，将其称为"马克思主义法学"，并定义为："马克思、恩格斯创立的历史唯物主义法学，它包括列宁在创建社会主义法制中对它的新发展，以及后来社会主义国家运用它指导社会主义法制建设所做的新贡献。"他指出，区分马克思主义法学与非马克思主义法学的标准是："这种法学理论的基础是唯物的还是唯心的，这种法学理论是反映哪个阶级的利益和要求，为哪个阶级服务，这个理论有没有著名的创始人和主要代表，有没有别具一格的法学论著等等。"他将马克思主义法律思想的基本理论概括为：法律的定义即法律是上升为国家意志的统治阶级的意志；法律是上层建筑，是由经济基础所决定的；法律是随着私有制产生而产生的；法律的作用是为代表一定生产关系的统治阶级的共同利益服务的；法律随着社会生产方式的变化而发展和消亡的规律等。

(3) 重视马克思主义法律思想经典文本解读

对马克思主义经典文本进行全面、系统的法学解读，是黎国智一贯强调并坚持的研究马克思主义法律思想的基本方法和根本前提。他的大量论著都紧扣马克思主义经典文本，提炼、分析重要命题，归纳、总结一般原理，并与马克思主义的本体论、方法论相结合，从而得出对马克思主义法律思想的全面、系统、科学的理解。这也是黎国智用以阐述当时中国法学研究与法治建设中的热点、难点问题的重要路径。他认为，人们对马克思主义法学的怀疑，对民主、法治、人权的忽视与顾虑，最重要的主观原因在于对马克思主义经典论著缺少正确认识，呼吁“要首先补上全面、系统学习马克思主义经典作家关于这些问题的论著这一课”。黎国智对经典文本解读的积极倡导，不仅在当时推动了学术界与实务界对马克思主义法律思想的正确认识，也确立了中国关于马克思主义法律思想研究的基本方法。并且，他的大量研究成果阐释了各篇马克思主义法律思想经典论著的主要内容与重要意义，为后人研究提供了指南。

（4）准确梳理马克思主义法律思想的基本思想史脉络

黎国智将马克思主义法律思想的形成、发展过程划分为青年、成熟时期和晚年三个阶段，并梳理出一条基本脉络：“由唯心主义的理性法、自由法思想到唯物主义法学思想”，再到“以历史唯物主义法律观为基础，提出诸多具体制度构想”。对于马克思之后的马克思主义法律思想的发展，黎国智强调列宁对马克思主义法律思想进行的丰富和发展的重要意义，“列宁的伟大贡献就在于，把马克思、恩格斯创立的法学理论，变成光辉的现实”。他还非常肯定和重视马克思主义法律思想在中国的发展，认为这是马克思主义法律思想的重要发展阶段。

通过这种梳理，黎国智揭示出了三个极具启发意义的观点：其一，马克思主义法律思想的正式诞生标志是《德意志意识形态》和《共产党宣言》对历史唯物主义的建立，这既揭示了马克思主义法律思想的哲学基础是历史唯物主义，也意味着应将青年马克思、恩格斯的法律思想与马克思主义法律思想作科学区分；其二，马克思、恩格斯的法律思想渊源在于对启蒙思想的批判性吸收，意味着不应将马克思主义法律思想与其他思想派别隔绝，中国的法学研究与法治建设不能拒绝西方现代法学的优秀成果；其三，马克思主义法律思想是一个不断发展的理论体系，应该在理论和实践中对马克思主义法律思想进行发展创新。

2. 马克思主义人权理论研究

中国的人权理论与实践走过一段极为曲折的历程，在新中国建立后的相当长的时间内，人权曾被批判为资产阶级的口号，遭到了严重的误解，20 世纪 80 ~ 90 年代之交，中国的人权研究才刚刚起步。黎国智自 20 世纪 80 年代初，便着手研究马克思主义人权理论；在第一部《中国的人权状况》白皮书发表后的次年（即 1992 年），他主编出版了中国第一部《马克思主义人权理论概要》。该书选取了 100 多篇马克思主义经典论著进行分析，展示了马克思主义人权思想形成、发展和不断完善的基本轨迹，提炼、总结了马克思主义在人权问题上的基本理论，对马克思主义人权理论研究与人权一般理论研究皆有开创性意义。

黎国智在对马克思主义法律思想的长期研究中，深知人权理论是马克思主义不可分割的重要内容。他认为马克思主义人权观是“批判地吸收资产阶级先进思想家的人权理论的合理因素而形成革命民主主义人权观，并最终形成的共产主义人权观。”针对当时人们对人权问题所持的顾虑，他以马克思主义经典文本为依据，证明马克思主义经典作家不仅没有否定人权，反而非常重视人权，社会主义社会仍然存在着人权保护问题，人权不应在中国成为禁区。

从人权的实质、主体、内容与形式等方面，黎国智将青年马克思的人权观概括为三项基本内容。其一，“人权与特权对立——人权的实质是对君权、神权和一切特权的否定”；其二，“市民权与公民权区分——人权具有两种涵义”，狭义的人权即“一般人权”（自然权利），而广义的人权不仅包括前者，还包括“公民权”（法定权利），人权的主体是一切人；其三，“自由与平等的统一——人权的内容和形式”。他指出青年马、恩的人权思想体现了马克思主义人权理论的思想渊源是启蒙思想的人权观，并通过引证马克思、恩格斯对启蒙人权观积极作用的肯定表述，从而驳斥了全盘否定人权的错误立场。

通过归纳马克思、恩格斯对资产阶级人权制度的批判与对未来社会主义的人权问题的构想，黎国智指出，马克思主义人权观在人权的来源、主体、内容、目标和实现途径等方面皆超越了资产阶级人权观，并总结出马克思主义人权观的基本理论体系。关于人权的来源，“马克思主义人权观科学地揭示了人权的唯物主义基础”，“人权是历史发展的产物”。不同的国家对人权保障程度的标准应该存在着差异，对人权的要求不应该超越一个社会的经济、文化发展水平。关于人权的主体，“马克思、恩格斯坚持理论与实践的统一”，只有马克思主义人权观才真正将一切人，尤其是作为大多数人的工人阶级作为人权的实践主体。关于人权的内容，马克思主义人权观比资产阶级人权观更加广泛，“马克思主义者不仅重视个体人权，而且更重视集体人权”。关于人权的目标和实现途径，马克思主义人权观的最高目标是“一切人认识和掌握自然和社会发展客观规律，成为自然界的主人、社会的主人和自己命运的主人”，其最终实现途径在于实现共产主义。

在 1992 年发表的《列宁人权思想探析》中，黎国智通过提炼、总结列宁的人权思想，指出创建社会主义人权必须正确处理的三种外部关系问题，即人权与政权、法制、执政党的关系：政权问题是实现社会主义人权制度的根本前提；法定权利是应有权利与实有权利的桥梁，法律是人权保障的一个必不可少的重要手段，人权的实现不仅要完善人权立法，更重要的是严格执法、司法；执政党必须维护和保障人权。同时，他还分析了列宁人权思想中与个体人权和集体人权相关的一系列重要范畴，强调各项自由与平等的重要性。

3. 社会主义民主与法制（治）问题研究

20 世纪 80 年代，中国的民主与法治建设处于百废待兴的状态，“民主与法治”在理论和实践中皆面临着诸多亟待解决的问题。在《社会主义民主的理论与实践》一书中，黎国智以马克思主义经典文本为依据，在中国第一次全面、系统地阐述了“民主与法制”问题的基本原理。这不仅促进了当时对社会主义民主与法制的理论和实践建设，也奠立了后人研究此问题的基本思路与框架。

黎国智饱含着强烈的现实关怀与敏锐的前沿意识指出：“重视不重视民主建设和法制建设，如何正确处理两者的关系，是社会主义革命与建设的一个根本问题，是关系到社会主义国家兴衰存亡的大事。”他指出，马克思主义的经典作家都非常重视民主与法制问题；马克思主义的民主法制理论并不是对所谓“资产阶级意识形态”的全盘否定，而是批判地吸收其积极因素而形成的民主法制理论；人民主权是马克思、恩格斯所构想的未来国家制度，社会主义民主的实质在于实现无产阶级和人民群众当家做主；马克思主义的经典作家们都将法制视作巩固社会主义人民民主的重要保障；因此，民主和法制是社会主义革命和建设的重要目标。

黎国智认为，社会主义民主与法制建设的关键问题在于正确认识民主与法制的关系。他首先指出，“没有社会主义民主，也就没有社会主义法制。”社会主义民主是社会主义法制的前提和基础，社会主义的法律应该是广大人民意志的自觉表现，应该在立法、法律实施、守法各个环节体现民主原则。其次，“没有法制保障，民主将成为一句空话。”社会主义法制对社会主义民主有重要的保障作用，体现在如下几个方面：其一，社会主义民主，有宪法和法律加以规定，使之成为行为规范；其二，法律对人们如何行使民主权利做出明确规定；其三，法律有效地保护人们的权利。黎国智还主张，法律是国家意志，具有强制性，社会主义民主一经法律化，任何国家机关、政党、社会团体、企事业组织和个人都必须严格遵守，任何破坏人民民主权利的行为都必须依法追究。在社会主义国家，民主建设与法制建设必须同步协调发展。关于民主与法制的关系问题，黎国智还在 1995 年发表的《学习邓小平民主法治思想，创新和发展我国法学理论》中提出一个开创性论题，即“法律民主化”比“民主法律化”更为重要，前者在深度和广度上都超出了后者的范围。

值得注意的是，虽然黎国智使用的是“法制”这一概念，但他对这一概念的界定实际上有“法治”的内涵。他指出“法制”的广义与狭义之分，广义的法制是指

"国家的法律和法令",而狭义的法制则是指"一定阶级民主政治的制度化、法律化,并严格依照法律进行管理的一种原则"。他认为对法制的认识应该采取狭义的定义,应该将法制同民主紧密相联,在法律上不承认人民主权,不实行民主政治,就没有法制。他呼吁,不应给"法治"扣上"右派思想"的帽子,"法治"不能被列为禁区。在1988年发表的《深化改革与厉行法治》一文中,他明确地使用"法治"概念,强调深化改革必须厉行法治。这无疑对中国从"法制"到"法治"的重大历史进步起到了重要的促进作用。

黎国智力求阐明马克思主义与民主、法治、人权等重要价值的融贯性,这实际上具有双重功效:一方面,通过文本解读证明民主、法治、人权是马克思主义法律思想中不可或缺的重要部分,消除了人们的疑虑,推动中国民主、法治、人权事业的发展;另一方面,他的研究也使马克思主义法律思想能够适应社会发展(尤其是中国改革开放后)的趋势,在新形势下维护了马克思主义法律思想的尊严。

4. 法律基本属性问题研究

法律的基本属性是重要的法律本体论问题,也是马克思主义法律思想中的重要范畴。黎国智在1986年发表的《对法律基本属性的再认识》中指出,"全面、准确地理解和阐明法的基本属性和功能,特别是法有没有社会性,我国现阶段法律的主要功能是什么,这是当前法学界争论的重要问题,也是法学理论的基石。"他将马克思主义法律思想经典理论与历史现实结合考察,指出:"法的社会性同法的阶级性一样,都是客观存在的,古往今来的一切法都具有这种重要属性,只是表现形式和程度不同而已。那种认为法只有阶级性而没有社会性的片面看法,并不是马克思主义经典作家的观点,是对马列主义法学理论的误解。"他强调法的阶级性和社会性是对立统一的,法的阶级性和社会性的对立和统一的程度直接影响法的功能和作用,特别是在社会主义国家,必须注意这种对立统一关系,注重立法的科学性。他认为,虽然"超阶级性"的社会性是不存在的,但社会性逐渐代替阶级性是法的发展和消亡的客观规律,社会主义法律应更多地体现法律的社会性。

5. 马克思主义法律思想中国化问题研究

(1)客观评析马克思主义法律思想中国化的已有成果

黎国智深知,坚持与发展马克思主义法律思想对于中国法治建设具有关键性意义。因此,他对马克思主义法律思想的研究总是与中国法治建设问题紧密相联,并始终将马克思主义法律思想的中国化问题作为研究的落脚点。因此,他非常重视马克思主义法律思想在中国的发展历程，着重研究了毛泽东思想、邓小平理论对马克思主义法律思想的发展。

在《学习毛泽东同志的宪政思想》中，黎国智探析了毛泽东的新民主主义宪政理论及其对中国宪政事业的积极意义。在《论新中国第一代领导集体对毛泽东思想法学理论的创立和发展》中，他总结并评析了毛泽东思想的法学理论中关于宪政、立法原则、法治与部门法的理论。他对毛泽东“两类不同性质矛盾学说”提出了独到的见解，他指出：“两类不同性质矛盾的学说，是一个政治概念，它不应当也不能代替科学的严谨的法学理论。”这种学说只能在特定的时期和范围内才具有一定的指导意义，而“左”的错误便在于将这种学说作为一切法律问题的指导思想，导致对民主和法制的严重破坏。

黎国智为邓小平民主法制思想研究做了大量具有重要意义的工作。他受司法部委托主编了《邓小平论民主法制建设》，并参与编写《学习邓小平论民主与法制建设讲话》，还发表了以《学习邓小平民主法制思想，创新和发展我国法学理论》为代表的一系列论文。他将邓小平的民主法制思想概括为对发展马克思主义法律思想的九点贡献。他认为邓小平的民主法制思想是建设有中国特色社会主义理论的必不可少的内容之一，应贯彻到中国法制建设的各个环节中。

黎国智研究中共领导人的法律思想，并非为了“歌功颂德”，而是其学术智慧与现实关怀的体现。通过论析毛泽东的法律思想，他试图阐明建国初期的新民主主义宪政理论的正确性与重要价值，并剖析宪政、法治建设挫折的根源。通过提炼、总结邓小平关于民主法制的重要论述，他论证了民主法制建设的正当性与重要性，也阐释了民主与法制的重要理论。在这些研究中，黎国智看到了纠正中国在民主法制问题上所犯错误，发展、创新马克思主义法律思想与中国法学理论的重大历史契机。

（2）发展和超越马克思主义法律思想，变革和创新中国法理学

黎国智对马克思主义法律思想与中国法理学的进一步发展问题作出了科学判断，这体现在以《略论改革与我国法学理论》、《创新与超越：马克思主义法学在当代中国的命运》为代表的一系列论文。

黎国智坦言，因为政治经济条件的历史原因，中国在20世纪50年代引进的苏联法学实际上是一种被斯大林和维辛斯基歪曲了的马克思主义法学，这既破坏了中国的法学研究与法治建设，也使马克思主义法律思想本身出现了危机。他反对教条地对待马克思主义，认为“这种庸俗化的研究方法和态度窒息了马克思主义法学应有的勃勃生机”。他由此呼吁，要走出这种历史错误，就应对马克思主义法律思想与中国法学理论进行发展和创新，“马克思主义法学的生命力在于发展和超越，在于我们这一代人的努力与创造”。

对于如何发展和创新马克思主义法律思想和中国法学理论，黎国智认为必须树立正确的基本观念：应全面掌握和恢复马克思主义，深入学习邓小平的民主法制思想，立足新的国情、世情，以马克思主义批判、宽容的态度，理性回答法制建设中的新问题，增强中国法学回应、解决现实问题的能力。他以此提出了十项命题。1）经济和政治体制的转换与民主法制的定位：社会主义市场经济模式转换必然导致法制模式的更新，社会主义国家必须走市场经济—民主政治—厉行法治的道路，以法律的形式确定下来并成为共识。2）社会主义本质的新解与当代法的基本精神：中国当代法的本质和基本精神可以概括为“保障和促进社会生产力的解放和发展，实现全国人民共同富裕、当家做主”，既要承认法律的意志性与阶级性，更应强调法律的规律性和社会性。3）社会主义法对利益的配置与保障。4）社会主义市场经济法行为的确认与控制。5）重构与社会主义市场经济相适应的法学体系。6）重塑中国传统法文化的内在精神，更新法律意识。7）现代西方资本主义法文化的理性评估。8）市场经济的发展与社会主义人权保障：不应将人权作为禁区，承认社会主义国家任然存在维护人权问题，人权应与法制相结合。9）党的领导与权力行使的立法界定。10）法信仰的高扬与司法人才的职业化。此外，民主法律化的同时必须实现法律民主化、强化和完善监督法制也是黎国智非常强调的两项重要命题。黎国智关于发展、创新马克思主义法律思想和中国法学理论所提出的基本观念与命题，是他研究马克思主义法律思想和中国现实问题的卓越成果和重大贡献的集中体现。

（二）中国行为法学的主要开拓者与带头人

黎国智勇于创新，具有敏锐的前沿意识，关心并致力探索新学科的建立和发展。行为法学是 20 世纪 30 ~ 40 年代产生于美国的新兴学科，在引进这门新学科并创立具有中国特色的行为法学中，黎国智做出了突出贡献。黎国智认为，中国行为法学研究应该以马克思主义为指导，探索社会主义条件下，法律对各类行为的控制模式，充分发挥社会主义法律在治国安邦、建设改革中的作用。黎国智对各类主体行为（个体行为、群体行为、领导行为等）的法律控制，进行了专门、深入的研究，尤其在关于群体冲突行为、腐败和职务违法行为的法律控制方面的研究中，他不仅从法理学的角度对这些行为的法律控制模式进行了探讨，还提出了许多具有远见卓识的部门法立法建议，这些问题涉及中国当代法治建设中的热点与难点，其成果至今也极具现实意义。

在《群体冲突的法律控制探究》中，黎国智认为，“群体冲突是社会进化的一种必然现象和形式。”他前瞻性地指出中国现阶段群体冲突行为将呈现出多样性和激烈性，并强调法律是调控群体冲突的主要手段。他以行为法学方法分析了确定群体冲突行为强弱的因素，指出法律对群体冲突行为的调控途径在于：确认解决群体冲突行为的最佳目标，确认和强化一定的价值观，根据冲突双方的需求来合理分配社会资源，通过调整群体内部关系来稳定内部秩序，通过对社会连带关系的规定来促进各个群体的相互合作，保障群体内部和群体之间的信息沟通。

腐败与职务违法是黎国智痛心疾首的问题，他以行为法学的理论分析了腐败与职务违法行为的成因及规制方式。他在《违法职务行为法律控制初探》中指出“个体需求是行为的起点”，因此法律对这类行为的控制目标是公职人员法定需求的科学化、职务行为调控的系统化、职务行为奖惩的法律化。他在《创制峻法：防治腐败行为的唯一选择》中主张“峻法除腐”，加强法律监督和权力制约机制的立法实践，并特别强调加紧《财产申报法》的立法，提出了许多至今仍有借鉴意义的立法建议。

（三）党法关系问题研究

党法关系问题是中国法治建设中极为尖锐的现实热点问题，黎国智对这一问题一直保持着强烈关注。他在关于社会主义民主与法制理论、马克思主义人权理论、发展和创新马克思主义法律思想与中国法理学等问题的研究中，皆对党法关系问题进行了深度阐述。中国共产党“十二大”将“党必须在宪法和法律的范围内活动”写入了党章，针对这一重大历史突破，黎国智在1983年发表的《党在法律范围内活动是社会主义法制的根本原则》中，从理论上阐明并强调了这一根本原则的重要性，并呼吁在实践中真正、全面地落实这一原则。关于如何正确处理党法关系和党政关系，他提出了三点具体建议：其一，制定党政关系法，用法律的形式确定党政关系；其二，加强法制教育，尤其是青少年和各级领导干部的法制教育；其三，应逐步建立和形成一种制度，国家和政府的最高领导人在就职典礼上宣誓忠于宪法和法律，保证严格依法办事，领导人违宪违法，人民可以通过一定的法律程序进行信任投票。

黎国智在其参加过的40多次各类学术会议上，始终保持独立的学术人格，不畏现实压力，对尖锐问题作出了科学的回答。对于现实中借口“党的领导”、以言代法、以权抗法的现象，他曾在1996年北京召开的依法治国研讨会上作“依法治国，路在何方”的大会发言，指出“党大于法”的弊病，引起与会者的强烈反响。该发言稿发表在 1997 年第 1 期《政治与法律》上，北京《中国改革报》、台湾《自立早报》、香港《东方日报》曾对此进行报道及转载。

（四）法学教育与人才培养

黎国智积极投身法学教育，诲人不倦，其学生大多成为中国法学研究与法律实务界的中流砥柱，可谓桃李满天下。

黎国智的教学生涯，始于 1953 年在中国人民大学法律系获硕士学位后留校任教，1954 年初，调入西南政法学院，先后成为讲师、副教授、教授，长期担任法理学专业研究生导师，并受聘为多所高校的兼职研究员、教授，直至光荣离休。他讲授法学理论、政治学等多门课程，对于教学有独到的见解，形成了一套颇具特色的教学方法，产生了良好的教学效果。

马克思主义法律思想的教学，是黎国智的教育生涯中最值得浓墨重彩书写的一笔，也是他对开创中国马克思主义法律思想研究做出的主要贡献之一。他使马克思主义法律思想研究成为西南政法大学起步较早、学术积淀深厚、独具特色与优势的传统研究强项，并推动了全国对于该领域的研究与教学。早在 1979 年，他便在司法部主办的全国法学理论师资班和西南政法学院研究生中，率先开设“马列主义法学思想研究”课程，创建这门课程的基本理论体系。他主编出版了中国第一部《马克思主义法学论著导读》教材，审定《法律教育概论》、《法学概论简明教程》等六部教材。黎国智将其极为重视的经典文本解读深入地贯穿到教学中，他严谨、深刻而不失生动地向学生阐明马克思主义法律思想经典论著中的命题、理论，并带领学生进行深入研究，使学生们掌握了马克思主义法律思想的基本研究路径和文本解读的基本方法。受他的启发和引导，广大学子积极探索和开拓马克思主义法律思想这一重要的法学领域，先后有许多研究生都将马克思主义法律思想作为学位论文选题。除西南政法大学外，黎国智还在十多个省市的法律院校、政法机关和领导干部中讲授马克思主义法律思想，为中国马克思主义法律思想研究与推广和中国法学理论与法治建设的深入发展，培养了大量杰出人才。

黎国智重视培养学生们的学术“基本功”，善用“卡片教学法”。他要求学生阅读大量经典著作，并将读书笔记与心得体会制作成卡片，使学生们养成严谨、踏实的学术态度与治学方法。他严格检查学生制作的每一张卡片，了解每个学生各自的优点与不足，以便更好地因材施教。如今，在他的家中，仍旧保留着学生们所制作的整整一书柜卡片！

（五）学术刊物编辑工作

黎国智长期从事法学刊物编辑工作，是当代中国同法学界联系广泛、具有国内外影响力的法学刊物的老主编之一。在西南政法学院复办后，他创办了《西南政法学院学报》（该刊于1982年更名为《法学季刊》，1988年改为《现代法学》），并担任主编12年之久。他倡导和贯彻“探索、争鸣、创新”的办刊方针，主持出版该学报共55期，发行近百万册。团结编辑部同志，认真把好政治关、学术关、编排关、校对关，使《法学季刊》、《现代法学》成为颇具特色、学报类刊物发行量最高、深受广大读者喜爱、在国内外具有较大影响力的法学刊物。该刊多次受到司法部和省、市领导的表扬，荣获四川省高校优秀学报一等奖。他在1992年被评为四川省一等优秀学报编辑，长期被选任为四川省高校文科学报研究会副会长。1989年收录在《四川高校学报编辑文集》中的《略论作为法学理论刊物的学报编辑方针》一文，是他对自己办刊思想的集中阐述，具有极大的启发与借鉴意义。

三、黎国智主要论著

黎国智，卢云．1983．学习毛泽东同志的宪政思想．法学杂志，(3)：2-6.

黎国智，雪犁．1983．党在法律范围内活动是社会主义法制的根本原则．法学季刊，(2)：7-11.

卢云，黎国智，程燎原．1985．略论改革与法学理论．法学杂志，(3)：7-10.

洪韵珊，黎国智．1985．社会主义民主的理论与实践．成都：四川省社科院出版社．

黎国智，吴光辉．1986．对法律基本属性的再认识．四川师大学报，(3)：33-40.

黎国智，王祖志．1988．深化改革与厉行法治．法学评论，(1)：8-12.

黎国智，罗新民．1988．对建立我国公务员制度的初步设想．法学，(1)：14-16.

黎国智编．1989．行政法词典．济南：山东大学出版社．

黎国智．1990．理直气壮地坚持和发展马克思主义法学．现代法学，(1)：2-6.

黎国智，付子堂．1992．列宁人权思想探析．现代法学，(3)：2-9.

黎国智．1992．马克思主义人权理论概要．成都：四川大学出版社．

黎国智，魏玮．1993．职务违法行为法律控制初探//行为法学在中国的崛起．北京：法律出版社．

黎国智，张迎明．1993．论群体冲突行为及其法律控制//行为法学在中国的崛起．北京：法律出版社．

黎国智．1993．马克思主义法学论著导读．北京：中国政法大学出版社．

黎国智，马宝善．1993．行为法学在中国的崛起．北京：法律出版社．

本刊评论员（本刊特约编审黎国智执笔）．1995．学习邓小平法制思想，创新和发展我国法学理论．现代法学，(1)：1-6.

黎国智．1995．创制峻法：防治腐败行为的唯一选择．政治与法律，(3)：4-10.

黎国智，田成友．1995．创新与超越：马克思主义法学在当代中国之命运．现代法学，(6)：2-5.

主要参考文献

付子堂 . 2007. 马克思主义法律思想中国化研究论纲——写在《现代法学》首任主编黎国智教授 80 寿辰之际 . 现代法学，(5)：3-15.

撰写者

张永和（1956 ~ ），四川雅安人，西南政法大学教授。从事法理学研究，为黎国智指导的硕士研究生。

李超群（1987 ~ ），重庆人，西南政法大学法学理论专业博士研究生。

张希坡

张希坡（1927～），山东章丘人。法律史学者。1947年2月在东北解放区参加工作，不久即从事法律工作。1951～1953年中国人民大学法制史研究生，毕业后留校从事中国法制史教学研究工作。历任中国人民大学法律系法制史教研室副主任、主任，法律系副主任。曾先后兼任中国法律史学会副会长、常务理事，中国法学会理事，北京市法学会理事。现任中国人民大学法学院教授、革命根据地法制研究所所长、中国法学会董必武法学思想研究会理事、陕西省陕甘宁边区史研究会特邀研究员。张希坡在法律史学界尤其是革命根据地法制史研究领域享有声望，他几十年如一日地在革命根据地法制史研究领域辛勤耕耘，进行大量的资料整理和研究工作，成果颇丰，为革命根据地法制史研究奠定了基础，做出了开拓性的重要贡献。张希坡出版著作近30部，发表论文70余篇。曾入选《当代中国法学名家》。

一、学习成长和工作历程

（一）日伪统治时期在东北的成长经历激发以史为鉴的思想

张希坡于1927年10月25日出生在山东章丘（现属济南市）一户铁匠世家，祖辈在清末民初先后闯关东。由于长辈深感无学识之苦，在他7岁时将他送到邻村小学读书。他读到三年级时，七七事变爆发，日本侵略者的铁蹄踏入关内，小学停办。后来，他又在本村办的私塾继续接受启蒙教育。由于日军不断下乡扫荡，私塾时断时续，到1939年，远在东北的父亲怕他失学，便托人把他带到东北，先插班读小学，后考入“国高”（四年制的中学）。日本当时对东北实行奴化教育，“欲灭其国，先灭其史”的古言在日伪统治时期得到充分验证。为泯灭中国人的民族意识，伪满民教部明令取消中国历史，改为东洋史，宣扬以日本为主体的所谓“大东亚史”以及旨在分裂中国的“满洲国史”。日本投降后，他开始阅读中国近现代史的书籍，了解中国近百年的帝国主义侵华史和中国革命史，从中深刻体会到“以史为鉴”的重要意义，为后来他研究中国近代法制史打下重要思想基础。

（二）东北解放后参加工作投身法律事业

1946 年夏天东北解放，张希坡 1947 年 2 月参加工作，他先后在宝清县人民政府民教科任科员、副科长。土改以后，民政和教育分开，他到民政科当副科长。之后成立人民法院，他被调到法院当副院长。从此，他与法律结缘，投身法律事业。当时专门学习法律的机会不多，都是边工作边学习。为了审判工作需要，他在工作时注意收集老解放区的一些法律文献，比如《婚姻条例》、《惩治反革命条例》等。他还参加了专门培训在职司法干部的司法学员班，提高理论和业务水平。从那时起，他开始知道什么是国家，什么是法律以及法律的一些基础理论，通过与其他司法人员交流工作经验，他积累了一些法律常识。张希坡从这个时期就开始搜集革命根据地的法律文献，为他以后从事相关研究准备了基础，有些法律文献保存至今，十分珍贵。

（三）如愿考入中国人民大学走上法学研究的道路

1950 年中国人民大学正式成立，1951 年开始招生。张希坡看到了大学的招生公告，发现有本科法律系，而且他完全符合招考条件，报考愿望强烈，但因工作需要暂时不能离开而未成。到 1951 年夏，松江省法院调他到沈阳东北人民政府司法部主办的司法干部培训班受训。学习不久，中国人民大学到东北招生，张希坡便报名，经过口试、笔试他被录取到法律系。他到法律系本科学习时间不久，由于学校师资缺乏，急需培养研究生，他学习成绩不错，由组织决定调他到国家与法权历史教研室作研究生。张希坡是法律系的第二批研究生，学制两年，除俄语和理论课外，还学习法律系公共课中的国家与法权理论，专业课是苏联专家讲授的苏联国家与法权史和国家与法权通史。两年后苏联专家离校，由于当时所学的都是苏联国家与法权史，所以中国法制史需要系统重新学习。1953 年他毕业留校，在法制史教研室任教，他一边给学生讲课一边做研究，开始了中国法制史学科的创建工作，并承担系统搜集革命根据地法律文献的工作。

（四）从事行政工作 22 年心系法学研究

张希坡从 1964 年任中国人民大学法律系副主任开始，包括“文化大革命”后期担任法律系革委会副主任，1974 年 4 月人民大学停办后调任北京师范学院历史系革委会副主任，1978 年人民大学复校后继续担任法律系副主任，直到 1986 年，先后做了 22 年行政工作，为人民大学法律系的发展，尤其是“文化大革命”后的复建耗费了大量的精力，做出了重要贡献。在这22年中，张希坡虽然仍心系法学研究，奈何时势艰难、行政事务缠身，难以专心从事科研。此时期他取得了一些学术成果，如出版了《马锡五审判方式》等书，发表了一些论文。在此时期，他尽最大力量用心搜集资料，以待时间精力充裕之时做深入整理和研究。

（五）辞去行政职务潜心学术研究成果丰硕

1986年，张希坡辞去行政工作，专心从事学术研究，至今20余年。他安心整理和研究已收集到的史料，并继续搜集相关新的资料。这期间，他独自撰著、主编或参与编写的书籍主要包括《中国革命法制史》、《革命根据地法制史》、《中国法制通史》第十卷“新民主主义政权”、《革命根据地工运纲领和劳动立法史》、《革命根据地经济立法史》、《中国婚姻立法史》、《中华人民共和国刑法史》、《辛亥革命法制史》、《中国近代法律史文献与史实考》、《人民代表大会制度创建史》、《革命根据地法制史研究与“史源学”举隅》等。同时还发表了大量革命根据地法制史研究的学术论文，涉猎范围广泛。他的论著引用材料扎实充分，分析问题客观透彻，在学界引起很大反响。至今他仍以80岁高龄，坚持给硕士、博士生上课，传授研究根据地法制史的理论和知识，培养人才。他最大的心愿是要将革命根据地时期制定的法律文献进行精选校订，编写出4辑10卷本约500万字的《革命根据地法律文献选辑》。这一工作得到了国家领导人的关注，国家哲学社会科学基金和人民大学提供资金、物质支持，正在顺利进行中，成果即将面世。人民大学法学院还于2011年6月26日成立革命根据地法制研究所，由张希坡众望所归地出任研究所所长一职。

二、学术研究和重要贡献

（一）主要学术研究领域及成就

张希坡的研究领域为中国近现代法制史，重点则是革命根据地法制史。从他开始工作起，他在革命根据地法制史的研究领域辛勤耕耘了60余年，进行了全方位的研究，取得了丰硕的学术成果，成为这个领域当之无愧的开拓者。60余年中，他搜集大量革命根据地的法律文献，为该领域的研究积累了珍贵的研究资料。他对这些材料进行了归纳、整理、辨别、考证，大大提高了这些资料的准确性、可靠性和学术价值。他还分门别类地对所掌握的材料进行了分析研究，填补了很多空白，为人们正确认识革命根据地法制做出了重要的贡献。

1. 革命根据地法制史资料的收集

张希坡早在东北从事法律工作时，就开始注意搜集革命根据地法制资料。1953年张希坡从人民大学毕业留校任教，开始参与中国法制史学科的创建工作，他首先遇到的难题是如何收集相关历史文献，因为革命根据地的法律文献较难收集。60多年来，他和同事们克服困难，经过多方努力，比较系统地搜集到一批革命根据地法制文献。资料的搜集主要得益于以下几方面的来源：

第一，人民大学法制史教研室。由当时的资料员常风从人民大学图书馆、保密资料室和党史系资料室保存的有关新中国成立后法令汇编中，抄录十几本。之后，张希坡又从校内有关单位补抄一批。

第二，从谢觉哉处抄录部分中央苏区的法律文献。张希坡从当时人民大学法律系系主任何思敬处得知谢觉哉从中央苏区带出来一些法律文献。为此，张希坡找到人民大学老校长吴玉章，通过吴玉章的帮助联系到谢觉哉。谢觉哉对他们的工作十分支持，立即领张希坡到他家里，由谢觉哉的夫人找出材料后由张希坡查阅摘抄，有的材料还同意他带回学校抄写。谢觉哉从中央苏区带来的材料，除日记外，在“文化大革命”中都被“造反派”烧毁，张希坡抄录的资料多已成孤本。现在从谢觉哉处抄录的法律文献，基本上已由各出版社以各种形式公开出版。

第三，20世纪50年代中期，司法部为给立法和司法工作提供历史经验，决定专门收集革命根据地法律文献，将这一工作交给人民大学法律系。系里决定由张希坡和梁秀如、毛天祜三人参加这一工作。他们住在国务院招待所，白天拿着司法部的介绍信到有关部门查索抄录材料，晚上回招待所整理誊抄一份，再将整理好的材料交给司法部，底稿带回学校备用。“文化大革命”以后，中国社会科学院法学研究所以这批资料为基础，并加以扩充增补，编辑出版了《中国新民主主义革命时期根据地法制文献选编》（4卷），为全国法学研究与教学工作提供了重要史料根据，至今仍被广泛引用。

第四，60多年来，张希坡等人陆续从档案馆、图书馆和有关单位保存的档案和报刊上，一张一页地搜寻抄录了很多相关文献。张希坡在这项枯燥和艰辛的工作中，收获颇丰。

张希坡说：很多材料现在都找不到原件了，收集这些材料就像做抢救工作一样，而这一工作需坐得住冷板凳。张希坡说他坐了几十年冷板凳，感觉没有那么苦，冷板凳坐一会儿就热了，苦的是热板凳，那时夏天到图书馆，没有电扇、空调，坐到那里去翻查报纸，报纸都被汗水浸湿了。有时查了大半天，不一定能找到要的东西，但是脑子里存着这么一个没有解决的问题，不一定什么时候无意中在查其他材料的时候就意外发现了几年前所要找的材料，那是一个巨大的收获。所以，搞资料收集，要有“坐冷板凳”的耐心，有“沙里淘金”的信念。

2. 对根据地法律史料的考证

法制史的研究对史料的真实可靠性要求十分严格，张希坡也十分强调这一点。他在一些问题的考证上澄清了很多误解，彰显了严谨治学态度。以他对马锡五出生年月的考证为例：

《毛泽东文集》第三卷第 102 页注释（19）：“马专员，指马锡五（1889 ~ 1962）。”张希坡认为将马锡五的出生年代写成 1889 年是不正确的。他认为，这一错误的产生可能来源于 1978 年上海辞书出版社出版的《辞海》。张希坡在 1979 年《社会科学战线》第 4 期发表的《马锡五同志和他的审判方式》一文中，曾指出马锡五的出生年代是“1898 年”。其根据是在马锡五逝世时，《人民日报》于 1962 年 4 月 11 日登载的马锡五简历，明确写的生于“1898 年”。上海辞书出版社得知这一情况后，曾派人来京查证核实，认定“1889”是“1898”的误排。于是在 1980 年出版的《辞海》缩印本，即改为“1898 ~ 1962”。此后，为用公元纪年写明马锡五生卒年月日，他做了如下工作：1）首先拜访马锡五的夫人李春霖，马夫人记得马锡五生于清朝末年，属狗的，农历十一月廿七是他的生日。近亲属的这一证言，应是可信的。但张希坡认为这仅是孤证，最好能再找一位知情的近亲属，互相印证。于是他通过马锡五在陕北老家前妻所生的长女了解马锡五的出生年代。据回信说：“证实生于 1898 年农历十一月廿七日，属狗的，确信无疑。”这样，两位年长的近亲属的表述完全一致。2）为将上述表述与文字记载相印证，张希坡又专门联系中央组织部和中央办公厅，到中央档案馆查阅马锡五干部档案。档案中有两份登记表上写作“1898 年 11 月 27 日”。张希坡将档案拍成照片后，再次拜访李春霖，共同认定这份登记表是可信的。3）据查 1898 年，即光绪二十四年，戊戌，狗年。农历十一月廿七日，换算成阳历就是 1899 年 1 月 8 日。至此，通过考证，张希坡得出了马锡五生卒的精确时间：1899 年 1 月 8 日 ~ 1962 年 4 月 10 日。

从上述考证我们可以看到张希坡严谨的治学态度。他不偏听偏信，努力找到第一手资料，找当事人求证，力求把结论做实。类似这样的考据在他的研究中比比皆是，他对《中华民国临时约法》的准确版本、“刘巧儿”原型的真实姓名、人民代表大会制度的开端、乌鸦告状案件的真伪、《湖北省惩治土豪劣绅暂行条例》的校正等进行了认真细致的考证，为学术研究提供了可靠的版本。正是严谨的考证保证了历史资料的相对真实可靠，而用这些资料进行的研究分析所得出的结论才能让人信服。

3. 对根据地法律制度的全面深入研究

张希坡从留校任教开始，就利用所搜集到的资料进行革命根据地法制史的研究工作，取得了许多成果。1986 年他辞去行政工作后，倍加珍惜时间，潜心学术研究。在至今长达 20 多年的时间里，他对革命根据地法制史分门别类地进行了全面的研究。

张希坡从 20 世纪 50 年代开始参与编写新中国成立后中国法制史的第一部教材《中国国家与法权历史讲义》。1978 年改革开放后，他参与编写多部法制史教材。1987 年与 1992 年，社会科学出版社分别出版他与韩延龙主编的《中国革命法制史》上、下册，该书是国家哲学社会科学研究“六五”规划项目，1999 年 9 月获国家社会科学基金项目优秀成果二等奖，2007 年修订再版列入“社科学术文库”，为学界关注。他参与编写的教材还有《革命根据地法制史》、国家社会科学基金“七五”“八五”重点规划项目《中国法制通史》第十卷“新民主主义政权”、北京大学出版社出版的面向 21 世纪课程教材《中国法制史》等十余种。在教材编写中，他主要负责其中的近代法制尤其是革命根据地法制部分，为传授革命根据地法制知识做出了重要贡献。

张希坡利用他掌握的大量材料分门别类地进行了部门法及其他法律专题性研究。

1994 年吉林大学出版社出版张希坡编著的《革命根据地经济立法》一书。该书是中国第一本对新民主主义革命时期经济立法进行系统、专门叙述的著作，填补了中国经济法史中的研究空白，具有较高的学术价值和史料价值。

1998 年中国公安大学出版社出版张希坡撰写的《中华人民共和国刑法史》，该书是张希坡在几十年教学基础上，经过近十年精心研究、几易其稿而成，可谓“十年磨一剑”。该书填补了中国刑法学研究中的空白，具有较高的学术价值和现实意义。该书中包含丰富的统计资料和各种典型案例，史料翔实。该书对刑法史上一些争议问题进行了必要的考证研究。

2004 年人民出版社出版张希坡的《中国婚姻立法史》。该书于 2007 年 10 月获吴玉章人文社科优秀奖。该书使读者得以深入理解中华人民共和国婚姻家庭立法的精神实质以及各项法律规范的来龙去脉。该书法律史资料丰富，填补了中国当代婚姻立法史研究的空白。

此外，他还著有《革命根据地工运纲领和劳动立法史》、《人民代表大会制度创建史》、《革命根据地保护妇女儿童权益的刑事法规》、《革命根据地的森林法规》、《解放战争时期解放区的商标注册法规》、《革命根据地的财产继承法》、《南京临时政府的工商管理法规》、《革命根据地的科技政策与法规》、《革命根据地的水利法规》以及《革命根据地的股份制法规》等部门法研究的专题文章。张希坡的研究填补了革命根据地法制史中部门法研究的多项空白。

张希坡还以法律专题为视角进行了许多研究，典型的有《革命根据地的审计立法及其基本经验》、《陕甘宁边区的“精兵简政”与行政法规》、《彻底废止肉刑切实保证人身自由》、《革命根据地的基层政权与群众自治》、《革命根据地禁止弃婴溺婴的法令》、《山西革命根据地人民调解制度》、《陕甘宁边区征粮法规及其有关史实的考辨》、《中国的禁娼运动与惩治卖淫嫖娼罪》以及《资治新鉴——陕甘宁边区参议会“提案汇录”评介》等文章，就革命根据地时期的多种法律专题进行了深入探讨。

张希坡对马锡五审判方式的深入研究，是其著述中的一大亮点。1979 年他在《社会科学战线》上发表了《马锡五同志和他的审判方式》，通过分析马锡五审判的典型案例，概括马锡五审判方式的特点，产生的基础。他在前述文章的基础上完成了专著《马锡五审判方式》。张希坡把马锡五审判方式的特点概括为四条：第一，一切从实际出发，客观、全面、深入进行调查研究；反对主观主义审判作风——重证据，不轻信口供，将审判工作牢牢建立在科学基础之上。第二，认真贯彻群众路线，依靠群众讲理说法，实行审判与调解相结合；司法干部与人民群众共同断案——在审判工作中贯彻民主精神。第三，坚持党性原则，忠于职守，以身作则；严格依法办事——在审判工作中始终坚持法治原则。第四，实行简便利民的诉讼手续——在审判工作中执行便民方针。为研究马锡五审判方式，张希坡与马锡五的夫人、战友及其他相关组织取得联系，获得大量一手资料，加上他认真的态度和科学的研究方法，使得他关于马锡五的研究获得了广泛的好评，各级司法机关多次邀请张希坡以马锡五审判方式为题进行讲座。张希坡认为，今天学习马锡五审判方式，不是简单了解他的一个具体做法和案例，而是要学习他的精神，就是要继承发扬老一辈司法工作者为民、利民、便民的优良传统。

（二）学术思想

1. 重视史源学方法在研究中的使用

张希坡十分强调在学术研究中史源学方法的运用。他认为，使用历史资料要严谨求实，要懂得考证其真伪。他在《革命根据地法制史研究与“史源学”举隅》一书中对史源学方法的运用进行了专门的探讨。

史源学是一门考察科学研究中所使用的主要史料、论据是否真实可信的学问和治学方法。张希坡认为，我们在从事教学与科学研究工作中，经常接触到许多法律文献和其他史料（包括历史的和现行的）。有时只是引用某些条文，有时要翻印法律文献的全文（如编印法律汇编或参考资料）。这就要求所引的条文或翻印的法律文献一定要准确可靠，避免以讹传讹。其基本精神就是不要盲目迷信名家，不要轻信二三手转引的史料，应自己动手去核实，尽量依据准确可信的原始文献，做出有根据的判断，树立科学严谨的治学学风。张希坡认为学点史源学的常识，不仅对从事法制史科研十分必要，对从事其他工作也同样重要。他将史源学的方法，运用到法制史的研究中，指出中国近现代史学界与法学论著中存在的谬误和分歧，经过必要的考证，从源头上予以澄清。他将几十年来教学与科研中遇到的某些疑难歧异问题及其考察结果分类进行整理，归纳为十种，以警示后学。

2. 社会主义中华法系理论的提出

张希坡对革命根据地法制史这一领域的研究情有独钟，是因为通过客观冷静的分析，他认识到根据地法制历史经验对当今中国法治建设的巨大影响和价值。他认为，在革命根据地法制建设的基础上，中国正在形成新的中华法系。

张希坡认为，在固有的中华法系解体之后，作为 5000 年文明大国的中华民族，在近代以来社会变革的新时代里，还能创造出新型的中华法系。这种新型的法律制度——革命根据地新民主主义的法律体系，已在革命运动中生长了 80 多年。社会性质的根本变化，必然要求产生与之相适应的新型的上层建筑。在共产党领导的革命根据地里，已不可能建立资产阶级的法律体系，必须创建新型的具有中国特色的人民民主的政治法律制度。当然，任何法律体系或法系（法统），都不是一蹴而就的，皆有其产生发展的历史过程。革命根据地新民主主义法律制度，是中国社会主义类型法律制度的初级阶段，也就是具有中国特色的社会主义中华法系的雏形阶段。张希坡所以提出社会主义中华法系这一命题，并不是简单的、形式上的理论推断，而是根据多年研究革命根据地的大量法律文献，而得出的结论。

张希坡认为到目前为止中国社会主义中华法系大体经历两个发展阶段：第一阶段 1921 ~ 1949 年，革命根据地新民主主义法制的创建与发展——社会主义中华法系的萌芽与雏形阶段。第二阶段 1949 ~ 2010 年，是具有中国特色的社会主义法律体系的创建与形成阶段——社会主义中华法系的初步形成阶段。他认为，随着中国社会主义初级阶段深入发展，社会主义的法律体系会得到不断的补充和完善。具有中国特色的社会主义中华法系，也会由初步形成阶段，向更高级的发展阶段迈进。

3. 客观独到的学术见解

张希坡之所以强调对史料的考证是出于对问题进行独立思考的要求。他认为，学术研究不能人云亦云，结论要根据史料得出，不能信口雌黄。他对一些针对革命根据地的不实之词进行了批驳。比如，他在《废除伪“法统”就是废除以国民党〈六法全书〉为代表的一切反动法律——兼评对“中共中央废除国民党〈六法全书〉指示”的某些不实之词》一文中，针对某些观点进行了批驳。有学者认为：废除伪“法统”，并未明确是指废除国民党的《六法全书》。张希坡认为这是以所谓“王明起草”为借口，意图否定中央指示的正确性。张希坡以中央文献为根据，结合历史实际，说明“中央法律委员会”是在党中央直接领导下的一个具体工作部门，不可能允许任何人假借中央名义发布与中央决定相违背的个人意见。张希坡阐明，废除包括国民党的《六法全书》在内的一切反动法律、典章制度、政治机构、政治权力是中国共产党的既定方针和一贯主张。通过其文章，他对一些观点进行了有理有据的反驳，澄清了历史认识。这种对不同学术观点的论辩，体现了张希坡的学者品格。

（三）为革命根据地法制史的研究殚精竭虑

张希坡参与、见证了20世纪50年代以来革命根据地法制史研究的整个发展历程，他为这一研究领域的发展、深入做出了重要贡献。

60多年来，他努力搜集、保存和整理了相关历史文献资料，做了大量的开拓性研究工作，为这一领域的研究奠定了坚实的基础。后辈学者在他的研究基础上进一步推进和深入，研究领域和方法不断更新，使革命根据地法制史的研究取得了丰硕的成果。为使革命根据地法制史的研究受到更多的关注与重视，他积极地奔走呼吁，利用各种场合宣传革命根据地法制史研究的重要价值。他的努力也得到了回应，国家社会科学基金把“革命根据地法律文献整理与研究”列为重大项目予以资助。2011年6月26日，在建党90周年之际，中国人民大学法学院还成立了革命根据地法制研究所，这是全国范围内唯一进行革命根据地法制研究的专门机构，该所的成立为进行革命根据地法制研究和交流搭建了良好的平台。时年84岁高龄的张希坡众望所归地出任研究所所长。在隆重的成立大会上，社会各界人士对张希坡的为人、学识和贡献给予高度评价。

纵观张希坡的人生历程，他虽然出身贫寒，但由于家里重视教育，加之本人勤奋好学，从小奠定了良好的学习基础。而儿时在东北受到的日本人奴化教育的经历又让他明白了学习历史的重要意义。机缘巧合，使他走上了法律工作的道路。之后，好学求知的他把握住了机遇，考入人民大学，又因表现优秀被选为研究生，进而留校任教，走上了法律史的教学和科研道路。他十分珍惜这一机会，锲而不舍，耐得住艰辛和寂寞，潜心学术研究60年，终有所成。他严谨求实、不畏辛劳的治学态度和积极乐观的精神追求是其取得成就的内因。同时，他也把握住了历史给予他的机遇。比如，他有机会接触像谢觉哉这样的革命根据地法制主要建设者，接受司法部的委托去当时的各部门进行革命根据地法制史资料的搜集工作，从这些难得的机遇中使他获得了大量宝贵的原始资料。这些珍贵的资料因为他的抄录和整理得以流传于世，而这些资料也最终成全了他的学术研究。正如张希坡所作的诗中所言："不惜黑发变白发！献了青春献终身！"他一生为之追求的革命根据地法制史研究，值得全社会的尊重与关注。

三、张希坡主要论著

张希坡 . 1963.《湖南农民运动考察报告》中关于人民民主专政思想的几个基本问题 . 政法研究，(2) .

张希坡 . 1979. 马锡五同志和他的审判方式 . 社会科学战线，(4)：110-115.

张希坡 . 1980. 1927年《湖北省惩治土豪劣绅暂行条例》简介 . 江汉论坛，(4)：75-79.

张希坡 . 1983. 马锡五审判方式 . 北京：法律出版社 .

张希坡，韩延龙编 . 1987，1992，2007. 中国革命法制史（上册），中国革命法制史（下册），中国革命法制史（上、下册合订本）. 北京：中国社会科学出版社 .

张希坡 . 1993. 革命根据地的工运纲领和劳动立法史 . 北京：中国劳动出版社 .

张希坡编 . 1994. 革命根据地法制史 . 北京：法律出版社 .

张希坡 . 1994. 中国最早的工会法考辨 . 法学研究，(6)：76-80.

张希坡编 . 1997. 中华民国开国法制史——辛亥革命法律制度研究 . 北京：首都师范大学出版社 .

张希坡 . 1998. 我国人民民主专政和人民代表大会制度之演进 . 法学家，(5)：13-18，118.

张希坡 . 1998. 中华人民共和国刑法史 . 北京：中国人民公安大学出版社 .

张希坡编 . 1999. 中国法制通史（第十卷"新民主主义政权"）. 北京：法律出版社 .

张希坡 . 2001. 中国共产党开创了社会主义中华法系的新纪元 . 法学家，(4)：37-46.

张希坡 . 2003. 中国革命根据地的反腐倡廉与刑事立法∥高铭暄，赵秉志编 . 刑法论丛 . 北京：法律出版社：221.

张希坡 . 2004. 解放战争时期"中央法律委员会"的变迁及其工作成就——兼评对中共中央废除国民党《六法全书》指示的某些不实之词 . 法学家，(6)：106-112.

张希坡 . 2004. 中国婚姻立法史 . 北京：人民出版社 .

张希坡 . 2009. 人民代表大会制度创建史 . 北京：中共党史出版社 .

张希坡 . 2011. 革命根据地法制史研究与"史源学"举隅 . 北京：中国人民大学出版社 .

张希坡 . 2011-7-1，2011. 中国共产党与革命根据地法制建设——纪念中国共产党成立90周年 . 人民法院报，人民论坛，(26)：31-33.
张希坡 . 2013. 马锡五与马锡五审判方式 . 北京：法律出版社 .

主要参考文献

邱远猷 . 1998. 刑法学苑一新葩——《中华人民共和国刑法史》评介 . 法学家，(6)：48，123.
阎巍，韩涛 . 2007. 老老实实做人，扎扎实实治学——张希坡教授访谈录//曾宪义编 . 法律文化研究（第三辑）. 北京：中国人民大学出版社 .
张希坡 . 2011-7-1，2011. 中国共产党与革命根据地法制建设——纪念中国共产党成立 90 周年 . 人民法院报，人民论坛，(26)：31-33.

撰写者

赵晓耕（1960 ~ ），中国人民大学法学院教授，博士生导师，与传主是师生和同事关系。
段俊杰（1983 ~ ），中国人民大学法学院法律史专业博士研究生，与传主是师生关系。

林榕年

林榕年（1928～），天津北辰人。法律史学家和法学教育家。中国人民大学建立后最早的本科生、研究生和教师。新中国外国法制史学科的开拓者，全国外国法制史研究会的主要创建者和前任会长。1950年在苏联专家的指导下，成为全国外国法制史课程第一位主讲教师，并使中国人民大学成为这门学科最早的教学与研究基地。林榕年长期担任中国人民大学外国法制史学科带头人，是中国外国法制史教材的最早撰写者和主要创建者，其在1979年《法学研究》创刊号上发表的《略论法律的继承性》在国内外学术界产生重要影响。林榕年曾于1983～1990年受国家教委和中国人民大学委派，担任广东省汕头大学法律系主任。他长期从事外国法制史、罗马法、英美法和大陆法的教学与研究工作，培养了大批外国法制史教学科研人才和法律事务人才，为外国法制史学科和法学教育的发展做出了重要贡献。

一、结缘外法史——成为新中国外国法制史学科最早的开拓者

林榕年与外国法制史学科有着长长的与众不同的情缘，曾不止一次地听他谈起过那段颇具“传奇”的青年时代求学从教的经历，而恰是这一经历，使他从此结缘外法史，一生钟情于这个学科，并为之付出了生命中最主要的精力和年华。

1928年5月21日，林榕年出生于天津北郊区宜兴埠村（现在的北辰区宜兴埠镇）的一户工人家庭。虽然那时家境清贫，国家战事不断，但在天津大学后勤部门做木工的父亲，仍是热诚渴望和鼓励他的孩子们能像学校里那些翩翩学子一样热爱读书，成为有文化有志向的人。正是父亲的期待和严格要求，使少年时代的林榕年在动荡不宁的生活和时断时续的学业中，成了一个心怀理想追求进步的文化青年。

1949年1月，天津获得解放。担任校学生会主席正在读高中三年级的林榕年无比喜悦激动，他带领学生们热情欢迎解放军入驻学校，积极协助解放军在师生中开展各项爱国活动。在这个过程中，他的心灵不断被涤荡升华，他的心志也伴随着新中国新时代的到来更加高昂而坚定，他下定决心要追随共产党，要将自己融于这巨大变迁的社会洪流中，做一个有知识有作为的革命青年。

1949 年 7 月，高中毕业后的林榕年顺利考取了天津师范学院中文系。正当他的亲人们为家里有了大学生而无比激动和欣喜的时候，林榕年看到了一份由华北人民政府发布的关于成立“中国政法大学”的招生简章公告，上面清清楚楚地载明要“培养新中国的法律人才”。真是天赐机缘，正中心怀，一直对律师和法官职业十分敬仰的林榕年，不顾家人阻拦和反对，毫不犹豫地放弃了已被天津师范学院录取的机会，乘火车直奔北京的海运仓报考了中国政法大学，立志当一名主持公平正义的革命法律工作者。勤奋努力，学业成绩一直不错的他又一次顺利考取了。对那段历史有着刻骨铭心记忆的林榕年说，当时的“这所政法大学，并不是现在的中国政法大学，而是中国人民大学法律系的前身”。1949 年 10 月 23 日，林榕年和众多学员一起参加了中国政法大学的开学典礼，校长谢觉哉主持了这次典礼。

（一）传奇经历使他成为人大最早本科生、研究生和教师

1950 年是林榕年一生中最难以忘怀的一年，也是他结缘外国法制史学科颇具传奇经历的重要一年。这一年的 3 月，林榕年等 100 多名学员搬到了北京城东的铁狮子胡同，成为即将成立的中国人民大学法律系第一届本科生。1950 年 10 月 3 日，林榕年亲历了中国人民大学那场无比隆重的开学典礼，校长吴玉章主持了这场对新中国教育界具有重大历史意义的盛典，刘少奇等许多国家领导人参加了典礼并发表了热情洋溢的讲话。而 1950 年这一年的机遇，也使林榕年的人生发生了传奇性的变化。林榕年很幽默地说：“这一年，我经历了‘三级跳’，先是成为本科生，继而改变为研究生，最后变成了外国法制史专业的老师。”林榕年还很清楚地记得，那是在 1950 年 6 月里的一天，他和张晋藩、傅兴岭等四名学生被法律系领导叫去谈话，正渴望去参加抗美援朝保家卫国的林榕年以为是自己的申请被批准了，满心愉悦。可是，领导并没有谈到抗美援朝，而是告知他们，系里决定让他们几个人读法制史专业方向的研究生。同年年底，创建之初的人民大学法律系仿照苏联莫斯科大学的模式设置了法制史教研室，共开设三门课程，即中国国家与法权历史、苏联国家与法权历史、国家与法权通史（中、苏两国以外的外国法制史）。不久，刚刚学了一些研究生基础课程的林榕年和傅兴岭二人，因教学工作的急需又被选调到法制史教研室当了教师。林榕年被领导指定讲授国家与法权通史，即外国法制史课程。这样，22 岁的林榕年肩负领导的信任，在苏联专家谢米利亨和瓦列哈米托夫的指导与自己的辛勤努力下，从此开始跋涉在几千年异彩纷呈的世界法制园林之中，上下求索，播种耕耘，成为新中国最早主讲外国法制史课程的教师。

虽然成了教师，并已经有了些许的法律知识基础，但林榕年深深知道自己那时

还犹如空中的楼阁，盛名之下其实难副，自己对法律、对外国法制史还知之甚少，尚没有深刻的理解和感悟。然而革命工作的需要和组织的信任，给了他克服一切困难的斗志，也给了他在巨大压力下敢于担当和必须胜任的勇气与乐观自信。白天，在没有教学任务的时候，林榕年和研究生们一起悉心向苏联专家学习外国法制史专业课程；晚上则急匆匆赶往“夜大”，听取苏联专家给人民大学教师和干部们专门开设的一些基础相关课程，包括俄语、政治经济学、联共党史等；而备课的时间也就只能放在别人休息的静静的黑夜里。回顾往昔，林榕年感慨地说：“当时年轻啊，天天‘开夜车’。”在那“非凡”的几年里，林榕年几乎从没有在凌晨 1 点以前睡过觉，而且经常为了备课一干通宵。

勤奋的播种，辛勤的耕耘，终于开花结果。第一次外国法制史课上完，同学们爆发出热烈的掌声，这掌声让林榕年永生难忘，记忆犹新，也使他忐忑不安的心情一扫而光。“这给了我很大的支持和鼓励，要知道，听我讲课的，就是我的本科同学啊!”此后，年轻的林榕年更加自信，更加努力，也越来越热爱他所从事的外国法制史学科。他的外法史课上得越来越好，深受学生们的欢迎。由于他的古巴比伦《汉穆拉比法典》讲得神采奕奕，令人印象深刻，同学们高兴地给他起了一个绰号“汉穆拉比”，林榕年很快乐地接受了。

20 世纪 50 年代，作为新中国成立后新兴的中国人民大学，受到了国家的重视，拥有众多的苏联学者专家，而人民大学法律系也有幸成为全国法学教育的教学与研究基地。特别是因为中共中央《关于废除国民党〈六法全书〉和确定解放区司法原则的指示》于 1949 年 2 月发布后，原有的旧法知识已不能在课堂讲授，为此，人民大学法律系也成为培训全国高校法学教师新的法学知识的重要机构，全国各地的大学教师都来此进修学习。人民大学法律系还招收了几期外国法制史学科的研究生，专门培养外国法制史方面的教学和研究人员。外国法制史作为苏联法学教育模式下的一门重要专业基础课，自然教学任务相当繁重。在这个过程中，作为新中国最早讲授外国法制史的年轻教师，林榕年不断成长成熟，其主讲的外国法制史课程的授课水平日益提升，获得校内外学界以及领导和专家们的广泛肯定和好评。1954 年，林榕年还曾被借调到北京大学讲授外国法制史，当时的校长马寅初给他颁发了讲师聘书。

（二）开展学术研究，撰写中国第一部外国法制史教材

在繁忙的生活中，勤奋努力的进取精神和外法史知识的不断积累，使林榕年在边教边学中对外国法制史学科的理解和感悟日益升华，也开始有了自己独立的思考

和见解。特别是，逐渐走进外国法制史学科深处的林榕年认识到了研究学问的重要性，也产生了对研究学术的浓厚兴趣。

外国法制史是一门从宏观角度研究人类法律文明的起源、发展及其演变规律的学科，其源远流长，承载着几千年的历史，是一座装满了不同社会形态下人类法律文化瑰宝的学术殿堂，丰富而多彩，精深而博大！林榕年在漫长的法的历史发展中，不断地从古至今的浏览、观察和思考。古代东方尼罗河流域的埃及法、两河流域地区的楔形文字法、带有明显种姓和宗教特征的古代印度法、犹太人创立的希伯来法，古代西方的希腊法和对后世影响深远的罗马法；中世纪阿拉伯半岛的伊斯兰法，西欧中世纪的日耳曼法、教会法、城市法与商法；近代以来形成的英美法系、大陆法系……那一支支风格各异，展现不同时代，不同地域和宗教，不同文化传统特征的法律体系，让林榕年心醉痴迷，生出对这个学科日益浓厚的兴趣和热爱之情，也愈加深刻地认识到这是人类无比璀璨宝贵的法律文化遗产，自己对建设和发展这个学科有重要的责任。

林榕年认识到史料和学术著作是教学与科研的基础，也是学科建设的必要条件，必须要尽可能地掌握历史资料，研读学术著作才能丰富和提升教学与研究的水平。于是，他把很多时间用于史料和学术著作的搜集、整理和阅读上，不断奔波于各大高校的图书馆，也常常进城到文化古街琉璃厂等地的旧书摊上和一些旧书店中尽心寻觅。那时，国内有关法制史的资料和书籍十分有限，很难找到。林榕年想尽一切办法，以各种方式最大可能地获取相关历史的资料和信息，包括悉心研读马克思、恩科斯著作如《资本论》、《家庭、私有制和国家起源》、《法兰西阶级斗争》、《法兰西内战》以及《世界通史》等书籍，并不断把读书的心得与感悟、困惑与思考随时随地写在卡片上。林榕年卡片箱很多，还记得他的夫人阚文兰老师说过，在“文化大革命”时，趁林榕年在江西农场劳动不在家之际，她因房间小处理了林榕年的一些卡片箱，这让林榕年大为生气。

正是这一时期勤奋的学习和进取，使林榕年知道了人类有关法学的研究最早始于古代西方的政治家和思想家。古希腊的柏拉图（Plato，公元前 427 ~ 前 347）撰写了西方历史上第一部法学专著《法律》，这部长达 12 卷的对话体著作，深入探讨了法律的起源、制定以及法与国家的关系等问题，并提出了法的“正义”理论。古希腊的亚里士多德（Aristotle，公元前 384 ~ 前 322），又进一步发展了柏拉图法治的学说，并积极倡导法律至上的社会观念，为西方长达 2000 多年法治传统的形成奠定了历史性基础。古希腊斯多葛学派的自然法思想，在古代法学的研究中占有重要地位。而古罗马法学家在深入研究、继承和发展古希腊法律文化成果的基础上，不仅建立起发达完善的罗马私法体系，注重对法理学的研究和对概念的精确表述，而且造就了法学家阶层，留下了众多传世的法学巨著，特别是优士丁尼的鸿篇巨制——《国法大全》更是法律史上的一大奇迹，成为人类从古至今法律发展中最瞩目的瑰宝。中世纪学者对外国法制史学的研究，最集中的体现是在对古代罗马法的弘扬与传播上。12世纪意大利波伦那大学注释法学派以其独特的方法首先开始对罗马法进行研究，并由此引发了一场轰动意大利、继而席卷整个西欧的罗马法复兴运动，对推动外国法制史学的研究、变革与发展做出了重要贡献。

不过，善于独立思考的林榕年认为，对外国法制史学做出比较系统研究的，当推18～19世纪以来的西方学者。

近代西方学者对外国法制史学的研究，虽然也较多地涉及罗马法，但视野已明显拓宽，并力求从中寻求法律史发展的基本线索和规律。如法国人文主义法学派，在继续将罗马法的研究引向深入的同时，开始注重了对日耳曼习惯法的探索；而德国学者因始终以罗马法正统继承者自居，对罗马法研究的热情越发显得高昂。历史法学派代表萨维尼（Savigny，1779～1861），在1815～1831年间先后完成6卷本的《中世纪罗马法史》之后，又于1840～1849年出版了《现代罗马法的体系》一书，全面系统地论述了现代罗马法的法源和各种法律关系，力图从中构建起民法学的体系。此外，近代以来的学者也开始对人类法制发展的规律性现象进行分析和探索。18世纪法国的孟德斯鸠（Montesquieu，1689～1755）在其《论法的精神》一书中，对古代中国、希腊、法兰克、英国等法律制度进行了详细的分析和比较，提出了“没有分权，就没有宪法”的学说和符合新兴资产阶级需要的法治国家模式；英国的学者梅因（Maine，1822～1888）撰写的法制史巨著《古代法》，则通过对古代罗马、英国、爱尔兰、斯拉夫、印度等法律的研究，提出了“进步社会的运动，到此处（资本主义）为止，是一个从身份到契约的运动”的论断，从而在一定程度上揭示出资本主义法律适应商品经济发展需要的规律。在这以后，美国法学家威格摩尔（Weigmole，1867～1943）的《世界法制概览》，又对历史上的法律制度做了进一步系统的研究，将其划分为：古代埃及法、古代美索不达米亚法、希伯来法、中国法、印度法、古希腊法、罗马法、日本法、穆罕默德法、凯尔特法、斯拉夫人法、日耳曼法、中世纪海商法、教会法、英国法、罗马化法（即大陆法）16个体系，从而深化了对世界各国法律制度的研究。其他如莫里斯的《法律发达史》、美国孟罗·斯密的《欧陆法律发达史》、日本穗积陈重的《法律进化论》、法国达维的《当代主要法律体系》以及美国约翰·亨利·梅利曼的《大陆法系》等著作，对外国法制史学科的建立和发展都做出了重要贡献。

然而，林榕年认为，上述论著仍未能确立一个能够揭示外国法律制度的本质及其发展规律的外国法制史学科体系。

中华人民共和国成立前，中国曾有一些学者致力于外国法制史方面的研究，出版了诸如《希伯来法系之研究》、《罗马法原理》、《日耳曼法概说》、《比较宪法》、《法国民法典》等著作。同时也出版了许多外国法制史方面的译著，如《古代法》、《法律发达史》、《欧陆法律发达史》、《英宪精义》、《英国契约法》、《美国宪法》等。但林榕年认为，当时学者对外国法制史的研究，多以介绍和翻译西方国家法律制度及书籍为主，专论性的学术著作不多，且研究力量薄弱，因而未能使外国法制史形成完整的学科体系。

林榕年认为，运用历史唯物主义研究外国法制史，揭示历史上各种类型法律制度的本质及其发生、发展、变化的规律，并使之成为一门具有鲜明阶级性和历史阶段性的学科体系，是从苏联，即苏维埃社会主义国家建立以后开始的。20世纪30年代，苏联的一些法律院校正式开设了“国家与法权通史”（后改名为“外国国家和法律制度史”），这门课程将国家制度与法律制度结合在一起，寓法律制度的讲授于国家制度之中，用以突出法律和国家之间的密切联系。其体系为：奴隶制国家与法权；封建制国家与法权；资产阶级革命时期的国家与法权；巴黎公社；帝国主义和现代时期资产阶级国家与法权。

对苏联这一学科的教学与研究体系，林榕年前后在认识上发生了很大变化，经历了最初的接受，到产生困惑反思，直至最终有了自己的独立判断。在深思熟虑后，林榕年下决心要打破苏联的“国家与法权通史”教材模式，写一部有自己见解的外国法制史教材。他的想法得到了领导的支持。

经过艰苦的努力，1956年林榕年主持撰写的上中下3册本《国家与法权通史》（后改为《外国法制史讲义》）终于完成了。这是3册油印本的教材，它虽然没有完全摆脱苏联的模式，但在内容上加强了法律制度发展规律方面的论述，突出了不同类型、不同时期法律制度依次交替的历史联系，克服了国家制度讲得多，法律制度讲得少的缺点。这部教材不仅使人民大学的外国法制史教学基本脱离了依赖苏联教科书的局面，也为当时普遍作为一门重要专业基础课的其他法律院校的外国法制史课程所使用，为中国外国法制史学科的独立发展奠定了重要基础，意义十分深远。林榕年编写的这3册本教材，不仅体现了新中国年轻一代的教师在专业上的民族感情，也显示出了其在学术上的追求和勇气，以及开拓与进取的可贵精神。这是新中国外国法制史学科最早的教材，为该学科的发展奠定了重要基础。

1960年苏联专家撤走。此后，以林榕年为首的人民大学外国法制史学者开始着手进一步打破苏联模式，创立具有中国特点和满足中国需要的新的学科体系。但是不久，“文化大革命”爆发，外国法制史的教学与研究工作也同其他法律学科一样完全中断了发展。伴随着中国人民大学的解散，一直在外国法制史教学第一线的林榕年也被下放到江西“五七干校”劳动。1971 年林榕年回到北京后，被调到当时的北京师范学院（现首都师范大学）当教师，讲授共产主义运动史；后又在该校理论研究室担任领导，主抓历史学、政治经济学以及文学等方面的理论研究工作。直至 1978 年 10 月，中国人民大学复校，林榕年重回母校，才得以回归他所开创和热爱的外国法制史学术故里。

二、发展外法史——成为外国法制史学科的带头人和重要领导者

1978 年中国共产党十一届三中全会以后，中国的民主与法制建设走上正轨，法学界迎来了春天，外国法制史学科也重新焕发出勃勃生机，步入了一个发展的新时代。

（一）积极重建外国法制史学科，创建全国外国法制史研究会

复校后的中国人民大学，虽然破烂不堪，百废待兴，但历经磨难热爱母校的人大人依然为能够回归她的怀抱而无比地快乐满足，校园里充满着振兴人民大学的美丽憧憬和勃勃生机。回到人民大学后担任法制史教研室主任的林榕年，立即为法制史学科的恢复重建奔走努力。他一方面在积极动员原有专业教师回校的同时，也调入了一些新的教师；另一方面，他围绕教学和学科建设，不断进行讨论研究，制定教学大纲和学科发展计划，付出了很多心血和精力，忙得不亦乐乎。复校初期，法制史教研室设有两个专业方向，中国法制史有张晋藩、曾宪义、张希坡、范明辛、雷晟生；外国法制史有林榕年、梁秀如、邵景华、叶长良和叶秋华。那时学校条件差，没有办公室，教研室的会议经常在林榕年家里举行：研究教学，讨论大纲，交流备课心得，进行试讲等。那时外国法制史的教学任务很重，本科生的课程讲授是 108 个学时。此外，教师们还承担着人大一分校、人大二分校、天津师大、海淀职大以及河北司法系统进修班等诸多外国法制史的讲授课程。林榕年在组织领导教师搞好教学工作的同时，自己也活跃在教学第一线，给本科生、研究生和进修生讲课，东奔西跑，十分忙碌。他的讲课，知识含金量大，且逻辑严谨、生动清晰，自然深受学生的欢迎。

为了推动外国法制史学科的发展，促进学术交流，林榕年还积极投身于学术研

究会的创建与发展等活动中。1979 年 9 月他参与建立了中国法律史学会，创办了学术刊物《法律史论丛》，外国法制史是该学会四个学科之一，林榕年曾担任中国法律史学会的副会长。后来，为进一步推动外国法制史学科的专深发展，1982 年 4 月，林榕年和陈盛清、徐轶民、林向荣、张学仁、徐尚清、由嵘、张观发、许显候、胡大展等一批外国法制史学界的老前辈，集聚武汉大学，又单独成立了外国法制史学科的专业学术团体——全国外国法制史研究会。会员分布于全国高校、科研单位、政法机关和法律实务部门。从 1982 年学会建立到 2000 年林榕年卸任会长工作，18 年中林榕年为研究会开展教学与学术交流活动付出了诸多的心血和辛劳，研究会成为外国法制史学界获取最新学术信息，凝聚学术力量，开展学术研讨，不断拓展和深化研究空间的重要机构，深受学界同仁与老中青不同年龄层次学者的拥护和爱戴。2000 年林榕年等老前辈适时推举外国法制史中青年学者、华东政法大学校长何勤华接任会长，林榕年担任学会顾问，外国法制史研究会继往开来获得了新的发展。自 1982 年至 2012 年外国法制史研究会已成功举办了 25 届学术年会，学会成员已达 200 多人。2000 年以前，在林榕年主持下，研究会出版有内部学术性刊物《外国法制史汇刊》第一、二、三集。何勤华担任会长后与法律出版社签约，在全国公开出版了近 10 部年会的专题学术论文集。2012 年为了纪念全国外国法制史研究会诞辰 30 周年，在何勤华会长的主持和领导下，召开了隆重的“纪念全国外国法制史研究会成立 30 周年”大会，并由商务印书馆出版了精装本的一套文丛，包括研究会的纪念画册与随笔《孤寂的辉煌》，三卷本的研究会文集《外国法制史研究 · 导论》、《外国法制史研究 · 基础理论》、《外国法制研究 · 法的移植与法的本土化》，以彰显成果，积累学术，激励同仁，滋养后学。而林榕年在研究会 30 年的创立和发展中做出的重要贡献也得到了学界同仁的公认和敬仰。

（二）引领学术研究，倡导学术争鸣

一直重视学术研究的林榕年，伴随着社会环境的改变，回校后不久也开始了他的学术耕耘，并很快就将积蓄于心中多年的学术心得与见解，撰写成文发表在国内重要的学术期刊上。这些冲破学术禁区、令当时学人耳目一新的观点和论证，使文章一经发表，立即在国内外学界引起高度的关注和反响，并引发了学术界一场激烈的争论。林榕年也成为改革开放后的学术界，引领学术研究，倡导学术争鸣的一位重要的学者。

1. 最早撰文论证法律继承性问题的学者

过去在相当长的一段时间里，由于受“左”的思想影响，学界一直将继承借鉴

历史上的法学遗产视为“禁区”，不敢进行这方面的研究探讨，更不敢在这方面有所主张。对此，林榕年于 1979 年撰写了《略谈法律的继承性》[①] 一文，发表在第一期《法学研究》上，成为当时最早公开发文谈论法律继承性问题的学者。文章认为，对于历史，无论是古代的还是外国的，凡是有价值的，都应该批判地借鉴；对于外国法制史，不仅要兼容并蓄，还应推陈出新。这篇文章发表后，引起国内外学者的广泛关注，国内学界围绕法律继承性问题展开了一场热烈的讨论，荷兰、日本等国也在学术刊物上转载了此文。

在此后的一段时间，围绕着法律继承性问题，学界在经过争论和研讨后，终于取得了可以批判继承借鉴的基本一致的看法。但对如何理解法律的继承性，人们的认识仍不一致。林榕年一直重视这个重大学术问题的研究，也经常和教研室的老师们进行探讨，畅谈他的学术观点。1999 年林榕年还写了一篇《解放思想 实事求是 突破法学“禁区”——再谈法律继承性问题》的文章，进一步论证了法律继承性问题研究的意义以及他在此问题上的见解。[②]

那时，学界在此问题上存在多种观点。有的认为，在剥削阶级的法学遗产中，有关法律的某种概念术语可以批判继承，但对法律制度和法律原则不能批判继承；有的认为，处于上升时期的剥削阶级的法律制度因对社会发展有进步因素，可以批判继承，但处于下降时期的法律制度则不能批判继承；有的认为，剥削阶级法律中，具有“社会性”、“技术性”的法律规范可以批判继承，具有阶级性的法律规范则不能批判继承。有些学者还具体指出，私法可以继承借鉴，但公法不能继承借鉴，只能参考其精神而不能继承其原则和制度。

而林榕年认为上述观点均存在不科学不合理的因素。他明确指出，对批判继承不能简单机械地理解，批判继承并不是“兼收并蓄”，而是推陈出新，是在新的基础上达到新的综合。他认为，批判继承历史上的法学遗产，总结历代统治阶级运用法制实行统治的经验，不仅是法制史学科的一项重要任务，也是人类法制发展的一般规律。就文明社会而言，法律制度的发展史，从一定意义上说，正是不同类型、不同形式的法律制度在其相互影响和依次交替过程中批判继承的历史。虽然社会主义法本质上不同于剥削阶级法，但是社会主义法制也是在剥削阶级法发展的基础上、破旧立新的过程中建立起来的。社会主义法建立和发展的过程，从一定意义上说，也是对剥削阶级法批判继承的过程。

---

① 林榕年：《略谈法律的继承性》，载《法学研究》1979 年第 1 期。

② 林榕年：《解放思想 实事求是 突破法学“禁区”——再谈法律继承性问题》，载《法学家》1999 年第 1 期。

2. 最早关注人权问题和民主问题的学者之一

林榕年也是改革开放后，在学术界最早关注人权问题和民主问题的学者之一。早在1980年，林榕年便与法律史学家张晋藩合作，撰写了《谈人权问题》① 一文，发表在1980年第一期《学习与探索》上。这篇文章以史为鉴，驳斥了西方学界有关人权问题的一些观点，获得不小的反响。此后，伴随着对人权问题不断深入的研究和认识，1986年林榕年又撰写了《漫谈公民的权利和义务》② 一文，进一步结合中国的实际，阐述了自己的见解。

多年研究外国法制史，研究西方国家的政治制度，林榕年对民主问题的研究也关注得比较早。1979年12月，对于如何发展社会主义民主制度这一问题，林榕年在《民主是个过程》③ 一文中指出，社会主义的民主制度不可能一经建立就尽善尽美，它需要有一个健全、发展和完善的过程。

3. 重视罗马法研究和外国法制史学科体系化研究

罗马法是世界法制史上最为辉煌的古代法律，对人类法制文明的进步起了不可估量的作用，尤其对西方近代以来的私法影响极为深远。林榕年对罗马法的研究也表现出极大的兴趣和热情，是国内较早对罗马法加以关注的学者之一。早在20世纪50年代，林榕年作为中国最早讲授外国法制史的教师，就已经深刻认识到罗马法是一支影响了人类从古至今历史的世界性法律体系，所以无论在教学还是在教材的撰写中，都把罗马法作为重点加以阐述。只是那时资料匮乏，难以成全他深入研究罗马法和罗马法学家的学说以及那部辉煌的经典——《国法大全》的学术心愿。1978年林榕年回到人民大学后，在教学讨论中也极为重视对罗马法的介绍与评价。林榕年明确告诉年轻教师古代法的教学重点就是罗马法，多次给年轻教师讲授和解读罗马法，精心修改年轻教师的讲稿，一字一句地推敲，一次一次地试讲，要求极其严格。后来林榕年还给研究生专门开设了罗马法的课程，他精彩的讲课受到学生的好评。1994年中国政法大学罗马法研究中心成立后，与意大利罗马法研究机构共同在中国多次举办"罗马法—中国法—中国民法法典化"的国际研讨会，将罗马法的研究从精神、影响到具体制度不断引向更深层次。林榕年作为研究罗马法的专家之一

---

① 林榕年、张晋藩：《谈人权问题》，载《学习与探索》1980年第1期。

② 林榕年：《漫谈公民的权利和义务》，载《汕头大学学报（人文社会科学版）》1986年第1期。

③ 据林榕年教授回忆，当年中央人民广播电台曾组织一些法律学者针对民主法制建设问题写文章，每周定时向全国听众广播。他和一些学者曾应电台理论部之约，写了《民主是个过程》、《发扬社会主义民主、加强社会主义法制》两篇讲座稿，后来分别由群众出版社、湖北人民出版社集合成书发表。——参见黄树卿、林晶晶：《漫漫求索六十年——林榕年教授访谈录》，载曾宪义主编：《法律文化研究》（第4辑），中国人民大学出版社2008年版，第441页。

应邀参加会议，并先后发表了一些文章畅谈罗马法对人类法制发生的深刻影响。如1995 年他撰写的论文《罗马法的接受和影响》，对罗马法从古至今发生的世界性影响进行了详述广论，指出“历史的发展是连续性的，世界法制史不过是不同类型法律制度的依次交替，相互借鉴和吸收，以及新法不断批判继承旧法的历史”；并得出“罗马法的影响是历史性的和世界性的。称罗马法为民法之母是当之无愧的。如果没有罗马法就没有现代民法”的论断①。又如 2001 年他撰写的论文《罗马法的所有权制度及其历史沿革》，认为“罗马人对所有权制度的发展做出了杰出的贡献，奠定了后世民法理论的基础”。②

此外，林榕年对外国法制史学科的体系化研究，也带给那个时期的学界诸多的启发。1986 年林榕年发表了《外国法制史研究中的几个问题》③ 一文。这篇文章积累了林榕年 30 多年对外国法制史学科的研究与反思，也体现了他对这一学科的深刻认识和价值判断。该文系统地阐述了有关外国法制史学科的概念、特点、研究对象、历史分期及其与其他学科的关系，并通过论证以古代罗马法为代表的人类法制文明发展中影响深远的法律文化成果，进一步阐明外法史研究的重要任务就是要古为今用，洋为中用，兼容并蓄，推陈出新。这篇论文对外国法制史的教学与研究，产生了长久的指导性影响。在学术研究上，林榕年还很重视对历史理论、历史发展特点等问题的研究，对不同社会形态下法制发生的政治、经济以及文化传统影响等诸多复杂因素进行追根求源的探寻。1983 年林榕年撰写的《西欧封建法制史的几个问题——兼谈大陆法系和英美法系的形成》的论文，在学界就产生不小的影响。该文对西欧中世纪这一法制发展重要阶段的学术问题提出了自己的看法，并从宏观上归纳了这一时期西欧法制发展的特点，认为：“西欧封建法制史是罗马法、日尔曼法、天主教教会法相互融合的历史，研究这三者对西欧封建法律制度发展的影响，有助于了解西欧封建法制史的特点以及大陆法系和英美法系的形成过程。”“封建时期是西欧法制史这条锁链中的一个至关重要的环节”④。

（三）在教材建设上做出重要贡献

林榕年常常说：“我的教学生涯和教材分不开。”的确如此，林榕年对外国法制史学科的教材建设功不可没。1956 年他编写了新中国外国法制史的第一部教材。

---

① 林榕年：《罗马法的接受和影响》，载杨振山等主编：《罗马法、中国法与民法法典化》，中国政法大学出版社 1995 年版，第 62-71 页。

② 林榕年、李利军：《罗马法的所有权制度及其历史沿革》，载杨振山等主编：《罗马法、中国法与民法法典化——物权和债权之研究》，中国政法大学出版社 2001 年版，第 143-156 页。

③ 林榕年：《外国法制史研究中的几个问题》，《汕头大学学报（人文社会科学版）》1985 年第 1 期。

④ 参见：中国法律史学会编辑《法律史论丛》第 3 辑，1988 年 11 月版，第 365-380 页。

1978年国家法制走上正轨后，面对人民大学复校后百废待兴，外国法制史可资借鉴的资料书籍寥寥无几、难以寻觅的局面，林榕年重又找出1956年他编写的3册本《外国法制史讲义》，开始进行认真修订，并于1980年由中国人民大学出版社作为内部教材出版。那三本灰蓝色封面印刷粗糙的铅印版讲义，是改革开放后中国外国法制史学界最早的教材之一，为当时大多数高校所借鉴和采用，对当时在高校从事这门课程教学的老师有重要影响和价值。后来，伴随着学科的发展，林榕年先后主编的不同版本的外国法制史教材越来越多，大约有十几部。其中，一部是最早的全国统编教材，那是在1979年秋，当时教育部和司法部组建法学教材编辑部，由林榕年和徐轶民主要负责编辑外国法制史教材。1982年8月，这部高校法学教材《外国法制史》出版（后在1987年4月修订）。该教材在存在很多争论的情况下，首次突破了苏联教科书模式，打破了国家制度与法律制度共存的旧体系，去掉了国家制度的内容，集中阐述了法律制度产生、发展的历史，在新的起点上奠定了外国法制史学科深化发展的基础，代表了外国法制史学科发展新阶段的学术水平。而其中林榕年撰写的导言，对打破苏联模式的外国法制史学科的研究对象与概念体系等做出了创新性的定位。此后，1994年由外国法制史学术界11位资深教授编写，由林榕年担任主编、徐轶民任副主编的《外国法制史新编》教材，在体系上做出了重大突破，首次将外国法制史的内容分为上、下两编。上编按法系对外国古代、中世纪、近代和现代法制进行综述，从总体上揭示各个时期法律制度产生发展和变化的规律，下编则按国别分别对世界主要国家的法律制度的演变进行分述，注重宏观与微观的协调，史论结合，令人印象深刻。就中国人民大学而言，在林榕年的带领和主编下，先后出版和修订出版了1992年、1994年、1999年、2003年、2007年、2009年、2011年等多部《外国法制史》教材，其中2003年版和2007年版为国家“十五”和“十一五”规划教材，这两部国家规划教材又在不断的修订中被多次重印，被很多高校采用。

而今，1928年龙年出生的林榕年已是80多岁的一位老人。但他依然还在情系着外国法制史学科的发展，依然还在为这个学科尽力地做着力所能及的一切。

三、林榕年主要论著

林榕年. 1956. 国家与法权通史（后改为《外国法制史讲义》上中下3册）. 中国人民大学内部油印本教材.

林榕年. 1979. 略谈法律的继承性. 法学研究，(1)：13-17.

林榕年. 1980. 外国法制史讲义（三卷本）. 中国人民大学出版社内部铅印版教材.

林榕年，张晋藩. 1980. 谈人权问题. 学习与探索，(1)：30-37.

林榕年，徐轶民，等 . 1982. 外国法制史 . 北京：北京大学出版社 .

林榕年 . 1985. 外国法制史研究中的几个问题 . 汕头大学学报（人文社会科学版），(1)：92-98.

林榕年 . 1986. 漫谈公民的权利和义务 . 汕头大学学报（人文社会科学版），(1)：112-114.

林榕年编 . 1992. 外国法律制度史 . 北京：中国人民公安大学出版社 .

林榕年编 . 1994. 外国法制史新编 . 北京：群众出版社 .

林榕年 . 1995. 罗马法的接受和影响∥杨振山，等编 . 罗马法、中国法与民法法典化——物权和债权之研究 . 北京：中国政法大学出版社 .

林榕年 . 1999. 解放思想 实事求是 突破法学“禁区”——再谈法律继承性问题 . 法学家，(Z1)：159-160.

林榕年编 . 1999. 外国法制史 . 北京：中国人民大学出版社 .

林榕年，李利军 . 2001. 罗马法的所有权制度及其历史沿革∥杨振山，等编 . 罗马法、中国法与民法法典化——物权和债权之研究 . 北京：中国政法大学出版社 .

林榕年编 . 2003. 外国法制史（国家十五规划教材）. 北京：中国人民大学出版社 .

林榕年编 . 2007. 外国法制史（国家十一五规划教材）. 北京：中国人民大学出版社 .

主要参考文献

郑赫南 . 2009-6-8. 谁最先开讲新中国“外法史”？. 检察日报，8 版 .

何勤华编 . 2010. 中国法学家访谈录——林榕年 . 北京：北京大学出版社 .

中国人民大学法制史教研室，中国人民大学法律文化中心编 . 2012. 林榕年教授与新中国外国法制史学科 60 年 . 北京：旅游出版社 .

何勤华编 . 2012. 孤寂的辉煌∥全国外国法制史研究会 30 周年丛书 . 北京：商务印书馆 .

撰写者

叶秋华（1950～），北京市人，中国人民大学法学院教授。从事外国法制史教学与研究。

高铭暄

高铭暄（1928～），浙江玉环人。刑法学家和法学教育家，新中国刑法学的主要奠基者和开拓者。1951年毕业于北京大学法律系，后被保送到中国人民大学法律系刑法研究生班学习，1953年毕业后留校任教，历任讲师（1956年）、副教授（1980年）、教授（1983年）。1984年经国务院学位委员会批准，成为中国刑法学专业第一位博士研究生导师。1983～1986年担任中国人民大学法律系主任，1984～2001年担任中国法学会刑法学研究会总干事（会长），1985～2003年担任国务院学位委员会学科评议组成员暨法学评议组召集人，1986～2003年担任中国法学会副会长，2003～2013年担任中国法学会学术委员会副主任，1996～2011年担任国际刑法学协会中国分会主席。1999～2009年担任国际刑法学协会副主席。2009年被评为中国人民大学荣誉一级教授。2012年被中国法学会授予"全国杰出资深法学家"称号。2005年被聘为北京师范大学刑事法律科学研究院名誉院长、特聘教授、博士生导师，2006年被聘为北京师范大学法学院特聘教授。现兼任中国法学会学术委员会名誉委员，国家教育考试指导委员会委员，中国刑法学研究会名誉会长，国际刑法学协会名誉副主席暨中国分会名誉主席，最高人民法院特邀咨询员，最高人民检察院专家咨询委员会委员，北京市法学会名誉会长。高铭暄是1954～1979年全程参与新中国第一部刑法典（1979年）起草工作的唯一学者，他从教60年来先后获得"有突出贡献的中青年专家"、"全国优秀教师"、"全国师德先进个人"等荣誉称号，部分著作荣获国家图书奖、全国普通高等学校优秀教材特等奖、一等奖等，为新中国刑法学事业和刑事法治建设做出了重大贡献。

一、人生历程

高铭暄，1928年5月24日出生于浙江省玉环县鲜迭村。早年先后就读于浙江省温州市瓯海中学、温州中学，1947年高中毕业后，以优异成绩考入浙江大学法学院。1949年9月，因浙江大学法学院停办，转学入北京大学法律系。

（一）受父亲影响投身法学

高铭暄年幼时，毕业于浙江法政专门学校的父亲高鸣鹤在上海特区法院担任书记官。1937 年抗日战争全面爆发，父亲不愿为日本侵略者卖命，愤然弃官回乡，赋闲在家。抗战胜利后，父亲又到浙江省高等法院任法官，后又到杭州地方法院任法官。

高铭暄走上法学之路受到了父亲的影响。父亲一直希望他能子承父业，从事法律职业，因此自小就对他谆谆教诲，激励他在少年时代就阅读了一些法律书籍。加上受父亲的职业影响，高铭暄自小就在他的思想上打下了法律烙印，认为自己是“法”门子弟，与“法”有缘。在温州读高中时，高铭暄经常从法院和律师事务所门口经过，耳濡目染，再加上经常从报纸上看到有关案件和不公平事情的报道，正义感油然而生，用法律维护正义的想法也随之产生，至此，从事法律职业的种子慢慢在他心中萌发。

（二）学业优异受教于名师

1947 年秋，因成绩优异被浙江大学、复旦大学和武汉大学三所大学法学院同时录取的高铭暄进入浙江大学法学院读书。受教于诸多名师，受到了严格的法律训练。他大学一年级的刑法总则课即由时任浙江大学法学院院长的李浩培讲授。高铭暄回忆说，李浩培讲的刑法课条理清晰，逻辑严密，内容生动，贴近实际，听起来毫无枯燥之感，引起了他极大的兴趣，也为他日后从事刑法研究打下了基础。40 多年后，当李浩培看到昔日学生高铭暄所取得的成就时，曾多次自豪地对人说：“高铭暄的刑法课是我教的！”

后来因浙江大学停办，1949 年 9 月，高铭暄告别父母北上，转学到北京大学法律系继续读书。在那里，他怀着法治社会的崇高理想，自由遨游在法律的海洋里。1951 年 7 月，高铭暄从北京大学毕业，在被征求其分配志愿时，他选择了继续深造，从而成为中国人民大学法律系的一名刑法学研究生，师从当时在人民大学法律系任教的苏联刑法学家贝斯特洛娃、达玛亨、尼古拉耶夫和柯尔金，成为较早系统地学习和研究苏联刑法理论的中国青年学者。

1953 年 8 月，经过近 20 年的寒窗苦读，高铭暄的学生时代画上句号，他选择了留校任教作为其人生的新起点。他言道，选择学术道路也就意味着选择了艰难、清贫和寂寞，但他对这一选择从未后悔过。在高铭暄走上这条跋涉之路后，他将数十年的心血和宝贵年华都交给了沿途的风风雨雨，身后留下了一串串深深的脚印和一个个鲜明的标识。

（三）矢志不渝于新中国刑法典的创制

1954年9月，《中华人民共和国宪法》和《中华人民共和国全国人民代表大会组织法》等五个组织法通过，刑法的制定也开始被提上日程。起草班子由全国人大常委会办公厅法律室负责组建。经中国人民大学推荐，当时26岁、风华正茂的青年刑法教师高铭暄有幸参加了起草班子工作。从1954年到1979年，从第1稿到第38稿，其中较为正常进行刑法典起草工作的约有十年光阴，在这十年的立法生涯中，高铭暄倾注了自己的全部学识、热情、心血和汗水，成为自始至终参与新中国第一部刑法典创制的唯一学者。这十年间，他提出了大量立法意见和建议，曾负责汇编各类立法资料，包括解放区、中华民国法律，苏联、法国、德国以及东欧国家的刑法，还包括收集最高人民法院从中国一万多起刑事案件总结出来的司法经验材料，以便规定罪名、刑种和量刑幅度。虽然在“文化大革命”期间中国人民大学被撤销，高铭暄交法律系内部资料室保存的刑法典多个草案稿及相关法律意见汇集等珍贵资料被军宣队因无知而付之一炬，他本人也先后被下放到京郊炼油厂和江西余江“五七干校”劳动锻炼，但高铭暄矢志不渝于新中国刑法典的起草工作。后来，在中国共产党的十一届三中全会做出全面建设社会主义法制的决策和部署之后，刑法典起草工作终于又被提上国家立法工作日程，并于1979年7月1日16时05分，第五届全国人民代表大会二次会议全体与会代表一致表决通过《中华人民共和国刑法》，从而结束了新中国没有刑法典的历史。

（四）攀登法学高峰，致力于刑法学教育

中国共产党的十一届三中全会吹响了改革开放和社会主义现代化建设的号角。1979年刑法典出台后，由于当时刑法学界尚未从“文化大革命”冲击形成的学术荒芜状态中走出来，为了促使刑法典的精神和条文内容更好地被大家理解，高铭暄作为唯一全程参与1979年刑法典创制的学者，及时编著了《中华人民共和国刑法的孕育和诞生》（该书2008年荣获首届中国法学优秀成果专著类二等奖）一书。该书详细记述了立法过程中的各种不同意见，客观忠实地阐释了1979年刑法典各条文的立法原意，对理论界和实务界准确理解与正确适用刑法提供了重要帮助。该书被高铭暄的恩师李浩培盛誉为“中国刑法学界的一部重要著作，任何人欲谙熟中国刑法，是必须阅读的”。

面对百废待兴的法制建设，全国各地相继恢复的政法院系和政法机关，急需一

套系统而权威的法学教材，来满足法学教育和司法实务的需要。1981 年，一批在全国刑法学界享有盛誉的刑法学者云集北京，他们受司法部委托，要共同编写高等学校法学教材《刑法学》，高铭暄被推荐为该书主编。经过他和其他作者的共同努力，“文化大革命”后第一部的刑法教科书——《刑法学》，于 1982 年由法律出版社正式出版，并于 1984 年作局部修订后再版，前后发行百余万册，该书因其突出的学术贡献而荣获 1988 年国家级优秀教材一等奖和司法部优秀教材一等奖的双重殊荣，在新中国刑法学发展史上起到了奠基和承前启后的重要作用。

1983 年 5 月，经国务院有关部门批准，高铭暄晋升为教授。1984 年 1 月，经国务院学位委员会批准，高铭暄成为新中国刑法学专业第一位博士生导师，结束了新中国不能培养刑法学博士的历史。同年，他获得国家级“有突出贡献的中青年专家”荣誉称号，并当选为中国法学会刑法学研究会总干事。1986 年，当选为中国法学会副会长，同年 11 月，由他主编的《新中国刑法学研究综述》面世，这是新中国法学领域第一部全面系统的学科文献性著作，为法学各专业研究综述的写作和出版树立了典范。

为适应日益发展的刑法学教学和科研的需要，在当时的国家教委的组织下，高铭暄又于 1987 年主持编写了一部供高等院校法学专业使用的新教材，这部名为《中国刑法学》的教科书于 1989 年面世，1992 年 11 月荣获第二届全国高等学校优秀教材特等奖。1993 年至 1994 年，高铭暄主编的大型专著《刑法学原理》三卷本先后出版，这部著作集纳了中国刑法基础理论领域的重要成果，该书以其高品位的学术水平和突出的实用价值在 1995 年荣获全国高等学校首届人文社会科学研究优秀成果一等奖；1996 年再度荣膺国家图书最高奖项——第二届国家图书奖。从 1981 年至 1996 年，高铭暄共主编过本科、自学高考、业大、电大等不同层次的全国性刑法学教材 6 部，堪称中国当时主编刑法学教材层次最高、数量最多的学者。在 1997 年刑法典修订后，在短短的三年时间里，他主编修订出版了全国高等教育自学考试法律专业指定教材《刑法学（新编本）》、普通高等教育“九五”国家级重点教材《新编中国刑法学》、高等学校法学教材《刑法学》、全国高等学校法学专业核心课程教材《刑法学》等四部重量级教材，再次引起学界的注目和读者的赞赏。他还主编了全国第一本刑法专业研究生教学用书《刑法专论》（该书于 2009 年获司法部第三届全国法学教材与科研成果一等奖），该书由教育部研究生工作办公室提供给全国法学硕士研究生特别是刑法学专业硕士研究生选用。

除教材编写外，高铭暄还十分注重实务中具体问题的研究。2000 年，面对当时经济犯罪的严重态势，高铭暄主编的国家哲学社会科学研究“九五”规划重点项目成果《新型经济犯罪研究》出版，这部专著全面、系统、深入、细致地对某些特定经济犯罪的司法适用和立法完善问题进行了研究，成为有关经济犯罪研究方面的精品力作。

高铭暄从教60年，著述颇丰。自1957年10月22日首次在《光明日报》发表论文以来，56年间笔耕不辍，截至2013年9月，他出版个人著作8部，主编教材、合著、参著书籍百余种，发表论文、文章330余篇。更令人钦佩的是，即便年逾古稀，他仍经过数年的积累和努力，在84岁高龄时出版了85万字的鸿篇巨制《中华人民共和国刑法的孕育诞生和发展完善》，该书对中国刑法条文的来龙去脉进行了具体的阐述，并进行了客观的评价，获评为“2012中国十大影响力法学理论研究成果”。

（五）推进中国刑法学走向世界，蜚声海内外

身处改革开放的年代，高铭暄十分注重引领中国刑法学界走向国际舞台。他曾多次出访美、英、德、意、法、奥、日、俄、澳、新、荷、比、西、韩、土、埃等国，从事讲学、考察及学术交流活动，积极宣传中国特色社会主义法治，借鉴吸收发达国家的先进经验。

1987年，受中国法学会的指派，高铭暄参加了当年5月在意大利举行的国际死刑问题学术研讨会。在会议期间除发表中国刑法学界对待死刑的主流观点外，还专门向时任国际刑法学协会秘书长的巴西奥尼教授表达了中国刑法学界拟申请加入国际刑法学协会的意愿，得到了该协会领导的首肯。之后由中国法学会报请国务院批准，中国刑法学界于1988年正式加入国际刑法学协会并成立中国分会，这一举措对于中国刑事法学界走向现代化和国际化，做出了非常重要的贡献。特别是其本人于1999～2009年，连续两届担任国际刑法学协会副主席（并于1988～1996年、1996～2011年，先后担任中国分会副主席、主席）。在其任期内，他接受国际刑法学协会委托，在中国法学会的领导和支持下，领导国际刑法学协会中国分会于2004年在北京与中国法学会共同成功举办了第17届国际刑法大会，受到了国内外的高度评价，对于中国刑事法学界走向国际舞台和国际社会刑事法治的进步产生了广泛而深刻的影响。

按照国际刑法学协会规定，自2009年伊斯坦布尔第18届国际刑法大会举办时，高铭暄因连续两届担任协会副主席而需卸任，但因中国分会的地位暨高铭暄的威望，他在卸任协会副主席后即被该协会聘请为名誉副主席。

在高铭暄鼎力支持下，中国刑法学界的几位继任的中青年学者则在国际刑法学

协会第 18 届大会上担任了重要职务：中国刑法学研究会会长、中国分会常务副主席赵秉志教授当选为新一届国际刑法学协会副主席，中国分会副主席张智辉教授当选为协会理事，中国分会秘书长卢建平教授连任该协会执委会委员和副秘书长。本届大会选举，中国分会在保留原有的副主席暨执行委员兼副秘书长这两个职位的基础上，又增加了名誉副主席和一位理事这两个职位，从而进一步巩固和加强了中国刑事法学界在国际刑法学协会中的地位与影响。

二、学术研究和重要贡献

高铭暄的学术研究主要围绕国家法治完善与公民权利保障，研究方向涉及中国刑法学、国际刑法学、刑事政策学等学科，颇多建树和贡献。他还系统梳理了新中国刑法学研究发展繁荣的脉络和足迹，填补了新中国刑法学研究史的空白。

（一）主要研究领域及学术贡献

通览高铭暄多年来的研究领域和方向，刑法基本理论和刑法立法一直是他关注的重要领域，在这两个领域，他提出了诸多影响深远的重要理论。

1. 刑法基本理论问题研究

高铭暄十分重视刑法基本理论的研究，他是中国刑法学界最早提出将犯罪、刑事责任和刑罚视为三个不能互相替代概念的学者，这堪称中国刑法学理论的一个创举。他以此为起点展开了刑法学的体系性研究。

（1）刑法观念

高铭暄早在 20 世纪 90 年代即根据时代特点和中国刑法学研究状况，总结了应当树立的十大刑法观：即经济刑法观，法制刑法观，民主刑法观，平等刑法观，人权刑法观，适度刑法观，轻缓刑法观，效益刑法观，开放刑法观，超前刑法观。

（2）关于犯罪的概念

高铭暄详细地揭示了中国刑法中犯罪概念的基本属性，即“三特征说”：行为的社会危害性，刑事违法性，应受刑罚惩罚性。并且进一步地明确了三个特征之间的内在关系，认为犯罪的三个特征是紧密结合的：一定的社会危害性是犯罪最基本的属性，是刑事违法性和应受刑罚惩罚性的基础；社会危害性如果没有达到违反刑法、应受刑罚处罚的程度的，也就不构成犯罪。因此，这三个特征都是必要的，是任何犯罪都必然具有的。这可谓中国刑法学基本理论的奠基之作，在新中国刑法学的历史上留下了极为厚重的一笔。这一看法和见解已经成为中国刑法学理论的基本支柱。

（3）社会危害性理论

作为中国刑法学理论的基本范畴，社会危害性理论从一开始就有所争议，面对诸多质疑，高铭暄主张刑法理论界应摒弃偏见，溯及问题的本源对社会危害性概念做出中肯、客观的解释。他认为，对社会危害性概念进行解释要树立两个基本立场：一是必须面对犯罪事实；二是必须尽量朝着合目的的方向进行解释。主张对社会危害性功能的解释要站在有利于被告人的立场厘清社会危害性与犯罪构成的关系，既要与中国通行刑法理论保持一致，又要充分发挥社会危害性理论阻却犯罪、保障人权的功能。

（4）犯罪构成理论

在近年来中国刑法学界出现关于犯罪构成理论模式是应坚持既有的四要件理论还是要照搬德日的三阶层理论之重大争论的背景下，高铭暄关于犯罪构成理论的研究对中国现行的犯罪构成理论之成型和完善起到了重要的历史与现实作用。他就犯罪构成的分类等问题发表了重要看法，坚持犯罪构成四要件理论。他认为，主张取消四要件犯罪构成理论，推翻现行中国刑法学体系的观点是不可取的，四要件犯罪构成理论是一种历史性的选择，具有历史合理性；符合中国国情，具有现实合理性；逻辑严密、契合认识规律、符合犯罪本质特征，具有内在合理性；与德日三阶层犯罪论体系相比，相对稳定、适合中国诉讼模式，具有显著的优势。他还进一步分析指出，中国刑法学犯罪构成理论同样能够反映定罪过程，兼容出罪功能。

（5）正当行为理论

对于正当化事由的范围，高铭暄认为，中国刑法中只对正当防卫和紧急避险加以规定，其他正当行为如执行命令、执行职务、执行业务、经权利人同意以及自救行为等作为超法规的正当行为同样应当被肯定。对于正当化事由的刑法学体系定位，他指出，中国通行的刑法理论认为其既不符合犯罪概念，也不具有犯罪构成，正当行为是否纳入犯罪构成理论体系，是无关紧要的。在犯罪概念、犯罪构成之后，独立设置专章对正当行为加以论述，这是最佳的选择。

（6）刑事责任理论

高铭暄认为，刑事责任是介于犯罪与刑罚之间的桥梁和纽带，其功能就在于对犯罪和刑罚的关系起调节的作用。从这个意义上说，犯罪是“因”，刑事责任是“果”。也就是说，刑事责任既是犯罪的后果，又是刑罚的先导。“罪—责—刑”的逻辑结构，乃是整个刑法内容的缩影。刑事责任根据必须体现在具体的犯罪构成上，才能成为确定刑事责任的基础。他主张应坚持“罪—责—刑”的中国刑法学体系，同时指出应改变静态的研究方法，加强刑事责任理论的探索，注重具体问题的解决。这些观点对中国刑事责任理论的宏观框架、基本立场乃至刑法学体系都产生了广泛而深刻的影响。

（7）关于共同犯罪人的分类

早在 20 世纪 60 年代参与刑法的起草工作时，高铭暄就明确提出，应当以共同犯罪人在共同犯罪中的作用为主，并适当照顾共同犯罪人的分工情况，来建立共同犯罪人的分类体系。主张将共同犯罪人分为主犯、从犯、胁从犯和教唆犯四种。这种分类方法体现了区别对待的刑事政策，便于解决共同犯罪人的刑事责任。同时，由于教唆犯的情况比较复杂，不宜简单地列入主犯或从犯的范围，而应当按照其在共同犯罪中的地位和作用处罚。中国现行刑法典采纳了上述建议，使中国刑法在对共同犯罪人的分类方法上，具有一定的独创性。经过长期的司法实践检验，这种立法规定对司法机关处理共同犯罪案件起到了良好的指导作用。

2. 刑法立法问题研究

从血气方刚、风华正茂的青年，到两鬓染霜、年逾古稀的资深刑法学家，高铭暄一生积极热情地投身于国家刑法立法的创制和完善活动中，为中国刑法立法工作可谓呕心沥血，正如他所热衷的京剧选段《洪羊洞》中的一句唱词所描绘的那样：“为国家哪何曾半日闲空”。而在参与刑法立法的过程中，基于对民主与法治的热爱和信仰，他发表了诸多真知灼见，对国家的刑法立法工作产生了深远的影响。

（1）关于刑法立法的根据

高铭暄认为，制定和修改刑法，至少应该具有四方面根据：一是宪法根据，即刑法的规定不能与宪法相抵触，而必须贯彻宪法的基本原则和基本精神；二是实践根据，即刑法立法必须从实际出发，立足于本国的国情、民情和罪情，注意总结和反映中国同犯罪作斗争的成功经验，防止可能出现的漏洞和失误；三是政策根据，即刑法立法要体现中国基本刑事政策，并用这一政策去指导和协调立法内容；四是理论根据，即刑法立法要讲究科学，以政治理论、经济理论、法学理论作指导。

（2）关于刑法立法的原则

高铭暄认为，在刑法立法工作中，必须坚持几项重要的原则：首先是立法权限的集中性原则，即刑事法律的立法权，必须由全国人民代表大会及其常务委员会行使。其次是立法思想的一致性原则，即无论是制定刑法典，还是修改补充刑法典，都必须使立法思想保持内在的统一性。最后还有立法内容的必要性原则，即刑法立法的内容必须是成熟的、必不可少的，对不该规定的，要坚决舍弃；对应该规定的，即使具有一定的超前性，也不能遗漏。

（3）关于刑法立法的技术

高铭暄认为，刑法立法是一门高深的学问，光有政策的指导和理论的贯通是不够的。在制定和修改刑法中，立法技术也相当重要。根据参与刑法立法的多年经验，他提出，在刑法立法技术方面，要注意四个问题：一是表述要明确；二是术语要统一；三是界限要分清；四是内容要可行。在全面修改刑法典的研究过程中，他还进一步指出，中国 1979 年刑法典由于受当时历史条件和立法经验的限制，在立法技术上采取了“宜粗不宜细”、“宁疏勿密”的做法。在全面修改刑法典时，应当从中吸取经验教训，在立法技术上要有一个较大的改进。具体而言，刑法典无论在体系结构还是条文用语表述上都应讲究科学性，该繁则繁，该简则简，繁简得当，尽可能做到明确、具体、严谨，便于实际运用。

（4）关于刑法立法的经验

高铭暄在诸多著述中谈到中国刑法立法取得的显著成绩，并细心将刑法立法经验予以梳理，归纳为九点：第一，刑法立法要从中国实际出发，立足于本国国情；第二，刑法立法要有理论依据、宪法依据和政策依据；第三，刑法立法只宜规定成熟的东西，不成熟的不要定，能写多少写多少，逐步完备；第四，刑法立法要能适应形势发展的需要，便于执行；第五，要做好立法前的充分准备工作；第六，实行民主的立法程序；第七，要吸收各方面的专家参加立法工作；第八，要密切注意法律执行中的问题，适时进行修改、补充；第九，为搞好刑法立法，必须学习相关法律、学习相关的政治和法学理论。

（5）关于刑法立法修改完善的思想与方向

高铭暄认为，刑法的修订是一项严肃的工作，不能草率从事，必须做大量的调查研究，尤其是在修改刑法的指导思想上，必须强调四个方面：一是要适应建立社会主义市场经济新秩序的需要，保护各种所有制经济的正当发展，惩治破坏各种经济成分的犯罪活动；二是要跟上社会主义民主政治的建设步伐，运用刑法手段铲除中国政治生活中的各种弊端及腐败现象，使中国的政治制度和政治生活更趋民主化和科学化；三是要总结刑法典施行以来的丰富经验，将其吸收到新的刑法典中；四是要注意世界各国刑法改革的总趋势，借鉴和吸收国外刑事立法的成功范例和刑事司法的有益经验。

关于刑法立法完善的方向，高铭暄认为同样应当注意把握四个方面：一是在刑法的打击锋芒上，应着重于惩治严重经济犯罪和严重危害社会治安的犯罪；二是在定罪量刑的基础上，应当由行为社会危害性中心论，转向以行为社会危害性为主、兼顾罪犯的人身危险性；三是在刑罚制度上，应由较严厉的和较封闭的刑罚，适当地向缓和开放的刑罚转变；四是在犯罪的适用范围上，应由只注重国内犯罪，向同时也注重国际犯罪和跨国、跨地区犯罪的转变。

（6）关于单位犯罪的立法完善

高铭暄指出，中国 1997 年刑法典上规定的单位犯罪的罪种不少，而司法实践中判定单位犯罪的案例却较为少见。这至少说明中国刑法立法上对单位犯罪的规定还不够完善。他认为，要想将单位犯罪纳入法制化的轨道，运用刑罚的手段加以惩治，至少要解决这样几个方面的问题：一是要对单位犯罪加以明确界定；二是要对单位犯罪的罪种范围加以限制；三是对单位犯罪一律采取“双罚制”；四是对单位犯罪应采用总则与分则相结合的立法模式；五是对单位犯罪如何追究刑事责任，应当在刑事诉讼法上做出相应的规定。同时他还指出，中国刑法规定的单位犯罪，是把国家机关与企业、事业单位、团体放在一起，列为单位犯罪的主体之一，认为这是不科学的，也是行不通的，因为追究国家机关的刑事责任在司法操作上具有极大的困难，也会招致严重的恶果，应当将国家机关排除在犯罪主体之外。

（二）法律教育与人才培养

1. 关于如何学好刑法学

高铭暄结合其丰富的教学经验，科学总结了学习刑法学的方法，为有志于学好刑法学的青年指明了方向，也为促进刑法学教育做出了贡献。他认为，总的看，学习刑法学同学习其他社会科学一样，要坚持用辩证唯物主义和历史唯物主义的方法去研究相关问题，综合运用阶级分析的方法、历史的方法、理论联系实际的方法、分析和比较的方法等多种方法。结合刑法学的自身规律和具体特点，高铭暄认为初学刑法学者，一要注意认真研究中国刑法立法，二要深入钻研刑法理论，三要注意实际运用。

2. 关于如何培养博士研究生

高铭暄是新中国刑法学专业第一位博士研究生导师，截至 2014 年 6 月，经他精心指导和培养的刑法学博士生已达 62 人，其中 57 人已获法学博士学位。他指导过的学生可谓人才辈出，有些已成为学界名流，有些是实务界领导和精英。高铭暄始终把培养合格的人才视为自己的神圣职责，对所指导的博士研究生既不是“放鸭式”的撒手不管，也不是“填鸭式”的机械培养。经过多年的摸索，他创造性地总结了“三严”（对博士生要严格要求、严格管理、严格训练）、“四能”（要培养博士生的读书能力、翻译能力、研究能力、写作能力）、“五结合”（使博士生做到学习与科研相结合、理论与实践相结合、全面掌握与重点深入相结合、研究中国与借鉴外国相结合、个人钻研与集体讨论相结合）的培养人才之道，并在培养博士研究生的过程中强调抓住“三个重点”（抓政治方向、抓专题讨论和科学研究、抓学风建设），注重打基础、长能力、正学风，全面培养博士研究生的综合素质。

由于他对教学工作认真负责，教学方法恰当实用，使学生学有所获，受益匪浅，英才辈出。例如，他指导的新中国首届两位刑法学博士，一为赵秉志博士，现任北京师范大学刑事法律科学研究院暨法学院院长、教育部长江学者特聘教授、博士生导师，首届全国十大杰出青年法学家，中国刑法学研究会会长，国际刑法学协会副主席暨中国分会主席；一为陈兴良博士，现任北京大学法学院教授、教育部长江学者特聘教授、博士生导师，第二届全国十大杰出青年法学家。尔后早期的几位博士也都已在法学界取得了显著的成绩并担任重要职位：姜伟博士，现任中央政法委员会副秘书长，兼任中国人民大学法学院教授、博士生导师；王勇博士，现任广东省高级人民法院副院长；赵国强博士，现任澳门大学法学院教授、博士生导师，澳门刑事法研究会会长；张智辉博士，现任最高人民检察院司改办主任，国际刑法学协会理事暨中国分会副主席，兼任北京师范大学刑事法律科学研究院教授、博士生导师，其博士论文《刑法理性论》获全国百篇优秀博士学位论文奖；李希慧博士，现任北京师范大学刑事法律科学研究院教授、博士生导师；黄京平博士，现任中国人民大学法学院教授、博士生导师，中国刑法学研究会副会长；邱兴隆博士，现任湖南大学法学院教授、博士生导师，第四届全国十大杰出青年法学家；王秀梅博士，现任北京师范大学国际合作与交流处处长，北京师范大学刑事法律科学研究院教授、博士生导师，2009 年教育部新世纪优秀人才，国际刑法学协会中国分会秘书长；齐文远博士，现任中南财经政法大学党委副书记、教授、博士生导师。仅从以上这些佼佼者身上便可以看出，高铭暄培养指导博士研究生的工作质量确实是值得称道的。

高铭暄认为，法治的发展完善离不开法学的引导和推进，国家有必要进一步重视法学，尤其是法学的外向型研究亟待加强。早在 20 世纪 80 年代，在中国对国际刑法的认识和研究还相当匮乏之时，高铭暄就开始力倡中国的国际刑法学研究。他有预见地为刑法硕士生开设了国际刑法专题，激发了部分研究生从事国际刑法研究的热望，并培养了新中国早期的国际刑法学博士研究生。

（三）法治建设业绩及主要贡献

高铭暄数十年来为国家的刑事法治建设献计献策，对中国法律家在刑法的创制和发展中的作用、国家政治决策与刑法的变革、社会治理创新中的刑事法治问题、刑法学术在社会建构中的作用等问题，做了较为深入的探讨，不少创见被立法工作机关和有关司法部门吸纳，对中国法治建设的发展做出了显著的贡献。

1. 心系立法建言献策

刑法立法是法治建设的基础工程之一，刑法典的制定与完善更是一国刑事法治建设基础中之基础。高铭暄从 1954 年起参与了新中国第一部刑法典（1979 年刑法典）的起草工作。1981～1995 年，他不同程度地参与了全国人大常委会先后通过的 25 部单行刑法的创制活动。在 1988～1997 年，作为参与刑法典修改研拟工作的主要专家学者之一，除撰文深入探讨刑法修改完善问题以外，他还多次应邀参加刑法修改研讨会、座谈会及立法起草、咨询等事宜，提出了一系列涉及刑法修改完善的宏观与微观的问题及建议，受到国家立法机关的高度重视。

（1）罪刑法定原则的法典化

中国 1979 年刑法典没有规定罪刑法定原则。在 1997 年刑法修订研拟过程中，对于应否在修订的刑法典中确立罪刑法定原则，当时刑法学界存在不同的意见。而高铭暄旗帜鲜明地主张应当在刑法典中明确规定罪刑法定原则、废止类推制度，并指出了在法典中明文规定罪刑法定原则的三项重大意义：其一，严正地表明中国是社会主义法治国家；其二，更全面地保护公民的合法权利；其三，适应国际上的进步潮流，更好地与国际接轨。

（2）刑法分则罪名体系的完善

高铭暄十分重视分则罪名体系的严密化和规范化。对于社会形势变化所引发的新型犯罪行为，他都及时关注、深入研究，从 1979 年刑法典的 129 个罪名到 2011 年《刑法修正案（八）》通过后的 451 个罪名，他都有所点评。他所撰著的有关刑法分则罪名完善的论文达 40 余篇，许多观点都对立法产生了重要影响。如他是中国较早关注军人违反职责罪的专家，并积极建议在 1997 年刑法典修改时应将军人违反职责罪纳入刑法典，以保持刑法典体系的完整性。该建议后被国家立法机关所采纳，军人违反职责罪被纳入 1997 年刑法典分则的第十章。

（3）推动了死刑罪名的部分废除

死刑罪名过去一直以来使得中国在国际社会饱受非议，面对各国日益高涨的废除死刑的呼声，高铭暄认为，我们既不能盲从，也不能漠视，而必须从中国的实际出发，并关注世界死刑发展的趋势。他认为，根据中国现实的国情、民情和罪情，决不能立即废除死刑。但是，必须坚决贯彻“坚持少杀，防止错杀，严禁乱杀”的死刑政策，尽可能减少死刑，并慎重地适用死刑。高铭暄对中国死刑改革问题非常关注、研究成果颇丰，在死刑问题上从宏观到微观、从理论到现实、从本土到世界多视角多层次展开，为中国死刑刑事立法和司法提供了重要而丰富的理论支撑。

在高铭暄等人的积极推动下，2011 年中国《刑法修正案（八）》第一次实现了对部分死刑罪名的废除，所废除的 13 个死刑罪名均为高铭暄一直以来所倡导的应当废除死刑的范畴。他主张在死刑罪名废除的选择上，应当以非暴力、经济性犯罪为切入口，对单纯的经济犯罪（贪污罪、受贿罪不在其列）原则上不应设置死刑。但对于同样是非暴力犯罪的贪污受贿犯罪而言，其应该置于非暴力犯罪死刑废除最后考虑。

2. 关注实践推动司法改革

（1）参与司法实践答疑解难

高铭暄非常重视研究刑法分则中的具体问题与司法实务中的疑难问题，形成了具有务实性、前瞻性的研究风格。基于他精湛的专业造诣，他常常受邀参与最高人民法院、最高人民检察院疑难案件的探讨和司法解释的草拟，每年探讨论证案件达数十件，所参与研究的司法解释包括了盗窃罪、贪污罪、抢劫罪、寻衅滋事罪等罪名的认定以及减刑、假释的规范等。

（2）推动中国特色判例制度的建立

对于如何协调刑事立法与刑事司法之间的关系，高铭暄认为，应该对刑事立法与刑事司法的权限重新界定，可以考虑借鉴英美国家判例法的经验，建立具有中国特色的判例制度，作为成文法的适度补充。这样，可以赋予司法机关更强的应变能力，以弥补刑事立法滞后之不足。2010 年 11 月，最高人民法院发布了《关于案例指导工作的规定》，正是在探索建立具有中国特色的案例指导制度。

（3）提议量刑规范化

高铭暄认为，定罪是否准确固然重要，量刑是否适当也具有同等重要的意义，两者不可偏废。随着民主与法制的发展，司法经验的积累，量刑的精确化问题应该提上议事日程，予以充分重视。2007 年，最高人民法院正式启动量刑规范化改革，无疑是印证了高铭暄早在 1993 年提出该建议的前瞻性。

（4）建议 60 周年国庆特赦

在 2009 年国庆 60 周年之际，高铭暄与赵秉志、阴建峰三位教授共同向相关立法机关递交了有关“特赦”的研究成果。他主张特赦是宪法规定的制度，不能悬而不用，1959 年建国 10 周年就搞过特赦，效果不错，此后至 1975 年共实行过 6 次特赦，但都是针对战犯的。他建议在建国 60 周年大庆的情况下搞一次特赦，适用于犯罪性质不严重、犯罪情节相对较轻的未成年犯、过失犯、初犯、偶犯等情形；就原判刑罚和残余刑期而言，宜限定为宣告刑不超过 5 年有期徒刑且已经执行原判刑期三分之一以上者；从排除适用范围上讲，对累犯以及杀人、爆炸、抢劫、强奸、绑架等严重危及人身安全的暴力性犯罪不宜特赦；从犯罪主体角度看，年满 70 周岁或者因身患严重疾病而丧失危害社会能力的犯罪人，则可以作为前述情形之例外而适用特赦。他提出的这一建议引起了社会上的巨大反响，虽然最终未能成功，但在人们心理上起到了启蒙的作用，其研究成果也得到了国家立法机关的重视，为未来可能的实行特赦奠定了基础。

三、高铭暄主要论著

高铭暄 . 1981. 中华人民共和国刑法的孕育和诞生 . 北京：法律出版社 .

高铭暄主编 . 1982，1984. 刑法学 . 北京：法律出版社 .

高铭暄 . 1983. 论量刑的一般原则 . 中国政法大学学报，（3）：53-59.

高铭暄主编 . 1986. 新中国刑法学研究综述（1949 ~ 1985）. 郑州：河南人民出版社 .

高铭暄，姜伟 . 1986. 关于“法人”犯罪的若干问题 . 中国法学，（6）：17-24.

高铭暄 . 1987. 略谈中华人民共和国刑法中的死刑（英文）. 国际刑法评论，（3-4）.

高铭暄，马克昌主编 . 1989. 中国刑法学 . 北京：中国人民大学出版社 .

高铭暄主编 . 1993 ~ 1994. 刑法学原理（三卷本）. 北京：中国人民大学出版社 .

高铭暄 . 1994. 刑法问题研究 . 北京：法律出版社 .

高铭暄 . 1998. 中国新刑法典中的改革（法文版）. 刑事科学与比较刑法评论，（3）.

高铭暄，马克昌主编 . 2000，2005，2007，2010，2011. 刑法学 . 北京：北京大学出版社，高等教育出版社 .

高铭暄主编 . 2000. 新型经济犯罪研究 . 北京：中国方正出版社 .

高铭暄，王秀梅 . 2001. 普遍管辖权的特征及本土化思考 . 法制与社会发展，（6）：17-24.

高铭暄主编 . 2002，2006. 刑法专论 . 北京：高等教育出版社 .

高铭暄，王秀梅 . 2004. 论建立国际刑事法院的法律意义 . 吉林大学社会科学学报，（3）：16-21.

高铭暄 . 2009. 论四要件犯罪构成理论的合理性暨对中国刑法学体系的坚持 . 中国法学，（2）：5-11.

高铭暄 . 2009. 对主张以三阶层犯罪成立体系取代我国通行犯罪构成理论者的回应 . 刑法论丛，（3）：1-12.

高铭暄，赵秉志，阴建峰 . 2009. 新中国成立 60 周年之际实行特赦的时代价值与构想 . 法学，（5）：3-14.

高铭暄 . 2012. 中华人民共和国刑法的孕育诞生和发展完善 . 北京：北京大学出版社 .

高铭暄，陈冉．2012. 论社会管理创新中的刑事法治问题．中国法学，(2)：54-66.

主要参考文献

赵秉志，王秀梅，杜澎．2003. 满目青山夕照明——高铭暄教授刑法思想述略．高校理论战线，(2)：16-26.
高铭暄．2004. 刑法肆言．北京：法律出版社．
高铭暄．2007. 高铭暄自选集（中国人民大学名家文丛）．北京：中国人民大学出版社．
高铭暄．2013. 刑法续言．北京：北京大学出版社．
赵秉志主编．2013. 高铭暄刑法思想述评．北京：北京师范大学出版社．

撰写者

赵秉志（1956～），河南南阳人，北京师范大学刑事法律科学研究院暨法学院教授，法学博士，博士研究生导师，从事刑法学教学与研究工作，为高铭暄指导的硕士研究生（1982～1984年）和博士研究生（1985～1987年），后为同事（1987年迄今）。

陈冉（1984～），河南洛阳人，中国矿业大学（北京）文法学院讲师，法学博士，从事刑法学教学与研究工作，为高铭暄指导的博士研究生（2010～2013年）。

郭道晖

郭道晖（1928～），湖南湘阴人。法学家，法治思想家。1951年毕业于清华大学电机系，留校任教，先后担任校党委宣传部副部长，校党委常委兼宣传部长，并兼任教师学习委员会教学组长，哲学教研室讲师（1979年后补评为哲学系副教授）。1953年创办校报《新清华》，并在1953～1957年兼任该报第一任总编辑。1979年起任职于全国人大常委会法制委员会，历任理论组处长、国家法民法室处长、研究室副主任。1987年9月转到中国法学会，任研究部主任。曾任《中国法学》杂志社总编辑、编审，中国法学会理事，法理学研究会副会长，最高人民检察院专家咨询委员会委员，中国法制新闻工作者协会副理事长，北京大学宪法学行政法学博士生导师组成员，南京大学等十多所高校兼职教授，湖南大学法学院《岳麓法学评论》主编，中央宣传部、司法部特聘的中高级干部学法讲师团高级讲师，国家社会科学基金课题评审组成员，法哲学社会哲学国际协会（IVR）会员、中国分会副会长。现任中国法学会法理学研究会、比较法学研究会顾问，最高人民检察院专家咨询委员会委员，北京大学宪法学行政法学博士生导师组成员，广州大学人权研究与教育中心教授，西南政法大学人权教育与研究中心学术委员会顾问，湖南大学法学院兼职教授。

一、人生历程

1928年8月15日，郭道晖出生于湖南长沙的一个书香世家。他的曾祖父郭仑焘和伯曾祖父郭嵩焘、郭昆焘并称“湘阴郭氏三杰”。其伯曾祖父郭嵩焘为晚清翰林院编修，曾任兵部、礼部侍郎，广东巡抚，是近代中国派驻英国和法国的首任公使，也是最早积极倡导学习西方政治法律制度的先行者。郭道晖的父亲郭德垂是一名化学教员。郭道晖的母亲易克堤也出身书香世家，早年毕业于湖南衡粹女校，曾留校当教员。郭母时常告诫子女做人要有志气，有骨气，自立自强，决不能低三下四，仰人鼻息。

郭道晖青少年时期经历了抗日战争和解放战争。抗战时期，郭道晖经历了由湖南，经广西、贵州流亡重庆辗转数千里的逃难生活。一路上看到了老百姓的苦难和国民党政府的腐败，在生活上和思想上受到了一次很大的磨炼。抗战胜利后，作为高中生的郭道晖创办并主编班级《新声》壁报，抨击时局，揭露旧社会的丑恶。同时，他还在报纸上撰文讽刺、抨击时势。1947 年郭道晖与其弟郭道尧一起参与策划和参加了湖南省立一中“六二”反内战反饥饿大游行。同年，郭道晖考入清华大学电机系。进入清华大学后，郭道晖积极参与反美蒋争民主的学生运动，开始接触和学习马克思列宁主义理论，参加共产党领导的《清华人》壁报社，发表《论觉醒》等革命文章，成为主要撰稿人之一。同时，郭道晖还与部分湖南同学组成共产主义生活小组，学习马列主义并编辑出版油印报《晓露》，向湖南家乡的青年传播革命信息。1948 年，郭道晖先后加入新民主主义青年联盟（新青联）和中国共产党，并担任电机系地下党组织和盟分部的负责人。1949 年，郭道晖任清华大学党总支候补委员，1950 年任党委委员、党委宣传部副部长。

1951 年从电机系毕业后，郭道晖留校任助教，任校党委宣传部副部长并兼任教师学习委员会教学组长。1953 年创办校报《新清华》，并在 1953 ~ 1957 年兼任该报第一任总编辑。1956 年他当选为清华大学党委常委兼宣传部长，其间兼任哲学教研室讲师，给本科生和研究生讲课和辅导。这期间郭道晖较为系统地研读了一批经典马列著作，以及大量中国古代哲学和古希腊、罗马的古典哲学著作和 17 ~ 18 世纪西方启蒙学者的著作。这对郭道晖思维方法的训练和世界观的形成产生了很大的作用。同时，这也为其 20 年后转行法律界、法学界奠定了扎实、深厚的法学理论基础。

1957 年的“反右派”斗争中，郭道晖被错划为“右派”，开除党籍。1959 年 10 月“摘帽”。“文化大革命”中，郭道晖再次被当做“牛鬼蛇神”、“摘帽右派”而被批斗。而他的亲人也在历次运动中数遭劫难。遭遇如此残酷的人生挫折，郭道晖依然坚持对马克思主义真理锲而不舍的信念，洁身自爱自律，待人处世恪守人格尊严。在这些年里，他遍读中译本《马克思恩格斯选集》、《列宁选集》、《毛泽东选集》和研究共产主义运动经验教训的外国马克思主义者的著作以及许多中外美学名著及鲁迅全集。

“文化大革命”结束后，郭道晖的错划“右派”问题于 1979 年 4 月得到纠正。同月，他被调到刚建立的全国人民代表大会常委会法制工作委员会工作，在年届半百之际，从此转入法律界、法学界。应该说，郭道晖前半生的人生经历为其今后思考中国的法治问题提供了丰富而深刻的实践素材；而其扎实的哲学理论知识又为其提供了科学、严谨的思维方法。因此，虽然是“老年出家”，但他已经初具法学家的风范。在法制工作委员会工作期间，他一边参与立法，一边关注与钻研一些有关民主与法治的基本理论问题与现实问题。1987 年 9 月，郭道晖转到中国法学会，任研究部主任。1989 年离休后，返聘为《中国法学》杂志社总编辑、编审，一直工作到 1998 年离任。

任职《中国法学》总编辑、编审之初，受当年政治风波的影响，法学界也出现了以“左”批所谓“右”的现象。有司法部门的领导人和少数学者认为法学界“资产阶级自由化思想”严重泛滥，要求加以“清理”；有学者把大量属于学术争鸣的问题上纲上线为政治问题。在面临法学发展方向选择的重要关头，郭道晖坚持实事求是的态度，顶住压力，在《中国法学》上撰文发表系列评论，指出法学者要学习原著，完整地把握马克思主义思想体系，用历史的、发展的观点看待马克思经典作家的法学思想；不能把学术观点当作资产阶级自由化思想进行批判，不能回到“左”的僵化思想的老路上；而是要继续贯彻“双百”方针，并提出“宣传有纪律，学术无禁区”，要“区别对待政治是非与学术是非问题”。同时，他在《中国法学》组织开展关于“权利本位”的学术讨论，并首次提出“高举马克思主义的人权旗帜”命题，深入开展人权与法制问题的讨论和研究。这些举措排除和抵制了来自“左”的方面的干扰，为法学界争得并营造了自由、宽松的学术氛围，把握住了法学发展的正确方向，推动了中国法学研究和法治建设的进行。《中国法学》也因此在 1992 年被专家评定为全国 21 家核心法学期刊榜首，在 1995 年国家新闻出版署主办的全国期刊评选中，又被评为全国六大优秀社会理论期刊之一。

投身法律界、法学界 30 多年来，郭道晖坚守学者独立思考的品格和追求自由正义的精神，秉持社会的良知，以“为人民争权利，为国家行法治，为社会求正义”作为自己的不懈追求。在工作之余，他笔耕不辍，著作颇丰。出版法学专著及合著 20 余部，学术论文 200 余篇，个人撰写达 300 余万字。

二、学术研究和重要贡献

（一）主要研究领域及学术思想

1. 立法学方面的研究

郭道晖在全国人民代表大会常务委员会法制工作委员会工作 8 年，参与了 1982 年宪法的修订和多项法律的立法工作，对立法问题具有深刻的认识和理解。其专著《中国立法制度》比较系统地介绍了中国的立法体制、立法机构、立法程序、立法的指导原则以及立法的条件、步骤与方式等问题。其中，他形象地提出中国的立法体制是“一二三”立法体制，即“一元性二层次三分支”的体制。随着“一国两制”的实践和中国立法的发展，他后来又将中国的立法体制总结为“一元性多层次和多分支”结构。同时，郭道晖已经开始关注立法权问题。他认为，不能把制定规范性文件的权力都归为立法权范畴，立法权只能是全国人民代表大会及其常务委员会行使，行政机关和地方权力机关享有的制定其他具有法律效力的规范性文件的权力是从属于宪法和法律的，并不是独立的、完整的立法权。正是在这个前提下，他着重分析了规制授权立法问题和反对越权立法的问题，以实现中国法制的统一。为解决立法无序的问题，他在《论立法无序现象及其对策》（1990 年）一文中提出了要健全立法监督机制。之后，他对立法和立法权问题继续进行深入的思考，发表了多篇论文。在 2005 年出版的《法理学精义》中，他对立法和立法权问题进行了系统的总结和阐述。

关于立法的目的，他认为主要有导向、统一意志、价值衡量和执法参照等作用。他还提出社会主义立法的总目的是“以人为本”、“执政为民”、人权和人民的利益至上，以及设定立法具体目的所要遵循的要则为“因时变迁、倾向鲜明和对立法目的的监督”。他提出立法中要把握利益的衡量与调整。他认为“立法就是要用法律的手段来维护和促进人民的利益”。他鲜明地提出社会主义立法的基本理念是“人民的利益是最高的法律”。

如何提高立法效益与效率，他认为一方面要尽量减少立法成本，另一方面还要遵循以下立法方略和技术：“依靠社会自我调节，节制法律干预；把握立法最佳时机，增进立法效益；多行间接诱导，少作硬性规限；加强法律效果预测，选择高效的法律规范；估量法律规范的损益，作出立法倾斜或平衡。”他认为，立法的“质量、效率、社会效果等等，很大程度上依赖于立法者对统治阶级或社会共同的利益与需要的认识与把握程度，依赖于立法所拥有的主客观条件”。基于此，立法是有其局限性的。他认为，立法的局限性主要有“对立法的非理性的主观限制；立法程序的限制；立法者认识的局限；立法者主观过失的影响”。

对于立法权问题，郭道晖认为立法权是相对于行政权、司法权而具有相对独立性的权力。立法权又是国家的最高权力，是一种普遍性的权力；从国家主权或人民主权看，立法权是国家主权的体现；就立法权自身来看，中央立法权高于地方立法权。立法权还是一个整体权力，完整的立法权概念应既包括实体性和程序性的立法权力，也包括立法的源权和授予其他机关、从属于立法源权的派生立法权力。他还指出尽管立法权具有最高性、相对独立性和完整性，但是，实践中对立法权的侵越现象的存在削弱了国家的立法权。

2. 法理学方面的研究

（1）关于法的概念和本质问题

法的本质问题一直是中国法理学界长期以来讨论的热点问题，其核心问题主要是法的阶级性问题。在《法的本质问题的哲学思考》（1985 年）一文中，郭道晖从法的整体与部分、本质与现象、本质内容与本质形式等几对范畴上，对有关法的本质问题进行分析。他认为，对法有无阶级性，不能简单地做“非此即彼”的绝对化的回答。从法的整体层面来看，法是有阶级性的；但从某个特定法律、某个法律中的某些法律规范单独来看，可以说法具有社会性而不是绝对的阶级性。他认为法律现象具有多样性和复杂性，比法的本质丰富得多。他还认为法的本质是有层次的，有其本质内容与形式的。对于这个问题，他在 2005 年出版的《法理学精义》一书和《论法的本质内容与本质形式》（2006 年）一文进行了更为深入的阐述。他认为，法的本质内容不是单一的，而是自由、权利与权力这三元或三维要素的统一体，它们是法的核心内容、基石范畴；而法的本质内容是有其形式的，即法的内部结构特征，这种形式也属于本质范畴，包括法的规范性及其普适性、法的义务性、法的权威性、法的程序性与可诉性等。

郭道晖还在《论法与法律的区别——对法的本质的再认识》（1994 年）一文和《法理学精义》一书中，从区别法和法律的角度来分析法的本质。他认为，“法是在一定的物质生产方式下，人与人在生产、交换、分配中和其他社会活动中所产生的权利义务关系及其客观法则、习惯规则。”而“法律是主权者的意志，是主观法”。“法律是对业已形成的法权关系予以表达和确认，使之成为肯定的、明确的和普遍的规范，并赋予它以国家权威”。同时，借助经济关系，他分析了法与法律及其和经济关系的关系。他认为：“法（客观法）是指由经济关系所派生和决定的法权关系，主要是权利义务关系。”“法权关系（客观法）是经济基础与其上层建筑中的法律（主观法）二者之间的中介。”“经济关系、法（法权关系）与法律这三者之间，是内容与形式的关系。”他认为，经济关系是决定后二者的本质内容，法权关系是体现经济关系的本质形式，而法律则是前两者的外在表现形式。同时，前两者又是社会存在，后者则属于社会意识范畴，即“三者的关系又是社会存在与社会意识的关系”。这种对法和法律的区别分析，进一步深化了对法的本质的认识。

（2）关于法的精神

郭道晖在《社会主义自由——当代社会主义法的精神》（1994 年）和《再论社会主义法的时代精神——答张光博教授》（1995 年）等文章以及《法理学精义》一书中讨论了法的精神问题。这个问题也涉及法的本质问题。他认为，判断法律是否符合法的时代精神最终的标准，是看其是否符合当代生产力不断发展的要求，是否符合一定历史时代所能提供的人权与自由的要求。他旗帜鲜明地提出，当代法的精神是“以人为本”、“人权至上”。而当代中国的法的时代精神是人权，核心是自由。

他认为，随着市场经济的发展和深入，当代中国社会主义自由最深刻的发展是“从国家与社会高度一体化的体制下，逐步向国家（政府）与社会二元相辅并列的格局转化”。

（3）关于法治的问题

人治与法治的区别。在 1988 年出版的《民主·法制·法律意识》一书中，郭道晖就系统地分析了人治与法治的区别。他认为，人治是“一人之治”，即“一个人（君主）或几个人（寡头）的专制”。人治并不排斥法制，但是这种法制是附属于当权者的意志的，是当权者用来统治臣民的，法成为“防民”、“制民”之具。而法治也不能简单地理解为“靠法来治”。因为专制的人治也是靠法制来进行统治的。他认为，关键要分清两个问题：一是用什么法来治？即专制的法还是民主的法；二是用法来治谁？即制约君权、制约政府还是只管理百姓。因此，人治与法治的分界线是“当法律与当权者的个人意志发生冲突时，是法高于个人意志，还是个人意志凌驾于法律之上”。他还指出，中国古代法家的“法治”并非近现代意义的民主的法治，是专制的“法治”。因此儒法之争不过是在维护专制统治之下的德治与法治的对立而已。他特别分析了当代中国人治观念的表现形式：“替民做主——把代表人民行使权力，变成代替人民行使权力”；“权大于法——党委和政府的权力大于国家法律”；“仰仗青天——把国家的强盛，完全寄托在英明的领袖和贤明的干部身上”；“迷信运动——迷信政治运动雷厉风行、立竿见影的效果，忽视经常的法制调节”；“人身依附——封建宗法观念的流毒，养成对领袖、对领导人的崇拜意识和依附意识”；“等级特权——凡事讲座次，讲等级，人情大于国法，法律面前享有特权，党票当罪、职务抵刑”。多年过去了，他总结分析的人治情形仍然严重存在。

法制与法治的区别。郭道晖比较早地分析了法制与法治的区别。他认为，二者表面看是名词之争，实际上有着观念上的重要区别。从词义上看，法制是一个静态的概念，主要是法律与法律制度，不问实质内容；而法治是“法的统治”，强调“法律至上”。从价值观念上来看，法制既可以为专制政治所用，也可以同民主政治结合，其关注的是统治秩序；而法治关注的是法律至上的权威，以制约国家与政府的权力、保障公民权利为目的。他还形象地提出了“刀制”与“水治”的说法。把法制比喻为“刀制”，是当作“刀把子”或“阶级斗争的工具”来治国、制民的；把法治比喻为“水治”，即“水可载舟，亦可覆舟”之意，象征人民之治。

如何理解法治和依法治国的真谛。郭道晖主张从形式法治与实质法治层面来理解法治和依法治国的真谛。他指出，形式法治是依据国家制定的法律去实现国家的目的；其仅注重“是否履行了法制的形式要件，不问法制本身的理念与价值”。因此，实行法制的“十六字方针”——“有法可依，有法必依，执法必严，违法必究”只是法治的形式要件。而实质法治是“依据反映人民意志与利益、体现社会正义的宪法和法律，去制约国家或政府的权力，以实现保障人权和公民权利与自由的社会目的”。因此，讲法治更重要的是指实质法治。在《正确把握“依法治国”的精神实质》（1996 年）一文中，他提出要深入剖析“依法治国”的实质内涵，即解决谁是法治的主体，用法治谁，用的是什么性质的法的问题。他明确指出，法治的主体是人民及代表人民行使国家权力的人民代表大会。法治的客体或对象，主要是政府，依法治国所治之“国”，主要是国家机器，重在以法治吏；他否定了那种把“依法治国”仅仅理解和宣称为依“法”治国，或依“法”治省、治市、治县，乃至治乡、治村以及依“法”来进行行政管理的观念和做法，认为其实质是把法用来“治”民、管老百姓，是同社会主义法治国家的立国精神与治国方略相悖的。在《论以法治官》（1998 年）一文中，他又强调“依法治国的实质在以法治权、治官”。关于用的是什么性质的法的问题，他认为须是良法，即具有社会主义民主精神、保障人权与民权的法，是符合市场经济规律的法，是立法为公、为国家为人民全局利益的法；不能是恶法、劣法，对恶法还要加以抵制。

（4）权利、权力及二者的关系问题

在《论权利推定》（1991 年）一文中，郭道晖对权利推定问题进行了开创性的研究。他认为，除了法律规定的权利外，还存在着未能为法律所穷尽的潜在的原始权利，包括法律的“默示权利”，为法律所“漏列的权利”，未预测到的“新生权利”，为法律所保留的“剩余权利”和“空白权利”，以及种种“习惯权利”。它们可以通过“权利推定”揭示出来并取得法律效力。为此，他提出了权利推定的五种形式和应遵循的四项原则。

在《论集体权利与个体权利》（1992 年）一文中，他对“集体权利高于个人权利”的观点进行质疑。他认为集体权利一般是指某一社会共同体的公共权利，个体权利一般是指社会个体的私有权利。二者不完全是多数人利益与少数人利益的关系，更不是集体主义与个人主义的区别；二者也不完全是总体与部分之间的量的关系。他提出既要重视集体权利，又要重视个体权利。在一定意义上，集体权利归根到底是为实现个体权利这一最终目的服务的。

在《试论权利与权力的对立统一》（1990 年）一文中，他提出公民权利是国家权力的原始渊源与基础。国家权力来自于公民权利，而不是相反。他跳出传统的“以权力制约权力”的窠臼，创造性地提出“以权利制衡权力”的命题。同时，郭道晖提出了“社会权力”这一新的概念，并在近 20 年的时间里，对社会权力问题进行了深入的研究。2009 年他出版的《社会权力与公民社会》一书是其这方面思想的集大成之作。这部著作主要分析了权力与权利及二者的关系；介绍了社会权力的发展及其本质，社会权力的主体、存在形态、作用、载体，以及社会权力与国家和社会的关系；介绍了公民权与“公权利”，公民的政治自由权、政治参与权，公民社会与全球公民社会的内容。

3. 宪政方面的研究

（1）人权研究

长期以来，人权研究在中国是一个禁区，在 20 世纪 80 年代仍是一个敏感话题。当时认为人权“不是马克思的口号”，而是“资产阶级的口号”。郭道晖率先在《中国法学》突破学术禁区，首次提出“高举马克思主义的人权旗帜”命题，深入开展人权法制问题的讨论和研究。20 多年来，他在人权领域取得了丰硕的研究成果。

在《论人权的阶级性与普遍性》（1991 年）一文中，他明确提出“人权具有阶级性与普遍性的双重性质”的观点，认为“在形式上，人权已跨越了民族、国家和政治制度，已成为人们共同保护的生存条件”。在《人权 · 社会权利与法定权利》（1993 年）一文中，他提出人权是“人皆有之”和“人该有之”的权利。在《人权的本性与价值位阶》（2004 年）一文中，他认为人权应是自然性与社会性、阶级性与普遍性的统一，抽象地强调“主权高于人权”，有可能为以“主权压人权”的专制政权提供理论支持。并明确提出当今中国的首要人权应是政治人权。在《人权的国家保障义务》（2009 年）一文中，他指出国家是人权保障的主要义务主体。人权的国家保障义务包括尊重、保护、满足和促进四个方面。在《人权观念与人权入宪》（2004 年）一文中，他区分了宪法中的人权与公民权，指出宪法和法律保障的人权包括两类：一类是已为宪法所确认的人权，即转化为人们的宪法权利；一类是尚未宪法化或法定化的法外人权。宪法是以人权和公民权制衡国家权力的约法。保障人权要求保障所有法定的和非法定的人权。在《人权六十年：从否定到回归》（2011 年）一文中，他对新中国成立后中国人权事业从人权禁区到人权入宪 60 多年艰难曲折的历程进行了回顾和反思，提出保障人权必须克服的观念窒碍。一方面，要走出执政党在人权理论和实践上的指导思想上的误区，主要是需要树立执政党的新思维，转到“以人为本”，在政治伦理上需要有宽容、平等、仁爱的精神，克服形而上学思维和言胜于行的陋习。另一方面，要依靠进步的社会动力，主要是人民群众的维权活动和公民社会的发展。另外，他提出，保障人权不仅是国家权力的道义基础，而且成为所有国家机关和政府官员必须履行的强制性宪法义务。在《“非法之法”与公民的抵抗权》（2013 年）一文中，他明确提出恶法非法。人民享有对侵犯人权的非法的国家权力、非法的法、非法的法定义务和野蛮执法的暴行进行抵制和反抗的权利。这种抵抗权，可以是法定权利，也可以是非法定的权利，即作为人权或道德权利的抵抗权。同时，不止公民，各级公务员也有抵抗权。

（2）党权与国权关系研究

在《权威、权力还是权利——对党与人大关系的法理思考》（1994 年）一文中，郭道晖深刻剖析了执政党与国家、人民、人大和政府的关系。他指出执政党的领导权属于治权（管理国家）的范围，而不属于主权（统治权）范围，即不能把党领导等同于“党专政”。党的领导权不能高于人民主权。党不是国家主权的主体，不直接享有国家统治权。人民代表大会制度是在党领导下建立的，也是在党领导下运作的；这一根本政治制度的坚持与完善，也离不开党的领导。但这种领导主要是政治领导，不能理解为党直接享有人民代表大会的国家权力，更不能理解为党中央、地方党委在国家政体上是一级或最高级的国家权力机构。执政党不能作为在组织上凌驾于人民代表大会之上的更高一级的领导机关或权力机关。党也不享有同人民代表大会平行的国家权力。另外，他还分析了领导党与执政党的区别，特别指出社会主义国家的共产党作为领导党，是以其政治威信得到人民公认或宪法的确认的。但作为执政党，则要经过人民的选举。它之执政决不像封建的世袭制度那样，是天赋的权利，也不是以宪法来规定的，而是以其历史的和现实的、不断为人民服务、为人民立功的伟大业绩，得到人民的拥戴而赋予它的。在《党在法治国家中的地位与作用》（1998 年）和《改善党在法治国家中的领导方略与执政方式》（1999 年）文章中，他指出中国共产党具有既作为领导党又作为执政党的“一身二任”的特点，分析了其双重身份的联系与区别。提出一方面必须努力提高党的执政水平，扩大民主，厉行法治；另一方面更要坚持、加强和改善党的领导，担负起领导责任。二者不可偏废。在《党的领导与人大监督》（2001 年）一文中，他明确提出中国共产党作为领导党和执政党，都应接受人民代表大会的监督。在《治党：固守陈规还是与时俱进——从革命党到执政党、领导党的历史转变》（2002 年）一文中，他提出了中国共产党应自觉地实现“由革命党到执政党的转变”的命题。在《党的三句格言的法理解读》（2005 年）一文中，他指出执政党应摆正与国家、与人民群众、与国家权力的关系，首要的应是依宪执政，确认自己的法律地位，即宪法和法律所规限的权力地位、执政为民的工具地位和受监督的对象地位，才能提高党的执政合法性与权威，提高党的执政能力。在《“执政能力”的法理解读》（2005 年）一文中，他提出政党要取得执政地位，必先“依宪当政”。执政后还要求“依宪执政”、“依宪担责”。执政党的执政地位不是集体世袭的，要扬弃“打天下者坐天下”的身份特权，实现“由身份到契约（宪法与宪政）”的历史转变，以不断为人民立新功来巩固和延续执政地位。在《实现由革命党到宪政党的演进》（2011 年）一文中，他指出执政党必须依宪执政，由革命党转变为宪政党，“清除长期污染党的机体的封建专制和其他腐败的、僵化的守旧思想的余毒，努力实现党的民主化、现代化”。在《执政者的新权力观与还权于民》（2011 年）一文中，他指出“还权于民”须保障被严重侵犯的私权利、解禁公民的公权利、放还被国家垄断的某种公权力以形成社会权力、实行新闻改革保障舆论监督权。在《论人民、人大、执政党的权力位阶》（2012 年）一文中，他指出人民是国家最高权力主体。人民权力兼具国家权力和社会权力双重性质，既体现于国家主权和人大行使的国家权力中，又蕴藏和显示于公民社会的社会权力。执政党的权力属于人民权力的一部分。作为一个特殊的社会组织，政党具有一定的社团权利和社会权力，执政的党员当选为国家官员者则可依法行使国家权力。在《规范执政党与人大的关系》（2012 年）一文中，他特别提出要对政党违宪、违法行为进行追究。主张要制定政党法或有关法规。

（二）学术贡献及影响

1. 法学方法论的贡献

郭道晖多年来的学术研究坚持“回到马克思、检验马克思和发展马克思”的法学方法。因为很多号称马克思主义法学的理论基础并非是真正的马克思主义，而是实质上是集权主义的斯大林主义。因此，郭道晖坚持回到马克思，而且是回到完整的马克思，包括早年、中年和晚年的马克思，以廓清添加在马克思理论、包括法哲学思想中的迷雾和垃圾，还马克思以本来真实面目。检验马克思就是要用历史的和当前的实践来进行，剔除他的理论中已过时的，或原本就判断失误的，或带有空想痕迹的某些具体结论，绝不能搞盲目崇拜和教条主义。郭道晖结合人类文明的当代实践来发展马克思，推动马克思思想理论的现代化。他的这一方法论为学界坚持实事求是的原则从事法学研究具有重大影响，遵循这一方法能够清晰地把握问题的实质，坚定法学发展的正确方向。

2. 宪政思想的理论创新

郭道晖首先在法律界和法学界提出“宪治”的概念。在《整顿宪法秩序，实行宪治》（1989 年）一文中，他提出宪治与宪法的联系和区别，这实际上是对宪政问题研究的开端。以后他对宪政问题又进行了深入的研究。他还首次提出和讨论党同人民代表大会、人民与人民代表大会的关系问题以及党权和国权的问题，引导了理论界对此问题的研究，也对党的执政方略产生了影响。

他在《实现由革命党到宪政党的演进》（2011 年）一文中提出执政党的基本理念和任务是实行“宪政社会主义”。并提出与以往不同的新社会主义与新宪政主义。新社会主义就是以社会至上为主义。社会至上即社会主体——人民至上。新社会主义的核心思想是主张以社会为本位，以社会主体——人民、公民、社会组织的权利和社会权力为本位，而不是以国家/政府的权力为本位，更不是以党权为本。而新宪政主义即是以公民社会及其社会权力为基础和动力的。

他在《良心入宪：强化司法伦理建设——从赵作海冤案谈起》（2010 年）和《为政以德与良心入宪》（2011 年）文章中明确提出要让良心入宪。他提出，如果政府官员执法、司法违反人类的良知和道德底线，也是违宪行为，应当受到社会的谴责和法律的追究。要求执政者恪守政治伦理和司法伦理，这一观点还是比较新颖的，有助于中国政治文明建设和法治建设。

郭道晖的社会权力理论，提出了“以公民权利制衡国家权力”的新命题，并在此基础上进一步提出的“以社会权力制衡国家权力”的新的权力制衡模式，突破了传统的“以国家权力制衡国家权力”的权力制衡原则的局限，不仅可以为制衡国家权力、防止权力腐败提供理论支撑，而且还可为中国现代公民社会的构建提供一个全新的思路。

（三）法学教育的思想

郭道晖认为当前中国的法学教育面临着与社会相互脱节的危机。中国法治不尽如人意的现状没有为法学毕业生进入社会创造良好的发展环境，并且在职业道德教育上也是缺位的，甚至在某些方面还起到了负面的“示范”作用。而且学校的法学教育往往侧重知识的传授，忽视“法德”的培养。他主张，要培养有“法德”的人，即大学的法学教育首要的是传做人之道，护法之道，抵抗社会腐蚀之道；要培养学生具备为民请命、舍身护法的正义感和使命感以及“贫贱不能移、富贵不能淫、威武不能屈”的政治操守。同时，他提出理论界和实务界的法律工作者应当是社会正义的卫士、时代的良心，要有终身为人民争权利、为社会伸正义、为国家行法治的抱负。以此希冀法学学生在此浸润下，求学时能有此追求，毕业后能固守此禀性。他还提出，法学教育还应注重为人、为学的通识教育，要求法学学生具有法学专业以外的“通识”。这就要求法学专业的学生在校期间不只要打好法学基础，还要打好其他有关的专业课基础。学校要规定法学专业学生必修或提倡、鼓励选修其他文理科课程以及自然科学课程，还要学习治学方法。最终成为一个高雅的文化人。另外，他还提出，法学者要有丰富的阅历和生活经历，因此，青年学生应当进行社会调查，积极参与各种社会活动，向社会学习。总之，他强调指出，“通识”教育和“法德”教育是法学教育的灵魂所在。

三、郭道晖主要论著

郭道晖 . 1985. 法的本质问题的哲学思考 . 政治与法律，(1)：19-21.

郭道晖 . 1988. 中国立法制度 . 北京：人民出版社 .

郭道晖 . 1988. 民主・法制・法律意识 . 北京：人民出版社 .

郭道晖 . 1991. 论权利推定 . 中国社会科学，(4)：179-188.

郭道晖 . 1991. 论人权的阶级性与普遍性 . 中外法学，(5)：20-31.

郭道晖 . 1994. 权威、权力还是权利——对党与人大关系的法理思考 . 法学研究，(1)：3-11.

郭道晖 . 1994. 论法与法律的区别——对法的本质的再认识 . 法学研究，(6)：13-20.

郭道晖 . 1997. 法的时代精神 . 长沙：湖南人民出版社 .

郭道晖 . 1998. 论党在法治国家中的地位与作用 . 中外法学，(5)：1-7.

郭道晖 . 1998. 法的时代呼唤 . 北京：中国法制出版社 .

郭道晖 . 1999. 改善党在法治国家中的领导方略与执政方式 . 法学，(5)：9-19.

郭道晖 . 1999. 走向民主法治新世纪 . 武汉：湖北人民出版社 .

郭道晖 . 2002. 治党：固守陈规还是与时俱进——从革命党到执政党、领导党的历史转变 . 法学，(7)：3-10.

郭道晖 . 2003. 法的时代挑战 . 长沙：湖南人民出版社 .

郭道晖 . 2005. 法理学精义 . 长沙：湖南人民出版社 .

郭道晖 . 2009. 社会权力与公民社会 . 南京：译林出版社 .

郭道晖 . 2011. 实现由革命党到宪政党的演进 . 炎黄春秋，(11)：29-32.

郭道晖 . 2013. “非法之法”与公民的抵抗权 . 炎黄春秋，(2)：48-52.

主要参考文献

郭道晖，李步云，郝铁川编 . 1998. 中国当代法学争鸣实录 . 长沙：湖南人民出版社 .

郭道晖 . 2003. 法的时代挑战 . 长沙：湖南人民出版社 .

湖南大学法学院编 . 2008 . 时代的良知：郭道晖教授法学思想研讨文集 . 北京：法律出版社 .

撰写者

孔志强（1978 ~），华东政法大学博士研究生。

王作富

王作富（1928～），河北唐山人。刑法学家和法学教育家。1949年入中国政法大学学习，1950年转入中国人民大学法律系学习，同年9月被选入研究生班学习。1952年调入中国人民大学法律系刑法教研室任教，历任讲师、副教授、教授，自1987年起担任博士生导师至2012年。兼任中国刑法学研究会顾问，北京市法学会刑法学研究会副会长，最高人民检察院专家咨询委员会委员暨法律政策研究室顾问，北京师范大学刑事法律科学研究院特聘教授等职务。出版个人专著3部，其中《中国刑法研究》一书曾获北京市哲学社会科学优秀成果奖，主编、参编《刑法各论》、《刑法分则实务研究》等教材、专著60余部，发表论文100余篇。王作富从事刑法教学与研究60余年，是新中国培养的第一批法学家，是新中国刑法学的主要奠基者和开拓者之一，为新中国刑法学的创建与发展做出了重要贡献。2012年9月被中国法学会评为“全国杰出资深法学家”。

一、成长历程

（一）无心插柳踏上法学路

1928年12月26日，王作富出生于河北唐山市。他从小刻苦读书，成绩优异，最大的梦想是成为一名工程师。然而命运弄人，他1949年高中毕业后报考北京大学工学院失利，当工程师的梦想破灭。返家不久，有一天偶然看到在朝阳大学旧址刚成立的中国政法大学招生的信息，不知法律为何物的少年王作富懵懂地报了名。考试之后返回家乡，对于能否考中心中没底，也没太在意。有一天，其叔父从报纸上看到中国政法大学发榜单上有王作富的名字，立即告诉了他，王作富及时赶到学校报到。险些与法律失之交臂的王作富，就这样踏上了法学之路。

1950年中国人民大学成立，王作富作为第一期本科生转入人民大学法律系学习。当年9月，因成绩优异，被调入研究生班学习，主攻刑法。1952年2月因教学工作需要，又被提前调入刑法教研室任助教，在苏联第一位来华刑法专家贝斯特洛娃的指导下，边学习边工作。如果说有些学者是因为深爱法学而踏上法学道路的话，王作富则恰恰是偶然踏上法学道路之后，才深深爱上并扎根于这一领域，从此再不曾离开过。

（二）刻苦求学奠定刑法理论基础

新中国成立之初，国家一穷二白，百业待兴。法学领域亦是如此，法律基础十分薄弱，法律资料严重匮乏，法律研习环境更是深受阶级斗争的掣肘。但是，新中国第一代法律人并未因此心生气馁，裹足不前。王作富就是其中奋力进取的典范。

1952 年因工作需要被调入人民大学法律系刑法教研室任助教后，王作富不仅跟随苏联刑法专家勤奋学习苏联法律和法学理论，更是利用一切闲暇时间，认真学习俄文。在掌握基本语法之后，他就如饥似渴地借助字典阅读大量俄语书刊，并参与翻译出版了颇具影响力的《苏维埃刑法论文选辑》。1956 年，他又参与编写了新中国早期的刑法教材《中华人民共和国刑法总则讲义》，此书当年被许多司法机关作为培养司法干部的教材使用。在当时法律资源匮乏异常的时代，王作富参与著译的这些著作，为新中国刑法学的创建和发展以及新中国司法人员的培养做出了基础性的贡献。

（三）政治运动对教学与研究的冲击

正值王作富等全力以赴致力于新中国刑法学体系的创立与建设，新中国法治事业略见起色之时，“文化大革命”不期而至，这不仅是王作富之憾，更是中国法学与法治事业之憾。

1960 年，王作富被派到北京市丰台区看丹乡农场劳动锻炼一年。从 1964 ~ 1965 年农村四清运动开始一直到 1978 年中国人民大学复校，王作富先被派往北京郊县参加“四清”工作，随后被下放到“五七干校”参加劳动锻炼，之后虽被分配到北京大学法律系任教 5 年，但由于不断开展的政治运动，使得刑法学教学与科研工作亦无法正常展开。计算起来，几乎整整 10 年的时间，王作富被迫脱离了其钟爱的教学和科研工作。但即使在非常恶劣艰难的条件下，王作富还是凭借着其对法学的热爱和执着，参与撰著了《刑事政策讲义》和《对敌斗争的路线和政策》两本著作。由于受“文化大革命”的巨大影响，这两本著作中虽然难免烙印着阶级斗争和意识形态的痕迹，但这也证明了王作富不畏困难，钻研学术，在法学路上砥砺前行的精神。

（四）执着求索为刑法进步尽心竭力

1976 年“文化大革命”结束，1978 年中国人民大学复校，王作富得以重回人民大学法律系刑法教研室工作。1979 年《中华人民共和国刑法》颁布。如果说王作富之前的努力还属于法学路上的初步探索的话，那“文化大革命”结束和刑法典颁布之后，王作富便真正进入了其学术生涯的活跃阶段和黄金时期。王作富异常珍惜来之不易的学术环境，全身心投入刑法学术研究，孜孜不倦，笔耕不辍，最终成就了其学术事业上的累累硕果。

1980 年至今的 30 余年间，王作富先后主编、参编和独著出版著作 60 余部，众多论著在理论界和实务界获得好评。他主编并于 1982 年出版的《刑法各论》开拓性地对刑法分则问题进行了全面系统的研究，该书在司法机关引起强烈反响，被奉为司法机关当时审理案件的必备用书，并先后被中国人民大学和教育部评为优秀教材。其专著《中国刑法研究》被评为北京市哲学社会科学优秀成果二等奖。他于 2001 年主编出版的《刑法分则实务研究》更是先后再版五次，获得实务界和理论界一致好评。另外，他主编的教材《刑法》（中国人民大学出版社，2001 年版）还于 2002 年获得了教育部全国普通高等学校优秀教材一等奖。

王作富谦谨治学，淡薄名利，几十年如一日在刑法研究领域执着求索，不仅努力著书立说，发展刑法理论，悉心培养人才，更密切联系实际，紧贴司法实务，积极解决实践中的重点难点问题，为中国刑法的进步和发展做出了重要贡献。

（五）桃李芬芳铺满致知之途

如今，王作富已入耄耋之年，他虽然已离开三尺讲台，但依然心系教育，通过各种方式关心和帮助学生，真正是“为人、为学、为师”的光辉典范。

半个多世纪的时间，王作富感召和培养了一批又一批优秀杰出的刑法学者和司法工作者。在他的指导下成长起来的弟子和学生如今已遍布神州大地的多个领域，在各行各业中践行和传播着王作富宽厚待人、谦谨治学的精神，在各自工作岗位上为国家法治奉献着自己的力量。

二、学 术 成 就

（一）研究领域和学术观点

王作富一生著述颇丰，并以刑法分则专家著称，但其研究领域实则较为广泛，从犯罪学到刑事政策学，从刑法总则到刑法分则，均有所涉及，并围绕着上述领域，形成了大量卓有见地的学术观点。

1. 犯罪学领域的犯罪问题研究

王作富认为，准确、科学地认识社会主义社会存在犯罪的原因，关键在于正确认识犯罪与社会主义初级阶段之间的关系。而社会主义社会中的犯罪是经济结构和犯罪结构的产物。社会主义初级阶段犯罪的根源，是人民日益增长的物质文化需要与落后的社会生产力之间的矛盾。刑法上的犯罪是一种社会现象，是社会发展到一定历史阶段的产物，也是阶级斗争的一种表现形式，因此犯罪具有阶级本质。

2. 刑事政策学领域的刑事政策问题研究

（1）不能一味采取从严从重的刑事政策

王作富认为，即使在犯罪严重的时期，也不能一味强调严刑峻罚，而应结合社会总体发展政策，通过严密刑事法网，以完善罪责刑相适应原则为基础，制定相应的刑事政策。

（2）应适用两极化的刑事政策

王作富指出，严格刑事政策一般是通过增加罪名，严密法网，加重刑罚，设置严厉的累犯制度等加强对犯罪的遏制；宽松的刑事政策往往通过谨慎设定犯罪圈，注重运用其他社会措施疏导犯罪，推广社区处遇来减少刑罚资源的发动。对刑事犯罪应结合社会危害性和人身危险性适用两极化刑事政策。

（3）充分肯定刑事和解

王作富认为，刑事和解突出被害人的需求和意见，有利于恢复被破坏的社会关系，有利于犯罪人改过自新、回归社会，是实现多元化刑事政策目标的最新创造，具有恢复正义、化解矛盾和提高司法效率的重要刑事政策价值。

3. 刑法总论问题研究

（1）新中国刑事立法问题

王作富认为，新中国刑事立法既立足于中国实际，又借鉴了外国成功的立法经验，因此中国刑法立法取得的成就是明显而卓越的，但也确有亟待进一步完善之处。

（2）罪刑法定原则

王作富对罪刑法定原则的认可与阐述是结合中国 1979 年刑法典中的类推制度进行的。他认为，类推制度取决于法官自己的决定，在一定程度上会削弱刑法对公民个人自由、权利的保障，在本质上违反罪刑法定原则中的人权保障思想，必须予以废除。在社会主义中国，国家利益与个人利益之间不存在根本矛盾，罪刑法定的人权思想可以通过抑制国家权力的方式得以实现。而司法实践中贯彻罪刑法定原则和严格刑法司法解释，应该进一步加强。

(3) 单位犯罪问题

王作富认为，刑法中的单位，不管是作为犯罪主体的单位还是作为被害人的单位，抑或是一般意义上的单位，都应当具有合法性、组织性、财产性等基本特征。

(4) 特别防卫权问题

王作富认为，特别防卫权与一般防卫权相比具有鲜明的特征：一是特别防卫权只能针对犯罪的侵害行为而不能针对一般违法的侵害行为实施；二是特别防卫权只能针对暴力犯罪行为而不能针对非暴力的犯罪行为实施；三是特别防卫权只能针对危及人身安全权益的犯罪行为实施；四是特别防卫权只能针对特定严重危及人身安全的暴力犯罪行为而不能针对较轻的或者一般的暴力犯罪行为实施；五是特别防卫权的实施不受必要限度的限制。

4. 刑法分则相关问题研究

(1) 交通肇事罪疑难问题

交通肇事罪在司法实践中属于常见多发的犯罪，司法实践中的疑难问题较多，理论上对很多疑难问题缺乏共识，如犯罪主体、交通肇事罪的情节加重犯等情形。王作富对此问题进行了专门研究，其主要见解如下：一是交通肇事罪的主体是一般主体，行人也可以成为交通肇事罪的主体；二是在“因逃逸致人死亡的罪过形式”中，交通肇事后的逃逸行为在形式上表现为积极的行为，但其后果是逃避其应当履行的抢救义务的不作为；三是“因逃逸致人死亡”是指行为人在交通肇事后为逃避法律追究而逃跑，致使被害人因得不到救助而死亡的情形；四是在“因逃逸致人死亡与不作为故意杀人关系的认定”中，行为人交通肇事后逃逸致人死亡的主观态度包含间接故意，即存在放任自己行为的可能性，但考虑到案件发生的特殊性，行为人在交通肇事后的反应极为复杂，且多数都是驾车仓皇而逃，对被害人的具体情况并不了解，如果据此就认定为间接故意杀人，未必反映立法者的真实意图，而且有扩大故意杀人罪的危险。因此，单纯从主观方面不应将肇事逃逸致人死亡的情形认定为不作为的故意杀人罪。

(2) 抢劫罪疑难问题

抢劫罪无论在理论上还是司法实践中都存在诸多疑难问题和争议。王作富于 20

世纪90年代就撰文专门对抢劫罪的热点与争议问题进行了研究，其学术见解如下：一是抢劫罪的对象应仅限于动产，且赃物也可以成为抢劫罪的对象；二是抢劫罪中暴力的对象应当只局限于财物的所有人、保管人或持有人；三是在一般情况下，只要行为人对他人实施暴力的目的是使被害人不能或者不敢反抗，以便夺取其财物，则不论事实上是否能够遏制或者排除被害人反抗的勇气和能力，都可以构成抢劫罪。

（3）盗窃罪疑难问题

盗窃罪是司法实践中常见多发的犯罪，王作富对于盗窃罪的研究见解如下：首先，不动产也可以成为盗窃罪的对象；其次，只能将“数额较大”理解为已经窃取到手的数额；再次，盗窃罪中的认识错误可划分为五种不同情况，并应区别不同情形进行处理；最后，进一步明确了侵占遗忘物与盗窃罪的界限。

（4）故意杀人罪疑难问题

故意杀人罪中的教唆与帮助自杀的问题十分复杂，王作富很早就对此问题进行了关注。他认为，所谓教唆自杀，是指他人本来没有自杀的意图，在行为人的教唆下产生了自杀的意图，并实施了自杀行为的情形。所谓帮助自杀，是指他人已经产生了自杀的意图，行为人为他人自杀提供了帮助的情形。他主张教唆或者帮助他人自杀不同于亲手把他人杀死，不应定故意杀人罪。

（5）故意伤害罪疑难问题

故意伤害罪是司法实践中常见的罪名之一，疑难问题颇多。王作富对此罪进行过深入研究，且其很多观点已成为通说。其主要见解是：首先，在刑法上应当将思想心理范畴的精神伤害与生理范畴的精神伤害区别开来，单纯思想心理范畴的精神伤害由于并未在实质上损害身体健康，因而不能成为故意伤害罪的客体；其次，认定故意伤害行为，关键是查明行为人有无伤害的故意，至于采取什么手段，行为方式是作为还是不作为，都不影响故意伤害罪的成立；再次，在故意伤害罪的停止形态中，行为人对伤害结果的认识，往往与伤害行为的实际结果不一致，这种情况下，应区分五种情形进行定罪量刑。

（6）贪污罪疑难问题

贪污罪不仅是司法实践中常见多发的犯罪，而且是刑事立法和刑事司法重点惩治的对象。王作富对贪污罪司法适用中的相关问题进行了严密分析和系统梳理，不仅澄清了理论分歧，而且为司法实务部门惩罚贪污犯罪提供了有益的指导。他的相关见解为：其一，贪污罪的主体应符合隶属性、公务性和直接性三个基本条件；其二，贪污罪主体范围包括六大类：国家机关工作人员，国有公司、企业、事业单位、人民团体中从事公务的人员，国有公司、企业、事业单位委派到非国有公司、企业、事业单位、社会团体中从事公务的人员，受国家机关、国有公司、企业、事业单位委托管理、经营国有财产的人员，国有保险公司工作人员和国有保险公司委派到非国有保险公司从事公务的人员，其他依照法律从事公务的人员；其三，贪污罪的对象是行为人所在单位的财物，其法定类型可以是“公共财物”、“国有财物”，也可以是“本单位财物”或者“应交公的礼物”。

（7）受贿罪疑难问题

王作富对受贿罪的很多疑难问题都有其独到的见解，其主要观点包括：首先，正确掌握受贿罪的主体范围，关键是正确理解和把握国家工作人员依法从事公务这一本质特征，分清公务与劳务的界限；其次，将贿赂仅限定为财物是不适当的，为使中国刑事立法更加完善，修改刑法、扩大贿赂的范围是极为必要的，这不仅有助于强化刑法对公务人员腐败行为的惩罚控制作用，也有利于促进廉政建设的深入发展。

（8）挪用公款罪疑难问题

挪用公款罪既是一种渎职犯罪，又是一种侵犯单位财产使用权的犯罪，其犯罪构成相当复杂。王作富对该罪进行了深入研究，其主要见解为：其一，挪用公款案件的处理，必须首先弄清行为人所动用的款项是否确属公款；其次，如果是为了个人私利，挪用公款给单位使用，其行为符合挪用公款罪其他要件的，应当以本罪论处；再次，承包案件的情况复杂，收入分配方式多样，因此挪用承包单位的款项是否构成本罪应当具体问题具体分析，关键是看行为人是否损害了发包单位的经济利益，如果损害了其利益，承包人挪用企业资金归个人使用符合挪用公款罪其他要件的，应当以挪用公款罪论处。

（9）滥用职权罪疑难问题

王作富着重对本罪的行为表现与主观方面进行了研究，认为不履行自己的职责主要表现为职务上的不作为；对于超越职权的含义，应坚持“限制论”的观点；就滥用职权罪的主观方面而言，应采纳“故意论”的观点。

（10）玩忽职守罪疑难问题

王作富认为，玩忽职守罪的罪过形式只能是过失，而不能是故意。这不仅是因为过失说符合立法原意，也因为认定玩忽职守罪包括故意和过失的“复合罪过形式”的观点不符合刑法学原理，还因为复合罪过论之观点否认了两种罪过形式在主观恶性程度上的区别，因而不符合罪责刑相适应原则的要求。

（二）学术导向与学术态度

王作富一生对刑法学术执着追求，不厌不倦。他关注国家和社会现实，一贯强调“理论联系实际，实事求是”。他坚持做学问应当谦虚谨慎，学无止境，永不自满。他是新中国第一代法律学者中的典范。

1. 求真务实的学术导向

王作富曾言：“作为以刑法为研究对象的刑法学，是一门实践性很强的应用型学科。理论的价值和生命力，归根结底就在于它的实践价值，刑法理论必须为立法和司法实践服务，为不断完善刑事立法和刑事司法服务。正是基于这一点考虑，多年来我在刑法教学和研究工作中，特别关注司法实践中已经提出和可能提出的与犯罪认定有关的种种疑难问题，力求从理论上给予有理有据的解析，而这些问题在刑法分则适用中出现最多，这也是我近年来偏重对刑法分则研究的重要原因。”

王作富的治学与中国司法实践紧密相关，并以中国社会变革为理论研究导向，以社会进步为立论基石和出发点，始终坚守理论与实践相结合。实事求是是他的学术导向和学术追求，正是出于对实践的尊重和坚持，成就了他在新中国刑法学上的重要地位。

2. 谦虚严谨的学术态度

王作富为人宽和儒雅，为学谦虚严谨。半个多世纪以来，即使在王作富成名之后，他也从不以大师自居，从不为虚妄的名利所动，始终保持着谦虚严谨的治学态度和精益求精的学术品格。无论何种形式的教学和讨论，王作富总是积极准备，认真思考，力图尽善尽美；无论何种形式的采访和咨询，王作富总是知之为知之，不知为不知，知无不言，言无不尽，力图发表明确而中肯的意见。时至今日，王作富已年逾 85 岁高龄，但仍然坚持读书读报，关心学术动态，彰显出其虚怀若谷和严谨治学的精神。

（三）教育事业与人才培养

自 1952 年被分配到中国人民大学法律系刑法教研室任教至 2012 年光荣离开杏坛，王作富在三尺讲台上站了整整 60 个春秋。教学理念上，王作富主张学术民主，从不以导师自居，从不居高临下将自己的观点强加给学生，一贯主张教学相长，喜欢和学生讨论问题，鼓励学生独立思考；教学方法上，王作富讲课特别注意理论与实践紧密结合，论证充分，条理清晰，深入浅出，深为学生喜爱；教学态度上，王作富始终尽职尽责，认真带好每一位学生，不仅注重学术知识的讲授和传播，更注重为人、为学态度与精神的塑造和培养。

王作富对人民教育事业坦荡忠诚，对教学工作积极热忱，对莘莘学子关怀备至，这也在法学教育界有口皆碑。在其教学生涯中，王作富共培养出博士 25 名，硕士 20 余名，本科生不计其数。在其培育和帮助下成长起来的他昔日的学生，如今多位已是知名学者和法律实务界专家型领导与业务骨干，他们已成为中国法治和法学事业的中坚力量。

三、王作富主要论著

王作富主编 . 1982. 刑法总论 . 北京：中国人民大学出版社 .

王作富，赵秉志 . 1987. 论贪污罪的司法及立法的完善 . 法学评论，(2)：8-14.

王作富，王勇 . 1988. 关于安乐死是否构成犯罪问题的探讨 . 法学研究，(6)：72-78.

王作富 . 1988. 中国刑法研究 . 北京：中国人民大学出版社 .

王作富 . 1989. 从刑事司法中的问题谈刑事立法的完善 . 法律与学习研究，(4)：15-20.

王作富，陈兴良 . 1991. 受贿罪构成新探 . 政法论坛，(1)：23-30，35.

王作富，桑红华 . 1991. 新时期刑事立法的反思及若干改进构想 . 中国法学，(5)：62-67.

王作富，孙力 . 1993. 科技进步之刑法保护 . 法学家，(1)：12-17.

王作富，谢玉童 . 1998. 罪刑法定原则与人权保障 . 中国人民大学学报，(1)：68-71.

王作富 . 2001. 挪用公款罪司法认定若干问题研究 . 政法论坛，(4)：79-86.

王作富主编 . 2001. 刑法 . 北京：中国人民大学出版社 .

王作富主编 . 2001，2003，2007，2010，2013. 刑法分则实务研究（全三册）. 北京：中国方正出版社 .

高铭暄，王作富，赵秉志，等 . 2002，2006. 刑法专论（下编）. 北京：高等教育出版社 .

王作富，田宏杰 . 2003. 中国刑法学研究应当注意的几个基本问题 . 法商研究，(3)：6-8.

王作富 . 2004. 刑法论衡 . 北京：法律出版社 .

王作富，刘树德 . 2005. 非法经营罪调控范围的再思考 . 中国法学，(6)：138-149.

王作富，但未丽 . 2006. 关于减刑制度的正当性思考 . 法学家，(6)：45-52.

王作富 . 2008. 犯罪功能分析与价值评判的路径选择 . 法学，(9)：131-139.

王作富 . 2013. 刑法纵横 . 北京：北京大学出版社 .

王作富，刘树德 . 2013. 刑法分则专题研究 . 北京：中国人民大学出版社 .

主要参考文献

王作富 . 2004. 刑法论衡 . 北京：法律出版社 .

王作富 . 2013. 刑法纵横 . 北京：北京大学出版社 .

田宏杰编 . 2013. 王作富刑法思想评述 . 北京：北京师范大学出版社 .

撰写者

赵秉志（1956～），法学博士，北京师范大学法学院暨刑事法律科学研究院院长、教授、博士生导师，中国刑法学研究会会长，王作富的学生和同事。

田宏杰（1971～），法学博士、金融学博士后，中国人民大学教师教学发展中心主任，中国人民大学法学院教授、博士生导师，王作富的学生和同事。

费宗祎

费宗祎（1928～），江苏无锡人。法官。1950年7月毕业于国立南京大学法律系。曾任最高人民法院法官，最高人民法院经济审判庭副庭长，最高人民法院审判委员会委员、咨询委员会委员。曾担任中国高级法官培训中心、国家法官学院的法学教授，北京大学、中国人民大学、中国政法大学、中国外交学院等高校的兼职教授。曾任中国国际法学会副会长，中国国际私法学会副会长、名誉会长，中国知识产权研究会副理事长，中国国际经济贸易仲裁委员会副主任、顾问。业务专长涉及民商法、国际民商法、国际私法，曾参与《中华人民共和国民法通则》、《中华人民共和国民事诉讼法》、《中华人民共和国仲裁法》、《中华人民共和国合同法》等多项重要的民商事法律的起草和修改工作。曾主编或参与编写了《中国经济法教程》、《国际私法讲义》、《中国民事诉讼法教程》以及《中国国际民事私法协助》等教材。费宗祎既有深厚的法学理论功底，又有丰富的法律实践经验，他既是中国改革开放后多项重要民商事法律和司法解释的起草者之一，也是中国经济审判工作的开创者之一，同时还是国内资深的仲裁专家。

一、风雨人生路　最难是执着

费宗祎1928年出生于江苏无锡的农村，1950年以优异成绩毕业于国立南京大学法律系。在学生时代他便对国际法和英语兴趣浓厚，投入了许多精力去认真钻研。1950年8月费宗祎被分配至最高人民法院民事审判庭担任书记员。1958年，与当时的许多知识分子一样，费宗祎被下放到河南长葛县农村劳动。在长葛县的一年，费宗祎与当地农民同吃、同住、同劳动，建立了深厚的感情。中国农民的勤劳、淳朴、艰苦奋斗的精神，深深触动了他的内心。

1959年，费宗祎被调到东北工作，一干就是20年。他先后工作于长春市高压油泵厂、动力机械厂、锅炉厂，做过车间主任、生产调度、计划员等。这些工作与他的法律专业风马牛不相及，但他总是认真对待每项工作，并且经常下到车间同工人一道劳动。他曾经在眼见一位工友就要发生事故、丧生火车车轮之下时，及时挺身而出将其拉回站台，挽救了工友的生命。在东北长达20年的岁月里，费宗祎尽管每天与机械设备和工业生产打交道，但他从未放弃自己的法学理想，从来没有气馁和沮丧。他一直没有中断对相关知识，特别是法学知识的学习和研究。那时很难觅到些许法律和英文资料，他就订阅各种英文书报，阅读英文版的文学作品，这为他之后从事涉外法律工作和研究打下了坚实的基础。

1979年，在国家拨乱反正的大背景下，费宗祎从东北回到北京，重返最高人民法院工作。虽然已过知天命之年，但他仍以饱满的热情和孜孜不倦的追求投入到工作、学习和研究中去。费宗祎利用业余时间翻译了十多万字的有关国际法的文章，并在1979年参加民法三稿起草前，将英文版《德意志民主共和国民法典》译成中文，供立法参考。这本译作语言精确、简洁，不仅在翻译技巧方面达到了非常高的水平，并且在对德意志民主共和国民法典的立法精神和结构的理解上也很到位，至今对于中国民法学研究和民法典的起草都具有独到的参考价值。

20世纪80年代初，中国实行改革开放，经济得到全面发展，随之而来的是经济纠纷案件也不断增多，法院对经济纠纷案件的审判尚处于起始阶段。由于当时的民事经济立法基本还是空白，法官们常常会发现除了靠政策和行政命令保护平等主体之间的经济利益外，法院对这类案件的处理，几乎没有先例和经验可循。在这种时代背景下，费宗祎被派到经济审判庭工作。从1984年开始担任最高人民法院经济审判庭副庭长，他经办了为数众多的经济案件，堪称中国的经济审判工作的开创者之一。

费宗祎在20世纪80年代中期成为中国国际经济贸易仲裁委员会的仲裁员，1987年他参与中国加入联合国《关于承认和执行外国仲裁裁决公约》的准备工作。费宗祎经常担任国际经济贸易仲裁委员会的首席仲裁员和独任仲裁员，仲裁过的案件超过300件，涉及合同、借贷、合资、海事、建筑工程等多类纠纷，1991年起他连续三届担任国际经济贸易仲裁委员会的副主任委员，2008年起他担任中国国际经济贸易仲裁委员会的顾问。此外他还被聘为北京仲裁委员会、深圳仲裁委员会的仲裁员。

1995年底，费宗祎被任命为香港特别行政区筹备委员会委员，以法学界人士的身份参与了香港特别行政区的筹建工作，为解决涉及香港特别行政区的有关法律问题做出了贡献。香港回归后，费宗祎担任最高人民法院内地与香港特别行政区司法协助研究小组副组长，为香港特别行政区与内地在司法文书送达、仲裁裁决的承认与执行等方面的司法协助问题做了许多准备工作。

1998年，费宗祎从最高人民法院咨询委员会委员的岗位上退休。现在，尽管已是耄耋老人，但他仍在为中国仲裁事业的发展和中国民商法的进步继续贡献力量。

二、专家型的法官和实践型的学者

（1）民商事审判历史性跨越的亲历者

费宗祎亲眼见证了从 1979 年最高人民法院经济审判庭的设立、到经济审判更名为民商事审判和如今大民事审判格局产生的全过程。1978 年中国经济建设逐渐复苏，1979 年 2 月，重庆市率先在市中级人民法院建立了全国第一个经济审判庭。1979 年 7 月 1 日，五届全国人民代表大会二次会议通过的《中华人民共和国人民法院组织法》给了经济审判庭一个法律上的“名分”。最高人民法院在 1979 年 9 月设立了经济审判庭，并在 1980 年召开了全国经济审判工作经验交流座谈会，经济审判工作的基本任务、收案范围、收案办法在会上得到了确定。1983 年 9 月，六届全国人民代表大会二次会议根据形势的发展，对法院组织法进行了修改，决定各级人民法院普遍设置经济审判庭。在最高人民法院的部署和指导下，全国一些高、中级法院开始陆续设立经济审判庭。到 1984 年底，全国各级法院普遍设立了经济审判庭。这样，经济审判的初创阶段也就完成了。

（2）协助起草第一次经济审判会议报告

1984 年 3 月，全国第一次经济审判工作会议召开，费宗祎协助时任最高人民法院副院长任建新，事先做了大量的准备工作，经过字斟句酌、反复推敲、多次修改，起草了这次会议的报告。在这次会议上，明确将为社会主义现代化建设服务确定为经济审判工作的指导思想，并确定了经济审判工作的基本任务是：审理经济纠纷案件，通过审判活动，调整生产和流通领域内的经济关系，保护国家和集体、个人的合法权益，维护社会主义经济秩序，保障中国社会主义现代化建设事业的顺利进行。这次会议在经济审判领域具有里程碑的意义。

（3）参与制定经济审判方面的司法解释

由于经济审判在当时是一个新生事物，各地在审判中难免遇到这样那样的问题。比如说海事审判方面，由于缺少审判经验，缺少相关的法律规定，有相当一部分法院收到案件不知道该不该管，能不能受理。当时碰到的最大一类问题就是船舶在海上发生碰撞。有了碰撞必然要赔偿损失，而赔偿损失的先决条件就是扣押船舶。但按照当时的有关规定，扣押外籍船舶必须层层上报至外交部门，等批准后，外籍船舶早就逃之夭夭了。因此，当时很多法院案子来了不敢管，或者说不愿意管。为此，费宗祎积极协调外事部门，推动并参与制定了《关于涉外海事诉讼管辖的具体规定》，明确了法院在海事诉讼中管辖案件的范围，解决了办案实践中遇到的棘手问题。此外，作为经济审判庭的一员，费宗祎还参与起草和制定了《关于在审理经济合同纠纷案件中具体适用〈经济合同法〉的若干问题的解答》、《关于适用〈涉外经济合同法〉若干问题的解答》等一系列重要的司法解释，对于推动全国经济审判工作的健康发展起了重要的指导作用。

（4）推动北京在全国率先设立知识产权庭

1993年11月，中国共产党十四届三中全会召开，党中央做出了《关于建立社会主义市场经济体制若干问题的决定》，这个《决定》对于中国此后十几年的高速发展，产生了巨大的推动作用。也正是在这个阶段，民商事审判进入了高速发展阶段，由于经济高速增长，伴随着经济交往的增多，经济纠纷激增。面对案件数量急剧增加和不断涌现的新类型案件，经济审判工作逐渐向精细化和专业化发展。20世纪90年代后，随着专利、商标、著作权纠纷的增多，费宗祎提出在各地成立知识产权审判庭的建议，很快得到了最高人民法院领导的支持和批准。费宗祎在推进这项工作初期并不顺利，北京市高级人民法院的有关负责人认为，专利、商标、著作权的审理没必要单独设立一个知识产权庭，放在经济庭审理就可以了。后来随着知识产权案件的逐年增多，并在费宗祎的极力倡议和推动下，北京市高级人民法院最终同意成立知识产权庭。这样，北京市高、中级人民法院在全国法院系统率先设立了知识产权审判庭。当时，知识产权庭依法公平、公正地审理了微软、任天堂、迪士尼等许多外国公司状告中关村一些企业商标侵权案，树立起中国是"负责任的发展中大国、严格依法保护知识产权"的形象。费宗祎对中国的知识产权审判工作的发展功不可没。

（5）参加多部法律的起草和修改

费宗祎曾主持并亲自起草了许多司法解释性文件，提出了许多关键的和对于人民法院审理案件可操作性的建议，如经济合同法、涉外经济合同法方面的司法解释和立法建议；海事审判方面诸如海事诉讼程序的立法建议；知识产权案件审判的司法解释和立法建议，对于规范和推动经济审判、涉外经济审判、海事审判、知识产权审判工作的发展起了重要作用。费宗祎1985年参与了《中华人民共和国民法通则》的起草，其中"涉外民事关系的法律适用"一章由他执笔；1991年参与了《中华人民共和国民事诉讼法》的修改，起草了"涉外民事诉讼的特别规定"部分；1995年参与了《中华人民共和国仲裁法》的起草；1998年参与了《中华人民共和国合同法》的起草。在《合同法》的起草过程中，费宗祎主持制定新的合同法概要，极力主张新的合同法制定既要从中国实际出发，又要借鉴国外合同法的有益经验，放眼 21 世纪和当代国际社会，同国际接轨，因此新的合同法在体例上虽然仍可沿用大陆法系的模式，但在内容上则应当充分借鉴和吸收国际公约如《联合国国际货物销售合同公约》和国际上通行做法如《国际商事合同通则》的经验，而不应拘泥于大陆法系的思维定式。在经济全球化的今天，大陆法系和英美法系相互影响、相互借鉴、相互融合是大势所趋。他笑言："近亲繁殖一定会退化，杂交才有优势。法律也是如此。唯有借鉴、交流、融合才能不断发展。"费宗祎的这一主张，被立法机关采纳，并体现在九届全国人民代表大会二次会议通过的《中华人民共和国合同法》条文中。

（6）办案水平极高的清廉法官

费宗祎作为最高人民法院的法官、最高人民法院审判委员会委员，具有极高的办案水平，他办理案件时，总是能够迅速把握纠纷的本质，适用的法律有根有据，清清楚楚，令人信服。办案过程表现出他渊博的法学学识、敏锐的洞察力和极强的逻辑性。费宗祎是个敢于讲真话、清廉的法官，他的身上，有着中国知识分子的率真和耿直，他从不隐瞒自己的观点，有话说在当面，甚至不讲情面，为此也曾得罪过一些人。他从不认为廉洁是自己值得言说的优点，因为在他看来，这是法官应有的基本素质。"法官是公正的象征，如果法官不廉洁，法律就等于一张废纸。"费宗祎如是说。他的同事坦言，可以说费宗祎不讲情面，可以说费宗祎恃才傲物，但若说他不真诚，不廉洁，一定没人会相信，因为他的正直，清廉是人所共知的。

（7）注重理论与实践结合的法官

费宗祎身为一名法官的同时，还身兼中国国家法官学院教授，还曾担任北京大学法律系、中国人民大学法学院、中国政法大学研究生院、外交学院国家法研究所、南京大学法学院等院校的兼职教授，并连续两届任中国国际法学会、中国国际私法学会副会长、中国知识产权研究会副理事长。费宗祎说："搞法律工作没有理论不行，但光有理论没有实践更不行，必须注重实际，注意如何将理论应用于实际。"他曾主编或参与编写《中国经济法教程》、《国际私法讲义》、《中国民事诉讼法教程》以及《中国国际民事私法协助》等著作，由于具有理论紧密联系审判实践的特点，为许多法律学院采用。可见，费宗祎不仅身处审判实践的第一线，熟悉案件审理工作，他还能够结合理论与实践，在书库中坐拥百城。

（8）超期 10 年退休依旧关注民商事审判

1998 年，费宗祎从最高人民法院咨询委员会委员的岗位上退休。这个时候他已经 70 岁，超期服役 10 年。尽管费宗祎人已不在法院，也不再从事民事审判工作，但他的目光一刻也没离开法院系统。时刻关注着民商事审判格局的发展变化。费宗祎说："我相信，随着我国司法能力进一步增强，司法水平的进一步提高，人民法院民商事审判将更好地促进社会主义市场经济健康快速地发展。"

三、资深仲裁员

（1）具有公信力的资深仲裁员

仲裁作为一种解决纠纷的法律手段，在中国的真正起步和发展，至今不过短短30年，费宗祎亲历、参与并推动了中国仲裁事业的发展。费宗祎在20世纪80年代中期就开始担任中国国际经济贸易仲裁委员会仲裁员，他经常担任首席仲裁员和独任仲裁员，仲裁过的案件超过300件，涉及合同、借贷、合资、海事、建筑工程等多类纠纷，曾连续三届担任中国国际经济贸易仲裁委员会的副主任委员，具有极其丰富的仲裁工作经验。长期积累的法官办案经验为费宗祎办理仲裁案件提供了极丰富的资源，他谙熟有关的法律、国际惯例和国际公约，总是能迅速地把握纠纷的症结所在，并做出令当事人双方都很信服的裁决，而他廉洁的法官形象，对于仲裁员来讲，无疑具有极强的公信力。中国国际经济贸易仲裁委员会甄选仲裁员时，对仲裁员的任职标准和资格要求很高，但费宗祎在众多的仲裁员中却能被喻为Arch（译意为"拱门"，说明重要性、首要性）绝非偶然。在法院工作时，费宗祎的不讲情面，依法办事的作风是有口皆碑的。到了仲裁委以后，他一直坚持着这种作风。费宗祎极力主张仲裁员不能成为当事人的代理人，即便是当事人所指定的仲裁员，也一定要严格区分仲裁员与当事人的代理人或代理律师的角色，从而确保仲裁员的独立身份。费宗祎认为经济审判与商事仲裁具有共同点：两者都是解决当事人之间利益纠纷的方式，要能够求得一个利益的平衡，那么就要求审判人员和仲裁人员一定要超脱于双方当事人，一定要处于中立的、独立的地位，一定要自主地、平等地对待双方当事人，而不能屈从于某些行政权力，不能屈从于某些部门干预，不能屈从于地方保护主义。他承载了中国古代文化中"士"的传统，也体现了现代法律人的精神。正是由于费宗祎等一批仲裁员的不懈努力，中国仲裁的独立公正才逐渐深入人心，并逐渐树立起中国仲裁的国际地位。

（2）经验丰富、业务娴熟的仲裁员

因为本身在法院工作，又正好是负责涉外审判以及海事海商等案件的审理，对于开庭、审理这些司法程序本是驾轻就熟，因此费宗祎做仲裁员的优势自不待言。费宗祎认为，仲裁与司法诉讼、审判有很多相近的地方，在仲裁中可以借用司法机关的经验和做法。当时包括他在内的一批司法界的同仁，不断地把司法审判中的一

些做法和经验，介绍并推荐到仲裁中来，以改善仲裁工作，丰富仲裁经验，提高仲裁水平。例如在司法中经常运用的审判与调解相结合的做法，就被合理地“嫁接”到仲裁中来，变成仲裁与调解相结合，这一办法后来被写入仲裁规则中，成为一条影响深远的仲裁原则。这一仲裁原则后来还被推广到国际上，被称为“东方经验”。费宗祎在调解方面很有一套，他说：调解不等于“和稀泥”，不等于不讲法。调解是在法律允许的范围内和坚持法律原则的条件下，来为当事人友好、协商解决争议。作为仲裁员，不仅要解决当事人“过去”发生的争议，还要引导双方“向前看”。这样，当事人往往在某一方面进行让步或放弃眼前的利益，而获得另一方面的长远的利益。因此，在符合法律原则、尊重当事人意愿的前提下，在仲裁中运用调解的方式解决争议，是一个好办法。

（3）中国仲裁法律的起草人之一

费宗祎与仲裁打交道的另外一个重要途径是通过参与立法。1991 年费宗祎参与讨论修改《中华人民共和国民事诉讼法》，其中第四编第二十八章“仲裁”中，对中国涉外仲裁做出了比以前更为具体的规定，明确了涉外仲裁的立法思想，初步确立起国内仲裁机构的法律地位。接着就是 1995 年的《中华人民共和国仲裁法》，费宗祎参与其起草、通过并实施的全过程。该法是中国唯一的一部关于仲裁的专门法律，成为中国仲裁业的一个重要里程碑。在参与起草的过程中，费宗祎提出建议，不采用原有的行政仲裁模式，而应在总结贸易仲裁经验的基础上参照国际通用做法确定仲裁法的基本原则和架构。《仲裁法》的颁布和实施，为仲裁事业的发展开辟了广阔的前景。从 1986 年讨论中国加入联合国《关于承认和执行外国仲裁裁决公约》（即《纽约公约》）开始，到参与民诉法的修改和仲裁法的起草，可以说，费宗祎成为改革开放后中国仲裁业发展的参与者与见证人。

（4）关心和推动中国仲裁事业的发展

费宗祎多年来在中国国际经济贸易仲裁委员担任着重要职务，并以独立仲裁员的身份办理案件，对贸易仲裁有很深的感情，对仲裁事业的发展怀着拳拳之意。费宗祎经常与同仁探讨：在 21 世纪国际商事仲裁是一个市场，世界各国都在争夺这一市场。这就要求中国的仲裁机构要进一步现代化、国际化，要提高服务水平；既要保住国内市场，更要“走出去”抢占国际市场，要在国际上树立权威地位。费宗祎对仲裁有着自己的独到理解，他认为仲裁机构应当坚持“独立自主、非营利性、公益性、为社会服务”的性质，仲裁机构一定要突出民间性，现职行政官员与法官、检察官一样不能担任仲裁员，仲裁委员会成员应由推选而非任命产生，仲裁机构必须强化服务性，淡化管理性，应当将仲裁委员会的一些职能转移归仲裁庭。费宗祎认为仲裁的中国化特色一定是要便捷，即方便当事人快捷地解决纠纷，真正地保护当事人的合法权益，而不能照搬法院诉讼的那套程序，也要避免国外某些仲裁机构那套繁杂的仲裁程序。仲裁程序应当允许当事人自己选定，给当事人更大的自主权，对于证据怎么交换，书面审理还是开庭审理，都可以由当事人决定，只要能够保证当事人行使正当的程序权利，包括陈述自己意见，进行辩论等就可以了。多年来，费宗祎一直在为中国仲裁事业的发展奔走献策，在为完善中国仲裁法律提供自己宝贵经验和见解的同时，他还积极推动培养一支掌握国际贸易方面的法律法规的适合现代化、国际化的仲裁员队伍。

费宗祎一生风风雨雨，在他下放农村和工厂的日子里，他从未停止过学习，当他重返审判工作时，虽然已过知天命之年，却以全部的热情坚持不懈地求索，他的身边同事公认他淡泊名利，不计较个人得失，却刻意在法学上钻研，“执着”二字是对他最好的写照。从民国时期的学校教育到新中国成立初期的最高人民法院审判工作，从20世纪50年代下放到东北工厂的20年到改革开放后重返最高人民法院经济审判岗位的20年，以及在商事仲裁领域近30年的实践，年过八旬的费宗祎向我们展示了一个洋溢着青春活力、透发着铮铮铁骨精神、闪烁着高度智慧而又不失文人风骨的大写的人。

四、费宗祎主要论著

[德] 左斯塔夫-阿道尔夫吕·勃兴. 1976. 为人民利益服务的法律——德意志民主共和国民法典. 费宗祎译. 国外法学，(6)：38-41.

[美] 戴维 A. 柯尔森. 1979. 英、法大陆架争议的仲裁. 费宗祎译. 国外法学，(4)：38-42.

[匈] 司查斯齐. 1980. 发展中国家的法律冲突——关于外国投资的法律冲突问题. 费宗祎译. 国外法学，(4)：27-30.

[匈] 汉纳·波柯-泽哥. 1980. 新国家与国际法的关系. 费宗祎译. 国外法学，(3)：18-27.

[意] 安德里·吉阿丁纳. 1980. 政府革命变更对于在国外公有财产的效力. 费宗祎译. 国外法学，(2)：1-6.

[匈] 史查斯齐. 1982. 阻碍适用外国法律的原因. 费宗祎译. 国外法学，(3)：53-57.

费宗祎译. 1982. 德意志民主共和国民法典. 北京：法律出版社.

费宗祎. 1983. 海洋环境保护法规定的法律责任浅析. 人民司法，(4)：30-32.

费宗祎. 1983. 什么是法律规定由人民法院审理的行政案件？. 人民司法，(3)：24-25.

费宗祎. 1984. 关于专利诉讼和对专利权的保护. 人民司法，(5)：31-32.

费宗祎. 1984. 谈谈我国对涉外民事案件的司法管辖问题. 人民司法，(6)：18-20.

费宗祎，江必新. 1987. 建立我国行政诉讼制度的若干问题. 法学季刊，(4)：3-5.

费宗祎. 1991. 涉外管辖与涉外仲裁. 人民司法，(12)：23-24.

费宗祎. 1991. 我国工业产权诉讼情况和有待解决的问题. 知识产权，(1)：23-26.

费宗祎，唐承元编 . 1992. 中国司法协助的理论与实践 . 北京：人民法院出版社 .

费宗祎 . 1993. 中国的知识产权诉讼 . 知识产权，(1)：21-25.

费宗祎编 . 1994. 中华人民共和国专利业务实用全书 . 北京：中国政法大学出版社 .

主要参考文献

李红阳 . 2001-6-7. 费宗祎：仲裁符合我的秉性 . 中国贸易报，4 版 .

阳妍 . 2006-7-11.《物权法》应当专章规定海域使用权——访最高人民法院原审判委员会委员、法官费宗祎 . 中国海洋报，1 版 .

费宗祎 . 2007. 费宗祎先生谈仲裁法的修改 . 北京仲裁，(2)：1-4.

罗斌 . 2008-10-18. 经济审判开辟了广阔的审判领域——访最高人民法院原审委会委员费宗祎 . 人民法院报，3 版 .

徐伟 . 2009-8-3. 亲历我国民商事审判的历史性跨越 . 人民日报，1 版 .

撰写者

林仪明（1981 ~），福建莆田人，上海市人民检察院助理检察员，华东政法大学法律史专业博士生。

许崇德

许崇德（1929～2014），上海人。宪法学家。1951年毕业于复旦大学法律系。1953年中国人民大学研究生毕业后留校任教。1987年被评为教授、博士生导师，2005年被授予中国人民大学首批荣誉教授，2013年被授予荣誉一级教授。曾参加1954年宪法起草的辅助性工作，曾为1982年宪法修改委员会秘书处成员，参与现行宪法的草拟。曾先后任香港特别行政区基本法起草委员会委员、澳门特别行政区基本法起草委员会委员，以及香港特别行政区筹备委员会委员、澳门特别行政区筹备委员会委员，被香港社会誉为“四大护法”之一。1998年曾为全国人民代表大会常务委员会、2002年曾为中共中央政治局做宪法讲座，中共中央马克思主义理论研究和建设工程课题组《法理学》、《宪法学》教材首席专家。指导硕士10届，博士56名，发表学术论文323篇，出版著述85种。2004年当选中央电视台年度法治人物，2005年、2012年先后获中国法学会颁发的新中国宪法学发展贡献奖、“全国杰出资深法学家”称号。其专著《中华人民共和国宪法史》获北京市第八届哲学社会科学优秀成果特等奖、第五届吴玉章人文社会科学特等奖。其主编的《中国宪法》（第四版）入选教育部2011年普通高等教育精品教材书目。2009年出版《许崇德全集》12卷。

一、一生历程

许崇德，1929年1月15日出生于上海青浦金泽镇。1947年考入复旦大学法律系。1951年到中国人民大学法律系国家法教研室做研究生，毕业后留校任教。

（一）初定人生目标，投身于马克思主义宪法学的研究

少年时期的许崇德，就学于嘉兴中学。时值抗战胜利，许崇德从报纸上看到梅汝璈大法官代表中国参加远东国际军事法庭的审判，最终匡扶正义，将日本战犯绳之以法，认识到法律的威力，遂报考法律专业。在复旦大学求学期间，张志让教授讲授宪法，谆谆善诱，令许崇德萌生了对宪法学的兴趣。加之许崇德少年时历经坎坷，吃尽民穷国弱的苦头，对国民党政权的腐败深有感触，因此，一接触宪法学这

门课程，更加深了对国家根本法重要性的认识。

大学毕业后，许崇德被分配到中国人民大学法律系学习国家法（宪法），恰合本人的愿望。在苏联专家的指导下，他认真研读马列原著，努力掌握马克思主义宪法学的精髓。

（二）参与宪法起草相关工作，参编讲义初获好评

1953 年，许崇德参加了农村的粮食统购和全国普选试点工作，并到宪法起草委员会办公室的资料组工作，见证了新中国第一部宪法的诞生。宪法制定后，“中国国家法”课程更名为“中国宪法”。许崇德与同事合编宪法讲义，获得学界的普遍好评。

此后，接二连三的政治运动，长期干扰许崇德的教学与研究。1958 年，许崇德被抽调去昌平县参加人民公社化运动，1960 年，被下放到丰台区看丹乡劳动锻炼一年。返校后，许崇德继续从事教学和研究工作。1962～1964 年，他在当时全国唯一的法学刊物《政法研究》上连续发表三篇文章，但由于同事提醒他有可能被视为“滋生资产阶级名利思想”，不得不忍痛搁笔。

1963～1964 年，许崇德参加了三期农村“四清”。前两次在京郊，第三次在陕西长安县，前后一年有余。1965 年夏，许崇德返回北京，在人民大学法律系进行了两三个月的“国家与法的理论”课程研究。接着，他被选派到北京市东城区人民法院参加司法改革实践，参加“群众办案”工作。1966 年“文化大革命”爆发，许崇德先到东方红炼油厂基建队当拌泥工，接着被下放到江西“五七干校”，每天负责掏粪积肥。1971 年初，许崇德被调回北京，进入北京师范学院（现为首都师范大学）工作，任政教系中共党史教研组组长兼支部书记，主要工作是带领工农兵大学生学工学农学军。1978 年 9 月，中国人民大学复校，许崇德回到法律系，任宪法教研室主任、讲师、副教授、教授。

（三）参与修宪、立法，参与港澳回归的实际工作

1979 年，许崇德参加《地方各级人民代表大会和地方各级人民政府组织法》与《选举法》的草拟及修改工作。1980 年 9 月至 1982 年 12 月，作为宪法修改委员会秘书处成员，许崇德参与现行宪法的草拟。1985 年、1988 年，受全国人民代表大会常务委员会任命，许崇德先后任香港特别行政区基本法起草委员会委员、澳门特别行政区基本法起草委员会委员。1996 年、1998 年，又被全国人民代表大会常务委员会先后任命为香港特别行政区筹备委员会委员、澳门特别行政区筹备委员会委员。

在这些实际工作中，许崇德都发挥了法学家的应有作用。

（四）学术生命喜逢春，科研之树结硕果

1983 年，许崇德开始招收宪法学硕士研究生。1987 年，开始招收博士研究生。他长期给法律系本科生、研究生讲授中国宪法。长期的教学和立法实践，推动许崇德在科研方面取得丰硕的成果。

从 1979 年至 1999 年 20 年间，许崇德独著、主编或参与写作的教材著述多达 48 部，公开发表论文 185 篇。1982 年，他出版《国家元首》一书，介绍各国元首制度。1983 年，他出版《新宪法讲话》，发行 23 万册。他曾与皮纯协合著《选举制度问答》，与何华辉合写《宪法与民主制度》、《分权学说》，与张友渔等合著《中华人民共和国宪法讲话》，与陈为典等合编《什么是政治学》，与张正钊共同主编《人权思想与人权立法》等。受国家教委委托，他先后主编了《中国宪法教学大纲》、《宪法学自学考试大纲》，全国高校文科统编教材《中国宪法》及其配套参考书《中国宪法参考资料选编》。他还主编了《城市政治学》、《各国地方制度》、《宪法与民主政治》、《港澳基本法教程》、《宪法学（外国部分）》、《宪法学（中国部分）》以及 21 世纪法学系列教材《宪法》。此外，许崇德还承担了《中国大百科全书·政治学》“政治制度”部分、《中华法学大辞典》（宪法学卷）等工具书的编撰工作。1999 年，他领衔主编《中华人民共和国法律大百科全书》，全书 11 类共 13 册，获第 12 届中国图书奖。

许崇德曾是中国宪法学研究会和中国政治学会的创始会员，并先后担任理事、常务理事、副会长等职务。还曾担任中国法学会学术委员会委员、中国宪法学研究会名誉会长、北京市宪法学研究会副会长，中国人民大学二分校校长，北京联合大学学术委员会副主任委员、文法学院院长，最高人民检察院咨询委员会委员，国务院发展研究中心港澳研究所学术委员会主任委员等职务。

（五）进入新世纪，著述立言，所撰宪法史，赢得盛誉

2000 年 10 月，许崇德不慎感染急性肺炎而住进重病监护室，卧榻三个月。病愈后的许崇德从法学院退休，但他执着于所热爱的宪法学研究，仍然笔耕不辍。新世纪以来，许崇德主编或写作的教材、著述达 25 部，发表论文 130 多篇，多篇佳作在《人民日报》、《法制日报》、《求是》、《法学家》、《中国法学》、《法学研究》等刊物发表，作品屡被《新华文摘》转载，迎来学术事业的又一高峰。

2004 年 3 月 1 日，许崇德撰写的《邓小平理论永放光芒——重读邓小平同志关

于“一国两制”的重要论述》一文由新华社统一发稿，《人民日报》等 20 多家报纸同时刊载。2005 年他在《中州学刊》发表的《〈反分裂国家法〉的立法依据和性质探析》、2006 年在《法学》杂志发表的《以科学发展观学习宪法》等论文，先后被《新华文摘》全文转载。他与另一同志合写的《中华人民共和国宪法》（英文版）于 2001 年作为国际法律大百科全书丛书之一由荷兰克鲁瓦公司出版，2013 年再版。2006 年他在《中国人大》杂志发表的《“宪法司法化”质疑》，被《北京日报》以《关于“宪法司法化”这个提法》为题转载。2008 年在《人民日报》发表的《人民代表大会制度与三权分立制度有根本区别》一文，被《法制日报》转载，并收入《“六个为什么”》一书。

2003 年，许崇德集毕生之学术积累，历时五载而完成的专著《中华人民共和国宪法史》，由福建人民出版社出版。全书 70 万字，博得学界的广泛赞誉，并于 2004 年荣获北京市第八届哲学社会科学优秀成果特等奖。2005 年修订再版，2007 年又获第五届吴玉章人文社会科学特等奖。

2002 年，许崇德还担任国家“十五”重点图书出版规划项目《中华人民共和国法库》宪法卷主编。2003 年，担任中共中央组织部组织编写的《〈全国公开选拔党政领导干部考试大纲〉学习读本》法律卷主编。2009 年，他主编“一国两制”知识丛书。

许崇德退休后，被中国人民大学返聘，继续指导博士生，讲授“法学前沿”课程。2014 年 3 月 3 日，许崇德因病在北京逝世。

许崇德是新中国宪法学发展的奠基者和重要参与者之一，也是新中国宪政建设历史的重要见证人。他参与制宪修宪，起草基本法，在国家需要时，常能振臂发声、讲法“护法”，这都缘于他对国家、对民族的无限热爱。他立志坚卓，皓首穷经，笔耕不辍。他传道授业，登坛讲宪，修身克己，谦逊为人，宽厚包容，桃李满园。他是一位令晚辈仰止的宪法学家和法学教育家。

二、学术研究和重要贡献

（一）主要研究领域及学术贡献

1. 宪法的基本理论问题研究

（1）依法治国首先是依宪治国

许崇德在 1998 年为全国人民代表大会常务委员会做宪法讲座时，曾明确提出，依法治国首先是依宪治国。他在《战略机遇期应充分实施宪法》一文中做了论证：1）宪法与其他一般的法不同。后者只是相应地规范国家生活的某个具体方面，而宪法则规定全面的、重大的社会和国家事务。2）与一般法律相比较，宪法所体现的是党的最重要的主张和人民的最根本的意志。3）宪法规定的是国家最根本的制度，如果宪法受到了损害，那就是损害了国家的根本制度，无异于动摇了国家的根基。因此，依法治国首先应是依宪治国，宪法是依宪治国的基础。

（2）关于宪法的本质

在《中国宪法》教材中，许崇德根据马恩原著中有关宪法本质的表述，指出，宪法的本质是各种政治力量对比关系的集中表现。许崇德认为，所谓政治力量对比，首先是指阶级力量对比。但它不是唯一的。如果忽视其他政治力量的重大影响，未免把宪法的本质问题过于简单化。

（3）关于宪法序言的法律效力

对中国宪法序言的法律效力，学界有三种观点：一是认为序言同条文同样具有最高法律效力；二是认为序言是一种历史陈述，没有法律效力；三是认为序言一部分具有法律效力，譬如对国家根本任务的规定，而其他则没有法律效力。在《中国宪法学发展的回顾与展望》中，许崇德认为，序言应该跟正文一样具有法律效力。因为宪法是一个整体，绝不能把宪法分割成有效力的部分和没有效力的部分。全国人民代表大会在通过宪法时，从整体上赋予了宪法以最高法律效力。作为宪法不可分割的有机组成部分，序言当然不能脱离有效的宪法整体而成为没有法律效力的独立体。

（4）宪法条文应具显明性

1979年，许崇德专门比较了1954年、1975年、1978年宪法规范的表述，发表《论宪法规范的显明性》一文，提出宪法规范应具显明性的观点。他说，宪法规范必须做到内容清晰，界限分明。规范制成为条文，务求表达清楚，意义确切，造句严谨，文字鲜明。因此：1）应采用精确的法律名词，而不要任意使用政治术语和文学词汇；2）国家或者公民凡是应当享有权利、承担义务的，都必须做出明确的许诺和要求，而不是用争取或者劝说的语气来写条文；3）要根据客观实践提出的要求，使规范日臻严密，更加明确起来；4）留待普通法律解决的问题，要顾及中国立法的实际状况，而不要都用“依法……”一笔带过。凡是宪法条文采用“依法……”方式的，在实际中必须有法可依。

（5）对宪政的看法

许崇德认为，宪政是依据宪法实行的民主政治，有着强烈的阶级性，应分清资产阶级宪政和无产阶级宪政，不能混淆。许崇德指出，中国现阶段的社会主义宪政是实行“保持国家统一、民族团结、经济发展、社会进步和长治久安的政治”，是“符合中国国情、在国家经济、政治、文化和社会生活中发挥重要作用、保障中国改革开放和社会主义现代化建设顺利进行”的民主政治。

（6）关于宪法的实施问题

许崇德在《战略机遇期应充分实施宪法》一文中认为，现行宪法颁布以来，基本上得到了实施。这主要是指，诸如人民民主专政的国体、民主集中制的人民代表大会制度、社会主义经济制度、民族区域自治制度、公民基本权利的保障制度、特别行政区制度，以及中国的各级各类国家机关的组织、职权、工作程序等，都是依据宪法规定，并在宪法铺设的轨道上有序地运行着。但另一方面，保障宪法实施的监督制度尚须逐步完善。

（7）对“宪法司法化”提法的质疑

2001 年中期，有人提出“宪法司法化”的命题。许崇德在《“宪法司法化”质疑》一文中，明确表示不赞成这一提法，认为它是一个语义不清的词语。所谓“宪法司法化”的“化”，意味着把宪法转变成为司法，这是荒谬的。而且，在中国宪法文本中，根本没有“司法”一词，当年宪法起草过程中，也明确拒绝使用“司法”的表述。草率地用那曾为宪法所拒绝使用的“司法”去“化”宪法，这与宪法的原意背道而驰。

“宪法司法化”旨在建立美国式的由最高法院行使违宪审查权的体制，这明显与中国的根本政治制度——人民代表大会制度相违背。全国人民代表大会及其常务委员会解释宪法，监督宪法的实施，已由宪法明文规定。若硬要用美国式的体制取代它，那么中国民主集中制的人民代表大会制度势必会朝着西方“三权分立”的方向转变。

2. 宪法规定的国家制度研究

（1）关于人民民主专政

许崇德在《中国宪法》中对人民民主专政做了系统阐述。他指出，民主作为一种国家形态，是历史的范畴，随着国家的产生而产生，随着国家的消亡而消亡。民主的另一个概念，即民主作为一种作风，未必随着国家的消亡而消亡。

在《中国宪法学发展的回顾与展望》一文中，许崇德提出，人民民主专政的发展经历了两个阶段，之间还存在一个过渡阶段。中国的人民民主专政在武装斗争中诞生，经历了从革命根据地政权到全国性政权的转变。革命根据地的人民民主专政实质上是工农民主专政，新中国成立后则是无产阶级专政。在人民民主专政的两个发展阶段之间实际上存在着政治上的过渡阶段，即从1949年10月1日中华人民共和国成立，至1956年对资本主义工商业的社会主义改造基本完成。理由是：1）从社会经济形态来看，由新中国成立到社会主义基本建成，经济上的转变存在着过渡时期，政权性质的转变同样存在着一个过渡时期；2）在抗日战争及解放战争时期，毛泽东在《论联合政府》等一系列著作中，反复强调要在1949年后建立不同于苏联的各个阶级的联合专政。新中国成立初期的中央人民政府及最高法院的组成证明存在政治上的过渡期；3）从新中国成立初期政权承担的任务来看，当时的工作重点还放在完成属于民主革命范围内的任务，而不是无产阶级专政的任务方面。直到对资本主义工商业实行系统的社会主义改造，并在改造的过程中把资产阶级作为最后的剥削阶级消灭之时，人民民主专政才进入无产阶级专政阶段。

许崇德认为，人民民主专政的联合范围在不断扩大。2003年10月，他在《修宪的基本精神》一文中指出，根据宪法序言的规定，中国的人民民主专政的团结面非常广泛。中国共产党的第十六次代表大会报告明确提出，在社会变革中出现的新社会阶层，都是中国特色社会主义事业的建设者。这个精神应写进宪法（2004年修宪时，“社会主义事业的建设者”已写入宪法）。

（2）关于人民代表大会制度

许崇德在《中国宪法》教材中对人民代表大会制度的主要观点有：

人民代表大会制度是中华人民共和国的根本政治制度，是人民民主专政的政权组织形式。包括四个重要环节：1）国家的一切权力属于人民；2）人民在民主普选的基础上选派代表，组成全国人民代表大会和地方各级人民代表大会，作为人民行使国家权力的机关；3）其他国家机关由人民代表大会产生，受它监督，向它负责；4）人民代表大会常务委员会向本级人民代表大会负责，人民代表大会向人民负责。把这四个环节结合起来，就是人民代表大会制度。

人民代表大会制度同人民代表大会有着密不可分的联系，但它们是不同的概念。人民代表大会是具体的国家机关，而人民代表大会制度则是中国政权的组织形式和运行方式，包括以人民代表大会为核心的所有国家机关所构成的整套根本制度。

人民代表大会制度与“三权分立”制度有根本区别。中国应坚持人民代表大会制度，而不搞“三权分立”。这是因为：1）两种制度的本质不同，前者是人民民主专政的组织形式，“三权分立”则是资产阶级专政的组织形式；2）人民代表大会制度具有人民性、真实性，而“三权分立”制度则体现为虚假性、欺骗性；3）人民代表大会制度的治国效率优于“三权分立”制度。

(3) 对“议行合一”原则的理解

“议行合一”原则是社会主义宪法的基本原则之一。在专著《中华人民共和国宪法史》中，许崇德提出，对中国的“议行合一”可以有两种理解和两种贯彻落实的方式：一是实质上的议行合一；二是实质而兼具形式的议行合一。前者指权力在实质上真正统一于人民，而无需讲求行政与立法在形式上是否合并成一个机关。所谓实质而兼具形式的议行合一，是指权力真正统一于人民，同时行政与立法又在组织形式上不分，是同一个机构，即不仅在实质上权力应是统一，而且组织机构也是合而为一的。这两种表现在新中国的历史上都存在过。

(4) 对“公民在法律面前一律平等”原则的理解

在《中国宪法》教材中，许崇德较早提出了对这一原则的理解。他认为，公民在法律面前一律平等，是指适用法律人人平等，而不是立法上的平等。“公民在立法上也是平等的”观点，是不正确的。公民在立法上不可能平等，因为法律有阶级性，比如人民同敌对势力和敌对分子在立法上是不能讲平等的。也还有其他的因素使公民在立法上不可能完全平等，例如要顾及妇女、儿童、残疾人等的特殊性。法律颁布后，在贯彻执行当中，对所有公民都应当讲平等。因为只有严格依法办事，不论对什么人都一律平等地适用法律，才能有效地维护法律的统一和尊严。

3. “一国两制”、港澳基本法研究

(1) 从多个视角对“一国两制”涵义的阐释

2008年，许崇德结合几代领导人对“一国两制”的论述，在《“一国两制”是我国的基本政治制度》一文中，总结归纳了“一国两制”所包含的12个要点：1)“一国两制”的前提是“一国”；2)“两制”是指社会主义和资本主义；3)“两制”体现在国家各方面的制度中；4)“两制”有主次之分，社会主义是主体；5)“一国两制”并不影响中国是社会主义国家；6)“一国两制”是“和平共处”原则在国内的应用；7)“一国两制”是改革开放的产物；8)“一国两制”是包罗广泛内容的大系统；9)“一国两制”是在统一国家内实行特殊地区的自治；10)“一国两制”是中国的长期国策；11)“一国两制”是中国特色社会主义的具体表现之一；12)“一国两制”不是凝固的、停滞的，而是不断发展、不断丰富着自己的内容的，它来源于实践，来源于中央和包括港澳台居民在内的全国人民的创造。

(2) 在香港建立行政主导政府的必要性

许崇德在《行政主导是特别行政区政体的精髓》一文中，呼吁香港确立行政主

导的强势政府。他举法国历史为例，法兰西第四共和国采用责任内阁制，导致了政局的不安定；而根据1958年宪法，第五共和国确立行政主导的体制，有效地遏制了政局的不稳定。根据香港的具体情况，香港的政治制度不宜采用立法主导的原则。因为行政长官是香港特别行政区行政机关的首长，当然要领导政府行使行政管理权。同时，行政长官又是香港特别行政区的首长，行使着比行政权更为广泛的职权。确立行政主导的强势政府，有利于正确发挥行政长官的实际作用，保证国家机关的功能和效率，维护香港的安定与繁荣，因而是完全必要的。

（3）对基本法中“授权”与高度自治的解读

在《香港基本法若干用语解读》一文中，许崇德对“授权”与高度自治作了解读。基本法使用“授权”二字是为了说明权力的来源问题。香港作为享有高度自治权的地方单位，其自治权不是固有的，而是中央授予的。中央对特区的授权，不是一次授完，因为基本法规定，特区还可享有全国人民代表大会及其常务委员会和中央人民政府授予的其他权力。从理论上讲，除非法律另有规定，中央在必要的时候，可以将授出的全部或者一部分权力收回。

香港依照基本法实行高度自治，自治的范围很大，但须以不超越基本法的规定为限。从此意义上说，基本法既是授权法，又是限权法。

（4）对基本法中“普选”概念的解读

在《香港基本法若干用语解读》一文中，许崇德指出，“普选”与“一人一票直接选举”不同，不能硬把它们拉到一起画等号。“普选”是指选举权的普遍性，是相对于存在着诸如性别、种族、居住期限等种种选举资格的限制而言。“一人一票”则指选举权的平等性，是相对于存在着诸如有的特权者一人可以投几票的不平等而言。直接选举乃是相对于间接选举而言。无论理论还是实践中，直接选举和选举权的普遍性都不存在必然联系。

香港是否实行普选，以及何时实行普选，中央具有最终的决定权。

（5）《反分裂国家法》的立法依据和性质

2005年3月14日十届全国人民代表大会三次会议通过的《反分裂国家法》，是一部同“一国两制”有关的法律。许崇德撰文指出，《反分裂国家法》是遏制“台独”势力分裂祖国活动的锐利武器，是党和政府长期以来对台方针政策的法律化，具有极其重大的现实意义。他认为，《反分裂国家法》的立法依据是中国宪法，理论依据是邓小平理论和“三个代表”重要思想，事实根据是世界上只有一个中国、大陆与台湾同属一个中国的事实。该法的英文译名是Anti-Secession Law而非Anti-Separation Law，这有助于国际上对中国这一立法的认同。该法是国内法，而不是国际法，其国内法属性是由台湾是中国的一部分、解决台湾问题属于中国内政这个事实决定的。该法是和平法，而不是战争法，其打击的目标是“台独”分裂势力，而对普通平民及在台的外国人的正当权益则尽最大可能予以保护。尽管《反分裂国家法》明文规定不排除“采取非和平方式及其他必要措施”，但仍处处展现出和平姿态，是一部具体的、实实在在的和平法。

（二）主要学术思想及其影响

1. 要以马克思主义为指导研究宪法学

许崇德认为，中国宪法学是以马克思主义为指导，研究并说明中国宪法的一门学科。中国宪法学的教学科研一定要坚持正确的政治方向，坚持以邓小平理论、“三个代表”重要思想、科学发展观、民族伟大复兴的中国梦为指导。研究宪法学一定要具有深厚的马列主义的理论功底，要正确地把握党的路线、方针、政策，同党中央保持一致。埋头搞学问，绝不可迷失政治方向。

2. 要客观地对待传统的中国宪法学成果

许崇德认为，在评价过去的宪法学时，不能简单地采取全盘否定的态度，而应历史地、辩证地看待。早在清王朝的封建统治结束以前，中国的知识分子就开始研究宪法了。从辛亥革命到新中国成立这一阶段中，宪法学始终是一门受社会重视的学科，当时的高等学校法科都普遍设置宪法课程。围绕着宪政和宪法问题的讨论，曾涌现不少具有正确观点和进步思想的宪法著作，虽然带有一定的时代局限，但大部分在当时历史条件下是有社会价值的，因而对其理应给以恰当的历史评价。

3. 研究宪法要坚持不断创新的理念

许崇德认为，在中国宪法学发展的初期，由于当时的历史条件所限，不能不把苏联的东西全盘照搬过来。后来逐步将它改造，破旧立新，剔除了许多不适用的内容，不断创新。比如，关于国家结构形式问题，就是这样。

在多年的教学实践中，许崇德曾在一系列与宪法学有关的问题上力图创新，以求推动宪法学科的理论发展。1962 年在编写宪法讲义时，许崇德提出了宪法具有纲领性的特点，在一定程度上打破了苏联的传统理论，推动了中国宪法学基本理论的发展。1989 年主编全国高校文科教材《中国宪法》时，许崇德提出，在宪法教材的体系结构的革新方面，应遵从如下原则：1）坚持从中国的具体情况出发，适当参考外国同类教材的体系结构；2）力求突出宪法课程的专业特点，注意同其他相邻学科的分工和内容交叉问题；3）尊重宪法典的科学体系和逻辑结构，同时照顾课程的需要和教学的便利。

在处理中国宪法学与宪法典的关系中，许崇德提出，中国宪法学是以中国宪法为研究对象的一门学科，宪法课程同宪法典之间，在内容和范围方面基本是重合的，如国家的本质和形式、国家机构的组织、职权，以及公民的基本权利义务等，但同时又有不重合的方面。宪法学的体系是反映中国宪法学科内在规律的理论、知识结构的排列。它以宪法文本的结构为依据，却不是它的简单复制。

4. 宪法学要注重应用性研究，要为社会进步服务

许崇德认为，宪法学作为一门社会科学，不仅要研究基础性的理论问题，也要注重应用性研究。他力主发挥宪法学学科的应用性的一面，为宪法及法律的完善多提建议。例如，在宪法修改时，他主张宪法应恢复国家主席的设置，应规定国家的军事委员会，应规定法院独立行使审判权，还建议人权入宪。

他提出，宪法应为推动社会进步发挥作用。宪法学既要研究具体的细微问题，如规定保护私有财产、加强对弱势群体的保护，也要研究国家政治生活中比较重大的问题。例如，研究如何保障“中国梦”的实现及中华民族的伟大复兴问题，研究如何健全和完善人民代表大会制度，包括人民代表大会的工作方式、工作程序等。

许崇德认为，作为一名学者，要始终保持独立的见解，不因就某个问题提出的主张未被立法所采纳，而轻易放弃自己的观点。一些主张虽然未能体现在立法条文中，但是可以由此引起学术界的深入思考和探讨。

（三）法学教育与人才培养

1. 法学教育

1953 年，许崇德留校任教，成为中国人民大学法律系的一名教师。但此后的教学因政治运动而多次中断。1978 年中国人民大学复校以后，他任宪法学教研室主任、研究生导师组组长。他长期给本校本科生讲“宪法学”，给硕士生和博士生讲“中国宪法”。2000 年退休后被返聘，继续给博士生讲“法学前沿”课程。

30 年里，除了在本校讲课以外，许崇德还曾在中国政法大学、汕头大学、深圳大学、南开大学、国家行政学院等院校讲宪法课或举办讲座，并被中国政法大学、河南大学、武汉大学、山西大学、中国人民公安大学、清华大学、华侨大学、北京师范大学等高校聘为兼职教授。1991 年以来，还曾应邀赴美国、韩国、日本及香港、澳门、台湾等地讲学，介绍中国宪法、中国法律制度和港澳基本法。

许崇德多次受邀给中央和地方党政机关干部、给特别行政区有关人士授课。1998 年 6 月，他参加全国人民代表大会常务委员会举办的法制讲座，开讲第一课宪法。2002 年 12 月，他应邀在新一届中共中央政治局第一次学习会上，讲解宪法。2003 年初，他在中央统战部为各民主党派领导人讲解宪法，他还曾为香港、澳门十届人大代表及政协委员，为在京的十届全国人大代表、政协委员，为《人民日报》总编室等讲解宪法。

在长期的教学实践中，许崇德始终坚持，身为教师，第一要义是敬业爱岗，要有强烈的责任心。由于宪法学涉及国家的根本制度，党性和政治性很强。因此，讲宪法要秉持从政治观点上正确引导学生的原则，理直气壮地宣扬四项基本原则。他强调，教师自身要不断巩固提高，提高的途径有三条：一是通过教学实践，结合学生的具体情况和思想实际，注意发现学生学习中的模糊难点，有意识地、有针对性地解惑释疑；二是从学生学习时反映出来的问题中，思考课程如何改进，不断修改讲稿和讲义；三是加强学术研究，因为科研与教学是相得益彰的，科学研究的课题往往由教学实践所提出，反过来，将科研成果融入教学，能促进教学质量的提高。

许崇德在给党政机关干部授课时，鉴于实务部门工作的同志有着丰富的实践经验，尽管对理论研究较少，但在听课时总能提出很多有价值的问题，因此，许崇德每次给实务部门讲课前，都认真了解授课对象的情况。

在 60 年的教学生涯中，许崇德主编或参编了多部优秀的宪法学教材。1962 年编写的《中华人民共和国宪法讲义》（内部发行），是新中国早期的比较系统的一本宪法学教材，获得了学界的普遍好评。1987 年他与王向明合写的《中国宪法讲义》一书，曾获得中国人民大学优秀成果奖。1989 年，许崇德在主编全国高校文科统编教材《中国宪法》时，对传统的宪法学内容与学科体系进行了大胆的结构创新，引起国内宪法学界的高度关注。这本教材四次再版，印量已超百万册。2011 年入选教育部普通高等教育精品教材书目，现正在做第五版的修订。此外，许崇德 1999 年主编的“21 世纪法学系列教材”《宪法》，于 2003 年获教育部高等学校法学教材一等奖。这些优秀的宪法学教材，曾被多家高校采用。

2. 人才培养

1983 年，许崇德开始招收宪法学硕士研究生。1983 年复校的中国政法大学，也聘请许崇德兼任宪法学研究生导师组组长，帮助培养了一批宪法学研究生。1987 年，许崇德被中国人民大学评为教授、博士生导师。

在培养学生方面，许崇德谨守两句格言：一是“身为人师，所教无类”；二是

“因人施教，因材施教”。他主张，不同对象应不同对待，引导学生独立思考。在提高教师自身素养方面，他主张，教学要提高，教师本人必须密切联系社会实际，注意学术积累和资料收集。许崇德遵奉学以致用的信条，倾注心力于法律实践活动，同时在实践中不断完善学术观点。

多年来，许崇德为国家培养出了一批宪法学的优秀人才。他的学生中，既有活跃在当今中国宪法学界的学术骨干和青年才俊，也有工作在党政机关的公务员，还有一批从事律师工作的优秀人才。他指导过的一些港澳台学生在当地法律界也已崭露头角。许崇德指导的宪法学博士已达56名。

（四）法治建设业绩及主要贡献

1. 躬逢新中国制宪，参与宪法起草委员会办公室的工作

1953年，25岁的许崇德被借调到宪法起草委员会办公室工作，被安排在资料组，参与搜集材料，编撰各国宪法文本，参与编写宪法名词解释。此外，也负责将全国各族人民对《中华人民共和国宪法（草案）》提出的意见进行归纳分类，刊印《全民讨论意见汇编》。1954年9月初，他又被调配到全国人民代表大会秘书处的提案审查办公室协助工作。许崇德经历了新中国第一部宪法的诞生过程。

2. 参与宪法修改的实践

1980年9月10日，第五届全国人民代表大会第三次会议决定修改宪法，成立宪法修改委员会主持修宪工作。许崇德被吸纳为宪法修改委员会秘书处成员。秘书处是经常性机构，负责宪法条文的草拟和各类文件稿的起草，组织各方面专家座谈、讨论，事务繁杂，许崇德全程参与，历时29个月。此外，他身体力行，宣讲新宪法草案。1982年5月17日，许崇德与张友渔合写《新宪法草案的基本精神》，在《人民日报》发表，由中央人民广播电台广播，影响广泛深远。他还曾先后于北京、天津、上海、杭州、武汉等十多个城市做宪法辅导报告。

3. 参与两部基本法的起草及特别行政区的筹备工作

香港、澳门回归是20世纪末中国两大重要的历史事件。许崇德有幸参加了香港、澳门两部特别行政区基本法的起草和香港、澳门两个特别行政区的筹备工作。1985年6月18日、1988年9月5日，全国人民代表大会常务委员会先后任命许崇德为香港特别行政区基本法起草委员会委员、澳门特别行政区基本法起草委员会委员。两部基本法的起草过程都漫长而艰巨，分别历时5年，许崇德既是起草委员，

也是起草委员会秘书处的成员，多次深入港、澳实地调研，承担着大量工作。1996 年 1 月 26 日、1998 年 4 月 29 日，全国人民代表大会常务委员会先后任命许崇德为香港特别行政区筹备委员会委员、澳门特别行政区筹备委员会委员，在两个特区政府的成立和两部基本法实施做准备的过程中，许崇德以自己丰富的专业知识和立法经验，发挥出了应有的作用。

4. 坚持“一国两制”的正确方针

香港回归以来，在政制发展问题上，一直争拗不断。尤其是在香港，有一股背景复杂的“民主派”势力，主张“民主拒共”、“民主抗共”，回归以来，他们不断裹挟群众游行示威，意图以美式民主改造整个中国。为正本清源、教育群众，2004 年 2 月 19 日，新华社重新发表了邓小平 1984 年关于《一个国家，两种制度》的宏文。但香港的少数顽固分子却说什么邓小平 20 年前讲的话今天已经过时了，妄图抵消邓小平光辉论述的影响。针对这种情况，许崇德撰写了题为《邓小平理论永放光芒》的署名文章，由新华社统一发稿。

许崇德指出，“一国两制”是邓小平首创的以和平方式实现祖国统一的重要方针。这个方针已经由中国的宪法和香港特别行政区基本法予以法律化，成为保持香港长期繁荣稳定的根本保证。多年的实践表明，它是一项富有强大生命力的基本国策。根据邓小平对“一国两制”含义的阐述，“两制”必须在“一国”之内，而不是在一国的范围之外。在“一国”的前提下，香港特区实行“港人治港”，高度自治。坚持“一国”，是重大原则问题。少数港人从他们的“民主抗共”理念出发，采取“逢中必反”、同中央对立的态度，这同真正的民主背道而驰。香港是中国的一部分，讲民主首先要尊重 13 亿人民对中国发展道路的选择，拥护代表 13 亿人民根本利益的中央政府，这才谈得上香港发展民主。

许崇德论述到，落实“一国两制”，必须实行“以爱国者为主体的港人来治理香港”。根据邓小平理论，爱国者的界线应有三条标准，即：“尊重自己民族，诚心诚意拥护祖国恢复行使对香港的主权，不损害香港的繁荣和稳定。”简要地说，就是要由爱祖国、爱香港的港人来治理香港。而按照香港目前的情况，通过一人一票直接选举出来的，不一定就是“爱国者”。许崇德的这篇文章，曾在香港社会引起重大反响。

5. 捍卫基本法的原则与精神

1999 年 1 月，许崇德同内地其他三位原基本法起草委员在《人民日报》发表谈话，严厉批评香港终审法院在审结香港无证儿童案的判决书中的错误言论，震惊了香港，被香港舆论称为“四大护法”之一。许崇德在《香港无证儿童案件评析》一文中回忆指出，该判决书宣称：香港终审法院有权审查全国人民代表大会及其常务委员会通过的法律和做出的决定是否违背基本法。这是极为荒谬的。中国的全国人民代表大会及其常务委员会是最高国家权力机关。如果认为香港的法院可以对全国人民代表大会及其常务委员会通过的法律、决定和其他行为行使司法审查权，那是同国家的宪法制度根本抵触的。香港法院作为地方行政区域的司法机关，既不能审查中央的法律和决定，也不能挑战全国人民代表大会关于肯定临时立法会设立的决定。

2005 年，董建华辞职后引发有关行政长官任期的“二五之争”。许崇德在《复香港特别行政区政府咨询函》中，对基本法中有关行政长官任期条文的原意进行了阐释。他根据对当年基本法起草过程的追忆，指出，在香港特别行政区第二届行政长官的五年任期内，作为接替董建华职务的新的行政长官，他的任期应为两年，即从 2005 年 7 月起，填补董建华未满的任期，至 2007 年产生第三届行政长官时为止。在《关于香港特别行政区行政长官任期问题的法律意见书》、《关于行政长官的任期等法律问题》两篇文章中，他详尽阐述了这一观点及其理由。

三、许崇德主要论著

许崇德．1981．国家的一切权力属于人民——对我国修改宪法的管见．西南政法学院学报，(1)：3-8.

许崇德．1982．国家元首．北京：人民出版社．

许崇德．1994．“一国两制”：具有中国特色的国家统一道路//滕文生．建设有中国特色的社会主义民主政治．北京：人民出版社：281-307.

许崇德．1997．香港特别行政区行政长官的法律地位．法学杂志，(4)：3-4.

许崇德．1998．香港无证儿童案件评析．法律科学，(2)：78-83.

许崇德．1998．我国宪法与宪法的实施．法学家，(6)：3-9，130.

许崇德．1999．澳门特别行政区的法律地位．郑州大学学报（哲学社会科学版），(5)：32-36.

许崇德．2002．中国共产党指引宪法与时俱进．中国法学，(6)：9-10.

许崇德．2003，2005．中华人民共和国宪法史．福州：福建人民出版社．

许崇德．2004．修宪的基本精神．瞭望新闻周刊，(42)：25-26.

许崇德．2004-3-1．邓小平理论永放光芒——重读邓小平同志关于“一国两制”的重要论述．人民日报，1-2.

许崇德．2004．与时俱进治国安邦——十届全国人大二次会议通过宪法修正案．求是，(6)：10-12.

许崇德．2005-4-16．关于行政长官任期等法律问题．香港大公报，A18.

许崇德．2005．《反分裂国家法》的立法依据和性质探析．中州学刊，(3)：94-96.

许崇德．2006．以科学发展观学习宪法．法学，(9)：3-5.

许崇德 . 2006. “宪法司法化”质疑 . 中国人大，(11)：44-45.

许崇德 . 2008. 宪政是法治国家应有之义 . 法学，(2)：3-6.

许崇德编 . 2009. 宪法（中国人民大学“21 世纪法学系列教材”）. 第四版 . 北京：中国人民大学出版社 .

许崇德 . 2009. 许崇德全集（12 卷）. 北京：中国民主法制出版社 .

许崇德编 . 2010. 中国宪法 . 第四版 . 北京：中国人民大学出版社 .

主要参考文献

许崇德 . 2000.《学而言宪》自序//许崇德 . 学而言宪 . 北京：法律出版社：1-12.

许崇德 . 2003-9-18. 我与中国宪法学 . 法制日报，1-2.

韩大元，牛文展 . 2004. 见证新中国宪法学发展的历史——许崇德教授的治学历程与学术思想 . 高校理论战线，(1)：30-38.

韩大元，胡锦光，牛文展 . 2009. 新中国宪法学发展的亲历者——记许崇德老师的治学历程与学术思想//许崇德全集 . 第一卷 . 北京：中国民主法制出版社：1-25.

朱松岭 . 2013. 甘为法学献春秋：许崇德传 . 南京：江苏人民出版社 .

撰写者

韩大元（1960～），吉林延边人，中国人民大学教授，法学院院长。从事宪法学研究。

胡锦光（1960～），安徽黄山人，中国人民大学教授，法学院副院长。从事宪法学研究。

牛文展（1975～），山西永济人，法学博士。全国人大常委会工作人员。

刘家兴

刘家兴（1929～），四川人。法学家和法律教育家，北京大学法学院教授，博士生导师，中国法学会诉讼法学会研究顾问，兼任中国国际经济贸易仲裁委员会第十五届仲裁员资格审查考核委员会委员、中国国际经济贸易仲裁委员会仲裁员。刘家兴是西南政法大学（时称西南政法学院）的首届毕业生（1953年），与王国枢、王以真、王存厚等共同创立了北京大学诉讼法学专业。刘家兴还是新中国第一部《民事诉讼法》的主要起草人，并曾参加《行政诉讼法》、《国家赔偿法》、《仲裁法》等基本法律的起草工作。他主编的《民事诉讼法学》是新中国第一部民事诉讼法学教材，为培养新时代法学人才奠定了坚实基础。他在国内民事诉讼法学界先后提出一系列精辟的观点，认为程序必须与案件情况相适应；明确制度决定程序，程序反映制度；提出诉讼法律关系是贯穿程序制度的一条红线；积极倡导诉讼法中审判程序制度（以审判权为基础）与诉讼程序制度（以诉权为基础）的相互协调和配合。他的学术思想与研究成果对新中国民事诉讼法学的发展具有重要的指导意义。

一、个人经历

（一）求学经历

刘家兴，1929年1月出生，祖籍四川，1948年考入重庆大学法律系攻读学士学位。由于1952年全国政法院系进行调整，重庆大学等六所学校的法律系合并为西南政法学院，[①] 他便成为西南政法学院的第一届学生。他于1953年以优异成绩毕业于西南政法学院，获得法学学士学位，毕业后被统一分配到中央政法委员会工作。在重庆大学读大学三年级时他曾经受团委会委派参加减租退押工作团，进行团员锻炼。减租退押工作团成立的目的是了解社会情况，培养贫下中农的积极分子建立临时政权，同时清除地霸，将减租退押与清匪反霸相结合。由于他所在的重庆是国民党最

---

① 新中国成立之后，1952年全国政法院系进行了调整，其中四川大学、重庆大学、云南大学、贵州大学以及重庆财经学院和辅仁学院等六校的法律系调整为西南政法学院。

后的巢穴，新中国成立之后仍残留有很多土匪分子，因此需要动员积极分子建立农会组织、农民协会，深入前线考察实践以清除恶霸、清剿土匪。通过参加减租退押工作团、深入基层锻炼，他作为青年学生进行了自我磨炼，改造了自己的主观世界。在土改期间，他参加土改工作组，在两个村庄进行土改工作，并在第二个村庄担任副组长的职务，在此期间，他所承担的工作比较复杂，包括丈量土地、统计人口、将土地平均分配给农民等，同时负责宣传党的政策，批斗恶霸地主，通过参与这些工作，他得到了锻炼并增加了与社会接触的经验。

（二）进入北京大学工作

1952 年，全国进行院系调整时曾将北京大学法律学系并入北京政法学院，而 1954 年在中央政法委员会主任董必武的直接指导下，北京大学法律学系得以重建，刘家兴由中央政法委员会调入北京大学担任助教，从此开始了他的执教生涯，为新中国培养了大批优秀的法学人才。

进入北京大学工作之后，1955 年 3 月，他参加了由全国人民代表大会研究室组织的新中国民法的起草工作。直到 1957 年“反右”运动之前，他主要负责研究大陆法系、英美法系以及苏联东欧法系的民法资料并编写条文。

1957 年“反右”运动期间，刘家兴回到北京大学担任芮沐老师的助教，并未正式开始授课。他宁静致远，不为名利，实事求是，因此并未受到冲击。1958 年“大跃进”运动展开，国家从中央党校、中国人民大学、北京大学中挑选人员组成“三校”联合调查组，他作为调查组成员前往河南进行调查，由于他实事求是地向组织反映情况，被认为是“右倾机会主义”分子而受到批判，后因最高人民法院总结十年司法工作的需要，将他调回并派往最高人民法院参加此项工作。后来，他着手准备教授民法学课程，但此时恰逢“文化大革命”开始，授课工作只能暂停，他被安排在学校从事行政工作。

（三）民事诉讼法的教学及讲学

“文化大革命”结束后，法学教育开始恢复，司法部和教育部联合成立法学教材编辑部，主持编写新中国第一套全国高等学校法学试用教材。1981 年，法学教材编辑部正式向刘家兴等七位撰稿人颁发了聘书，组成《民事诉讼法教程》编写小组，刘家兴等撰稿人认真编写大纲并召开讨论会，经统稿后完成的该书对后来的民事诉讼法学理论研究和教学具有很大的影响力。除此之外，1982 年北京大学出版社出版了由刘家兴个人编著的《民事诉讼教程》，此书吸收了新中国成立后民事诉讼法理论研究的成果，同时结合中国《民事诉讼法》的规定，为中国民事诉讼法学科的建立和发展奠定了基础。

自 1987 年底开始，刘家兴主要从事民事诉讼法的教学工作，并在此期间参与北京大学与美国华盛顿州立大学的交流计划，前往美国就程序法方面的内容进行交流和讲学。在交流和讲学期间，他主要通过开设讲座的方式，介绍了中国民事方面的法律，包括公证、仲裁、调解等内容。由于国外对民事法律非常重视，因此反响良好，听讲者包括华盛顿州最高法院的法官等。后来，华盛顿州立大学举办亚洲法学研究会，参加过此会议的中国学者只有十多位，北京有两位，刘家兴就是其中一名。另外，他自 1989 年开始前往香港地区和澳门地区讲学，增进了民事诉讼法学的学术交流与发展。

(四) 新中国《民事诉讼法》等法律的起草工作

“文化大革命”结束之后，百废待兴，1979 年，中国立法工作的重点开始转向《民事诉讼法》的起草工作，刘家兴受北京大学指派前往全国人民代表大会常务委员会法制工作委员会参与该法的起草工作。创制法律是一项艰苦的过程，由于当时已知的法律不多，他与其他学者深入基层调查、观察执行情况，完成建议稿之后又听取人民代表大会常务委员会、法院方面的意见，修改后再向社会征求修改意见。刘家兴参与《民事诉讼法》的立法工作从 1979 年开始一直持续到 1982 年 10 月 1 日《民事诉讼法》的施行。另外，1982 年下半年，他开始在由最高人民法院组织的中级人民法院民庭庭长以上级别法官培训班上讲授 1982 年《民事诉讼法》的相关问题。无论是对新中国《民事诉讼法》起草工作的辛勤努力，还是《民事诉讼法》颁布后通过宣讲和授课的方式推动该法的宣传和实施，他都为中国诉讼法学的发展以及增强程序法在中国的受重视程度起到了重要的促进作用。

1991 年，刘家兴参与了对 1982 年《民事诉讼法》的修改工作，全国人民代表大会常务委员会法制工作委员会为顺利完成这一修改工作组织了多次座谈交流会，其中全国规模最大的一次讨论会是由民事诉讼法部门主办，全国分为十组进行，他曾担任召集人之一。他一边完成北京大学的法学教学工作，一边从事法律修改建议的草拟工作，在《民事诉讼法》的修改工作完成后，他又参加了《行政诉讼法》的讨论起草工作，担任小组负责人，撰写了《行政诉讼法》的部分条文，相关意见多数被采纳。《行政诉讼法》的起草工作完成后，他又参加了《国家赔偿法》的起草工作，随后又从事了《仲裁法》的起草工作，还参与了《邮政法》、《体育法》制定的讨论会议。

二、主要研究领域与学术贡献

（一）民事诉讼法

本着实事求是、独立思考的科研精神，刘家兴在新中国民事诉讼法学界先后提出一系列精辟的观点。

1. 民事诉讼法应先于民法颁布施行

在 20 世纪 80 年代初中国民法和民事诉讼法加紧草拟的背景下，刘家兴从民事诉讼法与民法的关系出发，认为民事诉讼法作为独立的法律部门，任务在于保证审判权的正确行使和人民诉讼权利的实现，程序法自身的独立价值决定了颁布一部系统完整的民事诉讼法是十分迫切的。他还认为，阶级社会的早期先有诉讼法后有实体法的现象绝非偶然，世界各国民法和民事诉讼法公布的先后顺序也并非是先公布民法后公布民事诉讼法，结合中国国情，他建议中国民事诉讼法先于民法颁布施行。[①]

2. 诉讼法律关系是贯穿程序制度的一条红线

1994 年，刘家兴在其主编的《民事诉讼法学教程》中指出："民事诉讼法学，是研究民事诉讼程序制度的法律规范和民事诉讼审判实践发展规律的科学。"民事诉讼法律关系是民事诉讼法学的研究对象，他认为民事诉讼法律关系是当事人要求解决纠纷，维护自己的民事权益，在诉讼上同人民法院产生的关系，是受民事诉讼法律规范所调整的法院与诉讼当事人之间的权利义务关系，也就是说民事诉讼法律关系是诉讼主体之间的诉讼上的权利义务关系，是由民事诉讼法律规范确定的因民事诉讼活动而发生的关系。关于民事诉讼法学的调整范围，刘家兴主张除把其他学者认为的民事诉讼立法与民事审判实践经验作为主要研究范围外，还应当把公证制度、仲裁制度以及人民调解制度纳入民事诉讼法学的研究范围之中。另外，他还主张将民事诉讼法学分为"绪论"、"总论"、"程序论"、"诉外程序论"四篇，这一主张也得到了大多数学者的认同。

---

① 参见江伟、刘家兴：《试论民事诉讼法与民法的关系——建议民事诉讼法先于民法颁布施行》，载北京市法学会首届年会论文集编辑组编：《法学论集》，法学杂志社 1981 年版，第 113-119 页。

3. 以诉权为基础的诉讼程序制度必须与审判程序制度相互协调和配合

刘家兴认为，诉是国家保护当事人民事权益的法律制度，若将诉只看成原告的请求、申请，或者只看成原告维护其权益的手段、诉讼行为、程序方式，则只局限于诉的表现形式而未能揭示诉的法律实质，诉应当是全面保护双方当事人合法权益的法律制度。刘家兴指出诉权是诉的制度所赋予的诉讼权利，也是双方当事人都享有的诉讼权利，它贯穿诉讼活动的全过程，在不同的诉讼阶段表现出不同的形式，并且，以诉权为基础的诉讼程序制度必须与以审判权为基础的审判程序制度相互协调和配合，以促进民事诉讼最终目的和价值的实现。①

4. 民事诉讼主体中的共同诉讼与第三人制度

共同诉讼制度是有关诉讼主体的具体制度，刘家兴对该制度运用过程中的一些问题发表了看法。他认为，必要共同诉讼以民事权利或义务的不可分性为基础，认为必要共同诉讼首先应当明确这种不可分性是基于所有权上的共有性与债权债务的连带性而产生。而普通共同诉讼是基于诉讼上的方便，灵活性较大。他通过对追索赡养费中的共同诉讼、遗产分割中的共同诉讼以及损害赔偿中的共同诉讼案例进行分析，厘清了共同诉讼的相关问题。②

他还对1982年《民事诉讼法》中规定的第三人制度进行了阐述，对于“诉讼第三人”的称谓，他认为较民诉法颁布前审判实践中使用的“诉讼关系人”更加准确，认为不能把参加诉讼的第三人视为共同诉讼人，而区分民事诉讼中不同类型第三人的关键是其与他人之间诉讼标的之关系不同，无独立请求权的第三人有无上诉权要做具体分析，且无独立请求权的第三人提供证据不同于证人所提供证据。③

5. 建立统一一致的证据制度

证据制度是诉讼法学的核心问题，刘家兴认为，诉讼法中的证据制度，主要是适用证据的制度，涉及的问题有进入诉讼的证据所具备的形式，证据提供的主体，如何审查、判断和确认证据等。他提出，我们不应只满足于诉讼中的证据制度，而是应当建立一个防止社会冲突与矛盾和解决社会冲突与矛盾的统一一致的证据制度。这是由于，建立统一一致的证据制度，既是对有关法律、法规关于证据规范的总结

① 参见刘家兴：《有关诉和诉权的几个问题》，载《政治与法律》1985年第6期，第27-30页。

② 参见刘家兴：《对运用共同诉讼制度几个问题的认识》，载中国法学会诉讼法学研究会编：《诉讼法学论丛1985年刊》，中国政法大学出版社1985年版，第348-359页。

③ 参见刘家兴，吴泽涵：《论民事诉讼中的第三人》，载《政治与法律丛刊》（第4辑）1983年第8期，第102-110页。

与概括，又奠定了证据制度的理论基础，并且可以促进有关法律、法规中对证据内容的规定更加规范化和科学化。对于如何建立统一一致的证据制度，他认为，实体法与程序法立法应当协调配合，而重点在于在健全和完善诉讼证据制度。三大诉讼法（民事诉讼法、刑事诉讼法和行政诉讼法）所规定的证据既有各自的独特性又有共通性，可以将它们共同和相通的某些内容集中起来加以规定，这样更能体现证据制度某些内容的科学性和规律性。另外，在建立统一一致的证据制度时，不应照抄照搬，而是应该根据中国的国情，参考和借鉴别国的有益经验，以建立适合中国客观实际需要的证据法律制度。①

6. 民事诉讼上诉制度

刘家兴对中国民事诉讼上诉制度也有系统论述，第一，在认识中国民事诉讼上诉审法院的职能上，他认为主张上诉审是重新审理的观点是值得商榷的，主张上诉审是重复审理的观点也是值得研究的，而第二审法院审理上诉案件是对案件的继续审理，全面审查一审认定的事实和适用的法律不受限制，根据不同情况做出不同裁判就是中国民事诉讼中上诉审的职能。第二，在理解民事上诉程序中的原则性与灵活性上，应当在上诉状递交方式、二审审判方式、二审判决几个方面注意法律规定的原则性与审判灵活性相结合，以发挥两级法院在审判工作上的积极性，发挥上诉审法院的审判监督作用。第三，在确定民事诉讼当事人在上诉审中的诉讼地位上，刘家兴认为在原被告均提起上诉的情况下，将双方均列为上诉人的观点和将一审被告列为被上诉人的观点都是存在问题的，应当规定谁先提起上诉谁就是上诉人，对方当事人是被上诉人；一审程序中有独立请求权的第三人提起上诉成为上诉人，根据其反对的当事人而使本诉的一方或双方居于被上诉人的地位，而一审中无独立请求权的第三人也有权提起上诉成为上诉人，但只能以本诉讼中与其有法律关系的一方当事人为被上诉人。②

7. 民事诉讼特别程序

刘家兴针对 1982 年《民事诉讼法》试行过程中适用特别程序的案件不多的情况，分析了具体适用该制度存在的认识分歧，对法律规定的四种特定案件进行了集中论述。第一，对认识选民名单案件的性质问题，他认为应列入而未被列入选民名

---

① 参见刘家兴：《关于建立与完善我国证据制度的问题》，载王利明主编：《中国民事证据的立法研究与应用》，人民法院出版社 2000 年版，第 93-94 页。

② 参见刘家兴：《民事上诉制度中的几个问题陈守一》，载陈守一：《法学论文集——纪念北京大学法律学系重建三十周年》，北京大学出版社 1984 年版，第 319-333 页。

单，或是不应列入而被列入了选民名单，只是选举工作中的失误，并不是主管其事的选举委员会剥夺了公民的选举权或赋予了公民选举权，更谈不上破坏选举，因此，应将此类案件放到刑事诉讼中去解决的观点是一种误解，也不应将其视为行政性案件。第二，对失踪人配偶要求离婚的案件，可以申请启动宣告失踪人死亡的法定程序，他认为法院有义务向其宣布法律，介绍不同情况的不同解决办法，由当事人自己决定是否提出申请。第三，在认定公民无行为能力上，需要设立独立程序，只有经法院确认之后才具有法律上的效力。第四，在处理无主财产案件时，在有人主张继承的情况下，如果在审查和公告期间财产所有人并未认领财产，而是其他人主张对财产的继承权，可以要求主张人指出财产的所有人及主张继承的根据，这时仍应作为财产是否有主的事实来审查，而不应作为权利争议来处理。①

8. 采取民事诉讼再审程序与审判监督程序双轨制

刘家兴认为，再审程序与审判监督程序虽然都是对审结的案件再次进行审理的程序，但前者体现的是当事人诉权的功能，后者体现的是审判监督者的监督职能，二者体现的立法理念是大不相同的。1991 年《民事诉讼法》虽然对审判监督程序的内容有所充实但仍存在一些问题，如对当事人申请再审的情形虽然做了一定的规定，但偏重的是证据和实体法的适用，对违反法定程序方面显然未加重视。他提出，在中国当前的客观情况下，排除国家对民事案件的干预，取消法院依职权决定再审未必适宜，而应在现行法规定（1991 年《民事诉讼法》）的基础上，将章改为编，编名可用再审程序，下设审判监督程序和当事人申请再审程序两章，细化各章的内容，采取双轨制的再审制度。②

9. 民事诉讼检察监督十分必要

刘家兴在《民事诉讼检察监督》一书中，结合地方司法实践的经验集中对检察机关参与民事诉讼的相关问题进行了探讨。他认为，检察机关有必要参与民事诉讼以履行法律监督职能，同时认为检察机关参加民事诉讼的争论实质上是对检察机关法律监督权能的地位和作用之争，检察监督可以涉及已经开始的诉讼，也可以涉及应诉诸法院审判的案件。他还认为，检察员参加民事诉讼是对法院审判活动和当事人诉讼活动实行监督，在诉讼地位上不是原告而是参加诉讼的法律监督者。检察员提起的诉讼中，检察员不是实体权利的主张者因此不承担举证责任也不参加法庭辩

① 参见刘家兴：《有关特别程序的适用问题》，载《政法论坛》1985 年第 8 期，第 42-46 页。
② 参见刘家兴：《关于审判监督程序的回顾与思考》，载《中外法学》2007 年第 5 期，第 622-626 页。

论，仅对当事人的违法行为提供法庭审查，若具备调解的条件也可以以调解方式结案。他的论述从健全法律监督机制出发，把握了民事诉讼的特点，对民事诉讼的检察监督进行了深入研究。

10. 民事执行程序应坚持“审执分立”

刘家兴提出，民事执行程序是与审判程序密切联系的一种独立程序，将中国的执行程序简单地认为是强制程序是不妥当的，这一观点会导致对当事人权利的忽视，造成执行权的滥用。他认为虽然中国的执行程序具有较突出的强制性，但这一程序是社会主义法律制度的组成部分，应重视对人民的教育作用，将民事诉讼程序的原则精神贯彻在执行程序之中，在执行中体现实事求是的精神，做好调查研究和动员说服工作。更重要的是贯彻“审执分立”原则，即案件的审判和判决的执行分别由审判组织和执行机构负责。刘家兴还提出在案外人对执行标的提出异议的情况下，执行员认为确有理由的，经院长批准中止执行后提交合议庭审查或提请审判委员会讨论决定，可以说是对中国执行救济制度的初步构想。另外，他提出了中国民事执行中应当遵循的原则：全面保护当事人利益原则，申请执行与移交执行相结合原则，执行有限原则，法院执行与有关单位、个人协助执行相结合原则。①

11. 中国民事审判方式改革应何去何从

刘家兴认为，1991 年《民事诉讼法》将调解规定为民事诉讼的指导原则之一，在这一框架下中国的民事审判方式可定位为“调解主导型”民事审判方式，这一模式的显著特征是强调法官在诉讼中的主导、指挥作用，追求实质真实而导致诉讼程序弱化或根本上轻视程序正义的存在，置当事人于被动地位。他认为，在中国市场经济发展的背景下，权利主体自由意志权利意识觉醒，权利主体地位得以确立，调解主导型的审判模式面临了诸多挑战，调解与审判两种方式的不相容性势必引起不和谐和紧张，另外，“调审合一”还会导致监督和制约机制软弱无力。因此，他提出中国审判方式改革的方向为调审分离，将调解权从审判权中分离，在审判和调解之间寻求平衡点，使二者得以协调发展。具体而言，应将诉讼调解制度的扩张变为内敛，同时赋予当事人程序选择权，成立专门的调解组织并明确调解适用的范围。②以上这些观点得到了诸多学者的赞同，也在《民事诉讼法》的修改过程中被吸收。

---

① 成城，刘家兴，程延陵：《关于我国民事执行中的几个问题》，载西南政法学院诉讼法教研室：《民事诉讼参考资料》，西南政法学院诉讼法教研室 1982 年，第 267-278 页。

② 参见刘家兴，丛青茹：《民事审判方式改革的方向》，载梁宝俭：《中国审判方式改革理论问题研究》，新华出版社 1999 年版，第 699-723 页。

（二）行政诉讼法

刘家兴参加了新中国《行政诉讼法》的起草，该法于 1989 年颁布，1990 年 10 月 1 日起正式实施，对于行政诉讼法中的相关问题，他有独到论述。

1. 行政诉讼中的诉和诉权

刘家兴认为《行政诉讼法》规定的行政诉讼的提起条件、人民法院受理的行政案件范围与双方当事人如何进行诉讼活动构成了行政诉讼诉的制度，具有民主性、司法性监督以及保护公民、法人和其他组织合法权益的特征，是一种独立的制度。行政诉讼中，行政相对方与行政机关均享有一系列诉讼权利，但他们诉权的基础、内容、作用、意义均不相同。而行政诉讼功能的实现，关键在于保护双方当事人的诉权，必须解决好起诉与受理的结合、诉讼程序制度与审判程序制度在运行中的协调和配合，以及诉讼程序制度自身的协调和衔接问题。[①]

2. 行政诉讼审理的几个问题

刘家兴在当时《行政诉讼法》未具体规定行政诉讼案件审判程序的背景下，对适用行政诉讼法，认识和掌握行政案件的审理原则、程序、制度提出了自己的观点。他认为行政案件的审理对象不是行政机关的具体行政行为而是因具体行政行为所发生的行政法律关系。对于法律规定的人民法院审理行政案件不适用调解制度，他认为这是立法上的一种排除性规定，是指既不适用调解的原则也不适用调解的制度，但是他还认为在行政诉讼中适用调解不是绝对不能考虑的，还强调开庭审理原则是人民法院审理行政案件普遍适用的原则。[②]

3. 行政诉讼判决执行的独立性

刘家兴认为 1989 年《行政诉讼法》将“执行程序”单独作为一章来规定，但内容不多，可以适用民事诉讼法的有关规定，这并不影响行政诉讼判决执行制度的独立性。应注意行政案件判决执行与其他案件判决执行的共通性，又要注意行政案件判决执行的独特性——作为当事人一方的行政机关在一定条件下可以成为诉讼判

---

① 参见刘家兴：《论行政诉讼中的诉和诉权》，载最高人民法院《行政诉讼法》培训班：《行政诉讼法专题讲座》，人民法院出版社 1989 年版，第 91-101 页。

② 参见刘家兴：《关于审理行政案件中的几个问题》，载最高人民法院《行政诉讼法》培训班：《行政诉讼法专题讲座》，人民法院出版社 1989 年版，第 184-194 页；刘家兴：《关于建立行政诉讼法学的几个问题》，载《中外法学》1990 年第 6 期，第 3-7 页。

决的执行机关。[①] 他还推崇行政诉讼法中明文规定的司法建议的运用，这一制度是行政诉讼判决执行措施中的突出特点。

（三）仲裁权的基础是仲裁机构的公正裁决

刘家兴还参与了中国《仲裁法》的起草工作，他就仲裁权的产生基础，内容及功能，仲裁权与仲裁管理权、司法裁决权的关系等当时尚未统一认识的问题进行了深入探讨。他认为仲裁权形式上看是仲裁机构对一定争议的裁决权，但实质上并不是某种常设机构固有的职能，而是发生纠纷的当事人事前或事后在协商一致的基础上，赋予仲裁机构对其争议的公正裁决权。[②] 仲裁机构的公正裁决是仲裁权建立的基础。刘家兴认为要保证仲裁权的客观公正性，要求仲裁程序的科学性、仲裁机构的独立性、仲裁员知识结构的合理性以及当事人提供事实的真实性。他对国内仲裁中出现的仲裁管理权与仲裁权合为一体的现象进行了抨击，主张仲裁制度由仲裁管理制度和仲裁程序制度两部分组成，仲裁管理权是管理制度的体现，它不同于仲裁权、不同于行政管理权，应当杜绝这一现象以防止影响仲裁效果的实现。

三、法学教育家的人生风采

新中国民事诉讼法学始建至今，已历经了近半个世纪风风雨雨的发展过程，刘家兴等老一辈法学教育家在过渡时期为建立和发展民事诉讼法学做出了不懈努力。刘家兴作为中国民事诉讼法学发展的奠基人之一，他的贡献不但体现在教书育人，还体现在他淡泊名利、为人谦和的人生风采上。在一次访谈中他谈到："我只是普通的法律工作者，很平凡，我们这代人生活在国家法律的过渡时期，我们就是典型的过渡型人物。咱们法律人讲究的是实事求是地看待问题。"即使他对中国民事诉讼法学及其他法学领域做出了卓越的贡献，他还认为自己有三个"不够"，第一是法学功底不够扎实，第二是实践与理论结合不够，第三是对外的交流不够。刘家兴这一谦虚的治学态度非常值得学习和发扬。除此之外，更值得一提的是，他不但在人才培养上倾尽全力，对母校的恩情更是念念不忘。

（一）人才培养

刘家兴在北京大学从事本科生、研究生教学工作长达 20 多年，培养民事诉讼法

① 参见刘家兴：《论行政诉讼判决的执行制度》，载最高人民法院《行政诉讼法》培训班：《行政诉讼法专题讲座》，人民法院出版社 1989 年版，第 223-232 页。

② 参见刘家兴：《论仲裁权》，载《中外法学》1994 年第 2 期，第 9-16 页。

学研究生50余名。他们现在有的是教授、副教授，有的是知名律师、法官，各自在法学理论界和司法实务界发挥着重要作用。他曾经在访谈中说："我最累的时候就是一个星期连上23节课。当年白天参加《民事诉讼法》起草工作，晚上写文章写书，每天晚上两点多钟睡觉。现在看来很不成样子，但是当时没办法，因为这也是国家的需要，个人的利益必须做出牺牲，这就是所谓的'牺牲小家为大家'吧。"

除了培养学生之外，他还为中国高等教育自学考试编写系列教材，并对如何进行民事诉讼法学的自学、复习与应试提出建议。他认为学习民事诉讼法学应该抓住有关民事诉讼程序制度，以此为主线展开学习，可以全面、准确地掌握民事诉讼这门学科。他还鼓励学生从难从严要求自己，敢于碰难题破难关，一步一步扎扎实实奠定基础，敢于接受检验，善于总结经验，严格要求自己。①

（二）对母校之情

刘家兴作为西南政法大学第一届毕业生曾这样表达他对母校的深情："作为西南政法大学最早的学生，回想母校半个世纪以来，从初建，到停办，再到复兴母校……盛衰变易的风雨历程，也是新中国法制进程的缩影，让人不胜唏嘘，感慨万千。离开母校虽久，但思念与关切却随着岁月流逝而与日俱增。母校独立、宽容与批判的精神，让我受益终生，也培养了一批又一批优秀的法律人。此种'西南精神'会长存于歌乐山下，嘉陵江畔，并将发扬光大于神州大地！愿母校西南政法大学苟日新，日日新，又日新！"

四、刘家兴主要论著

刘家兴．1982. 民事诉讼教程．北京：北京大学出版社．

刘家兴，程延陵，成城编．1982. 中华人民共和国民事诉讼法（试行）讲话．北京：法律出版社．

柴发邦，刘家兴，江伟，等．1982. 民事诉讼法通论．北京：法律出版社．

刘家兴．1983. 谈谈调解书的送达及其法律效力．法学，(9)：31.

刘家兴编．1985. 民事诉讼法学概要．北京：光明日报出版社．

刘家兴．1987. 我国民事诉讼法的基本内容//中国人民政治协商会议北京委员会学委会．法律基本问题系列讲座．北京：北京大学出版社：287-314.

刘家兴编．1988. 民事诉讼检察监督．北京：中国人民公安大学出版社．

刘家兴编．1989. 民事诉讼法案例研究．北京：北京大学出版社．

刘家兴，等．1991. 袖珍民事诉讼法手册．北京：法律出版社．

① 刘家兴：《如何学习与掌握民事诉讼法学》，载《法学杂志》第1985年第3期，第62-64页。

柴发邦，刘家兴 . 1992. 民事诉讼法学 . 北京：北京大学出版社 .
刘家兴编 . 1993. 民法与民事诉讼法 . 北京：人民中国出版社 .
刘家兴，潘剑锋，等编 . 1994，2001，2008，2010，2013. 民事诉讼法学教程 . 北京：北京大学出版社 .
刘家兴编 . 1996. 民事诉讼法原理与实务 . 北京：北京大学出版社 .
刘家兴编 . 1997. 新中国民事诉讼程序理论与适用 . 北京：中国检察出版社 .
刘家兴编 . 1998. 民事法学 . 北京：法律出版社 .
刘家兴编 . 1999. 合同法详解 . 南京：江苏人民出版社 .
《北京大学法学百科全书》编委会（刘家兴参编）. 2001. 北京大学法学百科全书 · 程序法卷 . 北京：北京大学出版社 .
刘家兴编 . 2002. 全国高等教育自学考试（法律专业）历年试题考点剖析与预测丛书（民事诉讼法学）. 北京：中国法制出版社 .
王作堂，刘家兴编 . 2002. 全国高等教育自学考试（法律专业）历年试题考点剖析与预测丛书（包括法理学、宪法学、刑法学、民法学、刑事诉讼法学、国际法学、行政法学、中国法制史）. 北京：中国法制出版社 .
刘家兴，丛青茹编 . 2002. 民事诉讼法 . 北京：人民法院出版社 .

主要参考文献

杨荣新，叶志宏 . 1986. 民事诉讼法参考资料 . 北京：中央广播电视大学出版社：1-65.
刘家兴 . 1990. 关于完善我国民事程序制度的几个问题 . 北京大学学报（哲学社会科学版），(3)：32-51.
常怡 . 1991. 新中国民事诉讼法学研究综述（1949 ~ 1989）. 长春：长春出版社：1-35，91-104.
刘家兴 . 1991. 民事诉讼立法中的若干理论问题 . 中外法学，(4)：19-35.
何勤华 . 2010. 中国法学家访谈录 . 北京：北京大学出版社：51-60.

撰写者

宫雪（1986 ~），山东德州人，华东政法大学 2012 级法律史专业博士研究生。研究方向为比较法律史。

曹子丹

曹子丹（1929～），湖南永兴人。刑法学家，新中国刑法学科奠基者和开拓者之一。1950 年考入北京大学法学院，1959 年获苏联法学副博士学位。1952 年开始在北京政法学院（1983 年改为中国政法大学）任教，主要从事刑法学的教学与研究。曾任中国政法大学法律系主任、研究生院常务副院长。兼任中国法学会理事、中国法学会刑法学研究会副总干事、国际刑法学协会中国分会秘书长等职务，现为中国刑法学研究会顾问。共同主编的《犯罪构成论》是国家“六五”法学重点项目，对犯罪构成中的重要理论和实践问题做出了开拓性的研究，是“一部填补空白的力作”。该书 1991 年获北京市哲学社会科学优秀成果一等奖。译著《苏联刑法科学史》，对中国刑法学极具参考价值。曹子丹从教 60 载，为法学教育及培养人才做出了重要贡献。曾于 2002 年和 2012 年获中国政法大学“元老教师”、“学科建设开创者”、“为学校建设和发展做出卓越贡献”等荣誉称号。

一、一生历程

曹子丹 1929 年 5 月 9 日出生于湖南永兴县城一个知识分子家庭，幼承庭训，家教很严，自小就发奋学习、勤奋刻苦。尤其在日军侵华、中华大地惨遭蹂躏之时，他痛感国家积弱之耻，痛下决心，为国家强盛、科技发达而读书。后受到革命思潮的影响，在新中国成立前夕参加了进步组织沙原文艺研究社的活动，随即被吸收为中共秘密外围组织民主青年协会会员。1950 年，他以优异成绩考入北京大学法学院，并于 1952 年到新成立的北京政法学院任教，从此踏上献身共和国法律教学研究、立法建言、司法建策的人生之路。

（一）师从沙尔戈罗茨基，终身受益

1954 年，经过层层严格选拔，在北京政法学院担任教员的曹子丹，得到赴苏联学习的宝贵机会。在北京外国语学院“俄文专科班”学习了一年俄文并考试合格以后，1955 年 9 月，风华正茂的青年曹子丹满怀荣誉感与使命感，踏上穿越西伯利亚

的国际列车，奔赴列宁格勒大学（即圣彼得堡大学）研究生部，专攻刑法学。

在列宁格勒大学整整四年的学习，对曹子丹的影响巨大而深远。初到苏联时，他亲眼目睹苏联的种种丑陋的社会现象，如酗酒者公开撒野、考试有抄袭现象、教育方法简单、教条主义严重等。由于当时国内过度美化苏联，因此，对于所有这些，他一时都很难理解，心理落差很大。幸运的是，他的导师，列宁格勒大学刑法教研室主任、苏联法学家米·德·沙尔戈罗茨基，对当时苏联社会的丑陋现象，特别是理论界盛行的教条主义非常反感，十分注重理论联系实际，他宁可自己《法学》杂志主编的位置被撤下，也要公开抵制《苏共纲领》中关于犯罪原因脱离实际的不正确分析。沙尔戈罗茨基是犹太人，他非常喜欢刻苦好学、勤于思考的曹子丹，别的学生只可一个月求见一次，但曹子丹只要约好，任何时候都可以来见。导师丰富的藏书，别人不许动，唯有曹子丹例外，导师允许他随便翻阅任何书籍。于是曹子丹便经常到导师的书房看书，如饥似渴地阅读导师那些连在苏联图书馆都难以借到的专业藏书，浏览苏联各地法院和检察院赠送给导师的公报和卷宗，从而有宝贵的机会扩大自己的知识领域，接触苏联现实中的法律问题。

同时，沙尔戈罗茨基对曹子丹的要求非常严格。他要求曹子丹掌握古今中外各种知识，并开动脑筋，善于思考问题，分析问题，并找出解决问题的途径。他告诫曹子丹，法学是一门实用性很强的学科，学习法律，绝不能囫囵吞枣、从书本到书本。他还教导曹子丹，要勤于积累资料，勤做卡片，勤做笔记，将零星的思考串结成珠；而要写好论文还必须深入进行调查，掌握第一手资料，不能光看材料和书本。在刑法专业课上，沙尔戈罗茨基首先给曹子丹开列教学计划，将刑法学基本理论问题分为十几个单元，每个单元由老师开列必读书目和参考书目。他要求曹子丹将所有书目阅读完毕，再与老师联系，提出问题，分析问题。只有在见面交谈时，老师认为他对相关问题掌握好了，才允许他开始下一个单元的学习。正是导师严格的要求、自己刻苦的学习以及博览群书，使曹子丹打下了系统而坚实的刑法学理论基础。他不仅在当时苏联的法学杂志《法学》上用俄文发表了《中国法学关于两类矛盾学说讨论综述》，而且在阅读导师的刑法卷宗时敏锐地发现未成年人犯罪在苏联已成为十分严重的问题，遂以《论苏联在刑事法律方面同未成年人犯罪的斗争》为题，顺利通过了程序严格的副博士论文答辩，成功地获得了不少苏联学生都难以得到的法学副博士学位。他的副博士论文，受到时任苏联社会科学院刑事科学研究所所长、法学教授盖尔青仲的好评和推荐，其论文提纲，由列宁格勒大学出版社出版，分送给苏联各地大型图书馆保存。

导师沙尔戈罗茨基的谆谆教诲，使曹子丹一生受用不尽。尤其当历经波折终于重返北京政法学院（后改名中国政法大学）开始刑法教学科研工作以后，导师的教诲越发显示其历久弥新的科学性和真正的分量。

（二）二十年颠沛流离，矢志不渝

当满怀报国之志的曹子丹于1959年回到北京政法学院时，国内已是“山雨欲来风满楼”，种种运动接踵而至，他从事业到生活，方方面面，备受打击。法律虚无主义之风正盛，他满腹法律知识，竟无用武之地。而与他一样曾留学苏联，比他早两年回国、改革开放以后曾任中国政法大学校长的江平，当时一回国就被打成“右派”，这对曹子丹而言，无疑是一个警报。他必须小心谨慎，以免触雷。但同时他内心对法律的信仰却是坚定的。1965年，他被指派撰写《政法业务讲义》，其中有一章是关于如何定罪的问题。但定罪是个法律问题，这就涉及犯罪构成。当时，犯罪构成这个字眼被看成是资产阶级、修正主义的东西，谁也不敢提起。然而定罪的唯一根据只能是犯罪构成，对此，曹子丹确信无疑。于是，他将犯罪构成换为“构成犯罪”，巧妙的词语转换，既坚持了内心确信，又避免了遭受批判。

短暂的教学时光很快被汹涌的“文化大革命”击得粉碎。公检法被砸烂，北京政法学院被撤销，曹子丹也被视为“小修正主义分子”，被下放到安徽省接受“斗批改”，后辗转到安徽劳动大学教党史，又转到广西大学改教哲学。

最让他痛心不已的，就是那些他在苏联省吃俭用，用省下来的留学补助金购买的珍贵的法学典籍几乎全部永远地失去了。他为国家的法律被肆意践踏而心碎，为十分稀缺的法律人才学非所用而焦虑，但同时，他几乎是冒着生命危险将张友渔编写的《法律的基本知识》和《苏联刑法基本原则》、《苏俄刑法典》等俄文典籍偷偷藏起来，并一直带在身边。因为他深信，国家要治理，必须有大法，无法何以治天下。没有法律予以支撑，经济建设便难以为继。他相信动乱的年代不会长久，法律的春天终会到来。因此，尽管教学内容与法律不沾边，曹子丹始终没有放弃对法学的挚爱和研究，他悄悄查阅了唐律、宋律、明律、清律等，为以后的刑法教学和研究积累了很多珍贵的资料。

（三）二十年辛勤耕耘，硕果累累

几多波折，几多坎坷，新中国的法律之春终于到来。1979年，已届“知天命之年”的曹子丹，终于回到北京政法学院执教刑法。来不及哀伤，来不及感叹，他与时间赛跑，“只争朝夕”，拼命工作，努力弥补痛失的20年时光。

调回不久，他被任命为刑法教研室主任兼刑法研究生指导小组组长。1985年他被任命为法律系主任，1987 年被任命为研究生院常务副院长。他还兼任全国人民代表大会常务委员会法制工作委员会刑法立法专家组成员，中国法学会第一、二、三届理事，中国法学会刑法学研究会第一、二、三届副总干事、国际刑法学协会中国分会秘书长、中国社会科学院法学研究所学术委员会委员、中国高级检察官培训中心委员会委员、中国犯罪学研究会咨询委员、中华全国律师协会刑事业务委员会顾问、北京师范大学刑事法律科学院专家委员会委员等职务。他的研究领域很宽，涉及中国刑法学、外国刑法学、犯罪学、监狱学等。在近 20 年的时间里，他为中国政法大学的刑法学科建设，殚精竭虑，呕心沥血；为中国刑事法治的完善，号呼呐喊、建言献策，其学术贡献令人瞩目；他还培养了大批法律学人，桃李遍布天下；他的为人为学，受到全国同行的尊敬与爱戴。

曹子丹在刑事法治园地，辛勤耕耘，硕果累累。他的成功源于坚强的信念、艰苦的努力与科学的方法。尽管日常行政管理工作事务缠身，他仍分秒必争，严谨治学，著作颇丰。他独著、合著、主编著作 30 余部，其中与他人共同主编的国家哲学社会科学“六五”重点项目《犯罪构成论》，被誉为“中国第一部研究犯罪构成的专著”，“是一部填补空白的力作”，并于 1991 年分别获得北京市哲学社会科学优秀成果一等奖和“光明杯”优秀哲学社会科学学术著作三等奖。他合作编写并参与审定的《中国预防犯罪通鉴》（上、下卷）为国家哲学社会科学“九五”重点项目，是第一部全面、系统地从理论和实践结合上阐明预防犯罪问题的巨著，并于 2000 年获得北京市哲学社会科学优秀成果一等奖。他任分科主编并参与编写的《刑事法学大辞书》，于 1995 年获全国高等学校人文社会科学研究优秀成果二等奖。他参与撰写的第一本全国统编教材《刑法学》，1988 年获国家教委和司法部优秀教材奖。他发表学术论文 70 余篇，其中刊登在《中国法学》上的《刑法学研究方法刍议》、《试论我国管制刑存在的根据》、《论将“反革命罪”易名为“危害国家安全罪”》等文均产生了重大影响。此外，他还翻译和校订了 12 部外国刑法著作和论文，其中包括在中国刑法学界引注率颇高的译作《苏联刑法科学史》。

二、学术研究和重要贡献

（一）主要研究领域及学术思想

1. 刑法导论

关于刑法学研究方法。20 世纪 80 年代以后，在刑法学研究领域，出现了两种倾向，一种只关注引进新的研究方法，却忽视历史唯物主义和唯物辩证法的指导；另一种仍在简单地利用马克思主义现成结论，思想受到束缚，刑法学的创新发展受到阻碍。针对以上两种倾向，曹子丹较早提出“两个必须”：一是必须坚持将历史唯物主义和唯物辩证法作为刑法学研究方法最高层次的哲学方法这一基本原则；二是必须摈弃用马克思主义原理代替法学具体考察和研究结论的旧观念，而应在马克思主义基本原理指导下，根据研究对象的需要，运用具体、科学的方法进行刑法学研究。曹子丹还将行之有效的刑法学研究方法概括为四种，即逻辑分析方法、比较研究方法、社会调查方法和中肯的法学评价方法。他同时指出，所谓中肯的法学评价方法，就是对法学著述的内容、观点进行全面、客观的评价，评价要包括肯定与批评两个方面。这种方法，对于促进刑法学的繁荣和发展，具有积极意义。

关于罪刑法定。对于究竟是否应当明文规定罪刑法定原则，究竟应当保留还是废除类推制度，在20世纪80年代的刑法学界存在很大争论。曹子丹明确表示，刑法中明确规定罪刑法定原则，取消类推制度，有很大的现实意义，这不仅可以表明中国依法治国，加强社会主义法制建设的愿望和决心，而且可以加强执法者的法律意识，真正做到有法必依，执法必严，减少执法过程中的随意性，以保障公民的合法权益。

关于惩罚犯罪与保护人民。传统观点认为中国刑法是“刀把子”，刑法的任务是“打击敌人、惩罚犯罪”，曹子丹认为这是不全面的，是从“刑法是阶级斗争的工具”这一不完整的概念中引申出来的。他认为，1997年修订刑法典第1条开宗明义地载明“惩罚犯罪、保护人民”，实际上是把刑法的社会保护功能和人权保障功能有机结合起来了，这对中国进一步依法惩罚犯罪、保护人民具有极其深远的意义。

关于犯罪与阶级斗争。在犯罪与阶级斗争的关系方面，曹子丹较早提出冷静、深刻的思想反思。他不同意“一切犯罪都是阶级斗争的反映”的传统犯罪观，认为犯罪既可以是阶级斗争的表现和反映，也可以不是。在社会主义国家，也是如此。犯罪可以概括为三种情况：一是作为阶级斗争直接表现的犯罪，如危害国家安全的犯罪等；二是带有阶级斗争性质的犯罪，如人民内部受剥削阶级思想腐蚀而实施的故意犯罪；三是与阶级斗争无关的犯罪，如过失犯罪等。

关于犯罪构成。关于犯罪构成究竟是一个法律概念还是一个理论概念，学界有不同的认识。曹子丹指出，犯罪构成应当是（或者首先是）一个法律概念，它是刑事法律所规定的构成犯罪的主客观要件的总和。正是在这个意义上，犯罪构成是行为人承担刑事责任的唯一根据。如果犯罪构成不是一个法律概念，怎么能成为行为人负刑事责任的唯一根据呢？他还认为，应当将犯罪构成同罪刑法定联系在一起。

罪刑法定就是定罪和量刑都应由法律来规定，也就是说，定罪应当依据法律。当然，犯罪构成首先是一个法律概念，并不排斥可以将犯罪构成上升到理论高度来加以研究，因此，从这个意义上讲，犯罪构成又是一个理论概念。犯罪构成理论是刑法学的核心。刑法致力于解决的三大问题，即犯罪、刑事责任与刑罚，首先要解决的是犯罪构成的问题，然后才谈得上刑事责任和刑罚的问题，而且，犯罪的性质、犯罪的轻重，都直接影响刑事责任的大小和刑罚的轻重。

关于刑法因果关系。曹子丹认为，刑法因果关系在犯罪构成中的地位取决于危害结果在犯罪构成中的地位。危害结果只有在过失犯罪和某些故意犯罪中才是犯罪构成的必要要件，而不是犯罪构成客观方面的共同必要要件；由此，刑法因果关系在犯罪构成中只能是一个选择要件，却是一个重要的选择要件。刑法因果关系在犯罪构成中的地位，远高于犯罪时间、地点和犯罪方法的地位。因果关系对过失犯罪、对要求危害结果为其犯罪成立要件的故意犯罪，都具有决定性的作用。明确刑法因果关系与危害结果的关系，对于正确认识刑法因果关系在犯罪构成中的地位，对于正确定罪和量刑，具有重要意义。

关于量刑的原则。曹子丹主张将刑罚个别化原则作为量刑的一个重要原则，认为这一原则的实质是指判处刑罚必须因人施罚，根据犯罪人的个人情况和社会危害性大小，判处轻重不同的刑罚。刑罚个别化原则与罪刑相适应原则并不矛盾，要把两者有机地结合起来，但这两个原则又不能等量齐观，罪刑相适应原则是基本原则，是基础；刑罚个别化原则是罪刑相适应原则的补充，它们之间的关系不能颠倒。

关于管制刑。学界曾有管制刑存废之争。曹子丹认为，管制刑不能废除。第一，管制刑的存在，符合中国刑罚目的的要求，它对罪行较轻而又不必关押的犯罪人的教育改造，有较好的效果，是实现中国刑罚目的的必要手段；第二，管制刑的存在，符合中国罪刑相适应原则的要求。作为不剥夺自由而只是限制自由的管制刑，对那些罪行较轻，无需关押，但又要给以一定惩罚的犯罪人是最适宜的手段；第三，管制刑的存在，符合当今世界各国刑罚由严厉向缓和、由封闭型向开放型的发展方向。

关于缓刑。早在 20 世纪 90 年代初，曹子丹就对中国缓刑制度的发展和完善提出立法建议和理论论证。建议对缓刑犯的考察制度予以立法，以与缓刑制度配套。第一，建立缓刑考察专门机构，明确机构职能。第二，明确规定缓刑考察人的权利和义务，使缓刑考察人员各司其职，防止互相推诿。第三，明确规定缓刑犯的权利和义务。第四，确立因人施教、宽严适度的考察原则。在考察过程中，应根据缓刑犯的改造情况，采取不同的具体措施，做到原则性与灵活性的统一。并建议建立缓刑保证金制度。

关于保安处分。中国刑法一直未规定保安处分。曹子丹力主在刑法典中增设“保安处分”一章，将保安措施规范化，纳入刑罚体系，作为补充和替代刑罚的特殊处理措施。曹子丹认为，保安处分，实质上是对社会治安进行综合治理的措施，中国实行的劳动教养、留场作业等在性质上都是保安处分措施。最好将保安处分正式写入刑法典。

2. 刑法分论

关于罪名法定。曹子丹认为，罪刑法定原则不但要求罪行法定、刑罚法定，同时也要求罪名法定。中国修订刑法没有做到罪名法定，是一个不小的缺憾。当然，如果立法上没有规定，由有权解释（立法解释和司法解释）加以规定，以弥补立法不足，也是可以的。

关于更改“反革命罪”罪名。20 世纪 90 年代初，针对反革命罪保留论的观点，曹子丹极力主张将反革命罪易名为“危害国家安全罪”，并对此做了透彻的理论阐述：第一，将反革命罪易名为危害国家安全罪，更能准确地反映该类犯罪的本质特征。第二，将反革命罪易名为危害国家安全罪，有利于国际司法协助和引渡罪犯。第三，将反革命罪易名为危害国家安全罪，并删去反革命目的的规定，有利于对具体犯罪性质的认定。第四，将反革命罪易名为危害国家安全罪，有利于“一国两制”的实行。

关于经济犯罪。曹子丹较早提出经济犯罪的定义。他早在 1983 年就将经济犯罪界定为违反国家经济秩序，或者非法占有、盗窃、骗取、侵吞公共财物或公民个人所有的合法财物以及其他有关侵害社会主义经济的活动，导致国家、集体、人民利益遭受严重损害，应当受到刑事处罚的行为。关于经济犯罪是否适用死刑问题，曹子丹认为，应当具体分析。对于并不危及国家、社会安全和公民人身的纯经济犯罪，如盗窃罪等，不应适用死刑；对于危及社会公共安全和公民人身的经济犯罪，如生产、销售有毒有害食品罪等，社会危害性大，不能废除死刑；对于职务性的经济犯罪，即贪污贿赂犯罪，由于这种犯罪严重损害了国家机关及工作人员职务行为的廉洁性，破坏党和政府的声誉，群众十分痛恨，对其适用死刑符合中国当前的实际情况。但是，这类犯罪毕竟不同于危害社会公共安全和公民人身的暴力犯罪，因此，建议在适当时，从立法上废除贪污罪、受贿罪的死刑。

关于强奸罪。早在 20 世纪 80 年代初，曹子丹就针对强奸罪的几个争议问题，阐明自己的观点：第一，强奸罪侵害的客体是妇女性的权利。第二，违背妇女意志是强奸妇女的本质特征。第三，在以欺骗手段实施的奸淫行为是否构成强奸罪问题上，曹子丹认为在单纯欺骗而实施奸淫的情况下，妇女并未丧失意志自由，根据强奸罪的基本特征，这种奸淫行为不能构成强奸罪；但如果行为人既使用了欺骗，又实施其他强制手段，则另当别论。

关于财产犯罪。曹子丹对财产犯罪的分类、侵占罪有无未遂问题、职务侵占罪的共同犯罪等问题，都有独到的见解。一是关于财产犯罪的分类，可以考虑从犯罪的主客观结合上分类，并将财产犯罪分为三类：一类是占有型犯罪；一类是挪用型犯罪；一类是毁坏型犯罪。二是关于侵占罪有无未遂问题，认为侵占罪是有未遂的，但由于刑法第270条规定“拒不退还”、“拒不交出”是侵占罪的一个构成要件，这个要件既是罪与非罪的标准，也是既遂与未遂的标准，导致一种行为要么既遂，要么不是犯罪，使侵占罪的未遂的存在范围受到很大的局限。三是关于职务侵占罪的共同犯罪问题，这集中表现在国家工作人员和非国家工作人员共同侵占公司、企业公共财产时如何定性。曹子丹主张主犯决定说，即以主犯身份来确定共同犯罪的性质：主犯是国家工作人员的，应认定为贪污罪的共同犯罪；主犯是非国家工作人员的，应认定为职务侵占罪的共同犯罪。

关于毒品犯罪。20世纪80年代末，曹子丹从中国毒品危害活动的现状和发展趋势出发，借鉴国外有关禁毒法律规定，依照中国参加的有关国际公约，提出以下重要立法建言：一是建议增设种植毒品原植物罪；二是建议增设非法持有毒品罪；三是建议增设引诱、唆使未成年人吸毒罪；四是认为对吸毒行为不宜规定为犯罪，而应加强强制治疗和矫正措施。

关于巨额财产来源不明罪。如何使这种罪能有效惩治腐败，充分发挥其作用？曹子丹认为，必须提高该罪的法定刑，增加其量刑幅度档次。有人提出，对拒不如实说明的，可推定为贪污罪或受贿罪。对此，曹子丹指出，巨额财产来源不明罪毕竟不等于贪污罪、受贿罪，其中存在一个不可忽视的证据的问题。立法之所以在贪污罪、受贿罪之外单列巨额财产来源不明罪，就是考虑到在这类犯罪人非法所得的具体手段没有查清没有得到证据证明之前，只能按巨额财产来源不明罪定罪，在量刑上也有所区别。

3. 犯罪学和监狱学

关于犯罪原因。犯罪原因理论是犯罪学的理论基石。曹子丹主编的《犯罪原因理论研究综述》这本著作，不仅囊括中外关于犯罪原因的一般原理，而且对犯罪原因进行了类型研究，并就犯罪原因的名家论述、历史研究、台港澳地区的研究以及外国犯罪原因研究，进行了专门论述，将资料性、理论性和实用性科学地融为一体。

该书是中国第一本关于犯罪原因研究综述和评介的专著，受到好评，并被列为刑法学专业研究生参考书。

关于劳动改造的基本原则。曹子丹认为，根据中国劳动改造的立法和实践，劳动改造的基本原则应包括人道主义原则、合法性原则、教育感化原则、个别化原则、社会化原则。人道主义原则、合法性原则和教育感化原则保证了劳动改造工作的价值取向；个别化原则和社会化原则揭示了劳动改造工作在运行中的结构状态及其与社会的密切关系，从而共同保证了行刑目的的实现。

（二）刑事法治建设业绩

1. 结合教学科研，积极参加立法活动

改革开放之初，曹子丹根据自己的观察和研究，向中央提交了加强法制建设的意见和建议，受到国家立法工作领导人彭真同志的赞扬。1979 年中国刑法颁布后，全国人民代表大会常务委员会先后颁布了 25 个单行刑法，曹子丹被全国人民代表大会法制工作委员会作为刑法专家邀请参加讨论，论证了近 20 个刑法补充规定和决定。后来，他又多次参加对 1979 年刑法进行修改的座谈、讨论和研究。这些座谈会，为中国 1997 年修订刑法的出台，奠定了良好的基础。

他还应最高人民法院、最高人民检察院等司法机关的邀请，参加司法解释的专家论证，为一系列司法解释的制定做出了有益的贡献。

在参与国家刑事立法活动中，他始终将自己的学术思想贯穿其中，致力于建立中国的刑事法治。例如，1986 年 5 月他参加全国人民代表大会法制工作委员会关于“诈骗罪是否应增设死刑”的座谈会时，基于死刑条文不宜过多，经济犯罪一般不宜规定死刑的理念，力主诈骗罪最高法定刑不应增为死刑。在全国人民代表大会常务委员会已于 1982 年在《关于严惩严重破坏经济的罪犯的决定》对盗窃罪增设死刑，而实务部门很多人强烈要求对诈骗罪增设死刑的背景下，曹子丹坚决反对“死刑膨胀”，实属难能可贵。又如，1990 年他参加全国人民代表大会常务委员会法制工作委员会召开的关于毒品犯罪的座谈会时，针对有人提出的强迫未成年人吸毒要单独定罪并处以较重刑罚的主张，他进而提出，不但强迫未成年人吸毒要单独定罪并处以较重的刑罚，引诱、教唆未成年人吸毒也要单独定罪，并处以较重的刑罚，同时阐明了理由。单列罪名的建议虽未被立法部门所接受，但对引诱、教唆未成年人吸毒的犯罪处以较重刑罚的主张，却在 1990 年 12 月通过的《关于禁毒的决定》的条文中得到了明确的体现。

2. 心系法治，为刑事法治建设鼓与呼

死刑之增减与存废，一直是中国刑事法治中的重要问题。对于死刑之存废，学界一直有激烈的争论。曹子丹从苏联死刑的“三落三起”受到启发。苏联在 20 世纪 20 年代取消了死刑，后来发现行不通，便于 1929 年恢复；30 年代又取消，没多久又恢复；二战后为庆贺反法西斯胜利取消死刑，但到了 1950 年再次恢复。因此，他根据中国自身情况，参考苏联经验，认为在中国现阶段，全面废除死刑还不现实，对那些严重危害国家安全，严重危害公共安全，严重危害人身安全的犯罪，特别是暴力犯罪，还需要适用死刑。

他同时指出，尽管需要保留死刑，但必须慎用死刑、少用死刑，对死刑的使用，要严格加以限制。因为死刑是剥夺犯罪人生命的刑罚，是以犯罪人不能改造为其前提条件的，它断绝了犯罪人悔过自新的道路。限制死刑应从两方面着手：一是立法上应缩小死刑适用的条文和罪名，同时要杜绝死刑作为绝对确定的法定刑的规定；二是在司法上应严格依法办事，对于罪该处死、但不需立即处死的，可以判处“死缓”；同时，应当按照刑法的规定，恢复死刑案件由最高人民法院核准的制度。他还主张尽量减少死刑，并为废除经济犯罪的死刑而大声疾呼。

他对类推制度终归要取消，态度十分坚定。认为类推在本质上背逆罪刑法定原则，与法治相抵触，因此，要确立罪刑法定原则，符合世界刑事法治发展潮流，就必须废除类推。

曹子丹在 20 世纪 90 年代末对环境犯罪的若干重要理论问题进行了探讨，提出了有价值的见解：第一，认为环境犯罪是复杂客体。环境犯罪首先侵犯的是国家环境资源保护管理制度，其次是对人们的生命健康和重大公私财产的危害。第二，关于因果关系推定原则。主张鉴于环境犯罪的复杂肇因性，中国在认定环境犯罪时，应借鉴日本等国采用因果关系推定原则，以便及时而不失科学地审理这类案件，这不仅可以使污染环境的犯罪及时受到应有的制裁，而且可以使受害人得到及时的救济。但采用因果关系推定原则，要限定范围，只限于污染环境的犯罪；对于破坏自然资源的犯罪，仍要有严格的因果关系证明。

3. 参加国内外重要学术活动，宣传和探讨刑事法治

他多次参加国内外重要学术活动，在国际领域和海峡两岸宣传和探讨刑事法治。在每次重要学术会议上，他都根据会议要求，认真撰写学术论文，有的还将中文稿译成英文，发表自己的学术观点，宣传和探讨刑事法治，受到与会人士的重视。在

重要学术活动中，曹子丹始终坚持有理、有利、有节，从容应对复杂局势。1992 年 11 月他赴台湾参加两岸法学学术研讨会期间，针对海峡两岸的走私等犯罪活动，他指出，这些犯罪危害两岸人民的利益，两岸应签订合作打击海上犯罪的协议，携手共同打击海上犯罪。

（三）法学教育及人才培养

1952 年全国院系调整后，曹子丹即从北京大学到新成立的北京政法学院任教。早在 1962 年，他就针对当时教育领域存在的“极左”思潮，发表文章指出红专结合必须坚持，但是，红不能代替专，不能忽视专的培养。提出了学校必须坚持以教学为中心的原则，生产劳动和政治活动不宜过多等主张。在当时“以阶级斗争为纲”、“极左”思潮甚嚣尘上的年代，曹子丹敢于坚持真理，提出真知灼见，如果没有足够的理论勇气是不可能做到的。

1980 年曹子丹任北京政法学院刑法导师组组长以后，力倡理论联系实际之学风，将社会调查作为一项重要的教学内容。他大胆改革研究生培养方案、教学内容、教学方法以及管理模式；聘请实际部门的专家来校讲课、座谈、参加导师组，还组织学生参加社会调查和业务实践。这些社会实践活动，不仅帮助学生捕捉到当时社会生活和司法实践中出现的新问题、新动向，富有浓郁的时代气息，而且极富实效地锻炼了研究生队伍的研究能力，效果甚佳。

曹子丹执教 60 年，担任过中国政法大学刑法教研室主任、法律系主任、研究生院常务副院长，讲授过中国刑法、外国刑法，首次在北京政法学院开设苏联刑法，并较早为研究生讲授台港澳刑法学研究课程。他培养的学生，大都成长为中国法治建设中的栋梁之才，有的当上了教授、博士生导师、大学校长、法学院院长，有的成为法官、检察官和律师。看到学术事业后继有人，他感到由衷的欣慰。2002 年，在他执教 50 周年之际，他将自己的感受概括为三点：第一，要老老实实做学问。教师要热爱自己的职业，要排除各种干扰，全身心地投入到自己的教学工作中去，要与时俱进，求真求新，开拓进取，永远站在学科的最前沿。第二，要尽可能多地参加立法和司法活动，要在理论与实际结合上下功夫，这是提高法学教师业务水平和教学效果的有效途径。第三，教师最重要的素质是师德，“己不正，焉能正人”。教师肩负双重责任，既教书又育人，既要教好学问和专业，又要指导学生的思想和品德。无才的教师，固然不是好教师；缺德的教师，同样不是人民需要的教师。

他对自己指导的学生因材施教，制定出个人培养计划，全面负责其专业、科研、学位论文以及思想道德等方面的培养，严格执行“导师组集体培养和导师个人负责”制度。他教导学生要走在时代的前列，思想开放，品学兼优。对于学生论文，从选题、构思、取材、观点乃至篇章段落文字，他都严格把关，毫不疏漏。而当学生向他求教时，他总是倾其所有，无私给予。他还真心关爱学生，爱生如子。凡是投到他门下的弟子，不论写信还是当面求教，他都热情给予回应，亲自回信，认真接待，丝毫没有架子。凡有求于他的学生，只要符合原则、他能帮上的，他一定尽力帮助，不求任何回报。他“润物细无声”般的大爱之心和人格魅力，深受学生的爱戴和景仰。

曹子丹从教 60 载，为法学教育及培养人才做出了重要贡献。他从 1993 年起享受国务院颁发的政府特殊津贴；2002 年中国政法大学 50 周年校庆时授予他“元老教师”和“学科建设开创者”两个荣誉称号；2012 年中国政法大学 60 周年校庆又授予他“为学校建设和发展做出卓越贡献”荣誉称号。中国老教授协会也于 2002 年授予他“科技工作优秀奖”。面对种种荣誉和美誉，他坦陈：“法治兴才国家兴，国家兴才个人兴。”“历史有着自己的节奏，我们只是尽力而为。要说我们这一代人的贡献，往大处说，也许对构建中国自己的法律体系和法言法语做出了一点贡献；往小处说，就是培养了下一代法律人。”

三、曹子丹主要论著

曹子丹 . 1959. 论苏联在刑事法律方面同未成年人犯罪的斗争（俄文）. 副博士学位论文提纲 . 苏联列宁格勒大学出版社 .

曹子丹 . 1962. 谈谈政法教学为政治服务的几个问题 . 政法研究，(2)：36-40.

曹子丹 . 1964. 谈谈犯罪和阶级斗争的关系 . 政法研究，(1)：12-16.

曹子丹 . 1983. 以宪法为依据，开创刑法学教学研究的新局面 . 北京政法学院学报，(1)：7-8.

何秉松，曹子丹 . 1983. 关于马克思主义犯罪观的几个理论问题（上、下）. 中国政法大学学报，(3)：43-50. (4)：58-65.

樊凤林，曹子丹 . 1987. 犯罪构成论 . 北京：法律出版社 .

曹子丹，薛瑞麟 . 1988. 刑法学研究方法刍议 . 中国法学，(3)：65-70.

甘雨沛，曹子丹 . 1989. 刑法学专论 . 北京：北京大学出版社 .

曹子丹 . 1989. 深化教育改革，着力培养应用型硕士研究生∥北京研究生教育 . 航空工业出版社 .

曹子丹 . 1990. 试论我国管制刑存在的根据 . 中国法学，(1)：61-65.

曹子丹，侯国云 . 1991. 论将“反革命罪”易名为“危害国家安全罪”. 中国法学，(2)：91-96.

曹子丹 . 1993. 中国大陆劳动改造的基本原则∥中国法制比较研究论文集 . 台北：东吴大学法学研究所编印 .

曹子丹编 . 1993. 中国犯罪原因综述 . 北京：中国政法大学出版社 .

曹子丹（分科主编）. 1996. 中国法学大辞典（刑法学卷）. 中国检察出版社 .

曹子丹 . 1996. 我国刑法中贪污罪贿赂罪法定刑的立法发展及其完善 . 政法论坛，(2)：15-19.

曹子丹 . 1997. 惩罚犯罪、保护人民思想的突出体现 . 政法论坛，(2)：23-25.

曹子丹 . 1997-3-2. 罪刑法定是基本原则 . 检察日报 .

曹子丹（分科主编）. 1998. 中国预防犯罪通鉴 . 北京：人民法院出版社 .

曹子丹，颜九红 . 1998. 关于环境犯罪若干理论问题的探讨 . 烟台大学学报，(1)：26-31.

曹子丹 . 2009. 曹子丹文集 . 北京：中国政法大学出版社 .

主要参考文献

樊凤林，曹子丹 . 1987. 犯罪构成论 . 北京：法律出版社 .

曹子丹 . 中国犯罪原因研究综述 . 1993. 北京：中国政法大学出版社 .

曹子丹 . 2009. 曹子丹文集——关于刑法问题 . 北京：中国政法大学出版社 .

撰写者

颜九红（1969～），辽宁庄河人，北京政法职业学院教授。从事刑法学研究。

陈　安

陈安（1929～），福建福安人。国际经济法专家、法学教育家。厦门大学法学院教授，国际经济法专业博士生导师。曾任厦门大学法学院院长、国际经济法研究所所长、中国国际经济法学会会长、中国国际法学会顾问等。陈安曾作为中国政府依据《华盛顿公约》于1993年、2004年、2010年三度遴选向解决投资争端国际中心（ICSID）指派的国际仲裁员。此外还是中国国际经济贸易仲裁委员会（CIETAC）仲裁员，国际商会（ICC）国际仲裁案件仲裁员，法国国际仲裁协会（IAI）仲裁员。主要研究方向：国际经济法总论、国际投资法。陈安是改革开放之后中国国际经济法学理论的奠基人之一，国家重点学科厦门大学国际经济法专业的创建者，并培养出了大批学者型和实践型的人才。

一、老骥伏枥　开荒破土

1929年5月11日，陈安出生于福建省福安市。先后就读于福安穆阳镇中心小学、福建省立三都中学。1950年毕业于厦门大学法律系。大学毕业后分配到福建省连江县人民法院担任审判员，翌年1月调任厦门大学法律系担任助教。

1953年7月，院系调整，陈安转至厦门大学马列主义教研室任教。1956年2月，陈安考取复旦大学政治学理论研究生班。1957年8月毕业后返校，续任马列主义教研室讲师。1970年3月调往福建省诏安县委党校担任教员。1972年7月重回厦门大学，并在教育系政教专业任教。次年8月转入历史系，后晋升为副教授。

1980年9月，陈安从厦门大学历史系调入刚刚复办的法律系任教。在改革开放的浪潮下，成为国际经济法这一新兴边缘性学科奠基者之一。

1981年3月，陈安编译完成了《国际经济立法的历史和现状》一书。该译著的公开出版，意味着陈安开始加入到中国国际经济法学奠基者之列。同年，开始招收国际经济法方向的硕士研究生。

1981年11月至1983年9月，陈安以高级访问学者身份赴美国哈佛大学从事国际经济法研究工作，同时还在该校承担了部分讲学任务。陶醉于法学知识海洋之余，陈安充分利用学术讲坛，驳斥了国外媒体与学者对中国法治现状的攻击，维护了国家的尊严。

美国访学归来，陈安在承担教学任务之余，开始潜心整理消化其所收集的学术资料，并对前期研究成果加以拓展，并保持与国外学者的合作。

1984年3月3日至4月21日，应联合国教科文组织的邀请，陈安随同北京大学王铁崖、西南政法学院刘鸿惠一道组成“中国国际法教育考察组”，赴西欧和北美五国考察法学教育。此次出访，陈安受益匪浅，回国后撰写论文分享其心得，提出了改进法学教育的观点。

1984年5月8日至6月5日，陈安参与了在庐山举行的由武汉大学法律系、厦门大学法律系、上海社会科学院法学研究所、南开大学经济研究所等高校发起的第一次全国国际经济法讲习班。这次讲习班标志着中国国际经济法学的初步创立。

1985年1月，厦门大学政法学院正式成立，由哲学系、法律系组成（1986年4月增设政治学系）。陈安被任命为副院长，1987年3月升任院长，直至1998年5月卸任。1987年10月，厦门大学创办国际经济法研究所，陈安兼任所长。

1985年底，陈安晋升为法学教授。这一年，陈安获得国家教育委员会的博士点基金重点科研项目经费资助，开始着手组建研究团队。不仅提拔后生，而且延揽英才，邀请了安徽大学朱学山、复旦大学董世忠、南开大学高尔森、潘同珑加盟，奠定了厦门大学国际经济法学科的基础。

这一年，陈安开始主编中国第一套自成体系的国际经济法学系列专著（含《国际投资法》、《国际贸易法》、《国际税法》、《国际货币金融法》和《国际海事法》五卷），于1987年11月出版。该书及后来出版的《国际经济法总论》为学界提供了系统化的国际经济法知识，对构建中国国际经济法学科体系做出了历史性的贡献。通过这套专著的撰写，厦门大学国际经济法学科也初步搭建了一个比较完整的学术团队。至今，该学术梯队的完整性仍然是厦门大学国际经济法学科的优势所在。

1986年，厦门大学开始招收国际经济法专业博士研究生，陈安被聘为博士生导师。

20世纪80年代末，随着海峡两岸关系的日益缓和，两岸法律方面的差异迫切需要研究。1990年6月，陈安主编的《台湾涉外经济法概要》和选编的《台湾涉外经济法规选要》得以出版，顺应了时代的需求。

1990年5月至1991年9月，陈安以“亚洲杰出学者”名义应邀赴美国俄勒冈州路易斯—克拉克大学西北法学院担任客座教授，兼任该学院国际法研究项目顾问。由于1989年春夏之交的政治风波影响犹在，中国的外部环境极为恶劣。不少国家对中国的对外开放政策大肆攻击。对此，陈安于 1990 年 9 月在西北法学院校友会和当地律师集会上做了专题演讲，通过列举大量事实，做出了有力的反击，再次维护了国家的尊严。

1993 年 11 月，中国国际经济法研究会在广东珠海召开年会，此次会议决定该学术团体更名为“中国国际经济法学会”，并推选陈安担任会长。此后，该学会的秘书处开始设在厦门大学法学院。陈安及其同仁对学会的建设倾注了大量的心血，1998 年 5 月，创立会刊《国际经济法论丛》（2004 年起更名为《国际经济法学刊》），并一直担任刊物主编。

陈安对国际投资法的研究可谓情有独钟，而且硕果累累。1995 年至 1999 年间，陈安就中国涉外仲裁监督机制进行了系统深入的研究，撰写了一系列论文。

1999 年 5 月，陈安光荣退休，但因学院教学工作需要，仍返聘他为博士生导师，继续在教学和科研战线上辛勤耕耘。其间，他曾应邀担任《中国大百科全书 · 法学》修订版中的国际经济法部分的主编，并亲自撰写了部分词条。最为可贵的是，陈安在退休之后依旧笔耕不断，写出了一系列极具分量的学术论文与著作。

2005 年 7 月，《国际经济法刍言》出版。该书是陈安近三十年来研究本学科的结晶。极高的学术价值使该书获得吴玉章人文社会科学一等奖。8 月 17 日上午，《当代中国法学名家》首发式在人民大会堂举行，陈安作为厦门大学唯一的入选者被收录其中。9 月 27 日，国家商务部条法司曾专门来函，高度评价了陈安对涉外法制建设所做出的重大贡献。

2008 年 12 月，《陈安论国际经济法学》一书出版。该书在《国际经济法刍言》的基础之上增加了陈安最新的研究心得，并对该学科最新的问题予以阐述。由《刍言》的 211 万字扩充到 300 余万字，并非简单的扩容，而是全面增订和创新汇辑。

2009 年 5 月，在庆贺陈安八十华诞和从教五十八周年的活动中，众多弟子提议成立“厦门大学陈安国际法学发展基金会”，以纪念其对国际经济法的贡献。

2011 年 9 月，在两起外国投资者针对津巴布韦政府提起的国际投资仲裁案件中（案号分别为 ARB/10/15 和 ARB/10/25），陈安被正式指定为仲裁员，成为首位审理 ICSID 仲裁案件的中国籍仲裁员。

2012 年 9 月 26 日上午，中国法学会决定授予陈安“全国杰出资深法学家”称号（共 25 人），以表彰他在社会主义法学理论体系建设和法治建设中做出的突出成就。

陈安的学术成果在海内外享有盛誉。英国剑桥国际名人传记中心（IBC）先后将他的个人小传辑入《澳洲及远东名人录》、《国际名人传记辞典》以及《国际知识界名人录》等书。美国名人传记研究所（ABI）也将他的个人小传辑入《当代重大成就国际名人录》和《国际领导层杰出人物录》两书。

由于时代的原因，陈安于年过半百之际才重操“荒废”了27年的旧业——法律。一种与生命赛跑的紧迫感使他更加勤勉。陈安1960年被评为“福建省劳动模范”，自1992年起享受国务院政府特殊津贴。难以置信的是，近20年来，陈安先后取得了11项国家级、省部级科研成果一等奖，7项国家级、省部级科研成果二等奖，1987年、1994年、2003年、2006年先后四次获得厦门大学最高荣誉奖“南强奖”一等奖，2008年获得“南强奖”特等奖。其获奖等级之高、数量之多，在中国人文社会科学学者中是罕见的。在上述11项一等奖成果中，8项是在他70岁退休以后取得的。在陈安及其学术团队的共同努力下，厦门大学国际法学科于2002年7月和2007年8月两度被评为国家重点学科。

二、学科建构　成果卓越

（一）建立国际经济法学体系

国际经济法是用以调整跨越一国境界的经济关系的各种法律规范的总和，是一个涉及国际法与国内法、公法与私法、国际商务惯例与各国涉外经济法等多种法律规范的边缘性综合体。这种新兴学科的边缘性和综合性，并非出于人为的任意凑合。但在学科体系建立之前，有人不断对此提出质疑。

由于是新兴的学科，所以缺乏深入系统的研究。由于是边缘学科，因此总有人会提出该学科是否有必要存在。由于是综合性学科，周边的学科也会想将相关内容纳入自己的学科体系。因此，国际经济法学若不能将自己的学科体系建立起来，其本身的地位与存在都将岌岌可危。

陈安对于中国国际经济法学最大的贡献在于从无到有，建立了国际经济法学体系。如同徐崇利所说：“早在1981～1983年，陈安老师就赴美国哈佛大学研究、讲学，为系统地将国际经济法学科引入中国做了充分的准备。回国后，陈安老师组织学术团队，结合中国实际，精研国外最新成果，经过数年的努力，于1987年在国内首次推出了国际经济法系列专著——《国际投资法》、《国际贸易法》、《国际货币金融法》、《国际税法》和《国际海事法》。这套专著以及后来出版的《国际经济法总论》为学界提供了系统化的国际经济法知识，对构建中国国际经济法学科体系做出了历史性的贡献。”

这套国际经济法系列专著，被余劲松评价为“是具有中国特色的，开拓性的好书”。该书“结构合理，条理分明，内容充实，材料新颖，理论与实际相结合，法律与实务相融通，既可作为高等学校学生的教材，也是从事国际经济法教学和研究的人员以及涉外法律实务工作者有价值的参考书”。

在国际经济法学教育方面，陈安主编的《国际经济法学》等教科书一直都是这个领域最重要教材。从 1994 年的第一版到 2013 年的第六版，不断与时俱进，对国际经济法学教育做出了巨大的贡献。

（二）提出国际经济法“6C 律”

南北关系是全世界政治经济关系中的主要矛盾，是贯穿世界政治经济关系之网的一条主线。发展中国家在反抗发达国家的控制与剥削的同时，也应意识到南北矛盾有必要也有可能不断地转化为南北合作。几十年来，双方初步合作的成果通过国际条约、协定或法律文献等形式固定下来。第三世界各国在参加制订或各自制订各类国际经济法行为规范和准则的过程中，总是力争除旧布新：对于传统国际经济法的各种行为规范和行为准则，要求加以全面的、逐一的审查，凡是符合改造国际经济旧秩序、建立新秩序需要的，就加以沿用、重申或强调；凡是违背这种需要的，就加以改订、废弃或破除。这个过程，必然会遇到发达国家的阻力，产生南北矛盾。每一回合的“南北矛盾”斗争，往往以双方的妥协以及国际经济秩序在某种程度上除旧布新而告终。但一段时间后又会产生新的矛盾。如此循环往复，螺旋式上升，逐步形成适合于新时代的国际经济法基本规范。陈安将这种规律性的发展过程称为螺旋式上升的“6C 轨迹”，即 Contradiction（矛盾）→Conflict（冲突或交锋）→Consultation（磋商）→Compromise（妥协）→Cooperation（合作）→Coordination（协调）→Contradiction new（新的矛盾）。当代国际经济秩序和国际经济法就是在此“6C 律”的支配下不断发展。

（三）坚持构建具有中国特色的国际经济法学新理论体系

国际经济法对于中国是新兴学科，但在西方已多有论述，自成体系，包含着众多维护发达国家既有利益的理论与观点。中国在建立与发展该学科的时候，陈安认为，不能照搬照抄，应遵循“拿来主义”和“消化主义”相结合的方针，以发展中国家的立场，批判地吸收，才能真正维护国家利益并服务于建立国际经济新秩序。

（四）提出国际经济主权原则是国际经济法最重要的基本准则

陈安认为，当代国际经济法贯穿着四大基本原则，其中经济主权原则是首要的基本规范，全球弱势群体务必增强忧患意识，珍惜和善用经济主权以确保和维护民族正当权益，警惕当代霸权主义的“双重标准”和伪善本质，切忌懵懵然地附和、接受当今颇为“时髦”的、来自西方霸权主义国家的经济主权“淡化”论、“弱化”论和“过时”论，切忌坠入理论陷阱。作为中国人，同时还应当加深认识当代中国实行对外开放基本国策的历史渊源和深厚积淀，从而更加自觉推动其优良历史传统及其独立自主、平等互惠的法理原则“与时俱进”。

陈安认为对于主权原则的发展，使得发展中国家不再局限于传统的政治方面，并且扩展到“经济主权”方面，促使其在国际社会中获得普遍的认可与赞同，日益被确立为国际经济法中最基本的行为规范和行动准则。

此外，陈安还指出国家在世界经济贸易中的参与权与决策权是国际经济主权的重要组成部分与重要保证。但是，世界经济贸易的磋商和决策，往往有三大弊端：

第一，通常只由 G7（七国集团）或 G8（八国峰会）进行秘密磋商，黑箱操作，定出基调或基本框架，之后才一步步上升到国际组织讨论，剥夺了发展中国家的知情权与参与权。

第二，事先在全球性国际经济组织的体制规章上制定了不公平合理的表决制度，实行表决权力大小不一甚至极端悬殊的投票安排。

第三，就美国而言，它在世界性经贸大政的磋商和决策之中，历来奉行“本国利益至上”和“对人对己双重标准”，以单边主义对抗多边主义。

因此陈安认为，要改变全球财富国际分配的巨大差异，要从源头上根本改变世界经济贸易中决策权力分配的严重不公，强调平等的参与权和决策权。

（五）研究国际投资条约及其相关体制

陈安长期重点研究有关国际投资的双边协定、多边公约以及相关的 OPIC、MIGA、ICSID 等基本体制及其实际运行，探讨中国和发展中国家如何在这些体制中趋利避害。这些成果主要体现在陈安一系列专著之中，如《国际争端仲裁——“解决投资争端国际中心机制”研究》、《MIGA 与中国：多边投资担保机构述评》与《“解决投资争端国际中心”述评》等。陈安依据研究成果，努力践行知识报国之志，多次应邀积极向国家主管部门提供决策咨询建议和立法建言。对于中国涉外仲裁监督机制立法，针对国内学者人云亦云的学术讹传，广泛查核有关国际先进立法的第一手外文文献，对照探讨中国涉外仲裁监督机制现行的立法优点和缺失，力排众议，澄清讹传，提出建立严格监督体制、防止执法腐败、保障公正仲裁的立法建议。此外，他还对诸多经典的涉外经贸争端仲裁案例进行了鞭辟入里的分析。

三、笔耕不倦 厚积薄发

(一)《陈安论国际经济法学》

陈安笔耕不倦，有大量的著作与论文。《陈安论国际经济法学》汇辑了他三十多年来的主要著述，是陈安研究本门新兴边缘性学科的结晶。这对后继的研究者有着极大的帮助。一方面，陈安对于国际经济法学的研究本身是他们相关知识的来源。另一方面，对于自身作品的整理汇编，也方便后继研究者找到进一步研究的起点。这是一种严谨的学术态度的体现。

该书由《国际经济法学刍言》全面增订而来。《刍言》一书曾获得吴玉章人文社会科学一等奖。专家评议认为："该书是创建中国特色国际经济法学这一新兴边缘学科理论体系的奠基之作，是第三世界国家争取国际经济平等权地位的理论武器。"《陈安论国际经济法学》全书共约310万字，分列五卷八编，包括国际经济法基本理论、国际投资法、国际贸易法、涉台经济法、国际法教育、英文版国际经济法论文等。这五卷本的书所反映和论述的，多是当代国际经济法学前沿的最新信息或动态，多是这一领域理论和实践中新出现的热点问题和难点问题，极具学术价值。

朱学山对《陈安论国际经济法学》一书评价道："这部新著秉持和发展了他三十年来一贯的学术追求，即体察当代南北矛盾的现实，依据和提炼第一手资料，运用当代国际法理论，通过学术论证，致力为发展中国家弱势群体'依法仗义执言'，为当代第三世界争取国际经济平等权地位静心锻造法学理论武器，三十年如一日，不懈不渝，可谓'一剑淬砺三十年'。"

(二) *The Three Big Rounds of U. S. Unilateralism versus WTO Multilateralism during the Last Decade*

本文原以英文发表于美国《天普大学国际法与比较法学报》2003年第17卷第2期，全文约6.5万字。后应《中国法学》约稿，摘取其中部分内容约2万字，题为《美国单边主义对抗WTO多边主义的第三回合——"201条款"争端之法理探源和展望》，发表于该刊2004年第2期。上述英文版全稿，回顾了自1994年起十年来美国单边主义与WTO多边主义交锋的三大回合，进行综合分析，揭示出这三大回合交锋的实质，都是美国单边主义经济霸权与WTO多边主义群体经济主权之间的碰撞。因此，对2002~2003年间举世瞩目的"201条款"争端案，不宜就事论事，停留于感性认识，而应回溯到1994年的美国"主权大辩论"以及1998~2000

年的“301 条款”争端案，进行宏观考察，从理性上寻根探源，深入认识该“201 条款”争端案实质上乃是 1994 ~ 2004 年来美国单边主义与 WTO 多边主义交锋的第三回合，是此前两次大交锋的继续和发展。从这个层面看，第三次大交锋的结局，只不过是 WTO 多边主义此前两次败北之后的小胜，不宜估计过高。

文章强调：这三次大交锋，都是深深植根于美国早在 1994 年入世之初就已确立的既定方针，即力图在入世之后仍然继续推行其一贯的单边主义政策和相关法律，以维护和扩大其既得的经济霸权。2003 年 11 月美国在“201 条款”争端案中终于败诉之后，对上述既定方针毫无改弦易辙之意，其单边主义的霸权顽症可能随时复发。WTO 多边主义依旧前途多舛，需要我们随时保持警惕并认真研究。

《中国法学》杂志社戚燕方编辑对该论文评价道：“文章从此次‘201 条款’争端说起，首先简要回顾了 1994 ~ 2004 年来美国单边主义与 WTO 多边主义交锋的三大回合，然后从宏观上综合探讨了其中蕴含的原则碰撞和法理冲突，并对今后可能的发展进行了预测。作为本文中文版的责任编辑，我认为，该文高屋建瓴、视角独到，具有极强的现实针对性和学术理论性，其资料翔实全面，逻辑严谨，说理透彻，是这一学术领域中研究相关问题的不可多得的佳作。”

该论文由于高度的理论与实践意义，获得了 2004 年第十二届“安子介国际贸易研究奖”唯一的优秀论文一等奖。

（三）《论中国涉外仲裁的监督机制及其与国际惯例的接轨》等系列论文

本系列论文包含七篇文章，即：《中国涉外仲裁监督机制评析》（约 1.5 万字），《论中国涉外仲裁的监督机制及其与国际惯例的接轨》（约 3.1 万字），《论中国涉外仲裁的监督机制及其与国际惯例的接轨》（英文增订本，约 4.5 万字），《中国涉外仲裁监督机制申论》（约 1.2 万字），《英、美、德、法等国涉外仲裁监督机制辨析》（约 2.3 万字），《再论中国涉外仲裁的监督机制及其与国际惯例的接轨》（约 3.9 万字），《再论中国涉外仲裁的监督机制及其与国际惯例的接轨》（增订本，约 8 万字）。各篇内容前后相承和互补，构成整体，累计字数约 24.5 万字。

这些文章论述的主题，是针对现行的中国《仲裁法》做了“一分为二”的剖析。陈安认为：这部《仲裁法》的颁行，标志着中国仲裁制度的进一步改善。但是，这部《仲裁法》关于仲裁监督机制的具体规定，却存在着较为明显的缺失。它规定国内仲裁监督与涉外仲裁监督实行“分轨制”，对于涉外仲裁裁决，只允许审查和监督其程序运作，不允许审查和监督其实体内容。陈安认为，这种做法不符合中国现实国情——不利于反腐倡廉，不利于维护法律的尊严，也不符合当代仲裁立法的先进通例。因而鲜明地主张必须对《仲裁法》进行修订。

这些观点和主张，最初在《中国涉外仲裁监督机制评析》一文中做了概括性的论述。发表后有人赞同，有人反对。这促使陈安做了更深入的研究。该系列的七篇论文，是陈安花了五年时间大量查证第一手原始外文资料并深入思考后的归纳和总结，对持异议的学者进行了有理、有据、有节的反驳，批评了当前法学界急于求成，以讹传讹的浮躁学风。对于后继学者的启发则在于，扎实的研究要靠“笨功夫”。对于所研究的相关问题应认真查证最新的原始外文资料，不应靠转抄他人陈旧失实的二手资料当作自己的立论，随意地发挥。由于极大的学术价值，该系列论文于 2002 年获得第三届中国高校人文社会科学研究优秀成果一等奖。

四、百年树人　德艺双馨

国际经济法是一门新兴的学科，有着太多的问题亟待研究与解决，仅凭一人之力无疑是杯水车薪。如陈安所说：“一个学科体系的建立需要几代人的不懈努力，我愿意做铺路石。”因此陈安在进入国际经济法研究领域之时就注重培养年轻的学者，形成学术梯队，使得这门学科日益繁荣兴盛。1984 年在江西庐山开办的中国国际经济法讲习班，成了该学科的“黄埔军校”，培养了中国最早的一批国际经济法人才，走出了如曾华群和廖益新等一批学者。陈安把自己当作铺路的石头，将希望寄托于年轻人身上，早早地让他们承担重任。

回忆起学生时代，李万强说道：“陈老师为人很严，严格、严厉、严谨、严肃，都可以来形容陈老师，甚至不乏一点点‘严酷’。与陈老师相处的日子里，他即使是卧病在床也不肯收受学生聊表心意的一点薄礼。对学生论文当中的一点文字差错他都会‘上纲上线’加以批评。”

廖益新也提到：“早在我们刚入学的第一个学期，他在国外做访问学者研究时就专门来函告示我们，在中国从事国际经济法学这样一种开拓性新学科的研究，一定要学会善于掌握运用第一手外文资料，如果在别人翻译的资料上做文章，就难以获得领先的研究成果，也无法跟踪这一学科的国际学术研究步伐……他从国外及时寄回了大批的国际经济法文献资料，指示我们几个研究生从阅读翻译原始的外文资料著作入手进行国际经济法的学习研究。因此，我对国际经济法的学习和研究，首先是从艰苦地‘啃’一本本砖头般厚的英文资料开始的。这种原始的治学方法虽然不能在短期内产生成果效益，经常为准确地理解英文资料中的某段文句含义和找到对应妥帖的中文词汇，要翻阅大量的辞典工具书和绞尽脑汁耗时推敲。实践的结果表明：这种近于痛苦的磨炼，对于后来的学术研究成长是大有裨益的基本功训练。”

当博士成为一种身份的时候，许多“达官显贵”慕名前来要求做陈安的博士生，但他从来不因为对方是“何方神圣”而做任何妥协或通融。在对待学术问题上，他对于他的学生，不论是何种背景，一律严格要求，不做任何妥协。对于应考者，也是同样要求按统一的录取标准。事实证明，陈安的做法是明智和卓有成效的。

五、陈安主要论著

陈安 . 1985. 美国对海外投资的法律保护及典型案例分析 . 厦门：鹭江出版社 .

陈安编 . 1987～1989，1999～2001. 国际经济法学系列专著（国际投资法学 . 国际贸易法学 . 国际货币金融法学. 国际税法学 . 国际海事法学）. 厦门：鹭江出版社 . 北京：北京大学出版社 .

陈安编 . 1994，2001，2004，2007，2011，2013. 国际经济法学 . 北京：北京大学出版社 .

陈安 . 1994. 论“适用国际惯例”与“有法必依”的统一 . 中国社会科学，(4)：77-89.

陈安 . 1995. 论中国涉外仲裁的监督机制及其与国际惯例的接轨 . 比较法研究，(4)：366-387.

陈安 . 1995. 中国涉外仲裁监督机制评析 . 中国社会科学，(4)：19-30.

陈安 . 1996. 一项判决，三点质疑：香港高等法院 1993A176 号判决评析 . 国际仲裁学刊（英文版），13（4）：129-162.

陈安 . 1997. 论中国涉外仲裁的监督机制及其与国际惯例的接轨 . 国际仲裁学刊（英文版），14（3）：39-78.

陈安 . 1998. 中国涉外仲裁监督机制申论 . 中国社会科学，(2)：97-105.

陈安 . 1998. 英、美、法、德等国涉外仲裁监督机制辨析 . 法学评论，(5)：25-39.

陈安编 . 2001. 国际投资争端仲裁——“解决投资争端国际中心”机制研究 . 上海：复旦大学出版社 .

陈安 . 2001. 美国“1994 主权大辩论”及其后续影响 . 中国社会科学，(5)：146-152.

陈安 . 2003. 近十年来美国单边主义对抗 WTO 多边主义的三大回合——综合剖析美国“主权大辩论”（1994 年）、“301 条款争端”（1998～2000 年）以及“201 条款争端”（2002～2003 年）. 天普大学国际法与比较法学刊（英文版），(2)：409-466.

陈安 . 2004. 美国单边主义对抗 WTO 多边主义的第三回合——“201 条款”争端之法理探源和展望 . 中国法学，(2)：155-166.

陈安 . 2005. 国际经济法学刍言 . 北京：北京大学出版社 .

陈安 . 2006. 南南联合自强五十年的国际经济立法反思——从万隆、多哈、坎昆到香港 . 中国法学，(2)：85-103.

陈安编 . 2007. 国际经济法学资料选萃 . 北京：高等教育出版社 .

陈安 . 2008. 陈安论国际经济法学 . 上海：复旦大学出版社 .

主要参考文献

《当代中国法学名家》编委会 . 2005. 当代中国法学名家（第一卷）. 北京：人民法院出版社：42-75.

陈安 . 2008. 陈安论国际经济法（五卷本）. 上海：复旦大学出版社 .

撰写者

王凯（1988 ~），福建厦门人，华东政法大学法律史研究生在读。

李 放

李放（1929～），吉林永吉人。法学家、新中国法学理论学科的重要奠基人之一、吉林大学法学学科的重要创建者之一。1948年考入哈尔滨东北科学院教育系，同年11月末调入东北行政学院司法系（吉林大学法学院的前身）工作。1951年被选送至中国人民大学法律系读研究生，1953年回校任“国家与法权理论”课程主讲教师，在执教生涯中他还应学科建设的需要参与了民法、国际法、经济法等课程或学科的教学和创建工作。公开发表学术论文30余篇，出版专著、教材、参考书和辞书近20余种，1000余万字。曾任吉林省法学会常务理事、法学基础理论研究会干事、比较法研究会总干事，中国法学会理事，中国国际法学会理事，中国行为法学会副主任委员、理事，中国法理学研究会干事，中国比较法学会副总干事以及大连海事大学兼职教授、南开大学首届法学研究所兼职研究员。先后培养了一批国内外颇有影响的中青年法学家和党政法领导干部，被授予吉林大学优秀教师、吉林大学法学终身教育奖等奖励和荣誉称号。2012年获中国法学“全国杰出资深法学家”荣誉称号。

一、工作与学术经历

李放1929年11月14日出生于吉林省永吉县金家屯的一个农民家庭，幼年时移居吉林省蛟河县。1948年考入哈尔滨东北科学院教育系，同年11月末该校迁至沈阳并改名为东北行政学院。因工作需要和组织安排，李放被调入新成立的司法系，参加法学学科的筹建和教学管理工作，任教育干事，后插入第二班，从此改学法学。

1951年3月学校（东北行政学院）为解决法学师资短缺的问题，经中国人民大学同意选送本科生去读研究生，毕业后回校任教。第一批选送的学员只有两名，李放位列其中。他在人民大学法律系学习的专业课是“国家与法权理论”，授课方式是苏联专家讲授，中国同志翻译。由于学习刻苦努力，他以优异的成绩顺利毕业。本来毕业后他可以马上回校工作，但是为了再多学一些知识，故主动要求再留人民大学一年继续学习。在这一年里，他选修了民法、国际法等课程，广泛阅读了法学理论方面的各种书籍和资料，为他以后的法学研究和教学打下了坚实的基础。

通常教师走向讲台之前是要经过试讲程序的。基于其作过教育干事的经历、1950 年在学校主办的大学生讲演比赛中获得过第一名的好成绩以及曾被学校派出到市委做抗美援朝宣传员等情况，李放从人民大学回校后免予试讲直接被任命为“国家与法权理论”课程的主讲教师，从此开始了他在大学的执教生涯。

在长达半个多世纪的执教生涯中李放始终如一地以一种教育工作者应有的责任心、法律学人应有的社会责任感在吉林大学这块法学园地里默默地耕耘。这一点，无论是在“以阶级斗争为纲”、“政策多于法律”、“极左”思潮泛滥的时代，还是在他关于法学发展和法治建设的主张和思想遭到批评甚至在遭受各种打击和挫折的时候，他都始终奋斗在教学科研第一线，默默践行着心中不变的誓言：以教师为职业、教育为事业，没有一天虚度。即使在耄耋之年，他还是笔耕不辍，还以“老牛已知夕阳短，不用扬鞭自奋蹄”的心怀，尽其可能地为发展和弘扬中华法文化贡献自己的余力。年过八旬的李放最近撰写的《再论中华法系》一文就是例证。

2009 年，李放迎来了八十寿辰。吉林大学法学院特为他举办祝寿庆典，同时授予功勋荣誉证书。证书中这样写道，“尊敬的李放教授：作为吉林大学法理学学科创始人之一，国际法学科创始人之一，比较法学科重要奠基人之一，您为吉林大学法学学科的建设作出了重大贡献。特以此功勋荣誉证书铭载史册。”在寿辰宴会上，吉林大学哲学社会科学资深教授，时任吉林省高级人民法院院长的张文显对他这样评价道：“吉林大学法学理论学科目前的成就、学术地位和学术声望，是几代人共同努力的结果，尤其是与李放老师等老一代学术前辈的奠基作用分不开的。”李放毕生致力于吉林大学的法学教育事业，将自己的青春献给了他难以释怀的吉林大学法学院，对他的这些评价恰如其分。

二、学术研究和重要贡献

（一）学术研究与学科建设方面的贡献

1. 关于法学基础理论的研究和学科建设

20 世纪 50 年代初的吉林大学的法学教育，处在创业开拓阶段。旧的法学遗产不能用，新的法学尚待发展，除民法、刑法等少数课程配备稳定师资外，理论法学课程师资匮乏。1954 年，他开始正式讲授“国家与法权理论”，并为吉林大学法律系撰写了第一本讲义。当时李放所讲授的内容和编撰的讲义基本上取材于苏联课程的模式，其实，他对此并不满意。因为在该种模式下，该课程绝大部分都在讲述国家的原理，而法的原理则一带而过，起不到统摄、引领、指导部门法的作用。他早在人民大学求学期间，就对这样的课程模式产生过疑问，并认为如果该课程作为法学基础理论就应该增加法学的内容而应该弱化国家的色彩，为此，还曾与当时授课的苏联专家发生过争论，因之被批评为“机会主义”。苏联专家的批评并没有吓倒李放，反而更坚定了他有朝一日要重建真正属于法学自身的法学理论课程的决心。

1956年吉林大学法律系决定制定12年规划，当提到“国家与法权理论”课程如何提高时，李放又将挨过苏联专家批评的那个主张提了出来，但没有得到任何人的赞成。1962年法律系第一主任马起同志提出建立法学新体系的主张。所谓新体系就是要否定苏联教材模式，建立中国自己的课程体系。此时，李放又将改革“国家与法权理论”课程的主张提了出来，开始仍然没有得到领导的支持和同意，但后来经过他的多次争取，系里做出了一个妥协方案，即将该课程分为上下两个学期，上学期讲国家部分，下学期讲法律部分。这样就大大增加了法学的内容，因此受到了学生的普遍欢迎。正是基于此，在1962年的开展的“反右倾”的运动中，他以“宣传法律至上的资产阶级法学观点”而受到批评。

这些批评并没有动摇李放追求符合法学学科自身规律的法学理论的决心。在拨乱反正之后，即在20世纪70年代末期，他终于将他60年代的讲稿加以完善并由他的老同学张哲补写了关于“法制”的内容后，于1981年在辽宁人民出版社出版。书名为《法学原理》，该书印刷了两次，发行3万余册，还远销中国香港地区。该书是中国国内最早在法学意义上编写的法学基础理论著作之一。该书突破了长期以来国家与法作为法学理论研究对象的框架，全面系统地阐述了法律和法制的一系列基本问题。例如，关于法律的发生发展规律问题，关于法律本质特征的问题，关于各个历史类型的法律本质特征的问题，关于法律与经济、国家、政策、道德的问题，关于法律意识的概念和加强社会主义法律意识的重要意义问题，等等。

在此之后，李放继续对这些问题进行深入研究，于1987年撰写并出版了《法学基础理论纲要》一书，这部著作除了对马克思主义法学基本原理继续进行深入研究之外，重点从中国国情出发，从建设有中国特色的社会主义法制出发，进行了开拓性的探索。这为法学界的思想解放和理论创新起到了积极的推动作用，为中国法学理论的理论转型和体系变革提供了新鲜的气息和创新的思路，得到了法学界的广泛认可，为吉林大学法学院的法学理论教材建设起到了示范作用。后来吉林大学以张文显、郑成良、马新福为主要代表的中青年法学家主编的国家重点规划法理学教材连续多年获得国家优秀教学成果奖、教育部优秀教材和国家精品教材，应当说，既归功于他们善于与时俱进、乘势而上、开拓创新的学术勇气和求实风格，也与他们善于传承王子琳、李放、王惠岩等为代表的老一辈吉林大学法理人所开创的理论法学教材编写传统有莫大的关系。

2. 对国际法学科以及国际法理论的贡献

吉林大学法律系虽然早在 1949 年就已开设了国际法课程，但由于体制上的原因加之“极左”思潮的干预，直到 20 世纪 70 年代末国际法仍没有自己的教研室，只有一个附在宪法教研室下的教学小组。中国共产党十一届三中全会后，中国开启了改革开放的步伐。对外交往的扩大需要更多的国际法专业的人才，因此，如何培养国际法人才是高等院校法学专业普遍面临的问题。在这样的时代背景下，作为系委会委员的李放较早地意识到国际法的重要性，他率先向系里提出创办国际法专业的建议。他的建议得到校、系领导的采纳。随后，李放与当时的法律系党总支书记聂世基以及另外一名教师先后到外交部、外贸部、北京大学、中国人民大学以及南方各主要大学做了一次调研，了解各院校情况，听取各方面意见。在此基础上，1980 年吉林大学法律系国际法教研室正式成立，李放被举荐为教研室主任。李放编写了开设国际法专业的培养计划，确定了由国际公法、国际私法、国际环保法、国际刑法、国际商法、海商法、国际关系史在内的课程体系。同年 9 月国际法专业开始招收本科生和研究生。

在筹建吉林大学国际法专业过程中正值北京大学法律系国际法教研室讨论编写国家统编教材《国际法》。当时中国国际法专家王铁崖邀请吉林大学法律系教师参与撰写。李放事实上代表吉林大学承担了相关部分的全部撰稿工作。在此过程中，李放体现了吉林大学老一辈法理学人固有的不求名利、积极奉献的学术情怀和甘于人后的高风亮节。该书出版后曾荣获司法部颁发的特等奖和教育部颁发的一等奖。他出色的工作，为吉林大学争得了荣誉，为吉林大学国际法专业争得了应有的学术地位。

李放对中国国际法理论的发展也做出了积极的贡献。这些思想集中体现在《论国际法的产生发展与特点》一文中。他认为，国际法是国家间的法，不像国内法那样具有阶级性。坚持这样的观点，对于刚从“极左”思想走出的中国人来说是需要勇气的，也是难能可贵的。他认为，国际法是所有法的渊源，是主权国家间经过协商、谈判或妥协而形成的共识，它体现的是有关主权国家的共同意志或意愿。历史上的那些不平等条约，是一方强制另一方，或通过非法入侵或胁迫而形成的，因此，不具有合法性。这些观点得到了当时很多学者的赞同，特别得到了王铁崖的赞同和支持。他对当时流行的“国际法是近现代的产物”的观点表示了质疑，认为任何事物都有它发生发展的过程，国际法也不例外。在中国古代，如春秋战国时期，在西方古代，如古希腊、古罗马时期，都有国际法的存在。这些观点得到了当时的国际法学家朱奇武的赞同。

3. 对比较法学学科以及比较法理论方面的贡献

李放是国内较早地开展比较法学研究的学者并首先为吉林大学法学院法学理论专业研究生讲授了比较法学。1993 年由他主编的《比较法教程》在吉林大学出版社出版。与传统的比较法研究不同，它不限于制度的比较，还包括理论、法学流派的比较分析等。他对比较法一般理论的研究，为在部门法领域开展比较研究提供了理论与方法的指导。与法学其他学科的研究会相比，中国的比较法学研究会成立较晚。它于 1991 年成立，总干事为沈宗灵教授，李放当选为副总干事。

李放在比较法的研究中形成了自己的观点和思想。他认为：比较法学，从方法论来说正如这个学科名称所揭示的，主要是采取比较方法。但是比较法学的比较方法，根据研究对象的多样性、内容的复杂性、范围的广泛性，决定了不是采取单一的比较法，而是采取多样的比较法。从大的方面来说，可以将这些方法分为两大类，即认识论意义上的方法和操作意义上的方法。所谓认识论意义上方法，是指为了有效地进行比较法研究，必须遵循人类千百年来在物质资料的生产实践和思想理论实践中逐渐形成的并具有普遍真理意义的辩证唯物主义。为了更好地从事比较法学研究，还必须在坚持认识论意义上方法之外，寻求出或从比较法学家们研究成果中概括出一套可供操作意义上的方法（或称作实证研究方法）。这种方法大致包括确定比较对象、确定可比性、确定具体比较形式等步骤。这些思想集中体现在《关于比较法学方法论问题》一文中。

4. 在经济法学研究方面的贡献

随着中国从计划经济向市场经济逐步转型的伟大实践，对经济法学的研究也必然提上日程。李放以其学术研究的前瞻性和敏锐性，立即投入到这一新的领域之中。他首先编写了一部《简明经济法》书稿，随后，他应长春市商校之邀讲授了经济法课程，并由该校将此书稿铅字印刷作为教材。此书后来经过整理补充后由辽宁人民出版社出版，书名定为《经济法基础知识》，该书于 1984 年和 1986 年两次印刷，总销量达 3 万余册。随后，李放又主编了一部《经济法学词典》，由辽宁人民出版社 1986 年 1 月出版，发行 10 万余册；同年 6 月该出版社又出版了他主编的《经济法手册》，发行数量达 1 万余册。这三部书，可称得起是李放研究经济法的“三驾马车”。在当时的条件下，有了这三部书，无论是从事经济法的研究、经济法的教学还是应对经济活动的法律管理和服务都会得心应手。李放在经济法学方面的研究在当时的条件下对进一步繁荣中国经济法学的发展起到了重要的奠基作用。

（二）治学思想和治学方法

李放在几十年的教学生涯中，始终坚持法学教学与研究必须从中国实际出发，倡导理论联系实际，坚持求实创新精神，强调探讨新问题、总结新经验，以培养优秀法律人才为己任，以为建设社会主义法治国家贡献力量为自己终生奋斗的目标。为此，他为自己制定几条行为准则：

1. 法理学与部门法学相结合

李放认为在学术研究上“单打一”的办法是不会成功的。即使将自己的学科知识做到倒背如流，他对问题的阐述也不会深刻而生动。就法理学来说，如果离开对部门法学知识的了解，仅就它本身的一些问题来阐述，它必定会空洞而枯燥。反之，部门法学如果离开法理学的指导，它注定是肤浅的，使人只知其然不知其所以然。正可谓“无部门法，法理则空；无法理，部门法则盲”。正是基于这样的认识，李放不仅讲授了并深化了法理学，也较好地研究和讲授了若干种部门法学。不仅发表和撰写了法理学方面的文章和著作，也发表和撰写了部门法方面的文章和著作。他的这种将法理学与部门法学相结合的实践，使他的研究有血有肉，深刻务实，既有理论上的功用，又有实践上的价值，也为吉林大学的部门法哲学研究积淀了学术传统。

2. 教学与科研相结合

在李放看来，教学与科研应该并重，二者哪一个都不能偏废，犹如鸟之两翼，车之两轮。他认为，做一个好的教师，就应该把二者有机地结合起来。没有科研的支撑，教学就是无源之水、无根之木，提高教学质量必定是奢望和空谈；教学实际上是对科研成果的考查和检验，是教师与学生就科研成果的一次次的交流，只有在这样的交流中才能不断地丰富自己的研究成果。几十年来，李放一直践行着该原则，在“极左”时代他因此曾遭到批判，“白专道路”、“只专不红”、“名利观点”、“不务正业”等罪名都曾加到他的头上，但是对此他始终无怨无悔，坚定不移。在这一原则下，他从国家法治建设的需要出发，从法学发展的完善出发，从培养现代化人才出发，认认真真搞教学，踏踏实实做科研，结果获得了教学和科研的双丰收。

3. 法学与其他社会科学相结合

李放一直主张要在社会科学的层面来把握法学。法学是社会科学的一个重要部门，是以社会的法律现象作为研究对象的，而诸如政治学、经济学、社会学、文化学等其他社会科学也都是以某种社会现象为其研究对象的，因此，法学和其他社会科学有着彼此共生，不能疏离的关系。所以，法学研究需要以通晓其他社会科学为辅助，利用这些学科提供的资源作为分析工具和实证素材，唯有如此，才能把法学研究推进到更深的层次。李放在“文化大革命”期间从未介入到派系斗争，在那人人都忙于“文攻武卫”甚至学校停办的岁月里，他却阅读了诸如《资本论》、《家庭、私有制与国家的起源》等经典著作。在学校复课以后，因政治理论课教学人员不足，他曾为法律系学生讲授了三个学期的政治经济学。作为马列经典著作，《家庭、私有制与国家的起源》一书是比较深奥难懂的。为了方便学生阅读，他查阅了中外大量的辞书，对其中的历史典故、名词术语做了清晰的解释，并印成小册子，供学生使用。后来这些内容被纳入商务印书馆出版的《马克思恩格斯选集·历史词典》一书中，他因而成为该书的编者之一。李放的文学素养很高，他喜欢看文学名著，喜欢写诗作画。授课时，他善于将现实问题放在历史文化的时空中来把握，从历史的经验中来启发学生对法律问题的理解。他曾撰写《〈红楼梦〉中所反映的法律问题》一文，其视角新颖，思想深刻，令人拍案叫绝。他对政治学也做过深入的研究，即使在退休之后，还为行政法的研究生讲授了12个学期政治学课程，并收到了良好的效果。

4. 本国法与外国法比较相结合

没有比较就没有鉴别，没有鉴别就难以取长补短。李放深谙此理，在他治学过程中，也特别重视此点。中国是发展中国家，比之发达国家，中国的法治资源还相对贫乏。只有虚心地向外国学习，敢于借鉴和移植先进国家的法治经验，才能加速社会主义法治国家实现的进程。1989～1990年他曾以访问学者的身份赴日本关西学院大学访问交流。此间他为该大学法学部的教师做了题为“中国法学史略论”的学术报告，参加了京都大学召开的学术研讨会，他还注意收集一些关于日本法学方面的资料。归国后，他首先在吉林大学东北亚研究所主办的杂志上发表了《日本法浅论》一文。接着他又承担了“当代日本法研究”的国家级重点科研项目，最终由他主编、其他四位通晓日文的教师共同合作写成了这部书稿。遗憾的是，由于日本方面挑起两国关系交恶，这部书始终未能出版。另外，他还参加了顾明主编的《外国经济法》日本国卷的译文工作以及赵承壁主编的《国际经济法全书》的撰稿工作。李放所做的这些工作，目的是为国内学者研究外国法律问题提供参考，最终推动中国法学研究和法制建设的发展。

5. 教书和育人相结合

李放经常强调教师不仅要教给学生一定的知识或技能，还应特别重视学生品德的培养。正如中国古代思想家韩愈所言："师者，传道授业解惑也。"李放认为，做人之道应放在首位。光教书不育人，则是教师最大的失职。《三字经》中说："养不教，父之过；教不严，师之惰。"这里所谓的"严"，是指严要求，但不等于疾言厉色，而是要求老师负起责任。教师对学生应该有一种犹如父母对子女的爱或者朋友间的友谊，遇事时要对之"晓之以理，动之以情"。李放总是这样告诫自己的学生："一定要本本分分做人，勤勤恳恳做事"；"粗茶饭，淡中有味；守本分，梦里不惊"。他常常说："要正人先正己，己之不正，焉能正人？"教师必须要严于律己，这样你的言行才有说服力。他说："商店橱窗里摆放的商品是货样子，站在讲台上的老师是人样子。"既然老师是"人样子"，每一个教师都应该身体力行，为人师表，为学生在品德上做出楷模。李放的 80 岁寿诞之时，前来祝寿的学生有发言说："我们今天的发展都是老师教育的结果，他那几句名言让我们铭刻在心，终生难忘。"他指导过的研究生和本科生很多，他们都已成长为所在领域的领军人物或中坚力量，在事业发展中从没有一人落马，这充分证明了李放所坚持的教书与育人相结合原则的正确性。正是教书与育人相结合，同时对学生体贴入微，又理论功底深厚，授课深入浅出，李放深受广大师生的爱戴和好评。

（三）法律的宣传教育与法律人才的培养

1. 关于法律宣传教育

李放对法律宣传教育非常重视，早在 1954 年第一部宪法颁行之后，他就曾为长春市公安干警做了关于新中国第一部宪法的基本精神、主要内容、重要意义的报告。这在新中国成立之初，在广大干部只知道执行政策，而对宪法和法律是什么一无所知的情况下，李放的报告无疑是一次普法宣传，在当时收到了很好的社会效果。

"文化大革命"期间法律虚无主义思潮泛滥，"只要专政，不要法律"，"法律会束缚革命群众的手脚"，"就是要无法无天"等口号充斥着那个时代。中国共产党十一届三中全会明确提出"发扬社会主义民主、健全社会主义法制"的主张，在这种背景下，法律又得到重新的重视。建设社会主义法制，要做到"有法可依、有法必依、执法必严、违法必究”，就必须让广大人民群众和公职人员懂得什么是法律。于是，1980 年在全国范围内开展了普及法律知识的教育活动。李放认为普及法律知识是法学教师的一项义不容辞的责任，因此，他热情地投入到这项工作中。首先，他应吉林省委之邀为省顾问委员会的老同志做了法律基本知识的讲座，之后又为长春市科级以上干部做了专场报告，随后又到军区、工厂等单位做了多场报告。那个时代做讲座或报告和今天大不相同，即无酬金也无宴请，桌子上仅有一杯茶或一瓶饮料，但李放基于他的社会责任感和奉献精神，基于对这些讲座和报告的重大现实意义和深远的历史意义的正确认识，每每总是欣然应允、乐此不疲。

2. 关于法律人才的培养

李放除了做好本科生、研究生的培养工作外，在对青年教师和广大政法干部的培养方面也做出了贡献。

首先，对待青年教师，他常常以“扶上马再送一程”的情怀给予他们各种帮助和指导。他常说：“‘长江后浪推前浪，世上新人换旧人。’这是必然规律，教师队伍也不例外。作为老教师千万不要怕青年教师超过自己，不能像猫教老虎那样留一手，治学的经验和方法应该毫无保留地传授给他们，帮助他们少走弯路，尽快成长。他们的成长就是我们的成功，他们的成功就是我们的快乐。”正基于此，李放对于提拔青年教师一直持支持的态度，他积极向领导推荐让青年教师尽快解决职称，积极支持青年教师担任领导职务。经他推荐的青年教师很快就成了吉林大学的学术或业务骨干。

其次，李放对政法干部、法律工作者的培养也特别重视。“文化大革命”期间，公检法被砸烂，成立了各级保卫部。原有的素质较好的法制工作人员因家庭出身或社会关系等方面的问题被淘汰出局。很多转业兵调入保卫部工作。这些人文化水平偏低，更未经过法律培训，其工作能力可以想见。1971 年吉林大学恢复了办学，不久法律系总支与进驻的军代表、工代表协商后举办了法学短训班，培训对象是吉林省辖区内的基层政法干部。李放既是此项工作的倡导者、推动者，又是短训班领导小组的教师代表。1972 年 7 月开班，每期 3 个月，共培训两期，培训人数有 180 人之多。经过培训后的政法干部回到单位后，在各自的岗位上发挥了很大的作用，后来许多人都成了领导。“文化大革命”结束后，恢复了公检法建制，这些人成为当时政法系统的骨干力量，有的还晋升为省级政法机关的领导骨干。在这次培训工作中，李放除了参与管理外，还负责给学员讲授法理学，大家对他评价很高。

改革开放以后，李放是东北地区创办政法系统法学函授教育的积极倡导者和践行者。在他的倡导和努力下，经过教育部和司法部的批准，在1983年，法律系建立了法学函授部负责组织东北三省法学函授教育，后与三省司法厅领导协商，法律系主要负责吉林、黑龙江两省的函授教育，随后经内蒙古自治区的要求又包括了内蒙古东三盟的法学函授。李放任函授部主任。面对教材紧缺的问题，在他的组织下，在很短的时间内就编撰出了24本教材，做到了所开设的课程都有课本。为了更好地理解课本中的问题，他还主编了《法学问题集解》和《法学问题集解续编》，这些书对提高学生学习能力起了很大的作用。这套教材系吉林大学法律系1948年建系以来之首创，当时即使在全国也没有哪家法律系能够出版如此之全的系列教材，因此他也开了全国法学函授教材之先河。

法学函授开班之后，为了做好这项工作，他几乎走遍了两省一区各地的函授站。特别是黑龙江省的函授站，他涉足的次数更多。凡是集中上课时，他都亲自到授课点，以便与学员沟通，与函授站配合，掌握情况，改进工作。当看到广大学员高涨的热情和良好的纪律性，他由衷地欣慰和自豪。他为能够贡献社会而欣慰，他为能够为吉林大学争得荣誉而自豪。

三、李放主要论著

李放 . 1980. 简论国际法的产生、发展和特点 . 吉林大学社会科学学报，(4)：33-38.

李放，张哲 . 1981. 法学原理 . 沈阳：辽宁人民出版社 .

李放 . 1983. 论进一步加强马克思主义法学研究的问题 . 吉林大学社会科学学报，(2)：25-30.

李放 . 1984. 经济法基础知识 . 沈阳：辽宁人民出版社 .

李放 . 1984. 为进一步开创我国法学研究的新局面而努力 . 吉林大学社会科学学报，(5)：36-40.

李放 . 1984. 简论建立具有中国特色的法学体系问题 // 张友渔，等 . 法学理论论文集 . 北京：群众出版社：218-224.

李放 . 1985. 法学概论 . 长春：吉林大学出版社 .

李放 . 1985. 法学知识讲座 . 长春：吉林大学出版社 .

李放编 . 1986. 经济法手册 . 沈阳：辽宁人民出版社 .

李放 . 1986. 经济法学词典 . 沈阳：辽宁人民出版社 .

李放 . 1987. 法学基础理论纲要 . 长春：吉林大学出版社 .

李放 . 1987. 法学基础理论纲要 . 长春：吉林大学出版社 .

李放 . 1987. 论法律观 . 吉林大学社会科学学报，(2)：1-8.

李放 . 1988. 中华实用法学大词典 . 长春：吉林大学出版社 .

李放 . 1990. 中国法学史略论 . 法匚政治（日文)，41 (1)：3.

李放 . 1992. 论《红楼梦》中所反映的法律问题 . 吉林大学社会科学学报，(1)：72-77.

李放 . 1993. 比较法教程 . 长春：吉林大学出版社 .

李放 . 1993. 论行为法学的对象、体系和方法//黎国智，马宝善主编 . 行为法学在中国的崛起 . 北京：法律出版社 .

李放 . 1993. 关于比较法学方法论问题//沈宗灵，王晨光编 . 比较法学的新动向——国际比较法学会议论文集 . 北京：北京大学出版社 .

李放 . 1994. 日本法浅论 . 东北亚论坛，(4)：76-81.

撰写者

李拥军（1973 ~），天津宁河人，吉林大学法学院教授。从事法理学研究。

巫昌祯

巫昌祯（1929～），江苏句容人。法学家。1948年9月，巫昌祯考入朝阳学院。新中国成立后，她被保送到中国政法大学学习，后转入合并后新成立的中国人民大学继续学习法律。1954年，巫昌祯以全优的成绩毕业，成为中国人民大学第一批法律专业的本科毕业生。毕业后即到北京政法学院（现中国政法大学）任教，主讲过民法、婚姻法、家庭社会学等课程，后以婚姻法为重点研究方向，为中国政法大学教授、特邀博士生导师。参加过七次重要立法活动（民法、婚姻法、人口与计划生育法等）。主持或参与七项重大课题的研究（婚姻法、法学四十年、计划生育法等）。独（合）著、主（参）编论著近百部（篇），主要有《婚姻法论》、《婚姻法教程》、《婚姻与继承法学》、《妇女保障法学》、《现代民法实用词典》、《中国法学四十年》、《当代中国婚姻家庭问题》、《走向21世纪的中国婚姻家庭》、《妇女法基本知识》、《离婚新探》、《中国妇女、儿童的法律地位》、《修改婚姻法的思路和构想》等。多次参加国内国际会议。曾先后被评为北京市教育系统先进工作者、市优秀教师，全国优秀教师、北京市先进工作者、全国先进工作者，市、全国“三八”红旗手等。现任中国法学会学术委员会委员、特邀博士生导师、国家法官协会兼职教授、最高人民法院特邀咨询员、婚姻法学研究会名誉会长、中华女律师联谊会顾问等。

一、三尺讲台　矢志不渝

巫昌祯出生于1929年11月17日。她的名字取义“昌言能拜，祯祥自来”。1954年，25岁的巫昌祯风华正茂，告别学生时代，走上了北京政法学院的讲台，开始了她为之奉献一生的法学教育和研究事业。然而同那个时代的中国的法治建设一样，巫昌祯的教学生涯也经历了起起伏伏。

20世纪50年代末，政治上的“极左”思潮开始涌动，法律虚无主义逐渐抬头。1958年，巫昌祯所在的民法教研室被撤销，她被迫改教毛泽东著作和古汉语等课程，1966年“文化大革命”爆发，学校随之全面停课。70年代初，在一片砸烂公检法的呼声中，北京政法学院师生被整体下放到安徽劳动，一年后就地解散。丈夫庚以泰被分在安徽省公安厅工作，巫昌祯自己回到北京留守，为了照顾幼小的孩子们，同时也鉴于当时政治形势，只有40多岁的她只好提前退休。

1978年，北京政法学院复建。当年那纸退休令随即被撤销，巫昌祯在离开心爱的讲台数年后，终于满怀激情地重新登临，“叹韶光过尽，功名未就，书生老去，机会方来”。在之后20余年的执教生涯中，巫昌祯主讲婚姻法、继承法、家庭社会学等课程。2003年巫昌祯光荣离休，但她却仍是“伏枥仍存万里心”。除了作为学校特聘博导继续指导博士生外，还给研究生和本科生办讲座、参加学术会议。她既为中央组织部组织的老干部培训班授课，又在社区居委会讲课。立法、学术和各种公益活动中都能找到她活跃的身影。

在这期间，巫昌祯有过多次离开讲台，步入仕途的机会，但每次都被她委婉地拒绝。20世纪50年代参加民法典起草的时候，全国人民代表大会（以下简称人大）法制工作委员会负责同志见她整理材料既快又好，就提出让她留在政府机关工作；80年代第一次修改完婚姻法后，全国妇女联合会也有意把她留住，邀请她出任中华妇女干校（现中华女子学院的前身）的领导工作，她依然委婉回绝：“做行政，我不行。”正如巫昌祯自己所言：“虽然经历了风风雨雨，也有许多调动工作的机会，但我忠诚于教育事业的追求没有动摇。我热爱教师这个职业，也热爱我所有的学生。”

二、教书育人　铸就成功

巫昌祯深爱自己所从事了半个世纪的教育事业，她一再声明自己“首先是一名教师，教书是我神圣的天职”。1982年，巫昌祯光荣地加入了中国共产党，实现了自己数十年的梦想，也更坚定了为人民教育事业奋斗终生的信念。在教学实践中她不断探索与创新讲课方法，首先，从讲具体开始，以抽象的理论结束。由于她丰富的社会活动、社会调查和出国考察访问经历，同时又十分注意搜集与积累资料，所以在讲课时能广征博引，既大大开阔了学生的视野，又实现了理论上的升华，从而收到事半功倍的教学效果。其次，她特别注意启发学生独立思考，借助已有的知识去理解、掌握新知识，系统地引导学生学会对所学知识进行融会贯通，实现知识掌握上的举一反三、触类旁通。第三，针对不同的听课对象，她注意区分层次、因材施教，使不同层次的学生都能听懂、学会。

经过多年的不断总结与提炼，巫昌祯在课堂上能始终紧扣主题，收放自如，抑扬顿挫，穿透力强，紧紧地抓住听课者的心理和渴求。所以无论在大学的讲坛上，亦或在电视屏幕前，听过她课的人都会有一种语言美、学识精的感觉，这可能就是她的课能够深受学生喜爱的秘诀。同时巫昌祯特别重视理论联系实际，“在实践中，我掌握了大量的实际案例和第一手资料，培养了理论联系实际的作风，在几十年的教学工作中，我始终坚持和发扬这种作风，也形成了注重理论联系实际的讲课风格。”理论联系实际显然已成为其讲课、治学的风格。巫昌祯十分关注师德修养，她曾说过，“学生对老师尊敬的唯一源泉在于老师的德和才。”因自己也有过穷学生的经历，故她对家庭贫困但一心向学的学子，经常予以精神鼓励或物质资助。巫昌祯热心学生活动，许多高校学生自己举办“恋爱、婚姻”问题讲座，邀请她参加时，她总是有求必应，而且事先声明不取分文酬劳，因此她在大学生中享有极高德望。由于在教学中的出色表现，她曾先后获得中央电视大学优秀主讲教师、北京市优秀教师、全国优秀教师、北京市先进工作者、全国先进工作者等诸多荣誉称号。

三、立法伟业　贡献力量

巫昌祯一生中亲历了新中国多部重要法律的起草、修改工作。新中国成立之初，由于政治上的原因，废除了旧法统。然而新的法律体系尚未建立起来，造成国家诸多领域的法律空白。当时外宾来中国，老问中国有没有法律，所以法律起草成为新中国很紧迫的任务。1955 年，新中国组织起草第一部民法典，巫昌祯就是起草小组的一员，当时参与起草工作的有法学家芮沐、佟柔、杨怀英等，巫昌祯是其中最年轻的一位。当时起草工作很艰难，旧中国的民法典被废弃不用，而其他国家的民法典在国内还很难见到。经过起草小组多方搜集、整理，最后共收集国内外民法资料十几本之多，然后按项目分工，组织起草。

与资料的缺乏的困难相比，更难克服的是当时的政治观念。当时的指导思想是：法律一定要服从政治。而中国实行公有制，私有制被视为万恶之源，民法中绝对不能出现“私”字，也不能出现“债”字，等等，这就使得起草工作举步维艰。比如总则如何写就是个大问题，而“买卖合同”、“所有制”都是难点。为了不提“私有制”，就把所有制规定为“国家所有制、集体所有制和个人所有制”。个人所有权主要是生活资料，而且都是动产性质的。规定“农村宅基地、房屋可以个人所有”，而“汽车不允许个人所有”。克服了重重困难，截至 1957 年起草小组共起草《中华人民共和国民法总则草稿》（1955 年 10 月 5 日）、《中华人民共和国民法典（第二次草稿）总则篇》（1955 年 10 月 24 日）、《总则篇（第三次草稿）》（1956 年 12 月 17 日）和《中华人民共和国民法典总则篇（第四次草稿）》（1957 年 1 月 15 日）四部重要的民法典草稿，共计 400 多条民法条文，成为新中国民法典的奠基文献。以后随着起草小组解散，新中国第一部民法典也就胎死腹中。

“文化大革命”结束之后，随着社会的变迁，新中国制定的第一部法律——1950 年婚姻法的修改日显必要，为解决“文化大革命”时代遗留的婚姻家庭问题，同时配合计划生育国策，婚姻法修改在 1978 年被提上日程。1978 年，全国人大组织巫昌祯等 5 名法学专家成立了婚姻法修改小组，开始进行修改和起草工作。1980 年，五届全国人大三次会议通过了新婚姻法。同此前的婚姻法相比，新法修改了法定结婚年龄，并对离婚的法定理由做了实体性的规定：如果夫妻感情破裂，调解无效，应准予离婚。

“有结婚的自由，也有离婚的自由，当时修改婚姻法，使这部法律变得更为完善。”巫昌祯说，20 世纪 80 年代人们对离婚尚存偏见，法律的修改使离婚变得更加自由和人性化。

20 世纪 90 年代初，社会在改革开放后进行转型的同时，“婚外性关系”和“家庭暴力”等现象浮现，国人的婚姻再次面临冲击。1997 年，全国人大组织对婚姻法的第二次修改，巫昌祯参加了民政部的专家组，又成为人大法制工作委员会立法小组的专家。“婚外性关系”和“家庭暴力”是本次修改的重点，对这次修改的争论也不绝于耳，仅“包二奶”问题的处理上，就有人提出，这应是道德范畴的事，不该由法律管。为此，全国妇女联合会曾在全国各大城市和农村做过民意调查，数据显示，99% 的人赞成在婚姻法中规定夫妻双方要互相忠实，89% 的人赞同在婚姻法里强调对有过错一方应做出处罚，对方并有权要求赔偿。从 1997 年到 2001 年，婚姻法的第二次修改历时 5 年之久。最终于 2001 年 4 月 28 日在第九届全国人民代表大会常务委员会予以通过，“夫妻应当互相忠实，互相尊重”被写进总则。“把这条写入法律，是希望人们能忠于爱情，珍惜爱情，改变社会风气。婚姻法中这一规定，在道德上带有倡导性，在法律上具有宣言性。”巫昌祯说，针对“包二奶”现象，添加了“禁止有配偶者与他人同居”条款，体现对弱者的关注和保护。

20 世纪 80 年代末，为迎接世界第四次妇女大会在北京召开，全国人大决定制定《妇女权益保障法》，并委托全国妇女联合会、民政部牵头成立起草小组，巫昌祯担任起草小组副组长兼起草办公室主任。经过 3 年努力，1992 年 4 月 3 日，该法在全国人大五次会议上通过。2004 年，全国人大又把这部法律的修改列入第十届全国人大的立法计划之中，巫昌祯不顾年事已高，受命担任专家组组长，参与前期起草工作。巫昌祯还参加了《人口与计划生育法》的起草工作。这部法律经过 20 多年锲而不舍的努力，终于在 2001 年 12 月 29 日第九届全国人大常务委员会第二十五次会议获得通过。

新世纪伊始，全国人大启动了一项重大的立法工程——编纂民法典，而婚姻法拟作为民法典的一个组成部分。巫昌祯欣然受命参加该立法工作，负责其中的婚姻家庭篇和继承篇。此外，巫昌祯还参加了《未成年人保护法》、《老年人权益保障法》、《婚姻登记条例》的论证工作，并提出了宝贵的建议。鉴于巫昌祯在中国诸多重要法律制定过程中，特别是在起草《妇女权益保障法》时，所发挥的重要、积极作用，她被多家媒体誉为中国"立法战线的义务兵"。

四、学术思想　启迪后人

尽管中国婚姻法起步最早，而且其间经过两次重大修改，但由于受过去的"宜粗不宜细"的立法指导思想的影响，在法律上还是存在诸多需要弥补的空白。与世界上其他法制发达国家的婚姻家庭法相比，中国婚姻法条文明显偏少，有些基本制度不是没有涉及，就是规定得过于原则，缺乏实际操作性。巫昌祯认为，要改变这种现状，可以从两方面着手：增设必要新制度和完善现行制度。就前者而言，巫昌祯指出应该增设必要的婚姻家庭制度，如亲属制度、家庭制度和家庭财产制度。

（一）亲属制度

亲属关系是最普遍最亲密的社会关系，是婚姻家庭关系的基础。其他重要的法律如刑法、刑事诉讼法、劳动法、继承法等也都涉及亲属关系。亲属的概念、种类、亲系、亲等及法律效力等问题，理应属于婚姻法调整范围。所以，完善婚姻法的一个重要方面就是要增设亲属制度。巫昌祯指出借鉴外国立法例，结合中国实际，依据男女平等原则，婚姻关系、血缘关系的联系，对亲属制度做出明确规定，可将亲属分为配偶、血亲和姻亲三类。其中血亲可分为自然血亲和拟制血亲两种，姻亲又可分为血亲的配偶、配偶的血亲、配偶血亲的配偶三种。在这些亲属中还应明确界定"近亲属"和"远亲属"的范围，毕竟近亲属和远亲属的法律地位是不同的。

关于计算亲属关系亲疏远近的方法，婚姻法未做明确规定，只是将禁止结婚的血亲范围限定为直系血亲和三代以内旁系血亲。用世代数来确定亲属关系的亲疏远近，这一方法虽然通俗易懂、简便易行，但其明显缺点就是不够精确。现代世界各国的立法通例是适用罗马法亲等计算法，中国台湾、香港、澳门地区也采用此项制度。随着涉外婚姻以及涉港、澳、台地区婚姻数量不断增加，为了使中国的亲属计算方法更科学、更精确，同时也为了保护中国公民，特别是大陆公民的合法权利，巫昌祯建议婚姻法采用国际通行的罗马法亲等计算法。

（二）家庭制度

从1950年婚姻法到2001年婚姻法修正案，中国婚姻法对于家庭制度只规定了父母子女关系和祖孙、兄弟姊妹间的关系，而且仅限于扶养关系，立法上空白较多。为了更好地保护子女的权益，巫昌祯建议增设亲权制度、婚生子女推定和非婚生子女的认领制度。

1. 亲权制度

亲权制度指父母对于未成年子女的身体和财产上的监督、管理、抚养、培育和保护的权利义务制度。亲权既是权利更是义务。亲权是基于父母子女之身份关系而产生的权利义务，而且这种制度的核心在于保护未成年子女。从历史上看，与封建时代相比，亲权在近代立法方面有了重大改观。亲权已由一种对子女享有教育、惩戒、主婚等权利的父权，转变成父母为了保护、教育未成年子女而不可推卸的权利和义务。

巫昌祯指出目前中国婚姻法虽然确立了父母抚养教育子女的原则，也有父母管教和保护未成年子女的权利和义务的规定，但这些规定都极为抽象，缺乏现实操作性，应该在婚姻中增设亲权制度。

2. 建立婚生子女推定制度和非婚生子女的认领制度

中国婚姻法学理论上承认婚生子女、非婚生子女的概念，但在法条上，却无婚生子女推定制度和非婚生子女的认领制度与之配套，这就使得执法机关在处理这类纠纷时无法可依。如果出现丈夫怀疑孩子是否为自己亲生，非婚生子女的生父不能确定等情况，极易导致无辜的孩子受到伤害的后果。所以巫昌祯认为为了更好地保护子女和当事人双方的合法权益，增进夫妻双方的信任感和责任感，促进家庭巩固和社会稳定，应该尽快建立婚生子女的推定制度和非婚生子女的认领制度。

（三）建立家庭财产制度

1980年婚姻法对夫妻财产制度仅做了一条规定，对家庭财产制度没有任何规定。2001年婚姻法修正案虽完善了夫妻财产制，但对家庭财产制度依然未做规定。改革开放以来，家庭的规模虽趋向小型化，但父母的财产、夫妻的财产、子女的财产日益增多，这些财产存在共同所有、按份共有、个人所有多种情形。诸如家庭中财产的分割，子女对自己的财产是否享有独立的所有权，父母离婚后子女财产如何管理等问题，都需要用法律的形式加以规定。巫昌祯建议为了保护家庭成员各方的合法权益，特别是未成年子女合法权益，应该建立家庭财产制度。

针对完善中国婚姻法的第二个方面来说，巫昌祯指出，可以从以下几点着手，对现行的婚姻家庭制度进一步完善。

1. 结婚制度

巫昌祯认为中国现行结婚制度基本上是可行的，但仍存在某些不足，具体讲可以从以下两方面加以完善。

（1）禁止通婚的亲属范围

1980 年婚姻法仅规定了直系血亲和三代以内旁系血亲禁止通婚，对于直系姻亲、拟制直系血亲都没有涉及。而直系姻亲、拟制直系血亲通婚在世界各国婚姻立法中均为禁止。世界大多数国家均明文规定，禁止收养人与被收养人之间（即拟制直系血亲）通婚，目的在于保护被收养人的利益，防止收养人滥用权利，图谋不轨。而直系姻亲的婚姻禁止，外国主要两种立法体例：一是绝对禁止，即在姻亲关系因离婚或一方死亡而消灭之后，亦不得结婚；二是相对禁止，即原则上不得结婚，特殊情况经过批准，可以结婚。巫昌祯认为直系姻亲间通婚禁止，是社会伦理道德的要求，有利于净化社会风气和后代的身心健康。所以中国婚姻法应明确规定禁止直系拟制血亲、直系姻亲间的通婚。即使关系解除后，原则上也应禁止通婚，但可仿照国外法例设定豁免条款。

（2）设立婚前教育制度

婚姻是人生的大事，涉及生理、心理、伦理和法律等方方面面，进行婚前教育早就已被某些国家（如俄罗斯、美国）所采取，它可以使即将结婚的男女了解婚姻的基本常识，学会珍惜爱情、珍惜家庭以及化解婚姻矛盾的方法，一句话，“明明白白的结婚”。尽可能防止家庭破裂的悲剧，维护家庭的稳定。

2. 夫妻人身关系和夫妻财产制度

（1）完善夫妻人身关系

夫妻人身关系是夫妻关系的重要内容，也是婚姻效力的重中之重。而配偶权是指夫妻之间互为配偶的身份利益，由权利人专属，其他任何人均负有不得侵犯的义务。其内容包括住所决定权、同居权、日常事务代理权、相互扶助义务等，巫昌祯认为应增加、完善配偶权的规定，以使夫妻关系得到全面、系统、实质性保护。

巫昌祯同时还指出，为了与配偶权相应，婚姻法还应对夫妻同居权的依法行使做出明确规定。对于有通奸、姘居和重婚行为者则追究其刑事责任或民事责任。如果对方予以宽恕的，可以规定免责条款，以稳定家庭。

(2) 完善夫妻财产制度

中国现行婚姻法实行的夫妻财产制是婚后所得共有制，同时承认约定财产制。随着商品经济的发展，夫妻间的财产内容、性质、种类等均发生了巨大变化。2001年婚姻法修正案对于夫妻共同财产的范围、夫妻特有财产、夫妻约定财产均做出了明确具体的规定。进一步完善夫妻财产制度，有利于更好地保护夫妻双方的财产权益，保护善意的第三人的利益，保护商品经济活动中的交易安全。巫昌祯认为，在夫妻财产制度方面还须补充两点：一是要明确规定夫妻双方对共同财产平等的处分权，未经对方同意任何一方不得擅自处分。共同财产中的房屋、车辆等只署一方姓名的，原则上仍视为夫妻共同所有的财产，除非另有约定。二是约定财产制是一种要式行为，为了保护善意第三人权利，应当履行法定程序，未经公证或登记的约定，不具有对抗第三人的效力。

3. 离婚制度

(1) 离婚的法定条件

自20世纪50年代以来，离婚的法定条件一直是婚姻法学界争论最多、最广泛的议题。50年代有理由论与感情论之争，这实际上是过错离婚主义与无过错离婚主义之争。由于“左”的思潮的影响，理由论（过错离婚主义）无论在理论界还是司法界均占上风，成为主流学说。1980年婚姻法颁布之后，感情破裂说最终取代了法定理由说，从此感情破裂与否被视为婚姻关系是否应当继续维持的标志。

婚姻法第二次修改时学界又对“感情破裂”进行了深入探讨，巫昌祯认为就离婚的立法原则而言，应坚持破裂主义，但“感情破裂”这一提法不尽科学，可改为“婚姻关系破裂”。理由有四：一、婚姻关系的内容是多方面的，除精神生活外，物质生活与性生活也是夫妻关系的重要内容，而感情只是精神生活的一部分，所以“感情破裂”不能涵盖离婚的全貌；二、感情属于意识形态范畴，是当事人的心理活动，不应也无法为法律所调整，婚姻法的调整对象应该是婚姻关系；三、在司法实践中，“感情确已破裂”往往难以认定，可操作性差，法官的自由裁量极易造成司法不公；四、“婚姻关系破裂”是目前大多数实行破裂主义离婚原则国家的通例，符合各国离婚立法的趋势。

（2）离婚的救济制度

2001 年婚姻法修正案，在离婚部分，对处于弱势一方（主要是女方）补充规定了一些救济措施。同时，在体系上增设了“救助措施和法律责任”一章，大大强化了婚姻法的正义性和可操作性。巫昌祯认为客观地说这是一个进步，但仅仅是一个开始，还应从以下三个方面进一步完善离婚的救济制度。

第一，经济补偿制度。《婚姻法》第 40 条规定：“夫妻书面约定婚姻关系存续期间所得的财产归各自所有，一方因抚育子女、照料老人、协助另一方工作等付出较多义务的，离婚时有权向另一方请求补偿，另一方应当予以补偿。”现实生活中，由于受“男主外女主内”封建思想的影响，多尽义务的一方往往是女方。但遗憾的是，这种补偿的前提条件是“双方书面约定财产各自所有”，这就大大限制了该条的适用性。巫昌祯建议删去这一限制条件，只要一方在家庭中付出更多的义务（包括事业上做出了牺牲），都有权要求对方补偿，这样才能彰显合理和公平。

第二，损害赔偿制度。2001 年婚姻法修正案设立了损害赔偿制度。损害他人利益就应该付出相应的代价，这种代价可能是道义上的，也可能是民事责任，情节严重，触犯刑律则可能追究刑事责任。这一制度的设立是及时的、正确的，它在道德上起到“扬善遏恶”的作用，在法律上起到“惩恶保善”的作用。巫昌祯承认损害赔偿制度的进步性的同时，也指出这一制度仍存在一些缺陷，有待于进一步完善。

一是适用范围不够全面。根据《婚姻法》第 46 条规定，提出损害赔偿的有四种情形，这四种情形当然属于过错情形，但显然不够全面。如果出现过错不在列举之列，那就意味着无过错方无权提出赔偿要求，显然有失公平。所以巫昌祯建议，在列举了四种情形之后，再概括地补充一项“有其他重大过错的”。这种列举和概括相结合的方式可以使赔偿的范围比较灵活、全面，能更好地保护无过错方的权益。

二是“第三者”也应承担责任。重婚、有配偶者与他人同居都会涉及“第三者”的问题，此时第三者既然和有过错的配偶一方共同侵犯了另一方的权利，理应共同承担法律责任。但在目前有关司法解释中，无过错方只能对配偶一方提出请求，而与之重婚或同居的第三者尚缺乏明确规定的责任，这事实上就免除了第三者的责任。在国外立法于此情形，多赋予无过错方选择权，可以选择向配偶或第三者提出赔偿。巫昌祯认为，立法应明确只要主观上明知对方有配偶而与之重婚或同居的，都应承担民事责任，重婚者还可追究刑事责任。这既符合法理也符合情理，并有利于遏制婚外性关系的发生和蔓延。

三是对请求赔偿不应加以限制。《婚姻法》第 46 条规定，请求赔偿必须以“导致离婚的”为前提，也就是说，如果不离婚，再大的损害也不能提出请求赔偿。这种限制显然不合理。巫昌祯认为离婚和要求赔偿是两个独立的权利，当事人有权选择，不能选择赔偿就必须牺牲婚姻。在司法实践中“婚内赔偿”亦有较好的效果，它能对有过错方起到教育、警示作用；又对无过错方起到了抚慰的作用，促使夫妻双方重归于好。

第三，居住权问题。《婚姻法》第42条规定，对困难一方的经济帮助，虽然提到了“住房”但不够明确。现实生活中，不论农村还是城市，房屋多是男方提供的，这些房屋的产权往往是婚前的。一旦离婚，最突出的问题就是女方的住房问题。这个问题国外有些国家有不少有益的经验和做法，可以加以吸收和借鉴。巫昌祯认为，即使房屋的产权是男方的婚前财产，离婚后女方无处可去的，也应该享有居住权。

巫昌祯于2003年光荣离休，但她却坚持“离而不休”，继续发挥余热。她除了作为学校特聘博导继续指导博士生外，还坚持给研究生和本科生开讲座、参加学术会议和社会公益活动。同时她还担任中国法学会学术委员会委员、中国婚姻家庭法学研究会名誉会长、中国妇女研究会顾问、中国婚姻家庭研究会顾问等多项社会兼职，为社会服务。如今已是耄耋之年的巫昌祯，依然关注着婚姻法的发展。她说：“时代在前进、社会在发展，家庭是社会的缩影，新的形势必然牵动人们的婚姻家庭生活。因此，在新婚姻法颁布之后，我们还需要继续关注和研究新出现的问题和趋势，探索解决的途径。”

巫昌祯既是法学家、社会活动家，同时也是一名普通的妻子和母亲，她的成功要付出更多的辛劳与汗水。在漫长的人生之旅中，她也和常人一样接受大自然的图绘：童真烂漫、青春亮丽、中年奋进和老年壮心不已。但不同的是，在逆境中她从不自言放弃，在飞逝岁月里她从不虚度年华。她从前人手中接过婚姻家庭法学的知识火炬，使其在自己手中更加炽热与辉煌，然后将其传递给后继者，在薪火传承之中实现了自我的价值和追求。“我是一名服务员，服务的对象是学生、妇女和社会。我是在党的哺育下成长起来的，有坚定的信仰，时代赋予我一种责任。‘人生的价值在于奉献，生命不息，奉献不止’，就是我的人生格言。”巫昌祯如是评价自己。

五、巫昌祯主要论著

王德意，巫昌祯．1984. 中国妇女儿童的法律地位．中国法学，(1)：48-56.

巫昌祯．1989. 中国婚姻家庭法学四十年（上）．政法论坛，(4)：22-29.

巫昌祯．1989. 中国婚姻家庭法学四十年（下）．政法论坛，(5)：14-19.

巫昌祯，夏吟兰．1989. 离婚新探．中国法学，(2)：44-53.

巫昌祯，夏吟兰 . 1989. 完善离婚制度的几点设想 . 法学杂志，(1)：7-9.

巫昌祯编 . 1993. 未成年人的法律保护问答 . 北京：中国标准出版社 .

巫昌祯 . 1995. 进一步贯彻妇女权益保障法 迎接第四次世界妇女大会的召开 . 中国法学，(4)：3-9.

巫昌祯 . 1996. 弘扬家庭美德 建设文明家庭 . 中国法学，(6)：11-12.

巫昌祯 . 1996. 从依法治国到依法治家 . 法学，(11)：15.

巫昌祯 . 2001. 我与婚姻法 . 北京：法律出版社 .

巫昌祯 . 2001. 中华人民共和国婚姻法讲话 . 北京：中央文献出版社 .

巫昌祯 . 2001. 中国婚姻法 . 北京：中国政法大学出版社 .

巫昌祯，杨大文，王德义编 . 2001. 中华人民共和国婚姻法释义与实证研究 . 北京：中国法制出版社 .

巫昌祯编 . 2002. 婚姻家庭法新论：比较研究与展望 . 北京：中国政法大学出版社 .

巫昌祯编 . 2002. 妇女权益的法律保障 . 北京：中央文献出版社 .

巫昌祯 . 2003. 民法法典化与离婚制度的完善 . 山东大学法律评论，(年刊)：14-20.

巫昌祯，夏吟兰编 . 2004. 婚姻法执行状况调查 . 北京：中央文献出版社 .

巫昌祯 . 2006. 进一步完善婚姻法的几点思考 . 金陵法律评论，(1)：3-7.

巫昌祯，夏吟兰编 . 2007. 婚姻家庭法学 . 北京：中国政法大学出版社 .

巫昌祯编 . 2011. 婚姻与继承法学 . 北京：中国政法大学出版社 .

主要参考文献

巫昌祯 . 2001. 我与婚姻法 . 北京：法律出版社 .

巫昌祯 . 2006. 进一步完善婚姻法的几点思考 . 金陵法律评论，(1)：3-7.

周恩惠 . 2006. 潜研婚法无憾事 独占东风第一枝——巫昌祯教授生涯及其对我国婚姻法学理论的贡献 . 法学杂志，(4)：157-160.

李蒙 . 2008. 巫昌祯素描 . 民主与法制，(1)：34-35.

何勤华编 . 2010. 中国法学家访谈录（第一卷）. “巫昌祯”条 . 北京：北京大学出版社：270-278.

撰写者

冀明武（1980 ~ ），河南南阳人，华东政法大学 2012 级法制史专业在读博士研究生，外国法制史方向。

高　恒

高恒（1930～），湖北老河口人。法史学家。中国社会科学院荣誉学部委员，法学研究所研究员。1955年武汉大学法律系毕业。1961年苏联莫斯科大学法律系研究生毕业，获法学副博士学位。同年到中国社会科学院法学研究所工作（原中国科学院法学研究所），历任助理研究员、副研究员和研究员。曾任中国法律思想史研究会副会长、《法律史论丛》编委会主编。主要研究中国古代法制史和法律思想史。曾参加云梦秦简的整理、注释，对秦汉简牍中的政治、法律制度有深入研究，对其中的律、令、式等条文，行政、司法、债务等各种文书做分类整理、论考。他对秦律中的“隶臣妾”以及秦代刑期等问题的研究，均具有开创性的意义，受到了海内外学者的高度评价。其代表作有独著《中国古代法制论考》、《秦汉简牍中法制文书辑考》、《秦汉法制论考》，合著《中国法律思想通史》（两汉卷）、《中国警察制度简论》、《中国历代治国方略文选》（法治卷）、《中国古代办案百例》等，并有数十篇学术论文发表。

一、一生历程

（一）人生启蒙

1930年1月1日，高恒出生在湖北省老河口市。抗日战争时期，由于此地汇集有大批大城市流亡至此的知识分子，因而文化较发达，这为高恒接受现代文化思想创造了机会，对其人生产生了较大影响。他较早便开始接受文化教育，幼年发蒙先读了四五年私塾，而后才上新式的小学、初中、高中。

（二）大学生涯

1951年，经全国统考，高恒进入武汉大学法律系学习。大学期间，他系统学习了法律知识，也很注意学习哲学和历史。武汉大学在1952年全国院系调整后保留法律系，当时授课的有韩德培（国际法）、燕树棠（国际公法、私法）、薛祀光（债法）、刘经旺（民法）、吴绪（罗马法）、曾昭琼、姚梅镇、唐表民等诸多教授。新中国成立后在中国人民大学法律系经苏联专家培育的青年教师，也在授课教师之列，如马克昌讲授刑法，给同学留下了深刻印象。

大学期间，高恒参加了一系列社会活动，这对其以后从事社会科学研究产生了影响。新中国成立初期，各种政治运动不断。1951 年刚入校，高恒便参加了在全国开展的土地改革运动。武汉大学法律系参加土改的地区是湖北荆州市石首县。这个地区属于荆江分洪区，高恒在该地区工作了三四个月的时间。他还参加了 20 世纪 50 年代初发起的司法改革运动，这对他以后研究法学益处甚大。

（三）出国研修

大学毕业后，经学校推荐并通过考试，高恒成为苏联莫斯科大学法律系法理教研室副博士研究生（苏联将研究生称为副博士）。导师是安德烈 · 伊凡诺维奇 · 杰尼索夫，他的著作《国家和法的理论》在 20 世纪 50 年代已译成中文出版。当时苏联的学习方式与中国当前的研究生学习方式不相同，学习法律理论专业的研究生，入学后要先修两门课：一门是政治学说史，一门是国家与法的理论。学习期间，主要是在导师的指导下阅读参考书，写出读书体会，导师审阅后，做评语。高恒至今记得，在国家与法的理论方面，他读过的原著有《共产党宣言》、《论国家》、《国家与革命》等；政治学说史课程读过的书有卢梭的《契约论》、孟德斯鸠的《论法的精神》以及马基雅维利、亚里士多德、托马斯等人的著作（都是摘要）。这种培养研究生的方式，使高恒受益颇大，既得到了必备的基础知识，又锻炼了写毕业论文的能力。最终，高恒以“苏联立法制度问题”为题撰写的研究生论文，顺利通过答辩。

（四）献身法学

毕业回国后，高恒被分配到中国科学院哲学社会科学部（中国社会科学院前身）法学研究所法制史组（室）工作。但入所之后，由于当时身处特殊的社会环境之下，除了下乡劳动、参加“四清”活动之外，高恒很少从事法制史专业的研究工作，主要完成一些翻译工作。他翻译了一些有关西方政治学说史和法学理论的文章。“文化大革命”后期，他曾与人合译苏联出版的《政治学说史》、《国家与法律理论》等。

“文化大革命”结束后，高恒专心治学，全部精力都投入到了法学的研究工作中。除研究法律史外，他还参加了几项重大的科研活动。例如，参与撰写《中国大百科全书 · 法学》（1986 年版）有关法制史、法律思想的条目；担任《中国法律思想通史》(多卷本)的常务编委,该项目为国家“七五”社会科学重点课题,国家“八五”重点出版物。高恒还曾任中国法制史学会副会长,编辑《法律史论丛》。

二、学术研究和重要贡献

(一)学术研究

1. 参与整理睡虎地秦墓竹简

1975年底,湖北省云梦县睡虎地秦墓出土了大批竹简,简牍的内容主要是秦代的法律文献。高恒对中国古代法制史的研究,就是从参加睡虎地秦墓竹简整理工作开始的。这也是其一生重大学术贡献的起点。除了云梦秦简之外,这一时期还出土有长沙马王堆的汉简,山东银雀山《孙子兵法》等竹简。这些都需要有人整理,所以国家文物局在北京沙滩红楼,成立了专门的研究组,成员多为历史学家、古文字学家,如张政烺、李学勤、裘锡圭、于豪亮、安作璋等。高恒也在此列,参加了简牍的注释、翻译等整理工作。高恒是学法律的,对于简牍的整理,他并不熟悉。但是,云梦秦简记载的法律文书,涉及秦代的法律,所以他就想去学习,希望自己能多了解一些古代的法制史。通过这次整理工作,他了解到出土简牍中有丰富的法律资料,其中值得探讨的问题,毕生也难以尽结。这一认识确立了他悉心研究古代法制史的志愿。

通过对云梦秦简的整理,高恒对秦汉简牍中的法制问题产生了浓厚的兴趣与感悟。他对于秦汉时期的官制、行政制度、司法审判制度等,进行了比较系统的研究,并且发表了不少有关秦代法制史的论文。1977年,他在《文物》第七期上发表了关于秦律的第一篇文章:《秦律中“隶臣妾”问题的探讨》。在文章中,高恒指出秦代的刑徒城旦舂、鬼薪白粲、隶臣妾、司寇、候,都是因犯罪而被判为终身服役的官奴隶,非经赦、赎不得为自由庶民。西汉文帝十三年(公元前167年)颁布的诏令,始废除了此种刑罚,规定出上述刑徒的刑期(见《汉书·刑法志》)。此论纠正了东汉卫宏《汉旧仪》对秦刑徒身份的错误认识。汉文帝废除刑徒为官奴隶的刑罚,不仅是对刑罚制度的重大改革,同时也是中国历史上废除奴隶制的重要举措。众所周知,奴隶制社会的奴隶,主要来源有三:战俘、罪犯和债务奴隶。废除以罪犯为官奴隶的制度,自然具有瓦解奴隶制社会的重要意义。这篇文章曾引起了学者广泛关注。据统计,该篇文章发表后,中外有数十余篇讨论此问题的文章。日本中国法制史学者滋贺秀三说“高恒氏的论文是一篇有划时代意义的论文”,“这一结论给了学术界一个冲击”（滋贺秀三《西汉文帝的刑法改革和曹魏新律十八篇篇目考》，载《日本学者研究中国史论著选译》中文版第八卷法律制度，中华书局 1992 年 7 月第一版）。

2. 整理汉代简牍文献

20 世纪以来，在西北地区原汉代屯戍遗址，发现大批竹简，为研究古代历史提供了珍贵资料。史家班固评论汉武帝时的律令说道："文书盈于几阁，典者不能遍睹。”汉代法制篇目、条文繁多，内容庞杂，但早已失传。清代以来有人据旧史籍中所见到的一鳞半爪资料，对汉代法制做过考释、编辑，由于史料所限，远未缕析出眉目，且增添一些新的错误。高恒接触到这些新发现的汉代文献之后，逐渐认识到完全可以从前人已经整理出来的这些资料中，将汉代的法律制度清理出一个头绪。

高恒对于简牍中有关行政、司法文书做了较系统研究。他着重考释了汉代诉讼制度，这是他研究中突出的贡献。在整理简牍中的债务文书时，同时揭示出了汉代屯戍士卒从事商务活动的社会现象，他们赴西域服役时携带出产于东南方的衣物等生活用品到西域贩卖，因而简牍中才会有大量与买卖、债务相关的文书和官府处理债务的司法文件。

高恒立志研究汉代法制后，首先将出版成册的简牍文献，如《居延汉简合校》、《居延新简》、《敦煌汉简释文》、《疏勒河流域出土汉简》等书中辑录的简文，逐条释义、考证，确定是否为法制条文。然后将同性质的律令联缀成文，增补汉代律令多条。在此基础上，写出了《汉律篇名新笺》、《汉简牍中所见汉律论考》、《汉简牍中所见令文辑考》、《汉简牍中所见的“式”》等论文。高恒关于汉“式”的文章是学界首次阐发汉代法律规范的专论。“式”是汉代法制的重要组成部分，对于维护法制统一具有重要意义。他经过对汉简系统研究之后，认为汉时的“式”，按其含义大致可分为三类：第一，规定各类文书的格式；第二，规定实施律令、政策应遵循的要点；第三，确定行政、司法活动的程序。

除上述律令条文外，他从简牍中还考释出多篇汉代司法制度，及其如何实施的细则。已经成文发表的有：《汉代诉讼制度论考》、《汉简牍中所见举、劾、案验文书辑释》、《汉简牍中的债务文书辑证》等。

3. 传统法律思想的研究

在研究中国法制史的同时，高恒也撰写了多篇探讨中国法律思想史的论文。在学习法的理论的时候，高恒便对哲学有浓厚的兴趣，因此，他对秦汉乃至先秦时期的法律思想史进行了一些研究，例如，名、法、儒三家的法律思想。对于《史记》、《汉书》、《晋书》等史书中体现的法律思想，他也写过文章阐释自己的观点。

高恒认为，法学与同一时代的诸意识形态的关系是相辅相成的。所以，研究中国古代法律制度史、法律思想史，应该注意当时的政治、经济形态、哲学思潮，以及先秦诸子学说与它的关系。在研究工作中，他特别注意与法律制度、法律思想关系密切的先秦法家、名家、儒家学说的影响。在所发表的论文中，他着重论述了名学与儒学和古代法学的关系。

高恒指出，“春秋战国是古代法学的繁荣时期，当时整个文化的空前发展为法学发展创造了条件。当时形成了诸子百家，百花齐放，百家争鸣的局面。没有这种局面，不可能有之后的法学。这些学派中，对法学最有影响的主要是三家，一个是法家，一个是名家，一个是儒家。其中儒家主要是‘公羊学派’。由于我国封建时代的法律是以这三个学派的学说为思想基础的，所以，中国古代法律有坚实的理论基础。不过，这一点，在中国法制史和古代史的研究中，还没有引起足够的重视。世界上有几大法系，我们可以比较一下，他们的理论基础、思想基础是什么。以先秦诸子学说为思想理论基础的我国古代法律与法律思想，早已成为了一门严谨缜密的科学。对此，值得我们进一步研究。”

高恒在论文《论中国古代法学与名学的关系》中，阐述了对“名学”的认知，及其对中国古代法学的影响。名学，亦称辩学，中国古代的逻辑学。它是一门研究概念、判断、推理及其相互联系的规则、规律的学科，在春秋战国时期有很大的发展。但是，名学在形成之时，名家并没有把它当做纯学术，而是作为治世的理论。《墨子·小取》说：“夫辩者将以明是非之分，审治乱之纪，明同异之处，察名实之理，处利害，决嫌疑。”名学的兴起，促进了人的逻辑思维和认识事物的能力，使中国古代文化达到了一个新的水平。高恒专门论证了名学的发展对古代法制的编纂及法律条文制定的影响，他说：“根据《晋书·刑法志》的记载，战国时李悝的《法经》是按照‘罪名之制’编纂的，而在《法经》之前，据《尚书》、《礼记》的记载，法典是采‘刑名之制’，‘墨罪五百’、‘劓罪五百’等五刑，墨、劓就是刑名。但《法经》是按照罪名编的，如将贪污罪编成一类，杀人罪编成一类。细分的话，还有故意、过失等区分。这样的做法不是简单的制定律令条文方法问题，如果立法者思想中没有‘名学’所提倡的认识事物的能力和逻辑思维，就不可能编出‘罪名之制’的《法经》。”高恒还根据睡虎地秦墓竹简中所发现的秦律令条文，具体论述了名学的主要范畴：类、故、譬、效等对秦律制定的影响。并指出，以名学逻辑理论为基础的中国古代法制、法学，成了有别于政治学、伦理学的一门独特的学科。

高恒认为战国时期形成的法家理论，提出“民一于君，事断于法”的政治主张，为中国古代法制奠定了理论基础。这个学派认为统一的法律与严格的刑赏，是治理国家的根本。他们为实现这一主张提出了法的基本理论和立法、执法的原则，对后世的法律制度产生了深刻影响。

在研究中国古代法律思想史问题时，高恒着重论述了古代法学、法制与儒家思想的关系。曾撰写多篇文章，分别探讨儒家影响法制的原因、过程。高恒认为与中国封建社会的政治经济关系相适应的中国传统法制，秦汉时期已基本形成，不过秦时的法制基本上是以法家思想为理论指导，汉以后逐渐以儒学作为自己的理论基础。这里说的儒学，主要指《公羊春秋》学。史载：“景武之世，董仲舒治《公羊春秋》，始推阴阳，为儒者宗。”于是上（武帝）尊《公羊春秋》，由是“公羊”大兴。经公羊学家董仲舒、公孙弘等人宣扬、发挥的“春秋之义”被应用到社会意识形态各方面，使儒家经典《春秋》成为治世的政治指导理论。汉以后的古代法制，明显体现出公羊学说四项基本要义：第一，重“三纲”，维护封建等级制度；第二，“大一统”，强调封建君主中央集权；第三，尚法制，重视以律令治国；第四，任权变，倡导行权济事变。

高恒认为，汉初统治者还很注重以儒家学说理论指导立法活动和司法实践。在这方面，曾采取过两项重要措施：首先，延请儒者为师，培养法制官吏，设置“请博士弟子治《尚书》、《春秋》，补廷尉史、平亭疑法，奏谳疑”。其次，倡导引经决狱（亦名春秋决狱），即以儒家思想为断狱、执法的指导思想，要求司法官吏在审理案件过程中，用儒家经义分析案情，认定犯罪，并按经义精神解释和运用法令。引经决狱，不仅对司法过程贯彻儒家思想起到重要作用，而且对于儒家的法律观点的形成有重要影响。在引经决狱过程中，逐渐形成了一系列符合儒家思想的具体法律观点。这些观点不仅是决狱的依据，而且影响着以后的封建立法。有些论点甚至直接为立法吸收，成为法律条文，法典化了。经过引经决狱形成的儒家主要法律观点，值得列出的有：第一，“君亲无将，将而诛焉”（语出《春秋》庄公三十二年）。此论原本为儒家政治、理论观念，后逐渐成为判定触犯皇权及皇帝尊严罪的法理依据。以后并将其写入法典，如《唐律 · 名例》、《盗贼》篇等。第二，“《春秋》之义，诛首恶而已”（语出《春秋》僖公二年）。公羊家强调“诛首恶”，与他们“诛心”、“诛意”相合，此后广为引用，逐渐成为汉代处决共同犯罪案件的法律理论依据。第三，“恶之止其身”（语出《春秋公羊传》）。汉代引经决狱者引为“罪止其身”，即断案时不可惩罚因他人犯罪受牵连的无辜者。这一论点，成为古代法制中一条法律原则。第四，“以功覆过”（语出《春秋公羊传》僖公十七年）。汉代论事者常引此经义为据，为有功于国者犯罪进行辩解，减免其罪过，所谓“以功覆过”，这条原则以后成为古代法制中的“八议”制度的“议功”理论依据。从以上列举的“引经决狱”的典型案例，可以看出，古代法制中的许多法律原则，都是通过这种断狱活动逐渐形成的。

高恒对于儒家关于司法审判理论也多有考释。他指出《尚书》的“康诰”、“舜典”、“吕刑”篇中的“明德慎刑”理论，《礼记》中的“邮罚丽于事”的观点，都反映出儒家要求司法审判务必查明事实，弄清犯罪动机、目的。高恒对于公羊学者董仲舒的“原心定罪”理论有专门论述。董仲舒《春秋繁露·精华》篇中说：“春秋之听狱也，必本其事而原其志。志邪者不待成，首恶者罪特重，本直者其论轻。”原，寻求、追究。心，心志，行为人的动机、意图。所谓“原心定罪”，即以儒家伦理道德观念为准则，依据犯罪事实，考察当事者的动机、目的，然后定罪量刑，着重惩处违反封建纲常伦理的违法犯罪。董仲舒的这套“原心定罪”理论，将当时的司法审判活动，很周全地纳入到以“礼法结合”为特色的刑事法律体系中。

（二）重要贡献

自从研究秦汉简牍以来，高恒十分重视新出土的简牍，每每获得这类简牍文献，就认真整理钻研，并发表了多篇论述汉代法制的成果。其中具有代表性的，有如下几篇：

1.《奏谳书》注释

1983 年 12 月，湖北省江陵县张家山汉墓出土竹简 1230 余枚，内有题为《奏谳书》的案例一册，计 228 支简。文献中有春秋时期的办案故事两则，秦汉时期的案例 20 件。若按案例性质来分，除奏谳文书外，还有录囚、乞鞫、复审、集议、侦缉等案例。收录两则春秋时故事，是为了倡导执法者要守法不阿，办案应实事求是。高恒经考证认为，这册文献是西汉统治者于立国之初，为推行新的司法审判制度而颁布的，也是培训司法官员的教材，它对于研究中国古代法制史有十分重要的意义。

2. 汉壁书《四时月令五十条》论考

1992 年 12 月甘肃敦煌甜水井发掘汉代悬泉置遗址，获得以简帛文书为主的大量文物。其中有一篇贴在墙壁上的官府文告，文首是太皇太后颁布《四时月令五十条》的诏令（西汉平帝时的太皇太后，即元帝皇后王政君，王莽姑母），主要内容是“四时月令五十条”及逐条注解和督促各级政府实施“月令五十条”的指令。经高恒注解、考证，使之简明易读，在法制史研究方面也有收获。首先，对“月令”有了新认识。这册“月令五十条”是古月令的简易本。所谓“月令”，即根据天文、气候以及阴阳五行等情况，规定每月生产、生活，以及宗教、政治方面应做的活动。它对社会的生活、生产有指导意义，可视为朝廷的施政纲要，所谓“法天地、顺四时，以治国家”。其次，立法者通过对“月令五十条的注解”，阐明立法意图，补原条文未备和界说律令的名词、术语。经过“注解”使原条文更加完备、简约、严谨，这是对中国古代制定法令方式的继承和发展。

3. 汉代上计制度论考——兼评尹湾汉墓木牍《集簿》

1993 年初，江苏连云港市东海县尹湾村 6 号墓，出土了一批西汉时期的郡县级行政档案。其中一方题为《集簿》的木牍，上面记载西汉后期东海郡的社会、经济概况。简牍整理者认为，这方木牍“可能是东海郡上计所用的底稿或副本”。另外还有一些与上计有关的文献。所谓上计，即由地方行政长官向上级报告地方治理状况的文书。高恒经过对这方《集簿》的仔细考证，对汉代上计制度做了详细论述，填补了古代行政法规研究方面的空白。

三、高恒主要论著

高恒. 1977. 秦律中“隶臣妾”问题的探讨. 文物，(7)：43-50.

高恒. 1980. 秦律中的徭、戍问题——读云梦秦简札记. 考古，(6)：530-535.

高恒. 1981. 秦简中的职官及其有关的几个问题//中华书局编辑部. 云梦秦简研究. 北京：中华书局：221.

高恒. 1981. 汉律篇名新笺//中国法律史学会《法律史论丛》编委会. 法律史论丛（1）. 北京：中国社会科学出版社.

高恒. 1983. 秦律中的刑徒及其刑期问题. 法学研究，(6).

高恒. 1984. 张斐的《律注要略》及其法律思想. 中国法学，(3)：131-144.

高恒. 1989. 富之教之、允执其中及其它——孔子治国之道略说//韩延龙编. 法律史论集（1）. 北京：法律出版社.

高恒. 1992. 沈家本与中国古代律学//博通古今学贯中西的法学家. 西安：陕西人民出版社.

高恒. 1992. 汉书 · 刑法志的法律思想//中国儒学与法律文化研究会. 儒学与法律文化. 上海：复旦大学出版社.

高恒. 1993. 论中国古代法学与名学的关系. 中国法学，(1)：102-110.

高恒. 1994. 秦汉法制论考. 厦门：厦门大学出版社.

高恒. 1996. 汉简中所见汉律论考//中国社会科学院简帛研究中心编. 简帛研究（2）. 桂林：广西教育出版社.

高恒. 1998. 汉简中所见令文辑考//中国社会科学院简帛研究中心编. 简帛研究（3）. 桂林：广西教育出版社.

高恒．1999. 汉代上计制度论考——兼评尹湾汉墓木牍《集簿》//连云港市博物馆，中国文物研究所编．北京：科学出版社．

高恒．2001. 汉简中债务文书辑证//韩延龙编．法律史论集（3）．北京：法律出版社．

高恒．2001. 汉简中所见举、劾、案验文书辑释//李学勤，谢桂华编．简帛研究2001（上、下册）．桂林：广西师范大学出版社．

高恒．2002. 汉壁书《四时月令五十条》论考//韩延龙编．法律史论集（4）．北京：法律出版社．

高恒．2004. 公羊春秋学与中国传统法制//中研院历史语言研究所编．经义折狱与传统法律文集．

高恒．2008. 秦汉简牍中法制文书辑考．北京：社科文献出版社．

高恒．2010-10-25. 论中国古代法学与名学的关系（续篇）//中国社会科学院国学研究论坛——经学典籍中的法律词语研究会．

主要参考文献

袁辉，冯勇．2009. 弱水三千，只取一瓢饮——荣誉学部委员高恒教授访谈录//法律文化研究．第5辑．北京：中国人民大学出版社．

高恒．2010-10-18. 学术研究首先要有研究．中国社会科学网．

撰写者

杨一凡（1944～），中国社会科学院荣誉学部委员，法学研究所研究员，博士生导师。

张琮军（1975～），中国社会科学院法学研究所博士后，从事法律史学研究。

陈光中

陈光中（1930～），浙江永嘉人。法学家、法学教育家，新中国刑事诉讼法学的开拓者和重要的奠基者。1952年7月毕业于北京大学法律系。2001年，被中国政法大学聘为终身教授。曾任中国政法大学校长、中国法学会副会长、中国法学会诉讼法学研究会会长，现任教育部人文社会科学重点研究基地——中国政法大学诉讼法学研究院名誉院长。他长期致力于刑事诉讼法学、证据法学、中国司法制度史和国际刑事人权法的研究，为培养法学高级人才，发展诉讼法学特别是刑事诉讼法学，改革和健全中国刑事司法制度，加强刑事司法人权保障，开展国内外诉讼法学交流做出了卓越的贡献。他主编的《中华人民共和国刑事诉讼法修改建议稿与论证》，1996年获北京市第四届哲学社会科学优秀成果特等奖、1998年教育部普通高等教育第二届人文社会科学研究成果法学一等奖。2012年9月获中国法学会“全国杰出资深法学家”称号。2013年3月，以陈光中为首席专家的教育部哲学社会科学研究重大课题攻关项目最终成果《中国司法制度的基础理论问题研究》由于其富有理论创新和应用价值，获北京市第12届哲学社会科学优秀成果特等奖。

一、简　　历

陈光中1930年4月21日出生于浙江省永嘉县白泉村一个乡绅世家。他的父亲因以社会名流身份支持温州和平解放，获以统战对象对待。陈光中少时天资聪颖，学习成绩常名列前茅。1942年春，他以第一名的成绩毕业于白泉小学，后考入济时初级中学学习。1945年春初中毕业，他又以第一名的成绩考入永嘉县立中学。1946年春，他转学到闻名全国的省立温州中学上学，1948年春毕业。在高考报名时，陈光中认为一个人不应当庸庸碌碌，虚度一生，应当在“立功、立德、立言”上有所建树，他决定报考文科，走教授学者的道路。因为立志从学术上为国家的民主法治做出贡献，他在报考专业时多数选择法律。1948年夏，他以奖学金名额考取了清华大学、中央大学（今南京大学）法律系，并就近入读中央大学，后到广州中山大学法学院寄读。1950年，陈光中通过考试转学到北京大学法律系。

1952年夏大学毕业后陈光中留校任法律系助教，同年全国院系调整时，他转到新创建的北京政法学院从事教学、科研工作。在北京政法学院，陈光中开始时担任了近一年的专职副班主任，后调到教研室从事刑事诉讼法学的教学工作，从此他的一生与刑事诉讼法学结下不解之缘。在20世纪50年代中期他就在《政法研究》（当时政法界唯一的国家级刊物）上发表两篇论文，参与编写司法部组织的新中国第一本《中国刑事诉讼法学教学大纲》和《中国刑事诉讼法学教材》（教材未出版），并于1956年被评为讲师。“整风反右”后他改担任中国法制史与中国历史的教学工作。“文化大革命”开始后他被下放到广西大学；1978年被评为副教授并调回北京，到人民教育出版社工作；1982年调到中国社会科学院法学研究所工作，担任刑法室主任。

1983年中国政法大学在北京政法学院基础上成立，陈光中于是年秋调回中国政法大学任研究生院副院长，后被评为教授。1984年，在四川成都召开的第一届诉讼法学年会上，陈光中当选为研究会的总干事（从第四届起改称会长）。作为学会领头人的陈光中在每次年会确定主题、把握研究方向等方面起了关键性作用。1986年经国务院学位委员会批准，陈光中成为中国第一位诉讼法学博士生导师。1988年任中国政法大学常务副校长，1992年任校长，1994年卸任，继续担任教授、博士生导师。其间，除从事教学科研活动和行政领导工作之外，他还积极参与立法和开展学术交流及合作活动。在参与立法方面，1993年10月，陈光中受全国人大常委会法制工作委员会（以下简称全国人大法工委）的委托，牵头成立了刑事诉讼法修改研究小组。该小组在进行国内外的调查研究的基础上，经过近一年的努力，提出了《中华人民共和国刑事诉讼法修改建议稿》，并加以论证。该建议稿共三编329条，连同论证的内容达35万字。该稿上报全国人大法工委后，约65%的条文为1996年修正的刑事诉讼法所吸收。鉴于该研究成果的学术价值和在国家立法中的重要作用，该书获北京市哲学社会科学优秀成果特等奖和教育部高校人文社会科学研究成果法学一等奖。在开展学术交流及合作活动方面，特别值得一提的是1992年10月应台湾东吴大学校长章孝慈的邀请，陈光中率领大陆法学家11人赴台北参加海峡两岸法学学术交流会。这是大陆法学家的首次访台，在台湾引起了轰动性的反响。次年，他又以中国政法大学校长的名义，在北京主持召开了大型的海峡两岸法学学术研讨会。这两次会议有力地促进了海峡两岸法学的交流。

1995年，陈光中创立中国政法大学刑事法律研究中心并担任主任至今，他还担任教育部人文社会科学重点研究基地——中国政法大学诉讼法学研究中心名誉主任（后改称诉讼法学研究院名誉院长）。2001年10月，陈光中被聘为中国政法大学终身教授。陈光中任第一主编的《刑事诉讼法学》（修订二版）获 2002 年司法部法学教材与法学优秀科研成果一等奖。2004 年 11 月，陈光中获英国文化协会颁发的“文化交流奖”，以表彰他为中英文化交流所做出的突出贡献。2003 年 10 月第十届全国人民代表大会常务委员会将刑事诉讼法的再修改列入该届人大常委会的五年立法规划。为了配合该立法规划，由陈光中主持的刑事诉讼法再修改课题组于 2004 年初启动。随后课题组一方面通过国际交流等途径广泛了解和掌握域外刑事诉讼立法最新动态；另一方面通过国内调研和选择基地进行试点等方式，深入了解和掌握中国刑事司法实践状况。在此基础上，课题组对现行刑事诉讼法提出系统修改建议，最终形成 60 万字的《中华人民共和国刑事诉讼法再修改专家建议稿与论证》。此专著对刑诉法再修改有一定参考价值。之后，陈光中先后 4 次参加全国人大法工委召开的刑诉法修改专家座谈会，提出了不少有助于刑诉法完善的建议。在 2012 年刑诉法修改后，陈光中积极对新刑诉法进行解读和宣传，组织学者撰写著作对修改的条文进行释义与点评，对修改后刑诉法的学习和实施发挥了重要的参考作用。2012 年 9 月陈光中获中国法学会“全国杰出资深法学家”称号。2013 年 3 月陈光中等著的《中国司法制度的基础理论问题研究》获北京市第 12 届哲学社会科学优秀成果特等奖。

陈光中现兼任中国法学会学术委员会副主任、中国法学会刑事诉讼法学研究会名誉会长；国家哲学社会科学研究基金法学评审组成员、副组长；教育部社会科学委员会委员、法学部负责人之一；最高人民法院特邀咨询员、最高人民检察院咨询委员会委员。1991 年经国务院批准，享受有突出贡献专家政府津贴待遇。陈光中还曾兼任国务院学位委员会第二届至第四届法学评议组成员；中国法学会第三、四届副会长；中国法学会诉讼法学研究会第一届至第五届会长；国家图书评奖委员会第二届至第四届委员等。

二、主要研究领域和学术成就

陈光中是新中国刑事诉讼法学的主要奠基人之一，诉讼法学界一代名师，在海内外享有盛誉。他从事法学教育和科研工作六十载，为培养法学高级人才，发展诉讼法学特别是刑事诉讼法学，改革和健全中国刑事司法制度，加强刑事司法人权保障，开展国内外诉讼法学交流做出了卓越的贡献。

（一）学术思想和理论

陈光中治学严谨，崇尚科学，倡导创新，注意务实。他既立足于中国国情，又密切注视国际研究动向和趋势，几十年来孜孜以求、笔耕不辍，著述等身（出版著作 34 部、教材 18 本、论文 220 多篇），形成了自己系统的学术思想。主要体现在以下几个方面：

1. 刑事诉讼基础理论的开拓

（1）关于诉讼价值观

陈光中认为诉讼法的价值可分为工具价值和独立价值；在现代法治国家，实体法和程序法相辅相成，不能有主次之分；应当承认，诉讼法的第一价值是保证实体法的正确实施，同时也不能忽视其自身重要的独立价值。实体法和程序法不是机械的并重而是动态的并重。

（2）刑事诉讼目的观

陈光中主张法的权利本位观，刑事诉讼在总体上也应当以权利为本位，打击犯罪归根到底是为了维护人权。但刑事诉讼直接的目的应当是惩罚犯罪与保障人权相结合。刑事诉讼中的人权保障的内涵，狭义上应指诉讼参与人，特别是当事人的诉讼权利的保障，犯罪嫌疑人、被告人在刑事诉讼中处于弱势地位，其权利应当是保障的重点。中国传统上重打击轻保障，因此既要讲惩罚犯罪和保障人权相结合，又要重点突出保障人权。应当将“保障人权”载入刑诉法条文。同时，他认为强调人权保障并不意味着放弃惩罚犯罪的价值追求，而是主张在加强人权保障的同时防止削弱打击犯罪，在强化犯罪嫌疑人、被告人权利保障的同时强化被害人等其他诉讼参与人的权利保障。

（3）刑事诉讼结构观

陈光中认为，科学而合理的刑事诉讼结构才能保证实现司法公正，现代法治的刑事诉讼结构应贯彻控审分离、控辩平等对抗、审判方居中裁判的原则。他主张，中国刑事诉讼中应当包括两个三角结构：一个是在审判阶段中，控辩平等对抗，法官居中裁判的大三角结构。另一个是审前阶段由侦查机关、犯罪嫌疑人以及审批逮捕、审查起诉的中立裁决者组成的三方结构。

此外，他还认为职权主义和当事人主义这两种诉讼结构各有长短，两者适当结合最有利于实现中国刑事诉讼的目的，应吸收西方两大诉讼结构的长处来改革中国刑事诉讼结构。中国刑事诉讼结构近似大陆法系的职权主义，应适当吸收当事人主义的一些做法，同时又不能完全照搬，应保持法官在庭审中有限的主动性。

（4）刑事诉讼效率观

在司法公正与诉讼效率的关系上，陈光中主张“公正第一，兼顾效率”。他认为，在刑事诉讼价值中，公正处于核心地位，因为刑事诉讼的根本目的是保证实现社会公平和正义，具体而言就是通过正当程序查清案情，惩罚犯罪、保障人权，以一种和平和非自助的方式解决国家与被告人、被害人与被告人之间的矛盾，从而恢复被犯罪行为破坏的社会秩序。

（5）司法独立

陈光中认为司法独立原则作为一项重要法治原则，已为世界各国宪法所确立，但表述不一，或仅规定司法权属于法院而不作明确规定；或明确规定法院、法官独立；或强调法院、法官独立的同时，也涉及其他司法主体的独立。司法独立是实现司法公正的首要保障，是树立司法权威的必要条件，也是法官职业化的题中之义。中国特色司法独立原则在司法独立主体、司法机关的上下级关系以及独立的程度上有别于西方国家。要确保中国特色司法独立原则的有效实施，必须理顺司法机关与党的领导、司法机关与党的纪律检查委员会、司法机关与权力机关、司法机关与行政机关、上下级法院之间、法院内部合议庭与院长、庭长，以及司法独立与法官职业稳定性等几个方面的关系。

2. 对古代司法制度的批判和借鉴

陈光中对中国古代司法制度一直有着浓厚的兴趣，并进行了深入的研究，提出了独到的见解。20 世纪 80 年代初，陈光中推出的《中国古代司法制度》一书，是新中国成立后最早系统研究古代刑事诉讼的专著。该书对中国古代的神明裁判、强制措施、证据制度、法庭审判、上诉、复审和复核制度等问题都进行了深入研究。在该书中，他提出，中国古代司法制度主要有以下几个特点：第一，皇帝（或王）掌握最高司法权，司法从属于行政。第二，维护统治者特权，实行公开的不平等。第三，维护宗法制度和宗族统治。第四，刑讯逼供，罪从供定。第五，实行纠问式诉讼，程序不完备。第六，具有重狱讼、慎刑罚的精神。研究中国古代司法制度，陈光中认为首先要批判其专制主义、落后野蛮的东西，肃清封建专制主义在法律思想、法律制度中的流毒，如刑讯逼供现象、等级特权思想，现在仍是司法实践中值得重视的问题；同时也要吸收借鉴对现代法制建设有意义的制度，继承发扬其优良的传统，如：调解制度、法官责任制度、回避制度、直诉制度、死刑复核复奏制度、录囚制度等。

3. 刑事证据制度的探索

（1）客观真实与法律真实相结合的诉讼真实观

陈光中认为，辩证唯物主义认识论和价值论是中国刑事证据制度的理论基础。

他不同意否定认识论对证据制度起指导作用的观点。他认为刑事诉讼证明的目的是要努力查明案件事实真相、达到诉讼客观真实，即司法人员的主观认识力求符合案件客观事实。他主张客观真实与法律真实相结合。由于诉讼证明的复杂性，诉讼价值追求的多元性，刑事证明不能只适用一个统一的证明标准，而是要有层次性，如适用推定等，这样就必须适用法律真实原理。但是如果法律真实不与客观真实相结合，必然不同程度地走向主观主义。

（2）证据裁判原则

证据裁判原则是现代法治国家刑事诉讼中认定犯罪事实时必须遵循的原则。诉讼证明方式的演进历史，不应以欧洲大陆为中心，而应扩展至世界范围，将其分为神明裁判、口供裁判和证据裁判三个阶段。证据裁判原则要求以口供以外的证据作为认定案件事实的主要根据。证据必须具有客观性、关联性、可采性。中国非法证据排除规则的主体为法院和检察机关，定罪证明标准应以“结论唯一”为最高标准，以“排除合理怀疑”为一般标准，两者在实践中互补适用。

（3）刑事证明理论

陈光中主张，中国刑事诉讼中的证明，在广义上，应当指公安司法机关和当事人以及他们所委托的辩护人、代理人收集、运用证据认定刑事案件事实的活动。对于证明责任问题，他主张对举证责任和职务证明责任进行区分，举证责任是指在法庭审理阶段，控辩双方对法庭承担提出证据证明自己的主张的责任。而职务证明责任是指公安司法机关基于职责，在诉讼证明中所应达到的要求，即在对犯罪嫌疑人、被告人做出有罪的处理决定时必须具有证据证明犯罪事实的责任，它要解决的是国家专门机关在追究犯罪时与犯罪嫌疑人、被告人的关系问题。

（4）刑事证据原则和规则的完善

陈光中主张为了实现证据制度的科学化、法治化和人性化，根据国际人权的有关规定并参考外国的证据法，应当确立以下原则、规则：无罪推定，不得强迫自证其罪，非法证据排除规则，证人拒绝作证特权，传闻证据规则等。他力主疑罪从无，认为疑罪从轻实质上是有罪推定并且是产生冤假错案的重要成因。1996 年刑诉法修改，增加了证据不足做无罪处理的重要规定，这与陈光中的努力有关。对于非法证据排除规则，陈光中主张建立相对排除的非法证据排除规则，即刑讯获取的口供一律排除，不具有证据效力；实物证据则由于其具有不可替代性而应采取裁量排除原则，即根据违法程度、案件的性质、公益的保护等因素综合加以酌量考虑，具有一定的弹性。在非法证据排除的举证责任和证明标准上，当犯罪嫌疑人、被告人及其法定代理人、辩护人认为指控犯罪的证据为非法取得并提出相关线索时，侦查机关应当提供证据证明其为合法取得，人民检察院、人民法院在调查审核后有合理根据地认为该证据系非法取得的，应当认定该证据为非法证据。

4. 刑事诉讼制度的构建和完善

（1）加强被告人权利保障

陈光中认为，在当前，刑讯逼供是最大的程序不公，冤枉无辜是最大的实体不公。为了遏制刑讯逼供，陈光中主张，扩大刑讯手段的解释范围，即刑讯不仅指对肉体上的施加暴力，而且包括精神上的折磨；实现看守所中立，并由其进行全程录像或者录音；赋予犯罪嫌疑人、被告人有相对的沉默权；确立非法证据排除规则。

（2）完善辩护制度

陈光中始终认为，辩护制度是一个国家司法制度是否民主、法治、文明的重要标志。1955 年他在《政法研究》上发表的处女作论文中就通过介绍苏联辩护制度主张在新中国建立辩护制度。之后，他又在两次主编的刑事诉讼法修改建议稿以及发表的文章中，力主不断完善辩护制度。如主张律师在侦查阶段应当以辩护人的身份参加，会见犯罪嫌疑人不被监听，有权收集证据等。他是最早主张在中国建立法律援助制度的学者之一。

（3）强化被害人的权利保障

陈光中早在 20 世纪 80 年代中期就已经提出应加强被害人人权保障。在修改刑事诉讼法时，他主张在加强被告人权利的同时扩大被害人的权利。经立法部门和学者的共同努力，1996 年修改的刑事诉讼法把被害人列为当事人之一，赋予了他申请回避权和要求人民检察院抗诉的权利，从而加强了对被害人权利的保障。近期他又主张制定新法，创建被害人救助制度。

（4）腐败犯罪案件侦查手段的完善

陈光中认为，在中国的腐败犯罪案件侦查中，检察机关取证能力较为有限，难以有效地打击腐败犯罪。《联合国反腐败公约》第 50 条第 1 款明确规定了在腐败犯罪案件侦查中可以使用控制下交付、特工行动和电子或者其他监听形式等特殊侦查手段。但中国 1996 年刑诉法对这些手段均没有做任何规定。因此他建议，修改刑诉法应当赋予检察机关反腐败侦查部门有使用特殊侦查手段的权力，2012 年刑诉法再次修改时吸收了此建议，将特殊侦查手段纳入刑事诉讼法规制范围之内。同时，他特别强调，在强化犯罪侦查能力的同时，加强对检察机关权力的制约也非常必要。

（5）二审程序的进一步完善

陈光中认为，中国刑事二审程序在惩罚犯罪和保障人权方面发挥了重要作用，但在权利救济和保障公正方面的功能尚未完全发挥出来。1996 年刑诉法修改对二审审判改革力度明显不够。为充分发挥二审程序的功能，刑诉法再修改应当坚持全面审查原则、扩大开庭审理的范围、完善上诉不加刑原则、改革发回重审制度、创建当事人和解制度。唯有如此，刑事二审程序才能更加民主化、法治化、科学化。

（6）死刑复核程序的完善

陈光中认为死刑案件人命关天，死刑复核程序是最后一道把关的程序，应当向诉讼化方向进一步完善。第一，法官应当讯问被告人。第二，必须有辩护人参与，被告人及其近亲属没有聘请辩护律师的，应当指派法律援助机构的律师参加。第三，对控辩双方有争议的重要证据要认真细致地核实，必要时可以到当地召开不公开的听审会，通知辩护律师和公诉人到场，对证人、鉴定人等言词证据来源加以质证，以便更有效地判明这些证据的真实性。以上部分主张被修改后的刑事诉讼法所采纳。

（7）再审程序的改造

陈光中认为，中国传统观念上强调“实事求是，有错必纠”，单纯追求实体公正，具有片面性。现代化的再审程序必须把既判力理念、禁止双重危险（一事不再理）规则、程序安定性与纠正错判结合起来，区别有利于被判决人和不利于被判决人两种情况做不同处理。他认为在再审理念上不能只强调程序终局性而不注意纠正生效裁判实体错误，特别是对无罪错判有罪的已生效裁判任何时候都应当允许申诉，在查清案件事实真相后，必须加以改判平反，还无辜者以清白。

（8）完善未成年人刑事程序

陈光中认为原刑诉法对未成年人被追诉人的特点关注和权利保障很不够，主张再修改时应专章设立未成年人诉讼程序，规定“教育、感化、挽救”的方针和“教育为主、惩罚为辅”的原则，确立全面调查、分案处理和办案人员专业化的制度；实行指定辩护制度，提高逮捕标准，建立未成年人刑事污点消除制度，并率先提出增设附条件不起诉程序。以上主张大多被 2012 年刑事诉讼法所吸收。

（9）刑事和解制度的构建

陈光中认为，近些年来，在建构社会主义和谐社会的大背景下，刑事和解理念已成为理论界和实务界的共识。实务部门通过开展试点，积累了许多宝贵的经验。刑事和解制度体现了中国“和为贵”的传统和谐文化，能有效地解决刑事犯罪所带来的各种纠纷和矛盾、有利于提升被害人的程序性主体地位并提高诉讼效率。刑事和解应当贯穿于侦查、起诉、审判和执行的刑事诉讼全过程。同时还应加以规范，使其发挥最大功能，将弊端减少到最低限度。如防止被害人漫天要价以及放纵犯罪或者处罚过轻现象。

（10）刑事赔偿制度的建立

早在 20 世纪 80 年代中期，陈光中就率先关注和倡导建立中国的刑事赔偿制度。他指出，为了进一步发展社会主义民主，健全社会主义法制，应当尽快建立刑事赔偿制度，以使宪法和民法通则的有关规定具体化，保护公民的合法权益。他建议，享有刑事赔偿请求权的条件，应当包括错误羁押和错判，错判以无罪枉判为限。关于赔偿的范围和标准，他认为，中国确立刑事赔偿制度时应当以赔偿经济损失为主，赔偿金应当由国库支付。他还建议，司法人员在执法过程中，如果挟嫌报复、玩忽职守，造成错误羁押，侵犯公民的合法权益，除了应依法追究其行政责任外，还应当承担民事责任。这些建议，后来大多被 1994 年通过的国家赔偿法所吸收。十多年后，根据法治建设发展，立法机关启动国家赔偿法的修改。陈光中积极参加修改座谈会，还发表论文，对如何改革刑事赔偿制度提出系统建议，其中不少主张为 2010 年通过的国家赔偿法修正案所吸收。

（11）劳动教养制度的改革

劳动教养制度虽然属于行政法学的研究范围，但由于与刑事法学密不可分，也是陈光中长期关注的法制改革中的一个重要问题。陈光中多次撰文指出劳动教养存在以下缺陷：一是与中国立法法存在矛盾，缺乏法律依据；二是处罚强度过于严厉，严重背离了公法领域中的比例原则；三是程序不正当，不利于人权保障。为此，他曾主张在保留劳动教养制度的基础上对其进行重大改革，但后来转而认为劳动教养制度有违现代民主法治的精神，也不符合联合国相关人权公约的要求，主张废止劳动教养制度，并把劳动教养对象区分不同的情况做不同处理，即把原有劳动教养对象中违法性质较轻的违法人员纳入行政处罚的范围，使之成为治安管理处罚对象；把轻微犯罪人纳入刑法的范畴，实行刑事处罚。这样做既废止了劳动教养制度，又不会对社会治安产生负面影响。

5. 刑事诉讼法学的比较研究

（1）与联合国刑事司法准则的衔接

在联合国司法准则问题的研究上，陈光中率先敏锐地认识到了该问题的重要性，其研究在国内居于领先地位。1998 年，陈光中与加拿大刑法改革和刑事政策国际中心合作推出的《联合国刑事司法准则与中国刑事法制》一书，是国内最早专门探讨联合国刑事司法准则在中国的实施问题的专著。他认为，联合国人权准则是从人类社会共同的要求中概括出来的准则，我们应当予以尊重。对于中国已经缔结或者参加的国际条约，则应当认真、严格地予以遵守，不宜与之发生明显的不协调的现象。他认为目前中国的刑事法律在保护人权方面已经有了较大的进步，应当在此基础上进一步创造条件，努力使中国缔结或者参加的国际条约的内容在中国能真正得以实现，必要时还要对现行法律进行修改，与国际条约相接轨。

2002年，陈光中主持起草了《关于我国加入联合国〈公民权利和政治权利国际公约〉的建议书》，并公开发表在《政法论坛》杂志上，他希望通过该建议书促进中国早日批准和实施《公民权利和政治权利国际公约》，促使中国人权状况进一步改善，促进中国的刑事司法文明程度的进一步提高。对于中国批准和实施该公约的条件问题，他认为，随着中国近年来法制建设的发展，中国基本具备批准和实施公约的条件。对于公约与中国国内法的协调问题，他认为，中国宪法没有对国际法和国内法的关系问题做出原则性规定，将来应当对该问题在法律上加以明确，确立优先适用国际法的原则。对于该公约条款的保留问题，陈光中建议，在批准公约时尽量不保留，把保留和声明的条款减少到最低限度。关于该公约的批准时间问题，他建议，我们应当积极创制条件，认真做好各种准备工作，以争取尽快批准公约。

（2）对外国法制经验的借鉴

早在1988年，陈光中主编了《外国刑事诉讼程序比较研究》一书，这是新中国成立以来中国法学界第一部系统研究外国刑事诉讼程序的专著。在对待外国法治的态度上，陈光中认为，西方国家法治的一些内容，反映了人类社会文明发展的成果，反映了立法、司法活动的共同规律，不能简单地用阶级性予以否定，应当在立足中国国情的基础上，认真加以借鉴和吸收。特别是从第二次世界大战结束至今的近半个世纪中，世界各发达资本主义国家在刑事诉讼制度方面有不少变革和发展，其中有些方面反映了刑事诉讼活动的一般规律和近期发展趋向。这些规律和趋向值得我们重视和研究。自20世纪90年代中期开始，陈光中还主持组织翻译了法国、德国、意大利、美国、英国、俄罗斯、日本、加拿大、韩国等有代表性的国家的刑事诉讼法典和证据法，为中国立法、司法部门和理论界了解外国刑事诉讼法提供了基本资料。2004年，陈光中又主编出版了《21世纪域外刑事诉讼立法最新发展》一书，比较全面地介绍了近期世界各主要国家和地区刑事诉讼立法的最新变革动向以及联合国有关刑事诉讼的条约，为中国刑事诉讼法再修改及探讨刑事司法发展规律提供重要资讯。但是，陈光中从来不盲目相信西方的制度，认为，对外国法的移植和吸收，必须同本国国情相结合。

（二）人才培养

陈光中一生治学严谨，倡导论文一定要有创新，要有自己独立的见解。在几十年治学的生涯中，他一个突出的特点就是崇尚科学，追求真理，提倡学术民主、百家争鸣，鼓励各种不同的意见进行平等的交流和切磋。无论是年龄与他不相上下的同辈，还是晚辈后生，他都给予尊重。陈光中不仅重视诉讼法学基本理论的开拓和探索，而且十分注重弘扬理论联系实际的学风，倡导学以致用。陈光中从 1979 年开始担任硕士生导师，1986 年成为全国第一位诉讼法学博士生导师，由他创立和主持的博士点是全国最早的诉讼法学博士点，在其后的近十年时间里也是全国唯一的诉讼法学博士点。他主讲中国刑事诉讼法、中国古代司法制度、外国刑事诉讼法和证据法等学科专题，以其渊博的知识、精湛的学识、丰富的教学经验使无数人受益匪浅。陈光中不仅传授知识学问，还重视对自己学生的道德教育，并且注意言传身教。在他长达 60 余年的教学生涯中，先后教过本科生，硕士、博士研究生，干部专修班，师资进修班等，至今已培养出博士 76 人。他的学生有的已成为教授、知名中青年学者，有的已成为政法部门的重要骨干，有的活跃于海外律师界，真可谓桃李满天下，学子成栋梁。为了奖励优秀的硕士生、博士生，陈光中在其学生亲友的支持下，于 2002 年设立了“陈光中诉讼法学奖学基金”，面向全国，每两年评选一次，对学业优秀的硕士生、博士生进行奖励。此举表达了他对诉讼法学年轻学子成长的一片关心之情。

三、陈光中主要论著

陈光中 . 1955. 苏联的辩护制度 . 政法研究，(2)：27-30.

陈光中 . 1979. 中国古代刑法的演变 . 历史教学，(9)：14-19.

陈光中，沈国峰 . 1984. 中国古代司法制度 . 北京：群众出版社 .

陈光中 . 1987. 外国刑事诉讼程序的近期发展趋势 . 比较法研究，(4)：73-78.

陈光中 . 1988. 外国刑事诉讼程序比较研究 . 北京：法律出版社 .

陈光中，严端编 . 1995. 中华人民共和国刑事诉讼法修改建议稿与论证 . 北京：中国方正出版社 .

陈光中编 . 1998. 联合国刑事司法准则与中国刑事法制 . 北京：法律出版社 .

陈光中，陈海光，魏晓娜 . 2001. 刑事证据制度与认识论——兼与误区论、法律真实论、相对真实论商榷 . 中国法学，(1)：37-52.

陈光中，汪海燕 . 2002. 论刑事诉讼中的“中立”理念 . 中国法学，(2)：28-39.

陈光中编 . 2004. 中华人民共和国刑事证据法专家拟制稿 . 北京：中国法制出版社 .

陈光中编 . 2004. 21 世纪域外刑事诉讼立法最新发展 . 北京：中国政法大学出版社 .

陈光中，葛琳 . 2006. 刑事和解初探 . 中国法学，(5)：3-14.

陈光中，崔洁 . 2008. 司法、司法机关的中国式解读 . 中国法学，(2)：76-84.

陈光中，赵琳琳 . 2008. 国家刑事赔偿制度改革若干问题之探讨 . 中国社会科学，(2)：103-116.

陈光中，李玉华，陈学权 . 2009. 诉讼真实与证明标准改革 . 政法论坛，(2)：3-21.

陈光中，等 . 2010. 中国司法制度的基础理论问题研究 . 北京：经济科学出版社 .
陈光中，肖沛权 . 2011. 关于司法权威问题之探讨 . 政法论坛，(1)：3-16.
陈光中 . 2013. 比较法视野下的中国特色司法独立原则 . 比较法研究，(2)：1-12.
陈光中 . 2013. 论检察 . 北京：中国检察出版社 .
陈光中，龙宗智 . 2013. 关于深化司法改革若干问题的思考 . 中国法学，(4)：5-14.

主要参考文献

陈光中 . 2000. 陈光中法学文集 . 北京：中国法制出版社 .
樊崇义编 . 2000. 诉讼法学新探：陈光中教授七十华诞祝贺文集 . 北京：中国法制出版社 .
《当代中国法学名家》编辑委员会 . 2005. 当代中国法学名家 . 第一卷 . 北京：人民法院出版社 .
陈光中教授八十华诞庆贺活动筹备组编 . 2010. 和谐社会构建与诉讼法学繁荣：陈光中教授八十华诞庆贺文集 . 北京：中国政法大学出版社 .
陈光中 . 2010. 陈光中法学文选 . 北京：中国政法大学出版社 .

撰写者

卞建林（1953 ~），江苏泰兴人，教授，教育部人文社会科学重点研究基地中国政法大学诉讼法学研究院院长，兼任国务院学位委员会法学学科评议组成员，中国刑事诉讼法学研究会会长，陈光中诉讼法学奖学基金管理委员会理事长。

张晋藩

张晋藩（1930～），辽宁沈阳人。法学家，新中国法律史学科的奠基人之一。1950年攻读中国人民大学法律史专业研究生，1952年毕业留校任教。1983年至1994年担任中国政法大学研究生院副院长、院长、副校长兼院长，同时兼任中国法律史研究所所长。曾任国务院学位委员会法学评议组成员，中国法律史学会常务副会长、名誉会长。现为中国政法大学终身教授、博士生导师，并兼中国法律史学会的专业顾问、中国法文化研究会会长等社会职务。其个人专著有《中国法制史》第一卷、《中国法律史论》、《法史鉴略》、《中国古代法律制度》、《中国法律的传统与近代转型》、《中华法制文明的演进》、《清代民法综论》、《中国近代社会与法制文明》、《薪火集》、《中国宪法史》等十余部。发表法律史学论文200余篇，倡导并主编的《中国法制通史》十卷本，为新中国中国法律史学的发展做出了奠基性和开创性的工作。

一、载欣载奔八十载

张晋藩1930年7月19日出生于辽宁沈阳，自幼喜好历史与文学。1946年就读于私立东北中正大学预科，大学曾先后就读于私立东北中正大学、国立长春大学、华北文科大学；1950年到中国人民大学法律系攻读国家与法权历史研究生，于1952年毕业留校任教。

张晋藩自1952年至1983年6月，主要在中国人民大学从事中国法律史的教学研究工作，经历了人民大学从建校初期到停办，再到1978年复校的历程，参与、见证了新中国中国法律史学的初创与奠基，法律史学由中国国家与法权历史向中国法制史的转变。在人民大学停办期间，张晋藩在北京师范大学清史研究所工作了五年，利用在清史所工作的条件，潜心从事清史资料的收集整理，通过对清史资料的系统掌握，为此后的清代法制史研究奠定了坚实的基础。

1952年至1978年间，张晋藩发表了《中国旧民主主义宪政运动的破产》、《关于法的阶级性和继承性的意见》等10篇文章，编写了《第二次国内革命战争时期国民党政府的法律制度》、《抗日战争时期国民党政府的法律制度》两份教材，撰著了《中国国家与法权历史讲义》（第一分册）。

在1979年中国法律史学会成立大会上，张晋藩提出编写《中国法制史》多卷本专著的建议。他在大会上他慷慨陈词："外国学者热心研究中国法制史是值得欢迎的，对他们的成果应予重视。但我们自己更应感到肩上担子的分量，激起奋发图强的雄心。如果我们只满足于前人的成果，甚至让我们后代向外国学者学习中国法制史，那岂不是一种罪过！因此编写出中国法制史多卷本，是时代的需要，是义不容辞的责任。"

1981年4月，张晋藩在《中国国家与法权历史讲义》（第一分册）的基础上首先撰写完成并出版了《中国法制史》第一卷，这部著作构建了中国法律史独立的科学体系，成为新中国法律史学科初创与奠基的重要基石之一。由张晋藩任总主编、集中了当时国内法律史学界几乎所有学术力量参加的《中国法制通史》，历时19年，在1998年由法律出版社出版，全书十卷本，堪称法律史学的世纪之作。1982年张晋藩主编出版了全国法律院系统编教材《中国法制史》，该书的出版对中国法制史的教学与研究产生了深远的影响。

张晋藩为1981年国务院学位委员会第一届特约法学评议组成员，1983年第二届法学评议组正式成员。1982年他到美国哈佛大学、耶鲁大学、杜克大学、哥伦比亚大学讲学。1983年6月张晋藩晋升为教授，同年10月被国务院学位委员会批准为中国法制史博士生导师。1983年7月至今张晋藩任教于中国政法大学，他曾参与创办中国政法大学研究生院，1983～1994年担任中国政法大学研究生院副院长、院长、副校长兼院长，同时兼任中国政法大学中国法律史研究所所长。

张晋藩在1985年10月16日的《光明日报》上发表的《要重视法制建设的历史借鉴问题》一文中指出：新中国法律史学研究的一个重要使命就是"要为社会主义法制建设提供历史借鉴"。1986年6月全国第一次普法期间，张晋藩为中共中央书记处讲授了"谈谈法制历史经验的借鉴问题"；1995年为全国人民代表大会常务委员讲授了"中国法律的传统与近代转型"；1998年再次为全国人民代表大会常务委员讲课，讲题是"中华法制文明的世界地位与近代化的思考"。三次讲课的题目虽不同，内容有异，但贯穿的主线则是一致的——为法制建设提供历史借鉴。

1988年张晋藩被国务院学位委员会评为国家级重点学科法制史学的学科带头人，1991年起享受国务院政府特殊津贴，1991年被国务院授予具有突出贡献的专家称号。1992年，张晋藩撰写的《中国古代法律制度》一书出版，该书对于每个历史时期的法律制度，均分别按刑事、行政、民事经济法律、司法制度进行阐述。这一框架受到法制史学界的认同，迄今出版的多种中国法制史教材，几乎均按照此框架编制。1994 年张晋藩虽从中国政法大学副校长兼研究生院院长的行政领导岗位上退下来，但继续专注于法律史学的教学与研究，言传身教，无私地提携后学后进。

1997 年张晋藩撰著并出版了《中国法律的传统与近代转型》，该书被称为“阐释中国法律文化的力作”；1999 年撰写完成了《中华法制文明的演进》，就文明的法文化进行了深入探讨，将法律史学研究推上了新的境界；2004 年、2007 年、2013 年又相继撰写出版了《中国宪法史》、《中国监察法制史稿》、《中华法制文明史 · 古代卷 · 近、当代卷》。

张晋藩现为中国政法大学终身教授、中国法律史学会专业顾问、中国政法大学法律史学研究中心名誉主任，兼任《中国少数民族法制通史》（多卷本）、《中华大典 · 法律典》、《清史 · 法律志》的主编工作。

二、学术研究和重要贡献

张晋藩作为新中国第一代法律史学者维护和接续了中国传统法律史学的传承，同时又是新中国法律史学的开创者之一，是一位享有国际声誉的法学家。他 60 多年来孜孜于法律史学的研究与教学，他的学术历程见证了新中国法律史学由奠基、开创到发展、繁荣之路。

新中国成立后，苏联的社会主义法制模式对中国的法制和法学有重要的影响。张晋藩敏锐地发现简单照搬苏联的法律观与阶级分析方法，会造成新中国的法律与传统法文化传统的断裂。十一届三中全会后，张晋藩在前人的基础上开拓创新，阐明了法律史学的研究对象、研究目的，进一步探讨法律史学研究的基本方法，促成了从“国家与法的历史”到“现代法律史学”的转变，努力将中国法律史学建设成为一门特色鲜明的新学科，并且成为中国社会主义法学体系中重要的组成部分。

张晋藩于 1997 年出版的《中国法律的传统与近代转型》是阐释中国法律文化的一部力作，到 2013 年已出至第三版。在该书中，张晋藩以纵向思维，运用逻辑演绎的方法审视历代中国法律的传统，在体例上将中国法律的传统系统化为 15 个方面的特色，根据法律文化的显示样式和法律精神的特质，诠释中国法律文化的特质，将上溯夏商、下迄民国，中国 4000 余年的法制发展史划分为“中国法律的传统”和“中国法律的近代转型”两部分。“中国法律的传统”体现了中国古代法律 4000 余年的连续发展，“中国法律的近代转型”则体现出清末以来，中国近代法制与古老传统的断裂性发展。

“中国法律的近代转型”主要论述了中华法系的可变性，张晋藩运用比较的方法论述了近代法律的可变性，从体例上将中国法律的近代转型划分为：“西方法文化的输入”、“传统法观念的转变”、“转型过程中的法制改革思想与实践”、“民国时期法律近代转型的继续推进”、“中国法律近代转型的历史价值与经验借鉴”，从法文化的转变、法观念的转变、制定法的转变、历史价值和借鉴等方面论述了中国法律的可变性。

在1999年完成出版的《中华法制文明的演进》中，张晋藩更是从文明的层面上对中国古代的法制做了全方位的缕析和解剖。这部著作并不是一般性地对中国古代法制状况的全方位客观描述，而是试图在中国古代的语境中有针对性地或有选择性地从积极的、正面的文化意义上去展示和解析中国古代法制文明。

张晋藩指出中国传统法律文化的传承与改造绝不意味着简单再现，而是在新的历史条件下，更新传统的中华法系，探索深厚的具有民主性精华的法文化底蕴与当代中国社会之间适当的切合点，并与新的国情态势和时代任务相结合，发挥为建设社会主义法治国家服务的功能。

张晋藩认为在20世纪30年代以来，法律史学者在总结传统的中华法系的特点时，提出了“诸法合体，民刑不分”的观点，影响甚大。该观点否认中国传统法律中民法等部门法的存在，不但拘囿了法律史学研究的视界，束缚了部门法律史学领域的开拓和深入探索，而且不利于对传统法律文化的检讨与再认识。针对此论断，张晋藩主张开展对于中国古代民法史、行政法史、政治制度史和中外比较法制史的研究工作。他从中国法制历史的实际出发，在1983年明确提出：中国古代法律体系是“诸法并存，民刑有分”。

在《谈谈法学研究中的几个问题》一文中，张晋藩指出：“对中国法制史，需要从多部门、多层次进行研究。过去研究中国法制史较偏重于刑法史，而中国法制史的内容是非常广泛的，不限于刑事，它在经济方面的立法、民事方面的立法、诉讼法、狱政法、行政法都是很丰富的。”

1998年出版的《清代民法综论》就是张晋藩从事部门法研究的力作，该书填补了中国古代部门法断代史的一项空白，也为对刑法以外的古代法研究提供了一个范例。全书从清代民事立法入手，对于各种民事主体的法律地位、民事法律内容、诉讼制度和晚清立法等做了全面系统的论述。在该书中张晋藩考证了清代民法的存在形态，以及在清末修律过程中，从古代法到近代民法的续绝之变。张晋藩认为，法律反映的是特定的社会关系，社会关系是复杂多样的，反映社会关系的法律规范的内容也必然是复杂多样的，而对于社会关系所进行的法律调整的方式也不可能是单一的。因此，任何一种类型的法律体系中，都必然存在着相对独立的不同的法律部门。若按照法律规范的功能加以区分，“中国古代的法律体系，同样是由刑法、民法、诉讼法、经济法等各种部门的法律所构成的。”

“诸法并存，民刑有分”是从法律所调整的社会关系的特殊性和具体性，以及由此而形成的法律体系而言的。正是在这个意义上说，中国古代虽然没有西方式的民法，却存在实质的民法。

张晋藩的研究突破了“诸法合体，民刑不分”长期以来所形成的理论范式，指导创建了新中国法律史学研究新的范式，对于法律史学研究课题的拓新与深化有着丰富的现实意义，因而受到学术界的普遍认同和赞赏。

1998 年由张晋藩担任总主编、历时 19 年才告完成的《中国法制通史》（十卷本）出版。其间面对过种种难以想象的困难和挫折，但张晋藩始终没有动摇，并最终实现了最初的设想。这部《中国法制通史》不仅以十卷本的宏大容量见长，而且其贯通断代史的通史体例，基于翔实史料的厚重史论、法律制度与法律思想的浑然一体等，都反映出了法律史学研究的开拓与创新。

《中国法制通史》采取了通史与断代史相结合的篇章结构，注重一般历史规律与特殊历史规律的辩证统一。整部通史由断代史组合而成，它包括夏商周、战国秦汉、魏晋南北朝、隋唐、宋、元、明、清、清末民国、新民主主义政权十部断代史。以中华法系的孕育、生成、发展、兴盛、衰亡，作为中华法律文明史的主要线索，揭示了中华法律文明发展的一般性规律。但中华法律文明在不同发展阶段又各有其特殊性规律，如西汉中期以后法律的儒家化、隋唐立法的一准乎礼、明清时期律典体例的变化与私家注释律学的兴盛等。各个断代法律史展现了中华法系在不同发展阶段上的个性特征，而各个断代又是一个有机联系的整体，构成一个连续的画卷，再现了 4000 余年中华法制文明的辉煌历史。

《中国法制通史》将法律制度、法律人物、法律思想融合为一体，注重通过特定历史环境中法律人物的活动及法律思想的碰撞，来展现法律制度的历史演变，是一部全面而生动的法律史。《中国法制通史》以系统、翔实的历史材料，反映中国法制发展的真实历史面貌。在辨伪考证的基础上，通史各卷系统运用了考古文物、社会习惯调查、历史档案、私家笔记、公文、判牍、规约、教义等多种历史材料。例如《通史》第二卷《战国秦汉》，收集和运用了大量新史料，兼采银雀山汉简、包山楚简、云梦龙岗秦简、居延汉简、敦煌汉简、江陵张家山《奏谳书》、尹湾汉简等考古文献中的法制史料。而第八卷《清》，为了充分展现多民族国家法制的辉煌，引述了大量的满文老档；第九卷《清末民国》，为了阐述立法与司法、国家法与民间法的实际状况，广泛地征引了大理院、司法院的判例以及民商事习惯。

《中国法制通史》是对近一百年来法律史研究的全面总结，称之为法律史学的世纪之作并不为过。台湾法律史学者黄静嘉曾评价此书："皇皇巨著，字字珠玑，总结历史经验，以现代社会的科学方法、检讨中国固有法制传统，如此名山盛业，当足以辉耀千古。"

20 世纪 80 年代以来，张晋藩的诸多著作都突破了法制史学的传统研究框架，尤其是对于中国古代民法、刑法、行政法、司法制度、政治制度、法律的近代转型等领域有着前人所无地深入开掘和缕析；同时，他又对中国传统法律进行文化阐释，从法文化演进与变迁的立体视角来深入解读中国法律的传统及其近代转型。他持之以恒的研究、笔耕不辍的论著为中国法律史学的发展与繁荣做出了重要的贡献。

三、教书育人　桃李天下

从 1952 年至今，张晋藩在法律史的教学岗位上工作了 60 多年时间，他在新中国法律史学上创造了多项"第一"：招收了第一届法律史学博士生、第一届博士留学生、第一届论文博士生，创建了第一个（也是唯一的）法律史学国家级重点学科研究中心。

在张晋藩培养的学生中，有的已成为法律史学的新的学术带头人和学术骨干，有的则走上了国家机关领导岗位，还有的在海外工作，致力于中外法律文化交流。张晋藩为新中国的法律史研究生教育做出了重要贡献。

张晋藩主张建立一种兼容并蓄、博取众长的研究生培养制度，以提高研究生的学术水平和独立开展科学研究工作的能力。他为研究生开设了中国法制史专题、中国宪法史、中国刑法史、中国民法史、中国法文化史、中国政治制度史、清律研究、比较立法史等课程。为了培养学生的才和识，他对学生采取两项措施：一是要求学生广读博览，不仅要读专业的书，而且还要读邻近专业及其他专业的书。对非专业的书，要求浏览快读，以拓宽视野；对本专业的名著、典籍，则要求学生必须读而有思，思而有感，感而有发，写出读书札记，在每星期上课时，依次发言。二是在讲课时，设一题目，然后辩难，争论激烈处，他也常常直接切入其中。最后，由他作评点，若学生仍有不同意见，则亦可不同意他的意见，或在课后再行交谈，给学生以启迪。

张晋藩提出在教学中一切都应以学生为中心的原则，研究生院的所有资源都应该为人才服务。在担任长达十余年的中国政法大学副校长兼研究生院院长期间，为了融汇各家之所长，他广泛聘请学术专家，如瞿同祖、蔡美彪、王铁崖、韩德培、端木正、李秀林、俞明仁、袁方、王永兴、高铭暄、张国华、王叔文、刘海年、佟柔、孙国华等为研究生授课，指导研究生进行论文写作。在任职期间，每个研究生每年都有经费参加至少一次学术会议，学位论文的调研费用全部支付给学生使用，而且为了帮助学生学好外语，每两人获发一台收录机。至今中国政法大学 1986 届和 1987 届两届硕士毕业生追忆此事，还沉浸在无限欣慰之中。

虽然张晋藩在学业上对学生严格要求，但平时总是能够对学生坦诚平等相待，关爱学生视同亲人，学业上指导，生活上关心，形成了既是师生又胜似亲人的关系。他对学生的关爱得到的是同样的回报。在“文化大革命”初期，他与邱远猷合著的历史小册子《科举制度史话》受到《人民日报》的点名批评，这在当时是非常严重的。但整个“文化大革命”时期，除了几份批评的大字报外，没有一位学生对他粗暴相待。许多学生还安慰他说：“张老师，您不就写了本《科举制度史话》吗，您怕什么?”在那个年代听到来自学生的宽慰之语，令人感动不已，张晋藩每每回忆这段往事，都不禁心潮澎湃。他一再说：“我始终感谢那些保护过我的学生们，所以我得出一个结论：无论什么时候都要真心、诚心、热心教育学生。”

张晋藩时时鼓励学生们赶超他，2002 年他指导的 34 篇博士毕业论文的精粹摘要结集出版，张晋藩名之曰《青蓝集》，正是取之于“青出于蓝而胜于蓝”之意。

张晋藩常说：“得天下英才而育之，不亦乐乎?”他无悔于教书育人职业的选择，并且愿意来世还做园丁。从教 60 年，他桃李满天下，师生其情也真真，其乐也融融。他在《求索集》写到：但得师生情谊在，天涯处处是乡关。

四、诗人情怀　学者楷模

张晋藩不仅是法学家，还是一位诗人，他至今保存下来的诗稿约有 200 余首，其中多数是没有发表的。他热爱文学，喜欢用诗歌滋润心田，喜欢从历史中汲取动力。即使在“文化大革命”期间，他在江西省“五七干校”劳动时也写下了“绿染江南四月天，潇潇细雨润如烟”、“风绽岭上映山红，板床纱帐听雨声”等优美诗句。至今，他依然流连于翰墨与古体诗之间，他出版的诗集《思悠集》，都是用毛笔书写的。

每次外地讲学或度假回来，张晋藩总要拿出刚写的诗作给去他家的学生看，一边深情吟诵，一边略作解说。诗很美，而且往往意境深远，再配上俊秀飘逸的小楷书，真是诗情画意，美轮美奂之极！他的诗或抒写祖国大好河山，或描画异域风光人情；或阐发怀古之情，或品味人生之乐；或关注民疾民瘼，或冀望国兴国盛。

无论是在担任中国政法大学副校长兼研究生院院长、中国法文化研究会会长、国务院学位委员会法学评议组成员等行政或社会职务期间，还是在退出领导岗位以后，张晋藩从没有中断过对他钟爱的法律史学的研究。即使在“黑云压城城欲摧”的年代里，虽然不能搞系统的专业研究，但他也总是手不释卷。他常常向弟子们回忆起那时一手晃着女儿的摇篮，一手持书夜读的情景。

张晋藩的勤奋在学术圈中是闻名的，也令他的弟子们望尘莫及。60个春秋如一日，基本上每天工作时间都在七八个小时左右。近年年事渐高，医生嘱咐不能过于劳累，但他每天的写作也仍保持在四五个小时以上。总是有人劝他不要太累太苦，如今早已著作等身，功成名就，该颐养天年了，何必再自讨苦吃。每当此时，他总是悠悠而笑：“为学苦事也，亦乐事也。唯真志于学者，乃能忘其苦而知其乐也。”

张晋藩认为法律史学研究者最起码的史德就是尊重历史，而在风雨如晦的岁月里，要做到这一点又谈何容易！由史德而见人德。古人云：“君子尊德性而道问学，致广大而尽精微，温故而知新，敦厚以崇礼。”“颂其诗，读其书，不知其人，可乎？”首重其德，次重其才，这是张晋藩为人为学的人格魅力。传统知识分子的这种人生情怀，使他在一次次政治运动地冲击下，始终不渝其志，保持着自己独立的学术信念和人生品格。

张晋藩深受传统文化濡染，认为“德”才是为人为学之根本，强调把诚、信、智、勤四字与德结合起来。他解释“诚”说：“诚作为德的一个主要之义，表现在为人处事上，应该是不自欺、不欺人，坚持操守，表里如一，奕奕清畅，俯仰有度，一生行之，岂不君子乎！表现在治学上，一个人欲学真知，当不慕虚名。”张晋藩对已答应的著作项目，一旦进入写作状态，决不拖延，而且从不让学生代劳，凡他主编的书不仅从指导思想，基本构架，理论依据等方面都详为拟定，而且他也总是主要的撰稿人，从不做空头主编。

张晋藩60多年的学术道路和敬业精神诠释了这样一种人生观和价值观：于事业中追求真理，于探索中品味人生。张晋藩独喜“读书以荷世，明理以悦心”的名言，因为这正是他淡泊名利，深得读书三昧的切身感受，他的言传身教影响了一代代学人。

五、张晋藩主要著作

张晋藩．1981．中国法制史．第一卷．北京：中国人民大学出版社．

张晋藩．1982．中国法律史论．北京：法律出版社．

张晋藩．1988．法史鉴略．北京：群众出版社．

张晋藩 . 1992. 中国古代法律制度 . 北京：中国广播电视出版社 .

张晋藩编 . 1992. 中国官制通史 . 北京：中国人民大学出版社 .

张晋藩编 . 1994. 清朝法制史 . 北京：法律出版社 .

张晋藩 . 1997. 中国法律的传统与近代转型 . 北京：法律出版社 .

张晋藩 . 1998. 清代民法综论 . 北京：中国政法大学出版社 .

张晋藩编 . 1998. 中国法制通史（十卷本）. 北京：法律出版社 .

张晋藩 . 1999. 中华法制文明的演进 . 北京：中国政法大学出版社 .

张晋藩编 . 1999. 中国古代民事诉讼制度史 . 成都：巴蜀书社 .

张晋藩编 . 2002. 20 世纪中国法制的回顾与前瞻 . 北京：中国政法大学出版社 .

张晋藩 . 2003. 中国近代社会与法制文明 . 北京：中国政法大学出版社 .

张晋藩编 . 2003. 中国民法通史 . 福州：福建人民出版社 .

张晋藩 . 2004. 中国宪法史 . 长春：吉林人民出版社 .

张晋藩编 . 2004. 中国司法制度史 . 北京：人民法院出版社 .

张晋藩 . 2007. 中国监察法制史稿 . 上海：商务印书馆 .

张晋藩编 . 2007. 中国古代监察法制史 . 南京：江苏人民出版社 .

张晋藩编 . 2011. 社会转型与法律变革研究（古代部分）. 北京：中国政法大学出版社 .

张晋藩 . 2013. 中华法制文明史 · 古代卷 · 近、当代卷 . 北京：法律出版社 .

主要参考文献

《当代中国法学名家》编辑委员会 . 2005. 当代中国法学名家 . 北京：人民法院出版社 .

张晋藩口述 . 陈夏红整理 . 2006-11-08. 张晋藩：我的生活之路 . 法制日报 .

朱勇 . 2007. 从《涓滴集》到《青蓝集》——张晋藩先生的治学经历 // 朱勇，王人博，张中秋，等 . 读书读人：张晋藩学记 . 北京：法律出版社 .

张中秋 . 2007. 为学术的人生——读《张晋藩文选》有感 // 朱勇，王人博，张中秋，等 . 读书读人：张晋藩学记 . 北京：法律出版社 .

周少元 . 2007. 愿假双翅凌绝顶 囊括群山入襟怀——著名法学家张晋藩先生治学生涯 // 朱勇，王人博，张中秋，等 . 读书读人：张晋藩学记 . 北京：法律出版社 .

撰写者

方宇（1984 ~），华东政法大学法律史专业博士研究生。

江　伟

江伟（1930~2012），河南开封人。法学家和法学教育家。1956年毕业于中国人民大学法学院。曾任中国法学会诉讼法学研究会副会长、中国法学会诉讼法学研究会民事诉讼法专业委员会主任、中国法学会诉讼法学研究会名誉会长，中国法学会民事诉讼法学研究会名誉会长，最高人民检察院专家咨询委员会委员，司法部公证律师专家咨询委员会委员。曾参与《中华人民共和国民事诉讼法》、《中华人民共和国仲裁法》、《中华人民共和国公证法》《人民调解委员会组织条例》等法律法规的起草论证工作，为新中国民事程序法制的建立，呕心沥血，贡献卓著。发表论文百余篇，著作和教材30余部，译作有《美国民事诉讼》，研究领域涵括了民事诉讼基本理论、当事人理论、保全和调解制度、审判程序、非讼程序、强制执行程序和比较民事诉讼等，许多学术观点为立法吸收，为学术界公认，成为新中国民事诉讼法学的重要奠基人之一。

一、热血青年　投笔从戎

在2008年1月举行的中国人民大学法学院春节团拜会上，主持人别出心裁，专门为法学院内有军旅背景的法学家量身定做了一个节目，并为他们每人颁发了一枚熠熠生辉的勋章。这些军人法学家中，江伟就是其中的一位。

江伟，原名阮长寿，1930年10月2日出生于河南开封。当时开封系河南的省会、经济文化中心，人才荟萃，利用庚子赔款建立的河南省留学欧美预备学校也在开封城。江伟的父亲是一位开明进步的爱国知识分子，在父亲的影响下，江伟从小就接受了良好的私塾教育，唐诗宋词谙熟于心。七岁时，抗日战争全面爆发，烽火连天，民不聊生，江伟在动荡的时局中念完了小学，内心也埋下了追求和平、进步的种子。

抗战胜利后，江伟先后在河南开封两河中学、嵩阳中学学习。1948年开封解放，同年11月他以革命青年身份进入中原大学。渡江战役前，他如愿以偿，投笔从戎，在安徽舒城参军，投身于轰轰烈烈的解放战争。他先被分配到第二野战军总政治部，随军渡江南下，解放南京。后被派往第五兵团政治部新华分社，进军贵阳，在军区印刷厂和《新黔日报》工作。直到1952年进入中国人民大学法律系读书，他结束了驰骋疆场的四年军旅生涯。

军旅生涯在江伟身上留下了深深的印迹。初识江伟的人，首先会被他那高大、俊朗的外形和率真的言谈所折服。江伟在人民大学复校后如“夸父逐日”般忘我工作所展现出的充沛精力，以及给学生授课或做讲座时的声若洪钟、充满激情的语言表达，都与他在新中国成立前跟随解放军转战皖、苏、黔，练就了铮铮铁骨的军旅经历密切相关。

二、教坛耕耘　挥洒激情

江伟1956年毕业后留校任教，成为中国人民大学法律系一名年轻的教师，从此与法学教育结下了不解之缘。到2012年，他执教已达56周年，由一个热血青年成长为一位学术巨匠。然而，每次回顾自己的从教生涯，他就有诸多感慨，虽算不上“回顾往来事，一把辛酸泪”，但坎坷的经历总会让他感念不已。因为在风华正茂、血气方刚的青年时代，他便赶上了包括“文化大革命”在内的一系列政治运动，耽误了20多年的学术青春。

1958年“反右”运动中，江伟被下放北京市丰台区劳动锻炼。1964年他参加“四清”运动，回来后与许崇德、杨大文一起到北京市东城区人民法院参与办案。1966年“文化大革命”爆发并席卷全国。1969年，他随同人民大学的部分教师一起，下放农村，远赴江西“五七干校”参加劳动，走“与工农相结合的道路”。1972年江伟随同人民大学在江西的最后一批教师奉调回京。从1956年到1972年，江伟在人民大学仅仅为法律系本科生授课16个课时！

1973年到1978年中国人民大学被解散，人员合并到北京大学法律系。江伟在北京大学期间讲授民法、民事诉讼法等课程。他于1978年下半年讲授民法，是全国最早讲授民法的学者之一。那时没有教材，他讲课时主要参考台湾地区的民法文献，并结合当时的社会现实，对社会生活中存在的交易现象运用民法学原理解释，那届学生中有现任浙江省高级人民法院副院长的童兆洪等优秀学子。

1978年，人民大学法律系恢复重建，江伟回到了久违的人民大学校园，执掌民诉法学科的教鞭。此前因政治运动所耽误的讲师职称问题，也终于得到解决。在2006年庆祝江伟从教50周年暨民诉法学术研讨会上，他发表感言说：“人生是很短暂的，你们现在所处的是最好的时代，要懂得珍惜。像我，名为从教50年，实际上从教只有28年，也就是从1978年算起吧。我这个助教当了22年。希望这种现象永远不再出现，工作的权利不再无端地被剥夺！”

1978 年中国共产党的十一届三中全会召开后，江伟为挽回被耽误的岁月，以加倍的努力投入到法学教学、科研和立法中去。从 1979 年受派参加民诉法起草小组，到 1990 年参加新中国民诉法典的第一次全面修订，他每天早出晚归，除了承担立法任务，还要给法律系本科生、研究生开设民诉法专业的各种课程，指导硕士研究生的论文。当时法律系民诉法教师只有两个人，教学任务极其繁重，但江伟仍然恪守“传道、授业、解惑”的师道精神，兢兢业业、一丝不苟、任劳任怨。1994 年，教育部批准了以江伟和程荣斌为学科带头人的诉讼法学博士点，并从当年开始招收民诉法学博士生，由此开启了他文章中所说的民诉法学的“理论法学”时代。

江伟在教坛上挥洒着激情和智慧，三尺讲台尽显师者的魅力。从 1978 年至今，除人民大学外，他还应邀为北京大学、复旦大学、西南政法大学、浙江大学、中山大学等法学院系讲授民法和民事诉讼法；1986 年至今，多次应邀为美国、日本以及香港、台湾等地的大学讲学。他还特别注重培养专家型法官，多次到国家法官学院、北京市高院、浙江省高院、辽宁省高院、内蒙古高院等为在职法官授课答疑。所到之处，赞誉之词纷至沓来。

三、笔耕不辍 著作等身

在长期的教学与研究中，江伟笔耕不辍，著述颇丰。他迄今发表学术性文章 150 余篇，出版著述及参与编写学术性书籍 40 多部。主要著作有《中国民事诉讼法的理论与实际》（日本成文堂出版）、《民事诉讼法通论》、《民事诉讼法专论》、《民事诉讼法学原理》、《探索与构建——民事诉讼法学研究》、《民事诉权研究》、《中国民事诉讼法修改建议稿（第三稿）及立法理由》，译著《美国民事诉讼》；主编教育部、全国高等教育自学考试、司法部等组织编写的多种民诉法专业教材。代表性论文有：《完善我国民事诉讼立法的若干理论问题》（载《中国社会科学》1991 年第 5 期）、《论集团诉讼》（载《中国法学》1988 年第 6 期、1989 年第 1 期）、《市场经济与民事诉讼法学的使命》（载《现代法学》1996 年第 3 期）、《论既判力的客观范围》（载《法学研究》1996 年第 4 期）、《论诉讼标的》（载《法学家》1997 年第 2 期）、《执行权的性质与执行机构的设置》（载《人大法律评论》2000 年第 1 期）、《证据法若干基本问题的法哲学分析》（载《中国法学》2002 年第 1 期）、《我国民事诉讼主管之概念检讨与理念批判》（载《中国法学》2004 年第 4 期）等。

江伟的论著，高瞻远瞩，指点江山，激扬文字，引起了民诉法学界的广泛共鸣。

其作品对中国民事诉讼法学研究和立法产生了深远影响，先后获得了北京市首届哲学社会科学和政策研究优秀成果二等奖（1987年）、全国高等学校优秀教材奖（1988年）、普通高等学校第二届人文社会科学研究成果二等奖（1998年）、司法部第一届全国法学教材与科研成果二等奖（2001年）、教育部全国普通高等学校优秀教材一等奖（2004年）、司法部第二届全国法学教材与科研成果二等奖（2006年）等诸多奖励。江伟的《中国民事诉讼法通论》是中国最早、最权威的一本民诉法学专著，该书初步奠定了新中国民诉法学体系的雏形。

四、学术创新　朴素无华

江伟长期以来从事民诉法基本理论、当事人理论、保全和调解制度、民事审判程序、非讼程序法、强制执行法、涉外民事诉讼和比较民诉法的研究工作，研究视野遍及民诉法律制度的方方面面，许多学术观点为立法吸收，为学术界公认。他以自己丰厚的理论素养、学术功底、敏锐地发现问题和睿智地解决问题的能力，形成了富有个性特色的学术品位和学术思想，无可争议地成为新中国民诉法学的缔造者之一。

在程序法与实体法的价值和功能关系问题上，他历来主张二者并重。但在中国“重实体轻程序”的观念十分流行的情况下，他认为应突出强调程序法自身的独立价值和功能。只有诉讼程序在司法实践中被遵守和实施，依法治国和法制现代化才不致流于空谈。在他的极力倡导和推动下，民事诉讼程序的独立价值逐步深入人心，成为法官依循的基本理念和行为准则。

江伟对民事诉讼基本理论给予了极大的关注，由大陆法系学者主张的三论（目的论、诉权论和既判力论）扩展到包括程序价值论、民事诉讼法律关系论和诉讼标的论在内的六论。在诉权论上，他将苏联学者顾尔维奇的多重诉权理论巧妙地转化为统一的诉权理论，把程序意义诉权解释为诉权成立要件，把实体意义诉权解释为权利保护要件，消除了大陆法系学者长期争论不休的诉讼要件理论和权利保护要件理论之间的分歧，将二者巧妙地融汇在一起。在民诉法律关系上，他主张区分诉讼法律关系主体与诉讼主体，界定了诉讼主体的范围，把诉讼客体定位为案件事实和实体权利请求。这些观点目前已被学术界奉为通说。他重新界定了诉讼标的概念，并对诉讼标的识别标准进行了修正。他阐明了诉讼当事人与民事主体之间的非对应性，指出两者的区别，承认其他组织的当事人资格，率先提出检察院应当参加诉讼，建立集团诉讼等观点。这些观点大多被1991年的民诉法所吸纳。他对民事保全程序做了深入研究，主张确立行为保全制度。这一观点，得到了海事诉讼和知识产权诉讼实务界的认同，进而获得了立法上的肯定，2012年8月31日通过的民诉法修正案正式确立了中国的行为保全制度。

江伟一向重视理论研究与立法、司法实践相结合，强调理论研究对实践的导向作用。通过社会调查、法律咨询、与法官交流座谈等方式了解司法动态，及时发现新情况新问题，形成从法学实践到法学理论和从法学理论到法学实践的良性反馈系统。他一直密切关注着法院内部20世纪80年代以来的审判改革和80年代末期以来的执行改革，对于改革中强调当事人举证责任、重视公开审判、调整合议庭与审判委员会在审理过程中的作用和关系、扩大简易程序适用范围等做法，他表示欢迎，同时对那些背离审判规律和执行规律的改革举措提出善意的批评，保证司法改革的顺利进行。

江伟从事理论研究遵循以下理念：从国情出发，深入研究古往今来学术成果，为完善中国的民诉法学理论和立法做出贡献。他的研究特点和风格是：朴素无华。即不做豪言壮语，不说套话，不赶“时尚”，不逐俗利，不务虚名。但在追求上，务使自己的著述有所开拓和创新。“创新”是江伟毕生追求的目标，无论是20世纪80年代以前的法条注释，还是90年代中后期致力于构建民诉法学理论体系，贯穿于研究生涯始终的是他对民诉法制度创新和理论创新的渴望和追求，他是创新理念的实际践行者。

五、献身立法　鞠躬尽瘁

江伟的命运与新中国的民事诉讼立法紧密相连。从1979年始，江伟以近五十之龄投身于中国民诉法的创制活动之中，呕心沥血，鞠躬尽瘁三十载。

1979年，立法机关决定制定民诉法，江伟和来自北京大学、中国政法大学等机构的民诉法学者一起参与到民诉法起草小组中。此次法典起草中，江伟倾注了自己的全部学识、热情、心血和汗水，经过30个月的怀胎，终于促成了新中国第一部民诉法典的诞生。

三年里，起草小组面对着不断涌现的分歧、争论和压力，在江伟等的共同努力下，问题一一化解。1979年9月，民法和民诉法两个起草小组同时成立，但因当时民事政策不成熟，民法起草小组提前结束，由此给民诉法起草小组带来的困惑是：在不制定民法的情况下，先行制定民诉法是否可行？起草小组对此有顾虑，江伟随即撰写了《建议民事诉讼法先于民法颁布施行》一文，较早地从立法技术层面阐明了程序法的独立性，解除了横亘在起草小组前面的第一个障碍。草案第一稿出来后，在很多问题上都有分歧。例如，破产清偿顺序问题，草案稿给予银行一般债权人的地位，而按“苏联模式”，银行处于第三顺序，并非一般债权人。这一条款触及银行的利益，他们提出意见，不过，立法机关最终采纳了起草小组的意见。还有，解放区的司法经验怎么入法，也颇费周折。解放区解决民事纠纷的十六字方针是“依靠群众，调查研究，调解为主，就地解决”。江伟不赞成把这 16 个字原封不动地搬到法律里，其一，这并非法言法语；其二，调解为主的提法，不利于法院发挥审判职能。而当时法院系统认为这十六字经验是国宝，坚持照搬到民诉法草案中。交涉了一次又一次，最后写的是“着重调解”，法院系统也能够认可。

1990 年，立法机关决定对施行了八年的民诉法进行首次全面修订，江伟再次参加了这次修法活动，并被聘为民诉法修订小组组长之一。这次修改有多项重大突破，其中江伟指导学生完成的理论研究课题“集团诉讼”，被引入法律，成就了现行民诉法的代表人诉讼制度。

2007 年，年逾古稀的江伟又主持了民诉法第二次全面修改的专家建议稿的论证工作。他雄心不减，希望在有生之年能够看到一部更加完备的现代化的民诉法典的出台。

江伟还参与了其他多部法律的起草、论证工作。1994 年被全国人民代表大会财经委员会聘为破产法起草顾问，参加新破产法的起草工作。1999 年以后参与并主持了《中华人民共和国证据法》（专家稿）的起草论证工作。此外，还参与了《仲裁法》、《公证法》、《人民调解委员会组织条例》、《票据法》等法律的立法论证工作。

六、布衣学者　书生本色

江伟身边的弟子很熟悉他的自我定位：“布衣学者”。在弟子看来，所谓“布衣学者”，是那种深具知识底蕴、怀有道德勇气、处世淡泊宁静、恪守书生本色的人。江伟用自己的言行成就了一个布衣学者的典范，这正是他的人格魅力所在。

江伟以学术为毕生志业、安身立命之本。他经常有一句话是：以做官为耻，以为学为荣。在对待学界同仁方面，他喜欢聆听别人的意见，与人为善，没有任何文人相轻的倾向。

江伟是一个刚直不阿的学者，他将学术研究与国家和民族的命运结合在一起。他为学、为师的这些年，正是新中国民诉法学发展繁荣的时代，他的学术生涯和中国民诉法学的发展事业是紧密相连的，对此，江伟深感自豪。

江伟淡泊名利，不贪热闹，不慕虚荣，不钻官场，不经营自己，始终怀着一颗纯真的童心和丰富的感情。数十载的书斋生活和坎坷经历并没有冷却他满腔的热血，也没有改变他生活的信念，更没有泯灭他知识分子的良知。他的拍案而起、他的大声疾呼，他的情感的自然流露，他的真性情，以及他作为常人的一面，才是他身上最宝贵的东西。

七、侠骨剑胆　纵横法域

江伟在人民大学法学院师生中是个有名的武侠迷。武侠是他生活中的百媚千红。他时常躺在摇椅上想象鹤飞冲天、铁骑奔腾的侠骨英姿。他说："年纪大了，偶尔头疼脑热、精神不振，品读武侠，可恢复元气。"武侠，还是他的一剂良药。

快意恩仇的洒脱，除暴安良的仗义，使无法纵身武林的江伟，将侠客情怀施展于法律领域。"武侠与法律的核心，皆是除暴安良。"武侠情结，寄托了他的济世理想。他将行侠仗义、除暴安良、济世救人的历史使命融合于法学领域的不懈探求，50多年来以其侠骨剑胆，为真理奔波，为正义而战。

"除暴安良"所实现的正义，更多的是个案正义、实体正义。对于武侠精神的追求，折射出江伟骨子里潜藏的喜爱实体法的倾向。其实，他并不讳言他对民法学的喜爱。在很多公开场合，他还表达出"学好民诉法，必须先学好民法"的观点。他曾举了一个例子，说台湾有个学生，原来打算报考他的研究生，可后来考了刑法。细问其故，答曰：基础不行，民商法没学好，不敢考民诉；刑法呢，基础还稍微好一点。江伟经常以此例教育弟子习好民法。弟子中间也流传着一个说法：江伟能够成为中国民诉法学家，与他早年在北大法律系讲授民法课的经历分不开。对于这种传言，他心里是非常认可的。

作为程序法学者，江伟品读武侠也贯穿着"尊重程序的独立价值"的学术理念。他手边有全套的金庸和古龙的武侠作品。论及两人作品的特点时，他认为金庸的小说把剑侠的招式描述得栩栩如生、活灵活现；而古龙的小说往往忽略过程，只重视结果，所谓"剑光一闪，人头落地"……诸如此类，他对此颇不以为然，认为从重程序的角度看，金庸的作品境界更高。

八、天下桃李　悉出公门

一片丹心育桃李，三尺讲台写春秋。江伟从教50多年，培养了一大批中青年民诉法学者，使中国民诉法学研究得以薪火相传。如今，在全国各大法学院里，有许许多多江伟的弟子。其中已有多人是教授、博导，而且弟子的学生里已有不少人可以带硕士生了。

江伟痛感民诉法学科长期以来处于“轻中之轻”（重刑轻民，重实体轻程序）的状态，导致司法实务中“轻程序”的现象蔓延。为此，从 20 世纪 80 年代以来，江伟就开始着手培养民诉法的师资力量，希望藉此振兴民诉法学。

1983 年，他为司法部举办的第一届全国民诉法师资培训班授课。这个班被清华大学的张卫平称之为民诉界的“黄埔一期”。有民诉界“八大金刚”之称的李浩、赵钢、齐树洁、章武生以及蔡虹等中青年法学家，直接受益于像江伟这样一大批法学家的教诲。江伟还特别注重中国民诉法学的国际化，如他成功地举办和主持了 2000 年的“民事诉讼法国际研讨班”，以及 2002 年的“比较民事诉讼法国际研讨会”，培训和教育了一大批中青年教师从事比较民诉法学的教学和研究，推动了比较民诉法学在中国的发展。考虑到东北、西北等地区民诉法学人才的匮乏，江伟在招收博士生时非常留意选拔来自这些地区的学子尤其是大学教师。

他为兄弟院校的人才培养和学科发展贡献良多。例如，从 20 世纪 80 年代起，江伟就参与了西南政法大学的硕士生答辩，博士点申报，博士生论文评议，博士生论文答辩，几乎每一个环节都有江伟洒下的汗水，在西南政法校园的海报上经常会有江伟的大名。原西南政法大学校长田平安赞扬他“为西政民诉法学的发展与进步，付出了很多很多辛苦”，的确是由衷之言。

接近江伟，就能够深切感受到他的人格魅力。江伟为人坦荡荡，从不考虑个人私利，在提携和奖掖后学上唯才是举，绝没有任何门户之见。许多学者在谈起江伟时，都以自己身为他的弟子而自豪。原中国法学会民诉法学研究会会长陈桂明风趣地称自己是江伟的“编外学生”，李浩借用江伟喜爱的武侠话语，说自己“只能算做少林寺的俗家弟子”。

《资治通鉴 · 唐纪 · 武后久视元年》记载：“天下桃李，悉在公门矣。”据辞典介绍，这正是成语“桃李满天下”的由来。用在江伟身上，实在恰当不过。

虽然江伟在许多场合非常谦虚地称自己“只能算是一名过渡时期从事民诉法学研究的学者”，但他严谨的治学精神、虚怀若谷的治学态度、宽容并蓄的学术品格，并不能遮盖其巨大的学术成就所散发出来的光芒。经由他的努力和带动，中国民诉法学终于由过去的“轻中之轻”，成长为备受世人瞩目的显学。他的成就造就了中国民诉法学的过去，也必将引领着中国民诉法学的未来。

九、江伟主要论著

江伟，王强义．1988．论民事诉讼当事人与民事主体的分离．法律学习与研究，(2)：15-21.

江伟，贾长存．1988，1989．论集团诉讼（上、下）．中国法学，(6)：84-91.（1)：103-113.

江伟，王强义．1991．完善我国民事诉讼立法的若干问题．中国社会科学，(5)：157-170.

江伟，王国征．1993．完善我国财产保全制度的设想．中国法学，(5)：89-95.

江伟，肖建国．1994．民事诉讼中的行为保全初探．政法论坛，(3)：56-59，80.

江伟，肖建国．1995．民事执行制度若干问题的探讨．中国法学，(1)：67-73.

江伟，李浩．1995．论人民法院与仲裁机构的新型关系——为《仲裁法》的颁行而作．法学评论，(4)：32-39.

江伟．1996．市场经济与民事诉讼法学的使命．现代法学，(3)：4-13.

江伟，肖建国．1996．论判决的效力．政法论坛，(5)：1-8.

江伟，韩英波．1997．论诉讼标的．法学家，(2)：3-14.

江伟，单国军．1997．论民事诉讼中无独立请求权第三人的确定．中国人民大学学报，(2)：71-77.

江伟．1998．中国民事诉讼法专论．北京：中国政法大学出版社．

江伟，刘荣军．1999．民事诉讼中当事人与法院的作用分担——兼论民事诉讼模式．法学家，(3)：19-27.

江伟，吴泽勇．2002．证据法若干基本问题的法哲学分析．中国法学，(1)：24-38.

江伟，吴泽勇．2003．论现代民事诉讼立法的基本理念．中国法学，(3)：101-111.

江伟，廖永安．2004．我国民事诉讼主管之概念检讨与理念批判．中国法学，(4)：83-90.

江伟，徐继军．2004．在经验与规则之间——论民事证据立法的几个基本问题．政法论坛，(5)：104-112.

江伟．2004．中国证据法草案（建议稿）及立法理由书．北京：中国人民大学出版社．

江伟．2005．中华人民共和国民事诉讼法修改建议稿（第三稿）及立法理由．北京：人民法院出版社．

江伟．2008．探索与构建——民事诉讼法学研究．北京：中国人民大学出版社．

主要参考文献

江伟．2008．探索与构建——民事诉讼法学研究．北京：中国人民大学出版社．

李浩．2012．三十年间民事诉讼法学高影响论文分析．当代法学，(6)：94-100.

撰写者

肖建国（1969～），河南信阳人，中国人民大学法学院教授，江伟教授指导的硕士生、博士生。

江　平

江平（1930 ~ ），浙江宁波人。法学家、法学教育家、法学活动家。中国政法大学终身教授。1948 年至 1949 年，就读于燕京大学新闻系；1951 年至 1956 年，就读于莫斯科大学法律系。1983 年至 1990 年历任中国政法大学副校长、校长；1988 年至 1993 年，担任第七届全国人民代表大会常务委员会委员、全国人民代表大会法律委员会副主任；1988 年至 1992 年任中国法学会副会长；1995 年至 2012 年连续担任五届北京仲裁委员会主任。曾参与《民法通则》、《合同法》、《物权法》、《公司法》、《证券法》等多部民商事法律法规，《行政诉讼法》、《国家赔偿法》等行政类法律，以及《民事诉讼法》、《著作权法》等多部法律的立法工作，为中国改革开放以来法律体系的建设与完善做出了重要贡献。曾任《中国大百科全书·法学》（第二版）主编，撰写《罗马法教程》、《西方国家民商法概要》、《民法学》、《新编公司法教程》、《法人制度论》等著作，主持“外国法律文库”和“美国法律文库”的翻译工作。曾获比利时根特大学名誉法学博士、秘鲁天主教大学名誉教授、意大利罗马第二大学名誉法学博士、意大利二级骑士勋章等多项荣誉。

一、人 生 历 程

江平，籍贯浙江宁波，1930 年 12 月 28 日出生于大连。1948 年考入北平燕京大学新闻系。1951 年 8 月，江平接受派遣前往苏联学习法律。原本对法律并无了解的他，从此踏上了为实现“法治天下”而奋斗终生的道路。

（一）留学苏联，与法律结缘

1951 年 8 月，作为新中国成立后第一批留学苏联的学生之一，21 岁的江平前往苏联。本想学习新闻的他被分到喀山大学法律系学习法律。在喀山大学法律系学习两年之后，中国驻苏联大使馆将喀山大学法律系的中国留学生转往莫斯科大学，江平在莫斯科大学法律系完成了剩下的三年学习。五年的法律学习后，江平得到了莫斯科大学颁发的全优毕业证书，并作为优秀留学生代表在毕业典礼上做了发言。

（二）回国后欲施才华，却遭划为“右派”

江平于1956年年底回国后，被分配到了北京政法学院工作。这本应成为江平一展宏图、报效祖国的好机会。但是，世事无常，不久后他便被错划为“右派”，此后22年的生活如同地狱一般，成为他一生的梦魇。在这期间，第一次婚姻破裂、左腿因被火车压断而截肢、后又被下放到安徽“五七干校”劳动，这些接连不断变故让江平尝尽了人生的苦难。1972年，“五七干校”解散，江平来到北京郊区延庆县教授英语、政治。无情的政治运动使他错过了人生中最为宝贵的青春年华。

（三）49岁重回北京政法学院，开始人生新篇章

1978年，北京政法学院复办，江平回到北京政法学院，担任民法教研室的负责人。江平大胆地开设“罗马法”和“西方国家民商法概要”课程。1983年，江平被任命为北京政法学院副院长，走上管理岗位。1984年5月，中国政法大学正式成立。不久，江平被任命为中国政法大学副校长。1986年，在江平的积极推动下，中国政法大学成立了比较法学研究所，由江平担任所长。1987年，比利时根特大学授予江平名誉法学博士学位，成为继邓小平、宋庆龄之后第三位被该校授予名誉博士学位的中国人。1988年，江平担任中国政法大学校长。1989年春夏之交北京发生政治风波，江平于1990年被免除校长职务，但政法大学的学子仍誉他为“永远的校长”。

（四）从校长回到教授，继续为法学奉献

从校长位子上退下来的江平，将自己的身份重新定位为中国政法大学教授，开始更多地以学者的身份进行思考和表达。

1992年5月，在江平及其他学者的努力下，中国政法大学罗马法研究中心正式成立。自1993年开始江平又主持翻译出版了“外国法律文库”、“美国法律文库”等近百本著作。1994年，江平组织召开了第一届“罗马法·中国法与民法法典化”国际学术研讨会，江平在研讨会上发表了题为“罗马法精神在中国的复兴”的演讲。1995年，在秘鲁召开的国际罗马法大会上，秘鲁天主教大学授予江平名誉教授称号。2000年，罗马第二大学授予江平名誉法学博士学位。

2000年，江平担任中国比较法研究会会长；同年，江平发起设立了中国政法大学“江平民商法奖学金”，这项被称为“法大诺贝尔奖”的“江奖”使众多成绩优异的法学学子受益，“江奖”的颁奖典礼也成为中国政法大学每年的学术盛会。

2004 年，意大利总统钱皮在访华期间，授予江平二级骑士勋章，以表彰他在罗马法研究和交流中的成就。

二、研究领域和学术思想

江平的研究领域非常广泛，包括民法、商法、比较法、行政法和宪法等。江平作为新中国成立后第一批留苏学生，有深厚的法学功底。他总是站在中国法治发展的前沿，不畏惧公权和权威，主张为私权呐喊。他对新中国成立后的诸多法律的立法推动和实施起到不可估量的作用。

（一）民法

民法是江平学术研究的重点。他在研究罗马法、西方国家的民商法的基础上，对民法传统进行详尽的梳理，这对中国民法理论的完善和发展有着重要意义。在民法研究中，江平有以下重要的观点：

首先，民法是私法，强调对私人权利的保护，以私法自治、私权神圣为基本原则。民法的发展、私权的保护需要以市场经济为基础，而市场经济的基础是国家本位和社会本位的区分。社会本位以私权为主导，以市民社会为基础。由于中国一直是国家本位，公权力为主，所以，中国更需要强调市场经济和市民社会，唯有如此才能促进民法的发展，完善对私权的保护。当然，私权也应当受到诚实信用原则的限制。私人财产权不是绝对的，在公共利益需要的情况下，可以通过合法程序，在合理补偿的前提下进行征用或征收。

其次，关于民法和经济法的关系问题。江平认为，20 世纪 80 年代初期关于民法和经济法的论战，实质上是市场和国家干预之争。民法作为私法，强调意思自治，体现的市场调节；而经济法则是国家对经济关系和影响到公共利益、国家利益的经济事项的调整，体现的是国家干预。市场经济包括两个问题，一个是自由，一个是秩序，自由的问题由民法来调整，秩序的问题由经济法来调整。因此，民法和经济法各有各的适用领域。

在民法和宪法的关系上，江平认为，虽然从历史上看，民法早于宪法产生，但是不能因此而认为民法可以超越宪法。宪法和民法是两种不同的思维：宪法是政治思维，而民法则是法律思维。

再次，在民法典的制定问题上，江平认为民法典的制定不应该完全以德国民法典为范本。如果民事单行法律订得比较完善，而整合成统一的民法典很困难，也可以以单行法代替民法典。他认为，中国应当制定一部开放型的民法典，主要体现在：主体地位和资格的开放、民事权利的开放、行为的开放、民事责任法律规定的开放、法律渊源的开放。

江平一直以来都非常重视英美法系，尤其是20世纪90年代后期以来，他对英美法系予以更多的关注。他认为，中国自清末以来主要是继受大陆法系，受英美法的影响虽然有，但是毕竟很少。中国在今后的立法和司法实践中，应当借鉴英美法系判例法的经验，并在制度设计上参考英美法系注重商业需要的倾向。

（二）商法

在商法领域，江平在现代企业法人制度等方面的建设贡献颇丰。1994年，《公司法》刚刚通过，江平先后发表了《论股权》[①] 等文章，讨论现代企业制度。江平主持的“法人制度论”课题研究成果——《法人制度论》，是法人制度领域中比较经典的学术作品。他在《法人制度论》中，就“法人与人格”、“法人与团体”、“法人与财产”、“法人与能力”、“法人与意思”、“法人与责任”等问题进行了分析，为公司制度的研究奠定了基础。

首先，在中国公司制度构建和完善的问题上，江平有很多深刻的研究。他主张应当将商事主体多元化，包括独资企业、合伙企业、公司、合作社等。其中，合伙应当包括有限合伙和无限合伙等多种形式。因此，他一直关注并推动中国的公司制改革、国有企业改制问题，并认为应当实现企业公司化、公司股权化、股权明晰化、股权社会化、股东多元化和股权流动化。这些理论对当时的国企改革和现代企业制度的建立，提供了理论上的解释和支持。

其次，在信托制度的理论研究上，江平同样做出了很多贡献。他认为，中国的信托制度应当包括三部分：即信托关系的共性规范、民事信托和公益信托的特殊规范以及关于信托业的公法规范。信托法既有公法性质的规范内容，又有私法性质的规范内容，并以后者为主。这是基于中国信托制度空白的现实而提出的理论。同时他也意识到这种理论和立法模式的不足：调整对象的非单一性、规范的异质性等。除此之外，他还非常注重信托目的合法原则、信托财产应当归属于受托人等理论问题的研究。在他的极力推动下，信托法成为了中国法学研究的一个热点领域。

（三）比较法

比较法既是一种法学研究方法，又是一个法学研究领域。作为一种科学的法学

---

① 江平、孔祥俊：《论股权》，载《中国法学》，1994年第1期。

研究方法，江平认为，真正的比较法要求研究者能够对不同法系、不同国家的类似的法律制度做比较研究，并在此基础上探求其社会、文化背景，研究其制度的优劣。比较法的特点就是“跨”，跨学科、跨领域、跨国家。比较法要从整个世界的视角、对整个世界的法律制度进行研究，是在法律相异的基础上，如何寻求最优式的共同性。具体到中国的比较法研究，他认为，就是要寻求在各国法律大相径庭的基础上，吸收最优秀的国际经验，而走向国际趋同的未来。江平在比较法上的贡献，推动了改革开放以来比较法学在中国的发展，使其成为一种重要法学研究方法。[①]

作为一个法学研究领域，比较法学主要是通过研究其他国家的法律制度和法律观念，比较其优劣和产生演变的背景，为中国法治建设和法律制度的完善，提供参考、借鉴。江平在比较法学领域的研究重点主要是罗马法和西方民商法，从罗马法的产生根源到罗马法演进的社会历史背景，江平都有广泛的研究。他认为，通过比较法学研究，可以将发达市场经济国家的成熟的法律制度，如公司、票据、破产引进中国，促进中国市场经济体制和法律制度的完善。他还认为，比较法研究是借鉴国外优秀的法律制度和法律观念，其实质就是寻求普世价值。

（四）行政法

除了在民商法领域的突出贡献，江平在行政法领域也有研究。为研究行政立法，江平曾于 20 世纪 80 年代中期出访德国，参观其行政法院，并收集了德国行政法领域立法和学术研究的很多资料。在他担任行政立法研究工作组长期间，由于最初的立法思想是要制定一个类似《民法通则》的行政法大纲，而当时行政实体立法又比较艰难的情况下，江平提出先程序、后实体的立法思路，主张以诉讼程序促进实体法完善，得到了行政立法研究工作组的一致认可。在江平的领导和推动下，《行政诉讼法》于 1990 年正式施行，成为中国法治进程的一个里程碑。

江平认为，行政诉讼的受案范围目前还仅限于具体行政行为，但实践中很多公权力侵犯私权利现象的根源是抽象行政行为，应该将抽象行政行为也应该纳入行政诉讼的受案范围。

此外，江平还研究国家赔偿法，他认为建立和完善国家赔偿制度，可以推动中国公法发展和保障人民权益。

（五）宪法与宪政

江平虽然是研究民商法专业出身，但晚年越来越关注宪法和宪政问题，也提出

① 江平：《西方国家民商法概要》，北京：法律出版社，1984 年。

了很多针砭时弊的观点。江平指出，宪政的核心是民主和自由。宪政作为宪法的核心理念，是评判宪法好坏的重要标志。而这个评判，就是靠民主和自由这两个基本的准则。民主讲了国家权力是从哪里来的，不管是什么样的制度，人民的选举权、监督权的有无，是评价国家权力的划分是否科学、是否有效的重要依据。自由是宪政的第二个核心内容。自由回答的是公民到底享有哪些权利、国家赋予了多大的保障等问题。需要注意的是，这个权利的保障，必须是实实在在的，当权利受到侵犯的时候，国家会来保护权利不受侵犯。所以宪法里面应该规定公民的人权，应该规定公民的自由和限度。

江平认为，中国跟西方国家在宪法上可能差异很大，但在宪政这个概念上共同点很多。我们国家现在有宪法，但离真正的宪政还有很长一段路要走。目前保护公民政治权利方面的法律还很不完善，也就是说，与宪法相配套的立法工作还没有完成，比如宪法所规定的言论自由、出版自由、新闻自由、结社自由等，都还没有制定出相应的法律。

三、法学教育与人才培养

（一）法学教育

江平自1956年底留苏回国之后，便分到中国政法大学的前身——北京政法学院从事法律教育工作，至今已近60年。其中，最为黄金的时期是在1978年北京政法学院复校之后，主要就是抓民法教学工作。当时的首要任务就是课程设置安排，江平率先提出开设“罗马法”和“西方国家民商法概要”课程，并亲自为这两门课编写了讲义教材，成为其他学校纷纷效仿的典范，推动了新时期中国民法学教学的进步。

江平对于法律教育的贡献还体现在法律教育方式的改革和创新上。江平一直主张并积极推动学生自由择课、自由择师，营造一种开放的教育环境，促进教师队伍的优胜劣汰。这一措施促进了学校教师结构的优化，使众多优秀的青年教师脱颖而出。实际上，江平一直就是一名深受学生喜爱的老师，其独到的授课方式，让看似枯燥乏味的法学理论，变得生动活泼。

此外，江平认为在大学教育的问题上，应该以培养人才为中心，应当去行政化，实行校长负责制。打破学术禁区和学术垄断，只有这样才能够实现学术自由和人格独立。[1]

（二）人才培养

江平最初给北京政法学院的本科生上课，到 1979 年招收第一批研究生，再到 1991 年开始招收博士生。至今，江平培养了众多法学人才，有百余名博士生，其中 30 余名为港澳台和外籍博士生。江门子弟中很多人都已成为法学教育、法学研究和法学实务领域的佼佼者，成为推动中国法学发展的一股新的力量。

江平表示，如果有来生，他还要选择当大学教授。因为“大学生阶段是一个人在选择职业、专业并形成他的目标的一个时期，而法学专业，又是实现他的法治理念的最重要的四年。如果这时候，我能够从事教育工作，来为他们把自己的四年的法学教育搞得更好，无论当校长也好，不当校长也好，这都是作为法学工作者、教育工作者价值的最大体现”。

在中国政法大学 60 年校庆上，江平讲到法律人应当以依法治国、法治天下为使命，而这需要成熟的法学教育。人才的培养，除了物质基础之外，更重要的是精神基础，要有先进的办学理念和教学思路。

四、法治理念及贡献

（一）法治理念

江平把自己一生的追求化为四个大字，即“法治天下”。他被誉为“法学界的良心”，一直关注着中国的民主法治进程。在他看来，法治有三个层面：最低的是制度层面，也就是说法律是制度的化身；再高一层的法治是方法层面的法治，就是一种方法，一种法律思维；第三个层面，江平认为法律还必须要有一种理念，即一种法治的理念，是否存在这样的理念也是判断法制与法治、善法与恶法之间区别的标准之一。就像“有法律不一定有法治”一样，有宪法不等于有宪政。

他认为中国的法治是条很曲折漫长的道路。他在《沉浮与枯荣——八十自述》中提到，中国的法治有四条主线。第一条法治主线是人治和法治，“从人治到法治，制度应当高于人，制度应该管着任何人”。第二条法治主线是国家和社会，过去法律就是国家强制的工具，现在法律是社会公平的工具。到底是强调国家强制还是强

① 参见《江平教授在法大建校 60 周年庆祝大会上的讲话》。

调社会公平，这是一个法律理念上的巨大转变。第三条法治主线是公权和私权，过去公权力过分庞大，必须给予必要的限制。第四条法治主线是从法制到法治。法制是制度，法治是理念，制度和理念是不一样的。法治作为理念很重要的内容就是保障人权，给予民众更多的自由，建立民主政治制度。

（二）立法贡献

法治建设需要建立完善的法律体系，中国的法治建设必须通过系统的立法奠定坚实的制度基础。江平一直关注并参与到立法工作中，尤其是改革开放后，他为中国法律体系的建立和完善做出了巨大贡献。

1979 年，中央开始筹备第三次民法典的起草工作，江平参与了前期的起草工作，后期因被任命为北京政法学院的副院长而被学校召回主持教学工作。因客观条件不成熟，民法典的起草被暂时搁置，开始筹备制定《民法通则》。当时，江平和佟柔、王家福、魏振瀛被聘请为顾问，以专家的身份直接参与了该法的制定工作，为《民法通则》的诞生立下了汗马功劳。

后来，为了重新启动民法典的起草，江平多次参与了一些民事单行立法的工作，包括《合同法》、《物权法》等，推动了中国民事法律体系的完善；同时，他还参与制定了《公司法》、《信托法》、《证券法》、《合伙企业法》等商事法律，这些法律为商事活动提供了基本的规范。江平还曾担任行政法立法研究组组长，领导统筹了《行政诉讼法》、《国家赔偿法》等行政法类单行法的起草制定，为更好地保护和救济公民的合法权益提供了保障。在担任第七届全国人民代表大会代表、常委会委员以及法律委员会副主任时期，江平也亲历了很多立法工作，包括修改《民事诉讼法(试行)》、通过《著作权法》、修改《中外合资企业法》等等。

（三）“律师兴，国家兴”

江平在法学家中尤为突出地强调对律师职业、律师对促进法治进步等方面的研究。法治是一个系统的工程，除了需要立法、司法等各方面制度的完善，还需要众多优秀的法律职业者，律师是一个国家法治文明的标志。在长期观察中国律师现状的前提下，江平用“成也律师，败也律师”、“苦也律师，乐也律师”、“善也律师，恶也律师”和“兴也律师，衰也律师”来形容中国律师和律师制度在过去 50 年间的变迁和作用。他指出，只有律师制度发达了，国家的民主和法治才能更加完善，律师制度的完善与否直接关乎国家的兴亡。

针对中国司法中存在的不公现象，江平认为，一定程度上是由于律师在中国还没有获得应有的地位和重视。律师应当是“人权卫士”，保护当事人的基本权利，不应当沦为政法机关、专政机构、甚至是司法制度上的附属品。

江平还认为，律师不应一味地躲避政治，而是应当参与政治生活，积极参加国家政治制度的创建和改革，因为实际的法律执业使得律师可以深刻地认知中国政治体制、司法体制中的不足。

（四）“我能做的是呐喊”——对公共事件敢于发声

江平从来不是一个只注重学术研究而忽视社会现实的法学家，他对很多社会热点、影响重大的问题都提出自己的看法，发出自己的声音。他一直在为建设法治国家努力，为私权呐喊、主张用法律对公权力进行限制，实现宪政，实现“法治天下”。

在他 70 岁以后，社会面临越来越多的矛盾，涉及宪法权利保障、私人财产强制拆迁、民营企业家财产保护、律师合法权益保护等公共事件和社会热点问题。面对这些问题，江平敢于自己发声，勇于面对质疑，这种魄力和胆识是法律人珍贵的品质，也是变革社会、走向法治天下必须具备的品质。

江平奉行“法治天下”、“只向真理低头”，在中国法治进程中，执著地坚持、真诚地呐喊。他是属于这个时代的呐喊者、实践者和变革者。

五、江平主要论著

江平，陶和谦 . 1979. 谈谈民法与经济法的划分问题 . 北京政法学院学报，(1)：44-49，55.

江平 . 1984. 西方国家民商法概要 . 北京：法律出版社 .

江平，周小明 . 1993. 建构大陆的信托法制的若干设想 . 政法论坛，(6)：7-14.

江平，孔祥俊 . 1994. 论股权 . 中国法学，(1)：73-82.

江平 . 1994. 公司法与企业改革 . 中国改革，(2)：23-25.

江平 . 1994. 法人制度论 . 中国政法大学出版社 .

江平，龙卫球 . 1996. 合伙的多种形式和合伙立法 . 中国法学，(3)：46-55.

江平，张楚 . 1998. 民法的本质特征是私法 . 中国法学，(6)：30-33.

江平，龙为球 . 1998. 法人本质及其基本构造研究——为拟制说辩护 . 中国法学，(3)：71-79.

江平 . 2002. 中国民法典制订的宏观思考 . 法学，(2)：42-45，51.

江平 . 2003. 制定一部开放型的民法典 . 政法论坛，(1)：4-9.

江平 . 2003. 再谈制订一部开放型的民法典 . 法学家，(4)：5-9.

江平 . 2004. 私有财产权的保护 . 中国司法，(7)：5-6.

江平，米健 . 2004. 罗马法基础 . 北京：中国政法大学出版社 .

江平 . 2005. 信是明年春自来：江平诗词选 . 北京：中国政法大学出版社 .

江平 . 2007. 比较法和它的两个目标 . 比较法研究，(1)：165.
江平 . 2007. 我所能做的是呐喊 . 北京：法律出版社 .
江平编 . 2007. 民法学 . 北京：中国政法大学出版社 .
江平 . 2008. 私权的呐喊：江平自选集 . 北京：首都师范大学出版社 .
江平口述 . 陈夏红整理 . 2010. 沉浮与枯荣：八十自述 . 北京：法律出版社 .

主要参考文献

江平 . 2008. 私权的呐喊：江平自选集 . 北京：首都师范大学出版社 .
江平口述 . 陈夏红整理 . 2010. 沉浮与枯荣：八十自述 . 北京：法律出版社 .
江平口述 . 陈夏红整理 . 2013. 出没风波里：江平和他的时代 . 北京：法律出版社 .

撰写者

陈波（1971 ~)，贵州息烽人，江平教授 2011 级博士，北京京悦律师事务所高级合伙人、律师。从事民商法学研究与实务。

常　怡

常怡（1931～），山西沁水人。新中国民事诉讼法学奠基人之一，诉讼法文献索引及全文数据库的开拓者。1955年毕业于中国人民大学法律系，1960年获苏联列宁格勒大学法学副博士学位。1961年起任教于西南政法学院（1995年更名为西南政法大学），先后被评为讲师、副教授、教授、博士生导师。曾任西北政法学院、华东政法大学等法学院校兼职教授。2009年获重庆市教育委员会“教育工作终身贡献奖”称号和中共重庆市委员会、重庆市人民政府颁赠的“庆祝中华人民共和国成立六十年”纪念章。曾任第三届中国法学会理事，第三、四届中国法学会诉讼法学研究会顾问，第一届四川省学位委员会委员，第一届重庆市学位委员会委员，第一届重庆市人民代表大会立法咨询委员会委员等职。现任中国法学会民事诉讼法学研究会名誉会长。

一、简　　历

常怡1931年1月5日出生于一个农民家庭，1941年放下牛鞭，上学读书。1947年高小毕业，同年7月在龙渠村小学任教员。1948年12月常怡被沁水县人民政府派遣到太岳行政干部学校学习。1949年4月任太岳行政公署民政处干部科干事，同年8月任山西省人民政府办公厅人事处科员。1951年离政从学，揭开了他程序法治的人生序幕。

（一）考入人大，与法结缘

20岁的常怡考入中国人民大学，与法律结缘。从1951年到1955年他系统学习了苏维埃民法、民事诉讼法、刑法、刑事诉讼法等法律主干课程。常怡勤奋读书，刻苦钻研所有课程，为后来的出国留学打下了扎实的基础。

（二）赴苏留学，理念转变

1955年，经全面考查，常怡成为学校法律系留学苏联的五个学生之一。为出国需要，教育部为留苏预备学生组织了一年的俄语学习。1955年，常怡到北京俄语学院留苏预备部学习俄语和哲学，经过一年的努力学习，顺利地达到了赴苏留学的语言要求。

1956 年 11 月，常怡前往苏联留学深造，被分配在列宁格勒大学法律系学习苏维埃民事诉讼法专业。经过博览钻研，深入调查，认真撰写，常怡于 1960 年 11 月全票通过论文答辩，获法学副博士学位，其学位论文题目是《论民事判决的法律效力》。

在苏联长达四年的学习，对常怡产生了深远的影响，在理念上完成了由人治到法治的转变和由恣意而治到程序公正的转变。

（三）执教西政，潜心学术

1960 年 12 月，常怡回国，次年由组织分配到西南政法学院。满腔热血的常怡想把留苏所学结合中国实际情况予以运用。然而，时逢法律虚无主义盛行，他开始了长达 16 年的蹉跎岁月。在这些年里，只参编过三次内部印的《人民司法业务》（教学提纲），授课四个年级共约 120 学时，两次带学生到法院实习。

中国共产党十一届三中全会以后，在“有法可依、有法必依、执法必严、违法必究”的十六字方针指引下，国家要进行法制建设。学校复办不久成立了诉讼法教研室（处级单位），常怡担任教研室副主任，才由此迎来他潜心学术的春天。为适应研究手段上的信息化，1995 年他还开始学习了计算机知识。几十年来，常怡笔耕不辍，离休后依然苦心钻研，并时刻关心民事诉讼法学的发展。

二、主要学术成就和贡献

（一）研究领域及成果

常怡的主要研究领域是民事诉讼法学基础理论、证据法学、审判程序、强制执行程序、中国调解制度等。无论在物质匮乏的求学生涯中，还是十多年的蹉跎岁月里，他都一如既往地怀着法治理想，并以实现法治中国作为毕生不懈追求的目标。展望法治中国的未来，党和国家大力倡导依法治国的方略，让他充满了信心与无限的希望。

常怡对中国法律现状有着清醒的认识和深入的思考，同时在考察和把握域外法律制度时，主张合理借鉴而不盲目引进。在告状申诉难、执行难、调解的运用等与实践紧密相关并亟待解决的重大理论问题上，他的理论著述颇丰，其学术洞见和前沿的理论观点，在法学界和司法实务界产生了重大反响。

1. 诉讼法学基础理论研究

（1）关于民事诉讼法学的研究对象

这是民事诉讼法学研究的基本问题，常怡是最早研究此问题的学者之一。在1994 年《民事诉讼法学》（高等政法院校规划教材）一书中他指出，民事诉讼法学是分析研究民事诉讼法的产生、发展及其实施规律和它与邻近法律相联系及相区别的规律。此说对民诉学界产生了重大影响，许多教科书也开始从“规律”方面来解释民事诉讼法学的研究对象。“规律说”是对民事诉讼法学研究对象的理论研究方面的阶段性成果。

在民事诉讼法学的研究范围方面，常怡认为，从纵的方面来看，自中国古代以来的民事诉讼法规范固然都要加以研究，但应以现行民事诉讼法为研究重点；从横的方面来看，虽然邻近法律与民事诉讼法相关的问题都在研究之列，但应以其中彼此联系最紧密的内容为重点。这一学术观点，已经形成通说。

近年来，常怡更强调应以“一国两制”理论为指导，将大陆、港、澳、台民事诉讼程序制度均纳入民事诉讼法学的研究范围，并由此形成新民事诉讼法学的体系和内容的格局。因此，常怡主张在编写民事诉讼法教科书时，除将《中华人民共和国民事诉讼法》作为主要内容外，应适当地把其他区域的民事诉讼程序制度作为一篇或一章分别纳入有关编章内或单独编章中进行阐释。

（2）关于民事诉讼法的立法原则

随着社会发展和民事诉讼实践的需要，民事诉讼法的立法是要适时进行的，立法原则又是首先要明确的。在 2004 年发表的《“人权”背景下对民诉法修改的几点思考》一文中，常怡认为应在民事诉讼法中充分体现人权保障的要求。民事诉讼法要体现宪法人权保障的原则，就要充分尊重和保障当事人的诉权，使当事人正在争议或受到损害的权利可以通过诉讼的途径得到救济。他认为，从人权保障的角度，民事诉讼法受案范围应该扩大。“人权”原则下的诉讼程序应把当事人的主体性奉为圭臬，保障当事人的自主权和程序选择权。民事诉讼法应关注社会弱势群体的要求，构筑一个更具亲和力的“可接近”司法，重视弱势当事人对程序效益的要求。

（3）关于民事诉讼法的价值定位

程序的价值问题是立足于审判实践所必须讨论的问题之一。在 1999 年发表的《民事程序价值之管见》一文中，常怡认为，在价值的研究中，首先须确定相应的价值主体和客体；同时，应认识到价值兼具一元性和多元性。民事诉讼程序不仅对民事诉讼程序中的主体存在价值，而且对民事诉讼程序之外的某些主体也具有价值，比如社会、公众等。其次在价值课题上，程序法价值的性质是工具性，即程序法对人类的工具性，既包括对诉讼主体的工具性，又包括对社会、公众的工具性。但不是工具理论认为的是对实体法的工具性，而是程序法对人类的工具性。程序正义的内容体现的是一种价值评价标准。正确认识价值的本质，科学确定民事诉讼价值的评价标准，就必然首先从当事人的立场出发，为实现民事诉讼程序价值的最大化确定其应达到的价值目标；同时注重诉讼程序对社会、公众的积极意义，也就是程序公正的社会价值问题。

（4）关于诉、诉权

常怡早在 1983 年《民事诉讼法教程》（高等学校法学试用教材）一书中，就对诉和诉权做出了明析，提出了自己独到的见解。他认为，诉是指当事人向人民法院提出保护实体权益的请求。诉包括程序意义上的诉和实体意义上的诉。程序意义上的诉，是指当事人依照诉讼法的规定，向人民法院提出的诉讼请求。实体意义上的诉，是指当事人请求法院依照实体法律规定来保护他的实体法上的权益。

诉权是指当事人向人民法院起诉和应诉，请求法院以国家审判权保护其实体民事权益的权利。他指出不仅仅原告、被告享有诉权，而且参加诉讼的第三人也享有诉权。诉的二重性决定了诉权也有程序意义上的诉权和实体意义上的诉权。程序意义上的诉权，就是原告向人民法院提起诉讼的权利和被告针对原告请求的事实和法律进行答辩的权利。实体意义上的诉权是指原告可以通过人民法院向被告提出实体上要求的权利和被告可以通过人民法院反驳原告提出的实体上的请求或提出反诉的权利。理论界一般认为，这种区分具有重要的实际意义。

（5）关于诉之利益

常怡在2003 年与黄娟合作发表的《司法裁判供给中的利益衡量：一种诉的利益观》一文中，对诉之利益的法理学思考给人以耳目一新的感觉。如果将以国家公权力作后盾、具有决断意义的司法裁判视为国家为社会所提供的一种带有公共福利性质的服务的话，由于受到种种因素的影响或限制，这种服务不可能是无条件、无限制的。作为这种认识的结果，尽管司法权的行使以当事人诉权的行使为前提，但并非所有的争议都能够凭借主体的起诉行为而当然地进入到国家司法评价的领域，而是在制度上预先设置一道关口，使得那些符合某种要求的诉请才得以能够获得法院的确定判决。也就是说，对于诉讼制度的利用者，或者说国家所提供的此种公共服务的受益人——当事人而言，除了在经济上理所当然地为此付出一定的成本之外，最重要的是必须保证其诉求本身具有一种特质，从而使得该请求能够当然地获得国家的司法裁判，否则，将会被拒之于司法救济的大门之外。对于这种特质，在大陆法国家的民事诉讼法理论及实务上冠之以“诉的利益”，即原告就其私权主张请求法院予以裁判时所必须具备的必要性，所以又称为权利保护利益或者权利保护必要。

（6）关于既判力

常怡在 2006 年与肖瑶合作发表的《民事判决的既判力客观范围》一文中，坚持传统的诉讼标的理论，认为既判力的客观范围，原则上限于判决主文中所做的判断，以确定的终局判决中经裁判的诉讼标的为限。在“争点效”问题上，他认为不能将对判决主文的既判力客观范围与判决理由中事实认定的效力问题混同起来。同时他认为对于一部请求问题，就中国实际情况而言，应当有条件地承认一部请求。

2. 民事诉讼法原则制度研究

（1）关于独立审判

在 1998 年发表的《论独立审判，只服从法律》一文中，常怡认为，现代社会中独立审判的政治目的性已经更主要地为它的技术性价值所取代。独立审判的基本价值在于它维护了权力制约关系中所不可或缺的审判体系的独立性，正是这种独立性为司法机构的审判行为建立了一种超然于世的形象，从而有可能不受行政权力的干预，而使立法得到有效的实施。

（2）关于公开审判

在 1998 年发表的《公开审判制度的新思考》一文中，常怡认为，就中国而言，在三大诉讼法中得以确立和采用的是一种半公开的审判制度。半公开的审判制度是指仅仅审理案件的过程和判决的宣告公开，合议庭对案件的评议不对外公开。不仅合议的过程是秘密进行的，而且合议中的分歧意见也不对外泄露。而彻底的公开审判制度是指不仅审理案件的过程及判决的宣告公开进行，对实行合议的案件，评议过程中的少数意见也在判决书中写明或以其他方式向外界公开。

3. 民事证据法学研究

（1）关于证据制度

1983 年 4 月，常怡在第三期全国法律专业民事诉讼法师资进修班的讲授中就做了比较全面、系统、深刻的讲述。这一讲授对于全国讲授民事诉讼法的教师影响是很大的。常怡认为证据是能够证明案件真实情况的一切事实。民事诉讼证据必须具有客观性、关联性和法律性。证据的客观性、关联性，对于办案人员来说，是属于第一性的，属于客观存在的范畴。调查、收集、保全、审查、判断证据材料，是属于第二性的，属于法律程序的范畴，属于主观认识的范畴。这一认识，至今仍为通说。

针对民事审判方式改革中出现的当庭认证的现象，常怡在1998年发表的《认定证据》一文中，除对认证一词做了考查之外，他还指出法院法官在当事人提供证据、质证后，必须要有一个对证据全面地、客观地审查核实的活动，其中也就包含了认定证据。认定证据是对证据证明力的有无和大小做出认定。认定证据的范围，应包括在法庭上出示的本案的所有证据材料。认定证据的方式，在审判实践中，根据证据的数量为标准，可以分为以下三种方式：一证一认定；一组一认定；综合认定。这一学术成果，已为许多实务部门的同志所采纳。

（2）关于证明责任

在1997年发表的《浅论证明责任的本质和证明责任分配的法则》一文中，他对证明责任的概念和本质、主观上的证明责任与客观上的证明责任的区别及联系、证明责任分配的法则做了学术上的梳理，是较早的对此做专门研究的论文。在该文中，他还提出证明责任分配要服务于民事诉讼法所规定的任务。其次，证明责任分配要坚持诉讼权利平等的原则。再次，使法院做出的裁判达到公平和正义。最后，还要服务经济的原则。这一观念对2002年最高人民法院制定证据规定产生了积极的影响。

4. 民事诉讼程序研究

（1）关于小额速裁程序

常怡对诉讼程序的把握始终走在理论的前沿，亦关照司法实践的需求。大陆法系国家民事诉讼发展史表明，纠纷的多样化催生多元的诉讼程序类型。常怡在2011年与肖瑶发表的《探索与前进：论小额速裁程序的构建》一文中，认为从中国近20年来社会发展的状况和司法实践的需求来看，“普通—简易”的一审诉讼程序类型已经越来越凸显其粗陋之处。近年来，急速膨胀的司法需求迫使人民法院纷纷展开简化诉讼程序、提高司法效率的探索，小额速裁的探索便是其中一种。小额速裁的本质要求是在兼顾公平正义的基础上进一步提高诉讼效率，因此小额速裁的设计必须把握公正与效率之间的平衡。他在分析小额程序正当性基础的前提下，就实践层面探讨中国小额程序存在的问题，对小额程序进行了理性的设计，提出从立法上确认小额速裁程序独立的法律地位及程序的具体运作规则，至今超前于2012年新修订的《民事诉讼法》。

(2) 关于再审程序

常怡在 2002 年与唐力合作发表《民事再审制度的理性分析》一文中，认为再审制度是中国民事诉讼程序制度的一个重要组成部分。客观地讲，中国再审制度对于保障民事审判的公正性以及当事人的合法权益，具有一定积极的作用。但是，由于中国再审制度是本着“实事求是”、“有错必纠”的指导思想而设计的，不可避免地存在追求所谓的“实体公正”而忽视了法院裁判的稳定性。诉讼是特定化的解决纠纷的活动，具有其特殊的内在要求，再审制度的构建必须考虑影响其存在和发展的内在相互关系。在深入分析中国现行民事诉讼再审制度的基础上，提出完善中国再审制度的具体设想，即：取消法院主动决定再审的权力；限制并逐步取消民事检察抗诉的权力；最终建立以当事人申请再审的“一元启动机制”。该文指出了中国再审制度的改革方向，具有重大的理论价值。

5. 调解制度研究

常怡在 1989 年就主编出版了第一部全面系统论述中国调解制度的专著《中国调解制度》，该书是国家教委、重庆市科技委小额资助项目和西南政法学院哲学社会科学“七五”规划重点科研项目的最终成果。

时隔 23 年后，常怡主持对该书进行了全面修订，一是充分体现了调解立法和政策的新发展；二是反映了调解理论的新观点；三是关注了调解实践的新探索。

在 2013 年，常怡发表了《中国调解的理念变迁》一文，深层次探究了调解的理念变迁。他认为，中国调解有着悠久的历史，但不同历史时期的调解遵循着不同的理念。在传统中国，调解所遵循的理念就是追求社会和谐，但是，这种和谐是建立在回避矛盾、压制纠纷的基础上实现的。在新民主主义革命时期与计划经济时期，调解的理念在于正视矛盾、强调斗争，并在解决纠纷的基础上达到团结。当代中国的调解是对传统制度的继承和发扬，以实现社会管理与追求社会和谐为理念，同时也需树立规则意识、实施权利保护、秉持风险负担观念、实现意思自治原则。在认清调解理念之后，我们需要对当前一些偏离调解理念的行为保持充分的警惕，还需要进一步思考调解与审判的关系，这关系到中国司法改革的长远发展。

6. 强制执行研究

常怡是国内最早关注强制执行的学者之一。在中国，由于各级人民法院积极运用民事执行程序，使得民事纠纷的解决有了比较令人满意的结果。但也必须指出，民事执行制度的未尽完善，致使执行不能或执行迟延的情况时有发生。因此，不断研究和发现新的问题，改进执行制度，乃是中国司法实际部门和理论工作者所必须承担的艰巨任务。

1990年，常怡主编的《强制执行理论与实务》由重庆出版社出版发行。时任最高人民法院副院长马原在该书的序言中写到："它是新中国成立以来比较系统全面深入地研究强制执行问题的首部专著，填补了我国法学研究领域的一项空白。"该书兼具理论性与实践性，探讨了强制执行中的热点、难点和疑点问题，有力地指导了执行实务的进行。该书在司法实践部门得到广泛好评，1991年获重庆市第三次社会科学优秀成果二等奖，1993年再版发行。

在执行难、执行乱问题上，在《关于执行管辖》一文中，常怡提出"审执分立"理论，即：一是指立法上设置单独的执行法；二是在执行机构上执行案件由单独的执行机关或者由执行庭负责；三是在案件管辖上由执行标的物所在地、执行行为所在地的人民法院管辖，执行标的物所在地或者执行行为所在地不明确时，由被执行人住所地、居住地、单位所在地的法院管辖。除此之外，快速查找到被执行人的财产是破解执行难的利剑之一，被执行人自行申报财产状况无疑是执行法院掌握被执行人财产状况最为有效的途径。在《完善被执行人财产申报制度——破解"执行难"的出口》一文中，常怡提出完善被执行人财产申报制度的建议：明确被执行人申报财产的具体内容、期限、责任；实行听证程序；构建社会诚信系统，努力促成诚信守法、有法必依的良好法治环境。

在探讨微观制度层面的基础上，常怡逐步对强制执行的宏观制度做了深入的思考。2000年常怡与崔婕合作发表《完善民事强制执行立法若干问题研究》一文，系统论述了强制执行的性质、执行机构的改革与设置、申请执行的期限等重要问题，对中国民事诉讼法强制执行程序的修改及强制执行法的起草有着重要的参考意义。在民事执行的监督方面，2006年常怡在与重庆市、海南省人民检察院联合课题组合作发表的《民事行政裁判执行的检察监督》一文中，提出为实现司法公正的客观要求，有必要对民事执行建立起检察监督机制。监督的范围限于执行活动的合法性问题。监督的具体方式根据执行活动违法的情形而有所不同：对人民法院在民事执行程序中做出的终局裁判、决定、命令确有错误的，检察机关按照审判监督程序向人民法院提出抗诉；对人民法院在民事执行程序中执行不当或违法执行的，检察机关向人民法院发出纠正违法通知书；对人民法院拖延执行、执行不力或执行瑕疵及工作失误的，检察机关向人民法院发出检察建议书；对人民法院执行工作人员在民事行政执行过程中涉嫌职务犯罪的，检察机关依法予以查处，并可以建议执行法院中止原案执行。上述观点在2012年《民事诉讼法》修正条文中得到了体现。

（二）学术思想和理论建树

1. 主张法学研究的根本性与系统性

常怡主张法学研究的根本性与系统性。只有对制度进行理念层次的探究，才能从根本上理解制度存在的本原，真正找到问题所在，为立法和司法提供科学的建议。在制度本身之外，还有相关联的其他制度。制度之间构成的整体必须具有系统性，消除或减少矛盾与冲突，以便于程序的良性运行。常怡一贯采用系统论的方法研究民事诉讼法，将提炼的理念应用于具体制度，明确制度间相互衔接的关系，保障制度的顺利展开。以调解为例，他于 2011 年与曾令健合作发表的《中国调解的哲学基础》一文，被列入清华大学法学院教授张建伟 2011 年法律博客十大学思类博文的思想精华之一，在 2012 年 1 月 5 日《检察日报》（学术版）做了如下点评："许多事情的背后，有些根本性的东西，不去琢磨，犹如涉浅水者仅见鱼虾。从哲学的高度俯瞰下去，对事物之间的关系和事物的真实面目，才容易有深刻的体察，正如涉深水者见蛟龙。对于近年来的调解热，探讨一下哲学基础，把有些根本问题想清楚，其意义在于改良司法和推动立法，非如闲时品茗，聊以消遣而已。"

2. 坚持理论联系实际

理论联系实际，在民事诉讼法学的教学上和理论研究上应当有所区别，常怡认为，坚持理论联系实际，在民事诉讼法学的教学中，既要以学习基础知识为主导，从理论与实际的联系上去理解知识，又要运用知识去分析问题和解决问题，达到学懂会用、学以致用。在民事诉讼法学的理论研究中，坚持理论联系实际，就是应用毛泽东思想的立场、观点、方法，对中国民事诉讼制度的历史和民事司法实际进行认真研究，正确地解决中国历史和民事司法中所发生的实际问题，从中引出规律，作为司法行动的指南。这种态度，就是有的放矢、实事求是的态度，是一个民事诉讼法学者起码应该具备的态度。2009 年他与黄宣合作发表的《新中国民事诉讼法学 60 年的回顾与展望》一文指出，民事诉讼法学理论必须加强对中国国情研究，立足中国实际，继承与发扬人民司法的优良传统，对社会主义市场经济建设中民事诉讼实践出现的新情况新问题进行适时有针对性的论证，以实现中国民事诉讼程序规则的设计，充分满足中国社会发展状况和社会民众对民事诉讼程序公平正义和效率的需求。

3. 推崇比较法研究，注重合理借鉴

常怡向来推崇比较法研究，并注重合理借鉴。2002 年出版的《比较民事诉讼法》是 1949 年以来比较民事诉讼法著述的集大成者。该书全面介绍了两大法系主要国家的民事诉讼法的立法和司法，并初次尝试了外国民事诉讼法的体系构建，推动了中国比较民事诉讼法研究的发展。为适应国外民事诉讼法的发展趋势，及时更新国内学者的认识，2009 年常怡主编了《外国民事诉讼法新发展》，在国内引用率和参考率极高。

正视国内研究的现状，他提出，中国民事诉讼法学研究要符合中国实践的需要，才能很好地起到指导实践的作用。我们还要总结中国的传统理念，建立健全的程序制度，保证这些理念和制度的实施。同时，如果借鉴国外的制度和理念，一定要做到中国化，才能使这些理论更好地为我们所用。

展望民事诉讼法研究的未来，他认为要更加细致地进行民事诉讼法比较研究，开展更加深入的民事诉讼法学研究的国际交流；要辩证把握外国民事诉讼立法中的成功经验，克服一味照抄照搬外国立法的错误做法，以促进比较民事诉讼法学研究成果既科学借鉴各国民事诉讼立法经验又符合中国国情与民众需求。

（三）教书育人与学科建设

常怡在潜心研究理论的同时，十分重视对人才的培养，与他接触过的学生，都有一种如沐春风的亲切感。他在风雨前行引领理论前沿时，亦乐于教导和提携晚辈，躬耕学科建设的土地。

1. 法律教育

自 1961 年以来，常怡默默地从事法学教育事业，给函授生、本科生、硕士研究生、在职硕士研究生、博士研究生授课。主要讲授人民司法业务、中国民事诉讼法学、比较民事诉讼法学、诉讼法经典选读、苏联与东欧国家民事诉讼法学等课程。他还应邀到中国政法大学研究生院讲授苏联与东欧国家民事诉讼法学，到郑州大学法学院、广州大学法学院、凉山大学讲授民事诉讼法学。另外，他还赴邀为实务部门做民事诉讼法讲座。根据听课对象的不同，每次上课他都会认真编写讲授提纲，得到了同学和实务部门的好评。

常怡十分关注编写教材，认为这是法学教育基础性工程之一。除参编、主编学校的本科、自考生用的教材外，他还受聘为全国统编教材（第一副主编）和司法部

的高等政法院校规划教材、普通高等教育“十一五”国家级规划教材、研究生精品课程等《民事诉讼法学》的主编，他积极热情团结撰稿人保质保量按时完成任务。其中司法部的高等政法院校规划教材连续修订了六版，普通高等教育“十一五”国家级规划教材连续修订三版，得到了用书者的好评。他编著的教材多次荣获全国高等学校优秀教材奖、司法部高等学校优秀教材奖等国家及省部级奖励。

2. 人才培养

西南政法大学法学院诉讼法学科作为国家、司法部、四川省、重庆市和本校重点学科，在民事诉讼法学硕士研究生、博士研究生和博士后研究人员的培养上卓有成效。常怡从 1979 年开始培养硕士生，1993 年被国务院学位委员会评审为西南政法大学诉讼法专业博士生指导教师，从 1995 年开始培养博士生，截至 2007 年他离休，共培养 54 名硕士、28 名博士。常怡领衔下的民事诉讼法学科为国家司法部门和其他高校培养了最早的一批民事诉讼法方面的专家和骨干教学科研力量。其主要特点是：

他山之石，可以攻玉。常怡从 1994 年就开始制订博士生培养方案，为了制订好这个方案，他与陈光中、高铭暄两位教授进行深入交流，他们在这方面都有非常丰富的经验，提出了很好的建议。博士生要系统、深入地掌握本学科的基础理论和专业知识，了解本学科研究动态，具有较强的独立从事法学研究、法律实务工作的能力。研究生要把培养方案作为学习的行动指南。

因材施教，教学相长。老师指导学生，要从学生的实际出发，因材施教，发挥他们的长处。同时，学生与老师之间可以教学相长。老师需要有自己独特的培养方式，但要尊重学校的培养方案，不能脱离学校的培养方案另搞一套。1997 年，常怡等共同发表的《诉讼法专业研究生应用型人才的培养模式》一文，获四川省教学成果一等奖。

学术平等，鼓励批判。他认为教师不能将自己的观点强加于学生，要和学生进行平等的交流。不要认为自己是导师，学生就必须认可导师的观点。有时候导师的看法也可能欠妥当，因为学生掌握的材料老师也并非全都熟知。在学术上要坚持实行“百家争鸣”和“推陈出新”。

3. 学科建设

常怡十分重视学科建设。在他担任诉讼法学科带头人期间，学科实现了跨越式发展。纵观西南政法大学诉讼法学科发展史：1979 年开始招收硕士研究生，1987 年被评为学校首批重点学科，1992年被评为四川省普通高校重点学科，1992年在司法部组织的首次法学院校课程质量评估中，诉讼法学科“民事诉讼法学”课程被评为A级优质课程，在部属院校中名列第一。1993年被国务院学位委员会批准为博士学位授权点，从此西南政法大学学位授权上了一个新台阶，学生培养上了一个新层次。1995年被评为司法部重点学科。

学科的发展需要构建合理的学术梯队。常怡尤其关注教研室青年教师的培养，除鼓励他们攻读博士学位外，还积极建议学校制定对攻读博士学位的奖励制度。同时以“四定”为方式，即定人头、定目标、定项目、定时间，制定教研室教师五年规划，打造了一支老中青民事诉讼法学研究梯队。这支研究团队在中国民事诉讼法学前沿领域具有开创性的研究能力，不仅为民事诉讼法学研究提供了比较稳固的人员保证，而且为后来西南政法大学诉讼法学科的发展，打下了坚实基础，铺设好了道路。2003年民事诉讼法学被评为“重庆市精品课程”，2006年被评为“国家精品课程”，2007年被评为“国家重点学科”，2008年荣获“重庆市高等教育市级教学团队”称号，2009年荣获“国家级教学团队”。

（四）法治建设重大贡献

1. 中国当代诉讼法学奠基人之一

常怡曾任第三届中国法学会理事，第三、四届中国法学会诉讼法学研究会顾问等职。现任中国民事诉讼法学研究会名誉会长。他长期给不同层次的学生讲授民事诉讼法课程。他编著的教材、工具书和学术专著30余部，公开发表文章80余篇，其中有的获国家优秀教材奖、司法部高等学校优秀教材奖、四川省教学成果一等奖等国家及省部级奖励。遍览当今中国各高校，曾经和现今活跃在民事诉讼法学科研教学一线的多所名校的领军人物和司法机关的法官师出常怡。开设“常怡法律博客”，查阅达15.7万多人次。他为中国民事诉讼法学研究和教育做出了杰出的贡献。

2. 诉讼法文献索引及全文数据库的开拓者

常怡主持司法部部级项目“诉讼法文献索引及全文数据库”，在他的带领下，课题组成员经过潜心研究编选，1999年，由北京电子工业出版社出版发行，从1999年至2004年，更新6次。该数据库共分民事诉讼法、刑事诉讼法、行政诉讼法、仲裁、公证、律师共6个部分，自1949～2004年有代表性、权威性的专著、教材、文献资料，按分类号、标题、作者、译者、出版社、出版时间、期号、页号等标识的文献索引近4.7万条，并附有重要文献6600篇，5315万余字。另外供内部使用的

《民事程序、实体法学参考资料数据库》共收录著作141册（其中民事程序法学87册，民事实体法学55册），共近4240万字（其中民事程序法学近2500万字，民事实体法学近1850万字），是大量数据资料的集成。这套文献的特点在于：民事程序法与民事实体法为一体；范围涉及国内外最新的理论动态；部分文献几近失传。这套文献包括历史资料、司法部门的文件、专著、教材、论文、国际学术会议、专业文献资料、法典和案例分析，具有极高的学术价值和实用价值。对司法实务工作者和教学人员都是弥足珍贵的参考材料，并使研究手段走向现代化。因此，常怡堪称诉讼法文献索引及全文数据库的开拓者。

三、常怡主要论著

常怡编 . 1982. 民事诉讼法教程 . 重庆：重庆出版社 .

常怡 . 1982. 我国民事诉讼法的特点 . 法学季刊，(3)：35-37.

江伟，常怡 . 1984. 论民事诉讼法律关系 . 法学杂志，(1)：21-23.

常怡，张卫平，郭明忠 . 1987. 民事诉讼法学研究的新课题（上、下）. 中国法学，(5)：59-62.（6)：55-60.

常怡编 . 1990. 中国调解制度 . 重庆：重庆出版社 .

常怡编 . 1990. 强制执行理论与实务 . 重庆：重庆出版社 .

常怡编 . 1991. 新中国民事诉讼法学研究综述 . 长春：长春出版社 .

常怡编 . 1992. 告诉申诉的理论与实务 . 重庆：重庆出版社 .

常怡 . 1998. 关于执行管辖 . 政治与法律，(5)：9-10.

常怡 . 1999. 关于中国民事诉讼法学研究对象和方法的研究回顾与展望 . 西南政法大学学报，(3)：3-10.

常怡，崔婕 . 2000. 完善民事强制执行立法若干问题研究 . 中国法学，(1)：97-106.

常怡，黄娟 . 2003. 司法裁判供给中的利益衡量：一种诉的利益观 . 中国法学，(4)：79-88.

常怡，王健 . 2004. 论电子证据的独立性 . 法学，(3)：85-93.

常怡，陈鸣飞 . 2004. 民事诉讼视角中的诉讼时效问题 . 法律适用，(9)：28-31.

常怡，黄娟 . 2004. 传统与现实之间 . 法学研究，(4)：81-91.

常怡 . 2005-3-28. 民事诉讼程序改革的理论前瞻——评《民事诉讼程序改革报告》. 人民法院报 .

常怡编 . 2007. 民事诉讼法学 . 北京：中国政法大学出版社 .

常怡编 . 2008. 民事诉讼法学 . 北京：法制出版社 .

常怡 . 2010. 民事诉讼法学研究 . 北京：法律出版社 .

常怡 . 2013. 中国调解的理念变迁 . 法治研究，(2)：3-10.

主要参考文献

江平，王邦佐编 . 2001. 中国当代社科精华（政治学 法学卷）. 哈尔滨：黑龙江教育出版社：108-119.

《当代中国法学名家》编辑委员会 . 2005. 当代中国法学名家（第一卷）. 北京：人民法院出版社 .

常怡 . 2010. 民事诉讼法学研究 . 北京：法律出版社 .

撰写者

唐力（1964～），辽宁大连人，法学博士，西南政法大学法学院教授、民事诉讼法学科带头人，为常怡指导的硕士、博士研究生。

杨春洸

杨春洸（1931～2002），黑龙江泰来人。刑法学家和法学教育家。1947年入嫩江省行政干部学院学习，后到泰来县政府、公安局、法院工作，曾任法院书记员、审判员。1951年调入中国人民大学法律系学习，1955年毕业并分配到北京大学法律学系任教。1960年评定为讲师。1978年晋升为副教授，同年在北京大学法律学系招收刑法学硕士研究生，是新中国首批法学硕士研究生导师之一。1985年晋升为教授。1984～1990年受北京大学委派支援烟台大学建设，任烟台大学副校长，为烟台大学的创建和发展做出了重要贡献，山东省人民政府给予记大功奖励。1990年被国务院学位委员会法学评议组评定为刑法学专业博士研究生导师。1995年招收新中国第一位刑事诉讼法学专业的博士后研究人员。从1984年起连续三届担任中国法学会刑法学研究会副总干事，2001年被推选为第四届刑法学研究会顾问，长期致力于刑法学基本理论、刑事科学的整体性研究，以及新型犯罪等研究，做出了显著贡献。1987年，他邀请国内多位刑事法学科的知名教授、专家、学者，共同编撰出版了一部百科全书式的鸿篇巨制——《刑事法学大辞书》，引起社会很大反响，荣获国家教委人文社会科学研究优秀成果二等奖和山东省法学会社科一等奖。曾多次率领法学学术代表团，赴美国、加拿大、德国进行学术交流，为推动中外法学交流与合作，做出了贡献。

一、人生旅程

（一）青年时代与“法”结缘

杨春洸1931年2月6日出生于黑龙江省泰来县。1946年12月在中学读书时加入中国共产党。1947年6月至9月在嫩江省行政干部学院学习。1947年9月至1951年9月，先后任泰来县人民政府、公安局秘书和法院书记员、审判员，从此与“法”结缘。

1951年，杨春洸调入中国人民大学法律系学习，1955年以优异成绩毕业，成为新中国早期培养的法学专门人才之一。毕业后，杨春洸被分配到北京大学法律学系任教。先后为本科生讲授行政法学、刑事侦查学、刑法学等专业课程。1959 年被评为全国政法战线先进工作者。1960 年被评定为讲师。

（二）“文革”期间为培训司法干部煞费苦心

1966 年“文化大革命”开始后，杨春洗受到冲击，教学科研停止，到“五七干校”劳动。即便是如此，他对法治的信仰和追求没有改变。1973 年后，北京大学法律学系为满足北京市培养司法干部的需求，创办了多期司法干部短训班。刑法教研组老师在杨春洗带领下，克服种种困难，编写出《对敌斗争路线和政策》（1974 年）、《刑事政策讲义》（讨论稿）（1976 年）教材，以及《参考资料选编》，供短训班学员使用。这些教材、参考资料，尽管不可避免地打上了当时“阶级斗争为纲”的“极左”思潮的烙印，但是其中也不乏“法治”精神的宣扬。例如：在《刑事政策讲义》中，虽然没有“犯罪构成”的提法，但是在“正确认定犯罪”的题目下，讲述怎样划清被告人“是否构成犯罪”、“犯的是什么罪”的界限，讲解如何认定“危害社会的行为”、“行为的危害结果”、“因果联系”、“刑事责任年龄”、“犯罪故意和过失”、“犯罪目的和动机”等，这些概念都是“犯罪构成”的要素，只是作者没有明提，暗度陈仓罢了。再如：在《参考资料选编》中，收录了新中国成立后颁布的刑事法规，以及最高人民法院发布的刑事司法解释，意在培养学员依法办案的理念和能力。在“文化大革命”的非常时期，杨春洗为培训北京市司法干部煞费苦心，贡献良多。这些经过培训的学员，在中国共产党十一届三中全会后，大都成为北京市政法部门的骨干。

（三）1979 年后为法治和教育事业四处奔波

1978 年，中共中央决定重新开始基本法律的制定工作。杨春洗应邀参加了新中国第一部刑法典的起草。1979 年 7 月 1 日，全国人民代表大会五届二次会议通过了刑法、刑事诉讼法等一批国家基本法律，新中国刑事法制建设事业步入了正轨。杨春洗以饱满的热情，迎接随之而来的繁重教学和全国范围的普及刑法知识等任务。在校内，他重执教鞭，为本科生、硕士生讲课，编写刑法学教材、撰写学术论文。仅 1979 年，他就单独或合作在《北京大学学报》、《民主与法制》上共发表 5 篇理论性文章，当时在全国刑法学界尚属少见。在校外，他除了给全国性的法制宣讲班、国家机关讲授刑法外，还多次到外省市政法干校、自修大学讲授刑法知识，为法制事业奔走呐喊。

1984 年，国家教委决定北京大学、清华大学支援筹建烟台大学，北京大学的一批文、理科干部由杨春洗带队援建烟台大学。刚做完胆囊切除手术的杨春洗，只身来到山东烟台，全身心地投入到烟台大学建设之中。他被任命为烟台大学副校长、校党委副书记，身兼多职，日夜操劳，一干就是六载。由于他的业绩突出，多次受到山东省表彰。

（四）1990 年后潜心治学

1990 年，杨春洗圆满完成援建烟台大学任务，回到北京大学后，专心致力于学术研究和博士生培养工作。1990 年 9 月，他被国务院学位委员会法学评议组评定为刑法学专业博士研究生导师，1991 年开始招收博士生。1995 年招收新中国第一位刑事诉讼法学专业的博士后研究人员。杨春洗从 1978 年指导硕士研究生起，到 1999 年离休，先后指导了 30 名硕士研究生，20 名博士研究生和 1 名博士后研究人员，为培养高层次的刑事法学研究专门人才呕心沥血。

杨春洗先后担任过中国法学会理事、中国法学会刑法学研究会副总干事、中国犯罪学研究会咨询委员会主席、北京大学学术委员会委员、北京大学学位委员会委员、北京大学法律学系学位委员会主席、烟台大学法学研究所所长等多种学术职务。

2002 年 8 月 31 日，杨春洗突发心脏病去世。他不仅是一位造诣深厚的刑事法学家，而且是一位深受师生爱戴的法学教育家。他勤勤恳恳，鞠躬尽瘁，为新中国的刑事法制建设和法学教育事业贡献了毕生精力。

二、学术研究和重要贡献

（一）学术研究贡献

杨春洗坚持科研与教学相结合，以科研带动教学，在刑法学、犯罪学、刑事政策学等学科方面有诸多建树。总计出版教材 11 本，专著、合著 14 部，发表论文 62 篇，合计 300 余万字。综观杨春洗的科研成果和研究历程，反映出他极为重视刑法学基础理论研究，以及致力于刑事科学的整体性和新型犯罪研究的学术特色。

1. 刑法学基础理论研究

杨春洗认为，刑法基础理论即刑法基本原理，在整个刑法理论中处于中心的、指导的地位。刑法基础理论不仅对于刑法的应用理论给予导向和评价，同时也对刑事立法和刑事司法具有宏观的指导意义；以刑事立法和刑事司法实践为其服务对象的刑法应用理论，以及立法司法中出现的大量新问题，又为刑法基础理论的研究和深化提供了素材和原动力。新中国成立，特别是1979年以后，中国刑法理论研究在法学的诸学科中处于领先地位，但仍有待继续深入发展，以适应改革开放中刑事立法、司法实践需要，同时为中国刑事立法的完善奠定理论基础。

杨春洗在论著中对刑法学基本理论问题，提出许多独到见解：

（1）关于刑法的属性问题

杨春洗提出，刑法除了具有阶级性以外，还具有社会性、文化共同性，以及规范性、强制性等多种属性。虽然阶级性是刑法的最一般、最稳定、最深刻的基本属性，但是刑法的社会性、文化共同性等也是不能否定的。所谓刑法的社会性，是指刑事法律在主要体现掌握国家政权的阶级意志的同时，在一定范围内、一定程度上也反映了社会各个阶级的某些共同利益和要求，即具有共同的意志性。所谓刑法的文化共同性，是指刑法蕴涵着人类世代相继创造的一切有价值的法律文化成果，具有历史发展的连续性。法律文化是人类共同的文化财富，并不为哪一个人、哪一个阶级所独有。不同历史时期，不同国家，其法律形式、法律体系、法律语言，相互影响、相互吸收和继承。刑法作为诸法中的一个部门，也是法律文化的一个方面。从对当今世界各国刑法典的比较中可以发现，英美法系中制定刑法典的国家日益增多，其刑法典的体系亦同大陆法系国家相类似；同时，大陆法系国家对于英美法系中一些行之有效的刑法制度，也吸收到自己国家的法律制度中，如缓刑与假释制度，最早产生于英、美，但后来为大陆法系国家所采纳。再如法人犯罪问题，以前只有英美法系国家承认法人可成为犯罪主体，现在包括法国在内的诸多大陆法系国家也在法律中规定了法人犯罪。不同社会制度国家的刑法中，在基本原则、犯罪的分类、罪名的称谓、刑罚的种类、刑罚制度等多方面存在相通之处，所有这些都表明了刑法存在着文化共同性。之所以如此，一方面，是因为人类对于法律文化的共同占有性；另一方面，是因为法律乃至刑事法律作为一门科学具有其自身的规律性，有自己相对独立的发展道路。要全面理解刑法的属性，不能只承认阶级性，而否定其他属性。

（2）关于罪刑法定原则

在1997年之前，关于罪刑法定原则是不是中国刑法的基本原则，刑法学界颇有争论。有人认为这一原则是资本主义上升时期提出的，不适用于中国。早在1991年出版的杨春洗等编著的《刑法总论》一书中，就将罪刑法定原则作为中国刑法的基本原则之一。认为罪刑法定原则是17至18世纪资产阶级思想家在反对封建司法裁判的武断、专横时提出的，具有一定的历史进步意义。罪刑法定原则在司法实践中要求：1）刑法的表现形式只能是成文法律，习惯和命令不能作为刑法的渊源；2）

对于法律所规定的犯罪行为及其处罚，不能做类推解释和扩张解释；3）刑法中不准规定不定期刑；4）刑法的效力不能溯及既往。这一原则与中国一再强调的，必须坚持依法办事、有法必依的政策相一致，不能因为是资产阶级提出的，就一律加以否定和摈弃。在其后的教学和科研活动中，他一直注意宣传和阐述罪刑法定原则的基本内涵和价值取向，呼吁立法机关和司法机关要贯彻罪刑法定原则。在 1997 年中国将罪刑法定原则明文载入刑法典以后，杨春洗在论文中指出，新刑法将罪刑法定原则立法化，具有十分重要的现实意义，罪刑法定原则在价值蕴涵上，是以依法治国、保障人权为其价值取向的，其核心是刑法对人权价值的有力保障，在法律的运作过程中，具体体现为对国家立法权和司法权的制约——限制滥用刑罚权和司法中的自由裁量权（包括定罪权和量刑权）。同时指出，罪刑法定原则立法化以后，中国的刑事立法活动、刑事司法活动、行刑活动都应该遵循罪刑法定原则。

（3）关于犯罪本质问题

杨春洗考察了西方刑法学中法益的产生和沿革，运用马克思主义观点对犯罪本质乃至犯罪客体进行概括，认为用“法益侵害说”代替传统的“社会关系侵害说”等观点，更具有全面性和直接性。社会关系和利益是两个处于不同层面上的概念，“社会关系”概念抽象，“利益”含义深刻且通俗易懂，认识社会关系需要透过利益这面棱镜。法益还涵括了非社会关系的成分，如犯罪对生产力的破坏等。刑法法益是受刑法规范保护的利益和价值。明确了刑法法益的内涵和外延，从不同的角度可以将刑法法益进行分类，如公法益和私法益，国家法益、社会法益和个人法益，有形法益与无形法益，专属法益与一般法益等。刑法法益具有决定刑法存立和发展方向的作用，这一作用的发挥主要体现在立法机关基于保护刑法法益的宗旨，将侵害应当刑法保护的利益的行为规定为犯罪的立法活动，具体表现为刑法法益选择和犯罪行为选择两方面的活动。刑法法益对于刑事立法中确定各种具体犯罪的刑罚分量具有重要作用，在刑法分则的体系结构上，一般而言，它是决定排列顺序的依据。在刑法的解释论上也始终体现着刑法法益的重要意义，以刑法法益为立足点，有助于判断行为人对刑事违法性的认识，有助于认定刑事违法性的阻却事由。

（4）关于刑事责任问题

20 世纪 80 年代，杨春洗敏锐地指出，应当将刑事责任作为一个重大的刑法学基本理论课题加以研究。在 1990 年中国刑法学研究会年会上，杨春洗在论文中指出，中国 1979 年刑法将刑事责任在犯罪章中作为“犯罪和刑事责任”一节加以笼统规定，逻辑结构并不严谨。首先，犯罪与刑事责任不论关系如何密切，两者之间仍有其自身的质的规定性，是有界限可划分的；其次，这样规定，在司法实践中极易造成把犯罪与刑事责任混为一谈，而把不追究刑事责任的犯罪视为无罪；再次，在逻辑结构上，犯罪与刑罚之间缺少一个中间环节，犯罪产生刑事责任，负刑事责任才可以处以刑罚，对刑事责任不作单独规定，则必然出现逻辑上的缺陷；复次，将刑事责任放在犯罪一章中，降低了刑事责任在刑法体系中的应有地位。为此建议将来在刑法典中增设刑事责任专章，具体说，在刑事责任章下设节：第 1 节，刑事责任及其条件；第 2 节，刑事责任年龄与刑事责任能力；第 3 节，法人犯罪的刑事责任；第 4 节，正当防卫与紧急避险。1994 年，在他主持编写的《中国刑法论》教材中，开创专章阐述刑事责任。内容包括刑事责任概念；刑事责任的归责基础和规则要素；刑事责任的发展过程；刑事责任的承担方式等。1997 年，他撰文认为刑事责任是一种法律责任，是行为人在因实施刑法规定的犯罪行为而形成的刑法关系中，应依法向国家担负刑事法律后果的惩罚性义务。刑事责任的法律事实根据，是违反刑法规范、符合犯罪构成的、危害社会的行为。

（5）关于犯罪构成理论问题

以“四个要件”为中心的犯罪构成理论，早已成为中国刑法学界通说，并为司法界的多数人所接受，在刑事司法中发挥了良好的作用。杨春洗指出，对于这一理论的研究并没有穷尽。因为这一理论模式主要是苏联在 20 世纪 30 至 40 年代产生的，具有特定的社会历史环境的局限性。中国刑法学者应在结合中国国情的基础上，对苏联的理论加以吸收与借鉴，从而建立起中国的犯罪构成理论。犯罪构成的意义和要件，是刑法学界争论的热点之一。杨春洗认为，犯罪构成理论中有以下问题需要深入研究：其一，犯罪对象由于受犯罪行为的作用，记录、反映了犯罪行为的真实情况，具有客观性、真实性、法律性的特征。犯罪对象不仅对于认定犯罪行为的性质，把握犯罪构成要件之间的联系具有重要的作用，同时，也是犯罪分类的重要依据之一。犯罪对象在理论与实践方面的价值，有待进一步发掘。其二，犯罪行为除两种表现形式即“作为”和“不作为”之外，是否有第三种犯罪形式即“持有”存在，值得深入研究；犯罪结果是否包括非物质性内容，犯罪结果在犯罪构成理论体系中的地位和作用需要做出明确的回答。其三，在犯罪主观方面，需要深入研究的问题有：中国刑法理论和实践有无引入英美刑法中严格责任的必要性、可行性，有无必要建立自己的严格责任体系，它对减少某些犯罪（如有关公众生命、健康权利的犯罪）的实际意义如何，刑法中的严格责任与民法中的严格责任、绝对责任有何区别、联系等。

（6）关于死刑问题

在 20 世纪 80 年代，杨春洗在著述中，联系中国的社会现状指出，中国现阶段须保留死刑，但是要“慎用死刑”。死刑的发展轨迹，是经由一个广泛适用—慎重适用—限制适用—名存实亡—消灭的过程，中国正处于“慎重适用”向“限制适用”过渡的阶段。杨春洗同时指出，中国应把死刑放到社会治安综合治理的系统中去，摆正其位置，与其他方法互相配合，协调使用，这是中国死刑制度改革的方向，也是刑事法学研究的重点。

2. 刑事科学的整体性研究

刑事科学包括犯罪学、刑事侦查学、刑法学、刑事诉讼法学、监狱学等诸多学科。20 世纪以后，学者们习惯于单科独进，各自为战式研究。杨春洗认为，刑事各学科有机联系在一起，都是以犯罪行为、犯罪人为研究对象。因此，各学科不应当各自为战，孤立地进行研究，而应树立整体性观念，彼此照应、相互支援。只有这样，才能不断推进刑事各学科向前发展。为了贯彻这一理念，他身体力行，做了不少探索。

20 世纪 80 年代中期，杨春洗指出，青少年犯罪是法学研究中的重要课题，如何探寻青少年犯罪的原因，揭示青少年犯罪的产生和发展的一般规律，制定青少年犯罪预防和治理对策，迫切需要构建一门介于刑法学、犯罪学乃至青少年心理学之间的专门学科，即青少年犯罪学。其体系大体包括五个部分：绪论；原因论；类型论；处罚与改造论；综合治理论。各部分既有相对独立的内容，又相互呼应相互衔接成为一个整体。这一体系有两个特点：一是以预防和减少青少年犯罪作为一条主线，贯穿于始终，这也是青少年犯罪学独立成为一门学科的基本目的所在；二是以青少年犯罪为基本内容，吸收犯罪学、刑法学、社会学、心理学、诉讼法学、劳改法学等有关研究成果，融会于青少年犯罪学中。1986 年杨春洗担任中国法学专家代表团团长，率团赴美国圣迭戈参加中美青少年犯罪问题双边研讨会；1987 年，他作为中方代表团团长，在烟台大学成功地主持了第二届中美青少年犯罪问题研讨会。会后组织将两次中美研讨会的论文以中英文对照的形式编辑成《中美学者论青少年犯罪》一书出版发行。书中中美学者对两国青少年犯罪的状况、原因以及治理对策和青少年犯罪学的研究做了深入探讨，具有重要参考价值。

杨春洗还对刑事政策学情有独钟。他认为，新中国成立后的 30 年里，由于中国法制不健全，长期没有刑法典，在“有法依法，无法依政策”的思想指导下，处理有关刑事问题主要依靠不同时期的刑事政策，政法部门也积累了运用刑事政策的丰富经验。但是，对刑事政策的理论研究存在很大缺憾。为弥补不足，1994 年杨春洗主编出版了《刑事政策论》专著，系统研究了刑事政策的基本概念，中、外的刑事政策，阐述了刑事政策与刑事立法、刑事司法及其他社会政策的关系，对完善中国刑事立法、司法具有重要的参考价值。

最能体现杨春洗的刑事科学研究整体性思想的，是在20世纪80年代中后期，他发起、组织《刑事法学大辞书》的编撰和出版。杨春洗以他的学术威望和广泛的人脉关系，邀请全国重点法学院校、中国社会科学院法学研究所、最高人民法院、最高人民检察院、公安部、司法部等40位刑事法律界的知名教授、专家、学者聚于一堂，组成编委会，聘请110多位撰稿人，共同编写国内第一部刑事法学集大成的百科全书式的鸿篇巨制《刑事法学大辞书》。该书包括刑法学、刑事诉讼法学、犯罪学、刑事侦查学、劳动改造法学、法医学、司法精神病学、中国刑事法学史等8个学科的术语、法规、学说、学派、组织、著作、人物等，收入词条3292个，总计230多万字。该书1990年问世后，受到社会各方面好评。曾先后获得“江苏省优秀出版物奖”、“山东省法学会优秀成果一等奖”和《法制日报》等举办的“泛达杯优秀法制图书奖”，1995年又获得国家教委“全国高等学校人文社会科学研究优秀成果奖”（二等奖）。该书的编纂和出版，充分展示了杨春洗的刑事科学整体性思想和卓越的组织协调能力。

3. 新型犯罪研究

杨春洗对环境犯罪、证券犯罪、计算机犯罪等进行超前研究，为中国相关犯罪的刑事立法完善进行了理论铺垫。

1992年11月2日至6日第15届国际刑法学大会区域性预备会议（加拿大会议）在渥太华召开，杨春洗提交了《中国对危害环境罪的治理》的论文作为国际刑法学协会中国分会的总报告。报告回顾了从1978年至1992年的14年间全球关于环境犯罪的立法、司法发展状况，重点介绍了当时中国关于环境犯罪的立法和刑事对策。他指出，中国对于惩治危害环境犯罪的刑事立法，从无到有，从不完备到逐渐完备，从而形成了一个相对完备的体系，从宪法、行政法规到刑事法律都有相应的规定。他在分析环境犯罪的刑事责任的基础上，强调对于危害环境犯罪的治理，同对其他犯罪一样，应纳入综合治理的轨道，刑事手段在治理环境犯罪中具有重要的作用，但不是唯一的手段，应正确认识刑法的功能，在必要的刑事手段之外，应辅之以其他各项行政、经济、法律手段，并相互协调配合，形成一个对危害环境罪的预防、打击、补救、控制的综合治理体系。他认为，综合治理危害环境罪的措施应包括：刑事处置；行政处置；民事经济赔偿和补偿；社会预防和控制。综合治理危害环境罪的宏观策略是：各种措施要相互配合、协调，形成一个有机的、完整的综合治理体系；动员更多的社会力量参加对危害环境罪的治理。此后，在他陆续发表的几篇论文和1999年合著的《危害环境罪的理论与实务》一书中，更是从微观到宏观、从理论到实务系统地论述了危害环境犯罪的立法、司法及建议等，所提建议及分析具有前瞻性和实用性。

1995年，杨春洗发表论文，研究了刑事手段在证券管理中的正当性、必要性、适度性等问题。

面对信息社会计算机技术飞速发展，杨春洗在2000年发表论文，对网络犯罪的概念、构成、特征和计算机犯罪，表达了看法。

（二）教育教学贡献

1. 教书育人

杨春洗从事法学教育47年，桃李满天下。从1955年执教算起，聆听过杨春洗讲课的人员数以万计，他教育和指导过中国高等教育各个层次的刑事法学专业学习和研究人员。他既教书又育人，身教重于言教，凡是要求学生做到的他自己必先做到。正是在他这种严谨的治学、治教之风格影响下，几十年来，杨春洗可谓桃李满天下，20世纪50~60年代毕业的学生已有不少成为知名学者和法律界的骨干。1978年以来，杨春洗指导的硕士、博士研究生中，相当一批已具有高级专业技术职称，有些已成为博士生导师或政法部门的主要领导。

2. 编写刑法学教科书

1979年，在杨春洗的主持下，北京大学刑法教研室教师共同编著了《刑法总论》这部具有开创性和理论深度的教材。此书是1979年刑法典颁行以后，最早出版的有代表性的阐述刑法基本理论的刑法教科书。该书1981年出版后，受到刑法理论界和实务界称赞，被许多政法院系采用为教材，在10年内5次印刷，出版30多万册。他还合著了《刑法讲义》，作为全国培训政法干部的基本教材之一，发行数十万册。此后，杨春洗主编或合作主编了《中国刑法论》（获第三届国家教委优秀教材奖）等10多本教材，发行量几百万册，在中国法学高等教育研究领域产生较大影响。

3. 全身心投入烟台大学建设，造福后人

1984年7月，烟台大学开始兴建，基础设施建设和学科“软件”工程一起上，其间的困难可想而知。杨春洗迎难而上，忘我工作，以身作则，关心群众，为他们

排忧解难，大到住房取暖，小到铺路栽树，都能见到他的身影，“杨校长”的形象深入人心。1985 年 9 月烟台大学招收第一批新生后，杨春洗既抓教学质量又抓学科建设，既为本科生讲课又指导硕士研究生，同时兼任山东省高校职称评审委员会委员等。他为提高烟台大学的学术地位和影响，加强同国内外高校和科研机构业务联系和学术交流，四处奔波。经过杨春洗等校领导和全校师生员工的艰苦创业，烟台大学由无到有，由小到大，逐渐成为了一个学科门类相对齐全的新兴综合性大学，在全国具有一定的学术地位和影响。1988 年 12 月杨春洗被山东省选为“山东省专业技术拔尖人才”，1990 年 8 月山东省人民政府给予记大功奖励，这只是对杨春洗奉献高等教育事业的充分肯定的缩影。

（三）心系刑事法治，矢志不渝

杨春洗早在 1963 年就应邀参加了中国刑法典草案的讨论工作；1979 年他继续参加中国第一部刑法典的制定；此后，还参加过 16 部单行刑事法律的起草。1996 年，《中华人民共和国刑法》修订工作提上了议事日程，尽管杨春洗认为中国修订刑法的时机尚不十分成熟，但还是积极为立法机关献计献策。他多次在北京大学组织讨论会，同时还参加京内外组织的专家学者论证会，以及中国刑法学研究会在四川乐山召开的刑法改革研讨会等。1997 年 3 月 14 日修订的《中华人民共和国刑法》通过后，杨春洗不顾年高体弱，立即投入新刑法典的宣传、普及工作。他于 1997 年 3 月 31 日到澳门宣讲新刑法典，4 月 9 日回到珠海，准备再去海南大学讲解刑法典。但是，由于劳累过度，于次日晨发生中风，病倒在酒店，致使他的计划无法实现。经过一段时间治疗，他的身体有所好转后，又开始他钟爱一生的刑法学研究，直至 2002 年 8 月 31 日病逝。

三、杨春洗主要论著

杨春洗，甘雨沛，杨敦先，等 . 1981. 刑法总论 . 北京：北京大学出版社 .

杨春洗，张文 . 1987. 从刑法的属性看法的本质 . 政法丛刊，(1)(2).

杨春洗 . 1989. 青少年犯罪学是法学中的一大课题//烟台大学法学所编 . 中美学者论青少年犯罪 . 北京：群众出版社 .

杨春洗，陈广君 . 1989. 死刑论//甘雨沛主编 . 刑法学专论 . 北京：北京大学出版社 .

杨春洗，高铭暄，马克昌，等主编 . 1990. 刑事法学大辞书 . 南京：南京大学出版社 .

杨春洗，苗生明 . 1991. 论刑事责任的概念和根据 . 中外法学，(1)：1-6.

杨春洗，苗生明 . 1991. 增设刑事责任一章的构想//杨敦先，周其华，姜伟编 . 廉政建设与刑法功能 . 北京：法律出版社 .

杨春洗，刘生荣 . 1991. 加强我国刑法基础理论的研究 . 中国法学，(5)：57-61.

杨春洗，约翰 · 海德，刘生荣，等 . 1994. 中国对危害环境罪的治理 . 国际刑法年刊，(3)(4).

杨春洗主编 . 1994. 刑事政策论 . 北京：北京大学出版社 .

杨春洗，杨敦先主编 . 1994. 中国刑法论 . 北京：北京大学出版社 .

杨春洗，王新 . 1995. 论刑法介入证券市场管理的必要性和深度 . 中央政法管理干部学院学报，(2)：1-5.

杨春洗，苗生明 . 1996. 论刑法法益 . 北京大学学报，(6)：13-24，127.

杨春洗 . 1997. 罪刑法定原则的法典化——新刑法的一个重大发展 . 政法论坛，(2)：12-15.

杨春洗，苗生明 . 1997. 刑事责任基本范畴研究 // 现代刑事法与刑事责任（蔡墩铭先生 65 岁祝寿文集）. 台湾刑事法杂志社基金会 .

杨春洗主编 . 1999. 刑法基础论 . 北京：北京大学出版社 .

杨春洗，向泽选，刘生荣 . 1999. 危害环境罪的理论与实务 . 北京：高等教育出版社 .

杨春洗，张庆方 . 2000. 网络犯罪论 // 单长宗，梁华仁，张军，等编 . 新刑法研究与适用 . 北京：人民法院出版社 .

杨春洗，秦秀春 . 2000. 刑法学上计算机犯罪概念之提出 . 法学论坛，(3)：57-63.

《北京大学法学百科全书》编委会（杨春洗为刑法学主编）. 2003. 北京大学法学百科全书 · 刑法学犯罪学监狱法学卷 . 北京：北京大学出版社 .

主要参考文献

刘生荣，黄丁全主编 . 2001. 刑法基础理论研究 . 北京：法律出版社 .

杨春洗 . 2003. 刑法理念新探索——杨春洗文集 . 北京：北京大学出版社，人民法院出版社 .

撰写者

张文（1940 ~），辽宁阜新人，北京大学法学院教授。杨春洗的学生及同事。

丁后盾（1969 ~），安徽庐江人，法学博士，经济学博士后，中央政法委长安杂志社副社长。杨春洗的学生。

王家福

王家福（1931～），四川南充人。法学家。1950年考入北京大学法律系。1954年8月赴苏联列宁格勒大学学习，1959年6月获得法学副博士学位，被分配到中国社会科学院法学研究所工作。先后出任第八届全国人民代表大会法律委员会委员、第九届全国人民代表大会常务委员会委员、国务院学位委员会委员、法学评议组成员、中国法学会副会长、中国民法经济法研究会会长、中国国际经济贸易仲裁委员会副主任、中国海事仲裁委员会顾问、中国社会科学院法学研究所所长。现任中国社会科学院学部委员、法学研究所研究员、博士生导师、中国社会科学院人权研究中心主任、中国法学会学术委员会主任、中国民法学会名誉会长、全国总工会法律顾问，北京大学、中国政法大学及苏州大学兼职教授。曾获日本立命馆大学名誉法学博士。王家福长期从事法学基础理论尤其是民法学的教学与研究工作，积极参与立法与法律实践活动，先后出版了《合同法》、《中国法学·民法债权》、《经济法》、《中国专利法》《社会主义商品经济法律制度研究》、《经济建设中的法律问题》、《中国土地法理论与实践问题》等十余部著作，并发表了法理、民法、经济法和商法等方面的论文90余篇，为推动“依法治国、建设社会主义法治国家”的方略入宪和民法学、经济法学科的发展做出了重大贡献。

一、生平简历

王家福1931年2月生于四川省南充市。他8岁进入私塾读书，9岁进入县城的小学。1941年跟随母亲离开家乡，到重庆和父亲团聚，并入广益中学学习。1950年王家福考入北京大学法律系，其间参加了中央土改团，赴广西参加土地改革。1952年国家实行院系调整，北京大学、清华大学、燕京大学、辅仁大学和浙江大学等校的法律系、政治系和社会系合并组建了北京政法学院，王家福也跟着进了这所学院继续读书，1953年8月毕业。1954年上半年参加留苏研究生考试并被录取，1955年8月赴苏联列宁格勒大学法律系学习，师从民法学家奥·沙·约菲教授，1959年6月毕业，获得法学副博士学位，被分配到中国社会科学院法学研究所工作。

1976年10月粉碎“四人帮”以后，王家福长期学习积累的法学知识和素养得到了释放。1978年2月，王家福参加了《人民日报》举办的加强社会主义法制的座谈会。同年4月，参加了中国社会科学院法学研究所招考研究生的评论小组。1980年1月，参加中国法律代表团访问联邦德国。1981年11月，国务院批准中国社会科学院法学研究所设立法学硕士点，王家福成为第一批民商法的硕士研究生导师。1985年法学研究所成立学术委员会，王家福当选为学术委员，同年成为民商法学博士研究生导师。1988年8月31日，王家福担任中国社会科学院法学研究所所长，任期至1993年。

1992年，王家福率领法学所人权考察团出访德国、法国和英国等西方国家。1994年2月中国社会科学院成立人权研究中心，王家福出任中心主任。1995年1月，王家福被邀进中南海怀仁堂为中央政治局上法制课，题目为“社会主义市场经济法律制度建设问题”。1996年2月，他第二次进中南海，为中央政治局讲授“关于依法治国、建设社会主义法制国家的理论和实践问题”的法制课。1997年，王家福参加起草中国共产党第十五次全国代表大会工作报告。1998年3月，全国人民代表大会成立民法起草工作小组，王家福为9名成员之一。2002年，王家福受聘担任中国社会科学院法学研究所终身研究员。2008年，以王家福为负责人的中国社会科学院法学研究所课题组获得中国法学会颁发的中国法制建设突出贡献奖。

在此过程中，王家福还先后出任第八届全国人民代表大会法律委员会委员、第九届全国人民代表大会常务委员会委员、国务院学位委员会委员、法学评议组成员、中国法学会副会长、中国民法经济法研究会会长、中国国际经济贸易仲裁委员会副主任、中国海事仲裁委员会顾问、中国民法学会名誉会长、全国总工会法律顾问，北京大学、中国政法大学及苏州大学兼职教授，日本立命馆大学名誉法学博士。

王家福一生著述丰硕，先后出版了《合同法》、《中国法学 · 民法债权》、《经济法》、《中国专利法》、《经济建设中的法律问题》、《土地法的理论与实践》、《中国经济法绪论》、《经济法要义》、《现代中国民法论》、《经济法律大辞典》、《中国人权百科全书》等著作，发表了《中外合资经营企业法初探》、《社会主义商品经济法律制度研究》、《中国民法通则的基本思想》、《论依法治国》、《依法治国、建设社会主义法治国家》、《21世纪与中国民法的发展》等众多论文。

二、在民法领域的研究业绩

王家福是新中国民法学科的奠基人之一。早在改革开放之初的1978年11月24

日，王家福就在《人民日报》上发表了《民法一定要搞》的文章，提出制定民法是维护社会主义公共财产的需要，是发展国民经济的需要，也是保护公民合法权益的需要。强调中国制定民法典的条件已经成熟，迅速制定民法典是摆在我们面前的一项重要任务。1979 年，王家福在《法学研究》第 4 期上发表了《一定要制定民法》的文章，进一步强调指出，制定民法绝不是人们的主观臆想，而是社会经济生活的客观要求，是巩固社会主义公有制、发展社会主义商品生产的要求，也是改革经济体制、加快实现四个现代化步伐的要求。

在明确了制定民法典的必要性和紧迫性后，如何具体制定民法典，或者制定一部什么样的民法典，它应该包括什么的内容，等等，就成为法学界关注的要点。在这方面，王家福也同样走在最前面。在 1980 年第 1 期的《法学研究》上，王家福发表了《我们应该制定什么样的民法》的专论，详细回答了上述问题。王家福指出：中国的民法是社会主义民法，虽然它的某些法律用语、法律制度在形式上可能与资本主义国家的民法相雷同，但社会主义民法作为人民意志的集中体现，具有完全崭新的内容。包括：民法的任务和基本原则，民事权利的主体，民法的适用范围和时效，财产的所有，财产的流转，劳动报酬和福利，财产继承，民事责任，等等。

王家福进一步指出，制定民法必须注意如下几个基本原则：一是要坚持民法是公法的原则，社会主义民法是调整公公、公私、私私之间发生的经济关系的大民法；二是要坚持既制定民法典又制定单行经济法规两条腿走路的原则，民法是基本经济法（基本财产法），它从社会经济生活的全局出发，规定调整各种经济关系的共同的、主要的原则；三是要坚持从中国实际出发，借鉴国外民事立法的有益经验。我们的立法必须立足中国的国情和实践，但这并不意味着我们可以排斥国外有益的立法经验。我们不仅要向社会主义国家学习民事立法的经验，也要向资本主义国家学习民事立法的有益的经验和做法，去其无用之物，取其有用之精华，为我所用；四是要坚持具体明确、解决问题的原则。民法并不是政治口号的堆积，而是经济生活中具体明确的行为规范的汇集，什么是应该做的，什么是不应该做的，都要规定得清楚、明确。

很明显，中国之后民事立法的实践，很大程度上受了王家福上述民法思想的影响，实践也证明了王家福民法思想中的大部分论述是正确的。中国社会科学院法学研究所研究员孙宪忠指出："王家福老师所提出的'以平等主体之间的法律关系作为民法立法基础'的观点，不但最后成为大多数人认可的观点，而且最终为《民法通则》采纳，成为日后中国市场经济体制立法的基础。"梁慧星研究员也指出："王家福老师是中国最先提出要制定民法典的。他认为民法是市场经济的基础，市场经济要靠一整套法律制度保障，市场经济的建设才能够运作。”①

两位研究员还介绍：1979年王家福向中央递交了《关于制定民法典的研究报告》，建议成立民法起草小组，启动新中国历史上第三次民法典起草。1984年，他再次向中央建议尽快制定并颁行民法典。最终，《民法通则》于1986年颁布，成为中国迈上民权法治之路的里程碑，中国社会主义法律体系的奠基石。

在过去了20余年后，2002年，王家福在一次与法科大学生的交流互动中，对中国的民事立法进一步发表了一些整体性的评述。他认为，中国的民法典应该是现代化的，符合21世纪潮流的，符合社会发展规律的，也是符合人类法律文明的。它应该从中国的实际出发，去反映我们的根本利益，并且要有科学的内涵，严密的逻辑，和谐的结构。“中国是一个成文法的国家，中国没有判例法的传统，没有数以亿计、数以千万计的几百年延续的判例积累。我们法官的判案，我们老百姓的守法，我们机关的依法行政，都依靠规定得比较明确的法律。”②

2003年，在《对民法草案的几点意见》③ 和《21世纪与中国民法的发展》④ 两篇文章中，王家福进一步阐述了对未来中国民法典的基本看法：一是国家财产所有权、集体财产所有权和国家有权征用集体和单位财产的补偿问题等，必须在新的民法典中予以解决；二是知识产权应补充写入民法典；三是原有的一些单行法收进了民法草案中，也应该与时俱进地进行修改；四是在21世纪制定的中国民法典中，应当体现浓郁的时代特色，即更加充分地体现人的价值，完善符合新时代要求的物权制度，适时地反映知识经济的内在需求，符合经济全球化的趋势，具有反映时代精神的科学体系；等等。

王家福的上述观点，是在2002年12月由全国人民代表大会常务委员会法制工作委员会完成了中华人民共和国民法（草案），并于同月正式提交九届全国人民代表大会常委会审议之时，提出来的。王家福强调，“中国民法法案正式进入了国家立法审议、通过的程序。民法典的制定，是人民的愿望，是时代的要求。我们坚信十届全国人大常委会一定会抓紧修改，及时审议，尽快通过，而绝不会拖延、搁置。一部反映人民意愿，体现社会发展规律，充满时代精神，具有中国气概的现代化的民法典一定会在群策群力、民主磋商、坚忍不拔的卓越工作中胜利问世。”⑤ 这些激动人心的话语，表达了一位老民法学家的真诚心愿和美好憧憬。虽然，由于种种原

---

① 潘琦：《民法“旗帜”王家福》，载2013年4月18日《法治周末》，第8版。

② 王家福：《中国民法起草的几个问题》，载王家福：《王家福法学研究与法学教育六十年文选集》，法律出版社2010年版，第350页。

③ 2003年1月17日《法律服务时报》。

④ 《法学家》2003年第4期。

⑤ 王家福：《21世纪与中国民法的发展》，载《法学家》2003年第4期。

因，统一的中国民法典至今还没有能够完成，但由于王家福等一大批民法学者的努力，中国民法典的制定工作正在顺利进行，离制定出一部优秀的民法典的目标已越来越近了。

三、在市场经济法制建设方面的贡献

王家福早期是否定有独立的经济法的，也反对编纂统一的经济法典。在上述《一定要制定民法》（《法学研究》1979 年第 4 期）和《我们应该制定什么样的民法》（《法学研究》1980 年第 1 期）两篇专论中，王家福反复强调了这一点。他指出："所谓经济法根本不可能成为独立的法律部门"，"除民法典、单行经济法规外，还要不要制定经济法典呢？我们对这一问题的答复是否定的。这是因为：第一，它容易割裂统一的经济生活。……第二，不适应当前经济改革的趋势。……第三，立法技术上重复。"[①]

但王家福的上述学术立场，并不表明他不重视市场经济法制建设，而只是对经济法是否一个独立的法律部门、经济法是否一门独立的学科持不同的观点而已（王家福与中国人民大学的佟柔教授一样，是持"大民法"观点的学者）。实际上，他对中国的经济立法、经济法制建设是投入了极大的心血的，发表了众多的成果。并且过了不久他就逐步改变了立场，承认了经济法的存在和经济立法的重要性。[②] 1982 年 10 月 2 日至 11 月 29 日，王家福率领一个法学代表团，赴联邦德国、法国和英国等西欧经济发达国家考察其经济立法。回国后，他与王保树等学者合作，在《法学研究》1983 年第 1 期上，发表了《西德、法国、英国的经济法考察》一文，提出必须借鉴西方发达国家的经验，对经济认真实行法治，在调整经济时要实行不同的法律形式，如民事、经济、行政、劳动、社会、专利和刑事等的法律形式，强调国家必须对国有企业进行法律管理、对经济生活进行法律监督等。1984 年，王家福又在《国外法学》第 3 期上撰文，介绍东欧国家如罗马尼亚、匈牙利等重视以法律调整经济关系、促进国民经济发展的经验。他认为，这些国家的健全经济立法，为各种经济活动规定准则和范围，运用各种法律形式、对经济生活实行综合调整等，都应当成为我们改革开放、发展经济的有益借鉴。

---

① 王家福：《我们应该制定什么样的民法》，载王家福：《王家福法学研究与法学教育六十年文选集》，法律出版社 2010 年版，第 251 页。

② 在接受蒋熙辉的采访时，王家福说了这么一段话，表明了他后来对经济法实际上持肯定的态度了："我们一直主张民法、经济法比翼齐飞，共同为我国经济建设服务。""2001 年我又在《WTO 与社会主义市场经济法律制度建设问题》一文中，呼吁制定民法典、完善商法体系、健全经济法。"载王家福：《王家福法学研究与法学教育六十年文选集》，法律出版社 2010 年版，第 623 页。

王家福在市场经济法制建设方面的贡献，主要体现在他的《论加强社会主义经济法制建设》（《法学研究》1983 年第 1 期）、《要进一步加强经济法制》（《群言》1986 年第 4 期）等论著中。王家福认为，加强经济领域法制建设是开创经济建设新局面的客观要求，完善经济立法是加强经济领域法制建设的基础，维护经济法规的尊严是健全经济领域法制的关键，加强经济法理论研究是健全经济领域法制的重要条件。王家福指出，所谓经济法制，是指依法管理经济，而要做到这一点，除了适应改革需要加强经济立法以外，还必须做到：第一，牢固树立以法治经济的观念；第二，把国家管理经济的行政手段、经济手段统统建筑在法制的基础上；第三，把经济工作从依照政策办事转到依照法律办事的轨道上来；第四，建立健全严格的执法制度；第五，坚决打击经济犯罪活动。

1994 年，王家福在《求是》杂志第 5 期上发表了《发展社会主义市场经济必须健全法治》的专论，对市场经济法制建设理论做出了进一步的补充和完善。在文章中，王家福首先明确宣告："社会主义市场经济是法治经济"，并且阐述了决定市场经济是法治经济的三个客观要素，即这是市场经济客观规律的内在要求；国家稳定和政治稳定的客观要求以及社会主义市场经济与国际市场、国际经济接轨的客观要求。王家福认为，要对社会主义市场经济实行法治，必须要健全适应社会主义市场经济发展需要的法律制度、完善社会主义市场经济法律的实施制度。前者要求健全五个方面，即：1）市场主体；2）市场主体行为；3）维护市场秩序；4）市场宏观调控；5）社会保障等方面的立法。后者即完善社会主义市场经济法律的实施制度，需要我们进一步强化法治观念，转换职能、严格执法制度、提高法院地位、保证法院更好地独立行使审判权，切实保护合法权益，坚决追究违法犯罪。

1995 年 1 月 15 日，王家福进入中南海，为中共中央政治局成员讲授了以"社会主义市场经济法律制度建设问题"为题的法制课。在这堂课中，王家福从什么是社会主义市场经济说起，依次阐述了：市场经济对法律保护的依赖；建立反映社会主义市场经济客观规律要求的社会主义市场经济法律制度，是一场深刻的法制改革；确立社会主义市场经济法律制度的基础、条件和新的原则（如财产所有权一体保护、合同自由、公平竞争、经济民主、诚实信用、保护弱者、维护社会正义、违法行为法定、多种利益兼顾等）；建立社会主义市场经济法律制度应当解决的理论问题，如树立法治观念、大胆借鉴国外经验和从中国实际出发相结合、区分公法与私法、区分公权者的国家与作为所有者的国家、坚持市场经济法制的统一；健全适应社会主义市场经济发展需要的法律制度，如民法、商法、经济法、社会法、行政法和刑法等；完善社会主义市场经济的实施制度。

在健全市场经济的法制建设方面，王家福还提出了许多其他建设性的立法和司法建议，并且在制度建设方面做了探索。比如，他对中外合资经营企业法进行了调研，提出了立法建议。强调完善工商行政管理，认为这是健全市场经济法治的重要方面。分析涉外经济立法的现状以及存在的问题，有针对性地提出了解决的法治方案。此外，王家福的研究还涉及发展民营企业的法律问题，发展仲裁事业与推动经济有序发展，银行立法和金融法律秩序的稳定，完善社会主义保障制度，健全和完善中国的反垄断立法，劳动合同与市场经济建设，WTO 与中国的市场经济建设，等等。可以说，在社会主义市场经济法制建设的各个领域，都渗透着王家福的思考和心血。

四、在确立“依法治国”方略方面的贡献

王家福除了在民法和市场经济法制建设方面的成就之外，还在确立“依法治国”方略方面做出了巨大的成绩，而这一成绩，其影响已经远远超出了法学界，可以说是对整个中华民族的法律文明做出的贡献。

说起“依法治国”方略的确立，必须提及1996年2月8日，王家福为中共中央政治局所做的一次法制讲座。这次讲座的题目就是“关于依法治国、建设社会主义法制国家的理论和实践问题”。在这次讲座中，王家福一共讲了四个问题，即：依法治国、建设社会主义法制国家是建设有中国特色的社会主义伟大事业的根本大计；依法治国，建设社会主义法制国家必须具备的基本条件；依法治国、建设社会主义法制国家是一个渐进的历史发展进程；加强和改善党的领导，为更好地依法治国、建设社会主义法制国家而努力奋斗。

具体而言，在第一个问题里面，王家福强调了依法治国、建设社会主义法制国家是中国人民共同的心愿，是社会历史发展的必然，是人类社会文明进步的重要标志，是建设有中国特色的社会主义伟大事业的根本大计，对发展社会主义市场经济，发展社会生产力，促进社会主义民主政治建设，推进精神文明建设意义重大，也是国家稳定、长治久安的关键所在。

在第二个问题中，王家福指出，依法治国和建设法制国家是历史的范畴，是人类在文明进程中经过共同努力和不断探索所取得的进步成果，也是全人类共同的崇高理想。我们所要实现的依法治国、建设社会主义法制国家的目标，既区别古代历史上的法治，也不是近代资产阶级的法治模式，而是适合中国国情的社会主义法治国家。为了实现这一目标，必须要具备五个基本条件：1）完备的社会主义法律体

系；2）健全的民主制度和监督制度；3）严格的行政执法制度与公正的司法制度；4）坚强靠得住的执法队伍；5）全民的崇高的法律意识。

在第三个问题中，王家福指出：依法治国、建设社会主义法制国家是一场深刻的革命，要实现这场革命，就要解决以下三个理论和实践问题：一是观念的更新，有五种观念，即法治、权力制约、保障公民权利、限制公共权力、依照法律维护国家安全和社会公共秩序的观念更新。二是各项具体制度，如立法制度、行政执法制度、司法制度等的改革。三是领导方式和习惯的改革，要把长期习惯的主要依靠行政手段、行政指示、行政命令来领导国家事务的方式，逐步改变为主要依靠法律手段、法律程序进行领导。

在第四个问题中，王家福认为加强和改善党的领导，主要应做到：一是处理好党政关系；二是党要改善执政方式；三是党必须在宪法和法律范围内活动；四是党应当更好地接受人民的监督和法律的监督。

可以说，王家福的上述观点，基本上构建了一幅中国社会主义法制国家的宏伟蓝图，以及如何实现这一蓝图的路径和过程。王家福之所以能够提出上述系统的法制国家建设理论，主要得益于他很早就对这一问题的研究，因而具有了比较深厚的理论功底。早在1979年，王家福就和夏叔华合作，发表了《健全法制是关系国家命运的大事》（《财贸战线》1979年1月16日）和《发扬民主，健全法制，加速实现四个现代化》（《哲学研究》第8期）等文章。

在上述文章中，王家福指出：社会主义法制，是我们无产阶级国家按照人民意志制定的法律制度，是维护革命秩序、保护劳动人民利益、保护社会主义经济基础、保障生产力发展的重要工具。历史经验表明，健全社会主义法制，不仅是关系到人民切身利益的大事，而且也是关系到国家命运的大事。王家福指出，健全社会主义法制是实现四化的必要前提，是反修防修的重要条件，健全社会主义法制就要有法可依、有法必依；要健全社会主义法制就要分清民主的制度化、法律化和制度、法律的民主化，划清民主、法制同专制主义、无政府主义的界限，强调民主和法制的不可侵犯性，树立民主与法制的极大权威。

1981年，王家福又与王保树合作著文《社会主义法律是不可侵犯的力量》（《学习与研究》第6期），指出社会主义法律的不可侵犯性，就在于它拥有崇高的尊严和极大的权威；在于它一经制定，任何人、任何组织都必须遵行；任何人、任何组织违反它，都必须依法受到应有的制裁。王家福认为，要使社会主义法律成为不可侵犯的力量、具有极大的权威，就必须加强法制教育，提高人民的法制观念；保持法律的相对稳定性；严格执行法律，对胆敢以身试法的人以坚决的制裁。之后，王家福又发表了《论法制改革》(《法学研究》1989年第2期)等文章，进一步对如何加强社会主义法制做了阐述，并继1979年他提出“法治”一词之后，① 再次明确提出了“法治国”的概念：“法制改革的目标是实现高度民主的法治国。”

正是在对中国社会主义法制、法治国等进行深入研究的基础上，王家福出色地完成了给中央政治局成员讲授“关于依法治国、建设社会主义法制国家的理论和实践问题”的任务。王家福的讲座非常成功，其观点得到了中央政治局领导同志的高度认同。第二年，也就是1997年，中国共产党召开第十五次代表大会，王家福应邀参加了“十五大”报告的起草工作，对“依法治国、建设社会主义法制国家”做出了进一步的阐述，并将“建设社会主义法制国家”中的“法制国家”改为了“法治国家”，从而进一步提高了“法治”的权威。王家福回忆说：“我们在起草报告关于法治的表述中，是坚持用‘三点水’‘治’的，因为这个‘治’字寓意‘民主之治’、‘人民之治’。法治与人治的区别在于：法律与当权者的个人意志发生冲突时，是法高于个人的意志，还是个人意志凌驾于法之上，即是‘人依法’还是‘法依人’的区别。”② 1999年，在中国修改宪法时，“依法治国、建设社会主义法治国家”又被吸收进了宪法修正案中，规定在宪法第5条第1款。从而，使“依法治国、建设社会主义法治国家”成为了由国家根本大法规定的治国方略。

“依法治国、建设社会主义法治国家”从学者提出，到为中共中央最高领导集体采纳，再到被国家宪法认可并予以规定，经历了一个漫长的过程。在这一过程中，溶入了中国法学界众多学人的智慧和心血，也表达了党和全国各族人民希望加强法治的决心。在这一过程中，王家福无疑做出了重要的贡献。

五、王家福主要论著

王家福，苏庆，夏叔华.1980. 我们应该制定什么样的民法. 法学研究，(1)：11-16，20.

王家福，等.1981. 经济建设中的法律问题. 北京：中国社会科学出版社.

王家福，王保树.1983. 论加强社会主义经济法制建设. 法学研究，(1)：18-25.

王家福.1986. 一部具有中国特色的民法通则. 法学研究，(3)：7-12.

王家福.1986. 合同法. 北京：中国社会科学出版社.

王家福，夏叔华.1987. 中国专利法. 北京：群众出版社.

王家福编.1987. 中国经济法绪论. 北京：法律出版社.

① 1979年，王家福与李步云、刘海年等参与起草中央《关于坚持保证刑法、刑事诉讼法切实实施的指示》(即著名的“64号文件”)时，就使用了“法治”的概念。

② 潘琦：《民法“旗帜”王家福》，载2013年4月18日《法治周末》，第8版。

王家福，黄明川 . 1988. 论土地使用权有偿转让法律制度 . 法学研究，(3)：54-61.

王家福编 . 1988. 经济法 . 北京：中国经济出版社 .

王家福，刘海年，李步云 . 1989. 论法制改革 . 法学研究，(2)：1-9.

王家福编 . 1991. 中国民法学 · 民法债权 . 北京：法律出版社 .

王家福，黄明川 . 1991. 土地法的理论与实践 . 北京：人民日报出版社 .

王家福 . 1991. 现代中国民法论 . 日本法律文化社 .

王家福编 . 1992. 经济法律大辞典 . 北京：中国财政经济出版社 .

王家福，李步云，刘海年，等 . 1996. 论依法治国 . 法学研究，(2)：3-9.

王家福 . 1996. 法治文明是精神文明的重要组成部分 . 中国法学，(6)：6-7.

王家福 . 1999. 跨世纪的市场经济基本大法 . 中国法学，(3)：13-15.

王家福 . 2001. WTO 与中国社会主义市场法律制度建设问题 . 中国法学，(1)：4-11.

王家福 . 2003. 21 世纪与中国民法的发展 . 法学家，(4)：5-9.

王家福 . 2007. 进一步推进依法治国基本方略实施 . 法学研究，(4)：146-147.

主要参考文献

何勤华编 . 2010. 中国法学家访谈录 . 第一卷 . 北京：北京大学出版社 .

王家福 . 2010. 王家福法学研究与法学教育六十年文选集 . 北京：法律出版社 .

潘琦 . 2013-4-18. 民法“旗帜”王家福 . 法治周末，第 8 版 .

撰写者

何佳馨（1982 ~ ），上海市人，上海财经大学法学院讲师，从事商法、比较法等的教学和研究。

杨荣馨

杨荣馨（1931～2012），山西运城人。法学家，新中国民事诉讼法学的开拓者和奠基人之一，民事程序法系统工程理论提出者，强制执行单独立法的倡导者。中国政法大学教授、博士生导师。1954年毕业于中国人民大学法律系，曾任中国法学会民事诉讼法学研究会名誉会长，中国行为法学会执行行为研究会会长，中华全国人民调解员协会副会长，司法部律师公证工作专家咨询委员会委员，中国国际经济贸易仲裁委员会仲裁员，新加坡国际教育研究发展中心顾问等职务。先后主持二十多项国家级、省部级课题研究；主编七十余部著作和教材，发表一百多篇对中国民事诉讼理论研究和立法进程具有重大影响的论文。其中，他主编的《民事诉讼法教程》获得司法部、国家教委优秀教材奖；他发表的《论民事程序法》一文获首届“中国法学优秀成果奖”论文类二等奖（系该届评奖中民事诉讼法学科获得的最高奖项），《应尽快颁布施行民事诉讼法》一文被评选为“30篇影响中国法治进程的法学论文”。直接参与了《民事诉讼法（试行）》、《企业破产法（试行）》、《民事诉讼法》、《公证法》、《人民调解法》、《仲裁法》等数部法律的起草工作，参加了《婚姻法》、《继承法》、《民法通则》、《行政诉讼法》、《海事诉讼特别程序法》等法律的起草论证工作，为中国法制完善做出了卓越贡献。

一、简　　历

杨荣馨，又名荣新，1931年5月6日出生于山西省安邑县（现为运城市盐湖区）。杨荣馨父亲系小学教师，母亲系农村家庭主妇。杨荣馨的小学阶段在父亲任教的安邑县城关玉帝庙小学就读，学习成绩十分优异。中学就读于运城师范学校。1949年5月中学毕业后，杨荣馨在家人的支持下赴北平寻找深造机会。1949年9月，经过笔试和面试，杨荣馨被原中国政法大学三部录取。1950年3月，原中国政法大学并入中国人民大学，杨荣馨随校转入中国人民大学法律系学习。

1954年7月，杨荣馨以全优的成绩从中国人民大学本科毕业。他先被保送留校攻读外交系国际宣传专业研究生，后被调入北京政法学院（1983年更名为中国政法大学）任教，从此开始了民事诉讼法、仲裁法、公证法、强制执行法的教学与研究工作。杨荣馨是新中国最早从事民事诉讼法学、民事程序法学教学与研究工作的学者。1956 年，杨荣馨获得律师资格，成为新中国第一代律师。

随着“文化大革命”的开始，北京政法学院于 1966 年停止招生，杨荣馨的法学教育与研究工作也被迫中断。1970 年，杨荣馨被下放到安徽省濉溪县“五七干校”劳动。1972 年，杨荣馨被调入河北师范学院任教。1979 年，杨荣馨调回于 1978 年复校的北京政法学院，受命负责组建民事诉讼法教研室，并担任第一任教研室主任。

1979 年至 1984 年，杨荣馨作为《民事诉讼法》起草小组成员，参与了中国第一部民事诉讼法典的起草工作，并负责草拟执行程序和清产还债程序编的条文。1984 年至 1986 年，作为《企业破产法》起草工作小组副组长，杨荣馨参加了中国首部企业破产法典的起草工作。此后，杨荣馨又以专家身份参加了《公证法》、《人民调解法》、《婚姻法》、《继承法》、《民法通则》、《仲裁法》、《行政诉讼法》、《海事诉讼特别程序法》等法律的起草论证以及《民事诉讼法》等法律的修改论证工作，并担任《公证法》起草小组顾问、《人民调解法》起草小组特聘研究员。

2000 年 10 月，杨荣馨带领中国政法大学四位教师组成课题组，开始《强制执行法（专家建议稿）》的拟定和论证工作。在此后的十余年中，杨荣馨作为组长带领课题组成员在国内外开展全面、广泛、深入的调查研究，在反复修改的基础上拟定了条文数量达 300 余条的《强制执行法（专家建议稿）》，出版了数百万字的专著成果，有力推动了中国强制执行法的立法进程。

2005 年，杨荣馨入选首批百位“当代中国法学名家”。2006 年，中国法学会民事诉讼法学研究会成立，杨荣馨当选为名誉会长。2010 年杨荣馨组建了中国第一个全国性的强制执行学术研究团体——中国行为法学会执行行为研究会，并亲任第一任会长。

2012 年 3 月 28 日，杨荣馨于北京逝世，享年 81 岁。

二、主要学术成就和重要贡献

作为新中国培养的第一代法学家，杨荣馨一直在高等学校从事民事诉讼法学和其他民事程序法学教学研究工作，六十年如一日，兢兢业业，为新中国民事诉讼法、民事程序法学科的发展和人才培养殚精竭虑。杨荣馨注重理论与实践相结合，他的理论研究都着眼于现实存在的热点和难点问题，以满足真实的社会需要为出发点。

在从事理论研究的同时，杨荣馨积极投身国家立法和司法实践，分别以各种不同身份参加了《民事诉讼法》等民事程序法的制定和修改过程，推动了新中国民事程序法从无到有、从相当疏漏到逐步完善、从各自为政到协同作用的进程。尤其是在民事强制执行法研究和立法方面，杨荣馨更是一面旗帜：在中国，只要谈到民事强制执行法研究和立法就必然会想到他所做的工作。

（一）主要学术观点和学术贡献

1. 提出并论证民事程序法系统工程理论

1985 年，杨荣馨在《中国法学》第 1 期发表《论民事程序法》一文，将系统论、控制论和运筹学的方法和理论引入民事程序法研究，提出了民事程序法系统工程理论。杨荣馨认为，作为预防和解决民事纠纷的手段，公证、调解、仲裁、诉讼、执行、破产构成一个完整的系统，并产生系统独有的整体大于部分之和的功效。因此，国家应当构建由公证法、仲裁法、诉讼法、执行法、破产法等构成的，具有整体性、综合性、反馈性和最佳化特征的中国民事程序法系统工程。这是一种新型的社会主义法治系统，这个系统应当坚持以事实为根据、贯彻便民思想、预防和解决纠纷相结合、依法强制与说服教育相结合的原则，使民事纠纷以最佳的方案得到解决，维护社会的安宁、稳定、和谐。这一理论第一次将系统科学理论和方法应用于法学研究和法治建设，强调公证、仲裁、诉讼、执行、破产等的相互联系和相互作用，追求民事纠纷的最佳解决和维护社会的安宁和谐。民事程序法系统工程理论的提出，在中国民事程序法的发展历史上具有重要的标志性意义，对于中国民事程序法理论和实践的发展具有重大的指导意义。在 2008 年中国法学会组织的首届“中国法学优秀成果奖”评奖活动中，杨荣馨的《论民事程序法》一文获得论文类二等奖，这是民事诉讼法学科在该届评奖中获得的仅有的两个奖项之一，而且是其中的最高奖项。

2. 倡导制定独立的强制执行法

杨荣馨是新中国从事强制执行法学研究并推动强制执行单独立法的领头人。杨荣馨认为，强制执行是民事纠纷解决的支撑与保障，强制执行法是民事程序法系统工程的重要构成要素并在其中占有十分重要的地位。1991 年，在修改《民事诉讼法（试行）》之际，杨荣馨就提出应当将执行程序的条文独立出来，制定单行的强制执行法典。2000 年，杨荣馨领衔主持教育部人文社会科学重点研究基地重大项目“强制执行立法与立法理由书”，开始草拟《中华人民共和国强制执行法（专家建议稿)》，2005 年出版了《强制执行立法的探索与构建——中国强制执行法（试拟稿）条文与释义》（中国人民公安大学出版社）一书，提出了条文达 335 条的强制执行法专家建议稿。此后，历经数次修改，2011 年又出版了《〈中华人民共和国强制执行法（专家建议稿）〉立法理由、立法例参考与立法意义》一书，此版的强制执行法专家建议稿条文数增加到 368 条。

为了推动强制执行单独立法的进程，杨荣馨十分重视强制执行理论研究，并亲自搭建学术研究平台。自 1996 年开始，杨荣馨就呼吁成立全国性的强制执行法学术研究团体，以凝聚学界精英，形成学术合力，协同攻关。2010 年，在年近八旬之际，杨荣馨终于创建了国内唯一的全国性强制执行学术团体——中国行为法学会执行行为研究会，将国内从事强制执行理论研究和实务工作的骨干人员紧密联系起来，以超乎想象的法治理想和热情，连续举办了两届规格高、影响大的“中国执行论坛”，极大地推动了国内强制执行法学理论研究和学科发展。现在，“中国执行论坛”已经成为国内定期展示强制执行法学研究成果、开展学术思想交流的固定平台。

为了确保强制执行立法建议稿的质量，杨荣馨不顾自己年事已高，自 2000 年后的十余年间，亲自带领课题组先后赴广东、陕西、山东、吉林、福建、北京等地实地调研，召开座谈会和专家论证会，广泛听取各方意见；2001 年至 2005 年又亲自带领课题组赴法国、德国、奥地利、英国、日本、韩国、俄罗斯等强制执行法制比较成熟的国家进行调研，开展比较法研究，总结其经验教训。经杨荣馨带领的课题组深入、细致的研究和广泛吸收各方意见，强制执行法专家建议稿受到了各方的广泛关注和高度重视。

在杨荣馨的执着推动下，强制执行单独立法的观念得到了普遍认可，立法机关已经将制定单行的强制执行法列入国家立法规划。

3. 强调树立正确的民事程序法观念

杨荣馨认为，在中国，无论是从人们的观念还是从法制的实际情况来看，“重刑轻民”、“重实体轻程序”的问题都相当突出，这是很不正常的，它严重影响了中国法治的进程。在将民事程序法自嘲为“轻中之轻”的同时，杨荣馨通过各种渠道、利用各种机会呼吁树立正确的民事程序法观念。杨荣馨认为，民事活动是社会活动的主要内容，民事纠纷是社会矛盾的主要方面，作为规范主要社会活动、预防和解决主要社会矛盾的民事法律，应当是社会主义法制的重要内容，不可偏废；在解决民事纠纷的过程中，程序正义是看得见的正义，实体正义在某种程序上则因事实无法“追复”而难有客观标准，因此重视程序的独立价值、通过程序正义弥补实体正义可能存在的不足，应当成为处理实体与程序之间的关系的基本思路。只有破除“重刑轻民”、“重实体轻程序”的错误观念，树立正确的民事程序法观念，重视民事法律、程序法律的地位和作用，尤其是强调程序法的独立价值，社会主义法治目标才能最终实现。在杨荣馨等法学家的推动下，程序的独立价值已经得到广泛重视，民事程序法的地位也在逐步提升。

杨荣馨不但强调程序法的独立价值，而且认为在立法技术上可以“程序法先行”。1981 年，杨荣馨在《政法论坛》发表《应尽快颁布施行〈民事诉讼法〉》一文，分析论证了颁行民事诉讼法的必要性，打消了人们在“程序法先行”（当时《民法通则》尚未颁行）问题上的疑虑。2008 年，该文被选入《走向法治——30 篇影响中国法治进程的法学论文》一书，按发表时间排列为第二篇，且是民事诉讼法学科唯一入选的论文。

4. 提出解决社会矛盾的平衡论

杨荣馨认为，平衡是自然界和人类社会的根本法则，也是人类社会永恒追求的目标。人类社会矛盾不可避免，矛盾和纠纷的实质是原有的平衡被打破，通过解决矛盾和纠纷达到新的平衡是社会进步的形式。因此，既要重视民事纠纷的解决，从而确保平衡，又要正确理解民事纠纷解决的目标与方法，从而确保通过纠纷解决实现平衡。平衡应当成为解决社会矛盾的出发点与归宿。作为一种程序法哲学思想，平衡论对于民事程序法律机制的构建与完善具有重要的指导意义。

5. 主张构建大调解格局并制定大调解法

杨荣馨认为，化解社会矛盾、解决民事纠纷是人类社会无法回避的课题。在多种多样的化解矛盾和解决纠纷的方式中，调解是最好、最有效的手段，尤其适合中国的国情、社情和民情。中国的调解类型很多，但是它们各自为战，未能建立体系，没有形成合力。为了充分发挥调解的功能、全面利用调解的优势，应当将人民调解委员会主持的人民调解、行政机关主持的行政调解、社团组织主持的社会调解、司法机关主持的司法调解整合起来，构建以人民调解为基础、以司法调解为中心、以行政调解和社会调解为补充的大调解格局，确保其相互联系、相互支持、相辅相成、相得益彰。为此，应当制定《中华人民共和国调解法》，以更好地规范和引导调解，形成调解合力，提高调解的效率，确保调解的效力。

6. 提出“必须公证”和“统一公证”理论

为了确保公证活动的规范性和权威性，杨荣馨提出应当建立“必须公证”和“统一公证”的公证制度，并将其通过公证立法予以明确规定。所谓“必须公证”，是指某些法律行为、有法律意义的事件和文书，必须经过公证才能产生预期的法律效力；所谓“统一公证”，是指公证行为必须由国家指定和授权的公证组织和人员统一进行，其他任何组织和个人都不得进行公证活动，以防止“证出多门”的乱象，维护公证的权威性。

7. 主张强化民事诉讼和强制执行的检察监督

权力易于滥用，因此需要进行制约与监督。中国宪法规定人民检察院是国家的法律监督机关，人民检察院就应当担负起监督权力运行、确保法律正确实施的职责，一切法律实施活动也就应当自觉接受人民检察院的监督。杨荣馨认为，民事诉讼和强制执行是重要的法律实施活动，人民检察院应当依法进行监督，人民法院也应当自觉接受人民检察院的监督。在参加《民事诉讼法（试行)》起草时，杨荣馨就主张强化民事诉讼的检察监督，并对“人民检察院有权对人民法院民事审判活动实行法律监督”的条文提出了不同意见。他认为，首先，在民事诉讼中，检察监督局限于人民法院的民事审判活动，而不涉及人民法院的强制执行活动，更不涉及当事人、其他诉讼参与人的诉讼活动，范围偏于狭窄；其次，在民事诉讼中，人民检察院只是“有权”进行监督而不是“应当”进行监督，强制性偏于不足。因此，杨荣馨主张，关于检察监督的法律条文应当表述为：人民检察院应当对民事诉讼活动和强制执行活动实行法律监督。杨荣馨关于重视和强化民事检察监督的思想，在学术研究、司法实践和国家立法等多个层面都曾引起重大反响。

8. 主持并推动民事诉讼基本原理研究

杨荣馨认为，法学研究必须坚持理论与实践相结合。没有实践的理论，是空洞的没有价值的理论；没有理论指导的实践，是盲目混乱的实践。在一段时期内，中国的民事诉讼法学研究过于偏重注释法条和解释实践，忽视了民事诉讼基本原理的研究和民事诉讼法学理论体系的建构。杨荣馨认为，理论研究如果缺乏探索和创新的勇气，智识方面缺乏哲学家的独到智慧，就无法引领司法进步的方向。民事诉讼原理是支配民事诉讼运作的基本规则，不遵守诉讼制度的原理，与违背自然规律一样，要付出代价。2000 年，杨荣馨主持的“民事诉讼原理研究”获准立项为第一批

"教育部人文社会科学重点研究基地重大项目"的子课题。杨荣馨提出，民事诉讼原理研究就是要"关心民事诉讼法学为什么这样注释而不是那样注释背后的原因；或者说，关注比注释民事诉讼法学更加具有普遍性和历史性的东西，以建立民事诉讼理论法学体系"。2003 年，课题成果——近 80 万字的《民事诉讼原理》出版，从而开创了中国系统研究民事诉讼原理的新局面，为中国民事诉讼法学理论体系的完善做出了重要贡献。

（二）法学教育和人才培养

杨荣馨从事民事程序法学教学和研究工作将近 60 年，为中国法学教育以及民事诉讼法学科的建立、发展和完善做出了重要贡献。杨荣馨讲授过的课程主要包括民事诉讼法学（含强制执行程序）、公证法学、调解法学、仲裁法学、破产法学、中外民事诉讼法比较、中外仲裁法比较、民事程序法学以及民法学、婚姻法学、继承法学等。杨荣馨的学生对象十分广泛：从层次看包括专科生、本科生、双学位学生、硕士研究生、博士研究生；从学习方式看包括全日制学生、函授生、进修生、远程教育生；从来源看，主要是大陆地区学生，也有来自台湾地区、香港和澳门特区以及韩国的学生。除了课堂教学外，杨荣馨还经常接受法院、检察院、司法行政机关、企业事业单位等邀请开展专题讲座，聆听过讲座并受其思想影响的人不计其数。

杨荣馨自 1982 年开始指导诉讼法学专业民事诉讼法学和仲裁法学研究方向的硕士研究生，自 1993 年开始指导诉讼法学专业民事诉讼法学、仲裁法学和民事执行法学研究方向博士研究生。杨荣馨指导的硕士研究生共有 72 人，博士研究生共有 65 人，这些人均已成为国家法治建设和法学研究的中坚力量。杨荣馨培养的博士研究生人数，在民事诉讼法学科处于绝对领先的地位，目前尚无人能出其右。

杨荣馨教学注重理论与实践、立法与实践、教与学相结合，要求学生必须同时掌握理论（论著和教材）、法律（含法规和司法解释）、说明实际情况的材料（案例），注重培养学生发现问题、分析问题、解决问题的能力，效果良好，深受学生欢迎。

杨荣馨注重启发式教学，关心学生全面成长，为人师表，诲人不倦。杨荣馨钟爱教育事业，73 岁办理退休手续后仍然招收海（境）内外博士研究生，逝世前几天还在批改博士学位论文，表现出超凡的意志力、独有的学术魅力和极强的人格魅力。

（三）参加的主要立法活动

杨荣馨在从事法学研究和教育的同时，怀着以学报国的热情，积极投身国家立法活动。杨荣馨直接、全程参与制定过程的法律据不完全统计有 12 部，部分参与制定过程的法律和司法解释则不计其数。

1979 年 9 月全国人民代表大会常务委员会法制工作委员会决定成立由法院实务工作者和法学教学研究人员共同组成的民事诉讼法起草小组，起草《民事诉讼法》。作为国内最早从事民事诉讼法教学的教学研究人员，杨荣馨全程参与了新中国第一部民事诉讼法典的起草工作。根据起草小组的分工，杨荣馨负责执行程序编和清产还债程序编条文的起草。1982 年 3 月 8 日，第五届全国人民代表大会常务委员会第 22 次会议通过了《民事诉讼法（草案)》，决定自 1982 年 10 月 1 日起试行。但是，起草小组并没有因此而解散，小组成员继续在全国范围内征求意见，接着为试行《民事诉讼法》的修改完善做准备。1984 年，为了集中精力进行《行政诉讼法》的立法工作，立法机关决定解散民事诉讼法起草小组，杨荣馨才返回中国政法大学从事教学工作。1989 年 4 月，《行政诉讼法》获得通过，全国人民代表大会法律委员会和法制工作委员会又启动了《民事诉讼法（试行)》的修改工作。杨荣馨再次参加了《民事诉讼法》修改的研讨和论证，并被时任法工委主任的顾昂然点名为“主张大修大改者”。1991 年 4 月 9 日，第七届全国人民代表大会第四次会议通过《中华人民共和国民事诉讼法》，并于当日公布自当日起正式实施。2001 年，在《民事诉讼法》颁行十周年之际，杨荣馨组织了一次全国性的学术会议，总结《民事诉讼法》颁行以来的审判经验和学术成果，呼吁再次对《民事诉讼法》进行修改。在理论和实践两个方面的推动下，全国人民代表大会常务委员会先后于 2006 年和 2010 年两次启动《民事诉讼法》再修改工作，并分别于 2007 年和 2012 年决定通过。杨荣馨同样是这两次《民事诉讼法》再修改的重要推动者和参与者。尤其是 2010 年启动的《民事诉讼法》修改，杨荣馨不顾年高体病，多次参加全国人大法工委、最高人民法院、最高人民检察院、高等院校组织的专家研讨会并发表自己的意见，并领衔拟定《中华人民共和国民事诉讼法（专家建议稿)》，为立法机关决策提供了重要的参考意见。

1984 年全国人民代表大会决定制定《企业破产法》，并成立了由国务院有关部委负责人组成的起草小组和由专家组成的起草工作小组，杨荣馨参加了破产法起草工作小组并任副组长。1986 年 12 月 2 日，第六届全国人民代表大会常务委员会第 18 次会议通过了《中华人民共和国企业破产法（试行)》。在《企业破产法》1984 年开始立法和 2006 年修改过程中，杨荣馨坚持主张扩大破产法的适用范围，认为应当建立个人破产制度，以适应市场经济发展的需要。这些意见尽管尚未被立法认可，但在理论上产生了广泛影响。

除此之外，杨荣馨还以专家身份参加了《公证法》、《人民调解法》、《仲裁法》、《行政诉讼法》、《婚姻法》、《继承法》、《民法通则》、《海事诉讼特别程序法》等法律的立法起草论证工作，并担任《公证法》起草小组顾问、司法部《人民调解法》起草小组特约研究员。

作为一位务实的、有责任心和使命感的法学家，杨荣馨终身从事民事程序法学的教学和研究，身体力行推动中国民事程序法立法进程，是中国法制尤其是民事程序法制建立和完善的重要推动者和参与者，在新中国法治史上留下了鲜明而深刻的印迹。

三、杨荣馨主要论著

杨荣馨 . 1981. 应尽快颁布施行《民事诉讼法》. 北京政法学院学报，(2)：35-39.

杨荣馨 . 1983. 试谈民事诉讼法的中国特色 . 中国政法大学学报，(2)：87-91.

杨荣馨 . 1985. 论民事程序法 . 中国法学，(1)：105-115.

杨荣馨编 . 1986. 民事诉讼法教程 . 北京：中国政法大学出版社 .

杨荣馨编 . 1987. 破产法基本知识 . 北京：法律出版社 .

杨荣馨，单云涛 . 1991. 论诉讼证据制度 . 政法论坛，(5)：30-34.

杨荣馨编 . 1992. 民事诉讼法学新编 . 北京：法律出版社 .

杨荣馨，陈桂明 . 1993. 论民事诉讼法课程教学的改革与完善——关于开展应用性教学的总结 . 政法论坛，(1)：92-95.

杨荣馨编 . 1998. 仲裁法理论与适用 . 北京：中国经济出版社 .

杨荣馨，乔欣 . 2001. 重构我国民事诉讼审级制度的探讨 . 中国法学，(5)：117-124.

杨荣馨，谭秋桂 . 2002. 依法治国与法院执行行为——兼论强制执行制度的改革与完善 . 诉讼法学研究，(1)：215-229.

杨荣馨 . 2002. 代表国家行使证明权必须只有一个组织一个机构 . 中国公证，(1)：11-12.

杨荣馨 . 2002-11-21. 应尽快制定民事强制执行法 . 法制日报，10.

杨荣馨编 . 2003. 民事诉讼原理 . 北京：法律出版社 .

杨荣馨 . 2004. 审执分立——修改民事诉讼法必做的大动作 . 法学家，(3)：5-9.

杨荣馨 . 2005-3-3. 构建和谐社会，呼唤调解法 . 法制日报，03.

杨荣馨 . 2007-6-15. 高效是强制执行的灵魂 . 法制日报，03.

杨荣馨 . 2007. 略论强制执行的检察监督 . 人民检察，(13)：5-8.

杨荣馨，邱星美 . 2010. 司法能动主义与我国民事司法审判的规范与创新 . 政法论丛，(6)：72-76.

杨荣馨编 . 2011. 中华人民共和国强制执行法（专家建议稿）立法理由、立法例参考与立法意义 . 厦门：厦门大学出版社 .

主要参考文献

杨荣馨 . 1981. 应尽快颁布施行《民事诉讼法》. 北京政法学院学报，(2)：35-39.

杨荣馨 . 1985. 论民事程序法 . 中国法学，（1）：105-115.

杨荣馨编 . 2003. 民事诉讼原理 . 北京：法律出版社 .

唐俊 . 2007-6-7. 破解执行难：单独立法另起炉灶——专访中国政法大学教授、博士生导师杨荣馨 . 法制日报，04.

杨荣馨 . 2011. 杨荣馨法学文选 . 北京：中国政法大学出版社 .

撰写者

宋朝武（1952 ~），山东陵县人。教授，博士生导师，中国法学会民事诉讼法学研究会副会长，中国行为法学会执行行为研究会会长，中国政法大学民商经济法学院民事诉讼法学研究所所长。

谭秋桂（1968 ~），湖南衡山人。法学博士，中国政法大学诉讼法学研究院教授。

乔　伟

乔伟（1932～1997），黑龙江林甸人。法学家和法学教育家。1955年毕业于吉林大学法律系。曾任中国法律史学会副会长、中国法制史研究会会长、山东省人民政府首席法律顾问、山东大学法律系主任、法学研究所所长及南开大学、中国政法大学、吉林大学兼职教授等。他长期致力于中国法律史、人权理论、行政法治理论等方面的研究。他在新中国率先提出法制史应是法学专史，其研究对象应是法律制度的发展史，主张把政治制度史与法律制度史分开加以研究，为中国法制史学科的转型做出了开创性贡献；由他所著的《唐律研究》首次提倡古代法与现代法的比较研究，把现代法的理论引入了古代法的研究中。他所发表的《论独立原判只服从法律》，为1982年宪法恢复司法职权独立原则提供了理论根据。他的《人权三论》阐释了人权观的基本内涵，对树立中国特色的人权观与构建中国特色的人权制度起到了积极的建设性作用；他最早倡导依法行政，为行政法治发展和法治政府建设提供了理论准备。他有“铁嘴”之称，被誉为“中国最雄辩的法学家”。改革开放之后，也是最早走上法庭的律师。他思想深邃，是一代法学学子的启蒙老师。30余年，他自著文字200余万，编写文字800余万，总计逾千万。他的研究成果与学术思想以及他培养的学生对当代中国法学和法治的发展有着重大意义。

一、生平历程

（一）木讷寂言农家子，风华正茂法律人

乔伟，本名乔木青，因慕仰胡乔木，故又名乔也木，1932年2月28日出生在黑龙江省林甸县一个贫苦农民家庭。在他初谙世事的童年，“九一八”事变后的国耻正蒙罩在东北三千万人民的身上。他亲眼目睹了中华民族抵御外侮不屈不挠的斗争，幼小的心灵从此孕育了反抗压迫的坚强性格。抗日战争胜利后，他进入民主中学，开始接受党的教育。1947年，他被选举为所在中学的学生自治会主席。1948年，他参加了土改运动，后被分配到黑龙江省人民政府工作，任省主席秘书兼政报

编辑。1951年，他以优异成绩入读东北人民大学（现吉林大学）法律系。名家宿学的精讲善诱使这个山沟来的青年视野大开，他以伟大的革命导师为榜样，上课时认真听讲消化，课余时间，几乎全部浸润在书的瀚海之中。他手不释卷、坐不停笔的读写习惯即养成于此时。四年中，他的学习成绩全部优良，并成为《吉林日报》的特邀时事评论员。1955年，他毕业留校并有幸成为时任吉林大学校长匡亚明的秘书。在匡校长的诱导勉励下，他立志要为中国的法学教育事业贡献终身。1956年，在周恩来总理"向科学进军"的号召下，他向学校提出回法律系从事教学与科研工作的请求，即被批准。从此他以风华正茂的朝气，开始登上大学法学的讲坛。三年中，先后讲授了宪法学、劳动法学、民法学等课程。授课之余，他笔耕不辍，在当时仅有的两家全国性法学刊物《政法研究》和《北京政法学院学报》上发表了《犯罪与违警的初步研究——论犯罪与违警的区别》等一系列文章。多学科的历练，为他后来成为法学家奠定了基础。

（二）面壁十年图破壁，发奋读书求真知

1957年，他因出庭"为犯罪分子辩护"而错被扣上了"右派"的帽子送往农场进行劳动改造。在不公的待遇与迫害面前，他用坚定的信念和秉性保全应有的人格。他以刚直不阿的个性，在三年的劳动改造中从未写过一个字的认错书。不少人戏称他是"顽固的年轻老右派"。1961年10月，他作为他那个群体中最后一位摘帽"右派"又回到"人民"的行列里。但是政治上洗刷不掉的"污点"仍使他被另眼看待。他被迫离开教师队伍，被安排到吉林大学图书馆线装古籍书库工作。在政治遭受挫折以后，他在事业上并没有灰心丧气，而是重新调整了自己的研究方向。依据线装书库古代典籍丰富的特点，他制定了比较详细的研究计划，专门研究中国法律制度史与中国法律思想史。从此，《史记》、《七略》、《汉书·艺文志》、《四库全书总目提要》不离其左右。八年（1961～1969年）的博览勤思，他不但从目录学、版本学中摸到了进入史学天地的门径，而且能畅游于经、史、子、集的瀚海之中。他面对线装古籍书库的20多万册图书，围绕中国法制史和法律思想史学科的主题，搜集了大量的资料。他先从通典、通志、通考、各朝会典以及图书集成等类书入手，再进一步扩大到原著。这种治学严谨的学风为其日后丰硕的学术成果的产出，打下了坚实的基础。数百万字的读书笔记做成于此时，吉林大学图书馆迄今仍在使用他的20余万言的《馆藏中国地方志目录》成书于此时，他30余万言的古代政治法律哲学的论稿也撰著于此时。

（三）正当夕阳无限好，还须更上一层楼

中国共产党第十一届三中全会的召开，实现了思想、组织、政治各方面的拨乱反正，一大批在政治上遭受迫害的知识分子获得了平反，重新受到了公正的对待。1978 年 8 月，乔伟回到了阔别 20 年的吉林大学法律系。1981 年，司法部举办首届法学师资培训班，聘他任主讲教师。1983 年，他应聘来山东大学组建法律系；同年 11 月，山东大学法律系成立，他出任系主任，成为山东大学法学学科的创始人。1985 年他晋升为教授，曾任山东大学法学研究所所长，并担任校务委员会委员、校学术委员会委员、校学位委员及《文史哲》编委等重要职务。1983 年，美国法学专业大学生组团来华访问，指名请他讲授“中国律师制度”专题。1984 年，教育部批准他为国内首批接受访问学者的导师。1988 年，国家人事部授予他“有突出贡献的中青年专家”称号。同年，英国剑桥国际传记中心主编的《世界名人录》列他为“世界名人”。美国纽约州立大学、波士顿学院与香港大学合办的《亚洲思想与社会学报》约请他撰写《中国法制史在中国法学教育体系中的地位》，该刊主编门策尔在按语中称颂作者是“中国最杰出最雄辩的学者之一”。他发表于《哲学研究》上的《荀韩政治法律思想比较研究》连同其他文章被收录日本出版的《中国年鉴·哲学部》。他的《唐律研究》在日本法史学界备受青睐，关西学院大学教授林纪昭已将其译为日文在日出版。

乔伟曾身兼数职，他是中国法律史学会的创始人之一，长期担任中国法律史学会副会长、中国法制史研究会会长、山东省法学会副会长等职，1997 年 9 月 12 日，因病逝世于济南，享年 65 岁。

乔伟是一位思想型学者，是法学界难得的汇通古今、学贯中西、知行合一，在中国法治理论与实践皆有突出贡献的法学家。他以其博大精深、独树一帜的学术素养与刚直不阿、扎实严谨的人品学风，对一代法律和法学工作者产生了重要影响。他坚守知识分子的良知和气度，一生勤勉于法学与法治，不懈地追求真理和正义，其卓越人格令人景仰，其学术成就催人奋发。

乔伟著述巨丰，在不到 20 年的时间里，他相继出版了专著 4 部，发表文章百余篇，主编工具书、教科书 21 部。其中特色鲜明的《中国法律制度史》、《唐律研究》分别获得山东省 1984 年度和 1986 年度社会科学优秀成果一等奖；他于 1979 年主编的《律师手册》曾是那个时代法官、检察官、律师及法科师生案头的必备书；他任副主编和主要撰稿人的全国首部统编教材《中国法制史》获司法部优秀教材奖；他任总主编组织中国社科院法学所及十余所高等法律院系学者参加编写的大型《法学

丛书》影响广泛；他任主编组织编写的《中国法制通史》（十卷本）第三卷《魏晋南北朝》卷填补了法学史上的许多空白；他主编的《新编法学词典》，获全国优秀畅销书奖，在第一次普法活动中是十大畅销书之一。“文化大革命”结束十余年来，他先后发表了《关于法学理论研究的反思》、《公民在法律面前必须一律平等》、《自由、必然与法律》、《论对敌斗争中的法律问题》、《试论法律与经济发展的辩证关系》、《我国民主政治建设的伟大成就》、《民主自由的法律观》、《论人权》、《“权利本位说”质疑》等卓有见识的文章。《哲学研究》、《求是》、《中国法学》、《法学研究》、《文史哲》等影响较大的学术刊物上都留下了他耕耘的汗水。近 40 年来，乔伟自著文字 200 余万，编写文字 800 余万，总计逾千万。他与他的同龄人一道，创造了改革开放以来法史学研究的辉煌，是新时期法史学界当之无愧的奠基者之一。2000 年 9 月，由《乔伟文集》编委会辑集出版了乔伟改革开放以来近 20 年的部分学术成果，即五卷本的《乔伟文集》，210 余万字。嗣后，乔伟的部分遗稿被发现，2007 年，由山东大学出版社编辑出版，是为《乔伟文集》补卷，即《三国时期法制史稿》。该文集凝聚着乔伟毕生的心血，是一位法学家留给法学界及全社会的一份宝贵的法律文化遗产。

二、学术研究和重要贡献

（一）主要研究领域及学术贡献

1. 古代法的研究

（1）中国法制史的研究对象

新中国成立初期，由于受苏联“国家与法权的历史”的模式影响，中国法制史的研究对象主要是以国家的政治制度为主，法律制度为辅。在其后 30 余年间，虽然进行了一定的革新，但是用国家制度史来替代法律制度史的研究模式却一仍其旧。针对以上研究模式的弊病，乔伟率先提出了应把政治制度史与法律制度史分开加以研究的观点。他认为，中国法律制度史必须突出“法”，要着重在“法制”上下功夫，其研究对象只能是中国各个历史时期的法律制度发生、发展和演变的规律。具体而言，它包括研究中国古代法律的起源、本质和作用，法律的制定史与演变史，各朝代法律制度的内容、特点和发展规律，古代法律在现实生活中的适用等。总之，就是要突出中国法制史作为法学专史的特点。乔伟的观点一经提出，立即引发了一场全国范围内的关于“中国法制史研究对象”的讨论。在讨论中，大多数学者赞同并支持他的观点。以这场讨论为标志，中国法制史学科明确了其学科研究对象这一基本问题，完成了学科的转型与突破。其后通用的国家统编教材《中国法制史》，即是以这场讨论后的统一认识为根据来设置其体系和内容的。这是一次重要学术变革，中国法制史学科终于形成了学科分类上的中国特色。乔伟的这一思想，甚至影响到了法理学界，法理学上关于国家的理论从此亦被剥离出去归之于政治学。

（2）研究中国法制史的指导原则和目的

在长期以来“左”的思想路线影响下，以往法律史学界存在着一些不正确的思想倾向：一是片面地强调历史为当代政治服务，结果把法律史学变成了当代政治的附庸；二是只强调法律的阶级性，否认法律的连续性和继承性；三是单纯为历史而研究历史。乔伟比较早地、旗帜鲜明地指出这些都不是马克思主义的态度。他根据自己的教学与科研实践经验，总结出学习与研究中国法制史的目的应该是三条：第一，为深入掌握法学各个专业准备历史知识；第二，继承优秀的历史遗产来加强社会主义法制建设；第三，批判封建专制主义思想以扫除“四化”的障碍。为此，乔伟进一步强调要应用历史唯物主义观点来从事法律史学的研究，要坚持经济基础决定上层建筑的原理；明确上层建筑对经济基础的反作用；正确理解阶级斗争的观点；必须用历史观点来研究历史；充分占有史料，坚持史论结合；坚持反省历史，借鉴历史。

（3）中华法系的基本特点

中国古代立法，自夏迄清，源远流长，绵延不绝，形成了特点鲜明的中华法系。关于中华法系的基本特点，新中国成立前后有许多法史学者做过探讨，提出过不少有益的见解。20 世纪 80 年代，法史学界重新认识这一法制史上的重大理论问题，把对中华法系的研究推向了新的发展阶段。在《论中华法系的基本特点》一文中，乔伟认为，所谓中华法系，实质上就是指中国封建社会的法律制度以及在这种法律制度影响下所制定的各国封建法制法律的总称。应当指出的是，中华法系虽然指的是中国封建法律制度，但是却不能认为中国封建法律制度的特点就是中华法系的特点。二者既有相通之处，又有不同的地方，一个着眼于其阶级属性，一个着眼于其民族属性。中华法系最主要、最基本的特点就是礼法结合。这个特点的形成既有其经济上的原因，也有其政治文化上的原因。在由奴隶制法律制度到封建制法律制度的长期发展过程中，礼法结合大体经历了礼法并用、弃礼任法和礼法合流的三个发展时期，而每一个时期又与当时的政治、经济、文化的发展程度是相适应的。在历史发展过程中，礼法结合的途径主要有两条，一条是立法者以儒家经典为立法根据或以儒家经典作为阐释司法的理由，另一条是直接把礼义道德规范纳入法律，把礼的规定改为法律条文，使之上升为法律制度。他的这一研究结论，现已成为法史学界多数学者认同的主流观点。

(4) 先秦时期法律思想的研究

先秦时期的法律思想被认为是中华法律思想文化的源头，也是古代中国法律制度构建过程中重要的理论依据与参考。对于先秦法律思想的研究，乔伟在其研究中国法律思想的早期就已经撰写了一系列的学术论文。在《论春秋时期法律思想的发展变化》一文中，他指出春秋时期的法律思想，不是统一的，而是多元的；不是静态的，而是动态的。归结起来，其主要内容包括轻天重民、德刑并用、宽猛相济与守礼正名。在《论新兴地主阶级的法治思想》一文中，他认为新兴地主阶级产生以后，法家的代表人物就成为了这个阶级的代言人。及至地主阶级逐步取得政治上的统治权以后，法家的法治理论也日益走向成熟，以法随时变、弃礼任法、轻罪重罚与刑无等级为其基本要点，构成了中国古代法律思想文化宝库中的一个重要的组成部分。在研究先秦时期儒法两家的对立及联系方面，乔伟在《荀况王霸思想的初步研究》中，指出荀况继承和发展了儒家的王霸思想，其关于王霸思想的基本要点是大力推崇王道，适当肯定霸道，坚决反对强道。从其推崇王道和反对强道来看，荀况和法家有原则性的分歧。但从其对霸道的论述来看，则吸收了前期法家的思想，成为由礼到法的过渡桥梁。正因为荀况的王霸思想具有这样的特点，所以又为汉代“儒法合流”的思想以及“霸王道杂之”的制度奠定了理论基础。日本学者评价乔伟是中国研究荀子政治法律思想的第一人。

(5) 魏晋南北朝法律制度的研究

魏晋南北朝时期的法律制度上承秦汉，下启隋唐，在中国法律制度的发展史上占有重要地位。然而在这一时期，由于国家处于分裂状态，政权更迭频繁，历史上遗留下来的法律资源既不完整也不系统，而一些研究中国法制史的专门著作对这一时期的叙述又十分简略，所以这一时期的法律制度研究基本上处于空白状态。20 世纪 80 年代，乔伟承担了国家“七五”至“八五”规划哲学社会科学重点科研项目《中国法制通史》（十卷本）的统筹组织撰写任务，并任第三卷《魏晋南北朝》卷的主编。他从基础工作开始，在古书堆中“大海捞针”，一点一滴地搜集整理，然后经过考证、梳理、分析、编纂，历时五年，修改数次，最终完成了这部著作，可以说，该卷代表了当前这一研究领域的最高水平。他以魏晋南北朝时期的政治经济发展情况为背景，分别详细研究了魏晋南北朝各代的立法活动，并进一步探析魏晋南北朝法制的沿革，包括八议制度入于律、“十条重罪”形成、族刑连坐立法的变化、刑讯逼供的发展等。此外，乔伟还对魏晋时期的律学发展进行了探讨，指出这一时期律学的特点：第一，已从一般的政治学说中分离出来，完全成为了一门独立的学科；第二，内容已经不仅是对古代法律的起源、本质与作用的一般论述，而是涉及法典的篇章体例和法学中的基本概念以及如何定罪判刑等一些专门的法律问题。并详细介绍了张斐、杜预、刘颂等这一时期主要律学家的观点。

（6）唐律的研究

唐律是中国古代立法的集大成者，是中华法系的法典代表。它标志着封建专制主义法律制度的完备与发达，正因为它有着承上启下、宗流后世的历史地位，所以研究唐律既被认为是打开封建法史大门的钥匙，也被认为是采撷中国法律文化皇冠的明珠。乔伟是新中国成立后对唐律研究起步最早的学者。早在20世纪80年代初期，他就为研究生开设唐律研究的专题讲座。之后，其讲稿曾以《唐律概论》结集刊印传播。1985年，他将对唐律研究的心得集为数十万言的《唐律研究》予以出版。《唐律研究》分总论和分论两编，上编主要论述唐律产生与形成的历史条件，唐律制定的指导思想，唐律的篇章体例，唐律的特点与历史地位，以及作为唐律支柱的五刑、十恶、八议的起源、沿革、成制与发展等；下编主要论述唐律中的各项罪名，将唐律中的400余个罪名分为反对和侵犯皇帝罪、危害人身安全罪、侵犯官私财产罪、危害公共安全罪等八大类。乔伟的《唐律研究》主要是从刑法学的视角对唐律进行探析，其研究的显著特点就是运用现代刑法原理，以犯罪客体为分类标准，将具体罪名归类。运用这种分类撰述的方法，在唐律的研究中尚属首次。他开启了以现代法理论研究古代法的先河。他在该书不断获得赞誉甚至在国外出版后，曾构思了《唐律再研究》，但因其早逝，此愿未能实现。

（7）吏治思想与制度的研究

中国古代的吏治思想与吏治制度，是中国法学文化遗产的重要组成部分，对于当代中国现实问题的解决特别是干部管理体制的完善具有较高的借鉴价值。在吏治思想与制度的研究上，乔伟给予了高度的关注，相继发表了《论我国古代以法治吏的若干问题》、《中国古代以法治吏的经验教训》等文章，详细阐述了古代吏治思想与制度的发展及其对当代中国的启示。乔伟根据《说文解字》中“吏，治人者也”的定义展开研究，认为吏是执行国家的方针政策，统治和管理民众的工具。因此，统治阶级为巩固政权与发展经济文化，必须建立一支奉公守法、清正廉明的官吏队伍。历代封建王朝的统治者进行了反复的探索后，得出比较成功的经验就是以法治吏。所谓以法治吏，就是把官吏的选拔、任用、职责、考核、升降、奖惩等一系列环节，都纳入法制化的轨道，使之规范化、制度化，而且使这种法律与制度具有稳定性、连续性和极大的权威，任何人都不得按照个人意志去改变它。在以法治吏思想的指导下，历代统治者在建立和完善官员选拔与监督机制的同时，都会运用法律的手段以整顿吏治，主要表现为在法律上明确规定官员违法行为的法律责任，包括官员失职的法律责任、官员职务犯罪的法律责任以及官吏职务上的连带责任等。

在探析古代吏治制度设计的同时，乔伟重视对吏治思想渊源的研究，他认为以法治吏是中国古代政治家和思想家的共同主张，不管各家各派在学术观点上有多大的分歧，但在以法治吏这一点上却是一致的。儒家的代表人物孔子是礼治论者，主张以仁义道德治理天下，但也强调统治者个人在实施礼义法度中，必须以身作则，成为民众表率。法家的集大成者韩非则提出了“明主治吏不治民”的主张，他说这种办法好比“摇木之本，与引网之纲”。摇木之本，则枝叶必动；引网之纲，则万目必张。只有首先实现吏治，而后方能做到民治。

上述七个方面，远不能涵盖乔伟在中国古代法研究方面的贡献，他对中国国家起源的研究；中国法产生的分析；中国古代五刑沿革的研究；秦汉刑制的考察；汉初废肉刑得失的评价；“德主刑辅”思想的探析；唐初法制经验的总结；宋明理学与法制关系的阐述；清时以例代律的说明；法律思想与法律制度相互作用的论证等都有精辟独到之处。尤其难能可贵的是，乔伟虽是法制史名家，但他对古代思想史的研究却着力更深更多。他是法史学界公认的能把制度与思想统一在一起进行研究的代表性人物。

2. 现代法的研究

乔伟以研究法律史学闻名学界，但是他的学术贡献并不局限于对古代法的研究，其现代法的研究同样成果显著，主要涉及法学基本理论、宪法基本理论、行政法治理论等领域。乔伟对现代法的研究具有前沿性、务实性、实效性，实现了法学研究的三个面向：面向问题、面向实践、面向创新，具有极强的现实意义。

（1）法学基本理论的研究

乔伟对法学基本理论的研究主要表现为对社会主义法制基本理论的研究，他的主要贡献在于通过全面解读邓小平的社会主义法制思想，构建了社会主义法制理论的基本架构。在《邓小平法制思想论纲——建设有中国特色的社会主义法制》一文中，乔伟详细介绍了邓小平法制思想的主要内容和基本原则，认为邓小平法制思想的核心就是建设有中国特色的社会主义法制体系。在上述思想的指导下，乔伟先后发表了《论社会主义初级阶段的法制建设》、《论社会主义法制在“四化”建设中的作用》、《坚持社会主义法制的基本原则》等论文，构建了社会主义法制理论的基本架构。他认为，历史的经验教训表明，“改革制度”与“健全法制”是避免重犯历史错误的治本之策，完善立法可以最大程度上解决“以言代法”，因此法制建设在社会主义建设中具有重要意义。他提出社会主义初级阶段法制建设的根本任务就是把国家政治生活、经济生活和社会生活的各个方面以及民主与专政的各个环节，都纳入法制的轨道。在《坚持社会主义法制的基本原则》一文中，他针对当时中国法治发展状况，提出了社会主义法制建设应当坚持的一系列基本原则：公民在法律面前必须一律平等；人民法院独立进行审判，只服从法律；健全检察机关，加强法律监督；正确对待辩护，保护被告人的辩护权。在当时的历史条件下，乔伟的上述观点对处于起步阶段的社会主义法制建设起到了极大的推动作用。他在《人民日报》上发表的《论独立审判只服从法律》的文章，被彭真同志推荐给中央政治局成员阅读，该文为1982年宪法恢复司法职权独立原则提供了理论依据。

（2）宪法基本理论的研究

乔伟对宪法基本理论的研究主要集中在人权理论与权利义务基本理论两大领域。在人权理论研究方面，乔伟正确认识和阐述了人权的历史、内涵和本质，阐释了人权观的基本内涵，形成了具有自己学术特色的“人权三论”。在《论人权、“恐资病”及医治的药方》一文中，乔伟认为在对待人权的态度上，要消除“恐资病”的影响，不能认为人权是资产阶级的专利品，将人权与社会主义民主对立起来。在《论人权》一文中，乔伟从人权立法的由来、发展及其实质出发，归纳了人权的主要内容、基本特点及历史地位。阐释了人权的本质及局限性。在《再论人权》一文中，乔伟重点探析了中国人权理论的特点，构建了符合中国国情的人权理论体系，认为生存权是其他一切权利的基础和保障，并提出人民当家做主是人权最基本最重要的内容。在涉及人权与主权关系问题上，乔伟强调主权高于人权，人权必须服从于主权，这是处理人权问题时所应坚持的基本原则和立场。法学界公认，乔伟是法学界在改革开放之后最早倡导人权理论的代表性学者之一，其思想之解放，鼓舞了年轻一代有勇气对人权理论进行更深入的研究。

在权利义务基本理论研究方面，乔伟发表了《评“权利本位说”》、《坚持马克思主义权利义务观，为促进社会稳定与发展作贡献》、《必须正确行使公民的民主权利》等文章。他的主要观点包括：第一，他不主张“权利本位说”，而主张权利与义务并重论，强调公民权利与义务的一致性。第二，他对马克思主义权利义务观进行系统解读，阐明了权利义务的阶级性、局限性、一致性。第三，他主张恰当处理应有权利义务、法定权利义务和现实权利义务的关系，认为权利义务真正发挥作用的首要条件是使它上升为国家的制度和法律，并保证国家机关在法律范围内活动，真正实现公民在法律面前的一律平等。在中国法学20世纪80年代末至90年代初关于法的本位的讨论中，乔伟的权利义务一致论被视为三派中具有主流地位一派的主要代表。

（3）行政法治理论的研究

乔伟对行政法治理论的研究主要表现为对依法行政理论的研究上。他相继发表了《论政府法制工作的性质、地位和任务》、《依法行政的重要保证》、《关于政府依法决策和依法行政的几个问题》、《关于依法行政和行政复议的问题》等文章，系统地阐释了他的依法行政思想。他的观点主要包括：第一，从中国的政治、经济、社会的现实情况出发，依法行政是中国走向法制的历史选择，认为依法行政是社会主义民主法制的必然要求，是经济发展和行政管理体制改革的迫切需要，是政府机构职能转变的根本方式。第二，依法行政从本质上说是规范政府行为，它意味着政府既是依法行政的主体，也是依法行政的对象。政府守法是依法行政的核心要求。政府不但要在对待行政相对人时做到法律面前人人平等，而且自身要受法律的严格拘束。第三，在有法可依与完善立法的背景下，有法必依是依法行政的关键所在。他主张在依法行政的过程中，政府要严格执法，不打折扣，不留死角，并且政府及其工作人员决策和执行的过程要严格遵循法律的规定。第四，主张在实行宏观的行政法治推进方略外，还应当稳步推进依法行政的具体路径的规划和设计，只有从制度、机构、人员等多个层面齐头并进，才能有效推进依法行政，实现真正意义上的行政法治。乔伟依法行政思想的意义至少体现在三个方面。其一，为法治行政理念和法治政府建设提供了理论准备。其二，推进了山东省以至全国的政府法制建设。依法行政不仅是一种思想，更体现为生动的政府法制过程。其三，依法行政思想成为乔伟现代法理论的重要组成部分。

他的这一系列思想与观点，在他担任山东省人民政府首席法律顾问时，在政府工作中得到了有效实践。1989 年，山东省人民政府根据乔伟的建议，提出把 1990 年作为政府“依法行政年”。乔伟积极推动这项工作的开展，多次为山东省各级领导及政府法制部门工作人员讲授行政法知识，1990 年 2 月 16 日在全省第四次政府法制工作会议上他讲授“依法决策依法行政”；同年 2 月 23 日为山东省领导做了关于“学习《行政诉讼法》”辅导报告。撰写了《为正确实施行政诉讼法而斗争——学习行政诉讼法辅导讲话》等文章和讲稿，主编出版了《依法行政通论》一书。该书可称得上是“依法行政”理论的先声之作。

山东省的“依法行政”年被中央作为经验在全国推广，为“依法治国、建设社会主义法治国家”治国方略的提出奠定了基础。如今，依法行政已经成为我们崇高的追求，可以说，从依法行政到依法治国，饱含着包括乔伟在内的众多法学家的努力和心血。

（4）雄辩的律师

乔伟不仅是一位与时代节奏合拍的法学家，同时，他还是一个积极参与司法实践和法制建设的法律工作者。他的特殊经历，使他懂得冤屈与不平，往往与钳制当事人的言论自由与遏制当事人的辩护权利联系在一起，因而他常把自己的学识形诸文字，为民鼓与呼。作为名扬全国的律师，来自全国的求助者络绎不绝。他出庭辩护、代理的案件不计其数，其中成功的经验多被他整理成文公开发表。他的《要正确对待辩护》、《律师制度的初步研究》、《划清诬告与错告的界限》等文，在律师界影响广泛。由他在律师制度恢复后不久编写出版的《律师手册》，是当时律师、法官，以至检察官手头必备的办案工具书。就在发表《独立审判，只服从法律》的同一年，他还发表了《健全检察机关，加强法律监督》、《独立行使职权、维护国家法制》等文，完成了他构思已久的由关于辩护的论文、到关于审判的论文、再到检察的论文的一组文章，实现了他为重建新中国司法制度，呼唤民主的夙愿。

（二）主要学术思想及影响

1. 屡破“禁区”，敢于直言不讳

基于法律与政治间的关联关系，在法学研究过程中，往往会形成所谓的“禁区”。敢于突破这些“禁区”是对一个学者的学术良知与学术功底的最好体现。早在“批儒评法”的1973年，乔伟就开始着手研究儒法两家的对立及相互联系。他先后撰写了《商鞅法治思想探源》、《商鞅法治理论与实践的初步研究》，忆写了被抄没的《族刑连坐法的初步探讨》等有关法学理论与实践的文章，在初步弄清法家思想特点的基础上，又撰写了对比鲜明的阐述儒家法律思想特色的《先秦儒家的法律思想及其历史地位》、《董仲舒“德主刑辅”思想的初步研究》、《荀况“法后王”考辨》、《荀况王霸思想初探》、《荀韩政治法律思想比较研究》等文章，理清了中国古代政治法律思想儒法合流的基本脉络。这些征引有据的学术论文，有力地驳斥了当时一部分人为附会极“左”政治而对秦始皇所做的美化，也廓清了人们强加给荀子的种种臆造。1979年之后，他的上述论文相继在《哲学研究》、《社会科学战线》、《文史哲》等刊物上发表，篇篇掷地有声，给人们留下了深刻的印象。

早在1978年，当人权问题还是一个禁区而乏人问津的时候，他就写了《论人权、“恐资病”及医治的药方》一文，驳斥了把人权作为资产阶级专利品的观点，认为在社会主义国家“从法律上强调保障劳动人民的基本人权，使人权成为神圣不

可侵犯的权利，是十分必要的”。该文的成稿时间比 1991 年发表中国人权状况白皮书早了 13 年。这对一位长期受到不公正待遇的人来说，需要常人难以企及的勇气和胆略。

1979 年 1 月 5 日，乔伟敢为天下先，在人民日报上发表了一篇引人注目的文章：《论独立审判，服从法律》，触及了当时十分敏感的司法独立问题。文章强调："所谓‘独立审判’，是说人民法院在审判案件时，必须独立进行，不允许其他机关或个人以公开或秘密的方式参与或干涉审判工作；所谓‘只服从法律’，是说人民法院在审判案件时，必须严格依法办事，除法律之外它不服从任何机关或个人的指示和命令。”文章辩证地分析了法院独立审判与党的领导的关系，提出了社会主义法是党的政策定型化，服从法律即是服从党的政策因而即是服从党的领导的观点，深刻有力地指出了人们长期形成的把服从党的领导与服从法律对立起来的错误认识，体现了他明达识度与不懈追求真理的精神。文章引起了巨大反响，受到了国家领导人的好评。

此外，每当法学基本理论问题上发生较大的争论时，他都以其学术敏锐力觉察到争论的实质及突破方法，并以一家之言注入力量，敢于直言不讳，敢于直砭时弊。如《自由、必然与法律》、《论社会主义初级阶段的法制建设》、《新时期法制建设的指导方针》、《邓小平法制思想论纲——建设有中国特色的社会主义法制》等文章，都能另辟蹊径，以其独到的见解给人们留下深刻的印象。曾经有过坎坷经历的乔伟在当时无私无畏，敢于坚持真理，勇于维护法治，是十分难能可贵的，这也是他受人尊敬与怀念的品格与魅力所在。

2. 鉴古明今，擅长比较研究

乔伟因其深厚的史学功底与丰富的法学知识，在对传统法律文化进行研究与整理的过程中，非常注重古今的比较研究，立足于为解决当代社会中的各种现实问题提供有益的借鉴，希冀鉴古以明今。如《论法制建设中借鉴历史经验的问题》、《传统文化与法制建设》、《中国古代以法治吏的经验教训》、《论我国封建法律制度的三次重大改革及其历史教训》等文章显示了他对古今的法律制度的谙熟。中国法学界鲜有人能如他那样，得古今两通。这种对传统法律文化的借鉴和扬弃的思想，贯穿于乔伟法史学研究的始终。在《论法制建设中借鉴历史经验的问题》一文中，他将古代成功的法制建设经验提炼为五个方面：“缘法而治，健全制度”；“礼刑并用，罪刑相称”；“以法治吏，刑无等级”；“有法必依，取信于民”；“审时度势，厉行改革”。他认为这些代表中国法律文化精髓的东西，在今天仍是值得褒扬的成功经验。

若推其比较法研究的代表著作，则非《唐律研究》莫属。在《唐律研究》中，乔伟首倡了古代法与现代法的比较研究，把现代法的理论引入了古代法的研究中。他从刑法学的视角切入，根据现代刑法分则的体系，打乱唐律原有的篇章体例，根据每种犯罪所侵犯的客体，把唐律中400多个罪名，归纳为八类，以其每类的构成要件，与现代刑法中的构成要件进行对比，希冀为现代社会法律体系的构建与完善提供有益的借鉴与启示。正如他在“唐律研究”专题讲座时说的那样，“历史学家研究历史不是为了过去。如果研究历史不能从古人成与败的经验教训中找出今人应走的道路，那么历史学家不过是个文字工匠。我研究唐律的目的，不在于证明唐律如何结构严谨、文字简洁、注疏确切和举例适当，而在于探讨贞观之治与完备的法制之间的内在联系，以此说明社会主义民主政治的建立离不开健全的法制保障这个颠扑不破的真理。”

3. 立足实践，一切从国情出发

乔伟对问题的研究从来不满足于理论上的推演，而总是紧密结合实际情况、致力于解决实践中存在的问题，力图为问题的解决提供具有技术性、可操作性、实效性的方案。他遵循科学研究的基本规律，注重调查研究、从实际出发，一方面能够全面考察问题的演进历程，做到言之有据；另一方面能够利用自己的智识优势提出能够产生实效的解决方案。诸如《实施诉讼法的几点思考》、《有法必依、执法必严是保护和改善环境的关键——谈环境保护法的基本原则和主要制度》等文章都鲜明地体现了乔伟立足实践、回归实践的学术思想。同时，乔伟非常注重将理论研究与中国实际国情紧密结合，强调一切讨论都应从中国具体的国情实践出发。他认为，即使是研究西方法治理论诸如人权、“三权分立”等，最终也应回归于对中国具体实践的指导，在研究法治发达国家、评判中国现状的基础上，探寻出适合中国国情的、可操作的、能够发挥实效的方案。

（三）法学教育与人才培养

1. 法学教育

他在20世纪80年代中期主编了当时全国最大的法学教材丛书，主编了发行30余万册的《新编法学词典》。该词典在当时一印再印，为法律常识和法制观念在全国的普及起到了巨大的推动作用。在长期从事法学研究的同时，乔伟非常重视法学教育的发展。早在1956年，毕业留校的他向学校提出回法律系从事教学与科研工作的请求，以意气风发的年龄开始登上吉林大学法学的讲坛，并立志要为新中国的法学教育贡献终身。在吉林大学法律系的三年中，他因扎实的法学功底与全面的法律知识，先后讲授了宪法学、劳动法学、民法学等多个学科的课程。讲授这些课程，为他成为法学家奠定了基础。

在被开除出了人民教师的队伍的长达 20 年的时间里，虽然身处逆境，远离课堂，但是乔伟依旧坚守着一个法学教育者的责任与良心，时刻在为重返大学法学的讲坛做着准备。随着中国共产党十一届三中全会的召开，思想、政治、组织等各方面的拨乱反正，乔伟终于在 1978 年回到了他阔别已久的讲台，重新站到了吉林大学法学的课堂上，实现了他多年的夙愿。

在国家重视法制建设与恢复法学教育的背景下，全国各大高校开始恢复或者创建法律系。山东大学也将创建法律系的事项提上了工作议程。1981 年，山东大学在科学社会主义系内开设法律本科专业。1983 年，在已有条件的基础上，山东大学开始着手法律系的创建，而创建法律系的首要工作就是要找到一位学术造诣高深的法学家出任系主任。1983 年 11 月，山东大学法律系成立，乔伟应聘出任首任系主任。20 世纪 80 年代，他团结带领师生，在几乎白手起家的情况下，呕心沥血，殚精竭虑，使山东大学的法学教育从无到有，从发展缓慢到逐渐走上正轨，实现了山东大学法学学科发展的第一次飞跃，为山东大学法学教育做出了奠基性的贡献。

在担任山东大学法律系主任期间，乔伟高度重视法学学科的改革与发展，注重山东大学法律系学科的明细化与多元化，开展形式新颖的本科生教学与研究生教学。在担任各种行政职务与社会兼职的同时，乔伟亲自为本科生和研究生讲授中国法制史、唐律研究等课程。他思想博大、古今对比、内容丰富的讲课，每每使教室爆满。他妙趣横生的语言与极富哲理的结论，每堂课都能赢得学生数不尽的掌声。作为山东大学法律系的奠基者，乔伟为法律系的创建和发展做出了卓越的贡献，也推进了山东省乃至全国法学教育的发展。他在山东大学设立了全国第一个经济法专业，这对当时经济法学科的形成起了很大的推动作用。他主持编写了十数所学校教师参与的全国最大规模的《法学丛书》，这些丛书分册同时也是这十余所大学法学共用的教材。他受邀到西南政法学院、中国政法大学、南开大学等校系统开设刑法史等专题讲座，曾主持了中国首届法学博士论文答辩，他对中国法学教育有诸多开拓性贡献。

2. 人才培养

乔伟在长期从事法学教育的过程中，为中国社会主义法治事业培养众多杰出人才。在学术研究与学术品德上对自己要求严格的乔伟，对他的学生们也是严格要求。他要求他的学生除了具备扎实的学术功底与良好的学术习惯外，还必须具备正直的学术品格。在他看来，做人和做事同等重要，在注重学术研究的同时，必须重视自我人格的完善。

他所指导的学生，有的已成长为中国法学的领军人物，有的成长为政法领域领袖与骨干。凡听过乔伟授课的学生，无不为他深邃的思想、雄辩的口才、妙语连珠的趣话、信手拈来的典故及古今结合的精论所折服。他是能够点燃学生思想火焰的人，是学生们公认的人生导师和思想的启蒙人。

乔伟身上永远焕发着人生光辉的品格。这种品格，诚如他的弟子们所总结的："坚定的信念，顽强的毅力，深邃的思想，仁爱的品格，济世的情怀，锲而不舍的治学精神"；他是一个集大学问与大道德于一身的人，堪称20世纪中期以来的一代法学宗师。

三、乔伟主要论著

乔伟. 1976. 馆藏地方志目录. 吉林大学图书馆.

乔伟. 1980. 律师制度的初步研究. 吉林大学社会科学学报，(3)：54-60.

乔伟编. 1981. 律师手册. 长春：吉林人民出版社.

张晋藩，乔伟，游绍尹，等. 1982. 中国法制史. 北京：群众出版社.

乔伟. 1984. 新时期法制建设的指导方针——学习邓小平同志关于法制建设的论述. 中国法学，(2)：67-81.

乔伟. 1985. 新编法学词典. 济南：山东人民出版社.

乔伟. 1985. 唐律研究. 济南：山东人民出版社.

乔伟. 1987. 传统文化与法制建设. 政法论坛，(6)：60-65.

乔伟. 1987. 我国民主政治建设的伟大成就. 山东法学，(2)：9-11.

乔伟. 1987. 四项基本原则是我国宪法的基石. 山东法学，(1)：5-7.

乔伟. 1988. 论我国古代以法治吏的几个问题. 山东社会科学，(5)：90-95.

乔伟. 1988. 关于法学理论研究的反思——论更新和改造法学的若干问题. 文史哲，(6)：79-83.

乔伟. 1989. 论人权. 文史哲，(6)：3-11.

乔伟. 1991. 论"三权分立"的实质. 文史哲，(6)：11-18.

乔伟. 1991. 论新兴地主阶级的法治思想——兼评法家理论之得失. 山东法学，(1)：52-56.

乔伟. 1992. 人治与法治的比较研究——论以法治国的重要意义（上）. 山东社会科学，(5)：14-19.

乔伟. 1992. 人治与法治的比较研究——论以法治国的重要意义（下）. 山东社会科学，(6)：26-28.

乔伟. 1992. 再论人权. 文史哲，(4)：54-60.

乔伟. 1994. 必须维护社会主义法制的尊严. 山东法学，(1)：10-14.

乔伟. 1996. 论魏晋南北朝法律思想的沿革及其特点. 山东大学学报（哲学社会科学版），(4)：1-13.

主要参考文献

《乔伟文集》编委会 . 2000. 乔伟文集（1-5 卷）. 济南：山东大学出版社 .

《乔伟文集》编委会 . 2007. 乔伟文集（补卷）. 济南：山东大学出版社 .

撰写者

徐显明（1957 ~ ），山东莱西人。法学博士，教授，博士生导师。现任山东大学校长。

吴大英

吴大英（1932～2003），浙江海宁人。法学家与政治学家。1950年至1953年他先后就读于东吴大学社会学系、北京大学政治学系和北京政法学院。1954年被选定为留苏研究生，1955年至1959年就读于苏联列宁格勒大学法律系研究生部，获法学副博士学位。回国后，一直在中国科学院哲学社会科学部（1977年改为中国社会科学院）法学研究所工作，先后担任助理研究员、副研究员、硕士生导师、研究员、研究生院教授、博士生导师，并曾任《法学研究》杂志主编。1985年任法学研究所副所长。1988年至1994年任政治学研究所所长。他还担任过中国法学会理事、法理学研究会副总干事、中国政治学会副会长、全国哲学社会科学规划办公室政治学学科规划小组组长、全国台湾研究会常务理事、中国统一战线理论研究会常务理事、中国监察学会常务理事、中国和平统一促进会理事等学术团体职务。几十年来，他出版的著作（含译著）、发表的论文和译文达600多万字，为中国法学研究与政治学研究做出了重要贡献。

一、人生历程与学术经历

1932年6月3日，吴大英出生于浙江海宁一书香门第之家，祖父曾留学日本，后为清朝御医。两岁丧父，吴大英由当教师的母亲带大。1948年他在上海新建中学参加中国民主青年同盟。1950年3月至8月他就学于东吴大学社会学系，同年秋又考入北京大学，于1950年9月至1952年8月在北京大学政治学系学习。1952年9月院系调整后他被统一分配到北京政法学院学习和工作，后调到中共党史教研组工作。

1954年9月至1955年8月吴大英就学于北京俄文专修学校留苏预备部。1955年9月至1959年6月他就学于苏联列宁格勒大学法律系研究生部，获得法学副博士学位。归国后他于1959年7月至9月在北京外语学院归国留学生学习班学习。1959年10月他在中国科学院哲学社会科学部（1977年改属中国社会科学院）法学研究所工作，任助理研究员。在此期间吴大英开始在刊物上发表论文，此后一直笔耕不辍。

1978 年吴大英任中国社会科学院研究生院法学系副教授、硕士研究生导师。1979 年他任中国社会科学院法学研究所副研究员、法学研究所学术委员会委员。在此期间他耗时 5 年组织法学研究所的学者翻译出版了苏联学者莫基切夫主编的《政治学说史》（上、下），为其以后的学术生涯打下了扎实的功底。

1980 年吴大英兼任北京市高等教育局高等院校确定与提升教授职称评审工作委员会评委，中国政治学会理事。1982 年他任中国社会科学院法学研究所国家与法研究室主任、北京市法学会宪法研究会理事。1983 年他任中国社会科学院法学研究所研究员、中国社会科学院研究生院法学系教授。1984 年兼任中国政法大学教授。这一时期也是吴大英对于法学理论研究的高产阶段，他接连发表了大量论文并出版著述。

1985 年吴大英任中国社会科学院法学研究所副所长兼《法学研究》主编，中国社会科学院政治学研究所学术委员会委员。1985 年他兼任南京大学法律系教授，中国法学会法理学研究会副总干事。1986 年他任中国社会科学院研究生院法学系博士生导师，兼任中国法学会理事。1987 年他任中国社会科学院学位委员会第二届学科评议组法学评议分组成员，兼任司法部社会科学研究职务评审委员会委员。此时的吴大英在法学理论、社会主义法制、立法学研究等领域已经做出了相当的贡献，但他对于学术的热忱促使他再一次走上了对于政治学深入探索的道路。

1988 年吴大英任中国社会科学院政治研究所所长、研究员。1989 年任中国社会科学院政治学研究所《政治学研究》主编。1991 年他任中国政治学会副会长，全国哲学社会科学研究“八五”政治学学科规划小组成员、组长，北京市哲学社会科学研究“八五”政治学学科规划小组成员、组长，享受国务院政府特殊津贴。1993 年他任中国社会科学院第四届学位委员会委员。1994 年他兼任全国台湾研究会常务理事，中国统一战线理论研究会常务理事。1996 年他兼任人事部社会科学研究专业副高级专业技术职务评审委员会评委。1996 年他任中国政治学会副会长，全国哲学社会科学研究“九五”政治学学科规划小组成员、组长，北京市哲学社会科学研究“九五”政治学学科规划小组成员、组长。1996 年他兼任中国监察学会常务理事，中国和平统一促进会理事。

二、研究领域与学术成就

吴大英一生治学勤奋，研究领域广泛。从法理学原理到社会主义法制、立法学、比较法学、比较政治制度、宪法学、一国两制理论等，涉及诸多领域。他政治立场坚定，学术功底扎实，学风正派稳重，一生在法学研究与政治学研究的岗位上辛勤耕耘，发表了大量的研究成果，为中国法学、政治学的学科建设和学术发展付出了毕生精力。

吴大英著述颇丰，其代表性著作有《立法制度比较研究》（合著）、《比较立法学》（合著）、《中国社会主义立法问题》、《中国社会主义法律基本问题》、《有中国特色的社会主义经济、政治、文化》、《有中国特色的社会主义民主政治》，主要译著有《各国选举制度》、《国家和法的理论》、《共产主义者同盟》、《政治学说史》等。中国社会科学出版社在2002年1月出版了《吴大英集》，一生心血得以浓缩流传，善莫大焉。他精炼的文笔，清晰的思路，严密的逻辑和高产的成果，在法学研究的圈子里成为共识。特别是改革开放初期那个思想解放的年代，吴大英的名字频繁地出现在《人民日报》、《光明日报》等主要媒体上。从吴大英的学术成果中可以看出他是一位关注现实的学者，他的每一篇文章几乎都和当时的社会焦点相关，这些问题在某种程度上反映了中国法学与政治学发展的历程，浓缩了中国老一辈学者对国家高度的责任心与使命感。

（一）法学理论研究

在法理学原理方面，吴大英对中国法学理论具有深入的研究，对法律与道德、法律与政策、法律关系、法律意识、法律适用、法律解释、法律遵守等问题也均有阐述。1958年，他就对社会主义法律的概念和特征进行了如下阐述：“社会主义法律是由国家最高代表机关或共和国的代表机关和其他有立法权的最高国家机关在特殊的程序下所制定的规范性文件，有时候，社会主义法律也可以由全民投票来直接通过；社会主义法律是工人阶级和一切劳动人民意志的最高表现，它调整最重要的社会关系，并具有最高的法的力量。”1965年，他对于中国法律的运用问题做出了自己的见解：“第一，我国的法律是实现无产阶级专政的工具；第二，党的政策是法律的灵魂；第三，制定法律必须从实际出发；第四，运用法律必须贯彻党的领导和群众路线。”

同时，吴大英深知发展中的中国必须立足本国国情了解国外形势，在发展中国法学理论与法制建设的过程中，需认识到比较法学的重要性。他在1980年发表的《应重视比较法的研究》一文中明确指出：“为了开展比较法研究，必须解决许多实际问题。例如，必须有一支从事比较法研究的队伍。必须大力提高法学研究人员的外语水平。除使有真才实学的原有的法学研究人员尽快归队之外，还需要培养新的人才，包括招收研究生，有计划地派遣研究人员出国考察、进修和学习，邀请外国学者来我国讲学或进行学术交流。在条件具备的情况下，应当成立比较法研究会和比较法研究所。又如，需要逐步建立起一个法学资料中心，搜集外国法律文件和法学著作，并加强国内外学术情报交流等。”1982 年他与任允正又在《现代法学》、《法学评论》、《思想战线》等刊物共同发表了《国外的比较法教育》、《比较法的产生与发展》、《比较法的性质、方法和作用》系列关于比较法学研究富有启示性的刊文。

（二）立法领域开拓

在立法学领域，早在 20 世纪 70 年代末吴大英就开始关注立法问题，是这个领域的开拓者之一。1981 年，他与任允正合著出版了《立法制度比较研究》。1982 年，他又重点论述了宪法在立法工作中的作用：“宪法是立法工作的基础，立法大权由人民掌握，明确规定立法程序，充分发挥地方性法规的作用。”1983 年，他于《法学杂志》发表了《各项制度的改革与立法工作》，其中论及了加强立法预测和立法规划、健全立法程序、改进立法技术等重要议题。1984 年，他在《中国法学》发表了《我国的立法预测与社会主义现代化》，同年与他的学生信春鹰一起在《法学》发表了《加强立法预测是法制协调发展的重要措施》，他最早提出了立法预测和立法规划的概念，为中国立法活动规范化提供了理论指引。他曾对立法的概念做出如下定义：“随着时代的发展，社会的进步，国家性质的变革，它所包含的具体内容有了很大的发展变化。所以，我们现在所说的立法与古代所说的立法，用词虽然一样，基本意思仍然是制定法律，但其具体内容，特别是立法活动的性质已经完全不同。我们现在所说的立法是，由占人口 99.97% 的享有选举权和被选举权的公民，通过民主选举出人民代表，组成全国人民代表大会及其常务委员会，即国家立法机关，把工人阶级和广大人民的意志，提升为国家意志，用法律形式加以条文化，使之成为具有国家强制力的、任何人都必须严格遵守的行为规范，以镇压敌人，惩罚犯罪，保护人民，保卫社会主义现代化建设事业的胜利进行。”

1985 年间，他又对诸多立法问题进行了详细的论述，如中国的立法制度、立法程序的概念和阶段、讨论法律草案、通过法律、公布法律、立法技术的概念和意义、法律的结构、法律的文体等。伴随着中国立法工作的常规化和专门化，他的系列研究成果曾经得到立法机关的高度重视。随后，吴大英于《思想政治工作研究》发表了《法学基础理论是政工干部的必修课》，又在《政治学研究》发表了《加强立法学的研究是发展我国政治学的重要内容》，这是对于法理学、立法学等在已有的研究基础上开始结合政治学而展开进一步的探索，可见其深厚的学术功底与广泛的研究领域。

（三）社会主义制度与政治学探索

吴大英对于社会主义制度与国家法制建设均有诸多深入论述。特别是在 20 世纪 70 年代末与刘瀚等学者在《学术月刊》、《社会科学研究》及高校学报、刊物上发表了许多有价值的刊文。他对于社会主义民主与法制、中国社会主义法律与国家管理、三权分立与反封建斗争、党组织必须在宪法和法律的范围内活动等议题均有研究。他曾对政治体制改革与社会主义民主政治这一时至今日依然为人们所热议的命题提出四点论述：“第一，政治体制改革的必要性和必然性；第二，我国政治体制改革的准备；第三，政治体制改革的阶段；第四，政治体制改革的指导原则。”随后主张继续推进政治体制改革要从包括改善党的领导，加强人民代表大会制度，提高政府的工作效率，取消实际上存在的领导职务终身制，改革干部人事制度，发挥地方政权的作用，加强社会主义法制建设等方面开始。

当代中国政治学自 1980 年恢复以来，经历了“六五”、“七五”、“八五”和“九五”四个时期，走过了 20 年的历程。“九五”期间从事政治学研究的人员规模扩大，学历层次和专业化程度提高；科研成果数量增长迅速，学术质量提升很快，是当代中国政治学快速发展的时期。首先，学科体系日趋健全，学科领域继续扩大。其次，政治学研究的方法更加多样化。再次，政治学开始注意与改革开放的社会政治生活相联系。1988 年吴大英任中国社会科学院政治研究所所长、研究员，1989 年任中国社会科学院政治学研究所《政治学研究》主编。1991 年他任中国政治学会副会长，全国哲学社会科学研究“八五”政治学学科规划小组成员、组长，北京市哲学社会科学研究“八五”政治学学科规划小组成员、组长，享受国务院政府特殊津贴。1996 年他任中国政治学会副会长，全国哲学社会科学研究“九五”政治学学科规划小组成员、组长，北京市哲学社会科学研究“九五”政治学学科规划小组成员、组长。吴大英以身作则起到了学科领路人的作用，为政治学发展贡献了自己坚实的力量。虽然从整体上讲政治学对当时许多社会问题的研究只是初步的，但对中国民主政治建设的作用却是明显的，这也是政治学日益受到社会认可和重视的原因。

（四）统一战线理论研究

1994 年，吴大英兼任全国台湾研究会常务理事，中国统一战线理论研究会常务理事。此后，他对中国统一战线理论开始进行系列地阐释，于《统一战线》接连发表了《否定主权的概念是为了分裂国家》、《海峡两岸的和平统一是潮流所趋人心所向》、《评李登辉的“主权”和“主权在民”》、《评主权与“治权”分开》等文章。1996 年吴大英兼任中国和平统一促进会理事。1999 年，他对中国共产党第十五次代表大会报告中江泽民同志重申的邓小平“一国两制”科学构想与中国统一目标，通过分析诸多和平统一模式进行了详细归纳和比较论证。同时在这一时期，吴大英与时俱进地结合新国情、新背景对原来的主要研究领域做出了更进一步的探索。

三、辛勤耕耘与治学育才

吴大英的一生始终与中国社会科学院紧密联系，他在工作生活中的点点滴滴也在不经意间给予身边人留下了深刻的印象，他的辛勤工作与不懈耕耘推进了中国法学理论与政治学研究的进一步丰富与发展。

（一）吴大英与法理学研究室

1958 年，中国科学院哲学社会科学部法学研究所第一研究小组创设，是为法理学研究室的前身。1978 年 9 月，作为中国社会科学院法学研究所最早的六个研究室之一，法理学研究室正式形成，当初的名称是国家与法的理论研究室，吴大英、李步云担任第一任正、副主任。法理学研究室的办公室在今天看来堪称陋室。然而，吴大英身为主任，始终以身作则，他对于学术研究与理论探索的执着精神感染着研究室的每一个人，大家众志成城不断绽放出法理室别样的光彩。到 20 世纪 80 年代，中国社会科学院法学研究所在中国法学界已享有很高的地位，特别是法学理论这一块，吴大英、刘瀚、李步云、周新铭几个学者的名字在几家大报的理论版频频出现，颇有些独领风骚的意思。

法理学研究室成立以来，紧密联系实际，致力于法学基础理论研究，并适时开展了一系列具有广泛影响的理论研讨。中国共产党十一届三中全会前后，法理学研究室研究人员率先在《人民日报》、《光明日报》、《法学研究》等报刊上发表关于法律面前一律平等、实行社会主义法治、人权和公民权利、民主制度化法律化等重大问题的理论文章，引起了热烈的反响。改革开放以来，法理学研究室始终关注并着力研究中国民主和法制建设中的重大理论和实践问题，在全国陆续开展的关于法的继承性、法的阶级性与社会性、法律面前人人平等、人治与法治、起草新宪法、法律体系和法学体系、立法理论、人权理论、依法治国、司法改革、法治与和谐社会等问题的讨论和研究中，发挥了组织或主导作用。

在深入研究和广泛讨论基础上，法理学研究室发表和出版了一批在海内外受到好评的高质量论文和著作，其中，有些论著曾获得全国十三省市社会科学优秀成果奖、中国图书奖、中国社会科学院优秀学术成果奖等奖项。这些论著，对于“文化大革命”结束后恢复和推动中国的法理学研究，形成、更新和丰富中国的法理学学科体系，促进中国法理学研究水平整体提升，具有不可低估的作用。同时，作为法学研究所的一个重要研究部门，法理学研究室根据需要组织其研究人员参与了党和国家一些重大决策的论证或文件起草工作，为党和国家提出了若干具有参考价值的政策建议。法理学研究室研究人员提出的将多党合作和政治协商制度写入宪法、参加世界人权大会、改进文化领域执法状况、改“法制国家”为“法治国家”等建议以及多次提出的关于修改宪法的意见，受到了重视和好评，有些建议被国家立法机关采纳。

在学科建设和学生培养方面，以法理学研究室为主要依托的法理学学科是全国最早经国务院学位委员会批准的博士学位和硕士学位授权点之一，并于 2003 年 9 月纳入中国社会科学院重点学科建设工程，目前面向海内外招收博士生、硕士生、博士后研究人员和访问学者。几十年来，法理学学科研究人员围绕一些重大理论和实践问题承担了多项国家级、院级等重大、重点课题，研究涉及民主和法制理论、人权和权利理论、法治理论、法律文化理论、法律与社会理论、法理学、立法学、比较法学、西方法哲学、法社会学、法解释学、法经济学、法律与政治哲学等诸多学术领域，从多个方面为中国法理学的丰富、深化和发展做出了贡献。总之，法理学研究室自成立以来不断发展，不仅在自身理论研究方面，更在学术成果的发表与专业人才的培养上不断进步，其优良传统的形成与丰富硕果的得来离不开吴大英及老一辈学者所打下的坚实基础与持续不断的奉献。

（二）学生记忆中的吴大英

吴大英内心孤傲，卓尔不群，对学生学习要求也特别严格。他做学问的特点是严谨、系统、对文字的要求标准极高。他本人是那种对文字和文章有特殊天赋的人，文章从不打草稿，想好了一气呵成。在那个用稿纸写稿子的年代，他的文章到了编辑那里几乎连一个标点符号都不需要改动。如果学生写了一个错别字被他抓到，一顿严厉的批评不可避免。在他看来，写错别字是能力问题也是态度问题。学外语，他不像现在的外语教学那样，注重语法，做题库，而是给你一本外文原著要求你翻译，他认为语言是在表达中体会的。

在育才上，吴大英的学生中不得不提的一位就是他的开门弟子信春鹰。1978 年应届毕业考入中国社会科学院研究生院法学系的她师从吴大英，研究法理学，是当年研究生院最年轻的学员。她于 1981 年毕业，获法学硕士学位，成为“文化大革命”后中国恢复研究生学位制度后的第一位女法学硕士。她的学术生涯正是在吴大英的指点下更进一步地拓展了，可以说，这几年的学习生活为她日后的学术研究打下了坚实的基础。而她对于吴大英的诸多回忆让这位可敬的前辈在我们心中的形象更为真切：“1978 年我考入中国社会科学院法学研究所，在先生门下做研究生，盖因上世纪 70 年代末期，在《人民日报》、《光明日报》上读到先生关于社会主义民主和法制的文章，慕名而来。三年学习，受到诸多教益。记忆最深的，是他对学生的严格。那是一个思想解放的时代，我们尽情地享受思想的放任。对学生的狂傲，他是默许的，他说他们那代人被压抑得太久了。然而，对于文字和文法，他非常严格。记得一次我交作业，在‘氏族’的‘氏’字底下加了一个点，先生板起面孔批评我。还有一次，我从美国写信给他，把电脑‘COMPUTER’的一个字母拼错了，他在下面划了一个大叉，从北京把我的信寄回美国。他的这种近于苛刻的态度在我的心中打下了深深的烙印。现在自己也做了导师，我常常和我的学生讲这两个故事。”

在生活上，吴大英一生节俭朴实，待人慷慨随和。在那个物质匮乏的年代，吴大英经常请学生们吃饭。常去的地方是灯市西口的翠华楼。翠华楼是国有饭店，据说当年曾经招待过基辛格，拿手的一道菜叫桃花饭。信春鹰对此回忆道：“从翠华楼横穿马路到西口，有一个国营菜站，吴先生经常在那里排队买菜。阳光下他硕大的身材挤在买菜的队伍中，很滑稽。这个情景被我们几个弟子看到过，景荣师兄步‘导师创业垂千古’之韵，写诗称‘导师排队一上午’。记得有一次全室十多个人去吃饭，四十元钱，酒足饭饱，花不完，临走时不找钱了，饭店送了一个西瓜以补零头，也没有饭后水果的概念，由我提回办公室，大家再慢慢吃。”整个 80 年代，他的自行车后架上都夹着一个灰色条绒的口袋，是路上买菜用的。口袋是旧衣服拆了缝的，满是横七竖八的接缝。“我们读书时，研究生院暂栖于北京师范大学，先生来上课，就和我们一起在闹哄哄的学生食堂站在脏兮兮的桌子边吃饭。当时最贵的菜也才几毛钱，但他总是用馒头把碗里的菜打扫干净。对学生，他要求严格同时又关怀备至。得了稿费，忘不了给我们打牙祭。印象最深的一次是在中山公园的来今雨轩，十五元的稿费让我们吃了一顿丰盛的大餐。之后不久田明汉学兄英年早逝，那一餐饭也有了不同寻常的意义。”

吴大英俄文极佳，外语不仅是他学术研究的工具，也是他精神和智力活动的工具。他主持和参与翻译了大量俄文法学著述和法律文本。他组织翻译并负责审校的

《政治学说史》信、达、雅兼备，是学术译著的典范。“记得我跟先生做研究生时年轻气盛，好高骛远，同时选了英语、日语、德语，恨不得一口气学成几把刀。先生告诫说，外语是工具，工具的用处在于可用。如果不能达到可用的程度其价值就等于零。他要求我把一门外语搞精通，并且给我一本英文的法理学著作要求我翻译。这样的教诲和训练令我受益终生。”信春鹰如是说。

吴大英治学严谨，思路敏捷，学术功底深厚。20 世纪 80 年代初期胡乔木院长曾点名要他就会议规则撰写一本书。现在看来这样的题目似乎太简单，但在当时“百事待举，百业待兴”的情况下，这个题目很有现实意义。据说吴大英当时不愿意受命，而院长的态度是“这个工作非你莫属”。《会议规则》出版于 1984 年，和现在动辄洋洋百万字的大部头相比，这本小书有点寒酸，然而它严谨的逻辑，表现了作者知识渊博、深入浅出的大家风范。

吴大英那一代学者多数没有受到社会的追捧，书斋中度岁月，格子纸上写春秋。他们是幸运的，得以保持学者的操守和本分，商业化和市场化与他们无缘；他们又是清苦的，没有多彩的生活，也没有很多社会联系。在吴大英囿于病床之后，每次学生们去探望，他都提到最想做的事情是“去所里上班”。他不止一次地请求护工“送我到所里去吧”。研究所是他的家，生命弥留之际，他想不出来还有其他什么地方比研究所更值得留恋。

2003 年 2 月 21 日下午 3 时，在病榻上缠绵了三年之久的吴大英离开了这个世界。他的遗体捐献给了协和医科大学。一位在中国法学界和政治学界辛勤耕耘了一生的学者永远告别了他所钟情的事业。吴大英辞世后，很多人都建议组织悼念活动。但是为了尊重他个人的意愿，任何悼念仪式都没有举行。仪式有一个符号作用，没有仪式的好处是很多人并不知道他已经不在了。在充满生机活力的学术界，一个学者，两年不发表作品就意味着淡出。现在读法学院的学生，很少人会知道吴大英教授是谁。20 世纪 70 ~ 80 年代活跃在法学领域的那些法学家的历史功绩将被载入历史，因为他们承担了一个历史转折的使命要求，他们注定要为新世纪中国法学和法治的繁荣奠基。

四、吴大英主要论著

吴大英译 . 1959. 反对现代改良主义和修正主义关于国家问题的理论 . 北京：法律出版社 .

吴大英译 . 1963. 各国选举制度 . 北京：法律出版社 .

吴大英译 . 1963. 国家和法的理论 . 北京：法律出版社 .

吴大英译 . 1964. 国家和共产主义 . 北京：法律出版社 .

吴大英，刘瀚 . 1979. 论共产主义法制和社会主义道德 . 学术月刊，(6)：1-6.

[苏] 莫基切夫编 . 1979. 政治学说史（上、下）. 吴大英，王家福，等译 . 北京：中国社会科学出版社 .

吴大英，任允正 . 1981. 立法制度比较研究 . 北京：法律出版社 .

吴大英 . 1983. “四人帮”批判 . 北京：中国社会科学出版社 .

吴大英，信春鹰 . 1984. 加强立法预测是法制协调发展的重要措施 . 法学，(8)：8-11.

吴大英 . 1984. 社会主义法制基础知识 . 甘肃：甘肃人民出版社 .

吴大英，刘瀚，等 . 1984. 中国社会主义立法问题 . 北京：群众出版社 .

吴大英，谢怀栻 . 1984. 会议规则 . 北京：人民出版社 .

吴大英，任允正 . 1985. 比较立法学 . 北京：法律出版社 .

吴大英，李林 . 1987. 坚持马克思主义关于法的根本观点 . 社会科学，(3)：6-11.

吴大英编 . 1987. 中国社会主义法律基本理论 . 北京：法律出版社 .

吴大英 . 1987. 比较法基础知识 . 北京：法律出版社 .

吴大英 . 1988. 法律基本理论 . 四川：四川人民出版社 .

吴大英，任允正，李林 . 1992. 比较立法制度 . 北京：群众出版社 .

吴大英编 . 1996. 西方国家政治制度剖析 . 北京：经济管理出版社 .

吴大英，杨海蛟 . 1999. 有中国特色的社会主义民主政治 . 北京：社会科学文献出版社 .

主要参考文献

中国社会科学院科研局 . 2002. 吴大英集 . 北京：中国社会科学出版社 .

信春鹰 . 2004. 追忆吴大英先生 . 法学家茶座，(5)：126-129.

信春鹰 . 2012. 我记忆中的法理室 . 法制资讯，(9)：8-9.

撰写者

胡一旭（1990 ~），上海人，华东政法大学 2012 级法律史研究生。

种明钊

种明钊（1932～），山东滕县（现山东滕州市）人。法学家和法学教育家，中国“法经济学的先驱者”之一。1951年考入云南大学，1953年随全国院系调整转入新组建的西南政法学院，1954年毕业并留校任助教，1955年考入四川大学研究生班，师从苏联政治经济学专家卡契金，1957年研究生毕业并回西南政法学院工作。1960年、1981年、1986年分别被评为讲师、副教授、教授，1984年担任经济法专业硕士生导师，1996年担任经济法专业博士生导师。1983年至1997年，历任西南政法学院副院长、院长，西南政法大学校长、党委书记等领导职务。曾任第八届全国人民代表大会代表、国家社会科学基金规划组法学评审组成员、教育部法学学科教学指导委员会委员、中国法学会常务理事、中国法学会学术委员会委员、中国法学会民法经济法研究会副会长、中国行为法学会副会长、中美法学教育交流委员会中方委员、四川省哲学社会科学联合会副主席、重庆市人民政府法律顾问、贵州省人民政府咨询顾问、中国国际经济贸易仲裁委员会委员、重庆仲裁委员会副主任、重庆仲裁委员会专家咨询委员会主任等职。他在经济法基础理论、法经济学、竞争法、社会保障法等领域均有重要建树，对西南政法大学经济法学科的建设与发展做出了重要贡献。2005年入选“中国当代法学名家”，2012年9月被授予“全国杰出资深法学家”称号。

一、人生历程

种（Chóng）明钊1932年6月20日出生于孕育了孔孟思想和礼乐文化、被称为儒家文化发源地的齐鲁大地，从小便接受儒家文化的熏陶和教化，深受传统思想影响，以乐善传家，让他切身领悟到了儒家文化的深邃与广博。

（一）孜孜不倦，成长求学

1938年，种明钊的家乡山东滕县受日本侵略而沦陷，他跟随母亲历尽千辛万苦远赴重庆投奔父亲。1946年，由于其父工作变动原因他转学至昆明五华中学。此校在昆明是一所有影响的中学，学校董事长李根源是国民党元老，他是朱德在云南讲武堂学习时的老师和领导，新中国成立后曾担任中国人民政治协商会议全国委员会委员。校长李希泌，是李根源的儿子，西南联合大学毕业生，新中国成立后任国家图书馆研究员、全国政协委员，享受国务院政府特殊津贴。五华中学的教师多为西南联大毕业的高材生，西南联大、云南大学的不少教授，比如朱自清、潘光旦等也曾在五华中学做过兼职教师，因此，该校教学质量很高。种明钊到昆明前，学习不够用功，成绩一直不理想。到昆明后，在五华中学优良的校风、学风熏陶下，也受益于一位杨姓教师的谆谆教诲，学习成绩很快就有了明显进步，初三时，学习成绩在班上已经名列前茅，获得过学业成绩优良的奖状。为了检验自己的学业水平，1950年夏，在读完高中二年级后种明钊即报考云南大学并被录取，名次还靠前，只不过因为没有正式的高中毕业证书无法报到而未入读。应当说进入五华中学是他青少年时代的一个转折点。每每回忆起这一段经历，他就对五华中学和杨老师充满了热爱和感激之情。

1951年，种明钊高中毕业了，因为经济条件不允许，无力前往北京报考大学而只能入读云南大学（全国统一高考是1952年开始实行的）。1953年，在全国院系调整中，云南大学政治系、法律系被调整到重庆新组建的西南政法学院。因学校将三、四年级合编为一个年级，故1954年，他提前一年从西南政法学院毕业，按照其“服从国家统一分配”的志愿，被留校任教，分配在国家与法理论教研室任助教。

1955年，种明钊考入四川大学政治经济学研究生班，师从苏联政治经济学专家卡契金。卡契金教授是一位参加过第一次世界大战、俄国十月革命和苏联反法西斯卫国战争的老布尔什维克，在师生中有着很高的威望。据种明钊回忆，在开学的第一堂课上，卡契金教授就给他们布置了学习任务，第一年主要学习《资本论》第一、二、三卷，第二年主要学习列宁、斯大林和毛泽东的著作并完成毕业论文。用一年的时间集中精力逐字逐句地精读《资本论》对种明钊来讲可谓获益终身。卡契金对他的影响是多方面的，其中有两点最为深远：一是高度重视对经典著作和精品名著的学习。在法学教育中他一直贯穿这一原则对学生进行传道授业，例如给本科生授课，每一章都要开出一些阅读书目，其中主要是相关的经典名著，而且要求学生仔细阅读、审慎思考。对硕士和博士研究生的要求更是如此。二是《资本论》的学习使他一生都注意把经济学和法学紧密联系起来去读书、思考和写作。他研究生毕业论文的选题是《社会主义国家的经济作用》，中心思想就是国家应当干预经济，而干预经济应当遵守客观经济规律。其后发表的一系列文章，如《攀登科学高峰的光辉典范——学习马克思创作〈资本论〉的伟大精神》、《实现社会主义生产目的与经济立法》、《试论用法律办法管理经济》、《正确发挥国家在经济调整中的作用》、

《马克思主义法学的理论基础与法经济学的建立》、《略论马克思〈资本论〉中的法律思想》、《论我国立法和经济体制改革的同步》以及《司法工作者应当学好经济学》，等等，都具有法经济学的研究视野，并善于开展经济学和法学的交叉研究。事实上，基于这种跨学科的学术素养，种明钊深刻指出："回忆我们国家的经济政策和立法，凡是遵循客观经济规律的要求，我们就成功，反之就失败，所以立法者必须遵守客观经济规律，客观经济规律不可违背，它是《资本论》中反复强调的一条颠扑不破的真理。"

（二）动荡岁月，默默奉献

1956年至1976年是新中国成立、建设、发展、动荡的20年，西南政法大学的发展和种明钊的职业生涯也深受影响。

从1957年夏到1959年秋，由于反"右派"斗争、整风补课、生产劳动、上山下乡、大炼钢铁等，西南政法学院的教学秩序受到严重干扰。直到1959年国庆后，种明钊才开始给西政61级学生讲授政治经济学（后来他又给西政62级、64级学生讲授该门课程），该门课程每周6个学时。同时，种明钊还给干部轮训部（主要是县一级的检察长、法院院长、公安局长）上课，每周8个学时。屈指算来，种明钊一个星期要承担14个学时的教学任务。这在当时是相当饱满的教学工作量，因为每周的劳动、政治学习、组织生活、集体讨论讲稿以及各种会议已经占去了一周中相当多的时间，所以备课主要靠熬夜，有时甚至通宵达旦。由于这一时期出现了三年自然灾害，粮食供给很成问题，因此人们生活普遍比较困难，很多人还患上了浮肿病。难能可贵的是，大多数人不仅工作热情较高，而且精神面貌普遍较好。

1959年至1966年，种明钊两度下乡：第一次下乡是1959年，历时半年；第二次下乡是1965年，主要是开展"四清"运动，直到1966年6月初"文化大革命"爆发，才奉命撤回学校参加"文化大革命"。1971年，种明钊被下放到解放军农场劳动锻炼，为时一年多，接受工农兵再教育。

"文化大革命"开始后，西南政法学院的招生、教学、科研陷入停顿，处于"斗、批、散"的动荡岁月，直到"四人帮"垮台。1977年，中央批准复办，西南政法学院获得新生。

（三）竭忠尽智，服务西政

西南政法学院复办后，种明钊被任命为政治经济学教研室副主任，主持教研室工作。学校复办的春风使当时全教研室的教师迸发出极大的教学热情和积极性，他们四处调查研究、收集资料、制订教学计划、编写提纲、撰写教材，以迎接即将入学的 78 级新生。

1981 年，在当了 21 年讲师之后，种明钊被评为副教授。虽然已 48 岁，但在那时已经是西南政法学院最年轻的副教授了。同年，种明钊又被提拔为教研室主任。1978 年至 1982 年期间，他先后给 78 级、79 级、82 级本科以及硕士研究生讲授过政治经济学、马列主义经典著作选读等课程和专题。

1983 年，种明钊开始担任西南政法学院副院长，分管教务处、研究生处、成教处、外事处、科研处等部门的工作。

1991 年，西南政法学院调整领导班子，他被任命为西南政法学院院长。在任期间，种明钊竭忠尽智，服务西政，与全院师生一起完成了三件对学校具有里程碑意义的大事：一是学科建设，在他的主持之下，学校狠抓学科建设，谋划学科布局，因而在较短时间内取得了三个省、部级重点学科；二是博士点申报，1993 年 12 月，西南政法学院成功列入博士授权单位，诉讼法博士点获得批准，而经济法博士点也于 1996 年获得批准；三是改学院为大学，1995 年，学校实现了从“西南政法学院”到“西南政法大学”的华丽转身。这些成绩的取得为学校以后的大发展奠定了坚实基础。正如西南政法大学一位青年教授在接受《南方周末》记者采访时所说：“1992 年到 1997 年是西政历史上发展最快、步伐最大的 5 年，也是人气最旺、最有生机的 5 年。”

二、学术研究与重要贡献

（一）研究领域与学术贡献

种明钊的学术研究主要围绕市场经济、国家法制建设的一些重大课题展开，横跨经济学和法学两个领域。

1. 中国法经济学的开创者和奠基者

作为“法学和经济学的穿织者”，种明钊对“法经济学”的研究具有开创性的意义。几十年来，他不仅为中国法经济学的发展不断鼓动与呼吁，而且身体力行，殚精竭智，勤奋而执着地在两个学科交叉与结合的研究中寻求创新和突破，并形成了富有创见的理论成果。据考证，新中国第一篇对“法和经济学”进行交叉研究的文章是种明钊1983年发表于《法学季刊》第二期①、题目为《马克思主义法的理论基础与法经济学的建立》的论文。值得注意的是：该文还被1983年5月中国人民大学报刊复印资料《法律》全文转载。该文的问世不仅为新中国的法理学（法哲学）填补了“经济分析法学”这一子学科，而且为新中国的西方经济学增添了“法经济学”这一子学科。因此，对作为一门学科的“法和经济学”在新中国的确立和发展进行学说史的考察，就不得不回溯到1983年这个关键节点。种明钊提出的建立一门介于法学和经济学之间的边缘学科——法经济学的观点被法学界誉为新中国“法经济学的第一位倡导者”，而西南政法大学也因此被称为新中国“法经济学的发源地”、新中国“法经济学的芝加哥大学”。②

种明钊在倡导法经济学的建立时指出，法学和政治经济学的相互关系极其密切，这是建立法经济学的“天然”原因。但是，我们应该承认，它们毕竟是两门不同的社会科学，有着各自的研究对象。要把这两门不同学科有机结合在一起，这既不是政治经济学，也不是法学所能实现的，而只能由一门新兴的学科——法经济学来实现。他还提出了法经济学建立的背景：随着社会经济的发展，法学的发展，对于法经济学的需要更加迫切了。可以说，法经济学的建立是历史的必然。在界定法经济学的本质时他提出，法经济学是介于法学和经济学之间的一门边缘学科。它是研究物质生产关系同法的关系之间的相互关系及其发展规律的科学。他还对法经济学科学体系的建立提出了自己的初步构想，并且向教育部、司法部以及中国社会科学院等机构提出了相关建议。正如中国优秀中青年法学家顾培东所言，种老师所倡导的法律经济学“毋宁是一种理念，一种以马克思主义辩证唯物主义和历史唯物主义思想为基础的把握法和经济关系的理念；一种方法，一种运用经济学原理与逻辑而阐释法律现象的方法；一种视角，一种从社会经济运行的实际状况及功利目标观察和评价法律制度及其效果的视角”。

2. 中国经济法学基础理论研究的先驱

种明钊是中国经济法学基础理论研究的先驱者之一。他在中国经济法基础理论方面的研究成果主要有：《实现社会主义生产目的与经济立法》、《论我国立法与经济体制改革的同步》、《试论用法律办法管理经济》、《社会主义市场经济与法制建设》、《正确发挥国家在经济调整中的作用》、《经济人与国家干预法》、《论西部大开发中的政府高强度干预》、《国家干预法治化研究》等。这些学术成果蕴藏了一些

① 现名为《现代法学》。

② 吴锦宇：《略述“法和经济学运动”在中国大陆的发展（1983～2003)》，载《制度经济学研究》，2003年第2期。

很有见地的学术见解：1）1980 年，在全国展开的社会主义生产目的的大讨论中，他提出了运用经济立法实现社会主义生产目的的观点，并指出，我们的经济立法已经到了非搞不行的时候，科学的经济立法必须加强对客观经济规律的认识；要从难易程度与轻重缓急的角度尽快制定一批经济法规；某些经济法规可以以地方法规的形式先行试点。这些观点在于光远等国内学者主持的讨论会上一经提出，就引起了全国的高度关注，立即在《会议简报》和《经济学动态》上摘要发表，并经索稿全文刊载于公开发行的《社会主义生产目的论文集》中，学界普遍认为文中观点富有理论远见。2）提出了中国立法与经济体制改革应当同步的观点，阐明了同步的内涵只能是宏观的同步而不是微观的同步；是灵活的同步，而不是机械的同步。"同步首先表现为立法对经济关系的发展总过程的适应，与体制改革在总进程上的一致才是我们所应该追求的同步，而个别进程上的差异并无重大影响。灵活性的同步意味着对传统立法模式的摈弃。传统的立法模式是以经济关系的单一性为基础，以大陆法系法典化立法方式和风格为主要内容的，这种模式对中国立法工作有一定的消极影响。灵活性的同步，就是不拘泥于陈规陋习，以有效性为基本价值标准，通过多种途径达到同步。这种同步又是总的质上的同步，它体现了立法宗旨与体制改革的总目标相一致，各种立法活动中都充分考虑体制改革的要求，所制定的法律的基本内容顺应改革的总趋势"。3）在"文化大革命"结束后不久，针对管理经济要不要法律办法，以及法律办法与经济办法、行政办法的关系，种明钊提出了必须用法律办法管理经济的观点。他指出，虽然法律办法源于经济办法，但经济办法、行政办法又须尽可能地法律化，它在很大程度上优于经济办法。他在论文中尖锐地指出："管理经济如果没有法律办法，所谓经济办法要大半成为空话，所谓社会主义法制、以法治国也要大半成为空话。"为了解决好用法律办法管理经济，在当时他提出了"一要抓紧制定和完善经济法规，二要加强经济司法，三要加强法制教育"。4）在国家干预经济关系问题上，他提出了后发达国家要"强适度干预"的观点。政府干预经济是现代市场经济的一般规律。在政府干预的问题上，大体上有三种观点，即完全不干预、全面干预和适度干预。自 20 世纪 60 年代伊始，适度干预已成为一种通说。种明钊认为，适度干预是对现代市场经济发展的一般要求和理论，更主要的是对少数发达国家，主要是在欧美国家市场运行的经验基础上提出的。至于对后发达国家，政府对市场的干预就应当是一种强适度干预，这主要是因为："与发达国家相比，实行市场经济体制的后发达国家的市场体系还不完备，甚至有的后发达国家的市场体系尚未建立起来。在这些国家，市场远没有达到可正常运作的完善程度。换言之，在后发达国家，市场体系这架机器根本没有造好。在这种条件下，政府的主要职能就不是解决‘市场失灵’问题，不是去修补市场，而是必须直接参与市场的形成和运作。”韩国、新加坡等国家迅速崛起的经验就是活生生的例子。可以说，强适度干预是后发达国家经济发展的必由之路。同时，在同一国家的不同地区因市场发育程度的差异，其对政府干预的需求也不一致，中国的西部大开发战略，实际上是后发达国家对国内的欠发达地区的市场培育与资源开发战略，它需要的政府干预就不仅仅是强适度的，而应当是高强度的干预。应该说，他提出的这种适度干预的层级划分理论，的确有令人耳目一新的感觉。5）国家干预应当纳入法治化的轨道。

3. 中国农村经济法制研究方面取得突出成就

由于觉察到当时法学研究的选题普遍比较偏重城市而相对忽略农村，1986 年，种明钊敏锐地以“中国农村经济法制研究”为题申报国家社会科学基金并得到了法学评审组的高度重视，被一致评定为“七五”国家社科基金重点课题。该课题成果于 1992 年由重庆出版社出版，时任司法部部长的蔡诚同志为该书作序。该著作是中国第一部从法学的视角对各种农村经济关系进行全方位审视的理论专著，阐释了中国农业新型主体的法律地位，以翔实的事实说明农户和乡镇企业的法律特征，肯定了农户作为联产承包责任制新形势下的独立而独特的法律主体资格。在当时，作为中国民事基本法律的《中华人民共和国民法通则》仍然将农户作为自然人主体的一个变种进行规定的情况下，我们不能不承认种明钊及其研究团队的理论预见性和开拓性。在研究方法上，该书一是充分注意了理论研究和实际调查（专题考察）的有机结合，始终以广大的中国农村作为自己的研究舞台，以开放搞活的经济现实为客观背景，孜孜探讨中国农村的现代化道路和农村经济的法制化道路；二是充分注意了法律问题和经济问题的结合，不是就社会关系的表象泛泛谈论农村的法制建设，而是深入到农村经济关系的内层，详细考察经济与法律的相互关系，在充分把握现存经济关系的基础上，提出具有中国特色的社会主义农村经济法制建设的构想。法学家王家福对该著作的开创精神给予了很高的评价，他认为该著作“开辟了中国法学家全面探索作为国民经济基础的农业的法律总体规范与调整的先河”。

4. 竞争法领域的研究卓有建树

竞争法是经济法的核心，研究经济法就不能不注重对竞争法的研究，竞争法的研究成果反过来会证明经济法基础理论的正确性和周延性。种明钊很早就注意到对这一重要领域进行研究的重要性，在国内经济法学者与民法学者围绕经济法的地位进行激烈论争的时候，种明钊作为经济法学者反而保持了少有的冷静与清醒。他是在国内较早对竞争法开展系统研究的学者，正是在他的带动下，西南政法大学的经济法学科才开始更加关注对经济法核心——竞争法的研究。正是由于其在该领域的突出研究成果，普通高等教育“九五”国家级重点教材《竞争法学》、司法部“九五”规划高等学校法学教材《竞争法》、普通高等教育“十一五”国家级规划教材《竞争法学》等六部竞争法领域教材均由种明钊担任主编。无论是司法部的“九五”规划教材《竞争法》，还是教育部的面向 21 世纪法学教材《竞争法学》，都对国内法科学生产生了巨大影响，也由此奠定了种明钊以及西南政法大学在竞争法领域中的重要地位。

5. 社会保障法研究方面成就斐然

社会保障法作为市场经济的支持法、社会稳定的促进法、民众福利的提升法、基本人权的保障法，种明钊很早就关注到其重要性。他提出社会保障制度具有众多的经济、政治和社会功能，完善的制度建设将会促进经济发展、政治稳定以及改善民生。中国在构建社会保障制度时，应充分应用法律的形式，使之确定下来，减少不当行政命令的存在空间；同时增强社会保障法制度建设的前瞻性和系统性，以切实保证社会保障工作有法可依。种明钊担任项目负责人和主编的《社会保障法律问题研究》2000 年由法律出版社出版发行，该书第一次从法学的角度系统地研究了社会保障法的基础理论，对社会保险、社会救济、社会福利、社会优抚以及法律援助和社会保障的国际合作等都做了比较细密的理论考察。该著作还有一个显著的亮点，即自始至终把社会保障与基本人权结合在一起，把社会保障视为公民应有的一种基本权利来对待。从这个意义上来讲，该著作相对于国内相同时期的同类著作而言是一个理论跨越。对正在进行社会主义市场经济体制改革并力图建立完善的社会保障制度的中国来说，该书具有重要的理论指导意义。

（二）法律教育与人才培养

种明钊自 1954 年留校任教至今已有半个多世纪，先后担任过国家与法的理论、政治经济学和经济法学等学科的教学工作，给各种类型、各个层次的学生讲授过多门课程。1984 年，种明钊开始担任经济法学硕士生导师，1996 年开始担任经济法学博士生导师。在其精心指导下，获得硕士学位的研究生有 38 人，获得博士学位的研究生有 25 人，博士后出站 1 人。

种明钊在与他指导的研究生第一次见面时，都会强调两点：一是要精读古今中外的名著和精品；二是要刻苦钻研、勤奋努力，拿出像样的研究成果。20 世纪 90 年代，种明钊就非常注重探索指导研究生的方法，并形成了具有特色的培养研究生的两条经验：第一，尽力组织研究生参与他主持的课题和统编教材的研究和编写工作，激发他们的学术兴趣，在课题的研究过程中启发学生研究的思路并提高他们进行科学研究的综合能力，从而使指导研究生的工作进一步落到实处；第二，带领、提倡和鼓励学生积极参加社会实践，通过带领学生走出校园和请实务界的专家走进来的模式，让学生获取学习的灵感，并体验理论与实践的异同和结合。这种指导研究生的方法，既不同于一般的放任自流的模式，又不同于单纯开书目、列清单的模式，而是在新的教育环境下探索新型的“不愤不启，不悱不发”、“极高明而道中庸”的指导模式。

在指导研究生的过程中，除传授专业知识外，种明钊对学生讲的最多的就是如何做人，他始终非常重视培养学生高尚的道德情操，他不仅注意以自己的正直严谨、朴实无华、严以律己、宽以待人、淡薄名利、清正廉洁的品格给研究生们潜移默化的熏陶，而且经常告诫学生既要做好学问，又要做好人，而唯有做好人才能真正做好学问。他经常将有关中华传统文化和道德修养方面的经典之作送给他的学生，要求他们认真阅读，身体力行。

经过严格而科学的指导，种明钊培养出了一批优秀的硕士和博士。这些学生许多已经成为了业界的精英，在各自的岗位上做出了优异成绩。在他的学生当中，从事教学科研工作的，有教授、博士生导师、全国师德先进个人、“新世纪百千万人才工程”国家级人选、“新世纪优秀人才支持计划”获得者、“巴渝学者”、“全国杰出青年法学家”，等等；从事实务工作的，有企业高管以及行政、司法等系统中的领导者，真可谓桃李满天下。

（三）实践活动与社会影响

种明钊既是严谨的学者，又是一位成绩斐然的法学教育家。1983 年至 1997 年，他历任西南政法学院副院长、院长、西南政法大学校长和党委书记等校级领导职务。在这人生十分宝贵的 14 个春秋里，他几乎全身心地投入到学校的改革和发展工作上，以至于他的学术理想和研究计划都受到了极大的影响，有的甚至被搁置。

学校复办后，于 1978 年被国务院批准为全国重点大学。消息传来，学校上下，欢欣鼓舞、斗志昂扬，决心办好学校，振兴法学教育。在那一段时间里，西南政法学院确曾在全国的法学教育领域独领风骚。到 20 世纪 80 年代后期，囿于地缘条件和其他诸多因素，学校改革和发展的困难日渐凸显。担任校长后，他与同事们集中主要力量从严治校，紧紧抓住学科建设和队伍建设这两个中心，出台了有关教学、科研、人事、分配等一系列行之有效的政策措施，制订了《加强重点学科建设的办法》、《对引进博士实行优惠政策的办法》、《优秀青年骨干教师遴选办法》、《加强师资队伍建设，加速青年教师成长的十年规划》、《加强中青年教师培养的十条措施》以及有关争取博士学位授权点的诸多文件，以期形成强大的学术梯队，带动学校教学科研水平的提升。至 20 世纪 90 年代，学校学科建设的成效相当显著，1993 年和 1996 年有两个学科取得博士学位授权点，一举填补了西南政法大学历史上博士学位授权点的空白，涌现出一批在全国有影响力的中青年知名学者，为西南政法大学日后的发展奠定了良好的基础。这些成就的取得都与种明钊的辛勤工作分不开。

在担任西南政法大学校长期间，种明钊不仅积极参加法学教育的改革实践，而且还非常注意总结和研究法学教学管理和改革的经验，其领衔完成的《通过重点学科建设，发展研究生教育的探索与实践》获四川省优秀教学成果二等奖。在发展成人教育的问题上，以《加强教学管理，改革和发展成人教育》为题撰写的论文获四川省优秀教学成果一等奖。在总结研究生培养经验的基础上，他参与完成的《在经济法重点学科建设中提高研究生培养质量的新思路》于 2005 年获国家优秀教学成果二等奖。

种明钊还积极参与国家与地方的法制建设活动。在担任第八届全国人大代表期间，他以撰文和会上发言等诸种形式，提出了一些有益的见解和观点，比如他在会上以“要有意识地选派和提拔法律人才进入各级领导班子”为题的发言中指出：“近年来，越来越多的法律人才进入国家权力机关、政府部门、企业、公司，但总的来说，由于历史的原因，法律人才进入各级领导班子，特别是较高层次的领导班子的人数较少，在一定程度上影响了运用法律手段的效果，这就需要在今后有意识地选派和提拔法律人才进入各级领导班子，使领导班子的人才结构和知识结构更加合理。在一些发达国家的政府和议会中，几乎都有相当数量的法律专门人才，这一点对我们来说，有借鉴意义。”可喜的是，中国共产党第十八次代表大会后，更多的具有法律教育背景的同志成为党和国家的领导人，成为省部级领导干部，这对于中国的民主法治建设大有裨益。

在全国人大会上，针对某些违法现象屡禁不止的问题，他指出重要的原因之一就是制裁力度不够，违法成本太低，而受害者对违法者追究责任的成本却很高。因此必须加大制裁力度，提高违法成本，在处理违法行为时，不仅要使受害者的损失得到充分的补偿，而且要使违法者真正感受到违法所得到的严厉后果。在某些情况下，要通过制裁，使违法者丧失重新违法的经济条件和能力。不然，违法会成为一种有利可图的选择，甚至会形成一批职业化的违法者。二是受害者追究违法者责任的成本很高，这不仅可能腐蚀某些意志薄弱的司法人员，同时也可能使受害者放弃权利请求，这无疑对违法者是一种纵容。

种明钊还积极参加世界法律大会、美国法学教授年会、“竞争政策与经济发展”国际研讨会、海峡两岸法学家研讨会等，并先后在美国、意大利、加拿大、日本等国家做过学术演讲，积极向世界同行介绍中国改革发展以及法制建设情况，对新中国与世界各国的法学及法律教育交流起到了促进作用。

三、种明钊主要论著

种明钊 . 1977. 努力攀登科学高峰的光辉典范——学习马克思创作《资本论》的伟大精神 . 武汉大学学报（哲学社会科学版），(6)：3-6.

种明钊 . 1981-1-10. 试论用法律办法管理经济 . 重庆日报 .

种明钊 . 1981. 实现社会主义生产目的与经济立法//中国政治经济学社会主义部分研究会编 . 论社会主义生产目的——全国社会主义生产目的讨论会论文集 . 长春：吉林人民出版社 .

种明钊 . 1981. 正确发挥国家在经济调整中的作用 . 西南政法学院学报，(2)：6-9.

种明钊 . 1983. 试论用法律的手段制裁浪费 . 法学杂志，(1)：11-14，36.

种明钊 . 1983. 马克思主义法学的理论基础与法经济学的建立 . 法学季刊，(2)：15-18.

种明钊 . 1984. 略论马克思《资本论》中的法律思想 . 法学杂志，(4)：7-10.

种明钊，顾培东 . 1985. 西方法经济学评介 . 法学季刊，(1)：92-94.

种明钊，顾培东 . 1985. 论我国立法与经济体制改革的同步 . 法学杂志，(5)：2-6.

种明钊编 . 1992. 中国农村经济法制研究 . 重庆：重庆出版社 .

种明钊编 . 1997. 竞争法 . 北京：法律出版社 .

种明钊 . 1998. 社会主义市场经济与法制建设//中华人民共和国司法部全国普法办公室编 . 中共中央法制讲座汇编 . 北京：法律出版社 .

种明钊编 . 2000. 社会保障法律制度研究 . 北京：法律出版社 .

种明钊，郑鹏程 . 2001. 论西部大开发中的政府高强度干预 . 政治与法律，(1)：15-19.

种明钊编 . 2002. 竞争法学 . 北京：高等教育出版社 .

种明钊编 . 2002，2005，2008. 竞争法 . 北京：法律出版社 .

种明钊，应飞虎 . 2003. 经济人与国家干预法 . 现代法学，(6)：3-9.

种明钊编 . 2009. 国家干预的法治化研究 . 北京：法律出版社 .

种明钊编 . 2012. 竞争法学 . 北京：高等教育出版社 .

主要参考文献

种明钊 . 2011. 回眸：种明钊文选 . 北京：法律出版社 .

西南政法大学经济法学院，西南政法大学经济法学科编 . 2012. 法经济学、竞争法与法学教育——种明钊教授八十华诞学术研讨会文集．北京：法律出版社．

撰写者

叶明（1972～），四川绵阳人，西南政法大学经济法学院副院长，法学博士，中国社科院法学研究所博士后，副教授，从事经济法学研究，种明钊的学生。

毛德龙（1977～），山东日照人，广东盈隆律师事务所管委会主任，法学博士，中国社科院法学研究所博士后、副研究员，从事经济法学研究及法律实务，种明钊的学生。

翁岳生

翁岳生（1932～），台湾嘉义人。法学家、法学教育家、台湾“司法改革”推动者。现任台湾大学法学基金会董事长。1960年毕业于台湾大学法律学系，就读同校法律研究所一年后赴德国海德堡大学留学，1966年取得法学博士学位。1966～1972年，任教于台湾大学法律研究所，并兼任“行政院法规委员会委员”、“行政院研究发展考核委员会委员”。1972年起担任“司法院大法官”，1981～1992年曾任“司法院行政诉讼制度修正委员会”召集人，1993年任“宪法”法庭筹建小组召集人。自1999年2月起任“司法院院长”，推行司法为民之“司法改革”，实施崭新的行政诉讼制度，交互诘问的刑事诉讼程序与集中审理之民事诉讼等。又自2003年10月起就任新制之“大法官”并为“院长”，成为台湾司法界任职最久的“大法官”。曾参与一系列对于台湾“民主宪政”发展关系重大的“大法官解释”，参与台湾的“国家赔偿法”、“行政程序法”、“行政诉讼法”等保障人权重要“法律”之制定或修正，贡献卓著。又在台湾公法学界耕耘现代法治国家理念，培育众多人才。其著作有《行政法与现代法治国家》、《法治国家之行政法与司法》，编著《行政法》、《“行政诉讼法”逐条释义》等。1995年参与发起东亚行政法学会，1997年率团建构两岸行政法学交流之平台，1998年台湾行政法学会成立，被推为创会理事长。在公法方面持续贡献其所学，被称为“台湾行政法之开拓者”。2012年获台湾大学颁发的创校84年校庆综合类杰出校友证书。

一、一生历程

（一）求学经过

翁岳生于1932年7月1日出生，其父翁头，字元章，雅好文学，热心公益，于日据时期，推广汉学经典教育，可惜英年早逝。翁岳生于13岁丧父，以致家道中落，家境清寒，苦学出身，好不容易能就读公费的台南师范学校，毕业后于1953年至1956年任教高雄市成功小学。又力争上游，报考大学，于1956年至1960年就读台湾大学法律系，于大二即通过了台湾地区高等考试中的司法官考试。大学毕业论文专攻国际法，由彭明敏老师担任指导教授。大学期间深受韩忠谟、洪逊欣及陈棋炎等教授之指导与照顾。大学毕业后于 1960 年至 1961 年继续攻读于台湾大学法律学研究所。其间通过了“教育部”第二次世界大战后首次公费赴欧留学考试，于 1961 年前往德国海德堡大学攻读法学博士。

（二）留学深造

翁岳生在海德堡大学留学期间，受到大学时国际法老师彭明敏影响，想要研究国际法。而系主任韩忠谟教授则鼓励翁岳生研究德国民法，韩教授非常向往德国民法，曾发动系内多位教授从事集体研究，翻译《德国民法》。翁岳生于留德期间，观察德国社会进步情况，发现德国社会之法治观念普遍存在，台湾最欠缺研究之领域为宪法与行政法等公法学领域，因此为符合台湾社会需要，翁岳生在德国专攻公法领域。

翁岳生之指导教授为莫斯勒（Prof. Dr. Hermann Mosler），他是马克斯 · 普朗克研究院（Max-Planck-Gesellschaft）的国际公法与外国公法研究所所长，开设国际法与宪法课程，曾兼任欧洲人权法院法官、副院长，后来并曾担任海牙国际法院法官。马克斯 · 普朗克研究院是半民间半官方机构，类似“中央研究院”，其底下有六七十个研究所，与法律有关之研究所即有六个以上，其国际公法及外国公法研究所设在海德堡，由莫斯勒担任所长。

其博士论文题目由指导教授定为“台湾‘司法权’在‘宪法’上之地位”[①]。翁岳生在德国留学期间，不久因夫人庄淑桢女士也前往，他们经常热心招待在德国留学的华裔留学生，其平常热心助人，可见一斑。在获得博士学位后，即受到当时台湾大学法律系主任韩忠谟赏识，准备延揽担任教职讲授行政法。为此，翁岳生于博士毕业后，推迟返台，在德国多停留半年，继续研究德国行政法理论，受教于当代德国行政法学家福斯多夫（Prof. Ernst Forsthoff）和乌勒（Prof. C. H. Ule）教授。

当时福斯多夫是塞浦路斯宪法法院院长，每次研讨课后，晚上九点左右会邀请学生喝啤酒聊天，这是老师与学生私下相处的难得机会，也是德国教授对待学生的优良传统。翁岳生因此深受德国教授影响，于返台教学期间，每学期经常于假日邀请研究所学生登山用餐或至翁岳生家里享受一餐美食聊天。

乌勒在施派尔（Speyer）行政专科大学讲授德国行政程序法草案逐条讨论之课程，翁岳生因此深受德国行政程序法之影响。回台湾后倾全力介绍各国行政程序法，

① 论文题目经与作者沟通，进行了在中文简体版语境下的适度变通。——编者

并大力推动制定行政程序法。

（三）展现才华，报效社会

翁岳生于1966年起在台湾大学法律系担任副教授，并于1970年升任教授。翁岳生回台湾后，第一次发表的文章是《西德联邦公务员惩戒制度之研究》。该篇文章是翁岳生留德期间，为协助“公务员惩戒委员会”张镜影之需要，搜集整理资料撰写而成，嗣后发表于《思与言》杂志。这份杂志由“中央研究院社会科学研究所”与台湾大学、政治大学教授胡佛、李亦园、孙震等人所创办，在当时相当有名。由于适逢“行政院”俞鸿钧“院长”被“监察院”提出弹劾案，该篇文章因此引起各界重视。

翁岳生在任教期间，也曾于1971年至1972年兼任“行政院法规委员会委员”以及于1972年兼任“行政院研究发展考核委员会委员”，协助台湾当局执行法制业务及研考工作。

在此期间，“行政院研究发展考核委员会”（当时“主任委员”为陈雪屏）因采纳俞叔平（曾留学奥地利维也纳大学）之建议，委托学者研究草拟《“行政程序法”草案》。当时参与者包括林纪东、管欧、张剑寒以及古登美等教授，翁岳生也受邀参与其中。这是台湾第一部《“行政程序法”草案》，可惜并未能完成“立法”，但在学术界已产生相当的影响。其后于1990年，翁岳生再受“行政院经济建设委员会”之委托，主持《“行政程序法”草案》之研究计划，完成更为完备之法典化准备工作，该部《草案》，后来在“立法院”推动制定“行政程序法”时，发挥相当重要的影响力。

当时，史尚宽担任“司法官训练所所长”，对于翁岳生之文章颇为赏识，因此延揽翁岳生任教于“司法官训练所”，讲授行政法课程。因编写上课讲义之关系，日后也成为升等著作材料。

1971年台湾当局决定要启用台湾本省人，基于省籍考虑，要延揽年轻优秀曾经出洋留学之台湾本省籍教授担任政府要职。翁岳生因为对于政治并不感兴趣，故而婉拒担任党政要职工作，但认为“大法官”职务可以贡献其法学专业，与教学研究并不冲突（当时“大法官”职务尚不受重视，每周仅开会一次），翁岳生因此机缘，于1972年7月获提名递补为第三届“大法官”。时年40岁，为全台湾最年轻之“大法官”，之后并于1976年、1985年、1994年连任第四届、第五届及第六届“大法官”，至1999年1月为止。

在1972年9月至10月，翁岳生曾应美国国务院邀请前往美国参访45日，并顺道考察德美日司法人事制度。

（四）贤内助庄淑桢女士

翁岳生夫人庄淑桢女士，师范大学家政科毕业，在嘉义家职任教，家庭经济较翁岳生家庭经济状况优渥。双方于 1960 年经由朋友蔡佩兰小姐之介绍认识。夫人秀外慧中，气质雍容华贵，见翁岳生忠厚老实，勤奋向上，年轻有为，因此并不嫌弃翁岳生家境清寒。见面约会三次，即情定终身，于 1961 年 1 月结婚，真可谓“美人慧眼识英雄”之天赐佳偶。

在翁岳生留学德国期间，幸蒙王仁宏教授之大姐王婉贞小姐（当时就读于德国海德堡神学院）之协助，于 1962 年春天，透过教会邀请夫人庄淑桢女士前往德国海德堡，在教会所属旅馆工作，并在大学学习德文。

翁岳生与夫人伉俪情深，夫唱妇随，经常在假日与好友共同相偕登山健行。夫人贤慧相助，是翁岳生成就丰功伟业之重要因素，可谓模范夫妻。

（五）担任“大法官”，贡献卓越

翁岳生担任“大法官”期间，曾参与许多重要“大法官解释”。例如在 1984 年做出“释字第 185 号解释”，明示“大法官”对于人民声请案件做出有利解释时，当事人得以该解释为再审或非常上诉之理由，以资救济。在 1990 年做出“释字第 261 号解释”指出“中央民意代表”不能无限期继续行使职权，而应定期改选，以反映民意贯彻“民主宪政”之精神，故第一届未定期改选之“中央民意代表”应于 1991 年底终止行使职权。又在 1991 年间做出“释字第 275 号解释”，行政秩序罚应以故意或过失为要件，改变以往无过失，也应加以处罚之判例。另在“释字第 137 号解释”以及“释字第 216 号解释”，法官依据“宪法”独立审判，不受行政机关解释令函之拘束，亦即法官对于“行政命令”享有“违法审查权”，得拒绝适用。

又在 1997 年“释字第 436 号解释”，本于“宪法”保障人身自由、人民诉讼权以及司法权之意旨，在平时“军事审判机关”宣告有期徒刑以上之案件，应许被告直接向普通法院以判决违背法令为理由，请求救济，以保障军人向司法机关请求救济之诉讼权。

此外也打破传统特别权力关系理论，准许公务员（从“释字第 187 号解释”起）及学生（“释字第 382 号解释”）可以提起诉愿及行政诉讼，以保障其“宪法”上之基本权利。

回顾过去历届“大法官”之表现，早期似乎较为保守，比较不易发挥其应有功能，但近年发挥影响力越来越大。对于台湾法制现代化以及“宪法”上人权保障，功不可没。

翁岳生在担任“大法官”期间，仍发表相关学术文章，契合社会当前环境需要，例如介绍国家赔偿制度理论、行政程序法之基本观念等。在此期间，并参加或主持相关研究计划，例如在 1979 年参加“行政制裁制度”之研究，在 1978 年主持“国家赔偿法”之研究（“行政院研考会”编印），在 1985 年主持“资讯立法”之研究（“行政院研考会”编印），在 1990 年主持“行政程序法”之研究（《“行政程序法”草案》，载于《“行政院经济建设委员会”经社法规研究报告》）等，对于台湾学术研究发展以及法制建设，贡献良多。

（六）担任“司法院院长”，从事“司法改革”

翁岳生从 1999 年 2 月至 2007 年 9 月 30 日担任“司法院院长”，在担任“司法院院长”期间，大力进行司法为民的“司法改革”。此外，翁岳生推动了“行政诉讼法”之“修法”。“新法”于 2000 年 7 月 1 日起开始施行，将原本一审终结的行政诉讼程序，改为二级二审制度，并扩大诉讼种类，增加课予义务诉讼、一般给付诉讼以及确认诉讼，以有效保障人民诉讼权。

同时成立“智慧财产法院”，专属管辖相关知识产权案件，大幅提升知识产权案件之裁判质量，值得高度肯定。

另外，举行台湾地区“司法改革”会议，邀请法官、检察官、律师以及法律学者与社会公正人士共同研讨“司法制度”以及“诉讼法制”的改革方向。并研拟完成《“司法院组织法”修正案》、《“宪法诉讼法”草案》以及《“法官法”草案》，以健全“司法制度”。其中《“司法院组织法”修正案》朝向美日的金字塔形的单一诉讼体制，放弃现行多元诉讼体制之“司法制度”，因争议多，“立法院”尚未通过，无法完成。

翁岳生在担任“司法院院长”期间，进行所谓“‘高院’万年庭长免兼”之制度改革，确保“司法”独立工作，不遗余力。又禁止法官参加政党或参与政治活动，让社会各界不再怀疑政治势力介入“司法”审判，树立“司法”独立的基础，其功绩厥伟。其中免兼庭长部分，引起既得利益者集体反弹，也使翁岳生在改革过程中付出相当代价。

二、学术研究和重要贡献

（一）学术成就及影响

台湾自 1949 年以来，因实施“戒严”及“动员戡乱法制”，“宪政”的发展脚步受到严重影响，连带使行政法学亦处于落后地步。翁岳生是第二次世界大战后台湾首批公费留学德国的留学生，自 1966 年学成返台，即著述不断，戮力将战后德国现代法治国家的行政法学观念引进台湾，打开台湾行政法学的视野，为台湾行政法学的进步与现代化做出了重大贡献。称翁岳生为台湾行政法学现代化的奠基者与催生者，并不为过。

谈到翁岳生的重要学术成就与贡献，最令人印象深刻的是翁岳生对传统特别权力关系理论的突破。台湾传统行政法学受第二次世界大战前德国、日本之影响，认为公务员、军人、学生、受刑人等，受所谓特别权力关系之支配。因此，其权利之限制，无法律保留之适用，也不能向法院请求救济，而形成阳光照不到的所谓法治社会的“黑森林”。翁岳生无视当时台湾政治情势之严峻，仍秉持知识分子良心，于 1967 发表《论特别权力关系之新趋势》一文，挑战通说权威。其废特别权力关系之主张即迅速在行政法学界与实务界发酵，最后促成“大法官”连续多号“解释”，逐步使公务员、学生与受刑人摆脱特别权力关系理论之桎梏。

翁岳生的重要学术成就另外表现在以其深厚的法释义学功力，建构、解析不确定法律概念、裁量与行政处分等居于行政作用法枢纽地位之重要行政法学基础概念，使台湾行政法学研究从传统教科书式的浅碟绍述，进步到有方法论思维的现代法学论述，带动一股行政法学现代化的风潮，影响至今。翁岳生若干著作例如 1967 年发表的《论不确定法律概念与行政裁量之关系》、1970 年的《论行政处分之概念》、1975 年的《论命令违法之审查》等文，即因此被行政法学界誉为台湾行政法学迈入体系化与现代化的重要里程碑。

行政程序法的研究与发扬是不可不提的翁岳生另项重大学术成就。翁岳生甫学成返台，即洞悉台湾行政法规零散纷乱，欠缺一部足以与“民法总则”乃至“刑法总则”鼎立的“行政法总则”，是严重阻碍“行政法”与行政法学进步的原因之一。乃大力鼓吹台湾应制订一部包含“行政法”重要原理原则以及行政所应遵循之正当程序的总则性“行政法法典”。为达成目标，翁岳生自 1969 年起，即陆续针对德国 1963 年和 1973 年《行政程序法草案》、1976 年《行政程序法》、奥地利《行政程序法》、日本 1964 年《行政程序法草案》进行论述、评释，不仅大大刺激了台湾行政法、行政程序法学研究水平的提升，也为日后“行政程序法”的制订与施行预先立下充分与坚实的学理基础。1998 年以前，台湾的“行政救济制度”非常不完备，人民只能针对“违法”侵害权利的行政处分请求撤销。其中，作为先行程序之诉愿分为繁复的诉愿与再诉愿两级，有时还须在更前端履践声请再议的程序，然而在后面的行政诉讼阶段，却只见一级一审的简陋设计。因此，翁岳生长久以来一再撰文呼吁改革，例如1971年的《新“诉愿法”之商榷》、1973年《西德行政法院之组织及裁判权之研究》、1974年《行政诉讼制度现代化之研究》、1993年《台湾之诉愿及行政诉讼制度》[①] 等论文，重心皆在提倡全面、无漏洞，与合乎法治社会要求的权利保护制度。台湾行政救济法的研究热潮也因之被翁岳生带动起来，最后还实际促成“行政救济法制”的改革，例如“行政诉讼法”第2条的概括保障条款、二级二审的诉讼程序与全新诉愿救济制度，几乎都是依循翁岳生构想所打造。

关于翁岳生对学术发展的贡献，最后不能不谈的是引领、带动所谓“大系”的集体学术创作模式。翁岳生有感于台湾行政法学向来的著作模式，教科书有其不能深入的局限，专论则又有欠缺体系之憾。乃于1998年以其行政法学大家长辈分，登高一呼，结合多位行政法学教授共同撰写一部以最素朴的以“行政法”为书名的《行政法》大系。分上下两册发行，轰动学界与实务界，造成巨大影响。《行政法》大系是源于德国学界Handbuch（直译是手册、入门的意思）写作模式的启发。其特色在于，既非传统教科书，亦非个别作者的专论选集，而是集合众人智能，有体系地分进合击，讨论范围涵盖行政法总论的各个议题，兼及理论及实务的探讨，并力求每一论点均能参酌台湾内外最新理论，及检视实务界最新见解。其目标设定是期望任何行政法的问题，都能在这部大系里找到基本的解答。在翁岳生领导下，这部《行政法》大系已蔚为深化与精致化台湾行政法学研究的经典著作，象征台湾行政法学发展之从青涩迈向成熟，任何欲窥台湾行政法学之堂奥者，无论出身学界或司法实务界，均不能忽略此书。值得一提者，这部《行政法》大系不仅风行台湾，也受到大陆行政法学界的重视，此从中国法制出版社于2002年发行该书简体字版，并于2008年再版可见一斑。

2002年，翁岳生再接再厉，再度结合25位行政法学界与实务界的教授与法官集体创作《“行政诉讼法”逐条释义》一书，使学界与司法实务界能于最快时间内，正确适用甫于1999年将诉讼审级改为二级二审的新“行政诉讼法”，对“新法”的落实施行做出重大贡献。

（二）法治建设及重要贡献

翁岳生不仅于学术引领风骚，对台湾地区的法治建设，也做出重要的贡献。学者著书立说，不知凡几。但学说能为各界肯认，进而落实为台湾地区正式的“法律制度”，则凤毛麟角，而翁岳生正是后者的代表人物。底下就翁岳生实际参与台湾重要法治建设的事迹，依时间先后胪列如次：

① 论文题目经与作者沟通，进行了在中文简体版语境下的适度变通。——编者

首先是 1977 年受“行政院研考会”委托，主持“国家赔偿法”之研究，草拟官方版的《“国家赔偿法”草案》。“立法院”最后通过的“国家赔偿法”，几乎就是依照翁岳生主持草拟的版本所通过。“该法”正式施行后，翁岳生更撰写《西德一九八一年国家赔偿法之研究》以及《“行政法”与“国家赔偿法”》两篇长文，都是适用“国家赔偿法”所不能不参考的重要数据。翁岳生自 1981 年起即参与“司法院行政诉讼制度研究修正委员会”，这是一项工程浩大的长期研究项目。初始由林纪东与翁岳生轮流召集，四五年后林教授因任期届满退休，即由翁岳生独自担负起召集人任务。由于翁岳生长期关注行政救济法制之研究，著书立说不断，凭其深厚专业学养，很自然地主导起整个研究的进行，陆续提出相关“法律草案”。其间虽遭遇层层困难，但凭着翁岳生的坚持，终能促使“立法院”于 1998 年底完成包括“行政法院组织法”、“行政诉讼法”与“诉愿法”在内的崭新全套“行政救济法制”的三读。“新法”施行日期依规定由“司法院”定之。1999 年适逢翁岳生接任“司法院院长”一职，翁岳生于该年 7 月 8 日签署命令，定“行政诉讼新法”自 2000 年 7 月 1 日起施行。台湾的“行政救济法”从此翻过新的一页，人民权益获得更完善的保障。回顾这部“行政救济新法”，从 1981 年着手研修，到 1998 年完成“立法”、2000 年开始施行，翁岳生全程参与，可说是“行政救济制度”现代化与法治化的最大推手与功臣。

1985 年翁岳生再度接受“行政院研考会”委托，主持主题为“资讯立法”之的研究计划，其研究方向主要是个人隐私权之保护与信息公开，均适切反应当代信息社会的需求。该计划首先建议“制定隐私权保护法”，并提出具体“立法”原则。该建议就 1985 年当年时空背景以观，可能因过于先进，而未能马上获得台湾当局支持。但作为议题研究的先行者，仍广获各界重视，持续受到讨论，近 30 年后，也就是 2012 年的“个人资料保护法”仍可看到受其影响的痕迹。该计划另一重要建议是循序“制定政府资讯公开法”。在法律制定前，要求加强公权力部门公报制度、建立专门出版公权力部门刊物之机构等，这些建议也都陆续获得相关部门采纳。虽然翁岳生倡议的“政府资讯公开法”迟至 2005 年，也就是翁岳生完成研究计划的 20 年后，才获得实现。但也可看出翁岳生所提意见经得起时间考验，只要是对的建议，即使未能当下获得实行，但路遥知马力，终究有达成目标的一天。

最后务必要提的是翁岳生于 1989 受“经建会健全经社法规工作小组”之委托，主持由台湾大学法律学研究所执行的“行政程序法”之研究，并于 1990 年年底发表研究成果，提出呕心沥血锻造的《“行政程序法”草案》。该“草案”广泛参考德、美、日、法等国法制，内容涵盖所有重要行政法原理原则，以及各种不同行政行为类型的实体与程序事项，堪称最完备的“行政法总则法典”。尔后“法务部”在此草案基础上进一步提出“官方”版的《“行政程序法”草案》，提请“立法院”审议，然“立法院”最后于1999年三读通过的版本依然深受翁岳生所主持之“经建会”版本的影响。即使在今天，讨论、适用现行“行政程序法”，仍不能不重新翻阅“经建会”版本，视其为不可或缺的重要参考数据。如果要选择翁岳生参与法治建设的代表作，则非“行政程序法”莫属。

（三）法学教育及重要学术活动

翁岳生于德国留学期间，即矢志将现代法治理念引进台湾，让台湾能早日步上法治社会的康庄大道。因此翁岳生自1966年从德国学成返台，任教台湾大学法律系，除勤奋著述，更积极抚育英才，尤其经由行政法课程的讲授，在校园撒播法治种子，耕耘法治理念。虽然翁岳生于任教短短六年后，即因卓越表现，而于1972年荣膺“司法院大法官”一职，且此后大半生都在“司法院”担任“大法官”或“院长”，但仍与大学保持密切联系，不仅继续以兼任教授身份，任教台湾大学法律系，也同时在政治大学与辅仁大学法律系任教。至翁岳生2008年正式从台湾大学退休为止，总计指导各校逾百位硕士，与逾20位博士。指导学生之多，于同辈学者中无人能出其右，可谓桃李满天下。翁岳生所指导学生当中，许多是当今台湾公法学界的名教授与实务界重要人士。例如王和雄（前“大法官”）、焦兴铠（“中央研究院”）、张登科（前“最高行政法院院长”）、林锡尧（“大法官”）、叶百修（“大法官”）、许宗力（前“大法官”、台湾大学教授）、叶俊荣（前“行政院研考会主委”、台湾大学教授）、汤德宗（“大法官”）、黄锦堂（“考试院委员”）、蔡志方（成功大学教授）、林明锵（台湾大学教授）、黄昭元（台湾大学法律学院副院长）、李建良（“中央研究院”）、洪家殷（东吴法学院院长）、陈清秀（前“行政院人事行政局长”、东吴教授）、李惠宗（中兴大学法律系系主任）、黄俊杰（前兴国大学校长、中正大学教授）等人。此外还有更多人，无论是在学术界或实务界，纵使不是翁岳生挂名熏陶，也都是在翁岳生鼓励与提携下，相继走在公法相关的生涯路径上。因此，在台湾，人称翁岳生是台湾的“行政法大家长”，其来有自。

翁岳生对法学教育之贡献，另外可从“翁元章文教基金会”的创设窥知一二。翁岳生自幼生活困顿，凭其坚忍不拔的精神与毅力，才能克服困难，缔造今日不凡成就。翁岳生因此自身经历，对勉力向上的清寒学生，尤其痛惜，遂于2005年独资捐助成立以其尊翁为名的“翁元章文教基金会”。该基金会除每年提供约十位奖学金名额给各大学法学院清寒优秀学生，并举办新秀论坛，挖掘、提携年轻新进法律研究工作者。此外还与台湾大学法律系合作，捐资设立“翁元章文教基金会法学讲座”，定期邀请国际知名法学专家来台演讲、授课，打开法律学子的国际视野，增加本土法律人的国际交流。迄今为止，基金会已经以讲座名义邀请多位来自德国与澳大利亚的法学大师来台授课，嘉惠学子。

翁岳生以其行政法学大家长的声望，结合台湾行政法学术界与实务界人士，在1998 年筹划成立台湾行政法学会，并担任创会理事长，整合各界行政法研究资源，共同提升台湾行政法学的发展能量与水平。于稍早的1995 年，翁岳生与大陆学者罗豪才、应松年一道，和日本、韩国等资深行政法学同道，共同参与由日本名古屋大学室井力教授发起成立的“东亚行政法学会”，促成东亚各国、地区间之行政法学交流。另外，基于血浓于水的心情，翁岳生对大陆法治建设的发展，期盼尤其殷切，因此特别重视两岸行政法学交流。翁岳生于1997 年首度应邀率领多位台湾行政法学者访问大陆，自此正式开展两岸行政法学交流，以翁岳生所创设之台湾行政法学会为窗口，与大陆对口单位每隔一年轮流在台湾、大陆举办研讨会，迄今不辍。翁岳生在国际学界的声望，非仅止于东亚法学圈，在德国也同样备受敬重。除了曾受邀参加德意志公法教授协会年会，并在 1999 年协助德国资深公法同道史塔克（Dr. Christian Starck）创设“台、德共同研究论坛”，常态性地每隔二至三年轮流在台湾地区与德国举办“宪法”研讨会。每届研讨会的研究成果并皆集结成书正式在德国发行，德语世界的法律人因此获有定期畅通管道知悉、了解台湾地区法律人的研究成果。一般评价此一论坛乃台、德法学交流的最佳典范。

又为让世界能了解台湾地区法学与法治之发展，翁岳生于1999 年就任“司法院院长”之后，就决心推动“大法官解释”之英文翻译。经过留美“大法官”，尤其施文森“大法官”之大力协助，以及留美学者、许多法律事务所之共同参与，经多年努力，于2007 年翁岳生退休前将“释字第 1 号至 622 号解释”，分成五大册翻译出版。而“第623 号至669 号解释”集成第六册也于2009 年出版，其后，料将继续翻译刊行，使国际人士对“司法院大法官解释”成果之了解，有很大帮助。

总结而言，台湾地区公法学能有今天之发达与蓬勃发展，以及在国际之能见度，翁岳生实功不可没。

三、翁岳生主要论著

UleC H，Becker F. 1970. 法治国家之行政手续 . 幼狮翻译中心精选世界名著之 51. 翁岳生译 . 台北：幼狮文化事业公司 .

翁岳生 . 1970. 台湾“司法权”在“宪法”上之地位（德文）. 台北：成文出版公司 .

翁岳生 . 1976. 行政法与现代法治国家 . 台湾大学法学丛书，（2）.

翁岳生 . 1976. “现行税捐救济程序之研究报告”（主持共同研究，“行政院研考会”）.

翁岳生 . 1978. “国家赔偿法”之研究（主持专题研究，“行政院研考会”印）.

翁岳生 . 1981. “行政法与国家赔偿法”（“行政院所属各机关公务员国家赔偿法讲习师资班暨法务部司法官训练所司法实务研究会国家赔偿法组”研习资料汇编）：119-178.

翁岳生 . 1985. “资讯立法”之研究（主持专题研究，“行政院研考会”编印）.

翁岳生 . 1990. “行政程序法”之研究（“行政程序法”草案，主持专题研究，“行政院经济建设委员会”经社法规研究报告 1007）.

Weng Y S. 1996. 改革中的台湾“司法制度”（德文）. Archiv des öffentlichen Rechts, 121. Band, Herft4, J. C. B. Mohr (Paul Siebeck). Tübingen, S. 578-598.

翁岳生编 . 2002. “行政诉讼法”逐条释义 . 台北：五南图书出版有限公司 .

Weng Y S. 2004. Die Verfassungskontrolle durch richterliche Fortbildung. Der Staat des Grundgesetzes- Kontinuität und Wandel Festschrift für Peter Badura zum siebzigsten Geburtstag, Mohr Siebeck, Tübingen, S. 1219-1243.

Weng Y S. 2004. “Der Stein auf dem anderen Berg kann dem Bildhauer als Vorbild dienen”—Deutsche Technologie im “constitutional engineering” der neuen Demokratie Taiwans, Die Rolle der Verfassungsrechtswissenschaft im demokratischen Verfassungsstaat, zweites deutsch- taiwanesisches Kolloguium vom. 26. bis 28. Sept 2002 in Taipei, Beiträge zum ausländischen und vergleichenden öffentlichen Recht, Bd. 21, Hrsg. C. Starck, Nomos, S. 9-20.

翁岳生编 . 2006. 行政法（上、下册）. 第 3 版 . 台北：元照出版有限公司 .

翁岳生 . 2007. 台湾“宪法诉讼制度”之展望 . “中研院”法学期刊，创刊号：1-62.

Weng Y S. 2007. 迈向成熟的“宪法法院裁判权”之途径——台湾“宪法法院裁判权”之新发展（德文）. Die Ordnung der Freiheit, Festschrift für Christian Starck zum siebzigsten Geburtstag, Mohr Siebeck, Tübingen, S. 1053-1072.

翁岳生 . 2008. 法治国家之行政法与司法 . 2 版 . 台北：元照出版有限公司 .

翁岳生 . 2009. “宪法”之维护者——省思与期许（主题演说）// “中央研究院法律所”. “宪法”解释之理论与实务 . 第六辑（上册）：附录二及附录三 .

翁岳生 . 2010. “司法改革”十周年的回顾与展望（主题演说）// “中央研究院法律所”. “司法改革”十周年的回顾与展望会议实录 .

翁岳生 . 2010. 谈“司法”审查制度的发展——2010 年 4 月 29 日于中兴大学惠荪讲座演讲实录 . 兴大法学，（7）：1-28.

翁岳生 . 2011. “司法院大法官解释”与台湾民主政治及法治主义之发展 . 台湾法学杂志，178：1-22.

主要参考文献

陈仪深，嘉义心，义竹光 . 2007. 翁岳生口述史调查 . 嘉义县政府委托研究报告 .

撰写者

陈清秀（1959～），台湾彰化人，东吴大学教授，从事行政法及税法学研究。

陈鹏生

陈鹏生（1932～），福建南安人。法史学家，法学教育家。1954年毕业于华东政法学院，先就职于上海市人民检察院，后于1960年前往淮南工业大学任教，1981年华东政法学院复校回华东政法学院任教，曾任华东政法学院副院长。陈鹏生长期致力于中国法制史、中国法律思想史及法律文化的研究，并取得丰厚的学术成果。曾任中国法律史学会会长，中国儒学与法律文化研究会会长。陈鹏生十分关注法治建设的实践，自1986年起连任三届上海市政协委员，兼法制研究会副主任，为上海的法治建设做出了积极的贡献；此外，他还推动并促进大陆与台湾的联系与交流，大力促进中国与日本、美国的校际交流及经济、文化合作。陈鹏生既是一位理论家，一位优秀的法学教育家，还是一位出色的实践家与社会活动家。华东政法大学授其为“功勋教授”。2012年，中国法学会授予其“全国杰出资深法学家”称号。

一、经　　历

陈鹏生，1932年12月2日出生于福建南安，后随母亲移居香港，抗日战争全面爆发后，到厦门鼓浪屿定居，日军即将入侵厦门时，迁回南安鹏溪故乡，在家乡读完小学和初中。母亲对陈鹏生的成长十分用心，聘请一位清朝举人到家里，专门指导其学古文与书法，每天黎明即起，诵读古诗文，悬腕练书法，为他打下扎实的古文基础。

初中毕业后，陈鹏生到陈嘉庚创办的集美高中学习。学校里有一批思想进步的同学，陈鹏生与他们朝夕相处，相互激励，连寒暑假都留在学校，抓紧一切机会汲取知识。后来，因母亲多病，陈鹏生回到泉州培元高中读书。此时的闽南处于解放前夕，国民党宪兵及驻军进入泉州市，他们横行霸道，激起老百姓的强烈反感。陈鹏生是中学学联的领导人之一，常带着同学张贴标语，反对国民党的独裁统治。学校发觉后，准备开除陈鹏生等人。恰巧此时泉州宣布解放，学校停课，陈鹏生逃过被开除一劫。此时的他已展现出很强的社会活动能力。

高中毕业后，陈鹏生先考取了设在福州的协和大学和福建医学院，因交通不便未入学。厦门解放后，又考入国立厦门大学法律系。厦门大学法律系聚集着陈朝璧、陆季藩、薛祁光、李景禧等法学家，他们的学识与精神让陈鹏生受益匪浅。大学期间，陈鹏生常常动笔写文章，发表在《厦门日报》和《福建日报》等报刊上，后又被聘为《仰光人民报》和香港《大公报》的特约记者。1952年，全国大学院系调整，厦门大学法律系和复旦大学、南京大学等学校的法学院合并，组成华东政法学院。陈鹏生于1953年8月来到华东政法学院，直至1954年8月大学毕业。

（一）初露锋芒，遭遇曲折——“超然物外，宠辱不惊”

大学毕业后，陈鹏生被选派到上海市人民检察院研究室工作。这时，他一方面潜心研究业务，一方面将所学的理论知识与实践工作结合起来进行理论上的探索。他把夜间休息时间和周末都泡在图书馆里，用心看书，写文章。在《解放日报》、《文汇报》和《新闻日报》上，常常可以看到他的文章，从《论逮捕拘留条例》这类理论文章到《戴盆何以望天》的小品，直至《洗冤追凶》之类的通讯特写。后来他又在《文汇报》的社会版上开辟专栏，系统地宣传法制，并在上海人民广播电台上开设法制专题讲座，上海周边城市的电台都派人来录制回去转播。陈鹏生因此被评为上海报刊一等宣传员奖，初露锋芒。

但是，政治运动接踵而来。1957年下半年的一天夜里，陈鹏生从外面参加座谈会回到机关，只见机关内铺天盖地的大字报，都直指他是“反党反社会主义分子”。突然的轰击，使他完全懵住了。看了大字报，才知原来祸出一篇他发表在《光明日报》上的文章。那时大鸣大放刚开始时，陈鹏生的一些同学来找他，谈起他们的工作都是学非所用，希望陈鹏生能帮他们在报上做些呼吁。血气方刚的陈鹏生，一股不平之气横亘胸中，于是就写了一篇矛头直指人事组织部门的文章，公开责问《为什么不让政法大学毕业生务正业?》。这篇文章发表在《光明日报》上，因而就被指责与“章罗联盟”相呼应，是攻击党的干部政策的“大毒草”。

人生第一次挫折给陈鹏生巨大的打击，但是，他告诉自己，决不能趴下。他用行书写了八个大字——“超然物外，宠辱不惊”，压在自己办公桌的玻璃板下，策励自己。这时，上海市人民检察院有一位领导将调往安徽淮南市一所工业大学当党委书记，他对陈鹏生的情况比较了解，竭力劝说陈鹏生随他到这所工业大学去工作。1960年，20多岁的陈鹏生毅然跟着老领导踏上新的工作岗位。他一边上课，一边又不断写文章在当地报刊发表。

1965年，“文化大革命”的风暴来了，陈鹏生在工业大学的平静生活随即被冲垮了。造反派到处收集陈鹏生发表的文章，成立了陈鹏生“黑文”专室，发动广大师生进行批判。陈鹏生被关进“牛棚”，终日请罪、批判和监督劳动。直到淮南炮轰派和支持派战斗转向激烈时，他才逃离淮南。半年后，学校“复课闹革命”，眼看在学校里实际上是无课可复，还得三天两头挨批判，陈鹏生就和几位相处较好的老师，自愿组成一个下放小组，报名到最艰苦的地方去。他们选择了安徽和河南交界的大别山区，落户在1927年革命大暴动的老根据地金寨县——这个群山逶迤，叠峰高耸，人迹稀少，素有将军县之称的山区。

陈鹏生来到山区，发现这里方圆几十里，竟没有一所中学，就利用下放老师的知识资源，帮助山区办中学。当时，远近几十里的老百姓都高兴地把自己的孩子送来读书。而今，30多年过去了，这所学校已经发展成金寨县一所颇具规模的职业中学。在大山里呆了两年多，高校先后恢复了招生，陈鹏生也被召回淮南工业大学。形势在一步步地好转，陈鹏生的处境也有所改善，他开始重返讲台，为本科生开设哲学课，并被任命兼职大学附属中学的校长。恢复教学工作，正是陈鹏生梦寐以求的事情，他锐意奋发、孜孜以求，他开的哲学课常常举行公开教学，吸引校内外的同行来听课。他兼任附中校长，又亲自带了一个高中班，自任班主任，兼任语文课老师，这个班级进步很快，在高考中竟有60%以上的学生考入大学，其中有的还考进交通大学、复旦大学等名校，在淮南市传为佳话。

“超然物外，宠辱不惊”，陈鹏生写给自己的这八个字成为他人生品格的重要组成部分，正是这种品格，使他在淮南，在条件异常艰苦的大别山区，在安徽漫长的20年时间里，仍保持乐观，充满斗志。也正是这种品格，使他今后在面临各种困难时，都能站得更高，以更豁达的胸怀，更积极的态度去应对。

（二）大展身手，硕果累累——“毁誉不计，荣辱自安”

1979年，华东政法学院复校了，陈鹏生于1981年被调回学校。放下十多年的他又从头开始了法学之路，陈鹏生自己说这是扬帆启征。他夜以继日地发奋前行，如饥似渴地攻读，潜心致志地钻研。他为学生开出多门课程，又身兼《法学》杂志的工作，为《法学》的复刊做出了重要的贡献。由于陈鹏生的出色表现，通过师生们的积极推荐，并经司法部和中国共产党上海市委的考查，1985年陈鹏生被任命为华东政法学院副院长，分管教学、科研和外事工作。任命时候，司法部部长意味深长地说：“你是新中国成立后，第一位被提任为国家高等政法院校领导人的党外学者啊。”

更广阔的舞台使陈鹏生大展身手。作为一名教师，他为本科生、研究生、成教学生开课，担任中国法律史专业硕士研究生导师组组长，精心培养学生。他提倡当老师要具有一种“不取亦取，虽师勿师”的精神，引导学生处于一种积极思维、努力创新的状态。鼓励学生关注学科前沿，发表自己的见解。同时他又对学生非常严格，常说“山以虚受，水以实流”，要求学生做学问就应该广收并蓄，脚踏实地，来不得半点虚饰。培养了一大批优秀的学生。

作为一名学者，陈鹏生潜心探索法律史学科的重大理论问题和前沿信息，主持《中国法律通史》和《中国法律思想史》两项全国重点项目中重要分卷的工作，先后获得国家图书奖、上海市和司法部的优秀成果奖。

作为一名校领导，他一方面下大力气抓教学，一方面加大对外交流，开创性地以举办暑期中国法律学习班等形式将外国学生请进来，扩大华东政法学院与美国、日本等国家高校师生的交流与联系，大大提升了华东政法学院的影响力。陈鹏生还是一位社会活动家，虽身在高校，却心系社会，虽研究的是中国法制的历史，却始终着眼于中国法制实践的当下。自 1986 年开始担任上海市政治协商委员会委员兼法制委员会常务副主任，其中除因出国讲学外，先后于第六届、第八届和第九届连任三届。陈鹏生还利用各方面的资源与力量，积极推动大陆与台湾的两岸交流。上海市华侨联合会、全国华侨联合会先后为陈鹏生颁发了“爱国奉献奖”。

在陈鹏生重新回到法律战线的 20 多年里，他一直以“毁誉不计，荣辱自安”自勉。这八个字使他不会因为取得的成绩而沾沾自喜，也不会因为暂时的困难而气馁，这八个字使他能够不断开拓创新，大胆实践，始终走在时代的最前列，取得一个又一个突破。

（三）离开教席，依然忙碌——“九十犹期日日新”

2003 年，71 岁高龄的陈鹏生正式离开心爱的讲台，正式从华东政法学院退休。华东政法学院鉴于他的成绩和贡献，特地在他退出教席时，在上海国际饭店举行了隆重的仪式，授予他“功勋教授”的荣誉称号。虽是退休，可是陈鹏生依然忙碌。他常说：“作为一个由人民培养出来的知识分子，应该‘常怀忧民之心，恪尽爱民之责’。”这颗心，这份责，是非常可贵的。他兼任中国儒学与法律文化研究会会长直到 2012 年，至今仍担任司法部所属《中国司法鉴定》杂志主编，厦门大学校友会上海分会名誉理事长，以及中华和平统一促进会副会长等。在上海市最繁华的地段，有一间陈鹏生的办公室，他依然每天到办公室上班，处理各种事务，接待各方面来访的客人。闲暇时，他依然阅读大量书籍，关注时事，常与青年人畅谈，心态依旧年轻。

在陈鹏生书桌的玻璃板下，压着一幅他以劲遒的行书抄录的华罗庚的话：“树老怕空，人老怕松，戒空戒松，从严以终。”他说：“九十犹期日日新。”所以，已经 82 岁高龄的陈鹏生依然身形矫健，笑容时时带在脸上，他乐于与各种各样的人打交道，乐于听到各种不同的声音。他依然思维活跃，思路清晰，与他交谈，你会听到最新的社会动态，听到他新的观点。最难能可贵的是，你能由衷地感受到他依然热爱他的工作与他的专业，依然充满热情地处理各种各样的事务，发挥着他难以替代的作用。

2012 年，陈鹏生被评为“全国杰出资深法学家”。这一奖项是中国法学会成立以来第一次评选，经过全国范围内的层层严格推选，经过激烈竞争，最后 25 名法学家当选，上海地区仅陈鹏生一人获此殊荣，可谓实至名归。

二、学术研究和主要贡献

陈鹏生的学术成果集中于中国法律制度史、中国法律思想史及法律文化等领域。此外，他非常关注当下，时常将古今进行对比，以古喻今，写作大量高质量针砭时弊的杂文。陈鹏生从不局限于高校，他关注当下，积极投入法治实践，在社会法治实践的舞台上，也写下浓墨重彩的一笔。

（一）奠定中国法制史研究的基础

中国法律制度史是陈鹏生的主要研究领域之一。他曾任国家“七五”法学重点规划项目《中国法制通史》中分量最重的分卷——“隋唐卷”的主编。唐律不仅是封建法律之楷模，而且被公认为中华法系之代表，对亚洲古代各国封建法典具有深远的影响，陈鹏生主编的这一卷，资料齐全，分析独到，成为研究隋唐法制的最重要成果之一。该项目于 2000 年获得第十二届“中国图书奖”，2003 年又获得“中国高校人文社会科学研究优秀成果法学一等奖”。

陈鹏生研究中国法律史的另一个重点是中国法律思想史。他认为，法律制度与法律思想是构成中国法律史不可或缺的两个方面，法律制度离不开法律思想，法律思想又必然影响法律制度。所以他在教学研究中，十分注意两者的结合。他参加国家“七五”法学重点规划项目《中国法律思想通史》的编写工作，担任《现代卷》的主编，在占有充分史料的基础上，大胆地对其中一些主要人物，提出新的评价，改变了一些人云亦云的传统的看法，在法律思想史界获得很好的评价。

在对中国法律史的研究中，陈鹏生始终强调史论不分家的研究方法。他认为历来人们研究法律史，往往出现两种偏向：一种偏向是沉湎于资料的收集、整理和考证的工作，而忽略了理论上的概括和论证，这种研究方法，不但不容易充分揭示法律的本质特点，也难以从中获取规律性的认识以作为历史的借鉴；另一种偏向是着重从宏观上去研究，虽然注意到运用马克思主义的立场、观点和方法作指导，但对资料的搜集、整理和论证的工作则跟不上，影响了研究工作的深度。他认为，研究历史无疑要采取实事求是的态度，而实事求是的本身就既要实其‘事’，也要求其‘是’。实事与求是相辅相成，相得益彰，绝不可偏废，故而历来史学研究都提倡史论结合。

陈鹏生不仅埋头研究，还积极推动法律史学科的发展。他是华东政法大学法律史学科的重要创立者，还曾担任中国法律史学会的会长。对中国法律史的教学和研究，都起着重要的推动作用。

（二）拓展法史研究的新领域

基于对中国传统法律文化的深入研究，陈鹏生非常清楚传统法律文化的价值。他鉴于儒家思想作为中国传统文化的核心，对中国传统法律文化的影响是十分广泛和深入的，因此，在1990年他和法律史界的一些老专家发起成立“中国儒学与法律文化研究会”。这是当时全国第一个专门研究儒家思想与法文化关系的专门机构。陈鹏生被推选为会长，他亲自到台湾、香港等地，广泛联系各儒学研究的组织，共同推动儒学与法文化研究的工作，从1991年至今，平均每两年召开一次年会，每次年会都公开出版论文集，与日本相关组织联合召开的会议，还出版了中日文的文集，在中日两国发行。在陈鹏生的组织与推动下该研究会先后出版了《〈论语〉思想的现代法文化价值》、《儒家义利观与市场经济》、《儒家思想与现代道德和法治》、《走向21世纪的中国法文化》、《全球化背景下的法文化》、《传统法文化与和谐社会》、《传统法文化的反思与传承》、《儒学与法律价值观》等著作。成为新中国成立以来，儒学与法文化研究的第一批系列丛书。

陈鹏生在全国首创招收法律文化方向硕士研究生，亲自指导学生十余届，培养了该领域的一批青年学者。他们这批人，现在都已成为法文化教学与科研的骨干。

（三）倾心培养学生

陈鹏生是一位学者，更是一位深受师生爱戴的教师，他倾心培养学生，传道、授业、解惑，以他的学识与人格魅力，影响着一批批学生。

陈鹏生的讲课不仅融会古今，收放自如，极富思想性与启发性，而且十分注意学科发展的前沿和现实情况。他的课堂总有许多慕名而来的旁听学生，讲课深受学生欢迎，直到今天，陈鹏生的精彩授课仍为学生津津乐道。他非常关心学生的成长，常常创造条件，帮助学生成长。早在 1988 年，他就联系上海社会科学院出版社，组织华东政法学院前三届硕士研究生，出版了第一本《华东政法学院硕士研究生论文集》，为学生们搭建学术平台。有教无类，陈鹏生宽容地接纳每一位学生；因材施教，陈鹏生精心培养每一位学生。陈鹏生在三尺讲台辛勤耕耘到 71 岁，与学生结下深厚的情谊，他的学识和人格魅力吸引着无数的学生围绕在他的身边，正所谓桃李不言，下自成蹊。陈鹏生对学生成长的倾心付出使他深受学生的爱戴。在他上课前，学生们会为他摆好一把椅子，端上一杯热水，上完课后目送他离开教室的背影，以此表达他们对敬爱的陈老师的敬意与谢意。

（四）积极投身法治实践

陈鹏生从事的是中国传统法律的教学与研究，却一点也没有影响他投身于社会实务工作，恰恰相反，正是基于对中国传统社会的深厚了解，陈鹏生敏锐地洞察到当今中国社会发展过程中存在的与可能出现的种种问题，使他始终站在社会法治实践的最前沿，开创了许多先例。

1956 年，从学校才毕业两年，他就在上海电台开了全国第一个法律讲座；1986 年，中央号召各地领导干部学习法律，时任华东政法学院副院长的陈鹏生受邀以学者身份，为上海市四套领导班子做了关于法制史的专题报告，芮杏文、吴邦国、黄菊等同志都参加听讲。陈鹏生主讲的题目为“法的本质及其历史发展”，他针对听讲对象都是领导干部的实际情况，强调了法律意识对干部的重要性，分析和评点了干部在法律意识方面存在的问题，他还特别针对有些干部利用公权进行政商勾结寻租的现象提出尖锐的评析，震动很大。1994 年他参与开设了上海第一个无形资产评估所，亲自担任所长，并创办了第一份行业内专刊《资产评估与财富》。

针对当时社会上有一股把法律与经济对立的模糊认识，陈鹏生依靠他主管的《法学》杂志，召开了全国首次法律与经济的学术研讨会，来自全国各地的专家、学者和政法部门的实际工作者，通过十分激烈的争论，取得法律应该为经济服务，经济应该依靠法律而正确发展的共识。为了巩固会议的成果，在时任上海市市长汪道涵的倡导下，陈鹏生等人积极组建上海法学家与企业家联谊会，陈鹏生任常务副会长，上海的许多大中企业如宝钢、金山石化、江南造船厂、上海飞机制造厂等都积极加入，影响很大，在全国亦属首创。

（五）促进对外交流与合作

陈鹏生亦是一位名副其实的社会活动家，在促进两岸交流、促进中国与日、美等国的交流与合作中做出贡献。

1991 年初，在台湾国民党元老陈立夫的鼎力安排下，陈鹏生作为大陆第一位访问台湾的法学界人士，抵达台湾访问、讲学。第一位接待陈鹏生的是 90 多岁的国民党元老陈立夫，他当时是“总统资政”，又是海峡两岸统一促进会会长，他主持的孔孟学会会员遍及十多个国家。陈鹏生和陈立夫从儒家学说的思想精神价值谈到两岸和平统一的文化思想基础，认为儒家思想文化是我们民族的根、民族的魂，两岸应该是“一以贯之，亘古常新”。后来，陈立夫亲笔为陈鹏生书写了条幅：“以忠心呈给祖国，以孝心献给父母，以恒心付给事业，以信心留给自己。”

陈鹏生还先后到台湾大学、淡江大学、东海大学、老子学会以及弘儒学会等学校和学会访问讲学。应蒋纬国的邀请，陈鹏生为中华战略研究会近百名理事做报告。陈鹏生针对台湾听众对大陆法制的不了解和心存疑虑的状况，特地将演讲的主题定为“大陆法制的过去、现在和将来”。蒋纬国主持演讲会，演讲结束，他评价说这是“一流的专家，一流的演讲”，一再要求陈鹏生再次前来做报告。在此期间，陈鹏生在台湾还结识了许多政界、学界、文化和经济界人士，为后来他积极开展对台的交流和合作提供了有力的帮助。2000 年纪元更新的时候，他曾请大陆海协会会长汪道涵和台湾海基会会长辜振甫书写两幅字，汪道涵写的是“纪元晋千”，辜振甫写的是“源流归一”，这两幅含义深刻的对子合在一起，被称为“世纪楹联”。联合国成立 50 周年时，中国赠送的一个大鼎，上面除了雕刻象征中华民族的 56 条龙之外，就刻有这个对子。

在与日本的交流上，陈鹏生留下浓墨重彩的一笔。1991 年 10 月，陈鹏生应邀赴日本神户学院大学法学院做一年客座教授，讲授东方法制史和法律思想史，进一步扩大华东政法学院与日本学术界的合作。在此过程中，他又以中国儒学与法律文化研究会会长的身份，往返于神户和东京之间，与日本政治、经济和文化各界人士广泛交往，陈鹏生以其社会活动家的卓越才能，与日本的议员，与野村证券、美林证券、关西住友财团等的高层人士建立了友好关系，促成了日中经济文化交流发展基金会的成立，带动一批投资项目。不仅如此，还由陈鹏生牵线，促成汪道涵一行访日，由陈鹏生陪同，得到日本首相竹下登的亲切接待，并就环保合作达成初步意见。后又促成日本环保代表团来中国访问，得到朱镕基总理的接见。

陈鹏生长期致力于中国法制史、中国法律思想史及法律文化的研究，取得丰厚的学术成果，他是华东政法大学法律史学科建立与发展壮大的重要奠基者之一；他还十分关注法治建设的实践，积极参与其中，为上海及全国的法治建设做出贡献。此外，陈鹏生利用自己的社会资源，推动并促进大陆与台湾的联系与交流，大力促进中国与日本、美国等在学术、经济及文化等领域的交流与合作。陈鹏生既是一位理论家，一位优秀的法学教育家，还是一位出色的实践家与社会活动家，是名副其实的“全国杰出资深法学家”。

三、陈鹏生主要论著

陈鹏生 . 1981. 略论诸葛亮的法治观 . 法学，(1)：49-51.

王召棠，陈鹏生 . 1982. 社会主义中国法系初探 . 法学，(2)：3-7.

陈鹏生 . 1983. 魏征法律思想论略 . 法学，(11)：41-44.

陈鹏生 . 1984. 马克思主义与法制史研究 . 现代法学，(3)：31-34.

陈鹏生 . 1984. 领导干部要有诸葛亮“明罚己过”的精神 . 法学，(5)：41-43.

陈鹏生 . 1985. 税法史上的一次重大改革 . 政治与法律，(5)：51-53.

陈鹏生 . 1985. 一国两制的历史借鉴 . 法学，(2)：6-8.

陈鹏生 . 1987. 没有法律的政治是危险的政治——法学研究的反思 . 法学，(1)：2-3.

陈鹏生 . 1989. 从文化视角看权力与真理的不平衡 . 法学，(4)：13-14.

陈鹏生 . 1990. 把廉政建设纳入法制的轨道 . 法学，(1)：2-4.

陈鹏生 . 1991. 从天人观念的差异看中西法文化的不同走向 . 日本 . 法文化比较研讨会报告稿 .

陈鹏生 . 1991. 中国古代法律三百题 . 上海：上海古籍出版社 .

陈鹏生，何勤华 . 1992. 中日法律文化近代化之若干比较 . 中国法学，(2)：101-107.

陈鹏生 . 1993. 市场经济的培育与法律文化的重构 . 学术月刊，(11)：23-25.

陈鹏生 . 1993. 上海法制发展战略研究 . 上海：复旦大学出版社 .

陈鹏生 . 1996. 中国近代法律思想的发展及其基本特点 . 太原：山西人民出版社 .

陈鹏生 . 1996. 中国法律思想通史 · 现代卷 . 太原：山西人民出版社 .

陈鹏生 . 1997. 儒家思想与中国现代法文化的现实思考 . 孔子二十一世纪国际学术研讨会论文集 . 香港：孔教学院编印 .

陈鹏生编 . 1999. 中国法制通史（第 4 卷）. 北京：法律出版社 .

陈鹏生 . 2011. 陈鹏生法学文集 . 北京：法律出版社 .

主要参考文献

陈鹏生 . 2011. 陈鹏生法学文集 . 北京：法律出版社 .

撰写者

高珣（1977 ~ ），福建漳州人，华东政法大学副教授，陈鹏生的学生。

邱远猷

邱远猷（1932～），四川资中人。法律史学家。1953年西南政法学院毕业，1956年中国人民大学法律系法制史专业研究生毕业。高校执教56年。首都师范大学政法学院教授，研究生导师。曾任中国近现代史、法学研究室主任，校务委员会委员，校学位学术委员会委员，东方文化与古籍整理研究所副所长，校图书馆馆长，北京地区高校图书馆工作委员会副主任，校教职工代表大会副主席。曾兼任中国人民大学法学院法制史专业博士生导师组成员，中国政法大学法律史研究所研究员，中国青年政治学院客座教授，中国法律史学会理事，北京太平天国历史研究会常务理事等。2005年首批入选“当代中国法学名家”。

一、一生历程

1932年12月8日，邱远猷出生在四川资中县高楼乡一个清贫知识分子家庭。后来，家庭经济生活和社会地位逐渐上升（1951年春土改时，家庭成分划为地主）。1938年9月，邱远猷进高楼乡中心小学读书，1942年9月进四川省立资中中学读初中，1947年9月进资中县立中学读高中。

1950年9月，邱远猷考入四川大学法学院政治系。亲历了抗美援朝参军及镇反、思想改造、土改等运动；1950年下半年至1952年上半年间，还参加了川西广汉县土改工作两期，最后一期任村工作组组长。1950年11月加入新民主主义青年团，旋即任班长。1952年任政治系团支部书记，校学生会宣传部长。

1952年10月，四川大学政治、法律两系因全国院系调整，并入西南人民革命大学政法系。邱远猷任班长、学生会执委兼学习部长。1953年9月，西南政法学院正式成立。邱远猷作为首届毕业生被保送到中国人民大学法律系教师研究班学中国法制史。

邱远猷1956年7月于中国人民大学毕业后留校，任国家与法权历史教研室助教，9月首次登上大学讲台，讲授中国国家与法权历史课（近代部分）。

1957年下半年，邱远猷被借调到西北大学法律系，系统讲授中国国家与法权历史课程。1957 年“反右派”斗争、1958 年“大跃进”、人民公社化运动、1959 年反右倾与教学检查，严重冲击、干扰正常的教学秩序，邱远猷再没上课，并于 1960 年 5 月被调至中央财政金融学院。该校新办，规模很小，没有法学专业，邱远猷最初颇感失落，但他并未消沉，继而奋起，勇于并积极接受新课——汉语、中国近代国民经济史、政治经济学（资本主义部分）。他由于教学质量高、效果好，成为该校最受欢迎的几位教师之一。1962 年被评为讲师。1964 年出版了与张晋藩合著的《科举制度史话》（吴晗主编“中国历史小丛书”之一，中华书版出版，1980 年再版）。

1964 年 2 月至 1965 年 4 月，邱远猷被派到陕西蒲城与长安县，参加“四清”工作。

1966 年“文化大革命”开始，批判“三家村”，斗争吴晗。中央财金学院造反派、红卫兵因邱远猷写的《科举制度史话》系吴晗主编，而错误地认为他是“三家村小伙计”、“吴晗的走卒”、“大杂家”，对他进行批斗，剃头游行，抄家，踢进劳改队。三个月后，查无证据，不了了之，予以解放。1969 年冬至 1972 年 7 月，在军宣队领导下，邱远猷随全校教工下放河南淮滨“五七干校”。

1972 年 7 月，中央财政金融学院解散，邱远猷调入北京师范学院，即今首都师范大学。该校当时没有法学专业，邱远猷到历史系中国近代史教研室（后现代史教研室并入）任教。1976 年“文化大革命”结束后，邱远猷重登大学讲台，为 77 级及之后年级讲授中国近代史、清代政治制度史、中国近代思想史。20 世纪 80 年代社会上出现“中国近代史学习热”，他还为本校非历史专业学生与北京地区 20 多个学校和机关、单位讲授中国近代史，进行中国国情教育与爱国主义教育，普遍受到好评。1983 年他晋升副教授。1984 年加入中国共产党。邱远猷在教学中注重思想性、学术性、生动性的统一，教书育人成绩显著。他被评为校级先进教师，他所领导的中国近现代史教研室，被评为北京市 1985 ~ 1986 年度教书育人先进集体。

1982 年，邱远猷招收第一个来首都师范大学留学的美国法学硕士生学习中国法制史。1986 年，招收第一个中国近代史专业的中国硕士生。

1985 年，邱远猷被选任首届校教职工代表大会常设主席团副主席。1986 年 6 月起，调任校图书馆馆长、北京地区高校图书情报工作委员会副主任（七年）、北京市高校图书资料系列高级职称评委会副主任、委员（四届十二年）；同时任校东方文化与古籍整理研究所副所长、校务委员会委员、校学位学术委员会委员。此间，他虽然成了教学科研与行政管理双肩挑干部，但从未放松对中国法制史的研究。1979 年，他出席在长春召开的中国法律史学会成立大会，成为会员，并担任《法律史论丛》编委。之后，每隔三年或一年的中国法律史学会年会暨学术研讨会，邱远猷基本上都参加，还多次提交了论文，并被选为中国法律史学会理事。

1985年5月，首都师范大学政教系更名为政治法律教育系（后改为政法系、再改为政法学院），开始招收法学教育专业（后改为法学专业）第一届本科生，后又招硕士研究生。邱远猷主讲本科生“中国法制史”课程、研究生“中国法律传统与近代化”专题课，同时还为首都师范大学及北京各县区成人教育局法学专业大专、本科、研究生班讲授“中国法制史”，直至2008年。此外，他还应中国政法大学之邀，为法律史硕士生讲授“中国近代法律思想史”（两届），应中国青年政治学院之邀为法律系本科讲授“中国法制史”（四届）。1986年他被中国青年政治学院聘为客座教授。1987年被中国政法大学聘为中国法律史研究所研究员。1988年被评为馆员（正教授级）。1993年，被中国人民大学法学院聘为法制史专业博士生导师组成员。1993年7月，邱远猷调政法系（今政法学院）任教，先后任法学教研室（今法律系）党支部书记、主任，系学术委员会委员，被评定为法学教授。上述教学期间，邱远猷还曾于1989年3~5月，赴美国威梯尔学院访问、讲学。

1996年9月邱远猷退休，但教研工作是退而未休，“老牛明知夕阳短，不用扬鞭自奋蹄”。2000年5月访日。2005年8月，首批入选“当代中国法学名家”。2012年邱远猷被中国人民大学法学院革命根据地法制研究所聘为客座研究员。2012年5月12日，首都师范大学政法学院隆重举行“中国法律近代化学术研讨会暨邱远猷教授八十华诞庆祝会”，中共首都师范大学纪委书记潘亮代表学校党委与行政在开幕式上致辞，祝贺邱远猷，表彰他为高校教育事业与法史研究所做出的贡献。邱远猷出版了《八十春秋》（66万字，首都师范大学出版社，2012年）自述生平，以资纪念。

二、学术研究和重要贡献

邱远猷从1953年大学毕业，进入中国人民大学法律系教师研究班起，就立志将来当一名合格的人民教师。1956年，他毕业留校任教，开始走上高校执教岗位，至今已近60年。教过的学生数以千计，为国家培养了一批又一批优秀建设人才，其中不少人已成为国之栋梁，担负着国家重要领导职务。

在长期的教学与科研中，邱远猷深感中国法律史兼有法学与史学的双重性，是门交叉的学科。要搞好中国法律史的教学与研究，既要有深厚的法学理论基础，又要有渊博的历史知识，两者相辅相成，相得益彰。于是，他把学术主攻方向锁定在近代中国（1840 ~ 1949 年）的历史与法律。从 20 世纪 50 年代起，在近代中国法律史领域不断探索，逐步形成了若干颇有创见的学术思想观点，为中国法史学的建设与发展做出了重要贡献。

（一）综论中国近代法律史的基本线索与走向

邱远猷认为，中国近代法律史是研究 1840 年至 1949 年，各种不同类型、不同性质政权之法律如何产生、发展演变的过程及其规律。他认为不应以 1919 年的五四运动作为划分中国近、现代法律史的分界线，1919 年五四运动后至 1949 年新中国成立前仍属中国近代法律史，只有 1949 年起中华人民共和国法律史才属于中国现代法律史。

他提出，中国近代法律史的基本线索有两条：一是半殖民地半封建（半资本主义）政权之法律，如何形成、发展演变以至结束的历史。内容包括：1840 ~ 1911 年晚清政府的法律；1912 ~ 1927 年北洋政府的法律；1927 ~ 1949 年南京国民政府的法律。这是在当时社会中居于全国统治地位的政权之法律。一是在当时社会中未居全国统治地位或短暂的进步或革命政权之法律，如何产生、发展演变以至胜利的历史。内容包括：1851 ~ 1864 年太平天国的法律；1912 年元旦至 4 月初南京临时政府的法律；1925 ~ 1927 年广州、武汉国民政府的法律；1927 ~ 1949 年革命根据地民主政权的法律。上述两者之间，往往同时并存，彼此交错，相互斗争，相互影响。

中国近代法律史的基本走向是“两化”：一是中国法律的半殖民地化。其主要标志就是外国领事裁判权制度在中国的确立与扩展；二是中国法律的半封建（半资本主义）、资本主义化，即近代化。从古代传统封建法律向近代资本主义法律转型，经历了两大历史阶段：1851 ~ 1900 年，第一个 50 年，是中国法律近代化的思想酝酿与准备阶段。即西方法律文化东渐，一批先进的中国知识分子自觉或不自觉地以资产阶级的法律学说为武器，重新审视与批判古代传统封建法律，层次不同地提出了法律近代化的主张。1901 ~ 1949 年，第二个 50 年，是中国法律近代化从开端（清末政府），到全面尝试与创新（南京临时政府），到继续（北洋政府），到初步完成（南京国民政府）的阶段。

中国法律近代史的实质内涵是“五化”，即：资本主义化、民主化、法治化、科学化和市场经济化。主要表征是：由主权在君到君民共主、主权在民，由君主专制到君主立宪、民主共和；由君权至上到法律至上，由人治到法治；由封建等级特权法到法律面前人人平等、保障人权；由重农抑商到发展资本主义经济；由行政与司法不分到司法独立；由司法专制主义、报复主义、威吓主义到人道主义；由律、令、例为主要法律形式的法律体系过渡到“六法”体系。

（二）应全面准确评价太平天国法制

邱远猷是国内屈指可数的研究太平天国法制的著名专家，所著《太平天国法律制度研究》一书是学术界仅见的重要学术专著。其内容结构为：1）太平天国法制的产生与发展变化；2）土地立法；3）刑事立法；4）婚姻立法；5）禁烟立法；6）经济立法；7）行政立法；8）司法机关和诉讼制度；9）洪仁玕改革法制的主张；10）法制性质和历史经验。该书1993年获“首都师范大学第一届优秀科研成果奖”。

邱远猷认为，在“文化大革命”以前、期间和刚结束不久，人们往往对太平天国及其法律赞誉过高，有神化倾向。在“文化大革命”后、改革开放以来，尤其是近年来，人们往往对太平天国及其法律又多半评价偏低，甚至有鬼化倾向。以上两种倾向，都不是正确的态度与方法，不符合历史事实。

他强调对太平天国及其法制的研究，应采取实事求是的态度。既要看到太平天国在反帝、反封建斗争中的积极作用，肯定太平天国所制定和颁行的法律，反映了农民阶级意志和利益，有其历史进步性。也要看到近代农民阶级作为小生产者、小私有者，有着难以克服的落后性，所建立的农民政权和制定的法律不可能摆脱封建主义的影响。太平天国农民法制夹杂着相当多的封建毒素，到了后期更是日趋封建化，在农民战争中起着消极、破坏的作用。这也就从法制层面回答了太平天国为何“兴也勃焉，亡也勿焉”。

太平天国法制内容丰富、较为系统，在中国近代法律史上应占有一席之地，简单抹去或回避是不应当的，无论是美化还是丑化，都不是科学的，总结它的经验教训是必要的、有意义的。

（三）最先提出洪仁玕为主张法律近代化的第一人

邱远猷认为，洪仁玕虽是旧式的农民和太平天国后期的领导人，但却有着超越旧式农民战争顶峰的光辉，是主张中国法律近代化的第一人。洪仁玕关于中国法律近代化主张的主要内容和基本表征如下：

其一，提出近似近代意义的法治观。洪仁玕向天王献上“为前古罕见”的“已所窥见之治法”：1）外国有的先进，有的后进，有的落后，其根本原因在于其“邦法”是否“宏深”、是否“善”。决定当时东西方各国兴衰成败的因素，主要不是人而是法。2）以新的视角论证国家与法制的关系，“国家以法制为先，法制以遵行为要，能遵行而后有法制，有法制而后有国家”。这有别于中国古代“以法治国”学说，而与西方近代“有法可依，有法必依”的法治学说有近似之处。3）“治国立政”的关键，“惟在乎设法用人之得当耳”。而关键却在于“立法”、“法治”，有了它才能做到“设法善”和“用人当”。4）对美国的近代民主与法制更多流露出羡慕之情，并首次谨慎陈献天王洪秀全“以广圣闻，以备圣裁，以资国政”。

其二，“因时制宜，度势行法”，提出全面发展资本主义经济的第一个近代化纲领。在《资政新篇》中，其所拟的29条法例中，经济法制一类排列在先，内容为：兴办近代水路交通运输业；兴办邮政、新闻业；兴办私家银行，发行“银纸”；兴办保险业；兴办采矿业；奖励科技发明，颁行专利保护法；颁行工商税收法规；颁行劳资立法，采用雇佣制；颁行保护正当对外贸易立法。

其三，改革专制主义、惩罚主义的司法制度，试图建立人道主义、法治主义的司法制度。其表现包括：1）《资政新篇》与《立法制宣谕》所定21条“罪名”中，政治性犯罪10条，经济犯罪9条，其他2条。其目的是加强天国的中央集权，维护资本主义经济的创立与发展。这与中国古代完全维护封建自然经济与专制主义统治的法律，与重公权、轻私权，重公法、轻私法的传统，不完全相同。2）提出刑罚宽简。仅有徒刑、大架吊死两种，此外尚有“劳教”。废除肉刑、残暴处死的刑罚。3）提出的定罪量刑原则有：区分罪与非罪、“轻犯”与“大罪”的界限；“罪人不孥”，刑止一身；审理案件注重事实，“妄证者同罪”。4）建立近似近代监察制度之“新闻官”制度。5）“教法兼行”，教而后诛。

洪仁玕的法律近代化思想，因没有客观的政治环境与深厚的经济基础，后期天王洪秀全不甚支持，法律近代化与政权封建化严重抵触，而未能实现。但并不因此而磨灭其应有的历史光辉和可资借鉴的现实价值。

（四）提出黄遵宪为中国法律近代化的思想先驱

黄遵宪是中国近代卓越外交家、思想家、史学家和爱国诗人。以往学界对其诗歌贡献、文史学成就、外交、政治活动，颇多关注，而对其“法治”思想的探讨很少见。邱远猷于2005年应邀参加由中国历史学会召开的“纪念黄遵宪逝世一百周年国际学术讨论会”，以此为契机，开展了对黄遵宪“法治”思想的深入研究，发表多篇学术论文，透视其法律近代化思想轨迹，得到学界好评。

邱远猷指出，黄遵宪在1887年（清光绪十三年）撰成、1895年（清光绪二十一年）底正式刊行的中国近代第一部系统、深入研究日本的百科全书式著作《日本国志》中，首先明确提出了“以法治国”方略，指出，日本“改从西法，革故取新，卓然能自树立”。“日本取法欧洲而致强盛……我国亦宜就近取法日本”，走变封建君主专制为资产阶级君主立宪制之路。他提出了依法司法，改革旧司法制度，建立新司法制度的章法，并在湖南维新中部分推行。他坚定地提出废除西方列强在亚洲、中国的治外法权。他提出的“男女同权论”，是中国妇女解放运动的先声。黄遵宪是中国法律近代化的思想先驱，他的法律主张，对梁启超及其领导的戊戌变法运动、光绪帝推行新政，产生了直接和重要的影响。

（五）认为梁启超是中国近代法学的开创者、最杰出的法学家之一

在中国近代学术史上，梁启超是一位高产的、百科全书式的大思想家，这是学界的共识。邱远猷却进一步指出，梁启超在宪法学、国际法学、法史学、行政法学等方面，著述甚丰，一生法学著述至少在300万字以上。他是19世纪末20世纪初言论界之骄子，近代法学的开创者，对中国近代法律史的发展做出了重要贡献。

首先，梁启超提出“法治主义”是当时“救时”、“存国”之“唯一主义”。梁启超在19～20世纪之交，在中国民族资本主义经济和政治力量初步发展、空前严重的民族危机和社会政治危机、西方法律文化广泛传入的历史条件下，鲜明地提出“法治主义”是“救时”、“存国”之“唯一主义”、“最急之事”。

实行法治的必要性和重要性在于：1）法是区分人类与禽兽、国家文明与野蛮的主要标志。2）法是“国家之意志”、“天下之公器”，国家应以立法治天下。3）法是规定与保持合理的权利与义务界限之工具。

怎样才能实行“法治”？梁启超认为主要包括：1）以大陆法系为楷模，制定资本主义“六法”体系。2）为民立法，立法应以谋求国家最多数之最大幸福为宗旨。3）立法权应归多数之国民，由专门独立的立法机构行使。4）实行法治必须做到“法立而必施，令出而必行”。5）司法独立与维护国家司法主权。6）法治要辅之以道德教育。

其次，梁启超在中国宪法学史上具有开创者的地位，是一位宪法学大家。他不仅译介了西方法学家的宪法学说（如《法理学大家孟德斯鸠之学说》等），撰写文章介绍西方宪法制度，而且还曾游历日本、欧洲等地，对西方的宪法实践有着切身的感受。他全面介绍并研究了：1）宪法是什么？制宪权归于谁？2）宪法三大精神，国权与民权调和、立法权与行政权调和、中央权与地方权调和。3）国体、政体及其两者关系，主张“但使政体真能立宪，则国体为君主为共和，原无所不可”，“论家只问政体，不问国体”。4）两院制国会制度，选举制度。5）政党制度。6）自由、权利和自治。他关注成文宪法、宪法观念与宪政现实之间的互动，并以其独到

的见解指导着他的研究和宣传。他一生致力于追求宪政，对中国的宪政之路有着自己的理解和设计。梁启超的宪法学思想及研究方法，仍有许多值得今人学习和借鉴之处，但亦有局限性，如理论渊源上存在着一定局限，有一定国家主义倾向。

（六）对"张之洞是清末变法修律的反对派"的观点提出质疑

在中国法律史学术领域与高校教材《中国法制史》中，传统观点一直认为张之洞是清末变法修律的反对派。邱远猷在2002年武汉召开的"张之洞与武汉早期现代化"国际学术研讨会上，提交的论文题目是《张之洞与清末法律近代化》，一反传统观点，分三部分阐述了自己的新见解。

第一，张之洞率先倡导变法修律，举荐修律大臣沈家本、伍廷芳。1901年的《江楚会奏变法三折》，其"基本主张与内容大抵成为清末政府变法修律的蓝本和行动纲领"。

第二，张之洞"修律主张，初步体现中国法律近代化时代趋向"。这是因为：1）他大胆挑战极端君主专制，主张引进君主立宪制之"西法"。2）改革重农抑商传统法律，主张订立保障资本主义经济的工商立法。3）改革旧的司法制度，倡立近代的司法原则与制度。由此，邱远猷认为：在中国由封建传统法律向近代资本主义法律转型初始阶段，张之洞是一个重要的促进派，起了积极推动作用。这一独创见解，论据充分，使人耳目一新。

第三，如何看待张之洞与沈家本之间的歧义与论争。该文认为："'法律近代化'的概念，既指法律变革的总体目标，即要最终实现法律的资本主义化，也指法律变革是一历史演变过程，会呈现出若干阶段，因此要逐步推进。总体全面改革与有阶段推进相统一，是'法律近代化'本身的规律性要求。"张之洞变法修律主张，"总体目标是要'变中国旧法从西法'，'以西法为主'"，但又要"从中国的政教、习俗、史地等实际国情出发"，"亦非一朝一夕之为"。"因此，张之洞总体构想是：中国变法修律，采取渐进模式，而不宜采取'过于西化'、'过于西制'的激进模式"。张之洞与沈家本之间的争论是渐进或是激进之争，并不具有"代表了资产阶级与封建阶级两大阶级、两种法律观的斗争"，"拥护社会改革进步，还是反对社会改革进步的斗争"的性质。

该论文在《首都师大学报》2003年第4期头条发表后，人大报刊复印资料《法史学》2003年第10期转载，在学术界引起较大反响，赢得好评。2012年获由教育部法学教育指导委员会等四个单位主办的第二届中国法律文化研究成果奖。

（七）指出《中华民国临时约法》颁布前不少省（区）军政府颁布有《临时约法》

以往中国法律史学界，在论及中华民国开国法制史时，十分关注1912年南京临时政府成立后的《中华民国临时约法》。邱远猷经过多年的挖掘与研究，发现1911年武昌起义后不少省（区）建立了军政府，在1912年《中华民国临时约法》颁布之前，这些军政府都颁布有《临时约法》之类带有根本法性质的文献，如1911年武昌起义后的《中华民国鄂州临时约法》，1911年12月7日前公布的《中华民国江苏军政府临时约法》，1911年12月颁布的《贵州宪法大纲》，1911年11月8日后公布的《广西临时约法》，1911年12月29日前公布的《浙江军政府临时约法》，1912年4月24日公布的《江西省临时约法》，1912年1月18日颁布的《蜀军政府政纲》。这些《临时约法》的特点是：1）它们是辛亥革命初步胜利的产物，由省（区）起义后各界代表组成的革命权威会议，根据1906年孙中山制定的中华民国《革命方略》的精神以及本省（区）的实际情况，拟定和通过的；2）它们都规定实行民主共和制，结束了在中国沿袭了数千年的封建君主专制制度在各省（区）的统治；3）一般采取立法、行政、司法三权分立制，个别也有行政、立法二权分立制，或寓有五权分立之意者；4）大多规定了人民的权利与义务；5）它们对维护革命秩序，巩固新生政权，恢复发展生产，促进人民觉醒，改善群众生活，有其重要意义和作用，也为中华民国南京临时政府成立后的《中华民国临时约法》的制定，奠定了一定基础，提供了一定经验；6）各自不同地存在着缺陷与不足，显示出不完整性或民主色彩尚嫌不足。以上研究成果，邱远猷在其《中华民国开国法制史》专著中，均有浓墨重彩的论析，填补了辛亥革命法制研究中的空白。

（八）全面、系统、深入研究南京临时政府法制的新著—《中华民国开国法制史》

邱远猷长期从事辛亥革命法制研究，成果丰硕，终于厚积薄发，于1997年出版了《中华民国开国法制史》（合著），全面、系统、深刻地论述了南京临时政府的法律制度。

该书按四个历史阶段安排结构和论述内容：1）从1905年同盟会成立到1911年10月武昌起义前，是创建中华民国开国法制的理论基础与立法指导思想的确立时期。一方面阐明中华民国法制创建的物质与思想条件；另一方面，则着重指出《同盟会纲领》和《革命方略》乃是中华民国建立及其法制建设的理论基础，并为此后开国立法的指导思想提供了依据和武器。2）从 1911 年 10 月武昌起义到同年 12 月底中华民国南京临时政府成立之前，是各省都督府（军政府）及其法制的创建时期。许多省都督府（军政府）颁布了《临时约法》。3）从 1912 年元旦中华民国成立，到同年 3 月 11 日《中华民国临时约法》公布，是南京临时政府建立中央政权机构、制定共和国法律制度的重要阶段。该书重点论述了《中华民国临时政府组织大纲》、《中华民国参议院法》和具有根本法性质的《中华民国临时约法》的内容、性质及意义。4）从《中华民国临时约法》公布后，到 1912 年 4 月 6 日南京临时参议院结束，是新生的临时政府为巩固共和制度、维护约法的严肃性而做最后奋斗时期。该书详尽论述了南京临时政府总统府各直属机构的组织与管理法规，国务院及中央各部官制和有关行政法规，中华民国开国时期的重要法律已较为齐备。

专著受到学术界的高度重视，《光明日报》、《法学家》、《四川文物》、《江淮文汇》等多家报刊载文给予很高评价。如江苏历史学会会长余明侠在《江淮文汇》1997 年特刊发表长篇书评，说："我深为历史学界、法学界的百花园中又添一枝新葩而感到庆幸。"其特点是："第一，独立机杼，填补了中华民国开国法制史领域中的一项空白。""第二，观点鲜明，每多新见。""对学术界有争议的问题，则能不囿于成说而实事求是地抒发己见。""第三，发掘史料，认真整理，汰芜存真，用宏取精。""第四，熔辛亥革命史与民国开国法制史于一炉，互相补充相得益彰。"该书 2007 年获"第一届钱端升法学研究成果奖"。

三、邱远猷主要论著

张晋藩，邱远猷 . 1964，1980. 科举制度史话 . 北京：中华书局 .

邱远猷 . 1990. 两次鸦片战争期间外国领事裁判权在中国的确立 . 北京师范学院学报，（3）：98-105.

邱远猷 . 1991. 太平天国法律制度研究 . 北京：北京师范学院出版社 .

邱远猷 . 1993. 洪仁玕与中国法律近代化 . 中州学刊，（6）：109-113.

张晋藩，邱远猷，等编 . 1995. 中国法律史 . 北京：法律出版社 .

邱远猷 . 1996.《广西临时约法》初探 . 法学家，（6）：67-70.

邱远猷 . 1997. 试论《中华民国参议院法》. 历史教学，（12）：10-13.

邱远猷，张希坡 . 1997. 中华民国开国法制史——辛亥革命法律制度研究 . 北京：首都师范大学出版社 .

张晋藩，邱远猷，等编 . 1998. 清朝法制史 . 北京：中华书局 .

邱远猷 . 1998. 试析中华民国江苏军政府临时约法 . 江苏文史研究，（12）.

张晋藩编（邱远猷参与编写）. 2000. 中国法制通史 · 近代卷 . 北京：法律出版社 .

曾宪义，等编（邱远猷参与编写）. 2000，2009，2013. 中国法制史 . 北京：北京大学出版社，高等教育出版社 .

邱远猷 . 2000. 梁启超的法治思想∥王晓秋编 . 戊戌维新与近代中国的改革：戊戌维新一百周年国际学术讨论会论文集 . 北京：社会科学出版社 .

邱远猷 . 2001. 孙中山、辛亥革命与中国法律近代化∥ 中南财经政法大学法律史研究所编 . 中西法律传统（第一卷）. 北京：中国政法大学出版社：17-39.

邱远猷 . 2003. 中国近代法律史论 . 合肥：安徽大学出版社 .

邱远猷 . 2003. 张之洞与清末法律近代化 . 首都师范大学学报，(4)：1-8.

邱远猷 . 2006. 论黄遵宪的法治思想 . 江海学刊，(1)：157-164.

邱远猷 . 2007.《江西临时约法》初探∥曾宪义编 . 法律文化研究（第二辑）. 北京：中国人民大学出版社：236-242.

邱远猷 . 2008. 远猷选集 . 香港：香港天马出版有限公司 .

邱远猷，等 . 2012. 八十春秋 . 北京：首都师范大学出版社 .

主要参考文献

何勤华编 . 2010. 中国法学家访谈录·邱远猷 . 第二卷 . 北京：北京大学出版社 .

邱远猷，等 . 2012. 八十春秋 . 北京：首都师范大学出版社 .

撰写者

杨一凡（1944～），陕西富平人，中国社会科学院荣誉学部委员，法学所研究员，博士生导师。

杨大文

杨大文（1933～），江苏常州人。民法学家、亲属法学家和法律教育家。现任中国人民大学法学院教授、博士生导师，婚姻家庭法学研究所所长。兼任中国婚姻家庭研究会副会长，中国法学会婚姻家庭法学研究会名誉会长，中国社会工作协会专家委员会委员，北京人文大学政法学院院长，北京市妇女法学研究会顾问。曾任第七、八届全国人民代表大会内务司法委员会妇女儿童小组成员，国家民政部婚姻专家委员会委员，国家人口与计划生育委员会人口专家委员会委员，中国婚姻家庭建设协会副会长，《法律学习与研究》、《法学家》杂志主编，《中国审判案例要览·民事卷》副主编等。杨大文主攻婚姻家庭法学，兼治理论民法学、继承法学、婚姻家庭制度史、比较亲属法等，其建树涉及教学、研究、法制建设以及与婚姻家庭、妇女权益保障的社会工作等诸多方面。他是20世纪中期后中国婚姻家庭法学的开拓者和奠基人之一，他的学术活动是半个世纪以来中国婚姻家庭法学创建和发展过程的客观记录。

一、人生和治学经历

常州，是江南人文荟萃之地，阳湖学派的故乡。杨大文童稚之年即以祖父为师，诵习《孟子》、《论语》等古籍。抗战军兴，他随家颠沛流离于外地。1946年秋，他在贵阳就读于清华中学，作为寄宿生在大将山下、花溪河畔度过了少年时代。这所学校是在清华学堂监督周贻春悉心支持下创办的，从校长到教师多为清华大学毕业的校友，在当时是一个殊属难得的良好的学习环境。少年杨大文酷爱文史，曾追随师长、学兄参加清华文学会，常向学生壁报《狂飙》投稿。文学报和壁报的负责人朱厚泽、赵西林，是对杨大文的中学生活颇有影响的两位高班同学。在他们毕业离校后，杨大文曾接替其担任壁报主编。1949年12月杨大文离校参军，考入二野军政大学第五分校，不久即分配至第十七军从事部队文艺工作，也曾作为部队支援地方的工作队队员，参加新中国成立初期农村的群众工作，如建立村政权，组织民兵武装、清匪、反霸、减租、退押等。1952年，作为部队调干生，杨大文赴中国人民大学法律系学习，毕业后留校任教。回首往事，杨大文曾对他的弟子们说，儿时的中华传统教育，中学时代的民主、科学的现代教育，部队大家庭的革命教育，人民大学比较系统的马克思主义理论教育，这些教育所汇聚的精神力量，对他的一生，对他的为人和治学之道，都产生了深刻和积极的影响。

中国人民大学法律系民法教研室，是青年教师杨大文的第一个，也是历时最长的一个工作岗位。他最初从事的是苏维埃民法的教学与研究工作，也曾参加1949年后率先问世的《中国民法讲义》部分章节的编写。由于众所周知的原因，中国的法学研究、法学教育乃至国家的法制建设在20世纪50年代和60年代之交经历了一次重大的曲折，民法也和其他部门法学一样，课难开，更难讲，横遭批判，动辄得咎。婚姻家庭法正是在这种特殊的历史条件下，脱离民法课程而独立，作为一门单独的课程开设的。从20世纪50年代末到60年代初，杨大文和教研室的师长、同事一起，另辟蹊径，开始了作为民法学分支的婚姻家庭法学的学科建设工作。60年代初，人民大学民法教研室编著了第一部比较系统、全面的婚姻家庭法教材，杨大文是该书的主要撰稿人之一。与此同时，他还和其他教师合作，在《政法研究》、《人民日报》等报刊上发表了有关婚姻家庭法和婚姻家庭制度改革等方面的论文。由于当时教研室的分工，杨大文教学和研究工作的重点，由财产法向婚姻家庭法转移，从此一发而不可收，在半个多世纪的时间，与婚姻家庭法学结下了不解之缘。

婚姻家庭法学在法学体系中具有自身的特色，它浅显易懂、贴近生活，初入其门甚易，登堂入室、洞悉其奥则甚难。这是因为，作为人类最广泛、普遍的社会组织和生活单位，婚姻家庭与社会生活的诸多领域都有密切的内在联系，仅仅就法论法是无法悟其真谛、提高研究水平的。青年时代的杨大文，如饥似渴地努力获取与研究领域有关的知识，包括马克思主义经典作家关于婚姻家庭的基本观点，中国历史上关于婚姻家庭的礼制和法制，比较婚姻家庭法学，当代各国的亲属立法及其发展趋势等。对相邻学科的有关知识，也有所涉猎。在研究过程中，他还得到一些学界前辈的指点和帮助。例如：关于中国古代的婚制，曾就教于张政烺；关于家庭社会学和定县实验、定县调查，曾就教于李景汉；关于罗马亲属法，曾就教于陈朝璧；关于日耳曼习惯法和教会法，曾就教于周枏等。

“文化大革命”结束后，法学研究和法学教育迎来了新的春天。当时，已被撤销的中国人民大学尚未复校，正在北京大学执教的杨大文及其同事向满目疮痍、刚刚复苏的法学教育献上的第一部教材，即1978年由北京大学出版的《婚姻法概论》，该教材经北京大学民法教研组集体讨论，由杨大文担任全书的执笔、定稿工作。这部教材，在一定程度上满足了政法院系开设婚姻家庭法课程的需要。与此同时，以他为第一作者和主要撰稿人的《婚姻法和婚姻家庭问题》（人民出版社1979

年版)、《新婚姻法基本知识》（人民出版社 1980 年版），相继刊行。在那拨乱反正的岁月，它们在全国的法制宣传和教育活动中发挥了重要作用。

20 世纪 80 年代是中国婚姻家庭法学奠基和发展的时期，杨大文对学科建设、教材建设以及研究队伍建设做出了重要贡献。例如，他在起草第二部婚姻法的前后发表不少有关文章，为《中国大百科全书·法学》撰写了婚姻法诸条目，为《中国法制报》主持“婚姻与家庭”专栏，主编了全国第一部婚姻家庭法学的统编教材《婚姻法教程》，与有关部门和学界同仁共同发起成立中国婚姻家庭研究会，参与筹建中国婚姻家庭建设协会，担任中国法学会婚姻家庭法学研究会的筹备组长，主持全国第一次婚姻家庭学术讨论会，招收婚姻家庭法学方向的研究生等。

1982 年出版的《婚姻法教程》以马克思主义的婚姻家庭观和法律观为理论指导，总结了中国婚姻家庭制度改革的实践经验，对婚姻家庭领域各项具体的法律制度做了科学、系统的研究和阐述。对一些重要的制度和规范，还从比较法的角度进行了介绍和评析。这部教材累计发行达数十万册，在婚姻家庭法学教学和研究中具有重要的、广泛的影响。数十年间，杨大文主编过多部婚姻家庭法学教材，至于哪一部堪称其中的代表作，法学界同行们会毫不迟疑地以《婚姻法教程》作答。该书问世较早，当时与国外的法学交流刚刚开始，国内有关资料也十分欠缺。为同行们所推崇的是这部教材的原创性，在 1949 年以来婚姻家庭法学教材建设乃至学科建设中，一定程度上具有开拓和奠基的意义。该书的副主编杨怀英是中国法学界的前辈，她在另一部著作中说：“1980 年夏，我和杨大文接受司法部法学教材编辑部的委托，主编《婚姻法教程》(法律出版社 1982 年版)。作为一部统编教材它广泛涉及古今中外的婚姻家庭制度学说、资料，奠定了这部教材的范围、规模和理论体系，可供各高等学校使用。”这部教材对以后问世的其他同类教材，也起了一定的借鉴和促进作用。

1985 年，国家教委委托杨大文主持“七五”规划文科教材建设的婚姻家庭法项目，包括法律专业本科必修课教材《婚姻法学》，选修课教材《比较婚姻家庭法》《中国婚姻家庭法资料选编》、《外国婚姻家庭法资料选编》、《婚姻家庭案例选编》等。杨大文除组织项目内各书的编写外，还自任必修课教材《婚姻法学》主编。与过去的《婚姻法教程》相比较，《婚姻法学》在内容上有所扩展、有所提高，标志着中国的婚姻家庭法学教材渐趋完备、成熟。北京大学法学院教授马忆南在《二十世纪的中国婚姻家庭法学》一文中说：“有必要重点提及杨大文主编的两种获奖教材（指《婚姻法教程》和《婚姻法学》)，与 1978 年的《婚姻法概论》相比，其体系结构趋于科学、严谨，它们对各种基本理论问题的阐述，代表了 80 年代中国婚姻家庭法学的理论水平。”

1997年杨大文主编的《亲属法》一书出版，它是国家“九五”规划高等学校法学教材——民商法系列的一种。它全面更新了过去同类教材的体系结构，拓宽了往昔的研究领域和知识内容，从教材的角度反映了婚姻家庭法向民法的回归，标志着中国婚姻家庭法学正在向新的广度和深度进军。前文中所引《二十世纪的中国婚姻家庭法学》一文，在总结百年来研究成果时对此有如下评析：“随着修改婚姻法的工作提上立法机关的议事日程，婚姻家庭法学界也开始了对婚姻法和婚姻家庭法学的认真反思，近几年，婚姻家庭法学的教学和教材有一种回归大陆法系国家民法典体系的趋势……新近出版的‘九五’规划高等学校教材定名为《亲属法》（法律出版社1997年版）。这种变化既反映了学者们对婚姻家庭法与民法关系的正确认识，更体现了人们对建立完整、科学、规范的婚姻家庭法学学科体系的期望和努力。《亲属法》对原有的婚姻家庭法学体系作了重大的调整和补充，标志着中国的婚姻家庭法学正在超越现行婚姻法的范围，盛行已久的婚姻家庭法学教材在形式上与婚姻法的相似性及其在内容上的注释特征正在得到改变。”

世纪之交，杨大文又为婚姻家庭法学的学科建设、教材建设提供了一批新的研究成果。其中，21世纪法学系列教材《婚姻家庭法》，复旦博学系列《婚姻家庭法学》，以及稍后出版的列入“十五”规划的同名教材《婚姻家庭法学》等，均被学界同行誉为精品之作。

除前文已提及的著作外，杨大文多年来还撰写和出版了其他多种教材和有关婚姻家庭法的论文。他是婚姻家庭法学的学科带头人和教材建设的领军人，这是为中国法学界许多学者所公认的。其实，杨大文的学术成就并不以婚姻家庭法学为限，他在理论民法学、继承法学、妇女权益保障等领域也具有较深的造诣，他曾与其他学者合作撰写民法、民事诉讼法、妇女权益保障法等方面的教材，个人也时有这些方向的专题论文问世。

与相邻学科沟通、合作，从事本学科和跨学科的诸多项目研究，也是杨大文学术活动的一大特色。他曾任“防治违法婚姻的法律机制研究”，“妇女地位与计划生育”，“婚姻家庭立法研究”，“人口与计划生育立法研究”，“妇女权益保障法实施中的情况和问题”，“家庭暴力研究”，“中国妇女权益保障的理论与实践”，“妇女劳动权益、婚姻家庭权益保障的实证研究”等项目的主持人或主要成员。这些项目的研究成果，对繁荣婚姻家庭法学大有裨益。

杨大文多年来的研究成果，曾获以下各种奖项：《婚姻法教程》（1982年）获国家司法部全国优秀法学教材奖；《婚姻法学》（1989年）获国家教育委员会高等学校文科教材一等奖；《婚姻家庭法》（2001 年）获国家司法部法学教材和优秀科研成果二等奖，被确定为国家教育部推荐教材。他参编的《民法概论》、《继承法》等，亦曾获北京市和有关部门的奖励。20 世纪 80 年代，他还曾因从事人口与计划生育法规的研究和起草等获国家计生委颁发的全国计划生育工作先进个人奖。

目前，虽年事已高，但杨大文仍在教学与研究工作的岗位上孜孜不倦，在指导民事权利和婚姻家庭法学方向的博士生的同时，还致力于民法领域里人身权的研究。他认为，与财产权的研究相比较，人身权（包括人格权和身份权）的研究在中国民法学科研究中是相对薄弱的，还存在许多研究上和立法上的空白，提高这方面的研究水平和立法水平，对建设以人为本的法治国家与和谐社会具有十分重要的意义。社会在发展，时代在前进，法学研究也要与时俱进，他曾以屈原《离骚》中的名句与弟子们共勉："路漫漫其修远兮，吾将上下而求索。"

二、法律教育和人才培养

自 1956 年起，杨大文已经在教学岗位上度过了近 60 个春秋，培育了大量的法律人才。他担任过不同学历层次的教学工作，包括本科生、硕士生、博士生等。开设的课程有婚姻家庭法、继承法、民法总论、民事政策与法律等。20 世纪 90 年代他开始招收博士生，是全国率先指导婚姻家庭法方向的博士生导师。他指导的研究方向为婚姻家庭与继承制度和民事权利。在他的指导下，至今已有 40 余人获得硕士学位，30 余人获得博士学位，目前仍指导着 4 名博士生。

杨大文治学严谨，在教学和研究中厚积而薄发，与研究生的关系亦师亦友，凡此种种，均获得师从他的弟子们的好评。经他培育的硕士和博士，多人已经获得高级职称，成为兄弟院校的教学骨干，有些在政法部门和其他国家机关担任领导或从事法律实务，有的是法学研究机构的负责人。

在人才培养方面，杨大文的贡献不以校内教学为限。他曾长期担任校外硕士生班的教学工作；曾为高级法官培训班、律师培训班以及司法干部、妇女干部等授课；并曾在香港城市大学、树仁学院和澳门科技大学等学校开设本科和研究生课程。自全国高等教育自学考试制度实行以来，他一直积极参与自学考试委员会法律专业委员会的工作，受托担任历次的法律专业、律师专业的婚姻家庭法自学考试大纲的编写人和相应的自学考试教材的主编。20 世纪 80 ~ 90 年代，杨大文曾主持大规模的法学函授教育，组织编写了全面、系统、课程齐全的法学函授教材和工具书。以他为主任的北京人文函授大学法律系，在全国各地已经毕业的学员有 28 万余人，被新闻媒体誉为世界上最大的法学教育机构。目前，杨大文仍担任位居全国民办高校前列的北京人文大学政法学院院长。

三、立法活动和社会实践

中国的法学研究、法学教育和法制建设是同步发展的。数十年间，杨大文多次参与和其专业相关的立法工作。他是1980年婚姻法、1992年妇女权益保障法的起草组成员和草案的执笔人，曾参与婚姻登记管理条例的起草工作和收养法及其修改的研讨工作，以及某些地区妇女权益保障法实施办法的制定工作等。在起草1980年的婚姻法的过程中，他力争在法条中列入有关离婚理由的实体性规定，并与起草组的某些成员联名发表文章加以论证。后被立法机关采纳的虽然只是有关离婚理由的原则性规定，但毕竟为以后离婚法的完善提供了基本的法律依据。

世纪之交对婚姻法的修改，是社会各界众所瞩目的大事。早在1990年，在法学界纪念1950年婚姻法施行40周年、1980年婚姻法施行10周年的学术活动中，杨大文便发表了《关于社会主义初级阶段婚姻家庭制度的法律思考》一文，作为人民出版社出版的《当代中国婚姻家庭问题》一书的总论部分，此文率先对修改婚姻法的问题提出了比较系统的立法建议。时隔数年，杨大文完成了中国法学会“六五”规划课题“婚姻家庭立法研究”的总报告。这份报告总结了中国婚姻家庭立法的经验和教训，论证了制定新婚姻家庭法的必要性和可行性，提出了新法的立法模式和体系结构，并设计了几种不同的方案以供选择。对需要增设和修改的各种具体制度，都提出了自己的见解和主张。在修法的前期工作中，他受修改婚姻法领导小组的委托，任专家试拟稿召集人。

自20世纪80年代初起，杨大文一直是计划生育法（前后共12稿）和计划生育条例的起草组成员。他通过项目研究主张对人口和计划生育的调整不能仅以数量控制为限，应当全面考虑人口质量、年龄构成和地域分布等因素。他反对那种一味强调数量指标，层层加码，要求把螺丝钉拧得更紧些的调整手段。提出要在立法上确立计划生育的激励机制、约束机制和奖惩机制，将计划生育纳入法治轨道。在2001年人口与计划生育法的起草过程中，他是立法规划组的成员和专家起草组的组长。

在中国社会主义法律体系基本形成后，杨大文仍在其学术活动中继续关注婚姻家庭立法完善的问题。他认为，经2001年修正的婚姻法填补了过去的某些空白，针对婚姻家庭领域里新的情况和问题，制定了相应的法律对策，更加有效地保护了公民的婚姻家庭权益，这些修法的成果是应当充分予以肯定的。但是也要看到，如果从全面完善婚姻家庭法制的高度做理性的审视，不难看出它毕竟只是一种过渡性的立法措施，今后的立法目标应当以婚姻家庭领域的各种具体制度的建设为重点，使其成龙配套，形成合力，使之成为一部具有科学性、系统性和前瞻性的法律。他认为，婚姻家庭法规范体系应当在未来的民法中独立成编，通过民法的法典化完善婚姻家庭法制，是切实可行的最佳方案。因此，他积极参与法典化民法的起草活动，除完成全国人民代表大会法制工作委员会委托事项、与婚姻家庭法学研究会的其他成员向立法机关提交了婚姻家庭编专家建议稿之外，还单独起草了一份该编的草案，收入中国人民大学法学院民商法研究中心向立法机关提交的《中华人民共和国民法草案》。1992 年他参与了妇女权益保障法的修改工作，担任全国妇女联合会修法建议稿的顾问。

新闻媒体曾就参与立法、致力于法制宣传和实务研究等问题采访过杨大文及其同事，以“立法战线上的义务兵”为题，对他们的事迹进行了报道。

法学源于生活又高于生活，婚姻家庭法学是实践性很强的应用法学。数十年来，杨大文在从事教学研究的同时，对其专业领域相关的法律实务、法制宣传、法律援助等，做了许多卓有成效的工作。20 世纪 60 年代，他作为最高人民法院工作组的成员，曾在基层法院成功地办理了若干婚姻家庭案件。70 年代，他又一次作为政法领导机关派赴基层法院调查组的成员，与法院的同志共同总结了审理离婚案件的经验。在中国离婚法尚不完善的当时，其中的一些经验对离婚案件的审理，具有一定的方法论上的意义。杨大文曾多次参与有关司法解释草案的研讨工作，就法律的适用问题提出自己的见解。1980 年的婚姻法、1992 年的妇女权益保障法、2001 年修正的婚姻法等法律问世后，杨大文以极大的热忱，为众多新闻媒体撰写了宣传和贯彻执行这些法律的文章，有的已经结集出版。他主持过许多这方面的报告会、研讨会，还多次参加立法调研、执法检查等工作，从中发现问题、提出建议。直至今日，关于婚姻家庭、妇女权益领域中的一些热点问题，他仍是记者们乐于选择的采访对象。虽然疲于奔命，但他乐此不疲。这些既是法学工作者应尽的社会义务，又可藉此掌握第一手资料，了解社会动态和广大群众的诉求。作为中国具有代表性的法学家之一，杨大文曾多次主持或参与专业领域的国际和区际的研讨会，为这方面的学术交流做出了自己的贡献。

1992 年后，杨大文与其他同志一起，承担了妇女权益保障法实施中的情况和问题的研究项目。在此基础上，他与北京大学法学院的同行等共同发起成立了北京大学法学院妇女法律研究和服务中心。该机构成立后，通过法律咨询、诉讼代理、研究工作和国际交流等，在国内外形成了相当广泛的影响，它已经成为中国妇女人权事业和民间法律援助事业的一个重要的窗口。

他对国外婚姻家庭法和相关法律的发展趋势、最新动向十分关切，曾赴澳大利亚考察其人工生殖法和有关婚姻家庭的立法措施。曾赴英国考察其家庭法改革，认为英国离婚制度中的某些程序和规定，是可以根据中国的国情加以借鉴的。杨大文还将中国的区际婚姻家庭关系及其法律适用纳入其研究视野，对一国、两制、三法系、四法域格局下婚姻家庭领域的法律冲突和对策，发表了个人的学术见解和建议。在澳门回归前夕，曾应澳门政府立法事务办公室之邀，就香港、澳门回归后的中国区际司法协助问题进行研讨。自台湾当局开放民众赴大陆探亲以来，杨大文曾与台湾多名亲属法学家进行学术交流。曾发表《海峡两岸交往中的婚姻法律问题》一文。应彼岸法学家之邀，他曾对《台湾地区与大陆地区人民关系暂行条例》加以评析，其内容被刊载于台湾地区出版的《大陆法律学者论海峡两岸关系暂行条例》一书。

四、学术思想和主要观点

（一）关于民法与经济法的争论

20 世纪 70 年代与 80 年代之交，中国法学界出现了一场重大的争论，即民法与经济法之争。针对“大经济法”的主张，特别是那种试图用经济法和“公民财产权利法”取代民法的观点，当时同为中国人民大学民法教研室教师的江伟和杨大文共同撰文参与论战。他们通过民法所由产生的社会经济条件、民法的历史发展、中国现实生活中的财产关系和商品经济等方面，有力地论证了制定民法的必要性，他们率先明确提出：经济法在本质上是经济行政法，是以行政法规范为主，辅之以其他法律规范，用以调整与计划和管理相联系的经济关系的法律规范的总称。经济法学可以成为法学的分支学科之一，但经济法不能成为一个独立的法律部门。

（二）关于婚姻家庭的两种属性

杨大文依据历史唯物主义的理论和方法，对婚姻家庭的本质做了系统、深入的研究，他认为婚姻家庭是人类社会在一定发展阶段上产生的，与当时的生产方式和生活方式相适应的人们的两性和血缘关系的社会形式。婚姻家庭兼具自然属性和社会属性。男女两性的生理差异和人类固有的性的本能，是婚姻的生理学上的基础，通过生育繁衍后代以及成员间的血缘联系是家庭的生物学上的特征。如果没有这种自然属性，婚姻家庭便无从产生，既没有存在的必要，也不可能实现其特有的社会功能。但是，社会性是婚姻家庭的本质属性。婚姻家庭在本质上是人与人之间的特定的社会关系。这种社会关系是规范化和定型化的，具体形式因不同的社会制度而异。他还从物质社会关系、思想社会关系等方面阐述了婚姻家庭与社会诸关系之间的内在联系，论证了婚姻家庭的起源、性质及其历史演变等，均取决于其社会属性，而不是其自然属性，夸大婚姻家庭的自然属性、贬低其社会属性是完全错误的，将两种属性并列起来等量齐观也是完全错误的。

（三）关于婚姻家庭法的地位和特性

在中国的社会主义法律体系中，婚姻家庭法是一个独立的法律部门还是民法的组成部分？这个问题过去在理论上和实际工作中都是有歧见的。在新中国成立后相当长的一个时期中，法学界曾以独立部门说为通说，这同苏联法学的影响不无关系，杨大文在其早期著作中也是受此影响的。后来，他摒弃了独立部门说，他认为，婚姻家庭领域的人身关系和财产关系都是存在于作为平等主体的公民（自然人）之间的，调整此类社会关系的规范体系，理应属于民法的范围。但是，婚姻家庭法在民法中具有相对独立性，民法总则中某些一般的规定，是不宜适用于婚姻家庭法的。与其他民事法律法规相比较，婚姻家庭法规范具有自身的种种特点。杨大文不采用部门婚姻家庭法说而采用学科婚姻家庭法说。他认为，婚姻家庭法是不是一个独立的法律部门，同婚姻家庭法能否成为法学中的一个相对独立的分支学科，是性质不同的两个问题。基于婚姻家庭法学的广泛内容和发展婚姻家庭法学的需要，应当大力加强婚姻家庭法学的学科建设。同时，他力主将婚姻家庭法规范体系纳入法典化的民法，在法律编制方法上实现婚姻家庭法向民法的回归。

关于婚姻家庭法的特征及其在相关问题上的具体表现，杨大文在其著作中多有论述。他认为，婚姻家庭法在本质上是身份法，在其全部调整对象中，人身关系是主要的、起决定作用的方面，婚姻家庭领域中的财产关系虽然也很重要，但它并不是脱离人身关系而独立存在的。在婚姻家庭领域里，财产关系无非是人身关系所引起的法律后果；或者说，这些财产关系都是以特定的人身关系，即亲属身份关系，为其发生基础的。他认为，其他民事法律领域中的财产关系与婚姻家庭领域中的财产关系，有着严格的区别，并从两者所反映的社会经济要求、主体和性质等方面做了全面的论证。前者所反映的是商品经济的一般要求，后者所反映的是亲属共同生活和婚姻家庭的经济功能的要求；前者的参与人为所有的自然人和法人，后者的参与人仅限于具有特定身份关系的亲属。前者一般具有等价、有偿的性质，后者则不是等价、有偿的。因此，他质疑并否定所谓“扶养之债”之说，认为绝不可将法定亲属间的抚养、扶养和赡养，与债权、债务关系混为一谈。

（四）关于亲属法律行为和亲属法律关系

杨大文认为，婚姻家庭法的特性，在许多相关问题上都有具体的和明显的表现。他在有关著作中着重地论述了亲属法律行为与其他民事法律行为、亲属法律关系和其他民事法律关系的异同，提出了亲属法律行为的限定性，亲属法律关系的稳定性，亲属间权利义务的关联性和难以区分等观点。他认为，坚持这些观点对婚姻家庭立法和法律的适用都具有很重要的意义。

这里所说的亲属法律行为的限定性，主要是指与其他民事法律行为相比较，法律对亲属法上的行为有着更为严格的要求，民事法律中通行的意思自治原则，在亲属法领域是受到严格的、多方面的限制的。对此，他从法律行为的主体、内容、形式以及亲属法律行为不得附以条件或期限，不许代理或仅许法定代理不许委托代理等方面，依据法理做了科学的论证。与其他民事法律关系相比较，亲属关系是稳定的或相对稳定的，因为它是一种长期的伦理的结合，而不是短暂的基于利益的结合。同类的法律关系的单一性和不可重复性，也是亲属法律关系稳定性的重要表现，如禁止重婚，已被收养者在收养终止前不得再被他人收养等。其他民事法律关系则无此特性，同一主体一再地、重复地参与同类的法律关系（如买卖、租赁等）的现象是十分常见的。权利和义务是同一法律关系内容的两个不同方面，两者是相互对应、相互依存的。在财产法领域，同一法律关系中的权利和义务一般都具有对价关系，其实质是双方主体的利益交换，权利和义务的区别十分明确。在亲属法律关系中，权利和义务往往是紧密地结合在一起的，有时甚至是很难加以区分的，如亲权、监护等。在这里，权利和义务具有同一性，权利的正当行使便意味着义务的履行。在亲属法律关系中，某些权利是具有义务性的权利，某些义务是具有权利性的义务。这些都是由亲属关系的身份性、伦理性和婚姻家庭生活的客观要求决定的。

（五）关于婚姻契约说的法律思考

婚姻契约说是近现代西方国家亲属法学中的通说，早在 1791 年，法兰西宪法就宣布，法律视婚姻为民事契约。此说认为婚姻契约是夫妻关系借以成立的法律事实，婚姻双方的权利义务是基于这种契约的法律效力而发生的。杨大文则是婚姻契约说的反对派，他虽然肯定了婚姻契约说在历史上曾经起过的进步作用，但是，对婚姻是不采契约说而采制度说的。结婚、协议离婚须经当事人双方合意，这一点与契约确有相同或相似之处，但是，婚姻的内容，夫妻的权利义务，完全是法定的，而不是当事人意定的，这同契约又是大异其趣的。黑格尔在批驳以康德为代表的婚姻契约说时指出，不应将婚姻这种伦理关系庸俗化，婚姻并非契约，而是具有法的意义的伦理的爱。杨大文认为，从法律意义上来说，婚姻是一种制度化的社会关系，它使这种作为爱的载体的伦理关系具有了一定的法律形式。这种制度是人类社会长期的生活实践的产物，它不是凝固的而是不断地演变的。当代社会的婚姻虽然有其弊端，但人们至今没有，也不可能用其他制度取而代之，只能随着社会的发展使其更加完善。

（六）关于无效婚姻

中国现行婚姻法在 2001 年修改以前，仅有关于婚姻成立的实质要件和形式要件的规定，而无关于无效婚姻的规定，这是中国婚姻家庭立法中的一大空白。有关无效婚姻的规范体系，是婚姻法不可缺少的重要组成部分。无效婚姻是欠缺婚姻成立要件的违法结合，不具有婚姻的法律效力。这种违法婚姻的存在有其多方面的原因，在立法层次上确立无效婚姻的规范体系是防治违法婚姻的根本对策。自 20 世纪 80 年代初起，杨大文从法理、立法、司法实践和婚姻管理等角度对无效婚姻进行了广泛、深入的研究。1984 年，在中国婚姻家庭研究会和中国法学会婚姻法学研究会联合召开的全国第一次婚姻家庭学术讨论会上，杨大文的《论无效婚姻》是列入议程的重点论文之一。此文的部分内容曾在《中国法学》上发表，后来，他又提出了在中国婚姻家庭立法中增设有关无效婚姻的规范体系的系统方案。

杨大文认为，增设有关无效婚姻的制度有利于坚持结婚的条件和程序，保障婚姻的合法成立；有利于预防和减少婚姻纠纷，保护公民的合法权益；有利于增强执法力度，制裁婚姻问题上的违法行为。面对本问题上的各种歧见，他力排众议，以有关史料为据，论证了中国古代并非没有确认婚姻无效的法律传统；通过对一般的民事法律行为和婚姻法律行为的比较研究，认为有关无效民事行为的规定不能取代有关无效婚姻的规定。他从比较法的角度对历史上的和当代的有关无效婚姻和可撤销婚姻的外国立法例做了翔实的考察，通过选择与借鉴，提出了在中国婚姻家庭法中增设无效婚姻规范体系的基本思路。关于婚姻无效的原因、确认婚姻无效的程序、主张婚姻无效的请求权、婚姻无效的法律后果等诸多具体问题，杨大文在其著作中均有相当详尽的论述。他在这方面的研究成果，对繁荣中国的婚姻家庭法学，对完善中国的结婚立法，健全有关防治违法婚姻的法律机制，都起了积极、有益的作用。

（七）关于离婚观和离婚的法定理由

离婚是配偶生存期间解除婚姻关系的法律手段，离婚法在婚姻家庭法中占有很重要的地位。早在青年时期，杨大文就以马克思主义关于离婚问题的基本思想为指导，结合司法实践和现实生活，经过自己的研究，对有关离婚的一些重要问题，如离婚观、离婚制度的本质和作用、离婚的法定理由、中国离婚法的完善等发表过不少见解。在参与起草现行婚姻法的过程中，他力主填补1950年婚姻法的空白，增设有关离婚理由的实体性规定，并提出构筑离婚法规范体系一定要以保障离婚自由、防止轻率离婚为指导思想。杨大文认为：应当正确评价离婚制度在宏观上改善婚姻家庭关系的积极作用，同时又应依法防止轻率离婚，以维护婚姻家庭关系的稳定性。他主张应当在立法上采用无责主义的离婚理由，是否准予离婚应以感情或婚姻是否无可挽救地破裂为客观依据，而不应过分地强调理由、过错等因素。杨大文在这方面的许多观点和见解，如"准予离婚只是对已经死亡的婚姻从法律上确认其死亡"，"不应片面地将不准离婚作为一种惩罚手段"，"在离婚问题上一定要用社会主义思想去反对封建思想和资产阶级思想，不能用封建思想去反对资产阶级思想，也不能用资产阶级思想去反对封建思想"，以及有关离婚的法律标准和道德标准两者的一致性与区别等，在法学界和法律实务界都是有相当影响的。

在现行婚姻法公布、施行以来，中国的离婚率有了较大幅度的增长。对此，社会上众说纷纭，需要从理论上予以回答。杨大文结合社会生活和婚姻家庭生活的发展变化，对离婚问题的历史和现实做了科学的、实事求是的分析，提出了自己的见解。他反对这方面的某些消极评价，认为中国人民在离婚问题上的主流是健康的，离婚率一定程度的增长是正常的，不可避免的。基于道德败坏等原因制造离婚纠纷的人毕竟是少数。在社会生活、婚姻家庭生活已经发生重大变化的今天，人们对婚姻的期望值高于往昔以及现实生活中部分婚姻质量较低才是导致离婚率增长的主要原因。为了稳定婚姻家庭关系，防止离婚率的过度增长，应当加强婚姻家庭领域的法制建设和精神文明建设，重视婚姻基础和婚后夫妻关系的调适，以期不断提高婚姻的质量。人为地、过分严格地限制离婚是无济于事的。因此，杨大文对完善中国的离婚制度，主张继续坚持既要保障离婚自由又要防止轻率离婚的指导思想，保留以感情或婚姻确已破裂为离婚法定理由的原则规定。但是，应当采取概括主义和列举主义相结合的方式，在法律上明列若干情形，作为婚姻破裂的客观外在的标志。这对加强离婚法规范的可操作性，防止适用中的主观随意性，提高离婚案件的审判水平，都是大有助益的。杨大文和其他学者在这方面的建议，已被2001年修改的婚姻法部分采纳，但他们并不以此为满足，认为应当在法典化的民法中使离婚法的规范体系更加完善。

（八）关于婚姻财产关系法律调整的价值取向

杨大文认为，基于婚姻关系的身份性和伦理性，婚姻财产关系在本质上并非物质利益的交换，不应仅以财产上是否等价、有偿作为衡量是否公平的尺度。在婚姻财产关系中运用公平原则，一定要充分考虑主体的身份利益和非财产性的贡献。他认为婚姻财产关系的价值取向主要有二：一是保障婚姻主体的个人权益；二是发挥婚姻家庭特有的社会功能。在有关婚姻财产关系的立法和法律适用问题上，不可对“婚姻法向民法回归”发生误解。物权法中的某些原则和具体规定，在婚姻家庭法中是不宜一律适用的。针对当前婚姻财产关系中出现的新情况、新问题，他认为纯粹的个人本位的立法是不可取的。目前的新情况是，在侧重保护婚姻主体一方个人财产权益的同时，法定夫妻财产制下双方共有的空间已经受到较大的压缩，今后在修法或制定司法解释时，应力求避免过犹不及可能产生的消极后果。在立法和法律适用中坚持正确的价值取向，抵制和克服婚姻关系财产化和功利化的倾向，对建设和谐家庭、和谐社会具有十分重要的意义。2011 年，杨大文曾以此为题向中国法学会婚姻家庭法学研究会的年会提交了书面发言稿，获得了许多同行学者的赞同。

桃李不言，下自成蹊，春华秋实，后继有人。2007 年冬，杨大文的博士弟子们共同发起，在北京举行“杨大文教授从教 50 周年庆典”，以及“杨大文婚姻家庭法学发展基金”成立仪式。与会者人才济济，师生、校友少长咸集。杨大文在回顾其治学历程时曾对弟子们深有体会地说，令他最欣慰的，不是什么显赫的学术职务和获得的荣誉，而是某些学术观点和主张能为人们接受和认同，以及师从他的弟子们学业有成，事业有成。

五、杨大文主要论著

杨大文，等 . 1978. 婚姻法概论 . 北京：北京大学出版社 .

江伟，杨大文 . 1980. 一定要制定民法 . 民主与法制，(1)：18-22.

杨大文，杨怀英编 . 1982，1986. 婚姻法教程 . 北京：法律出版社 .

杨大文 . 1984. 论婚姻自由 . 中国法学文集 . 北京：法律出版社 .

《中国大百科全书 · 法学》编辑委员会（杨大文承担婚姻法条目编写）. 1984. 中国大百科全书 · 法学 . 北京：中国大百科全书出版社 .

杨大文 . 1985. 论无效婚姻 . 中国法学，(1)：92-97.

杨大文编 . 1989. 婚姻法学 . 北京：中国人民大学出版社 .

杨大文 . 1989. 婚姻继承法律问题毋悖法理宜随民心 // 大陆法律学者论海峡两岸关系暂行条例 . 台北：蔚理法律出版社 .

杨大文 . 1989. 服制及其法律效力 . 法律学习与研究，(1)：53-59，24.

杨大文 . 1990. 关于社会主义初级阶段婚姻家庭制度的法律思考//巫昌祯，王德意，杨大文，等 . 当代中国婚姻家庭问题 . 北京：人民出版社 .

杨大文 . 1992. 海峡两岸交往中的婚姻法律问题//海峡两岸交往中的法律问题 . 河南：河南人民出版社 .

杨大文 . 1995. 关于制定新婚姻家庭法的建议和设想//走向二十一世纪的中国婚姻家庭 . 长春：吉林人民出版社 .

杨大文 . 1995. 婚姻家庭领域的区际法律冲突和司法协助 . 法学家，(4)：68-73.

杨大文 . 1996. 中国诸法域夫妻财产制的比较研究 . 法学家，(6)：25-31.

杨大文编 . 1997，2004. 亲属法 . 北京：法律出版社 .

杨大文，马忆南 . 1998. 新中国婚姻家庭法学的发展及我们的思考 . 中国法学，(6)：34-40.

杨大文编 . 2000. 婚姻家庭法 . 北京：中国人民大学出版社 .

杨大文编 . 2002. 婚姻家庭法学 . 上海：复旦大学出版社 .

杨大文，龙翼飞，夏吟兰编 . 2013. 婚姻家庭法学 . 北京：中国人民大学出版社 .

杨大文编 . 2013. 亲属法与继承法 . 北京：法律出版社 .

主要参考文献

李贵连编 . 1998. 二十世纪的中国法学 . 北京：北京大学出版社 .

江平编 . 2001. 中国当代社科精华–政治学・法学卷 . 哈尔滨：黑龙江教育出版社 .

《当代中国法学名家》编委会 . 2005. 当代中国法学名家 . 北京：人民法院出版社 .

撰写者

康俊亮（1981 ~ ），山东泰安人，中国房地产研究会房地产法规政策委员会秘书长、中国房地产业协会法律事务专业委员会秘书长。从事房地产法规政策研究工作。

李步云

李步云（1933～），湖南娄底人。法学家。1965年北京大学法律学研究生毕业。中国社会科学院荣誉学部委员、博士生导师。现任广州大学国家人权教育与培训基地主任、法学院名誉院长，上海金融与法律研究院院长，最高人民检察院专家咨询委员会委员、中国法学会学术委员会委员。在法理学、宪法学、人权法学等领域均有很深造诣。他提出了系统的法治与人权理论，多数观点被学界认同，很多建议被政府采纳。他为中国的法治与人权入宪做出了独特贡献。

一、传奇人生

1933年8月23日，李步云出生于湖南省娄底市娄星区一个名为艾家冲的小村子。父亲李洛陔1926年加入中国共产党，曾任湘乡县党支部委员。1948年春，15岁的李步云在上涟壁初级中学二年级时，受其英语老师、西南联合大学地下党员刘佩琪的影响，协助他参加党的地下活动，组织党的外围组织，组织济世学会，秘密印发毛泽东的《新民主主义论》。1949年11月参加中国人民解放军，在四野特种兵干部学校学习半年，被分配到炮一师二十六团政治处任民运干事。1950年10月23日夜随军秘密渡江参加抗美援朝战争，经历过从第一次到第五次战役的炮火洗礼，曾三次和死亡擦肩而过。其中第三次是1952年6月，敌人一颗炸弹扔在他坐的车上，当场八人死亡，七人受重伤，他是其中的幸存者，但左手被炸断，成为二等乙级伤残军人。回国后，在东北军区第二十六陆军医院养伤和留院工作期间，曾被评为二等休养模范，并两次立功。

1951年1月，他从部队转业，被分配到江苏省太仓县水利局工作，任科员三年，经常到农村考察水利工作，同农村干部和群众有广泛接触。那三年，他曾任该县县直机关团总支书记。

1957年9月，他以初中毕业学历，以第一志愿考取了北京大学法律系。当时该系是全国政法院系中学制为五年的法学系。北京大学的民主、科学学术风气对他产生了深刻影响，毕业时门门考试均为优良。他的毕业论文《两类矛盾学说对政法工作的指导意义》，深得当时的法学刊物——《政法研究》编辑部的好评和北京大学法律系领导的充分肯定。为此，《北京日报》副总编辑黎先耀亲往北京大学调研一星期，并旁听他的论文答辩，写出长篇报道《大学生的最后一课》在该报发表。是年，新华社曾发通稿，报道北京大学1962年本科毕业生成绩优良，举的唯一例子就是李步云。

1962年，共和国历史上唯一一次由中央直接从中国科学院哲学社会科学部聘请张友渔、任继愈、于光远等学者在北京大学招收并指导研究生。李步云有幸成了张友渔的开门弟子。从那时开始，他就一直在张友渔身边学习和工作，直到张友渔辞世。他的处女作《论冯定同志的民主观》发表在《政法研究》1965年第10期。一个在校硕士生能在国内学术界顶尖级刊物发论文，在国内实属罕见。

1967年2月，他被分配到中国科学院法学研究所（现中国社会科学院法学研究所）工作，从此就没有被调动过，一直到现在。当时正值“文化大革命”开始的第一年。在那十年荒唐的岁月里，他只参加过四个月的红卫兵组织，其他时间都是“逍遥派”，在各派之间搞调和，尽力保护那些所谓的“走资派”。因此法学所的同事给他起了个绰号叫“八级泥瓦匠”。“文化大革命”初期，他也一时糊涂不知所措。“文化大革命”中期，他已开始觉醒，试图反抗。曾撰写《正确执行党的干部政策》，送《红旗》杂志，当然石沉大海；撰写《辩证法与诡辩论》小册子，列举“四人帮”的八种诡辩手法，如“攻其一点，不及其余”、“偷换概念”、“抽象肯定、具体否定”等，自然无法发表。在“文化大革命”晚期，他奋起抗争，带领大家参加“四五运动”。当时社科院曾派两人坐镇所党总支办公室，劝阻大家不要去天安门，但他作为党总支委员仍组织所内同志设灵堂悼念周恩来总理，并秘密组织所内30多位同志列队进入天安门广场，声讨“四人帮”。由于他是全院唯一一位带领大家参加“四五运动”的党总支委员而受追究，但在党支书记谢铁光和副书记陈为典等人的坚决抵制下而免受党纪政纪处分。

他的一生还有两次经历对他后来治学与为人影响不小：在农村四年和在国外四年。1958年他们年级在北京门头沟东嵩堂半工半读时，白天背石头修水渠，晚上就同革命老区农民在炕上扯家常。他在1965年曾担任四季青公社社教工作队队长。他只查经济问题，从未就路线问题批评过任何一个公社社员与干部。社长张玉龙向他痛哭流涕做检讨，李步云却一个劲地安慰他不要自责。1971年在河南息县东岳公社李庄大队担任批修整风工作小组组长时，每晚他都给集中大队部的队干部、村干部盖被子。正是这四年，使他深深地了解了八亿中国农民的忠厚、勤劳和智慧，了解了他们的生活、需求和愿望。

自 1984 年以来，他曾有四年在北美、中欧、北欧、南亚及东亚的 14 个国家里从事考察、研究和讲学，并同这些国家的一大批学者和研究机构建立了深厚的友谊和密切的交往，使他了解了这些国家的人民和他们的国情社情。一件令他难忘的事是，1991 年他在美国访问时，哈佛大学曾专门为他的到来举办一次研究会，题为“外交政策与人权”。会后，哈佛等校 30 多位教授一致认为在他和美国当时负责人权事务的副国务卿、“人权亚洲观察”负责人三个人的主题演讲中，以李步云的主题发言最好。

正是由于前述一些特殊的人生经历，造就了李步云成为当代中国改革开放新时期法学界解放思想、开拓创新的一位代表性人物。1978 年 12 月 6 日，他在《人民日报》发表的《坚持公民在法律上一律平等》，是新时期中国突破理论禁区的第一篇文章；1979 年 10 月发表的《论以法治国》的长文，是从历史背景、理论依据、观念变革、制度保障四方面全面论证在中国应当实行这一治国方略的第一篇文章。1979 年 12 月 27 日在《人民日报》发表的《论我国罪犯的法律地位》一文，引起了当时学界政界的强烈反响，激发了国人权利意识的觉醒和增长。

二、实 践 成 就

作为一位学者，李步云不仅一生从事理论研究，在学术上做出了杰出贡献，而且他也十分重视通过各种形式向党和政府建言，从实践上来直接推动中国依法治国与人权保障的历史进程。他在这方面的成就主要表现在如下 20 件大事上。

（一）在依法治国方略的确立方面

第一，他和王德祥、陈春龙教授合作，在 1979 年 10 月初发表《论以法治国》的长文，首次在中国从历史背景、理论依据、观念更新与制度变革四个方面，全面提出并科学论证了应当在中国实行以法治国的方针。该文对引起中央领导的重视和引发国内学术界法治与人治的学术争鸣，起了重要的作用。

第二，1979 年，他奉命具体负责执笔起草中共中央《关于保证刑法、刑诉法切实实施的指示》（即 1979 年 9 月 9 日发布的“64 号文件”），首先在执政党的文件中提出“社会主义法治”的概念。后又奉命起草总结审判林彪、“四人帮”的历史经验，于 1980 年 11 月 22 日以“特约评论员”名义，在《人民日报》上发表《社会主义民主和法制的里程碑——评审判林彪、江青反革命集团》一文。在执政党的文献中首次提出要实行“以法治国”方略。该文还总结出法治的五项原则，即司法独立、司法民主、实事求是、人道主义和法律平等。这两个文献对后来中国共产党第十五次代表大会正式确立“依法治国”基本方略以及后来“法治”入宪，起了重大作用。

第三，1978年12月6日他在《人民日报》发表的《坚持公民在法律上一律平等》一文，被公认为是中国进入改革开放新时代，政法界突破思想理论禁区的第一篇文章。不久又应中国共产党中央机关刊物《红旗》杂志之约，发表了《人民在自己的法律面前一律平等》一文（1979第3期）。这两篇文章对1982年宪法重新确立被1975宪法和1978宪法所取消的法律平等原则，起了重要作用。

第四，1981年，他负责起草叶剑英委员长在宪法修改委员会第一次会议上的讲话稿，建议1982年宪法的制定，应重新确立被1975年和1978年宪法所废止的“司法独立”原则，被采纳。

第五，1979年3月6日他在《人民日报》的《理论宣传动态》发表《党委审批案件的制度需要改变》一文。同一天，该报《情况汇编》转载此文报中央领导受重视。后在负责起草“64号”文件时，又建议中央在这一文件正式宣布取消这一制度，被采纳。

第六，1981年，他为《光明日报》撰写《党必须在宪法和法律的范围内活动》。这是新中国成立后至改革开放新时期第一次提出和论证这一命题，后被中国共产党第十二次代表大会报告所采纳，并被规定在“十二大”修改后的新党章中。1982年宪法的序言也体现了这一重要原则，当今所提“依宪执政”是其发展。

第七，1996年2月8日，法学研究所课题组为党中央政治局讲授“依法治国”，李步云是该课题组主要成员。1996年12月8日和1998年9月28日，他先后两次为全国人民代表大会常务委员会做“依法治国”问题的讲座。1999年初，他又参加了李鹏委员长主持的法学专家座谈会，力主将“依法治国，建设社会主义法治国家”写入宪法，为这一治国方略的制定起了重要的促进作用。

第八，1994年至1996年，他主持“立法理论研究”课题，于1997年出版了《立法法研究》和《中国立法的基本理论和制度》两书。他亲自执笔起草并在《中国法学》杂志1997年第1期上发表了《起草〈中华人民共和国立法法（专家建议稿）〉的若干问题》，其建议稿曾分送全国人民代表大会常务委员会全体委员及30个省市人民代表大会常务委员会参阅。该课题特别是其建议稿，对后来正式通过与实施的《中华人民共和国立法法》起了重要的推动和借鉴作用。

第九，他发表在《人大工作通讯》1996年第11期的《依法治国的理论根据和重大意义》一文中，在国内首次提出“制度文明”的概念，认为民主与法治思想是属于精神文明的范畴，但民主与法律制度是一种不以人们主观意志为转移的社会存在，它既不属于物质文明也不属于精神文明的范畴，是独立于这两者的文明形态。这对中国共产党第十六次代表大会关于“政治文明”概念的提出，起了重要的推动和理论准备作用，从而提高了民主法治建设的重大战略意义和地位。

第十，1982 年 7 月 9 日他发表在《人民日报》的《一项意义深远的改革》一文，全面而深刻论述了废除领导职务终身制的重大意义，对 1982 年宪法开始实施这一重大制度，起了重要的论证和推动作用。

（二）在人权保障领域

第一，1979 年 11 月 27 日他在《人民日报》发表的《论我国罪犯的法律地位》一文，在全国的法学界和法律实务界引起了一场巨大的风波，也引起了中央领导机关的高度关注，曾被某最高司法机关的文件称为“资产阶级自由化”的代表作。但它的基本观点是完全正确的，即“罪犯也是公民”，他们虽然被剥夺了人身自由，但还应享有人身安全、人格尊严等一系列权利。后来的 1982 年宪法和监狱法采纳了这一观点。该文发表在十年“文化大革命”刚刚结束不久，对改革开放新时期人们人权意识的提高，起了重大的启蒙和推动作用。

第二，中国的律师制度始建于 1954 年，但自 1957 年“反右”后已名存实亡。那时，外国人旁听审判，就临时找人充当“律师”做“表演”。1979 年 6 月 19 日，他在《人民日报》率先发表了《建立和健全我国的律师制度》一文，论证了在中国重建律师制度的重要性，这篇文章中提出的建议被完全采纳。

第三，1981 年 11 月 2 日至 12 月 18 日，李步云在《人民日报》连续发表 10 篇文章，对 1982 年宪法的制定提出意见与建议，绝大多数被采纳。其中第 1 篇《宪法的结构》和第 10 篇《什么是公民》对改革开放新时期人权观念的提高和制度的逐步健全，起了重大作用。过去三部宪法都把“公民的基本权利与义务”一章置于“国家机构”一章之后，1982 年宪法提高了“公民的基本权利和义务”一章的宪法地位，把它置于“国家机构”之前，表明国家机关的权力是人民赋予的，国家权力存在的直接和最终的意义和价值，就是为了保障公民的各种权益；将“凡具有中华人民共和国国籍的人，都是中华人民共和国的公民”写进 1982 年宪法，在新旧中国的立宪史上都是第一次。在一个相当长的时期里，不少人认为，“地、富、反、坏、右”等“五类分子”和被判刑事处罚的人不是“公民”，因而使这些人失去了自己应有的“法律人格”。1982 年宪法的新规定，使数百万人的法律身份和权利从此得到了应有的保障。

第四，在1979年负责起草中共中央“64号”文件时，明确宣布取消十年“文化大革命”中“公安六条”里的所谓“恶毒攻击罪”，允许所有公民对党和国家领导人的错误言行进行批评。同时宣布属于“敌我矛盾”的“地、富、反、坏、右”的“五类分子”被摘帽后，应当享有同其他公民完全一样的各种权利。

第五，1991年，他同王家福、刘海年等同志一道，率先在国内组建第一个人权研究机构——中国社会科学院人权研究中心，并担任副主任约十年。后又先后在湖南大学、广州大学、东南大学组建三个人权研究与教育中心，并担任此类机构的负责人。他一直站在人权研究与教育第一线，并取得这方面工作的多个第一。如：广州大学人权中心规模第一，该中心是目前唯一一个以人权为主题的省级人文社会科学重点研究基地；开设第一门省级网络视频精品课程——“什么是人权”。

第六，2003年6月13日，李步云在人民大会堂参加吴邦国委员长主持的修宪专家座谈会；他和徐显明教授力主人权入宪，后建议被采纳。中央电视台随后制作的有关2004年第四次修宪的过程与精神的节目，李步云负责讲述将“国家尊重和保障人权”写进宪法的重大意义。

第七，2002年，他所主持的湖南大学人权研究中心与丹麦人权研究所合作，主办了四期对国家机关工作人员的人权培训，接受培训的有法官、检察官、警察、人民代表大会工作人员等。这次培训开了国内人权培训的先河。在湖南举办过有全省160位公安局长参加为期一周的人权培训，在广东举办的有全省29所监狱的监狱长参加的为期一周的培训，其层次之高、人数之多、时间之长，为国际范围内少有。

第八，2005年出版发行的他所主编的《人权法学》系教育部“十五”规划教材，是新中国成立后此类教材的第一部。目前仍在全国70多所高校开设人权课程时得到广泛使用。

第九，2010年，他向中央写报告，建议在全国建立若干所国家人权教育与培训基地。建议得到中央领导刘云山、刘延东两位同志的批示同意。2011年10月，第一批这类国家基地已分别在广州大学、中国政法大学和南开大学获准成立。它们由教育部主管、教育部和中央对外宣传办公室共建、中国人权研究会指导。建立这一类型的国家人权教育与培训基地在全球范围内亦很少见。这是中国切实遵守联合国有关决议，大力开展人权教育与培训的一大亮点。

第十，由罗豪才、董云虎、徐显明、李步云任总主编，李步云、陈振功任编委会执行主任的“人权知识读本”系列丛书，前6本已问世，后8本将于2014年春出版发行。此类人权知识普及读本的编写发行系国内首创，将为推进中国的人权教育与培训，以及人权知识的普及发挥重大作用。

三、学 术 贡 献

李步云学术理论的主要贡献，表现在以下五个方面：

（一）法理学

第一，李步云认为，法律并非“阶级斗争的产物”，而是源自人类社会自始至终存在的三大基本矛盾，即社会秩序与个人自由的矛盾，人们彼此在利益与道德之间的矛盾，权威与服从、政府与人民的矛盾。

第二，他提出不同于传统法定义的“法”的新定义：“法是国家制定或认可的以正义为基本准则用以调整各种社会关系主体之间的权利义务、职权职责关系的以国家强制力保证其实施的社会规范。”法的本质是利益和正义，而非统治阶级的意志，非阶级斗争的工具。

第三，他提出“法”的三个基本因素是：法的精神、法的内容、法的形式。法的精神的主要内容是法的价值，主要表现形式是法律原则和立法旨意。

第四，他否定源自苏联法学、现在仍广泛存在的将法的体系视为一个平面，仅指部门法的划分及其标准。法律体系应是立体的，其特征可概括为二十个字：内容完备、结构严谨、内部和谐、体例统一、协调发展。

第五，李步云认为，应当用法制概念的“五分法”（立法、执法、司法、护法、守法）代替传统的“三分法”（立法、司法、守法），因而促进了依法行政与法律监督理念的形成和制度的完善。

第六，公民权利与国家权力是法律的两大核心范畴，李步云认为两者有八大区别，不能混淆：1）国家的职权与职责相对应，在法律上两者是统一的；公民的权利与义务相对应，两者是分离的。2）国家权力不能转让或放弃，否则就是违法或失职；公民的权利则可转让或放弃。3）国家权力伴随着强制力，有关个人或组织必须服从；公民的权利在法律关系中则彼此处于平等的地位。4）国家权力的本质属于社会权威这一范畴，不能将其归结为是一种利益；公民权利的本质则是利益。5）职权与职责，职责是本位的，法律赋予某一国家工作人员以权力，首先意味着这是一种责任；公民的权利与义务，则应以权利为本位。6）对国家，法不授权不得为；对公民，法不禁止即自由。7）是公民的权利产生国家的权力，而不是国家的权力产生公民的权利。8）国家权力是手段，公民权利是目的，国家权力是为实现公民权利服务的。

第七，李步云认为，法治是构建和谐社会的基石。因为社会不和谐的主要问题是利益冲突，而法律是社会利益调整的主要手段，并具有其公正性、权威性和终局性。

第八，李步云认为，国家法律的效力高于执政党的政策。因为党的政策只是党的主张，而国家法律则是党的主张与人民意志的统一。两者互为手段和目的。将法律看作实现党的政策的工具是完全错误的。

第九，李步云很早就提出，制定法与判例法互补，是世界发展趋势。在中国应重视案例与判例的作用以补制定法之不足。

第十，李步云提出法学理论的发展有六条基本规律：1）法理学同法现象的相互作用。法理学来源于法律现象，法理学又具有相对独立性。2）法理学同其他社会科学的相互影响。3）法理学同学其他分支学科相互依存。4）各种法理学相比较而存在、相论辩而发展。5）法理学必须具有自己独立的品格。6）法理学的重大进步总是发生在社会历史的转折关头。

（二）宪法学

第一，李步云 1991 年在国内最早提出宪政概念和社会主义宪政概念包含的四个基本要素：人民民主、依法治国、人权保障、宪法至上。多次批判了反宪政论的政治错误和学理错误。

第二，李步云认为，宪法的产生不是“阶级力量对比关系”和阶级斗争的产物，而是源于“人民主权”理论与原则的产生与确立。

第三，李步云认为，民主既是手段，也是目的。国家一切权力属于人民，人民是国家的主人，这是目的。民主能集中多数人的智慧，能调动广大人民群众的参与，又是手段。只把民主看成手段是错误的。

第四，李步云提出，司法独立具有民主、法治、人权三重属性。司法独立既是权力分立与制约的一个重要环节，又是维护司法权威的关键一环，还是一项人权原则，即当人们受到指控时，他有权获得一个独立公正的司法机关审判的权利。

第五，李步云认为，“法律面前人人平等”比“法律上一律平等”更准确。

第六，李步云提出，权力制约有四个基本途径：以国家法律制约国家权力；以国家权力制约国家权力；以社会权利制约国家权力；以公民权利制约国家权力。这是国内学界对权力制约最全面的阐述和高度概括。

第七，李步云提出，中国人民代表大会制度的改革与完善主要应在十二个方面下功夫。包括完善选举、提高代表政治素质、人民代表大会常务委员专职化、代表联系选民、延长会期、充分发挥专门委员作用、党要依宪执政等。

第八，李步云提出，“一国两制”是宪法学的创举。在国体、政体学说和“社会主义”理念上都有重大创新。

第九，李步云提出，废除领导职务终身制具有重大意义。由于《一项意义深远的重大改革》是在《人民日报》上发表，因而起了重大推动作用。

第十，李步云多次撰文并在领导层讲座中提出，应建立违宪审查制度。这在法治国家建设中具有里程碑意义，他还提出了具体方案，包括宪法委员会的组成、八项任务和程序，受学界、政界重视。

（三）法治理论

第一，法治与人治是两种对立的治国原则和方法，其理论基础是对“国家的长治久安关键的条件与因素是依靠一两个圣主贤君，还是应依靠一个好的法律制度”这一问题存在两种相反的回答，因而形成了法治与人治这两种根本不同的治国原则和方法。这是李步云在研究古今中外法治与人治大讨论之中一个发现，从而击中了“法治与人治应当结合”的要害。

第二，李步云提出法制与法治的三点区别是：法制是法律制度的简称，是相对于经济、文化等制度而言；法治则是同人治相对应。法制是指一套法律规则及其运行，是一个中性词；法治则是同人治相对应的两种不同的治国理念和方法。历史上任何国家都有法制，但不一定是实行法治。因而解决了法治与人治在讨论中“取消论”一派的核心论据，即法治就是法制。

第三，李步云将依法治国的理论依据和意义概括为四条：依法治国是市场经济的客观要求，是民主政治的必要条件，是社会文明的重要内容，是国家长治久安的根本保证。这四条已为中国共产党第十五次代表大会报告所采纳。

第四，李步云认为法治国家的主要标志可以概括为十条：法制完备、主权在民、人权保障、权力制约、法律平等、法律至上、依法行政、司法独立、程序严明、党要守法。前五条是指良法之治，后五条是指法律要有权威。由于这十条发表在《人民日报》，所以影响更大。

第五，李步云率先提出了制度文明的概念。认为民主法治思想是属于精神文明的范畴，但民主法治的制度是一种社会存在，应属于制度文明。他主张“物质文明、制度文明、精神文明”三大文明一起抓。制度文明的概念已为中国共产党第十六次代表大会所采纳，即政治文明的提出。

第六，李步云首先提出依法治国，主要是治“官”。理由是实际在治理国家的是“官”而不是“民”。此观念受到学界与政界的高度认同。

第七，李步云率先提出并论证了依法治国重在依宪治国。为后来中央提出“依法治国最根本的是依宪治国和依宪执政”起了重要促进作用。

第八，李步云认为，实质法治优于形式法治的关键在于是否是“良法之治”；“十六字方针”的不足之处也在于此。良法有九条标准：“真”，符合事物性质、反映发展规律、适应客观条件；“善”，体现人类正义、实现人民利益、促进社会进步；“美”，结构严谨合理、体系和谐协调、语言规范统一。

第九，李步云率先提出并论证了为什么提“以德治国”，特别是将其提高到“治国基本方略”的高度与“依法治国”并列不科学，得到了广大干部和学者的高度认同。

第十，李步云提出由法的全局性、根本性、规范性、长期性所决定，只有“依法治国”，“建设法治国家”，才能称之为“治国基本方略”。一国只能有一个治国基本方略，不能有两个或多个。“以德育人”，“科教兴国”，“可持续发展”，“构建和谐社会”等都不能称之为“治国基本方略”。

（四）人权理论

第一，李步云提出人权的定义是：人权是人依据其自然属性和社会属性所应当享有的权利。它概括了人权的主体、人权的内容、人权的存在形态和人权的本原四个基本要素。

第二，他认为人权主体的基础是个人；但集体人权是人权主体的重要内容与形式。西方只承认个人是人权的主体不正确。

第三，他提出人权有三种存在形态，即：应有权利、法定权利、实有权利。人权是依据人性和人的人格、尊严、价值所应当享有的，不是任何外界的恩赐。但法律是确认与保障人权的基本手段和形式。评价一国人权应以所有人实际能享有多少权利为基本标准。

第四，他认为人权源自人的自然属性，即“天性、德性、理性”。人的本性或本质包括人的自然属性和社会属性。人的自然属性是人权存在的内因和目的，是推动人权发展永不停止的终极力量。人的社会属性仅是人权实现的社会条件。

第五，他提出，广义上，“权利”包含“自由”；狭义上，“权利”与“自由”有三点区别：自由的主体只能是个人；权利可放弃，自由不能放弃；自由只要求人们做出消极的不作为。

第六，他认为人权是普遍性和特殊性的有机统一，各有自身的表现形式和理论基础。否认人权具有普世价值，就势必否定自己也是“人”。

第七，他认为人权具有“政治性”和“超政治性”的双重属性。西方某些国家在人权问题上搞“双重标准”，其理论错误就是将人权“政治化”和“意识形态化”。

第八，他提出，本质上，人权高于主权。主权是对外的独立权，对外的最高权，它不是权利而是国家权力。它的存在价值，在为人民谋利益，即保障人权。管辖上，多数人权问题属国内事项，不应干涉。少数可以和应当干预的人权问题主要指奴隶制、奴隶买卖；种族歧视、隔离、灭绝；等等。

第九，李步云认为人本主义是人权的理论基础，人本主义有如下10条理念与原则：1）人的价值高于一切；2）人是目的，不是手段；3）崇尚和彰显人性；4）人是发展的中心主体；5）促进人的全面发展；6）坚持人的独立自主；7）发挥人的首创精神；8）权利优位于义务；9）权利优位于权力；10）尊重和保障人权。

第十，李步云认为，社会主义者应当是最彻底的人权主义者。人权为什么伟大？有以下五条理由：保障人权是社会主义的崇高理想，是制定和实施法律的根本目的，是实现为人民服务宗旨的具体保障，是推进科学发展的出发点和最后归宿，是全人类的共同价值追求。

（五）法哲学

第一，李步云认为，法哲学有区别于法理学的独立范畴与体系，是马克思主义的唯物论与辩证法在法律、法律制度与法律行为中的具体表现与运用。它包括唯物主义的认识论和辩证法的方法论。

第二，他提出法具有主观与客观、物质与精神的两重属性。法是人制定的，并可随时修改。但法律一旦被制定出来后，它的内容与形式，质与量以及它在现实生活中的运行，都是一种不以人们主观意志和认识为转移的社会存在。这就否定了传统的法是法律思想的“外壳”，是主观的东西的错误观念。

第三，他提出法律制度与现实社会关系的矛盾、法律思想与法律制度的矛盾，是推动法自身不断向前发展的两对基本矛盾。法及其制度必须与现实社会关系相适应，又反作用于社会关系。法意识源自法、法律制度与法律行为，又反作用于法现象。这就揭示了法律与法律意识不断发展的基本规律。

第四，李步云认为，法律意识并不是来源于“社会物质生活条件”，而是来源于“法现象”。法意识是法、法制度、法行为在人们头脑中的映像，又反作用于法现象。传统观念是错误的。

第五，他提出“和谐”理念是东亚法文化的精髓。它应当贯穿于法的价值、法的内容和法的形式各方面和全过程。它将为构建和谐社会、和谐世界作出重大贡献。

第六，他还提出长期危害中国法治建设的是“五个主义”，即：法学教条主义、法律经验主义、法律虚无主义、法律工具主义、法律实用主义。归根到底它们都是背离了马克思主义的辩证唯物论与唯物辩证法。

四、教 育 业 绩

（一）本科教育

李步云自2000年7月就任湖南大学法学院名誉院长至今，始终活跃在湖南大学、广州大学本科教学第一线，开设法理学、人权法学等课程。2005年出版他主编的《人权法学》是教育部“十五”规划教材，是新中国成立以来第一本人权法学方面的国家级教科书，至今仍为各高校普遍使用。2011年，他以78岁高龄，独自承担广东省网络精品课程《什么是人权》（10讲共500分钟）的讲授。该课程现正申报国家级网络精品课程。

（二）研究生培养

李步云自1978年开始负责指导硕士生，1995年开始指导博士生和博士后研究人员。在他指导下，到现在，获得博士学位的20人，获得硕士学位的19人，博士后已出站10人，其中有3人现是省部级领导，6人是二级教授，1人获全国优秀博士论文奖。

（三）法制宣传

早在1999年，他已为解放军总政治部800人、《人民日报》500人，解放军政治学院师以上干部160人开展了法制讲座。34年来，他已为80多个省部以上单位领导做学术报告100多次，其中人数最多的是山东省，同一次听讲的为27万人。他是中国社科院法学所为中央政治局3次做法制讲座课题组主要成员，并两次为全国人民代表大会常务委员会做法制讲座。他为省部级以下国家机关及各类培训班授课500余次。除西藏外足迹遍全国。

（四）人权培训

2002年，国家尚无政策时，他在湖南大学同丹麦人权机构合作，举办过5期为期一周、每期 80 人以上、对象为国家机关工作人员的人权培训，开中国国家干部人权培训之先河。其中，由湖南全省 60 位公安局长参加的为期一周的人权培训，其层次之高，人数之多，时间之长，为国际所罕见。12 年来，他所领导的湖南大学和广州大学的两个人权研究与教育中心，在干部人权教育与培训领域，其规模与业绩，始终处于全国各高校前列。

五、社会评价

对于李步云的学识、人品和贡献，国家和社会给予了充分肯定和高度评价：

1992 年起享受国务院“有突出贡献专家”政府特殊津贴；

2001 年获中宣部、司法部“全国三五普法先进个人”称号；

2002 年获教育部、国务院学位委员会“全国优秀博士论文指导教师”称号；

2004 年获湖南大学首届十大“师德标兵”称号；

2006 年 8 月获中国社会科学院“荣誉学部委员”称号；

2008 年 5 月在南方都市报等单位主办的评选活动中，入选“改革开放 30 年风云人物 200 名”；

2008 年 11 月在中国经济体制改革研究等单位主办的评选活动中，入选“改革开放 30 年 120 名社会人物”；

2008 年 12 月获中央政法委、中宣部等四单位颁发的“双百活动最佳宣讲奖”；

2009 年 4 月获“当代中国法学名家”称号；

2009 年 7 月获中国国际经济技术合作促进会等单位授予的“建国 60 周年共和国建设 100 名功勋人物”称号；

2012 年 4 月，获中国法学会授予的“全国杰出资深法学家”称号。

六、李步云主要论著

李步云 . 1984. 新宪法简论 . 北京：法律出版社 .

李步云 . 1986. 法制、民主、自由 . 成都：四川人民出版社 .

李步云编 . 1988. 中国法学——过去、现在与未来 . 南京：南京大学出版社 .

李步云编 . 1997. 立法法研究 . 长沙：湖南人民出版社 .

李步云编 . 1998. 宪法比较研究 . 北京：法律出版社 .

李步云 . 1998. 走向法治 . 长沙：湖南人民出版社 .

李步云编 . 2000. 法理学 . 北京：经济科学出版社 .

李步云编 . 2001. WTO 与中国法制建设 . 北京：中国方正出版社 .

李步云编 . 2002. 信息公开制度研究 . 长沙：湖南大学出版社 .
李步云编 . 2002. 地方人大代表制度研究 . 长沙：湖南大学出版社 .
李步云 . 2003. 法理探索 . 长沙：湖南人民出版社 .
李步云编 . 2005. 人权法学 . 北京：高等教育出版社 .
李步云 . 2006. 宪政与中国（英文版）. 北京：法律出版社 .
李步云编 . 2007. 法苑春秋 . 北京：中国法制出版社 .
李步云 . 2008. 论人权 . 北京：社会科学文献出版社 .
李步云 . 2008. 论法治 . 北京：社会科学文献出版社 .
李步云 . 2010. 我的治学为人 . 北京：社会科学文献出版社 .
李步云 . 2013. 论法理 . 北京：社会科学文献出版社 .
李步云 . 2013. 论宪法 . 北京：社会科学文献出版社 .
李步云 . 2013. 论依宪治国 . 北京：社会科学文献出版社 .

主要参考文献

裴智勇 . 2005-1-5. 李步云：敢开第一腔的法学家 . 人民日报，1-3.
杨洁，谢远景 . 2007. 开拓创新，引领中国法学理论研究 . 科学中国人，(4)：90-93.
马各 . 2011-6-28. 李步云：愿把一生献给中国人权研究和教育培训事业 . 中国社会科学报，第 16 版 .

撰写者

肖海军（1965 ~ ），湖南大学法学院教授、博士研究生导师，湖南大学商事法与投资法研究中心主任。

魏振瀛

魏振瀛（1933～），河北威县人。民法学家、北京大学法学院教授、博士生导师。现任中国法学会学术委员会委员。1956年考入北京大学法律系，1960年毕业后留校任教。曾任北京大学法律系主任和学术委员会主任、北京大学学术委员会暨教师职称评审委员会文科分会委员、国家教育委员会法学学科教学指导委员会副主任委员、中国法学会副会长、中国法学会民法学经济法学研究会副会长、中国高级法官培训中心委员会委员、民法起草工作小组成员、中国国际经济贸易仲裁委员会仲裁员、北京仲裁委员会仲裁员、北京市高级人民法院专家咨询委员会委员、广州市中级人民法院咨询委员会委员、澳门科技大学法学院副院长。魏振瀛长期从事民商法学的教学与研究工作，并兼任法律顾问和律师。曾主编《民法》、《民法原理》、《民法教程》、《民商法原理与实务》、《实用合同手册》、《疑难合同案例研究》、《市场经济与法律》、《民事责任与债分离研究》等著作多部，合著《民法原理》曾获国家优秀教材奖。2012年获中国法学会"杰出资深法学家"称号。

一、孜孜求学路——主要学术经历

魏振瀛生于1933年11月，青年时期的他正赶上时局动荡的年代，先后经历了抗日战争和解放战争，初中毕业之后就参加工作。1956年他考入北京大学法律系之后，又遭遇"反右"和"大跃进"等运动，学习计划一直被打断，学术经历艰辛坎坷。

（一）考入北大法律系

对于报考北京大学法律系的原因，魏振瀛是这样说的："我初中毕业后就在企业工作了。那时候叫做在职干部，实际上我们还都是小青年、小职员。当时感觉到处都离不开法院，法律很重要，就报考了北大法律系。有人说调干的考不上，我就抱着试试看的想法。""法律很重要"，"法律"竟成了他一生的追求。

北京大学法律系恢复之后的第三个年头，魏振瀛考入北京大学。1954年至1956

年，北京大学法律系通常每年招收 120 名学生，其中约半数来自在职干部。基于培养教师和科研人才的目的，北京大学法律系的课程设置相当多，有 30 多门课程。初始阶段以学习苏联课程为主。一两年之后，情况有所改变，以学习中国的课程为主。除了宪法之外，其他的课都称作“原理”，如刑法原理、民法原理、国家法原理等。西方的课程都称作“批判”，如西方民法批判、刑法批判。总的来说知识面很广，这为魏振瀛日后的科研和教学奠定了扎实的基础。

（二）动荡时局中苦读

从 1957 年到“文化大革命”前，由于政治运动和劳动的增多，北京大学法律系正常的教学、科研活动受到冲击。“反右”、“大跃进”等运动，与法律系师生的生活纠葛在一起，留下诸多沉重的历史记忆。这一时期，教学计划中增大了劳动锻炼、实习和社会调查等内容的比重，学制改为五年。培养目标为“政法研究人才和师资”、“政法工作者”、“理论研究人才和师资”等。

1958 年全国的中心任务从“反右”转移到了“大跃进”。当时的教育方针是“教育为无产阶级政治服务”、“教育与生产劳动相结合”，法律系的师生经常被安排下乡劳动。1958 年魏振瀛下乡劳动的次数比较多，有时非假期也要下乡劳动。魏振瀛当时去的是顺义县红铜营村，做的农活主要是拉犁，师生们干得非常吃力，伙食也不好。在这种状况下，魏振瀛也没忘记学习，干完一天的农活儿，虽然疲惫，晚上却继续挑灯夜战，继续学习法律知识。

在 1958 年这样的情况下，虽然教学计划没有改变，但实际上课程减少了。魏振瀛参加的劳动锻炼增多，修读的课程减少。值得欣慰的是他听了不少报告，了解到一些社会现状。在一个法院副院长的报告中听到“法院有案办案，没事抓生产”，这被魏振瀛等北京大学法律学子们理解为“法律在社会生活中的作用虽然明显减弱，但是还是有用的”。

（三）毕业后留校任教

魏振瀛 1960 年毕业后留校任教。在魏振瀛留校之前，北京大学的法律系教研室分得很细，各种专业当时基本都有教研室。但在魏振瀛留校时，北京大学的法律系已无细致的教研室划分，其中法律专业的教研室合并在一起改成了业务教研室。当时法律专业课比重缩小，政治课比重增大，到后来政治学、党史学都是法律系的教师自己开设。这实际上反映了在“左”的思想影响下，法学教育受到了很大的冲击。这样的情况一直持续到 1962 年才进行教学计划调整。当时魏振瀛教授民法课程，芮沐是法律系的副主任。芮沐提出一个方案，主张在教学计划的组成部分中，为主的一部分是中国的法律，另外两部分分别是苏联的法律和西方的法律（西方的法律被定义为“批判”），这还被形象地叫做“三驾马车”，可以说至此北京大学法律系的教学计划得以恢复，甚至还有些进展，学生的知识面在总体上拓宽了。这反映了包括魏振瀛在内的北京大学法律系教师的高度智慧以及他们辛勤劳动、积极进取的精神状态。

（四）“文化大革命”期间的坚守

“文化大革命”期间，法学教育遭到的冲击十分严重。这时，北京大学法律系不再上课，也停止招生，有段时间甚至提出法律系要不要继续办下去的问题。特别是 1970 年，有关部门竟然宣布取消大学法律系。这受到了很多法律工作者和法学教育人士的抵制。后来，为了确定法律系的前途，进行了一次调查，在调查中包括魏振瀛在内的教师们异口同声地说，因为法院不能取消，必须要有懂法的人，所以法律系当然要办。由于法律系教职员工团结一致、据理力争，最终北京大学法律系得以保留，成为全国仅有的两个免遭解散厄运的政法院系之一（另外一个是吉林大学法律系）。1974 年至 1976 年，北京大学法律系连续招收三届共计 150 余名工农兵学员。

“文化大革命”期间，北京大学法律系的资料室虽然被烧过，但是资料基本上都完整地保留下来。当时教授被称作“资产阶级反动权威”，在劳动和清理阶级队伍的过程中，包括魏振瀛在内的教师们受了很多苦。“文化大革命”十年中，法律系教师的主要工作就是给 1974 年到 1976 年这三年招收的工农兵学员讲课，和军宣队、工宣队一起调查。在此过程中，培养了不少法律人才，用行动证明了法律系存在的自身价值，也为“文化大革命”后恢复法学教育保住了根基，为国家的法治建设做出了贡献。

二、累累硕果存——主要工作成果

“文化大革命”结束后，魏振瀛得以潜心钻研，他的学术研究之路顺利进行，也撷得硕果累累。

（一）参与立法

改革开放之后，1979 年 12 月开始了《中华人民共和国民法（草案）》（以下简称《民法（草案）》）的第三次起草工作。在此之前，魏振瀛参加了针对起草《民法（草案）》的全国调查，并在起草工作开始后参加了一年多的《民法（草案）》起草工作。从那时的主导思想看，大部分起草人都认为应当尽快颁布民法典。但经立法机关组织反复调研论证后认为条件还不成熟，因为改革开放的很多问题还摸不准，于是就提出了“批发改零售”的思路，即将制定民法典的过程改为制定各单行法的过程。

1985年，国家又启动了《中华人民共和国民法通则》（以下简称《民法通则》）的起草工作，曾参与《民法（草案）》起草工作的魏振瀛自然也被纳入了《民法通则》的起草人员之中。对于起草《民法通则》的原因，魏振瀛认为，一方面，当时改革开放已经取得了很大的进展，私有经济也发展较快，和国际上的交往也逐渐增多，现实情况说明没有民法是不行的，民法学界也一直在呼吁制定《民法通则》。另一方面，领导机关的决策受到了国际因素的影响。彭真委员长访问日本的时候，接见他的人提出中国要改革开放，没有民法是不行的。在这种情况下，最高领导层决定尽早起草民法总则。魏振瀛清楚地记得，1985年12月4日，在北京召开了全国民法通则草案座谈会，来自全国各个领域的人员都参加了这个座谈会。会上，彭真委员长做了重要讲话，表明国家立法机关完全接受、采纳了民法学界的主张，明确肯定了民法的基本法地位。彭真委员长还正式提出了立法的“三结合”，即立法机关、实践部门和学者的结合。于是《民法通则》的起草工作正式开创了由立法部门、实践部门、专家学者共同参与立法工作的先例。这次起草工作说明学者对立法工作应该起作用，也可以起作用。在一次民法典论坛上，魏振瀛说：“在立法的工作中，学者应该积极起作用，争取立法机关接受我们的观点，虽然学者的观点不完全一致，也不见得都对，但是只要有一个对的观点被接受了，就能发挥学者的重要作用。”

魏振瀛还曾参加《中华人民共和国合同法》、《中华人民共和国物权法（草案）》和《中华人民共和国合伙企业法》等法律，以及《最高人民法院关于贯彻执行民事政策法律若干问题的意见》、《最高人民法院关于贯彻执行〈中华人民共和国民法通则〉若干问题的意见（试行）》等司法解释文件的起草工作。在新中国法律制度形成的初期，这些文件的起草和颁布，对规范民事行为、处理好民事纠纷，起到了十分重要的任用，也有效促进了中国法治的进程。

（二）编纂著作

作为新中国民法学界老一辈的专家，魏振瀛在著作的编纂出版上也卓有成就，其主要论著有《民法》、《民法原理》、《民法教程》、《民商法原理与实务》、《实用合同手册》、《疑难合同案例研究》、《市场经济与法律》、《中国私营经济法律问题探索》、《中国内地与香港地区法律比较研究》、《北京大学法学百科全书（民法学商法学)》以及《民事责任与债分离研究》等。

其中，魏振瀛主编的《民法》从 2000 年第一版开始，已相继有 2006 年第二版、2007 年第三版、2010 年第四版和 2013 年第五版共五个版本。这本书以《中华人民共和国民法通则》、《中华人民共和国物权法》、《中华人民共和国合同法》、《中华人民共和国继承法》、《中华人民共和国侵权责任法》等现行民事法律法规为依据，紧密结合最高人民法院的司法解释，借鉴外国与中国台湾地区的民事立法和司法实践，吸收国内外民法学研究的新成果，理论联系实际，系统论述了民法的基本理论、基本制度和基本知识。这本书不仅对民法初学者有很大的启示作用，对实务工作者也有较强的指导意义，被众多的民法学者称之为一本不可多得的好书。

此外需要强调的是作为国家重点出版项目的《北京大学法学百科全书》，它的编纂者以北京大学的教授、学者为主体，延揽曾经在北京大学学习和工作过的专家、学者及兼职教授参加。全书共 9 卷，内分 26 个新老结合的分支学科。魏振瀛是民商法学卷中民法学部分的主编，该部分还有其他 4 位副主编以及 40 多位撰稿人。他们着力于对古今中外尤其是中国和世界上有代表性的国家的民法学和民事法律制度给予全面系统的总结性研究。力求体系完整，对各家学说兼容并蓄，充分反映民法学科研究的新发展、新成果，解说周密、确当、深刻。《北京大学法学百科全书（民法学 商法学)》适合从事民商法学研究、法治实践和法律实务的人员各方面的需要，对中国法治的发展与完善起到了重要作用。

（三）教学科研

魏振瀛是一位非常优秀的教师。其在担任北京大学法律系主任期间，与法律系两位副主任共同获得国家级教学成果二等奖、北京市普通高等学校教学成果一等奖、北京大学教学优秀成果奖。在几十年的教学生涯中，魏振瀛可谓桃李满天下，培养了一大批优秀的博士生、硕士生，他们已经在各条战线上从事法律教学、科研和实务工作。

魏振瀛在教书育人的同时，认真进行民法学理的研究和探讨。从 1979 年 3 月开始发表论文至今，他已经有几十篇论文发表在各类学术期刊上，影响广泛而深远，其学术思想和理论创新，对构建与完善中国民法学理论体系，做出了巨大贡献。在研究过程中，他始终不忘指导学生做好研究工作。1990 年他曾发表《怎样写民法学论文》，对广大本科生、硕士研究生和博士研究生的论文写作，给予了有针对性的指导。

魏振瀛一直紧跟时代发展和法治建设的步伐，从社会实际出发，发现并解决问题，探索理论联系实际、学以致用的有效途径。在2005年至2007年期间，魏振瀛一直担任《商品与质量》期刊“视点”栏目的特邀专家。该栏目以生活中的小事为出发点，主要通过案例的形式介绍人们生活中适用法律的疑问，并给出律师点评和专家建议，比如《销售便宜产品可以不保证产品质量吗?》、《新房出现裂缝，可以退房吗?》、《从一起案例看公园的安全保障义务》、《从一个预定合同看“定金”与“订金”的区别》等，文章从细小的知识点入手，深入浅出，阐释法律知识。魏振瀛担任了近百篇该类文章的特邀专家，答疑解惑，不仅为人们的生活提供了很好的指引，对于初学法律的人也有很好的启示作用。

三、滔滔思想源——主要学术观点集锦

通过分析魏振瀛的实践及理论成果，总结魏振瀛的主要学术思想和理论贡献，至少可归结如下内容。

（一）关于增强民法观念

民法是衡量一个国家法治文明程度的重要标志。民法的基本任务是确认和保护民事权利，充分保护民事权利，是实现依法治国之本，富民强国之道。从这个意义上说，民法是法治的基础，民法是长治久安法。中国长期存在“重刑轻民”（重刑法轻民法）的传统，改革开放之初又出现了“重经轻民”（重经济法轻民法）的观念。为建立社会主义市场经济法律体系，首要的是突破旧体制下的法律观，树立与市场经济相适应的法律观，其中重要的是树立与增强民法观念。民法观念的核心是主体平等、意思自治。主体平等、意思自治是民法区别于行政法、经济法的主要特点。树立民法上的平等观念，需要树立法律人格平等观念和法人观念。公有制企业在经济性质上姓“公”，作为法人，在民事法律关系中则姓“民”。意思自治是由民法所调整的社会关系特别是商品经济关系的性质所决定的。应当增强契约（合同）观念，使企业完成“由身份到契约”的转变。

（二）关于民法的本位与核心

民法的核心概念是权利还是法律关系，在法学史上存在着一个反反复复的认识

过程。有学者赞成民法以权利为本位，同时认为民法应当以权利为核心。法律的本位是指法律的中心观念或者立足点。中国民法以权利为本位是以人为本的理念在法律上的体现。中国民法应当以民事权利为本位，以民事法律关系为核心。前者是就民法的本质属性和基本任务而言，属于价值判断问题；后者是就民法规范结构而言，属于立法技术问题。民事权利、民事义务与民事责任是民法规范结构的基石。

（三）关于中国民法功能的定位

中国民法应当既是行为规范，又是裁判规范，不应仅仅定位为裁判规范。民法是调整平等民事主体的人身关系与财产关系的基本法律，是民事主体行使民事权利的法律工具，又是保护民事权益、与侵害民事权益的违法行为做斗争的法律武器，这是发挥民法效力的源泉所在。民法具有科学性、专业性，不可能让人们都懂得和掌握民法。但是，在重视民法科学性的同时，应当考虑民法广泛的适用性，注意通俗易懂。

（四）关于民法典在中国民法中的地位

民法典是民法科学化的基本形式，制定和颁布民法典是实现民法科学化的需要。颁布民法典有利于进一步提高民法观念，从而有利于正确处理民事权利和行政权力的关系，构建和谐社会。认为当代处于后法典化时代而否认民法典作用的理由不成立。中国需要有一部反映改革开放成果和进一步促进社会发展的民法典。

（五）关于民法基本原则的含义与功能

民法基本原则是民事立法、民事行为和民事司法的基本准则。民法基本原则可分为学理民法基本原则与法定民法基本原则，二者有联系，有区别。学理民法基本原则有理论性，没有法律效力；法定民法基本原则具有法律效力。法定民法基本原则对民事立法、民事行为和民事司法具有指导功能、约束功能。法定民法基本原则在民事司法中有补充法律不足的功能。

（六）关于合伙的民事主体地位

合伙可以成为民事主体，但必须具备一定的条件。条件之一是需要有字号。合伙有字号才能以合伙的名义进行民事活动，没有字号的合伙仅仅是合伙人的集合，这类合伙不能成为民事主体。条件之二是需要有登记制度。合伙的登记主要是为了保护债权人的利益，维护社会经济秩序。因此，没有登记的合伙不能成为民事主体。

条件之三是需要有一定的限制性规定。在中国商品经济不够发达，法治不够健全的情况下，具有民事主体资格的合伙不应以合伙的名义参加其他合伙组织，以免合伙组织和合伙组织的成员承担的双重或多重的连带责任难以实现，有损债权人的利益。

（七）关于所有权与所有制的关系

在实行公有制和计划经济的条件下，中国民法学界通说认为所有权是所有制在法律上的反映。改革开放初期出现了“双重所有权”、“价值所有权”、“相对所有权”、“最终所有权”等概念。其实，说所有权是所有制在法律上的反映，仅仅是就所有权的经济来源而言，不是说所有权与所有制相一致，所有权不是对所有制的简单的模拟和直接的反映，例如，在多种所有制主体投资的企业，投资者享有股权，企业法人享有所有权。再如，实践中没有笼统的集体所有权，只有某村的所有权或者某企业的所有权。

所有制的静态和动态的结合，决定了所有权实现的形式。所有制的静态，是指生产资料的归属；所有制的动态在生产、分配、交换和消费的社会生产总过程中，体现为一定社会条件下的经营方式。法律对静态的所有制的确认和保护体现为物在法律上的归属，即所有权的归属；对动态的所有制的确认和保护体现为所有权的实现过程，即所有权的行使和保护，他物权的行使和保护，所有权与债权的关系等。所有权关系是一种民事法律关系，所有权的客体是物，一物之上只有一个所有权，所谓“双重所有权”、“价值所有权”、“相对所有权”、“最终所有权”都不是科学的概念。

（八）关于债的性质与内涵

债的本质属性是财产关系，债法是财产法。德国民法理论虽然也认为债法是财产法，但是在实践中债的客体不限于财产关系。德国学者萨维尼说，不适合成为债的客体的行为，是那些完全不能转化为金钱数目的行为；至少其只能非真正的、以不完全的方式被视为债权。中国民法应当借鉴与变革德国的债法理论，将不能转化为金钱数目的行为排除在债的客体之外，以醇化债的财产内涵。

（九）关于民事责任的概念与内涵

责任在德国民法中是指损害赔偿，称损害赔偿责任，又称损害赔偿义务，还称损害赔偿之债。根据中国民法规定，民事责任是民事主体违反民事义务应当承担的民事法律后果。民事责任与行政责任、刑事责任、违宪责任既有共同性，也有特殊性。应当区分民事责任与民事制裁。民事责任的承担有自动承担、请求承担和强制承担三种途径。

（十）关于责任与债的关系

根据现有世界历史资料，近现代民法上的债最早起源于古代西亚地区文明国家基于买卖契约和借贷契约的欠物或者欠钱。中国法上的债起源于基于借贷契约和买卖契约的欠钱或者欠物。罗马法上的债起源于具有私犯性质的罚金责任。债与责任关系的发展经历了不同历史时期，表现为五种形态：责任与债务联系；责任与债务融合；责任与债务区别；责任与债结合；责任与债分离。这五种不同的形态各有其不同的社会与法律文化背景。德国民法上的责任与债是结合关系。参考苏联民法学者的理论，结合中国《民法通则》的有关规定，中国的责任与债应是分离关系。债务是一种民事义务，责任与债务的性质不同；责任与债务通常是分离的，而不是结合的。

（十一）关于侵权责任在未来中国民法典中的地位

侵权行为的后果是责任，而不是债。责任与债分离的观点为中国未来民法典中将侵权责任独立成编提供了理论支撑。将侵权行为法变革为侵权责任法，既能反映侵权责任法与传统侵权行为法的联系，又能体现侵权责任法与侵权行为法的区别。将侵权责任独立成编，可以对侵权责任做较为具体的规定，有利于充分保护民事权益。在将侵权责任独立成编的情况下，赔偿损失性质的责任可准用债法总则的有关规定。

（十二）关于民事责任的归责原则

传统民法上的归责原则是指损害赔偿的归责原则。中国民法采用多种责任方式，归责原则与责任方式相关联，不同的民事责任方式反映不同的违反民事义务的行为的性质，其承担民事责任的方式应有不同，不同的民事责任方式的构成要件也有不同。例如，赔偿损失是用减少侵权人财产的方法赔偿被侵权人的损失，一般应以侵权人有过错为要件。停止侵害、排除妨碍和消除危险的责任仅仅是要侵权人停止或者排除侵害，因此不必问行为人有无过错。

（十三）关于请求权的性质与体系

占主导地位的德国学者的观点认为，德国民法典的结构是以主观权利为核心建立起来的，其中包括请求权体系。在德国请求权既是实现民事权利的手段，也是保护民事权利的手段。根据德国学者温德沙伊德的理论，请求权是一切权利都具有的强制性因素，加上德国民法上的责任属于债的范畴，因此责任在德国民法中没有独立的地位。根据责任与债分离观点，责任不属于债的范畴，责任在民法中具有独立的地位；请求权本身没有强制性，责任具有强制性。以权利相互之间的关系为标准，民事权利可分为原权（又称原权利）与救济权。根据责任与债分离观点，应将请求权区分为原权利请求权和救济权请求权。原权利请求权是民事权利主体为实现民事权利，请求义务人履行民事义务的权利。救济权请求权是基于他人违反民事义务或侵害民事权利而产生的权利，其实质是权利人请求相对人承担民事责任。物权请求权等绝对权请求权的实质是权利人请求相对人承担侵权责任，应当将绝对权请求权变革为侵权责任请求权。在责任与债分离的情况下，中国民法仍可借鉴德国民法上的请求权理论，但需要有所变革。德国民法上的请求权体系从属于基础权利体系；中国民法上的请求权体系应当从属于民事权利—民事义务—民事责任体系。

（十四）中国民法典中的民事责任体系

应当在民法典总则中对民事权利（包括请求权）和民事义务做高度概括性的规定，相应地对民事责任也做高度概括性规定。在债权编对违反债的责任做具体规定；在侵权责任编对侵权责任做具体规定。

（十五）基于责任与债分离理论，构建中国民法体系的优越性

这主要包括：1）责任与债分离，通俗易懂，具有亲民性，有利于发挥中国民法既是行为规范，又是裁判规范的功能；2）责任与债分离，有利于采用多种民事责任方式，构建科学的民事责任体系；3）责任与债分离，可以醇化债的财产内涵，使债法更加科学；4）责任与债分离，可将物权请求权变革为侵权责任请求权，使物权法与债权法的界限更加清晰；5）责任与债分离，既能体现关于绝对权请求权的立法精练，又有利于充分保护各种民事权益。

四、魏振瀛主要论著

魏振瀛．1985．我国合同关系的新发展与法律调整．法学杂志，（4）：2-5.

魏振瀛．1987．精神损害赔偿责任的性质和法律适用．政治与法律，（6）：24-27.

魏振瀛．1988．侵犯人身权的民事责任．法学杂志，（1）：10-11.

魏振瀛．1990．侵害名誉权的认定．中外法学，（1）：7-14.

魏振瀛 . 1990. 怎样写民法学论文 . 中外法学，(6)：35-42.

魏振瀛编 . 1991. 实用合同手册 . 北京：海洋出版社 .

魏振瀛编 . 1992. 疑难合同案例研究 . 北京：人民日报出版社 .

魏振瀛，王贵国编 . 1995. 市场经济与法律 . 北京：北京大学出版社 .

魏振瀛，王贵国编 . 1998. 中国内地与香港地区法律比较研究 . 北京：北京大学出版社 .

魏振瀛 . 1999. 合同法是民事立法中的一部佳作 . 中国法学，(3)：18-21.

魏振瀛 . 2001. 论民法典中的民事责任体系 . 中外法学，(3)：353-362.

魏振瀛 . 2003. 论请求权的性质与体系——未来我国民法典中的请求权 . 中外法学，(4)：385-410.

《北京大学法学百科全书》编委会（魏振瀛为民法和商法学主编）. 2004. 北京大学法学百科全书（民法学 商法学）. 北京：北京大学出版社 .

魏振瀛 . 2006.《民法通则》规定的民事责任 . 现代法学，(3)：45-63.

魏振瀛 . 2009. 制定侵权责任法的学理分析——侵权行为之债立法模式的借鉴与变革 . 法学家，(1)：1-47.

魏振瀛 . 2010. 侵权责任法在我国民法中的地位及其与民法其他部分的关系——兼与传统民法相关问题比较 . 中国法学，(2)：27-39.

魏振瀛 . 2011. 侵权责任方式与归责事由、归责原则的关系 . 中国法学，(2)：27-37.

魏振瀛 . 2011. 论返还原物责任请求权——兼与所有物返还请求权比较研究 . 中外法学，(6)：1171-1193.

魏振瀛 . 2013. 债与民事责任的起源及其相互关系 . 法学家，(1)：115-134.

魏振瀛编 . 2013. 民法（第 5 版）. 北京：北京大学出版社，高等教育出版社 .

魏振瀛 . 2013. 民事责任与债分离研究 . 北京：北京大学出版社 .

撰写者

戴秀河（1965 ~)，华东政法大学博士研究生，法律史专业。

米会娟（1987 ~)，华东政法大学硕士研究生，民商法专业。

杨紫烜

杨紫烜（1934～），江苏南通人。经济法学家。1954年，考入北京大学法律学系，1958年毕业留校任教，1979年起从事经济法的教学和研究工作。先后担任第九届全国人民代表大会代表、全国人民代表大会法律委员会委员，最高人民法院第一届特邀咨询员，北京市人民政府第七届专家顾问团顾问，中国法学会经济法学研究会顾问等职。现为北京大学法学院教授、博士生导师。曾获北京大学教学优秀奖、国家教委全国普通高等学校优秀教材二等奖、教育部全国普通高等学校优秀教材一等奖，被司法部授予先进教师称号。杨紫烜的主要作品有《国家协调论》、《经济法》、《经济法研究》，以及《论科学发展观与中国经济法的理念》、《论建立中国特色法律责任体系》、《论中国经济法的产生和发展》、《构建社会主义和谐社会和中国经济法的基本原则》等论文。在长期的教学研究中，他逐步形成了自己的独特的经济法观点：国家协调论。杨紫烜是新中国经济法学科最早的开拓者之一，是中国第一个经济法专业和第一个经济法研究所的创始人之一，对中国经济法的创建和发展起到了重要的推动作用，被称为经济法学的先行者和主要的奠基人。

一、简　　历

杨紫烜，1934年1月出生于江苏南通。1949至1951年就读于江苏海门中学。1951至1954年在山西经纬技术学校学习、工作。1954年考入北京大学法律学系，1958年毕业留校任教。起先，杨紫烜也曾从事过国家与法的理论和国际公法的教学和研究工作，自1979年起，专门从事经济法的教学和研究。他是中国最早的经济法学者之一，也是中国第一个经济法专业、第一个经济法研究所的创始人之一。

杨紫烜从1979年开始从事经济法的教学和科研之后，就全身心地投入到了这一开创性的工作之中。1979年下半年，他与一些学者就经济立法、经济司法等问题，分赴北京、成都、重庆、武汉等城市的许多企业、经济管理机关和经济审判庭进行了几个月的调查研究。同年12月，他提出了尽快成立经济法专业、培养经济法专门人才的建议。

1980 年 1 月 10 日，杨紫烜接受委托起草了《关于成立经济法专业的报告》，同年 2 月 25 日获得教育部批准，北京大学法律系在全国率先“增设经济法专业，学制四年，1980 年暑假开始招生”。在北京大学资深教授芮沐的支持下，杨紫烜起草了经济法专业的教学方案，并积极组织师资队伍。1984 年 2 月，教育部又批准了由杨紫烜起草的《关于成立经济法研究所的报告》，北京大学成立了中国第一个经济法研究所。

早在山西经纬技术学校学习、工作期间，杨紫烜就被评为“优等生”，获得“火车头”称号。参加工作后，被评为“先进工作者”。进入北京大学学习后，被评为北京大学“优秀生”、“青年积极分子”和北京市“三好学生”。1979 年后，他先后获得北京大学“教学优秀奖”，教育部全国普通高等学校优秀教材一等奖。在此期间，杨紫烜先后担任了第九届全国人民代表大会代表、全国人民代表大会法律委员会委员，最高人民法院第一届特邀咨询员，北京市人民政府第七届专家顾问团顾问，中国法学会经济法学研究会顾问等职。

在数十年经济法的教学与研究中，杨紫烜出版和发表了众多作品，主要有《工业企业法教程》（主编，法律出版社 1986 年）、《经济法原理》（北京大学出版社 1987 年）、《国家协调论》（北京大学出版社 2009 年）、《经济法》（主编，北京大学出版社 1999 年初版、2010 年第 4 版）、《国际经济法新论——国际协调论》（主编，北京大学出版社 2000 年）、《经济法研究》（多卷本，连续出版物，北京大学出版社 2000 年起出版）等，以及《国家协调论——关于经济法基本理论的若干问题》、《论科学发展观与中国经济法的理念》、《论中国经济法的产生和发展》等论文。在长期的教学研究中，他逐步形成了自己的独特的经济法观点：国家协调论。

杨紫烜在教学研究之余，积极开展对外经济法学术交流，先后应邀赴韩国、日本、英国、法国、德国、加拿大、美国等国家讲学、访问、参加学术会议，与国际同行交流切磋经济法的基本理论以及具体制度。杨紫烜是与王家福、刘隆亨、刘文华、种明钊、漆多俊、李昌麒等齐名的新中国经济法学最早的一批开拓者，是中国第一个经济法专业和第一个经济法研究所的创始人之一，对中国经济法的创建和发展起到了重要的推动作用，被称为经济法学的先行者和主要的奠基人。

二、在经济法教书育人方面的成就

作为新中国第一代经济法学科的创始人和奠基人之一，杨紫烜在 30 多年的经济法教学实践中，培养了众多的优秀人才，弟子遍布全国各行各业。

早在1979年，杨紫烜就率先在北京大学开设了“经济立法和经济司法专题”，为1977、1978年级的本科生讲授经济法课程。从1980年起，他先后给本科生、硕士研究生和博士生，分别讲授了“经济法概论”、“工业企业法”、“企业法/公司法”、“经济法基础理论研究”、“经济法专题研究”、“经济法与国际经济法总论专题研究”等课程。其中，有几门是北京大学法律系在全国率先开设的，专门针对本科生、硕士生和博士生讲授，杨紫烜是第一个讲授这些课程的学者。

为了提升自己的专业水平和教学层次，杨紫烜十分注意吸收国内外兄弟院系在经济法教学和研究方面的成功经验。从20世纪80年代初开始，杨紫烜先后应邀在中国内地和港澳地区的许多高等学校讲课、作学术报告，进行学术交流。同时，杨紫烜还多次应邀赴加拿大、美国、英国、法国、德国、日本、韩国等国家讲学、访问、参加学术会议，进行国际学术交流。他还接受了卢秉昊、郑然镐、姜镐桢等韩国学者、律师前来进修，予以特别辅导，进行培养。

除了给数以千计的本科生开设多种经济法专业的课程之外，从20世纪80年代初起，杨紫烜先后指导的国内外硕士研究生、博士研究生、博士后、进修教师和访问学者共102人，111人次。这些“杨门弟子”在各自的工作岗位上勤奋努力，为培养法学、法律人才，发展经济法学，健全社会主义法制发挥了重要作用。他们中的许多人已经成长为教授、研究员、硕士生导师和博士生导师，有些人担任了法学院院长、经济法研究中心主任、研究所所长等职务，也有些人成为立法专家或专家型高级公务员、高级法官、高级检察官、国际仲裁员、著名律师、合伙人，以及公司的董事长、监事长、总经理和首席执行官。

杨紫烜不仅在教学上全身心投入，而且对学生也是百般呵护。香港中国法商研究院院长、国务院发展研究中心企业所EDP首席专家王春晖回忆起在他博士论文答辩之前，突然得了急性胆囊炎住进了医院。杨老师得知消息后，带了营养品到医院去看他，并嘱咐他一定要多注意身体。接着，杨老师把仔细审阅过的他所撰写的学位论文交给他，叮咛他千万不要急着看，还特别强调：“你的论文写得相当好，但是在你身体康复后还要认真做一些修改。在修改时你当然会考虑我对论文提的修改意见和建议，但不一定都对，不要求都按我的观点修改。”后来，当王春晖翻开论文时，发现从论文的结构安排、研究方法，到写作规范化方面，杨老师都精心地提出了修改意见。在场的医生和王春晖的妻子都为之感动。

在中山大学法学院教授、博士生导师、中山大学法学研究所所长程信和的记忆中，也有着同样难忘的经历。1983年，程信和和杨紫烜一起到大庆油田讲课，不小心划破了手指。等到他跑去找还泡在水盆里的衣服时，发现衣服已经洗好了。替他洗好衣服的不是别人，正是他的恩师杨紫烜。而当他的小女儿到了上学年龄，因没有北京户口而无学可上时，又是杨紫烜四处奔走，为他联系小学，帮他解决了这个难题。正是有杨紫烜和其他教授的努力，促成了经济法学的繁荣和发展。北京大学因此在中国经济法学教学、研究和人才培养等方面取得了全国领先的地位。

在杨紫烜几十年的教书生涯中，类似上述王春晖、程信和这样的事例不计其数。鉴于杨紫烜在经济法教书育人方面的突出成就，他被司法部授予先进教师称号，享受国务院政府特殊津贴。

三、在经济法学科研究方面的成就

在经济法领域，杨紫烜已经辛勤耕耘了 30 多年，其研究成果遍及经济法的各个领域，并形成了自己独特的经济法学观。

（一）经济法和经济法学的概念

杨紫烜认为，经济法是调整在国家协调的本国经济运行过程中发生的经济关系的法律规范的总称。它包含了三个要素：一是经济法属于法的范畴；二是经济法属于国内法体系；三是经济法只调整特定的经济关系，即“国家协调”的“本国经济运行”过程中发生的经济关系。和经济法的概念相联系的就是经济法学的概念。杨紫烜认为，经济法学是研究经济法及其发展规律的法学学科。

（二）经济法的体系

杨紫烜认为，经济法的体系，就是“由多层次的、门类齐全的经济法部门组成的有机联系的统一整体。”[①] 它有三个基本要素：一是经济法体系是由经济法部门组成的有机联系的统一整体；二是组成经济法体系的经济法部门是多层次的；三是组成经济法体系的经济法部门是门类齐全的。

依据上述认识，杨紫烜认为经济法的体系主要包含两个部分：第一部分，是市场监管法，就是调整在国家进行市场监督、管理过程中发生的经济关系的那部分法律规范，如市场准入法（如《企业法人登记管理条例》等）、市场退出法（如《破产法》等）、竞争法、消费者权益保护法、产品质量法等。第二部分，是宏观调控法，是调整在国家对国民经济总体活动进行调节、控制的过程中发生的经济关系的

① 杨紫烜：《论新经济法体系——关于适应社会主义市场经济需要的经济法体系的若干问题》，载《中外法学》，1995 年第 1 期。

所有法律规范，具体包括计划法、财政法、中央银行法、价格调控法等。

（三）关于经济法的“国家协调论”

在中国，经济法学科或许是学派最多、争论最为热闹的领域。各种观点层出不穷。尤其是关于经济法的概念和性质等，先后出现了“有关经济的法”、“纵横统一论”、“纵向统一论”、“经济行政法论”、“国家干预说”、“国家调节说”、“国家管理说”，等等。而杨紫烜在这方面的贡献是提出了“国家协调论”这一观点，即将经济法定义为“调整在国家协调的本国经济运行过程中发生的经济关系的法律规范的总称”，突出了国家协调这一国家对经济关系进行监管、调控的特性。学术界认为，这一定性，基本上把握住了经济法是国家干预经济生活的法律的本质，也比较容易将经济法与其他部门法如民法、商法、行政法等区分开来。

“国家协调论”，是杨紫烜花费毕生精力研究经济法的成果。这一观点的提出虽说有点语出惊人，但也获得了学术界比较多的赞誉。在北京大学常务副校长、中国法学会经济法学研究会会长吴志攀看来，“国家协调论”是杨紫烜长期的教学和实践相结合的产物，是对中国经济法学理论的重要贡献。伴随着改革开放，我们在引进西方先进科技的同时，西方的各种学术思潮和价值观也随之进入到了国内。当今法学院的学生也以谈论西方经典为荣。这一方面说明了我们对西方法学理论的引进取得了较好的效果，但另一方面，对这种抛弃过去、脱离国情的趋势，专家学者也表示出担忧。吴志攀认为，在这种背景下，杨紫烜经过20多年的积累沉淀而提出的“国家协调论”，是对中国经济法学界理论做出的重要贡献，也对浮躁、空谈的学术氛围起到了很好的警醒作用。“美国的金融风暴说明了市场并非万能的，自由主义理论并非完美无缺。当索罗斯也为当初他批评香港政府‘干预’道歉，格林斯潘对于自己以前放任自由的政策而检讨时，‘国家协调论’更加值得我们给予应有的关注”。

北京大学法学院前院长朱苏力对此给出了高度评价。他认为“国家协调论”的提出，对于引导、推进和保障社会主义市场经济体制的建立和完善，对于实行和坚持依法治国、建设社会主义法治国家，推动国民经济持续、快速、健康发展有着重要的保障作用。北京大学法学院教授、经济法专业博士生导师刘剑文也认为，“国家协调论”的提出，与和谐社会的理念不谋而合，其影响已经超出了法学界。刘剑文认为，一个学者影响国家、影响社会，除了智慧，还要靠良心和良知。现今，不少经济学者一访谈就说出一些不合逻辑、令公众愤怒的话，究其原因，正是缺乏对国家、对社会负责的历史使命感的后果，这样不但遭到公众的抨击和嘲讽，更损坏了专家学者在社会大众心目中的形象。而杨紫烜无疑为知识分子正确影响社会树立了榜样。

面对纷至沓来的赞誉，杨紫烜谦逊地表示："这是对我的鼓励和鞭策。我仍然做得不够好，没有实现我年轻时的诺言。现在我虽然年过 70 岁，但我身体尚好，为了经济法学，为了国家的发展，我将不遗余力！"

（四）工业企业法的研究

除了上述在经济法基础理论研究方面的贡献之外，杨紫烜还是中国最早开始研究工业企业法的学者之一。1984 年，杨紫烜出版了《工业企业法基本知识》（法律出版社），1986 年，杨紫烜又主编了《工业企业法教程》（法律出版社）。在这两本书中，杨紫烜构建了一个经济法的分支"工业企业法"的框架体系，主要包括：1）工业企业法概述，包括工业企业法的概念、工业企业法的历史和现状、中国工业企业立法的指导思想；2）工业企业的法律地位和企业的开办与关闭，包括工业企业的法律地位、工业企业的开办、工业企业的关闭、停业、合并、分立、转产、迁移；3）工业企业的权利和义务；4）工业企业职工的权利和义务；5）工业企业的内部领导制度，包括外国工业企业内部领导制度的沿革及其可供我们借鉴的经验、中国工业企业内部领导制度的历史发展及其基本经验、工业企业的厂长负责制、工业企业的民主管理、工业企业党委的保证和监督作用；6）工业企业与主管机关、地方人民政府的关系；7）工业企业与其他企业、事业单位的关系，包括工业企业与其他企业、事业单位之间的经济合同制度、工业企业与其他企业、事业单位的经济联合；8）奖励与惩罚；等等。

杨紫烜在这两本书的前言（序言）中指出：要搞好以经济建设为中心的社会主义现代化建设，必须健全经济领域中的社会主义法制。要注意运用社会主义经济法这一重要工具来管理经济。而企业法是经济法的核心，一方面，企业法调整的是国家机关与企业之间在国民经济管理过程中发生的经济关系，以及企业内部上下级组织之间、企业内部各级组织与职工之间在企业管理过程中发生的经济关系，这种关系，正是经济法所调整的宏观经济管理关系和微观经济管理关系的主要组成部分。另一方面，企业法是中国经济体制改革的主要领域，中国是国有大中型企业占有绝对优势地位的国家，企业治理好，中国的经济体制改革的任务就基本完成了。而工业企业法是企业法的重要内容，工业企业的立法和执法工作做得好，企业法制建设就能比较完善。杨紫烜作为中国工业企业法的创始人和奠基人，他为中国经济法体系的建立和完善做出的巨大贡献，是显而易见的。

（五）坚决捍卫经济法学的学科地位

1986年《中华人民共和国民法通则》的颁布，使经济法学一度陷入沉闷。近几年，又有人在媒体上写文章，质疑经济法的地位及其存在的必要性。有民法学者认为："经济法学家将经济法理解为调整经济关系的法律，以至于凡是包括了经济内容的法律如宪法、民法、行政法、劳动法，甚至刑法都成了经济法的组成部分。这虽然提高了经济法的地位，但是这样一来，经济法就不可能有自己特定的调整对象和调整方法，因而就不是一个独立的法律部门。"

对于民法学者的此类质疑声，杨紫烜在上述"国家协调论"中给出了明确回应：经济法是调整"在国家协调本国经济运行过程中发生的经济关系的法律规范"。"经济运行需要国家协调。在现代市场经济条件下，国家对经济运行施加影响更是成为通例。国家通过经济协调行为，实现政府与市场、供给与需求、效率与公平、经济与社会等诸因素之间协调运行和国民经济的协调发展。国家运用协调行为影响本国经济运行的过程中产生的经济关系，即国家经济协调关系"。杨紫烜不断创新，著书立说，捍卫着经济法学的地位。北京大学法学院院长张守文认为，杨紫烜的"国家协调经济"理论把经济法定位在市场规制关系和宏观调控关系这两个领域，保持了经济法的独立品格，赋予了经济法强大的生命力。

四、杨紫烜主要论著

杨紫烜. 1984. 工业企业法律基本知识. 北京：法律出版社.

杨紫烜编. 1986. 工业企业法教程. 北京：法律出版社.

杨紫烜. 1986. 经济法调整对象新论. 政法论丛，(1).

杨紫烜. 1986. 论经济法的若干理论问题. 北京大学学报，(3)：61-68，82.

杨紫烜. 1987. 再论经济法的调整对象. 法学杂志，(5)：4-6.

杨紫烜编. 1987. 经济法通论. 北京：中央广播电视大学出版社.

杨紫烜，谭志泉. 1987. 经济法学. 北京：人民日报出版社.

杨紫烜. 1987. 经济法原理. 北京：北京大学出版社.

杨紫烜，徐杰编. 1990. 经济法学. 北京：北京大学出版社.

杨紫烜. 1991. 论中国的经济法理论. 北京大学学报，(3)：32-38，128.

杨紫烜. 1993. 适应社会主义市场经济需要——加强经济立法. 学习与研究，(13)：11-13.

杨紫烜编. 1994. 中国税制大变革（上、下册）. 北京：中国商业出版社.

杨紫烜. 1995. 论新经济法体系. 中外法学，(1)：1-5.

杨紫烜. 1996. 论公司财产权和股东财产权的性质. 中国法学，(2)：47-51.

杨紫烜. 1998. 论社会主义市场经济法律体系. 中外法学，(1)：18-26.

杨紫烜编 . 1999. 经济法 . 北京：北京大学出版社，高等教育出版社 .

杨紫烜编 . 2000. 国际经济法新论——国际协调论 . 北京：北京大学出版社 .

杨紫烜 . 2000. 论国际经济法基础理论的若干问题 . 法商研究，(3)：46-57.

杨紫烜 . 2008. 近三十年来中国经济法制定和实施的基本经验 . 北京政法职业学院学报，(4)：19-25.

杨紫烜 . 2009. 法的部门划分标准及其引申 . 重庆社会科学，(2)：61-66.

杨紫烜编 . 2009. 国家协调论 . 北京：北京大学出版社 .

杨紫烜 . 2010. 论当前危机的性质、根源和经济法对策 . 法学论坛，(2)：30-34.

杨紫烜 . 2010. 关于产业政策法的理论探讨 . 法学，(9)：16-21.

杨紫烜 . 2011. 应将《预算法》改为《预算和决算法》. 法学，(11)：44-48.

杨紫烜 . 2012. 关于经济法的若干理论问题 . 社会科学战线，(8)：214-220.

主要参考文献

《当代中国法学名家》编辑委员会 . 2005. 当代中国法学名家 . 第四卷 . 北京：人民法院出版社：2263-2280.

杨紫烜编 . 2009. 国家协调论 . 北京：北京大学出版社 .

何勤华编 . 2010. 中国法学家访谈录 . 第一卷 . 北京：北京大学出版社 .

《“国家协调论”与经济法学——杨紫烜教授从教五十周年暨学术思想研究文集》编委会 . 2010. “国家协调论”与经济法学——杨紫烜教授从教五十周年暨学术思想研究文集 . 北京：北京大学出版社 .

撰写者

魏琼（1969 ~ ），福建霞浦人，华东政法大学教授，从事行政法、经济法、法律史及比较法等的教学和研究。

罗豪才

罗豪才（1934～），福建安溪人。法学家，新中国行政法学开拓者之一，行政法平衡理论提出者，软法理论倡导者。1960年毕业于北京大学法律系，现为北京大学文科资深教授，博士生导师，中国人权研究会会长。曾任最高人民法院副院长，北京大学副校长，中国法学会副会长，中国法学会行政法学研究会会长等职。主编了行政法学统编教材《行政法学》(1989年)，获司法部优秀教材一等奖并被翻译为日文；主编《中国司法审查制度》（1993年），获国家教委人文社会科学优秀成果二等奖；论文《行政法的核心与理论模式》（2002年）获北京大学改革开放三十年人文社会科学研究百项精品成果奖；论文《公域之治的转型：对公共治理与公法关系的一种透视》（合著，2005年）获中国法学优秀成果奖一等奖；著作《软法亦法——公共治理呼唤软法之治》（合著，2009年）获第二届中国法学优秀成果奖著作类一等奖。除了在法学研究领域成绩卓著外，他还直接参与了国家民主法治建设，推动法治进程。1986年兼任全国人民代表大会常务委员会法制工作委员会行政立法研究组副组长，参与了《行政诉讼法》等多部行政法律的起草和制定工作，为建立和完善中国特色行政法律体系做出了重要贡献。1995年至2000年任最高人民法院副院长期间，他主抓行政审判和法官培训，对于推动行政诉讼法实施和提升法官素质做了大量卓有成效的工作。1997年至2007年任致公党中央主席和1998年至2008年任中国人民政治协商会议全国委员会副主席期间，他直接参与政治协商、参政议政和民主党派建设，推动国家政治制度法制化。

一、人生历程

罗豪才，祖籍福建安溪，1934年3月出生于新加坡。1951年4月，在当地华人学校读初中的罗豪才因积极参加进步活动，被英殖民当局监禁，1952年7月，遭到其非法“驱逐出境”。罗豪才带着对殖民主义当局的厌恶、对作为“次等公民”的伤痛、对新中国的向往和对公平正义的渴求回到了祖国。

1956年罗豪才考入北京大学法律系学习，1960年提前一年毕业留校。毕业后先后担任楼邦彦和龚祥瑞两位教授的助教，协助他们开展外国宪政制度的教学、研究工作。1964～1965年，他开始讲授资本主义国家宪法和政治制度课程，“文化大革命”后继续从事这门课的教学工作。1980年参加第二届国际法学会大会。同年出版了《西方国家的司法制度》（合著），1983年又出版了《资本主义国家的宪法和政治制度》（合著），这两本书对改革开放后法学界了解西方国家的宪法和政治制度起到了重要窗口作用。

1983年在罗豪才与中美法学界几位专家、教授的倡导下，由国家教委、司法部主管的中美法学教育交流委员会正式成立，罗豪才任中方执行主席（后为代主席）。这是中美法学教育界第一个交流项目，大大促进了中国法学教育事业的发展。

1984年至1985年，罗豪才赴美国哥伦比亚大学进修一年，重点研究美国的司法制度。在进修期间，与美国行政法学的奠基人沃尔德·盖尔霍恩（Walter Gellhorn）教授（终身教授）进行了多次深入交流，并先后旁听了路易斯·亨金（Luis Henkin）、彼得·斯特劳斯（Peter L. Strauss）等教授的宪法、行政法课程，陆续走访了美、加两国20多所大学，加强了与学界、学人的交流互动。

1986年起罗豪才任北京大学副校长、教授。在此期间，他积极倡导与国外交流，开展对外交流与合作。2006年1月12日，泰国华侨崇圣大学授予罗豪才名誉博士学位，以表彰其在科技、教育等领域为推动中泰友好关系做出的杰出贡献。

1986年罗豪才兼任全国人民代表大会常务委员会法制工作委员会（以下简称全国人大常委会法工委）行政立法研究组副组长，多次参加立法调研并到国外进行专项考察。先后参与了《行政诉讼法》、《国家赔偿法》、《行政处罚法》、《行政许可法》等多部行政法律的起草和制定工作。

1989年罗豪才主编《行政法学》教材，奠定了中国行政法学的基本理论框架和体系，该书获得了司法部优秀教材一等奖并被翻译为日文。

1989年9月至1997年7月，北京大学和最高人民法院法官教育培训中心合作，举办了四期高级法官培训班——行政法专业班。最高法院副院长祝铭山任主任，罗豪才任副主任并亲自授课。其间罗豪才主编了《行政审判问题研究》（1990年）和《中国司法审查制度》（1993年）。

1995年至2000年罗豪才任最高人民法院副院长、审判委员会委员，主管行政审判和法官培训工作。在任期间，他积极推动《行政诉讼法》的落实，主持制定《最高人民法院关于执行〈中华人民共和国行政诉讼法〉若干问题的解释》，推动行政诉讼的全面法治化、制度化，促进了中国司法审查制度的建立和完善。同时加强法官培训，提高法官素质，提升司法水平，保护相对人合法权益。

在参与立法和司法实践的过程中，尤其是在围绕行政诉讼法立法目的的争论过程中，罗豪才敏锐地意识到，中国行政法治建设既不能照搬西方国家的“控权论”，也不能延续苏联的“管理论”，而应当结合中国行政管理实际，“走自己的路”。他以中国传统“和合”文化为基础，创造性地提出了中国行政法的基础理论——平衡论。该理论在高度抽象总结东西方各国行政法理论模式的基础上，主张中国行政法应以“平衡论”为基础。罗豪才于1997年、2003年及2008年先后组织出版了《现代行政法的平衡理论》第1、2、3辑，2011年出版了《行政法平衡理论讲演录》（合著），集中反映和展示了行政法平衡论的理论主张和研究成果。行政法平衡理论不仅在国内行政法学界产生了深远影响，还引起了国外学界的普遍关注。罗豪才先后在美国、法国、德国、日本等国就平衡理论与域外公法学者进行交流。2002年在芬兰赫尔辛基大学、俄罗斯莫斯科大学进行交流，做了专题演讲。莫斯科大学学报还于2003年和2008年两度将平衡理论的代表性论文翻译发表。2009年俄文版《中国现代行政法论文集》在莫斯科大学出版社结集出版，进一步将平衡理论推向世界。

1997年至2007年罗豪才任中国致公党中央主席，在领导民主党派参政议政和加强参政党建设方面做出了卓越贡献。在此期间他的思考和著述汇集为两部文集《论参政党建设》（2010年）和《议政十年》（2010年），对加强参政党思想建设、组织建设、制度建设，努力建设学习型参政党，积极参政议政，履行参政党职能等做了阐述。

1998年至2008年罗豪才任全国政协副主席。在任致公党主席和政协副主席期间，罗豪才对于民主党派、政协组织这种极富中国特色的现象做了深入思考和认真研究，在广泛涉猎国内外相关理论的基础上，以“软法”视角探讨法治国家、法治政府、法治社会一体建设新课题，顺应了中国由行政管理向公共治理迈进的转型社会需求，全面助推依法治国早日实现。2005年底罗豪才推动在北京大学成立国内第一家软法研究机构“软法研究中心”并任名誉主任。先后推出了《软法与公共治理》（合著，2006年）、《软法与协商民主》（合著，2007年）、《软法亦法——公共治理呼唤软法之治》（合著，2009年），主编了《软法的理论与实践》（2010年）等。其中2009年出版的《软法亦法——公共治理呼唤软法之治》（合著）一书对软法理论做了较为全面的论述，奠定了软法研究的理论根基，获得第二届中国法学优秀成果奖著作类一等奖。目前，软法研究在国内已经得到了较大范围内的认可，也保持了在国际上的前沿地位。2007年罗豪才在美国华盛顿大学法学院举办软法学术研讨会。2008年赴日，在东京基金会成立十周年研讨会上做了题为《中国社会转型中的协商机制》的演讲，对于中国社会转型，中国特色协商机制，以及软法和硬法相结合的混合治理模式等做了阐述。《软法亦法》一书的英文版也已在美国出版。

2007 年罗豪才当选中国人权研究会会长。在任会长期间，罗豪才多次深入基层调研走访，全面总结中国人权保护的特色经验，将人权研究会的工作重心从主要面向外宣转为内外并重，既注重对外宣传和介绍国内的人权政策、法律制度和人权保障情况，同时又注重国内人权观念的培育和人权知识的普及，加强人权学术研究，创新中国特色人权理论，推动人权保障。2011 年他在《中国社会科学》发表《人权法的失衡与平衡》（合著）一文，结合平衡理论，探索人权法治化进程。

罗豪才是一个学者，一生以学术为业。但他又不只在书斋中做研究，而是积极投身于中国社会伟大变革进程，先后参与了国家立法工作（曾任行政立法组副组长、北京市人民代表大会常务委员会委员）、行政管理工作（曾任北京大学副校长）、司法工作（曾任最高人民法院副院长、审判委员会委员）、高层政治决策过程（曾任致公党中央主席、全国政协副主席）、侨务管理工作（曾任中国和平统一促进会会长、中国华侨联合会副主席、北京市华侨联合会主席）等，这种难得的人生经历使他积累了丰富的实践经验，能做到理论与实践相结合，既促进了理论创新，又推动了实践发展，成就了多彩人生。

二、学术研究和重要贡献

（一）主要学术观点与学术贡献

罗豪才的学术生涯和学术贡献与其经历紧密相关，既带有鲜明的时代性，同时又具有内在一致性。凭借其对西方法学理论和现实制度的掌握及理解，他参与开创了新中国的行政法学学科，参与了《行政诉讼法》等一批重要行政法律的制定，奠定了新中国行政诉讼和行政法律制度的根基，提出了作为公法基础理论的平衡论，创造性地引入软法来回应中国转型社会和公共治理的需求，对于学术研究和实践发展都有很大的推动。

1. 大力推介国外宪政制度，推动国际学术交流

罗豪才长期从事国家法、宪法、比较法学等的研究和教学工作，对西方法律制度和政治制度较为了解，加之因工作及家庭关系，有较多出外交流、学习、探亲往来的机会，对西方国家的政治和法律制度有了切身感受，因而在国内较早开始介绍西方的宪法、政治制度。早在 1978 年罗豪才就翻译了《卡特总统对美国律师和司法

制度的抨击》，发表于《国外法学》。之后又陆续发表了一系列相关文章，包括《宪法与违宪审查制度》（合著，1980 年），《西方国家的司法审查制度》（合著，1981 年），《瑞典的督查专员制度》（1981 年），《国外几种行政裁判制度》（合著，1981 年），《美国的法律教育》（1985 年）等。在 1980 年和 1983 年还分别出版了《西方国家的司法制度》（合著）和《资本主义国家的宪法和政治制度》（合著）。这些著述对改革开放后法学界了解西方国家的宪法和政治制度起到了重要作用。其中《西方国家的司法制度》和《资本主义国家的宪法和政治制度》两本著作系统客观地介绍了西方的政治、宪法和司法制度，受到国内外学术界的广泛关注。据北京大学学者、罗豪才的学生姜明安教授回忆，有一段时间他去台湾，还曾看到这两本书的翻印本。当时有鸣不平者曾表示愿通过法律途径代为声讨，追索知识产权。这也成为罗豪才学术生涯的一个有趣插曲。

2002 年，罗豪才主编了由商务印书馆出版的“公法名著译丛”。这是商务印书馆自享誉中外的“汉译世界学术名著”外，第二套冠以“名著”的学术译著丛书，专门介绍世界公法领域杰出的思想和理论。该套丛书截至 2013 年 1 月已出 20 本，顺应了中国法治建设的理论需求，在国内学术界产生了重要影响。

在研究、介绍西方宪政制度、法律制度的同时，罗豪才还积极推动对外学术交流。1980 年，罗豪才与武汉大学韩德培、北京大学龚祥瑞共同参加在荷兰举行的第二届国际法学会大会（Second International Congress on Legal Science），较早与国际法律学术界进行了接触。在任中美法学教育交流委员会代主席及中方执行主席期间，他积极推动中美法学学术交流，尤其是鼓励国内学者走出去。在该委员会存续的 14 年里，共向美国派出学习进修、访问考察的人员 200 余人，其中不少人学成回国后成为所在院校法律教学的骨干。与此同时，委员会还多次举办中外法学研讨会，使近千名教师、学生受益。该委员会还每年邀请外国专家来中国 8 所院校轮流讲学，举办国际学术研讨会。在哥伦比亚大学访学期间，罗豪才与联系导师盖尔霍恩教授就如何研究美国的宪政制度、如何评价美国的平衡宪法、行政程序法的价值、司法中心主义等进行了多次交流。通过对各国制度、历史背景关系的探讨，双方都认为对国外制度不能照搬，只能参照借鉴。在哥伦比亚大学一年间，罗豪才一方面广泛收集资料、听取课程，加强自身的学术修养提升学术水平；另一方面则注意加强跟美国法学教学科研机构的联络，加深了对美国法学界的了解，加强了与法律学人的交流，促进了两国法学界的交流合作。回国时他带回大量法学资料，大大充实了北京大学法律系图书资料室。在任北京大学副校长期间，罗豪才积极倡导与国外交流，曾代表系、校与国外的院校签订了数十项协议，包括柏林自由大学、洪堡大学、莱顿大学、斯德哥尔摩大学、京都大学等院校。

2. 创新中国行政法基础理论：平衡论

作为新中国行政法学的开创者之一，20 世纪 90 年代初期，罗豪才率先提出了“现代行政法的平衡理论”。

（1）平衡论的产生根源和文化根基

新中国成立初期，中国长时间学习苏联法律及观念，强调命令——服从的行为模式，公民、行政相对方完全处于被动、被命令的服从地位，这与我们社会主义制度、与人民当家做主是矛盾的，“管理论”行不通。而普通法系的国家早期特别强调控权也有其历史性，“控权论”有一整套制度的设计，在我们国家一下子建立很难，不符合国情。“管理论”和“控权论”都有一定的优点，也有一定的缺陷与不足。平衡论在中国有着深厚的文化根基。平衡论主张权力与权利的平衡，重视制约、激励和协商机制的综合运用，追求社会整体利益的最大化，而中国不同区域的文化虽然具有多样性和差别性，但其核心是共同的，即追求和谐，不强调对抗性和暴力，属于“和合”文化，这其实就是“平衡论”的文化根源。

平衡论的产生与中国大环境的变迁有关：首先，改革开放和社会转型的现实要求我们的法治建设和法学理论走自己的路，进行理论创新；其次，《行政诉讼法》第一条规定了“保护公民、法人和其他组织的合法权益，维护和监督行政机关依法行使职权”的立法宗旨，在立法目的的设定上，吸收了既要“保权”又要“控权”的兼顾论，奠定了行政法治建设的总体思路；再次，现代行政过程具有任务导向、多中心治理、执法方式和手段多元化、过程民主化等特点，政府角色和行政过程的变化决定了行政法不能简单地偏于“控权”或“保权”，而是趋向平衡。

（2）平衡论基本主张和特点

平衡论的基本主张是，行政法应是既制约行政主体滥用行政权，又制约相对方滥用权利，既激励行政主体积极行政，又激励相对方积极参与行政的平衡法。其重点是制约行政权、保护公民权利。相较于管理论和控权论，平衡论具有以下主要特点：一是从“关系”视角研究行政法，突出相对方主体性、行政关系主体的平等性和公众参与对于行政过程的重要性，突出行政法是调整行政主体和相对方关系的原则和规范，避免了“权力”视角下可能产生的盲区。二是重视行政法关系主体的能动性。权力或权利均具有能动性、扩张性的特点，行政法关系主体的能动性、扩张性具有双向性，既有理性也有非理性，因此要利用行政法机制，充分发挥行政机关的积极能动作用，充分保障和扩大公民权利的范围，发挥双方主体的能动性。三是关注行政法机制。平衡论主张，现代行政法的机制是由制约机制、激励机制和协商机制整合而成的，行政法机制的特点是双向制约和双向激励，既制约行政权非理性膨胀、又制约相对方滥用权利，既激励行政主体积极行政、又激励相对方积极实践法定权利，其中重点是制约行政主体和激励相对方，通过协商机制实现各方主体之间的平衡和稳定。四是关注行政法的结构性均衡。就权力/权利结构而言，行政法规范和调整的社会关系有行政管理关系和监督行政关系；就制度结构而言，平衡论认为行政管理制度与监督制度在总体上应当是平衡的；就利益结构而言，则应当兼顾公益和私益；就规范结构而言，整个行政规范体系可以划分为硬法、软法和混合法的体系；就价值结构而言，行政法应当兼顾秩序与自由、公平与效率等价值。五是综合运用多种方法。平衡论在开展行政法学研究和推动行政法治实践中，坚持统筹兼顾、结构调整、理想类型、利益衡量、博弈论等多种方法共用。目前，平衡论主要关注政府与公民社会的协调发展问题、决策和执法方式的科学性和民主性问题以及“法”规范结构总体上存在的失衡问题等。

（3）坚持公法主体地位的平等性

平等性问题是传统行政法和现代行政法的一个重要区别所在。很长一段时间以来行政法学界有种观点认为，公法的主体双方地位是不平等的，行政法律关系是不平等的法律关系。但随着社会的转型，民主意识的增强，人们的认识也发生了变化。从关系视角来看，尽管行政机关作为管理者可以行使权力，相对方作为被管理者应当履行义务，他们之间权利义务不对等、权利义务结构不对称，但这并不意味着法律地位不平等。法律地位是双方权利义务的综合体现。行政法律关系大体上可分为行政实体法律关系、行政程序法律关系和行政诉讼法律关系三部分。孤立地来看，在每一部分中行政主体与行政相对方的权利义务都是不对等的，但综合三种关系，就行政法律关系总体而言，双方权利义务应当是平衡的。从宏观和长远来看，平衡本身无疑是符合制度的顶层设计的，也是符合发展趋势的。

因观点既独树一帜，又契合中国实际，平衡论一经提出，即引起了法学界的广泛重视，激发了行政法学者对行政法理论基础的广泛探讨，引发了行政法学界迄今为止最为激烈的一次学术争鸣。该理论并且运用到实践、对实践产生了深远影响，行政法学者姜明安指出：“无论是后来的《行政处罚法》还是《行政强制法》，立法中都贯穿了平衡理论的精髓。”目前行政法平衡理论经过多年的发展，已经形成中国公法学的一个重要流派，成为公法学界甚至在一定程度上成为中国法学界为数不多的原创性基础理论，并且逐步走出国门，在国外产生了一定的学术影响。

3. 倡导软法理论

（1）以软法回应中国转型现实

软法一词最早是在国际法领域提出来的，后来欧盟讲的也比较多。在国内法范畴讲软法的国家还不多，日本东京大学多从民商、经济法的角度切入来研究软法。以罗豪才为首的中国公法学者是从国内法、从公法的角度来研究的。在政协和民主党派工作期间，罗豪才一直在思考一个问题，即在学术上如何解释国内像参政党、民主党派、政协组织这种极具中国特色的现象，如何将这些中国政治制度的实践探索纳入法学理论体系、纳入中国法治化的轨道？因而国内对软法系统化的研究和推动最早是在对公共治理和协商民主的研究领域中出现的。罗豪才等中国学者看到了“软法”这一概念所蕴含的积极价值，挖掘并发展其内涵，拓展研究视野，使之成为分析中国现实问题的有效工具。以软法视角来看，其实在很多领域我们一直有一套行之有效的在硬法之外的“法”规范，但长期以来这些规范都被忽视，甚至是漠视，不被重视、缺乏规范、难以发展。对这一问题必须正视。软法概念的提出和对软法研究的深入开展，对于推进民主法治进程具有不可替代的重要价值。

（2）作为治理工具的软法

软法从概念上讲是不靠国家强制力，而更多的是靠社会的、文化的力量，以利益诱导和说服等方式，采用非强制性的方法，来实施某种规范。应该说软法不仅仅是个概念，更多是一种治理模式，是一种“柔性治理”。公共治理是由开放的公共管理和广泛的公众参与整合而成的公域之治模式，具有治理主体多元、治理依据灵活、治理方式多样化等典型特征。在公域之治中有三大类法规范在起作用，即国家立法、政治组织形成的规则、社会共同体形成的规则。这三大类规范板块之间所规范的社会关系核心都是权力/权利关系，都对公共治理具有重要作用。但在其创制主体、创制程序、效力范围、实施机制、权力监督和权利救济等方面都不尽一致。其中后两类即体现了明显的软法特征。

（3）对传统“法”概念的修正

“软法”修正了传统法学中“法”的概念。在传统上我们一般把法当作“主权者的命令”，是“由国家制定或认可的、体现掌握国家政权的统治阶级意志的、依靠国家强制力保证实施的行为规范的总和。”而以罗豪才为代表的软法学者将传统法定义修正为“体现公共意志的、由国家制定或者认可、依靠公共强制或自律机制保障实施的规范体系”，主张软法亦法。这样一来，不仅丰富了法的内涵，还拓展了法的外延，更有助于回应推行公共治理的现实需要。

（4）迈向软硬法混合的治理模式

提倡软法、柔性治理并不排斥硬法的框架和手段，软硬二者需要结合。一个社会完全依靠硬的治理模式不行，完全依靠软性模式也不行，要找到结合点。软法学者倡导一种“一元多样混合法”的治理模式。所谓“一元”就是在宪法之下，而“多样”就是治理的形式应是多种多样，既包括软的方式也包括传统的硬的方式，既要发挥硬法的基础和框架作用，也要发挥软法的延伸和辅助作用，软硬并举。在建设法治国家、法治社会的过程中，既要依靠国家来推动，更要夯实社会共同体自律互律的基础，综合运用软法之治与硬法之治两种方式，全面回应多主体的多样化利益诉求，全方位实现公共性强弱不等的多样化法治化目标。

4. 推动人权、法治研究

罗豪才认为，人权问题可以有很多研究视角，从历史上来看，西方国家在资产阶级革命时期主要走了一条通过制约权力、对抗政府来保障人权的路径。而在平衡论看来，在社会主义制度条件下，人权不是通过跟政府对抗来实现，而应是与政府主动沟通、交流、合作以及对政府进行监督、制约和激励，这样才能使整体利益最大化，使制度发挥最大的优势。

中国自古以来就有着丰富的民生、民本思想，而中国政府也历来注重百姓生活和民生建设，中国当下的民生建设蓬勃发展，取得了令世人瞩目的成就。罗豪才认为，民生建设与人权保障都是以人为本，一定意义上，民生在法律上的表现就是人权。中国的人权建设坚持依法推进、全面推进、务实推进的原则，着力解决人民群众最关心、最直接、最现实的权利和利益问题，以民生为重、以民生为先已成为中国人权建设的特色。中国的人权事业融入中国特色社会主义建设五位一体总布局之中，与经济建设、政治建设、文化建设、社会建设和生态文明建设同步前进。人权得到切实尊重和保障已经成为实现“中国梦”的重要内容。

在《人权法的失衡与平衡》一文中，罗豪才指出，人权保障根本上来讲是一个法律问题，人权保障的法治实践，特别是中国改革开放以来人权保障事业发展的经验表明，在公共治理背景下生成和行动的人权法应当是平衡法，它对应于和谐的人权保障关系，在机制上表现为人权保障目标与制度安排的匹配性，在内容上反映为理性设定公民权利及其实现方式，在形式上表现为人权法规范体系的协调一致，在行动上体现为人权保障过程的协商共识，在结果上表现为人权保障绩效的最大化。由于不同人权之间往往存在着张力，人权保障具有跨部门法性，国际人权法有赖于国内法转化或衔接等原因，人权法比较容易出现失衡，制约着国家尊重和保障人权目标的全面实现。要解决人权法失衡问题，必须适应公共治理的崛起，选择开放性的公私商谈模式、遵循理性的衡量标准对人权入法进行审慎权衡。

5. 创新研究方法

罗豪才在法学研究中取得的丰硕成果与其采取的研究方法有很大的关系。一是理论与实际相结合的研究方法。罗豪才所取得的成果如平衡论、软法理论等都与其工作经历相关，是基于对实际工作的思考做出的回应。最典型的例子就是《中国司法审查制度》一书的创作过程。这本书创作于 1991 年秋至 1992 年夏在北京大学举办第二期一年制的高级法官行政法专业班期间。这个班共有 60 名学员，均是全国各地中级法院行政庭正副庭长以上的干部。学员在学习了十多门必修或选修课，听取了一系列讲座和有关实际部门的报告后，按计划对行政法学教学内容做了深入探讨。师生一道共同商定全书体系，拟定大纲，然后逐章讨论，分头执笔，注重总结司法审查中的理论与实践问题，又经罗豪才和部分行政法教师和研究生反复修改，最后由主编罗豪才拍板定稿，完成了全书的写作。在这本书的写作过程中，学者与司法工作者相结合，以学者为主，教授与学员联手组成写作队伍，边教学、边著述完成写作，真正做到了理论与实际的有机结合，使得本书既有相当的理论深度，又有很强的针对性、实用性。

二是团队作战的研究方法。罗豪才不但自身学术成就高，而且还在他周围团结了一批学者。以他的学生和同事为主，广泛吸收来自五湖四海的专家学者，以学术兴趣为号召，共同聚拢在特定的学术课题之下，发动了行政法学界内几次声势较大的团队研究活动，极大地推动了对平衡论、软法理论等的研究，推动了理论创新，实现了理论突破。在法学领域内较少采用这种针对一个领域或一个课题进行团队作战的研究方式，而罗豪才带领的团队集中人才优势攻坚克难，实现了这一突破。

三是“关系”视角的引入。在平衡论研究过程中，罗豪才带领研究团队引入“关系”视角开展研究。“关系性”是中国传统思想的一个核心理念。平衡论主张从关系视角认知行政法，明确行政相对方与行政主体法律地位的平等性，激发社会和公民个人的自主性与潜力，重新构建行政法的理论体系。关系视角关注主体的多元性，各方主体在关系视角下都得到应有的关注；强调关系类型的复杂性，要求转变传统视角单一、单向的特性，关注关系的复杂性、互动性；强调视角的包容性、覆盖性，关系视角必然意味着更为全面、更为辩证的研究态度，要求更为准确、更为坚决地理解和贯彻对立统一律。

（二）法律教育和人才培养

1. 法律教育

罗豪才自1960年留校做助教开始，从未离开过讲坛。即使在担任学校行政管理职务、担任最高法院副院长以及党和国家领导人期间，他也一直坚持在北京大学担任教职。罗豪才先后开设并讲授的课程包括了哲学、西方法学流派、西方宪政制度、美国法律制度、外国宪法与行政法、行政法与行政诉讼法、比较行政法、行政法基础理论、公法基础理论研究、软法理论等。授课对象涵盖了从本科生、硕士生一直到博士生和博士后。改革开放初期，作为较早接触和研究国外法学的学者，他在北京大学开设选修课，主讲“资本主义国家宪法与政治制度”。“课时虽然不多，只有二三十个课时，但是来听的学生很多。”1981年，北京大学教授姜明安还是一名法学系大三的学生，在他的印象中，罗豪才的课生动又有特色，很受同学们的欢迎。

在教学方法上，罗豪才很早就采用了启发式教学，以互动和讨论为主。他在授课内容上从不因循守旧，总是根据理论研究和实践发展的最新成果来选定授课主题。广泛征求学生意见，在反复讨论的基础上确定授课主题和课程安排，每学年一个主题，很少重复。通过选择前沿理论课题，激发学生研究基础理论的热情，帮助其拓展研究视野。在具体授课方式上，往往采用讨论的方式，调动学生积极性，培养学生的研究能力、思辨能力和表达能力，聚集集体智慧，极富启发性。

除了在讲坛上教书育人，罗豪才还及时总结教学经验和成果，主编的很多著作都是博士生课堂讨论成果的汇集。1989年他主编的《行政法学》教材，全书共分12章，探讨了行政法的基本概念、行政法的基本原则、行政法律关系主体、行政立法、行政执法、行政司法、行政监督、行政合同、行政程序法、行政责任与行政赔偿、监督行政行为、行政诉讼等问题，其开创的行政法学基本体例至今仍在沿用。1996年主编的《行政法学》更是把平衡论融入其中，以平衡论为基调构建崭新的行政法学理论体系。

2. 人才培养

罗豪才在北京大学从教50余年，忠诚教育事业，模范履行教学职责。在20世纪80年代末之前一直给本科生开设公法课程，出任副校长后还是坚持给研究生上课，坚持每学年给宪法和行政法专业博士生开课。多年来共指导培养了28名博士生，20名硕士生，其中不乏进入国家立法、司法、行政部门高层的实务人员，在高校和科研机构的理论研究人才更是遍布全国。他为人师表，关心学生的全面成长，体现出了特有的学识魅力和人格魅力。

在担任北京大学副校长期间，他主张学校应全方位对外开放，加强交流合作。一方面，他要求下属职能部门要为申请出国留学的人员提供方便和服务，不能设置障碍；另一方面，在条件容许的范围内，学校也要多招收外国学生，特别是有关中华民族文化的学科。他认为文化也是一种资源，要开发、要弘扬，要推向海外，让世人分享中华民族文化的优秀成果。同时也要注意博采他人所长，为我所用。

罗豪才一直很注重团结行政法研究队伍，搭建学术交流平台。他在1998年至2007年间主编的《行政法论丛》（1~10卷）采用以书代刊形式，每年定期出一卷，每卷刊登文章十余篇。该丛书关注基础理论研究，只看质量不限文章字数，为行政法名家和年轻学者提供了交流思想、进行学术探讨的良好平台。此外，罗豪才还主编了北京大学出版社推出的“现代行政法论著系列”（1999~）、“法学论丛·宪法行政法系列”（2002~）、“宪政论丛”（2004~）等系列丛书，不遗余力推动中国公法研究，扶持学者成长，推广学术成果。

（三）法治建设业绩及重要贡献

罗豪才不但在法学研究领域做出卓越贡献，而且积极投身法律实践，参与国家法治建设，贡献良多。

1. 参与重大立法

1986年，《民法通则》颁布以后，行政立法被提上议事日程。在全国人民代表大会法律委员会顾问陶希晋的建议和推动下，1986年10月4日在北京人民大会堂成立了由行政法学者和实务部门专家组成的行政立法研究组。陶希晋、龚祥瑞、张尚鷟、王名扬等应邀担任研究组的顾问。当时的中国政法大学副校长江平担任组长，来自北京大学的罗豪才和中国政法大学的应松年分别担任副组长，组员包括全国人大常委会法工委的肖峋等十多人。当时中国法学会行政法研究会成立不久，行政立法研究组的成员大多是行政法研究会的干事，汇集了当时行政法理论界与实务部门的精英。行政立法研究组的基本任务是：充分研究中国的现实形势和经济与政治体制改革的要求，广泛搜集国内外行政立法的资料；在此基础上，对中国需要制定的行政法应该包含的大致内容提出一个框架，作为一项建议提供给立法机关参考。行政立法研究组是全国人大常委会法工委有史以来活动时间最长的专家立法组，团结和凝聚全国行政法学的力量，推动和参与了一系列重要的行政立法，对中国的行政立法和行政法学做出了重要的贡献。

作为行政立法研究组副组长的罗豪才与小组其他同志一起参与了多部行政法律的立法调查、考察、讨论试拟稿等活动。在《行政诉讼法》的立法调研准备阶段，罗豪才于1984年至1985年在美国进修，主要研究司法审查，收集了很多这方面的资料；1986年到过澳大利亚墨尔本大学，在那里两个月专门研究行政法问题；此外还曾带领立法组的成员到大陆法系的法国、意大利、西班牙，以及英美法系的美国、加拿大访问；也曾随团到泰国、新加坡、印度等地考察。《行政诉讼法》的颁布实施意义重大，影响深远，标志着新中国行政诉讼制度的正式确立，在中国制度文明史上具有重要地位。随着《行政诉讼法》的颁布和实施，《国家赔偿法》、《行政处罚法》、《行政复议法》、《行政许可法》、《行政强制法》等一大批行政法律陆续颁行，中国行政法律制度体系基本建立。

2. 投身司法实践

1995年6月，罗豪才出任最高人民法院副院长，分管行政审判工作，他的目标是要推动《行政诉讼法》的落实。在担任大法官的五年里，罗豪才见证了人民法院每年受理一审行政案件数量的逐步增加。越来越多的普通百姓在自身合法权益受到侵害时，知道去法院"讨个说法"。但是中国"官贵民贱"的传统思想已经流传了几千年，想要扭转绝非一朝一夕之事。《行政诉讼法》实施过程中，罗豪才确实感受到了来自现实不小的阻力和压力。除了存在百姓不敢告或不知如何告，有的法院发憷不愿、不敢受理外，更重要的是来自一些行政机关的抵触情绪，有些行政机关的领导人"官本位"思想根深蒂固，一旦被起诉，立刻火冒三丈，有的拒不到庭，有的甚至打击报复。每当这时，作为最高人民法院主管行政审判的副院长，罗豪才总是坚决支持地方法院依法审判，并为遭受打击报复的人员伸张正义。有些案件，他还亲自担任审判长，主持审理工作。1997年12月，被称为20世纪中国最大的行政案件——深圳贤成大厦案在最高人民法院二审公开审理，罗豪才亲任审判长审理此案。这个案件的判决结果，对变革中的社会具有重要启示意义。

在依法治国的进程中，公正审判至关重要，每个法官都应视公正审判为自己的天职。罗豪才认为，一个案件的审判往往是对当事人权益的重新配置，其结局或许难以令各方都满意，所以，法官必须要善于协调和沟通。即使难以让双方当事人一时都理解，法官仍要坚持正确的判决。虽然一时可能得不到社会的普遍支持，甚至还可能受到某些不公正的对待，但也决不能因此懊丧、气馁，更不能退却，要坚信党的依法治国的方针具有强大的生命力，要坚决维护法律的权威。

3. 推动人权保障

2007年罗豪才在就任中国人权研究会会长之后，积极推动人权事业发展。在任期内，罗豪才先后率团走访了西南、西北、华东、东北等国内几大区域的人权研究机构，广泛进行人权调研，听取各方意见，了解各地人权状况，总结人权保障的中国特色，推动和支持人权保障和人权研究事业的发展。同时注重对外交流合作，出访多个国家，宣传和推广中国人权事业的发展和成就，借鉴国外好的做法和经验。目前，中国人权研究会已参与筹办了五届“北京人权论坛”，吸引了国际人权领域的众多官员和专家参加，成为各国在平等、和谐、包容、开放和互相尊重基础上开展人权交流、探讨人权合作的重要平台，为增进国际社会对中国人权的了解与理解，推动国际人权事业健康发展发挥了积极作用。举办了四次“全国人权研究机构工作经验交流会”，促进了国内人权研究机构的交流整合，推动了人权研究事业的发展。协助建立了首批三个国家人权教育与培训基地。中国人权研究会还参与了首期《国家人权行动计划》（2009～2010年）的制定、实施和评估，并积极参与了第二期《国家人权行动计划》（2012～2015年）的制定。此外，自2011年起每年组织发布《中国人权蓝皮书》。陆续组织出版了人权知识读本系列丛书。中国的人权保障和人权事业已经取得了很大进展，但不可否认也还存在很多问题，推动人权事业继续前进任重道远。

三、罗豪才主要论著

罗豪才，吴撷英. 1983. 资本主义国家的宪法和政治制度. 北京：北京大学出版社.

罗豪才编. 1989. 行政法学. 北京：中国政法大学出版社.

罗豪才编. 1993. 中国司法审查制度. 北京：北京大学出版社.

罗豪才编. 1997～. 现代行政法的平衡理论（第1-3辑）. 北京：北京大学出版社.

罗豪才编. 1998～2007. 行政法论丛（1-10卷）. 北京：法律出版社.

罗豪才，宋功德. 2000. 现代行政法学与制约、激励机制. 中国法学，(3)：78-89.

罗豪才，孙琬锺编. 2001. 与时俱进的中国法学. 北京：中国法制出版社.

罗豪才编. 2002～. 公法名著译丛. 北京：商务印书馆.

罗豪才. 2002. 行政法的核心与理论模式. 法学，(8)：3-6.

罗豪才编. 2004. 现代行政法制的发展趋势. 北京：法律出版社.

罗豪才，宋功德. 2005. 公域之治的转型——对公共治理与公法互动关系的一种透视. 中国法学，(5)：3-23.

罗豪才编. 2006～. 软法研究系列. 北京：北京大学出版社.

罗豪才，宋功德. 2006. 认真对待软法——公域软法的一般理论及其中国实践. 中国法学，(2)：3-24.

罗豪才 . 2008. 中国行政法治建设的回顾与前瞻 . 中国法学，(6)：3-5.
罗豪才，宋功德 . 2009. 软法亦法——公共治理呼唤软法之治 . 北京：法律出版社 .
罗豪才 . 2009. 中国现代行政法论文集（俄文版）. 莫斯科：莫斯科大学出版社 .
罗豪才 . 2009-11-16. 我的软法观 . 北京日报，20 版 .
罗豪才 . 2010. 议政十年 . 北京：中国致公出版社 .
罗豪才 . 2010. 论参政党建设 . 北京：中国致公出版社 .
罗豪才，宋功德 . 2011. 人权法的失衡与平衡 . 中国社会科学，(3)：4-19，220.

主要参考文献

成海 . 1998. 罗豪才：从“教书匠”到全国政协副主席 . 中华英才，(20).
知萱 . 1999. 致力于“法”心系于“侨”. 中央社会主义学院学报，(1)：5-9.
《当代中国法学名家》编辑委员会编 . 2005. 当代中国法学名家 . 北京：人民法院出版社 .
夏莉娜，张维炜 . 2011. 罗豪才：见证中国行政诉讼制度的发展历程 . 中国人大，(24)：48-50.
郑讴 . 2012-7-11. 立足国情，融汇文化，创新法制理论 . 中国社会科学报，第 A04 版 .

撰写者

周强（1973～），安徽庐江人，中国致公党中央委员会干部。法学博士。

韩延龙

韩延龙（1934～），江苏徐州人。法律史学家。1954年考入北京俄语学院留苏预备部，1955年赴苏联列宁格勒大学法律系学习，1960年回国后在中国社会科学院（前身为中国科学院哲学社会科学部）法学研究所从事法学研究工作，迄今已有五十余载。曾任法学研究所法制史研究室主任、研究员、博士生导师，中国社会科学院研究生院法学系主任、教授，中国法律史学会会长等职。2005年首批入选"当代中国法学名家"，2006年当选中国社会科学院首批荣誉学部委员。现为中国法律史学会顾问、中国社会科学院研究生院法学系顾问。韩延龙主要在中国革命法制史、中国近代法制史和中国现代法制史方面进行了长期而系统的研究并取得了显著成绩。其代表作《中国新民主主义革命时期根据地法制文献选编》（合编）获中国社会科学院1977～1991年优秀科研成果奖；《中国革命法制史》（合编）获国家社会科学基金1999年优秀成果二等奖；《中国近代警察制度》（主编）填补了法律史上的一项空白。除此之外，韩延龙另有包括《试论抗日根据地的调解制度》（1980年）在内大量论著发表。

一、人生历程

韩延龙祖籍山东邹县，1934年8月6日出生于江苏省徐州市一个清贫的家庭。他的父亲具有一定的文化知识修养，故尽管家境寒苦，但韩延龙还是得以接受较全面的学校教育。1948年，他考入江苏省立徐州中学读初中。在校读书期间，他好学深思，笃志学业，取得了优异的成绩；他尊师重友，谦和待人，赢得了老师、同学的赞誉。同时，在当时复杂的历史背景和社会环境下，他能够追寻时代的潮流，辨别真伪，走上了探求真理的道路。他在思想上要求进步，参加、组织了各种学生社团活动，并热心公益，勤于助人。在校期间，他曾担任过学校的共青团总支书记、学生会主席，其负责的工作得到广泛的好评，他认真负责的态度和优异的组织才能得到各级领导的认同。由此，他担任了徐州市学生联合会主席、山东省学生联合会执行委员、江苏省学生联合会副主席。作为一名中学生，他曾当选为徐州市各界人民代表会议代表、徐州市鼓楼区第一届人民代表大会代表。

1954 年，韩延龙从徐州市第一中学以优异的成绩高中毕业，后顺利通过考试被选拔为留苏预备生，在北京俄语学院专修一年语言。1955 年，他赴苏联列宁格勒大学进行法律专业的学习，成为新中国成立后徐州籍的第一位留学生。在苏联期间，他政治上要求进步，加入了中国共产党。他刻苦读书，磨砺思想，对当代的政治事件悉心观察，并试图在学习中找到答案。当时，正值苏联的政治环境发生变化、苏中关系出现裂痕的种种情况。由此，他产生了对政治学说史的特别兴趣，研读了大量的经典著作，他的毕业论文也是关于这方面内容的。应该说，韩延龙毕生从事法律史研究以此为起点。

1960 年，韩延龙学成归国，进入中国科学院哲学社会科学部法学研究所从事科研工作。从此，他在法学所的学术研究岗位上，从事了长达五十余年的研究工作。历任助理研究员、副研究员、研究员，法制史研究室主任，中国社会科学院人权研究中心研究员，中国社会科学院研究生院法学系主任、教授、博士生导师等。可以说，他把自己的毕生所学都奉献给了中国的法学研究事业。

韩延龙不但自身在学业上精勤不辍，而且非常重视法律史学科的整体发展，尤其在中国法律史学会的创建和发展过程中投入了大量的时间与精力，倾注了大量的感情和心血。

1979 年，中国进入改革开放时代，一批从事法律史研究的学者，本着振兴、发展法律史学科的初衷，建议召开全国法史学术研讨会，成立中国法律史学会。在当时社会环境下，应该说主客观条件均并未具备，创建全国性的学术团体也是困难重重。在韩延龙等人的积极奔走联络下，经过艰难的筹备，1979 年 9 月 12 日至 18 日，在吉林省长春市召开了全国法制史、法律思想史学术讨论会。会议由中国社会科学院法学研究所、吉林大学等九个单位筹办。参加会议的有北京大学、人民大学、吉林大学、北京政法学院、西南政法学院、西北政法学院、华东政法学院、辽宁省社会科学院、上海社会科学院法学研究所、中国社会科学院法学研究所以及有关杂志编辑部和出版社等 30 多个单位的 80 多名代表。经过认真讨论，会议推选出理事会理事 16 人，通过了中国法律史学会章程，宣布成立中国法律史学会。这次会议对于法律史学科而言具有重要意义，其不但是新中国成立以来中国法律史学界的首次规模较大的学术讨论会，也是法律史学术界的一次大聚会。在此后 30 余年时间内，学会定期举行全国性学术讨论会，成立编辑部，编辑出版了多期学会简报、学术研讨会论文集和学会年刊，中国法律史学会的工作在各个方面大大促进了法律史学科的繁荣和发展。韩延龙担任了学会的首任秘书长，此后又曾任副会长和执行会长。目前，中国法律史学会是在国家民政部注册的国家一级学会，作为改革开放后法学界最早成立的全国性学术团体，已经从最初的不足百人发展到近千人的规模。

改革开放以后，韩延龙迎来学术研究的旺盛期，他在中国革命法制史、中国近代法制史、中国现代法制史等各个领域都取得了令人瞩目的成果，成为法律史学界的代表性人物。其代表作有：《中国新民主主义革命时期根据地法制文献选编》(4册，与常兆儒编)、《中国革命法制史》(上、下册，与张希坡主编)、《中国近代警察制度》(主编)、《中华人民共和国法制通史》(上、下册，主编)、《革命根据地法制史》(与张希坡主编)、《中国近代警察史》(上、下册，合著)、《沈家本未刻书集纂》、《沈家本未刻书集纂补编》等。发表的学术论文有：《关于法制史的研究对象和方法问题》、《中国革命法制史的若干基本问题》、《革命根据地法制建设基本原则初探》、《试论抗日根据地的调解制度》等；并发表译文多篇，参与译著 7 种。

在投身学术研究的同时，韩延龙还显示了卓越的学术组织才能。在他担任法制史研究室主任的十余年时间内，中国社会科学院法学研究所法制史研究室成为了国内法律史领域的一支重要力量。韩延龙特别重视中国法律教育事业，他长期担任中国社会科学院研究生院的法学系主任，并抱病担任法学系的顾问，为培育中国的法律人才鞠躬尽瘁，显示了深厚的学术涵养和高尚的人品。由于韩延龙的卓越学术贡献，他于 2006 年被授予中国社会科学院荣誉学部委员称号。

二、学术成就与贡献

韩延龙在长期的学术生涯中，本着严谨的治学态度，在法律史领域中取得了丰硕的成果。

在 20 世纪 60 年代，延续着在大学时代培养的学术兴趣，他主要从事西方政治法律思想史和法学理论的研究工作。当时，有关近现代西方资产阶级的政治法律思想的研究是法学研究领域中较薄弱的环节。1962 年，他撰写的《略论卢梭的政治思想》一文，发表于《政法研究》当年的第 3 期。该文的发表对于西方法律思想的研究起到了比较大的作用。此后，他又撰写了《对我国法的作用的看法》等论文。在这期间，他还和其他法学界的留苏学人合作翻译了《国家与共产主义》、《国家制度和无政府状态》等学术经典著作。

“文化大革命”结束后，韩延龙积极参加法学界的拨乱反正工作，发表了《讲究犯罪构成，准确打击敌人》、《人权的由来和实质》等论文。

韩延龙从事法学研究工作近五十年，他往往能够非常敏锐地洞察学术方向，把握学术热点，在许多领域中都进行了具有开拓意义的研究工作。特别是在改革开放以后，他的学术成果在法律史学界具有一定意义的引领作用。韩延龙的学术研究成果大致可以分为三个方面内容：中国革命法制史研究、中国近代法制史研究、中国现代法制史研究。

（一）中国革命法制史研究

改革开放伊始，如何建设社会主义法制成为法学界的学术焦点。从学术意义上而言，学者们从两个方面寻求借鉴，以为中国建设社会主义法制服务。除介绍西方的法律制度及引进法学学说而外，从中国现代红色政权的法制建设中汲取经验是非常迫切的研究课题。在这种背景下，韩延龙收集、编辑了《中国新民主主义革命时期根据地法制文献选编》。

众所周知，从1927年到1949年间，中国共产党建立了多个革命根据地与国民党政权相对抗，在这些根据地中建立了规模与形式各不相同的革命政权，发布了大量的法制文件。这些包括法律、法令、条例、训令在内的法律文件，形成了比较完整的人民民主法制。搜集、整理、出版这些珍贵的历史资料不但对于了解历史能够起到关键的作用，对于在新时期建设社会主义法制也有着重要的参考作用。

1981～1984年，《中国新民主主义革命时期根据地法制文献选编》四卷集陆续出版。全书共约150余万字。这是新中国成立后第一部关于中国新民主主义时期根据地法制的文献汇编。其中搜集、选编了三个方面的内容：其一为中国共产党和根据地人民政权关于加强革命法制建设的决议、训令和指示；其二为各根据地人民政权制定和颁布的各类法律文件；其三为各根据地人民政权的立法、司法机关有关制定、执行和解释法律的报告和说明，以及工作经验总结等。邱远猷教授认为，该书的选编具有以下特色：“首先，以法的具体部门为统、法的颁行时间为序，进行分类编纂；其次，资料的取舍适当；第三，针对不同性质的材料采取了不同的处理方法。”应该说，这部文献汇编为革命根据地法制史和其他相关课题研究打下了坚实的资料基础，而且它的出版对当时的立法工作、司法工作、政府工作、政法教学以及中国现代革命史、中国现代政治史乃至中国现代经济史的研究，都有一定的参考价值。该书曾获中国社会科学院1977～1991年优秀科研成果奖。

围绕档案资料的整理和研究，韩延龙还撰写和发表了许多颇有影响的论文，如《革命根据地法制建设基本原则初探》、《红色区域司法体系简论》、《红色区域婚姻立法简论》等，其中以对中国调解制度的流源和发展问题的研究引发较多关注。在

《试论抗日根据地的调解制度》这篇论文中，他首次全面系统地剖析了抗日战争时期各革命根据地调解制度的产生、发展、内容和特点，该文在 1985 年荣获中国社会科学院优秀论文二等奖；而《人民调解制度的形成和发展》则对新中国成立以来人民调解制度走过的道路做出了历史的反思和科学的论证。

《中国革命法制史》是韩延龙与张希坡合作主编的“六五”国家哲学社会科学规划项目。《中国革命法制史》（上、下册），由中国社会科学出版社于 1987 年、1992 年出版，其为第一部系统阐述中国新民主主义革命时期法制建设的专著。全书对 1921 年至 1949 年中国革命政权制定的各种宪法性文件、施政纲领、政权机构的建立、土地政策等进行了系统分析研究，是不可多得的革命法制史方面的参考书，并具有重要的文献价值。中国新民主主义革命法制史的发展阶段，是与中国现代革命史的划分相一致的。在新民主主义革命过程中，随着政治形势和阶级关系的变化，革命政权的阶级结构及其具体任务也随之发生变化。与此相适应，在法制建设方面，必然产生一系列的变更和发展。从新民主主义革命时期革命政权和法制的演变情况看，基本上可以划分为萌芽—初创—形成—胜利四个发展阶段。该书在当时一问世，在学界引起广泛的影响，1999 年获全国哲学社会科学规划领导小组颁发的国家社会科学基金项目优秀成果二等奖，当时法学类一等奖空缺。可见，该著作在法制史研究领域的地位举足轻重。现在，该书于 2007 年 1 月又被中国社会科学出版社再版。邱远猷在《中国革命法制史简介》中总结了该书的特点：首先，该书较好地阐述和突出了新民主主义革命法制所固有的基本特征。其次，该书的体系结构严谨科学，脉络清晰；再次，该书的内容新颖、史料翔实。

韩延龙参与主编的《革命根据地法制史》于 1994 年由法律出版社出版。该书的出版也引起了法制史学界的关注。韩延龙研究中国革命法制史的指导思想具体表现在他所发表的《中国革命法制史的若干基本问题》一文中。在中国革命法制史的分期问题上，他认为“不应把第一次国内革命战争时期视为中国新民主主义法制历史发展的一个独立阶段”，土地革命时期随着红色政权的建立，“新民主主义法制应运而生，开始了它的初创时期”，“抗日战争时期是新民主主义法制的形成时期，也是它成熟发展的时期”。解放时期的法制建设，“总的来说，跟不上人民解放战争迅猛发展的步伐”。关于新民主主义法制建设的基本特征，韩延龙认为是在立法和司法两个方面通过几对关系的正确处理而体现出来的，这几对关系是：法制建设同民主革命总路线总任务的关系，法制建设同革命战争的关系，法制建设同党的政策的关系，法制建设同群众运动的关系，法制建设中民主与专政的关系等等。

韩延龙与常兆儒合写的《红色区域劳动立法史料简析》一文是一篇很有特色的

学术论文。他强调，在进行历史研究的过程中，要以当时的眼光、当时的心态去研究当时真实的历史，而不能用现在的眼光去评价过去的问题。第二次国内革命战争时期，红色区域的劳动立法是工农民主政权立法活动的一个重要组成部分，考察和研究这一时期的劳动立法是中国革命法制史的课题之一，其不仅具有重要的学术价值，而且也有其实际的意义。不过，由于当时的立法工作是在极其严酷的战争环境中进行的，“围剿”和“反围剿”斗争激烈，革命根据地处于流动或半流动状态，有关劳动立法的史料，多有散失，搜集、整理殊非易事，加之新中国成立以来，在相当长的时间里，由于“左”倾指导思想的干扰，红色区域的法制历史几乎成为不能涉足的领域，这就加剧了搜集整理工作的困难，更不用说研究工作的认真开展了。十一届三中全会以后，解放思想，打破禁区，搜集、整理法制史料的工作得以在正常的学术气氛中进行，虽然目前仍然存在着一些客观上的困难，但毕竟取得了不少可喜的进展。从《红色区域劳动立法史料简析》这篇论文中可以看出，劳动立法工作是伴随红色区域的开辟和红色政权的建立迅即提上议事日程的。工农民主政权通过频繁的立法活动，颁布了一系列劳动法规，为我们研究红色区域的劳动制度提供了可靠的法制史料。

（二）中国近代法制史研究

这个方面的主要成果有《中国近代警察史》和《沈家本未刻书集纂》、《沈家本未刻书集纂补编》等。

警察制度是中国近现代法律制度的组成部分。中国古代实行兵警合一制度，清末戊戌变法中出现了近代警察制度的萌芽；清末新政中，中国近代警察制度得以建立，成为中国近现代一项重要的制度形式。但在中国近代警察制度创建近90年后仍无一部专著对其进行系统地考察和研究。1983年，韩延龙主持编写了《中国警察制度简论》一书，并发表了《南京临时政府警政建设述略》等相关题材的论文。经过较长时间理论和资料准备，他主编出版了《中国近代警察制度》一书，填补了法律史上的一项空白。该书利用大量历史档案资料，全面系统地论述了中国近代警察制度的开创与演变，内容丰富翔实，有史有论，叙述有据，评论得体。不唯是一部警察制度史拓荒力作，在整个近代史领域中也具有相当高的学术影响。该书在区分古代警察和近代警察的差别之后，认为中国近代警察制度属于当时的西方警察制度范畴，但又不完全等同于当时的西方警察制度，而有其自身的特殊性。首先，中国近代警察制度是在西方列强的压力下，清政府被迫创办的，当然也是为了维护清政府自身的统治。其次，中国近代警察制度建立以后，传统的封建治安管理体制仍然具有强大的势力。第三，由于缺乏民主政治和宪政机制导致警察专横和警政腐败。该书认为，如果从 1898 年算起到 1949 年，中国近代警察制度有半个世纪的历史，期间清末为初创时期，这个时期的特点是近代警察制度中夹杂着大量旧体制的成分，警政建设呈现明显的多变性和不稳定性，中央和京师虽略具规模，地方仍极落后；民国初年（南京国民政府和北洋军阀政府）为中国近代警察制度形成时期，其特点是，初步建立起从中央到地方比较完整的警察网，开始组建各种专业警察队伍，传统的封建治安管理体制受到一定程度的削弱。南京国民政府时期为中国近代警察制度的发展时期，其特点是从中央到地方的警察网络更加趋于严密，逐步完善了警察内部管理体制，警察的社会管理职能不断健全，社会镇压职能强化，民主自由权利受到践踏。本书全面论述了近代警察在中国的产生、形成和发展，探究其性质、结构、职能及其主要规章制度，无论从学理层面还是从实际内容层面来看，都属学术精品。《中国近代警察制度》的出版受到学界和有关方面的关注，后经韩延龙和苏亦工悉心修订，定名为《中国近代警察史》，于 2000 年由社会科学文献出版社出版。

韩延龙对清末法制沿革也给予较多关注。在清末新政中，中国法制近代化得以建立，而沈家本是从中国传统法制向近代法制转型时期的一位承上启下的重要人物，他的未刊遗著散落海内外。搜集、整理和出版这些具有重要保存价值和学术价值的遗著，对研究沈氏法律思想、传统律学和法制沿革意义重大，韩延龙参与主编的《沈家本未刻书集纂》、《沈家本未刻书集纂补编》，收集了大量沈家本未刊刻的手稿，字数多达 300 余万，超过沈家本已经刊刻的著述。《沈家本未刻书集纂》、《沈家本未刻书集纂补编》的出版为史学界深入研究沈家本和近代中国法制变革提供了不可替代的珍贵史料。《沈家本未刻书集纂》、《沈家本未刻书集纂补编》于 1996 年和 2006 年由中国社会科学出版社出版，并且《沈家本未刻书集纂》在 2000 年获第三届中国社会科学院优秀科研成果三等奖。

（三）中国现代法制史

韩延龙这一方面的代表作是《中华人民共和国法制史》。《中华人民共和国法制史》是韩延龙主持的国家哲学社会科学“八五”规划重点项目，从立项到完成全书的编写经过了近四年的时间，1998 年由中共中央党校出版社出版。全书由上下两卷 4 编 44 章组成。该书有两个突出特点：一是采取按历史顺序分阶段研究和撰写的方法，理清了新中国成立以来各时期法制建设的主要情况，从学术角度揭示了中华人民共和国成立后，法制变化的历史脉络和内在逻辑；在分阶段研究的基础上，较为系统地再现了从中华人民共和国成立到 1995 年法制发展变化的全貌。二是运用多视角、全方位的方法研究共和国法制史，不仅对新中国成立后各时期的法制建设情况做了较为全面的考察，除将法律、法规及立法、司法制度作为研究对象外，还根据新中国成立后曾出现过的“政策代替法律”的现象，将实际上被赋予法律地位的政策也纳入研究范围；不仅考察了各时期法律、法规、政策等的制定过程、主要内容及发展变化，而且对其实施情况也做了探究，对法制诸因素的相互关系也做了有一定深度的分析，阐明了法制现象背后的深层原因。在材料的搜集使用上视野也较为开阔，除文字资料外，还使用了通过调查而获得的口碑材料。这部专著以马克思主义关于国家与法律的基本理论为指针，严格遵循实事求是的思想路线，以“围绕‘法’字，突出‘史’的特征”作为具体写作的指导思想，通过广阔的视角和精到的审察，用长达80万字的篇幅，表达了作者们对新中国成立以来社会主义法制的创建、演变、发展及其问题的独到见解。长期以来，法史学界对于当代法制史的研究，虽感到迫于形势，亟待着手，而由于种种原因，大都踌躇却步，以致形成这一领域研究长期滞后的状况。但韩延龙等人以强烈的学术责任感和研究勇气，经过艰苦奋斗，完成了这一重要著作。仅此一点，便远不止是对这一研究领域的贡献。况且该书高瞻远瞩，论说平允，显示了如下优点：第一，实事求是，秉笔直书。通观全书可知，作者们继承了中国历代史书的优良传统，严格遵循党的实事求是的思想路线，在各个章节中，无论是对创新建制的重要成就的肯定，或是对新中国成立初期封建专制传统遗毒的批判、对忽视法学理论研究的指斥、对“文化大革命”一系列法制遭到践踏和破坏事实的揭露，都做到了一切以忠于客观存在的事实为依归，特别是不为尊者讳，不为权威者讳，秉笔直书，务求反映历史真实。这是本书的一个根本特点，使全书具有了坚实的基础。第二，特色鲜明，重点突出。通观本书各编，均以较大篇幅论述了人民代表大会制度的建立和发展历程，以及它在国家活动的各方面所发挥的重要作用。这就抓住了具有中国特色的法制建设总纲，从而从根本上带动了其他各个方面，例如各级人民法院和土改、“三反”、“五反”等运动中人民法庭的设置、检察制度和人民调解制度的建立、社会治安综合治理方针的贯彻等方面的论述，使全书各章节形成一个有机整体，反映了新中国法制建设的真实状况和基本特色。

除上述三个方面的主要研究成果以外，韩延龙还参与主持了一些普及性的科研项目，如《中国古代办案百例》、《中国历代贪贿案例选注》等。后者所收案例选自中国历代正史、官书和杂记，包括贪污罪、贿赂罪和利用职务之便的其他经济犯罪，均为真实案例。民国时期，刑案判决已有定式，该书照录，其中附有“判决要旨”的，也一并收入，以存全貌。该书所选案例，能够找到原书的，都以原书为依据；

无法找到原书的，则用后人的选本或辑本代替。与案例无关的部分，均加删节。该书所选案例，原书有标题的，采用原标题；原标题不甚贴切的，由编注者酌加修改或重新拟定；原书没有标题的，斟酌内容加上标题。本书所选案例，均按案件发生的时代先后排列，附有简明注释，除民国案例外，均译成现代白话文。注释时，无关紧要的人名、地名、官名，一般从略。原书中的异字体、繁体字、通假字，改为通用的简化汉字。

20 世纪 70 年代末，针对当时颇为流行的“人权是资产阶级的口号”的提法，他著文阐明马克思主义经典作家、特别是中国共产党和革命根据地人民政权法制文献对人权的一贯态度和主张。20 世纪 80 年代以来，作为中国社会科学院人权研究中心的主要成员之一，他撰写了一系列有较高价值的调研报告和对策性建议。这些报告和建议被收入《人权研究》一书，该书曾获中国社会科学院第二届优秀成果奖。作为两名负责人之一，他主持了交办项目《中国人权建设》一书的编写工作，并撰写了相关论文。其中《中国法律对人权的保护》被收入在荷兰出版的《人权：中国和荷兰的观点》一书。在此期间，他还参与组织和编写《中国人权百科全书》的工作，任副主编，负责该书人权法史部分。该书于 1998 年由中国大百科全书出版社出版，并获 2000 年第三届中国社会科学院优秀科研成果三等奖。通过对人权课题的承担与研究，韩延龙认为，整合或协调各专业的研究力量，发挥各自的优势共同努力，完成特定的研究课题当是中国社科院法学研究所的特色之一。

1998 年，时任中国法律史学会执行会长的韩延龙策划、主编了中国法律史学会的年刊《法律史论集》。这部年刊为法律史学界的同仁提供了发表高水平研究成果的优质平台。同时，在《论集》中，还首发了许多新史料，并刊载了若干有影响的学术评论文章。这部六卷集的《法律史论集》在国内外法律史学界获得了良好的评价。

三、韩延龙主要论著

韩延龙 . 1962. 略论卢梭的政治思想 . 政法研究，（3）.

韩延龙 . 1980. 试论抗日根据地的调解制度 . 法学研究，（3）.

韩延龙，常兆儒，等编 . 1981 ~ 1984. 中国新民主主义革命时期根据地法制文献选编（4 册）. 北京：中国社会科学出版社 .

韩延龙，刘海年 . 1981. 关于中国法制史的研究对象和方法问题 // 张晋藩编 . 法律史论丛（第 1 辑）. 北京：中国社会科学出版社 .

韩延龙 . 1981. 我国人民调解工作的三十年 . 法学研究，（2）.

韩延龙，常兆儒 . 1983. 革命根据地法制建设基本原则初探 // 中国法律史学会 . 法律史论丛（第 3 辑）. 北京：

法律出版社.
韩延龙.1983. 红色区域司法体系简论. 法学研究,(2).
韩延龙.1984. 红色区域婚姻立法简论. 法学研究,(1).
[俄] И·В·蒂里切夫,等编.1984. 苏维埃刑事诉讼. 张仲麟,韩延龙,曾庆敏等译. 北京:法律出版社.
韩延龙.1986. 中国法制史的若干基本问题. 法学研究,(5).
韩延龙.1987. 人民调解制度的产生和发展. 中国法学,(3).
韩延龙.1987. 南京临时政府警政建设述略. 中国警官大学学报,(3).
张希坡,韩延龙编.1987,1992. 中国革命法制史(上、下册). 北京:中国社会科学出版社.
王叔文,韩延龙.1989. 现代中国法概论(日文版). 日本法律文化社.
韩延龙.1989. 中国民间调解的历史沿革. 专修法学论集(日文),(49).
韩延龙,常兆儒.1990. 中国红色区域劳动立法史料简析//中国法制史国际学术研讨会论文集. 西安:陕西人民出版社.
韩延龙,苏亦工.1993. 中国近代警察制度. 北京:中国人民公安大学出版社.
李步云,韩延龙,等.1994. 中国人权建设. 成都:四川人民出版社.
沈家本.1996. 沈家本未刻书集纂(上、下册). 刘海年,韩延龙等整理. 北京:中国社会科学出版社.
韩延龙编.1998. 中华人民共和国法制通史. 北京:中共中央党校出版社.
沈家本.2006. 沈家本未刻书集纂补编(上、下册). 韩延龙,刘海年,沈厚铎等整理. 北京:中国社会科学出版社.

撰写者

杨一凡(1944~),陕西富平人,中国社会科学院荣誉学部委员,法学所研究员,博士生导师。
高汉成(1970~),山东安丘人,中国社会科学院法学研究所法制史室副主任、副研究员,中国法律史学会秘书长。

苏惠渔

苏惠渔（1934～），江苏苏州人。刑法学家。1959年毕业于北京大学法律系。他长期从事于刑法学的教学和研究工作。先后任中国法学会理事、中国法学会刑法学研究会副会长、上海市法学会副会长、上海市警察学会副会长等。现任中国刑法学研究会顾问、上海市刑法学研究会名誉会长等学术职务。他曾于1997年主编司法部统编教材《刑法学》，获全国高校优秀教材一等奖，1998年获上海市教育发展基金会申银万国奖，该教材被各大政法院校引为本科生教材，成为国内适用范围最为广泛、影响最为深远的刑法学教材，为中国法学教育事业做出了重要的贡献。在立法实践方面，从1979年刑法的诞生，到1997年刑法的全面修订，他都积极参与，强调并确立了罪刑法定原则为中国刑法的基本原则，为中国刑事立法朝着更为完善、成熟的方向发展做出了贡献。此外，他积极推动中外学术交流与合作，1986年12月，应联邦德国鲁尔大学、科隆大学之邀，到德国进行为期四个月的讲学，这是中德建交以来中德关系史上第一次。1988年，他与日本刑法学家西原春夫共同发起并推动中日两国刑法学者学术交流会，促进国内刑法学的发展和繁荣。2009年入选中国当代法学名家。

一、简　　介

苏惠渔（1934～），江苏苏州人。1934年10月，苏惠渔出生于苏州城中濒临太湖、风景旖旎的东山小镇。深厚的江南人文氛围与浩渺的太湖烟波赋予了苏惠渔严谨的行事作风和宽广的胸襟。1955年，苏惠渔以优异的成绩考入北京大学法律系，北京大学馈赠其以科学的知识和兼容的精神，兀兀穷年，奋发读书，从此与法学结下不解之缘，个人的追求、命运便与新中国法制的发展道路维系在一起了。

1959年大学毕业之后，苏惠渔以优异的成绩留校任教，执教于北京大学法理教研室。然而，踏入社会伊始，新中国法制建设的艰难困苦便决定了修法之人的颠沛生活，法治发展的曲折决定了个人人生的波折和不居。1963年1月，他被调到江苏省高级人民法院，参与司法实务工作。1964年夏天，华东政法学院复校，百废待兴。对弘法之路情有独钟的苏惠渔重拾教鞭，走上讲台。扎实的理论积淀、丰富的教学经验以及司法部门的锤炼都为苏惠渔的教学提供了丰富的营养。面对青灯黄卷，他甘于忍受寂寞，以孜孜不倦的精神于1966年夏天写完了全部刑法学讲稿。然而，命运多舛，一场突如其来的空前的浩劫使得新中国法治的发展彻底停滞，法律制度被破坏殆尽。现实的阻挡横亘在这位“以身许法”的有志青年治学之路的面前。1972年，苏惠渔调至复旦大学新闻系任党总支副书记。

1978年粉碎“四人帮”以后，新中国的法制建设迎来了生机蓬勃的春天。1979年，华东政法学院再次复校，就是在这年秋天，已经人到中年的苏惠渔满怀着深情，又一次迈入古朴典雅的校园。面对曾经辛勤耕耘过的教育园地，苏惠渔感慨万千，但是他很快就全身心地开始了刑法学理论研究与实践探索的艰难跋涉。

苏惠渔把自己的学术研究构筑在深入实践的土壤上。他认为，刑法学是一门理论性和实践性都很强的学科，仅仅有深厚的理论功底，缺乏司法实践问题的解决能力，这对一名刑法学教授来说是不完美的。因此他积极参与中国刑事立法及修订的论证、咨询工作。他经常接受实践部门同志的邀请，参与对重大疑难刑事案件的讨论。从1979年刑法的诞生，到1997年刑法的全面修订，中国刑事法制的每一步发展，苏惠渔都密切关注、积极参与，为两次立法做出了一个专业学者应有的贡献。同时，1980年，苏惠渔接到司法部通知去北京参加“林彪、江青反革命集团案”的审理，担任了“两大集团”案主犯之一李作鹏的辩护律师。

苏惠渔淡泊名利，不以学术为干禄进身之具。从1993年起，苏惠渔就享受国务院政府特殊津贴，1995年荣获上海市高校优秀导师称号，1997年他主编的司法部统编教材《刑法学》（后经修订并多次印刷）获全国高校优秀教材一等奖，1998年获上海市教育发展基金会申银万国奖。2009年，在“首届中国法学名家论坛”的会上，苏惠渔入选中国当代法学名家名录。但是面对这些荣誉，他都淡淡一笑，泰然处之，有的甚至归功于别人。

苏惠渔始终以传授知识为己任。1994年，苏惠渔受司法部委托，担任高等政法院校规划课程教材《刑法学》主编，该教材编者包括多位国内刑法学界出类拔萃的学者，设计内容注重理论的成熟性和受众面。在出版以来受到广大读者的欢迎，被各大政法院校引为本科生教材，成为国内适用范围最为广泛、影响最为深远的刑法学教材。该教材至今仍然被广泛使用，为法学教育事业做出了重要的贡献，迄今已经经过了5次大幅度的修订，在坚持固有风格的基础上，教材的修订仍然在不断发展和创新。

此外，苏惠渔还走出国门，积极推动中外学术交流与合作。他先后到过德国、日本等国家以客座教授的身份进行讲学。1986年12月，应联邦德国鲁尔大学、科隆大学之邀，到德国进行为期四个月的讲学，这是中德建交以来中德关系史上第一次。苏惠渔的讲学引起了当地媒体的广泛关注，称赞他是一位“很了解中国的过去，也很了解中国现实”的学者。1988年苏惠渔和日本刑法学家西原春夫共同发起并推动当代中日两国刑法学者的学术交流，定期由中日双方轮流进行召集，出版专辑，形成了最早的一批中日刑事法比较研究的学术成果，但开风气，促进了国内刑法学的发展和繁荣。

苏惠渔广泛参与各种学术团体，身兼多种学术职务。他先后任中国法学会理事、中国法学会刑法学研究会副会长、上海市法学会副会长、上海市刑法学研究会会长、上海市警察学会副会长、上海市刑事侦查学会副会长。苏惠渔现在虽然80岁高龄，但是身体硬朗、精神矍铄的他仍然担任着中国刑法学研究会顾问、上海市刑法学研究会名誉会长等重要学术职务，同时还兼任上海市人民代表大会立法咨询员、上海市高级人民法院、上海市人民检察院特邀研究员等。

苏惠渔治学严谨，孜孜以求，至今笔耕不辍。他以科研带动教学，把理论运用于司法实践，同时又把理论扎根于司法实践，形成了教学、科研、实践良性互动的治学风格。从教几十年来，苏惠渔著述迭出、成果丰硕，共撰写论文100余篇，著书（或者主编、参著）几十部，在中国刑事立法方面和法学教育事业领域做出了极大的贡献。

二、学术研究和重要贡献

（一）学术思想和理论

1. 关于刑法与经济建设关系和廉政建设关系的问题

改革开放初期，中国经济建设迅猛发展，社会关系发生急剧变化，经济的发展也影响到了人们思想观念的转变，与此同时，各种犯罪也不断涌现。在这种大的背景下，苏惠渔提出，应该从刑事司法和刑事立法两个方面解决一系列问题，以便充分发挥刑法在中国经济建设中的作用。他认为，要充分发挥刑法保护经济建设的作用，首先要解决如何运用已有的刑事法规来打击经济领域中的犯罪活动这一问题。判断罪与非罪的标准只能是该行为是否有利于社会主义的经济建设，提高生产力水平，增加社会财富，促进精神文明建设。因此他认为，对社会主义经济建设有利还是有害就成为认定经济犯罪社会危害性的唯一标准，同时认为，对于不同时期的行为，应当放在一定条件下来衡量。此外，他主张通过刑事立法来弥补因经济形势的发展而导致的法律上的不足，并因此解决那些刑事司法所无法解决的问题，以此来充分发挥刑法在保障中国经济建设中的作用。

针对改革开放初期的贪污、受贿、挪用公款等犯罪活动，苏惠渔提出除了必须继续贯彻依法“从严惩治”的刑事政策，进一步健全对贪污、受贿等经济犯罪的举报网络，不断完善各类财经制度和有效、稳妥地推进干部人事体制的改革外，还应当进一步强化中国刑事立法和刑事司法对各类严重职务犯罪的有效遏制，充分、切实地发挥刑事法律在国家廉政建设中的重要作用。他认为，首先，刑事立法应当明确限定职务犯罪的主体范围，进一步调整立法结构，突出打击重点；其次应当科学量定各类犯罪的社会危害程度，进一步协调刑罚比重，从重处罚职务犯罪；再次，应当适应职务犯罪形态各异的特点，进一步扩大这类犯罪的行为范围，不断充实立法内容；最后，应当完善职务犯罪已有的法定刑种，进一步确立各种不同的量刑情节，不断强化刑罚措施。此外，再借鉴国外立法经验，结合中国的实际，苏惠渔认为，中国应该建立、健全一套较为完整的惩治贿赂犯罪的刑罚体系。

2. 关于刑法的制定与修改的问题

新中国第一部刑法典的颁布，具有划时代的意义，但是同时它又带有某些先天性的不足。针对刑事立法的这一状况，苏惠渔提出了中国刑事立法发展的几个原则问题。

苏惠渔认为，法治化原则——“罪刑法定”思想应当获得实际确立是中国刑事立法的首要原则。“罪刑法定”的实质是罪与刑的明确化、规格化和法定化。它既要保护公民民主自由权利不受非法侵害，同时也保障刑罚权的合法行使，防止其任意滥用。“罪刑法定”原则与中国社会主义法制原则的根本目的是一致的，强调并确立这一原则，不仅有助于在刑事法律的指导及实施过程中全面贯彻社会主义法制，而且也将大大提高中国刑事立法本身的质量，促使其朝着更为成熟、完善的方向发展。

苏惠渔认为，科学化原则——刑法规范的协调性应当得到不断加强是中国刑事立法中应当贯彻的第二个原则。他认为，如果法律条文本身互相冲突，不能形成和谐一致的规范体系，那不仅会丧失其作为法律规范本身应具有的权威性，造成人们对社会主义法制的思想认识混乱，甚至可能导致法律实际适用中的各种困难，形成定罪量刑中难以克服的偏差现象。针对中国立法和司法的实际情况，他提出，我们在刑法发展的理论研究及实际工作中，把建立科学的刑法规范体系作为一项重要的指导原则。

苏惠渔提出的第三个刑事立法原则是刑事立法多元化原则。他认为，多元化原则指导下的中国刑事立法，将一改目前单向型的传统立法模式，建立起一个以刑事法典为主轴，以刑事特别法、刑事判例法、刑事修正案、非刑事法律中的刑法规范为辅助、以刑法立法解释为补充的多位一体的系统立法形式，从而更有利于同各种新型的犯罪活动进行有效斗争。

此外，刑事立法还应当在不断总结本国司法实践经验的基础上，充分注意刑法发展的世界性潮流，合理吸取他国立法有益经验。面对世界各国刑事立法，我们既不能不加区分地一概予以排斥，同样不能直接“移植”、全盘“拿来”，应当充分考虑中国社会发展的现实状况，从有利于实现刑法的根本任务出发，去细心地加以辨别，将其中符合时代需要而又切实可行的内容吸收到中国刑法中来，使修改后的中国刑法具有更鲜明的时代特征，充分体现社会主义刑法的科学性和民主性。

3. 关于刑事司法解释的问题

苏惠渔认为，中国目前司法解释的现状有以下几个问题值得注意：首先，司法解释的公开性尚未获得全面实现。在法律解释实践中，某些刑事司法解释文件有时仍被作为司法机关内部掌握的“机密件”下发，一些涉及刑法应用问题的《批复》、《答复》还不为众人所知，尤其是有些口头形式的司法解释，更是鲜为人知，甚至连很多司法部门在处理同类案件时，也难以参照适用。即使对于已经颁布并作为裁判依据的刑事司法解释，也不允许在正式的法律文书中公开援引。其次，司法解释主体混乱、不统一。主要表现为最高人民法院和最高人民检察院自己发布的司法解释存在着部门不统一的现象，公安部、司法部等无权行使司法解释权的国家行政机关经常参与刑事司法解释，省、自治区、直辖市一级审判、检察机关逾越职权范围制定具有刑法司法解释性质的规范性文件，在所辖区内普遍适用。再次，司法解释的对象有扩大的倾向。从中国刑事司法解释文件来看，有的对刑法明文规定的内容进行了直接增补，有的明显超越了原有条款用语的逻辑含义范围，有的还以“贯彻基本刑事政策”为由，修改了刑法的明文规定，使刑法典的规定在一段时间暂时丧失实际效力，形成了越权性司法解释在事实上优先于立法适用的现象。第四，司法解释不完全符合立法的宗旨，这不仅有悖于立法原意，而且有可能导致司法人员所固有的据以评判犯罪行为成立的价值尺度的混乱，造成更大范围内的执法偏差。第五，司法解释内部存在矛盾和欠缺。由于中国目前已有的刑法司法解释量大面广，制发部门不统一，加上一些急需的解释文件形成速度比较快，来不及细致论证和类比、推敲，因此，现行司法解释普遍存在解释技术粗糙、内部协调欠缺的情况。最后，司法解释的内容还有不够明确之处。

从中国司法解释的现状及其发展前景出发，苏惠渔认为，应确立以下几项内容，作为中国刑法司法解释制定、颁行和实际适用必须遵守的原则：1）恪守解释权限原则。其基本要求是司法解释必须统一由有权解释机关内部实行集体领导的最高组织——审判委员会或者检察委员会制定；各级党政机关均不得单独或者会同有解释权限的司法机关联合制发刑法司法解释；无权行使解释权的下级司法机关不得擅自制发具有司法解释性质的文件；严格控制司法解释权的下放。2）公开解释内容原则，又称为“司法解释文本的公开的公开性原则”。它要求刑法司法解释文件也像刑事法律一样公诸世人，成为人们理解、适用和监督法律实施，以及规范自己行为的重要根据。3）符合立法宗旨原则，即司法解释内容的合法性原则。它要求刑法司法解释能够准确、完整地体现和表达刑事立法的基本思想，在不变更现行立法内容和符合立法原则的基础上，充分反映刑事司法的实际需要。4）具体、明辨原则，也可称为司法解释内涵的明确性原则。它要求所有的刑事司法解释都充分达到内容详尽明了、界限清晰可辨的程度，使刑法规范的确切内涵和适用范围得以真正充分的显示。5）内部和谐一致原则，又称之为司法解释之间的协调性原则。它要求刑事司法解释不断强化其内在的科学性，消除相互之间可能出现的重合、交错及矛盾现象，使司法解释形成和谐一致的规范体系，发挥整合效应。6）程序合理规范原则，又称之为司法解释程序的规范性原则。它要求刑法司法解释从提出议案、调查论证、拟定草案、表决通过到颁布施行、备案归档，都应有一套完整的规范程序，以减少随意性，避免司法解释过程中的种种失误。

4. 关于刑事政策的问题

刑事政策历来为中国所重视。苏惠渔认为，刑事政策是随着时代发展和变迁不断调整的，其中惩办与宽大相结合刑事政策作为长期刑事立法与司法活动中的经验总结至今仍具有强烈的生命力，经济犯罪控制刑事政策的发展更是经济社会最为突出的刑事政策，尤其强调刑事政策科学化。他提出，刑事政策科学化必须考虑以下几个因素：首先，必须正确处理刑事政策推行与刑事法律适用之间的关系。新中国成立之初，由于特定的历史环境以及特定的体制因素，政策在国家政治生活、治理方式上居于主导地位。包括刑罚在内的法律地位和作用未能得到应有的重视。随着改革开放和法制建设的开始和深入，刑事立法和刑事司法成为体现刑事政策的重要方面。但是，刑事政策与刑事法律的关系是在不断协调过程中得到统一，不断的平衡中得到深化的。具体的思路是，刑事政策的实现必须以刑事法律的适用作为途径；

刑事政策是宏观标准指南，是法律实践活动最深层次的理论渊源，其形式必须是通过法律的途径达到最终目的；在社会发展阶段性的成熟时期，刑事政策的稳定性与刑事法律的稳定性具有较为统一的基础，因而二者之间的关系相对较为协调；在社会体制、规范乃至社会伦理体系处于快速变革的时期，这种均衡被打破，二者的关系问题成为容易引发争议的和不容回避的问题。但是必须坚持法律标准的统一性和刑事立法的应世性的协调，不应扩张刑事政策的职能。其次，刑事政策的制定规划应当讲求系统性。针对当今经济犯罪突出的特点，苏惠渔认为，除了体制转轨造成的标准多元之外，相关制度和法律缺失也是经济犯罪行为滋生的制度因素。此外，他还认为，刑事政策必须以科学的研究作为基础，而不能仅仅以观念的、感性的判断作为依据。刑事政策的制定不仅要依据客观的社会现实发展的规律，在综合考察犯罪原因以及行为惩治和预防时，更应当考察刑事犯罪的规律和刑事法律的发展规律，综合运用各种合法有效的手段治理犯罪。

除了对于一般性刑事政策的关注外，苏惠渔还对于中国"严打"刑事政策有独到的见解。他通过对"严打"刑事政策存在的刑法法理基础的思考，揭示"严打"方针存在的现实依据，通过"严打"政策确立以及发展特点的整体归纳和总结，强化对"严打"政策全面系统的认知，通过"严打"过程中几个法律关系问题，辩证看待其与依法治国、刑法基本原则以及整体防止之间的依存关系。

5. 国家刑罚权的生命力在于被制衡

苏惠渔认为，国家刑罚权的发展逐渐挣脱单个的个体统治，而来弘扬社会的生命表现力。社会发展过程就是国家刑罚权不断被纳入轨道并与权利不断协调的过程。这意味着国家刑罚权是一个不断被制衡的过程。权力是必要的，又是容易异化的。一方面国家刑罚权是国家和社会存在的依据和基础，另一方面，国家刑罚权必须得到制约。苏惠渔认为这种制约主要来源于两个方面，一是以社会制约权力，二是以体制制约权力。前者属于外部分权模式，是通过国家与社会对刑罚权资源与权利资源的分配，以社会的价值观念以及法律提供的屏障对抗国家刑罚权的越轨，阻遏国家刑罚权的越轨。后者属于内部分权模式，是通过将国家刑罚权分解的方式维持国家刑罚权的正常运作，通过权力之间相互的制约来消解权力的越轨。社会发展过程就是国家刑罚权不断被纳入轨道并与权利不断协调的过程。

他认为，国家刑罚权被分解，分权的功能才能得以体现。国家通过将制刑权、求刑权、量刑权和行刑权分配到不同的职能部门中，使得国家刑罚权的下位权的不同性质和特点得以体现。因为立法、司法、执法三种行为都具有独特的职能，这些职能彼此间的冲突决定了权力必须由不同的职能部门来行使。而这些权力部门在宪法上应该是平衡且彼此独立的；同时由于刑罚权涉及受动方最基本的利益，这些权力又是不可让渡的和不可委托的。由于下位权的行使者在宪法中是平等的，实际就隐含了权力分配的均衡性问题。国家刑罚权的分解应当是平衡的。在根据职能配置不同权力时，必须保证任何一个权力部门的权力都是有限的，不致因某一部门权力过大而导致权力运行失衡。刑罚权行使不同于其他权力的运行的特点在于，无论是权力过大还是过小，刑罚权分配失衡的结果都将导致权力受动方成为牺牲品，这是因为刑罚权以假设的犯罪为目标。刑罚权分解的目的在于发挥制约功能。下位权机构的分离，职权的划分以及相互间权力运行的牵制，使得权力能够达到有效的制约。刑罚权的分解还有助于发挥分权理论的补救功能。如某机关在行使权力时发生法律错误，可以通过其他机关职权范围内的制约机制行使权力进行纠错，恢复法律的有序状态，促进刑罚权的良好运行。

6. 刑事司法权力与程序正义

苏惠渔认为，对于刑事司法的程序正义和实体正义的追求从认识论的角度来看实际上是人们对于人的认识能力的态度问题。认识的有限性是事实，认识的无法超越性也是事实。对于程序正义的追求实际上就是看到人的认识的局限性，所谓客观的证据都是带有主体性的色彩，刑事案件的求刑过程更是带有主体性色彩，刑事司法活动面临的恰恰是过去的事实甚至根本没有发生的“事实”，由于这些事实不带有重复性，所以对于事实的存在以及发生过程、结果永远只是一种猜测。在哲学意义上这种猜测尽管可以通过实践加以证明，但是由于实践本身都是带有主体性的概念，作为实践主体的判断自然不免具有主体的价值性因素，即使将实践主体的思维局限在刑事法律文本的角度，仍然存在着对于文本精神不同的注解。所以，程序的正当性成为刑事司法权的正当性的最后壁垒。

苏惠渔认为，在大力提倡程序正义或者致力于程序正义的时期，公民的权利必将得到弘扬，漠视甚至无视正义的时期，公民的权利则必将被掠夺。故他倡导程序正义，因为程序正义的实质在于保障国家刑事司法权力的理性化，防止刑事司法权力不断突破权利的底线。一旦程序缺失或被破坏，权力就会脱缰而去。

苏惠渔认为正当程序为刑事司法权力提供了一系列的正当性资源。追求程序正义的结果是司法权力不断趋向中立、独立。正当程序决定了刑事司法权力中立化，刑事司法权力的中立化又促进了程序的正当性。正当性的意义在于为权力的行使设立某种程度限制的同时，树立了司法权的权威性。刑事司法权力必须以自己的正当性和规范性获取权力对象的认可和服从，必须遵守正当程序规则，排除法官预先判断规则就是对司法中立的要求。他还认为，正当程序是保障刑事司法权力健康存在的依据。

（二）法律教育和人才培养

1. 法律教育

苏惠渔自 1959 年就开始从事法律教育工作，迄今为止，已逾 50 余年。他治学严谨，孜孜以求，至今笔耕不辍。他以科研带动教学，把理论运用于司法实践，同时又把理论扎根于司法实践，形成了教学、科研、实践良性互动的治学风格。

1959 年，苏惠渔于北京大学毕业后，执教于北京大学法理教研室。1964 年夏天，华东政法学院复校，苏惠渔重执教鞭。1979 年，华东政法学院再次复校，苏惠渔再次开始了刑法学理论研究与实践探索的艰难跋涉。

作为一名教育工作者，苏惠渔有着强烈的使命感和高度的责任感。他深谙“传道、授业、解惑”之方法，讲课逻辑严密，深入浅出，生动幽默，声音抑扬顿挫，丝丝入扣，引人入胜，成为最受学生欢迎的老师之一。

与此同时，苏惠渔也以传授知识为己任，致力于国家教育事业的发展。1994 年，苏惠渔受司法部委托，担任高等政法院校规划课程教材《刑法学》主编，该教材设计内容注重理论的成熟性和受众面，自出版以来受到广大读者的欢迎，被各大政法院校引为本科生教材，成为国内适用范围最为广泛、影响最为深远的刑法学教材。至今仍然被广泛使用，为法学教育事业做出了重要的贡献，迄今已经经过了 5 次大幅度的修订，在坚持固有风格的基础上，教材的修订仍然在不断发展和创新。该教材紧扣时代发展的脉搏，根据社会和法治的发展需要，根据法律的实用性要求，对于过时的内容加以删除，对于发展的理论进行吸收，对于新增的法条进行归纳和分析，对于法律的适用进行有针对性的说明和解释。该教材注重新颖性和问题意识，注重实用性。在理论上对于国内最新的理论科研成果予以体现和吸收。对于最新的刑法修正案、立法解释、司法解释以及其他法律文件的重点内容予以明示，并编写一些典型案例，以案说法，因此具有较强的现实意义。该教材还注重学习性。在行文格式上本书也适用了新的编排方法，使得本教材既适用于课堂教学，也适用于自学；既有利于掌握基本理论，也便于进一步深入研究。

2. 人才培养

苏惠渔是新中国较早的硕士研究生导师之一，除了给本科生开设独具特色的课程之外，他还致力于高层次的刑法专业研究人才的培养。而今他仍然活跃在刑法学的研究领域，坚持参加各种学术活动，坚持与司法实务部门沟通和合作，在这片他所挚爱的、充满希望的土地上默默耕耘着。迄今为止，苏惠渔桃李满天下，遍布海内外。他们中许多人已经成为中国法治建设的栋梁之材，并且薪火相传，生生不息。苏惠渔对待学生视同己出，宽严相济，在学术上严格要求，在生活上关怀备至，循循善诱，因势利导，善于发现学生的优点，以“海纳百川”的胸怀宽容学生们的幼稚与无知，教导学生们与人为善。

（三）法学领域重要贡献

苏惠渔把自己的学术研究构筑在深入实践的土壤上，积极推进中国法制的发展。他积极参与中国刑事立法及修订的论证、咨询工作。他经常接受实践部门同志的邀请，参与对重大疑难刑事案件的讨论。法学教育之外，对于刑法学理论的研究和探索是苏惠渔人生的另一重心，用他的学生刘宪权教授的话说：“苏老师自从参加工作以来，将自己的命运与新中国的法制建设联系在一起。”从 1979 年刑法的诞生，到 1997 年刑法的全面修订，中国刑事法制的每一步发展，苏惠渔都密切关注、积极参与，并在 1997 年刑法修订时，强调并呼吁确立罪刑法定原则为中国刑法的基本原则，为两次立法做出一个专业学者应有的贡献。

苏惠渔为中国法学教育事业做出了巨大贡献。1997 年主编的司法部统编教材《刑法学》，获得了全国高校优秀教材一等奖。设计内容注重理论的成熟性和受众面，在出版以来受到广大读者的欢迎，被各大政法院校引为本科生教材，成为国内适用范围最为广泛、影响最为深远的刑法学教材。至今仍然被广泛使用，为法学教育事业做出了重要的贡献。

苏惠渔还走出国门，努力宣传中国法制建设所取得的成就，推动中外学术交流与合作。他先后到过德国、日本等国家以客座教授的身份进行讲学。1986 年 12 月，应联邦德国鲁尔大学、科隆大学之邀，到德国进行为期四个月的讲学，这是中德建交以来中德关系史上第一次。苏惠渔的讲学引起了当地媒体的广泛关注，称赞他是一位“很了解中国的过去，也很了解中国现实”的学者。他的讲学还得到德国政界和司法界的重视。联邦警察总局局长、威斯特伐里亚的司法部长、法院院长、检察长等都先后和他会见并进行座谈。苏惠渔的讲学，让更多的外国人开始关注新中国社会主义法学的发展，为中国法学走向世界做出了贡献。之后，相继多次到日本以及港澳台等地区进行访问，发表演说，促进了学术交流与合作。

此外，苏惠渔还是改革开放之后中日刑法学交流的推动者和奠基者。当代中日两国刑法学者的学术交流始于1988年，由日本刑法学家西原春夫和苏惠渔等教授在上海共同发起和推动，定期由中日双方轮流进行召集，出版专辑，形成了最早的一批中日刑事法比较的学术成果，但开风气，促进了国内刑法学的发展和繁荣。2006年以后，交流走向纵深。交流范围开始扩大，该交流改为每两年分别在日本或中国举行一次学术会议，其特点是："纯学术、小规模、更深入"研讨双方共同感兴趣的刑法学问题。而今，中日刑法学交流和互动蔚然成风，在多个层面全面展开。

三、苏惠渔主要论著

朱华荣，苏惠渔．1980．略论我国刑法中的犯罪构成．求是学刊，(3)：99-103，108.

苏惠渔．1981．谈谈"林彪、江青反革命集团案"审判中的律师工作．人民司法，(2)：4-5.

苏惠渔．1986．诈骗犯罪的今昔及发展趋势．情况交流，(3)．

苏惠渔．1988．《中华人民共和国刑法》的形成和发展．首届中日刑事法学术讨论会文集．长春：吉林大学出版社．

苏惠渔，张国全，史建三．1988．未来的"电脑法官"——电脑辅助量刑专家系统论．中国法学，(4)：89-99.

苏惠渔，游伟．1990．强化刑事法律在国家廉政建设中的作用——对我国职务犯罪刑法对策的思考．法学研究，(1)：22-27.

苏惠渔，游伟．1991．论我国刑事立法发展的几个原则问题．法学研究，(5)：17-22.

苏惠渔．1992．论中国刑法中的过失犯罪．第三届中日刑事法学术讨论会论文集．

苏惠渔，游伟．1993．论体制改革中我国刑法观念的转变．中国法学，(1)：88-95.

苏惠渔．1995．论中华人民共和国刑法中的法人犯罪．第四届中日刑事法学讨论会论文集．

苏惠渔，游伟．1997．树立科学思想完善刑事立法——对我国刑法改革问题的再探讨．政法论坛，(1)：2-11，127.

苏惠渔，孙万怀．1999．我国若干刑事政策的回顾与展望．中国刑事法杂志，(6)：10-15.

苏惠渔，孙万怀．2002．刑法的意义与国家刑权力的调整——对人权两《公约》的刑法评释//中国刑法学精粹．

苏惠渔，孙万怀．2003．论行刑的合理性与合目的性//刘家琛编．当代刑罚价值研究．北京：法律出版社．

苏惠渔，孙万怀．2004．论死刑的实质——权力评价的结果//陈兴良，等．死刑问题研究（上册）（中国刑法学年会文集·2004年度）．第一卷．北京：中国人民公安大学出版社．

苏惠渔，孙万怀．2006．刑事法治和谐精神的基础与展现//赵秉志编．和谐社会的刑事法治：刑事政策与刑罚改革研究（上卷）（中国刑法学年会文集·2006年度）．北京：中国人民公安大学出版社．

苏惠渔，孙万怀．2007．论死刑司法控制的合理性与应然性//和谐社会的刑法现实问题（中卷）（中国刑法学年会文集·2007年度）．北京：中国人民大学出版社．

苏惠渔．2008．论刑法的平等保护．中国人民大学刑事法律科学研究中心组织编//刑事法学的当代展开．北京：中国检察出版社．

苏惠渔，孙万怀．2008．论刑法的和谐化与保障人权理念的对接//改革开放30年刑事法治研究（上卷）（中国刑法学年会文集·2008年度）．北京：中国人民公安大学出版社．

苏惠渔，孙万怀．2012．刑事政策与民生安全的关系定位//赵秉志，等编．刑法与宪法之协调发展（下卷）（中

国刑法学年会文集 · 2012 年度）. 北京：中国人民公安大学出版社 .

主要参考文献

苏惠渔，游伟 . 1991. 论我国刑事立法发展的几个原则问题 . 法学研究，(5)：17-22.
苏惠渔 . 1992. 论中国刑法中的过失犯罪 . 第三届中日刑事法学术讨论会论文集 .
苏惠渔，孙万怀 . 2002. 刑法的意义与国家刑权力的调整——对人权两《公约》的刑法评释 // 中国刑法学精粹 .
苏惠渔，孙万怀 . 2006. 论国家刑权力 . 北京：北京大学出版社 .

撰写者

孙万怀（1968 ~)，河南洛阳人，华东政法大学教授。从事刑法学研究。

张伟仁

张伟仁（1935～），江苏吴县人。法理、法史学者。

一、简　　历

张伟仁1935年2月13日出生于江苏吴县（今苏州）。时值日军侵华，随父母避居农村，从塾师诵读经史。14岁考入苏州中学，旋赴台湾就学，于台湾大学法律系及政治学研究所毕业后，考取Fulbright奖学金赴美，先后在Southern Methodist，Yale，Harvard三校取得比较法学、法学及法哲学硕士、博士学位。工作数年后于1968年返台，在“中央研究院历史语言研究所”（以下简称中研院史语所或史语所）开始探究中国法制史，至2000年退休。其间曾兼任台湾大学法律系教授、美国哈佛大学访问教授、康乃尔大学“胡适讲座教授”、纽约大学“环球法学讲座教授”、法国法兰西学院（Collège de France）及比利时卢汶大学（Catholic University of Leuven，Belgium）讲师。近年曾在国内北京大学、清华大学等校任教，并在多处大学做专题演讲，阐述中国传统法制与法学。此外曾多次应邀至香港法院作为专家证人，诠释清律在新界地区有关家族财产案件如何适用的原则。

二、研究领域及成果

张伟仁在台湾大学法律系本科及政治学研究所时兴趣在国际法。后来在美国学西方法制及法理，偶尔帮助一位老师读中国古代法典及法学文献，发现自己对此所知太少，所以于1968年回台到中研院史语所之后便改行探究中国法史及法理。因为是“转业”，基础太浅，需要加紧充实。幸而该所长辈学者告知前所长傅斯年对青年同仁的话：“多读书、思考，不要轻易发表文章。”他于是从容地花了三年时间略读了2300多部有关的书籍作为自我教育。此后20余年他的主要工作是保存并编纂史语所保存的清代“内阁大库档案”共31万余件，将其比较完整的做成摘要，以便学者查阅。他自己依据这些档案及其他资料写了《清代法制史研究》一书三册。此外他写了三份较长的书稿：1）*Struggle for Justice and Harmony*：*The Qing Judicial process*；2）*The Jurisprudence of Ancient China*；3）《寻道》。前两本书将分别在美国及英国出版，用来向外国人阐释中国传统法制和法理内的智慧；后一本书向中国人陈述古代圣贤寻求长治久安之道所提出的理论和建议。

除了这些专书外，他也写过一些短文，因为他心里记着傅先生的教训，写作之时不断“自讼”，与自己反复辩论，然后请师友纠正，才敢投稿，所以刊出者不多，主要在提出一些他对法史、法理以及法学教育的见解。以下是其中比较突出的几点：

第一，他在初学法律之时，对于许多法律用语如“假执行”、“无行为能力人”等，觉得莫明其妙，后来才知道它们大多是从外语直译而得，与中文的习惯用法不同，所以难解。其实中文自有适当的词汇可用，可惜人们未能深思。此一问题似乎每况愈下，因为近人对中国文字的了解愈来愈粗浅，而对于外国文字的掌握也不够确切，所以不仅法律条文愈来愈不精当，法学文章塞满了直译的外国文字，读来佶屈聱牙。因为人以语文来思想，搬弄了外来文字就如鹦鹉学舌，写出来的东西看来艰深有如天书，其实多无独立价值可言。

第二，他常常寻问目前某一些法律条文之目的是什么，例如“夫妻分别财产制”是一般中国人从未听说过的，为什么立为新法？在法律系很少人讨论这类问题，所以他去听了许多政治、社会、经济、历史、哲学、心理等系的课，得到了比较广泛的知识，拓宽了他的视野和思路，对他此后进修、讲学很有帮助，因为一流的学校与研究机构都注重探究许多法律“背后”的问题，例如法律是什么？社会为什么需要法律？法律与其他规范的关系为何？法律是怎么产生的？它的根据何在？它的目的是什么？社会的目的是什么？人生的目的是什么？法律的功能在反映及体现社会价值还是在指导社会演变？这些功能该如何发挥？凡此种种法理上的问题，不可能从法律条文上去探求解答，必须详究其制订和实施的过程，分析相关的历史、社会、经济、政治、哲学等因素才能看出其来龙去脉，否则仅仅推敲文字，至多只能将法条看成一套技术性的规定，用来处理一些机械性的问题，遇到稍与条文文字不合之事便不知所措，或者勉强套用，结果难免违悖情理。

第三，古今中外都有一些人（如中国的法家，西方的 Positivists）将法律看成是一个独立完整的理性准则体系。他对此甚不以为然，而认为法律是许多社会规范之一，是从人们的社会互动经验里提炼出来的一些社会行为准则，其终极目的在于促进社会的持续发展，使个人生活改善，人际关系和谐。因为外在的环境会改变，人们必须尝试各种办法来应对。法律便是此一种经验过程所生的，所以时过境迁法律便必然有异。他常以美国种族问题相关法律的变革为例说明此点，而又指出其实美国有关联邦与各州之间权力、资源的分配，个人自由与社会控制等重大问题的法制，也都一直在变动。例如：许多法律（包括宪法条文）被废止或修正；许多判例（很多最高法院的成案）被推翻而为绝对相反的判决所取代。他更进一步指出这种现象在其他国家也很普遍，所以他强调不应该将法律看作一套能够自证其是的抽象理则，其是非应该由社会经验加以判断。法律不仅不是一种自立的规范，也不是一种自足的规范。许多人际互动和社会经验并不受法律的规定和拘束。原因有二：其一，因为法律是人制定的，立法者不可能为一切可能的人际互动制定法律。其二，因为法律须赖国家的力量施行，而此力量有限。所以任何一个社会除了法律之外，必须有许多其他的规范来维系其秩序，促进其发展。这种法以外的规范之中，最普遍的是道德。它也出于人们互动的经验，但比较明显地反映了人们若干共同的心理，因而产生了基于同情和谅解的行为准则以及是非善恶的观念。这种观念和准则也因时因地而异，但比法律普遍而经久。它们不仅规定了人际互动，并且指导了个人的思想和独处时的行为。因为它们的目标比较高远，往往显得只是一些抽象的原则。在实践中人们将它具体化。形成了若干比较明确的细则，这便是礼俗。此外人们还基于血缘、地缘、职业、信仰、志趣、性别、年龄等因素而制定了许多准则，适用于各该团体的成员。它们在若干方面补充了法律的缺失。大致而言法律只选择了道德、礼俗以及上述各种团体的规范之中的一些最低要求，由国家予以强制施行，所以是一种十分特殊、狭窄的规范，仅仅于其他较高层次的规范失效时才启动其功能。但是如果一个社会里其他的规范都已荡然无存，法律无论如何精密也都不能发生作用，所谓三军大败不可斩也。所以他一再强调学法、立法、司法之人绝不可将法律视为至高无上的规范，忽略了法“背后”的支柱，重蹈中国古代法家的覆辙。

最后，但也是他最为关注的，是学法、立法、司法者的专业教育与德育。法学与医学相似，具有理论与务实两面。因为一般科技的发展影响了人们生活的各个层面，法律就愈来愈多技术性的规定。虽然这些规定也是为了保护并促使社会发展，应该也有其理论的一面，但是一般学法之人眩惑于条文中技术性的细节，往往只在此中钻研，无暇、也无能力顾及条文“背后”产生这些细节的社会、经济、政治、心理等因素。这些因素是法的基础，也是法的指标。法出自这些因素，也要协助人们顺应并改变这些因素，以保护并促进其个人及社会的理想。这是法律存在的意义，即所谓“法之精义”。学习法律就是要学习此精义，不可为条文的字义和细节所困，否则学了之后便成为了“法匠”，犹如修车工人一般，只能依照车厂印制的修护手册处理原设计时就已经预期会发生的问题，超出此范围便不知所措了。（事实上法匠的处境比修车匠更坏，因为人情万变法条有限，涉法之事极少与法条的规定完全相符，引用法条必须加以解释。如果不知“法之精义”便几乎无一法条可以妥善适用。荀子说“不知法之义而正法之数者，虽博，临事必乱”，便是此理。）

学法而只学其文字和细节还会产生另一个问题：使得这样的人目光短浅，胸怀狭窄，只想用一点技术性的知识图利，大则玩法，小则唆讼，不仅不能帮助社会解决问题，反而为它增生了许多问题。为了避免此一结果，法学教育应增设并加强德育一项，其内容和目的与一般德育有异，要强调学法者对“法之精义”的忠诚和对社会整体的责任。不为名利所诱，不为威势所屈，不为群众好恶所驱，不为一己观念所蔽。看个案应顾及大局，论近事应考虑长期的后果，高瞻远瞩，对于法律作为一种社会行为规范在社会上应该产生什么作用详思熟虑，寻求妥当的答案。

法律的功能一则在维护为大众认可的社会经验，一则在协助新的社会经验的发展，二者是密切相关的。为了拓展将来必须了解过去，因为过去的经验必然留下了许多成果，影响着人们现在的心态、认知和行为。然而由于外在环境的变迁，这些成果的实用价值可能已很有限，应该加以改革。谈改革，固然应对新的环境有充分的认识，但是如果仅仅看到新的需要，对于旧环境所生的心态等没有仔细地分析、体悟，贸然而行地改革，必定会遭遇到各种程度和形式的抗拒。这种抗拒在近代中国曾经一再爆发。不幸的是近代的中国人一直未能反省，而在迭次挫败于外国强权之后，丧失了自信，对于自己的文化传统弃如敝屣，盲目地沿着外国人的足迹亦步亦趋。在法文化方面不仅先后抄袭了外国的法制，而且对中国传统法文化嗤之以鼻。时下若干学者常常引述一些日本人对传统中国法文化的批评。其实这些批评是极其肤浅、偏颇的。可惜那些随声附和的人没有兴趣也没有能力去细究中国法文化的精髓，因而说它“不足道”。除了这些通盘否定中国传统法文化的人之外，时下讨论中国法律问题之人大多在其著述中畅引外国制度及理论以支持其说。其实那些制度和理论皆有不少缺点，各该国学者已有深入的检讨，而国人引用之时，显然对这些检讨并无所知。

任何一种制度和理论皆有其优劣之处，都与其整个文化背景息息相关。中国法文化有许多缺点，大多出于权力的集中和滥用，其不良后果为世人所共睹。但是中国法文化也有其长处。主要在实体上不以人为法为限，而重视多种规范的相互关系及整体价值；在程序上不为技术规则所拘，而以一般人能接受的办法去寻求合情、合理，而且可以有助于涉案人长远和谐相处的结果。这些特点在目前只有极少研究比较法文化的学者注意到，认为可以用来补正西方法文化里的一些缺点，如过分重视人为法，过分强调在个案里依据严格的程序及形式寻求抽象、绝对的公平正义而忽视了社会整体利害等等。

三、张伟仁主要论著

张伟仁编 . 1976. 中国法制史书目（3 册）. 台北：“中央研究院历史语言研究所”.

张伟仁 . 1983. 清代法制史研究 . 台北：“中央研究院历史语言研究所”.

张伟仁编 . 1986 ~ 1995. 明清档案（370 余册）. 台北：台湾联经出版公司 .

张伟仁 . 1989. 清代的法学教育 . 台湾大学法学论丛，18（2）：1-35，(3)：1-55.

张伟仁 . 1990. 良幕循吏汪辉祖：一个法制工作者的典范 . 台湾大学法学论丛，19（1）：1-49，(2)：19-50.

Chang Wejen. 1991. Traditional Chinese legal thought part one：foreword and the analects. 台湾大学法学论丛，20（1）：1-43.

Chang Wejen. 1991. Traditional Chinese legal thought part two：Lao Tzu. 台湾大学法学论丛，20（2）：15-41.

Chang Wejen. 1992. Traditional Chinese legal thought part three：Mo Tzu. 台湾大学法学论丛，21（2）：1-28.

Chang Wejen. 1992. Traditional Chinese legal thought part four：Chuang Tzu. 台湾大学法学论丛，22（1）：1-28.

Chang Wejen. 1993. Traditional Chinese legal thought part five：Mencius. 台湾大学法学论丛，22（2）：1-37.

Chang Wejen. 1994. Traditional Chinese legal thought part six：Hsun Tzu. 台湾大学法学论丛，23（2）：1-31.

Chang Wejen. 1995. Traditional Chinese legal thought part seven：Shang Chun Shu. 台湾大学法学论丛，24（2）：47-86.

Chang Wejen. 1996. Traditional Chinese legal thought part eight：Han Fei Tzu. 台湾大学法学论丛，25（2）：61-98，(3)：1-25.

Chang Wejen. 1996. Traditional Chinese legal thought part nine：postscript. 台湾大学法学论丛，25（4）：1-22.

Chang Wejen. 1997. The individual and the authorities in traditional Chinese legal thought. 台湾大学法学论丛，26（2）：1-39.

张伟仁 . 2006. 中国传统的司法和法学 . 法制史研究，(9)：201-222.

张伟仁 . 2006. 学习法律的一些问题 . 法制史研究，(10)：186-221.

Chang Wejen. 2010. Classical Chinese jurisprudence and the development of the Chinese legal system. Tsinghua China Law Review，2（2）：208-272.

张伟仁 . 2010. 古树新蘖——有关复兴中国法文化的一些建议 . 法制史研究，(18)：239-253.

张伟仁 . 2010. 中国法文化的起源发展和特点 . 中外法学（北京大学），22（6）：805-852.

张伟仁 . 2011. 中国法文化的起源发展和特点 . 中外法学（北京大学），23（1）：6-23.

张伟仁 . 2011. 天眼与天平——中西司法者的图像和标志 . 法制史研究，(18)：190-216.

主要参考文献

见上列书目。

撰写者

陈重方（1985 ~），台湾台北大学研究生。

曾宪义

曾宪义（1936～2011），山东济宁人。法学家、法学教育家，中国人民大学一级教授、博士研究生导师，法国、日本荣誉法学博士。1956年考入中国人民大学法律系，1960年毕业后执教母校。1990年至2005年先后担任中国人民大学法律系主任、法学院院长，2006年始任法学院名誉院长。主持人民大学法学院15年来，带领全院师生齐心协力，团结奋斗，使人民大学法学院实现了跨越式发展，奠定了人民大学法学院在全国法学教育和法学研究领域的领先地位。致力推动中国法学教育走向世界，开创中美、中欧、中亚、中非间系列交流合作工程，并于2000年发起世界百所著名大学法学院院长论坛，获巨大成功并享誉海外。撰写《中国传统法律文化研究》（十卷）等著作数十种，获国家级教学成果一等奖、全国法律图书一等奖、北京市优秀共产党员等荣誉。曾任国务院学位委员会学科评议组、教育部社会科学委员会、教育部法学学科教学指导委员会、司法部法律硕士教育指导委员会委员或负责人，中国法律史学会会长、中国法学会副会长、中国法学会法学教育研究会会长等，是新时期中国法学教育的引领者和设计师之一。

一、成长经历

曾宪义1936年1月31日（农历正月初八）生于山东济宁一个贫困家庭。据济宁《曾氏家谱》记载，曾宪义系曾子（曾参，字子舆，公元前505～前432年，被尊为中国古代四圣之一）第74代世孙。关于出生时情形，曾宪义曾自述："1935年春起山东大灾，先是百日旱灾，继以连续暴雨。饿殍浮尸，随处可见。夏秋之际，灾民大规模向西南逃难。1936年正月初八逃难途中，母亲生我于一马棚。母亲折高粱秆皮为刀，自割脐带后，将我裹于缅裆裤腰中继续随众人前行逃难。"

1951年，15岁的曾宪义初中毕业，被山东省济宁市公安局第二派出所录用为户籍警员，正式参加革命工作。1956年，曾宪义以优异的成绩考入中国人民大学法律系，从此结下了与人大法学50多年的不解之缘。

1960年，曾宪义毕业留校任教，在中国人民大学法律系国家与法权历史教研室任助教。1974 年，人民大学停办，他调至中共北京市委政策研究室工作。4 年后，人民大学复校，国家与法权历史教研室改为法制史教研室，曾宪义回到了原工作岗位，并于次年晋升为讲师。1981 年晋升为副教授，次年担任法制史教研室主任并开始指导硕士研究生。1988 年晋升为教授，1990 年被评为人民大学法律史专业首位博士研究生导师，并出任法律系主任。

从毕业留校到担任法律系主任这 30 年里，曾宪义在《法学研究》、《学习与探索》、《政法论丛》、《法律史论丛》、《法律学习与研究》、《人民日报》、《光明日报》等期刊报纸上发表了《人治与法治的历史剖析》、《清末修律初探》、《中国半殖民地半封建法律制度略论》、《宪法在中国的由来和发展》、《明律与唐律的比较》等数篇学术论文和随笔。主编或参加编写了《中国宪法史略》、《中国法制史教程》、《中国法律思想史研究通览》、《中国法律制度史研究通览》、《中国法制简史》、《新编中国法制史》等著作。

1992 年，中国人民大学法律系自办刊物《法律学习与探索》更名为《法学家》，曾宪义任首任社长兼主编，是年当选国务院学位委员会第三届法学学科评议组成员（1992～1997 年）。1994 年，人民大学法律系与本校法学研究所合并成立法学院，曾宪义出任法学院首任院长。1995 年，他被聘为司法部全国法律硕士专业学位教育领导小组组长（1995～1997 年），是年任教育部人文社会科学咨询委员会委员（1995～2004 年）。1998 年，曾宪义在北京主办了“中美著名法学院院长联席会议暨中美法学教育的未来”研讨会。2000 年，他在北京策划主持了“欧洲一体化与中欧法学教育合作论坛暨中国欧洲著名法学院院长联席会议”。同年 12 月，在北京人民大会堂主办了“21 世纪世界百所著名大学法学院院长论坛”，来自全国著名高校法学院院（校）长和五大洲的 132 所著名大学法学院院（校）长和著名法学家出席了会议，这次论坛规模宏大，可谓全国首创。2001 年，曾宪义当选为中国法学会法律教育研究会会长，是年策划主持了“21 世纪亚洲法学教育改革和发展论坛”。2003 年，曾宪义当选中国法学会副会长，同年获得日本立命馆大学荣誉博士学位。2005 年，他当选国家教育部社会科学委员会副主任委员，同年辞去法学院院长职务，被聘为法学院名誉院长。这一年，他还创办“曾宪义法学教育与法律文化基金会”，致力于中国法学教育与法律文化研究事业。是年年末，曾宪义在北京主持“中国传统法律文化研究”教育部重大攻关项目实施研讨会。这一年，他指导的博士研究生李力的博士论文《清代民间契约中的法律——民事习惯法视角下的理论构建》一文获得 2005 年度全国优秀博士论文。2007 年，曾宪义获法国埃克斯—马赛大学荣誉博士学位。2009 年，他被评为中国人民大学首批一级教授，是年患病住院。2011 年 1 月 15 日曾宪义因病治疗无效逝世，享年 75 岁。

自曾宪义担任法律系主任直至逝世的这 20 多年来，他把全部精力都投入在了法学院的发展和中国法学教育的国际化上，他在担任法律系（法学院）主任（院长）的这 15 年里，带领全体师生齐心协力、团结奋斗，使中国人民大学法学院实现了跨越式发展，奠定了中国人民大学法学院在全国法学研究和法学教育领域的领先地位，使中国人民大学法学院在国际法学教育界拥有了较高的声誉和影响力，开始跻身于世界一流法学院行列，并将中国法学教育推向了世界。

二、学术研究及重要贡献

（一）主要研究领域及学术思想

曾宪义的学术研究主要集中在早年时期，以中国法制史为核心，具体包括人治与法治问题、民主与法治问题、国家法制建设问题、唐律研究、中国传统法律文化等重大问题，此外，他还关注“台湾法”等相关问题。

在中国人民大学法律系读书期间，曾宪义深知读书机会难得，因而兢兢业业，刻苦学习，对中国法制史尤为偏爱，在校期间参加了法制史教研组的各项科研活动。毕业留校后，曾宪义在法律系国家与法权历史教研室任教，开始从事中国法制史的教学研究工作，他虚心学习，认真备课，受到了师生的一致好评。1963 年，他参加了新中国成立后最早的法律史教材《中国国家与法权历史讲义》一书的编写工作。自任教以来，他长期为法律系新生讲授中国法制史，他独特的以理论联系实际，穿插案例教学的授课风格给当时的同学们留下了深刻的印象。1978 年，人民大学复校后，曾宪义开始着手科研工作，他参加合著的早期著作有《中国宪法史略》、《中国法制史教程》、《中国法制简史》、《新编中国法制史》等，这些著作为后来的中国法制史学科建设做出了重要贡献，也奠定了中国法制史学科的研究基石。他还在《法学研究》、《学习与探索》、《教学与研究》、《人民日报》、《光明日报》等报刊上就人治与法治问题、宪法实施问题、民主与法治等问题发表了数篇学术论文和随笔。

曾宪义担任法律系法制史教研室主任后，行政和学术两不误，发表了《清末修律初探》、《中国半殖民地半封建法律制度略论》、《宪法在中国的由来和发展》、《明律与唐律的比较》等论文于《政法论丛》、《法律史论丛》、《法律学习与研究》等学术期刊上，并继续主持或参与编写了数部中国法制史系列教材。1988 年，人民大学成立台湾法律问题研究所，曾宪义担任所长，自此以后，他把“台湾法”纳入了自己的研究范围，发表了对“两岸关系条例”评价性的文章若干，并对台湾现行法规及两岸关系的问题多有涉猎。担任院长后，尽管公务繁重，曾宪义还是对中国传统法文化、中国古代法等相关问题发表了若干学术论文。

2005 年，曾宪义辞去法学院院长一职后，将全部精力都放在了“中国传统法律文化研究”这一宏大课题上，在他的带领主持下，一套前所未有的十卷本全方位研究中国传统法律文化的系列丛书最终付梓出版。

自曾宪义留校任教以来，他把全部精力都投入到了法制史的教学科研和法学院建设上，尽管他有行政事务，但是他倾其全力为法制史学科的繁荣昌盛而笔耕不辍。他先后发表了 50 多篇的学术论文和随笔、书序，主持编纂或参与编写了几十部著作和法律史资料汇编，为改革开放以来法律史学奠定了坚实的学科基础。

1. 人治与法治等问题的研究

曾宪义曾在《法学研究》和《学习与探索》上发表《人治与法治的历史剖析》《人治与法治问题初探》等文，对中国古代人治与法治问题的历史发展以及相关问题提出了独到的见解，他认为把古代法家说成是绝对的法治，儒家说成是绝对的人治，儒法两家从先秦一直对抗到现代，是完全违背历史真实的，应该说先秦法家只是侧重法治，儒家只是侧重人治而已。进入封建社会以后，任何一个朝代的开明统治者，都没有忽视“礼”和“刑”的作用，都没有割裂人治与法治的内在联系。简单地用人治与法治的区分不足以概括中国历史上极其复杂矛盾的政治现象，这非但不符合中国古代的历史实际，也不符合中国近代的历史实际，用“人治”与“法治”这两个概念来概括中国今天为建立和健全社会主义民主与法制而斗争的丰富实践，也是不妥切的。

2. 民主与法制等问题的研究

曾宪义曾撰文探讨了五四运动时期争取民主与法制的问题，在《教学与研究》、《北京日报》上发表了论文若干。他认为五四运动时期，争取民主与法制是整个运动的一项重要内容，学习和总结这方面的历史经验，有利于加快中国社会主义民主和法制的完善过程。五四运动时期，反对专制制度，争取民主的斗争是在三条战线上进行的：其一是反对封建专制制度的核心——君权；其二是反对封建专制制度的社会基础——封建家族制度；其三是反对封建专制制度的精神支柱——封建伦理道德。随着资本主义经济的进一步发展和工人阶级的壮大，以及马克思主义的传播，五四运动时期争取民主与法制的斗争，带有明显的由旧民主主义向新民主主义转变的时代特点。

3. 关于“台湾法”问题

曾宪义 90 年代担任台湾法律问题研究所所长后，发表了《评析台湾当局的“两岸关系条例”》、《台湾现行特别法规及其对发展两岸关系的困扰》、《海峡两岸法律界学术交流的回顾与展望》、《略论两岸关系的立法与前途》等论文，并先后主持编写了《海峡两岸交往中的法律问题》、《台湾律师制度》、《“台湾法”概论》等著作。这为中国大陆研究“台湾法”、研究海峡两岸交往中的法律问题做出了奠基性的贡献，在两岸关系长期紧张对峙开始缓和的那个时代，具有非常重要的现实意义。曾宪义认为，对于两岸关系最好的调和就是立法手段，运用立法手段来处理两岸交往中产生的若干法律问题，是两岸交往进一步发展的需要，但是需要注意的是，两岸往来的法规，应该是海峡两岸有关方面经过充分协商而达成的、能够适用于两岸的共同规则，而不应是单方面强加于人；应该是公平、合理、合乎时代潮流的“良法”，而不是充满保守与偏见的纯粹强制；应该是有利于国家和平统一、有利于两岸关系良性发展的积极规范，而不应该以自我为中心对对方刻意限制与排斥。立法的目的，也应着重于解决两岸之间产生的各种事务，而不应以政治上的利益为中心。这一论点得到了广泛的认同，也为后来海峡两岸的交流与沟通中的法律问题研究提供了理论基石。

4. 关于中国传统法律文化的研究

曾宪义于 20 世纪 90 年代中期起就开始主持关于中国传统法律文化的研究，并形成了一系列前期成果。2005 年他以前期成果为基础，主持申报了“中国传统法律文化研究”课题，被教育部正式确立为哲学社会科学研究重大课题攻关项目，同时也被新闻出版总署确定为“十一五”国家重点图书出版规划项目。自此，曾宪义开始殚精竭虑于这一宏大的科研计划，他召集全国各知名高校和科研单位 50 多位法律史专家学者，耗时近 6 年完成一套十卷本专著的编写。最终《中国传统法律文化研究》（十卷本）于 2011 年问世，受到法学界的高度肯定。这套书凝聚了全国 50 多位法律史专家学者十多年的心血，全面系统地梳理了中国传统法律文化的进化历程及结晶，省察了中国传统法律文化与西方法律文化之间的相互影响，是关于法律文化研究的鸿篇巨制。该书对于推进中国传统法律文化研究、推动中国法律史学科的进步、弘扬中华优秀法制文明、实现中华民族的伟大复兴，都具有重大且深远的意义。正如曾宪义在《中国传统法律文化研究》总序里所言，“阐扬中华法律文明是我的神圣使命”，他正是用其一生来诠释中国传统法律文化的博大精深。

（二）对人大法学院建设的贡献

曾宪义自1990年起担任法律系主任，1994年法律系与法学研究所合并为法学院又担任首任院长，直至2005年荣休，先后主持法学院15年。在这15年里，他带领全体师生携手共进，使中国人民大学法学院实现了跨越式发展，奠定了其在全国法学研究和法学教育领域的领先地位。

在中国人民大家法学院的成长与发展过程中，曾宪义始终坚持一个理念，即“自强”才能“自立”，自强才会有发展的前途和命运。法学是一门政治性很强的学科，经历了“文化大革命”和极左思潮长期的影响，人们的思维还很谨慎，不敢轻易冲破以往的禁区。那么如何自强，出路何在，正是曾宪义在主持法学院之初面对的最大难题。

1990年曾宪义担任法律系主任后，面对国家经济改革的浪潮和社会快速发展下的法制建设出现的新形势，他以政治家的敏感和远见卓识在法律系率先进行了法学教育究竟应当“谁适应谁，谁服务谁”的思考与讨论。最终全系上下取得了共识：法学教育应当主动适应社会的发展和需要，教师的知识结构，学院的专业与课程设置和教学内容、教学手段、教学方法，应该主动适应和服务于建设社会主义法治国家的需要。正是这一共识使法律系获得了脱颖而出优先发展的机遇，获得了自强自立的条件。在他的带领和谋划下，各二级学科的课程改革随之相继展开，知识产权法、商标法、著作权法、专利法、票据法、保险法、海商法等30多门新课程相继开设，许多课程适应中国市场经济的需要，在国内是第一次开创，学科专业面貌焕然一新。此外，曾宪义坚持教学必须以理论联系实际为出发点，多次组织师生到实际工作部门进行教学实习，并组织模拟法庭、法律咨询、普法宣传等活动。中央立法/司法机关、行政司法机关几十名具有研究能力和学术水平的领导同志被聘为法律系的兼职教授，进一步加强了与实际部门的联系。此后，法律系还受国家教委、最高人民法院委托，举办了全国高级法官培训班，培训最高人民法院各厅厅长、各省高级法院院长及相当一部分中级法院院长，把理论与实际的结合推向更高阶段，也使法律系乃至后来的法学院的影响日益扩大。人民大学法律系自20世纪50年代之后又重新在中国法学教育领域占据了主导的地位，为今后的发展奠定了极为重要的基础。

教学改革推动了科研工作的开展，如1992年，在曾宪义的推动下，法律系主办的刊物《法律学习与研究》更名为《法学家》，他任首任社长兼主编。自此，《法学家》在法学界获得了新的定位和评价，其刊登的文章品质极高，学术思想也异常新颖，在法学类中文核心期刊里占据了重要的地位。在 1999 年，曾宪义带领全院优秀教师编写出版了“21 世纪法学系列教材”，他作为总主编全盘统筹，从最初的 14 门核心课，到现在的核心课教材、选修课教材、案例分析教材等，总计陆续出版了百余种。这一系列教材在法学研究和法学教学领域都占据了不可动摇的地位，被列入了国家“十一五”教材规划建设中，并于2002 年获教育部“全国普通高等学校优秀教材一等奖”，成为了全国法学教材的标杆。此外，曾宪义还带领法学院与最高人民法院合作编辑《中国审判案例要览》，聘请了近 200 位编辑和通讯编辑，每年从全国 400 万个案例中，选出 400 多个代表性案例，分别用汉字简体、汉字繁体、英文每年出版一部，一直坚持至今。案例中法官、检察官、公诉人、律师、当事人都用真名实姓。《中国审判案例要览》的编辑出版，对于宣传中国的法制建设、规范各级司法审判、丰富高校案例教学，具有重要意义。该项目荣获国家新闻出版署组织评选的全国法学科研著作一等奖第一名和北京市科研成果特等奖，曾宪义带领全院教师为此付出了大量的心血和努力。

在曾宪义带领下的法学院生机勃勃，在改革中寻机遇，求发展，在自强中自立，经过多年的努力奋斗，成为全国高校博士、硕士等学科点和研究基地最多；承担国家级、省部级和国际合作项目最多；教师在海内外出版学术著作、发表论文、承担项目与获奖项目均居全国法律院校之首的单位。法学院教师当时还参与起草了几乎所有国家基本法律和重要法规，有 20 多位教师是党和国家有关部门的专家咨询委员，法学院教师还多次受邀赴中南海为中央政治局、全国人民代表大会常务委员会授课。

正是由于在自强中获得了自立，在曾宪义主持法学院的这些年，法学院逐渐得到了国内法学教育界的认同，曾宪义也被确定为国务院学位委员会法学组召集人和教育部高等学校法学教学指导委员会主任委员。1998 年 5 月法学院荣获国家授予的全国“五一劳动奖状”，这是当时全国高校系统唯一获此殊荣的单位。而与此同步，世界法学界也开始了对中国人民大学法学院的密切关注和前所未有的重视。

（三）对法学教育国际化的贡献

在曾宪义的带领下，中国人民大学法学院取得了全国法学科研和法学教育界的领军地位，这只是实现了第一个阶段的奋斗目标；自 1997 年起，曾宪义全力推进中国法学教育与世界法学教育的交流与合作，推动中国法学教育走向世界，逐步取得在世界舞台上的发言权和话语权。可以说他是中外法学教育交流与合作的重要推动者之一。

1997 年，教育部高等学校法学学科教学指导委员会成立，曾宪义担任主任委员。他深感法学教育的对外开放势在必行，利用中国人民大学法学院的国际影响力和教指委的组织力，大力推动法学教育的对外交流与合作，形成了全面开放、平等对话、有效合作的崭新格局。

1998 年，曾宪义在中国人民大学法学院主办了“首届中美著名法学院院长联席会议暨中美法学教育的未来”研讨会，是为推动中国法学教育走向世界的第一步。耶鲁大学、哈佛大学、斯坦福大学、哥伦比亚大学等美国 10 所大学法学院院长和中国人民大学、北京大学、中国政法大学等国内 24 所法学院（校）长参加了这次会议。教育部、外交部、司法部、国务院法制办公室等部门的领导同志也参加了会议，最高人民法院院长、中国首席大法官肖扬会见了与会中外代表。此次会议是中美两国法学研究和法学教育领域内最高层次、最高水平的会议，是在江泽民主席成功访美、中美两国元首发表联合声明和克林顿总统即将正式访华之际，中美双方第一个启动的交流合作项目。克林顿总统专门给会议写来了贺信，他在贺信中称赞此次会议是中美两国元首会晤后法律合作的“第一件大事”。

在成功举办了“首届中美著名法学院院长联席会议”以后，曾宪义又先后组织举办了“首届中国—欧洲著名法学院院长联席会议”（2000 年），“21 世纪世界百所著名大学法学院院长论坛”（2000 年），“第一届亚洲著名大学法学院院长论坛”（2001 年），“中俄法学教育研讨会”（2005 年），“中国—非洲法学教育与法律文化论坛”（2006 年），“中国—澳大利亚百所著名法学院院长联席会议”（2006 年）等国际交流活动。

其中，2000 年举办的“21 世纪世界百所著名大学法学院院长论坛”最具影响力，这次会议在北京人民大会堂举行。来自世界五大洲 132 所最著名大学法学院院（校）长、法学家和中国法学会暨各专业研究会会长及国际刑法协会、国际宪法协会等国际法学团体的负责人到会，以时任中共中央政治局常委、全国人民代表大会常务委员会委员长李鹏同志为首的 10 名国家领导人和 40 名正副部长出席。这次宏大的会议成功地实现了曾宪义力图将中国法学教育推向世界的目标。

（四）对法学教育及人才培养的贡献

曾宪义不但是法学家，也是法学教育家。新中国的法学教育经过 20 世纪 90 年代以来的改革和发展，已经形成了具有庞大规模且结构合理、整体质量稳步提高的教学体系，并在世界法学教育体系中占有了一席之地，曾宪义经历了这一全部过程，并主导了 90 年代以来中国法学教育的改革和发展。

1. 创新法学教育思想

曾宪义曾指导法学界、法学教育界开展了转变和变革法学教育思想和教学观念讨论，实现了思想观念的转变，诸如：从知识传授的教学观转向能力培养的教学观，从教育终身的观念转向终身教育的观念，从专业对口培养的观念转向专业教育与通识教育相结合的观念，由单一的知识传授转向全面素质教育观念，由学生是客体的观念转向学生是主体的观念，由偏重共性的教学观转向兼顾共性和个性、因材施教的教学观。教育思想和教学观念的转变为法学教育和教学改革提供了舆论准备。特别是曾宪义强调法学教育要注重对学生进行中国优秀法律文化传统、社会主义法治理念和法治精神与中国特色社会主义法律制度的教育。

2. 法学教育战略改革

曾宪义还对法学教育改革与发展的战略出谋划策。法学教育是以实施素质教育、传授法律知识、训练法律思维、造就高级法律专业人才和治国理政人才为内容的教育活动。20 世纪 90 年代中期以后，随着法学教育规模的迅速扩大，中国法学教育中内在的缺点不断凸现，新的问题日益严重。比较突出的缺点和问题是人才培养模式僵化，专业设置过于狭窄，课程体系从科学性看相当零乱，教学内容陈旧，教学方法单调，教师队伍水平参差不齐，素质教育和职业道德教育薄弱……面对上述缺点和问题，法学教育、特别是法学本科教育必须进行战略规划和改革。为此，2000 年初，曾宪义提出要对中国法学教育改革与发展进行战略研究和谋划。为此，以他为首组成课题组，向教育部申请了“21 世纪中国法学教育改革与发展战略研究”课题，得到评审专家的推荐和教育部的批准。这个课题是在“面向 21 世纪法学课程体系与教学内容改革”系列研究的基础上进行的。在课题研究过程中，曾宪义对改革开放以来法学教育发展经验进行全面总结，对国外、特别是发达国家法学教育的模式、方法、课程体系等进行了比较研究，对法学教育中存在的普遍问题进行了分析和梳理，从理论上提出和解答了法学教育所涉及的基本理论和重大现实问题。这个项目结项成果丰硕，其中完成的《中国法学教育教学改革实施工程》荣获国家级教学成果一等奖，是对这项研究成果及其应用效果的充分肯定。

3. 法学教育的深度改革和发展

在创新法学教育思想，深入进行战略研究和谋划的基础上，曾宪义带领法学学科教学指导委员会和法学教育研究会，不断推进中国法学教育的深度改革和发展。

曾宪义对法学本科教育进行了科学定位。世纪之交，法学教育的属性与定位成为教育界争论的焦点。为了凝聚共识，曾宪义在听取一些同志意见的基础上，提出法学本科教育应当是素质教育，在法学教育的全过程都要以推广素质教育为重，因为素质教育是学习型社会的必然要求，素质教育也是法律专业教育的核心和基础。在定位法学本科教育为素质教育的同时，曾宪义还大力倡导法律职业教育，亲自建议设立法律硕士专业，创立法律硕士培养机制。在他担任全国法律硕士专业学位教育指导委员会第一副主任委员期间，中国的法律硕士教育蓬勃发展。除了法律硕士这种职业教育之外，曾宪义还积极参与其他法律职业教育，例如国家法官学院、国家检察官学院的在职培训等。

曾宪义还大力推动法学教育人才培养目标模式的多元化，以适应社会对法律人才需求的多元化。从政、经商、治学等各个行业都需要大量的法律专业毕业生，面对宽口径的就业渠道，社会对法律人才的多样化需求，他主张法学教育应当是基本教育与特色教育相结合。

在高校法学专业设置改革上，曾宪义的建议也得到了主管部门的认同。20世纪90年代中期，根据宽口径、厚基础、高素质、重应用的专业建设思路，教育部实施大规模的专业结构调整。在曾宪义的主持下，经过一年多十几次的调研、座谈，充分听取各院校以及政法实务部门的意见，认真研究国内外、新中国成立前后、“文化大革命”前后专业设置的情况，反复进行论证，分清本科生和研究生的不同培养目标，最终形成了法学专业整合的建议。这一建议得到教育部的批准，成为高校专业设置和调整改革中一步到位的典型。

4. 法学教育的规范化建设

改革开放以后中国的法学教育发展迅速，法学院校如雨后春笋般出现。进入21世纪后，设置法学专业的院校达到600多所，本科生招生规模每隔四五年就翻番一次。与法学本科生招生规模的几何级数发展同步，法学研究生教育也以几何级数发展。法学教育出现了速度与规模双增长的发展态势。于是，速度与效率、数量与质量的矛盾日益突出。如何应对这种局面，引导法学教育科学发展，关键的是加强法学教育的规范化建设。在教育部高教司的直接指导下，曾宪义亲自挂帅、亲自调研，与教育部高等学校法学学科教学指导委员会、法学教育研究会的专家学者有的放矢地制定了《高等学校法学专业设置标准》、《高等学校法学专业本科教学工作合格评价方案》、《高等学校法学专业教育优秀评价方案》。这三个方案设定了法学本科教育的培养目标和培养规格。这几个方案构成了法学教育教学质量监控与评估的指标体系。

2003 年受教育部高教司委托，由曾宪义直接挂帅，高等学校法学学科教学指导委员会和法学教育研究会组织全国 30 余名重点法学院校负责人，对抽取的 6 所高校的法学本科评估专业点进行了合格评估。这是改革开放以来第一次对法学本科专业进行评估，在国内外产生了广泛的影响，起到了“以评促建、以评促改”的良好效果，为今后的工作积累了初步的经验。

曾宪义作为中国人民大学一级教授，在他担任中国人民大学法学院院长期间，他倾注自己全部智慧和精力，带领中国人民大学法学院不断创造辉煌。而今的中国人民大学法学院已经成为国内领先、国际知名的法学院，成为中国法学教育的品牌。中国人民大学法学院的建设成就的意义绝不限于人民大学法学院自身，而是对全国法学教育的改革和发展具有示范意义。这也是曾宪义对中国法学教育的重大贡献。

三、曾宪义主要论著

张晋藩，曾宪义 . 1979. 中国宪法史略 . 北京：人民出版社 .

曾宪义 . 1983. 清末修律初探//中国法律史学会《法律史论丛》编委会编 . 法律史论丛 .（3）. 北京：中国社会科学出版社 .

曾宪义 . 1986.《中国法制史》学科的历史与展望 . 学员之家（法律版），(1)：38-41.

曾宪义，赵晓耕 . 1988. 宋代改制与更法的历史启迪 . 政法丛刊，(2)：13-15

曾宪义，范忠信编 . 1989. 中国法律思想史研究通览 . 天津：天津教育出版社 .

曾宪义，郑定编 . 1989. 中国法律制度史研究通览 . 天津：天津教育出版社 .

曾宪义 . 1990. 中国法制史学的十年回顾与前瞻 . 法律学习与研究，(6)：1-7.

曾宪义，郑定 . 1992. 评陈鹏先生的《中国婚姻史稿》. 中国人民大学学报，(1)：117-118.

曾宪义，郑定 . 1992. 略论两岸关系的立法与前途 . 法律学习与研究，(4)：71-73.

曾宪义编 . 1993. 台湾律师制度 . 北京：法律出版社 .

曾宪义 . 1994. 唐律研究的新成果：《唐律与中国现行刑法比较论》评介 . 法学家，(3)：87-88.

曾宪义 . 1998. 中国的法学教育体制及改革 . 法学家，(5)：97-102.

曾宪义编 . 2000. 中国法制史 . 北京：北京大学出版社，高等教育出版社 .

曾宪义，马小红 . 2003. 中国传统法的结构与基本概念辨正——兼论古代礼与法的关系 . 中国社会科学，(5)：61-73，206-207.

曾宪义，马小红 . 2005. 试论古代法与传统法的关系——兼析中西法传统在近现代演变中的差异 . 中国法学，(4)：174-185.

曾宪义 . 2007. 论传统法的反思 . 法学家，(5)：1-3.

曾宪义 . 2009. 法学教育六十年 . 法学家，(5)：1-3.

曾宪义 . 2009-7-1. 会通中西，兴盛法学 . 中国社会科学报，B8.

曾宪义 . 2009. 关于中国传统调解制度的若干问题研究 . 中国法学，(4)：34-46.

曾宪义编 . 2011. 中国传统法律文化研究（十卷本）. 北京：中国人民大学出版社 .

主要参考文献

曾宪义编 . 2011. 中国传统法律文化研究（十卷本）. 北京：中国人民大学出版社 .

中国人民大学法学院编写组 . 2012. 追求卓越，义宪法林——缅怀著名法学家、教育家曾宪义先生 . 北京：中国人民大学出版社 .

撰写者

赵晓耕（1960 ~ ），中国人民大学法学院教授，曾宪义指导的 1995 级博士研究生。

李昌麒

李昌麒（1936 ~），重庆潼南人。法学家，经济法学的开拓者与奠基人之一。1959 年毕业于西南政法学院。1979 年末起在西南政法学院工作，任教授、博士生导师，先后担任国家重点学科西南政法大学经济法学科点学科带头人，中国法学会民法学经济法学研究会副会长，中国法学会经济法学研究会副会长，国务院学位委员会第四届学科（法学）评议组成员，国家中高级干部学法讲师团成员，重庆市第一届人民代表大会代表及法制委员会副主任委员，重庆市人民政府法律顾问，重庆市社会科学联合会副主席等，曾获全国优秀教师、全国“五一”劳动奖章等多项荣誉。他是中国第一代从事经济法学研究的代表人物之一，为中国经济法学科的诞生和发展做出了巨大贡献。其学术专著《经济法——国家干预经济的基本法律形式》是中国最早全面论述经济法理论和制度的重要著作。他所创立的“需要国家干预说”是中国经济法学的一个主要流派。他公开发表有见地的学术论文 80 余篇，出版法学专著、教材、大型工具书 32 种，获国家级和省部级奖励达 18 项。他提出的观点和主张不仅为解决中国社会存在的现实问题提供了丰富的思想与学术支持，而且极大地丰富了中国经济法学教育资源的内涵与传播方式。

一、坎坷人生路　拳拳法治心

李昌麒，字孟鲁，1936 年 2 月 14 日（农历正月二十二日）出生于四川省潼南县宝龙场惠光寨。钟灵毓秀的潼南，民风淳朴，崇学尚德，人才辈出，既有名垂千史的宗教领袖、朝廷重臣，也有当代革命先烈、军政要员和科学家。在这种社会氛围下，李昌麒家的家教十分严格。中国人起名常常寄托着对子孙的希望，李昌麒因属“昌”字辈，学名取为“昌麒”，乳名取为“凤翔”，寓意为“兽鸟之王”。他的祖父李时光，字成美，家境富甲一方；父亲李盛世，字辅庭，做过地方小吏；母亲莫若素，善良敦厚。所以自小起，长辈们的成人之美、报效国家、奋发向上的言传身教在他身上产生了潜移默化的影响。李昌麒幼而好学，四岁入私塾启蒙，七岁起离家寄读于设在庙宇中的小学和县城中学。1949 年潼南解放，他冒着可能被当时还很猖獗的土匪打劫的危险，只身背着仅够御寒和果腹一餐的行囊求读于县城中学，少年求学可谓艰辛。

1955 年，李昌麒考入西南政法学院（1995 年改名为西南政法大学，下文一并简称为“西政”），由此步入法学殿堂。20 世纪 50 年代中国社会处在大变动时期，当时的西政是在西南人民革命大学的基础上合并重庆大学、四川大学、贵州大学、云南大学、重庆财经学院的法律院系而成立的，汇集了当时西南地区法学和法律界的主要资源，可称为“新中国政法类的西南联合大学”。当时在西政有一大批留学欧美、日本的学者以及国内知名大学的教授，比如，讲授宪法的是受“庚子赔款”资助留学日本、曾任四川大学教务长和代理校长的余群宗；讲授外国法制史的是留美博士、任职西南联合大学的朱驭欧；讲授刑法的是留学日本的赵念非；讲授民诉法的是留学日本、原贵州大学法律系主任王锡三；讲授中国法制史的是曾在浙江大学任教的张警，讲授民法的是曾在云南大学任教的彭望雍，讲授语文的是曾任新疆日报副社长兼总编辑的张紫葛。不过，当时的西政在课程设置、教学内容、教学方法等方面大都沿袭了苏联的做法，苏联教授楚贡诺夫曾来校专授刑法，因此，在大学的头两年，李昌麒在西政接受的基本上是苏式法学教育。1957 年“反右”运动开始，李昌麒在校目睹了政治运动对法学教育的巨大冲击，为他授业的余群宗、赵念非、朱驭欧、张紫葛等老师先后被错打成“右派”，他自己也因说了一些在当时看来是“右派”的言论而被错划入“中右”行列，大学生活后两年基本上是在不断的政治运动中度过的。

1959 年 12 月，李昌麒大学毕业，被分配至贵州省民政厅工作，当过收发员，干过测绘，学过财会，搞过盲流收容遣送工作。后调至贵州省建筑工程管理学校和贵州省建筑工程管理局从事教学和宣传工作。其间，他曾进“五七干校”学习，还背负“黑秀才”之名被建工局隔离反省两个月。与那个时代的许多知识分子一样，李昌麒的韶华时光不仅与学问绝缘，而且还饱尝了种种磨难。人性的扭曲，法制的横遭践踏，社会秩序的动荡，让他痛心疾首。但是，艰难的环境和不停的政治运动冲击并没有改变李昌麒对社会安定和学术理想的憧憬和追求。在贵州的 20 年里，他在与社会（特别是农民）的接触中积累了丰富的实践知识，这为他以后来从事法学教育与研究工作提供了一手素材。

熬过特殊的年代，中国进入了拨乱反正时期，整个社会气象为之一新，法制的春天终于来临。人至中年，从“法律虚无主义”泥潭中走出的李昌麒，强烈地预感到在改革开放的背景下民主和法制建设必将成为社会发展的主题词。他在工作之余研读了悉心保存下来的大学笔记，拾起笔头开始创作。1979 年他在《贵州日报》上发表了处女作《推行合同制》，旋即又发表了《推行蔬菜合同制》、《浪费有罪》等文章。1980 年他出版了新中国成立后也许是最早的一部较全面地论述经济合同的著作《经济合同简述》。文章的接连发表对他的职业归属产生了极大影响。彼时的西政刚刚经历“文化大革命”浩劫后复办不久，百废待兴，李昌麒萌生了回母校西政从教的念头。1979 年底，他拿着署名发表的几篇文章敲开了回到母校任教的大门，此时他已 44 岁。“回母校是我人生最大的转折，我很庆幸这一选择。如果不是站在三尺讲台上，可能就不会有后来的研究，更谈不上有所成就。”李昌麒在他的一次访谈中如是说。

重新起航的西政对人才表现出极大的渴求，为李昌麒提供了相当宽松的活动空间。为了把过去耽误的时间“抢”回来，他近乎拼命，在紧张的教学工作之余，每天至少要用八个小时以上的时间阅读、写作和备课，在酷暑难熬的夏季，常常是赤膊上阵。最初，李昌麒在民法教研室从事民法教学，并修编出版了中国最早的一部民法教材《中华人民共和国民法讲义》。1980 年他进入新成立的经济法教研室，踏上经济法教学与研究之路，同年作为副主编出版了全国较早的一部经济法教材《中华人民共和国经济法讲义》。20 世纪 80 年代初期，中国经济法理论还处在初创时期，当时法学界对民法与经济法的关系尚未形成共识。1984 年，李昌麒在第一次全国经济法理论学术讨论会上，发表《建立我国经济法理论体系的方法和途径》一文，从方法论的角度力主经济法是中国法律体系中的一个与行政法和民法并行不悖的法律部门。当年，李昌麒当选为西政经济法教研室主任、中国经济法研究会理事、四川省民法学经济法学研究会副会长。1985 年至 1990 年担任西政经济法系首任系主任。由于行政事务繁杂不堪，李昌麒苦于经济法研究需要大量的精力和时间，在 1990 年执意辞去系主任的行政职务，专门从事经济法教学和研究，当年他已 54 岁。

1993 年，中国正式确立走有中国特色社会主义市场经济之路。在中国，市场与政府的关系不同于西方，且与中国之前的实践也很不相同。社会现实需要学术思想的洞察和开拓。1994 年，李昌麒发表《论社会主义市场经济与经济法制观念的更新》一文，首次提出了“经济法是国家为了克服市场调节的盲目性和局限性而制定的，调整需要由国家干预的具有全局性和社会公共性的经济关系的法律规范的总称”之论断，后来被学者们称之为“需要国家干预说”。1995 年，在其由四川人民出版社出版的个人专著《经济法——国家干预经济的基本法律形式》中，系统地论述了“需要国家干预说”的学术思想和理论框架，后来成为中国经济法学的一大主流学派，为国家干预经济行为的法治化提供了理论支撑。该著作 1996 年获四川省哲学社会科学优秀成果二等奖，2008 年获中国法学会首届优秀法学成果二等奖。

20 世纪 90 年代的中国，“三农”问题日益凸显，如何推进农村法治建设，是摆在国家领导人面前的一个重大问题。1999 年，李昌麒在中共中央举办的第九次法制讲座上，做了题为“依法保障和促进农村的改革、发展与稳定”的讲座，与江泽民、胡锦涛、李鹏、朱镕基、温家宝等中央领导人就村民自治、减轻农民负担、农村税费改革、承包经营权流转、农村社会保障制度的建立、农村合作医疗制度的改革等问题进行了交流，在这次讲座上他提出的一些立法建议和观点为中央决策所采纳。李鹏在《立法与监督——李鹏人大日记》中有这样一段记载：“上午，中央举行法制讲座，西南政法大学李昌麒教授讲农村法制问题。讲得比较系统，提出一大批立法课题。他提出要建立以农业法为核心的农村法律体系，目前急需制定土地承包法。”2002 年，全国人民代表大会颁布了《土地承包经营法》。

进入古稀之年后，李昌麒思想不钝、宝刀不老，持续关注中国改革发展中的重大法治问题，并展开了广泛而深入的研究，引领了中国经济法向纵深方向发展。他陆续发表了《弱势群体保护法律问题研究——基于经济法与社会法的考察视角》、《论分配关系的经济法调整》、《中国实施反贫困战略的法学问题》等一系列文章，回答了中国社会迫切需要解决的许多战略性问题，其中包括运用经济法的思维和方式解决中国经济建设中存在的困难和问题、重视经济发展方式转变背景下经济法的作用问题、运用经济法手段改变城乡二元结构的问题等。

30 多年来，李昌麒在《法学研究》、《中国法学》、《现代法学》、《法学家》、《社会科学研究》、《人民日报》、美国《侨报》等国内外刊物上发表论文 80 余篇。作为专家型人大代表，他参与了中央和地方上百个的法律法规草案的审议和论证，为推进中国法治进程、提高立法质量付出了巨大心血。李昌麒作为横跨两个世纪的法学家和法律教育家，其最具创新能力的精华时段是在 20 世纪度过的。进入 21 世纪以后，尽管岁月不饶人，但他仍然义无反顾地继续追寻“经济法之梦”，同样取得了瞩目的成就。

二、追梦经济法　拓荒奠基人

现代市场经济的关键节点在于处理好政府与市场的关系。市场经济必须尊重市场在资源配置中的基础作用，必须承认市场在实现生产要素资源优化配置方面具有无可比拟的优势。但市场自身也存在缺陷或“市场失灵”，容易导致公共产品缺失、周期性经济危机、垄断和不正当竞争以及外部性等问题。基于上述认识，李昌麒认为现代经济法正是在这样的背景下在全球范围内应运而生的，进而认为对处于转型期的中国社会来说，市场失灵的制度克服尽管可以有多种形式，但主要应依赖经济法。

经济法的出现，是中外法制史上最为引人注目的事件之一。经济法在中国作为一个产生于20世纪70年代末期的非传统法律部门，自它诞生之日起，即承受着学界对其合法性的非议、甚至是指责，这也就决定了经济法学的研究之路绝非坦途，而是布满荆棘与坎坷。选择经济法学作为研究领域，就意味着选择困难与挑战。中国经济法学诞生之初，学派林林总总，场景亦喧亦闹。然而，随着经济体制的变革与社会转型的深入，经济社会现实向经济法学提出了更为深刻的命题。在这种背景下，一个才诞生不久的学科面临着必须主动求变的挑战，这时，有一些曾经的经济法狂热追寻者选择转身离经济法而去，中国经济法学也由此陷入了沉寂寥落。但在这个过程中，李昌麒选择的是坚守。他在反思、在探索、在建构，他有着这样的一种理论自觉和自信，那就是：经济法的全部意义就在于有必要和有能力运用公权力辩证地处理好政府与市场的关系。正是凭着这种自觉和自信，李昌麒通过矢志不移地执着坚守和辛勤探索，终于在理论创设与制度建构方面圆了自己的“经济法之梦”。这对处于困境中的中国经济法学发挥了关键性的影响。“我的学术生涯中，始终把经济法基本理论作为主要研究方向，力图构建一个具有中国特色的适应市场经济体制要求的经济法基本理论体系。”在回顾中国经济法学产生和发展30年历程时，李昌麒曾作出过这样的自我总结。30多年来，李昌麒在经济法基本理论研究方面，形成了“需要国家干预说”这一宏大的理论体系；在经济法制度研究方面，构建了包括宏观调控、农村治理、社会分配、产品质量和消费者保护在内的中国经济法律制度框架；在经济法实施研究方面，构筑了全景性的经济法实施保障体系。他的学说为中国经济法学的形成起到了奠基作用，为中国经济法学的发展起到了重要的指引作用，为中国经济法制的完善起到了支持作用。事实上，李昌麒对经济法内涵的表述为立法机关在构建中国特色社会主义法律体系时所吸纳。

（一）“需要国家干预说”

20世纪90年代中期，在长期的理论探索与经验观察基础上，李昌麒形成了自己最核心的经济法理论成果、也是中国经济法学界最重要的主流学说——需要国家干预说。李昌麒对经济法采取了一种特殊的定义方法，即把经济法的功能与经济法的调整对象和范围结合起来的方法，将经济法定位为“国家干预经济的基本法律形式”。这揭示了现代经济法存在的客观基础及其本质属性。解读“需要国家干预说”的哲学意蕴，可以从以下几个方面窥见李昌麒的匠心独具：

其一，浓郁的“有限政府”理念。在市场经济条件下市场和国家存在主次关系，市场调节是第一位的，政府的能力永远是有限的，必须十分小心地与市场保持适当的距离，审慎使用对市场的干预权力。他特别提出政府干预绝对不应当是恣意行为，“我们现在所说的国家干预已经不同于集权体制下所进行的非法制化的、全面的、直接的干预，而是一种法制化的、适度的、以间接方式为主的干预。这也是以国家干预为己任的经济法作为国家干预经济的基本法律形式而大行其道的真谛”。

其二，国家对市场的超脱地位。国家干预是尊重市场经济体制的干预，国家是市场利益关系的外部人与调停者，国家干预的目的是使用外力介入市场并化解市场失灵，使社会利益关系和谐化与正义化。“需要国家干预说”不同于“单向的国家干预论”，国家干预是授权和限权有机结合的干预，它既包括了授权政府依法对经济的干预，又包括了通过法律对政府干预行为的干预。他反复强调，国家干预与市场调节是一种互动制衡关系，一旦市场恢复其基础性作用后，或者干预已无必要时，国家干预必须及时退出。

其三，“需要”和“干预”的正当性基础是社会公平、经济效率、经济民主和可持续发展。“干预”在实践中是一股可善可恶的力量，是一把“双刃剑”，需要还是不需要国家干预，不单纯地取决于国家的意志，市场失灵的范围才是国家干预的范围。并不是所有的市场失灵都可由国家干预，当干预成本过高或干预能力过弱时，国家对市场的干预范围就要受到限制。对此，李昌麒认为：“凡是市场能有效运行之处，就没有经济法存在的空间；凡是有经济法不能克服市场缺陷之情形，就没有经济法运作之余地；凡是存在经济法克服市场缺陷不经济之情形，也没有经济法存在之必要。”

“需要国家干预说”与一般的干预论的不同之处在于使用了准确的切入点，即存在市场失灵与政府失灵时才需要干预。“需要国家干预说”尽管在字面上使用了“需要”这样一个不确定且模糊的语词，但在事实上却包含了均衡干预、有效干预、被干预者对干预者的干预以及经济民主、经济法权威等理念，有助于国家根据不断变化的经济形势采取相应的经济法干预措施。

（二）经济法学研究的方法体系和理论体系

“需要国家干预说”是李昌麒经济法学术思想的精髓所在，但他的学术思想并不只局限于此，他以“需要国家干预说”为核心，发展形成了完整的经济法学研究方法体系和理论体系。

第一，寻求经济法学研究方法的变革。推进经济法学这门新兴法律学科的发展，必须有研究方法上的创新。李昌麒在自己的论证体系中，力图从多样化、整体性、多角度和多维度出发，寻求建立一种符合中国经济体制要求的经济法研究方法。他是中国较早地把系统工程学的原理引入法学研究领域的学者，早在 1984 年他就发表了《怎样运用系统论研究法学问题》的论文，提出了运用系统论所揭示的整体性原则、互相联系原则、有序性原则和动态性原则建立法学学科的结构体系。他指出，经济法学体系是由经济法理论体系、经济立法体系、经济法律法规体系和经济法实施体系所构成的相互联系的、有序的、动态的有机整体。李昌麒对西方法学流派以及法学研究方法持开放性态度，主张借鉴和吸收自然法学派、分析实证主义法学派、法社会学派、法经济学派、制度法学派的研究方法，用以推进中国经济法学研究。同时，他坚定地主张，中国经济法学研究必须有坚定而正确的民族立场与民族视野，要立足中国土壤和中国社会的实际来研究经济法学的基本理论和制度问题。

第二，多学科多维度阐明经济法作为独立法律部门的依据。李昌麒从传统的划分部门法的标准中走出来，提出了应将公私法兼容论、对象论、专业化分工论、优化调整论、协调发展和共同作用论等“五论”作为确立经济法是一个独立法律部门的认识论基础和客观依据。

第三，全面概括经济法的基本原则。李昌麒在兼收并蓄的基础上把资源优化配置、社会本位、经济民主、经济公平、经济效率和可持续发展概括为经济法的基本原则，指明了国家运用经济法的方法干预经济生活的基本价值取向。

第四，系统建构经济法的调整方法体系。李昌麒坚持每一个部门法都有区别于其他部门法的调整方法。“需要国家干预说”把经济法的调整方法概括为指令性的调整方法、指导性的调整方法、国家直接介入经济的调整方法以及激励与惩罚相结合的调整方法。他认为这四种方法不是行政法、民法、刑法调整方法的简单分别适用，而是经济法独有的、其他部门法难以替代的调整方法。

第五，阐明经济法调整对象的范围。李昌麒认为，应当把建立现代企业制度、培育和发展市场体系、加强宏观调控、推进分配体制改革作为中国市场经济法治化运行的基本环节，主张把需要由国家干预的经济关系纳入经济法调整范围，将经济法的具体调整对象归结为市场主体调控关系、市场运行调控关系、宏观经济调控关系和社会分配调控关系。

第六，强调经济法与民法、行政法、社会法之间的互动。李昌麒反对以教条化倾向和从本位主义的立场出发对部门法作出泾渭分明的划分，认为法律部门之间的互动是法治有效运行的基本环节，法律部门的划分应当以法律部门的整体性和互动性为前提，主张在整个法律体系框架内建立各个法律部门之间的良性互动机制。

第七，勾画经济法的体系框架。李昌麒认为，在社会主义条件下，研究经济法的目的是建立适应中国社会转型需要的经济法体系。对此，他做了两方面的顶层设计：一是从经济法的等级层次出发，构建包括统帅性的基本经济法、领域性的基本经济法以及行政性和地方性经济法三个层次在内的经济法体系，应当率先制定《中华人民共和国基本经济法》。二是从经济法调整的社会关系出发，构建包含市场主体规制法、市场秩序维护法、宏观经济调控法、社会分配法在内的经济法体系，其中重在回应性立法。

第八，建立经济法的实施保障体系。法律存在的基本意义在于实施，李昌麒十分强调建立经济法的实施保障体系，他特别强调要尽快解决经济法实施中存在的经济行政执法与监督问题、经济审判中的地方保护主义问题、整肃法官队伍问题、违法者的法律责任追究问题、国内经济法的冲突问题以及执法难问题。

第九，对经济法理念进行创新性研究。继“需要国家干预说”之后，李昌麒作为主持人又对经济法的一个更为上位的概念——经济法理念——进行了系统研究，形成了《经济法理念研究》一书。该书在总结和分析已有经济法理念基础上，将经济法理念概括为人本主义理念、实质正义理念、社会本位理念、适度干预理念和可持续发展理念。该书获重庆市哲学社会科学优秀成果一等奖。

现代中国经济法学是在一张白纸上勾画法治蓝图，没有更多的传统可循，没有更多的现成理论可依，全凭研究者的开拓与创新。李昌麒正是这样的一位中国经济法学的拓荒者与奠基人。

三、情思系于“三农”民生　论说关乎社会公平

中国的知识分子素有“位卑未敢忘忧国”的精神传统。“法学研究的生命力在于与实践相结合”，这是李昌麒的学术信条。20 世纪 50 年代起，由于工作的关系，他长期深入基层，他深知国疴在前，民众尤苦。如何从法律角度化解现实中的焦虑，他做了许多回应性的努力。

“三农”问题始终是中国社会的基本问题之一。李昌麒生于农村，长于农村，又多次在农村工作和下放锻炼，很了解农民的需求，对农村和农民有着割不断的感情，这使得他的研究视野始终没有离开过农村，他也因此被媒体称为“心系农民的经济法学者”。农村承包合同在中国出现之后，不少人将它视为经济合同，对此，他在 1984 年发表了《试论农业承包合同的法律性质》一文，阐明了农村承包合同是中国农村体制改革中出现的一种既不同于经济合同，又不同于劳动合同的具有复

合性质的新型合同形式。农村“两户一体”出现后，鉴于对“两户一体”的侵害时有发生，他发表了《试论对“两户一体”的法律保护》一文，引起了社会的广泛关注。1999 年，李昌麒在中共中央第九次法制讲座中，以“依法保障和促进农村的改革、发展与稳定”为题，向时任中央领导人系统阐述了“农村法治”这一思想主题，尖锐地提出要把土地承包关系、农民负担、农业产业化、农业可持续发展、农业科技开发和成果转化、农村基层组织建设等事关农村改革发展与稳定的问题纳入法治的运行轨道。这次讲座以后，他又应邀到全国 15 个省、市、自治区就这一专题进行了宣讲。进入 21 世纪以后，李昌麒仍然在持续关注“三农”问题，就农村改革发展中的重大法律问题有针对性地提出新的思想，发表新的观点，这从他这一时期密集的研究成果中可见一斑，诸如 2001 年的《农村法治建设若干基本问题的思考》，2004 年的《当前推进农村经济法制建设必须认真解决的几个问题》，2005 年的《运用法治力量推动城乡二元结构的改变》，2006 年的《关于社会主义新农村建设的法治保障问题》、《缩小我国城乡差别的若干法律思考》，2009 年的《关于完善我国农业补贴制度的思考》。他在接受中国国际广播电台的采访时，大声疾呼“为农民增收创造良好的法治环境”。李昌麒十分注重“三农”法制研究的机制与基地建设，2000 年，西南政法大学成立了以他为主任的中国农村法制创新研究中心。2002 年，该中心被评为重庆市首批人文科学研究基地。经过十多年的发展，该中心已经成为中国农村经济法制建设的一个重要智库，为农村改革发展提供了许多有价值的对策建议和科研成果。

与“三农”问题密切关联的是，李昌麒还始终关注社会弱势群体的法律保护。在 20 世纪 90 年代初期，李昌麒就在其建构的经济法体系中，率先把社会分配法作为经济法的子部门法。进入 21 世纪后，他独著或与其指导的博士生合作在中国有影响的法学核心期刊上陆续发表了一系列论文，并在各种论坛以及峰会上积极呼吁对弱势群体进行法律保护。基于对贫富悬殊这一社会问题进行法律治理的考虑，李昌麒在 2002 年发表了《中国实施反贫困战略的法学分析》一文，全景式地分析了贫困的制度性原因，主张发挥法制在反贫困中的基础性作用，通过制定《反贫困法》使解决贫困问题得到制度性的保障。鉴于弱势群体问题已经成为中国全面建设小康社会所必须面对的一个社会问题，2004 年他发表了《弱势群体保护法律问题研究——基于经济法与社会法的考察视角》一文，从整体公平理念、实质公平理念和社会发展理念出发，对中国建立弱势群体法律保障体系进行了框架设计，指出该体系应由保障性法律制度和促进性法律制度组成，其中前者主要由社会法来设计，后者主要由经济法来完成。

随着改革的深入，中国社会逐渐面临改革动力势弱、利益群体固化等问题。改革发展成果能否实现公平分享，对中国经济社会改革能否继续推进形成了极大的制约。基于此，李昌麒怀着强烈的社会责任感和使命感，在古稀之年又聚焦这一问题进行研究。2005 年，他作为首席专家承担了国家社会科学基金重大招标项目“改革发展成果分享法律机制研究”（A），并整合了西南政法大学经济法和民商法学科的优势学术资源，在全国范围内组建了一支由教授、博士生导师和博士参加的研究团队，重点就改革发展成果分享的权利依据、目标诉求、现代理念三个基本领域，针对土地、自然资源、环境保护、产业、就业、社会保障、公共投资、融资税收以及教育利益的公平分享等九大问题，具体设计了改革发展成果公平分享的制度框架以及实现路径。他还特别强调在收入分配改革中要正确处理好经济发展与分配公平、市场调节与国家干预、公权行使与私权保护、资本价值与劳动价值、藏富于民与藏富于国、国有经济与民营经济、强势集团与弱势群体、公共产品与私人产品、城市扩张与城镇发展、政策手段与法律手段等十大关系。这一重大课题的研究成果将为国家出台社会财富公平分配政策和法律提供决策依据，该项目的最终研究成果《中国改革发展成果分享法律机制研究》被评为重庆市哲学社会科学优秀成果一等奖。

为学者，贵在知行合一。李昌麒把学术生涯中的主要精力放在对现实问题的关注与研究之上，体现了一位学者深切的人文情怀。

四、注重法学教育改革　潜心卓越人才培养

“文化大革命”后的西政，校舍简陋，土路泥泞，百废待兴，但是文脉尚在。李昌麒等是西政复校后的首批教师，这个群体在西政第二次创业中以坚韧执着的精神，重新构建了西政的法学教育体系，将对国家与民族命运的强烈忧患意识转化为传道、授业、解惑的不懈激情。他们潜心学问，关爱学生，不唯功名，不与世争，筚路蓝缕，兢兢业业，最终将西政建设为法学界的“黄埔军校”，形成人才辈出、令人叹为观止的“西政现象”。这其中也包含李昌麒的一份付出。

中国经济法教育是一项需要通过独立自主的研究、创新与探索来造就高层次法学人才的事业。复校后的西政率先在全国设立了经济法专业，但当时存在严重的缺师资、缺教材、缺经验等问题。李昌麒作为西政经济法教研室的首批教师，后又作为西政经济法系第一任系主任，为经济法课程的设置、教材的编写、师资队伍的建设以及人才的培养做了大量开创性的工作。经济法作为法学家族中的新成员，教师如何教，学生如何学，经济法教学如何改革，人们都在探索，对此，李昌麒以一个

教师应有的责任心和使命感进行了不懈地探索。由他领衔研究的多项教学成果获得国家级或省部级奖励，其中 1992 年适用于本科教育的《经济法课程建设》获四川省普通高等学校优秀教学成果二等奖；1994 年适用于硕士研究生教育的《市场经济条件下的经济法教学改革》获四川省普通高等学校优秀教学成果一等奖，该成果 1997 年又被评为国家级优秀教学成果二等奖；2005 年适用于博士研究生教育的《在经济法重点学科建设中提高研究生培养质量的新思路》获重庆市优秀教学成果一等奖，2005 年该成果又被评为国家级优秀教学成果二等奖；2005 年由他作为负责人的西政“经济法学”课程被评为国家级精品课程；2008 年由他作为负责人的西政经济法教学团队被评为国家级优秀教学团队。多年来，李昌麒在他的教学和学术生涯中很重视团队精神的培育和发挥，带领他的团队，一步一个脚印，把西政经济法学科推向了全国的前沿。回视西政经济法学科的发展历程，从 1985 年至 2003 年，西政经济法学科获得了硕士和博士授予权，分别被司法部、四川省、重庆市和教育部评为省部级和国家级重点学科，建立了博士后流动站，并面向海外招收硕士和博士研究生。现在，西政经济法学科已经成为中国经济法学的教育与研究的一个重要高地。这份成绩单是以李昌麒为学术领袖的科研团队的智慧与心血之作。

李昌麒十分重视教材的编撰，他认为学生的知识首先来源于教材，教材是构筑学生知识大厦的基石。他还认为，教材编写与科学研究应当彼此依赖、相辅相成，教材写作的过程实际上也是进行科研的过程。李昌麒以极大的热情主编了由司法部和教育部组织编写的包括大学专科、大学成人教育、大学本科以及法律和法学硕士等在内的各个教学层次的经济法教材。由他主编的司法部高等学校本科教材《经济法学》获得了司法部普通高等学校优秀教学成果一等奖，主编的 14 门核心课程之一的《经济法学》教材获得了国家级普通高等学校优秀教学成果二等奖。李昌麒主编的各类教材，不是现有成果的简单罗列，而总是力图以教材为载体用一种创新的思维构建经济法的理论体系，正因为如此，他主编的教材为许多高等学校所采用，教育了一届又一届的学生，对中国法学教育产生了广泛而深远的影响。尤其需要提到的是，他能以满腔的热情主审并仔细修改重庆市小学、中学和普通高等院校的《法制读本》，领中国法学界的风气之先。这些读本出版之后，受到了教育部的充分肯定。在他看来，关注青少年的法制教育，也是他的一种责任。

中国经济法学是一项需要通过不断的代际接力来传承的新兴法学事业。李昌麒认为，教育的本质是培养人、教育人、提高受教育者的生命质量的一种活动。在对待师生关系上，李昌麒特别看重学生的健康成长，尊重学生的个性发展，鼓励学生进行创新性的研究，他常常教育学生不要迷信他，对于学术问题，一定要遵循传承、反思和发展的思路，练就学生独立的学术品格。李昌麒也一直关注经济法学后继者的成长。2003年他发表长篇论文《发展与创新：经济法的方法、路径与视域——简评我国中青年学者对经济法理论的贡献》，对一大批优秀的中青年经济法学者的研究成果进行了细致入微的梳理与客观中肯的评介。2013年，李昌麒在退休之后又在全国范围内组织多位优秀中青年经济法学者在《现代法学》上开辟学术专栏，对中国特色社会主义法律体系中的经济法的形成、标志、发展等进行专题研讨，以总结和弘扬中国经济法学的时代特色与当代使命。

30多年来，李昌麒始终致力于人才培养，西政的课堂、社会的讲台，常响起他极富磁性的声音，而桃李满园是他一直以来引以为豪的人生成就。他指导的研究生中，已有100余人获得硕士学位，41人获取博士学位，作为合作导师与5位博士进行博士后研究工作，至2012年，在他指导的研究生中已有13人晋升为教授，10人遴选为博士生导师，1位博士后被评为全国优秀中青年法学家。他们活跃在各行各业，不少人已经成为经济法学界的中坚力量。

李昌麒不仅关注经济法学的教育，而且对中国法学教育改革也有前瞻性的思考。针对20世纪后期在中国兴起的全民办法律教育现象，他指出现有的法学教育机构，无论在师资、教学内容还是其他教学条件方面，都还处在一种低层次水平上，全民办法学的做法应当纠正。针对一些高校的法学教育中只强调司法考试的应试教育，他指出这是一种实用主义的本末倒置的做法，他强调法科学生的培养必须按照高素质法律人才的要求设置教学内容，对法科学生进行道德修养、敬业精神、心理素质、语言能力、社会实践等各方面综合培养，使其成为具有公平正义理念的法律人。李昌麒对于如何提高法学教育质量也有深刻的论述，他指出，要防止由于市场需求给法学教育所带来的单薄化倾向，教师传授给学生的不能只是技术操作层面的知识，更重要的是要向学生做出深层次的理论阐释；教师要树立法学前沿意识，不断更新教学内容，如果教师不跟踪立法和法学理论的发展，不了解中国的现实问题，那么法学教育就跟不上时代发展的步伐；在教与学的关系上教师要充分重视学生独立学习能力与创新精神的培养，要改变过去那种用一个模子塑造所有学生的教学观念，尤其是要鼓励学生的个性发展和创新精神。

五、李昌麒主要论著

李昌麒．1985．论建立我国经济法体系的方法和途径//中国社会科学院法学研究所民法经济法研究室．经济法理论学术论文集．北京：群众出版社：28-47.

李昌麒．1988．经济法调整对象新探．现代法学，(3)：21-24.

李昌麒 . 1994. 论社会主义市场经济与经济法治观念的更新 . 现代法学，(3)：6-10.

李昌麒 . 1994. 试论房地产市场宏观调控目标及其实现的法律保障 . 中国法学，(6)：67-73.

李昌麒 . 1995. 经济法——国家干预经济的基本法律形式 . 成都：四川人民出版社 .

李昌麒 . 1996. 中国经济法治的反思与前瞻 // 中国社会科学院法学研究所 . 法治与经济发展国际学术讨论会论文集，北京：中国人民大学出版社 .

李昌麒编 . 1999. 经济法学 . 北京：中国政法大学出版社 .

李昌麒，鲁篱 . 1999. 中国经济法现代法若干问题的思考 . 法学研究，(3)：90-10.

李昌麒 . 1999. 依法保障和促进农村改革、发展和稳定 // 吴剑虹编 . 中共中央法制讲座汇编 . 北京：法律出版社 .

李昌麒 . 1999. 我对"需要干预经济关系论"的进一步解释 // 浙江大学法律系，浙江省法制研究所编 . 法治研究 . 杭州：浙江大学出版社 .

李昌麒 . 2003. 寻求经济法真谛之路 . 个人论文集 . 北京：法律出版社 .

李昌麒 . 2003. 中国实施反贫困战略的法学分析 . 法制与社会发展，(4)：86-91.

李昌麒 . 2003. 发展与创新：经济法的方法、路径与视域（上）——简评我国中青年学者对经济法理论的贡献 . 山西大学学报（哲学社会科学版），(3)：27-40.

李昌麒 . 2003. 发展与创新：经济法的方法、路径与视域（下）——简评我国中青年学者对经济法理论的贡献 . 山西大学学报（哲学社会科学版），(4)：25-33.

李昌麒 . 2004. 弱势群体保护法律问题研究——基于经济法与社会法的考察视角 . 中国法学，(2)：82-91.

李昌麒 . 2008-1-1. 法治保障公平分享发展成果 . 人民日报，"民主政治周刊"版 .

李昌麒编 . 2009. 经济法理念研究 . 北京：法律出版社 .

李昌麒 . 2009. 直面中国经济法学的贡献、不足与未来 . 法学家，(5)：25-27.

李昌麒编 . 2011. 中国改革发展成果分享法律机制研究 . 北京：人民出版社 .

李昌麒 . 2012. 李昌麒法治论说拾遗 . 个人论文和讲演集 . 北京：法律出版社 .

主要参考文献

李昌麒 . 1995. 经济法——国家干预经济的基本法律形式 . 成都：四川人民出版社 .

李昌麒，鲁篱 . 1999. 中国经济法现代法若干问题的思考 . 法学研究，(3)：90-10.

李昌麒，岳彩申，叶明 . 2001. 论民法、行政法、经济法的互动机制 . 法学，(5)：50-56.

李昌麒 . 2003. 寻求经济法真谛之路 . 个人论文集 . 北京：法律出版社 .

李昌麒 . 2012. 李昌麒法治论说拾遗 . 个人论文和讲演集 . 北京：法律出版社 .

撰写者

单飞跃（1965 ~），湖南平江人，上海财经大学教授、博士生导师，从事经济法学研究，与传主系师生关系。

应松年

应松年（1936～），浙江宁波人。法学家、当代中国行政法学的奠基人之一。1960年毕业于华东政法学院（今华东政法大学），曾任新疆伊犁州教育局调研室负责人。1981年调西北政法学院国家法教研室。1983年起执教于中国政法大学，曾担任中国法制研究所所长。1995年调入国家行政学院，担任法学教研部主任。2009年受聘为中国政法大学终身教授。长期从事行政法、行政诉讼法的研究和教学。发表文章300余篇，先后收入《中国走向行政法治探索》和《应松年文集》；撰写或主编《行政法总论》、《行政行为法》、《行政程序法立法研究》、《当代中国行政法》、《行政法学》、《行政诉讼法学》等著作数十种。作为全国人民代表大会法制工作委员会行政立法研究组的负责人之一，先后参与《行政诉讼法》、《国家赔偿法》、《行政处罚法》、《立法法》、《行政许可法》、《行政强制法》等法律的研究起草工作，参与众多法律、法规草案的咨询论证。倡导制定《行政程序法》，推动和参与了《湖南省行政程序规定》等地方立法。历任中国法学会行政法学研究会副会长兼秘书长、会长；创办国内第一份部门法学刊物《行政法学研究》；发起和组织东亚行政法学研究会、海峡两岸行政法研讨会等定期学术交流机制；设有以他命名的“应松年行政法奖学基金”。历任第九、十届全国人民代表大会代表、内务司法委员会委员、北京市第十至十三届人民代表大会法制委员会副主任；兼任多个省级政府、中央国家机关的法律顾问、特约咨询员、特约监督员。曾任中国行政管理学会、中国监察学会等学会副会长。获五一劳动奖章、北京市优秀教师奖，被评为“2006年度法治人物”，被授予日本名古屋大学名誉法学博士。

如果要为当代中国行政法的发展找一个最有符号意义的人物，那就是应松年。作为当代中国行政法学的重要开创者之一，他在过去的30年中，始终从事行政法学的研究和教学，执著传播行政法治理念和知识，深度参与并积极推进重大的行政立法，组织领导了大量的行政法学术活动。他同中国行政法休戚与共，中国行政法学带着他深深的烙印。在一定意义上说，迄今为止的当代中国行政法学属于应松年的时代。

一、学者应松年

虽然是法律科班出身，应松年真正接触行政法学还是在 20 世纪 80 年代初期。当时，他从新疆调至刚刚复校的西北政法学院，被委以行政法教学的任务。由于新中国成立后行政法教学和研究长期空白，当时连本教材都没有。在图书馆里，他觅得了尘封多年的民国时期和苏维埃的行政法学著作，加上与同道的交流，才对行政法学有了较为系统的把握。听说司法部正在组织编写全国统一的法学教材，应松年毛遂自荐，参加了行政法统编教材的研讨会。会后，他被法学教材编辑部的王珉灿总编看中，借调过去，参加新中国第一本行政法教科书《行政法概要》的编写。不久，他调入中国政法大学研究生院，同时担任行政法导师组副组长。时年 46 岁，人到中年，学术起步。

(一) 理论基础：从"为人民服务"到"依法行政"

1983 年，应松年在一篇文章中提出，"我国社会主义行政法学的理论基础，只能是为人民服务"。文章进而指出："我国行政机关的行政权来自人民，受人民的委托……制定和执行行政管理法规，是国家行政机关实行为人民服务的宗旨的重要方法；而为人民服务应该是制定和执行行政管理法规的出发点和落脚点。"[①]文章所用的话语是政治的，落实的举措是概略的。但它提出了"行政法学理论基础"这一后来引起热烈探讨的命题，提出了行政法的基本功能和价值取向的问题，代表了应松年此后 30 年学术思考的起点。

在如何为人民服务的问题上，应松年的探索可以说是从行政管理学入手，从"行政管理的科学化、法制化、现代化"开始的。1984 年 8 月，他参加了国务院办公厅、劳动人事部在吉林召开的行政管理学研讨会。这是新中国成立以来第一次由中央行政机关主持召开，理论工作者和行政管理干部共同参加的行政管理学会议。应松年参与了《会议纪要》的起草。《会议纪要》强调："现代国家行政管理最重要的特点之一在于它是一种法律管理。行政管理的过程，从一定意义上说，也是行政法的制定和实施的过程。现代化、科学化的行政管理，必须有法律的保障，才能保证其有效运行和最终实现。"《会议纪要》提出，"要研究行政管理与行政立法的关

---

① 应松年、朱维究、方彦：《行政法学理论基础问题初探》，载《政法论坛》1983 年第 4 期。这篇文章提出的"行政法学理论基础"的命题，在 90 年代后引起了行政法学界的热烈讨论，引出了"平衡论"、"控权论"、"公共利益论"等各种观点的阐发。应松年后来基本没有再参与讨论，也表示他的观点"可以再商榷"，但他始终没有放弃当初的立场。

系，健全法制、依法办事”；“完成从过多的靠政策到既靠政策又靠法律的过渡”；“依靠行政立法来提高和巩固改革的成果”。这些提法体现了行政法和行政管理的密切关系，代表了他当时的思想。

如果说，“行政管理的法制化”命题只是“有法必依、有法可依、执法必严、违法必究”在行政管理领域的演绎，还缺少行政法的独立品性，那么，“依法行政”和“行政法治”的提出，在很大程度上弥补了这一不足。《行政诉讼法》通过不久，应松年就在一系列文章和媒体访谈中，响亮地提出“依法行政”的口号。①此后，他发表《依法行政论纲》，强调“依法行政是依法治国的核心”，并系统地阐述了依法行政的基本要求。② 今天，“依法行政”成为行政管理领域一个最简略、最有力、也最有概括性的口号，特别是在国务院《全面推进依法行政实施纲要》颁布后，“依法行政”成为行政活动的基本准则。

在具体的论述中，应松年对依法行政的理解显然不局限于制定并实施法律、法规的规定。他迅速地接受了外国法上关于行政法一般原则的概念：从大陆法的学理中，他接过了法律保留原则、法律优先原则、比例原则、信赖保护原则等概念；从英美法的学理中，他接过了正当程序原则或者说自然正义原则。他主张行政法的渊源应当是多样化的，行政行为除了符合形式的合法性，更要满足实质的合法性。至此，“为人民服务”、“行政管理的法制化”等这些政治话语色彩明显的早期主张，其概念更富学理、内涵更加充实、体系更有条理。行政法理论研究的深化，在他身上可见一斑。

（二）理论体系：组织法、行为法、程序法和救济法

当代中国行政法学的研究范围和体系，经历了显著的变迁。这种变迁在应松年的著作中得到鲜明的反映。在相当程度上，应松年在推动行政法学体系的建设上，做出了自己的贡献。

在一篇早期文章里，应松年等学者讨论了“我国社会主义行政法学的新体系”。他意识到中国建立在社会主义公有制基础上的行政管理法规的内容无所不包，主张行政法学应当包括总论和分论两部分。总论部分除了论述行政法的对象和范围外，还应当包括行政法关系的主体、主体的行为以及对行政机关及其工作人员的监督。③总论的这三部分内容，后来被发展为行政组织法、行政行为法和行政救济法，并成

① 孙罗婕：《〈行政诉讼法〉实施与依法行政：访全国人大内务司法委员会特约研究员应松年》，载《中国社会报》1990年10月5日。

② 应松年：《依法行政论纲》，载《中国法学》1997年第1期。

③ 应松年、朱维究、方彦：《行政法学理论基础问题初探》，载《政法论坛》1983年第4期。

为学界通识。

在行政组织法方面，应松年撰写了多篇文章，强调行政组织的法定化，主张制定行政机关组织法、编制法和公务员法。他认为："无论是从实务发展还是从理论研究而言，行政组织法都是行政法治建设和行政法学研究的薄弱环节。"[①]

在行政行为法方面，应松年的努力产生了巨大影响。1993 年 12 月，他主编的《行政行为法：中国行政法制建设的理论与实践》由人民出版社出版。书中按照"行政立法"、"行政执法"和"行政司法"的基本分类，全面阐述了各类行政行为。其中"行政执法"行为包括行政检查、行政奖励、行政许可、行政处罚、行政处分、行政强制执行、行政指导、行政契约和行政执法监督检查。该书显示了学界对行政行为分类研究的强烈关注，并大大深化了行政法学关于行政行为的研究。这种研究路向反映了中国行政法的一个重要特点，同时也深刻地影响了中国的行政立法体系和行政执法实践。此后出台的《行政处罚法》、《行政许可法》、《行政强制法》等法律，以及政府执法行为的类型化，都与行政行为法的思维方式和研究路向密切相关。

中国的行政法在很大程度上得力于《行政诉讼法》的催生，此后学者的研究重点也落到了《行政诉讼法》、《行政复议法》、《国家赔偿法》等行政救济法上 。应松年主张加强行政复议和行政诉讼等法定的纠纷解决机制，提倡对纠纷解决制度体系的探索，强调各种行政救济制度之间的整合。根据行政复议制度的特点，提出要发挥行政复议在解决行政争议中的主渠道作用。[②]他呼吁加强复议机构和司法机关的独立性和权威性，认为这是完善行政救济制度的当务之急。他认为，信访制度不能成为中国行政救济的主渠道，也不是中国行政救济制度发展的方向。

行政程序法是应松年倾注了较多精力的一个领域。他先后主编了《比较行政程序法》、《外国行政程序法汇编》、《行政程序法理论与立法研究》等资料和著作。在他后期的研究中，行政程序法被提到越来越重要的地位。尤其是在主编《当代中国行政法》这一巨著中，他打破了传统的编排体例，把行政程序法与组织法、行为法和救济法并列为一编。这一点标示着，中国行政法在大陆法的传统中注入了越来越多的英美法因素，愈来愈显示出中国行政法兼收并蓄两大法系所铸成的品性。

（三）治学理念：以人为本、注重实践、与时俱进

应松年总结治学理念时，认为有三重思想始终支配着他：一是以人为本、以民

① 《应松年文集》，中国法制出版社 2006 年版，序。

② 应松年：《行政救济制度》，载应松年《依法行政十讲》，中央文献出版社 2002 年版；应松年：《修改行政复议法条件已成熟》，载《法制日报》2009 年 10 月 13 日第 6 版。

为本；二是理论与实践相结合；三是学术研究要与时俱进。①

以人为本、为民服务，这是应松年无数次申述和强调的观点。他奉之为“治学的根本”、“检验一切理论和制度的试金石”。他强调：“行政法的根本目的在于维护和促进人民的福利。离开这一点，行政法就失去了灵魂和方向。”②在无所不在、无所不能的强大政府面前，他希望通过“治官”、“治权”来确立法治的秩序，保护人民的权利。他认为，关心社会、关心群众，是一个学者应有的社会担当。在谈及一些立法论争时，他说：“不为老百姓说话，还是什么法学家？”

理论与实践相结合，这对应松年来说，绝不是一句空话。他蔑视空谈，坚持理论要为实践服务，研究些“对实践有用”的东西。他曾经提出“行政法基础理论”的命题，但他对玄奥的学术讨论没有兴趣。他的兴趣在立法上，在具体案件的讨论上，在“有法不依”的纠治上。除了编书、写学术文章，他也编了不少培训教材和法律读本，积极为官员普法，经常上“今日说法”。他不断接受媒体采访，自己写随笔短论，针砭时弊，指点法理。他喜欢清新朴实、主题真切的文章，不喜欢故作高深、玄奥晦涩的文风。他尖锐地声称：“一切理论，都不是放在书斋里让几个人来把玩的。”

与时俱进、永不止步，这也是应松年身体力行的信条。像他那个时代的大多数学者一样，应松年没有读过研、留过学，他是边干边学、边教边学，一路摸索着前进。他善于发现别人的高明，善于向人学习，善于接受新的理论（包括一些学生的观点）。有许多观点和理论并不一定是他第一个提出和论证，但这些观点、理论一经提出，很快便会进入他的视野、他的词典、他的文章。他把握着时代的节拍，始终跟着时代前进，并以他的地位和影响力引领着他的同行和学生。几十年来，他能够始终站在中国行政法学舞台的中心，不仅仅是靠勤奋和地位，而是与时俱进，适时提出或接受新的理念和思想。

（四）教书育人、宣传法治

在中国政法大学，应松年带出了中国大陆最早一批行政法学专业的硕士和博士，也指导了多位来自台湾地区的博士生。此间，他还参与组织了几个影响深远的行政法培训班。1985 年，中国政法大学受司法部委托，开设“行政法师资进修班”。来自全国 30 余所法学院系的 44 名学员参加了为期一学期的行政法培训。应松年兼任培训班的教学和组织工作。这次进修班为早期的行政法教学培育了师资骨干，也为

① 《应松年文集》，中国法制出版社 2006 年版，序。

② 沈岿、王锡锌：《行政法理论基础问题的反思与整合：访国家行政学院法学部主任、中国法学会行政法学研究会副总干事兼秘书长应松年》，载罗豪才主编：《现代行政法的平衡理论》，北京大学出版社 1997 年版。

行政法学研究凝聚了重要力量，被人誉为行政法的“黄埔一期”。

为了迎接《行政诉讼法》的实施，国务院法制局与中国政法大学联合举办了“政府法制干部培训班”。应松年再次负责培训班的组织和教学，他主编的《行政法学教程》被作为培训教材之一。在《行政诉讼法》颁布后三年里，完成了所有省级机关、计划单列市机关政府法制干部的培训。这些培训大大提高了政府法制干部的执法水平，并催发了行政机关的守法意识。

1995 年调入国家行政学院、担任法学教研部主任后，应松年参与和组织了包括政府法制官员在内的中、高级公务员的重要培训任务。其中包括省部级干部依法行政研讨班、第二次政府法制办主任依法行政进修班、司局级干部任职培训班，以及其他各种专题培训班。应松年为各类各期培训创设了去法院旁听案件审理的内容，事后还请法院领导到培训班讲授行政诉讼及办案情况。这些措施开创了法学培训与司法实践紧密联系常态化、制度化的先河，深受学员的欢迎。

除此之外，应松年还为中央和地方领导做了大量的法制讲座，内容涉及依法行政、行政复议、行政诉讼、国家赔偿、行政处罚、行政许可、行政强制、政府信息公开等等。在九届全国人民代表大会常务委员会（以下简称人大常委员会）期间，他先后为常委会成员做了《我国的行政法律制度》、《行政程序法律制度》、《行政许可与行政强制法律制度》三个讲座。

应松年陶然于教书育人。“如果还有下辈子的话”，他说，“我还是选择做老师。”

二、行政立法的推动者应松年

后代的行政法学者也许难以再有机会，像应松年这一辈学者那样密切而广泛地参与重大行政法律的制定；在应松年这一辈的学者中，也很难能找出像他那样始终热忱积极、深入持续地参与行政立法的学者。时代给了他们特殊而重要的使命，应松年和他的同仁担负起了这一使命。在过去的 30 年间，加强行政立法、完善法律制度是中国行政法制建设的首要主题，以法律的“立、改、废”研究为宗旨的“立法法学”成为行政法学研究的主流范式。[①]应松年参与了一系列重大行政法律起草的全过程。他以学者的身份从事研究、建言献策，以人大代表的身份大声疾呼，以“行政立法研究组”负责人的身份张罗有关事宜，成为这一时期最显著、最有代表性、也最有影响力的“专家立法者”。

① 何海波：《中国行政法学研究范式的变迁》，载姜明安主编：《行政法论丛》第 11 卷，法律出版社 2008 年版。

（一）《行政诉讼法》的制定

1986 年，在全国人民代表大会法律委员会顾问陶希晋的倡议下，全国人民代表大会法制工作委员会（以下简称人大法工委）成立了由行政法学者和实务部门专家组成的行政立法研究组，组长江平，副组长罗豪才、应松年，实际的具体工作多由应松年负责。研究组成立后，立即着手起草行政基本法。当时的想法是：制定一部充分体现经济和政治体制改革要求、类似《民法通则》那样的纲要式的行政法。但因社会条件和立法技术均不成熟，这一探索并不成功。后经江平提议，决定先起草《行政诉讼法》。

在起草《行政诉讼法》试拟稿的过程中，法院对行政行为的审查范围成为一个焦点问题。起初的草案简单地列举了几条，学者们普遍不满意。草案正式提交全国人民代表大会审议前，应松年与法工委的肖峋单独交流时提出，现在这个稿子规定的受案范围太小，连台湾都不如。肖很赞同，建议写个方案。应松年连夜写了一个意见，把涉及人身权、财产权的具体行政行为都规定为可以起诉。第二天一早，肖转呈给人大副委员长兼法工委主任王汉斌，王汉斌非常认可。最后出台的法律采取了局部的概括式的规定，即只要涉及人身权、财产权的具体行政行为，都属于可诉的范围。①

1989 年 4 月，《行政诉讼法》草案由全国人民代表大会通过。作为新中国第一部重大行政立法，它在缺乏民主法制传统的中国，首开了民可以告官的制度新风，成为行政法治发展史上的一个里程碑。

（二）《行政处罚法》、《行政许可法》和《行政强制法》

《行政处罚法》是中国行政立法中的又一部重要法律。它不但有力遏制了行政处罚过滥的现象，也开创了一种规范行政权运作的独特模式，即根据行政行为的类型（行政处罚、行政许可、行政强制）分别立法。它所创立的规范行政处罚的方式（种类、设定权和程序），也为此后的《行政许可法》和《行政强制法》所沿用。这部法律还破天荒地规定了“听证”制度，并为此后越来越多的立法所采用。

在立法过程中，是否使用“听证”一词有不同认识。法工委的有关同志担心这个词是舶来品，不易被接受。开始的稿子用了“申辩会”，但学者们认为“申辩会”带有行政机关居高临下的色彩，也不够准确。在草案定稿前的讨论会上，经应松年坚持，最后确定用“听证”二字。于是，作为学者们的“一致意见”写入稿子。事

① 肖峋：《革命·运动·法制》，知识产权出版社 2013 年版，第 191 页后。

后，虽然还有异议，但王汉斌副委员长表态支持：“不是说大家意见一致了吗？既然意见一致，就不要再改了。”应松年坚信，把听证引入行政程序是中国民主法制建设迈出的一个重大步骤，也是中国行政程序立法的一个良好开端。

《行政许可法》是继《行政处罚法》之后，又一部规范行政活动的重要法律。应松年积极参与了该法的草拟、咨询和论证，并先后几次给国务院法制办和全国人大法工委提交了书面意见。他强烈呼吁限制行政许可的设定权，大力精简行政许可。他呼吁简化许可申请和审批程序，限制行政机关利用许可滥收费的行为。他执着主张，许可法应规定诚实信用、信赖保护原则。这些主张在推进行政许可立法中发挥了积极作用。

《行政强制法》是这“三部曲”中最后出台、也是最为磨难的一部法律。从 1996 年行政立法研究组启动立法研究到 2011 年通过，全国人大常委会先后审议了 5 次，历时 15 年。长期搁置的原因，主要在于对行政强制权的分配无法达成共识。应松年主张规范行政强制的设定权，其中行政强制执行的设定权必须全部授予法律，行政强制措施的设定权可以有限地授予行政法规和地方性法规。他还全力支持王汉斌限定行政强制实施权的主张：行政强制的实施应当以申请法院执行为原则，以行政机关自己执行为例外。他还提出，行政强制属于最后手段，应当节制：凡是不用强制手段能够达到目的的，不得采取强制手段。这些想法基本上得到了立法采纳。

（三）《国家赔偿法》的修改

《国家赔偿法》颁布 10 余年后，实践中的问题暴露得越来越多，有人讥之为“国家不赔法”。应松年的态度，也是“十年行走渐思变”，由法律刚颁布时的欣喜转为焦虑。

应松年与其他学者一道调研法律实施情况，撰文讨论法律修改方案，几次以人大代表身份提出修改议案。终于，这部法律的修改启动了，然而他和许多学者对最初的修改草案都很不满意，认为步子太小。他说：“当初制定《国家赔偿法》时担心国家没钱，赔偿范围窄一点、赔偿标准低一点还说得过去，现在不是国家没钱，是受害人得不到钱。”他认为国家赔偿的“违法”归责原则必须修改，刑事赔偿的确认程序必须取消，精神损害赔偿必须予以规定……他甚至主张，对于国家机关工作人员故意违法行使职权造成人身损害的，应当承担惩罚性赔偿责任。

《国家赔偿法》采用的是“违法”的归责原则。当初立法时，曾比较过“过错”、“违法加过错”和“违法”等归责原则的优劣，认为“违法”归责原则有客观标准，便于判断和索赔，比较先进。但在后来的实践中，因“违法”行为而赔偿成为官员被“问责”的证据，官员因而极力躲避赔偿，致使受害人获得赔偿极为困难。“这是立法时所没有想到的”，因此，应松年也主张改变“违法”归责原则。

法律审议过程中，他以行政法学会的名义，以中国法学会的名义，以他个人的名义，几次组织或者策划专题讨论。他邀请法工委的负责同志参加会议，他给法工委寄去讨论后的修改意见。其后，当他看到进入最后审议的草案时，觉得进步不小但遗憾尚存，半是欣慰半是无奈地说：“看来，就这样了。”

(四)《行政程序法》的试拟

应松年参与了大量的行政立法，但毫无疑问，他最关心、最希望推进的，还是《行政程序法》。在他的设想中，《行政程序法》作为行政领域的基本法，或称为“支架性”法律，应当涵盖所有行政管理领域，明确规定所有行政行为应当遵循的普遍性原则和构建各类行政行为应当适用的统一的、最低限度公正的行政程序制度。

围绕《行政程序法》的制定，应松年和行政立法研究组从20世纪90年代中期就开始积极准备，包括进行相关调研，以行政程序为主题组织多次国内、国际的学术会议，并着手起草行政程序法试拟稿。截至2004年7月，《行政程序法》试拟稿先后改易14稿。2004年11月，在全国人大法工委于京郊召开的“行政程序法研讨会”上，行政立法研究组正式向法工委提交了《中华人民共和国行政程序法（试拟稿)》。

尽管在学术层面有关《行政程序法》的研究步步推进，但在立法层面却一直没有正式启动。应松年多次向全国人大提交议案，呼吁早日制定《行政程序法》。他强调，没有公正的程序，就没有公正的执法。他指出，制定《行政程序法》是规范行政行为、保障行政公正、建立和谐社会的迫切需要，是众多法治国家的普遍经验，是法治政府的标志性立法。他认为，对行政处罚、行政许可、行政强制等多个类型的行政行为进行规范后，制定统一的《行政程序法》势在必行。

在行政程序立法未有实质性进展的情况下，应松年重新思考《行政程序法》的立法路径。他注意到，中国立法的一条重要经验就是“先地方、后中央”，《行政程序法》也可以先由地方做出探索，积累经验，再搞统一立法。他开始将目光转向地方，先后在一些地方作了调查。2007年3月的一次全国人大会议上，应松年和时任湖南省省长周强住在同一个宾馆，他向周强省长谈起行政程序法的问题。周强省长颇为认同，决心制定地方性的行政程序规定。于是商定由应松年立即组织专家小组，提供咨询和意见。2008年4月，《湖南省行政程序规定》获得通过，同年10月1日起施行。此举立即在全国引起巨大反响。应松年也在湖南的创举中，看到了全国行政程序立法的曙光。

现在，怀揣着《行政程序法》的热望，应松年继续奔走呼号，不懈努力。他深怀憧憬地说：“《行政程序法》是此生的最大期望！”

三、学术组织者应松年

优秀的学者不见得是优秀的学术组织者。应松年似乎是天生的组织者，他眼光敏锐，善于开拓，全力以赴，想到做到。他先后以中国政法大学和国家行政学院为基地，以行政法学研究会为舞台，他的身影遍及海峡两岸、东亚和欧美众多国家。

（一）《行政法学研究》和行政法研究中心

1993 年 1 月，应松年一手创办的《行政法学研究》杂志开始发行。杂志先为季刊，后改为双月刊。它的创办，“实现了老一辈学者们的多年夙愿，也为新一代行政法工作者开辟了一块崭新的学术园地”。这是第一份行政法的专业刊物，也是迄今为止全国唯一一份正式出版的部门法学杂志，深为其他法学专业的专家们所羡慕。

1998 年，时任国家行政学院法学部主任的应松年牵头成立了国家行政学院行政法研究中心。这是国内最早的非实体性质的行政法研究机构。研究中心为国家行政学院下属的能以自己名义独立对外的研究机构，主要从事科研、教学、咨询工作，以及国内外学术交流；研究中心设在法学教研部，与法学教研部是一个机构、两块牌子。除了法学教研部教师外，研究中心还聘请了国内外 20 余名行政法学专家为兼职研究员和副研究员。研究中心成立以后，开展了大量的学术活动。继国家行政学院行政法研究中心之后，各主要高等院校、研究机构相继成立了以行政法为对象或者重要对象的研究中心，形成了行政法学研究一种新的组织方式。

（二）中国法学会行政法学研究会

对应松年来说，中国法学会行政法学研究会是他更大、也更重要的舞台。自 1985 年 8 月研究会成立起，他即担任副会长兼秘书长；2003 年起担任会长，直至 2012 年。在此期间，行政法学会风生水起，充满活力，出色地承担起了一个学术组织的使命。

学会的第一次会议，与会者不过数十人；近几年，参会人数均在 200 人以上。与会者中，近半数来自法院、政府和人大等实务部门的官员，实务界与理论界在此密切交融。行政法学会先后组织讨论了《行政诉讼法》的制定和实施、行政法基础理论、市场经济与行政法、立法体制、行政法治、行政诉讼制度的发展和完善、行政强制、行政程序的法典化、行政管理体制改革、财产权保护与行政法、服务型政府与行政法等议题。这些议题大体上反映了行政法治和行政法学发展的脉络。

行政法学会年会的活动方式也逐步出现了一系列的变化。从1998年开始，年会一改以往“分组讨论、大会汇报”的习惯模式，实行报告、评议和自由讨论相结合的做法。从2003年开始，年会论文事先装订成册，报到时统一发放；从2004年开始，每年的年会论文在会后还结集出版。

从2007年开始，应松年又倡议在行政法学研究会下分设城管执法、政府法制、行政诉讼和行政法教学等四个专业委员会。四个专业委员会每年举行学术讨论。缘此，行政法学的研究活动显得更丰富、更专业，理论与实践的结合也更广泛、更深入。

（三）东亚、海峡与国际学术交流

1995年，应松年与日本学者室井力、台湾教授翁岳生等一起，发起成立了东亚行政法学会，并在日本名古屋举行了第一次学术研讨会。应松年与罗豪才、皮纯协一起，当选为大陆的首批理事。东亚行政法学会每两年召开一次学术研讨会，分别在日本、韩国、中国大陆和台湾地区轮流举行。东亚行政法学术研讨会的举办，为东亚地区的行政法学者进行学术交流提供了一个良好的平台。

在东亚行政法学会上，应松年和台湾地区行政法学的领头人翁岳生商定了两岸行政法学者的定期交流机制。1997年7月，首届海峡两岸行政法学研讨会在国家行政学院举行，会议主题是行政程序法，两岸行政法学者共50余人参加了研讨会。此后，海峡两岸行政法学研讨会约定每年一次，在两岸轮流举行。大陆方面，相继在北京、西安、南京、重庆、杭州、敦煌和满洲里举办了研讨会。两岸行政法学者定期的聚会交流，大大增进了两岸学者的相互了解和兄弟情谊，双方从中受益良多。随着两岸学者往来频繁、切磋增多，一个跨越海峡的行政法学术共同体已经初步形成。

应松年还组织了大量的国际学术研讨会，先后邀请美、日、德、法、英等十余国的学者、专家参与研讨。与之同时，他先后组织了不下20个代表团出国考察和交流。代表团成员通常由两部分人组成，一是年轻的行政法学者，二是人大、法院、政府法制机构等实务部门的同志。在国际交流的背后，需要解决资金的问题，还要处理繁琐的审批、签证手续。精力异常充沛的应松年，始终乐此不疲地担负起这些组织工作。因为他相信，学术的发展和昌盛必须依靠团队的提高和发展。

（四）主编著作，提携后辈

应松年的学术组织者角色，还体现在他主编著作上。2005 年由中国方正出版社出版的《当代中国行政法》，不但是应松年主编教材的顶峰之作，也是当代中国行政法学的“集大成”之作。该书的目的“不仅在于向读者介绍和传授行政法的一般知识和基本理论，而且努力汇集和反映 20 年来中国行政法的发展脉络和最新研究成果”。该书篇幅达 211 万字，是迄今国内规模最大的行政法学著作；作者达 40 位，都是“各个领域最有研究的人”。舍应松年而外，很难想象谁能够编出这样规模的行政法学著作。

作为行政法学的领头人，应松年致力于提携后辈。他接受了很多课题和编写教材的任务，并把它们看作为青年学者提供学术研究平台的机会。翻翻他主编的多部著作和教材，很多参与撰写者都是学界新秀。应松年还热情为年轻学者的著作写序，他视之为“老一代人的责任”，乐此不疲。他所写的序言，篇幅不长，多数为一、二千字，快言快语，每能切中要点，指显精华，夸起后辈也不遗余力。

2006 年，借着他的学生后辈为他庆祝七秩华诞的机会，他捐款加筹款设立了“应松年行政法奖学基金”，以奖掖优秀研究生，扶持学术发展。目前，应松年奖学金已评选六次，来自十余所法学院校的总共 30 名博士生、90 名硕士生获得该奖项。

学术的交流促进了学术的繁荣。当初，行政法学研究是法学研究这一长期被忽视的领域中“更为薄弱的环节”。时隔 30 年，应松年满怀信心地宣布：“在法学分支学科中，行政法学是一门晚起的学科，却证明是最有活力的学科，并正在成为法学中的一门‘显学’。”悠悠 30 年，正包含着应松年和一代行政法学人的不懈努力和贡献。

四、应松年主要论著

《行政法概要》编写组（应松年参与撰写和编辑）. 1983. 行政法概要 . 北京：法律出版社 .

应松年，朱维究 . 1985. 行政法总论 . 北京：工人出版社 .

应松年编 . 1986，1996. 行政管理学 . 北京：首都师范大学出版社 .

应松年编 . 1995. 国家赔偿法研究 . 北京：法律出版社 .

应松年编 . 1993. 行政行为法：中国行政法制建设的理论与实践 . 北京：人民出版社 .

应松年编 . 1994，2007. 行政诉讼法学 . 北京：中国政法大学出版社 .

应松年 . 1996. 中国走向行政法治探索 . 北京：中国方正出版社 .

应松年编 . 1998. 比较行政程序法 . 北京：中国法制出版社 .

应松年编 . 2001. 行政程序立法研究 . 北京：中国法制出版社 .

应松年编 . 2001. 走向法治政府：依法行政理论研究与实证调查 . 北京：法律出版社 .

应松年，薛刚凌 . 2002. 行政组织法研究 . 北京：法律出版社 .

应松年编 . 2004. 行政法学新论 . 第 3 版 . 北京：中国方正出版社 .

应松年，马庆钰编 . 2004. 公共行政学 . 北京：中国方正出版社 .

应松年编 . 2005. 当代中国行政法 . 北京：中国方正出版社 .

应松年总主编 . 2005. 中国行政法二十年丛书 . 北京：中国政法大学出版社 .

应松年编 . 2008. 行政法与行政诉讼法学 . 北京：中国政法大学出版社 .

应松年编 . 2009. 行政法与行政诉讼法 . 北京：法律出版社 .

应松年编 . 2010. 行政法 . 北京：北京大学出版社 .

应松年编 . 2010. 公务员法 . 北京：法律出版社 .

应松年编 . 2011. 行政法与行政诉讼法学案例教程 . 北京：法律出版社 .

主要参考文献

杨悦新 . 2000-9-30. 一个同中国行政法休戚与共的人：记著名行政法学家应松年 . 法制日报 .

徐利，英韦鹏 . 2004-2-5. 三尺讲台宗师心 千秋文章宪政情：记行政法学教授应松年 . 法制日报 .

何海波 . 2005. 法治的脚步声：中国行政法大事记 1978 ~ 2004. 北京：中国政法大学出版社 .

应松年 . 2006. 应松年文集 . 北京：中国法制出版社 .

肖峋 . 2013. 革命 · 运动 · 法制 . 北京：知识产权出版社 .

撰写者

何海波（1971 ~ ），浙江天台人，清华大学法学院教授，主要研究领域为行政法和宪法。

李龙

李龙（1937～），湖南祁阳人。法学家。武汉大学资深教授、博士生导师，武汉大学法学院宪法学博士点创始人之一。1954年至1958年就读于武汉大学法律系。先后任湖北师范学院政教系主任、武汉大学法学院副院长、武汉大学律师进修学院名誉院长、浙江大学法学院院长等职。1989年任教授，1994年被聘为博士生导师，2004年被武汉大学确认为享受院士待遇的7名人文社会科学资深教授之一。曾任湖北省政协委员，中央实施马克思主义理论研究与建设工程法学组主要成员，国际法律哲学与社会哲学协会中国分会副会长，中国法学会常务理事，中国法学会学术委员会委员，全国法理学研究会副会长，全国高校法学教学指导委员会顾问，全国法学教育研究会副会长，全国法学教育研究会顾问，湖北省法理学研究会名誉会长，教育部人文社会科学重点研究基地吉林大学理论法学研究中心学术委员会主任，武汉大学人文社会重点基地“宪政与法治国家研究中心”主任，吉林大学、山东大学等21所大学的客座教授或兼职教授。研究领域包括法理学、宪法基础理论，尤其是对法治、人权、法的一般原理、法学范畴、法学教育改革等基本理论的研究有独到之处，并在国内产生了广泛的影响。先后创设了宪法基础理论和法理学五论的新体系。设计的中国法学教育改革战略为教育部采纳并在全国推广实施，为社会主义法治实践目标模式提出的构想被中共中央政法委员会采纳并实际运用。先后获得9个国家级和省部级一等奖。2012年被授予“全国杰出资深法学家”称号。

一、人生历程

1937年1月，李龙出生于湖南祁阳县一个法学世家，曾祖父李蕊是清朝末年的状元，其生前出版的关于军事法制方面的专著《兵镜类编》，到目前为止仍是中国军事类院校的经典教科书。叔父李祖荫是北京大学法学教授，曾任湖南大学教务长和中央法制委员会委员，不但学识渊博，在法学界颇有影响，而且侠肝义胆，20世纪40年代，曾力举中国共产党创始人和早期领导人李达到湖南大学任教。良好的家庭教育使李龙从小就受到了法学的熏陶，这种家庭背景对李龙的学术兴趣和发展产生了潜移默化的影响。

1950年，年少的李龙在抗美援朝的烈火中受到了锻炼，几年的军旅生活造就了他坚强的性格和不屈的精神。在部队中从事数年的救死扶伤的医务工作，使他从少年起就懂得了人道主义的意义。

1954年9月，李龙考入武汉大学法律系。作为那个时代中国法学教育重镇，武汉大学一开始就向李龙展示了深厚的文化底蕴。他成为那个时代最用功的学生之一，几乎所有的精力都花在了图书馆里，创造力迅速爆发。他对社会科学特别是对法学有着浓厚的兴趣，始终认为法学是治国之学、强国之学。当时，系主任是从哈佛大学学成归国的韩德培，也是李龙所在班的法律课主讲老师。大学二年级下学期，李龙就在《光明日报》、《湖北日报》、《法学》等报刊发表文章。1956年，他参加了全国先进知识青年代表大会，并获授“青年法学家”称号。

1958年毕业，他发表论文《无罪推理原理》和《论社会主义民主》，以学者良知和超人胆识，强调民主也要有步骤地进行，被错划为“右派”，在“批判大右派李龙的资产阶级法学思想”的大横幅下接受批判。当同学一个个走向工作岗位时，李龙被下放到蕲春县的一个农场进行改造。也正是在这个农场，李龙为了法律和正义完成了他的专著，也是中国第一部来自民间的法学基础理论——《国家概论》。但这本书的内容违背了那个时代的大众意识，而且他还附了篇批判赫鲁晓夫的文章，称其是“两面派”。当时正值中苏关系交好，李龙因此被处以管制。

1959年，李龙给当时南斯拉夫领导人铁托写信，称赞铁托是个真正的马克思主义者。他在赴南斯拉夫驻京大使馆交付信函时被捕，判处无期徒刑。正是这场灾难，使他深感法制之兴衰事关国家的安危和人民的命运，从而加深了他对“国无法而不治，民无法而不立”这一格言的理解，更因此坚定了他毕生从事法学事业的决心和信念。他在经历了残酷的审查之后，被分派到监狱的《湖北新生报》担任编辑工作。在这种漫长的岁月里，他亲身体会着被错押的冤屈，也与其他蒙难者有直接的接触。

现实的苦难与困惑迫使他从马克思、恩格斯、列宁等马克思主义经典著作中寻找中国法学的出路。在那里，他五度通读了《马克思恩格斯全集》和《列宁全集》，还研读了《中国通史》、《世界通史》等当时能被允许阅读的各类书籍，这使他对马克思主义法学有了更深入、更全面的理解，甚至可以说奠定了李龙深厚的马克思主义法学理论功底。也正是这段狱中生涯，使李龙对中国的人权、人道问题有了切身的体会，对实现国家的法治有了深深的期盼。这也促使他成为改革开放后最早从事人权与法治研究工作的一名法学家。

1978 年 12 月召开的中国共产党十一届三中全会，是中国历史上的一个伟大转折，也是李龙一生的转折点。中共中央做出了“平反冤假错案”的决定，给这位在狱中度过 20 余年的中年人带来了新的生活。从狱中出来，李龙首先来到武汉大学，见到了自己的老师韩德培、何华辉、马克昌、张泉林等。此时，这些曾一度蒙冤被关进牛棚的法学教授已经恢复了工作。在老师们的鼓励下，李龙重新开始了自己的法学事业。

李龙笑言自己的人生“三部曲”是读书、坐牢、做学问。他说：“最坏的环境里也有生存和学习的机会。”《长江日报》、《杭州日报》、《都市快报》、《深圳晚报》都曾整版报道李龙的人生经历。《中国高端访问》等著作也专章书写李龙的法学思想。可以说，在当代中国的法学家中，李龙的经历具有传奇色彩，曾被誉为中国法学界的“侠客”。从某种意义上讲，正是他的艰辛曲折的经历，让他成为新中国法制建设的重要见证人，促使他成为当代中国法学理论的探索者和中国特色社会主义法学研究的拓荒者。

平反之后，43 岁的李龙作为武汉大学历史上年龄最大的毕业生被分配了工作。他到黄石的湖北师范学院政教系当老师，并兼职做律师。仅 1983 年，他就让 14 个犯罪嫌疑人保住了性命，曾一度被那些蒙冤受屈者视为申冤雪恨的救星，以至于曾有蒙冤者在监狱里写上“打官司，找李龙”的标语。1998 年，他创办了武汉大学律师事务所（后改为珞珈律师事务所）并兼任该律师事务所主任。长期的法律实践，为李龙注重实践的法学研究提供了第一手资料。因此，李龙不仅是法学的研究者，也是法学的实践者。从寒窗到铁窗的坎坷经历并没有让李龙失去信心。他认为“这 20 年的监狱生活也不是那么糟糕!”也正是因为他在这个过程中发现了“文化大革命”时期法律的虚无，进而反思只有好好研究法学，完善法治建设，才能振兴国家。

1988 年，在马克昌的努力下，他调到武汉大学任教。武汉大学法学院的三位资深教授——韩德培、马克昌、李龙，如今已有两位仙逝，李龙忆之黯然：“我们是三代人。我是两位先生的学生，在监狱里还给他们写过信，治学道路上也受过他们的扶持。”

20 世纪 80 年代末 90 年代初，李龙率先提出人治与法治的根本区别在于是否树立了法律的至高无上的权威。并将该观点载入全国高校法学专业统编教材之中。随着民主法治建设向纵深推进，李龙将人本法律观的视角聚集于法的人权精神。他担任执行总主编的 170 万字《人权的理论和实践》，在中国人权法研究史上独树一帜，成为其标志性著作之一。

李龙 1997 年曾作为中国法学会代表团团长率团参加在阿根廷召开的国际法律哲学与社会哲学第十八次代表大会。1999 年作为中方主题发言人出席中美法学家联席会议等重要国际学术会议。2001 年主持海峡两岸法学研究会议，并作为大陆法学代表团负责人率团赴台湾出席研讨会。2005 年赴美国访问耶鲁大学、哥伦比亚大学等 5 所大学的法学院。李龙近年仍坚持写作，参加研讨会和讲座。2012 年 9 月 26 日，他被授予“全国杰出资深法学家”称号。

二、学术研究和主要贡献

（一）主要科学研究成果

李龙的代表性成果获得省部级以上 9 个一等奖，其中国家级一等奖 6 项。其独著的《宪法基础理论》（武汉大学出版社 2001 年版）获全国普通高等学校优秀教材一等奖；《法理学》（北京大学出版社，高等教育出版社 1999 年版）获国家优秀教学成果一等奖；《法理学》（高等教育出版社 1994 年版）获国家优秀教材一等奖。他主编的《良法论》（武汉大学出版社 2001 年版）获司法部法学教材与法学优秀科研成果一等奖。他作为执行总主编的《人权理论与实践》获普通高等学校人文社会科学研究成果奖一等奖。他主持的《中国法学教育的改革与未来》获国家级教学成果奖一等奖。除此之外，李龙还在《中国社会科学》、《法学研究》、《中国法学》等刊物发表过一些相关论文。李龙自己也称，多次获得国家级教学成果一等奖是最令他高兴的。

李龙共有 30 余部著作，并主持诸多各个级别的科研项目。武汉大学出版社于 2006 年和 2011 年出版的《李龙文集》，收集了李龙百余篇论文，以及著作列表。包括法理学、宪法学、法学教育等领域的文章，并附有学者对李龙介绍的文章。可以看出，李龙一生研究成果之丰硕，学术造诣之精深，以及学者对其贡献的肯定和敬仰。

李龙的学术成果不仅得到中国法学界的赞赏，也受到国际法学界的高度关注。哈佛大学图书馆收藏了李龙教授 5 部重要的法学著作，是哈佛大学馆藏的中国法律书籍中，著作最多的作者之一。他说：“因为我能结合中国实际，研究中国问题，写中国文章。”他不但站在学术前沿，而且创造了诸多学术前沿。他始终把中国社会的法律实践作为出发点和归宿进行理论探索，体现了“形而上”与“形而下”的高度统一。

（二）学术思想的创新和影响

1. 宪法基础理论

李龙在对法治的研究过程中十分关注宪法问题，他对宪法的研究构成了其学术上的一大特色。李龙在 20 世纪 90 年代初提出了三个宪法理论。其一，宪法的实质是分权，以此调整社会主要的利益关系。并论证其所定义的“分权”符合列宁关于宪法的实质是阶级力量对比关系的表现，也符合一切权力属于人民。其二，宪法是市场经济的产物，它引导、促进和保障市场经济的发展与完善。并列举世界著名宪法与市场经济的关系，论证宪法所保障的民主、自由、平等、人权，只有在市场经济条件下才有意义。其三，宪法是人权的保障书，人权是宪法的出发点和归宿。他认为：“人权问题是政治文明的终极关怀，宪法是这种关怀的最佳表达。”

李龙是当代中国最早探索法治和人权问题的法学家之一，是对人权问题进行宪法学和法理学研究的先驱，也是最早公开提出并论证法律权威的学者之一。他用辩证的方法，系统地研究人权。不仅看到广大发展中国家人权保障普遍偏低的现实，也看到了近年来人权问题不断发展的趋势；不仅看到了他国借人权话题干涉别国内政，也看到了国际人权的监督和保护的进步意义。

他敏锐地提出了法律权威四要素论，即法律至上，法律至圣，法律至贵，法律至信。树立法律权威必须具备这四要素。李龙认为“权”，从狭义上讲，就是作为人的基本权利，即基本人权；从广义上讲，人权既包括人的基本权利，又包括生存权、平等权和自由权等。为此，李龙及时地将学术重心转向邓小平法制思想的研究上来，承担了国家社会科学基金项目，高屋建瓴地提出邓小平法制思想之核心。

李龙对新一代人权的重点关注构成了其人权理论的鲜明特色。他大胆提出，人治与法治的根本区别不在于是否有法律体系和司法实践，而在于是否树立了法律至高无上的权威。即当法律同领导人的意志发生矛盾时，是领导人的意志高于法律还是法律权威高于领导人的意志。当法律权威高于领导人的意志时是法治；当个人权威尤其是权力执掌者的权威高于法律权威时，便必然是人治。

尤其难能可贵的是，在 20 世纪 80 年代末 90 年代初，他前瞻性地提出并坚持将该观点写入全国高校法学专业统编教材，这是需要超人的胆识和智慧的。这种观点在全国引起了极大的反响，有力地推动了法治思想在全国的传播，并被中国法学界广泛接受，也必将影响一代又一代的年轻学子和国民的法律观念。

李龙不是采用一般的研究方法，而是抓住宪法学研究的薄弱环节，从法理学和宪法学相互交叉与渗透的视角出发进行全新的探索，创立了“宪法基础理论”这一新兴边缘学科，并在全国率先设立“宪法基础理论”这一博士研究生专业方向。其代表性成果武汉大学出版社1999年出版的《宪法基础理论》被教育部指定为全国研究生重点教材。该书主要涵盖了宪法基础理论的历史沿革，市场经济与宪法的发展，依法治国与宪法权威，精神文明与民主宪政，宪法规范，宪法基本范畴，宪法结构，宪法原则，宪法的价值，宪法的制定和修改，宪法适用，宪法解释，宪法规律，公民与国籍，外国宪法选评。

李龙以重构宪法学理论体系为基点，对宪法基本范畴进行了系统阐述，是较早研究宪法基本范畴的学者之一。他将宪法学的基本范畴总结为五对内容，即宪法与宪政、主权与人权、国体与政体、基本权利与基本义务、国家权力与国家机构。这也是李龙出版《宪法基础理论》中宪法基本范畴的内容。在这部分内容中，李龙较早提出了一些新概念，例如人权立宪、经济立宪、知识立宪，为思考宪法问题拓宽了视角。

2. 人本法律观

李龙法理学思想的核心内容就是人本法律观。早在大学时代，不到20岁的李龙就树立了人本法学的理论萌芽。可以说，人本法律观的提出是李龙数十年学术研究的思想精华。他系统地论述了人与法律的关系，人本法律观的概念，基本范畴，人本法律观与立法、司法、宪法、行政法、民法、刑法、诉讼法、国际法的关系。这一前瞻性的理论为当时的法律思想提供了新的思考。它不仅没有脱离中国现实，反而依托李龙所主张的依据国情思考问题。

人本思想与法学研究融合，形成人本法律观。以人为本，是指以人的价值、人格尊严和基本人权的实现为内核的基本精神。李龙认为：“随着人们认识的深化，以人为本成为我国公民的共识，业已成为发展着的马克思主义的重要原则和各项工作发展的基本理念。”人本法律观强调法律的人文关怀和对人终极价值的追求。

他以发展中的马克思主义为指导，提出和论证人本法律观。具体包括：1）法律观共经历了四个阶段，“神本”法律观、“物本”法律观、“社本”法律观和“人本”法律观；2）人本法律观的科学含义是以实现人的全面发展为目标，以尊重和保障人的合法权利为尺度，实现法律服务于整个社会和全体人民的理论体系；3）人本法律观的立论根据是指人是法律的本源，人是法律的依归，人的物质生活条件决定法律的主要内容，人的社会实践是检验法律良恶的唯一途径；4）人本法律观的基本要求是弘扬法律人文精神，深化政治体制改革、建构法治运行机制，尊重与保障人权、促进人的全面发展。

李龙所主张的人本法律观是对中国传统法律观的继承、反思和总结，实现了从人治法律观到法治法律观、从特权法律观到人权法律观、从专政法律观到民主法律观、从秩序法律观到正义法律观、从个体公正法律观到整体公正法律观的根本变革和彻底变革。他的人本法律观的提出引起了中国现实法律观和法治实践的深刻变化，在法学史和法律发展史上具有里程碑意义。

要建立人本法律观，首先必须认识法律的本质。这是在当时社会所欠缺的条件。新中国成立之初，"左"倾思想长期存在，法律通常被认为是阶级斗争和阶级统治的工具。否认法律的社会性和公益性。1988 年，李龙发表《公益法论》一文，首次提出了"公益法"的概念。

他认为法律的划分标准不同，产生的结果也有所差异。阶级性只是法律特征的一个方面，除此之外，法律还具有保护性。在调整阶级之间的关系时，法律的本质属性是阶级性，目的在于保护和发展有利于统治阶级的社会关系和社会秩序，可称之为"权力法"。而在调整人同自然界和全社会的关系时，法律的目的在于保护和促进人类的生存和发展，保护和发展全社会的共同利益，可称之为公益法，其本质属性是社会性。公益法理念的提出，冲破了法律只具有阶级性的禁锢，重新使人们考虑法律的公益性及其价值，为后来的人本法律观开创了法律思想的源流。

李龙也对西方著名学者的法律观进行研究，并客观分析，寻找可适用于中国实践的法律思想和理论。例如，他对比法国 18 世纪启蒙运动思想家孟德斯鸠和卢梭的自由观，并总结二者的相同之处和差异；对哈贝尔斯的宪法有效性理论进行分析，讨论宪法中人民主权与基本人权原则的沟通问题，以及从哈贝马斯的"商谈论"谈到协商民主的理论适用。

李龙提出"法律是人民自由的圣经"主要是基于马克思"法典就是人民自由的圣经"的论断。他对比古今中外关于自由的学说和论述，认为法律是对公民自由权利的确认和保障，是对公民不正确行使自由权利的制约。但是自由并不是放任，而是具体规定的。在阶级社会里，只有统治阶级的自由，在人民的国家里，只有人民的自由。因此，自由就是对法律的遵守。

2003 年，中共中央正式提出了科学发展观，确立了以人为本的政治理念，将马克思主义中国化提到了一个新的高度。2004 年，在南京的一次学术研讨会上，李龙率先提出人本法律观的概念，当即得到了与会学者和专家们的赞同。此后，李龙发表了多篇学术论文，并于 2006 年正式出版《人本法律观研究》一书，全面论述了人本法律观的主要内容。

2007 年 5 月，全国法理学年会在武汉大学召开，来自全国各地的法学研究者集中讨论“以人为本与法律发展”问题，进一步推进了人本法律观的研究。他的人本法律观也得到中国政法系统的高度评价。中共中央政法委员会把人本法律观纳入到全国“学习贯彻党的十七大精神和胡锦涛总书记重要讲话专题研讨班”的学习资料中，在全国政法系统内讲授。

人本法律观是科学发展观和构建社会主义和谐社会理论在法学领域的体现和运用。基本要求是：合乎人性、尊重人格、体现人道、体恤人情、保障人权。人本法律观创造性地运用了马克思关于异化的理论，解决了如何正确论述“法律的本质”的难题。法律本因人的需要而产生，但在阶级社会里，它异化为统治阶级意志而成为压迫人的工具，一旦人民成了国家的主人，人的全面发展和人民的根本利益成为法律的出发点和落脚点，法律又回归于人。

从李龙的法律思想和研究成果可以发现，他客观认识社会问题的发展变化，适时提出先进的法律思想，敢于提出问题、解决问题。李龙的研究对象从马克思主义理论、邓小平民主与法制思想、社会主义初级阶段法治建设，与时俱进地扩展到中国特色社会主义宪法，乃至科学发展观。

3. 推进马克思主义中国化

李龙积极探索马克思主义法学、毛泽东法律思想、邓小平法制思想，以及当代中国马克思主义法律思想的全部历史过程。坚持把马克思主义同当代中国的民主法治实践和国情结合起来，实现马克思主义法学的中国化，构建中国特色法学理论和基本原理，并以此为主线去统领中国法治建设的实践。他是中共中央实施马克思主义理论研究与建设工程法学组核心成员，为进一步探索中国社会发展的科学发展观奉献智慧。此外，他还在《武汉大学学报》主持“马克思主义中国化”法学体系研究工作，引领并推进相关学术的发展。

李龙主持编写的《依法治国——邓小平法治思想研究》创造性地将邓小平法制思想概括为“十论”：民主立国论，法律权威论，“两手”建国论，法制观念论，法制原则论，权力制约论，经济法论，民主法制统一论，民主专政结合论，政法队伍素质论，为邓小平法制思想研究的纵深推进起到了积极作用。

李龙立足中国国情，着眼解决中国重大现实问题而潜心研究。他在法学理论方面硕果累累、自成体系。虽然已是年逾古稀的老人，仍在研究《中国特色社会主义法治理论体系》，成果卓著。他说：“这是大问题，必须要作出回答。”他认为要构建中国特色社会主义法律的话语体系，用中国话说中国问题。

李龙是最早论述法治模式的中国学者。1991 年，他在《中国法学》发表《法治模式论》一文，系统地探讨了法治模式理论。他提出并论证了法治的模式，对如何构建中国特色的法治模式进行了富有价值的研究。并首次全面探讨依法治国方略的实施步骤。在“依法治国，建设社会主义法治国家”入宪十周年时，李龙称：“世界上没有最好的道路，只有最符合国情的道路。法治一旦符合国情，其优势性得以发挥，犹如树苗植于土壤一样，必然硕果累累!”

回顾近代中国法治发展道路，李龙总结了五次否定：第一次否定针对的是以康有为、梁启超为代表的资产阶级君主立宪制；第二次否定针对的是以孙中山为代表的资产阶级共和国；第三次否定的是国民党政府奉行的法西斯独裁道路；第四次否定是针对“四人帮”在“文化大革命”中企图篡党夺权，用法西斯的“全面专政”对新中国社会主义道路的否定；第五次否定是十一届三中全会对“四人帮”法西斯式人治道路的全面否定。

可以看出，中国特色社会主义道路是在曲折中探索中发展的。它是斗争经验的科学总结，是时代选择的结果。李龙提出，必须以社会主义法治理念为指导思想，以党的领导、人民当家做主和依法治国的有机统一为根本原则，通过政府主导、上下结合、稳步推进，实现以人为本的中国特色社会主义法治道路。

李龙首次系统地提出并论证了如何构建良法的体系。他对比古今中外主要法学派的良法观，分析良法与恶法的差异，提出良法的标准和基本理论。主要包括良法的价值标准，良法的程序标准，良法的形式标准。他结合中国法治的现状，分析其价值定位，规范选择和程序控制方面的优势与缺陷，并提出重构之建议。他还提出“良法的价值”，乃是指良法所固有的满足价值主体需要的属性，也是指法律基于其属性发挥其功能的一种理想状态。它体现了良法对法律主体的某种作用，反映了良法与法律主体之间的一种特殊的关系，即“价值关系”。可见，相对于法律价值的概念，李龙更注重探寻良法构造的规律，它应当通过法律的创制活动，维护人权和秩序，符合法律主体的利益需要。

李龙在法学研究中最显著的特点，就在于他始终坚持以马克思主义法学思想为指导，但绝不教条式照搬马克思主义法学经典中的语句。广泛吸收先进的法学思想与理论，但绝不盲目照搬既有的理论。李龙批评学者在文章中“不说中国话”的不良风气：生搬硬套外国理论，再把本土事例塞进去，或者故意卖弄洋概念、洋术语，晦涩难懂。他直言道：“这是把简单的东西复杂化。”他求真务实，致力于马克思主义法学理论中国化，创新社会主义法学理论，反对照抄中央文件。他倡导立足中国实际，研究中国前沿问题，大写中国文章，具有中国特点、中国风格和中国气魄。

4. 法学教育改革

李龙在法理学理论体系建构方面有着重要的创新。20 世纪 50 年代初至 70 年代末，中国法理学一直沿用苏联《国家与法的理论》的结构体系。其基本内容就是把国家与法作为法学的研究对象，过多地强调了“法从属于国家”的属性，把法理学的范畴过于简单化。很显然，这种法理学体系无法适应和指导改革开放新时期的中国法学发展。李龙十分敏锐地指出这一问题，并身体力行地开创法理学研究的新思路。

1992 年，为使中国法理学学科体系更加科学、完善，国家教育委员会选定李龙等 5 位法学家一起编写《法理学》统编教材。该教材由传统纵向写法改为横向体例，内容更加丰富，在法理学学科发展史上具有重要的意义。李龙在法学界首次提出法理学的完整学科体系，将法理学体系归结为“五论”：本体论，价值论，范畴论，运行论，关联论。在 2003 年法学教材的编写中，李龙又进一步将“五论”发展为“六论”，增加了“发展论”，使法理学学科体系逐渐成形并趋于完善。

李龙深知孜孜以求的学术成就应当在法学教育中得以社会化，以发挥其最大的社会效益。法治和人权的充分实现和宪政思想的达成有赖于“良法与精英”的完美结合，法学教育承担了培养实施法治所需“精英”的重任。因此，他一方面进行学术研究，一方面推动法学教育改革。他将人本法律观应用至法学教育当中，提出“高境界法律人才培养模式”，强调研究个性化、自主化、多元化。他提出把学生带进学术前沿和高品位、高素质、高水平的境界，并且成效突出。

李龙指出当代法科教育的迷茫和困境，提出“目标模式”的新理念、新目标、新方法。这种以人为本的法科教育遵循发展中的马克思主义、以人为本的科学发展观和人本法学的教育观。其核心精神是“让具体的人在抽象的法理中获得真正的品格”。它改变了中国古典文明教育模式和西方的传统教育模式。

李龙称，看到一批批优秀学生成长起来令他十分欣慰。他共培养了百余名博士研究生，其中有数十人成为部级领导干部、大学校长、院长，数十名教授和副教授。他指导的博士研究生获得全国百篇优秀博士学位论文奖。

李龙的学生汪习根说：“先生创立了人本法学观，重构了法理学体系，将马克思主义中国化；对人权理论进行创新，突破了法治理论，对宪政法理进行革新；在人才培养方面坚持德才并举，以学修德，以德促学。”李龙研究成果个性鲜明，创新性强。他建立的法学景观渗透到了当今社会的个人和职业生活之中，他还建立了社会实践的新范例，并将一大批青年才俊培养成中国法学界和司法界的领军人物。

宪法是国家的根本大法，法理学是法学的基本理论，法学教育是青年学者步入法学殿堂的基础和依托。李龙将毕生精力投入于如此重要的几个领域，并做出巨大的贡献，可见其对法学事业的热爱和对国家责任的担当，真正体现了一个法学家的使命感。与李龙经历的时代相比，当今的思想更加自由，社会更加开放，科学技术更加发达，这些条件为完善法制建设提供了更大的可能和优越的条件。李龙经历了数度艰难阶段，尚未放弃对学术研究和法学事业的追求，当今学子更需学习前辈的精神，研习前辈的成果，完善社会主义法制建设。

三、李龙主要论著

韩德培，李龙编 . 1996. 人权的理论与实践 . 武汉：武汉大学出版社 .

李龙 . 1997. 论中国法学教育的改革 . 中国法学，(6)：57-61.

李龙编 . 1999. 邓小平法制思想研究 . 南昌：江西人民出版社 .

李龙，汪习根 . 1999. 宪政规律论 . 中国法学，(4)：33-46.

李龙 . 1999. 宪法基础理论 . 武汉：武汉大学出版社 .

李龙，等编 . 2001. 中国法学教育的改革与未来 . 北京：高等教育出版社 .

李龙编 . 2001. 良法论 . 武汉：武汉大学出版社 .

李龙编 . 2001. 依法治国方略实施问题研究 . 武汉：武汉大学出版社 .

李龙编 . 2001. 西方法学名著提要 . 南昌：江西人民出版社 .

李龙，周刚志 . 2001. 论公民意识的法治价值 . 浙江社会科学，(1)：67-70.

李龙 . 2002. 我国法学教育急需解决的若干问题 . 中国高等教育，(7)：13-14.

李龙 . 2002. 经济全球化与法学的演进 . 中国法学，(1)：39-48.

李龙编 . 2003. 法理学 . 北京：人民法院出版社，中国社会科学出版社 .

李龙编 . 2004. 西方宪法思想史 . 北京：高等教育出版社 .

李龙，豆星星 . 2004. 论宪法与政治文明 . 现代法学，(1)：3-6.

李龙，汪习根编 . 2004. 新中国法制建设的回顾与反思 . 北京：中国社会科学出版社 .

李龙，朱兵强 . 2011. 论辛亥革命中的司法变革 . 湖北社会科学，(9)：106-110.

李龙 . 2011. 论辛亥革命的法学价值 . 政治与法律，(10)：2-9.

李龙 . 2012. 论当代中国法学学术话语体系的构建 . 法律科学（西北政法大学学报），(3)：21-26.

李龙 . 2012. 社会管理创新的法理探源与中国特色 . 中国法学，(2)：20-27.

主要参考文献

汪习根，陈焱光 . 2002. 李龙教授在法学理论和法学教育方面的建树 . 中国地质大学学报（社会科学版），(4)：1-4.

李占荣，汪公文 . 2004. 坎坷半生铸辉煌——著名法学家李龙先生学术思想纪要 . 社会科学战线，(6)：207-213.

王新生，车英．2009. 李龙法理学思想研究．武汉大学学报（哲学社会科学版），(5)：298-304.
佚名．2010. 法学家——李龙教授．武汉科技大学学报（社会科学版），(1)：2.
冯林，刘金波．2012-7-9. 著名法学家李龙．中国社会科学报．

撰写者

陈阳（1986～），辽宁绥中人，华东政法大学博士研究生，从事外国法律史，比较法研究。

杨永华

杨永华（1937～），山东东营人。法学家。长期从事陕甘宁边区法律思想和制度领域的研究，是边区法制史领域的开拓者和主要奠基人之一。1962年毕业于北京大学法律系。现为西北政法大学法学教授、硕士研究生导师。历任中国法学会理事、中国法律史学会副会长、中国法律史学会执行会长、中国法制史研究会会长、陕西省学位委员会委员、陕西省学位学科点评审法律组组长、西安市法学会副会长等职。杨永华撰有著作十多部，发表论文80余篇，其代表作《陕甘宁边区法制史稿》等多次获国家及省级成果奖，在学界有一定影响。杨永华曾被授予“全国优秀教师”、“西安市劳动模范”等称号。2012年9月，杨永华获“全国杰出资深法学家”称号，成为西北五省获此殊荣的第一人。

一、成长历程

杨永华，1937年2月4日出生于山东省东营市东营区龙居乡龙居村一户农民家庭，当时正值烽火峥嵘的抗日战争年代，父母都是日出而耕，日落而息，靠天吃饭的农民，目不识丁。

杨永华的父亲深受没有文化的苦，为了让儿子将来不重蹈自己贫困潦倒的生活，努力争取让他获得上学的机会。在当时，山东省已被日军占领，正规的学校无法开设，一种免费的学塾——义学发展起来，在那里，贫困人家的孩子们可以获得初级阶段的教育。当时父亲的几个堂兄弟也在义学里做老师，受到他们思想上潜移默化的影响，父亲将年仅5岁的杨永华送到了义学，早早地开始了他的读书生涯。

（一）少小家贫，却有志于学

在当时，义学学生的年龄层次差别很大，杨永华是其中年龄最小的一个，却也是格外努力的一个。义学6点开始晨读，但因为家离学校很远，杨永华4点就要起床赶路上学，不但如此，由于当时山东省由汪伪政府和日本人当道，上学途中，杨永华经常会碰到这类人的盘查，但这些困难都没有让他退缩和畏惧，还是坚持每天去义学学习。

义学的课程全是四书五经，包括《论语》、《诗经》等，老师的考查方式是抽背段落，小小年纪的杨永华刻苦用功，并且记忆力很好，每次都能从容应对老师的抽背，免受戒尺的惩罚。

在一次访谈中，杨永华回忆起当初义学的学习经历，坦言对他今后的人生产生了不小的影响："一是扎实了我的古文功底，为我以后研究中国法制史打下了良好的基础；二是立下了当教师的志向。"关于第二点，是因为当时人们的生活普遍都很苦，但老师的生活却要好很多。

1945年山东省解放，杨永华开始在家乡上小学，当时小学的学制是初级小学四年，高等小学两年。至1951年，杨永华高等小学毕业。1952年，杨永华考入了山东省滨县中学上初中，后又转学至阳信中学。1954年，杨永华考入山东惠民地区的北镇中学上高中。凭借着自己的刻苦努力，杨永华在高中阶段的成绩一直名列前茅，1957年，北镇中学仅有两名学生考上北京大学，杨永华便是其中之一。当时杨永华报考北京大学的志愿，第一是哲学专业，第二是法律专业，后被法律系录取。

1957年至1962年，杨永华在北京大学法律系攻读法律专业本科学位。忆起当年入学时的情景，杨永华至今记忆犹新。这是他第一次真正走进城市，从家乡到北京路途遥远，为了节省路费，父亲和他用手推车推着行李，一直徒步走向火车站，晚上就借宿在沿途的农民家里，两人花了整整两天的时间到达火车站。因为家境贫穷，杨永华通过申请资助才买到了车票，得以到达北京。

当时北京大学学生的学习热情十分高涨，"记得我从山东坐火车到学校报到时，在接站处就看到一个大横幅，上面写着'欢迎未来的法学家'。进入北大校园以后，全校都挂着'欢迎未来的科学家'、'欢迎未来的物理学家'……"杨永华在这股学习高潮的推动下，刻苦努力，发奋学习。在大学期间，杨永华通读了《列宁全集》，"这为我在法律理论基础和从事法律文化方面的研究打下了较为坚实的基础"。此外，杨永华和同学们还一起将《列宁全集》中关于国家与法的内容进行摘抄、整理，编写了《列宁论国家与法》四卷本，并由北京大学出版社出版。

值得一提的是，本科期间，有位叫张国华的老师，主要讲授战国时期的各个法律思想家的法律思想，张老师的讲课十分生动有趣，为杨永华打开了中国法制史的神秘之门，深深吸引着他为之探究。

（二）钟情中法史，立志边区法制史研究

1962年至1965年，杨永华在北京大学法律系攻读中国法制史专业研究生学位。

本科毕业时，国家开始招收第一届导师制研究生，杨永华积极报考，当时有 1800 余人报考了北京大学研究生，最终仅有 60 人被录取，法律系仅录取 6 人，其中就包括了杨永华。

杨永华选择报考中国法制史专业有着诸多方面的原因。首先，是由于小时候受到几个在义学做教师的叔叔的影响，耳濡目染，对古代历史产生了浓厚的兴趣，在义学的学习经历则使得他拥有了良好的古文功底，在大学本科期间，张国华老师生动的讲课给了他很大的启发，希望攻读中国法制史专业。

当时北京大学还没有带法制史研究生的资格，学校专门聘请了张友渔作为北京大学法制史的教授来指导研究生。由于张友渔后来担任了北京市副市长，且身兼诸多学术职位，杨永华与他的见面次数并不多，实际上指导杨永华的是张国华、肖永清、蒲坚这几位老师。

虽然与张友渔的接触机会不多，但张教授却给杨永华留下了深刻的印象，两人之间的谈话让杨永华至今记忆犹新："张老说，他很希望为祖国培养人才，所以他鼓励我们年轻人要树雄心，立大志。接着，他又强调我们中国法制史的研究生要为祖国争气，因为当时日本学界认为中国法制史的研究中心在日本，而非中国。所以，张老鼓励我们要有'坐冷板凳'的精神，好好做研究，争取把中国法制史的研究中心早日转回自己的国家。"张教授的鼓励及殷切期望，坚定了杨永华走上中国法制史研究道路的决心。

在读研究生期间，老师讲授新民主主义法制史时，都曾提到过陕甘宁边区法制。但杨永华发现相关的内容很少，仅是泛泛而谈，没有任何具体的数据和材料。这使得杨永华产生了对革命根据地，特别是陕甘宁边区革命根据地法制史进行研究的想法，但终因当时条件所限，这一设想未能实现。

1965 年至 1966 年，杨永华在北京大学从事中国法制史研究工作。后为了便于开展革命根据地法制史研究，杨永华远赴西北，在西北大学中东研究所担任助教，进行中国法制史的相关研究。1978 年，杨永华调入西北政法学院，如愿开始了他研究革命根据地法制史的道路，得天独厚的研究环境，更加坚定了他从事陕甘宁边区法制史研究的决心。那时西北政法学院正准备恢复招生，百废待兴，需要确定科研方向与科研题目，他和方克勤共同确定了"陕甘宁边区研究"这一课题。

自此，杨永华一直在西北政法学院工作，1982 年定为讲师，1987 年评为副教授，1989 年破格升为教授，2002 年退休。他先后担任了西北政法学院中国法制史教研室主任、中国革命根据地法律研究中心主任、中国法制史专业硕士研究生导师组组长、西北政法学院学术委员会委员、西北政法学院学位委员会委员、西北政法学院督导专家组成员等职。

二、主要研究领域和成就

1978 年，中国共产党的十一届三中全会顺利召开，中国从此踏上了社会主义的法治之路，中国法学研究与教育的发展也开始步入正常轨道，这使杨永华看到了将填补边区法制史空白变为现实的希望。他开始积极通过各种渠道发掘有关陕甘宁边区法制的材料，并将所收集到的资料进行整理、分析，经过多年的潜心研究，掌握了陕甘宁边区法制的概况，包括产生和发展的历程，指导思想和立法原则，法律制度的主要内容，初步总结了边区法制建设的主要成就和教训，理清了边区法律制度的发展规律，为后来所撰写的著作《陕甘宁边区法制史稿》打下了坚实的基础。

最终，杨永华通过坚持践行自己的信念，实现了自己的目标，他填补了陕甘宁边区法制史的空白，成为了边区法制史领域的开拓者和主要奠基人之一。他的研究成果具有深远的影响，为日后学者们研究相关法律提供了重要且宝贵的素材。

（一）科研成果和影响

杨永华多年来致力于陕甘宁边区法制史的研究，著述颇丰，积数十年之心血，先后主持和完成多项国家规划重点科研项目，撰写出版著作十多部，发表论文 80 余篇，在国内外引起了不小的关注。

1987 年，杨永华与方克勤合作完成的《陕甘宁边区法制史稿（诉讼·狱政篇）》出版，在学术界产生了很好的反响，并在 1988 年获陕西省社会科学联合会二等奖。之后，杨永华继续刻苦钻研，花费五年时间，撰写了《陕甘宁边区法制史稿（宪法·政权组织法篇）》（国家教育委员会、司法部“七五”社会科学基金资助重点科研项目），1996 年在国家教育委员会举办的首届高等学校哲学社会科学评奖中获得了二等奖，因该书是此次评比中唯一获奖的法律类书籍，使得杨永华在全国学术界有了名气。

此外，杨永华还参加了《中国革命法制史》（上、下册）的研究工作，该项目在 2000 年获中国哲学社会科学优秀成果二等奖，主持了“七五”国家教委重点科研项目《陕甘宁边区法制史》。在“七五”国家重点科研规划项目《中国法制史》（多卷本）中，他负责中国革命根据地法制史的编撰工作，并担任副主编，他实事求是地评价了国民党的法律制度，使得该书顺利通过了司法部的定稿检查，而该书的出版也为各国学者研究中国法制史提供了重要资料。

杨永华还参与了《中国法律思想史》（现代卷）的编写，并担任主编，此书共计 11 卷，由 380 多位教授共同编写，并被列入“七五”国家哲学社会科学重点规划项目及国家“八五”资助出版计划，其中杨永华负责编写根据地卷，他花了整整 8 年时间，撰写了 60 余万字，展示了他多年来呕心沥血、刻苦钻研的成果。值得一提的是，杨永华编写的内容有涉及党和国家领导人以及国民党的相关内容，需要中共中央宣传部签字才能出版，但也正是因为这一卷由杨永华负责，他的编写内容建立在翔实的史料基础上，研究成果真实、精湛，该套书最终得以成功出版，并于 2000 年获得了陕西省人民政府一等奖。

2007 年，由杨永华主编的《中国共产党廉政法制史研究》（“九五”国家重点科研项目）再次获得了陕西省人民政府一等奖。此外，他还担任了《革命根据地法制史》、《现代法律思想史》副主编，以及陕西省重点科研项目《陕甘宁边志》副总主编。

在此过程中，杨永华还发表了不少具有学术影响力的论文。如《黄克功案》，在 1988 年获陕西省社会科学联合会优秀奖；《指导陕甘宁边区法律建设的纲领性文件》，在 1992 年获陕西省社会科学联合会二等奖；《陕甘宁边区民主政治与执法环境》，在 2000 年获全国八个学会的一等奖。此外，其论文《陕甘宁边区法制建设的光辉文献》、《黄克功案件初探——发生在陕甘宁边区的凶杀案》，分别获得了陕西省社会科学联合会一等奖和鼓励奖。

1998 年，陕西电视台“陕西人”栏目组为杨永华制作了专题片《中国法制史专家——杨永华教授》，并通过卫星电视向全国播出。此外，中央电视台的“中国政法高等院校在前进”栏目也对他进行了专题介绍。

杨永华的研究成果不仅受到了国内法律史学界的广泛关注和肯定，在国际上也产生了重大的影响，部分专著和论文被外国学者翻译出版。日本东京专修大学研究中国法制史的宫坂宏教授，在日本中国法制史学会上专门介绍了杨永华的研究成果，给予了很高的评价，并慕名来华，与杨永华交流治学经验。

（二）学术理论和贡献

杨永华的研究成果填补了边区法制史研究的空白，给后来者的研究奠定了基础。其主要的学术理论和贡献体现在以下几点。

1. 揭示了边区法律体系的组成部分

在研究中，杨永华把边区的法律和党中央的政策作为研究对象，提出了边区法律体系是由十大部分组成：1）以施政纲领、宪法原则为内容的宪法论；2）保障地主、资本家与工人、农民同样权利的人权论；3）以普遍平等无记名投票为原则的选举论；4）不分民族、阶级和干群的平等论；5）以镇压汉奸反对派为斗争锋芒的刑法论；6）调节各阶级利益的民法论；7）以发展生产保障供给为指导原则的财政税收论；8）政府领导司法的新型体制论；9）以团结为核心的人民调解论；10）以马锡五审判方式为代表的司法民主论。

2. 揭开了边区法律制度的内部架构

杨永华认为，边区的法律制度由四部分构成：

单行法规。这是边区法律制度的核心内容和重要组成部分。杨永华经过仔细研究，发现边区政府共制定和颁布了64类、1200多条单行法规。

法典（草案）。边区政府共起草了四部法典（草案），分别为《陕甘宁边区民法条例》（草案）、《陕甘宁边区刑法条例》（草案）、《陕甘宁边区民事诉讼法条例》（草案）、《陕甘宁边区刑事诉讼法条例》（草案），是由边区参议会副议长谢觉哉、边区高等法院代理院长李木庵组织专家学者，在广泛听取了司法工作者和广大人民群众的意见后起草而成的。当时，边区政府十分重视法制建设，在实施单行法规的基础上，吸取了苏维埃时期法制建设过程中的经验教训，并采纳了国民党政府法律中适合边区法制建设的合理内容，融合而成了这四大法典（草案）。虽然由于当时的特殊历史原因未能颁布，但经过边区政府和参议会的批准，这些法律制度经各级法院内部试用并运行成熟后，即可颁布实施。

法律解释。当时的法律解释并不常用，因为当时的司法是受政府领导的，解释的责任多由政府来进行。主要分为：1）立法解释，即当时的权力机关参议会对某些重大法律进行的解释；2）行政解释，即边区政府对某些重要法律进行的解释；3）司法解释，即由边区高等法院对某些法律在运作中的事项进行的解释。

判例。由于当时边区的法律制度不够完善，而司法人员的文化水平不高，法律知识也比较匮乏，导致审判能力较低，因此法院在参议会和政府的领导下，在审判案件的过程中，多运用范例作为法律的补充。1944年，边区高等法院共选了98个案例，分民、刑编纂成册，其中每个案例都有案示，便于司法人员结合实际加以应用。

3. 发现毛泽东致边区审判长雷经天的信件

1937年10月5日，抗日军政大学第六队队长黄克功因逼婚未遂，在延河畔枪杀了陕北公学学员刘茜。由于黄克功参加过井冈山斗争和红军两万五千里长征，拥有光荣的革命历史，因此，案发后对于如何处置黄克功，双方当事人的家属和所在单位产生了激烈的争执。

黄克功本人在认罪后，写信给毛泽东、边区政府主席林伯渠、边区高等法院代院长董必武和边区高等法院刑事审判庭庭长雷经天，希望能因为自己对革命的贡献而获得减轻处罚。当时，党中央、毛泽东和边区政府着力通过典型案件使广大群众树立法制平等的观念。毛泽东亲自复信给审判长雷经天，并指示雷经天于 10 月 11 日公审大会上，当着黄克功的面宣读了这封回信。

杨永华在陕西省档案馆查阅档案时，无意中发现了“黄克功案”的案卷，找到了这封毛泽东亲笔写给雷经天的信，信中这样写道：“共产党与红军，对于自己的党员与红军成员，不能不执行比较一般平民更加严格的纪律。当此国家为难革命紧张之时，黄克功卑鄙无耻残忍自私至如此程度，他之处死，是他自己的行为决定的。一切共产党员，一切红军指战员，一切革命分子，都要以黄克功为前车之戒。”

可以说，这是自毛泽东成为党的第一领导人以后，最早提出的关于坚持法律面前人人平等的材料。杨永华及时意识到了这份历史材料的重要性，他与方克勤一起撰写了《黄克功案》一文，并于 1985 年发表于《民主与法制》上。由于当时中国法学界正广泛探讨法律面前人人平等原则，很快，这篇文章就得到了法学界的极大关注，并有多家报刊转载，该文甚至被译成了日文发表。《人民日报》主动与杨永华联系并了解了“黄克功案”的情况，并于该报第一版刊发了《毛泽东给雷经天的信》。

正是这封信，见证了中国共产党人最初确立法律面前人人平等原则的历程。它废除了对革命有贡献的人在法律上享有的特权，确立了他们与普通党员、干部和红军平等的法律地位，纠正了那些想要宽恕黄克功的部分群众以及拥护“法律面前人人不平等”原则的老党员、老干部们的错误认识，并得到了一致的拥护。它阐明了抗日民主法制的平等原则，奠定了陕甘宁边区法制的理论基础。

如果不是杨永华在档案馆里不知疲倦地翻查档案案卷，并慧眼发现了这封信，或许这封信到现在还不为后人所知。杨永华在论文《黄克功案》中，从法理上阐述了这封信的核心内容，为当时法学界讨论法律面前人人平等原则起到了很大的推动作用，也为后人研究探讨这一问题提供了有力的依据。

更令杨永华意想不到的是，《毛泽东给雷经天的信》在《人民日报》刊登之后，不仅在法学界，在社会上也产生了一定的影响。刘茜的家属找到了当时任中央组织部部长的胡耀邦，为其一家平了反。而事发当时，由于通讯不便，被害人刘茜的死被传为是由于犯了错误，做了坏事而被红军处决，刘茜的家人一直以来都蒙受着不白之冤。这封信被刊发后，中央组织部核实了刘茜的生平籍贯，刘茜及其家属因此沉冤得雪。杨永华对此感叹颇深，为自己在研究法制史学的同时，能为现代社会服务感到高兴，这也更加激励他坚持不懈地进行法制史的科学研究。

4. 揭露边区颁布人权条例的根本原因和目的

杨永华在研究陕甘宁边区法律制度中，发现除了法律面前人人平等原则，边区法制促进人民政权法制建设还体现在：颁布了人权条例。1941 年 11 月 17 日，参议会通过了《陕甘宁边区保障人权财权条例》，并于次年 2 月公布执行，从此，人民的权利得到了法律的保障。

1989 年 4 月，新中国成立以来中国法律史学界第一次国际学术讨论会在北京隆重举行，杨永华为该会撰写了《陕甘宁边区抗日民族统一战线中的法律问题》一文，并发表于《中国法学》。该文系统而全面地分析了陕甘宁边区抗日民族统一战线中的法律问题，其中就包括揭示了边区颁布人权条例的根本原因和目的。

杨永华通过对当时人权条例颁布时的历史背景、陕甘宁边区的整体环境的仔细分析研究，认为边区颁布人权条例的主要目的和真正用意，是通过制定一部法律来统一保障各革命阶级人民的权利，提高干部的法制和人权观念。在当时，随着敌后抗日根据地的开辟，陕甘宁边区日渐和平，人民安居乐业，但同时也出现了某些干部的目无法纪，侵犯人民群众人身、财产权利的事件；而边区很多干部都经历过打土豪、分田地的斗争，习惯于用工农民主法制的观念看待地主、富农和资本家的问题，时常侵犯他们的权利。

杨永华认为，边区颁布人权条例，即是想要通过制定法律，使广大干部正确认识各革命阶级人民的法律地位，纠正他们不尊重、偏见和歧视的态度，在调动工人、农民抗日和生产积极性的同时，也能调动地主、富农和资本家抗日的积极性，确保抗日民族统一战线能顺利持久开展工作。人权条例的颁布，更加坚定和稳固了抗日民族统一战线的总政策，加强了各革命阶级的团结，提高了人民群众捍卫自身权利的意识。

5. 阐明边区制定法律适用的援用原则

杨永华在其《陕甘宁边区抗日民族统一战线中的法律问题》一文中，阐发了毛泽东关于抗日条件下正确援引国民党政府法律的问题。

杨永华认为，毛泽东及边区政府在制定边区法律的时候，实行的原则并非“拿来主义"，也不是"拒之门外"，而是以大局为重，在边区建设的实际和实践经验基础上，以保护广大人民的利益，有利于团结抗日为准则。对于苏联的法律，并不实行照搬照抄政策，而是发现并学习其中的精神，结合边区的实际和现实社会的需要进行参考借鉴；对于国民党的法律，不以国共合作为理由，而是认清其实质，划清它与边区法律的界限，但又援引它的某些法律条文，以保护劳动人民已经取得的革命成果。当时边区制定法律适用的援用原则可以概括为：适合抗战团结的需要；适合民主政治；适合边区历史环境；适合广大人民的利益。杨永华认为，这些援用原则是正确且值得肯定的，并推动了边区法制的建设。

6. 揭示边区在"精兵简政"中创造行政立法基本原则的历程

陕甘宁边区土地贫瘠，人口稀少，经济落后，财政收入低，作为中国的革命根据地，主要依靠三个外援：国民党政府的拨给，海外华侨的捐款，国内民主人士和抗日团体的赞助。但是随着边区人员的不断增加，人民的负担也在不断加剧。之后外援断绝，边区的财政发生了严重的困难。经研究，杨永华发现边区政府为了使边区能继续发展下去，想到了"精兵简政"的方法。

在 1941 年 11 月的边区参议会二届一次大会上，李鼎铭当选为参议会副议长，并在之后的会议上提出了《政府应彻底计划经济，实行精兵简政主义，避免入不敷出、经济紊乱之现象案》。他从政治、军事、财政等方面考虑，共提出了五个方法，并得到了毛泽东的支持，作为党的一项极其重要的政策，很快在边区和各抗日根据地贯彻执行。

1942 年 12 月，在总结了精兵简政经验的基础上，边区政府制定了《陕甘宁边区简政实施纲要》。杨永华认为，一方面，此《纲要》是边区精兵简政取得的最高成果，它的制定和实施使边区的建设更加规范和合理，中国共产党领导的人民政权更加成熟，在新民主主义政权建设史上具有划时代的意义。另一方面，《纲要》的制定和实施也极大地丰富和发展了边区的行政立法，主要表现在：1）政府主要业务和实现方式，贯彻政简民便的原则；2）政府机构设置和人员编制，贯彻少而精的原则；3）政府机关的全部活动及其过程，贯彻节约与效能的原则；4）政府工作作风，贯彻密切联系群众和反对官僚主义的原则。

除此之外，杨永华还对边区的人权法律、民主政治、选举制度、行政立法与改革、廉政建设、刑法制度与刑罚制度、人民调解制度、狱政制度、马锡五审判方式等涉及边区法律思想和制度领域的内容进行了认真、仔细的分析和研究，得出了独到的见解，并发表了相关的论著。

杨永华的研究成果揭开了边区法制史的神秘面纱，向世人还原了它的本来面目，在他不倦研究的带动下，陕甘宁边区法制史被纳入了中国法治近代化的研究视野中，成为了一个重要的独立的学术领域。

(三) 教学观念和育人成果

杨永华长期从事中国法制史的教学和研究工作，曾讲授“中国法制史”、“陕甘宁边区法制史”、“中国革命法制史”等课程，可以说对中国法学教育事业的发展不遗余力。

1. 推动法制史教材建设

杨永华从事法制史教学工作以来，积极参与法制史教材的编写，将自己经过多年不倦探索获得的研究成果和经验融入其中，为培养更多、更好的法制史专业人才创造了丰富的教学资源。他参与了中国法律史学会的创建及改革开放后第一批中国法制史教材的编撰，先后参编了《中国法制史教程》、《中国简明法制史》、《中国法制史纲要》、《中国法制史简明教程》等教材。他参与撰写的司法部统编法学院教材《中国法制史》在1988年获得了司法部优秀奖。这些都有力地推动了中国法制史的教学和教材建设。

2. 注重以科研带动教学

在杨永华和教研室老师们的努力下，1988年，西北政法学院成立了中国法制史专业硕士点，1992年获得硕士授予权，它与刑法硕士点是学院最早的两个硕士点，由杨永华担任导师组组长。该硕士点设有中国法律史和比较法制史两个方向，在杨永华的带领下，导师组利用陕西得天独厚的资源优势，确立了两个科研方向，一个是西周法律和罗马法律的比较研究，另一个便是陕甘宁边区法律制度研究，并带领青年教师们长期坚持研究创作，取得了重大的成就，编撰的论著和成果在国内外产生了一定的影响。

与此同时，科学研究提高了师资队伍的整体科研、教学水平，科研成果也被转化为教学内容，传授给学生，极大地推动了该硕士点的教学和科研工作。该硕士点作为国内较有影响的硕士点之一，人才辈出，许多从这里毕业的硕士生成为了政法院校、研究所、人民法院等单位的业务骨干和学术尖子。

“闲不住的话就继续培养人才”，杨永华的一生都在为边区法制史的研究和教学忙碌。虽然他现在早已退休在家，但仍在不遗余力地帮助后辈们研究陕甘宁边区的法制史，他依然坚持不断阅读学习，查阅资料，与青年教师合作编写书籍，为年轻人提供榜样，鼓励他们努力学习。在陕西省人民政府请他撰写的有关如何进行研究生教育的经验报告中，他提到："应引导学生论文选择和导师的科研优势紧密结合，强调要把科学研究成果及时充实到研究生教材与教学之中。"杨永华的话，充分体现了他注重以科研带动教学的观点，以及对培养研究生进行科学研究的重视。

3. 桃李满天下

通过这个硕士点，杨永华为国家培养了不少人才，很多在各自的工作岗位上做出了成绩。如硕士研究生钱弘道，毕业后考入北京大学外国法制史专业就读博士，后进入该校经济学博士后，专门从事法律与经济方面的研究，被评为"新世纪优秀人才"，出版了多部著作，先后主持出台中国第一个法治评估体系、中国第一个法治指数、第一个电子政府发展指数，多项创新研究及其实验成果被众多新闻媒体报道，主持的司法透明指数研究被列入2013年国家社会科学基金重点项目。

再如学生汪世荣，中国政法大学中国法制史专业博士毕业，现为西北政法大学科研处处长、法律史硕士生导师并担任导师组组长。2001年被评为陕西省优秀教师，2006年被评为第二届陕西普通高等学校教学名师，2007年获全国优秀法律硕士教学奖，2008年被授予"陕西省优秀中青年法学家"称号。先后主持完成多项省部级课题，其专著《中国古代判词研究》先后被评为陕西省哲学社会科学优秀成果一等奖、司法部优秀科研成果三等奖，论文《判例在中国传统法中的功能》被评为陕西省人文社会科学优秀成果一等奖。

（四）学术理念和为人

汪世荣曾在其专著《陕甘宁边区高等法院研究》中写道，杨永华的"著作的重要性首先在于，它们是边区法律史迄今为止极少的专著之一，而且使边区法律史成为一个具有相对独立性的研究领域。其专著建立在丰富翔实的史料基础上，在论述中兼顾到了规范和实践层面。专著语言质朴，叙述细致，是关于边区法律史研究的奠基著作"。汪世荣的这番话，不仅充分而恰当地描述了杨永华在边区法制史研究领域的贡献，并且赞誉和肯定了他的学术研究理念。

在杨永华攻读研究生期间发生了"文化大革命"，北京大学被指派负责搞"海瑞罢官"，大家把当时能找到的海瑞判案的所有资料进行了整理，经过仔细分析，认为海瑞断案是严格按照封建法律进行的，不受任何其他因素的影响。

虽然研究结论没有得到“中央文革小组”的认同，但这次的研究使得杨永华对研究学术的方法有了新的看法。他明白了“掌握翔实的第一手资料和刻苦钻研的决心，才是做好学术研究最为基础的要素”。以前他认为，从事学术研究，就是确定题目，查找相关论著，整理总结归纳，最后加上自己的观点即可，却未曾想到，别人的论著可能烙印着他个人的主观思想，并非足以能够采信的客观、一手材料。这为他之后的研究道路指引了方向，其日后的著作无一不建立在丰富翔实的史料基础之上。

为了收集陕甘宁边区法制材料，不论刮风下雨，他奔走于学院和档案馆之间，足足9年，在陕西省档案馆翻阅、查找、摘抄陕甘宁边区遗留下来的数以千计的法制建设档案和案例，摘抄了陕甘宁边区出版的各种书籍、报刊和资料。杨永华的执着探索不局限于纸质材料，他为了掌握第一手材料，调查走访了许多曾在陕甘宁边区司法界工作过的同志以及当时的特殊人物，包括当时的陕甘宁边区典狱长党鸿奎、“刘巧儿”的原型封芝琴等，并对访问内容进行了记录和保存，共收集了数十万字的谈话资料。不仅如此，凡是与陕甘宁边区法制建设有关的地方，他都一个一个的实地考察，上至延安，下至当时的边区所辖各县，但凡能进行访问查看的，他都不遗漏。

杨永华的这一学术理念和研究方法，使得他的研究成果都建立在确凿可靠的档案资料基础上。他打破了以往学者单纯研究纸面法的局限，更注重从鲜活的司法实践中寻找革命法制的足迹，更准确地把握边区法制的发展逻辑。因此，他的论著内容实事求是，观点和思想令人信服，为国内外学界赞誉和认同，也为后人学术研究树立了榜样。

杨永华在被采访问及自己从事科研几十年，最深刻的体会是什么时，他回答道：“第一，每个从事科研的人，要想在自己的岗位上做出成绩，必须立足于自身的环境，定下切实可行、长期稳定的研究方向。第二，从事科研工作要有吃苦耐劳和拼命的精神，要不畏困难和麻烦。第三，从事科研，要大量占有一手资料，不能人云亦云。当然，科学研究也要实事求是，不能凭主观臆断。第四，要有谦虚精神，戒骄戒躁，更要有长久的动力，时时激励自己不断努力。”杨永华的回答可以概括为“明确坚定、刻苦不懈、实事求是、谦虚不躁”，充分折射出了他的为人准则和治学态度。

杨永华毕生钻研学术，并能获得如今的成就，是因为他始终坚持并践行自己的信念，不断为之付出努力。他说：“只有堂堂正正做人，圆圆满满治学，求实、求是、求索，坚守治学信仰，虔心守护学术殿堂这片净土，才能不断在学术钻研中推陈出新，为理论创新添砖加瓦。”

三、杨永华主要论著

杨永华，方克勤，李文彬 . 1979. 抗日战争时期陕甘宁边区的选举制度 . 人文杂志，（1）：33-40.

杨永华，方克勤 . 1980. 陕甘宁边区审判方式的一个范例 . 现代法学，（3）：50-53.

杨永华，王天木，段秋关 . 1984. 论陕甘宁边区法制建设的原则 . 法学研究，（5）：87-97.

杨永华 . 1985. 试论抗日民主政权法律中的人权问题——为抗日战争四十周年而作 . 西北政法学院学报，（3）：63-66.

杨永华 . 1986. 延安时代的法制理论与实践 . 西北政法学院学报，（3）：83-88.

杨永华，方克勤 . 1987. 陕甘宁边区法制史稿（诉讼 · 狱政篇）. 北京：法律出版社 .

杨永华编 . 1988. 中国法制史教程（教材）. 西安：陕西人民出版社 .

杨永华，段秋关 . 1989. 统一战线中的法律问题——边区法制史料的新发现 . 中国法学，（2）：120-126.

杨永华 . 1992. 陕甘宁边区法制史稿（宪法 · 政权组织法篇）. 西安：陕西人民出版社 .

杨永华 . 1992. 陕甘宁边区人权立法 . 法律科学（西北政法学院学报），（1）：13-17.

杨永华 . 1993. 根据地时期法律平等原则的历史回顾 . 法律科学（西北政法学院学报），（6）：64-69.

杨永华 . 1996. 陕甘宁边区公文制度的改革 . 甘肃政法学院学报，（3）：42-48.

杨永华编 . 1998. 中国法律思想史（现代卷）. 太原：山西人民出版社 .

杨永华，木可 . 1998. 李鼎铭的法律思想 . 法律科学，（1）：71-75.

杨永华编 . 2005. 中国共产党廉政法制史研究 . 北京：人民出版社 .

主要参考文献

《当代中国法学名家》编委会 . 2005. 当代中国法学名家 . 北京：最高人民法院出版社：2227-2244.

何勤华编 . 2010. 中国法学家访谈录（第 2 卷）. 北京：北京大学出版社：182-190.

刘全娥 . 2013. 全国杰出资深法学家——杨永华教授 . 法律科学（西北政法大学学报）.（1）：201.

撰写者

杨艳（1984 ~），上海人，法学硕士，2009 年毕业于华东政法大学诉讼法专业，现为华东政法大学刑事司法学院办公室副主任。

王泽鉴

王泽鉴（1938～），台湾台北人。民法学者。1960 年毕业于台湾大学法律系，1968 年获德国慕尼黑大学法学博士学位。师从德国卡尔·拉伦茨（Karl Larenz）教授，深得德国法学之精髓，兼容英美法学之要义。1969～1994 年，担任台湾大学法律系教授、系主任；1994～2003 年，担任“司法院大法官”。其著作《民法学说与判例研究》八卷及专书《法律思维与民法实例》、《民法总则》、《债法原理》、《侵权行为法》、《民法物权》、《人格权法》及《民法概要》等七册，在海峡两岸广为流行，著作转引率高居华人法学界第一位，影响华人社会民法学发展巨大而深远。曾经获得“国科会杰出研究奖”，担任“中央选举委员会委员”、“行政院研考会委员”、“消费者保护委员会委员”、“考试院审荐小组成员”、“大法官提名审荐小组委员”、台湾比较法学会理事长及财团法人民法基金会董事长等职。

一、生平事略

（一）青少年时期

王泽鉴，1938 年 6 月 2 日生，台湾台北人。其祖先于嘉庆年间自福建渡海来台，定居于台北市南港锡口。父亲从事煤矿开采工作，担任矿场主任，其后担任农会总干事。

王泽鉴从小手不释卷，勤读认真。小时候，在住家的台北松山饶河街四周，尽是田野。他每天一大早起床，跑到田野清净处读书。他父亲王有谅说：“泽鉴赴亲友宴会的时候，也要带着书本去。”王泽鉴于多年后从事学术研究时，也是手不释卷，夙夜匪懈，勤于研究。每天早上七点多到学校，下午五点多才回家，数十年如一日。他经常勉励学生，应效法法学前辈史尚宽的勤奋，每天早上五点起床，阅读写书，直到九点上班为止，数十年如一日，方能有所成就。王泽鉴自己即为史尚宽努力的身影，其著作丰沛，则更胜于史先生。

小时候居住于矿场附近，当时矿灾频传，死亡矿工白布覆尸、家属哀凄祭拜的景象，经常出现在其眼前，形成王泽鉴悲天悯人的情怀。1967 年王泽鉴因此写下《矿工工资优先受偿权》一文，主张工资系劳工血汗，具有神圣性，必须特别保护，优先于抵押权，实足以实现社会正义。

自成功中学初中部及高中部毕业后，王泽鉴原拟选择历史系就读，因其表哥为台湾大学法律系学生，说服他改选法律系，后来他以法学组第一名考进台湾大学法律系。

（二）就读台大

王泽鉴在大学就读期间，很喜欢阅读罗斯科 · 庞德（Roscoe Pound）的著作，在读完庞德的法社会学理论后，深受启发。在大学时代，王泽鉴的外号就是“Roscoe Pound”。一直到现在同学聚会，还有同学说：“喔！Roscoe Pound 来了。”此外，他还念了本杰明 · N · 卡多佐（Benjamin N. Cardozo）的《司法过程的性质》（*The Nature of the Judicial Process*）。在法律研究所时，他研读鲁道夫 · 冯 · 耶林（Rudolf von Jhering）的《法律目的论》（*Zweck im Recht*）、J. 科勒（Josf Kohler）的《法哲学》（*Rechts philosophie*）及其他德国法学著作，以英文版及德文版互相对照的方式阅读，学习外国法学知识，开始接受德国法学着重精密思考，及英美法学重视法律现实两种学派的熏陶。

在台湾大学法律研究所第一年上课时，民事诉讼法学者蔡章麟使用德文讲义，问同学：“有谁看得懂？”同学回答说：“王泽鉴平常就有在念德文。”蔡教授对他说：“那你念念看！”王泽鉴一边看，一边讲，蔡教授听完后说：“你应该直接到德国念书。”他于硕士班一年级时，就几乎可以不查字典阅读德国文献，这奠定了他到德国念书的实力与动机。

在大学毕业后，他并未参加律师或司法官考试，虽然觉得有点遗憾，未能藉此更彻底研读相关著作，但也因此直接赴德留学，开创无限宽广的学术生涯。

（三）留学德国

王泽鉴曾经向他父亲说，他要到德国攻读博士学位。当时，他父亲以家庭经济环境并不富裕，认为他的志向虽然可嘉，却不容易办到。没想到，他通过了“教育部”公费奖学金考试，获得了奖学金（当时两年才考取一人）。他录取后赴德国海德堡大学就读，半年后转学至慕尼黑大学，于 1968 年获得该校法学博士学位。

王泽鉴到德国后，在指导教授卡尔 · 拉伦茨的课堂上，拉伦茨教授吩咐日本京都大学北川善太郎教授与台湾的他，以德文撰写自己国家或地区的民法学说问题。

他写了台湾的民法继受问题，两人所撰写的文章，同时在1965年刊登于有200年发行史的重要期刊——*Archiv für die civilistische Praxis*（*AcP*）上，激励了王泽鉴从事学术研究的热诚与决心。

在德国期间，他受到许多文化冲击。首先是德国法治精神，邻居发生任何纠纷，如钢琴声音是否太吵，都以法院判决来解决。其次是德国的法学研究方法，王泽鉴深受德国精确细密的法学思考训练，改变了他以前对于法学论述的想法。在一次拉伦茨实例演习的课堂上，教授询问德国学生，当事人的请求权基础为何？学生回答"民法第823条"时，教授追问："是第1项还是第2项？"此次学习经验，让王泽鉴醒悟台湾"民法"第184条的规定，具有三项请求权基础，应分别判断之，也体会到德国法的精致细密。

王泽鉴于2010年出版《侵权行为法》一书时，特别感谢卡尔·拉伦茨教授："感谢他教我法学思考的方法及持续不断学习的精神。"

在当时台湾的法学教育，欠缺实例训练，法官或学者多不具备解答实例的能力。于是他将在德国所学的请求权基础的法学方法，带回台湾，撰写成《法律思维与民法实例——请求权基础理论体系》一书，成为台湾法学界引入请求权基础的先驱，以实例解说的方式著书立说，促使台湾法学教育着重实例演习及讲解的教学方式。此书一出，他的大学同学，当时担任法官，读完后告诉他："早一点有这样的书，我们学习法律就可以节省很多时间。"

对他影响很大的还有德国图书馆的设备，充满着学者敬业的精神。他经常到图书馆借书和看书，从索书号A开始看，培养了对于德国文献的掌握能力，并且固定每个月将期刊上所有文献目录看过一遍，以了解学术研究动态。此项习惯，于留学归来后，在台湾大学图书馆，仍然继续维持，数十年不变，使其清楚掌握学术发展方向及学者表现成绩。

（四）任教台大

王泽鉴于学成归来后，曾先后任职于"财政部"（1967年）及"中央银行"（1970年），并于1970年陪同当时的"财政部长"李国鼎，出席世界银行及国际货币基金组织在丹麦哥本哈根举行的年会，担任顾问兼秘书。

在欧洲拜访德国著名银行、企业的一个月期间，李国鼎发现其领导人多为法律人，并以其自身担任财经要职的经验，希望能加强财经法的课程。王泽鉴在担任法律系主任后，乃增开劳工法、租税法、法律会计等，积极推动财经法的教学研究，其后并于1990年促使台湾大学法学系成立财经法律组。

王泽鉴于学成归来不久后，进入台湾大学法律系任教。任教期间，由于教学方法采取案例解说方式，与传统法条逐条解释的方法大相径庭，广泛受到学生喜爱，也增进了学生学习的效果。

对于学术工作，他有着无比的研究写作热忱。纵使在担任系主任期间，仍然在公务繁忙之余，随时利用时间撰写论文。他经常随时携带纸笔，记录论文架构及想法，而后逐渐成篇。经年累月，孜孜矻矻，其研究成果丰硕，于 1985 年起曾三度获得“台湾国科会杰出研究奖”。

除教学与研究外，他于 31 岁时，以副教授代理系主任职务（1970 ~ 1976 年）。从事行政工作，使其于教学研究之余，有机会大刀阔斧改革台湾大学法律系的教学与研究环境。

王泽鉴于教学研究之余，经常游学于各地，曾经担任德国柏林自由大学客座教授，并在英国剑桥大学、伦敦政治经济学院、澳大利亚墨尔本大学从事研究工作。1994 年起被任命为“司法院大法官”，于 2003 年卸任，现任台湾大学法律学院暨马汉宝法学讲座教授。

近年来，他时常访问大陆，为大陆法学院传道授业。2008 年、2009 年曾分别担任北京大学及清华大学客座教授，为研究生讲授一学期“比较侵权法与人格权法”。2009 年 5 月访问上海华东政法大学，在该校进行为期两周的学术系列活动。2013 年 3 月至浙江大学进行为期两个月的教学活动。

他与日本籍妻子萩原保子及子女皆笃信基督教，其妻并热心于环保工作，主妇联盟的小区环保运动即自萩原保子开始。

王泽鉴于教学研究之间，经常旅居各地，其出版书籍迄今共 17 册，所写序言，负有哲理与闲云野鹤之趣味。在 2002 年的《不当得利》序言中，他写道：“回到德国海德堡大学……躺卧于哲学家之道的花园草坪，眺望落日余晖中灿烂的古堡及大学图书馆耸立的尖顶，在远处 Frauenkirche（圣母教堂）传来的钟声中，沈思那历经两千年发展的不当得利。”至于写序地点，则遍及阳明山竹子湖、新店五峰山、日月潭涵璧楼、柬埔寨吴哥窟，以及埃及西奈山优士丁尼大帝勒建圣凯瑟修道院等。

二、学术研究和重要贡献

（一）主要研究领域及学术贡献

王泽鉴从事学术研究、写作著述不断，凡半世纪之久，著作等身，内容丰富，博大精深，学生称呼他的学识“如一座学术的大山”。无论对于学术的提倡、法学方法的启发及法学人才的培育，均对两岸民法学影响深远而长久。

王泽鉴选择以民法为研究对象，主要是因为年轻时，台湾仍属“威权”统治时期，公法学并不发达，刑法仅为统治的机制，私法成为台湾法学方法、法学价值理念及行动的中心。在当时法学教育的氛围下，他选择民法作为学习与研究的客体。

王泽鉴的主要研究领域为民事财产法，有时兼及民法亲属编的写作。其中《民法学说与判例研究》八册堪称经典。其余各书亦十分可观，主要包括《法律思维与民法实例》、《民法概要》、《民法总则》、《债法原理》、《不当得利》、《侵权行为》、《人格权法》及《民法物权》等，广为各校法律系教师指定为教材，学生吟读传送，迄今未歇。

关于王泽鉴的著作内涵，分述如下。

1. 判例与学说的新展开

在20世纪80年代之前，大多数台湾的法学者是来自于大陆的法学家，他们将大陆1949年前的法学著作引进台湾。此外，还有一批法学实务家，在日本当法官，于1945年日本投降后，回到台湾教书，将日本的学说介绍到台湾。

在当时，台湾的法学著作，着重于法条注释，对于比较法及法院判决，研究不足。法学著作，“尚未完全渡过胡长清先生在三十余年前所称之教科书法学阶段”（《民法学说与判例研究》第一册序）。王泽鉴于学成返台教学后，开始着力于台湾内外学说与台湾法院判决的比较法研究，强化“专题研究与判例批评”，于1975年出版《民法学说与判例研究》第一册。其后至1996年，20年间出版《民法学说与判例研究》共计八册。每次出版，洛阳纸贵，被称之为法学界的“天龙八部”，以表示其受欢迎程度，与金庸的武侠小说相媲美。

王泽鉴的判例与学说研究，经常以一则法院判决案例作为文章的楔子，点出法律问题，进而探究相关问题的比较法观察，与各家学说的综合检讨，最后对于法院判决提出自己的论点。他对法院的判决意见，或激赏、或批判、或勉励之、或纠正之。虽然，赞成者有之，商榷者亦有之，但永远对“最高法院”表示敬佩之意。其所从事判例研究之目的，“在于阐发判例之意旨，探求其抽象规范价值，综合整理相关之历年判例，辨其异同，组成体系”。（见《民法五十年》）

由于他的研究与提倡，学说与判决的综合研究成为法学研究方法的主流。王泽鉴对于台湾法学研究方法的创新，不仅促进台湾法学论证与体系建立的发展，并提升法院的判决质量，成为法学者学习的典范。

2. 法学方法论的引进

王泽鉴认为，研读民法，不仅在于学习一门重要的法律科目，亦非纯为准备考试，乃在培养获得法律思维、理性判断事务的能力，并能精要地融会了解规范债之关系、物权、亲属、继承等社会生活的基本原则，更深刻地认识以人为本位的私法秩序，及其所要维护、促进、实践之人的尊严、价值及自由、平等的理念。（见《民法概要》序）

在法学方法论上，他提倡请求权基础（Anspruchsgrundlage）的方法。认为关于非以请求权关系为内容的实例题，虽可采取历史方法，但关于“以请求权关系为内容”的实例，则应采取请求权方法。处理实际案例采取请求权基础的方法，适合实际需要，符合经济原则，保障解题内容的妥当性，而使问题具体化、思考精确化。请求权基础的方法经他引进台湾民法教学后，“请求权基础”思考解题模式，成为台湾民法学界之主流。

此外，关于法律适用，王泽鉴阐明法律的解释适用方法，强调法律解释学的重要性，对于法律概念、法律体系、法律漏洞的填补、法律的发现，进行多方面的阐述。在其论述中，对于法律的适用、准用及类推适用（例如《同时履行抗辩权》、《买卖不破租赁》等文），严予区分并详加论述，使民法学的研究走向精致化。

在他的法学论述中，经常以比较法的方式，参酌台湾社会现况与人民生活价值，进行合目的性的价值判断与取舍。在《人格权法》一书序文中，他表示采取“法释义学、比较法及案例研究的方法，阐述人格价值理念，建构人格权法的规范体系，研讨现行法解释适用的基本问题，以及探寻人格权法的发展方向”。这大致说明了王泽鉴学说著述的特色。

3. 民法基本概念的澄清

关于王泽鉴对于法律概念的重视，最有名的为其对出卖他人之物与无权处分的三篇论述，阐述负担行为与处分行为的概念区辨。另在出卖他人之物、私卖共有物、二重买卖、出租他人之物等租售行为，及设定抵押权的约定行为等七篇论文中，他反复检讨“最高法院”判决，澄清债权行为与物权行为之区别及相互关系，以此确定德国法上关于债权行为与物权行为在“台湾法”上的地位。

关于诚信原则，“台湾民法”原本规定于第219条：“行使债权，履行债务，应依诚实信用方法。”须以债权债务关系为前提要件。但王泽鉴主张，诚信原则不应仅适用于债之关系，而属于一般的法律基本原则，于物权法上亦应适用。此项呼吁，使“台湾民法”于1999年删除第219条，而将诚信原则增订于“民法”第148条第2项规定：“行使权利，履行义务，应依诚实信用方法。”

此外，王泽鉴引进德日法学关于权利失效理论，称之为“一项重要法律原则之创设”，促使台湾“最高法院”适用诚信原则时，纳入权利失效理论。“最高法院2008年台上字第745号民事判决”谓：“按权利人在相当期间内不行使权利，并因其行为造成特殊情况，足以引起义务人之正当信任，以为权利人已不欲行使其权利，而权利人再为行使时，应认为有违诚信原则。此项原则学理上称为‘权利失效’原则，乃基于诚信原则发展而出的一项法律伦理原则。”

4. 契约法的制度建立

王泽鉴对于契约法的一项重大贡献为：在其《债法原理》中，关于“债之关系的结构分析”，就各种债之关系、债权的性质，尤其是“债之关系上的义务群”，说明各种给付义务的意涵（主给付义务与从给付义务、原给付义务与次给付义务、附随义务、先契约义务与后契约义务、不真正义务等），使契约当事人间的权利义务关系，更臻明确，确立契约成为真正实现当事人意思的交易机制。

“最高法院”依据王泽鉴的学说见解，使用附随义务、后契约义务等概念，解决实务问题。“最高法院2011年台上字第2号民事判决”谓：“查契约成立生效后，债务人除负有给付义务（包括主给付义务与从给付义务）外，尚有附随义务。所谓附随义务，乃为履行给付义务或保护债权人人身或财产上利益，于契约发展过程基于诚信原则而生之义务，包括协力及告知义务以辅助实现债权人之给付利益。倘债务人未尽此项义务，应负‘民法’第二百二十七条第一项不完全给付债务不履行之责任。”

此外，在《法学上的发现》一文，王泽鉴引介鲁道夫·冯·耶林（Rudolf von Jhering）的“缔约上过失理论”，并另以专文论述缔约上过失责任的理论体系，说明其诚信原则的依据及先契约义务的性质，促使台湾“民法”于1999年增订第245条之1规定“具有台湾特色的缔约上过失制度”。（见《债法原理》）

再者，对于契约法的解释适用，他以比较法的观点，锲而不舍的精神，追求请求权基础的明确依据。在出卖之土地于移转登记前被征收时，买受人向出卖人请求交付受领补偿费之案例，涉及请求权基础为何的问题。

“最高法院”先以“民法”第219条规定之诚信原则，后以“民法”第373条关于承受利益负担危险同归一人之规定，作为请求权基础。王泽鉴以三篇文章，论述危险负担与代偿请求权之差异，以比较法的解释，认为基于公平原则及贯彻立法上之价值判断，“民法”第225条第2项的损害赔偿，应从广义解为包括土地征收之补偿金在内，无论土地买卖或赠与，买受人或受赠人均得类推适用关于给付不能之代偿请求权规定，请求补偿金。此项见解，嗣后为“最高法院 1998 年台上字第 2504 号判例”所采。

5. 侵权行为责任的类型化

关于侵权责任，“最高法院”在过去案件审判时，经常广泛探究原告主张是否符合“侵权行为之法则”，而得以请求损害赔偿，并未针对侵权责任的类型予以明确区分。王泽鉴于“挖断电缆线的民事责任：经济上损失的赔偿”，开始探讨权利侵害与纯粹经济上损失的侵权责任类型。基于调和“行为自由”与“权益保护”，主张“民法”第 184 条第 1 项前段所保护的，限于权利，不及于一般财产上损害（纯粹经济上损失）；一般财产上利益，仅能依“民法”第 184 条第 1 项后段规定违背善良风俗，及第 2 项规定违反保护他人之法律受到保护。其后于《侵权行为法》一书中，由社会规范机制的观点，在市场、社会道德与立法（或政治）之间，继续阐述“民法”第 184 条规定，具有三个侵权责任的独立类型。

在实务发展动向上，“最高法院”陆续采取王泽鉴的学说见解，认为：“因故意或过失不法侵害他人之权利者，负损害赔偿责任，故意以背于善良风俗之方法加损害于他人者亦同，‘民法’第一百八十四条第一项定有明文。本项规定前后两段为相异之侵权行为类型。关于保护之法益，前段为权利，后段为一般法益。关于主观责任，前者以故意或过失为已足，后者则限制须故意以背于善良风俗之方法加损害于他人，两者要件有别。”（“2009 年台上字第 1843 号民事判决”）又“‘民法’第一百八十四条第一项前段所保护之法益，原则上限于权利（固有利益），而不及于权利以外之利益特别是学说上所称之纯粹经济上损失或纯粹财产上损害，以维护民事责任体系上应有之分际，并达成立法上合理分配及限制损害赔偿责任，适当填补被害人所受损害之目的”。（“2009 年台上字第 1961 号民事判决”）

6. 民事责任体系的建构

契约责任与侵权责任竞合关系，是民法学上著名的长期争论问题。台湾“最高法院 1972 年台上字第 200 号民事判决”采取“法条竞合说”，认为侵权责任之成立，以当事人间无法律关系联系为前提。但王泽鉴于其《契约责任与侵权责任之竞合》一文，主张采取“请求权规范竞合说”，认为同一事实同时具备侵权行为及债务不履行之要件时，仅产生一项请求权，具有两个法律基础，债权人得主张对其有利之部分，但应特别斟酌法律之目的。（见《民法学说与判例研究》第一册）

关于王泽鉴的本篇文章，有一则法学界的轶事。当时“最高法院”资深法官游开亨看到该文后，曾写信给王泽鉴，表示将会检讨法条竞合说。不久，游开亨法官寄给王泽鉴一个改采请求权竞合说的法院判决。从此之后，建立了契约责任与侵权责任竞合的民事责任体系，不仅改变法院的见解，并促使台湾“民法”增订第227条之1规定，侵害人格权亦可请求慰抚金（非财产上损害之金钱赔偿），显示王泽鉴对于实务发展的贡献。

台湾学者孙森焱（曾任“最高法院民事庭长”）曾说，在“最高法院”进行评议时，有法官表示：“本件裁判理由，是否会被王泽鉴批评。”可见实务界对学者见解的重视。

7. 不当得利请求权的体系建构

王泽鉴于其《不当得利》一书，对于实务上关于不当得利的成立要件，给予崭新而精确的定义。关于不当得利请求权的成立要件，所谓一方受有利益，“最高法院”认为，系指财产总额因有一定事实而增加。因此买卖契约的买受人一方面取得目标物，他方面支付价金，并未受有利益。（见“2004年台上字第910号民事判决”）但王泽鉴认为，“民法”第179条所谓“受利益”，系指依某特定给付行为而取得的个别具体利益，而非就受领人的整个财产状态抽象地加以计算。因此买受人取得目标物所有权，即为受有利益。

所谓一方受有损害，“最高法院”认为，所谓损害兼指既存财产的积极减少及应得利益之丧失，如无损害即不成立不当得利。（见“2006年台上字第1077号民事判决”）但王泽鉴认为，在比较法上，不当得利的成立，无须以损害赔偿法的损害为要件，故“民法”第179条所谓的“损害”，有别于损害赔偿的意义。在给付不当得利类型，一方当事人因他方当事人为给付而受利益，即为他方的损害。在非给付型不当得利类型，所谓受损害，基本上系指取得依权益内容应归属于他人的利益。

再者，不当得利受领人受利益“致”他方受损害，“最高法院”强调，该受利益与受损害之间应有因果关系存在。关于因果关系，通说采取直接因果关系说，另有学者采取非直接因果关系说。王泽鉴认为，在给付不当得利，一方基于他方的给付而受利益，是否“致他人受损害”，应以给付关系作为判断标准，取代因果关系。在权益侵害型不当得利，只要侵害应归属于他人权益而受利益，即可认为基于同一原因事实“致”他人受损害，不以有财产移转为必要。

上述关于“给付关系”的学说，其后为“最高法院”所采纳。在“2011年台上字第990号民事判决”谓：“在给付之不当得利，系以给付之人为债权人，受领给付之人为债务人，而由为给付之人向受领给付之人请求返还利益。所谓给付系指有意识地，基于一定目的而增加他人之财产，给付者与受领给付者因而构成给付行为之当事人，此目的乃针对所存在或所约定之法律关系而为之。因此，不当得利之债权债务关系存在于给付者与受领给付者间，基于债之相对性，给付者不得对受领给付者以外之人请求返还利益。”

最后，关于权益侵害型的不当得利，王泽鉴提出“权益归属说”，认为违反法秩序所定权益归属而取得其利益的，乃侵害他人权益归属范畴，欠缺法律上原因，应成立不当得利。此项理论，为“最高法院”采为判决基础。在2010年台再字第50号民事判决谓：“在‘非给付型之不当得利’中之‘权益侵害之不当得利’，凡因侵害归属于他人权益内容而受利益，致他人受损害，欠缺正当性；亦即以侵害行为取得应归属他人权益内容的利益，而不具保有利益之正当性，即应构成无法律上之原因，而成立不当得利。”

8. 人格权法的里程碑

人格权保护是台湾“法律”发展的一项重要标志，王泽鉴藉由台湾人格权保护的历史变迁，建构人格权规范体系，以案例法的方式，兼采英美法与欧陆法的比较法模式，建构人格权法的法释义学。其《人格权法》一书，除了具有“台湾法”历史发展纵向的阐明外，对于比较研究，包含德国法、瑞士法、法国法、美国法及国际人权法等法制，涵盖当代重要国家法制，具有广泛横向的探讨，奠立华人社会关于人格权法研究的新里程碑，为台湾的人格权发展进行比较研究，也为大陆人格权法的立法工作，提供丰富的立法参考材料。

在《人格权法》一书中，王泽鉴自人性尊严与人格价值开始，论述宪法人格权与私法人格权的关联，使人格权法的研究，提升至宪法基本权的研究高度，而后就人格权的具体化，对于具体人格权及开放性的“人格法益”，进行研究与探索。

他的人格权法研究，在法学上的贡献，有两点值得提出说明。其一，该书提出许多崭新的具体人格权议题，对于嗣后法学研究与实务发展，具有启示性。例如，死者人格权、病人的人格权、个人公开权（Right of Publicity）、人格权的强制商业化、人格权的财产价值与获利返还问题等。其二，关于人格权保护与言论自由的利益衡量与取舍，例如名誉权与言论自由及隐私权与言论自由，均属社会变迁，人民言论自由与新闻自由发展后，所生对于个人人格权的侵害案例，此项“全球化的议题”，在侵权行为的违法性判断上，如何进行价值衡量与调和，《人格权法》一书，提出探索的理路。

当王泽鉴检讨“最高法院”关于言论自由与名誉权冲突案例时，最后喊出“再见罢！‘真实恶意原则’，让我们回到民法侵权行为法的解释适用”，可以感受到，比较法、社会发展、法释义学、价值衡量，尽在其中。

（二）学术思想及影响

1. 德国法的基础概念与体系架构

王泽鉴的学术思想，首先建立于德国法严谨论辨与精细的思维之中。关于债权行为与物权行为的区辨与相互关系、不当得利法受损害与受利益的定性、侵权责任的独立类型区分与违法性概念（行为不法说）、占有理论的建立等，无一不成为嗣后学说追随的经典理论和法院解释适用法律遵循的圭臬。

2. 英美法的实务运用

王泽鉴的学术思想中，不仅融入英美普通法的判例学说，在论述过程中，针对具体法律问题论述，承载着英美法对于案例比较、崇尚法律目的追求的特色，着重事实数据与经验智能的体现，而不拘泥于条文的文字解释。

王泽鉴多数专论中，均以案例出发。其《民法总则》如此，其《物权法》亦然，在章节之前，设定“问题及例题”，包含制度的设计、立法上的价值判断与利益衡量，引发读者思考方向，慎思而明辨，将法律规范制度与精髓，融入于案例讨论之中。此项专书创举，不仅影响嗣后民法专论的写作方法，在刑法学界的专论，亦学习模仿之。

3. 影响遍及全球华人社会

在大陆改革开放之后，海峡两岸学术开始交流，王泽鉴是第一位参与大陆民法学研究发展的台湾学者。在20世纪80年代，他开始与大陆民法学者佟柔、谢怀栻、王家福、江平等人共同参加研讨会，切磋研究，逐渐了解并掌握大陆民法的发展进程；嗣后并参考大陆文献，针对其理论实务问题，就海峡两岸的民法问题撰写论文比较，评述申论之。

王泽鉴的学术研究成果，除显著影响台湾民法学界的研究方法与研究风气外，其研究成果，在大陆改革开放之后，成为大陆教师与学生学习民法最重要的参考经典著作之一。于1998年，其《民法学说与判例研究》八册首先由中国政法大学出版社出版。嗣于2003年以《王泽鉴法学全集》出版其所有著作共计16卷，王泽鉴其后完成的《人格权法》，则由北京大学出版社于2012年出版。

（三）法律教育及人才培养

1. 法学教育改革

王泽鉴于担任台湾大学法律系主任期间，进行教师制度改革。当时系主任对于教师聘任、升等及课程问题，拥有最大决定权。当时台湾大学法律系有许多兼任教师，来自于主管机关或其他有力人士。王泽鉴系主任首倡只聘专任，不聘兼任教师，且不再延续请兼任教师参加系务会议的先例，目的在使专任教授完全负起各该学科在台湾大学，乃至于在台湾能否蓬勃发展的重任。

当年为进行课程教学改革，他将重要法律科目回归专任教师担任教学，辞退许多有力人士及外系教师担任教学课程，得罪许多人，但也因此完成教学改革的目标。

法律系的选修科目，课程开设原先是由系主任决定。但自王泽鉴起，除必修课之外，老师均可依其意愿开设选修科目。学生因此可依个人兴趣、时代需要等挑选之。

2. 法学教育方法

法学专业知识的传授，传统上采取教师演讲方式。多数老师依据教科书或讲义上排定的章节，平铺直叙。从 20 世纪 70 年代前期开始，王泽鉴开始以图解当事人法律关系的方式，透过经设计的生活化案例事实，引领出法典上抽象法规如何适用于具体事实，让学生可以在实际案例情境中，学习法律概念，掌握法律体系，厘清法律应用方法，使教学内容彻底结合理论与实务的操作，因此提升教学质量及学习效果，深受学生喜爱。

他经常于上课前，从家里一边散步到学校，一边思考上课案例。到达教室时，万人空巷，数百人挤在教室内，连门口与窗口都站满旁听学生。为保障修课学生权益，只好划定“保留区”。他通常一开始上课，即于黑板上书写“案例事实”，而后一边解题，一边板书请求权基础的解题体系，讲解重要概念，强调争点所在，其间穿插笑话数则，使上课气氛更为活泼生动。

从王泽鉴开始，讲授民法的老师们，在课堂上，不再单纯传授民法概念体系，而是以案例解说方式，包含司法实务判解的讲解，进行教学。此后，学说理论与法院实务，获得融合学习的效果。

3. 人才培养

王泽鉴担任台湾大学法律系教授 20 余年，培养学生无数。接受其指导撰写硕士论文及博士论文者，不计其数。其学生，留学德国、日本、法国、美国等国家，研读民法学，完成博士学位后，相继返台从事法学教育，担任台湾大学法律系及他其学校教职，延续其学说思想，迄今影响台湾民法学的发展。

在2011年台湾开始允许大陆交换学生来台计划后，许多大陆法律系学生到台湾学习法律，只为“慕王老师之名”而来，足见王泽鉴对于大陆法学界的影响力。大陆学生表示希望见王泽鉴时，王泽鉴莫不亲切接待，热烈招呼，一起讨论民法的发展与未来。王泽鉴感动无数学生，造就更多民法学的未来尖兵。

4. 创办期刊与民法研究基金会

在担任系主任期间，为使论文写作与发表常态化、制度化，王泽鉴于1971年获得亚洲学会赞助，创办《台湾大学法学论丛》，通称为《台大法学论丛》。所有教师莫不鼎力支持，保证稿源稳定，学术信誉逐渐建立，终使台大法律系教师以外的稿件亦纷纷涌入。历经40余年，《台大法学论丛》是“台湾国科会”列为TSSCI的第一个期刊，始终是台湾法学界学术水平最高的期刊之一。

此外，王泽鉴于系主任任内，推动将论文汇集成书出版的“台湾大学法学丛书”。该丛书第一本著作出版于1975年11月，至今将近40年，至2012年止，出版书籍达200余册，均为台湾大学法律学院教师的著作，最能代表台湾大学法律系教师的学术业绩。

因应台湾社会变迁，为提供学者和法曹人员互相交流机会，形成一个论坛或平台，对台湾法律发展提出建言，王泽鉴与施启扬等人于1970年成立“中国比较法学会”，其后于1999年更名为“台湾法学会”。王泽鉴于担任台湾大学法律系主任期间，曾担任当时的“中国比较法学会”理事长。

其后，为提倡民法研究，王泽鉴与台湾民法学界及实务界，共同于2002年创办成立财团法人民法研究基金会。定期举办民法研究论文发表会，使实务家与学者共聚一堂，共同研讨法学理论与实务发展现况，并与“最高法院”共同主办民法学术研讨会，增益学说与实务的交流。

（四）台湾民主化及重要贡献

在民主政治方面，王泽鉴曾于1980年、1983年、1989年、1992年担任四届“中央选举委员会委员”，于1990年担任财团法人海峡交流基金会董事，对台湾民主化及两岸交流具有相当重要的贡献。其于1987年担任台湾大学文稿评阅办法修订委员会召集人，检讨“戒严”时期台湾大学校园刊物言论事先审查制度，最后达成结论为：文稿先送阅，不限制出刊，学生要自治，事后可追惩。他于1988年担任台湾大学训育委员会委员时，曾处理“台大民主墙事件”，并于同年参加台湾“农民运动（520事件）”教授联署、1994年参与反对“大学法施行细则草案”之教授联署。对于当时台湾民主化过程及学生运动发展，极具民主意义。

此外，王泽鉴于1982年担任“行政院研究考核委员会委员”，于1994年担任“消费者保护委员会委员”，于1994年担任第六届“大法官”，于1997年担任“司法院‘裁判书类通俗化研究小组’召集人”。在退休后，王泽鉴于2008年担任“考试院审荐小组成员”，并于2008年及2011年分别担任两次“大法官提名审荐小组委员”。

三、王泽鉴主要论著

王泽鉴 . 1975. 民法学说与判例研究（一）. 自版 .

王泽鉴 . 1979. 民法学说与判例研究（二）. 自版 .

王泽鉴 . 1981. 民法学说与判例研究（三）. 自版 .

王泽鉴 . 1982. 法律思维与民法实例——请求权基础理论体系 . 自版 .

王泽鉴 . 1982. 民法总则 . 自版 .

王泽鉴 . 1983. 民法学说与判例研究（四）. 自版 .

王泽鉴 . 1987. 民法学说与判例研究（五）. 自版 .

王泽鉴 . 1989. 民法学说与判例研究（六）. 自版 .

王泽鉴 . 1990. 不当得利 . 自版

王泽鉴 . 1992. 民法学说与判例研究（七）. 自版 .

王泽鉴 . 1996. 民法学说与判例研究（八）. 自版 .

王泽鉴 . 1999. 债法原理：基本理论 . 自版 .

王泽鉴 . 2002. 民法概要 . 自版 .

王泽鉴 . 2009. 民法物权 . 自版 .

王泽鉴 . 2009. 侵权行为法 . 自版 .

王泽鉴 . 2012. 人格权法 . 自版 .

主要参考文献

王泰升，曾文亮访问 . 2011. 台湾法律人的故事，王泽鉴教授访谈记录 . 台北：社团法人台湾法学会 .

王泰升 . 2011. 台湾大学法律学院院史（1928～2000）. 台北：台湾大学出版中心 .

撰写者

陈聪富（1962～），台湾台中县人，台湾大学法律学院教授，从事民法学研究。为王泽鉴的学生。

赖源河

赖源河（1938～），台湾南投人。财经法学者。1962年台湾大学法学本科毕业，1969年负笈东瀛，师承日本商事法学河本一郎教授，取得日本神户大学法学硕士后，并于1976年获日本神户大学法学博士学位。学成后当年即返台担任政治大学法律系副教授，1980年应美国宾夕法尼亚大学之邀请，赴该校法学院“公司与证券研究中心”与施奈德教授共同研究证券市场之规范，同时并修硕士课程而取得学位。赖源河历任政治大学法律系主任、法律研究所所长、法学院院长，主讲公司法、证券交易法、票据法、公平交易法、国际贸易法与经济法等多门课程。除政治大学外，先后曾兼任教职于台湾大学、中兴大学（现已改名为台北大学）、东吴大学、中国文化大学及铭传大学等校，以及“司法院司法人员研习所”与“法务部司法官训练所”，传道授业，深受各校师生所敬仰。20世纪80年代躬逢台湾经济起飞之际，赖源河以深厚之财经法学植，积极参与“财经立法案”之起草与提出建言，开启台湾当时大学证券交易法与公平交易法等新兴财经法学科目教学之先河，并结合理论与实务之经验树立财经监理健全发展之体制，1992年获选为全台湾教学特优教师。1994年被推荐担任“行政院公平交易委员会副主任委员”，从无到有积极推动与架构完整之公平交易法律制度，居功厥伟。

一、一生历程

赖源河，1938年12月20日出生于台湾中部之南投草屯，那里民风淳朴并有风景优美之乡野农田。当时，日据时代之台湾乡下，教育环境并非优渥。然赖源河不仅天资聪颖，且个性坚毅，而能克服诸种障碍。赖源河从就读台中二中初中部，乃至直升同校高中部，皆以全校第一名毕业，进而考入台湾大学法律系。1962年大学毕业，服完预备军官义务役后，赖源河由于强烈的求知欲，继续抱持留学的宏愿。他虽曾先后任教于台湾宜兰礁溪中学及南投草屯中学以准备留学考试及留学相关事宜，但未能尽速筹足所需留学费用，乃辞去教职，转入待遇较丰之民间企业任职，历经大明产业股份有限公司与国泰化工厂股份有限公司。在职期间虽因工作表现优异，迭经上司不次擢拔，虽已位居高级干部，薪酬优渥，赖源河终能秉持初衷，而于1969年东渡日本，考进日本国立神户大学，师事商事法学河本一郎教授，攻读当时在尚未受到重视之财经法。

赖源河于留日期间之生活，可谓甘苦夹杂。由于系携眷赴日，除赖夫人外，尚有大女儿宜伶同行，其后，二女儿幸助亦在日本出生。赖源河除奖学金外，尚须在课余承接日本商社之文件翻译工作，以维持家庭生活所需。而河本教授虽个性豪放，却一向以治学严谨著称，对赖源河在学术研究上之要求，并不因其为外国留学生而稍有宽松。在河本教授之严格指导下，赖源河除日本本国之文献资料外，尚须研读、消化、引用大量英美与德国文献，课业压力甚重。在此课业与经济之双重压力下，赖源河一本其坚毅不拔之精神，克服万难，终能完成论文，通过口试，成为第一位在日本神户大学取得法学博士学位之外国留学生（为该校第二号法学博士）。不唯如此，在此艰困时期，赖源河尚且基于服务热忱，被推选担任日本关西留学生服务中心首任总干事，并兼任关西留学生同学会会长，且连任三届，直到着手撰写博士论文时，才请辞卸任。

20世纪80年代开始，随着台湾土地改革之成功，重大建设带动工商业与经济的起飞，财经法律领域渐受各界重视，“修法”、“立法”已为当务之急。赖源河因应时代发展之急切需求，秉其专长，任教期间积极参与“经济部”与“财政部证券管理委员会”历次“公司法”、“证券交易法”之研修，亲自撰拟草案并于讨论时多所建言，对台湾财经法制之建立与嗣后之健全发展竭尽心力，贡献卓著。尤其值得一提者，乃20世纪80年代“公司法关系企业专章之立法”，即为赖源河与许多财经法学者心血之结晶。20世纪90年代更受“经济部”之委托与李模教授共同主持“公司法”修正项目小组，集合“经建会”、“经济部”、“财政部”、“法务部”等各部会共同研商，历经三年期间全盘检讨“公司法”之修正，2001年11月12日经“立法院”通过之“修正草案”，规定包括有增订公司负责人之忠实注意义务、禁止母子公司交叉持股董事、监察人不以具有股东身份为必要、放宽公开发行公司公告管道监察人得列席董事会陈述意见、放宽股东代位诉讼之门槛等，皆是当时之杰作。1987年及之后多次修正“证券交易法”开放证券商之设立、建立发行市场之制度、调整人工交易为计算机系统交易及加强市场之管理与投资人权益之保护等。上述举措奠定整体证券市场活络之动能，使证券市场之发展，从封闭迈向开放，并提升为国际资本市场重要之一环，市场之参与者也逐渐由散户投机之形象转换为涵盖机构投资之均衡发展，无论在质与量或纵深度上皆有长足之进步，因此带动整个产业结构之调整与经济之起飞。赖源河教学期间还参与多项公职及专门技术人员考试典试委员工作，担任出题与阅卷工作为台湾抡才，同时兼任“财政部证券管理委员会顾问”、“经济部法规会委员”、财团法人证券柜台买卖中心监察人及上柜审议委员、台湾证券交易所评议委员及有价证券上市审议委员会委员，奠定台湾证券市场长远发展之基础。赖源河还先后参与“公司法”、“证券交易法”等重要财经法规之修正，以及“公平交易法”、“消费者保护法”、“信托法”等法律之起草，对台湾经济秩序之建立，赖源河可谓居功厥伟。而赖源河在讲学时，每每勉励学生务须培养宏观之企划能力，结合理论与实务，方能使财经法成为“活法”，而具真正生命力。此种先进观念的提倡与实践，对台湾财经法学之未来发展，实为一种大启发。

年过知命之后，赖源河更本于报效社会之热忱，毅然自政治大学法学院院长任内，转进“行政院公平交易委员会”任“副主任委员”，以实践印证所学，而后复任“考试院考试委员”，致力于为台湾抡才之工作，在各个岗位上，皆深受各方敬重。2002 年“考试院考试委员”任期届满，旋即为台湾知名之国巨企业集团延揽，出任集团内上市公司奇力新电子股份有限公司副董事长及董事长迄今。赖源河于赴日深造前，为筹措留学费用，曾于待遇较公教优渥之民间企业任职，历经留学、学者、政府官员之丰富人生后，重返企业界，成就依然令人钦羡。除曾同时兼任另一上市公司智宝电子股份有限公司之董事长外，仍任中天生物科技、广稼光电两公司之独立董事；国巨、寰邦科技及台寿保证券投资信托公司三公司之监察人，充分显示赖源河专业能力与道德人品之广为企业界敬重。

赖源河温文儒雅，治学严谨，教学认真，处事圆融，待人接物谦仲有礼。赖源河循循善诱，视学生如己出，照顾提携不遗余力，学生莫不以得列门墙及入师门引为终生之最大光荣，因此桃李满天下，并皆以老师之风范奉为圭臬。学生经过老师之调教，皆能卓然有成，无论在学术界、司法界，还是在工商实务界等各行各业，均表现优异。赖源河卓越成就在台湾已俨然为证券交易法领域的巨擘及财经法学界之一代宗师。

二、学术研究和重要贡献

赖源河在取得博士学位后，旋即于 1976 年返回台湾，获聘于政治大学，讲授公司法、商事決概要、经济法、证券交易法及国际贸易法等课程。藉由教学相长，陆续完成《商事法》（全）、《实用商事法精义》、《新股认购权制度之研究》、《公司法问题研究》（一）、《证券管理法规》、《贸易保护法下之知识产权》、《公平交易法新论》及《现代信托法论》等专著，以及数十篇财经法专业论文。1980 年，赖源河应美国宾夕法尼亚大学之聘，赴该校法学院公司与证券研究中心，与施奈德教授共同研究，并获奖助金修毕该校法学硕士课程，取得学位，赖源河乃成为少数兼具大陆与英美两大不同法系深厚法学素养之学者之一。

赖源河著作等身，其有关商事法律的著作包括：《公平交易法新论》、《公平交易法与消费者保证之研究》、《贸易保护下之知识产权》、《商事法实例问题分析》、《商事法争议问题研究》、《实用商事法精义》、《证券管理法规》、《现代信托法论》、《新修正公司法解析》。其中《实用商事法精义》（五南出版）与《证券管理法规》（赖源河自版）两书，更是各该课程最被普遍采用之教科书之一。赖源河在海峡两岸暨香港、澳门学界具有广泛的影响，其在有关商事法、证券交易法、信托法方面的著述不仅有很高的学术价值，而且具有重要的实践指导意义。

赖源河为台湾开启两岸财经法学交流之第一人。早在1987年两岸开放交流之初，赖源河即极力主张两岸之学术往来，并奔走于两岸，推动财经法学在学术与实务方面相互交流。赖源河与中国政法大学江平及清华大学王保树交往甚为密切，促进两岸财经法学交流之功不可没。在财经法学之学术发展与提携后进方面，赖源河更是仍持续其热忱与理念，与多位学者共同发起公益信托“台湾财政金融法学研究基金”。自2005年起，已陆续举办“现代公司法制之新课题”、“公司社会责任”及“金融监理之实务评析”等学术研讨会，带动该等议题之学术探讨，也提供该领域年轻学者发表研究成果之园地。赖源河还经常受邀参与大陆之学术活动，例如北京清华大学定期举办之国际性法学研讨会“清华商法论坛”，赖源河总是主办单位力邀之代表，同时也曾多次受聘为大陆高校博士学位口试委员，在学术上受到两岸学界与实务界的推崇与敬爱。

此外，赖源河尚担任继耘保险文教基金会及沛思国际音乐文教基金会董事长，积极投入保险人才培育与国际文化交流工作。赖源河在公职退休之后仍担任“经济部法规委员会委员”，“考试院公务人员退休抚恤基金监理会”、证券商业同业公会、台湾工业总会保护智产权委员会、会计研究发展基金会、台湾金融服务业联合总会等机关团体之顾问、法律顾问及顾问委员，继续为社会整体发展，贡献心力。

赖源河从1976年获日本神户大学法学博士学位即返台担任政治大学法律系教授以来，参与规划政治大学法学院与社会科学院并立的工作，并在1993年至1995年时值法学院院长期间，从教学内容与制度上提出充实改善方案，真正奠定法学院制度。当时法学院之设立是逐步引入美国 Law School 概念，认为法律本质毕竟有别于一般社会科学，应该成为独立的研究部门。因此在当时大学自治的浪潮下，在历任主任与赖源河之引领与努力下终于完成法学院之设立，并由赖源河一人身兼系主任、所长和院长三职，工作繁重。为建立起法学院可长可久之新制度，赖源河克服万难并竭尽全力扮演关键角色。在首创法学院、奠定院内制度等行政工作贡献外，赖源河的教学成就也是有目共睹，1992 年获选为教学特优教师，然赖源河仍一再谦称自己只是“该做的尽量做”而已，其谦仲君子风范深值景仰。

赖源河因为具有先后在日本神户大学和美国宾夕法尼亚大学研究之背景，熟悉大陆法系、英美法系之精髓。加上他曾任奇力新电子股份有限公司董事长、台湾商业总会顾问、台湾工业总会顾问、“考试院考试委员”、“公平交易委员会副主任委员”等丰富的实务经验，故能结合多家学说和实务见解，建立起完整的商事法体系。在这个大架构下去教导学生，赖源河比喻说：“就像先把树干建立起来，然后再去加树叶。”他独特的体系教学，让学生能实际了解理论与实务运作的知识，更能进一步地实践“为什么这样规定、应该怎么适用”。

赖源河认为，在学习法律的过程中，应就自己的兴趣或自己未来想从事的工作来考虑，选定一个专门的法律领域深入研究，以期能在该领域可以具有比别人更丰富的专业知识。赖源河以其个人选择专攻商事法及经济法为例，除了本身的兴趣外，也是因为曾在贸易公司工作，对有关企业生活的法律经常接触，同时也引导着自己必须去了解问题，解决问题。由于有这样的机会，才逐渐感觉到当时台湾在商事法及经济法方面的法学水平与美日等先进国家仍有严重落差，而更坚定努力之决心。赖源河也一再期许，学生除了专业课程外，也必须重视语文能力，他建议：法学院学生应该先找到自己有兴趣发展的方向，多接触相关科目，并培养语文能力，建立起自己的国际观，对将来专业的研究，甚至是人生视野的开拓，都会很有帮助。即使遇到困难，赖源河也会勉励同学：圆梦途中纵绕些弯，可成为人生难得的历练。

三、赖源河主要论著

赖源河 . 1977. 论新股认购权（上）. 政大法学评论，(2)：1-28.

赖源河 . 1977. 论新股认购权（下）. 政大法学评论，(10)：111-136.

赖源河 . 1977. 证券法上企业内容之公开制度 . 台湾大学法学论丛，(12)：251-278.

赖源河 . 1979. 论股份有限公司董事之地位与性质 . 台湾大学法学论丛，(12)：213-226.

赖源河 . 1981. 转换公司债之研究 . 政大法学评论，(12)：189-217.

赖源河 . 1982. 公司法问题研究〔一〕. 台北：自印 .

赖源河 . 1982. 新股认购权制度之研究 . 台北：自印 .

赖源河 . 1988. 证券外务员必携 . 台北：“中华民国证券市场发展基金会”.

赖源河 . 1989. 证券管理法规 . 台北：自印 .

赖源河，李文福 . 1989. 公平交易法制之建立及其经济分析 . 台北：“行政院研究发展考核委员会”.

赖源河 . 1990. 实用商事法精义 . 台北：五南图书出版有限公司 .

赖源河 . 1991. 贸易保护下的知识产权 . 台北：黎明文化事业股份有限公司 .

赖源河 . 1994. 公平交易法新论 . 台北：月旦出版社股份有限公司 .

赖源河 . 1994. 公平交易法制之建立及其经济分析 . 台北："行政院研究发展考核委员会" .

赖源河 . 1995. 台湾公证制度之检讨与改进 . 台北："行政院研究发展考核委员会" .

赖源河，王志诚 . 1996. 现代信托法论 . 台北：五南图书出版有限公司 .

赖源河，林建智，王正伟译 . 1996. 新加坡保险法 . 台北：保险事业发展中心 .

赖源河 . 2000. 商事法争议问题研究 . 台北：五南图书出版有限公司 .

赖源河，等 . 2001. 新修正公司法解析 . 台北：元照出版有限公司 .

赖源河 . 2007. 证券法规 . 台北：元照出版有限公司 .

赖源河，郭土木 . 2011. 跨国上市柜有关股东权益保护之法律适用与冲突 . 铭传大学瀍学论丛，(15)：1-46.

撰写者

郭土木（1957～），台湾云林人，辅仁大学法律学院教授兼学术副院长、财经法律系主任，曾任"金融监督管理委员会法律事务处处长"，从事财经法律研究，为赖源河指导的学生。

吴　庚

吴庚（1940～），广东万宁（今海南省万宁市）人。政治学及法学教育家。台湾大学法学学士、法学硕士，“司法官训练所”第八期结业，1977年获奥地利维也纳大学政治（公法）学博士。1964～1994年，先后任职于“经济部”、台湾新竹地方法院检察处、台湾台中地方法院检察处、台湾台北地方法院检察处、台湾大学、“司法院”。历任军法官、检察官、台湾大学政治学系教授并兼任法学院教务主任、政治学系主任及政治学研究所所长、“经济部顾问”兼任“诉愿审议委员会委员”、“行政院法规委员会委员”、“司法院第五届及第六届大法官”等职。任职“大法官”前后18年，时间横跨“戒严”时期及“威权”解体时期，正值台湾自由法治体制百废待兴之际，“大法官释宪”发挥巨大引导作用，所参与之“解释”共计368号，除贯彻依法行政原则外，多号维系“宪政”体制的重大“解释”案，以及陆续为“特别权力关系”行政法规松绑的“解释”，吴庚与“大法官”同仁可谓居功厥伟，深受台湾社会重视，影响深远。吴庚曾当选为“中国宪法学会第六任及第七任理事长”，领域横跨宪法学、行政法学、法律诠释学及政治哲学，自成一家之言，备受台湾学术界与司法实务界推崇。所著《行政法之理论与实用》、《行政争讼法论》、《宪法的解释与适用》三本专书，紧扣时代脉搏，理论体系完整、分析精辟入微、兼具可实践性，修订再版，历久不衰。两岸法学交流后，中国人民大学出版社将《行政法之理论与实用》一书及其重要论文、短篇著作汇集印行，书名为《政法理论与法学方法》，广受法政学者引述，学术影响力遍及两岸。

一、简　历

吴庚，字孟庚，1940年1月28日出生于广东省万宁县（今为海南省万宁市）。原为海南官宦世家，惟自幼失怙，1950年因躲避战乱与母亲随军迁居台湾，成长于台湾苗栗客家庄。赖母氏守节抚育，慈恩督课，龆龄即熟读《古文观止》，并背诵唐诗，奠定深厚之国学基底，在生活困顿之中，完成各阶段之学业。于1958年毕业于省立新竹中学，为担任公职志向而决意攻读法政，并以第一志愿考取台湾大学法律学系，从此开启法律人生涯。

吴庚自就读台湾大学法律学系起，深受当时公法学教授林纪东所著《“中国行政法”总论》一书启蒙，对行政法学产生浓厚兴趣，并用功勤读各门学科。除行政法课程外，亦修习当时韩忠谟、桂裕、吕光的英美法，以及彭明敏的国际公法等课程，并跟随之后成为辅仁大学法学院院长的巴黎索邦大学博士沈载祺及台湾大学蔡章麟学习德文，练就优异语文实力，为未来担任检察官承办外事案件及负笈奥地利深造立稳根基。在学期间于政治学及国际公法课程均取得优异成绩。1962 年大学毕业后，吴庚受当时政治学教授萨孟武之熏陶，深体公法学与国家学之紧密关系，及因应当时学制公法学仍隶属于政治学之下，毅然投考台湾大学政治学研究所，并以榜首录取，开始接受传统政治学及公法学之训练。攻读硕士期间，以公法及西洋政治思想史为研究重心，1963 年发表《大韩民国新宪法概述》一文。吴庚于 1964 年通过司法官及“经济部”所属事业机构人员特考。任职于“经济部”期间完成硕士学业，硕士论文系由林纪东指导，定名为“行政法院裁判权之比较研究”，论文的最大特色是介绍德意志联邦共和国第二次世界大战后的最新理论，打破“特别权力关系事项”不得争讼的法则，以及在实务上允许争讼的范围日益扩大等尚未被台湾学术与实务采纳之见解。特别权力关系在台湾实务上直至 1984 年“司法院大法官释字第 187 号解释”才终于得以突破，而仿照德国行政诉讼法新制，建立台湾全新的“行政争讼制度”则在 1998 年完成。

吴庚 1966 年奉派赴日进修，返台后仍在“经济部”服务。1967 年参加“司法官训练所”第八期训练，1968 年初任检察官，任职台湾新竹地方法院检察处。时值美军驻台协防，吴庚因清廉操守、深厚法学素养及优异外语能力，受长官推荐调任台中地方法院检察处，承办美军官兵在台犯罪案件。曾处理美军士兵杀害平民造成美台双方对立之重大刑案，后调任台北地方法院检察处。吴庚担任检察官总计六载，所学法律专业获得充分司法实务实践，此间相继发表《论行政行为的司法监督》、《德国行政诉讼制度概述》、《公法上财产请求权之时效问题》、《德国宪法裁判制度》、《行政裁判权的范围与其他裁判权的关系》等文，以及翻译《美国联邦法院的立法权》、《基本自由与秩序之维持》、《比较行政诉讼制度》等文，并于 1972 出版《美国行政法之基本原则》专书。

吴庚因事母至孝，不忍远游。直至 1973 年母亲辞世之后，始决意出国深造，着手修习拉丁文，并取得奥地利天主教会之奖学金，远赴奥地利维也纳大学法律及政治学学院攻读公法学及传统政治学，师从公法学教授温克勒（Dr. Günther Winkler）。当时的维也纳大学法律学与政治学尚未分途，吴庚在刻苦留学期间，博览欧陆哲学、法学、国家学、社会学各家大师经典著作，濡沐其间，融而贯之。1977 年获颁博士学位，博士论文题为“韩非的国家思想——兼论目的可以使手段正当（Staatsräson)”，内容旨在分析比较韩非与马基雅维利（Niccolò Machiavelli）的学说思想，论文深受教授们重视并推荐出版，这是华人至维也纳大学留学获此荣誉的第一人。1973 年起亦陆续发表《奥地利国家损害赔偿制度之今昔》、《奥地利社会立法概述》、《西德地方自治团体之性质组织及民权行使》、《功能主义的初步检讨》、《西耶斯（Emmanuel-Joseph Sieyès，1748 ~ 1836)》、《希腊新宪法的特色》、《托克维尔（Alexis de Tocqueville，1805 ~ 1859)》、《行政契约之基本问题》、《近代民主理论的变迁与民权主义》，以及翻译《政治腐化的意义与性质》、《希腊宪法》、《英国的委任立法》等专文。

1978 年学成归来，吴庚执教母校台湾大学政治学系，讲授宪法、行政法及西洋政治思想史等课程，1981 年起先后兼任法学院教务主任及政治学系（所）主任。任教之余并曾担任“行政院”、“经济部”及“财政部”等机关之法规咨询工作。任教期间于学术期刊发表《韦伯（Max Weber，1864 ~ 1920）关于正当统治及官僚制度的理论》、《行政救济制度与行政作用的方式》、《社会安全体制的面面观》、《谈“违警罚法”的修改》、《韦伯（Max Weber）政治理论的哲学基础》、《选举争讼事件的法律救济途径——兼论“选举罢免法”草案立法技术上的缺点》、《国家紧急权的哲学基础——卡尔·施密特（Carl Schmitt）关于非常状态的逻辑》、《从“宪法”的观点谈“国家”与次级统治团体权限之划分——兼论制定省县自治通则的可能性》、《行政争讼之客体：行政处分》、《奥地利行政法院法》、《充分发挥“司法”在政治体系中的功能》、《不宜轻言修改临时条款》、《“大法官”会议与基本权利保障》、《福斯朵夫的国家思想》、《哈伯玛斯政治社会学之批判》、《当代批判理论的贫困：法兰克福学派的兴起及终结》、《纺织品配额法理争执的评议》、《法治主义与人事行政》等文，与张剑寒共同发表《行政契约之理论与实际（上)》、《行政契约之理论与实际（下)》，以及翻译《奥、德、瑞、法、意五国行政救济制度》、《西德的社会安全体制》、《特别权力关系与特别命令》、《公权力行政和私经济行政的界限》等文，另于 1981 年出版《政治的新浪漫主义：卡尔·施密特政治哲学之研究》及主编《选举与政治参与》等专书。

1985 年吴庚以 45 岁青年俊秀获蒋经国提名，经“监察院”同意出任第五届“司法院大法官”，颇受各方瞩目。美国在台协会也注意及此，遂于 1989 年 10 月安排以国际新闻总署名义邀请吴庚参加美国行宪 200 年之活动。吴庚赴美参访为期两个月，足迹遍及十余州之各级法院及法学院。吴庚自此对美国法制与法律教学有更深层的认识。1994 年再获李登辉提名，经“国民大会”同意出任第六届“大法官”，于 2003 年荣退，担任“大法官”合计 18 年。许多“宪法”、“行政法”相关“解释文”均由其执笔或参与多数意见的形成，对“行政法制”之突破与人权保障有重要贡献；任“大法官”期间，亦发表《法治主义与人事行政》、《唯心论与社会主义：费希特（Johann Gottlieb Fichte）政治哲学之研究》、《宪法审判机关的结构与功能》、《行政争讼与人民权利保障》、《依法行政与公务行为》、《奥地利联邦公务员法》、《浅释行政命令》、《重建公务员关系的法理基础》、《论宪法解释》、《论行政罚及其责任条件》、《论行政法上之事实行为》、《法律解释学初探》、《宪法法庭的起源》、《行政事件与民事事件之划分——评“最高法院 1993 年台上字第五一七号判决”》、《从“大法官”最近“解释”谈“行政法”的新发展》、《行政处分效力（合法性）之探讨》、《悼念杨建华先生》、《行政诉讼中各类诉讼之关系》、《行政争讼新制的初步检讨》、《宪法审判制度的起源及发展——兼论“大法官释宪”制度》、《依法行政原则的实践——回顾与展望》、《违宪审查制度之起源功能及发展》、《评吴东都著〈行政诉讼之举证责任——以德国法为中心〉》、《公务员法制的今昔比较》、《近年台湾公法的发展趋势》、《宪法争讼制度的发展》、《2002 年公法学在实务上的发展》；演讲“宪法审判制度”、“维也纳学派与违宪审查制度”、“浅谈违宪审查制度”、“从司法实务观点谈行政法最新发展趋势”等题目；并与丘宏达共同主持“具‘双重国籍’或‘外国国籍’人员担任公职之研究”计划；1990 年主持“‘公务员基准法’之研究”计划。1992 年吴庚出版于两岸最具影响力之行政法学著作《行政法之理论与实用》，并于 2012 年增订 12 版；1993 年出版《韦伯的政治理论及其哲学基础》；1999 年出版另一行政法教科书力作《行政争讼法论》，并于 2012 年增订 6 版；2003 年出版宪法专书《宪法的解释与适用》，并于 2004 年增订 3 版，2013 年邀请陈淳文合著，改名为《宪法理论与政府体制》。

吴庚荣退“大法官”后，各学术研讨会主持、评论邀约不断，广受爱戴，每有演讲必场场爆满，学生无不争相参加，均为亲炙吴庚风采。且依然关心社会时事，笔耕不辍，发表《行政规则与行政惯例的拘束力问题》、《行政法发展之新趋势》、《都更未爆弹知多少？》、《奥地利行政诉讼的沿革及最新发展》等文，主持“‘释宪’六十年”专题，演讲“法律保留与公务员关系——从德国最近的两个案例讲起”，2007 年并整理重要论文于北京出版《政法理论与法学方法》专书。吴庚之好友、门生亦特于 2004 年出版《吴庚大法官荣退论文集——公法学与政治理论》，2010 年出版《吴庚教授七秩华诞祝寿论文集——政治思潮与国家法学》，以示对吴庚之尊崇与祝贺。

二、学术研究与重要贡献

(一) 学术思想特色

吴庚博学多闻，精通德、英等语，学术研究纵贯古今横贯中西。因具备坚实深厚之法、政、哲学理论基础，是以针对各项法制疑义，均能以寥寥数语，直指其要，备受学界与司法实务界推崇。《吴庚教授七秩华诞祝寿论文集》编辑委员会于序言中特别赞誉："综观先生求学过程，不仅受严谨完整之法学训练，并涵泳国家学、社会学、哲学等之深厚学养，是其学问论著乃能横跨宪法学、行政法学、法律诠释学及政治哲学，自成一家之言。今日台湾学术的发展受美国影响分工愈趋精细，法律学与政治学明显分途，因此学术界能与先生并驾媲美，而纵横攸游于科际之间，并横贯融通不同学科，成就渊博宏伟之学问体系，具开未来之功者，环顾四周似无一人。"

1. 采揉梳理西方各家思想巨擘理论精髓

吴庚早年受法律与政治学者如林纪东、萨孟武等指导启蒙，且于奥地利留学深造时，承继维也纳大学国家学与法学不分途之学术传统，博览政治、法律、哲学及社会学名著，并辛勤钻研各家巨匠学说。在国家学及政治学方面，以西洋政治思想史为研究重心，熟稔国家政治理论发展脉络，除博士论文对尼科洛·马基雅维利(Niccolò Machiavelli)政治思想有所研究，并对19世纪后近代西方重要政治思潮，如耶利内克(Georg Jellinek)关于国家与国民关系、布伦奇利(Johann Kaspar Bluntschli)关于民族主义、戴雪(Albert Venn Dicey)关于法治主义、詹姆斯·布赖斯(James Bryce)关于主权理论、托克维尔(Alexis de Tocqueville)关于美国自由民主特色、西耶斯(Emmanuel-Joseph Sieyès)关于代议式民主，以及福斯朵夫(Ernst Forsthoff)的国家思想均有深刻理解，并撰有专文发表；在哲学方面，对18世纪费希特(Johann Gottlieb Fichte)德国唯心论的哲学思想与国家主义亦有深入精辟分析；在社会学方面，特别针对西方现代政治学的发展影响极大的马克斯·韦伯(Max Weber)，就相关政治理论与其哲学基础，包括社会科学方法论、价值哲学、正当统治、官僚制度、政治领导、政治意识形态等，有其独到研究心得；在法学方面，深受维也纳学派开山鼻祖克尔生(Hans Kelsen)之"纯粹法学"、"法律实证主义"之影响，亦对公法学者哈谢克(Julius Hatschek)、狄骥(Léon Duguit)等之政治理论有所涉猎。值得关注的是，吴庚自学习公法起，即对卡尔·施密特(Carl

Schmitt）的政治哲学极感兴趣，施密特有关“实质法治国”、“制度性保障”、“合法性与正当性”及“法律与主权的关系”等重要法学创见也都去芜存菁的在吴庚著作中一再显现。台湾宪法学者苏永钦认为吴庚的法学思想是“克尔生纯粹法学的瓶子，装施密特宪法理论的烈酒”；台湾大学法律学系颜厥安则称吴庚的思想属于保守的自由主义。正因科际整合以及融会贯通法学与相关学门，吴庚比其他法学家拥有更宽广恢弘的视角，得以纵横各家法政思想，哲学思辨清晰明快，自成一家之言。

2. 追求真理，忠于学问，尊重理性多元价值的思想特色

不论吴庚之学术论著，还是由他执笔的“大法官解释”本文、协同意见书、不同意见书等，处处可见其理性主义的思辨过程。吴庚亦自认其在做学问的基本立场上，认同韦伯、耶利内克的“价值相对论”，以及 20 世纪的科学哲学家卡尔 · 波普尔（Karl R. Popper）的理性批判主义（Kritischer Rationalismus），对德国法兰克福学派，如哈贝马斯（Jürgen Habermas）沟通理性（communicative rationality）理论等批判理论（Critical theory）亦有深刻之体会。他曾引用美国政治哲学家约翰 · 罗尔斯（John Rawls，1921 ~2002）的话——大法官不可诉诸个人的理想、道德信念，也不应受自己或他人宗教或哲学观点所左右，大法官应该设想什么最符合全民信仰的公共理想及正义所应有之政治价值——作为任职“大法官”时之座右铭。可见其实证、理性、尊重多元价值、忠于真理的思想特色。

在担任“大法官”后，吴庚有感于“大法官解释”于法理的高争论性以及政治上高敏感性，尝试从诠释学（Hermeneutik）着手法律解释学及相关方法论的研究。他运用诠释学的哲学技术作为法律解释理论之基础法则，并应用于“大法官解释”，以理解宪法规范之应然与实然。吴庚在 2004 年荣退“大法官”学术研讨会的讲演中亦提及，“释宪”工作之长期经验使其认识到，“解释宪法”和“法律”不是毫无规则可寻的 anarchism（混乱状态），“释宪”工作还有一项基本立场，即法律是“实用的理性，而非纯粹的理性”（德国公法学者 Forsthoff 语）。换言之，理由充分（Vernunftsgruende）之外，还要具有可行性（Pratikabilitaet，瑞士公法学者 Fritz Gygi 语），并期望“大法官释宪”有朝一日能成为公共理性的典范（exemplar of public reason，John Rawls 对美国联邦最高法院的赞词）。

（二）理论与实务兼具之法制实证研究

吴庚长期参与行政机关及司法机关行政法制实务操作，并大量分析台湾各级行政法院判例判决，充分掌握各时期法律背后之社会政经环境、制度沿革时空背景及

实务操作各项瓶颈，因此他对实务案件理解的广度与深度，台湾公法学者难有人得望其项背。辅以勤读强记，吴庚信手拈来，即可大量列举制度背后相关案例，并以深厚之理论功力，进行具体入微分析，理论实务相互印证，着眼点于实用性与可实践性，治学成绩卓著。各行政机关起草法案、修改法令莫不参酌吴庚著作意见，其讲演座谈，真知灼见均能一语中的，直探问题根源，深受法界人士信服。在各国比较法制度研究方面，吴庚亦陆续翻译及研究英国、美国、日本、韩国、德国、奥地利、希腊、瑞士、法国、意大利等国宪法、行政法、行政诉讼制度规范，专题研究不拘泥于历史素材，与时俱进追求新知，2013 年尚发表《奥地利行政诉讼的沿革及最新发展》长文一篇。在“立法”方面，参与“宪法”增修条文与“行政程序法”、“行政诉讼法”、“行政执行法”、“行政罚法”、“诉愿法”等重要行政法律起草和修订工作。观诸吴庚不论在学术研究、司法实务及法学教育上，终身兢兢业业努力不倦之精神，矧吴庚援引胡适常用的“功不唐捐”，以作为勉励学子的话，其亦已为后学做了最佳的身教典范。

（三）发表论文出版专书影响力遍及两岸

吴庚著作等身，论述架构特色除介绍学术理论背后之哲学思想基础与历史发展外，以通说为基础，个性化论述作为补充，并采撷大量实务案例佐证，旁征博引各国比较法制，质量兼具，一文一宇宙，篇篇掷地有声。专书方面又以《行政法之理论与实用》、《行政争讼法论》、《宪法的解释与适用》三本教科书尤为脍炙人口，修订再版，历久不衰。《行政法之理论与实用》一书突破过往行政法教科书由概念、原则演绎的写作模式，而创新由行政与行政法、行政法之法源、行政之羁束性与自由性、行政法关系等建构出首编行政法之基本概念，次编以降依次论述行政组织与公务员法、行政处分等行政作用，以及包括国家责任在内的行政救济制度介绍。著作特色在于严谨的逻辑体系、详细的阐释说理，文采自然流畅。尤为难得者，论述贯穿理论与实务，兼具形而上的理论及形而下的制度诠释，全书援引 700 多则案例，1000 条注释与 200 余本参考书目更提供广阔的知识背景，翔实深掘书中阐述之理论背景，呈现巨大开放性。该书适合各阶层读者各取所需：法律入门学子得以一窥宪法学、行政法学堂奥；司法实务工作者得以明了法制变迁历程并寻求疑义解答；学术研究者更可按图索骥，探索该书后之理论体系架构。除检讨现状外，该书亦为未来之法制发展进程指引明路提出建言。姊妹作《行政争讼法论》详论行政争讼概念相关理论、行政诉讼法、诉愿法新旧法制比较、实务操作探讨等内容；《宪法的解释与适用》分就宪法基本原则、基本权的理论体系、宪法争讼的建制与程序、宪法解释的理论与实践四大部分，进行说理分析，改版后的《宪法理论与政府体制》，更纳入陈淳文执笔的“政府体制”专编，使该书成为完整的宪法与政府的读本。中国政法大学刘莘评论其行政法著作，认为“吴庚的论著被台湾学人认作为吃透行政法的必由之路”，绝非夸大溢美之词。

两岸法学交流后，吴庚应中国行政法学会之邀请，于 1997 年赴北京参加学术研讨，其著《行政法之理论与实用》一书并经中国人民大学出版社出版，成为两岸共通最畅销的行政法学教科书之一。荣退“大法官”后，吴庚依然退而不休，勤著立论针砭时政，经常受邀出席学术研讨会专题演讲，亦陆续于报章杂志发表论文，甚至不落潮流于时下流行的脸谱网（facebook）开设个人粉丝专用账号，发表短评，与青年学子互动，深受爱戴。2007 年吴庚亦整理重要的论文著作《唯心论与社会主义——费希特政治哲学之研究》、《韦伯的政治理论及其哲学基础》、《政治的新浪漫主义——卡尔 · 施密特的政治哲学及宪法理论》、《纯粹法学与违宪审查制度》、《宪法诠释学》等五篇，亦由人民大学汇集印行出版，书名为《政法理论与法学方法》，广受法政学者引述，学术影响力遍及两岸。

（四）法学教育启迪后进

吴庚胸怀旷豁，朴实无华，正直耿介，行事以直言敢言著称。性格淡泊宁静，虽望之俨然，实幽默风趣。平易温厚，乐于助人，对学生后辈视如本家子弟，多所提携，不求回报，最受人感佩。吴庚学成返台后执教母校台湾大学政治学系，讲授西洋政治思想史等课程，讲授课程妙喻生花，生动有趣，且论理鞭辟入里，举证旁征博引，理论实务相互印证，阐发学问之奥义于谈笑风生间，课堂之上绝无冷场。吴庚授课不仅止于台湾大学，亦长年于“司法官训练所”、“司法人员研习所”、政治大学公共行政及企业管理教育中心、辅仁大学、文化大学、“行政院”、“考试院”、“财政部”、“法务部”等对在职进修人士开设专题讲座，化雨春风、桃李天下，从事公法研究者莫不以作为吴庚的学生为荣。即使誉满天下，吴庚仍秉持谦逊，不敢以大师自居，曾谓学生就像“轮船”，老师则是港口内的引水人，将轮船引到外海之后，便得退回，从此轮船乘风破浪，航向四海五湖，老师岂可贪功！

吴庚坚持司法正义、首重廉洁操守，不论于担任检察官、“大法官”、教授均律己甚严，对于司法后辈及学生亦常谆谆教诲端正品格的重要性。吴庚认为所有的制度都不是最重要的，最重要的还是人。就“大法官”来说，第一个要求是不能有政治或其他的欲望，操守一定要好。第二，“大法官”应该要广纳各方人才。第三，要具有开放的胸怀。第四，不能唱高调，“解释与适用法律”最重要原则即“行得通”。对法官则期勉应“操行端正、法学精湛”，法学精湛要求对学问永无止境的研究，操行端正则要留得清白在人间，一语道破人民心中对司法官的最大期待。

基于对追求真理的执着，并期待能从现今以意识形态判断是非成败的现象中拨乱反正，吴庚提倡20世纪之初兴起的价值相对主义（Wertrelativismus），并在多次演讲中，送给有志从事法政相关工作、研究的青年学子以下的二段话：

其一，耶利内克（Georg Jellenik）在其传世之作《一般国家学》（*Allgemeine Staatslehre*，3. Aufl.，S. 13.）中提到：“绝对目的只能在形上学的推论中显现出来，这种情形在一种经验的、自成体系的，具备一般公信力的政治科学并不存在。”

其二，马克斯·韦伯（Max Weber）在1919年告别海德堡大学讲坛时，以“学术作为一种志业”（Wissenschaft als Beruf）为题的演说中之呼吁：“我们生存的世界是价值的泛神论，生活在诸神斗争的世上，是吾人注定的命运，大学教师不是先知，不能告诉学生该信奉那一个神，而开罪于另外的神。”

三、司法实务杰出成就

吴庚自1985年获提名担任第五届“司法院大法官”起，至2003年荣退第六届“大法官”止，18年间共计参与368号“大法官解释”案（“释字第199号至第566号”），时间横跨“戒严”及“威权”解体前后，正值台湾自由法治体制百废待兴之际，而“大法官”所审理案件多属“宪法”、“行政法”，正是吴庚的专精。大部分有关“宪法”、“行政法”的“解释文”、“解释理由书”，均系由其担任主要执笔人，或由其提供重要的意见，同时亦常撰写个人的协同意见书，且包括“宪法法庭”审理的多数意见，亦多由其捉刀撰拟。是以，如同德国联邦宪法法院重要判决常成为德国公法学术界理论突破之指标一样，近30年来，台湾公法学术的蓬勃发展，“大法官会议的解释案”一直扮演着领航的角色，而吴庚正是其中最重要的推手。

吴庚亦曾谓：从任职之初，就存着敬谨行事、诚惶诚恐之心。18年来心中不时或忘者，就是诸葛武侯《出师表》中的一句话：“受命以来，夙夜忧勤，恐付托不效，以伤先帝之明。”今天当然没有皇帝，却有民众观瞻之所系，更是法律人期望之所寄，所以吴庚在任期中非常用功，其情形与博士生拼学位论文差可比拟。他将每一篇“大法官解释的意见书”都当成撰写一篇学术论文来写，就因吴庚用功极深、努力不懈，其意见书极富学术价值，亦常成为学者研究参考的主要素材。

“大法官释宪”工作主要以会议方式进行，与会者多达十余人，据离职之“大法官”幕僚描写：倘会议中每位“大法官”天马行空各抒己见，书空咄咄，争论盈庭，“释宪”工作将迟缓难行。吴庚“大法官”以其公法学暨政治学之宏博涵养，缜密敏锐之论辩思维，渊深厚实之国学基底，以及司法书类写作之娴熟，遂成为“大法官释宪”工程之中流砥柱。诸多“解释”之作成，端赖其从盈庭议论中，折中统合，爬梳整理，以深厚之学理融贯之，援引台湾内外法例论证之，方能奏其功。并运用诠释循环的方法，整合多数意见，殚精竭虑折冲协调，非到无法获致共通结论时，才以多数决通过定之。倘观诸当时环境，“司法院”内外保守氛围尚浓，“大法官解释”不能只求论理之贯彻，尚需兼顾其可接受性，即知个中之艰辛与用心良苦。

总观吴庚参与的“释宪”案，有几点重大贡献。

（一）维护“宪政”体制、确保政治安定

吴庚参与“释宪”的时期，适逢台湾政经大环境变动剧烈，亟待“大法官释宪”体制发挥功能，亦是“大法官解释”较能有所发挥的时期。例如“释字第 261 号解释”，宣告第一届“中央民意代表”定期限终止行使职权；“释字第 387 号解释”，“立法委员”改选后，“内阁阁员”应随同“行政院院长”总辞；“释字第 419 号解释”，宣告“副总统”不宜兼任“行政院院长”；“释字第 499 号解释”，宣告 1999 年 9 月 15 日修正公布之“宪法”增修条文“违宪”；“释字第 520 号解释”，“行政院”停止兴建核四厂，应适时向“立法院”提出报告并获其同意；乃至“释字第 530 号解释”，“最高司法机”关于不违反审判独立原则下，就审理事项有规则制订权等“解释”案，均系具有高度政治性，深受社会重视且影响重大的案件。其他诸如“释字第 259 号、第 260 号、第 264 号、第 282 号、第 299 号、第 307 号、第 325 号、第 328 号、第 329 号、第 381 号、第 388 号、第 421 号、第 435 号、第 461 号、第 467 号、第 468 号、第 498 号、第 470 号、第 527 号，以及第 553 号等解释”，亦均系攸关维系“宪政”体制、确保民主“宪政”秩序运作之重要“解释”，吴庚身为宪法与政治学专业“大法官”，充分发挥止纷息争功能，功不可没。

（二）坚持依法行政原则、保障人民权利

学者在评论第五届、第六届“大法官解释”的得失时，大都承认贯彻在“法律保留”、“法律优越”以保障人权方面颇有贡献。吴庚认为“宪法”本来就是基于以市民阶级的法治国为基础，“大法官的解释”不外将扭曲的“宪法”原貌加以改正，在做成这类“解释”的时候，吴庚承认德奥的法律位阶理论总是浮现在脑中，并倾

向司法的积极主义与非解释论者（Non-Interpretivist）。在法律保留原则的方面的努力，一方面宣示告别行政权独大的“威权”时代，持续贯彻依法行政原则，诸多号“解释”宣告施行细则、函释抵触母法或违反“宪法”，例如“释字第210号解释”，宣告奖励投资条例施行细则“违宪”；“释字第268号解释”，宣告“考试法”施行细则“违宪”；“释字第313号解释”，宣告民用航空运输业管理规则“违宪”；“释字第316号解释”，指“铨叙部”的函释增加“公务人员保险法”所无的限制条件，与“‘宪法’实施社会保险照顾残废者生活，以保障人民权利之意旨尚有不符”等。另一方面，坚持授权明确性原则，涉及限制人民基本权利需以“法律”或“法律明确授权之命令”予以规范，例如“释字第402号解释”，宣告“财政部”所定保险业务员管理等规则之裁罚性处分规定“违宪”；“释字第471号解释”，宣告枪炮弹药刀械管制条例强制工作处分之规定“违宪”；“释字第477号解释”，宣告“戒严”时期人民受损权利回复条例之要件及适用对象规定“违宪”；“释字第559号解释”，宣告“家庭暴力防治法”对非金钱给付保护力执行之程序授权规定“违宪”等，处处可见吴庚着墨之痕。

此外，除贯彻依法行政原则外，吴庚一向主张“大法官”会议的功能：一是保障人民权利，一是维护“宪政”秩序。而“宪法”的规定必须在社会生活的各个领域获得实现，无论从事“释宪”工作或学术著述，莫不坚持上述两项原则。

（三）特别权力关系之突破

吴庚最为学者所津津乐道者，乃不遗余力推动松绑“特别权力关系”。“特别权力关系”缘起于19世纪后叶德国君主立宪时期，用以说明当时代表国家之君主与官吏间之法律关系，在特别权力关系范围下人民不得主张基本权利，无法律保留原则之适用，且无司法救济可能。此一理论因日本明治维新继受欧陆法制而传至日本，并为台湾学术与实务界继受，继而不当扩大适用范围。因不符现代之基本权利保障思潮，第二次世界大战后渐为德国法界共识所扬弃。吴庚自硕士论文起即领先当时保守见解介绍此最新观念，于任职“大法官”期间具体落实于各号重要“解释”，曾谓“余致力打破特别权力关系，其目的在求公务员与学生之自由平等”，终促成此一“普鲁士的封建遗留物”于台湾法制渐无立足之地。重要“解释”包含二大方面：

1. 破除可否争讼桎梏

于“公法”上勤务关系之公务员关系方面，承继“释字187号解释”，开启公务员“公法”上金钱给付请求事件属于行政争讼范围之突破。自“释字第 201 号解释”，许可公务员退休金争议提起行政救济；“释字第 243 号解释”，公务员受免职或记过处分亦得提起行政争讼，奠定改变公务员身份关系得救济之里程碑；接续在“释字第 266 号解释”，宣告对影响公务员财产权之处分不得争讼之判例“违宪”；“释字第 298 号解释”，改变公务员身份或于其有重大影响之惩戒得提起行政救济；“释字第 308 号解释”，公立学校聘任教师兼行政职者适用“公务员服务法”；“释字第 312 号解释”，公务员退休请领福利互助金所生争执得请求行政救济；“释字第 323 号解释”，对不合格或降低官等之审查不服许可争讼并宣告相关判例“违宪”。在任用资格审定部分，“释字第 338 号解释”，公务员对级俸审定之争执许其争讼并宣告相关判例“违宪”；“释字第 483 号解释”，宣告公务人员任用法等法规就高资低用人员之规定“违宪”；“释字第 491 号解释”，宣告公务人员考绩法免职处分要件之授权规定“违宪”，进一步达成践行正当法律程序之事前程序保障要求。

于“公法”上勤务关系之军人关系方面，虽尚未能包括于“释字第 201 号解释”范围，但于“释字第 430 号解释”，重申“释字第 243 号解释”意旨，宣告就基于特别权力关系所生事项不得争讼之判例“违宪”；“释字第 459 号解释”，宣告限制役男对体位判定提起诉愿之“司法院解释”“违宪”。

于“公法”上营造物关系之在学关系方面，“释字第 382 号解释”，宣告限制学生对学校所为之处分提起争讼之判例“违宪”。

于“公法”上特别监督关系方面，“释字第 295 解释”，亦许可不服会计师惩戒复审决议得提起行政诉讼。

2. 适用法律保留原则

就法律保留原则与大学自治竞合方面，“释字第 380 号解释”，宣告“大学法”施行细则就共同必修科目之研订等规定“违宪”；“释字第 348 号解释”，宣告“教育部”就阳明大学公费医学生分发及证书保管等规定“违宪”。

要求积极制订“法律”方面亦有多号“解释”，包括“释字第 246 号解释”，宣告军公教人员之给与不计入退休（役）保险俸额、不服勤者不支给之规定“违宪”；“释字第 270 号解释”，宣告“经济部”就所属事业人员订定分等限龄退休标准“违宪”；“释字第 455 号解释”，宣告“人事行政局”就留职停薪入伍者年资采认之函释“违宪”等。

经过多年努力逐案推动，实务上除“公法”上营造物关系中有关监狱与受刑人关系部分尚未有突破案例外，几已达成全面告别特别权力关系之划时代贡献，吴庚于教科书中倡议全面扬弃特别权力关系，改以“特别法律关系”取而代之，导入民主法治社会正轨，此一主张亦为台湾多数公法学者所支持。

四、吴庚主要论著

吴庚 . 1966. 行政法院裁判权之比较研究（台湾大学政治学系硕士论文）. 台北：嘉新水泥公司文化基金会出版 .

吴庚 . 1972. 美国行政法之基本原则 . 台北：水牛出版社 .

吴庚 . 1977. 韩非的国家思想——兼论目的可以使手段正当（Staatsräson）. 奥地利维也纳大学政治（公法）学博士论文 .

吴庚 . 1981. 政治的新浪漫主义：卡尔・施密特政治哲学之研究 . 台北：五南图书出版有限公司 .

吴庚，杨建华 . 1990. “公务员基准法”之研究 . 台北：“行政院研究发展考核委员会”.

吴庚 . 1992，2012（增订 12 版）. 行政法之理论与实用 . 台北：三民书局 .

吴庚 . 1993. 韦伯的政治理论及其哲学基础 . 台北：联经出版事业股份有限公司 .

吴庚 . 1999，2012（增订 6 版）. 行政争讼法论 . 台北：三民书局 . 台北：作者发行，元照出版有限公司总经销 .

吴庚 . 2003，2004（增订 3 版）. 宪法的解释与适用 . 台北：作者发行，三民书局总经销 .

吴庚 . 2007. 政法理论与法学方法 . 北京：中国人民大学出版社 .

吴庚，陈淳文 . 2013. 宪法理论与政府体制 . 台北：作者发行，元照出版有限公司总经销 .

主要参考文献

吴庚 . 1992，2012（增订 12 版）. 行政法之理论与实用 . 台北：三民书局 .

吴庚 . 1999，2012（增订 6 版）. 行政争讼法论 . 台北：三民书局 . 台北：作者发行，元照出版有限公司总经销 .

潘光哲，等 . 2007. 台湾法界耆宿口述历史 . 第 3 辑 . 台北：“司法院”.

陈新民，等 . 2010. 吴庚教授七秩华诞祝寿论文集——政治思潮与国家法学 . 台北：元照出版有限公司 .

吴庚，陈淳文 . 2013. 宪法理论与政府体制 . 台北：作者发行，元照出版有限公司总经销 .

撰写者

王室富（1973～），台湾南投人，台北市政府聘用研究员。

樊崇义

樊崇义（1940～），河南内乡人。法学家，法学教育家，改革开放以来刑事诉讼法学基础理论研究的领军者之一，证据法学规范研究的推动者，法学实证研究方法的倡导者和先行者。1965 年毕业于北京政法学院法律系，并留校任教。2000 年创办教育部人文社会科学重点研究基地——中国政法大学诉讼法学研究中心，并在 2000～2006 年担任中心的第一任主任。2011 年组建中国政法大学实证法律研究中心，担任主任。现任中国政法大学诉讼法学研究院名誉院长和国家级重点实验室司法鉴定中心名誉主任。兼任最高人民检察院专家咨询委员会委员，公安部特邀执法监督员，中国刑事诉讼法学研究会顾问，中国监狱学会顾问。曾任教育部第一届法学指导委员会委员、中国行为法学会副会长、中国行为法学会侦查行为研究会会长、中国法学会检察学研究会副会长等职。他数十年坚持刑事诉讼法学和证据法学研究，造诣颇深。他提出的“法律真实观”、诉讼认识论、刑事诉讼法律观的转变等主张对中国的诉讼法学研究及实务产生深远影响。作为中国刑事诉讼法治进程的推动者和见证者，他全程参与了 1996 年和 2012 年《刑事诉讼法》及数十部相关法律规范的起草和修订工作。

一、成长历程

（一）少年壮志，勤勉求学路

樊崇义 1940 年 7 月 2 日出生于河南内乡县一个家境贫寒的农户家庭。新中国成立那年他刚满九岁。小学和中学的学校都离家很远，因此只能每周回家一次。每次回家，都要徒步挑担走 20 里路。因舍不得穿上母亲为他缝制的布鞋，冬日飘雪，他仍赤脚而行。

樊崇义学习刻苦、劳动拼命，高中毕业一心想要报考北京大学，当年几位中学老师帮他分析报考去向时，都认为新中国成立后急需政法人才，从事政法专业学习的人，在祖国未来建设中大有发展前途。于是，樊崇义考入北京政法学院（中国政法大学的前身）后，于 1961 年夏秋之交来到北京。其时，北京政法学院建校尚不满十周年。

四年苦读，他系统地学习了马克思主义哲学，从艾思奇哲学教科书入门，接触到马克思、恩格斯著述，再延伸到德国唯心主义哲学家、唯心主义法学主要代表黑格尔的《法哲学原理》，他认为终生受益的是辩证唯物主义和历史唯物主义的世界观和方法论。

（二）以一当十，孜孜不倦谋发展

1965年7月，他大学毕业后留校任教。“文化大革命”期间，北京政法学院被解散。他曾到北京通县县委宣传部工作六年，直至1978年底。中国共产党的十一届三中全会召开后北京政法学院复办，他回校任刑事诉讼法教研室主任。那时的法学教育，百废待兴。没有讲义、没有教材、没有参考书，他就和很多同事一道，从头干起。

2000年，樊崇义积极申报和组建了教育部人文社会科学重点研究基地——诉讼法学研究中心，并担任主任七年。在这七年中，中国政法大学诉讼法学研究中心的声名鹊起，诉讼法学研究中心荣获全国普通高等学校人文社会科学研究基地称号，跻身全国第一批法学重点研究基地之列。成为国内外瞩目的诉讼法学研究的一流发展平台。

即便行政事务缠身，他仍笔耕不辍，发表学术论文200多篇，出版学术著作30余部。与此同时，他仍呕心沥血地培养诉讼法学新人。迄今为止先后培养法学硕士近百名，法学博士70余名。

多年来，他在身先士卒地奋战于教学、科研的第一线的同时，也积极参与和投身国家的法治建设，先后参与了中国的刑事诉讼法、律师法、人民法院组织法、国家赔偿法等十余部法律的立法活动。自20世纪90年代开始，樊崇义就一直以刑事诉讼法专家的身份参与中国刑事诉讼制度的改革和完善工作，他从来都是经过精心研究后提出建议和意见；他将前沿的刑事诉讼法理论与中国国情结合，长期关注和研究中国刑事司法制度建设中的一些重大的现实问题，对刑事诉讼立法工作提出了大量中肯的意见和建议，为立法工作提供了重要的参考。

（三）老骥伏枥，壮志在胸谱新篇

如今，樊崇义已经在中国政法大学兢兢业业、勤勤恳恳工作了50余年。60岁后的樊崇义，以其对中国法治建设的一片赤诚之心，以其对刑事司法研究的深厚积淀，以其对学术研究的严谨态度，更加全身心地投入到刑事司法的研究和实践中去。

他身体力行地组织和领导了多个刑事诉讼法实验项目，成为中国刑事司法领域大规模采用实证研究方法进行研究的第一人。为刑事诉讼法律制度的完善提供了宝贵的试验数据和经验资料。其多项实证研究的成果已经被立法所吸收。2011 年，他组织成立了中国政法大学实证法律研究中心，汇集了一批此方面的才俊精英，壮志在胸，打算大干一番。

2012 年《中华人民共和国刑事诉讼法》修改后，樊崇义愈发忙碌了，办讲座，著书立说……忙碌之余，仍总是欣喜难抑。作为一个共和国法治历程的亲历者，他的豪情壮志感染和带动着身边的每一个人。

二、学术研究和主要贡献

樊崇义的研究主要集中在刑事诉讼法学、证据法学、司法制度等领域，他对诉讼哲学、诉讼原理、诉讼理念、诉讼法学研究方法论、具体程序问题、证据规则及运行、检察制度及原理等方面均有深邃、系统的研究和精辟的论述。

（一）“法律真实”的提出与刑事证明标准的改革

刑事诉讼中的证明标准问题在刑事程序和证据制度的构建中均具有举足重轻的地位。中国传统刑事诉讼以客观真实作为证明标准，不仅使证明标准缺乏可操作性，而且带来不择手段地发现“客观真实”，损害被追诉人合法权益的后果。基于对刑事司法证明现实的反思，及对程序正义理念先导性的深刻认知，樊崇义在 1996 年的刑事诉讼法学国际研讨会上首次提出“法律真实”的观点。

而后，他又以马克思主义哲学观为指导，在大量实际调研和案件分析的基础上，撰写了《客观真实管见——兼论刑事诉讼证明标准》一文，该文发表在《中国法学》2000 年第 1 期上。文章中系统地阐述了“法律真实”这一证明标准的科学依据和科学内涵，着重从刑事证据的本质特征、辩证唯物主义认识论、绝对真理与相对真理的关系，以及司法实践应用中的问题等方面，论证了“法律真实”作为刑事诉讼的证明任务和要求，把排他性作为刑事诉讼的证明标准。

法律真实观一经提出，在刑事诉讼的理论和实务界引起了巨大的反响，所引发的“客观真实”和“法律真实”的论争持续了十余年。两种观念的争论，极大地促进了学界对证明标准问题认识和研究的深入，有力地推动了证据法学基础理论研究水平的提高。随着时间的推移，法律真实观如今已经深入人心，不仅成为指导刑事诉讼法学和证据法学研究和应用的基本理论、认定和评价案件事实的可操作性标准，更是成为铸造法律共同体职业思维和断事逻辑的基本起点。特别要说明的是，中国2012年刑诉法的修改，关于证明标准的规定，已充分反映了“法律真实”的基本理念。

（二）诉讼认识论的创设与诉讼原理的升华

诉讼认识论作为一个专有名词，是樊崇义首先提出来的。用以将诉讼中的认识活动和哲学意义上的认识活动相区别。法律真实观提出后，他认为仅仅从诉讼或者证据的狭小视野思考该问题是存在局限性的，需要从更加哲理（或曰理性）的角度进行思辨。诉讼认识论就是在这种情况下提出来的。

传统证据法学理论中简单地将辩证唯物主义哲学中的认识论套用到诉讼认识活动中，忽视了人的主观能动作用的发挥，导致了一些理论误区。他认为，不能用马列主义认识论的一般原理僵化地理解诉讼认识，应当充分认识诉讼认识与辩证唯物主义认识的联系和区别，挖掘诉讼认识的特殊规律和特殊要求，以此为基础获得对证明标准、证明对象乃至证明责任等一系列问题的正确认识。2000年及2001年，《证据学论坛》第一、二卷连续刊发了樊崇义与其指导的博士研究生合作撰写的《刑事证据前沿问题研究》一文，他2001年出版的《刑事证据法原理与适用》（与锁正杰、牛学理、吴宏耀、苏凌合著）一书，结合马克思主义认识论原理对诉讼认识论进行了阐述，回答了诉讼认识的真理性和正当性两个诉讼认识论范畴中最核心和重要的问题。

诉讼认识论的提出，推动了证据法学研究从哲学范畴向法律范畴的转变，初步奠定了刑事诉讼哲理化研究的基础，开拓性地运用了矛盾的一般性和特殊性理论解决了困扰诉讼法学研究和实践数十年的基本问题，创新和发展了刑事诉讼基本理论研究的领域，提升了刑事诉讼研究的高度。

（三）社会转型期创新研究，刑事诉讼法律观的转变

刑事诉讼法律观在法律文化结构的体系中，居于深层次或隐蔽的地位，但它却控制和影响着执法的效果和功能；不同的人、不同的刑事诉讼法律观，要受时代的制约并随时代的变化而变化。刑事诉讼法律观按照主体的不同可以分为立法者、执法者和社会公众（包括诉讼法学理论工作者）的刑事诉讼法律观。其中，执法者的刑事诉讼法律观直接关系到刑事诉讼法的贯彻执行，而法学家作为国家法治建设的大脑和灵魂，对于刑事诉讼法律观这样一种观念形态的理论研究意义重大而深远。

2001年樊崇义在《政法论坛》第2期发表了《论刑事诉讼法律观的转变》一

文，首次提出了刑事诉讼法律观的转变问题，提出了在刑事诉讼法的本质上，要从国家本位一元化的法律观转变为国家本位、社会本位和个人本位并重的多元化的法律观；在国际法和国内法的关系上，要逐步从国内优位的法律观转变为国际优位的法律观；在刑事诉讼法的价值和功能上，要从单一的和从属的工具主义的法律观转变为多种价值和功能的法律观；在运用证据的价值选择上，要从客观真实的、实质合理的法律观转变为法律真实的、形式合理的法律观，祛除立法和执法中存在的“重实体法轻程序法”的倾向。

迈入21世纪后，他从刑事诉讼法贯彻落实的现实出发，深入实际调查研究，提出了“制度改革，观念先行”的主张，并审时度势地提出了在社会转型时期刑事诉讼领域中的“十大转变”：以斗争哲学为指导转向以和谐哲学为指导；由国家本位转向国家、社会与个人本位并重；由一元化价值观转向多元化价值观；由权力治人转向权利保障；由有罪推定转向无罪推定；由口供本位转向物证本位；由客观真实转向法律真实；从重实体轻程序转向两者并重，最终转向程序本位；由高压从重转向宽严相济；由国内优位转向国际优位。该观点得到了中央政法委领导的高度重视，并做出批示：“作为当前司法改革的参考”。

在不到十年的时间里，从宏观到微观的刑事诉讼法律观念都经历了巨大的变革，这些变革的轨迹与樊崇义所阐释的路径吻合。一方面反映出樊崇义对中国司法实践的深刻认知，另一方面也反映出他的远见卓识。樊崇义所宣示的这些转变，不仅概括了中国刑事司法改革的成就，同时也揭示了中国刑事司法改革的发展趋势。

（四）坚持“以人为本”，倡导文明司法和人文精神

中华民族是一个有着深厚人文传统的民族，但多年来，中国的法学研究中存在把我们中华民族中非常优秀、有着深厚民众基础的人文传统当作封建糟粕加以批判的情况，以致在法律实施的过程中出现诸如证人不出庭，近亲属不得不作伪证的现象。长期以来，公、检、法机关也好，人民群众也好，习惯于将“刑事诉讼”定位为“专政”、“严打”、“高压”的工具，甚至“刀把子”，以至于将刑讯逼供作为正常的追诉手段看待。

有鉴于此，樊崇义2002年在《检察日报》发表了《重塑刑事司法的人文精神》（与张建伟合作）一文，提出把“以人为本”、“人文精神”、“人文关怀”引入刑事诉讼领域。在他的大力提倡和具体指导下，这一成果在珠海市人民检察院、周口市人民检察院、焦作市人民检察院等单位加以运用，并取得了很好的效果，社会上反映也十分强烈。

而后，樊崇义继续将人文精神作为司法程序改革和保障诉讼人权的立足点。他经过细致的比较研究后认为，中西方人文精神的精髓都在于“以人为本”。中国改革司法制度，有必要加强诉讼中的人文关怀，纠正错误观念，树立刑事诉讼中“以人为本”的人文精神。

近年来，他又率先提出把“伦理学”、“人学”同“刑事诉讼法学”的研究结合一起，并主张把它们融为一体。用“人文精神”的理念来构筑刑事诉讼程序，把“以人为本”作为一项重要的诉讼原理，引导学生和司法机关深入探讨学习。许多基层公检法机关在他的指导下，把人文精神运用到侦查、检察、审判实践之中，构建了科学、文明的程序理念和制度。如果把这些做法总结、升华，引入到刑事诉讼立法之中，将会取得更大的效益。

（五）首创推动侦查模式从“口供本位”向“物证本位”转型

长期以来，刑事侦查工作深受“口供主义”的影响，证据的收集和案件事实的认定，总是寄托在口供或被害人的揭发上。可是，市场经济下的“人”在变，各种人证的可靠性不高。面临各种新的变化，作为侦查机关和侦查人员必须要审时度势，认真思考，对传统的侦查模式进行深入的改革。

2000年樊崇义在《口供本位到物证本位》（与陈永生合作）一文中首次将中国的诉讼证明模式概括为“口供本位”型，并将诉讼证明模式与侦查工作联系起来，并提出了变“口供本位”型为“物证本位”型的必要性和策略。此后，该种对中国诉讼证明模式和侦查模式的概括得到了广泛的认同，并成为学界对相关问题的认同术语。

而后，樊崇义对该问题进行了进一步深入的思考。将侦查模式的转变与“不得强迫其罪”原则联系起来。“如实供述义务”最大的隐患就在于助长了过分倚重口供的倾向，并导致刑讯逼供的发生。“不得强迫自证其罪”原则的确立，增加了侦查人员取得口供的不确定性，从机制上迫使侦查人员改变偏重口供的观念，转而投入更加灵活地使用侦查措施，健全侦查信息网络系统，以便获取侦查破案所需要的证据材料。促进“物证本位”取代“口供本位”。

“口供本位”和“物证本位”是对侦查模式，乃至于诉讼证明模式的直观且形象的概括，由于其通俗易通，且一针见血，不仅被学界同仁广泛接纳，并且迅速成为讨论相关问题的专业术语。樊崇义在此方面研究的开创性显而易见。其对侦查模式转变轨迹的预设，正在被当下中国侦查模式改革的行动逐步变为现实。时隔十年，2012年刑诉法的修改，引进“不得强迫自证其罪”，创建严禁刑讯逼供的制度机制，技术侦查进法典等一系列重大改革，更加凸显了樊崇义的远见卓识。

（六）检察制度原理研究

中国检察制度研究中的学术边陲化现象日益严重。这不仅不利于促进检察制度与理论本土化，并且妨碍有中国特色的检察制度的形成和发展。

2006 年 6 月，樊崇义主持了最高人民检察院的重大理论课题："中国特色社会主义检察制度的基本原理"，课题研究成果《检察制度原理》一书由法律出版社出版。书中深入探索了中国检察制度的三个重大问题。

第一，中国检察制度的原理问题。按照制度基础、制度功能、制度程序和制度运作的逻辑结构，将中国特色检察制度原理概况为七项：权力模式原理和权力制衡原理是中国特色检察制度之源头；公平正义原理是检察制度的价值目标，公共利益原理、人权保障原理、法制统一原理是行为准则，正当程序原理是检察行为的具体程序规范。

第二，中国检察机关职权的问题研究。该书认为对中国检察权诸多问题的研究和正确理解，必须深入剖析其结构性原理、功能性原理，并且通畅其实现路径。只有这样检察制度改革才会有支撑动力，法律监督功能才会取得实质性成效。

第三，中国检察制度的本质属性问题。该书认为"法律监督"是中国特色检察制度的本质属性。在中国的权力架构体系中，检察权并不依附于任何一种权力，而是作为独立的法律监督权，参与、保障权力的有效运行。这种独立的法律监督权的突出特点在于解决了在不实行三权分立的社会主义国家如何实现权力制约问题。

就研究内容而言，该书中所提出的一系列观点和主张都极具开拓性和创新性。尤其从国家权力结构模式着手，区别"一元分立"与"三权分立"，为检察监督的必然性和科学性找到了根据。这一成果产生了巨大的影响，有力地回应了对检察监督的各种质疑。该理论成果体现了作者致力于中国法治建设的责任心和驾驭制度理论研究的能力，其科学、理性、创建性的原理研究更使得中国检察制度在理论层面上具有学术品位和独立品格。该书突破了目前制约中国检察制度发展的理论瓶颈，成为未来中国特色检察制度走向现代化、世界化的理论先导，该研究成果将会对中国特色检察制度的科学发展产生积极效果。

（七）检察及检察监督

多年来，樊崇义对检察及相关问题积累了颇丰的研究成果。其研究既有涉猎宏观的检察学、检察改革问题的，也有关照微观的检察环节、检察量刑建议程序等问题的。早在 1996 年樊崇义就与江阳合作发表了《检察机关职权新论》；2008 年与吴光升博士合作发表了《检察学：如何才能成为一门科学》；2010 年发表了《简论法律监督与检察改革》、《法律监督职能哲学论纲》等。

虽然对于检察相关问题的研究日益深入，但是理论界和实务界对检察机关的法律监督职能仍有诸多质疑，为此，樊崇义结合多年哲理化研究成果，对该问题进行了回应。他认为回答对检察机关法律监督的质疑，必须从实然走向应然，亦即从哲学的高度（或曰深度）才能说明问题，并令人信服。关于检察机关法律监督职能的科学性和必然性，可以从四个方面进行论证：一是一元分立论。中国的人民代表大会制度决定了法律监督机关存在的必然性，在行政权和审判权之外另设专门的法律监督权，是一元分立架构下对权力运行和制约的必然选择。二是对立控制论。检察机关的法律监督职能，就是把辩证唯物主义关于对立统一的规律运用于国家权力机关的运行过程中，以保证权力正常运行和科学健康发展。三是存在决定论。赋予检察机关法律监督职权是中国的客观现状之必须和必然要求。四是职权二元论。法律监督和公诉是中国检察权的两个组成部分和两种基本职能；公诉是手段，法律监督是目的，公诉职能加强了，法律监督的效果必然显现出来。二者相辅相成，促进和实现法制统一。

这四个方面的论证，既关照了中国检察制度的现实情况，同时又能与中国的政治制度、权力构架等上层建筑紧密结合，辩证灵活地运用了基本原理，提升了检察监督理论阐释的高度和视野，推进了检察及相关理论研究的哲理化程度。

（八）用实证研究方法，创设“录音、录像、律师在场”三项制度

樊崇义以其睿智和卓识意识到侦查讯问程序改革是刑事诉讼法律制度改革中的关键性问题。为此，他早在 2002 年就开始着手进行刑事审前程序改革实证研究，在广东珠海建立了试验基地。后于 2005 年为进一步深化研究成果，选定北京海淀、河南焦作、甘肃白银的公安局作为试点开展“侦查讯问犯罪嫌疑人录音、录像、律师在场制度试验”。先后出版了《刑事审前程序改革实证研究》、《侦查讯问程序改革实证研究》等专著，并形成专题研究报告和刑事诉讼法修改建议上报中央有关立法部门。侦查讯问试验的成功和实证研究方法的系统应用在国内外引起了强烈的反响，课题研究成果受到立法部门和实务工作部门的高度关注和重视。侦查讯问程序中的改革试验不仅为遏制现实刑事诉讼中存在的非法讯问行为提供了有效的思路，同时亦为保障讯问人员的合法权益提供了具有现实可能性的选择路径，并开启了侦查程序适度公开的先河。试验项目的成功对于刑事司法制度改革的重大意义是不言而喻

的。同时，在该研究中所使用的实证研究方法亦吹响了刑事诉讼法学研究方法变革的号角，拉开了刑事诉讼法学研究方法转型的序幕。其论文《刑事诉讼法学研究方法的转型——兼论在刑事诉讼法学研究中使用实证研究方法的意义》对在刑事诉讼法学研究中使用实证研究方法的意义进行了系统的归纳和概括。樊崇义作为中国刑事诉讼法学界大规模使用实证研究方法的第一人，其对于法学研究中实证研究方法的推广以及注重实际调查研究之风的兴起功不可没。记录实证研究方法使用细节和总结项目研究成果的《侦查讯问程序改革实证研究：侦查讯问中律师在场、录音、录像制度试验》（中国人民公安大学出版社 2007 年 3 月版）一书荣膺北京市第十届哲学社会科学优秀成果一等奖。

樊崇义主持历时十载的侦查讯问中录音、录像、律师在场试验，在国内外影响重大，反响强烈。“三项制度”对遏制刑讯逼供，保障证据质量等方面的作用是有目共睹的。2006 年《美国人权报告》中将讯问程序录音、录像试点作为中国司法“人权进展”的成绩之一；同年，联合国酷刑问题特别报告员亦对中方讯问程序试点实验，大加赞赏和表扬。美国哈佛大学和维拉研究所曾经邀请樊崇义做了多次专题交流。同时，樊崇义主持的多项实证研究成果，如讯问时的录音、录像制度已经被吸收写入刑事诉讼法典，成为实证研究推动立法的典型范例。

继樊崇义之后，亦有多位学者着手运用实证研究方法进行刑事诉讼法学问题的研究，并取得了骄人成绩。事实证明，这一研究方法对改进中国法学研究的现状，建构具有中国特色的司法制度，产生了深远的影响。当下，已经有许多刑事诉讼法学者纷纷走出书斋，深入到现实的司法实践中去亲身体验，调查研究。作为实证研究方法的积极倡导者和力行者，樊崇义又一次引领了刑事诉讼法学的发展方向。

（九）从走出注释法学的樊篱，到部门法学哲理化的推进和力行

多年从教的责任感和使命感使得樊崇义一直都高度重视刑事诉讼法学教材的编写工作。他大力倡导“刑事诉讼法学应当具有独立品格”的观念。他认为刑事诉讼法学和证据法学教材的编著应当走在前面。早在 20 世纪 80 年代，樊崇义就提出了“刑事诉讼法学哲理化研究”的主张，并在之后对刑事诉讼法学教材体系进行了深入思考。1996 年刑事诉讼法修改后，他更是身体力行，在其主编的《刑事诉讼法学》教材中，不仅第一次纳入了刑事诉讼法学基本范畴的内容，而且，在教材的各个部分，也突出强调了对制度基本原理的阐述和分析。进入 21 世纪后，樊崇义结合刑事诉讼原理研究的发展状况，再次提出了刑事诉讼法学学科体系的新框架。他主编的普通高等教育“十五”国家级规划教材《刑事诉讼法学》适时地转向理性法学

为主，按照诉讼主体、客体、行为这一哲理化思路，对以往的教材进行了“提升”，或“升级”。新增的“诉讼行为”一章，更是紧密结合司法实际，具有很强的现实意义。樊崇义主编的21世纪法学规划教材《证据法学》已经由法律出版社出到了第五版。在第四版《证据法学》中适时地增加了证据原则、证据原理和证据规则等章节，推动诉讼证据的理论学习和实践应用逐步迈向理性，对具有中国特色的证据规则的研究做出了贡献。该教材被评选为北京市精品教材，并被列为国家级教材。

樊崇义在原有教材基础上的哲理化“升级”思路和体例安排得到了同行和学生的一致好评，这种结构布局，承袭了大陆法系注重逻辑演绎的思维传统，符合从原理到制度的学习习惯，其优点是让学生们在学习每一制度时，启发他们高屋建瓴地对特定制度进行认识，摆脱只见树木、不见森林的困惑。哲理性教材已经成为诉讼法学教材发展的方向和潮流。

樊崇义对于刑事诉讼法学研究哲理化的努力集中体现在其主编的《诉讼原理》一书中。该书在国内首次对三大诉讼的共同原理进行系统研究，突破了国内诉讼法学界以往研究中三大诉讼各自为政的割裂局面，弥补了法学研究体系分散化的不足，促进了各学科研究成果的整合和融合。该项成果具有体系新、方法新、内容新的特点，成为中国刑事、民事、行政三大诉讼法学研究从注释法学向理论法学转型的标志。

法学研究的哲理化，不仅仅是诉讼法学一个学科的问题，也是今后整个法学研究的发展方向。为此，在樊崇义的倡导下，2004年岁末，中国政法大学诉讼法学研究中心在海南博鳌主办了“2004年教育部人文社科重点研究基地（法学）主任联席会议暨部门法学哲理化研讨会”。教育部法学重点研究基地主任和各个部门法学的学科带头人都参加了该会议。会上，他的主张得到了广泛的认同和支持。嗣后，以会议研讨成果为基础的，深入思考部门法学哲理化研究的成果：《部门法学哲理化研究》一书出版，极大地推动了中国法学研究哲理化的广度和深度。

三、樊崇义主要论著

樊崇义编 . 1991. 刑事诉讼法学研究综述与评价 . 北京：中国政法大学出版社 .

樊崇义 . 2000. 客观真实管见——兼论刑事诉讼证明标准 . 中国法学，(1)：114-120.

樊崇义，陈永生 . 2000. 从口供本位到物证本位 . 检察实践，(3)：1-4.

樊崇义 . 2001. 论刑事诉讼法律观念的转变 . 政法论坛，(2)：47-56.

樊崇义编 . 2001. 刑事诉讼法实施问题与对策研究 . 北京：中国人民公安大学出版社 .

樊崇义，锁正杰，牛学理，等 . 2001. 刑事证据法原理与适用 . 北京：中国人民公安大学出版社 .

樊崇义编 . 2002 ~ 2006. 诉讼法学研究（第 1-10 卷）. 北京：中国检察出版社 .

樊崇义编 . 2003. 诉讼原理 . 北京：法律出版社 .

樊崇义编 . 2003 ~ 2006. 中国诉讼法判解（第 1-4 卷）. 北京：中国检察出版社 .

樊崇义 . 2004. 人文精神与刑事诉讼法的修改 . 政法论坛，(3)：10-17.

樊崇义，夏红 . 2006. 刑事诉讼法学研究方法的转型——兼论在刑事诉讼法学研究中使用实证研究方法的意义 . 中国刑事法杂志，(5)：1-10.

樊崇义 . 2006. 迈向理性刑事诉讼法学：樊崇义刑事诉讼法学文选 . 北京：中国人民公安大学出版社 .

樊崇义编 . 2006. 刑事审前程序改革实证研究——侦查讯问程序中律师在场（试验）. 北京：中国人民公安大学出版社 .

樊崇义编 . 2007. 部门法学哲理化研究 . 北京：中国人民公安大学出版社 .

樊崇义，顾永忠编 . 2007. 侦查讯问程序改革实证研究：侦查讯问中律师在场、录音、录像制度试验 . 北京：中国人民公安大学出版社 .

樊崇义，等 . 2007. 刑事诉讼法再修改理性思考 . 北京：中国人民公安大学出版社 .

樊崇义 . 2008. 从“应当如实回答”到“不得强迫自证其罪”. 法学研究，(2)：111-121.

樊崇义编 . 2009. 检察制度原理 . 北京：法律出版社 .

樊崇义 . 2010. 刑事诉讼法哲理思维 . 北京：中国人民公安大学出版社 .

樊崇义编 . 2011. 走向正义——刑事司法改革与刑事诉讼法的修改 . 北京：中国政法大学出版社 .

撰写者

夏红（1972 ~ ），樊崇义的博士研究生，辽宁师范大学教授。

王保树

王保树（1941～），河北任丘（现任丘市）人。法学家，现代商法学的开拓者和奠基人之一、经济法学学科建立的开拓者与改革的倡导者。1964年毕业于北京政法学院。1979年进入中国社会科学院法学研究所工作，先后担任中国社会科学院法学研究所研究员、副所长、《法学研究》主编。清华大学法学院复建后首任院长、清华大学商法研究中心主任、《清华法学》主编。曾任中国法学会常务理事、全国法律硕士专业学位教育指导委员会委员、北京市社会科学联合会副主席、北京市法学会副会长，现任中国法学会学术委员会委员、中国法学会商法学研究会会长。他率先立足中国实践，着力对商法总论的结构进行研究，强调商人、商行为和营业对商法总论的支撑作用。他积极探索以现代公司制度改革国有企业，注重完善公司治理，将董事、高级管理人员履行义务视为公司治理的保证，公司治理的目标首先是股东权利，但应尊重其他利益相关者利益，重视社会责任。最先提出经济法的社会性，在经济法学中最早提出反对行政垄断。他的研究成果和学术思想对现代商法学和经济法学的发展有指导意义。1997年1月2日被评为国家级中青年有突出贡献专家，2007年教育部、国务院学位委员会授予全国优秀博士学位论文指导教师。

一、简　　历

王保树，1941年6月15日生于河北任丘县（现任丘市），家中世代为农。1949年，他就读于本村东王庄小学；1952年，就读于西汜水乡完全小学。1954年考入面向全国铁路职工子弟招生的北京市长辛店铁路中学。1957年考入北京市第四十一中学，1960年高中学业，获北京市优良学生奖章。同年9月，考入北京政法学院（现中国政法大学），学习政治法律。

1964年8月大学毕业后，王保树长期做调查研究。1979年1月，王保树进入中国社会科学院法学研究所从事商法、经济法研究工作。他1982年8月任民法、经济法研究室副主任；1985年晋升副研究员；1988年9月，始任经济法研究室主任。1990年9月，任研究员；1992年3月23日，始任副所长兼任经济法室主任；1992

年 10 月 27 日，经济法研究室改为商法经济法研究室，继续兼任该室主任。1994 年，商事法研究中心成立，兼任主任。1998 年 4 月 15 日，清华大学恢复建立法学院，王保树成为法学院复建后的首任院长。此后，为了进一步推进商法学科建设和商法学的研究，积极推动成立清华大学商法研究中心，并出任该中心首任主任。2001 年 7 月中国法学会民法经济法研究会分为民法学研究会、商法学研究会、经济法学研究会。2001 年 11 月，中国法学会商法学研究会在上海成立，王保树教授出任首任会长至今。

作为新中国的商法学家和经济法学家，王保树早在 1985 年就与他人合著《工业企业法论纲》，1988 年他又与人合著《企业法论》。作为主编与其他学者合作，王保树主导推出了中国商法学发展史上一部重要的著作《中国商事法》。这一著作系统地阐述了商法与民法的关系、商法与经济法的关系、商法总论、商法部门法论等商法学上的基本理论问题，为商法在中国的蓬勃发展奠定了理论基础。

在王保树的倡议与主持下，清华大学商法研究中心从 2001 年起开始举办“21 世纪商法论坛国际研讨会”。该论坛每年举办一次国际学术会议，是中国法学界持续时间最长并连年召开的国际学术论坛，已成为商法学界国内外交流最具影响力的学术平台。

作为中国最早从事经济法研究的学者之一，王保树于 1988 年出版的《经济法》是一本在国内具有深远影响的学术著作，为推动中国经济法学的发展做了开创性的贡献。在长期的经济法学教学与研究的基础上，1998 年，王保树主编了《经济法原理》一书。该书在系统总结与评述经济法学关于经济法本质的各种观点与学说的基础上，主张以“是否具有社会公共性”来区别某一具体法律是否属于经济法的范畴，进一步廓清了经济法的本质。

王保树将立法与学术研究紧密结合，积极参加立法工作，为中国法制的完善贡献自己的学识。1998 年 1 月 13 日，王保树接受全国人民代表大会常务委员会副委员长王汉斌邀请担任民法起草工作小组成员参与民法典框架的论证。此外，他还先后参与了中国公司法、合伙企业法等国家基本商事法律的制定。在 2005 年中国公司法的又一次重大修订之际，他不仅参加了专家小组，还召集中国商法学界的部分专家学者提出了公司法修改的专家建议稿，一些重要条文和修改建议及精神被公司法吸收，对立法过程产生了重要影响。

王保树先后两次为全国人民代表大会常委会做商法讲座。1999 年 10 月 31 日，他为全国人民代表大会常委会做了题为“中国的商事法律制度”的讲座，其中分析了中国商事法律制度的几个基础性问题；提出了进一步改革和完善中国商事法律制度的建议。2001 年 5 月，他第二次应邀参加全国人民代表大会常委会的讲座，题目为“现代企业法律制度”。讲座中，就他自己多年研究的积累分析了现代企业法律制度，现代公司法发展中值得注意的问题，其中关于完善中国公司法的一些独到见解，受到立法机关的重视。

与此同时，王保树非常注意改革前沿地区的商事立法，重视中国实行市场经济的实践，他向具有全国人民代表大会常委会立法授权的深圳经济特区人民代表大会常委会提出制定《深圳经济特区商事条例》的建议，被采纳。此后，他亲自组织课题组为其研究起草了《深圳经济特区商事条例》（学者稿），在此基础上，深圳人民代表大会常委会起草了《深圳经济特区商事条例》（草案），于 1999 年 6 月 30 日通过，实施至今。该立法在不同立法体制的国家中，均属首创，对于研究与改革全国的商事立法有重要意义。他重视商法一般规则的作用，组织商法学会的部分学者分工起草了《商法通则专家建议稿》。这一法律建议稿对中国未来商事立法的发展指明了方向，并将对推动中国社会主义市场经济法治的建设起到重要的作用。

二、主要研究领域和学术成就

王保树始终将自己的学术研究与中国法治的完善紧密联系在一起，用法学家的视野与观点冷静分析中国法治过程中的问题，并提出自己的解决路径与方法。他一直坚持学术研究要着力解决中国自身的问题，坚持以研究中国的问题为出发点和归宿点。他认为，揭示商法、经济法不同的定位并不意味着将它们之间的分隔绝对化。越是定位的不同越意味着需要交融，越意味着需要互动、互补，越意味着在准确把握商法、经济法特性的基础上充分发挥其在综合调整社会关系，解决社会重大问题上的作用。发挥商法、经济法各自的优势，实现两者交融、互补、互动。

（一）主要科学研究成就

商法、经济法（尤其是商法）是王保树长期进行研究的两个法学二级学科。他的学术研究成就主要包括：完善商法一般性、共同性规则的路径，商人资格，商事裁判的思维，公司的自治，公司治理的目标，公司结构性改革，公司资本制度的缓和，公司的社会责任；确认经济法的地位与公共性特征，经济法的本质，经济法的利益目标，反对行政性限制性竞争。

1. 完善商法一般性、共同性规则的路径

王保树非常重视中国商事立法的缺陷，即缺少一般性、共同性规则。针对解决

这一缺陷的路径问题，他提出了制定《商事通则》的建议。2005 年，他将其系统研究的成果发表在《法学研究》上，即《商事通则：超越民商合一与民商分立》一文。他指出，中国的商事立法一直采用颁布单行法的模式。但实践表明，仅有具有个别领域特征的单行商事法律不足以适应调整商事关系的需要，还需要具有一般性调整特征的商事法律，即商事通则，规定调整商事关系的共同性规则。商事通则与其他单行商事法律都是民法的特别法，但商事通则在商事法领域内部具有一般法的性质。他主张，无论是内容还是形式，商事通则均不应追求商法典结构。在性质上，商事通则不代替民法在整个私法中的一般法地位，而是商法内具有一般法意义的商事法律。它与公司法、合伙企业法、独资企业法、证券法、票据法、保险法、商业银行法、破产法、海商法等一样，也是一种单行商事法律。相比较而言，前述法律是调整某一具体商事领域的商事关系的，而商事通则涉及整个商事领域，其调整对象具有一般性，并且对其他的商事单行法有统帅或补充的作用。商事通则不漠视已经颁布的商事单行法律，也不代替商事单行法的完善和作用的发挥，更不以商事法律领域的全部规则缩编为一个法典为自己的目标。从这个意义上说，商事通则既非民商分立，也非民商合一。商事通则的建议既符合中国目前商事立法采单行法的思路，也避免了民商分立与民商合一的争论，对于完善中国的商法具有重要的意义，产生了重大影响。

2. 商人资格

中国没有规定商人的一般法律，因而观点各异。王保树廓清了商人的内涵与范围，认为商事主体不能等同于商人概念。商事主体是指参加商事法律关系，享有权利、承担义务的主体；而商人则是以商为业并参加商事法律关系的人，包括从事营业的企业和个人。在这个意义上，商事主体的范围要大于商人。并不是所有的商事主体都是商人，而只是其中以商为业的人才是商人。在商人的问题上，他抓住了它的核心即营业能力。商法并不是将商人作为具有特殊身份的群体予以保护，而是着眼于商人资格。但是，商人的资格并非天赋的，而是依法取得的。其中，依法取得营业资格是商人资格的核心。所有民事主体都可以在工商行政管理局登记申请营业，这符合民法的平等精神。但是，未取得营业资格者不能成为商人。商事活动并非仅由商人参加，但采用营业形式的商事活动仅能由商人进行。商人不仅包括在统称为企业的公司、合伙企业和个人独资企业，还包括依法取得营业资格，采用营业形式的商个人。当然，企业是商人的主要成分。确定商人的内涵和范围，对于充分发挥商法的规范作用，推动市场经济发展是有积极意义的。

3. 商事裁判的思维

王保树认为，研究商法思维在商事裁判中尤其有意义。商法思维有其个性，它是指商法领域的法律职业者（或法律人）的特定从业思维，是法律职业者在从事商法职业的决策过程中按照商法的逻辑，思考、分析、解决问题的思维模式。他坚持一般法与特别法的主张，但认为这仅是在法律适用中才有意义。就商事裁判思维而言，商法比民法更讲求效益，更追求交易的安全、迅捷、可靠。这决定了商事裁判具有自身的特点和发展规律。在裁判工作中，应注意发现商法的特殊性，尊重商法的特殊性，把蕴藏在商法中的理念、思维，通过商事裁判弘扬出来，丰富和发展商事裁判思维。具体到商事裁判思维所应具备的理念，他提出，首先，应当尊重商人和商事交易的特殊性；第二，要尊重商人自治和章程等自治规则；第三，要尽可能促进交易、方便交易；第四，要注意外观主义的适用，保护善意第三人的利益；第五，要注意企业维持原则的适用；第六，要尊重商法中的特别规定。在商事裁判中发现商法的特殊性，尊重商法的特殊性，并不意味着特意制造商法的特殊性。

4. 公司的自治

王保树关注公司的自治。他于 2006 年发表的《从法条的公司法到实践的公司法》，透过对公司法规范的分类，深入探讨了当事人的意思在适用公司法规范中的空间。他在公司法的研究中，充分注意公司自治是公司法人的自治，将自然人的自治通过组织的形态表现出来。同时，通过选择适用或拒绝适用任意性规范，实现行为的自治。他还特别注意章程作为自治法对公司自治的影响，强调公司应有的自由空间。但同时认为，公司的自治空间，实际在立法时就被确定了。公司章程可以根据本公司的特点和特殊要求，规定不同于或不完全同于公司法的规则。这些规则，只要不违反法律、行政法规的强制性规范，不违反社会公共利益，并记载了公司法要求必须记载的事项，就可以优先适用于法律、行政法规和公司法的规定。章程的适用对象既意味着章程赋予他们的权利，也意味着赋予他们义务。同时，实践表明章程对公司、董事、监事、经理的约束并非同时开始，这与他们何时才具有了公司法规定的地位有关。

5. 公司治理的目标

王保树重视公司治理目标的实现。他强调公司治理的目标是股东利益的最大化，同时注意尊重股东之外的其他利益相关者的利益。公司不能在损害他人利益的情况下实现自己利益的最大化，公司也不能仅满足利益相关者中的股东的要求，而置其他利益相关者利益而不顾。公司治理结构应当确认其他利益相关者的合法权益，应尊重银行及其他债权人、职工、消费者、供应商、社区等利益相关者的合法权利；应与其他利益相关者积极合作，共同推动公司持续、健康地发展。将确认和尊重其他利益相关者纳入公司治理，不仅在于通过公司治理建立公司与利益相关者的和谐关系，有利于公司科学发展。还在于将他律转变为公司自律，将政府需要通过监管做的事情改为通过公司治理实现，将运用公权力实现的任务变为通过建立公司与利益相关者的和谐关系实现。

他关注现行公司法框架内公司治理的实践。他认为，在公司治理中的监督问题上，需要强调监事会和独立董事的不同职能，以及不同职能的适应性、互补性。依公司法规定，监事会具有监督董事、经理的职能，是法定的、不可剥夺的。独立董事的监督只是在董事会的层面上，不能代替监事会的监督。在两者并存的体制下，独立董事应更侧重于决策过程的参与和监督。当然，这种区分只具有相对意义，而不具有绝对意义。只要公司法规定的治理结构框架不变，独立董事和监事会应互不代替，并且，独立董事作为董事也应接受监督。独立董事必须坚持独立性，发挥其作用应和董事会专门委员会的建设结合起来，鼓励独立董事通过专门委员会发挥作用。

6. 公司应进行结构性改革

从公司形态的实际意义出发，王保树认为，公司形态结构的改革是使公司形态的区分真正有意义。换言之，这种区分应最有利于公司法的实施，最有效地调整公司社会关系。必须改变公司形态结构中的模糊状态甚至混乱状态。结合中国公司制度发展的实践，他认为，应该解决两个基础性问题。一是科学地运用封闭公司（或非公开公司）、公开公司划分的工具，在公司法内部将封闭性公司的制度资源进行有机地整合，重塑有限责任公司制度，涵盖其他非公开公司规范（如关于发起设立公司的规定），使其有限责任公司制度外不再存在其他封闭公司制度，实现封闭公司制度的统一。二是在外商投资公司法与公司法之间，实现外商投资公司法并入公司法的目标，不再保留外商投资公司法的单独结构，在结构与内容上完成公司法的统一。中国已经较好地实现了不同所有制股东的公司的制度并轨，它为我们提供了外商投资公司制度与内资公司制度并轨的经验。如果公司法的其他规定确实不能解决外商投资公司规范需求，可以考虑采用“现行公司法”中“一人有限责任公司的特别规定”的模式，即考虑到外商投资公司绝大部分规则与现行公司法相同，因而它的绝大部分规范采用有限责任公司、股份有限公司的一般规定，不重复规定这部分规则。外商投资公司法中属于公司法之外的规则应另立外商投资监管法或外资法。

7. 公司资本制度的缓和

王保树认为，中国公司法沿袭的是大陆法系公司法“资本三原则”的传统，但大陆法系公司法“资本三原则”都在经历着变革。其中，“资本维持”的规制缓和被视为突出的表现。其股份折价发行的规制缓和，公司从股东那里获得或认购自己股份，是其重要内容。

他十分注意，公司持有自己股份的立法从原则禁止到原则自由的国际趋势，并非是放弃了公司持有自己股份规制的目的性。它只是废止了公司持有自己股份目的、数量、保有期间的规制，而在公司持有公司股份的程序规制、自己股份资产性否定、董事相关责任等的规定方面则构成了公司持有自己股份规制的新的制度结构。他提出，公司发行公司债的限制的缓和是资本制度缓和的重要方面，尤其是，在强调资本多重结构之时。

他认为，“资本维持原则”相关制度的改革也已经成为一种发展趋势：一方面，它们没有放弃“资本维持原则”；另一方面，其规制确实在走向缓和。这种趋势形成的原因：一是各国经济发展中不可避免地遇到一些困难和挫折，僵化的完全不变的“资本维持原则”不能适应解决这些困难的需要，因而不能不进行改革；二是在全球经济一体化的大背景下，法律规则的渗透不可避免。在此背景下，不是要不要在立法上选择资本维持规制缓和之策，而是主动改革还是被动改革的问题。

8. 公司的社会责任

公司作为一个社会成员，与其他社会成员一样应承担社会责任。公司社会责任是公司承担的一种社会义务。尊重和保护利益相关者与倡导公司承担社会责任通常是一回事，利益相关者理论将公司承担社会责任纳入公司治理，并因此而使公司社会责任有落实的可能。董事会在做出经营决策和执行业务时应对其产生的社会后果做出必要的安排。这里，关键是董事对其所承担义务的内容有准确理解并认真履行义务。公司社会责任作为一个概念，不论是学者、公司，还是政府，对内涵的揭示大多停留在描述上，而不是严谨的科学抽象上。并且，公司社会责任的内涵犹如一个“万花筒”，不同的视角会导致不同的描述。学者大多是在公司的地位、公司利益结构和营利与公共政策的关系上描述；公司大多在公司经营影响方面描述，而政府则在公共政策对公司的要求上揭示公司社会责任的构成。但是，这些不同视角的描述在本质上的相同是不容忽视的，即公司社会责任是只对股东负责而言的，它是在经营活动中发生的对社会的义务。要求公司承担社会责任，即不坚持营利是公司唯一目标的绝对化主张，而是在坚持营利目标的同时引入社会目标。并且，将这一目标的实现也视为公司的责任。如果将这一点视为共识，并以此审视上述对公司社会责任的描述，则会发现将对出资人的义务纳入公司社会责任是不适当的。因为，它在实现公司的营利目标中已经解决了。同时，将政府应该办的事情交给公司去办，甚至视为公司的义务，进而等同为公司社会责任，也是不适当的。因为，这意味着重新恢复“企业办社会”。不能笼统地倡导公司承担社会职能，尤其不能使政府向公司“摊派”合理化。

9. 确认经济法的地位与公共性特征

王保树提出，苏联的经济法学家拉普捷夫对中国经济法的形成影响很深，而他的经济法理论是与中国经济体制改革格格不入的，因此要对苏联拉普捷夫的经济法理论和与之相应的经济法观念进行全面系统的批判和清理。只有这样，经济法理论才能建立在科学的基础上。他指出：拉普捷夫所认为的经济法调整对象，名义上是纵横统一的经济关系，实质是把横向经济关系统一和服从于纵向经济关系，以排斥商品经济关系；拉普捷夫肯定政企不分，认为企业是经济机关，把国家对企业的关系笼统地说成是“领导关系”。坚持纵横统一，把性质差异甚大、分别应由经济法和民法、商法调整的不同经济关系“统一”起来。这表明，“纵横统一经济法学说”，平等主体之间财产关系就无法从中独立出来，民法、商法就没有存在的根基，无法正确地划分和协调经济法与民法、商法，也无法正确确认经济法的独立地位。

关于社会公共性。自 1993 年起，王保树认为，经济法规定的是普遍性的调控措施，不是针对某个企业，而是着眼于对所有企业的宏观管理、市场经济管理。其所调整的社会关系是在尊重市场机制地位的基础上所进行必要管理时发生的社会关系，这种社会关系的特点不是纵横统一，不是行政性，而是社会公共性。他主张“对经济法所调整的经济管理关系的本质特征的概括，应该从行政性转变为社会公共性”。经济法的调整对象是政府或政府授权的经济管理机关以社会公共管理者的名义实施经济管理中所发生的经济管理关系，它突出了社会公共性的特征，区别于平等性的经济关系和行政隶属性的经济管理关系，揭示了经济法的一般特征。

10. 经济法的本质

王保树区分了关于经济法本质的不同层面，在“根本属性论”层面上讨论经济法的本质。在这样讨论时，他又认为，应从“政府与市场的关系开始讨论”经济法的本质，正确地解决这一关系，是理解经济法本质的关键。市场机制在市场经济中发挥着基础作用，仅在市场机制出现缺陷和失灵之时，才需要政府有效地适当地干预，但政府干预也有固有的缺陷，需要依法加以规范。不同法律部门在市场经济中有不同任务，经济法的任务是确认和规范政府干预经济，只有管理好了行政本身，管理好了的行政才能管理好其管理对象，因而经济法的本质是确认和规范政府干预经济之法。

11. 经济法的利益目标

在《论经济法的法益目标》一文中，王保树指出，法律是利益的准则，任何法律都是为了调整某种利益关系、保护某种利益而产生和存在的，经济法也是如此。当某种利益成为法律的目的、并受法律保护的时候就成为了法益，任何法律部门都有自己的法益，经济法的法益就是要促进和实现社会公共利益。为此，需要有相应的调整机制，这种调整机制就是社会整体调整机制。所谓社会整体调整机制，就是立足于社会整体，维护整体的市场竞争秩序，因而经济法所追求的社会公共利益是自由公平竞争的秩序的集中反映，它是经济法实现利益结构中的首要利益。这种秩序利益有利于所有竞争主体、消费者，又约束所有竞争主体而不属于任何一个竞争主体。

12. 反对行政性限制竞争

1989 年 11 月在汉堡举行的康采恩法国际研讨会上，王保树提交的《企业联合与制止垄断》一文，第一次在经济法研究中提出了反行政垄断问题。以后，又以专文论述。他认为，经济垄断和行政垄断都是限制竞争的，但行政垄断由于是滥用行政权力的结果，和建立与完善社会主义市场经济体制、充分发挥市场机制作用的要求是根本冲突的，因而构成了对自由、公平竞争秩序的主要危险。不削除行政垄断，就没有充分的竞争，就不可能建立起完善的社会主义市场经济体制。

他还认为，行政利益是行政垄断的动力源。政府和政府部门所为之一切，无不为了实现积极的直接利益，避免消极的直接利益，但只要是依法所为，则是无可非议的。相反，由于直接的行政利益的吸引，政府或政府部门不顾法定权限和法定程序的约束，直至滥用行政权力限制竞争。由此，行政利益便驱使政府和政府部门实施行政垄断行为。要禁止行政垄断，就必须通过改革，切断行政垄断的动力源，消灭政府、政府官员利用限制竞争从市场直接掠夺利益的现象。

（二）学术思想及其影响

王保树密切关注商法学国内外研究的动向和发展趋势，紧密联系中国改革和商事实践，始终站在商法学学科的前沿，不断开拓商法学的深入研究。王保树强调商法学要为市场经济服务，为改革服务，面向学科建设，面向建设法治国家大局。他以严谨的学风、广博的知识，为推动商法学的现代化，提升学科研究水平，做出了重要贡献。

1. 始终坚持商法学立足中国，联系中国实际，服务中国的实践

王保树准确把握商法学的实践性特征，强调从中国实际出发，研究中国商法问题，完善中国商事法制。他认为中国的商法有两大问题，一是缺少商法的一般规则；二是具体的商事法律制度不健全。解决中国商法的完善问题，需要总结自己的经验。为此，他总结了改革开放 30 年以来的经验，探索商法在中国的发展规律。立足中国并不排除国外经验。和欧美与日本等发达的资本主义国家相比，中国商法不仅历史较短，也缺乏悠久的传统。但是，后发展的市场经济国家没有沉重的历史包袱，可以也应该通过借鉴国外经验，形成自己最好的商法体系和商法学体系。借鉴不是简单地"拿来"，而是要和本国的实践紧密结合起来，强调引进来的法律应适应中国的国情。借鉴国外商事法律制度和学说应着眼于中国商事实践和司法审判的需要，借鉴并不是"生吞活剥"，而是强调引进制度与已有中国制度的互动与衔接，注意与中国文化的适应。

2. 推动商法学的深入改革

王保树将商法的改革、完善、现代化视为一体，并致力于推动商法学的深入改革。他认为，30 多年以来，商法的快速发展在中国立法史上是少有的，但是应注意其存在的缺陷：规则的不充分；规则的滞后；规则结构在体系化上的缺失。未来的商法必须以追求现代化作为改革的重要任务。他认为：适应性是商法现代化应有之意，商法必须致力于解决为适应中国不断发展的社会主义市场经济，调整好市场经济发生的平等主体之间的商事关系，因而现代商法必须是"民族"的。"全球化"是商法现代化应有之意，商法必须关注中国经济融入全球经济一体化中发生的商事问题。在全球经济一体化的时代，任何一国的市场经济都是与全球的经济紧密联系的，试图在一个国家范围内成功地发展市场经济几乎是不可能的。因此，商法在发展中必须反映国际化的要求。从这个意义上说，现代商法是"国际"的。平衡商事

实践中的各种主体的利益是商法现代化应有之意，商法必须关注不同的利益主体。商法调整的社会关系虽然具有营利性，保护商人的合法权利，但商法秩序所关注的不只是商人的利益，而是使参加商事法律关系的各种主体的利益都在不违反强行性法律规定的情况下得以实现，关注企业的社会责任。效率是现代商法的价值追求之一。商法鼓励交易、促进交易，助成竞争力强的企业，实现企业利益最大化。无疑，这也是国家竞争力的基础。所以，现代商法应是追求效率的商法。

在追求商法现代化中，王保树还注意建立商法规范的和谐体系，注意在与经济法、民法的互动，在与金融的发展中寻求商法学新的关注点。

三、王保树主要著作

王保树，崔勤之 . 1988. 企业法论 . 北京：中国工人出版社 .

王保树 . 1993. 市场经济与经济法学的发展机遇 . 法学研究，(1)：3-12.

王保树，崔勤之 . 1998，2006. 中国公司法原理 . 北京：社会科学文献出版社 .

王保树 . 1998. 论反垄断法对行政垄断的规制 . 中国社会科学院研究生院学报，(5)：51-63.

王保树编 . 1999. 经济法原理 . 北京：社会科学文献出版社 .

王保树 . 1999. 股份有限公司经营层的职能结构——兼论公司经营层职能的分化趋势 . 法学研究，(5)：61-69.

王保树 . 2001. 论经济法的法益目标 . 清华大学学报（哲学社会科学版)，(5)：61-66.

王保树 . 2001. 是采用经营集中理念，还是采用制衡理念——完善中国公司法人治理的课题 . 法律时报（日文)，(7) .

王保树 . 2003. 商法的改革与变动的经济法 . 北京：法律出版社 .

王保树编 . 2004. 中国公司法修改草案建议稿 . 北京：社会科学文献出版社 .

王保树 . 2004. 资本维持原则的发展趋势 . 法商研究，(1)：11-16.

王保树 . 2005. 商事通则：超越民商合一与民商分立 . 法学研究，(1)：32-41.

王保树 . 2006. 从法条的公司法到实践的公司法 . 法学研究，(6)：21-29.

王保树 . 2007. 商法总论 . 北京：清华大学出版社 .

王保树 . 2008. 有限合伙人的有限责任：风险分配与债权人的保护 . 法学研究，(6)：87-95.

王保树编 . 2010. 中国商事法 . 第二版 . 北京：人民法院出版社 .

王保树 . 2010. 公司社会责任对公司治理的影响 . 法学研究，(3)：82–96.

王保树编 . 2011. 商法 . 北京：北京大学出版社 .

王保树 . 2011. 中国独立董事制度运营的留意点 . 监查役（日文)，(8) .

王保树 . 2012. 公司法律形态结构改革的走向 . 中国法学，(1)：106-166.

主要参考文献

高鸿钧 . 2002. 法治：理念与制度 . 北京：中国政法大学出版社 .

王保树 . 2003. 商法的改革与变动的经济法 . 北京：法律出版社 .

王保树 . 2007. 商法总论 . 北京：清华大学出版社 .

撰写者

朱慈蕴（1955 ~），辽宁大连人，清华大学法学院教授，博士生导师，清华大学商法研究中心主任，中国商法学研究会副会长兼秘书长。

郑成思

郑成思（1944～2006），云南昆明人。知识产权法专家，法学教育家。1968年毕业于北京政法学院，1981年至1983年以访问学者的身份在英国伦敦政治经济学院留学。1975年至1979年先后在北京外贸学院、国家外文局任宣传干事，1979年4月调入中国社会科学院法学所工作。郑成思于1985年起被国际版权学会（INTERGU）聘为顾问，1995年成为国际知识产权教学与研究促进协会（ATRIP）执行委员，并于1997年、1999年连续两年获得连任。2006年，当选为中国社会科学院首批学部委员。历任中国版权研究会副理事长、中国社会科学院博士生导师、中国社会科学院知识产权中心主任、中国法学会知识产权研究会会长、全国人民代表大会法律委员会委员等职务。2004年至2006年，连续3年被英国《知识产权》杂志评为“世界上最有影响的50位知识产权界人物”之一。郑成思倡导并致力于成立独立的知识产权法律部门和学科体系，他建立了独具特色的“知识产权—信息产权”理论体系。曾以中文及英文在中国、英国、美国、澳大利亚等国出版30多部专著及译著，发表论文上百篇。他先后参与了《著作权法》、《专利法》、《商标法》、《反不正当竞争法》、《计算机软件保护条例》等法律法规的起草、制定、修订工作。同时，他曾以法律顾问及专家的身份参加中美知识产权谈判等重要对外谈判。

一、自强自立　玉汝于成

1944年12月22日，郑成思出生在云南昆明的一个革命家庭。他的父亲郑伯克早年是中共地下党员，曾在上海、四川、云南等地从事地下革命工作。家中五个兄弟姐妹，郑成思排行老二。1951年9月到1954年6月，他就读于北京育英小学。育英小学教育学生要“自强自立”、“不拿父辈做资本”，这一时期的教育造就了郑成思一生勤劳、简朴的生活作风。1954年6月至1956年9月，郑成思跟随父母到昆明，就读于昆明新村小学。1956年9月，他回到北京，就读于北京三里河一小。之后，在北京三十八中学、北京八中完成了他的初中和高中学习。1963年9月，郑成思考入了北京政法学院法律系。大学期间，他特别珍惜时间，把时间都花在了学习上，非常勤奋、刻苦，手不释卷。

1968年9月大学毕业后，郑成思和同学们一起到黑龙江木兰县的军区“五七”农场接受劳动锻炼。1970年3月，他被分配到黑龙江鸡西市柳毛石墨矿工作。在完成一份矿里技术科交给他的车床说明书翻译任务的过程中，郑成思决心自学英文。他给父亲过去的同事写信求助，人家帮他寄来了一本英文版的《汤姆·索亚历险记》。在矿山的日子里，这本马克·吐温的原版小说便成了郑成思自学英文的教科书，他读完又抄、抄完又背、背完又译。于是，在“早请示、晚汇报”的间歇，在每天“大会战”的体力劳动及各种“批判会”的嘈杂之后，在机床的隆隆轰鸣声中，在一盏昏暗的小油灯下，郑成思默默地为今后的发展打下了坚实的英语基础。

1979年4月，“文化大革命”之后的郑成思在经历了农场、矿山、教员、政工干部等工作岗位后，回到了法学研究岗位，进入中国社会科学院法学研究所国际法室工作。此时，刚刚对外开放的中国开始与联合国世界知识产权组织建立起初步的联系，正着手制定商标法。为了借鉴国外已有的条文，需要翻译世界知识产权组织的《有关国家商标法概要》，郑成思接下了这个艰难的任务。在为期半年全神贯注的翻译历程中，郑成思请教了几十位国际法、民法、刑法领域的专家，还请商标专家王正发全文校改其中一个国家的商标法的整篇译文。为了完成任务，在1979年8月大女儿出生时，他甚至都没能在医院陪伴。通过这次翻译，郑成思又一次提升了自己的英语能力。同时，通过翻译这本书，他把国际上最新的知识产权制度首次引入中国，也因此对“知识产权”产生了浓厚的兴趣。

随后，郑成思靠自学的英语，顺利通过了社科院所、院两级英文考试和当时的高教部的全国英文统一考，并于1981年作为改革开放后第一位法学领域的留学生到英国伦敦政治经济学院法律系学习深造。刚进入20世纪80年代，该校教授柯尼什（Prof. WilliamR. Cornish）就出版了当时在发达国家最有影响的知识产权教科书《专利、商标、版权与有关权》。这一年，刚到英国的郑成思用英文在《欧洲知识产权评论》上发表了他的第一篇论文，受到好评。

在伦敦政治经济学院学习期间，郑成思在一次课堂提问中大胆地指出了柯尼什作品中的一个差错，柯尼什非常认真地对待了这个问题，也因此注意到了这个来自东方的学生。之后，柯尼什约郑成思给他任编委的联邦德国马普学会IIC杂志写一篇关于中国版权制度现状及发展的论文。在柯尼什严苛、认真的指导下，六易其稿的论文最终获得了极大的成功。正是由于这篇论文，郑成思后来被吸收为国际版权学会会员，并当选为理事。同时，郑成思的专业水平和英语写作能力都因此有了很大程度的提高，他和柯尼什也成了无所不谈的好朋友。而柯尼什所说的——Don’t think you are nothing. Don't think you are everything——也一直伴随着郑成思的学术生涯。

1983 年，郑成思学成回国。1984 年，郑成思翻译了 P. D. 罗森堡的《专利法基础》一书。1985 年，几经波折，郑成思终于出版了他的第一部学术专著《工业产权国际公约概论》，这部著作是国内首部论述工业产权世界性与地区性公约的专著。这一年，他还出版了国内第一部知识产权法专著《知识产权法若干问题》。之后，郑成思在国内较早地提出了“信息产权理论”。随后，他陆续写出了《版权法》、《知识产权论》等著作，深刻影响着中国知识产权法的研究和教学，成为中国知识产权法研究史上的经典之作。

1985 年起，郑成思被国际版权学会（INTERGU）聘为顾问。1993 年被选为中国版权研究会副理事长，1994 年开始担任中国社会科学院知识产权中心主任。1995 年成为国际知识产权教学与研究促进协会（ATRIP）中唯一的亚洲执行委员，并于 1997 年、1999 年连续两年获得连任。2001 年，他担任了中国法学会知识产权研究会会长，2004 年连任。2006 年，郑成思当选为中国社会科学院首批学部委员。2004 年至 2006 年，他还连续 3 年被英国《知识产权》杂志评为“世界上最有影响的 50 位知识产权界人物”。

在郑成思的学术生涯里，时刻体现了对国家、社会和民族的学术关爱，体现了一个学者应有的责任意识和忧患意识。他认为，“如果没有知识产权保护，中国很难再有四大发明。”他是个学问家，也是个实践者。曾先后参与了《著作权法》的起草工作，《著作权法》、《专利法》和《商标法》等法律的数次修订工作，《反不正当竞争法》、《计算机软件保护条例》、《民间文学保护条例》、《网络传播权保护条例》等法律法规的起草、制定工作。1994 年，他还以法律顾问及专家的身份参加中美知识产权谈判等重要对外谈判，凭借对知识产权国际公约特别是对 TRIPS 协议以及对美国知识产权法律制度的熟悉和准确理解，维护了中国的尊严和合法权益，也赢得了美方谈判代表的赞同和钦佩。

郑成思一直多病，但是他没有一天停止过学习和研究。多年来，他除了完成学术研究和繁重的社会工作之外，还担任了全国人民代表大会法律委员会委员的工作。长期的超负荷工作，使他的身体严重透支。2005 年 5 月，他被查出患有恶性肿瘤。做完大手术后，他仍以顽强的毅力完成了为中央政治局授课的任务。终于，太多的病痛和不停歇的工作摧垮了郑成思的身体，2006 年 9 月 10 日晚他在北京逝世，终年 62 岁。

郑成思较早地向国人介绍了外国的知识产权制度，对中国知识产权的系统性研究做出了贡献。他既是新中国现代早期知识产权文化的启蒙者、宣传者和开拓者，也是新中国知识产权事业的重要推动者。

二、科学研究 硕果累累

（一）倡导并致力于成立独立的知识产权法律部门和学科体系

在20多年的时间里，“知识产权”由一个绝大多数国人感到陌生的词汇，变成政治、经济、法律领域中的重要用语。在知识产权由学术概念向制度内容的演化过程中，郑成思起到了开拓引导的作用。

现代知识产权制度对于中国而言是地地道道的“舶来品”，因此当代中国的知识产权研究与其他许多法学部门一样，是从翻译、介绍国外有关法律、理论起步的。早在1979年，郑成思通过翻译WIPO的《有关国家商标法概要》一书，把国际上最新的知识产权制度首次引入中国，此书也成为1982年制定中国最早的商标法的理论基石。他于1984年出版的《知识产权的若干问题》是国内第一部知识产权专著，成为中国知识产权学科领域的奠基之作；他翻译出版的《专利法基础》和在国内最先发表的关于专利制度和商业秘密保护的论文，对1985年中国第一部专利法及其他相关立法产生了重要影响；1985年，他出版《工业产权国际公约概论》，这是国内最早论述工业产权世界性与地区性公约的专著，被《中国国际法年刊》评价为“填补了我国在知识产权国际保护研究领域的空白”；他撰写并多次再版的《版权法》、《知识产权论》等著作，堪称中国知识产权研究史上的经典之作，深刻影响着中国知识产权学科的研究与教学，成为知识产权研习者的案头必备书。

郑成思的研究工作，对中国知识产权学科建设起到了重要作用。他倡导知识产权应成为独立的法律部门和学科体系，并引领知识产权法律制度和学科体系的建构理念与内容生成。对于知识产权制度在法律体系中的地位与作用、知识产权制度与民商法律制度之间的关系、知识产权制度的基本内容与规范结构、知识产权学科的知识体系与研究方法等，都做出了独到而丰富的理论贡献。

1. 知识产权是极特殊的一类民事权利

郑成思认为，知识产权是极特殊的一类民事权利，不能用自己仅知的民法原理去“套”知识产权新问题。知识产权最重要的特点，就是“无形”，它可以“货许三家”或“一女两嫁”。

将知识产权定位为一种民事权利（私权）现在已没有什么争议。但当人们习惯性地将有形财产权的朴素原理硬性套用到知识产权上时，往往会大惑不解，甚至无所适从。郑成思指出，知识产权最重要的特点，就是“无形”。这一特点把它们同一切有形财产及人们就有形财产享有的权利区分开。例如，一幢房产的所有人，不可能把他的财产权标的同时卖给两个分别独立的买主，知识产权权利人却有可能“货许三家”或“一女两嫁”，一项专利权的所有人，可以把他的专利权同时卖给两个（乃至两个以上）不同的买主，只要这些买主在市场上不“碰头”，就可能永远不知道自己花了“买专利”的钱，实际得到的只不过是“非独占许可”。

另外，知识产权与有形财产权虽然都是专有权，但有形财产的专有权一般都可以通过占有相关的客体得到保护，这种保护相对比较简单；知识产权的客体却表现为一定的信息（例如：发明是实用技术的新信息，商标是商品来源的信息，作品是作者表达出的文字信息、画面信息、音像信息等），很难通过“占有”加以保护，对它们的保护就要困难得多。例如，画家卖给我一幅画，这张“纸”被我占有了，其他任何人（包括那位画家）不经我许可都不能把它撕毁或从我手中拿走；但同时，这张纸上的“画”又是受版权保护的客体，我若想把它印在挂历上或印在书上，则仍须经该画家（版权权利人）许可，并向他付酬。这里不仅阐明了知识产权研究的起点，而且提出了知识产权研究中的首要原则，即不能以自己仅知的民法原理去套知识产权新问题。

2. 知识产权在当代社会中的地位

20世纪80年代以来，被称为“第三次浪潮”、以信息技术为核心的新技术革命，已使得信息化社会、网络化空间等正在迅速变为现实。信息技术的迅猛发展，极大地改变了人们的存在时空，引发了传统生产方式的巨大变革，突出的表现就是知识经济与“经济全球化”比肩而至。在这种时代背景下，郑成思进行了深入的思考。他敏锐地注意到，作为“全球化”标志的WTO，与其前身“关贸总协定”相比，最明显的变化就是增加了服务贸易与知识产权保护两根支柱，这说明规范无体的服务、无形的知识产权的国际规则变得更加重要。

从世界正在向知识经济发展的方向看，他指出，发达国家在20世纪末之前的一二百年中，以其传统民事法律中物权法（即有形财产法）与货物买卖合同法为重点。原因是在工业经济中，机器、土地、房产等有形资产的投入起关键作用。20世纪八九十年代以来，与知识经济的发展相适应，很多国家在民事立法领域，逐步转变为以知识产权法、电子商务法为重点。这并不是说传统的物权法、合同法不再需要了，而是说重点转移了。原因是在知识经济中，专利发明、商业秘密、不断更新的计算机程序等无形资产在起关键作用。随着生产方式的变动，上层建筑中的立法重点也必然变更。一批尚未走完工业经济进程的发展中国家，已经意识到在当代，仍旧靠“出大力、流大汗”，仍旧把注意力盯在有形资产的积累上，其经济实力将永远赶不上发达国家。必须以无形资产的累积（其中主要指“自主知识产权”的开发）促进有形资产的累积，才有可能赶上发达国家。这也不是说人类可以不再依赖有形财产去生存，只是说有形财产的积累和有形市场的发展，在当代要靠无形财产的累积和无形市场的发展去推动。

以国际贸易活动及规范的发展趋势与知识经济的内在联系为基点，郑成思认为，“知识产权保护”在今天是世界贸易组织的三根支柱中起最重要作用的。因此，如果不注意知识产权法这种与“全球化”趋势以及“知识经济”相适应的法律制度的研究与建立，或哪怕不把它当作重点，而仍把与农业经济、工业经济相适应的法律研究与制定作为重点，则今后的历史回顾可能会告诉我们这是个失误。

（二）建立“知识产权—信息产权”理论体系

1985 年，郑成思在世界范围内首次深入阐述了信息化社会中的信息产权及其与知识产权的关系，对国际上八十年代初期刚刚提出的把知识产权归入信息产权的新观点进行了研究。并于次年出版了专著《信息、新技术与知识产权》一书，系统阐述了知识产权客体的信息本质。这一“信息产权”理论得到美国、日本、俄罗斯等国知识产权界的高度重视，《欧洲知识产权评论》等国际学术刊物纷纷专文推介这一理论创新成果。之后，他通过《知识产权法通论》、《计算机、软件与数据库的法律保护》等著作，对这一理论作了阐述和发展，建立了自己独具特色的“知识产权——信息产权”理论体系，在国内外产生了很大的影响。而与此相比，西方国家直至 1990 年之后才进入这一领域，开始相继发表文章并出台相关的国家政策和立法。据此理论，日本在 2002 年发布了《知识产权战略大纲》和《知识产权基本法》，明确提出“信息化社会以知识产权立国”的基本国策。

郑成思认为，“信息产权”指的是知识产权的扩展。这一概念突出了知识产权客体的“信息”本质。他否认一些学者认为知识产权的客体是“形式”的观点，认为“人类只能创造形式不同的东西、不能创造实质不同的东西，知识产权的客体只有形式、没有内容”的观点是荒谬的。“信息创新”要求所创成果必须与原有成果存在实质上的不同。在专利领域，没有实质不同的发明不能被授予专利；在版权领域，没有实质不同的所谓作品，不属抄袭，即属雷同。把它们当成主要的知识产权保护客体（或者对象）是不对的。在哲学上，“形式”与“实质”、“形式”与“内容”等等，是相互对应的概念；而“意识”与“物质”则是另一领域中的相对应概念。把知识产权的客体认定为“信息”还是认定为“形式”，其根本不同也就在这里。作为知识产权保护客体的信息，既有形式又有实质上千差万别的内容，绝不可能仅仅停留在“形式”层面。有资格成为知识产权保护客体的信息创新成果，既应有形式上的创新也应有实质上的创新，否则就成了复制或者改头换面的复制，因而可能构成侵权，在大多数情况下不能受到知识产权保护。

信息社会既然已经或将要把信息财产作为高于土地、机器等有形财产的主要财产，郑成思认为，就应该产生出一门“信息产权法”，这门法律的主要部分就是传统的知识产权法。他认为，信息覆盖了知识产权保护的客体，信息产权的核心仍旧是知识产权。

（三）透彻理解 TRIPs 等世贸组织协议中与贸易有关的知识产权的内容

进入 20 世纪 90 年代，郑成思的研究重点开始转向国际贸易与知识产权、数字技术与知识产权等方面。先后又有了《世界贸易组织与贸易有关的知识产权》、《知识产权论》和《中国知识产权的执行》等十余部专著、译著出版，它们在各自领域也均是首创纪录、填补空白的著作。

早在 TRIPs 酝酿、制订之时，郑成思就把研究的目光对准了这个协议。从它的提出、酝酿、谈判开始，几个文本的先后形成，郑成思一直跟踪研究。1994 年 4 月 15 日 TRIPs 正式签署，同年 8 月郑成思就出版了 TRIPs 中英对照的译本，并在同年 10 月出版的《世界贸易组织与贸易有关的知识产权》一书中详细注解了该协议。此书为中国入世从知识产权保护方面创造了条件，也为进一步完善中国的知识产权制度和之后的中美知识产权谈判，提供了重要的理论依据。

1994～1995 年的中美知识产权谈判中，美方提出要求中方随时将打击侵权（主要是针对美国音像制品的盗版活动）的情况通报美方。对于这一涉及国家主权尊严的无理要求，中方代表显然是不能接受的。因此双方发生分歧，争执不下。郑成思引用 TRIPs 第 69 条，提出应按照该条款，双方随时交换有关打击侵权的信息，而不是一方向另一方通报，得到双方赞同，妥善解决了这一分歧。

在谈判中，美方要求中国允许其商标所有人可以不委托中国的商标代理机构来申请注册，而由其被许可人来申请注册商标。郑成思引用了 TRIPs 第二部分第 2 节“商标”第 15 条至第 18 条中只采用“所有人”（Owner）这一概念，而在专利、版权等其他节中采用“持有人”（Holder）或“持有人”与“所有人”混用的事实，分析指出了这两个概念的区别所在，论证出只有商标所有人及其代理人才有权申请注册商标的结论。这一论证首先说服了美方法律顾问，继而使美方放弃了这一无理主张。

在谈判中，TRIPs 第 16 条第 2 款关于“驰名商标”认定原则中的“有关公众”成为双方争论的一个焦点。美方代表认为，这里的“有关公众”主要是指国际市场上的公众，并非“驰名商标”认定国的公众，因此，一个在美国及其他一些国家驰名的商标，即使中国公众并不知晓，中国商标局也应认定它为“驰名商标”。郑成思针锋相对地指出：从 TRIPs 的上下文来看，这里所讲的“有关公众”显然是指行使权力确认某个商标是否“驰名”的那个国家的公众，要求中国商标局确认一个美国商标是否在中国驰名，必须看中国的“有关公众”对其知晓程度。他还引用了其他国家的有关案例加以说明，驳回了美方的这一错误观点。事后，在 1995 年 5 月亚太经合组织在澳大利亚悉尼召开的讨论 TRIPs 的大会上，当年参加并主持 TRIPs 起草和定稿的世界贸易组织知识产权与投资部负责人奥登（A. Otten）先生，在中美双方贸易谈判代表都在场的情况下，对这一问题的回答，以及世界知识产权组织在 1996 年的备忘录解释 TRIPs 第 16 条时，都再次证实了郑成思的这一理解是正确的。

（四）关于中国知识产权制度建设的建议

郑成思的研究工作并不限于书斋里的理论探讨与制度推演，而是时时与中国知识产权的制度实践和经贸政策相联系。他根据中国的经济发展与政策取向，追踪国际上最新研究成果和制度实践，适时妥当地提出完善知识产权制度的建议。诸如，实行临时禁令制度、法定赔偿制度，制止反向假冒，保护传统知识、保护自主知识产权，中国“入世”前在知识产权保护方面要严防国有资产流失，建立中国国家知识产权战略等等。这些建议不仅丰富了中国知识产权制度的内容构成，也充实了中国的知识产权司法保护制度。

随着市场化改革的深入和法制的逐步健全，中国的知识产权制度已逐步建立，但毕竟时间较短，对知识产权的认识还不够深入。现在有相当一部分人认为当前中国知识产权保护已经过度，抱怨依照世界贸易组织要求修改的知识产权法“超过了中国经济发展水平”，提出应当重点打击知识霸权与制止知识产权滥用，而不是保护知识产权。对此，郑成思提出，幻想不要知识产权而发明创造却源源不断的社会，如同幻想回到吃大锅饭的年代一样，是不切实际的。知识产权制度作为鼓励发明、激励先进的制度已经为全世界共同接受。

他认为，知识产权制度与其他任何法律制度一样，并非完美无缺，“有一利必有一弊”，但只要其利大于弊，或通过“趋利避害”，可使最终结果利大于弊，就不应否定它。有些人认为，知识产权的权利人仅仅占人口的1%，剩下的99%没有发明创造，所以应当牺牲1%的人来满足99%的人。但是回过头来反思，如果不保护只有1%的发明者和权利人，99%的人的福利又从哪里来呢？现代社会之所以能够高速发展，知识产权制度功不可没。

要“趋利避害”，就应对知识产权的“利”与“害”有正确的认识。郑成思指出，一些权利人滥用权利应当受到制止，但“滥用”并非知识产权本身之“害”，仅仅因为一些人滥用权利就认为整个法律制度有原则性错误是实实在在的误解；任何权利都可能被“滥用”，权利滥用现象的存在与否，与权利保护的法律制度水平的高与低，本不是一回事，也无必然联系。我们有必要在立法中禁止知识产权的滥用，与我们是否有必要宣布中国依TRIPs协议提高了的知识产权保护“超高”了、应当退回来，是完全不同的两个问题，只能分别研究、分别作结论。

另外，要特别警惕某些人故意混淆自身的一己之私与公共利益的界限，大肆侵犯他人知识产权后，还扯起“反对滥用知识产权”的幌子，来掩盖自己食人而肥、不劳而获的非法行径。

知识产权制度建设中的“趋利避害”首要表现在立法上。郑成思指出，创作者与使用者权利义务的平衡方面出现的问题，可以通过不断完善“权利限制”的法律规定加以解决。同时在立法上应“扬长避短”，就是说，要考虑以可行的建议促使中国代表在多边谈判中不断增加有利于中国经济发展的内容，例如“生物多样性”与“传统知识”的保护，大量中国独有而外国没有的动植物品种（包括濒临灭绝的动植物）的保护、中国的中医药及中医疗法以及中国几乎各地均有的民间文学艺术的保护等等，均属此列。千万不可一提起知识产权，就似乎我们统统是弱项；一讲知识产权保护，好像就只是保护了外国的东西。其实，我们首先应当考虑的是我们自己有哪些长项？我们是否保护了我们自己的权利？这一方面保护的力度够不够？

另外，知识产权的保护、创造、应用三者是缺一不可的，中国知识产权保护法的基本完备，仅仅是迈出了第一步，如果缺少直接鼓励人们用智慧去创造成果的法律措施，缺少在“智力成果”与“产业化”之间搭桥的法律措施，将很难推动一个国家从“肢体经济”向“头脑经济”发展。

知识产权制度的本质是鼓励创新，不鼓励模仿与复制。中国经济的发展，最终能够依靠的还是中国人民自己的创新精神。给予创新成果以知识产权保护，是对发扬创新精神的最有效的鼓励，也正是知识产权制度最大的“利”所在。郑成思形象地比喻：“牵动知识产权这个牛鼻子，使中国经济这头牛跑起来，才能实现民族复兴。袁隆平、王选等人已经做了，更多的创新者还将去做。”他认为，制定知识产权发展战略，就是牵这个牛鼻子的战略之举，而完善国家知识产权执法体制，就是知识产权战略中最重要的举措。在信息创新时代，只有越来越多的人这样做下去，中国才有可能在更高层次上实现民族复兴。

三、教书育人　良师益友

在中国社科院法学研究所工作期间，郑成思带出了一大批优秀而有特色的知识产权学者。20 世纪 80 年代，他开始承担硕士研究生的培养任务；20 世纪 90 年代，他开始承担博士研究生的培养工作。他还应法学所和外单位的导师、甚至是国外教授们的请求，为他们的研究生讲课，指导论文写作。

在教学中，他将其丰厚的学识、丰富的知识、严谨的学风和科学的方法，毫无保留地传授给学生。郑成思十分关心知识产权队伍的成长壮大，传道解惑，教书育人，甘为人梯，奖掖后学。发现知识产权研究方面的好苗子，他总是欣喜不已；对于面临学业、疾病或就业等方面困难的后生晚辈，他总是倾力相助；对于提携后辈，他总是不遗余力。

为师之德，莫过爱生。郑成思识才、爱才、重才，对每位学生都寄予了厚望，倾其所有，呕心沥血。即便是在他身患重病时，依然帮助学生逐字逐句审查书稿。他对学生特别负责，在学术上要求严苛。他认为知识产权是全球一体化的产物，必须具有较强的外文能力，所以不仅自己刻苦学习外文，也十分关注学生的外文学习。

郑成思十分关心法学研究所的知识产权研究工作和队伍建设，法学研究所的知识产权研究室和知识产权研究中心在他的亲自指导下，已经建设成为国内知识产权界的科研重镇。在病重期间，郑成思仍然向所领导谈及知识产权研究室人才建设问题，他认为知识产权室科研人员年龄结构有欠缺，普遍年龄偏大，建议所里要进一些 30 岁左右的年轻人进行培养，并推荐了具体人选。可以说，法学研究所在知识产权法领域能有今天的地位，法学研究所的知识产权科研队伍能够保持与发展壮大，与郑成思的努力和贡献是分不开的。

郑成思在演说方面颇具天赋，长期不断充实的学术积淀，自幼积累的中国古典文学功底，永不放松的外文学习与运用能力，以及善于融会贯通、触类旁通、把握大局的演说技巧，使他的学术讲座很有感召力。许多人都能清晰地回忆起聆听郑成思讲座时的感受，认为他运用“博大精深的知识、幽默机智的谈吐、无懈可击的逻辑思维”，将他所热爱的知识产权事业的种子转播给听众，并通过听众散播到全国各地。许多青年学子正是在这种魅力的感召下，投身于知识产权学习与运用的事业当中。他“不偷懒、不灰心”的简朴人生信条，也一直鞭策、鼓励着他的学生们。

20世纪90年代中期，全国法院知识产权专业审判庭纷纷成立。这些法官大多是读郑成思的书成长起来的。因此，郑成思的影响不仅在立法上，在法学研究上，还在为司法界培养了整整一代人上。可以说，在中国凡是从事知识产权研究与教学的人、凡是从事知识产权立法工作与审判实务的人、凡是从事有关知识产权的经营业务的人，其手上若没有一两本郑成思的著作，那是难以置信的。

在学生眼中，郑老师是最亲切、谦和、恬淡的人，他亲切的微笑让每个人都觉得温暖。许多研究知识产权的学者在研究学术碰到问题时，都会想到请教郑成思。而他无论多忙都会不厌其烦地帮大家分析解决问题，有问必答，认真谨慎，从不计较求教者的身份和求教方式。这些向郑成思登门求教的学者，在深情回忆郑老师时，总是能浮现出一位面容清癯、身形瘦削、耿直纯真、平易谦和、并且永远微笑着送客到电梯口的长者形象。

四、学者风范 人生楷模

郑成思专致学问，心无旁骛。20多年来，他取得了巨大的学术成就，并因其学术成就获得了许多社会荣誉。但对于自己在知识产权界的地位与影响，郑成思十分淡然。他不止一次地强调自己不是天才，成绩完全来源于“勤勉加机会”。他在社科院法学系2003届研究生开学典礼上说：“我本非天才，只知道下死力去做，‘不偷懒、不灰心’，其实就靠这六个字，才庶几不被甩在最后面。”正是如此，无论是在国外还是国内，出差还是在家，郑成思始终保持着分秒必争的学习态度。图书馆是他最流连忘返的地方，曾经不止一次因为忘记时间而被锁在里面。当他病魔缠身的时候，只能站着，不能坐、不能躺、不能入睡，他依然坚持写作和学习外语，实在写不动了就自己口述、让家人代笔。

郑成思不愿为官，也不愿兼职当律师，他不愿意将精力放在学术之外的其他地方。他曾多次请求辞去行政职务，并一再拒绝“高升”的机会。他在回答不愿意当律师的理由时说：“当律师就成一方当事人利益的代表了，不可能中立，法院也不会来找我，这样我就没办法向他们提意见和建议了。”

郑成思为人正直诚恳，从不人云亦云，敢于说实话。他的学术观点非常鲜明和超前，难免引起各种学术争论。但无论是赞成还是反对他观点的人，都对其治学的严谨和追求真理的执着推崇备至，也对他海纳百川的宽广胸怀感叹不已。2004年，复旦大学一位硕士研究生在学习郑成思的《知识产权法》教材时，发现有几处较为明显的文字表述错误，通过电子邮件的方式向编辑的电子邮箱发了邮件。郑成思对此非常认真，当即停止了书籍的销售，直至修改完成后才重新印发。同时，他谦逊地回复了这位读者的邮件，在信的末尾称自己为“您的学生郑成思”。

郑成思做事非常认真，在研究某个问题上总是讲究“确证”，哪怕是细枝末节也绝不含混不清。他凡事总是亲力亲为，发表的每一个字都是他自己写的。学生徐家力出版论著想请郑成思写序，他让徐家力把拟好的序拿回去，自己重新写。他说：“写序就要自己写，否则怎么叫写序？”

郑成思的生活十分简朴，他将物质享受降到最低程度。消瘦、谦和、朴素，是人们对郑成思的第一印象。到过郑成思家里的人都会发现，其居所之局促、装修之简单、家具之老旧、布置之随便，让人仿佛回到了20世纪七八十年代大学教师住的筒子楼里。郑成思不是没有经济条件改善他的居住条件，只是他心思不在物质享受，而只在知识产权事业。他常年穿着一件灰蓝色的半旧中山装，常被人错当成是工人。他出去无论是讲课还是参加会议，都尽量自己挤公交车，从不要求接送。

郑成思朴实、谦虚、勤奋、真诚和自信的品质，不仅造就了他，使他成为WIPO总干事鲍格胥所赞扬的“leading authority at academic level”，也感动了许多人。在这个阅尽沧桑、孜孜求索的学者身上，除了一般人无法企及的学术成就外，我们还看到了一个真正令人仰望的人生高度：物我两忘，惟善惟诚。

五、郑成思主要论著

[美] P. D. 罗森堡. 1982. 专利法基础. 郑成思译. 北京：对外贸易出版社.

郑成思. 1985. 工业产权国际公约概论. 北京：北京大学出版社.

郑成思. 1985. 知识产权法若干问题. 兰州：甘肃人民出版社.

郑成思. 1986. 知识产权法通论. 北京：法律出版社.

郑成思. 1986. 版权国际公约概论. 北京：中国展望出版社.

郑成思. 1986. 信息、新型技术与知识产权. 北京：中国人民大学出版社.

Zheng C S, M. Pendleton. 1987. Chinese intellectual property andtechnology transfer law. London：Sweet & Maxwell.

郑成思. 1987. 计算机、软件与数据库的法律保护. 北京：法律出版社.

郑成思. 1987. 国际技术转让法通论. 北京：中国展望出版社.

郑成思. 1990. 版权法. 北京：中国人民大学出版社.

Zheng C S, M. Pendleton. 1991. Copyright law in China. North Ryde. NSW：CCH international.

郑成思. 1992. 版权公约、版权保护与版权贸易. 北京：中国人民大学出版社.

郑成思. 1995. 知识产权与国际贸易. 北京：人民出版社.

郑成思. 1996. 世界贸易组织与贸易有关的知识产权. 北京：中国人民大学出版社.

Zheng C S. 1997. Intellectual property enforcement in China：leading cases and commentary. London：Sweet & Maxwell.

郑成思 . 1997. 知识产权论 . 北京：法律出版社 .

郑成思 . 1997. 版权法 . 北京：中国人民大学出版社 .

郑成思 . 1999. 知识产权价值评估中的法律问题 . 北京：法律出版社 .

Zheng C S. 2002. Chinese intellectual property law：in the 21st century. London：Sweet & Maxwell.

Zheng C S，Xue H. 2003. Intellectual property in China. 2nd Edition. London：Sweet & Maxwell.

主要参考文献

郑成思 . 2003. 郑成思文选 . 北京：法律出版社 .

周林 . 2007. 不偷懒，不灰心——郑成思纪念文集 . 北京：知识产权出版社 .

郑成思 . 2012. 成思建言录 . 北京：知识产权出版社 .

撰写者

杨晓波（1980 ~ ），浙江杭州人，讲师，中国计量学院。现为华东政法大学法律史专业 12 级博士生。

法治斌

法治斌（1951～2003），山东胶县人。法学家和法律教育家。1973 年毕业于政治大学法律系。1977 年 5 月取得美国弗吉尼亚大学法学硕士（L. L. M）；1979 年 5 月取得美国弗吉尼亚大学法学博士（J. S. D）。1980～2003 年，专职任教于政治大学法律系。其间，曾分别任“中央研究院欧美研究所”访问学人（1995～1996）、美国弗吉尼亚大学法学院访问学人（1989～1990），前后兼任政治大学法律学系主任暨研究所所长（1990～1993）、第二届“国民大会不分区代表”（1992～1996）、“行政院科学委员会法律学门召集人”（1992～1997）、“内政部诉愿审议委员会委员”（1996～1998）、“台湾图书评议委员会主任委员”、“行政院科学委员会法律学门咨议委员”（1998～2000）、“法规委员会委员”（“行政院新闻局”、“人事行政局”、“科学委员会及原住民委员会”）、“诉愿委员会委员”（“监察院”、“外交部”、“行政院科学委员会”及“新闻局”）、“教育部教师申诉评议委员会委员”、“民间司法改革基金会董事”、“指南文教基金会董事”、“中国宪法学会副秘书长”、台湾行政法学会秘书长等职务。毕生最大贡献在于推动“台湾宪政”建设、作育法学英才，以及积极推动两岸公法学术交流。他关心台湾民主法治与人权保障的落实，并且数次获邀担任“大法官解释”之鉴定人，充分展现公正客观的专业素养，深获各界好评。2003 年，早逝。同年，获颁褒扬令。

一、一生历程

法治斌，1951 年 5 月 26 日出生于台湾省新竹县，为家中长男。本籍为山东省胶县。父亲法勇华先生（1919 年生）于 1937 年投入空军，1949 年随军迁台，先后服役于新竹、台中等空军基地；退伍后加入“中华航空公司”，担任修护厂副厂长。母亲杨桂芬女士从事护理工作，于台安医院担任护理长多年。双亲皆成长于战乱，其坚苦卓绝的生命历程，深深影响法治斌的人格、理想与抱负。他在 1966 年考取台北市立成功中学，1969 年毕业，考取政治大学法律系，从此开始他矢志作为法治社会推手的奋斗历程。

（一）求学经过

在政治大学法律系就读期间，于李元簇、黄越钦、丘宏达、刘铁铮、施文森等多位老师的鼓励与启发下，立志从事学术研究。1973 年大学毕业，服役两年期满后，于 1975 年负笈美国，选择就读以公法学闻名的弗吉尼亚大学。1977 年 5 月取得硕士学位（L. L. M）。因硕士成绩优异，院方给予两年全额奖学金专攻宪法，嗣后追随美国宪法学家 Saltzburg 撰写博士论文，论文题目为：*A Comparative Study of Judicial Review Under Nationalist Chinese And American Constitutional Law*。于 1979 年 5 月取得博士学位（J. S. D），成为台湾早年特别精研美国宪法的先驱学者。

（二）返台后致力法律教育与学术研究工作

1980 年返回母校政治大学任教，在翁岳生“大法官”的极力推荐以及刘铁铮“大法官”的促成下，讲授大四的行政法，以及大一的宪法和英美法导论等课程。直到 2003 年 6 月 18 日逝世为止，在政治大学任教长达 23 年。其间，曾主持系务及所务 3 年（1990 年 8 月至 1993 年 7 月）、代理系主任暨所长 1 年，并曾代理法学院院长 3 个月。法治斌深知法治良窳的关键在于法学教育，所以他认真教学，深受学生爱戴，前后培养出博硕士研究生近百人，大学部经过他调教宪法、行政法、传播法、英美法导论、美国宪法的学生，更是不计其数。春风化雨，默默为社会播下无数法学种子，于 1998 年获选为“教育部”优秀教育人员。

在他专长的宪法和行政法领域，法治斌除了著有 61 篇的专题论文，结集出版《宪法专论》（一）、《宪法专论》（二）、《宪法专论》（三）和《行政法专论》4 本专书，而且与人合着有《“中华民国宪法”》以及《法学入门》两本教科书之外，他非常关心时政，在留学返台后便经常投书报章杂志，针砭时事，前后在《“中央日报”》、《“中国时报”》、《联合报》、《青年日报》、《青年战士报》、《民众日报》和《远见》杂志投稿，计有 28 篇之多。

（三）以法律知识报效社会

在教学研究之余，法治斌也积极地以法律知识报效社会。在不影响教授本职的前提下，他曾兼任若干公私机构与本身专业相关之职务，例如“国科会法律学门召集人”、“国民大会代表”、“法规会”（“行政院新闻局”、“人事行政局”、“科学委员会及原住民委员会”）或“诉愿会委员”（“监察院”、“外交部”、“行政院科学委员会及新闻局”）、“教育部中央教师申诉评议委员会委员”、“民间司法改革基金会董事”、“指南文教基金会董事”、“中国宪法学会副秘书长”、台湾行政法学会秘书长等职务。对于最钟爱的宪法学，除了积极举办和参与大大小小的研讨会之外，更是无时无刻不心系台湾人权的发展，数次获邀担任“大法官解释”之专家鉴定人，包括“释字第445、499和553号解释”，在在彰显他公正客观阐述“宪法”的专业素养以及协调能力。

(四) 第七届“大法官”被提名人

经“大法官审荐小组”审查、推荐后，法治斌于2003年5月19日被提名为“大法官”，并随即于5月21日咨请“立法院”行使同意权，唯因当时在野政党抵制，未及行使同意权，法治斌竟于6月18日清晨猝逝，得年52岁。

二、学术研究和重要贡献

(一) 主要研究领域及学术贡献

法治斌毕生致力于“宪政”主义（Constitutionalism）的理想在台湾的土地上实现。他的学术研究领域遍及宪法和行政法，主要聚焦在“司法”独立、“违宪（司法）”审查、人权保障、资讯公开、特别权力关系和行政诉讼等重大议题上。

1. “司法”独立

法治斌非常重视“司法”独立，除了写作《“司法”行政与“司法”审判之分与合：评“司法院释字第530号解释”之功与过》、《“司法”预算面观》、《当前建构法治社会面临的问题——“司法”独立、“司法”责任与“司法”负荷》、《“司法”权的积极功能》和《追求“司法”独立勿忘“司法”责任，“司法”机关的组织及程序应力求公开化、民主化》等指标性的文章论辩时事之外，并且担任“民间司法改革基金会董事”，积极参与岛内的“司法改革”工程。

2. “违宪（司法）”审查制度

法治斌向来关注“违宪（司法）”审查制度，相关著作为数甚多。举其要者，诸如他生平发表的第一篇论文《论“宪法解释”中之不同意见》，以及他生平发表的最后一篇论文《“违宪（司法）”审查之效力、拘束力、“表面张力”或“不自量力”——美国法制之应然与实然》，都恰巧是有关“违宪（司法）”审查制度的。

此外，还有《与“大法官”共治，难吗?》、《独立于“大法官解释”外之“司法”审查——评“台北高等行政法院2000年诉字第1833号判决”》、《直接民主V.S“司法”审查》等等脍炙人口的论文，在在体现他对于“违宪（司法）”审查制度的重视。

3. 人权保障

法治斌最念兹在兹的，莫过于人权保障。诚如他在被提名为“大法官”，预备到“立法院”接受资格审查的讲稿中所期许自己的，他希望“大法官”“针对个人人权之保障，则应表现较为积极友善之态度。盖此原本即为‘违宪司法’审查制度设计之本旨；即借‘司法’之力、抗拒民主之多数，以达到保障少数人人权之目的，从而营造出开放、多元、包容之公民社会”。一语道尽人权保障与民主法治的密切关系。对于基本人权，法治斌特别以“言论自由”、“知的权利”、“名誉权”、“人身自由”以及“平等权”作为论述的对象。所写作的经典文章包括：《保障言论自由的迟来正义——评“司法院大法官释字第509号”》、《集会游行之许可制或报备制：概念之迷思与解放》、《政教分离、出版自由与公共论坛——试评Rosenberger v. Rector & Visitors of University of Virginia，115 S. Ct. 2510（1995）》、《定义猥亵出版品：一首变调的乐章?》、《跳脱衣舞也受表意自由的保护吗?——试论Barnes Prosecuting Attorney of St. Joseph Country，Indiana v. Glen Theatre，Inc. 一案》、《诽谤罪：表意自由之紧箍》、《论出版自由与猥亵出版品之管制》、《知的权利》、《资讯接近与使用权之法理初探》、《新闻报道与诽谤罪——一个宪法观点》、《论美国妨害名誉法制之宪法意义》、《当表意自由碰到名誉保护时，欧洲人怎么办?》、《“宪法”、“行政法”双响炮下之警察临检》，以及《“司法”审查中之平等权：建构双重基准之研究》等，至今仍然引领风潮，为人称颂。

4. 信息公开、特别权力关系和行政诉讼

除了上述三个比较偏向宪法的研究领域之外，法治斌自1980年起讲授行政法，对于资讯公开、特别权力关系和行政诉讼也有深入的研究。对于资讯公开，他不仅写作《资讯公开》、《论行政资讯之主动公开——解构“行政程序法第四十五条”》、《“国家机密保护法”之立法思维》、《迎接行政资讯公开时代的来临》等代表性的文章，而且长年在大学部开设传播法的课程；关于特别权力关系，他曾为翁岳生“大法官”所编著的《行政法二〇〇〇》（上册）撰写“行政法律关系与特别权力关系”；至于行政诉讼，他撰写了《司法审查在大陆：以行政诉讼为例》、《略论大

陆行政复议法制》①，以及《论行政诉讼中诉之利益》等影响两岸行政诉讼法制甚为深远的文章。

（二）学术思想及影响

诚如法治斌在他《人权保障与释宪法制——宪法专论》（一）自序中提到的："……法学的研究则重在理性的探索与发扬，所以笔者即一再尝试以较为严谨的法学观点，检验宪法的规范作用。于研究过程中，更时时提醒自己必须严守纯粹学术的立场，依据客观的数据及事实，以为分析归纳，绝不作牵强附会的说明或结论。若有所得，也尽量避免渗入个人主观的偏见。相信或有可能经由这种较为客观中立的抽丝剥茧方式，产生澄清拨正的功效。"他很清楚地阐述了自己的学术思想以及治学方法。

法治斌治学严谨、律己甚严，但待人宽厚、与人为善，而且从不居功，在台湾政治体制变动得最为激烈的 1990 年到 2000 年，也只有他的为人处世有办法凝聚整个公法学界，将这股力量挹注到"宪政改革"中。在政治色彩相对浓厚的公法领域，若非他居中调和，恐怕很难营造出良性沟通与理性辩论的空间。不过，他在《法治国家与表意自由—宪法专论》（三）的自序中提到："近年来台湾公法学之发展，拜'解严'之赐，可谓一日千里，进展令人刮目相看。值得庆幸者，于方兴未艾之余，同时亦能营造出良性沟通与理性辩论之空间。学者间群而不党、和而不同之氛围，更是难能可贵。"执意将这份难能可贵归功于所有学者，也充分体现他功成不居的胸怀。精简起见，我们或许可以用两点来概括他的学术建树，以及留给后世的启示：

1. "宪政"主义（Constitutionalism）的实践者与维护者

作为台湾早年少数选择赴美攻读公法的学者之一，法治斌始终怀抱着将"宪政"主义实践在台湾土地上的理想。为了实现这个理想，法治斌除了在学术岗位上的教学、研究和服务有突出表现之外，在兼任公私机构的职务时也有为有守。他不但教学认真，而且有意识性地深耕释宪制度以及人权保障等公法素养，同时也在"中国宪法学会"和台湾行政法学会中勇于任事，经常筹办大大小小的公法研讨会，不断蓄积各方的学术能量，并且协助实务界解决争议问题。经年累月下来，各界便逐渐以他为平台，开启公法议题的对话，继而凝聚共识，推动改革。若说他是最务实的"宪政"主义的实践者，实不为过。

① 篇名经与作者沟通，进行了在中文简体版语境下的变通。——编者

法治斌虽然很早便确立了以学术工作为终生志业，但因表现不俗，每每被征询出任行政官员。由于他期许自己身为法律人，若有机会投身公职，也应该发挥所长，做个宪法维护者，所以所有征询都被他婉拒了。他不但能够因为自己的理想而抗拒官位的诱惑，而且还深刻体认到作为一个“司法”工作者，尤其是最具指标意义的“大法官”，必须更加公正客观、更加廉洁自持。所以，他向来在品德上自我要求甚高。只可惜，天妒英才，无缘见证他如愿作为“宪法”维护者，继续充实台湾的“宪政”制度。

2. 体制内渐进式的改革者

法治斌尽管生长在“威权”时代，但他深信台湾必定走向民主法治，也必然在体制上面临重大变革。有鉴于此，他参加了1979年的“国家建设研讨会”（简称‘国建会’），以法学专长向台湾当局提出建言。1980年学成返台后，他开始经常性的投书报章杂志，针砭时事，充分展现知识分子的社会担当。1987年台湾解除“戒严”，他更抢在“解严令”颁布前的一个星期，在报纸上发表题为《“解严”后的法制重整与再出发》的文章，谆谆引导民众面对民主转型，避免社会无所适从，惶惶不安。20世纪90年代，台湾进行“宪政改革”，他毅然决然出任第二届“国民大会代表”，直接用他的宪法专业参与“修宪”；有鉴于当时朝野对立严重，他还发表了《“宪改”贵在权宜、妥协》的文章，至今仍为人津津乐道。法治斌走过如此外弛内张的动荡时期，却依然热情乐观，对于“宪政改革”，不躁进、不走极端，永远耐性地循体制内途径，渐进式地进行。他的沉着稳重，以及作为知识分子的使命感，着实令人佩服。

（三）法律教育与人才培养

法治斌投身法律教育前后23年之久，讲授宪法、行政法、英美法导论、法学英文、传播法和美国宪法，作育硕博士研究生近百人，大学部学生不计其数，桃李满天下。但和其他教授不同的是，他是极少数亲身从事教学，并且以学术的严谨手法来分析、研究法学教育以及法律人才培养的。在他的学术论文中可以看到很特别的四篇文章，包括：《台湾的法学教育》、《学士后之法学教育：台湾法学教育变革之试金石》、《法律学门之现况及展望》和《转型中之宪法学研究——人力资源之现况调查与分析》。他不仅进行现况调查，而且也衡量整体情势变迁并提出建言，诚如他在1997年写作《台湾的法律教育》的前言中提到：“相对于大陆法制发展的曲折坎坷，有时甚至称得上是暴起暴落的戏剧性变化，台湾的法制则呈现长期大体稳定的局面，其中法律教育并无例外。但是这种数十年几乎一成不变培养法律人才的方式，虽然曾经提供社会不计其数所需之人力，但面临政治民主化、经济国际化与社会多元化的新兴情势，与因此形成之不断挑战，在在均须于法制上有所调整。以为因应，而应如何教育、培养、训练操作法制运作之法律人，使其具备追求正义与公平之理念、高人一等之道德操守，以及专业所需之素养与资格，俾能担起各项现代法治社会所赋予之使命或任务，即为今日设计规划或实际从事台湾法律教育工作者无所回避，必须严肃以对，并慎思明辨之重大课题。”对照当今台湾、大陆以及世界的情势，不得不让人佩服法治斌的先知先觉。

（四）法治建设业绩及重要贡献

1. 法治建设业绩

法治斌对于台湾，乃至于大陆的法治建设留下了多方面的业绩。举其要者，包括：1）他在政治大学和东吴大学执教多年，作育出许多法学人才；2）他任职“国科会法律学门召集人”时，与台湾大学教授叶俊荣携手建立了“台湾社会科学引文索引核心期刊（简称 TSSCI）”；3）1992～1996 年间出任第二届“国民大会代表”，于任期中对于终止“动员戡乱”后之“宪政改革”，提出很多建设性的建议，使两阶段“修宪”圆满完成；4）担任台湾行政法学会秘书长和“中国宪法学会副秘书长”，举办多场台湾、两岸，以及国际研讨会，并且出版论文集，增进民众对于行政法学的认识；5）参与台湾当局与民间的各种委员会，提升人民对于公权力部门之信赖；6）积极为文论述言论自由、集会游行自由、人身自由、平等权等基本人权之保障；7）强调“司法”独立，加入“民间司法改革基金会”、参与台湾“司法改革”会议，督促台湾当局落实“司法改革”；8）充实“违宪（司法）”审查制度。

2. 推动两岸法学交流不遗余力

法治斌从 1993 年到北京参加“两岸法学研讨会”以后，便开始为两岸法学界穿针引线，积极推动两岸法学交流。其中，又以 1997 年于北京召开的“第一届两岸行政法学术研讨会”和 1998 年在政治大学召开“第二届两岸行政法学术研讨会”最具开创性，从此便形成惯例，由两岸公法学界交替举办该项盛会，至今未曾中断。法治斌曾在《1998 年海峡两岸行政法学术研讨会实录》的出版序言中提到：“……两岸行政法学者纯由学术立场出发，就法论法，互相切磋，双方各自表述之余，亦不断尝试有所交集异中求同，气氛融洽，收获至为丰硕。”作为两岸公法交流的幕后推手，他不但不居功，而且将功劳以及喜悦分享给所有与会者。此后，他分别在1998年到北京和上海，1999年到北京、新疆和西安，2001年到南京和北京，参加各项研讨会以及应邀赴大陆考察、评鉴大陆的司法改革。从中，确实可以看到法治斌不遗余力地推动两岸法学交流，并且为大陆法制工程建言。前人种树，后人乘凉，两岸法学界有今日的荣景，法治斌着实功不可没。除了为两岸法学界的交流而成立学会、举办研讨会之外，法治斌早年便关注大陆的公法议题了，前后写过《司法审查在大陆：以行政诉讼为例》、《大陆之国家赔偿与损失补偿》、《略论大陆行政复议法制》、《大陆刑事诉讼法序论》、《社会主义法制下之违宪审查制度》和《海峡两岸法律关系之调适——海内外学者谈大陆政策当前急务》等文章，对于大陆法制的影响，亦不容小觑。

三、法治斌主要论著

[美] 伯曼. 1975. 美国法律论坛. 段重民，法治斌译. 台北：幼师文化事业公司.

法治斌. 1984. 论出版自由与猥亵出版品之管制. 政大法学评论，(29)：135-195.

法治斌. 1985. 人权保障与释宪法制——宪法专论（一）. 台北：政治大学法律学系法学丛书编辑委员会.

法治斌. 1987. 论行政诉讼中诉之利益. 政大法学评论，(35)：39-70.

李太正，王海南，法治斌. 1993. 法学入门. 台北：月旦出版股份有限公司.

法治斌. 1994. 人权保障与司法审查——宪法专论（二）. 台北：月旦出版股份有限公司.

法治斌. 1996. 司法审查中之平等权：建构双重基准之研究//"国家科学委员会"研究汇编：人文及社会科学. 6（1）：35-50.

法治斌. 1998. 集会游行之许可制或报备制：概念之迷思与解放. 宪政时代，24（3）：2-18.

法治斌. 1998. 定义猥亵出版品：一首变调的乐章？//刘孔中，李建良编. 宪法解释之理论与实务. 台北："中央研究院"中山人文社会科学研究所：329-346.

法治斌. 2000. 保障言论自由的迟来正义——评"司法院大法官释字第509号". 月旦法学杂志，（65）：148-155.

法治斌，董保城. 2001（修订3版）. 台湾"宪法". 台北：台湾空中大学.

法治斌. 2001. 独立于"大法官解释"外之"司法"审查——评"台北高等行政法院"2000年诉字第1833号判决. 台湾本土法学杂志，(29)：47-53.

法治斌. 2001. 与"大法官"共治，难吗？. 宪政时代，26（3）：75-92.

法治斌. 2002. "司法"行政与"司法"审判之分与合：评"司法院释字第530号解释"之功与过//翁岳生教授祝寿论文编辑委员会. 当代公法新论（上册）. 台北：元照出版有限公司：773-793.

法治斌. 2002. 宪法、行政法双响炮下之警察临检. 台湾本土法学杂志，(33)：79-84.

法治斌. 2002. 当表意自由碰到名誉保护时，欧洲人怎么办？. 宪政时代，27（3）：33-42，77-83.

法治斌. 2002. 以"大"为尊或同舟共济？——由台北市里长延选谈起. 政大法学评论，(71)：1-26.

法治斌. 2003. 违宪司法审查之效力、拘束力、"表面张力"或"不自量力"——美国法制之应然与实然. 宪政时代，28（3）：50-67.

法治斌. 2003. 法治国家与表意自由——宪法专论（三）. 台北：正典出版文化有限公司.

法治斌. 2003. 资讯公开与司法审查—行政法专论. 台北：正典出版文化有限公司.

撰写者

徐昆明（1968～），台湾台东人，私立实践大学助理教授，从事公法学研究。

20世纪中国法学大事记

1864 ·[美]惠顿著，[美]丁韪良译《万国公法》由崇实印书馆（北京）印行。该书为国际法著作，是近代中国译出之最早法学著作。

1895 ·清政府准盛宣怀奏请设立天津中西学堂（1896更名为北洋大学堂），其头等学堂（相当于大学本科）设置法律学门，为近代中国法学教育之始。

1898 ·1月，《湘报》第5号载《论中国宜讲求法律之学》（梁启超撰），发出“今日非发明法律之学，不足以自存矣”的呼声，首倡中国应大力研究法学。

·4月，《湘报》第43号、48号载《公法学会叙》（唐才常撰）、《公法学会章程》（毕永年撰），述其宗旨为“期于古今中外政法之蕃变，和战之机宜，条例约章，一一讲明而切究之”、“专讲公法之学”、“庶为将来自强之本”。

·5月，《湘报》第60号载《法律学会章程》（施文焱撰），述其宗旨为“讲求法律，贯穿公理，浏览群书，洞识时务”。

·以上为中国近代最早的法律学会，其章程亦为法学会章程之首出。

1900 ·清政府颁发中国历史上第一张大学文凭（“钦字第一号”），授予北洋大学堂法科毕业生王宠惠法学学士学位。

·《译书汇编》在日本东京创刊（1903年后更名为《政法学报》）。该刊由戢翼翚、杨廷栋、杨荫杭、雷奋等留日法政科学生创办，早期以译介欧美日本政治法律思想经典著述为主，更名后以刊载中国学者法政文论为主。作为中国近代首份法政杂志、“留学界杂志之元祖”，该刊对近代中国法政思想之传播及法学之成长，实有创辟之功。其译介之国外法学著作有：孟德斯鸠的《万法精理》、卢梭的《民约论》、斯宾塞的《政治哲学》、伯伦知理的《国法泛论》、伊耶陵（耶林）的《权利竞争论》、井上毅的《各国国民公私权考》等。

1901 ·6月，梁启超在《清议报》发表《立宪法议》一文，将政体分为君主专制、君主立宪与民主立宪三种，倡导立宪政体，并建议清廷“预备立宪”。

· 南洋公学设头等学堂，讲授政治经济法律诸科。

1902 · 清政府任命沈家本、伍廷芳为修订法律大臣，设修订法律馆，在沈家本“欲明西学之宗旨，必研究西人之学，尤必翻译西人之书”的宗旨下，大量翻译欧美日本各国法律（如《法兰西民法正文》、《德国民法总则》、《德意志刑法》、《日本现行刑法》等），也包括部分日本民法学著述，拟订新法。

· 清政府颁布《钦定学堂章程》（又称“壬寅学制”），其中《钦定京师大学堂章程》规定了“大学专门分科”7 科，其第 1 科“政治”又分为政治学与法律学 2 目。

· 袁世凯整顿重建北洋大学堂，下设法律科，开设大清律要义、宪法、法律总义、法律原理学、罗马法律史、合同律例、刑法、交涉法、罗马法、商法、损伤赔偿法、船法、诉讼法等课程。

· 山西巡抚岑春煊筹办山西大学堂，其中由李提摩太主政之“西学专斋”下设法律学，教授罗马法、契约法、法理、名学（逻辑学）等课程。

· 张百熙主持京师大学堂重建，其专门分科下设法律科、仕学馆下设仕学速成科，均讲授法学课程。

· 梁启超在《新民丛报》发表《霍布斯学案》、《斯宾诺莎学案》、《卢梭学案》、《亚里士多德之政治学说》、《乐利主义泰斗边沁之学说》、《法理学大家孟德斯鸠之学说》、《论希腊古代学术》、《近世第一大哲康德学说》、《政治学大家伯伦知理之学说》等系列文章，介绍西方法政哲学诸流派及其法政思想。

· 王鸿年著《宪法法理要义》（附《日本宪法》2 卷）印行。该书根据日本学者穗积八束的宪法著作写成，或为中国最早的宪法著作。

· 章宗之译《美国宪法》，由文明书局（上海）出版。

· 杨廷栋译《路索民约论》（即［法］卢梭著《社会契约论》一书），由文明书局（上海）出版，该书是《社会契约论》最早的中文完整译本。

· ［英］甘格士（Thomas Kirkup）著，胡贻穀译，蔡尔康删订的《泰西民法志》，由广学会（上海）出版，较早介绍了英、法等欧洲国家的民法内容及罗马法史。

· ［日］矶谷幸次郎著，王国维译《法学通论》，由商务印书馆（上海）出版；［日］铃木喜三郎著，震生译《法学通论》，由广智书局（上海）出版。此二书或为中国近代最早引入之“法学通论”。

· [德] 耶林著（当时译作“伊耶凌”），张肇桐译《权利竞争论》（现一般译作《为权利而斗争》）由文明编译印书馆（上海）发行。

1903 · 2 月，张相文译《万法精理》，即 [法] 孟德斯鸠著《论法的精神》（*l'Esprit des lois*）一书，由文明书局（上海）印刷发行。该书为日文转译本，分上下 2 册，共 10 章 132 节（约是原书的一半），后收入张氏遗稿《南园丛稿》。

· 9 月，严复译《群己权界论》（即 [英] 约翰 · 斯图亚特 · 密尔所著 *On Liberty* 一书），由商务印书馆（上海）出版。

· [日] 松平康国著，麦孟华译《英国宪法史》，由广智书局（上海）出版。

· 清政府颁布《奏定学堂章程》（又称“癸卯学制”），规定高等教育的学制与科目，在“分科大学堂”中设法政科大学，开设政治、法律、交涉、理财、掌故等课程。

1904 · “清国留学生法政速成科”在日本法政大学设立。法政大学校长梅谦次郎礼聘富井政章、美浓部达吉、清水澄、冈田朝太郎等 20 余位日本法学家任教。

· 严谷逊藏口授、唐宗愈笔述的《法律关系》一书由作新书社（上海）出版。该书专门对权利的得丧、分类、保护进行了阐述，并提出公私法的划分与“权利本位”之说，是中国近代权利观的启蒙之作。

· 严复译《法意》开始由商务印书馆（上海）陆续出版。该书共 7 册（1904 年出版 3 册，1905 年、1906 年、1907 年、1909 年各出版 1 册）29 卷（原著 30、31 卷缺），为孟德斯鸠《论法的精神》最早的全书译本和英文转译本。严复还在《法意》中共写了 167 条按语，以表明其对政体问题与中国法政现状之观点。

· 刘光汉（刘师培）、林獬（林白水）著《中国民约精义》一书由镜今书局（上海）发行。该书辑录上起孔、孟，下至龚自珍、魏源等“前圣曩哲”的相关论述 180 余条，来印证 18 世纪法国思想家卢梭的社会契约理论。

1905 · 夏，严复于上海青年会先后演讲八次，其讲义集成《政治讲义》一书，由商务印书馆（上海）出版发行。（1920 年 7 月金马书店（上海）重版，后收入《严复集》第五册，1986 年由中华书局（北京）出版。）

· 6 月，《法政丛编》在日本东京出版印刷（至 1906 年 9 月共出版 19 种 24 册）。该丛书由湖北籍留日学生成立的“湖北法政编辑社”编辑出版，为近代中国第一套法政丛书，包括有张知本、邹麟书、刘燮臣编译《法学通论》（该书综合日本法学家奥田义人、梅谦次郎的学说，折衷而出）；曹履贞编译《行政法》（该书以日本法学博士清水澄之讲义为基础，是中国最早引入的日本行政法著作）；严献章、匡一、王运震编译《民法总则》（该书以日本民法学家梅谦次郎著之讲义为基础，是中国最早引入的日本民法著作之一）；欧阳葆真、朱家璧编译《民事诉讼法》（为最早的民事诉讼法著作）以及1906 年出版的樊树勋编译的《罗马法》（最早专论罗马法的著作）等。

· ［日］三浦熙等著，张辑光编，徐用锡译《汉译新法律词典》由京师译学馆在东京印行，是近代中国最早的专门法律辞书。

1906 · 3 月，留日法政学生张一鹏等在日本东京创办《法政杂志》。该刊之宗旨为“修明政治，巩我国基，饷普通人民以法政之知识”，同年 9 月在天津与《北洋学报》（北洋官报局出版）合刊为《北洋法政学报》（1910 年改名为《北洋政学旬刊》）。

· 3 月至 4 月，梁启超在《新民丛报》第 77、78 号发表《中国法理学发达史论》，借用西方法之概念与方法，研究中国古代法理学，并大声疾呼：“法治主义，为今日救时之唯一主义。立法事业，为今日存国最急之事业。”

· 5 月至 7 月，梁启超在《新民丛报》第 80 至 82 号上发表《论中国成文法编制之沿革得失》，讨论了法之渊源、公布方式及中国传统成文法之缺点。

· 12 月，严复在安徽高等学堂演讲，其稿成《宪法大义》一文，追溯西方立宪政体之本源，并指出中国传统政治实为“有法之专制”。

· 应修律大臣沈家本、伍廷芳奏请，清政府在京师大学堂设立中国第一所专门的法政教育机构——京师法律学堂。此后，各地陆续兴办公私立法政学堂，如京师法政学堂、北洋法政学堂等。至 1912 年，全国法政专门学校（堂）已达 64 所，学生人数达 3 万余人。

· 宪政研究会在上海成立，马相伯为总干事，并创办《宪政杂志》为其舆论阵地；同年底，预备立宪公会在此基础上成立，由郑孝胥任会长，张謇、汤寿潜为副会长，成为当时国内最大的立宪团体，并办有《预备立宪公会报》、《宪报》等报刊。

· ［日］浅井虎夫著，邵修文、王用宾译《中国历代法制史》（原书名为《支那法制史》）由日本东京古今图书局出版。该书或为近代最早以“中国法制史”为题的著作。

· ［日］织田万著，陈兴年、梁继栋、郑篪译《清国行政法》由广智书局（上海）出版。该书是日本学者以近代西方宪政思想研究中国行政组织与法规的力作，对西方行政法理论在中国的传播影响较大。

1907 ·1 月，孟森、孟昭常、杨荫杭、秦瑞玠等留日学生在东京创办《法政学交通社杂志》，以“研究法政，交换智识”，“提倡人民法律思想”为其宗旨。

·［日］织田万著，刘崇佑译《法学通论》由商务印书馆（上海）出版。作为近代较早的“法学通论”著作，该书奠定了总论（“法律现象总体之原理”）和各论（民刑等部门法简介）的写作模式，为后来之“法学通论”所效仿。

·［日］梅谦次郎著，黎炳文译《民法讲义》由保定官书局（天津）出版。

·［日］志田钾太郎著，东亚社译《民法总则编》由中国书林（东京）出版。

·［日］富井政章著，陈海瀛译《民法原论》由商务印书馆（上海）出版。

1908 ·8 月，留德法政学生马德润、周泽春在德国柏林创办《法政介闻》月刊，其宗旨为“专注在欧美各国法政，次第辕入海内，以扩充我国人法政之观念”。

·［日］大石定吉著，贺学海译《法学通论》由浙江法政学堂印行。该书对法学学科之定位及法学通论之含义都有所涉及。

1910 ·3 月，京师大学堂分科大学成立，共设 7 科 13 门，其中法政科下设政治、法律 2 学门。

·11 月，中国第一个全国性法学学术机构——北京法学会成立，沈家本被公推为会长。该会主办《法学会杂志》、筹建朝阳大学，设立法政研究所，邀请日本法学博士冈田朝太郎、志田钾太郎为研究所授课，后另设有京外支部，成为民国初年法学界之重要力量。沈家本曾在《法学会杂志序》（载 1913 年复刊号）中展望该会之发展：“异日法学昌明，巨子辈出，得与东西各先进国媲美者，斯会实为之先河矣”。

·熊元翰编《国法学》（上、下册）由安徽法学社出版。该书根据日本学者岩井尊闻在京师法律学堂之授课笔记编辑而成。

·被称为“日本民法之父”的梅谦次郎著，孟森等译《日本民法要义》开始由商务印书馆出版（上海）发行，在民法学界影响极大。

1911 ·3 月，方表、沈钧儒、林长民、孟森、孟昭常、秦瑞玠、陶保霖、张元济、雷奋、杨廷栋、蒲殿俊、蔡文森等留日背景学者于上海发起创办《法政杂志》月刊，陶保霖任主编。该刊简章认为“立宪政体，凡政治必根据法律”，因此其宗旨在于“研究法律政治现象，参证学理以促进群治，以备预备立宪时代当立法司法行政之局者取资之用”，为清末立宪派之重要思想舆论阵地。

· 6 月，北京法学会会刊《法学会杂志》创刊。该刊曾发表沈家本、汪荣宝、康有为、江庸、程树德、董康等学者之文章以及日本学者穗积陈重、有贺长雄的汉译论文。该刊曾两次停刊与续办，至 1923 年初终结。

· 孟森著《新编法学通论》，由商务印书馆（上海）出版，为中国近代最早由国人编写之法理学著作。

· 熊元楷编《商法总则》由安徽法学社出版。该书由日本学者志田钾太郎在京师法律学堂之讲义记录整理而成，是最早引入的商法学著作。

· 秦瑞玠著《著作权律释义》由商务印书馆（上海）出版，是较早的版权法著作。

1912　· 10 月 24 日，国民政府教育部公布《大学令》、《专门学校令》，规定大学分文、理、法、商、医、农、工 7 科，专门学校有 10 类，其中包括法政类专门学校。翌年 12 月，又在《大学规程》中规定，法科分法律学、政治学、经济学 3 门。法律学门学生必须修完宪法、行政法、刑法、民法、商法、破产法、刑事诉讼法、民事诉讼法、国际公法、国际私法、罗马法、法制史、法理学、经济学、外国法等 15 门课程。此一教育体制又称为“壬子癸丑学制”。

· 10 月，国民政府教育部公布《法政专门学校规程》，规定法政专门学校本科学制与课程。

· 京师大学堂改名为北京大学，严复任校长，设有法科，含法律学门、政治学门和经济学门。

· 朝阳大学创建。该校为汪有龄与北京法学会同人集资创办，以研究法学和开展法学教育为主，1915 年获国民政府教育部正式批准，下设法律科与法律别科，于 1928 年改名为朝阳学院，为民国时期的法学研究、法律教育，特别是司法、立法等法律实务工作培养了大量一流人才，乃民国时期重要之法科大学。

1913　· 10 月，法政同志研究会主办之《法政学报》月刊在北京创刊，蒯晋德任主编。

· 王宠惠著《中华民国宪法刍议》由国民党粤支部印行。

· 陈承泽著《中华现行民律要义》由中华书局（上海）出版。

· ［法］狄骥著，唐树森译《法国宪法通诠》由神州编译社（上海）出版。

1914 ·1 月，《法律周报》在杭州发刊，该刊由杭县律师公会主办，阮荀伯（性存）任主编。

·复旦公学增设法律专科班，首批招生 60 人。后于 1929 年设法学院。

·［英］戴雪著，谢无量译《宪法论》由右文社（上海）出版。

1915 ·美国人兰金（Rankin）在上海创立东吴大学法学院，该院以选录学生要求严格而著称，教学突出“英美法”内容，以讲授“比较法”为主，培养了吴经熊、倪征噢等法学家，其法学教育在当时饮誉海内外，时有“南东吴、北朝阳”之称。

·杨度发表《君宪救国论》（上、中、下）。

·黄右昌著《罗马法》由京华书局（北京）出版。该书旨在通过梳理罗马法与现代法的关系，揭示罗马法的现代发展，并以三民主义解释罗马法诸原则，在当时影响较大。该书第二版于 1918 年付印。1930 年该书出版第三版时，更名为《罗马法与现代》。其最新点校本，由中国方正出版社（北京）2006 年出版。

1916 ·王宠惠著《比较民法概要》由南京司法行政部印行，是较早的比较民法学著作。

1917 ·11 月，北京大学法科研究所成立，下设法律、政治、经济三门，由黄右昌、陈启修、马寅初分别担任主任，主要由各科教员与志愿加入的本科毕业生组成，并设通信研究员。该研究所仿照德、美大学之 Seminar 办法，为研讨专门学术之机构。

·震旦大学法科开始授予硕士学位，并于 1920 年起授予法学博士学位，或为中国最早之法学研究生教育。

·《政法学会杂志》月刊在北京创刊，陈钟秀任主编，该刊针对中国“政法学术退化之恶果”，其宗旨为“对于政治，研究原理、原则，确定今后共和立宪之轨道；对于法律，参酌法理、事实，决定今后取法采制之标准”。

1918 ·1 月，曹恭翊著《法治通史》，由共和印刷局（北京）出版发行。该书旨在将中国过往文化观念之历史与西方三权分立之法治制度融为“新旧一炉”，以焕发共和精神。

·3 月，国立北京法政专门学校主办之《法政学报》月刊在北京创立，吴统续任主编。该刊“以阐明学术为宗旨”，并主张“自有见地，既不愿为怀疑的屈服，亦不愿为笼统之盲从”。

1919 ·蔡元培在北京大学推行“废门改系”，法律学门改为法律系。

· 夏勤、郁嶷著《法学通论》由东西制版所（北京）印制。该书分国家论、法律论、权利论、法学论四编，颇具匠心。1946 年，夏勤对该书稍作修订，单独署名，由正中书局（南京）出版。

· 郁朝俊著《法学通论》由中华书局（上海）出版。

1920 · 黄右昌著《民法 · 亲属》由北京大学出版。该书为中国较早的亲属法专著。

1921 · 夏勤著《刑事诉讼法要论》由朝阳大学（北平）出版发行。该书为中国学术界首次独立创作的刑事诉讼法专著，作者借用德、日民事诉讼法理论，系统阐释了民事诉讼法基本理论，初次建立了中国刑事诉讼法学的理论体系。

· 方孝岳编、陶孟和校《大陆近代法律思想小史》（上、下）由商务印书馆（上海）出版。

1922 · 4 月，《法学季刊》由东吴大学法学院在上海创设。该刊分为中英文两个部分，英文部分名为 *The China Law Review*，其办刊宗旨为“将国外法律原理介绍到中国，并使外国了解中国的法律原理；推进中外法律原理比较研究；在中国广泛传播这些法律原理知识，为中国法律改革作准备”。该刊或为近代唯一以中英文同时印刷的法学杂志，其形式和学术水准，赢得了国内外的广泛赞誉。1931 年 10 月，该刊改名《法学杂志》，为双月刊，英文部分仍为季刊。

· 11 月，大总统令公布《学校系统改革案》（又称“壬戌学制”），规定大学设数科或一科均可，其单设一科者，称某科大学，如法科大学。

· 至本年为止，中国公私立大学共有 18 所，其中 8 所大学设有法科，分别是：北京大学、北洋大学、山西大学、武昌中华大学、西北大学、北京中华大学、朝阳大学、民国大学。

· 石志泉著《民事诉讼条例释义》（上、中、下三册）由国立北平大学法学院出版发行。该书资料十分丰富，对北京政府民事诉讼条例有详尽的讨论，为近代民事诉讼法奠基之作。

1923 · 6 月，江庸等朝阳学人在北京成立朝阳大学法律评论社，创办《法律评论》周刊（后改为双周刊、月刊），其办刊方针为关注“司法制度之兴废改革”，“以资法界之借镜参考”。该刊因抗战与国内战事而两次停刊（1951 年 6 月，在居正等旅台朝阳校友推动下复刊，延办至今）。

· 7 月，《法律周刊》于北京创刊，马德润任主编，其办刊目的在于“欲以所论著者，唤起国民法治之观念，协助国家法治之精神”。

1924 ·2 月，吴宗慈著《中华民国宪法史》（前、后编两册）由东方时报馆（北京）与大东书局（上海）出版。该书是民国时期内容最为丰富、史料最为完整、最早出之宪法史著作。

·中山大学创立，设法律系。

1925 ·4 月 7 日，国民政府公布并实施《司法院监督国立大学法律科规程》及《司法院特许私立法政学校设立规程》，规定国立大学法律科之课程编制及其研究指导由司法院直接监督，国立大学法律科应设立三民主义、宪法、民法及商事法、刑法、民事诉讼法、刑事诉讼法、法院组织法、行政法、国际公法、国际私法、政治学、经济学、社会学、社会法为必修课程，课程设置应呈送司法院审核，司法院有权修改并监督授课和派员监试考试。属私立学校之大学内法学院、独立法学院以及设有法律或政治科之独立学院，均须司法院之特许方可设立。

·7 月，王振先著《中国古代法理学》由商务印书馆（上海）初次出版（1933、1934 年 5 月出版“九一八”国难后第一、第二版，1945 年于重庆再版）。该书界定了“中国古代法理学”的内涵与范围，并详论了“法家研究之精深理想”。

·上海法学编译社创办，郭卫任社长（20 世纪 30 年代中期后由吴经熊任社长）。该社致力于法学出版事业，编译出版了大量法典、法律释义及中外法学学术著作。

·民国大学法学研究会主办之《法学月刊》在北京创刊。

·郭卫编《刑法学总论》由法学编译社（上海）出版，是中国较早的刑法学专著。全书分 3 编共 21 章，阐明了刑法原理、原则及其变迁，书末并附有刑法条文供参考。

·章圭瑑著《商标法要义》由商务印书馆（上海）出版，是较早的商标法著作。

·［日］美浓部达吉著，欧宗佑、何作霖译《宪法学原理》由商务印书馆（上海）出版。

1926 ·11 月，［美］庞德（当时译作“滂特”）著，陆鼎揆译《社会法理学论略》（*Scope and Purpose of Sociological Jurisprudence*）由商务印书馆（上海）出版。全书分三篇，上中篇以社会法学之眼光介绍法理学各流派及其方法，下篇专述社会法学之观点。

· 12 月，武昌中山大学创立，设有法科。

· 谢瀛洲著《五权宪法大纲》由北平商业印刷局出版。该书对孙中山提出的“五权宪法”作了较为系统的理论分析，并提出了在制度层面的设计。

1927 · 李祖荫编《法律辞典》由朝阳大学（北平）出版。该辞典所收名词以中国法律为主，兼采外国学说术语，词条约 2000 条。

· 钟庚言著《行政法总论》由朝阳大学（北京）出版。

· 白鹏飞著《行政法总论》由商务印书馆（上海）出版。该书确立了行政法学之基本范畴与基本原理。

· 程树德著《九朝律考》由商务印书馆（上海）出版。该书对唐以前的九朝（汉、魏、晋、梁、陈、后魏、北齐、后周、隋）的庞大史料进行细致之考证、梳理，大体恢复了这一时期传统法律发展的面貌。该书与沈家本所著的《历代刑法考》均被法律史学界公认为整理研究中国古代法律史料方面的经典著作。

· 王世杰著《比较宪法》由商务印书馆（上海）出版（1929 年，1930 年，1933 年再版）。

· 徐朝阳著《中国古代诉讼法》由商务印书馆（上海）出版。

· 丁元普著《比较宪法》由商务印书馆（上海）出版。

· 黄右昌著《民法要义》由北京大学出版。

· 王觐著《中华刑法论》由北平朝阳大学出版，为当时刑法学的一部代表作。

1928 · 上海法律大学主办之《法科月刊》在上海创刊。

· 国立中央大学创立，设法学院。

· 南京国民政府以国立武昌中山大学为基础，改建国立武汉大学，下设文、法、理、工 4 个学院。

· 沈家本著《历代刑法考》（约光绪末年成书）刊行（一说刊行于 1929 年）。该书共 78 卷，120 余万字，全面、系统考释了中国传统法之各方面，其材料几乎涉及经史子集及历代有文可考的全部法律文献，可谓史所未见之皇皇巨著。

· 王宠惠著《中华民国刑法》由法学编译社（上海）出版，对中华民国刑法起草过程有详细的说明与资料汇总。

· ［日］穗积重远著，李鹤鸣译《法理学大纲》由商务印书馆（上海）出版。该书较为简练地论述了法理学之意义、法理学之流派、法律的本质、内容、形式、进化及本位等，基本涵盖了近代法理学的全体内容。

1929 ·5 月，《新月》杂志第二卷第二号发表胡适的《人权与约法》和罗隆基的《专家政治》二文，揭开人权与法治问题讨论的序幕。后《新月》又连续发表胡适的《人权与约法讨论》、《我们什么时候才可有宪法》、《知难，行亦不易》，罗隆基的《论人权》、《告压迫言论自由者》，梁实秋的《孙中山先生论自由》、《论思想统一》等文，提出要以法律来保障人民身体、自由及财产，规定政府权限。这些言论后集结为《人权论集》，由新月书店于 1930 年 1 月出版。

·王传璧著《法理学史概要》由法学书社（上海）出版。该书阐述了西方法学主要流派（分析、历史、哲学、社会法学等等）的发展与演变，是较早专门介绍西方法学流派的著作。

·徐朝阳著《中国诉讼法溯源》由商务印书馆（上海）出版。

·周鲠生著《国际法大纲》由商务印书馆（上海）出版。该书理论深厚、视野宽广，是民国时期国际法学的代表作。

·［日］穗积陈重著，黄尊三译《法律进化论》（第一卷）由商务印书馆（上海）出版。该书第二、三卷分别由萨孟武、易家钺翻译，于 1930 年、1934 年出版，是西方近化论思想影响法学研究的经典著作。

1930 ·3 月，谢冠生、楼桐荪、王宠惠、端木恺等成立三五法学（“以三民主义五权宪法研究法学”）社，于南京创办《法学季刊》杂志。

·7 月，《法令周刊》于上海创刊，由郭卫任总编辑，该刊于抗战时期曾停刊，直至 1948 年底共出 540 期，其中论丛、译述和研究等栏目刊登了质量较高的法学论文。

·9 月，南京世界学院中华法学杂志社主办之《中华法学杂志》月刊在南京创刊，谢冠生任主编（该刊在 1936 年成为中华民国法学会会刊）。

·11 月，上海法政学院主办之《法政周刊》在上海创刊。

·中华民国律师协会主办之《法学丛刊》月刊在上海创办。该刊旨在“以江河赴海之精神，开世界法治之新纪”。

·杨鸿烈著《中国法律发达史》（上、下册）由商务印书馆（上海）出版。该书以西方法学理论来分析阐述中国古代法律的沿革、特点及历代学说，是近代法律史学研究发凡起例之作。

·戴修瓒著《民法债编各论》（上册）由法学编译社（上海）出版（下册于 1933 年出版）。该书系统完整阐释了各种具体的契约关系及其理论。

· 陈瑾昆著《民法通义》、《刑事诉讼法通义》由朝阳大学出版。《民法通义》至 1931 年出版总则、债编总论、各论 3 册。《刑事诉讼法通义》一书比当时其他著作更为系统，建立了更为完整的刑事诉讼法学体系。

· 赵琛著《新刑法原理》由上海中华书局出版。该书对西方刑法学流派有详细介绍，并以此为基础对中国刑法进行研究。

· 王效文著《中国公司法论》由法学编译社（上海）出版。

· 白鹏飞著《宪法与宪政》由华通书局（上海）出版。

· 丁元普著《中国法制史》由法学编译社（上海）出版。

· 胡长清著《民法总则》由商务印书馆（上海）出版。

· 唐纪翔著《中国国际私法论》由商务印书馆（上海）出版。

· 徐朝阳著《中国亲属法溯源》由商务印书馆（上海）出版。

· ［英］梅因著，方孝岳、钟建闳译《古代法》由商务印书馆（上海）出版。该书针对社会进步运动提出“从身份到契约”的经典论断，影响极大。

· ［法］狄骥著，张明时译《宪法学》由商务印书馆（上海）出版。

1931 · 4 月，郭卫、董康、吴经熊、戴修瓒等筹办的《现代法学》杂志在上海创刊，郭卫任总编辑。该刊以“介绍中外现代法学为职志”，以“先本国而后外国”为其介绍之步骤。

· 5 月，上海国立暨南大学法学院主办之《政治经济与法律》于上海创刊，孙寒冰任编辑主任。

· 赵琛著《法理学讲义》由上海法政学院印行。

· 陈允、应时著《罗马法》由商务印书馆（上海）出版。

· 余棨昌著《民法要论》由北平朝阳学院出版，含总则、物权、亲属继承三册。

· 胡长清著《中国婚姻法论》由《法律评论》社出版。

· 丘汉平著《先秦法律思想》由上海光华书局（上海）出版。

· 徐朝阳著《中国刑法溯源》由上海商务印书馆（上海）出版。

· 程树德著《中国法制史》由华通书局（上海）出版。

· 程树德著《比较宪法》由华通书局（上海）出版。

· 王去非著《破产法论》由法学研究社（上海）出版。

· 朱采真编，吴经熊、陆鼎揆、朱鸿达校《中国法律大辞典》由世界书局（上海）出版。该辞典收词 3000 有余，引用法律 30 多种，正文 437 页。

· [日] 高柳贤三著，张舆公译《法律哲学要论》由会文堂新记书局（上海）出版。

· [日] 栗生武夫著，胡长清译《婚姻法之近代化》由南京法律评论社出版。

· [德] 拉德布鲁赫（当时译为“拿特布尔”）著，徐苏中译《法律哲学概论》由会文堂新记书局（上海）出版。

· [美] 庞德著，雷宾南译《法学史》由商务印书馆（上海）出版。

1932 · 清华大学法学院正式增设法律学系（1929 年设立法学院时，只设有政治、经济 2 系），提出“本学系宗旨，系对于应用及学理两方面，务求均衡发展，力避偏重之积习，以期造就社会上应变人才，而挽救历来机械的训练之流弊”。但因 1933 年国民政府教育部令清华大学停止招收法律学系学生而暂停加设。

· 白鹏飞著《行政法大纲》（上、下卷）由好望书店（北京）出版。该书是较为系统和完整的行政法学著作，受日本行政法影响较深。

· 李谟、黄景柏著《民法债编总论》由大东书局（上海）出版。该书引述各学者之论说，对民法债编条文有详细之解释。

· 丁元普著《法律思想史》由法学编译社（上海）出版。

· 梅汝璈著《现代法学》由新月书店（上海）出版。

1933 · 国立北平大学法商学院主办之《国立北平大学学报·法学专刊》在北平创刊。

· 上海法政学院主办之《法政季刊》创刊。

· 陈顾远著《中国法制史》由商务印书馆（上海）出版。该书分总论、政治制度、狱讼制度、经济制度四编，对广义上的中国“法制”进行了系统研究，以制度为纲构建了中国法制史学的体系。

· 陈顾远著《中国国际法溯源》由商务印书馆（上海）出版。该书将春秋战国时期诸侯间的交往惯例和规则作为中国古代国际法的对象来加以研究。

· 吴经熊著《法律哲学研究》由法学编译社（上海）出版。这本论文集对中国法的哲学基础、法律与道德文化、西方近世法哲学流派、民法本土化等问题都有所论述。

· 张知本著《宪法论》由法学编译社（上海）出版。该书概念清晰、体系完整、见解独到，对近世宪法发展趋势把握准确，是宪法学领域的奠基之作。

· 张知本著《社会法律学》由法学编译社（上海）出版。该书为中国法律学人所著第一部法律社会学专著，揭开了法律社会学在中国发展的序幕。

· 丘汉平著《罗马法》（上、下册）由法学编译社（上海）出版。该书是当时比较系统地研究罗马法整体的学术著作。

· 胡长清著《中国民法总论》由上海商务印书馆（上海）出版。该书是对当时及后来之民法学影响极大的著作。

· 董康著《刑法比较学》由法学编译社（上海）出版。该书将现行刑法与中国历史上之刑法及各国刑法进行比较研究。

· 丘汉平著《法学通论》（"新时代法学丛书"）由商务印书馆（上海）出版。

· 潘大逵著《中国宪法史纲要》由法学编译社（上海）出版。

· 欧阳谿著《法学通论》（上、下册）由法学编译社（上海）出版。

· 张映南著《法学通论》由大东书局（上海）出版。

· 郭卫著《刑事政策学》由法学编译社（上海）出版。

· ［法］狄骥著，徐砥平译《公法的变迁》由商务印书馆（上海）出版。

· ［日］美浓部达吉著，邓定人译《行政裁判法》由商务印书馆（上海）出版。该书是民国时期少有的外国行政诉讼法著作。

1934 · 1月，中华法学会在上海成立，推举沈钧儒、郭卫、毛云、杨志豪、何元明、陈志皋、俞钟骆、陶百川、张耀会、杜刚、朱敦春、冯宪成、喻仲标、赵琛、吴修、吴凯声、金光楣、周廉泽、蔡洪田、王德言、陆绍宗等21人为执行委员，共有266名会员。

· 12月，持志学院法律学会主办之《法学月刊》在上海创刊。

· 章渊若著《现代宪政论》由中华书局（上海）出版。

· 王去非著《罗马法要义》由法学书局（上海）出版。

· 阮毅成著《比较宪法》由商务印书馆（上海）出版。

· 胡长清著《民法物权》由商务印书馆（上海）出版。

· 陈瑾昆著《刑法总则讲义》由好望书店（北京）出版，为当时刑法教科书之经典。

· 汪翰章编《法律大辞典》由大东书局（上海）出版，共收词7800余条，130余万字。

· 严景耀在美国芝加哥大学完成其博士毕业论文《中国的犯罪问题与社会变迁的关系》。该论文是20世纪最有影响的犯罪学著作之一（1984年经吴祯翻译后由北京大学出版社出版）。

1935 ·9 月，参加国民政府第一次全国司法会议的全体与会代表，在南京发起设立中华民国法学会。该会设常务理事会，由居正任理事长，覃振、戴传贤任副理事长。理事会下设政治、经济、法律 3 个专门委员会和编辑委员会（后改为出版事业委员会）。该会纲领为："研究吾国固有法系之制度及思想，以建立中国本位新法系"，"研究现行立法之得失及改进方法，求与人民生活及民族文化相适应，并谋其进步"；"指陈现行司法制度之得失，并研求最有效之改革方案"；"吸收现代法学思想，介绍他国法律制度，均以适合现代中国需要为依归"；"阐扬三民主义之立法精神，参证其他学派之优劣，以增进法界人员对于革命意义及责任之认识"；"普及法律知识，养成国民守法习惯，以转移社会风气，树立法治国家之基础"。该会为全国性学术组织，后积极筹建各地分会，至 1947 年 10 月，在全国已有 17 个省市成立分会，并有会员近万人。

·上海大夏大学法律学会主办之《法学论丛》创刊。

·孙晓楼著《法律教育》由商务印书馆出版。该书为近代中国少有的专门研究法律教育的著作。

·吴经熊、华懋生编《法学文选》（上、下册）由会文堂新记书局（上海）出版。该书收录了当时具有代表性的法学论文 40 篇。

·范扬著《行政法总论》由商务印书馆（上海）出版。

·［英］戴雪著，雷宾南译《英宪精义》由商务印书馆（上海）出版。

1936 ·2 月，中华民国法学会上海分会成立，根据《中华民国法学会各省市分会组织章程》，由总会选派理事徐维震、吴开先、江一平、沈钧儒、孙晓楼为分会常务委员，组成常务委员会，执行分会事务，成为最早成立的中华民国法学会分会。随后，甘肃、山东、山西、察哈尔、陕西、河南等省分会也相继成立。

·9 月，《中华法学杂志》成为中华民国法学会会刊，由中华民国法学会编委会编辑。该刊在 1937 年曾停刊，1938 年复刊于重庆，1946 年至 1948 年由上海大东书局出版。该刊之编委一直由法政专家组成，代表了近代法政杂志最高之学术水准。

·厦门大学法律学会主办之《当代法学》在厦门创刊。

·王世杰、钱端升著《比较宪法》由商务印书馆（上海）出版。该书全面介绍了 20 世纪前半期的西方宪政理论，并且突出了公民个人权利与自由，是比较宪法领域的经典作品。1937 年、1947 年、1948 年再版。1997 年、

2004 年由中国政法大学出版社出版简体横排版。

· 萨孟武著《政治学与比较宪法》(在 1932 年的《政治学概论》基础上修改完成) 由商务印书馆 (上海) 出版。

· 杨鸿烈著《中国法律思想史》由商务印书馆 (上海) 出版。该书是中国法学史上第一部较为系统的法律思想史著作，也是中国法律思想史的定名之作，奠定了该领域的理论框架体系。

· 许鹏飞著《比较刑法纲要》由商务印书馆 (上海) 出版。该书集中比较各国刑法之异同，是比较刑法学的一部力作。

· 管欧著《行政法各论》由商务印书馆 (上海) 出版。该书是当时行政法学的代表性著作之一。

· 陈顾远著《中国婚姻史》由商务印书馆 (上海) 出版。

· 周新民著《物权法要论》由商务印书馆 (上海) 出版。

· 杨幼炯著《近代中国立法史》由商务印书馆 (上海) 出版，是中国立法史的首出之作。

· 郑兢毅、彭时编《法律大辞书》(上、下及补编) 由商务印书馆 (上海) 出版。该词典收入词条 14000 余条，约 400 万字，正文 2339 页，是当时影响最大的法律辞典。

1937 · 杨鸿烈著《中国法律对东亚诸国之影响》由商务印书馆 (上海) 出版。该书对中国传统法律在朝鲜、日本、越南等东亚国家的影响作了详细的考察研究，是研究中华法系的经典著作。

· 陈朝璧著《罗马法原理》(上、下册) 由商务印书馆 (上海) 出版。该书将罗马法的历史演进和制度内容与近现代法学发展相结合，并加以针对性评述，为中国罗马法研究之经典著作。

· 曹杰著《中国民法物权论》由商务印书馆 (上海) 出版。该书是当时学界影响很大的物权法专著。

· 罗鼎著《民法继承论》由法学编译社 (上海) 出版，为当时继承法学之代表作。

· 谢振民著《中华民国立法史》由正中书局 (南京) 出版。

· 李剑华著《犯罪学》由法学编译社 (上海) 出版。

· 郭卫原著，施霖修编《民事诉讼法释义》(上、下册) 由法学编译社 (上海) 出版。

· 卢峻著《国际私法之理论与实际》由中华书局 (上海) 出版。

· ［日］三谷隆正著，徐文波译《法律哲学原理》由商务印书馆（上海）出版。

· ［日］美浓部达吉著，黄冯明译《公法与私法》由商务印书馆（上海）出版。该书系统地阐述了公法与私法的关系，并对否认公私法划分的观点进行了有力的回应，在日本和中国学界均影响巨大。

1938 · 4 月，北京大学、清华大学、南开大学在云南昆明成立国立西南联合大学，设有法商学院，下设法律学系、商学系、经济学系和政治系。1940 年 5 月，社会学系亦并入法商学院。燕树棠、戴修瓒曾任法律学系主任，赵凤喈亦曾代理。法律学系教员有燕树棠、戴修瓒、蔡枢衡、罗文干、费青、芮沐、崔书琴、赵凤喈、赵鸣歧、马质夫、章剑、吴薇生等。

1939 · 楼桐荪著《法治与自由》由独立出版社（重庆）出版。

1940 · 阮毅成著《法语》由商务印书馆（长沙）出版。

· 潘念之著《宪法论初步》由生活书店（重庆）出版。

1942 · 董康著《中国法制史》由南京司法官养成所发行。

1943 · 7 月，中华民国法学会第二届年会在重庆举行，参会人员有居正、王宠惠、俞鸿钧、谷正纲、张道藩、张知本、王用宾、谢冠生等 200 余人，吴祥麟、梅仲协、查良鉴等人在会上宣读论文，与会人员还讨论 12 件重要提案并选举出第二届理监事会成员及候补成员。

· 梅仲协著《民法要义》由重庆公诚法律会计事务所出版。该书以德国、瑞士民法理论为主，系统研究了 1929 年中华民国民法，并反省了民法理论继受中的“日本化”倾向。

· 萨孟武著《宪法新论》由重庆文化建设印刷公司出版。该书“比较研究古今中外的政治制度，以阐明五权宪法的原理及其运用方法”。

· 蔡枢衡著《刑法学》由独立出版社（重庆）出版。

· 李宜琛著《日耳曼法概说》由商务印书馆（重庆）出版。

· 吴传颐著《近代欧陆民法之演进》由独立出版社（重庆）出版。

· 梅仲协著《法律论》由中央青年出版社（重庆）出版。该书实为“法理学大纲”。1947 年出版第二版。

· 张汇文著《公法概念与行政管理效率》在上海出版。

· ［美］孟罗斯密著，姚梅镇译《欧陆法律发达史》由商务印书馆（重庆）出版。

1944 · 元旦，《宪政》月刊于重庆创刊，发行人黄炎培，主编张志让，由重庆国讯书店发行。该刊之志趣在于“以客观态度，研究宪法与宪政诸问题”。该刊还曾于 1944 年 1 月至 1945 年 4 月间举行 12 次“座谈会”，研讨宪政与人权问题。

· 4 月，国立武汉大学协进法学社主办之《法律生活》在武汉创刊。

· 上海震旦大学法学院主办之《震旦法律经济杂志》创刊。

· 李宜琛著《民法总则》由国立编译馆出版，正中书局（重庆）印行。该书为当时之教育部“部定大学用书”。

· 李祖荫著《法律学方法论》由国立湖南大学法律学会出版发行。

· 崔书琴著《国际法》（上、下册）由商务印书馆（重庆）出版。

· 周子亚著《国际法新论》由新评论出版社（重庆）出版。

· 陈盛清著《五五宪草释论》由中国文化服务社（重庆）出版。

1945 · 4 月，中华民国法学会第三届年会在重庆举行。居正、吴传颐、江一平、朱乾青、谢冠生等 131 人到会，宣读论文 8 篇，提案审查委员会讨论通过拨款设置法律学系奖学金、法学讲座、编译世界法学名著等 19 件提案。

· 11 月 15 日，台北帝国大学由中华民国政府接收，改组为国立台湾大学，原“文政学部”下设之“政学科”改设为法学院，原法科易名为法律学系，并设政治、经济学系。1947 年台湾省立法商学院并入法学院，为商学系。1996 年，法律学系升格为法学院，原法学院更为社会科学院。

· 重庆大学法学院成立，设有法律系、经济系、政治系，先后由翟晋夫、罗志如、潘大逵任院长（1952 年院系调整时调入西南政法学院，2002 年重庆大学复建法学院）。

· 章渊若著《宪政之道》由中央印刷所（重庆）印行。

· 李浩培著《国际私法总论》由武汉大学法律学会出版。

· [法] 狄骥著，梅仲协译《宪法精义》由大东书局（重庆）出版。

1946 · 张知本著《宪政要论》由大东书局（上海）出版。

· 9 月，吴传颐著《中国法治之路》由中国文化服务社（上海）出版。

· 10 月，吴之椿著《法治与民治》由生活书店（上海）出版。

1947 · 9 月，中华民国法学会湖北省分会主办之《法学月刊》在武昌创刊。

· 李达著《法理学大纲》由湖南大学分上、下两册石印，作为法律系的教材。该书是中国最早运用马克思主义观点系统地阐述法学理论的一本法理学著作。但该书仅存上册，1984 年 1 月由法律出版社出版。

· 蔡枢衡著《中国法理自觉的发展》由河北第一监狱印行，该书为近代中国法理学的代表作。

· 蔡枢衡著《刑事诉讼法教程》由河北第一监狱印行。该书对 30 多年来的中国刑事诉讼法学研究进行了总结和反思，并对其理论体系及研究方法等基本问题进行了精辟分析。

· 瞿同祖著《中国法律与中国社会》由商务印书馆（上海）出版。该书被学界公认为运用现代社会学方法研究中国法律史的经典著作，并提出了“中国法律的儒家化”这一论断。

· 居正著《为什么要重建中国法系》由大东书局（上海）出版。

· 张君劢著《中华民国民主宪法十讲》由商务印书馆（上海）出版。

· 林纪东著《行政法提要》由大东书局（上海）出版。

· 赵理海著《国际公法》由商务印书馆（上海）出版。

1948 · 6 月，法商论坛社主办之《法商论坛》在南京创刊。

· 8 月，《新法学》月刊在上海创刊，孙晓楼任主编。

· 盛振为著《证据学》由上海东吴大学法学院出版。

1949 · 6 月，新法学研究会成立，该会由董必武、林伯渠、谢觉哉、罗瑞卿、邓颖超、史良、沈钧儒、陈绍禹、张友渔、钱端升、张志让等 90 余人发起，在全国有近 2000 会员。

· 8 月，新法学研究会创办“新法学研究院”，沈钧儒任院长，谢觉哉、李达为副院长，从 1950 年 1 月至 1951 年 1 月，对旧司法人员、律师、法学教授进行培训与改造。

· 8 月，中共中央决定在原朝阳学院校址成立中国政法大学，谢觉哉任校长，李达、左宗纶任副校长。

1950 · 2 月，中央人民政府决定将中国政法大学并入中国人民大学法律系。

· 3 月，东北人民大学设立法律系，其前身为 1948 年创建的东北行政学院司法系。1958 年 8 月，东北人民大学更名为吉林大学。

· 教育部高等学校课程改革委员会颁布《高等学校文法学院各系课程草案》，规定法律系课程主要为革命理论、社会发展史及相关法律课。

1951 · 6 月，教育部颁布《法学院、法律系课程草案》，规定法律系的任务是“为巩固人民民主专政，适应国家建设的需要以及社会发展之前景，以《共同纲领》为基础，以毛泽东思想为指导，培养了解当前政策法令及新法学，为人民服务的法律工作干部”。

· 11 月底，经政务院政法分党组干事会第 17 次会议确定，新法学研究会与新政治学研究会合并成立中国政治法律学会，由新法学研究会推出沈钧儒、谢觉哉、史良、张志让、钱端升，由新政治学研究会推出王昆仑、雷洁琼等人，共同承担筹备工作。

1952 ·6月至9月，教育部根据中共中央的决定，大规模调整全国高校院系设置，将民国时期的现代高校系统改造成“苏联模式”的高等教育体系。在大力发展独立建制工科院校的政策下，许多综合大学被分拆，数量大规模减少，私立高校被取缔，政治学、社会学和法学等人文学科专业被取消。北京大学、清华大学、复旦大学、武汉大学、浙江大学、南京大学、四川大学、厦门大学等综合院校的法律专业纷纷取消或并入其他政法学院，仅人民大学保留法律系。

·10月至11月，东吴大学法学院被撤销，与华东地区的南京大学、安徽大学、上海沪江大学、圣约翰大学、复旦大学、上海大学的法律系、政治系、社会系合并为华东政法学院，魏文伯任院长。

·11月，在北京大学、燕京大学、辅仁大学、清华大学的法学、政治学、社会学等院系基础上，成立北京政法学院，钱端升任院长。

1953 ·4月，中国政治法律学会（简称政法学会）正式成立。董必武任会长，沈钧儒、张志让、谢觉哉、王昆仑、柯伯年、钱端升等任副会长，并在上海、武汉、西安、南京、重庆、苏南等地设立了6个地方分会。该会宗旨为：“团结全国政治法律工作者学习与研究马克思列宁主义关于国家与法律的科学理论，批判资产阶级反人民、反科学的政治法律观点，弘扬中华人民共和国人民民主制度与革命法制的精神，进行全体国民应遵守法律的宣传教育工作，以推进国家建设；介绍苏联法学理论及政治法律工作的先进经验；致力保卫世界人民民主自由及民族独立的原则，联合国际民主法律工作者，促进世界和平民主运动”。主要任务是：组织法学研究活动；进行编辑出版工作；开展国际交流活动等。此后，中国政治法律学会分别于1956年、1958年、1964年又召开3次会员大会。

·4月，以中原大学政法学院为主体，合并国立中山大学、湖南大学、广西大学的政治系和法律系，组建为中南政法学院。

·9月，西南政法学院成立。该校以西南人民革命大学（1950年成立）为基础，合并重庆大学、四川大学、贵州大学、云南大学、重庆财经学院的法律院系组成，周保中任院长。

·截至本年，中国高等院校中政法系科在校生占大学在校学生总数下降到

2%（1947年的数字是24%），法学专任教师数降为248人、占全国高校教师数的0.8%（1949年两项数字分别是542人、3.3%）。

1954 ·5月，《政法研究》在北京创刊，该刊为中国政治法律学会的机关刊物。

·12月24日，由董必武发起筹建的法律出版社成立，归司法部领导和管理。

·北京大学、复旦大学恢复法律系。

·政治大学在台北复校，下设法学院。

·东吴大学在台北复校，首先恢复法学院。

·徐盼秋著《什么是国家》由华东人民出版社（上海）出版。

·史尚宽著《债法总论》由其自行出版。该书为史氏"民法全书"之第一部，其后《物权法论》（1957年）、《债法各论》（1960年）、《亲属法论》（1964年）、《继承法论》（1966年）、《民法总论》（1970年）陆续出版。

·［苏］切里佐夫著《苏维埃刑事诉讼》由中国人民大学刑法教研室翻译印刷，并于1956年由法律出版社出版。该书是公认的50年代翻译出版的众多苏联刑事诉讼法著作中对中国刑事诉讼法学影响较大的著作。

·［苏］维辛斯基著，王之相译《苏维埃法律上的诉讼证据理论》由人民出版社出版。该书系统地阐述了作者的刑事证据理论，在苏联法学界产生了重大影响，并在50年代的中国法学界广为流传，被奉为经典，后于1957年由法律出版社（北京）重新出版。

·［苏］斯维尔特洛夫著，方城译《苏维埃婚姻—家庭法》由作家书屋出版。该书是当时翻译出版的大批苏联婚姻家庭法著作中最为完备的一部。

·陈朴生著《刑法各论》由正中书局（新北）出版。

1955 ·［苏］维辛斯基著，柴发邦、江伟译《国家和法的理论问题》由法律出版社（北京）出版。该书对新中国的法理学产生了巨大影响。

·［苏］布拉都西主编，中国人民大学民法教研室译《苏维埃民法》由中国人民大学出版社（北京）出版，是当时大量翻译的苏联民法著作中具有代表性的作品。

1956 ·1月，由中国政治法律学会主办的《政法译丛》月刊在北京创刊。

·6月，《华东政法学报》在上海创刊，其办刊方针为"理论联系实际，鼓励学术创造"、"组织政治和法律学术讨论"。该刊于1957年起改名为《法学》，由华东政法学院和上海法学会联合主办。

·7月，经高等学校法律专业教学大纲审定会议讨论，由中国人民大学审判法教研室和北京政法学院刑法刑诉教研室共同起草的《中华人民共和国刑事诉讼教学大纲》最终定稿，于同年 12 月由法律出版社出版。

1957 · 5 月至 12 月，中国政法学会呼应中共中央号召先后开展“整风运动”和反“右派”斗争，在这些运动中，法学界就政策与法律、人治与法治等问题展开讨论，但强调法律、主张法治的观点遭到批判，许多法学家被错打成“右派”。

· 《政法研究》停刊。

1958 · 7 月，中南政法学院并入湖北大学。

· 9 月，西北大学法律系调入中央政法干校西北分校，成立西安政法学院（1962 年曾与陕西财贸学院合并为西安政治经济学院）。后于 1963 年 9 月正式更名为西北政法学院。

· 10 月，法学研究所成立，隶属中国科学院哲学社会科学部，张友渔任所长。

· 华东政法学院、复旦大学法律系并入上海社会科学院。

· ［苏］特拉伊宁著，薛秉忠等译《犯罪构成的一般学说》由中国人民大学出版社（北京）出版。该书是 50 年代翻译出版的对中国刑法学影响较大的苏联刑法学著作。

· 中央政法干部学校民法教研室编《中华人民共和国民法基本问题》由法律出版社（北京）出版，是建国后出版的第一部民法教材。该书基本上是在参考苏联民法理论的基础上编写的，60 年代后被“民事政策学”取代。

1959 · 3 月，《法学》杂志因“右倾思想和教条主义”停刊。

· 郑玉波著《民法总则》由三民书局（台北）出版。

1961 · 6 月，［德］黑格尔著，范扬、张企泰译《法哲学原理》由商务印书馆（北京）出版。

· 11 月，［法］孟德斯鸠著，张雁深译《论法的精神》由商务印书馆（北京）出版。该书译自 1949 年巴黎卡尔涅兄弟出版社之法文校订版，为原著之完整现代译本。

· 台湾政治大学增设法律学系。

· 台湾省立中兴大学创建，下设法商学院（其前身为台湾省立行政专科学校与台湾省行政专修班于 1955 年合并而成的台湾省立法商学院）。2000 年 2 月 1 日，以该学院为基础的台北大学成立，下设法律学院。

1962 · 法学研究所编辑出版《法学研究资料》，专门译介以苏联为主的外国法学。

· 芮沐著《外国民商法》由北京大学法律系出版。

·截至本年，中国高等院校中政法系科在校生占大学在校学生总数下降到0.46%。

1963 ·中国人民大学法律系民法教研室编《婚姻家庭制度讲义》由中国人民大学出版社（北京）出版，是新中国最早公开出版发行的婚姻家庭法教材。

·辅仁大学在台湾复校，成立法学院，下设法律学系、经济学系与工商管理学系。

·［苏］罗马什金等主编，中国科学院法学研究所译《国家和法的理论》由法律出版社（北京）出版。

1964 ·华东政法学院复校并恢复招生。

·倪征燠著《国际法中的司法管辖问题》由世界知识出版社（北京）出版。

·戴炎辉著《唐律通论》由正中书局（新北）出版。

1966 ·5月，“文化大革命”爆发，中国政治法律学会及各地分会相继受到冲击，各项工作与学术活动被迫中断。各政法院校陆续停止招生。

·戴炎辉著《中国法制史》由三民书局（台北）出版。

·林纪东著《行政法原论》由正中书局（新北）出版。

1968 ·台湾政治大学成立法律研究所。1970年开始出版《政大法学评论》半年刊。

1969 ·陈顾远著《中国文化与中国法系》由三民书局（台北）出版。

1970 ·12月，北京市革命委员会决定撤销北京政法学院。

1971 ·4月，全国教育工作会议在北京召开，会议决定撤销所有政法学院。

1972 ·华东政法学院、西北政法学院、西南政法学院相继被撤销和停办。

1975 ·王泽鉴著《民法学说与判例研究》（一）自版发行。该书之（二）、（三）、（四）、（五）、（六）、（七）、（八）册分别于1979年、1981年、1983年、1987年、1989年、1992年、1996年自版发行。

1976 ·翁岳生著《行政法与现代法治国家》（台湾大学法学丛书）由台大法学院出版。

1977 ·5月，经国务院批准，西南政法学院复校。1978年10月新生正式入学。

·9月，教育部决定恢复全国高等院校招生考试，北京大学、吉林大学、湖北财经学院的法律系开始招收“文化大革命”后的首届法学专业本科生。

1978 ·在中国科学院哲学社会科学学部的基础上组建中国社会科学院，第一任院长为胡乔木；法学研究所改属中国社会科学院。

·中国人民大学法律系恢复招生。

· 北京大学、中国社会科学院法学研究所等单位开始招收“文化大革命”后的首届法科研究生。

· 8 月，国务院批准西北政法学院在原校址复办。1979 年正式恢复招生。

· 8 月 5 日，国务院宣布复办北京政法学院。1979 年秋正式恢复招生。

· 11 月，睡虎地秦墓竹简整理小组编《睡虎地秦墓竹简》由北京文物出版社出版。

· 12 月，《法学研究》复刊（试刊号，1979 年正式复刊）。该刊由中国社会科学院法学研究所主办，其前身为政法学会之《政法研究》。

· 法学界开始突破思想理论禁区。李步云在 12 月 6 日《人民日报》第三版发表的《坚持公民在法律上一律平等》被公认为法学界突破思想理论禁区的第一篇文章。

1979 · 1 月，王礼明发表《人治与法治》一文，从而揭开了“人治与法治大讨论”的序幕。10 月，中国社会科学院召开“庆祝中华人民共和国成立三十周年学术研讨会”，李步云等发表《论以法治国》一文（后改名为《要实行社会主义法治》载于《光明日报》）。其后以各类研讨会、学术期刊为阵地，展开了对“人治与法治”问题的大规模理论争鸣，在两年内发表近百篇相关论文。由群众出版社（北京）1980 年 11 月出版的《法治与人治问题讨论集》，收录了参与这场讨论的主要论文。其观点可归结为三种：倡导法治、批判人治的“法治论”；既要人治又要法治的“结合论”；取消人治与法治的说法而只讨论法制的“取消论”。

· 1 月，《法学译丛》创刊，主要译介外国法学。该刊前身为创办于 1962 年的《法学研究资料》，由中国社会科学院法学研究所主办，1993 年更名为《外国法译评》，2000 年又更名为《环球法律评论》。

· 2 月，北京大学主办之《国外法学》双月刊创刊，康树华任主编。该刊主要刊登外国法学译文，后于 1989 年改名为《中外法学》。

· 3 月，华东政法学院经国务院批准复校，同年正式恢复招生。

· 3 月，《西南政法学院学报》创刊。该刊于 1982 年更名为《法学季刊》，1988 年更名为《现代法学》（双月刊），由西南政法大学主办。

· 3 月 21 ~ 31 日，中国社会科学院法学研究所在北京召开了“全国法学规划会议”。全国法学研究机构、政法院系共 46 个单位的 129 位代表出席会议。会议讨论制定了《全国法学研究（1979 ~ 1985）发展规划纲要》。

· 8 月，夏征农、罗竹风等在上海创办《民主与法制》，后迁往北京，由中国法学会主管。

·8 月 7~8 日，中国社会科学院法学研究所召开“民法与经济法学术座谈会”，讨论了民法调整对象与体系、民法与经济法关系等问题。会上形成了“大经济法观点”和“大民法观点”两种对立的意见，后演化为民法与经济法学科间近十年的学术论争。

·9 月，中国法律史学会（China Institute of Legal History 缩写为 CILH）在吉林长春成立并召开学术研讨会，李光灿当选为会长。该会由中国社会科学院主管，为改革开放后法学界成立最早的学术团体。

·10 月，李浩培、吴传颐、孙鸣岗译《拿破仑法典》由商务印书馆（北京）出版。

·《北京政法学院院报》创刊，该刊于 1983 年更名为《中国政法大学学报》，1985 年更名为《政法论坛》，由中国政法大学主办。

·武汉大学法律系重建，并于 1980 年恢复招生。

1980 ·1 月、4 月，潘念之、齐乃宽在《社会科学》第 1 期、第 4 期发表《关于“法律面前人人平等”的问题》和《再论“法律面前人人平等”的问题》二文，提出“法律面前人人平等”是社会主义法制的完整原则，不仅应体现在司法上，也应体现在立法上，由此引发“法律面前人人平等”问题的热烈讨论。1981 年 2 月，中国社会科学院法学研究所资料室编《论法律面前人人平等》由法律出版社（北京）出版。该文集收录了当时讨论“法律面前人人平等”问题的论文共 30 篇。

·2 月，中国环境管理、经济与法学学会在太原成立。该会是中国环境科学学会的分支机构，于 2006 年更名为“环境法学分会”。

·2 月，武汉大学主办的《法学研究资料》创刊。该刊初为法学内部刊物，于 1983 年获国务院文化部批准，改名为《法学评论》，正式公开出版。

·3 月，北京市法学会会刊《法学杂志》创刊。

·5 月，中国国际法学会（Chinese Society of International Law 缩写为 CSIL）在北京成立，宦乡任会长，该会由中华人民共和国外交部主管，是研究国际法的全国性学术团体。

·6 月，中国社会科学院法学研究所主持编纂的《法学词典》由上海辞书出版社出版。

·6 月 28 日，由杨秀峰主持的中国法律学会筹备小组成立，决定将中国政治法律学会更名为中国法律学会。

· 林纪东著《比较宪法》由五南图书出版社（台北）出版。

1981 · 1 月，由杨秀峰主持成立中国法律学会筹备委员会，2 月更名为中国法学会筹备委员会。

· 2 月，陈守一、张宏生主编《法学基础理论》由北京大学出版社出版，沈宗灵、张云秀、刘升平、赵震江、罗玉中、王勇飞等参加编写。该教材实现了分离国家理论与法学理论的突破。

· 5 月，国务院批准实施《中华人民共和国学位条例暂行实施办法》，成立学位委员会，下设哲学、经济学、法学、教育学、文学、历史学、理学、工学、农学、医学等学科评议组。

· 5 月，韩延龙、常兆儒编《中国新民主主义革命时期根据地法制文献选编》（4 卷本）第 1 卷由中国社会科学出版社（北京）出版。至 1984 年，该文献选编全部出齐。

· 7 月，由司法部法学教材编辑委员会主持编写的新中国第一套法学统编教材，开始陆续出版，包括孙国华主编《法学基础理论》、王铁崖主编《国际法》、吴家麟主编《宪法学》、韩德培主编《国际私法》、高铭暄主编《刑法学》、张国华主编《中国法律思想史》、张晋藩主编《中国法制史》、王珉灿主编《行政法概要》等。

· 高铭暄编《中华人民共和国刑法的孕育和诞生》由法律出版社（北京）出版。这是公认的忠实记录新中国第一部刑法典起草与创制历程的重要著作，也是“文化大革命”之后中国出版的第一本刑法学专著。

· 10 月 6 日，中国婚姻家庭研究会成立，雷洁琼当选为会长。

· 11 月，《法学》月刊复刊，由华东政法学院主办，曹漫之任主编。

· 中国法律史学会编《法律史论丛》第 1 卷由中国社会科学出版社（北京）出版。

· 甘添贵著《刑法总论讲义》由台湾中兴大学出版。

· 韩忠谟著《刑法原理》由台湾大学法学院出版。

· 关怀著《经济立法与经济司法》由上海人民出版社出版。

1982 · 3 月，《政治与法律丛刊》在上海创刊。该刊由上海社会科学院法学研究所主办，1984 年更名为《政治与法律》。

· 4 月，全国外国法制史研究会于武汉成立，陈盛清当选会长。

· 7 月 22 日至 27 日，中国法学会召开恢复后第一次会员代表大会，彭真作“发展社会主义民主，健全社会主义法制”讲话。大会通过中国法学会章程，选举武新宇为会长。

·11 月，佟柔、赵中孚、郑立主编《民法概论》由中国人民大学出版社（北京）出版，为改革开放后的第一部民法教材。

·张子培主编《刑事诉讼法教程》由群众出版社（北京）出版。该书分“总论”、“证据论”和“程序论”三部分，是当时该领域具有代表性的著作。

·杨大文主编《婚姻法教程》由法律出版社（北京）出版。

1983 ·3 月，《西北政法学院学报》创刊。该刊后更名为《法律科学（西北政法大学学报）》，由西北政法大学主办。

·5 月，在北京政法学院的基础上，中国政法大学成立，司法部部长刘复之兼任校长。

·6 月，佟柔主编《民法原理》由法律出版社（北京）出版。

·11 月 23 日，中国法学会第一届理事会第二次会议通过“关于成立法学各学科研究会的决定”。根据此决定，各学科研究会先后成立。

·蔡枢衡著《中国刑法史》由广西人民出版社（南宁）出版。

·马骧聪著《环境保护法基本问题》由中国社会科学出版社（北京）出版，是中国第一部比较系统论述环境法的著作。

·张伟仁著《清代法制研究》（全三册）由台湾“中央研究院历史语言研究所”出版。

1984 ·经国务院学位委员会批准，中国社会科学院法学研究所张友渔教授（宪法学专业）、中国人民大学法律系高铭暄教授（刑法学专业）、武汉大学法律系韩德培教授、姚梅镇教授（国际法专业）和中国政法大学张晋藩教授（法制史专业）开始招收新中国首届法学博士研究生。

·3 月，由中国法学会主办的《中国法学》杂志在北京创刊。

·4 月，杨一凡著《明初重典考》由湖南人民出版社（长沙）出版。

·5 月，由上海社会科学院法学所和武汉大学、厦门大学、南开大学、安徽大学、中山大学、江西大学共同发起的全国性“国际经济法讲习班”在庐山举行。27 日，与会人员一致倡议成立“国际经济法研究会”，并通过了《国际经济法研究会章程》，选举产生了国际经济法研究会理事会，姚梅镇当选为会长。

·8 月下旬，在杭州举行的全国第二次经济法制工作会议期间，中国经济法研究会宣布成立。国务院经济法规研究中心负责人顾明当选为会长，孙亚明、芮沐、韩伯平、任建新、有林、江平、徐礼章当选为副会长。

· 10 月，中国法学会刑法学研究会在四川省成都市成立，高铭暄当选为总干事。

· 10 月，中国法学会诉讼法学研究会在四川成都成立，陈光中当选为总干事。

· 11 月，中国最大的一部法学类书《中国大百科全书 · 法学》由中国大百科全书出版社（北京）出版。该书由张友渔任编辑委员会主任，全卷包括法学基础理论、宪法、行政法、刑法、刑事诉讼法、民法、经济法、劳动法、婚姻法、民事诉讼法、司法组织、犯罪侦查学、法医学、司法精神病学、中国法制史、中国法律思想史、外国法制史、外国法律思想史、国际公法、国际私法、国际经济法等 21 个分支学科，由全国 200 多位法学家分别撰写，前后耗时 5 年，全卷有 1100 多条目，索引 5500 余目，200 余万字，900 多页。

· 12 月，以湖北财经学院法律系为基础，恢复重建中南政法学院。

· 刘铁铮著《国际私法论丛》由三民书局（台北）出版。

· 杨景凡、俞荣根著《孔子的法律思想》由群众出版社（北京）出版。

· 江平著《西方国家民商法概要》由法律出版社（北京）出版。

· 梁西著《现代国际组织》由武汉大学出版社出版。

1985 · 3 月，龚祥瑞著《比较宪法与行政法》由北京法律出版社出版。该书是作者在北京大学讲授外国宪法和比较行政法时所编写，分宪法和行政法两编，为比较宪法与行政法的代表性著作。法律出版社于 2003 年再版了该书。

· 4 月，中国法学会民法学、经济法学研究会成立大会在苏州大学举行，全国民法学界、经济法学界和政法实际工作部门的专家、学者、教学人员和研究人员共 150 多人出席会议。选举产生干事会，佟柔当选为总干事。（该会后拆分为民法学研究会、经济法学研究会、商法学研究会三个相互独立的研究会。民法学研究会 2004 年 8 月更名为中国法学会民法学研究会，中国法学会商法学研究会、中国法学会经济法学研究会分别于 2001 年 11 月、2002 年 10 月在上海、长沙成立。）

· 5 月，中国政法大学出版社成立，该社为中国政法大学主办的专业法律图书出版机构。

· 6 月，中国法学会法学基础理论研究会（后改称为中国法学会法理学研究会）在江西庐山成立，沈宗灵当选为总干事。

· 8 月 16 日至 20 日，中国法学会行政法研究会成立大会暨第一次学术讨论会在江苏省常州市举行，张尚鷟当选为研究会总干事。

·10月，中国法学会宪法学研究会在贵阳成立，王叔文当选为总干事。

·11月，高铭暄主编《新中国刑法学研究综述（1949～1985）》由河南人民出版社出版。这是中国法学界第一部学科研究综述著作，对推进刑法学研究和其他法学学科编著出版研究综述性著作产生了重大影响。

·12月，应松年、朱维究著《行政法学总论》由工人出版社（北京）出版。

·法治斌著《人权保障与释宪法制——宪法专论》（一）由台湾政治大学法律学系出版。

·何鹏主编《外国刑法简论》由吉林大学出版社（长春）出版。

·陈体强著《国际法论文集》由法律出版社（北京）出版。

·乔伟著《唐律研究》由山东人民出版社（济南）出版。

1986 ·1月，《法律学习与研究》在北京创刊。该刊1993年更名为《法学家》，由中国人民大学主办。

·3月，初创于1957年的《中南政法学院学报》复刊（季刊）。该刊自1994年起更名为《法商研究——中南政法学院学报》，并改季刊为双月刊；2002年更名为《法商研究》，由中南财经政法大学主办。

·3月3日，中国法学会在北京人民大会堂召开"董必武法学思想学术讨论会"，与会者对董必武马克思主义法学思想进行了讨论。

·10月，在韩德培、张国华、高铭暄、江平四位法学家的倡议下，由16所高校法律院系联合发起的"中国社会主义法制建设的理论与实践学术研讨会"在江苏吴县召开。与会代表围绕着法的本质、法学方法论、法律的作用、法的阶级性与社会性、法律意志规律、法律实施的保障等改革开放以来的法学重要理论问题进行了深入讨论。

·张友渔著《宪政论丛》（上、下）由群众出版社（北京）出版。

·许崇德著《中国宪法学》由天津人民出版社出版。

1987 ·1月，张国华、饶鑫贤主编《中国法律思想史纲》由甘肃人民出版社（兰州）出版。

·3月，王名扬著《英国行政法》由北京中国政法大学出版社出版。该书与此后出版的《法国行政法》（中国政法大学出版社1988年）和《美国行政法》（中国法制出版社1995年）共同构成王名扬教授的"外国行政法三部曲"，是中国比较行政法的经典著作，为中国行政法发展奠定了重要的知识基础。

· 4 月，吉林大学主办的《当代法学》双月刊在长春创刊。

· 4 月，中国政法大学外国法研究所主办的《比较法研究》创刊。该刊初为内部试办，自 1993 年起公开出版发行，由中国政法大学主办。

· 7 月，《中国法律年鉴》首次出版发行。《年鉴》以法律为主干，从法律的制定、解释、实施、宣传以及法律教育和理论研究等各个方面反映中国法制建设的全貌，是一部了解和研究中国法制建设基本情况的综合性文献。它所采用的资料，均由中央和地方各有关部门和单位提供。

· 10 月 17 日，在武汉大学举行的“全国国际经济法教学研讨会”上，正式成立“中国国际经济法研究会”（Chinese Society of International Economic Law，缩写为 CSIEL），通过《中国国际经济法研究会章程》，姚梅镇当选为会长。

· 国家教育委员会在法学领域建立六个重点学科：武汉大学的国际经济法、中国政法大学的法制史、北京大学的国际法与法理学、中国人民大学的刑法学和民法学。

· 沈宗灵著《比较法总论》由北京大学出版社出版。

· 杨紫烜主编《经济法原理》由北京大学出版社出版。

· 周应德编《犯罪侦查学概论》由中央广播电视大学出版社（北京）出版。

· 李放编《法学基础理论纲要》由吉林大学出版社（长春）出版。

· 徐轶民编《简明外国法制史》由中央广播电视大学出版社（北京）出版。

1988　· 6 月 6 日至 10 日，首届全国法学基本范畴研讨会在吉林省长春市召开，与会者提出了“权利与义务是法的基本范畴”、“应以权利为本位”以及“变革传统权利观”等命题，从而引发了法学界关于“权利本位还是义务本位”的长期争论，直至 1995 年前后关于“现代法的精神”的讨论中，“权利本位”观点得到系统阐发。

· 陈朴生著《刑法专题研究》由台湾政治大学法律系出版。

· 王作富著《中国刑法研究》由中国人民大学出版社（北京）出版。

· 何华辉著《比较宪法学》由武汉大学出版社出版。

1989　· 2 月，中国民主法制出版社成立，隶属于全国人大常委会办公厅。

· 2 月底，中国社会科学院法学研究所在北京召开“中国法制改革学术讨论会”，提出“建立一个现代法治国家是实现长治久安的根本保证”。尤其是王家福、刘海年、李步云发表《论法制改革》一文，指出法制改革的目标是“实现高度民主的法治国”，并概括为“法律至上”、“保障公民权利与自由”、“司法独立”、“权力制衡”等方面。该会的讨论内容，汇集为《中国法制改革学术讨论会发言摘要》，载于 1989 年《法学研究》第 2 期。

· 5 月，高潮、马建石主编《中国古代法学辞典》由南开大学出版社（天津）出版，共收词目 3700 余条。

· 6 月 10 日，中国法制出版社成立，隶属于国务院法制办公室。

· 7 月，罗豪才主编、应松年副主编的《行政法学》（高等学校法学试用教材）由中国政法大学出版社出版。该书大体确立了当代中国行政法学的范畴、体系、基本概念和原则，对此后的行政法学产生了巨大影响。1995 年，日本近代文艺社出版了上杉信敬翻译的该书日文版《中国行政法概论》。

· 9 月，李贵连著《沈家本与中国法律现代化》由光明日报出版社（北京）出版。

· 张伟仁著《清代的法学教育》（台湾大学法学丛书）由台大法学院出版。

· 谢在全著《民法物权论》由三民书局（台北）出版。

1990 · 5 月，中国法学会比较法学研究会（China Society of Comparative Law）在中国社会科学院法学研究所成立并举行第一届年会。共 33 位学者参加了会议，并选举沈宗灵为研究会总干事。该会宗旨为“团结全国比较法学界从事教学、科研和法律实务的人士及其他有志于比较法学研究的人士，开展学术研究，推进比较法学的发展”。

· 6 月，姜明安著《行政法与行政诉讼》由中国卓越出版公司（北京）出版。

· 10 月 22 日至 26 日，由北京大学、中国社会科学院法学所等 22 个大专院校、研究所发起的“沈家本法律思想国际学术研讨会”在杭州举行。会议讨论了沈家本对传统法律的批判与继承、对西方法律的吸收与引进、沈家本与中国法律近代化的关系，近代中西法律交流的实践与借鉴意义等问题。

· 董云虎、刘武萍编《世界人权约法总览》由四川人民出版社（成都）出版。

· 常怡著《中国调解制度》由重庆出版社出版。

· 陈光中主编《刑事诉讼法学》由中国政法大学出版社（北京）出版。

· 谢怀栻著《票据法概论》由法律出版社（北京）出版。

· 蒲坚著《中国古代行政立法》由北京大学出版社出版。

1991 · 1 月，黄进著《区际冲突法研究》由学林出版社（上海）出版。

· 2月，中国社会科学院人权研究中心成立。该中心主要由社会科学院法学研究所和国际法研究所的研究人员组成，是中国社会科学院院属研究机构。

· 3月，顾培东著《社会冲突与诉讼机制——诉讼程序的法哲学研究》由四川人民出版社（成都）出版。

· 4月20日，中国人民大学法律系在北京召开了"人权理论研究座谈会"，就人权的概念及存在状态、人权的普遍性与阶级性、人权与主权等问题进行了讨论。

· 6月，全国哲学社会科学规划办公室（National Planning Office of Philosophy and Social Science）成立，其管理的国家社会科学基金（简称国家社科基金）下设包括法学在内的23个学科规划评审小组。

· 6月18日至21日，中国社会科学院法学研究所在北京召开了人权理论研讨会，70多名专家学者出席会议，围绕人权的法学内涵、马克思主义人权观与西方人权观、资本主义人权制度的评价、社会主义中国的人权保障、主权原则与人权的国际保护等问题展开讨论。

· 7月，李光灿、吕世伦主编《马克思恩格斯法律思想史》由法律出版社（北京）出版。

· 8月，马克昌主编《犯罪通论》由武汉大学出版社出版。该书于1995年获普通高等学校人文社会科学研究成果奖一等奖。

· 8月，梁治平著《寻求自然秩序中的和谐——中国传统法律文化研究》由上海人民出版社出版。

· 10月，中国社会科学院法学研究所在北京举办"法治与社会经济发展"国际学术讨论会，国内及来自日、美、德、俄等国的67名专家学者围绕法治与社会经济发展的关系这一主题、结合各国情况深入讨论了"法治与法治功能"、"法治与经济发展"、"法治和社会稳定与进步"及"法治与科技进步"等问题。

· 戴东雄著《中国亲属法》由三民书局（台北）出版。

· 陈安编《国际经济法总论》由法律出版社（北京）出版。

1992 · 1月，"中青年法学文库"开始陆续出版发行，该文库由中国政法大学出版社（北京）出版发行，主要选取国内法学界中青年学者的专业学术著作，如张文显的《法学基本范畴研究》、夏勇的《人权概念起源》、蔡定剑的《历史与变革》、范忠信的《中西法文化的暗合与差异》、吴汉东的《著作权合理使用制度研究》、王利明的《侵权行为法归责原则研究》、徐国栋的

《民法基本原则解释》、陈兴良的《刑法哲学》等。

· 4 月，俞荣根著《儒家法思想通论》由广西人民出版社出版（南宁，1998 年出版修订本）。

· 4 月 27 日至 30 日，由中国法理学研究会、湖北省法学会、武汉市法学会、中南政法学院、武汉大学法学院联合举办的“人权与法制”学术讨论会在武汉举行。与会者从人权的概念、人权与公民权及法律权利、人权与主权、人权的阶级性与共同性、人权保障等方面展开了讨论。

· “罗马法研究翻译系列”由中国政法大学出版社（北京）开始出版，该丛书出版有《民法大全选译》系列、《法学阶梯》、《罗马法史》等。

· 沈宗灵著《现代西方法理学》由北京大学出版社出版。

· 种明钊主编《中国农村经济法制研究》由重庆出版社出版。

· 吴庚著《行政法之理论与实用》由三民书局（台北）出版。

· 杨永华著《陕甘宁边区法制史稿：宪法、政权组织法篇》由陕西人民出版社（西安）出版。

· 王家福主编《社会主义商品经济法律制度研究》由经济科学出版社（北京）出版。

· 姚壮主编《国际私法理论与实务》由法律出版社（北京）出版。

· 费宗祎、唐承元主编《中国司法协助的理论与实践》由人民法院出版社（北京）出版。

· 苏惠渔主编《刑法原理与适用研究》由中国政法大学出版社（北京）出版。

· ［德］K. 茨威格特、H. 克茨著，潘汉典、米健、高鸿均、贺卫方译《比较法总论》由贵州人民出版社（贵阳）出版。

· 随着“建立社会主义市场经济体制”这一经济体制改革目标的确立，从本年起，法学界开始深入讨论“市场经济是法治（法制）经济”以及“公法与私法划分”的理论问题。

1993 · 1 月，《行政法学研究》杂志创办，由应松年任主编。该刊是第一份行政法学的专业刊物。

· 3 月，罗豪才等在《中国法学》发表《现代行政法的理论基础——论行政机关与相对一方的权利义务平衡》一文，提出作为行政法理论基础的“平衡论”，就此引发了对行政法理论基础问题的学术争论，学界在十多年内提出了“控权论”、“服务论”、“管理论”、“公共利益本位论”等十多种相关理论。

·6月，由中国大百科全书出版社（北京）印行的大型翻译丛书“外国法律文库”开始陆续出版发行。该丛书由1991年成立的“外国法律文库编委会”（江平任主编）选编和组织翻译。入选书目主要是外国（特别是西方）重要法律学术著作，已有两辑数十种行世。

·6月，卞建林著《刑事起诉制度的理论与实践》由中国检察出版社（北京）出版。

·7月16日，国家教委颁布《普通高等学校本科专业目录》，其中法学类下设法学、经济法、国际法、国际经济法、劳动改造学五个专业。

·9月，韩延龙主编《中国近代警察制度》由中国人民公安大学出版社（北京）出版。

·12月，应松年主编《行政行为法：中国行政法制建设的理论与实践》由人民出版社（北京）出版。

·12月，高铭暄主编《刑法学原理》（第一、二卷）由中国人民大学出版社（北京）陆续出版，是一部研究刑法总论的专著。该书以其高品位的学术水平和突出的实用价值，在1995年荣获“全国高等学校首届人文社会科学研究优秀成果奖”一等奖；1996年再度荣膺国家图书最高奖项——第二届国家图书奖。

·12月，罗豪才主编《中国司法审查制度》由北京大学出版社出版。该书以“行政诉讼是中国的司法审查制度”为基点，尝试以司法审查为核心来构造新的行政法学体系。

·台湾政治大学法学院与社会科学院分立，法律系与法律研究所自成一院。

·董云虎、刘武萍编《世界人权约法总览》（续编）由四川人民出版社（成都）出版。

·黎国智主编《行为法学在中国的崛起》由法律出版社（北京）出版。

·李双元主编《中国与国际私法统一化进程》由武汉大学出版社出版。

1994 ·4月，“当代法学名著译丛”由中国政法大学出版社（北京）陆续出版，该译丛包括了《现代社会中的法律》、《法律制度》、《法理学问题》、《现代化与法》等外国法学名著。

·6月，中国行为法学会（China Behavior-Law Association 缩写为CBLA）在上海召开成立大会，推举肖扬任名誉会长，谢邦宇任会长。该会由司法部主管，为国家一级学会。

· 6 月，周枏著《罗马法原论》（上、下册）由商务印书馆（北京）出版。

· 8 月，高恒著《秦汉法制论考》由厦门大学出版社出版。

· 8 月，刘海年、杨一凡主编《中国珍稀法律典籍集成》（14 册）由科学出版社（北京）出版。该书是新中国成立后出版的首部大型中华珍稀法律文献整理成果，收入散失于中国和日本、美国、俄罗斯、韩国等海内外各地稀见的中国法律古籍文献近 60 种，有 5 册系对文物、历史档案中法律资料的挖掘整理、注释性成果；8 册私法古籍校勘成果，1 册系对西夏天盛律令的译著成果。其中，丙篇第 3 册收入《沈家本未刊稿七种》。

· 12 月，李光灿、张国华总主编《中国法律思想通史》第 1 册由山西人民出版社（太原）出版。其第 2 册于 2000 年出版，第 3、4 册于 2001 年出版。

· 金平主编《社会主义市场经济法律问题研究》由四川人民出版社（成都）出版。

· 武树臣等著《中国传统法律文化》由北京大学出版社出版。

· 从本年起，《中华法学大辞典》由中国检察出版社（北京）陆续出版发行。张友渔任编委会主任，包括法理学、法律史学、宪法学、民法学、劳动法学、行政法学、经济法学、刑法学、诉讼法学、国际法学十卷。

· 赖源河著《公平交易法新论》由月旦出版社有限公司（台北）出版。

· 法治斌著《人权保障与司法审查——宪法专论》（二）由月旦出版社有限公司（台北）出版。

· 苏永钦著《合宪性控制的理论与实际》由月旦出版社股份有限公司（台北）出版。

· 王叔文著《现代中国宪法概论》（日文版）由日本法律文化社出版。

1995 · 1 月，梁慧星著《民法解释学》由中国政法大学出版社（北京）出版。

· 2 月，吉林大学主办的《法制与社会发展》双月刊在长春创刊。

· 2 月，东亚行政法学会成立暨第一届学术研讨会在日本名古屋举行。东亚行政法学会预定每两年召开一次学术研讨会，分别在日本、韩国与中国海峡两岸轮流举行。罗豪才、应松年、皮纯协、翁岳生等当选为理事。

· 9 月，梁慧星主编的“中国民商法专题研究丛书”由法律出版社（北京）陆续出版。该丛书宗旨为“广泛参考发达国家民商事立法的成功经验和最新判例学说，深入研究民商法的基本理论和实践中的重大法律问题”。已出版了一系列有影响的民商法著作，如尹田著《法国现代合同法》、孙宪忠著《德国当代物权法》等。

· 12月，由韩德培任总主编、李龙任执行主编《人权的理论与实践》由武汉大学出版社出版。

· 12月，马克昌主编《刑罚通论》由武汉大学出版社出版。

· 清华大学正式恢复建立法律学系，王叔文为系主任。

· 中国法学会首次组织评选“十大杰出青年法学家”，王利明、公丕祥、赵秉志、曹建明、范健、胡建淼、黄进、夏勇、沈木珠、顾培东当选。

· “中国高校人文社会科学研究优秀成果奖”［2009年起改名为“高等学校科学研究优秀成果奖（人文社会科学）”］由国家教育委员会设立。在第一届优秀成果奖评选中，沈达明的《比较民事诉讼法初论》、肖蔚云的《一国两制与香港基本法律制度》、姚梅镇主编的《比较外资法》、马克昌主编的《犯罪通论》、沈宗灵的《现代西方法理学》、叶孝信的《中国民法史》、高铭暄的《刑法学原理》、佟柔与史际春的《我国全民所有制“两权分离”的财产权结构》等八项成果获得法学一等奖。

· 李昌麒著《经济法——国家干预经济的基本法律形式》由四川人民出版社（成都）出版。

1996 · 4月13日至15日，中国社会科学院法学研究所在北京召开了“依法治国、建设社会主义法治国家”学术研讨会，80多位学者专家参加。会议主要讨论了四个问题：依法治国的概念及其意义；法治国家的特征、目标、原则与模式；依法治国与法律制度的改革；依法治国与法制观念的更新。会后，参会论文收入刘海年、李步云、李林主编《依法治国建设社会主义法治国家》一书，由中国法制出版社（北京）于8月出版。

· 6月，“法律文化研究文丛”开始由中国政法大学出版社（北京）陆续出版。已出版苏力著《法治及其本土资源》、梁治平著《清代习惯法》、陈弘毅著《法治、启蒙与现代法的精神》、於兴中著《法治与文明秩序》等。

· 6月，何勤华著《西方法学史》由中国政法大学出版社（北京）出版。

· 9月，国务院学位委员会批准北京大学、中国人民大学、中国政法大学、对外经济贸易大学、吉林大学、武汉大学、西南政法大学、华东政法学院等八所高校开始试点招收新中国首届法律硕士专业研究生。首届招生425人。

· 11月3日至8日，中国法学会法理学研究会与深圳大学法律系联合举办了“建设社会主义法治国家”研讨会，会议就依法治国的内涵与意义、法治的优越性、依法治国的实现条件以及法治的价值与功能等问题进行了讨论。

· 11 月，由法律出版社（北京）出版的“当代中国法学文库”开始陆续发行。

· 12 月，“宪政译丛”开始由三联书店（北京）陆续出版，该译丛选取西方宪政理论名著，旨在“增进国人对宪政理论之了解，推进中国之宪政大业”。

· 沈家本著，刘海年、韩延龙等整理《沈家本未刻书集纂》（上、下）由中国社会科学出版社（北京）出版。

· 梁慧星著《民法总论》由法律出版社（北京）出版。

· 蔡守秋主编《环境资源法论》由武汉大学出版社出版。

· 张文显著《二十世纪西方法哲学思潮研究》由法律出版社（北京）出版。

· 高鸿钧著《伊斯兰法：传统与现代》由社会科学文献出版社（北京）出版。

· 蔡墩铭主编《两岸比较刑事诉讼法》由五南图书出版公司（台北）出版。

· 杨建华著《民事诉讼法问题研析（一）》由三民书局（台北）出版。

· 赖源河著《现代信托法论》由月旦出版社股份有限公司（台北）出版。

1997 · 1 月，杨一凡、陈寒枫主编《中华人民共和国法制史》由黑龙江人民出版社（哈尔滨）出版。

· 4 月 18 ~20 日，中国社会科学院法学研究所与中国社会科学院建设有中国特色社会主义理论研究中心共同举办的“依法治国与精神文明建设”学术研讨会在北京召开。与会者就法治与依法治国、法律与道德、法治与制度文明、依法治国的实现途径等问题展开讨论。研讨会论文集《依法治国与精神文明建设》由刘海年、刘翰、李步云、李林主编，中国法制出版社（北京）7 月出版。

· 6 月，国务院学位委员会、国家教育委员会颁布《授予博士、硕士学位和培养研究生的学科、专业目录》，其中法学学科专业有：法学理论、法律史、宪法学与行政法学、刑法学、民商法学（含劳动法学、社会保障法学）、经济法学、诉讼法学、环境与资源保护法学、国际法学（含国际公法、国际私法、国际经济法）、军事法学。

· 7 月 4 ~8 日，首届海峡两岸行政法学研讨会在国家行政学院举行。海峡两岸行政法学研讨会预定每年举行一次，在两岸轮流举行。大陆方面，此后相继在西安（1999 年）、南京（2001 年）、重庆（2004 年）、杭州（2006 年）、敦煌（2009 年）、海拉尔（2011 年）、宁波（2013 年）举办了研讨会。

· 7月，由中国政法大学出版社（北京）出版的“二十世纪中华法学文丛”开始面世。该丛书由范忠信、胡旭晟、王健任常务编委，选取20世纪不同时期有代表性的法学作品（包括50年代后港台及海外华人学者作品），旨在“集20世纪中华法学之大成”。

· 10月，王人博著《宪政文化与近代中国》由法律出版社（北京）出版。

· 蔡墩铭著《刑事证据法论》由五南图书出版公司（台北）出版。

· 巫昌祯主编《婚姻与继承法学》由中国政法大学出版社（北京）出版。

· 甘雨沛著《比较刑法学大全》（上、下册）由北京大学出版社出版。

· 邱远猷、张希坡著《中华民国开国法制史——辛亥革命法律制度研究》由首都师范大学出版社（北京）出版。

· 《徐开墅民商法论文集》由法律出版社（北京）出版。

1998 · 1月，国务院学位委员会、教育部和司法部批准成立第一届全国法律硕士专业学位教育指导委员会。

· 2月，高铭暄、赵秉志编《新中国刑法立法文献资料纵览》（上、中、下卷）由中国人民公安大学出版社（北京）出版。这是新中国刑法立法文献资料的集大成，对刑法学研究和刑事法治建设极具参阅研究价值。

· 4月，张庆福主编《宪政论丛》第1卷由法律出版社（北京）出版。

· 5月，高铭暄、赵秉志主编系列丛刊《刑法论丛》第1卷由法律出版社（北京）出版。

· 5月，王保树主编《商事法论集》（第1卷）由法律出版社（北京）出版。

· 7月，赵秉志主编《海峡两岸刑法总论比较研究》（上、下卷）由中国人民大学出版社（北京）出版。

· 11月，王铁崖著《国际法引论》由北京大学出版社出版。

· 11月，韩延龙主编《中华人民共和国法制通史》（上、下册）由中共中央党校出版社（北京）出版。

· 江伟主编《中国民事诉讼法专论》由中国政法大学出版社（北京）出版。

· 郑成思著《知识产权论》由法律出版社（北京）出版。

· 12月，曾庆敏主编《法学大辞典》由上海辞书出版社出版，共收词目10837条。

· 12月，郭道晖、李步云、郝铁川主编《中国当代法学争鸣实录》由湖南人民出版社（长沙）出版。

· 罗豪才主编《行政法论丛》创刊，由法律出版社（北京）出版。

·徐显明、谢晖主编“法理文库”由山东人民出版社（济南）陆续出版发行。

·北京大学法律系司法研究中心（1996年成立）编辑的“司法文丛”，开始由中国政法大学出版社（北京）出版。已出版贺卫方著《司法的理念与制度》、张志铭著《法律解释操作分析》等。

1999 ·1月，杨仁寿著《法学方法论》由中国政法大学出版社（北京）出版。

·1月，张晋藩总主编《中国法制通史》（10卷）由法律出版社（北京）出版。该书为国家“七五”、“八五”规划哲学社会科学重点科研项目，是上起中国法制起源、下至中华人民共和国成立之前，全面阐述中国法制历程的通史著作。全书共分夏商周、战国秦汉、魏晋南北朝、隋唐、宋、元、明、清、清末中华民国、新民主主义政权十卷，各卷分别撰写了行政法律、民事法律、经济法律、刑事法律、诉讼法律等部分，体现了“诸法并存、民刑有分”的认识。

·2月，吕世伦、文正邦主编《法哲学论》，由中国人民大学出版社（北京）出版。

·4月，中国社会科学院人权研究中心主办的“人权与21世纪”国际学术研讨会在北京召开，6个国家近40名人权专家学者参加会议。与会者围绕“人权的文化基础”、“国际人权公约的实施”和“人权的法律保护”三个问题展开了深入讨论。

·4月25日，根据清华大学《关于恢复建立清华大学法学院的决定》，清华大学法律学系易名为法学院，王保树为院长。

·5月8~9日，中国社会科学院法学研究所与中国社会科学院邓小平理论研究中心联合举办的“依法治国与司法改革”学术研讨会在北京召开。与会者就司法改革的原则、目标以及司法公正、司法体制等问题展开讨论。研讨会论文集《依法治国与司法改革》由信春鹰、李林主编，中国法制出版社（北京）9月出版。

·6月，中国法学会成立50周年，已有236个地方法学会，16个学科、专业、专门研究会，10多万会员。

·6月，张文显、李步云主编《法理学论丛（第1卷）》由法律出版社（北京）出版。

·9月，俞荣根主编“法治之路”丛书由法律出版社（北京）出版，包括贺卫方的《具体法治》、韩大元的《东亚法治的历史与理念》等。

· 怀效锋主编“中国律学丛刊”由法律出版社（北京）开始出版。已出版怀效锋与李鸣点校［清］薛允升撰《唐明律合编》、怀效锋与李俊点校［清］沈之奇撰《大清律辑注》（上、下）、何勤华等点校［清］王明德撰《读律佩觿》等。

· “中华传世法典”丛书由法律出版社（北京）出版。已出版刘俊文点校《唐律疏议》、薛梅卿点校《宋刑统》、怀效锋点校《大明律》、田涛与郑秦点校《大清律例》等。

· 王泽鉴著《债法原理：基本理论》自版发行。

· 吴庚著《行政争讼法论》由三民书局（台北）出版。

· 《王伯琦法学论著集》由三民书局（台北）出版。

· 马汉宝著《西洋法律思想主流之发展》（台湾大学法学丛书）由台大法学院出版。

2000 · 1月，《北京大学法学百科全书 · 宪法、行政法卷》由北京大学出版社出版。《北京大学法学百科全书》包括法史卷，民事诉讼法学、刑事诉讼法学、行政诉讼法学、司法鉴定、刑事侦查学卷，刑法学、犯罪学、监狱法学卷，民法学、商法学卷，经济法学卷和法理学、立法学、法律社会学卷。

· 3月，郭寿康编《中外反倾销法律与实务》由人民法院出版社（北京）出版。

· 5月，中南财经大学与中南政法学院合并组建为中南财经政法大学。

· 6月，张卫平著《诉讼构架与程式——民事诉讼的法理分析》由清华大学出版社（北京）出版。

· 7月，张千帆著《西方宪政体系》（上册 · 美国宪法）由中国政法大学出版社（北京）出版。

· 7月，徐国栋主编《罗马法与现代民法》第1卷由中国法制出版社（北京）出版。

· 9月，“当代德国法学名著”系列书籍由法律出版社（北京）陆续出版，该丛书由米健任编译委员会主任，收录“当代德国法学具有代表性的学术成果”，包括当代德国法哲学和法的理论、国家法、法律史、民商法、经济法、刑法、行政法与国际私法等方面的经典著作。

· 10月，何勤华著《中国法学史》第1、2卷由法律出版社（北京）出版。

主要参考文献

李贵连编 . 1998. 二十世纪的中国法学 . 北京：北京大学出版社 .

谷春德编 . 2001. 二十世纪中国的法学 . 北京：党建读物出版社 .

王健 . 2001. 中国近代的法学教育 . 北京：中国政法大学出版社 .

何勤华 . 2006. 中国法学史（第三卷）. 北京：法律出版社 .

程燎原 . 2006. 中国近代法政杂志的兴盛与宏旨 . 政法论坛，(4)：4-15.

撰写者

程燎原（1959 ~ ），重庆大学法学院教授，主要从事法理学、法史学研究与教学。

曹笑辉（1977 ~ ），山西大学法学院讲师，重庆大学法学院法学理论博士生，主要从事法理学、法史学、民法学研究与教学。

程梦婧（1987 ~ ），西南政法大学宪法与行政法学博士生，主要从事人权与宪法史研究。

(D-0348.01)
ISBN 978-7-03-041683-4
9 787030 416834 >